종교개혁사

A History of
the Protestant Reformation

서 요 한 저

그리심
도서출판

A History of the Protestant Reformation

by

Rev. Yohahn Su, Th.M., Ph.D.

Professor of Ecclesiastical Theology
in Chongshin University(Seoul, Korea)
and
Director, Centre for the Puritans & Reformed Theology

Korean Edition

헌 정 사

유학 시절, 귀국 후 지금까지

영광과 기쁨, 고난과 시련의 때를 함께한 내 삶의 흔적

심장이요 맥박, 영혼의 숨결인

사랑하는 아내 은순과

세 자녀들, 에덴, 아론, 샤론에게

"사랑하는 자들아

너희는 너희의 지극히 거룩한 믿음 위에

자신을 세우며

성령으로 기도하며 하나님의 사랑 안에서 자신을 지키며

영생에 이르도록

우리 주 예수 그리스도의 긍휼을 기다리라"

(유 1:20-21)

"여호와는 네게 복을 주시고

너를 지키시기를 원하며

여호와는 그의 얼굴을 네게 비추사 은혜 베푸시기를 원하며

여호와는 그 얼굴을 네게로 향하여 드사

평강 주시기를 원하노라"

(민 6:24-26)

추 천 사

서요한 교수님은 영국에서 역사신학을 전공하고 현재 저희 총신대학교에서 가르치시는 교수님이십니다. 이번에 전공과 관련된 「종교개혁사」를 오랜 연구를 통해 정리하여 출판하게 된 것을 진심으로 축하드립니다. 교수로서 연구하는 일은 남다른 특권이자 흥미로운 일이지만, 개혁주의 신앙과 전통의 기반위에서 확실한 주제를 갖고 연구하여 세상에 내놓는 일은 그렇게 간단하지 않습니다. 무엇보다도 홍수처럼 쏟아져 나오는 수많은 책들 중에서, 또 다른 책 한 권이 아닌 차별화된 저술을 위해서는 지속적인 탐구와 노력, 남다른 인내가 요구된다 하겠습니다.

서 교수님은 서두에서 언급한 대로 끝없이 전개되는 역사의 갈등과 대립, 미움과 증오, 반목과 증오에 주목하고, 이를 역사적, 신학적, 실천적 관점에서 조명하였습니다. 개혁주의 전통이 하나님의 주권과 통치에 있는바, 특별히 서 교수님은 이를 언약신학적 관점에서 통시적으로 재해석하고, 역사 속에 성취된 수많은 흔적들을 이미 출간된「초대교회사」와「중세교회사」처럼 시대를 따라 심도 있게 학문적으로 정리하였습니다. 각부 각장, 모든 페이지에 각인된 역동적 전개, 분석과 평가는 서 교수님의 열정과 숨결로 대하는 이들의 마음을 사로잡기에 충분한 이유라 할 것입니다.

본서는 크게 5부로, 제1부 역사해석과 역사발전, 제2부 종교개혁의 형성과 신학논쟁, 제3부 종교개혁의 갈등과 신학적 발전, 제4부 가톨릭의 개혁과 동방 기독교 정통, 그리고 제5부 결론, 종합적 평가 및 부록으로 구성되었습니다. 본서에서 교수님은 기존의 종교개혁사 관련 저술들이 많은 유익을 끼쳤으나 대부분 기독교 일변도였음을 간파하고, 지금까지 그 어떤 저자나 역자도 취급하지 않은 격동의 시대 저편에서 전개된 동방 교회, 동로마 제국의 역사와 오스만 터키의 출현 및 확장과 몰락을 취급하였습니다. 이는 기존의 역사 이해와 전개, 해석과 적용에서 볼 때 차별화된 접근이라고 사료됩니다. 실로 21세기는 그 어느 때보다도 종교 간의 갈등, 특별히 기독교와 이슬람의 대립이 예상되기 때문입니다.

영국의 역사가 E. H. 카의 정의처럼 역사란 과거와 현재의 끝없는 대화입니다. 그간 진리를 사랑하시고, 깊은 연구와 함께 후학들을 가르치신 서 교수님의 열정이 이 책에 오롯이 담겨져 있습니다. 이 책은 신학생들과 목회자들은 물론 보다 깊은 학문 연구와 신앙 성숙을 꿈꾸는 성도들에게 큰 도움과 유익이 될 것이라 사료(思料)되어 기쁨으로 일독을 권합니다.

2013년 2월 16일

총신대학교 총장 정 일 웅

머 리 말

역사 속에 갈등과 대립, 미움과 증오, 반목과 분열은 왜 일어나는가? 인간의 지속적인 복지와 행복의 추구에도 불구하고 왜 이 땅에 가난과 질병, 기근과 전쟁, 재난과 재해는 종식되지 않는가? 정말 신은 존재하는가? 존재한다면 왜 의인이 고난받는가?와 같은 질문은 종교인이나 비종교인, 크리스천이나 넌 크리스천 간에 상시적으로 제기되는 공통된 질문이다. 필자는 그동안 역사 연구를 통해 이러한 질문은 모든 사람들, 특별히 16세기 종교 개혁자들에게도 동일하게 제기된 주제였음을 발견하였다. 그 해답은 성경의 핵심 주제인 언약 신학에 기초한 하나님의 통치와 절대주권이었다. 롬 11:36, "이는 만물이 주에게서 나오고 주로 말미암고 주에게로 돌아감이다. 영광이 그에게 세세에 있으리로다. 아멘!" 하나님은 영원하신 경륜 속에서 당신의 뜻을 독생자 예수 그리스도를 통해 성취하셨다. 모든 일을 주권적으로 이루신 하나님께 감사드린다.

1994년 2월 귀국 후 지금까지 필자는 몇 몇 신학대학원과 신학교에서 역사신학을 강의하였다. 강의의 핵심은 역사 속에 계시된 하나님의 통치와 주권을 밝히 드러내는 것이었다. 이러한 관점은 1999년(초판, 2003년 개정판, 2010년 수정 증보판)과 2003년(초판, 2010년 개정판) 출간된 「초대교회사」와 「중세교회사」에 기술되었다. 그 후 필자는 종교개혁과 근대 및 현대, 청교도의 역사와 정통 장로교 관련 자료들을 정리하던 중, 금번에 「종교개혁사」를 출간하였다. 주제에 따른 논문을 엮어 책으로 출판하는 것이 쉽지 않지만 말할 수 없는 감격과 희열을 경험하였다. 사실 잔잔한 희열과 감격에 취해 지난 몇 년 동안 손을 놓지 못하였다. 많은 선후배 재현들이 경험하는 바, 아마 이것은 교수만이 누릴 수 있는 기쁨이요 특권이 아닐까 싶다. 물론 그간에 이런저런 시련과 어려움이 있었으나 감사하게도 필자는 지금까지 학자의 길을 후회해 본 적이 없고, 그동안 배우고 읽힌 학문적 과업들을 21세기 한국 교회를 위해 쏟아내어, 어떤 형태로든 온전히 헌신하고 싶은 마음뿐이다. 이 일을 위해 부족한 종을 부르시고 세우신 주님의 은총에 감사하며, 커다란 기쁨과 긍지로 소명을 위해 앞으로도 성실히 연구할 것이다.

이번에 출간된 「종교개혁사」는 첫 저술 「언약사상사」를 포함한 필자의 교회사 시리즈 초대교회사와 중세교회사의 후속으로 앞서 출간된 저술들과 동일한 방식으로 주제를 따라 전개되었다. 지금까지 국내외 출판사들이 출간한 「종교개혁사」는 기독교 일변도였다. 일부 책들은 역사적, 신앙적, 신학적 내지 실천적으로 품격 있게 기술되었다. 경우에 따라서는 학문상 첨예한 논쟁과 비판으로 신학적 묘미를 극대화하였다. 하지만 필자는 기존의 역사 서술과 적용, 관례를 존중하되 종교개혁사를 언약신학 및 구속사적 관점에서 통시적으로 재해석하였다. 특별히 중세 약 1,000년을 지배한 동로마 제국의 몰락과 오스만 터키의 출현 및 확장과 몰락에 주목하였다. 그 이유는 동방의 소위 제국 기독교의 성찰과 그 제국의 몰락과 패망, 예견된 일이지만, 이슬람의 확산과 정착이 세계 역사를 재편했기 때문이다. 일부 역사가들은 작금 이슬람의 팽창과 도전을 우려하며, 향후 21세기는 기독교와 이슬람의 첨예한 대립, 십자군 전쟁의 형국을 전망하였다. 따라서 오늘 우리에게는 종교 개혁기, 그리고 이후 이슬람의 발전과 도전에 대한 이해가 긴급히 요청된다.

본서는 필자가 선지학도들과 일선 목회자들을 위해 지금까지 강의한 것들로 출간을 위해 특별히 정리한 것이며, 모두 5부 18장으로 구성되었다. 제1부 역사해석과 역사발전에서는 제1장 종교개혁사의 개괄적 이해, 제 2장 종교개혁의 역사적 배경, 제3장 문예부흥과 종교개혁의 상관성을 다루었다. 제 2부 종교개혁의 형성과 신학논쟁에서는 순서에 따라 제4장 루터와 독일의 종교개혁, 제 5장 면죄부와 루터의 95개 항의문 소고, 제 6장 츠빙글리와 취리히 종교개혁, 제 7장 칼빈과 제네바 종교개혁, 제8장 칼빈과 제네바 아카데미의 상관성 소고를 취급하였다. 제 3부 종교개혁의 갈등과 신학적 발전에서는, 제 9장 프랑스 종교개혁의 역사와 특징, 제 10장 영국 종교개혁의 역사적 발전, 제 11장 스코틀랜드 종교개혁의 전개와 특징, 제 12장 네덜란드와 기타 유럽의 종교개혁, 제 13장 재세례파와 급진 종교개혁을 고찰하였다. 제 4부 가톨릭의 개혁과 동방 기독교에서는 제 14장 예수회와 반동종교개혁, 제 15장 동로마제국의 흥망과 동방교회의 몰락, 제 16장 오스만 터키의 형성과 전개과정, 제 17장 종교개혁 후 정통교회의 발전을 다루었다. 마지막 제 5부 결론 종합적 평가에서는 제 18장 종교개혁의 종합적 평가를 취급하였고, 끝으로 종교개혁사 연표와 참고문헌을 첨가하였다.

16세기 종교개혁은 1517년 젊은 대학 교수 마틴 루터의 95개 항의문을 필두로 1572년 스코틀랜드 개혁자 존 낙스의 사망까지 약 50년 동안 급속히 전개되었다. 개혁의 불길은 그 누구도 그 어떤 세력도 막을 수 없게 되었고, 특징 또한 거칠고 매우 다양하게, 예를 들면, 시대별, 언어별, 인물별, 사상별, 국가별로 나타났다. 놀라운 것은 개혁자들이 비록 각각 나이와 배경, 학문과 신학이 달랐으나 공히 중세 1,000년의 구습을 벗고 초대교회의 사도적 전통, 계시의 말씀과 구원의 은총, 그리스도의 주권 회복과 실천적 삶의 구현에 총력을 기울였다. 이들의 노력과 헌신으로 마침내 새로운 신학 이념을 주창하는 개신교단(protestants), 루터교회와 성공회, 장로교회와 개혁교회, 그밖에 독립교회가 출범하였다. 오늘 한국 교회는 개혁자들 중에 특별히 츠빙글리와 칼빈, 낙스의 신학과 전통에 기초한 하나님의 주권사상, 장로교 정치 원리와 체계, 그리고 성경의 통전적 주제인 언약신학/사상을 전수받았다. 이는 한국교회의 부흥과 성장에 보수적 장로교회가 주류를 이루는 이유이다. 하지만 우리는 21세기 최첨단 정보화 시대, 영적 정체성을 상실한 혼합주의 시대, 세속주의 시대, 현대 후 시대를 살아가면서, 지적했듯이 개혁자들의 신학적 전통을 수호하고 계승하는 교회로 거듭나야겠다. 그리하여 상실된 교회의 권위와 명예를 회복하고, 주님의 말씀에 따라 세상의 빛과 소금이 되어야 할 것이다.

끝으로 본서의 출간을 위해 흔쾌히 추천사를 써주신 존경하는 총신대학교 총장 정일웅 박사님께 감사드린다. 교수와 연구로 분주하시지만 잊지 않고 격려해 주시는 대한신학대학원대학교의 김향주 교수님(조직신학)과 21세기 성서 한국을 꿈꾸며 동분서주하시는 예루살렘 비블리칼 아카데미 & 유니버시티 총장 경한수 박사님, OMS선교영어 훈련원 원장 박규일 목사님, 항상 시대적 안목을 일깨우시는 신앙선배 이동렬 교수님(전 부천대학교 교수)과 主韓 강일구 목사님, 益山 이종태 목사님, 한솔 김상익 장로임, 고난과 시련의 때를 함께 하신 한송배 목사님(여수 운화교회)과 이종옥 사모님, 최종언 장로님과 유추월 목사님(여수소원교회), 그리고 사랑과 기도로 후원해 주시는 김병돈 목사님, 이재돈 장로님, 김기남 권사님, 조혜자 권사님, 이승숙 사모님, 김영미 전도사님, 윤미경 집사님, 임형빈 집사님, 석경숙 집사님께 감사드린다. 특별히 출간을 위해 수고해 주신 그리심 대표 조경혜 권사님과 장종길 장로님, 편집부에 심심한 감사를 드린다. 그리고 아들을 위해 불철주야 기도하시는 존경하고 사모하는 어머니 정복순 권사님과 사랑하는 아내 은순과 세 아이들, 에덴, 아론, 샤론에게도 고마움을 전한다. 바라기는 본서를 통해 하나님의 주권과 섭리, 주 예수 그리스도의 사랑과 용서, 성령의 능력과 축복이 역사 속에 밝히 드러나며, 책을 읽고 연구하는 모든 분들에게 하늘로부터 갑절의 은총을 기원한다.

2013(癸巳)년 2월 28일

개혁신학의 요람, 사당골 언덕에서 관악산을 바라보며

中甫 서 요 한 배상

차 례

제 4부: 가톨릭의 개혁과 동방 기독교 정통

제 5부: 결론: 종합적 평가

A History of the Reformation

제1부

역사 해석과 역사 발전

A History of the Reformation

제 1 장

종교개혁사의 개괄적 이해

- 개혁의 정의와 필요성, 및 중요성에 대하여 -

1. 서론

일반적으로 동의하듯이 대부분의 과거 역사적 사건들은 각각 그 시대마다 다양한 동기와 의미를 지닌다. 그 중에 종교개혁사는 지난 기독교 2,000년 역사에서 가장 중요한 사건 중에 하나이다. 왜냐하면 세계의 역사뿐만 아니라 기독교 역사에 새로운 전환점을 제공하였기 때문이다. 기독교에서 시작된 종교개혁은 이후의 모든 개방적 운동에 직간접으로 자극을 주었으며, 근대 문명사의 중심적인 동인이었다. 그러므로 교회사가 필립 샤프는 종교개혁을 역사상 기독교의 형성에 버금가는 중차대한 사건이라고 하였다.[1)] 종교개혁으로 1,000년 굴곡의 중세가 막을 내리고 향후 500년간 계속된 근대가 시작되었다. 그런데 종교개혁 시대는 초대교회, 특히 원시 기독교와 매우 유사하였다. 이 시기는 사도 시대 이후 기독교 역사에서 가장 중요하고 흥미로운 부분을 이룬다.[2)] 첫째로 두 시대 모두 다른 어떤 시대와 비교할 수 없는 위대한 인물들, 중요한 사건들, 그리고 항구적인 결과들을 풍부하게 갖고 있다. 둘째로 두 시대 모두 이전 시대에 진행되었던 것들이 열매를 맺었다. 그리고 이후

---

1) Philip Schaff, *History of the Christian Church*, (Michigan: Grand Rapids, 1910), vol. vii, 1.

2) Philip Schaff, *Ibid*., vii.

의 시대를 위해 풍요한 결실을 가져올 씨앗이 되었다. 셋째로 두 시대는 기독교 역사의 전환점이었다. 두 시대는 무한자와의 접촉을 통해 인간 영혼의 가장 내밀한 깊이로부터 이 세상을 새롭게 변모시켰다. 뿐만 아니라 모두 하나님의 섭리에 의해 특정한 사건들과 사상적 경향들을 역사 속에 통합하였다.

특히 일부 종교개혁을 비호하는 자들은 이 사건을 역사 서술의 종점으로 간주하기도 한다.[3] 그것은 종교개혁 이후 개혁자들의 개혁의 성취가 정체되었다고 보기 때문이다. 사실 개혁 당시 교회는 세상의 빛으로 본래의 사명을 저버리고 말씀에서 떠나 제도와 관습에 빠져, 루터의 지적처럼 고난의 신학대신 영광의 신학을 추구하였다.[4] 이로써 주님께서 십자가에서 이루신 구원 사역을 인간의 선행과 노력으로 대치하고 인습화하였다. 16세기 종교 개혁자들은 이 같은 교회적 전통에서 벗어나 초대교회의 순수한 신앙과 교회의 부흥, 참된 경건의 회복을 위해 장기적인 목표를 세워 이를 말씀으로 개혁하였다. 또한 이들은 지상의 왕국보다도 신령한 그리스도의 몸으로서의 교회에 더 관심을 가졌다. 이 같은 일관된 추구는 교회의 내적 개혁뿐만 아니라 외적으로 여러 민족과 국가 경제와 사회, 정치와 문화, 종교에 있어서 제도적인 개혁을 이루었다. 비록 서방 기독교 세계의 전통적 일치를 파괴했으나 자유와 진리에서는 이전보다 더 고차원적인 영적 일치를 성취하였다.[5] 이로써 옛 시대를 마감하고 새로운 시대를 개화하였다.

2. 연구의 필요성

(1) 필요성: 우리는 급변하는 2,000년대를 살아가면서 해아래 새것은 없다는 것을 재확인한다. 하지만 종교개혁을 통해서 우리는 교회의 본질과 이상, 교회가 직면한 제반 문제들을 끊임없이 반성하고 숙고해야 할 것이다. 세상이 급속도로 변하고 세속화의 물결이 거센 오늘의 상황에서 교회의 역할은 어느 때보다도 긴박하게 요구된다. 물질적 풍요와 다변화된 문화의 혜택은 말씀에 대한 무관심과 신앙의 나태(懶怠)를 낳고 있다. 어느 기관이나 단체보다 더욱 영적이어야 할 교회는 무기력한

---

3) 안더스 니그렌, 「아가페와 에로스」, 고구경 역, (크리스찬 다이제스트, 1998), 17.
4) 본서 제4장 "마틴 루터와 독일의 종교개혁"을 참고하라.
5) Philip Schaff, *op*. cit., 43-44.

상태에 있다. 교회는 교회로서의 역할을 다하지 못하고 오히려 세상의 지탄을 받고 있다. 주님의 교회는 영적으로 항상 깨어 있어야 하고 부흥해야 한다. 이는 곧 주님의 뜻이다. 하지만 우리의 현실은 매우 우울하고 냉소적이다. 이는 교회가 영적 공동체로서 활기를 상실하고 깊은 침체에 빠져 있기 때문이다. 그러므로 종교개혁사를 통해 (i) 오래 전 개혁자들이 직면한 상황을 이해하고 옛 전통과 역사를 조명하는 것은 21세기를 살아가는 우리에게 긴급히 요구된다. 여기서 종교개혁의 필요성을 강력히 요청받는다. 개혁 당시 가톨릭의 통제와 억압에도 불구하고 여러 나라가 처한 형편은 다양하였다. 그러므로 종교개혁을 연구할 때는 반드시 시대와 각 나라의 처한 상황을 고려하는 것이 필요하다.[6] (ii) 동시에 교회가 직면한 여러 위기를 극복할 수 있는 다양한 해답을 모색하기 위함이다. 현재 우리 교회의 실상을 둘러싸고 의견이 분분하다. 일반 사회뿐 아니라 교회가 앞장서서 교회의 타락과 부패를 비판하고 있다. 대표적인 예는 성직자의 부도덕성, 교회의 대형화와 물질만능주의, 여기에 급속히 확산되고 있는 세습화 현상 등이다. 이러한 상황에서 교회는 어떻게 위기를 극복할 수 있는지? 우리는 종교개혁사를 통해 오늘 교회의 상황을 올바로 진단하고 앞으로 다가올 새 시대를 대비해야 할 것이다.

(2) 중요성: 초대 교회의 전통에서 이탈한 중세 가톨릭은 오랫동안 사람들의 원망과 불평을 샀다. 그 동안 다양한 개혁이 때를 따라 종종 시도되었지만, 그것은 결국 하나의 미완의 열망이었다. 구원이 유대인으로부터 말미암았듯이 기독교 세계는 가톨릭 교회로부터 시작되었다. 비록 중세 가톨릭 교회가 머리와 지체가 온통 타락했지만 여전히 살아계신 하나님의 교회였다. 개혁자들이 개혁을 통해 인간적 전통이나 의식을 제거하고 그리스도의 순수한 복음의 근원을 드러낸 것은 매우 의미있는 일이었다. 그러므로 유럽을 변화시킨 16세기 종교개혁은 그 의의와 중요성에서 결코 과소평가할 수 없다.

그러면 종교개혁사의 중요성은 무엇인가? (i) 역사적 정통성의 확립에 있다. 기독교, 특히 개신교는 종교 개혁자들의 땀과 눈물, 순교적 헌신에 기초하였다. 이들 개혁자들은 "오직 말씀", "오직 믿음", "오직 그리스도", "오직 하나님의 영광"을 모토로 개혁을 실현하였다. 이러한 모토 위에서 바른 신학과 바른 교회, 바른 생활

6) Alister E. McGrath, *Reformation Thought*, (Blackwell, 1993), 1.

을 실현하는 것은 매우 중요하다. 그러므로 오늘 우리가 종교개혁사를 배우는 것은 우리의 신앙적 현주소를 재확인며 새롭게 하는 것이다. (ii) 교회를 교회되게 하는 것이다. 교회의 존재 목적이 무엇이며, 교회가 세상의 수많은 단체나 기관과 어떻게 다른가? 그것은 설립하신 분이 주님이시오, 보존하시는 자도 주님이시오, 영광을 받으시는 분도 주님이시기 때문이다. 그러므로 주님은 당신의 교회가 모욕당하는 것을 용납지 않으신다. 왜냐하면 교회는 주님의 몸이요 우리는 그의 지체이기 때문이다. 그는 우리의 신랑이요 우리는 그의 신부이다. (iii) 시대적 사명의 완수이다. 개혁자들은 하나님의 영광과 바른 교회의 회복을 위해 헌신하였다. 자료에 의하면 1300년경 스페인의 종교 재판 이후 약 700년 동안 6천 8백만 명이 학살되었다.[7] 그런데 개혁자들은 개혁을 위해 가정과 교회, 심지어 조국을 떠나 오랫동안 이국에서 때를 기다리며 유리하였다. 교회를 교회되게 하기 위해 자신들의 생명을 담보하였다. 그리스도인은 사회를 변혁해야 할 막중한 책임을 부여받았다. 오늘 날 도처에서 개혁의 목소리가 높다. 하지만 실질적인 개혁이 이루어지지 않고 있다. 종교개혁은 하나님이 역사의 주인이심을 천명한다. 개혁은 곧 그분의 의지의 강력한 표현이다. 그러므로 개혁의 무관심은 그의 주권과 지혜, 능력을 거역하는 것이다. 진리로 새롭게 하여 이 땅에 주의 나라를 건설해야 할 것이다.

3. 역사의 전환과 변화

종교개혁이 발생한 전야, 당시 세계는 한편 투르크 인들의 도전과 다른 한편 신세계의 발견으로 급속히 변화되었다. 교회는 교회대로 변화를 요청받았다. 그러므로 종교개혁은 단순히 종교적인 사건만이 아니었다. 군주와 백성들이 종교에 중요성을 부여하였다. 따라서 종교를 권력의 도구로 사용하는 유럽에서, 로마 교회에 대한 도전은 정치와 문화에 큰 파장을 일으켰다. 비록 지역적 상황은 달랐지만, 이제 개혁은 유럽인들에게 피할 수 없는 과제요 관심이었다. 종교 개혁은 모든 삶, 전 영역에 침투했으며 그 파급은 불가항력적이었다. 이를 쟁취하기 위해 전쟁도 불사하였다. 실재로 종교 분쟁이나 전쟁이 독일과 프랑스, 영국과 스코틀랜드에서 거세게 일어

7) 주도홍, 「개혁교회사」, (도서출판 솔로몬, 1998), 78-84.

났다. 그 결과 오랜 투쟁 끝에 프랑스는 가톨릭이, 스코틀랜드는 개혁자들이 승리하였다. 개혁자들에 따라 주창된 개혁의 입장과 방식이 달랐으나 개혁의 목표와 성취는 공통된 과제였다. 그러면 당시 교회는 어떤 상황에 직면했는지를 다음과 같이 간략히 정리하였다.

3.1. 일반적 변화

(1) 생존의 갈등과 위협: 14세기 이후 사회 전반에 발생한 다양한 사건들은 중세인들을 절망으로 내몰았다. 이는 보편화된 성직자의 타락과 평신도들의 무관심, 과장된 상호 비방과 고소 고발, 사치와 향락에서 발견된다. 혹 모든 사회 계층에 마지막 남은 숨겨진 헌신과 신앙이 남아있기는 했으나 한마디로 이 시대는 악은 칭송되었으나 선은 고양되지 않았다. 오히려 교회의 추문과 패악이 기억되고 참된 신앙심은 부정되고 망각되었다. 이런 와중에 종교개혁 직전 유럽에 몰아 닥친 흑사병과 터키족의 위협은 대책 없는 절망의 연속이었다. 이 두 위협은 14세기 중엽에 나타난바, 일반 성직자들은 이것을 가톨릭주의의 타락에 대한 하나님의 징계로 간주하였다. 그중 흑사병은 1347년 발생하여 전 유럽을 공포 속에 3년 동안 서방 가톨릭 인구의 1/3을 죽음으로 내몰았다. 그 후에도 흑사병은 수세기 동안 향토 병으로 유럽을 죽음이 지배하는 사회로 만들었다.[8] 한편 터키의 오스만 투르크(The Muslim Ottoman turks)는 1354년 갈리 폴리(Galli poli)를 점령한 후 유럽으로 진출하였다. 15세기 동안 그들은 북쪽과 서쪽을 계속 정복하였다. 루터의 출생 이전 술탄 메흐메드 II(Sultan Mohanned II, 1451-1481)세는 막대한 영토를 획득하였다. 콘스탄티노플(Constantinople)은 1453년, 니그로펜테(Negreponte)는 1470년에 정복되었다. 1480년에는 이탈리아의 말단인 오트란토(Otranto)까지 진출하였다. 루터의 활동 시에도 투르크와 로마의 남쪽 연안 거주자들은 실제로 재앙과 같은 위협을 받았다.[9]

---

8) 중국과 아시아 내륙에서 시작된 흑사병은 킵차크 군대가 크림에서 제노바 교역소를 포위하고, 페스트 환자의 시체들을 노포(弩砲)로 도시를 향해 쏘면서 유럽인들에게 전파되었다. 그 후 흑사병은 지중해 항구를 따라 1347년 시칠리아, 1348년 북아프리카, 이탈리아, 영국, 프랑스, 1349년 오스트리아, 헝가리, 스위스, 독일, 베넬룩스 3국, 1350년 스칸디나비아와 발트 해 국가로 확산되었다. 농촌보다 도시가 더 큰 피해를 입었으며, 도시 내에서도 특히 수도원에 희생자가 많았다. 서요한, 「중세교회사」, (도서출판 그리심, 2010), 807 참조.

이는 투르크의 잔당들이 밤에 바다를 통해 침입하여 아름다운 여자들을 술탄의 성지로 데려갔기 때문이다.[10]

(2) 과학의 발명과 새 삶의 이정표: 이 같은 절망적 상황에서 내적으로 유럽 국가들의 자각이 일어났다. 그 중에 1485년 영국, 1491년 프랑스, 1492년 스페인에서 새로운 군주정치가 시작되었다. 이 상황에서 교회도 더 이상 버틸 수 없는 어떤 강력한 변화를 요청받았다. 특히 교황청의 분열과 이탈, 범죄 타락은 수많은 교인들로부터 외면당했다. 그 결과 존 위클리프의 제자 존 후스는 로마 교회의 개혁을 기다리던 중 그리스도와 그의 복음을 위하여 가톨릭 교회의 연합으로부터 탈퇴하였다. 밖으로는 대서양을 둘러싸고 펼쳐진 탐험과 정복은 새로운 역사의 활력에 전환점이었다.

나침판의 발명은 대양의 항해를 가능하게 하여, 미지의 세계를 탐험하는 계기를 제공하였다. 동시에 화약의 발명은 새로운 무사계급을 탄생시켰다.[11] 따라서 중세 사회 구조 속에서 막강한 권력과 지위를 차지했던 기사계급이 몰락하였다. 인쇄술의 발명은 또 하나의 충격으로, 특히 르네상스 시대에 독일의 기여는 결코 과소평가할 수 없는 것이다. 역사적으로 인쇄술은 5세기경 중국에서 발명되었는바, 868년 첫 번째 책이 인쇄되었다. 유럽에서는 15세기에 쿠텐베르크(Johann Gutenberg)에 의해 개발되었다. 1445년 발명되어 1446년 최초로 성경을 출판하게 되었다. 1462년까지 마인츠에서 비밀리에 보존되었으나 이듬해 시 당국의 도움으로 널리 보급되었다. 이로써 인쇄술의 발명과 발달은 새로운 사조 형성과 보급에 획기적인 전기를 마련하였다. 인쇄 혁명으로 신속하게 그리고 항구적으로 지식이 도처로 보급되었다. 예술가, 학자, 그리고 교육받은 일반 사람들의 생활 내용과 분위기, 패턴을 근본적으로 변화시켰다. 1483년 전 유럽으로 확산되어 개혁 당시 루터와 멜란히톤의 저서들이 곧 바로 파리와 로마로 전달되었다. 인쇄술의 발달로 종교개혁은 최대의 수혜를 누리게 되었다.

---

9) 장-바티스트 뒤로젤, 「유럽의 탄생」, 이규현/이용재 역, (지식의 풍경, 2004), 91.

10) 당시 시인 타로(Tasso)의 누이도 소렌토(Sorento)로부터 유괴되었다.

11) 19세기 영국의 사상가 토마스 칼라일(Thomas Carlyle)은 근대문명의 3가지 중요 요소는 화약, 인쇄술, 그리고 종교개혁이라고 했다. 그리고 베이컨은 고대인들이 알지 못했던, 그리고 전 세계를 변화시킨 세 가지 발명품은 화약, 켐퍼스, 그리고 인쇄술이라 하였다. 정동근, 「현대사상의 체계분석」, (정훈출판사, 1991), 27.

(3) 지리상의 발견: 15세기 중반부터 유럽은 지중해 제국에서 대서양 제국으로 신속히 이동하였다. 포르투갈의 엔리케 항해 왕자는 아프리카 서안 탐험사업을 조직하였다. 탐험사업은 급속하게 진행되어 왕자가 죽은 후 1488년 바르톨로뮤 디아스에 의해 아프리카 최남단 희망봉이 발견되어 아프리카를 우회하여 아시아에 이르는 항로 개발이 현실화 되었다. 그로부터 10년 후에는 바스코 다 가마의 함대가 희망봉을 돌아 캘리컷에 이르렀다. 그런 가운데 제노바 출신 콜럼버스는 피렌체의 의사 토스카넬리가 주창한 지구 구체설을 믿고 서쪽으로 돌아가면 동쪽으로 돌아가는 반 정도의 거점에서 아시아에 다다를 것이라 생각하였다. 그는 마르코 폴로가 전한 "황금의 섬" 지팡구의 막대한 부를 독점하겠다는 야심을 품었다. 그는 포르투갈의 항해가가 아프리카의 최남단에 도착했다는 위기감 속에 1492년 스페인 왕을 찾아가 지원을 부탁하였다. 스페인 왕과 이탈리아 상인의 지원을 받아 3척의 함대로 항해에 나선 콜럼버스는 70여 일의 항해 끝에 마침내 아메리카 대륙을 발견하였다. 이로써 아메리카는 스페인에 의해 완전히 개조되기 시작하였다.[12] 16세기 초에는 마젤란 함대가 세계 일주 항해에 성공하여 지구의 넓이를 예측할 수 있게 되었다. 스페인은 아메리카 대륙의 아스텍 제국과 잉카 제국들을 멸망시키고 원주민을 노예 삼아 광산을 개발하여 막대한 양의 값싼 은을 서유럽에 공급하였다.

그 후 유럽은 광대한 토지를 개발하여 설탕, 커피 등 상품작물을 재배하였다. 그러나 노동력이 부족하자 아프리카의 흑인들을 대량으로 잡아 노예로 부렸다. 유럽은 대서양이라는 광대한 바다 건너 있는 아프리카를 지배하기 위해 종래의 유라시아 지역의 대제국과는 다른 방법을 택하였다. 유럽 여러 나라는 본국인의 이주, 광산과 플랜테이션의 개발, 유통의 지배, 경제의 통제 등 경제적 지배 방법을 이용하였다. 그럼에도 불구하고 외적인 영화와 달리 내부적으로는 종교적 갈등을 피할 수 없었다. 16세기에 형식화한 가톨릭에 반발하여 개인의 신앙을 중시하는 새로운 기

---

12) 당시 스페인은 아메리카에 거주하던 원주민 아스텍 제국(1519년)과 잉카제국(1533년)을 멸망시켰다. 그리고 "엥코미엔다", 즉 위탁 제도를 실시하여 원주민족인 인디언을 노예로 만들었다. 이 제도는 이민자들이 인디언을 기독교도로 개종시키는 대가로 강제노동을 시킬 수 있는 권리를 국왕에게 인정받는 것이다. 그리하여 인디언을 합법적으로 노예화하였다. 마야, 아스텍, 잉카의 총인구가 16세기에 약 7,000만-9,000만 명으로 추정되는데 불과 100년 후인 17세기에는 약 350만 명으로 급격히 줄었다. 미야자키 마사카츠, 「하룻밤에 읽는 세계사」, 이영주 역, (중앙 M&B, 2000), 192.

독교가 창출되었다. 이로써 16세기 중엽부터 약 100여 년 간 유럽에서는 종교전쟁이 계속되었다. 그러나 1648년 베스트팔리아 조약으로 유럽에는 주권국가를 단위로 하는 국제사회가 성립하였다.

(4) 르네상스 운동: 이는 보통 인문주의로 불리는데, 15-16세기 서유럽 전반에 걸친 문학적 변화를 가르치는 것으로 고전 학문의 재생을 의미한다. 인문주의자란 원래 라틴어 문법을 가르치는 사람을 가르쳤으나, 후에 라틴과 헬라의 고전을 읽고, 읽은 바에 따라 생활을 통합하려는 학생의 의미가 포함되었다. 따라서 인문주의는 학자나 학문과 대비되는 말이다. 이는 처음 이탈리아에서 시작되어 서유럽 전체로 확산된 고전적 그리스와 로마의 정치적 정신적 자세, 예술에서의 가치의 재생을 묘사하는데 사용되었다.

최초의 인문주의자로 알려진 로바티(Lovato Lovati)는 파두아의 판사로 라틴 고전을 문서와 정신까지 모방하려는 새로운 방법을 소개하였다. 그밖에 라틴 시를 짓고 도서관을 운영했으며, 폼포사의 베네딕트 수도원에 숨겨진 고전의 필사본을 발견하였다. 프란체스코 페트라르카(Francesco Petrach)는 독실한 기독교 신자로 그의 저술을 통해 유럽 문학에 영향을 끼쳤다. 그는 사색적인 철학자는 아니었으나 아리스토텔레스의 형식을 거부하고 학교의 불규칙한 논리와 중세 수사학의 빈약함, 라틴 학문의 야만성을 미워하였다. 하지만 낡은 스콜라주의와 새로운 인문주의, 권위주의적인 전통과 성경 본문 숭상을 조화시키려 했다. 따라서 페트라르카는 당시 첫 번째 현대인으로 호칭되었다. 이는 그의 활동과 태도가 그의 시대보다는 현대화된, 현대 사상의 전형이었기 때문이다. 페트라르카의 친구인 보카치오(Giovanni Boccaccio)는 인문주의자로 보카치오를 비롯한 책을 라틴어와 이탈리아어로 기록했다. 이들은 몇몇 학자들에 한정된 고전적인 그리스 문학의 원본을 널리 읽히고자 하였다.

이 같은 고전 언어의 연구는 새로운 시대와 정신을 형성하였다. 이는 곧 신약성서의 관심 속에, 세속적 문학에서 성스러운 문학으로 이동하였다. 현대 성경적 비평의 아버지 로렌조 발라(Lorenzo Valla)는 로마인으로 1444년 라틴 벌게이트 번역과 그의 신약성경의 주해에 있는 그리스 원문과의 대담한 대조를 발표하였다. 발라에게 모든 것은 동일한 학문적 연구에 종속되었다. 히에로니무스(제롬)의 벌케이트 성경은 타키투스의 연대기 비평의 원리와 똑 같은 본문으로 구성되었다. 그는 콘스탄티누스의 기부가 위조였다는 것을 역사적이고 언어학적인 증거로 증명하였다. 특히 교육에 새로운 발전을 고무시킨 사람으로는 에라스무스를 들 수 있다. 그는 모든 인문주의자들 중에 가장 뛰어난 사람이었다. 영국에서는 콜레트(John Colet), 바울(Dean St.Paul), 토마스 모어가 영향을 미쳤다. 대학으로는 유럽에 흩어져 있는 보르도(Bordeauzx), 루벵(Louvain), 성 앤드류스(St.Andrews), 튀빙겐(Tubingen), 웁살라(Upsala)와 각 지역의 수도원 외에 도서관으로는 로마의 바티칸, 플로렌스의 로렌치안, 옥스포드의 보들리언 등이 활용되었다.

3.2. 종교적인 변화

중세 가톨릭의 세속화는 다양하게 전개되었다. 그 중에 교황을 정점으로한 성직자들의 이기적인 폭압이 현저하였다. 이제 누구도 더 이상 그 멍에를 지탱하거나 견딜 수 없게 되었다. 교회의 분열로 불가피하게 교황이 2-3명이 되었고, 이들은 각각 정통성을 주장하며 서로를 증오하였다. 특별히 교황청의 도덕성은 강력한 개혁정책으로 일부 개선되기는 했지만 꾸준히 제기되었다. 그런 가운데 1492년부터 1521년 사이에 더욱 불안이 고조되었다. 교황 알렉산더 6세는 불법의 괴물이었으며 율리우스 2세는 성직의 탈을 쓴 정치가요 투사였다. 그리고 레오 10세는 종교보다는 이교의 문학과 예술에 관심을 기울였다. 그는 교회의 수장으로써 복음의 역사성을 의심하였다.[13] 많은 추기경들과 사제들이 교황들의 부끄러운 행실을 따르고, 성직자에 대한 평신도들의 존경심이 약화되었다. 당대의 학자들, 설교자들, 그리고 풍자가들의 글은 사제들과 수도사들의 무지와 세속성 그리고 도덕성에 대한 불평과 폭로로 가득찼다. 부끄럽게도 성직매매와 족벌주의(nepotism)가 거리낌 없이 행해졌다. 성직자 독신제(celibacy)는 온갖 부정과 성적 불결의 근원이었다. 주교직은 교회적 규범이 무시된 채 왕자들과 귀족들의 어린 자제와 아이들이 독점하였다. 따라서 토마스 무르너(Thomas Murner)는 마귀가 귀족들을 성직으로 끌어들여 주교직을 독점하였다고 성토하였다.[14] 성직을 겸직한 교구가 흔하였고,[15] 이로써 규율이 거

---

13) William Roscoe, *The Life and Pontificate of Leo The Tenth*, (London: 1827), 4 vols.

14) Philip Schaff, *History of the Christian Church*, (Michigan: Grand Rapids, 1910),

의 파괴되었다. 모든 수도원 체계와 종단들은 무지와 미신, 안일과 낭비, 사치의 온상이었다. 그리고 조롱과 경멸의 대상이었다.

신학은 스콜라주의의 공교함, 아리스토텔레스의 변증법과 사변의 풍미함은 복음의 권위와 위대성을 파괴하였다. 비텐베르크 대학에서 루터의 동료 칼슈타트(Carlstadt)는 성경을 보기 전에 신학박사가 되었다. 절대 다수의 평신도들은 읽지도 쓰지도 못했으며, 강단에서 가르쳐지는 교훈 외에는 말씀에 근접할 수 없었다. 사제의 주된 의무는 신비스런 말로 화체설(Transubstantiation)의 기적을 행하는 것이었다. 살아있는 자들과 죽은 자들을 위해 낯선 언어로 미사의 희생을 제공하였다. 특별히 이탈리아에서는 말씀에 근거한 설교가 무시되고, 대개는 면죄부, 자선금, 성지순례, 성상의 행렬로 채워졌다. 교회당들은 좋고 나쁜 그림들, 진짜와 허구적인 유물로 넘쳐났다. 성자 숭배와 성상 숭배, 미신적인 의식들과 예전들이 참된 예배의 걸림돌이었다.

참된 경건은 외적 혹은 외향적인 것으로 변질된 채, 주기도문(파테르노스테르, Paternoster)과 아베마리아(Avemaria)의 암송, 금식, 자선금 기부, 사제에게 고해성사, 성지 순례같은 것으로 축소되었다.[16] 선행은 질보다는 양으로 측정되었고 보상에 대한 이기적인 추구로 신앙이 오염되었다. 죄의 용서와 사죄는 돈으로 얻을 수 있었고, 수치스런 면죄부 판매가 성 베드로 성당의 건축을 위해 교황의 재가 아래 실행되었다. 이것이 가톨릭을 심판한 종교개혁의 원인이자 분노의 결실이었다. 이에 대해 예외적으로 교황 하드리아누스 6세는 1522년 뉘른베르크(Nurnberg) 의회에서 교황과 성직자들이 타락했다는 것을 특별히 고백하였다. 그리고 교황청의 개혁을 위해 진지하게 노력하였다.

---

vol. vii, 8-9.

15) 예를 들면 마인츠의 대주교 알브레히트(Albrecht)는 동시에 마크데부르크(Magdeburg)의 대주교였으며, 또한 할버슈타트(Halberstadt)의 주교였다. 울지(Wolsey) 추기경은 잉글랜드의 대법관(Chancellor)이자 요크의 대주교였다. 그는 프랑스와 스페인 왕, 그리고 베네치아의 총독으로부터 봉급을 받았으며 500명의 시종을 두었다. 스코틀랜드의 제임스 5세(1528-1542)는 자신의 사생아들을 홀리루드(Holyrood), 켈소(Kelso), 멜로우즈(Melrose), 콜딩햄(Coldingham), 그리고 세인트 앤드류스(St.Andrews) 수도원의 대수도원장으로 임명하고, 자신이 총애하는 자들에게 주교직을 하사하였다.

16) 보다 자세한 것은 서요한, 「중세교회사」, (도서출판 그리심, 2010), "제 17, 18장 중세교회 예배의식의 제 형태(I, II)", 531-596을 참고하라.

이러한 상황에서 북유럽 가톨릭 교회의 영적 재생을 의미하는 하나님을 섬기는 현대적 방법(Devotio Moderna-the modern way of serving God) 운동이 일어났다. 이는 알프스 북쪽을 중심으로 개인적, 사회적 헌신을 강조하며 교육 분야에서 시작되었다. 핵심적 인물인 그루터(Geert Groote)는 1374년 회심 이전에 사치스런 생활을 하였다. 그런데 그의 생활의 변화는 전적으로 하나님과 사람에게 봉사하는 것이었다. 그는 카르투지오 수도회(Carthusians)에 가입하여 므니쿠젠(Munnikhuizen) 수도원에서 3년을 보냈다. 1379년 유트리히의 감독 교구에 전도 여행을 떠나 프랑스, 이탈리아, 네덜란드 사람들에게 감명을 끼쳤다. 삶의 변화 이후에 그는 신앙심이 깊은 여인들의 공동체를 만들어 하나님을 사랑하고 그를 경배하는 일에 힘썼다. 후에 일반인과 그루터의 동료인 성직자들이 남자들의 공동체(Brethren of Common life)를 만들었다. 그루터의 사망으로 래드윈(Radewijns)이 형제단의 지도자가 되어 1387년 빈데스하임(Windesheim)에 유력한 건물을 세웠다. 이 형제단은 어거스틴 규약을 따랐으며 1395년 교황 보니페이스의 승인을 받았다. 몇 년 후 이 단체는 네덜란드의 다른 모임과 연합하여 빈데스하임의 모임을 갖게 되었다. 이들은 영적인 훈련을 포함하여 전반적인 교육의 정진에 힘썼다. 학교를 세우고 가르쳤으며, 공동체의 유지를 위해 출판 사역에 힘썼다. 그 후 이 모임은 경건한 사람들의 모임으로 알려졌다. 이처럼 그루터에 의해 시작된 모임은 확산되어 15세기 동안 빈데스하임의 규범은 독일과 스위스의 공동체의 출발이 되었다. 이 형제단의 공헌은 에라스무스와 독일의 학자인 비엘(Grabriel Biel)이었다.

하나님을 섬기는 현대적 방법을 잘 정리한 것은 「그리스도를 본받아」(*Imitation of Christ*)를 저술한 아켐피스이다. 그는 12세에 드벤트 소재 학교에서 래드윈의 안내를 받은 후 일생동안 이 운동을 추진하였다. 이것은 그동안 익명으로 읽히다가 15세기 중반에 이르러 서유럽으로 확대되었다. 라틴어로 기록된 이 책은 처음에는 9부분으로 구성되었으나 후에 4부분으로 편집되었다. 첫 부분은 영적인 생활을 돕는 사고, 두 번째는 내적 생활을 돕는 충고, 세 번째는 영적인 위안의 준비, 네 째는 성례전의 장점으로 구성되었다. 이 책에서 아켐피스는 기독교인들에게 그리스도의 모범에 따르는 완전함을 가르쳤다. 예를 들면, 사람이 예수를 사랑한다면 그를 위해 자신을 버려야 한다. 이는 예수께서 다른 어떤 것보다 자신을 사랑하기를 원하기 때문이다. 피조물의 사랑은 변하기 쉽고 믿을 수 없지만 예수의 사랑은 믿을 가치가 있고 지속적이기 때문이다. 창조된 것에 집착하면 그와 함께 멸망하지만 예수를 사랑하고 친구로 삼으면, 다른 모든 것이 사라지고 종말의 심판을 면하게 될 것이다.

4. 르네상스와 종교개혁

르네상스는 고전의 부흥으로 새로운 시대와 정신을 형성하였다. 이는 대체로 그리스-로마 문명의 세속적인 유산들을 부활시키기 위해 전개되었다. 그러나 르네상스는 우리가 알고 있듯이 기독교에 반대하는 세속적인 지적운동이 아니고, 오히려 그리스-로마 문명의 문화적 유산들을 기독교적 세계관으로 통합하려는 시도로 이해해야 할 것이다. 서구 역사가 야곱 부르크하르트(Jacob Bruckhardt)는「이탈리아의 르네상스 문명」(*The Civilization of the Renaissance in Italy*)에서 이탈리아의 르네상스는 지적 에너지의 갑작스러운 폭발이었다고 하였다. 이것은 본질에 있어서 대개는 세속적인 것이었으며, 이탈리아의 천재들이 그리스-로마 문화의 유산에서 본떠온 것이라 하였다.[17] 르네상스의 주역들, 예를 들면 페트라르카, 복카치오, 미켈란젤로, 레오날드 다 빈치는 가톨릭교도로 당시 르네상스를 주도하였다. 그러므로 기독교적 세계관의 입장에서 당시 상황의 이해가 요청된다. 이들은 물론 당시 사제들과 성도들을 비웃었다. 하지만 그들은 당시의 반성직주의를 반대하여 교회의 전통에 급급한 교회를 비판하였다. 르네상스 인문주의자들의 비웃음은 복음 그 자체가 아니라 교회의 조직과 전통, 관례였다. 그러므로 르네상스 지식인들의 외침은 서구의 영적 헌신을 위해서, 대체로 히브리와 기독교적 구조에 남아있는 전통에 대한 반항이었다.[18] 여기에는 정치를 포함하여 문학과 철학, 예술에서 고조되었다.

그러나 종교개혁의 본래 목적은 성경으로 복귀하는 것이었다. 당시 종교개혁은 모든 것이 개인주의로 지향되던 많은 사회적, 정치적, 경제적 변화의 종교적 측면을 말해준다. 종교개혁은 개인 양심의 우위와 인간과 하나님 사이의 직접적인 관계의

---

17) 이석우(편),「기독교와 역사사상」, (성광문화사, 1981), 217-218.

18) 예를 들면 토마스 모어는 교회에 대해 교회를 비판하는 지성인이었음에도 불구하고, 헨리 8세에 의해 비참하게 죽을 때까지 진정한 가톨릭 신자였다. 르네상스는 마치 세례요한이 예수님을 위해 그 길을 예비했듯이 종교개혁을 위한 길을 닦아 놓았다.

가능성을 보여준다. 특히 개인과 창조주 사이의 중재자로서의 교회를 배제하고 개인이 성경을 스스로 해석할 수 있게 하였다. 두 운동은 공히 개인의 의식을 환기하여 중세적 봉건제를 부정하였다. 현세적인 르네상스가 인간을 외면적으로 중세에서 해방시키는 것인데 반해 종교개혁은 인간의 내면성을 중세적인 것에서 해방시키려는 것이다. 종교개혁은 기독교가 중세 봉건사회의 지배질서와 결부하여 봉건제의 이데올로기로 되었고 세속화하여 부패한데 대한 종교의 내부적 개혁이었다. 또한 종교개혁은 중세적인 위계주의의 권위를 거부하고 성경의 절대성과 개인의 내면적 경험, 즉 신앙 이외에 권위가 존재하지 않음을 주장하였다. 그리고 중세의 정치에 대한 간섭, 세속권의 종교에의 간섭을 배제하였다. 결국 로마 교회와의 단절이었다.[19]

5. 종교 개혁의 정의

최근 우리 사회는 너무 쉽고 폭넓게 개혁이라는 말을 사용하고 있다. 그 결과 혼란을 야기하는 경우가 많다. 시민혁명가나 사회운동가들은 16세기 종교 개혁을 평가할 때 이를 혁명으로 표현하였다. 이들에 의하면 보통 혁명은 지배와 피지배 계급의 갈등 구조에서 벗어나는 모든 정치적 사회적 총결산이다.[20] 하지만 때로 혁명은 매우 공포스럽고 어떤 경우에는 매우 자랑스럽다. 혁명은 한편 사람들을 분열시키지만 다른 한편 분열된 각자의 입장에서 사람들을 강하게 결합시킨다.

(1) 일반적-세속적: 영어권 국가에서 개혁(改革)은 보통 "reform"이나 "reformation"이 사용된다. 그러나 오늘과 같은 다변화 시대에 북한이나 중국, 혹은 소련에서 보듯이 이들 국가들은 "개혁" 대신 변혁과 개방, 혁신과 전환이란 용어를 선호한다. 1990년대 초 동구권의 오랜 이념적 장벽을 허물었던 구 소련 공산당 서기장 고르바초프는 페레스트로이카를 개혁 대신 개편이나 글라스노스트, 즉 개방으로 표

19) Philip Schaff, *History of the Christian Church*, (Michigan: Grand Rapids, 1910), vol. vii, 2-3.

20) 하야건이, 「시민혁명의 역사구조」, 박준식 역, (청아출판사, 1983), 11. 혹 지배계급 간의 단순한 정권쟁탈이나 반동적 독재정권의 수립을 지칭하기도 한다. 이는 대개 고대에서 중세로 넘어가는 과정에서 발생한 봉건혁명, 중세에서 근세로 넘어가는 근대시민혁명, 또 사회주의로 이행하는 사회주의혁명 등이 있다.

현하였다. 하지만 중요한 것은 개혁이 발생한 시점이나 요구한 대상과 내용, 그리고 목표와 한계의 확실한 설정이다. 이를 위해서는 무엇보다도 근본 문제에 대한 획기적인 인식의 전환이 있어야 한다. 만약 그렇지 않다면 어떤 개혁이나 개방도 무의미하다.

학문상 사회학이나 정치학에서 이 용어는 보통 기능적 개혁과 구조적 개혁, 철학적 개혁으로 세분된다. 먼저 기능적 개혁은 사람이 처한 위치에서 새로운 관점과 눈높이로 모든 문제를 취급하는 것이다. 이를 위해서는 분명한 목표와 방향, 전문성이 요구된다. 끊임없는 노력으로 각각 맡은 바 역할을 수행해야 한다. 구조적 개혁은 사회나 국가의 기존 체제를 근본적으로 개혁하는 것이다. 한편 철학적 개혁은 정신이나 사상 혹은 종교적 신앙의 개혁을 포함한다. 이는 현대의 급박한 변화 속에서 곳곳에서 제기되고 있는 일반적 개혁의 구분이다.

(2) 특수적-교회적: 기독교의 개혁(reformation)은 갱신(renewal)과 함께 표면상 단일 사역이다. 그런데 갱신(renewal)은 또한 부흥(revival)으로 재형성(re-form)의 의미를 포함한다.[21] 따라서 개혁은 갱신이나 부흥과 함께 더러워진 얼굴을 씻어 깨끗하게 하는 것, 보다 적극적으로 심령의 변화를 받아 하나님의 거룩하시고 온전하신 뜻(롬 12:1-2)을 이루는 것이다. 즉 교리와 교회법, 예배의식과 규례를 말씀에 따라 교정하는 것이다. 성경은 이를 영적 운동으로, 예를 들면 우상을 철폐하거나 그의 백성들의 회심과 각성으로 표현한다.[22] 종교적 개혁은 내(영)적으로 말씀에 비추어 자체 내에 존재하는 결함과 모순을 제거하는 끝없는 변화의 추구에 있다. 이를 기초로 자기 중심적인 사고와 이해, 경험에서 벗어나 사도적 신앙과 사상을 효율적으로 유지하며 발전시키는 것이다. 즉 살신성인의 자세로 항상 말씀 앞에서 사는

21) James Packer, "Steps to the Renewal of the Christian People", *CRUX. 12*, 1989/vol. XXV, No. 4. 7.

22) 수 24:14-16, 18. "그러므로 이제는 여호와를 경외하며 성실과 진정으로 그를 섬길 것이다. 너희의 열조가 강 저편 애굽에서 섬기던 신들을 제하여 버리고 여호와만 섬기라. 만일 영호와를 섬기는 것이 너희에게 좋지 않게 보이거든 너희 열조가 강 전편에서 섬기던 신이든지 혹 너의 거하는 땅 아모리 사람의 신이든지 너희 섬길 자를 오늘날 택하라. 오직 나와 내집은 여호와를 섬기겠노라...우리도 여호와를 섬기리니...." 그 밖에 대표적인 예로는 대하 29-31장의 히스기야 왕의 개혁인데, 29장의 우상 근절, 30장 유월절 규례와 헌신(v. 32), 대하 34-35장(왕하 22-23참조) 요시야의 개혁, 에스라 9-10장 부흥의 양상, 느 8-10장 말씀의 개혁과 회개이다. 한편 신약의 행 2:42-46의 오순절, 계 2-3장의 갱신요구 등이다.

것이다. 말씀 앞에 항상 자신을 쳐서 복종시키는 것이다. 이 같은 영적 외침과 변화에 대한 갈망이 새 역사의 기적을 창조한다. 그런데 참된 개혁은 회개와 거듭남에서 시작되며 완성된다. 이것이 개혁의 출발이요 내용이며, 방법이요 목표이다. 개혁의 궁극적 실체인 나의 변화 없이는 어떤 것도 이룰 수 없다. 따라서 우리는 내 영혼의 끝없는 변화를 위해 근신해야 한다. 이것이 기적을 창조하는 역사를 잉태한다. 개혁을 위해 지불한 대가만큼 값비싼 보상이 뒤따른다. 그 값을 아는 사람이 개혁을 주도하는 주체가 될 수 있다. 초대 교회의 순교자들은 참된 신앙 안에서 그들의 생명을 아낌없이 주님께 바칠 수 있었다.

한편 외적 개혁은 주님의 지상 명령을 이 땅에 실현하기 위한 영향력의 증대이다. 이는 마치 한 알의 밀알이 땅에 떨어져 죽어 많은 열매를 맺듯이 증거를 세상에 드러내는 것이다. 분명히 개혁의 목표는 하나님의 나라의 실현 즉 세상의 복음화의 성취이다. 내적 개혁이 자신의 성결과 성화라면 외적 개혁은 하나님 나라의 완성이다. 16세기 종교개혁은 바로 이 같은 목적과 취지에서 신앙에 의해서만 은총을 받을 수 있다는 성경주의에서 출발하였다. 이는 당시의 로마 가톨릭 교회와 완전히 다른 모습의 개혁된 교회로 종교적 신조, 태도, 제도와 깊이 관련되었다. 또한 속죄의 방법, 즉 신앙에 의해서 만이 은총과 축복을 얻는다는 교리와 모든 신자들의 제사장화에 집중되었다.[23] 이 같은 개혁 이념과 발전은 지극히 형식화된 도덕률과 성례집행이 만연된 16세기의 시대적 상황에서 배태되었다.[24] 이는 간략히 말해 그리스도나 교부시대의 원초적인 이상으로의 복귀와 전통을 재건한다는 의미이다.

사실 교회는 처음 설립 이후 본래 가지고 있던 순수한 이상과 실천에서 이탈하였다. 중세 교회가 전통과 의식에 급속히 빠져들자 개혁자들은 성경적 원리를 따라 다시 일으켜 세웠다. 이는 1520년대 이후 여러 종교 운동에 의해 급속한 변화를 겪게 되었다. 예를 들면 개혁은 역사적으로 긍정적 평가에도 불구하고 가톨릭의 주된 비난의 대상이었다. 그 이유는 개신교가 보편적 지상 교회의 일치를 파괴하고 분열과 불화를 야기했기 때문이다. 이는 개혁 이후 개신교가 걸어온 자취에서 찾을 수 있는 바, 교리나 예배의식의 부조화와 불일치였다.[25] 오히려 정통주의 노선의 추구

---

23) 브렌다 볼튼, 「중세의 종교개혁」, 홍성표 역, (도서출판 느티나무, 1999), 17.

24) 「역사란 무엇인가」, (고려대학교 출판부, 1994), 95.

25) 도날드 L. 노비, 「신약교회의 조직」, 장세학 역, (전도출판사, 1994), 13.

로 교파간에 분열과 반목으로 상처가 깊었을 뿐이다. 따라서 개혁에 대한 부정적인 인식을 전환시키는 교회의 자구적인 노력이 요청된다. 이 같은 급속한 변화의 시기에 일어난 종교개혁은 역사의 흐름을 바꾸는 결정적 계기였다. 우리가 개혁을 말할 때는 대개 개신교의 개혁만을 이야기하는 경우가 있다. 하지만 그밖에 가톨릭이 일으킨 Counter reformation, 즉 반동종교개혁도 개혁에 포함된다는 것이다. 이는 종교개혁으로 이미 신교화 된 교인들을 강권하여 다시 가톨릭교도로 만들고자 한데서 수동적으로 시작되었다. 동시에 이들은 자신들의 문제를 적극적으로 개혁하여 가톨릭의 개혁으로 명명하였다.[26)]

6. 개혁의 요소와 주체

6.1. 요소

(1) 성경권위의 확증 : 이는 성경이 하나님의 말씀이며 구원얻는 진리임을 믿는 것이다. "오직 그리고 전적으로 성경"(*sola tota scriptura*)만의 사상이다. 성경은 그리스도를 향한 믿음만이 아니라 모든 생활의 규범임을 확증한다.[27)] 성경은 하나님의 말씀이므로 이를 믿는 교회의 개혁은 곧 성경적인 의미이다. 성경은 교훈과 책망과 바르게 함과 의로 교육하기에 충분하다(딤후 3:16-17). 이 말씀은 오늘 교회와 모든 사람들을 향하여 증거된다. 사회적 병리로 혼란에 빠져있는 사람들은 말씀으로 돌아와야 한다. 죄와 허물, 세상의 욕망과 이상을 버리고 주께 돌아와 머리를 숙여야 한다. 말씀을 통해 참 자아를 발견하기 때문이다. 인간의 참 능력은 말씀으로 규명된다.

---

26) 그러나 개혁이라는 용어는 1660년 이후 영국에서는 기피되었다. 오히려 광신과 파괴와 불만과 연계되었다. 선량한 사람을 그냥 두지 않고 광적인 비판자들을 선동하는 골치 아픈 단어로 전락하였다. 기독교 세계는 16세기와는 다른 관심사와 열망을 지닌 채 새로운 시대에 접어들었다. 소위 이성주의의 도래로 신앙과는 사뭇 다른 방식의 혁명적 과업이 요청되었다. Owen Chadwick, *The Reformation*, (London: Penguin Books, 1988), 444-445.

27) 김은홍, "양극화된 선교사상에 대한 개혁주의적 대안", 「교회와 세상을 위한 신학」, (프로 에클레시아, 2008), 504.

(2) 실천적 삶의 실현 : 말씀을 통해 열매 맺는 삶을 이뤄야 한다. 개인적으로 말씀을 묵상하며 기도하고, 전도의 열매를 맺어야 한다. 때를 얻든지 못 얻든지 복음을 전파해야 한다. 이로써 구원 얻고자 하는 영혼에 구원의 도리를 보여야 한다. 삶의 참 가치가 무엇인지를 전파해야 할 것이다. 성도로서의 진지함과 성결, 죄에 대한 깊은 자각을 심어야 한다. 사회적 관심으로부터 영생과 구원에 관심을 가져야 한다. 성결로 성화에 이르도록 힘써야 한다.

(3) 교회 중심적 삶: 그리스도인의 삶의 영역은 교회 중심이다. 이상적 공동체를 실현하여 하나님을 모르는 이웃들이 주께 돌아오도록 해야 한다. 교회는 구원의 방주이다. 그러므로 세상에 의와 심판에 대해 증거해야 한다(슥 1:16-17 참조). 이렇게 될 때 개혁을 통해 하나님이 기뻐하신다. 개혁을 위한 지침: (i) 개혁의 필요성 자각, (ii) 기도하는 일이다. 루터는 너무 바빠서 하루에 3시간 밖에 기도 못 했다고 한다. 메리 여왕은 군대보다 낙스의 기도를 더 무서워했다(계 2:18). (iii) 준비하고 실천: 사 40:3-5처럼 철저히 준비해야 한다. 그리하여 골짜기마다 돋우어지며 산마다 작은 산마다 여호와의 영광이 나타나고 모든 육체가 그것을 함께 보도록 해야 한다(시 139:23-24 참고).

6.2. 개혁의 주체

개혁을 위해서는 무엇보다도 개혁자의 진실된 삶과 철학, 목표가 요청된다. 그렇지 않으면 거친 풍랑을 역류할 수 없다. 목표가 분명하면 그 일에 헌신하게 되어 뜻을 이루게 된다. 어느 시대 건 하나님은 이처럼 확실한 소명의 사람을 부르신다. 따라서 개혁을 선도할 지도자는 자신의 의지나 뜻을 삶속에 구체적으로 실천해야 한다. 이는 말과 행동의 통일, 즉 언행일치를 가르친다. 대부분의 개혁이 실패하는 이유는 신뢰를 상실하여 믿고 따를 수 없기 때문이다. 초지일관하는 것이 중요하다. 개혁의 목표가 분명하고 정당하다면 이는 명백히 촉진되어야 한다. 격동기 종교개혁자들은 바로 이러한 확신에 사로잡혔다. 이들은 오직 초대교회의 사도적 전통을 따라 말씀을 붙잡고 추락한 교회의 권위와 말씀의 회복을 위해 헌신하였다. 말씀을 연구하여 가르치고 뿐만 아니라 삶을 함께 나누며 열심히 복음을 증거하였다. 그러나 개혁의 주체는 항상 나 자신으로 내 심령 깊은 곳으로부터 시작되어야 한다.

7. 개혁자들의 가톨릭 이해

종교개혁은 당시 상황에서 볼 때 매우 다양하게 이해되었다. 예를 들면, 이탈리아 주교들에게 개혁은 교황청의 입법기구가 머리가 크다는 것, 추기경들의 권력이 커졌기 때문에 축소되어야 한다는 것이다. 설교하는 수도사들에게 그것은 회중들의 생활이 기독교의 거룩한 이상으로 판단할 때 악함을 의미할 수 있었다. 세속적인 변호사들에게 개혁은 교회 법정과 교회의 면제가 효과적인 행정을 위해서는 참을 수 없는 걸림돌이었다. 성직자들에게는 삐걱거리고 귀찮은 성직자의 관료주의의 기구 중에 교회 조세의 부담이 능률적이나 부담이 된다는 것, 반면에 하나님이나 사람의 왕국이 그 수입으로부터 이득을 얻든 아니든 교황의 자리다툼이나 정치, 실정의 긴 역사가 사람들을 회의적으로 만들었음을 의미했다. 특히 당시 성직자들은 항상 행정적인 면과 법률적. 도덕적 개혁을 생각하고 교리적인 것은 거의 생각하지 못했다.

칼빈은 가톨릭에 대해 그 안에 참 교회의 흔적이 남아 있음을 인정하였다. 건물은 이미 붕괴되었지만 분별력을 가지고 잔해를 살피면 그 속에서 여전히 권위 있는 초석을 발견할 수 있기 때문이다.[28] 그런데 대부분의 신학자들은 로마 교회 당국자들과 그 신자들을 구분하였다. 하나님의 자비로 로마 가톨릭 교도도 구원을 받을 수 있지만, 그것은 개인 자격으로, 남은 자로, 바다에서 건져 올린 물고기로, 바알 선지자들 사이의 엘리야와 참 선지자들처럼, 로마 교회로부터 그리고 로마 교회에도 불구하고 구원을 받은 남은 자로 구원을 받을 수 있다. 하지만 로마 교회의 사역과 그 성례를 통해 구원받을 수는 없다고 하였다. 그리고 그들이 구원받은 것은 결국 참 교회에 속했기 때문이지 가시적인 가톨릭에 속했기 때문은 아니라고 하였다. 루터교도 개혁교회처럼 로마 교회 당국자들과 신자들을 구분하였다. 하지만 루터교는 개혁교회에 비해 중세 교회와의 연속성을 더욱 강하게 느꼈다. 하여 교회의 외형과 여러 의식들에 변화를 가하지 않았다. 이들은 로마 교회에 가서도 낯선 느낌을 받지 않았다. 미사와 고해 성사를 그대로 유지하였고, 여러 의식과 제도를 그대로 수용하였다. 비록 루터와 멜란히톤은 항상 자기들이 옛 교회의 허물을 씻었다고

28) Owen Chadwick, 370.

믿고 가르쳤다. 이들은 자신들의 신앙 전승을 중세의 주류인 토마스 아퀴나스, 윌리암 오캄, 둔스 스코투스에서 찾았다. 그들은 로마 교회 안에서 구원을 받았고 그 교회의 문제는 교황제이지 가시적 교회 자체는 아니었다고 하였다. 그러나 그 교회에서 그들은 세례를 받고, 성경 낭독을 들었으며 성례를 받았다. 그리스도의 실재적 임재를 믿었으며 그리스도의 사제직을 공유하였다.

한편 영국의 리차드 후커(Richard Hooker, 1554-1600)와 신학자들은 로마 가톨릭 교회에 대해 루터교는 아니어도 때로 중세 교회와 당시 로마 교회와의 연속성을 인정하였다. 후커는 더욱 강한 용어로 로마 교회의 여러 가지 추악하고 가증스러운 면들을 용인할 수 없지만 그 교회가 집요하게 고집하는 기독교의 중요한 진리에 관해서는 예수 그리스도의 가족의 일원으로 인정한다고 하였다.[29] 결국 개혁자들은 다른 교파에도 참 교회의 신자들이 있음을 시인하였다. 로마 가톨릭교회와 개혁교회는 그 사람들이 부패하거나 이단적인 교회에 몸담고 있을지라도 참 그리스도인이라고 생각하였다. 루터교와 영국교회는 그들이 참 그리스도인이라고 생각하였고, 이단설이나 부패가 로마 가톨릭 교회에서 참 교회의 특징들을 모두 제거할 수는 없다고 하였다. 한 가톨릭 주의자는 옥수수 밭에 잡초가 자랐다고 하여 옥수수 수확을 못하겠는가? 장미꽃이 가시 돋친 줄기에서 자란다고 꺾어야 되겠는가라고 반문하였다.

8. 개혁의 요청과 정당성

(1) 요청: 16세기 종교개혁은 중세 말 교황권의 쇠퇴와 군주들의 권력 증대로 더욱 힘을 얻게 되었다. 따라서 개혁자들은 개혁의 효과적인 진행을 위해 정부에 시선을 돌렸다. 개혁은 그 동안의 가톨릭적 권위와 체계의 남용을 보호한 법적인 매듭을 잘라야 할 칼이 필요하였다. 따라서 권리와 법규의 뒤엉킴 속에서, 세속과 교회의 법률적인 제도들의 갈등 속에서, 법정의 경쟁하는 사법권 속에서, 지연전술을 위한 끊임없는 기회 속에서, 주교제도의 무력함 속에서, 그리고 어떤 지역에서

---

29) Owen Chadwick, 370-371. 존 던에 의하면 신앙에 족쇄를 달거나 감금해서는 안 되었다. 왜냐하면 그것을 로마나 비텐베르크, 제네바에 가두어서는 안 된다. 로마나 비텐베르크, 제네바는 모두 한 태양에서 나온 실질적인 광선들이기 때문이다. 그들은 북극과 남극처럼 서로 상극을 이루고 있지 않다고 하였다.

교회 행정의 무정부 상태 속에서, 게으르고 부도덕한 사람들의 자유와 안락한 생활을 위해서 요청되었다. 그러나 막상 개혁을 이룬다는 것은 쉬운 일이 아니었다. 개혁자들은 역사에 새로운 과제를 떠안게 되었다.

(2) 교회 분리의 근거와 정당성 : 이런 상황에서 개혁자들은 참된 기독교 전통의 회복과 부흥을 위해 모든 노력을 기울였다.[30] 대체로 개인이나 단체의 분열은 이권이나 독재에 대한 우려, 때로는 탐욕 혹은 의심 때문이다.[31] 하지만 종교적으로는 차별화 된 정체성의 확립, 즉 신학사상의 확립, 실천적 의지의 확립이 요구된다. 이 같은 이해를 바탕으로 우리는 전통적인 가톨릭 교회로부터 분리 혹은 분립하여 새로운 교단을 형성한 개신교회는 과연 어떤 정당성을 갖는가를 생각해야 할 것이다. 이는 요 17장의 예수님의 말씀처럼 연합과 일치는 교회의 사명이기 때문이다.[32] 이 말씀에 따르면 분열이나 분립은 이를 역행하는 죄이다.[33] 따라서 이 개념을 올바로 정립하지 않으면 개신교회는 가톨릭의 주장처럼 하나의 분열 혹은 분파주의일 뿐이다. 따라서 우리는 말씀을 근거로 한 "분리"의 개념을 바로 정립해야 할 것이다.

성경은 일관되게 분리대신 연합과 일치를 강조한다. 예수님은 요 17:22-23에서 연합의 중요성을 말씀하셨다. 동시에 분리에 대한 유사한 단어나 상황을 다양하게 언급한다. 사전적으로 분리란 "구성원 개인 혹은 무리가 소속된 집단을 떠나거나 어떤 한 편이 다른 편에서 갈라서는 것을 말한다."[34] 그 중에 대표적으로 삶 속에

---

30) 김명혁, 「현대교회의 동향」, (성광문화사, 1991), 8.

31) Owen Chadwick, *op. cit.*, 366.

32) 서요한, "장로교의 전통과 교회의 일치", 「한국장로교회의 합동운동」, (도서출판 새안, 2009), 209-263.

33) Owen Chadwick, *op. cit.*, 204.

34) 송인규 교수에 의하면 분리는 3가지로, (1) 부끄러운 분리: 분리를 인정할 수 있으나 그 과정에서 양자 사이에 바람직하지 못한 관계가 형성된 명분없는 분리이다. 예를 들면 형에서를 속인 야곱의 은밀한 도주행위(창 31:20)이다. 아울러 솔로몬의 아들 르호보암 시대 여로보암의 반란으로 당시 이스라엘이 남북으로 분열되었다(왕상 11:29-40; 12:1-24). 이후 이스라엘 민족사에 돌이킬 수 없는 사건이 되었다. (2) 파괴적인 분리: 분리의 필요성과 과정에서 쌍방 간에 바람직하지 못한 파괴적인 행위와 태도, 예를 들면 다툼, 이간, 적개심, 시기 등이 개입되는 경우이다. 이것은 우리의 주변에서 일어나는 대부분의 분리로 조직과 모임의 일체성을 파괴하고 구성원의 사기를 저하시키며, 공동체의 존속에 위협을 가한다. 이는 말씀처럼 스스로 분쟁하는 나라마다 황폐하여 지며 스스로 분쟁하는 동네나 집마다 서지 못할 것이다(마 12:25). 예를 들면, 고라, 다단, 아비람, 온은 작당하여 모세와 아론의 권위에 도전하였다(민 16:1-3). 당시 모세와 아

서 경험되는 것 중에 하나는 어린아이가 엄마의 몸에서 탯줄을 끊고 출생하는 분리이다. 이는 개인의 정체성을 갖는 것으로, 한 개인의 발달과 인격 성숙에 반드시 필요한 것이다. 또는 어떤 씨족이 생존을 위해 식량, 물자 문제로 기존의 공동체를 떠나 분립하는 것과, 혹은 어떤 민족이나 국가가 정치적 압제와 사회, 문화의 종속 상태에서 벗어나 독립하는 것을 말한다. 이런 분리는 기독교 "신앙 공동체"에 동일하게 적용된다. 그 대표적인 예가 바로 종교개혁이다. 이는 당시 상황으로 볼 때 거역할 수 없는 불가피한 사건이었다. 문제는 이런 분리를 무엇을 근거로 어떻게 정당화할 것인가이다. 이를 규명하기 위해서는 성경적인 분리의 필요성과 그 과정을 살펴야 할 것이다. 성경은 우선적으로 모든 성도가 하나님 앞에서 신앙의 양심을 따를 것을 가르친다. 이것은 그리스도를 머리로 우주적 교회를 하나의 지체로 형성해준다. 그리하여 그리스도 안에서 통일된 신령한 몸을 이룬다. 그러나 이것이 때로는 지나치게 자파 혹은 자신의 이익을 대변하여 혼란을 야기하기도 한다. 예를 들면, 성직자주의(monarchical)가 그것이다. 성직자는 특정권위를 지나치게 행사하여 직분을 자신의 영달을 위한 하나의 도구로 삼은 것이다. 이 같은 예는 가견적 교회의 권위를 강조하며 모든 영적 특권과 자유를 박탈하는 가톨릭 교회에 만연해 있다. 따라서 가장 영적이고 자유스러워야 할 교회는 오히려 억압의 상징이었다. 따라서 루

론은 하나님의 선택을 받아 종교적, 행정적 지도력을 행사하였다. 그러나 이들은 제사장의 직분을 넘보려 하였다(민 16:8-10). 이들은 작당을 위해 족장들을 선동하였다(민 16:2). 교회 지도자들 간에 파괴적인 분리는 바울과 바나바의 분리(행 15:36-40)일 것이다. 그러나 이들은 불필요한 단순한 의견 차이(15:39-41), 즉 마가의 동반 문제로 대립한 후 갈라섰다. 또한 고린도 교회의 당파 현상이다(고전 1:10-12; 3:3). 바울은 이를 실랄하게 꾸짖었다. (3) 바람직한 분리: 이는 분리 과정에서 말씀에 기초한 모범적인 경우로, 아브람과 롯과의 분리이다(창 12:1-4; 13:12-22; 행 7:3-4). 아브람은 발생하는 분쟁을 막기 위해 조카 롯에게 선택권을 주어 분리하였다. 이삭 또한 창 26:12-22에서 보여주듯이 불레셋 사람들의 시기와 그랄 목자들과의 다툼을 피하기 위해 새 장소로 옮겼다. 무엇보다도 주목해 볼 것은 이스라엘의 출애굽이다. 이스라엘 백성은 하나님의 약속(출 6:4-5, 8, 13:5)에 따라 애굽을 떠나 가나안으로 향했다. 이 밖에도 바람직한 분리는 이 세상으로부터의 선민의 구원(출 33:16; 레 20:24, 26; 왕상 8:53), 직분자의 분리 예를 들면, 레위 지파의 성별(민 3:2-3; 대상 23:13), 다윗 시대의 아삽, 헤만, 여두둔 자손들의 성가대 구별(대상 25:1, 3; 대하 5:12), 기드온의 300명 용사, 신약에는 12제자와 사울을 따로 세우신 일(행 13:2)과 그밖에 고린도 교인들을 다른 이들과 구별한 것(고전 4:7) 등이다. 그러므로 분리의 정당성은 진리를 바로 보존하여 하나님의 뜻을 온 세상에 전파하기 위함에 있다. 송인규, 「그리스도의 찢긴 몸」, (IVP., 1995), 11.

터는 바벨론 포로에서 가톨릭 교회의 전통과 가르침을 신랄하게 비판하였다. 그의 생각에는 어느 누구도 단체도 우리의 영적 자유를 박탈하거나 억누를 수 없었다.

(3) 정리: 16세기에 가톨릭으로부터 분리해 나온 종교개혁은 어떤 분리인가? 이는 당시 교회의 타락과 부패에서 볼 때 바람직한 분리였다. 이 분리는 마치 결혼한 자녀가 부모를 떠나는 것, 잘못된 전통이나 교리를 가르치는 그룹이나 교단과 결별하는 일, 일정한 목표를 정한 개교회의 개척을 위해 분리하는 일, 어떤 선교 단체가 전문화된 사역 목표 때문에 기존의 선교회에서 분리해 나오는 경우, 신학적 차이로 따로 교단을 형성하는 것처럼 반드시 필요한 조치였다. 개혁자들은 부패한 교회를 말씀으로 개혁하기 위해서 노력하던 중 불가피하게 하나의 교단을 형성하였다. 이들은 교회의 전통이나 의식 대신 말씀의 권위를 회복하여 그리스도의 주권을 확립하고자 하였다. 칼빈이 볼 때 로마 가톨릭은 더 이상 그리스도의 신부가 아니었다. 그러므로 로마교회에서 분리함은 이미 그들 내부에서 찢겨진 교회, 예를 들면 교황과 공의회, 프란체스코회와 도미니쿠스회, 스코투스주의자와 알베르투스주의자, 스콜라 신학자와 인문주의자들로 이미 갈등으로 찢겨있었다. 그러므로 개혁은 분리가 아니라 회복이다.[35] 덧붙여 칼빈은 교회의 하나 됨, 연합을 말하면서 로마 가톨릭은 하나님의 말씀과 총체적 그리스도가 없기 때문에 참 교회가 아니라고 단언하였다.[36] 그리고 가톨릭에서 갈라져 나온 개혁자들은 분파주의자들이 아니고 하나님의 말씀에 서 있으며 초대 교회의 지지를 받는 참 교회의 대표자들이라고 하였다. 그리고 교회의 통합은 말씀을 소홀히 하는 가톨릭과 달리 오직 말씀을 통해서 확인된다고 하였다.[37]

9. 종교개혁사의 필요성

(1) 역사적 전통성의 확립 : 이 같은 분리의 정당한 성경적 원리에 기초하여 종

35) 임원택, "종교개혁의 필연성", 『학국교회의 신학 인식과 실천』, (합동신학대학원, 2006), 558.

36) John Calvin, *Institutes of the Christian Religion*, trans., by Henry Beveridge, (London: James Clarke & Co., Ltd, 1953), vol. 4., 2.1-7, 10-12. Cf. 최덕성, 「정통신학과 경건」, 본문과 현장사이, (2006), 327-480.

37) 임원택, 545, 547-548.

교개혁사는 오늘 기독교가 어떤 족적을 밟아 왔는가를 이해하는 첩경이다. 지난 과거의 역사 없이 오늘은 존재할 수 없다. 하나님은 그의 교회를 이 땅에 세우신 이래 성령으로 교회와 함께 하셨다. 이 교회는 예수 그리스도의 지상 명령을 준행해야 할 과제를 안고 있다. 이는 지난 2,000년 동안 사도들과 그의 제자들에 의해 지금까지 전수되었다. 수많은 어려움과 환란, 시련과 박해가 있었으나 역사적 기독교는 그 전통을 유지해 왔다. 예수 그리스도는 만유의 주요 통치자임을 만천하에 선포하였다. 특별히 종교개혁은 부패한 교회로 하여금 하나님의 뜻을 새롭게 발견할 수 있게 해주었다. 하나님께서는 개혁을 통해 당신의 구원계획을 개혁자들의 입술을 통해 증언하셨다. 어떤 제도나 의식도 이를 거부할 수 없음을 보여준다. 하나님은 시대를 초월하여 오직 바른 신학만이 역사적 전통성을 확립할 수 있다고 하셨다.

(2) 교회는 교회다워야 한다. 그러기 위해 교회는 항상 말씀으로 거룩하게 개혁되어야 한다. 그 개혁은 무엇보다 교회의 전통이나 제도가 아니라 인간 구원을 위한 영적 운동의 회복에 있다. 교회가 이것을 포기할 때 추악해지고 세상의 지탄을 피할 수 없다. 교회의 본래적 사명을 새롭게 해야 할 것이다. 특별히 요즘처럼 교회가 지나치게 풍요한 상황에서 청념과 청빈, 경건과 성결에 힘을 쏟아야 할 것이다. 그러나 만약 교회가 영적인 일과 개인 구원에 집착하여 사회 봉사나 이웃의 보살핌을 망각할 수 있다. 그리하여 행함이 없는 죽은 획일적인 믿음만을 추구 할 수 있다. 그렇게 되면 주님의 비판을 피할 수 없다. 교회가 교회답기 위해서는 말씀과 기도, 봉사와 복음증거에 힘써야 한다.

(3) 변천하는 시대 조류에 대비하기 위해서이다. 어차피 세상은 종말의 때까지 변화를 따라 갈 수밖에 없다. 이러한 상황에서 오직 교회만이 참된 행복과 성결한 삶, 그리고 새로운 미래적 좌표를 세울 수 있다. 만약 교회가 타락하여 죄로 오염되면 절망이요 곧 종말을 의미한다. 교회가 제 역할을 바로 감당하기 위하여 급속한 세속화의 도전에 깊이 고민하고 있다. 이는 교회만이 누릴 수 있는 행복한 고민이다. 교회의 무기인 경건과 헌신, 사랑을 실천해야겠다. 더욱 하나님을 의지할 수 있도록 돕고 다가오는 미래를 위해 철저히 말씀으로 대비해야 할 것이다.

10. 종교개혁사의 중요성

이는 당시 교회의 상황과 오늘의 형편에서 볼 때 매우 중요하다. 사실 개혁은 단순히 몇몇 사람들의 결단과 개혁 정신에 의해 출현한 것이 아니다. 이를 위해 하나님은 오래 전에 주의 종들을 훈련하시고 때가 되매 거사를 일으키셨다. 개혁자들은 한 결 같이 말씀에 무장하고 성령의 인도하심을 따라 생애를 헌신하였다. 이 같은 헌신에는 무엇보다도 당대 최대의 지성인들로 과거의 역사적 정통성 확립에 주력하였다. 말씀에 근거한 신학 체계의 확립과 정착은 이를 실증한다. 그런데 종교개혁의 중요성은 당시 개혁을 주도한 사람들에 의하여 크게 네 가지로 다음과 같이 정리된다. (1) 권위에 대한 새로운 해석, (2) 교회의 통일성과 연합에 대한 도전, (3) 궁극적으로 구원 문제와 (4) 참 자유, 즉 영적 자유에 대한 명쾌한 답변을 확인시켜준 사건이었다.

(1) 권위: 전통적으로 가톨릭의 권위는 교황청과 교황에서 보듯이 전적으로 외적인 것이다.[38] 물론 교황 중심 제도가 다 나쁜 것은 아니다. 초기 로마 제국의 몰락 후에 남용과 폐해가 없지 않았으나 야만적인 서방과 북부 유럽 국가들을 훈련하는 학교의 역할을 하였다. 또한 이교의 야만성에서 그들을 끌어내어 종교개혁 당시의 기독교 문명으로 교육시켰다. 거친 폭력의 횡포를 방지하고, 교회의 외부적 통일을 기하며, 국가 간 관계를 원활히 하였다. 제후들의 탐욕에서 결혼의 신성함을 방어하며, 노예제를 완화하고, 애정(愛情)을 함양하며, 개척 정신을 길렀다. 기독교 확장을 증진하고 배움을 격려하며 평화의 예술을 키웠다.[39] 지금도 다양한 모습으로 기여하는 것이 사실이다. 하지만 교황제도는 장로들의 전통에 반대한 예수님의 입장과, 바울이 갈라디아서와 로마서에서 율법적 속박에 대항하는 그리스도인의 자유를 옹호하면서, 로마가 망각하고 종교개혁으로 부활한 죄와 은총의 교리에서, 또한 위계제도와 자만심에 도전하는 베드로에게서 그 부당성을 찾을 수 있다.[40]

가톨릭교회는 사람의 영혼과 몸처럼 교회와 국가는 본질상 하나로 인식하였다. 그러나 이들은 둘 중에 영혼이 더 중요하다고 생각하였다. 이 두 기관은 각자의 칼

38) Thomas M. Lindsay, *A History of the Reformation*, Edinburgh: T. & T. Clark, 1907, vol. II., 156; Philip Schaff, *History of the Christian Church*, (Michigan: Grand Rapids, 1910), vol. vii, 4-5.

39) Owen Chadwick, *The Reformation*, (The Pelican History of the Church, Penguin Books, 1988), 99-101.

40) Philip Schaff, *History of the Christian Church*, (Michigan: Grand Rapids, 1910), vol. vii, 254-256.

을 갖는바, 하나는 교회의 교황(성직자)에 의하여 다른 하나는 국가의 황제에 의해 통치된다고 믿었다.[41] 중세 교회의 교황과 성직자들은 이 권위에 기초하여 국가 위에 군림하고 순박한 성도들의 헌금을 약탈하여 막강한 부를 누렸다. 교황은 영권과 지상권을 한 몸에 가진 신의 대리자로 그 누구도 그의 권위와 전통에 대항할 수 없었다. 교황은 자신의 권위로 심지어 지옥으로 가는 문을 닫고 천국으로 가는 문을 연다고 선포하였다. 특별히 면죄부를 통해 사후(死後)에 연옥에서 받을 형벌을 감소해 준다고 하였다.[42] 이로써 교황은 연옥의 고통을 두려워했던 중세인들의 마음을 사로잡았다. 이는 곧 사람의 구원이 교황의 절대 권위로 성취될 수 있음을 보여준다. 따라서 이들은 철저히 교황 신수권을 믿고 복종을 가르쳤다. 이는 당시 사람들에게 일반적으로 수용된 교회의 전통이었다.[43] 당시 유럽의 여러 지도자들은 그 권위를 교황이나 때로는 군주로부터 위임받아 개혁을 실천하였다.[44]

하지만 개혁자들은 특별히 교황권에 의문을 제기하였다. 부여된 권세가 크면 클수록 남용의 위험과 유혹도 크기 때문이다. 루터는 교황의 권위가 무오하고 최종적인지, 아니면 성경과 공의회에 의해 수정될 수 있는 것인지를 인지하였다.[45] 그리고

---

41) 앨퀸은 사람을 억지로 세례 받도록 할 수는 있지만 억지로 믿게 할 수는 없다고 말했는데, 최초로 교회와 국가의 역할을 두 자루의 칼로 묘사하였다. 롤렌드 베인톤, 「기독교의 역사」, 이길상 역, (크리스챤 다이제스트, 1997), 166; Owen Chadwick, *op. cit.*, 23-29.

42) Thomas M. Lindsay, *A History of The Reformation*, (Edinburgh, T. & T. Clark, 1906), vol. 1., 218-219; 데이비드 케너다인, 「굿바이 E. H. 카」, 문화사학회 역, (푸른역사, 2005), 126-128; 롤란드 베인톤, 「16세기 종교개혁」, 홍치모/이훈영 역, (크리스챤 다이제스트, 1993), 19-20. 보다 자세한 것은 졸고, "면죄부와 루터의 95개 항의문 소고"를 참고하라.

43) 따라서 교황은 자신의 권한 남발하였다. 교황 우르바누스 6세는 노케라 성에 갇힌 채 공격을 당할 때 하루에 3회 종과 책과 촛불을 들고서 성의 창문에 나타나 공격을 하는 군인들을 파문하였다. 그리고 교황 레오는 독일의 루터를 파문하였고, 이어서 헨리 8세, 1570년 교황 피우스 5세는 엘리자배스 여왕을 파문하였다. 그러나 파문은 전혀 효과 없이 공허하게 끝났다. 오히려 칙서는 영국의 로마 가톨릭 교도들의 장래를 짓밟았다. 훗날 그 칙서를 통해서 교황이 다른 나라 군주를 섣불리 파문해서는 안 된다는 교훈을 남겼다. 1573년 추기경 보로메오(Charles Borromeo)는 밀라노의 막강한 스페인 총독과 귀족들, 노동자들이 자신을 수행하지 않았다는 이유로 파문하였다. 20년 후 프랑스의 앙리 4세는 가톨릭 동맹군에 맞서 권좌 유지를 위해 투쟁하였다. 교황은 앙리를 파문하였다. 교황의 권위는 급속히 퇴락하였다. Owen Chadwick, *The Reformation*, (The Pelican History of the Church, Penguin Books), 1988), 375-376.

44) Owen Chadwick, *op. cit.*, 23-27.

45) Philip Schaff, *History of the Christian Church*, (Michigan: Grand Rapids, 1910), vol. vii, 168-169.

1520년 6월 20일,「독일 그리스도인 귀족에게 고함」을 발표하였다. 여기서 그는 교황의 폭정을 폭로하고 그의 통치는 사탄과 그리스도가 함께 할 수 없고, 지옥과 천국이, 밤과 낮이 다른 것처럼 다르다고 하였다. 교황이 그리스도의 대리인이며 베드로의 계승자임을 비난하였다. 6개월 후인 12월 10일 루터는 많은 교수들과 학생들 앞에서 교황의 파문 교서, 교황의 선언문, 교회법, 기타 저술들을 불 태웠다. 그 후「왜 루터는 교황과 그 제자들의 책을 불태워버렸는가?」에서 교황의 법률 책에서 교황을 영화롭게 하려는 30개 항의 잘못된 규정을 인용하였다. 그것은 결국 교황이 땅에 있는 신이요, 하늘과 땅, 영혼과 육체 모든 것 위에 있다. 뿐만 아니라 모든 것이 교황에게 속했으므로 누구도 감히 교황이 하는 일에 도전할 수 없다고 하였다. 그러므로 그에게 모든 교회법은 멸망의 가증한 것이요(마 24:15) 적그리스도(살후 2:4)였다. 루터의 생애에서 교권의 상징인 교서를 불태운 것은 가장 과감하고 용기 있는 행동이었다. 이것은 가장 거대한 지상 권력에 대한 도전이었다. 이 행동은 서방 기독교를 절반으로 축소하는 결정적인 계기가 되었다.[46]

한편 칼빈은 루터와 달리 마치 그리스 신화의 제우스 머리에서 나온 아테나처럼 완전히 성숙한 모습으로 등장하였다. 칼빈은「기독교 강요」에서 보이지 않는 하나님이 통치와 권위를 중세 교회의 감각의 눈에서 지성의 눈으로 되돌렸다. 그리고 모든 기독교 신앙의 근본이 성경에 계시되었음을 선언하였다.[47] 루터나 츠빙글리, 낙스 같은 개혁자들도 참된 권위자는 영감 된 하나님의 말씀이라고 단언한다. 이는 그의 말씀이 영원히 하늘에 굳게 섰기 때문이다(시 119:8-9). 모든 성경은 하나님의 감동으로 된 것으로 교훈과 책망과 바르게 함과 의로 교육하기에 유익하다(딤후 3:16). 이 성경은 십자가에 달려 돌아가신 그리스도 한 분뿐이시고 그가 교회와 국가의 머리요 우리는 그의 지체라고 말한다. 지음 받은 모든 사람들은 죄로 타락하여 동일하게 구원이 요청된다. 때문에 성직자가 특정인으로 사람들 위에 군림할 수 없으며 모든 사람들은 그리스도 안에서 평등하다. 구원은 헌신과 기도의 정도에 따

46) Philip Schaff, 250-252.

47) 그리고 모든 만물이 하나님 자신에게 직접적으로, 그리고 즉각적으로 절대적인 의존관계에 있음을 가르쳤다. 또한 인간의 죄는 너무도 커서 하나님의 자유로운 은총과 떨어져서는 어떤 용서나 개선이나 구원이 없음을 선언하였다. 또한 이 모든 사상들을 논리적인 통일성으로 엮어 놓음으로 그 당시 지성인들의 눈에 하나님의 집은 손으로 만든 데 있지 않고 하늘나라에 영원히 있음을 보여주었다. *Ibid.*, vol. 2., 157.

라 성취될 수 없으며 더욱 교황이 구원을 수여할 수도 없다. 오직 그리스도만이 구원의 기쁨과 영생을 선물로 줄 수 있다. 모든 사람은 그리스도 안에서 동일하다. 또한 이들은 가톨릭의 전승과 교황의 권위 대신 영감 된 하나님의 말씀이 최종 권위임을 확신시켰다. 그러므로 모든 사람의 신앙적 생활 규범은 성경이며 오직 이 성경으로 판단 받아야 했다. 개혁자들은 참된 권위가 하늘로부터 오며 그 권위는 오직 예수 그리스도와 성경이라고 정의했다. 특별히 칼빈은 가톨릭이 아닌 새로운 형태의 교회를 만인제사직에 기초하여 조직하였다. 그리고 교황의 권위 대신에 초대교회의 모범을 따라, 목사의 권위를 회복하였다.

(2) 교회의 통일성: 모든 교회는 하나님의 소명 안에서 한 형제이며 거룩한 공회이다. 이런 통일된 사상은 초대교부시대 이후 중세까지 면면이 흘러왔다. 이 같은 사상은 당시 대학교들과 수도원들, 그리고 각 교회들이 중심이 되었다. 가톨릭 교회는 구원받은 자들의 공동체였으며 이 교회는 그리스도로부터 위임되었다고 인식되었다. 이 시기에 가톨릭 이외에 다른 종파는 인정되지 않았고 있었어도 모두다 이단으로 정죄되었다. 구원은 오직 가톨릭 교회를 통해서만 얻을 수 있었다. 그러므로 당시의 사람들은 거의 모두 유형교회에 소속되었고 여기에 소속된 모든 사람들을 그들의 기본적인 의무(십일조나 기타 교회행사에 참여하는 일 등)를 수행해야 했다. 이때 교회의 회원은 모든 교회 의식에 참여할 수 있었고 교회에서 베푸는 영적인 축복을 누릴 수 있었다. 그러나 이 교회는 외견과 달리 내적으로 생명력을 잃어버렸다. 그리스도의 몸으로서 기능보다 정치적인 면과 제도화로 구성되었다. 교회 자체의 전통과 달리 진리에서 멀리 떠나 비성경적 전통과 의식에 사로잡혔다. 말씀이 강단에서 사라지고 인본주의적 의식과 여러 제도들이 교회를 지배하였다. 사람들은 영적인 자유를 누릴 수 없었으며 항상 무거운 죄의식에 사로잡혔다. 이 같은 상황에서 개혁자들은 교회의 본질과 기능을 새롭게 규명하고 참된 교회의 표식을 수립하였다. 이들에 의하면 참된 교회는 말씀을 선포하며, 성례를 집행하고 권징의 바른 실시를 강조하였다. 이 땅의 모든 그리스도의 교회는 이것을 잘 시행해야 한다. 특별히 성도로서 부도덕하고 비윤리적인 행동을 할 때는 징계를 촉구하였다. 따라서 개혁자들은 말씀을 받아들이고 그리스도를 주라 고백하는 이 땅의 모든 교회는 한 몸이며 영적 축복과 자유를 누리는 그리스도 안에서 한 형제라고 하였다. 그리스도는 이 교회들의 머리이고 교회는 그의 몸이며 그는 신랑이고 교회는 그의 신부이다.

이 교회는 주님의 재림과 함께 장차 승리하게 될 것이다.

(3) 구원: 구원은 하나의 제도로서 오직 보편 교회 안에서만 발견하게 된다고 가르쳤다. 그런데 이 교회는 제사장들의 공동체로서 이해되었다. 은혜의 수단은 사제가 성찬을 집행함으로서 획득된다고 가르쳤고 이와 함께 7성례인 세례, 미사, 혼배, 서품(사제의 임직식과 수녀의 봉헌식), 견신예, 고해성사(참회), 종부(죽어가는 사람에게 기름을 발라주는 예식) 같은 것이 실시되었다. 또한 그리스도께서 죽으신 후 연옥에 가셔서 그 영혼을 깨끗케 하신 후 하늘나라로 들어가시기에 적합하게 되셨다고 가르쳤다.[48] 또 세례 받지 못하고 죽은 어린이들을 위한 유아 림보가 있다고 가르쳤다. 또 성인들에게 드리는 기도가 장려되었다. 1년 중 거의 매일 같이 성인들을 기념하는 날이 있었다. 성인들은 그들의 선행이 넘쳐흘러 땅위에 있는 백성들에게 유익을 나누어줄 수 있다는 것이다. 성인들이나 예수님의 모친인 마리아에게 공경을 드림으로 사람들은 마땅히 하나님께 드려야 할 경배를 잊어버리고 말았다.[49] 뿐만 아니라 구원을 위한 선행과 공덕개념, 죄의 용서를 위하여 면죄권이 판매되었다. 당시 사람들은 영적 평안과 구원을 얻기 위해 모든 수단방법을 가리지 않았다. 이런 미신적인 것들이 교회 안에 즐비하게 널려 있었는데 사제는 백성들이 은혜를 받을 수 있도록 이런 것들을 교회에서 실습했다.

이처럼 중세 가톨릭 교회에서는 은혜는 곧 성례라고 가르쳤다. 그럼에도 불구하고 서로의 권력의 우위권 문제로 황제와 교황간에 충돌이 발생하였다. 이에 대하여

---

48) 데이비드 케너다인, 「굿바이 E. H. 카」, 문화사학회 역, (푸른역사, 2005), 126-128.

49) 모든 직업층, 연령층, 그리고 직분들에는 거기에 걸 맞는 수호성인들이 있었다. 국가마다 수호 성인이 있었고 불행이나 질병이 있을 때마다 구원을 요청할 수 있는 특별한 중보자가 필요했다. 하나님은 한 분이시요 또 하나님과 사람 사이에 중보도 한 분이시니 곧 사람이신 그리스도 예수라(딤전 2: 5)는 말씀을 망각하였다. 사람들은 세례 의식, 미사 참석, 면죄부 그리고 선행들을 통하여 구원을 얻기를 기대하였다. 이방 사상은 추방되었으나 이방의 미신들은 여전히 존속되고 있었다. 사람들은 요술, 복술, 그리고 길흉조 등을 믿고 있었다. 대부분의 성당들에서와 마찬가지로 영국의 켄터베리 대성당에서도 수많은 두개골, 턱뼈, 치아, 손가락뼈, 또는 팔뼈 등이 성스러운 유품들로 보존되었다.(토마스 벡케트(Thomas Becket)의 성당 같은 장소에 수많은 사람들이 모여들었으며, 그 곳을 담당하고 있는 수도승이나 사제들은 수백 가지의 유품들을 만들어 내고 있었다. 예를 들면, 순교자 스데반의 손가락뼈, 막달라 마리아의 머리카락, 사도 요한과 도마의 피, 동정녀 마리아의 머리카락 한 움큼, 통으로 짜인 그리스도의 겉옷 조각 등이 었다. 글로스터셔(Gloucestershire)에는 유리병 속에 담은 그리스도의 피도 있었다. 화체설의 교리를 지지하기 위하여 피가 묻은 떡을 여기저기에 진열해 놓았다.

개혁자들은 구원은 그리스도 안에서 거저 베푸시는 은혜와 믿음의 수납을 통해 얻게 된다고 가르쳤다. 이 구원에 우리의 공로나 행위는 무익하며 하나님의 심판을 면할 수가 없다. 중세교회처럼 면죄부를 사는 것, 혹은 고행을 하고 금식을 하는 것, 그 외 성자들을 숭배하는 것 등을 통해 구원이 허락되지 않으며 그리스도를 바라봄으로 얻게 된다. 그것은 곧 그리스도가 생명의 구원자이시며 장차 재림주로 오실 임금이시기 때문이다. 그분 앞에서 모든 생명(죽은 자나 산 자)이 떨게 될 것이며 선을 행한 자는 의에 심판으로 영생에, 불의를 행한 자는 불의의 심판으로 영멸(永滅)에 처하게 될 것이다. 그리고 어린양 그리스도는 영영 세세토록 왕 노릇하실 것이다. 개혁자들은 인간 중심적 제도나 전통 혹은 의식을 철저히 배격하고 오직 그리스도의 은혜와 믿음을 강조하였다.

(4) 영적 자유 : 개혁 당시 자유, 특별히 영적 자유는 종교적 전통이나 의식을 충실히 이행하는 것으로 이해되었다. 따라서 누구도 사회적 체제와 구조 속에서 벗어날 수 없었고 어쩌면 성직자들의 감시에서 벗어날 수 없었다. 이는 곧 내외적으로 속박 된 채 형식적인 종교생활을 감수해야 했음을 가리킨다. 육적 세계와 달리 영적 세계는 모든 기독교인의 영혼 문제에서 항상 불안과 두려움을 주기 때문에, 루터는 개인적인 모범으로, 그리고 교육으로 이를 입증하였다. 루터는「기독교인의 자유」(*Liberty of f Christian Man*, 1520)에서 중세 교회가 주장하는 성직자의 무한한 권리를 반박하였다. 그리고 이 두려움으로부터 스스로 자유롭게 되어 지금까지 루터가 경건의 사람인 줄 알았던 사람들까지 자유를 얻게 하였다. 루터는 더 이상 두려움으로 아파할 필요가 없음을 알고 영적 문제에 더욱 치중하게 되었다. 결국 종교개혁은 율법적 속박에 대한 항거였고 복음적 자유를 주창하였다. 종교에서 자유를 획득하였고, 그 결과로 학문적, 정치적, 그리고 시민의 자유를 획득하였다. 뿐만 아니라 하나님의 말씀의 가르침과 위로를 모든 이가 동일하게 누릴 수 있게 하였다.[50]

한편 칼빈은 하나님의 은혜를 통한 그리스도 안에서의 구원과 그를 믿는 믿음 안에서의 자유, 즉 영적 자유를 힘주어 외쳤다. 이 자유는 그 어떤 것도 제어할 수 없는(롬 8:31-39) 위로부터 주신 특별한 선물이었다. 중세 교회가 전승에 발목 잡혀

50) Philip Schaff, *History of the Christian Church*, (Michigan: Grand Rapids, 1910), vol. vii, 259-260.

있는 동안 개혁자들은 성경에 기초하여 자유를 주창하며 공정한 열린 시각을 제공하였다.[51] 이것은 루터가 주창한 죄의 속박으로부터의 칼빈의 말씀과 성령의 임재를 향한 영적 순례를 가르친다. 이처럼 개혁자들은 당시 혼탁한 교회의 개혁을 위해 참된 권위와, 교회의 본질, 그리고 구원과 자유에 관한 문제를 집중 논의하고 새롭게 신학을 정립하였다. 개혁자들은 이 원리를 정립하기 위해 이곳저곳을 전전긍긍했고 자신들의 생애를 그리스도와 교회를 위해 희생하였다. 복음적 기독교의 궁극적 목적은 모든 사람들을 그리스도와의 살아있는 연합으로 인도하는 것이다. 그리스도만이 죄와 죽음으로부터 우리를 건져내신 유일하고 완전한 주님이시오 구원자이시기 때문이다. 오늘 종교개혁의 성취와 개혁 교회의 영광은 이들의 헌신에 기초하였다. 이들은 이미 오래 전에 떠났으나 남긴 유산은 오늘 우리의 신앙과 삶 속에, 맥박으로 심장을 흐르고 있다. 이들의 정신을 이어받아 이 혼탁한 시대를 살아가는 우리는 항상 이들을 보내신 주님께 감사하며 살아가야겠다.

11. 종교개혁사의 기간과 내용

(1) 기간 : 종교개혁사는 개인적 혹은 교단적 상황에 따라서 다양한 접근이 있을 수 있다. 하지만 그 기간은 대체로 1517년부터 1570년까지의 약 50년을 말한다. 그런데 학자들은 이 기간을 다시 둘이나 세 시기로 구분한다. 두 시기로 나눌 경우 초기에는 루터와 츠빙글리를, 후기에는 칼빈과 낙스를 포함한다. 세 시기로 구분하면 초기는 루터와 츠빙글리의 종교개혁, 중기는 칼빈의 종교개혁, 후기는 낙스와 베자의 개혁이다. 개혁이 진행되는 동안, 특히 1521년 이전까지는 로마 가톨릭과의 분열은 명백하게 드러나지 않았으나 점차 차이가 명확해졌다. 유럽의 여러 나라에서는 역사적, 신학적 혹은 제도적으로 각각 민족적 특징에 따라 독특한 방식으로 개혁이 전개되었다.

(2) 내용 : 때문에 종교개혁은 유럽의 정치와 경제, 문화와 종교적 특성상 획일적으로 취급해서는 안 될 것이다. 그러므로 개혁의 바른 이해를 위해서는 먼저 종교개혁의 배경을 폭넓게 숙지해야 할 것이다. 개혁 전의 유럽은 가톨릭의 오랜 지

51) Philip Schaff, vii.

배로 영적으로 매우 긴박한 상황이었다. 이러한 상황에서 개혁의 발단과 불가피성을 취급하게 될 것이다. 보다 구체적으로 종교개혁에 대한 해석을 시작으로 독일의 루터의 종교개혁, 스위스 제네바와 칼빈의 종교개혁, 취리히의 츠빙글리의 종교개혁, 영국의 종교개혁, 재세례파와 급진 종교개혁, 스코틀랜드의 종교개혁, 가톨릭의 종교개혁 등이다. 동시에 교황권의 타락, 수도원 운동 및 스콜라 신학의 전개, 학문의 부흥, 헬라와 로마의 고전의 부활, 인쇄술의 발달, 신대륙의 발견, 헬라어 성경의 발간, 일반적인 탐구 정신, 민족의 독립과 개인의 자유에 대한 갈망 등이 포함될 것이다. 여기서 필자는 단순히 역사적 사건의 나열보다는 종교개혁의 다양한 신학적인 의미와 특징을 구속사적 관점에서 취급할 것이다.

12. 종교개혁사의 연구동향

종교개혁사는 가톨릭과 달리 개신교, 특별히 보수적인 종파에서 가장 관심을 갖는 분야이다. 이는 비록 교파는 다를 지라도 개신교 내의 여러 교단들이 대부분 역사적 및 신학적인 뿌리를 여기에 두기 때문이다. 사실 종교 개혁사는 개혁 이후 개신교에서 가장 많은 논문과 서적을 출판한 분야이다. 물론 그 과정에서 연구의 관점은 교단적 입장을 크게 벗어나지 않는다. 예를 들면 루터교에서는 루터에 관한 연구를, 개혁파 혹은 장로교에서는 주로 칼빈의 연구에만 집중하였다. 때로 재세례파 같은 진보적인 그룹에 관한 연구가 있기는 하지만 이는 매우 제한적이다. 때로 신학의 발전을 위해 학문적 연구가 필요함에도 불구하고 교단의 틀을 벗어나지 못하였다. 물론 학문연구가 교단이나 교파에 메일 때 나름대로 유익이 있다. 그 중에 하나는 교단 고유의 신학적 전통을 잘 유지할 수 있다는 점이다. 하지만 자칫 잘못하면 폐쇄성을 벗어날 수 없다. 따라서 한곳에 학문이 고착화되지 않도록 교단적인 지원이 요구된다. 특히 요즘처럼 다변화 되어가는 때에 포다 폭넓은 학문연구가 요청된다. 그러나 지금까지 종교개혁사에 대한 연구는 한국 교회의 관심에 비해 그렇게 많은 발전을 이루지 못했다. 실제로 신학교에서 사용하는 교재를 보면, 대부분 번역서를 많이 의존하였다. 물론 그 번역서들은 세계적으로 유명한 학자들의 글들이다. 이 교재를 통해 실제로 우리가 많은 유익을 얻었다. 그 결과 우리 교회는 선교 130년을 지나면서 영적 축복을 누리며 양적으로 놀랍게 성장하였다. 하지만 이

제 우리는 21세기를 살아 가면서 유아기적 상태에서 벗어나 보다 성숙한 학문적 자세를 보여야 할 것이다. 이로써 서구 교회로부터 받은 신앙의 빚을 주도적으로 탕감하는 일을 감당해야겠다.

그런데 최근 이에 부응하듯이 몇 권의 연구서들이 출간되었다. 그 중에 장로회신학대학교 이형기 교수의 「종교개혁신학사상」과 합동신학대학원대학교 오덕교 교수의 「종교개혁사」, 총신대학교 손두환 교수의 「종교개혁사」가 있다. 그리고 종교개혁사 중 루터나 츠빙글리, 칼빈과 낙스의 신학을 연구한 서적들이 발간되었다. 그 중 루터에 관한 서적으로는 지원용 박사의 「루터사상의 진수」와 「말틴 루터: 생애와 사상」이 있다. 칼빈의 연구서로는 합동신학대학원대학교 총장 신복윤 박사의 「칼빈의 신학사상」, 김재성 교수의 「칼빈과 개혁신학의 기초」, 연세대학교 연합신학대학원 이양호 교수의 「칼빈: 생애와 사상」, 안양대학교 이은선 교수의 「칼빈의 신학적 정치윤리」와 동 대학 강경민 교수의 「칼빈과 니고데모주의」가 있다. 특별히 총신대학교 신학대학원의 박건택 교수는 지금까지 미 공개된 존 칼빈의 서간들을 시리즈로 번역 출간하여 연구에 기여하였다. 그 밖에 다양한 논문들이 있으나 종합해 볼 때 양적으로 그렇게 많지 않다. 하지만 이는 기독교 선교 130년을 지나면서 한국 교회가 이룩한 업적이라 할 것이다. 따라서 21세기 국제화 시대에 한국 교회의 보다 성숙한 학문적 공헌을 위해 이들에 대한 우리 교회의 끊임없는 관심과 지원이 요청된다.

13. 종교개혁의 전개

종교개혁은 1517년 루터와 함께 독일에서 시작되었다. 그 영향으로 스칸디나비아에서는 독일과 비슷하게 진행되어 1648년 30년 전쟁까지 이어졌다. 그 전쟁에서 스웨덴의 구수타부스 아돌푸스(Gustavus Adolophus)가 프로테스탄트의 수호자로 중심적 역할을 하였다. 그리고 1527년 개혁운동은 스웨덴에서, 1537년에는 덴마크와 노르웨이에서 일어났다. 한편 스위스의 종교개혁은 두 단계로 츠빙글리에 의해 시작되어 칼빈에 의해 완결되었다. 첫 번째 단계는 독어권 스위스의 종교개혁으로 1517년부터 1531년 츠빙글리가 사망할 때까지 이며, 두 번째 단계는 불어권 스위스의 종교개혁으로 칼빈의 사망 년도인 1564년 혹은 베자가 사망한 1605년까지이다. 프랑스의 종교개혁은 1559년과 1598년, 그리고 1685년까지 전개되었다. 먼저 1559년에는 처음으로 범국가적 총회가 파리에서 열려 개혁교회가 갈리아 신앙고백과 장로교 정치 규범을 채택하여 조직을 만들었다. 1598년에는 개혁교회가 법률적 자격과 제한된 범위에서의 자유를 낭트 칙령을 통해 확보하였다. 그 내용은 앙리 4세가 그 이전에 자신의 동료들에게 승인한 것이다. 하지만 완고한 그의 손자 루이 14세가 그 칙령을 철회하였다. 이후 프랑스 개혁교회는 떠돌이 광야 신세가 되었고, 수 천 명의 자녀들이 어쩔 수 없이 고향을 떠나 스위스, 네덜란드, 독일, 영국, 그리고 북아메리카에 흩어져 살면서 국가의 번영에 기여하였다.

네덜란드의 종교개혁은 스페인의 속박에서 벗어나기 위해 불가피하게 전쟁을 해야 했고, 그 결과 순교의 대가가 요구되었다. 카를 4세와 펠리페 2세 아래 박해를 감내해야 했다. 그 결과 1579년 7개의 북부 지역으로 이루어진 위트레흐트 연합(Utrecht Union)을 1609년 스페인이 승인하였다. 그 후 아르미니우스와 칼빈주의 사이에 발생한 논쟁은 1619년 소집된 돌트(Dort) 총회를 통해 후자의 승리로 종결되었다. 영국은 통치자의 정책에 따라서 튜더 왕조와 스튜어트 왕조 아래서 점진적으로 발전하였다. 튜더 왕조는 헨리 8세로부터 엘리자베스까지로 이를 다시 구분하면 1527-1547년까지 헨리 8세, 1547-1553년까지 에드워드 8세, 1553-1558년까지의 피의 메리의 시기, 1558-1603년까지의 엘리자베스 여왕의 시기이다. 스튜어트 왕조는 통치자에 항거하는 시민들에 의해 주도 되었으며, 청교도와 스튜어트 왕조 사이의 투쟁이었다. 청교도들은 일시적으로 승리를 거두어 찰스 1세와 라우드(Laud) 대주교를 폐위하고 처형하였다. 그러나 국가적 정치 권력으로서 청교도는 크롬웰과 함께 종식되었고, 1660년의 국교제도와 기도서가 찰스 2세에 의해 복원되었다. 그 후 1688년 윌리엄과 메리의 통치 아래 명예혁명이 발생하여 장로교가 합법적으로 승인된 후 스튜어트 왕조가 막을 내렸다. 이로써 비국교도들에게 관용이 주어지고, 그들은 별도의 조직을 만들어 분리된 종파를 형성하였다.

한편 스코틀랜드의 종교개혁은 존 낙스(1514-1572)의 지도아래 진행되었다. 첫 번째 단계는 1567년 의회로부터 법적인 공인과 설립이었다. 두 번째 단계는 메리 여왕의 지도 아래 교황중심주의로 복귀하려던 움직임에 맞선 개신교의 투쟁으로 1590년까지 계속되었다. 세 번째 단계는 주교제도에 대한 저항과 영국 청교도와의 연합의 시기로 1690년에 종식되었다. 그 후 성직 수임권과 교회와 국가간의 관계가 스코틀랜드 교회에서 소란과 갈등의 원인이 되었다. 그 결과 대립과 반목, 분리와 탈퇴, 그리고 연합이 뒤따랐다. 그러나 교회의 신앙과 행위의 중심은 웨스트민스터 총회의 문서였다. 개혁 신앙은 폴란드, 헝가리, 트랜실바니아, 보헤미아, 모라비아 등으로 확산되었다. 하지만 보헤미아가 예수회의 반격으로 고통을 당했다. 이탈리아와 스페인에서는 예수회가 종교개혁을 진압하였다. 1871년 교황의 세속 통치가 폐지된 후에 로마에서 프로테스탄트의 공식적인 예배가 드려지고 교회가 설립되었다.

14. 결론

지금까지 우리는 종교개혁사에 관한 개괄적인 전개를 살펴보았다. 이를 다시 정리하면 종교개혁사는 지나간 세기에 발생한 하나의 단순한 사건이 아니라는 것이다. 만약 우리가 이를 단순화시키면 하나님의 구원 사역을 축소하거나 불신하는 것이 될 것이다. 이는 하나님의 역사에 대한 불순종과 반역을 낳을 수 있다. 그러므로 필자는 적어도 종교개혁은 하나님이 오래 동안 인내하며 이 때를 기다려오신, 그분이 친히 준비하고 일으키신, 또한 이루신 영적 운동이라고 확신한다. 때문에 우리는 종교개혁사를 연구할 때 하나님의 독특한 섭리와 남다른 감동을 경험하게 될 것이다. 하나님은 인간적으로 연약한 종들을 선별하여 세우시고 그들로 하여금 위대한 개혁을 성취하셨다. 그러므로 역사는 하나님의 선하신 뜻에 따라 자발적으로 움직인다. 그러므로 우리는 그분의 역사 앞에 잠잠히 기다릴 수밖에 없다. 앞으로 우리가 배울 종교개혁사는 이 같은 사실을 입체적으로 증언할 것이다. 종교개혁사를 통해 잃었던 옛 신앙을 회복하고 하나님이 주신 은사를 개발하여 혼란한 이 시대를 위해 귀히 쓰임 받을 수 있기를 바란다. 루터와 칼빈, 낙스가 개혁자로서 느꼈던 진한 감동을 함께 느끼며 이로써 사명의식을 고취하고 더욱 하나님을 사랑하고 복음을 위해 헌신할 수 있기를 바란다. 이는 종교개혁사를 통해 우리가 배울 수 있는 영광이요 축복이라 믿는다. 주님의 은총이 모두에게 함께 하시기를 기원한다.

제 2 장

종교개혁의 역사적 배경

1. 서론

기독교의 신앙적 삶의 원리는 성령의 영감으로 기록된 하나님의 말씀에 기초한다. 그런데 이 말씀에서 이탈하여 이와 유사한 혹은 전혀 다른 복음을 가르치게 되었을 때 교회는 혼란을 겪었다. 그러나 교회는 어떤 시련과 억압에도 참된 진리의 수호자들이 승리했음을 역설한다. 각 시대마다 하나님은 그의 신실한 종들을 통해 참된 진리가 승리하는 비결을 가르쳐 주셨다. 이것은 바로 지난 2,000년의 교회역사가 단적으로 보여준다. 그리스도의 교회는 시대의 죄악과 권력, 부정과 비도덕과 싸우며, 진리의 깃발을 높이 쳐들었다. 절망뿐인 이 세상에 참된 소망의 빛을 온누리에 비추며 이 빛을 보고 나가는 자들에게 참된 구원과 생명을 허락하셨다. 결국 지난 2,000년 역사는 기독교의 신앙적 좌표가 무엇인지를 확실히 보여주고, 참된 진리의 수호를 위해 교회가 어떤 행동을 취했는가를 말해준다. 주님의 교회가 성경의 표준에서 이탈할 때마다 개혁의 필요성이 강하게 요구되었고 그때마다 교회는 초대 교회적 면모를 새롭게 하기 위해 부단히 노력해 왔다.

2. 중세 교회의 일반적 상황

역사가 실제로 우리에게 보여주는 바는 하나님의 교회가 말씀에서 떠나 왜곡된 타락한 모습이었다. 교회는 지나치게 독선적이며 이기적이었고 사랑을 실천하지 못했다. 중세 교회의 교두보였던 가톨릭 교회는 교황청의 분열로 그 권위가 땅에 떨어졌으며, 지나친 과세와 면죄부 판매는 일반 시민의 원망을 자아냈다. 결국 이러한 양상은 초대 교부시대 이후 약 1,000년의 중세 교회를 지내는 동안 겉치레로 나타났다. 거대한 로마 제국의 통제 속에 하나의 국가, 하나의 종교 안에서 확고하게 군림하였다. 그 길고 긴 세월 동안에 사도 시대의 특징인 열렬한 사랑, 진지한 소망, 그리고 단순한 믿음이 교회에서 사라지게 되었다.

이 시기를 주도한 교회는 외형상 진실하고 부유하며 화려해 보였으나 실제로는 권위를 상실한 허약한 상태였다. 당시에 종교의식은 형식에 불과 하였고 강단에서 말씀은 자취를 감추었으며, 대부분의 사제들은 이기주의자요 쾌락을 일삼는 타락자들이었다. 동시에 일반 백성들은 무지와 미신 가운데 버려졌다. 더욱이 중세 교회는 여러 의식을 중심으로 겉치레로 수놓아졌고 정작 강조되어야 할 주의 말씀은 선포되지 않았다. 당시 교회는 라틴어를[1] 공용어로 사용하였고 예배의 형식상 중요한 위치를 가졌다. 그럼에도 불구하고 몇몇 특정 학자들 외에는 아무도 그 용어를 이해하지 못했다. 그런데 당시 독일교회는 유럽의 다른 지역보다도 그 부패상이 더욱 심하였다. 당시 독일은 아직 연방제였으므로 교황의 세력이 왕권을 통하여 직접 영향을 미치기 어려웠고 르네상스를 통한 인문주의의 영향이 지성인들 사이에 컸기 때문에 다른 어느 곳보다 개혁 예비자들이 많았다.

이러한 상황에서 1517년 독일에서 일어난 종교 개혁은 이런 잘못된 전통과 인식에서 벗어나 새로운 역사를 창출하는 계기를 마련하였다. 사실 16세기 종교개혁은 루터나 칼빈의 운동만은 아니었다. 이미 종교 개혁 이전부터 교황 무오설을 비롯하여 로마 가톨릭 교회의 부패된 모습과 교리에 대하여 여러 선구자들이 자주 지적하였다. 그러나 16세기에 루터의 각성과 함께 시작된 종교개혁은 그 이전 세기와 달리 교회사적으로 매우 중요한 위치를 갖게 되었다. 종교개혁은 각 민족마다 다양한

1) 기원 전후(B.C.와 A.D.)에 사용된 라틴어는 일반적으로 콘스탄티누스 대제 때까지를 제외하고는 상류계급과 별다른 구별이 없었다. 대중 언어에는 장모음과 단모음간의 구분이 없어졌으나 발음, 어휘, 그리고 구문론에서는 상류계급 언어에 차이가 발생하였다. 그 결과 800년까지 성직자를 제외하고는 라틴어를 사용하는 자들이 거의 없었다. 프레데릭 B. 아르츠,「중세 유럽의 문화유산」, 홍성표 역, (보진제, 1993), 248-249.

특성을 소유한 채 전 세계로 확산되었다. 알레스다 A. 멕그라스는 이 종교 개혁(Reformation)을 16세기 루터파와 개혁파, 재세례파 혹은 급진적 종교 개혁, 그리고 가톨릭의 반동 종교개혁으로[2] 구분했는데 이것은 국가적 언어를 통해 독일, 프랑스, 영국권으로 분류되었다. 그러나 개혁이라는 용어는 다소 제한적 의미로 가톨릭의 개혁을 제외한 포괄적인 신교의 종교개혁을 의미한다. 따라서 개혁이라는 용어는 혁명과 달리 중세 가톨릭 교회가 가르쳐온 교리와 전통들을 개정하여 초대 교회의 본래 모습으로 돌아가려는 운동으로 이해해야 한다. 개혁자들에게 개혁의 의미는 곧 성경운동의 회복을 의미하였다.

3. 종교개혁의 직접적 배경

초대 교부시대 이후 철옹성(鐵甕城) 같던 로마 교회는 종교 개혁으로 심각한 타격을 입었다. 그리고 개혁자들이 성취한 개혁은 세계 역사상 가장 중요한 사건으로 부각되었다. 결국 종교개혁은 옛 시대의 종언과 함께 근대로의 창문(窓門)을 활짝 열며 새 역사를 창조하는 교두보 역할을 했다. 그런데 사실 종교개혁이 일어나기 수세기 전 유럽은 중세의 길고 긴 어둠에서 벗어나려고 몸부림쳤다. 그런 가운데 기독교 세계에서 가장 안전하게 여겨진 교황 지상권은 중세 후기에 들어오면서 급속히 약화되고 오히려 반 교황 감정이 고조되었다. 동시에 인문주의의 등장으로 종교개혁의 여명이 밝아왔다. 따라서 15세기 말부터 시작된 교회의 개혁은 대부분의 서 유럽인들에게 공통의 과제였다. 정치인들과 지식인들, 귀족들과 도시민들, 고위 성직자들과 수도사들, 심지어 교구사제들까지 모두 조직 교회의 생활을 개탄하였다. 이들은 대부분 개혁되지 않은 교황청이야말로 유럽의 지속적인 골칫거리라고 인식하였다.[3]

---

2) Alister E. McGrath, *Reformation Thought, An Introduction*, (Blackwell Publisher, 1993), 5-12; 존 L. 리스, 「개혁교회와 신학」, 35-63, 118-128. 이것을 좀 더 구체적으로 루터파는 독일 동부유럽, 칼빈의 개혁파는 제네바를 중심한 불어권으로 프랑스의 위그노가 포함되며, 츠빙글리는 독일어권 사용의 스위스와 네덜란드, 재세례파는 서부 유럽의 대부분의 국가들, 영어권의 영국과 스코틀랜드, 예수회의 반동종교개혁운동 등으로 구분할 수도 있다.

3) Thomas M. Lindsay, *A History of the Reformation*, (Edinburgh: T. & T. Clark, 1907), vol. II., 484-485.

당시의 종교적 상태는 개인적인 외침을 넘어 프랑스의 국회, 독일의 의회, 영국의 국회에서도 강하게 표출되었다. 여러 형태의 불평 중에 가장 보편적이었던 것은 고위 성직자들이었다. 이들은 유럽의 여러 국가의 정부에 과도하게 간섭하였으며 봉건귀족들을 적법한 통치권좌에서 추방하였다. 성직자들의 재판소는 당시 도시민들의 생활을 과도히 간섭하며 권한을 남용하였다. 이것은 결국 성직자들의 범죄를 영속적으로 장려하는 촉진제였다. 이와 함께 다양한 변화들이 급속도로 확산되면서, 유럽은 위기를 맞이하였다. 이 같은 변화와 발전은 경제 문제에서 표면화 되었고, 정치와 사회분야에서도 나타나기 시작하였다. 이와 동시에 종교에도 새로운 변화의 조짐이 보이기 시작했다. 이것은 여러 세기를 거치면서 매우 다양하게 나타났는데 그것을 크게 외적인 변화와 내적인 변화로 정리할 수 있다. 여기의 외적인 변화는 사회적 변화, 경제적 변화, 정치적 변화, 그리고 문예부흥의 4가지로 정리해 볼 수 있고 내적인 변화는 영적인 변화 혹은 종교적 변화로 정리된다. 그러나 결국 종교개혁은 위의 제반 요인들이 모두 복합적으로 서로 얽혀 발생하였다.

3.1. 사회적 변화

중세의 사회구조는 크게 성직자를 머리로, 귀족들은 팔로써, 그리고 농부들은 발로서 묘사되었다. 그러나 이 구조는 종교개혁이 있기 이전에 이미 큰 변화를 맞이하였다. 봉건사회의 기존 틀을 주도했던 귀족들은 점점 쇠퇴하고 있었다. 반면 중산층의 증가와 상업의 발달로 새로운 신분이 등장하면서 사회구조와 역학관계가 설정되었고 그 결과 농부들 또한 급속한 사회 변화로 이동이 급증하였다. 사람들은 자신들의 신분 변화를 꾀하기 위해 분주하게 뛰면서 그들의 지위 확보를 위해 온갖 힘을 기울였다. 새로운 국민 계급이 형성되면서 점차 평등사상이 고개를 들기 시작하였다. 각 도시와 읍에는 아직도 몇몇 귀족들의 독점이 공공연히 나타나긴 했지만 많은 장인들과 상인들이 거주하고 이들은 자신들의 터전을 확보하였다. 이들 중간 상인들은 일반 귀족들과 농민들 사이에서 결국 중세 후기에 유럽의 정치와 경제 변화에 결정적인 역할을 한 사람들이었다. 이런 변화 속에 성직자들은 점점 일반 백성들이 교회의 행정과 일로부터 멀어지도록 그들을 격리시켰다. 따라서 성직자들과 평신도들 사이의 관계는 더욱 소원하였다. 이런 상황에서 교회는 많은 사람들의 논쟁과 시비의 대상이 되었다.

특별히 십자군 운동 이후 중세 봉건 사회가 점차 몰락하면서 상업의 발달로 농업경제가 상업경제로 전환되는 과도 과정에서 사회의 구조적 변화가 생겨나게 되었다. 국가주의의 등장으로 스페인과 프랑스에서는 교회가 국가의 지배아래 들어오게 되었다. 그러나 아직 독일에서는 그러한 통일이 존재하지 않았다. 하지만 그곳에서도 작센, 헤세, 브란텐부르크, 바바리아 같은 강한 공국들이 제국 안에 건설되었다. 신세계와 인도 해로의 발견은 인간의 지리 지식과 안목을 크게 넓혀 주었고, 그들이 새 시대의 문턱에 서 있다는 감정을 널리 확산시켰다. 정치와 행정에서는 평신도들이 과거에 교회 조직에 대해서 누렸던 우월한 지위를 되찾기 위해 투쟁을 벌였다. 이에 편승하여 개인주의가 중세의 강력한 협력 정신의 자리를 점유해가고 있었다.

세계는 로마 제국의 몰락 이후 큰 격동에 휘말리게 되었다. 이런 사회 정치적 변화 속에서 교황청의 바벨론포로(1309-1377)로 인한 교황 위신의 실추는 교회개혁을 부채질하였다. 교회가 부과하는 세금과 교황청의 사치는 백성들의 원망을 사게 했고 루터가 개혁의 봉화를 들자마자 독일의 농민들은 기다렸다는 듯이 일제히 봉기하여 전국적으로 반란을 일으키게 되었다.[4] 십자군 운동의 결과로 동방의 사치품이 수입되고 서방 사회는 사치 풍조에 휩쓸리게 되었으며 사제주의의 횡포로 하나님께 직접적인 교제가 단절된 무리들은 영적인 해갈을 위하여 현실도피의 신비주의에 쏠리게 되었다. 이런 사회적 변화 속에서 교회와 백성사이에 생겨진 괴리에 새로운 변화가 요구되었다. 결국 당시의 사회 안정은 곧 종교의 안정에 기인했음을 보게 된다.

3.2. 경제적 변화

중세는 특정한 신분층이 자신들의 기득권을 위해 일반 백성들을 억압하고 착취하던 시대였다. 거기다가 유럽은 전쟁과 질병 그리고 기근으로 황폐하였다. 십자군 전쟁으로 당시에 수많은 사람들이 죽었고 1346년에는 흑사병으로 인해 2,500만 명이 죽었다. 그리고 백년전쟁으로 수많은 사상자가 생겨났고 유럽에 불어 닥친 기근

---

4) 김기련, 「종교개혁사」, (목원대학교 출판부, 2001), 19-20.

으로 수많은 사람들이 죽임을 당하였다. 때문에 종교개혁 직전에 유럽은 1300년대의 인구와 비슷하였다. 이로 인해 자연히 인구의 감퇴로 경제적인 불안을 초래하였다. 농산물의 생산이 급속도로 하락하였다. 이것은 결국 자급자족에 치명타를 가져왔고 자신의 안전과 생존을 위해 일할 수밖에 없도록 만들었다. 그러나 16세기에 들어오면서 인구가 급증하면서 새로운 변화가 일어났다. 1500년경에 인구 10만 명 이상 되는 도시가 유럽에 콘스탄티노플, 나폴리, 베니스, 밀란, 파리 등 5개뿐이었으나, 1600대 초반에는 12개의 도시로 늘어났다. 영국의 인구가 1500년경에는 350만이었으나 1600년에는 500만이 되었고 유럽의 전체 인구도 1,200만에서 2,000만으로 증가하였다. 이와 같은 인구의 급증으로 노동력이 풍부해지자 귀족들과 영주들은 임대료 인상 등의 방법으로 농민들을 억압하였다. 귀족들의 농민 억압정책으로 많은 농민들이 농촌을 떠나 일자리를 찾아 도시로 나가 용병을 지원하였다.5)

더욱이 초기 로마 제국의 군대가 길을 잘 닦아 놓아 쉽게 여행할 수 있었던 것과 같이 중세 말기에 시작된 조선술과 해양기술의 발전은 서구의 경제를 급속하게 변화시키는 계기가 되었다. 특별히 14세기경부터 포르투갈을 중심으로 시작된 조선술과 항해술의 발전은 서남 아프리카의 노예들과 금, 직물, 향료, 목재, 양곡, 가죽, 옷, 소금, 포도주 그리고 인도의 후추, 상아와 중국의 비단들을 가져오는데 용이하였다. 결국 조선술과 항해술의 발전은 1492년 콜롬버스(Christopher Comumbus)가 신대륙을 발견하였고 교회는 흥분을 감추지 못하였다. 신대륙의 발견으로 중세의 미신에 대한 새로운 각성이 일어나게 되었고 무역은 크게 활성화되었다. 다시 말하면 유럽 일변도의 생활권에서 벗어나 폭넓은 세계를 바라볼 수 있는 전환기를 마련하였다. 피에르(Pierre)와 차운스(Hugoutto Chaunce)의 통계에 따르면 1550년경에는 스페인의 세빌(Seville)에서 신대륙까지 200척의 배가 30,000톤의 물건을 날랐고, 1660년에는 50,000톤의 물건을 운송하였다. 무역량이 증가하면서 노동력이 많이 요구되자 노예무역이 성행하였고, 노동력의 도시로의 유입을 재촉하였다. 노동력이 도시로 이동하자 넓은 토지를 소유한 영주들은 이제 노동력의 빈곤을 체험하여야 했다.6)

---

5) Harold Grimm, *The Reformation Era, 1500-1650*, (New York: The Macmillan Company), 1966, 14.

6) Thomas M. Lindsay, *A History of The Reformation*, (Edinburgh, T. & T. Clark,

이를 해소하는 방법은 기계화를 촉진하는 것이었고, 그 결과 산업혁명이 일어났다. 산업혁명과 함께 협동조합과 은행들이 생겨났고, 은행제도의 출현과 함께 신용제도, 지폐, 할인제도 등과 같은 새로운 형태의 재정구조가 등장하였다. 이런 변화 속에서 아직도 농민들은 토지를 소유할 수 없었고, 그들의 수입은 퇴조하였고 오히려 지불해야 될 세금들은 증가하였다. 그들 중 많은 사람들이 돈 많은 고리 대금업자들을 의지하였다.[7] 한편 도시에 거주하고 있던 상인들과 장색인들은 기존 사회 구성원들을 그들로부터 제외시키고 자신들로 구성된 하나의 사회를 형성하였다. 다시 말하면 이들은 중세의 봉건제후들 대신 자신들이 주축이 된 조합들을 구성하여 운영하였다. 그리하여 서서히 자본주의적 경제체제가 도입되었고 그 결과 자신들의 경제적 지위가 급등할 수밖에 없었다. 결국 자본주의는 경제력의 집중화(concentration of economic power)를 가속화 시켰다.

이와 같은 경제적인 구조의 급속한 변화는 경제구조와 사회구조의 불안을 동시에 초래하였다. 그 대표적인 것이 물가의 상승이다. 중세 말기에 물가는 매년 2-3% 인상되었다. 그러나 16세기 중엽에 들어서면서 신대륙에서 금과 은이 유럽에 수입되면서 물가가 급등하였다. 17세기 초반 영국에서 양곡의 도매 가격이 5배나 올랐고, 프랑스에서는 7배, 스페인에서는 그보다 더 많이 올랐다. 따라서 신학자들과 설교자들은 설교와 강의를 통하여 전매업자들, 고리대금업자들, 상인들, 특히 양곡 상인들의 농간에 대하여 비난하곤 하였다. 물가 상승으로 식량 폭동이 일어났고 그때마다 전매업자, 고리대금업자, 상인들의 창고와 집은 공격의 주된 대상이었다. 이러한 경제적, 사회적인 혼란은 사람들에게 개혁이든 혁명이든 간에 어떠한 변화를 요청하게 되었다.

3.3. 정치적 변화

중세기 스콜라 철학은 보편이라는 원리 위에 확고히 서있었고 이 원리 위에서 전 유럽의 교회는 한 교회와 한 신앙이라는 가톨릭 전통에 예속되어 있었다. 중세

1906), vol. 1., 79-94.

7) W. Stanford Reid(ed.), *John Calvin, His Influence in the Western World*, (Michigan: Zondervan, 1982), 38-39.

교회는 로마 제국의 영적 문제뿐만 아니라 세속적인 것을 지도했다. 그러나 그 체제 안에서 변화의 조짐이 일어났다. 무엇보다도 이 시기의 특징은 십자군 전쟁 이후 장원제도의 몰락과 함께 봉건군주제가 무너졌다는 것이다. 산업혁명 이후 상업으로 치부한 상인들은 중산층으로 변모하였다. 상인들이 경제를 장악하면서 그들은 왕의 자문 역할을 하는 등 사회에서 중요한 위치를 차지하게 되었다. 세속권은 중산층의 후원으로 점차 절대 군주화하였다. 이와 같이 시작된 절대군주들은 다른 왕에 대해 도전함으로 전쟁을 수행하거나, 교황권에 대항하여 왕권 신수설(the divine right of kings)을 주장함으로 왕권을 확장하였다.[8] 특별히 이 시기에 유럽의 여러 곳에서 자신들의 권리를 주장하는 소위 영토적인 국가들이 나타나게 되었다. 어떤 지역에서는 민족주의적 정신이 성장하였고 통치자들이 나타나서 중앙집권적인 통치를 시도하였다. 정부의 신권론이 발전하였으며 통치자들은 그들의 영토 안에서 절대적인 권위를 주장하였다. 그림(Grimm)교수가 지적했듯이 이런 왕권 확장운동과 함께 부상한 보편화의 정신은 영토의 특정화를 주장하게 하였다. 프랑스, 포르투칼, 스페인과 영국은 이런 발전의 본보기였다.

그러나 이와 달리 중부 유럽에서는 아직도 밀란, 프로렌스, 베니스, 나폴리와 교황청의 5개의 지역으로 분할되어 특정 지역의 군주들이 독자적으로 통치하였다. 특별히 프리드리히 2세(Friedrich der Zweite, 1194-1250)의 외아들 콘라드 4세(Konrad der IV, 1228-1251)의 사망으로 왕통이 단절되었다. 따라서 소위 대공위시대(Interregnum, 1256-1273)가 도래하자 대제후들은 앞 다투어 제국의 관직과 봉토를 세습하고 국왕이 가지고 있던 모든 특권을 빼앗아 독립된 영방(領邦) 국가를 형성하였다. 그 결과 대주교와 주교들 그리고 수도원장의 통치아래 독일은 300여개의 자치적인 정치 연맹으로 분리되었다. 이제 황제는 겨우 자기 영지와 약간의 제국 도시에만 제한적으로 권력을 행사하였다. 봉건 제후들은 자신들의 정치적 경제적 기반을 구축하기 위해 모든 방법을 동원하여 황제의 지위를 향유하기 위해 투쟁하였다. 마침내 1356년 카알 4세(Karl IV, 1316-1378)는 황금헌장(Die Goldenen Bulle)을 선포하였다. 그리하여 신성로마제국의 황제는 7명으로 구성된 선제후가 선출하였다. 1273년 합스부르크가 왕위를 계승한 이후, 독일은 여러 차례 정치적인

---

8) J. Neville Figgis, *The Theory of the Divine Right of Kings*, (Cambridge: The University Press, 1896), 1-274.

기복을 거치면서 근세 국가로 발전하였다. 특별히 막시밀리안 1세(Maxmilian 1, 1493-1519)가 황제에 오르면서 선왕들의 치하에 기울어졌던 국세를 만회하고, 오스트리아와 그의 속국에서 왕실 세력을 견고히 다졌다. 그가 비록 제국의 개혁에는 미흡했으나 국내적으로 문예부흥에 크게 공헌하였다. 그의 손자 찰스 5세(Charles V, 1500-1558)의 황제 선출과 유럽의 통치는 그것을 말해준다 하겠다.

또한 스위스에서는 군(구획)의 실재가 나타났다. 국가적으로 영국이나 프랑스 같은 나라들이 부상하였고 이탈리아처럼 도시를 중심으로 민족주의가 발흥하게 되었다. 절대군주들은 나라를 부강하게 만들기 위하여 재산의 해외유출을 금하여야만 했다. 특히 재산의 로마 유출은 달갑지 않은 일이었다. 당시 교황청은 유럽의 토지 3분의 1을 소유하면서 소작인들로 부터 물질을 긁어 모았다. 신성 로마제국에서는 황제가 계속 선출되어왔고 그러나 황제가 쇠퇴하면서 그 결과 그의 권한은 교황에 의하여 대체되었다. 이와 같은 막강한 권력으로 당시 독일에서는 국민 총수입 40%가 로마로 유출되었기 때문에 독일 통치자들의 불평은 대단하였다. 그러므로 국가 재산의 로마 유출을 막는 길은 바로 로마로부터의 독립을 추구하는 것이었고 이는 바로 종교개혁을 통해서만 가능하였다.

3.4. 인쇄술의 발달

인쇄술의 발명은 종교개혁을 가능케 한 결정적 요인이 되었다. 인쇄기가 1450년 구텐베르그에 의하여 발명되자 프로벤(Johannes Froben), 아메프바하(Johannes Amerbach), 알두스 마누티우스(Aldus Manutius)와 같은 인문주의적인 인쇄업자들은 헬라의 고전들과 교부들의 책, 중세의 서적과 문서들, 경건 서적과 성경을 인쇄 보급하였다. 인쇄기의 발명으로 1457년에서 1500년 사이에 각기 다른 사람들에 의하여 100여종의 성경이 인쇄되었고 그 결과 성경 값은 이전에 비하여 20분의 1로 떨어졌다. 1500년경에는 4만 여종의 책이 출판되었고 그 총 수량은 1,000만 권 정도에 이르렀다. 1520년 이전에 이미 구텐베르크의 성경이 199판이 유통되었다.[9] 이

9) 당시 라틴어 156, 독일어 17, 이탈리아어 11, 보헤미아어 2, 러시아어 1 등이었다. 15세기를 지나면서 203개의 필사본들이 발견되었는데 그중 독일어로 된 신구약성경 전체를 담고

처럼 인쇄술의 발명으로 종교개혁은 대 호황을 누렸다. 예를 들면 종교개혁이 일어나기 이전 한 인쇄업자가 연간 발행한 서적은 약 40여종이었으나 종교개혁으로 매년 500종류 이상이 출판되었다. 이와 같은 사실은 역으로 인쇄술이 종교개혁에 얼마나 도움이 되었나를 보여준다.

인쇄기의 발명으로 활자화된 루터와 개혁자들의 사상이 성도들의 마음에 유입되었다. 이에 대하여 슈비베르트는 다음과 같이 지적하였다. "독일어로 인쇄되었고, 매력적인 목각으로 새긴 인쇄물들은 개혁의 효과적인 수단이 되었다. 그는 인쇄기를 이용하여 몇 주 안에 그의 대적인 로마 교회의 공격에 답하였고, 설교와 신학적인 논문과 출판에 사용하였다. 따라서 보통 시민들도 개혁 운동에 친숙할 수 있었다. 이는 1517년에서 1520년 사이 루터의 책들이 370판이나 출판되었고 30만부 이상이나 판매되었다는 사실로 증명이 된다".[10] 인문주의자 베아투스 레나우스(beatus Rhenanus)는 츠빙글리에게 보낸 편지에서 "루터가 95개 신조를 발표하자 마자 그의 항의문들은 2주 만에 유럽 전역에 퍼져나갔다"고 보고하였다. 그러므로 슈피츠가 "인쇄술이야말로 복음전파를 위해 하나님이 내리신 최고의 선물"이라고 말한 것은 적절한 표현일 것이다. 이뿐만이 아니라 영국의 종교 개혁자 요한 폭스(John Fox)는 그의 「순교기」(*Book of Martyrs*)에서 인쇄술로 인하여 "올바른 지식과 분별하는 빛이 훌륭한 양식 속에 자리잡게 되며, 어두움은 물러가고 무식은 드러나며 오류로부터 진리가, 미신으로부터 참된 종교가 구별되었다"고 하였다.[11]

3.5. 사상적(지성의) 변화

중세시대의 지성사의 변화는 문예 부흥을 통해서 급속도로 확산되었다. 그러면 문예부흥이 무엇인가? 그것은 마음뿐만 아니라 정신의 움직임으로, 이탈리아에서 시작되었다.[12] 이 운동은 300년 간 서구 문화를 잠식하며 새로운 각성으로 유럽인

있는 것이 10개나 되었다. 1477년에는 프랑스 남동부의 리용에서 알비겐스들이 사용하던 프랑스 성경이 나왔다. 1525-1526년 사이 틴데일의 성경이 6,000부나 판매되었다.

10) E. G. Schwiebert, *Luther and His Times*, (St.Louis, Mo: Concordia Publishing House, 1950), 1-11. Stanford Reid(ed.), *The Reformation Revival or Revolution*, (New York: Holt, Rinehart and Winston, 1968), 26에서 재인용.

11) Spitz, *op. cit*., 306.

12) Owen Chadwick, *The Reformation*, (London: Penguin Books, 1988), 29-30.

의 지적 생활에 근본적인 변화를 제공하였다. 동시에 고대 문학의 원전에로의 회귀와 개인주의적 각성, 지리상의 발견에 따라 동서 문화의 교류를 증대시켰다. 뿐만 아니라, 중세 봉건제도의 붕괴를 가져오게 한 원동력이 되어 상업 인구의 격증과 스콜라 철학의 퇴조와 함께 득세한 오캄주의의 득세 등 이 모든 것들이 중세의 사상적 기초를 흔들어 놓았다. 다시 말하면 문예부흥은 중세 성직자들이 그들의 권세를 가지고 많은 대중들을 좌지우지하는 상황에서 탈피하여 일반 대중들의 무지와 노예 적의 멍애를 벗겨 주는 징검다리 역할을 했다. 따라서 이 시기에 예술과 과학이 새롭게 조명되었다.

이런 현상은 북구 유럽의 대학을 휩쓸었는데, 그 중에 파리대학은 학문 연구의 중심지였다. 그리고 비엔나나 하이델베르그, 에루푸르트 대학들은 새로이 부상한 학문의 전당이었다. 이 운동의 영향은 새로운 학문연구에 박차를 가하여 교부신학과 성서 원어(히브리어와 헬라어)를 도왔고 종교개혁의 사상적 배경을 제공하여 주었다. 뿐만 아니라, 이 운동은 다른 분야에도 영향을 미쳤는데 고전 문학에 있어서는 Petrarch와 Boccaccio가 나타났고 언어에서는 Pio de Mirandolo(Hebrew)가, 바티칸 도서관에서는 Nicholas V가 작업을 하였다. 그리고 나체 그림으로는 중세의 상징인 Madonna와 화가이자 수학자였던 Leonardo de Vinci, Listine Chapel을 조각한 Michael Angelo가 있었다. 문예부흥의 특징으로 마키아벨리는 「군주론」(*The Prince*)에서 인간 본성의 지배에 대한 통찰로, 목적이 수단을 정당화하는 것을 보여준다. 그리고 한 수도원의 승려요 화가였던 Fra Loppo Lippi는 부도덕했으나 재주가 많았으며 세속적인 일에 지혜가 있었던 사람이었다. 당시 탁월한 기독교 인문주의자로는 사보나롤라와 콜레트, 에라스무스가 있다.

(1) 사보나롤라(Girolamo Savonarola, 1452-1498): 이탈리아의 피렌체(Florence) 출신으로 아시시의 프란체스코(Francis of Assisi)와 파르마의 요한(John of Parma)과 동향인이었다. 어려서부터 고통받는 이웃들을 목격하고 의사가 되려 했으나 성경과 어거스틴의 책들을 공부하였다. 그리고 아퀴나스와 아리스토텔레스의 아랍어 주석을 통달하였다. 특히 아퀴나스의 신학대전에 매료되었다. 이때 그는 결혼으로 안식을 찾을까 했으나 실패하고 우울증에 빠졌다. 그 뒤 유일한 안식은 하나님을 의존하며 말씀을 연구하는 것이라고 믿었다. 아퀴나스에 대한 연구는 그가 고향을 떠나 1474년 도미니쿠스회에 입교토록 하였다. 사보나롤라는 마침내 위대한 설교자

가 되어 크리소스톰처럼 의의 설교를 힘 있게 선포하였다. 그 결과 플로렌스의 저명한 인문주의자들, 예를 들면, 마르시글리오 피치노(Marsiglio Ficino)와 안젤로 폴리지아노(Angelo Poliziano), 지오바니 삐코 델라 미란돌라(Giovanni Pico della Mirandola) 등이 제자가 되었다. 특히 미란돌라는 사보나롤라를 만나기 전에 저술한 5권의 사랑의 노래책을 불사르고 매일 정해진 시간에 기도하였다.

사보나롤라는 가톨릭 사제들과 주교들의 악한 행실을 비판하였다. 그에 의하면 교회는 외적인 정치적 통일체로서 로마의 주교가 다스린다. 그러므로 모든 사람은 그에게 예속되며 그가 평범한 복음적 율법과 위배되는 명령을 내리지 않는 한 그에게 복종해야 한다고 주장했다.[13] 하지만 이탈리아에서 소동이 발생하였다. 특히 북부 이탈리아의 피렌체는 칼빈의 제네바 정신에 입각한 정부가 정착되었다. 교황 알렉산더 6세는 그의 입을 막기 위해 온갖 시도를 했으나 실패하였다. 사보나롤라는 순교자가 될지언정 그럴 수는 없다고 하여 거부하였다. 그는 추기경의 붉은 모자보다는 차라리 피로 얼룩진 모자를 택하겠다고 하였다. 비록 그는 중세 신학을 수용했으나 문예부흥이 맹위를 떨치던 그때 많은 학자들의 삶에 영향을 미쳤다. 그의 성결하고 정직한 설교는 심오하게 많은 대중들에 영향을 미쳤고 지성인들의 삶을 변화시켰다. 따라서 그를 도덕적 개혁가에 포함하기도 한다. 그는 플로렌스를 신정공화정(theocratic Republic)으로 만들고자 하였다. 그는 불의한 이단으로 1498년 나무에 달려 화형되었으나 자신의 토지를 피렌체에 있는 병원에 기증했다. 이로써 로마 교회는 더 이상 법률적으로 순결할 수 없게 되었다.[14]

---

13) Thomas M. Lindsay, *A History of The Reformation*, (Edinburgh, T. & T. Clark, 1906), vol. 1., 159-160

14) 그는 위클리프나 후스와 같이 교리적인 개혁가는 아니었다. 그는 자기 동포인 이태리인들의 부도덕한 습관과 악한 생활을 공격하였다. 하나님께서는 사보나롤라로 하여금 힙포의 어거스틴의 글들을 보도록 섭리하셔서 이태리 교회내의 윤리적 배교성을 직시하도록 하셨다. 처음에 그는 말에 둔한 사람이었으나 후에 훌륭한 웅변가가 되어 플로렌스에 운집한 수많은 군중들과 성직자들에게 사회에 만연된 부패상을 지적하였다. 동시에 그는 그의 설교에서 죄를 회개할 것을 촉구하였다. 그 결과는 놀랍게도 강퍅한 많은 죄인들이 옛 생활을 벗어버리고 회개하게 되었다. 프로렌스는 아직도 로마교회의 교훈들이 뿌리박혀 있었지만 커다 부흥의 중심지가 되었다. 그는 그곳의 통치자가 되어 3년간 선정을 베풀었다. 그러나 많은 사람들은 그의 엄격한 통치에 반발하였다. 사보나롤라는 플로렌스 시를 하나님이 통치하시고 그분의 복음이 법률이 되는 모범적인 기독교 국가로 만들려고 했으므로 범죄의 소굴이 소탕되고 도박이 금지되며 남녀를 불

(2) 존 콜레트(John Colet, 1466-1519):[15] 옥스포드의 탁월한 인문주의 그룹 가운데 한사람이었던 그는 부유한 상인의 아들로 태어났다. 본래 케임브리지에서 문학사와 석사 학위를 받았다. 그 후 학문을 위해 이탈리아에서 연구했고 1496년 귀국하여 옥스퍼드에서 바울 서신을 강의하였다. 중세 스콜라 철학을 혐오했던 콜레트는 이후 바울서신 강의를 통해 세상을 놀라게 했다.[16] 그 이유는 사도들의 말씀을 생동감 있게 나타냈기 때문이다. 그의 목적은 바울이 로마에 있는 기독교인들에게 보내는 인격적 메시지를 찾는 것이었다. 이 목적아래 이방인에게 보내는 사도의 인간적 흔적을 탐구하였다. 콜레트는 자신의 연구를 바탕으로 새로운 성경 해석, 즉 문법적, 역사적 방법을 시도하였다. 그리하여 그는 성경 각 책들의 정확한 의미를 찾으며, 그동안 자신이 사용했던 스콜라적 습관으로부터 완전히 벗어났다.

당시 스콜라 신학은 하나님의 본성에 관한 43개의 신조와 타락 전과 후의 인간 본성에 관한 45개의 신조를 가지고 여기에 동의하지 않으면 이단으로 정죄하였다. 비록 스콜라 신학이 13세기에는 학문적이었지만은 지금은 변화된 16세기라는 것이다. 그는 루터와 칼빈처럼 성경을 기계적 영감이나 교리적인 계시가 아닌 완전히 영감된 인격적 계시로 믿었다.[17] 그리고 학생들에게 중요한 것은 성경과 사도신경을 사수하는 것이라 하였다. 그리고 신플라톤적 기독교 인문주의자들이 받아들일 수 있는 위-디오니시우스, 오리겐, 그리고 제롬 같은 고대 교회의 신학자들을 연구하였다. 그는 참고서도 없이 불가타에서 헬라 본문까지 모든 것을 강의하였다. 그리고 그는 제자인 에라스무스에게 모세나 이사야의 책들을 강의할 때 자신같이 할 것을 권하였다.

1512년 영국교회의 총회에서 성 바울 대학의 학장으로 행한 설교에서 그는 당시 타락한 성직자들의 삶은 이단보다 더 나쁘다고 지적하였다. 그에 의하면 바른 개혁

문하고 사치스러운 옷이 금지되고 경건한 생활이 장려되었다. 카드, 주사위, 사육제 때에 입는 옷, 음란서적, 음화 등이 소각 처분되었다. 그러나 그는 자신이 예언의 은사를 받았다고 하다가 예언에 실패하자 반대에 부닥치게 되었다. 시드니 M. 휴톤, 「기독교 교회사」, (1994), 123-128.

15) William R. Estep, *Renaissance and Reformation*, (Michigan: Grand Rapids, William B. Eerdmans Publishing Company, 1986), 81-83.

16) C. Silverter Horne, *A Popular History of the Free Churches*, (London: James Clarke & Co., 1903), 5-6.

17) Thomas M. Lindsay, *A History of The Reformation*, (Edinburgh, T. & T. Clark, 1906), vol. 1., 164-165.

은 개개인으로부터 시작해야 하는 데, 먼저 성직자와 주교들이 일으켜야 하며, 이어서 모든 사람들에게 확산되어야 한다고 했다. 왜냐하면, 몸은 영을 따르기 때문이며, 국가의 통치자에 따라서 백성이 좌우되기 때문이다. 그리고 그는 사람이 기독교인이 되고 기독교인의 생활을 하는 것은 지적 개념이 아니라 영적인 능력에 기초한다고 하였다. 비록 인간이 하나님을 느낄 수 있을지 몰라도 하나님을 결코 이해할 수 없다. 하나님의 품격과 속성을 삼단논법에 어울리는 명제에 가두어 놓을 수 없다고 하였다. 그러므로 성례전은 스스로 신비한 힘을 가져서가 아니라 하나님이 자기 백성을 구원하시는 영적 능력을 상징해 주기 때문에 중요하다.

한편 그동안 부족했던 것은 기존의 교회법을 강화하는 것이며, 교회의 모든 악덕은 주교의 태도 변화에 달려 있다고 하였다.[18] 콜레트는 사람을 대신하여 하나님께 접근하고 헌물을 바쳐주는 중재적 사도직을 거부하였다. 그에게 사도직은 목회적으로, 하나님의 사랑과 자비를 다른 사람들에게 선포하며, 주님처럼 진리를 끊임없이 가르쳐 구원하는 것이었다. 그는 사제들이 죄를 사면할 신적 능력을 받지 않았다고 하였다. 그리고 그는 중세 교회의 성례전인 화체설을 부인했다. 그에 의하면 성찬은 희생이 아니라 주님의 죽으심을 기념하는 것이다. 이를 통해 성도들이 주님과 함께 연합하고 교제함을, 주님을 통해 성도들이 다른 사람들과 연합하고 교제함을 상징한다고 하였다. 세례는 신자가 마음속으로 변화를 받았음을 나타내며, 자신의 주인에 대한 서약으로 이해하였다. 이같은 콜레트의 가르침은 롤라드들(Lollards)에 의해 열렬히 환영받았다.

(3) 존 로이클린(John Reuchlin, 1455-1522): 독일의 인문주의자들은 개성이 강하여 공동의 목표를 지향하는 단체는 될 수 없었다. 이런 가운데 모든 사람을 하나로 묶는 역할을 한 사람이 로이클린이었다. 로이클린은 제자인 에라스무스처럼 무척 고집이 센 사람이었다. 1483년 그는 요한 아르기로포우로스(John Argyropoulos)의 집에서 일단의 이탈리아 인문주의자들을 만났다. 그 중에 이름을 알 수 없는 한 젊은 독일인이 자신의 집주인의 소개장을 가지고 도착하였다. 그는 헬라어를 공부하기 위해서 왔는데, 이때 아르기로포우로스가 그에게 투키디데스(Thucydides)를 주면서 해석을 요구했다. 그런데 그 젊은이가 쉽고 우아하게 해석하자, 그곳에 모인

18) A. M. Renwick, *op. cit.*, 106.

무리들이 환호성을 울렸다. 이 젊은 독일인은 수년간 이탈리아에 머물면서 최고의 이탈리아 학자들과 교제하였다. 그는 새로운 학문에 대한 열렬한 탐구자였으며, 귀국하여 독일에서 맨 처음 헬라어를 유행시켰다. 뿐만 아니라 히브리어도 열성적으로 탐구하며, 최초로 유럽인들에게 소개하였다.[19] 그런데 로이클린의 나이 54세 때, 논쟁이 발생하여 독일 학자들은 둘로 나뉘었다.

그 중에 요한 페퍼코른(John Pfefferkorn, 1409-1522)은 유대인으로 기독교로 개종하였다. 그는 쾰른의 도미니쿠스회의 자극을 받고, 유대인들이 기독교를 받아들이게 하기 위해서는 구약성경을 제외한 그들의 모든 책들이 몰수되어야 한다고 생각하였다. 그 결과 페퍼코른은 1507-1509년 사이 유대인을 반대하는 4권의 책을 썼다. 그리고 로이클린에게 협조를 요청했으나 거부하였다. 그 후 마인츠의 대주교 우리엘(Uriel)은 로이클린에게 유대인이 사용하는 서적 가운데서 구약 모세의 10계명, 예언서, 그리고 시가서 등은 제외하고 모두 파괴하는 것이 교회의 신앙에 이득이 되며 칭찬받을 만한 일인지 황제에게 충고케 하였다. 이에 대해 로이클린은 1510년 11월 유대인의 책을 몇 계층으로 구분하여 각 계층에 대한 자신의 의견을 피력하였다. 그에 의하면 구약성경의 파기는 질문할 필요가 없다. 탈무드는 여러 시기에 걸쳐서 유대인들이 율법을 해석한 것을 모은 책이다. 그러므로 누구든지 탈무드를 통독하지 않고서는 자신의 견해를 말할 수 없다. 자신은 탈무드의 일부분만 확보했으며, 자신이 얻은 지식으로 판단해 볼 때, 탈무드는 기독교에 위배되는 조항이 포함되어 있는 것처럼 보이나 그것은 율법의 한계 내에서 머물러야 하는 유대 종교의 본성에서 오는 것이다. 그리고 탈무드에 많은 좋은 것들이 포함되어 있으므로 파괴시켜서는 안 된다.

한편 로이클린은 카발라(Cabala)는 다른 어떤 책에서도 할 수 없었던 그리스도의 신성을 우리에게 확신시켜 주는 값진 책이다. 유대인들에게는 구약성경에 대한

---

19) Thomas M. Lindsay, *A History of The Reformation*, (Edinburgh, T. & T. Clark, 1906), vol. 1., 67-72. 그의 「초보자를 위한 히브리어에 관하여」(*De Rudimentis Hebraicis*, 1506)는 문법과 사전을 한 권으로 묶은 최초의 책이었다. 그는 하나님이 히브리어를 통해서 자신을 계시하셨을 뿐만 아니라 천사들과 다른 신적 사자들을 통해서 성경 이외의 고대 히브리 문서에 보전되어 있는 아담과 노아, 그리고 족장들의 지혜를 알려 주셨다고 하였다. 로이클린은 그 책을 「신비한 언어에 관하여」(*De Verbo Mirifico*, 1494)에서 가장 높은 신비를 찾으려면 히브리 성경을 접해야 한다고 하였다.

각종 주석집들이 있는데, 이것들은 기독교 학자들로 하여금 구약성경을 올바르게 이해하는 데 유용하므로 파괴되어서는 안 된다. 유대인들은 또한 설교집과 예식서를 가지고 있는데, 이것들은 황제의 법으로 보장되어 있다. 유대인들은 또한 예술과 과학 서적이 있는데, 만약 이 책들이 마술 같은 금지된 예술을 가르친다면 파괴되어야 마땅하다. 마지막으로 시와 우화에 관한 책들이 있는데, 그 가운데 그리스도, 동정녀, 그리고 사도들에 대한 모욕을 담은 것이 있다면 마땅히 소각해야 할 것이다. 그리고 덧붙여서 유대인을 다루는 최상의 길은 그들의 책을 소각하는데 있지 않고 합리적인 토론으로 문제를 풀어야 한다고 하였다. 로이클린의 견해는 유대인들의 책을 소각해야 한다는 당국자들과 달랐다. 결국 로이클린은 신학 문제로 교회의 신학자에게 도전했다는 이유로 페퍼코른의 비위를 건드려 6년 동안 논쟁하였다. 이때 로이클린은 자신의 학문성에 관한 증거들을 수집하여 「탁월한 사람들의 편지」(*Letters from Eminent Men*)를 출판하였다. 그 후 이 서신은 「미천한 사람들의 서신」(*Eistolae Obscurorum Virorum*)이라는 이름으로 풍자적으로 엮어졌다.

(4) 에라스무스(Desiderius Erasmus, 1467-1536)[20]: "감동시키는 힘을 가진 신학자"[21], 혹은 "위대한 학자이나 속이 좁은 사람"[22] 에라스무스는 인문주의의 황태

20) 1467년 화란의 로테르담에서 태어난 그는 매우 빈곤하여 어려서부터 공동 생활하는 수도원에서 교육을 받았다. 하지만 자신의 집요한 지적 욕망은 이곳을 벗어나 학문과 지식추구에 헌신하였다. 따라서 1495년부터 1506년까지 에라스무스는 파리와 옥스포드, 런던과 이태리에 머물면서 고전을 연구했다. 특별히 그는 옥스포드에서 존 콜레트(John Colet)를 만났다. 콜레트는 에라스무스에게 세속적인 학문을 버리고 성경을 연구하 라고 권유하였다. 이 시기에 신학에 대한 이해가 증가되었고 또한 헬라어 같은 어학을 마스터 했다. 그결과 그의 공헌 중에 가장 위대한 업적인 헬라어 성경을 편집하고 출판하였다. 하지만 에라스무스는 John Colet와 Thomas More에게 영향을 미쳤으나 참된 개혁자는 되지 못했다. 그는 그리스도인의 양심을 가지고 있었으나 개혁자에게 필요한 믿음의 능력과 경건을 소유하지 못하였다. 그는 이태리를 방문하고 "소중한 자유"와(precious freedom), 도서들의 창고와 지식의 깊이와 사회 체제에 대하여 감탄하였다. 그러나 에라스무스는 1503년 로마를 방문하고 그가 오랫동안 알고 싶었던 주님의 성전에 대한 야만적인 무지에 대하여 토로하였다. 그는 "설교의 기술"과 "우신예찬"등 많은 작품을 남겼다. William R. Estep, *Renaissance and Reformation*, (Michigan: Grand Rapids, William B. Eerdmans Publishing Company, 1986), 78-93; 롤란드 베인톤, 「에라스무스」, 박종숙 역, (현대지성사, 1998); 윌리엄 L. 랭어(ed.), 「호메로스에서 돈키호테까지」, 박상익 역, (푸는역사, 2001), 387-409 참조.

21) William R. Estep, *Ibid*., 81-82.

22) Thomas M. Lindsay, 172.

자로 문예부흥을 꽃피웠다. 그리고 종교개혁 초기에 루터의 개혁에 동조하고 위기에 처한 그에게 큰 힘이 되었다. 그러나 루터가 교황과 불화하고 교회의 일치를 분열시키자 이내 거부하였다. 그리고 그는 1524년 교황과 사람들의 압력에 못 이겨 "인간 의지의 속박"에 대한 루터의 주장을 반박하였다. 이에 루터는 즉각 대응했고 그 결과 멜란히톤의 중제에도 불구하고 두 사람의 우정은 깨어져 영원히 소원해졌다.

에라스무스는 1524년에 쓴 「자유의지론」(*Le Libero arbitrio*)에서 인간에게는 자유의지가 있으므로 교육에 의하여 선한 양심을 소유케 할 수 있다고 믿었다. 그에 의하면 인간은 배움을 통하여 믿음을 가질 수 있고 믿음은 학문 자체를 초월하여 하나님과의 초월적인 연합을 가질 수 있다.[23] 여기에 기초하여 지상에서 윤리적이며 그리스도교적인 삶을 실천해야 한다. 그는 교회의 부패는 무지에서 기인하기 때문에 교회 개혁은 교육을 통하여 이루어 진다고 믿었다. 이러한 그의 인본주의 사상은 로마교도 뿐만 아니라 개신교도들에게도 평화 애호주의 사상과 종교적 관용론을 포용케 하였다. 그의 영향으로 그의 제자들은 개신교와 천주교 사이의 중간적인 입장을 견지하였다. 또한 타락한 교회 생활을 개혁하는 길은 실천적인 경건을 통하여 가능하다고 보았다. 여기 실천적인 경건이란 성경을 읽는 가운데 오는 진정한 경건을 의미하는데 이와 같은 사상은 영국의 인문주의자 존 콜레트로부터 온 것이다.

콜레트는 1509년 에라스무스가 영국에 와서 그의 집에 머물 때에 신약 연구를 권하였다. 콜레트의 지도 아래 그는 참된 경건은 말씀을 실천하는 것, 곧 실천적 경건이라는 것을 확인하였다. 콜레트의 영향을 받은 인문주의자 에라스무스는 당시의 부패한 교회를 비판하며 종교개혁에 일조하였다. (i) 기독교 인문주의자로서 종교개혁의 장려자가 되었다. 그는 그의 「우신애찬」(*The Praice of Folly*)에서 당시 모든 승려 계급의 도덕적 타락을 공격하고 승려들의 무지와 나태 등을 가차없이 지적하는 글을 씀으로 교회 안에 있는 부패를 폭로하였다. 그는 이탈리아를 여행하고 돌아온 후 1509년에 토마스 모어 경의 집에서 이 책을 저술하였는데 세기를 지나오면서 약 600판을 거듭하였다. 에라스무스는 무지 대신에 지식을 장려한 사람으로 그

23) William R. Estep, 13-14.

의 「우신예찬」에서 성직자들과 교황들을 공격하면서 당시의 교권과 사회 권력의 남용을 비판하고 종교의 내면성과 보다 순수한 신령성을 추구하였다. 그러나 그는 대부분의 사람들이 그들이 구원에 대한 소망을 종교적 의식을 철저히 이행하는 데 두고 있음을 지적하였고 당시의 미신과 헛된 의식을 조소하고 타락한 비기독교적 생활로 자신의 직무를 모독한 위선적인 대사제와 교황을 견책하였다. 그는 모어에게 바치는 서문에서 우리는 아주 멀쩡하게 우신을 예찬해 왔다고 기록하였다.[24] 그리고 에라스무스는 1517년 「천국에서 쫓겨난 율리우스」(*Julius Excluded from Heaven*)라는 작자 미상의 작품을 썼다. 이 책은 악명 높은 전 교황 율리우스 II세가 천국 문전에서 안으로 들어가게 해 줄 것을 베드로에게 요구하다가 거절당하는 내용이 담겨 있다. 베드로는 율리우스의 엄포에[25] 굴하지 않고 오히려 그를 어디서

---

24) 에라스무스는 그의 우신애찬에서 당시의 미신적 전통들과 면죄부, 연옥설에 대하여 실랄하게 비판한다. 또는 마술이나 묵주 기도 등을 동원해 사리를 채우는 종교 사기꾼들, 특별히 면죄부가 부와 명예, 쾌락, 건강, 장수, 안락한 노년, 또 사후에 하나님 나라에서 주의 우편 자리까지 보장하는 만병 통치약은 아니라고 하면서 사기를 친다고 질책했다. 이처럼 그는 당시의 교권주의자들에게 말하기를 "그들은 온 세상의 심판주께서 마지막 날에 "누가 너희의 손으로 이러한 일들을 할 것을 구하였느냐" 고 물으실 것을 전혀 생각지 않는다고 했다. "하나님의 심판대 앞에서 그들의 변명을 듣는 것은 아주 재미있는 일일 것이다. 어떤 사람은 오직 생선만 먹음으로써 육신의 정욕을 억제했다는 사실을 자랑할 것이고, 또 다른 사람은 여러 날 금식하고 자신에게 혹독한 고행을 하였음을 자랑할 것이다. 또 자기 자신을 위하여, 그 양으로 띤다면 일개 선단의 상선들을 동원해야 할 만큼의 많은 종교 의식들을 드렸음을 자랑할 것이다. 또 60평생 동안 두꺼운 장갑을 끼지 않고는 돈 한번 만지지 않았다는 사실을 자랑할 것이다. 또 어떤 사람은 자신의 거룩한 후드를 자신의 겸손의 표시로 증거 할 것이다. 그것은 낡고 별 쓸모가 없어서 선원들도 그것을 쓰고서 매서운 바람을 맞느니 그냥 아무것도 쓰지 않고 갑판에 서있는 편이 차라리 낫다. 또 어떤 사람은 거룩한 노래와 찬송을 너무 많이 불러서 목소리를 망쳐 버렸다고 자랑할 것이다. 또 어떤 사람들은 혀로 범죄할까 봐 조심하라는 시편 기자의 교훈에 순종하기 위하여 항상 침묵을 지킴으로 인해 벙어리가 되어버린 사실을 자랑할 것이다. 그러나 주님께서는 그들의 그럴 듯한 변명을 거부하시고 화있을 찐저 너희 외식하는 서기관과 바리새인이여 내가 너희를 도무지 알지 못하노라고 말씀하실 것이다. Dedidérius Erasmus, *The Praise of Folly*, (London: Hamilton, Adams, & Co., 1887), 90-96, 143-149, 164-169.

25) 율리우스는 베드로에게 다음과 같이 말했다. 더 이상 이야기는 필요 없소! 즉시 내 말에 따르지 않으면 당신에게도 파문이라는 날벼락을 내릴 거요. 한때 세상에서 가장 강력한 왕과 그 나라 전체를 벌벌 떨게 만들었던 그 벼락을 말이요. 이렇게 벌써 준비되어 있는 교서가 보이지 않소? 이에 베드로가 대답한다. 천둥은 뭐고, 벼락은 뭐고, 교서는 또 뭔가? 지금 내게 무슨 허세를 부리고 있는 것인가? 그리스도에게선 한 번도 그런 것에 대한 말씀을 들어본 적이 없다고 일축했다. 이에 율리우스는 말한다. 단단히 맛을 보아야 알아듣겠군. 베드로: 전에는 그런 엄

못된 산적 떼가 온 것이라고 묘사하며 천국에서는 오직 진리만이 통하고 선한 행동으로는 입성할 수 없다고 했다.

(ii) 1516년에 라틴어 역본을 이용하여 헬라어 신약성경 초판을 번역했다. 이는 헬라어 신약성경으로는 최초의 것으로 이 작업은 몇 개 안 되는 필사본을 기초로 하여 급하게 진행되었다. 그러나 이것은 번역 차원에서 그리고 백성들에게 성경을 소개한 측면에서 대단히 중요하다. 이것은 학자들로 하여금 그리스도의 참된 복음과 그리스도의 사도들이 설명한 대로의 복음에 관심을 기울이게 하는 역할을 했다. 그것은 사람들에게 교회가 세워진 방법을 상기시켰으며 하나님의 근본적인 요구가 무엇인지를 가르쳐 주었다. 무엇보다도 구원이 행위로 말미암는 것이 아니라 은혜로 말미암는 다는 사실을 가르쳐 주었다. 말하자면 성경을 말 아래 두지 아니하고 등경 위에 두어서 온 세상 사람들에게 빛을 발하게 한 것이다. 곧 이어서 성경은 유럽 여러 나라의 언어로 번역되었으며 1454년 독일에서 인쇄술이 발명되어 저렴한 가격으로 많은 사람들에게 배포할 수 있게 되었다.[26)]

(iii) 교회의 온건한 개혁을 옹호하므로 종교 개혁에 공헌했으나 진리에 대한 확신의 힘이 부족하였다. 그는 평화를 사랑하여 분열을 일으키기보다는 차라리 진리의 일부를 양보하였다. 그리하여 그는 결국 로마교회에 충성하기를 원했다. 루터는 에라스무스에 대하여 "그는 죄악은 지적하였으나 선을 지적하여 약속의 땅으로 인도할 수는 없었다. 말하자면 그는 결국 모압 평지에서 모세와 함께 죽었던 것이다". 왜냐하면 그는 경건에 착념하여 보다 나은 하나님의 말씀 연구의 단계로 들어가지 못했다. 결국 에라스무스는 알을 낳았으나 그것이 부화되게는 하지 못했다. 다시 말하면, 에라스무스는 그의 학문적 업적을 통하여 종교개혁의 길을 예비하였으나 성경을 통하여 사람의 영혼 속에서 하나님의 진리를 다시 일깨우지는 못했다. 그러나 분명한 것은 에라스무스를 통하여 종교개혁의 여명이 밝아왔고 그 후의 종교 개혁

포로 사람들을 두려움에 떨게 했는지 모르지만 이곳에선 어림없다. 여기서는 오직 진리만이 통한다. 이 성채에는 악한 말이 아니라 선한 행동으로만 들어갈 수 있다고 대답했다. 천국에서 쫓겨난 율리우스. 토니 레인, 「기독교 사상사」, 나침판사, 1994, 251.

26) "에라스무스는 나는 농부가 쟁기질을 하면서 성경 구절을 노래할 수 있고 베짜는 아낙네가 베틀을 돌리며 성경을 노래할 수 있기를 하나님께 간구한다. 나는 여행자들이 성경을 읽음으로써 그 지루함을 달랠 수 있기를 원한다. 그리고 모든 그리스도인들의 대화가 성경을 화제로 삼았으면 좋겠다"라고 했다.

자들에 의하여 하나님의 진리의 빛은 절정에 이르게 되었다.

3.6. 종교 및 영적 변화

이런 변화와 함께 교회는 더욱 신속하게 세속화 되어져 갔고 그 자체 내의 도덕 행위의 표준은 크게 악화되었다. 교회는 소위 변하는 사회속에서 변하지 않는 유일한 단체로 존립하였고 오히려 더욱 확고히 옛 전통에 사로잡혀 있었다. 교회는 사회에 대하여 무관심하고 그들의 아우성을 도외시하였다. 그들은 어쩌면 당연히 요구된 그 변화들에 대하여 두려움을 가졌는지도 모른다. 그리하여 교회는 죽은 전통에 더욱 견고하게 묶이게 되었다. 그러다 보니 자연히 교회를 위한 자신들의 봉사는 단지 죄의 치료를 위한 목적을 위해 획일적인 면죄부로 제공되었다.[27] 이런 교회 당국에 의한 처사는 말씀의 빛을 차단하였고 그리하여 역사는 가장 밝아야할 시기에 가장 어두운 암흑기로 전락하였다. 말씀에 대한 무지는 언제나 인간적이요 미신적인 신앙으로 인도한다. 따라서 중세인들은 하나님의 말씀에 대한 무지로 인하여 미신에 빠지게 되었고 그들의 모든 생활은 미신적이 되었다.[28] 더욱이 당시에 잔인했던 흑사병의 만연으로 죽음에 대한 공포가 증가하였고 계속적인 터어키인의 위협은 수구인들로 하여금 더욱 미신에 빠지게 하였다. 무지와 미신으로 하나님에 대한 지식이 왜곡되자, 중세인들은 하나님을 공포의 대상으로 간주하였고, 하나님의 진노를 달래기 위하여 인간편에서 무엇인가 수행해야만 하는 것으로 생각하였다. 이렇게 해서 나타난 것이 고행과 성지순례, 성자 숭배사상이다.

(1) 고행과 성지순례: 이러한 배경에서 그리스도와 사도들이 거닐던 성지를 고행으로 순례하면 모든 죄들을 탕감 받는다는 사상이 나왔고 지옥의 공포에서 벗어나 종교적인 안위를 얻기 위한 새로운 기도문을 작성하고 암송하는 풍습이 등장했다. 또한 분위기 있는 예배를 드림으로 하나님의 은혜를 입는다는 사상이 나와 촛불 예배가 생겨났다. 그리고 불교인들이 현세적 고뇌를 잊기 위해 사용하는 묵주가 알레인 로쉬(Alain de Roche)에 의해 교회에 소개되면서 중세인들은 묵주를 만지면

27) 보다 상세한 것은 "제5장 면죄부와 마틴 루터의 95개 항의문 소고"를 참고하라.
28) 루리스 W. 스피츠, 26-27.

서 그들의 소원을 아뢰기 시작하였고, 죽음의 공포를 덜기 위해 죽는 기술(The arts moriendi)도 고안하였다. 구원의 바른 가르침과 말씀에 무지하자 이들은 하나님을 공포의 대상으로 취급하여 더욱 미신에 빠지게 되었다. 그들은 사람이 임종할 때가 되면 귀신이 찾아와 유혹하여 지옥에 데려간다고 생각하였다. 따라서 임종시에 마귀의 유혹을 물리치는 일이야말로 천국에 가는 지름길이라고 믿었다. 그러므로 인간이 천국의 복락을 누리게 될 것인가 아니면 지옥의 고통을 당하게 될 것인가는 그 사람과 예수 그리스도와의 관계보다는 죽음의 순간에 임종자가 어떠한 결정을 하느냐에 달려 있다고 믿은 것이다.[29)]

한편 유명한 유적지를 순례하면 정신적 또는 육체적 병 고침을 받는다는 신앙이 전승되었다. 특별히 중세 신앙인들 중에 수많은 사형 집행인들이 성지 로마를 순례하며 교황 앞에서 참회하였다.[30)] 이처럼 먼 곳에 있는 신비적 성지나 유적지를 순

---

29) Harold J. Grimm, *op. cit.*, 54. 독일의 아헨(Aachen)에서는 하루에 140,000명이 순례하였다.

30) 고대 로마나 그리스에서 사형 집행인은 법적 보호를 받지 못하였다. 로마에서는 노예 신분에 해당되어 도시에서 살 수 없었고, 집회 장소나 신전 출입도 금지되었다. 보통 사람들과 다른 복장을 했으며 거리를 걸을 때마다 경종을 울려 지금부터 나가겠다고 미리 통보해야 하였다. 당국은 시민들에게 "더러운" 사형 집행인과 가까이 하지 마라고 경고하였다. 사형 집행인이 참가하는 것만으로도 시민들의 집회가 추해진다고 믿었으며 사망 시에 일반 묘지에 묻히지 못하였다. 한편 중세 후기에도 이들에게는 도시 생활 권리가 제한되었고, 혹 살아도 겨우 성벽 구석에서 생활하였다. 본인뿐 아니라 가족도 보통 사람들과 구별된 옷을 입었다. 또 거리를 걸을 때는 다른 시민들과 몸이 닿지 않도록 조심해야 했다. 사형 집행인은 자기 가축을 다른 사람의 가축과 함께 방목할 수 없었고 교회에서는 맨 뒷자리에 앉았다. 그리고 성찬식에 참가 할 수 없었으며 상점에는 다른 손님이 없을 때만 들어가야 하였다. 그러므로 사형 집행인의 아들은 사형 집행인 말고는 다른 일을 할 수 없었으며, 딸도 사형 집행인에게만 출가할 수 있었다. 사형 집행인 중에 마땅한 결혼 상대가 없으면 수도원에 들어가야 하였다. 사형 집행인의 아내가 출산을 할 때에도 산파는 도움을 주지 않았다. 당시 산파 직업은 저주 받은 직업으로 분류되었는데, 이들 마저도 사형 집행인을 멀리하였다. 사형 집행인이 죽는 경우 아무도 매장을 도와주지 않았다. 그리하여 불쌍한 미망인은 마을을 다니며 불량 자에게 돈을 주고 관의 운반을 부탁하였다. 따라서 세상에서 고립된 결과 이들은 같은 직업의 동족들과 관계하며 결혼하였다. 직업도 세습제가 되어 귀족이나 왕족처럼 큰아들이 상속받았다. 당시에 가장 유명한 사형 집행인은 7대에 걸쳐 "무슈 드 파리" 직업에 종사한 상송 가문이었다. 이 가문은 프랑스 혁명 시대인 1793-1794년의 공포의 시대에 수많은 인사들을 단두대로 처형하여 "대상송"으로 불이었다. 사형 집행인에 대한 편견은 그 가족뿐 아니라 그가 사용했던 모든 소유물에까지 이르렀다. 그가 가게에서 사용하는 돈조차도 훅 하고 바람을 불거나 십자가를 그린 뒤에에 손을 댈 수 있었다. 독일에서는 사형 집

방하려는 생각들이 끊임없이 폭발하였다. 하지만 성지순례는 매우 힘들고 위험했다. 이를 지속적으로 실천해야 했으므로 교회는 신앙이 독실하고 죄를 회개한 사람들로 순례를 제한하였다. 당시 대표적인 유적지는 성자들의 보고인 로마와 예루살렘, 토마스 베케트(Thomas Becket)가[31] 묻힌 영국의 켄터베리, 북서 스페인의 산티에고 데 콤포스텔라의 성 야고보였다. 그 중에 돈 많고 부유한 독일인들은 로마를 중산층이나 혹은 가난한 사람들은 스페인의 콤포스텔라를 순례하였다.

당시에 계속된 순례는 1489년 알토팅(Altotting)에 있는 "하나님의 흑인 어머니"에게로, 1492년에는 스테른베르크(Sternberg)의 "거룩한 피" 에게로, 같은 해에 도르나흐(Dornach)의 "불쌍한 뼈" 에게로, 1499년에는 그림멘탈(Grimmenthal)에 있는 "동정녀 마리아의 그림" 에게로, 1500년에는 듀렌(Duren)에 있는 "성 안나의 머리" 에게로, 1519년에는 레겐스부르크(Regensburg)에 있는 "아름다운 마리아" 에게로 이어졌다.[32] 이때 경건한 순례 여행자들을 위한 안내서가 쓰여졌는데, 로마의 순례를 위해서 「로마의 명소들」(*Mirabilia Romae*)[33]과 콤포스텔라 여행자를 위하여

행인이 일반 술집에서 술을 마시고 싶을 때는 입구에서 모자를 살짝 들어 올려 자기 복장을 보이고 손님들이 그를 받아들여 주어야 들어갈 수 있었다. 만약 한 명이라도 반대하면 발길을 돌려야 했다. 그러나 모든 것이 부정적인 것은 아니었다. 사형 집행인들은 당시 법률상 인체 해부가 허락되지 않은 관계로 인간과 동물의 상처나 질병을 치유하는 의사로 평판이 높았다. 그런 까닭에 당시 민중들은 대학을 졸업한 의사보다 이들의 치료를 더 신뢰하였다. 기류 미사오, 「무시무시한 처형대 세계사」, 이정환 역, (자음과모음, 2010), 293-301.

31) 켄터베리의 대감독으로 교회와 국가의 요청 때문에 헨리 2세와 투쟁하였다. 그는 처음 헨리 2세에 의해 대감독에 올랐으나 교회의 권위보다 왕의 권위를 높이도록 명령받았다. 하지만 그는 교회의 질서를 위해 왕의 명령을 거부하고 로마교회의 명령을 따랐다. 이로써 그는 왕의 지원을 받은 기사(騎士)에 의해 자신의 높은 재단 앞에서 살해되었다. 전 유럽의 기독교는 충격을 받았으나 그를 위해 순교의식을 실시하였다. 1173년 교황 알렉산더 3세는 그를 성자로 시성(諡聖)했는데, 이후 켄터베리는 순례자들을 위한 성지로 서방의 삼대 유적지 중 하나가 되었다.

32) Thomas M. Lindsay, *A History of The Reformation*, (Edinburgh, T. & T. Clark, 1906), vol. 1., 130-131.

33) 이 책은 1500년 이전에 이미 라틴어로 19판, 독일어로 약 12판 인쇄되었다. 심지어는 이탈리아어와 네델란드어로 번역되었다. 이 책은 순례자들이 성지에서 예배드림으로써 특별한 은총을 선물로 받을 수 있는 여러 성소를 묘사해 준다. 그 중에 라테란 교회에서 예배하는 자는 모든 죄와 죄책과 처벌을 용서받는다. 성 베드로 성당에서 높은 뜻을 품고 순례하면, 부모를 살해했다 해도 모든 죄로부터 자유롭게 된다. 회개 여하에 따라서 죄책과 처벌로부터도 자유롭게 된다. 성 크로체(St.Croce)의 공덕은 훨씬 더 높은데, 만약 그 성소를 가다가 도중에 죽어도 모든 죄가 다 용서된다. 만일 그 교회를 방문하게 되면 연옥에서 100년 동안의 고통으로부터 해

「성 야곱으로 가는 여정과 도로」(*Walfart und Strasse zu Sant Jacob*)[34)]였다. 그런데 당시의 많은 순례자들은 범죄한 남녀로 교회의 처벌을 받는 자들이었다. 「짐머 가문의 연대기」(*The Chronicles of the Zimmer Family*)는 1490년에서 1520년 사이에 살인, 절도 등 강력한 범죄를 짓고서 순례를 떠났던 자들을 기록하였다. 이처럼 반기독교적인 사상들이 사람들의 마음을 사로잡았고 이런 상황에서 당시 교회 지도자들은 성경적 가르침보다 미신적이요 반기독교적인 종교의 유지를 위해 "무지는 헌신의 어머니"(ignorance is the mother of devotion)라는 말로 중세인들을 세뇌하였다.[35)]

(2) 성자(聖者)와 성물숭배 사상: 이 같은 비성경적이며 미신적인 종교 형태는 중세에 가장 만연했던 성자숭배 사상이 보여준다. 사실 로마의 박해시 끝까지 믿음을 지키다가 순교한 자들이 많았다. 교회는 이들의 신앙을 눈으로 보는 성경으로 여기며[36)] 고난 중에 항상 성결한 신앙에 헌신을 다짐했다. 하지만 이러한 거룩한 열망과 달리 말씀에 무지한 중세인들은 하나님을 공의와 심판의 두려움의 대상으로 간주하여 기도를 소홀히 하였다. 그리고 그들은 보이지 않는 존엄하신 하나님을 직접 구하기보다는 성자들을 통하여 쉽게 도움을 받을 수 있을 것이라고 생각하였다.[37)] 이러한 배경에서 중세의 여러 업종의 공인들과 길드에서는 자기들을 후원하는 성인들을 지정하여 성자숭배 사상이 등장하였다. 중세인들은 성자들을 그들의 수호신으로 모셨다. 이 중에 특히 양떼를 책임지거나 성사를 베푸는 주교들은 사후에 성인으로 인정되었다. 이들은 죽은 후에도 현몽하거나 설교하거나 경고하거나

방받는다. *Ibid*., 131.

34) 이 책은 인쇄기가 발명되기 이전의 필사본으로 순례자들 사이에 널리 유포되었다. 이 책에서 저자 바흐의 큐니히(Hermann Kuning of Vach)는 전적으로 도로만을 취급하며, 자신을 동정녀 마리아의 종이라고 불렀다. 그리고 도로의 온갖 굴곡을 자세히 기록하여 마을에서 마을까지의 여정과 어디에서 왼쪽으로, 어디에서 오른쪽으로 방향을 바꿀 것인가, 옳은 길을 가는데 이정표가 될 만한 건물이 무엇인가, 그밖에 친절한 이웃과 주민들에 대하여, 음식값과 여인숙, 병원과 치료, 동전교환 등을 기록하였다. 한마디로 이 책자는 중세의 여행 안내서였다.

35) Thomas M. Lindsay, *op. cit*., 49-51. 보다 자세한 것은 서요한, 「중세교회사」, (도서출판 그리심, 2010), 551-596, "제 17장과 18장 중세교회 예배의식의 제형태(I, II)"를 참고하라.

36) 김성식, 「역사와 우상」, (정우사, 1980), 100.

37) R. W. 서던, 「중세교회사」, 이길상 역, (크리스챤 다이제스트), 27.

질책하거나 하면서 계속 사역에 힘썼다. 심지어 무덤에 누워서도 저주하거나 축복을 내린다는 카리스마적 존재였다.[38] 이들은 하나님의 친구요 보이지 않는 동반자이며, 천상과 지상을 연결하는 신성한 통로였다.[39] 그러므로 중세인들은 이들이 자기 한 몸 구원받는 데 필요한 그 이상의 공로를 갖고 있다고 믿었다. 즉 그들의 잉여 공로가 테사우루스 메리토룸 상토룸(Thesaurus meritorum sanctorum)이라는 천상의 곳간에 간직되어 있다고 했다. 이 곳간에서 교황은 공로를 꺼내 그것이 부족한 자들에게 전가할 수 있다고 했다. 이 곳간은 그리스도의 공로도 저장하고 있기 때문에 결코 고갈되지 않는다.[40] 성자숭배 사상 중에 성 조오지(St. George)와 성 마틴(St. Martin)은 의사와 병자들의 수호신으로, 성 도로티(St. Dorothea)는 정원사의 수호신으로, 성 바바라(St. Babara)는 포수들(사냥꾼)의 수호신으로, 손에 자신의 가죽을 들고 있는 모습의 성 바돌로뮤(St. Bartholomew)는 백정들의 수호신으로, 그리고 성 안나(St.Anna)는 광부들의 수호신으로 숭배되었다.[41] 이러한 예는 15세기 경 독일의 경우, 가장 일반적이고 전통적이던 이름을 제외하고는 성인들의 이름을 따라 아이들의 이름을 지은 사례가 많았다.

이 같은 상황에서 특히 14세기 말부터 15세기 말엽에 숭배 사상이 급증했는데 그중 마리아가 대표적이었다. 그들은 마리아의 생애의 아주 세미한 부분들을 기념하기 위하여 그녀를 "우리의 경애하는 여인"(Our Dear Lady)으로 호칭하며, 그녀의 생애, 신앙심, 7개의 비탄 등을 기념하기 위하여 미사를 드리기도 하였다.[42] 이러한 형상은 중세적 전통에서 볼 때 여성을 존중하는 분위기가 조성되었음을 말한다. 어떻든 이들은 깊은 죄의식으로 두려움에 사로잡혀 정의대신 신의 자비를 구했다.[43] 그래서 성자들 중에서 가장 지위가 높고 하늘의 여왕인 성모 마리아를 의지

---

38) 조르주 뒤비, 「세 위계: 봉건제의 상상 세계」, 성백용 역, (문학과지성사, 1997), 37.

39) 피터 브라운, 「성인숭배」, 정기문 역, (새물결, 2002), 37-129, 131, 148, 156.

40) 롤란드 베인톤, 「세계교회사」, 이길상 역, (크리스챤 다이제스트, 2001), 234.

41) *Ibid.*, 309, 312; 루이스 W. 스피츠, 29.

42) 1997년 8월 27일자 뉴스위크 한국판 보도에 의하면 가톨릭교회의 성모 마리아를 예수와 함께 공동 구세주로 높이는 새 교리를 선포하라는 청원서가 교황에게 전달되었다. 그 결과 약 4년 동안 157개 국가에서 434,429장이 접수되었다. 이는 마리아를 이교의 다른 여신들과 같이 여신을 만들어 가는 계략을 그대로 보여준다. 이로서 이들이 주장해온 마리아는 숭배의 대상이 아니요 공경의 대상이라는 궤변은 거짓임을 입증한다. 풀빛 목회, (1997), 10, 2-3.

43) 조세프 R. 스트레이어, 「중세시대의 서유럽」, 김동순 역, (성균관대학교출판부,

하였다. 그녀는 순결의 정수(精髓)며 사랑과 포근함, 아름다움의 화신이었다. 여성에 대한 중세의 양극화 현상에도 불구하고 마리아의 숭배는 영혼과 육체가 순결하고 여성다운 모든 덕성을 갖춘 여인을 우러러 받들었다.[44] 성모 마리아는 신앙인을 위해 자비로운 마음씨로 개입하는 이상적인 여인, 이상적인 어머니, 하나님의 어머니였다. 그러므로 당시 웅장한 교회의 상당수가 성모 마리아에게 헌정되었다.[45] 실제로 프랑스에서는 교회가 어디냐고 묻지 않고 성모 마리아의 교회가 어디 있느냐고 물었다. 성모 마리아는 교회와 거의 동의어로 사용되었다. 이로써 일반 성도들은 그녀를 통해 위로를 받았다. 오랜 교회의 전통 안에서 동정녀 마리아의 인간미와 동정심은 놀랍게 위력을 발휘하였다. 이 같은 신앙은 성모 마리아의 이적을 기록한 수많은 이야기를 동반하였다. 마리아 숭배는 프란체스코 수도회와 도미니쿠스 수도회의 반대에도 불구하고 인문주의자들에 의해 "마리아 무죄수태"(無罪受胎, Immaculate Conception)에서 극치에 이르렀는데, 수세기 후 가톨릭의 공식 교리가 되었다.[46] 인문주의자들과 로마 교회의 당국자들은 마리아가 예수님처럼 죄 없이 수태하였으므로 그녀의 이름을 따서 성당 명칭으로 불렀다.[47] 그리고 마리아와 함께 안나를 찬양하는 찬송가가 작곡되었다.[48] 동정녀를 봉헌하기 위해 독일에 많은

1994), 165.

44) 한편 마리아의 반대편에 있는 여인들은 사탄의 유혹으로 아담을 범죄케한 타락한 요부 이브로 간주되었다. 로버트 램, 「서양 문화의 역사 II」, 이희재 역, (사군자, 2000), 66.

45) 19세기 미국의 역사가 헨리 애덤스는 「몽생미셀과 샤르트르」라는 책에서 성모 마리아에 대한 헌신을 잘 설명해 준다. 그에 의하면 1170년부터 1270년까지 단 한 세기 동안 프랑스인들은 80개의 대성당과 그에 준하는 규모의 약 500개의 교회를 지었다. 이는 1840년대의 계산으로 모두 50억 프랑의(이는 미화 10억불) 자금이 소요되었다. 이는 현재의 가치로 환산할 때 100배가 훨씬 넘는 것이었다. 이것은 한 세기 동안 건축된 것 중에 큰 것을 기준으로 한 것이다. 경제 용어를 빌리면 성모 마리아에 투자된 자본이 경제 전체에서 차지하는 비중은 자세히 파악할 수 없으나 정신적 예술적 의미에서는 거의 전체를 차지했다고 볼 수 있다. 그 밖에 당시 사람들은 자신들의 헌신을 마리아가 내세에 갚아줄 것으로 믿었기 때문에 모든 돈을 하늘의 여왕에게 맡겼다. 로버트 램, 「서양 문화의 역사 II」, 이희재 역, (사군자, 2000), 67.

46) Harold J. Grimm, *The Reformation Era, 1500-1650,* 52-55.

47) 프랑스 루르드에 마리아가 18번 나타났다는 거룩한 계단이 있는데 교황청은 모든 가톨릭 신도들이 1년에 4회 이곳을 무릎 꿇고 오르면 연옥에서 9년간의 속전을 받을 수 있다고 약속하였다. 구영재, 에큐메니즘의 이상과 우상, (도서출판 안티오크, 1997), 80.

48) Thomas M. Lindsay, *A History of The Reformation*, (Edinburgh, T. & T. Clark, 1906), vol. 1., 135-136.

단체들이 결성되었고, 이후에 국경을 넘어 프랑스와 스페인으로 확산되었다. 안나의 이름은 많은 교구 교회의 종에 각인되었으며 밧줄을 잡아당겨서 종을 울릴 때마다 안나에게 중보기도를 부탁하는 것으로 인식되었다. 한때 루터도 성 안나는 그의 우상이었다고 하였다.[49)]

중세인들의 반 기독교적인 미신적 신앙은 성물 숭배사상에 잘 나타난다.[50)] 이 같은 당시의 보편화된 사상은 지적 수준이 낮았던 당대인의 신앙을 우상화하여 상징적으로 표현되었다. 따라서 당시의 기독교인들은 그 누구도 절대적 복종을 요구하는 이 상징성으로부터 자유할 수 없었다. 이것은 이후 급속한 변화를 겪으며 현실화되어 19세기는 사실주의화 되었으며[51)] 20세기 이후에는 인본주의적 경향으로 전환되었다. 따라서 어떤 사람은 경건한 모습으로 성상 앞에서 배례를 올렸으나 대부분의 사람들은 관광을 즐겼다. 중세인들은 모든 성물은 각각 죄를 사하는 탁월한 효과를 가졌다고 믿고 성자들의 유물을 수집하였다. 성인들의 유물은 보통 신체, 두개골, 무덤이었다. 당시 모든 사회 질서는 이러한 성유물에 심심한 존경을 표했다. 그 중에 대표적인 유물은 브로홀름의 십자가 수난상, 독일 아미앙 대성당의 세례 요한의 머리 일부분,[52)] 웨스트민스터의 그리스도의 피, 그리고 파리에 보관된 가시

---

49) *Ibid*., 135-136.

50) 최초의 성물숭배 사상은 콘스탄티누스의 어머니 헬레나로부터 시작되었다. 헬레나는 죄 사함의 능력이 있다는 참 십자가의 조각들을 모으기 위해 예루살렘으로 성지순례를 떠났다. 왜냐하면 십자가는 그리스도와의 신비적 연합을 제공하며 이를 통해서 그리스도를 만나게 된다고 믿었기 때문이다. 뿐만 아니라 우리의 육체를 쇠하지 않도록 만들어 주는 신비한 효력을 가지고 있다고 주장했다. 그러므로 헬레나는 진짜 십자가를 찾으러 예루살렘으로 갔다. 헬레나는 어떤 유물도 십자가의 신비스러운 속성을 능가할 수 없다고 확신했다. 노만 F.캔터, 「중세이야기」, 이종경(외) 역, (새물결, 2002), 52-53.

51) 김성식, 「역사와 우상」, (정우사, 1980), 104.

52) 이 유물은 1206년 십자군 시대에 피라미드 모양을 한 석관에 안치된 채 당시 유명한 수도원장 오두앵에 의해 앙젤리 대성당에서 발견되었다. 당시 부활절이 끝날 무렵 로마에서 돌아온 기욤 공작은 이 소식을 듣고 크게 기뻐하였다. 그리고 그 성물을 사람들이 볼 수 있게 전열토록 하였다. 그 두개골은 은으로 만든 성물함에 보관되었다. 그 성물함 안에 "여기 주님의 예고자의 두개골이 잠들어 있다"고 쓰여져 있다. 이 유물이 공개 된 후 세계 도처에서, 예를 들면 갈리아, 이탈리아, 스페인 등에서 수많은 사람들이 몰려들었다. 심지어 국왕 로베르와 왕비, 나바론 왕, 가스고뉴 공작인 산슈, 외드 드 샹파뉴, 그리고 도처의 백작들과 고관들 및 주교들, 수도원장들, 귀족들이 몰려들었다. 이들은 모두 온갖 종류의 귀중한 선물을 드렸다. 프랑스 왕은 그 성유물을 보관하고 있는 교회를 장식하기 위해서 30리브르의 순금으로 만든 접시, 그리고 비단

면류관이었다.[53] 사실 성물은 유럽 전역에 넘쳐났다. 예를 들면 1200년경 독일, 영국, 이탈리아, 프랑스, 스페인에는 십자가가 얼마나 많은지 그것으로 목장을 짓고도 남을 정도였다. 포이티어, 로마, 트리어, 제네바 그리고 존 라테란 등지에는 베드로의 두개골과 유골이 두개 내지 세 개가 있다고 전해져 왔다.[54] 마인츠의 추기경 알브레히트(Albrecht)는 할레에서 약 9천점의 성유물을 순례자에게 전시하였다. 그 중에는 광야에 내린 만나와 모세가 본 불 붙는 떨기 나무, 가나 혼인 잔치에 있었던 포도주 항아리가 포함되었다.[55]

특히 독일 삭소니(Ssxony)의 선제후요 루터의 후견인인 프레데릭 현인(Fredrick the Wise)은 성물에 관심이 많았다. 그는 선조로부터 물려받은 성물 약 5,000 종을 갖고 있었다. 그 가운데는 노아의 방주 조각, 동정녀 마리아의 머리카락 4개와 예수님이 출생하신 베들레헴 말구유의 볏집, 겟세마네에서 그리스도께서 흘리신 눈물방울, 예수께서 예루살렘을 향해서 우실 때 앉아 계셨던 돌의 일부조각, 마리아의 우유병, 아담을 만드실 때 사용했던 흙, 마리아의 거들, 예수께서 달리신 십자가에서 잘라왔다는 나뭇조각, 예수께서 유아시절에 차고 다녔다는 기저귀, 마리아의 어머니 성 안나의 엄지손가락 같은 진귀품 등이었다.[56] 그럼에도 불구하고 그는 꾸준히 유물을 수집하기 위해 라인 지방과 네덜란드, 베니스 등에 중간 구매자를 두고, 판매에 나온 희귀품들을 모조리 구매하였다.[57] 그는 자신이 모아 놓은 유물을 방문하는 자나 또는 모든 성도의 날에 교회의 예배에 참석하는 자들을 위해서 교황의 면죄부를 확보하였다. 그의 모든 성물들은 비텐베르크에 있는 성(城) 교회당(the Church of All Saints)에 보관되었다. 프레데릭이 소장한 모든 성물들은 약 2백 만년(총 1,902,202일) 동안 연옥에서 받을 죄의 징벌을 사할 효과가 있는 분량이었다.[58] 루

과 금으로 짠 옷감을 기부하였다. 조르쥬 뒤비, 「천년, 그 세기말의 징후」, 김일휴 역, (교보문고, 1999), 99-101; 김성식, 「역사와 우상」, (정우사, 1980), 98.

53) R. W. 서던, 「중세의 형성」, 이길상 역, (현대지성사, 1999), 80.

54) 피터 S. 럭크만, 「신약교회사」, (말씀보존학회, 1997), 266.

55) Philip Schaff, *History of the Christian Church*, (Michigan: Grand Rapids, 1910), vol. vii, 338-339.

56) Beitrage Zur Siebert, *Voreformatorichen Heiligen und Reliquienverbrung*, 39, 55, 59.

57) Thomas M. Lindsay, *A History of The Reformation*, (Edinburgh, T. & T. Clark, 1906), vol. 1., 130-131, 258-259.

58) 이로서 프레데릭은 비텐베르그를 로마에 버금가는 독일의 로마로 만들어 로마 교황

터가 면죄부에 반대하여 자신의 95개 항의문을 못질했던 그 문은 면죄부가 수여되던 건물이었으며, 루터가 택한 날은 많은 군중들이 면죄부로부터 이득을 얻고자 모여들던 연례적인 기념일이었다.[59]

영국의 켄터베리 성당에도 수많은 두개골, 턱뼈, 손가락뼈, 또는 팔뼈 등이 유품으로 보존되었다. 특히 토마스 베케트(Thomas Becket)의 성당에 수많은 사람이 모여들었으며, 그 곳의 수도승이나 사제들은 수백 가지의 유품을 만들어 냈다. 예를 들면, 하나님이 아담을 만드신 흙의 일부, 성 베드로가 탈출한 감옥의 돌들, 순교자 스데반의 손가락뼈, 막달라 마리아의 머리카락, 사도 요한과 도마의 피, 동정녀 마리아의 머리가락 한 움큼, 통으로 짜인 그릿도의 겉옷 조각 등이었다.[60] 글로스터셔에는 유리병 속에 담은 그리스도의 피도 있었다. 화체설을 지지하기 위해 피 묻은 떡을 여기저기에 진열해 놓았다.[61] 그 밖에도 칼빈이 테어난 노용(Noyon)의 한 성당에도 소위 예수께서 쓰셨다는 가시관의 일부와 세례요한의 머리카락이 보관되어 있었다. 프랑스의 랭스 성당에는 3,000개의 성상이[62] 있었다. 그리고 루터가 종교개혁의 횃불을 높이 들었던 비텐베르그 성 안에도 5005개의 성물이 보관되어 있었고 모든 성물에는 100일의 면죄 효과가 있다고 전해져 왔으며[63] 마리아의 뼈가 있

청과 견주어 독일의 돈과 순례자들이 로마로 빠져들어가는 것을 막고자 하였다. 하지만 그는 이곳을 독일의 로마로 만들지 못했으나 하나님은 루터로 하여금 이곳을 개혁의 센터가 되게 했다. Harold J. Grimm, *Ibid*., 54-55; 루이스 W.스피츠, *Ibid*., 27-28; Hilderbrand, *Ibid*., 18; John Lawrence Mosheim, *An Ecclesiastical History, Ancient and Modern from the Borth of Christ to the Beginning of the Eighteenth Century*, (Glasgow: Blackie, Fullarton, & Co., 1827), 371.

59) Thomas M. Lindsay, *op. cit*., 130-131.

60) Owen Chadwick, *The Reformation*, (Penguin Books: The Pelican History of the Church, 1988), 112-113.

61) 시드니 M. 휴톤, 기독교 교회사, (나침판, 1994), 130.

62) 이곳에는 1240년에 만들어진 아름다운 신(Le beau Dieu)의 예수 석고상이 있다. 김성식 전 경희대학교 역사학 교수는 중세를 통해 이 아미앙의 예수 상만큼 그의 성격과 일치되는 성상은 없다고 했다. 한편 증앙의 예수 상 좌우편 내외 전체에 사도들과 예언자들, 성모 마리아의 석고상, 그 밖에 수많은 형태의 석고상들이 장식되었다. 예를 들면, 소돔과 고모라의 멸망, 사자굴의 다니엘, 예언자의 소명, 잉태 고지(告知), 가나안 잔치의 예수, 성령의 강림, 포박당한 눈이 먼 삼손, 아브라함의 이삭 헌신 순간, 요셉의 형제우대, 니느웨의 요나, 에스겔의 환상, 세례요한의 설교, 예수님의 수세, 세례요한의 참수와 그의 머리, 그 밖에 그곳의 군주나 귀족의 그림과 석고상, 기념물이 있었다. 김성식, 「역사와 우상」, (정우사, 1980), 100-102.

63) *Ibid*., 47-49.

다는 쾰른(Cologne)은 황금으로 장식하였다. 그런데 중세인들의 이 같은 미신적 신앙은 단순히 성자 숭배와 성물 숭배에만 머물지 않았다. 미신에 빠진 중세인들은 영국의 켄터베리(Cantabury), 스페인의 콤포스텔라(Compastele) 등을 향한 순례가 줄을 이었고, 독일 바바리아의 레겐스부르그(Regensburg)와 왈트 윗팅 등을 향한 순례자도 계속 늘어났는데 이 무리에는 병낫기를 바라는 병자들, 특히 절름발이가 다수 포함되었다.[64)]

(3) 성직자의 타락: 이와 함께 중세 로마 교회의 경제적인 타락은 종교개혁을 긴박하게 요청하였다. 당시 성직자들은 막대한 권력과 부를 통해 사치스런 비단옷을 입고 사냥을 즐겼다.[65)] 교회의 재정적 타락은 성직을 가진 자가 사망할 경우 그의 성직록을 교황이 마음대로 재 할당할 수 있다는 교회법이 13세기에 제정되면서 가속화되었다. 교황의 교회의 재정에 대한 입지가 강화되면서, 교황들은 다양한 세금제도를 고안하였다. 당시 교황청 재정을 재편한 마술사는 요한네스 22세(John XXII)였다. 그는 자금을 마련할 수 있는 과거의 모든 방법을 동원했고 그 밖에 여러 방법을 고안하였다.[66)] 그는 좀 더 많은 세금을 거두기 위하여 어떤 지역의 성직자가 유고될 경우를 예상하여 후보자를 약속하고 그로부터 미리 세금을 거두는 임명 보류제(reservation tax), 성직자로 임직한 뒤 1년간의 수입을 교황청에 내는 임직세(annate), 어떤 교회의 성직 자리를 놓고 대기하는 대기세(expection), 또는 성직매매(simony) 등의 방법을 통해 축재하였다.[67)] 특히 교황 레오 10세(Leo X, 1513-1521)는 돈 받고 팔 수 있는 많은 성직 자리를 고안하여 매매함으로 그의 치하에서 돈 주고 살 수 있는 성직의 수는 사상 최고에 달하였다.

중요한 자금원 중에 폭발적인 인기를 끈 것은 면죄부 판매였다. 이는 십자군 운동 때 시작되었는데, 십자가를 드는 자에게 주교는 과거에 부과된 고해를 면제해 주었다. 훗날에는 그렇게 할 수 있는 권한이 오로지 교황에게만 국한되었다. 그 후 집에 남아 있으면서 성지의 십자군들이든 유럽의 십자군들이든 그들에게 자금을 대

---

64) Spitz, *Ibid*., 28.

65) 김성식, 「역사와 우상」, (정우사, 1980), 120.

66) 롤란드 베인턴, 세계교회사, 이길상 역, (크리스챤 다이제스트, 2001), 233.

67) Thomas M. Lindsay, *A History of The Reformation*, (Edinburgh, T. & T. Clark, 1906), vol. 1., 7-17; 장 베르동, 「중세는 살아있다」, 최애리 역, (도서출판 길, 2008), 140-152.

는 사람들에게 비슷한 사면이 부여되었다. 면죄부는 대성당이나 병원을 짓는 자선 사업이나 심지어는 교량을 놓는 사업을 지원하는 데도 사용되었다. 거대한 고딕 양식의 대성당들은 부분적으로 면죄부 판매에 힘입어 건축되었다. 이와 같이 가톨릭의 지도자들은 모든 방법을 동원하여 돈을 끌어 모았다. 그 결과 로마교회는 모든 사람들로부터 비난을 받았다. 로마교회의 탐욕을 빗대어 사람들은 "돈을 사랑함이 일만 악의 뿌리"라는 라틴어(Radix Omnium Malomum Avaritia)의 첫 자를 따서 중세 교회의 중심지였던 이른바 거룩한 도시 로마를 탐욕의 도시 ROMA라고 풍자할 정도였다.[68)]

교회의 이 같은 재정적 부패는 결국 성직자의 도덕적 타락으로 이어졌다. 예를 들면 로마의 교황 이노센트 8세(1484-1492)는 16명의 자식을 불법적으로 낳았으며, 스페인 출신 알렉산더 6세(Alexander VI, 1492-1503)는 추기경을 매수하여 교황이 되었다. 그는 교황이 되기 전에 여러 명의 여자와 관계를 가짐으로 4명의 자녀를 두었다. 그리고 교황이 된 다음에도 첩을 두어 아들을 낳았다. 탐욕을 채우기 위하여 교황은 그의 일곱 살 밖에 안 된 난폭한 아들 케사레 보르기아(Cesare Borgia)를 추기경에 임명하였다. 특히 그의 딸 루크레치아 보르지아를 조건 좋은 곳에 결혼시켰다.[69)] 그는 수단 방법을 가리지 않고 자기의 목표를 위해서는 양심이 마비된 채 살인을 행하고 독극물을 사용하였다. 당시 알렉산더 6세는 이탈리아의 개혁자 사보나롤라에게 추기경직을 제안하기도 하고 뇌물로 매수하려 하였다. 그러나 사보나롤라는 그 제안을 거부하면서 "나는 순교자의 면류관 이외에 다른 면류관을 원치 않

---

68) *Ibid*., 29-30. 이에 대한 한 실례를 들면 이노센트 8세 당시 로마를 방문했던 아우구스부르그 시의 서기였던 콘라드 퓨팅거(Conrad Peutinger)는 로마의 부패상을 1491년에 다음과 같이 지적하였다. 나는 이곳에서 최고위직에서 최하위직에 이르기까지 모든 성직을 살 수 있음을 확인하였다. 음모와 위선, 아첨이 아주 영예를 누리며, 종교는 탈선하였다. 수를 헤아릴 수 없는 야비한 일들이 발생하고 있으며 정의는 잠자고 있다. 폐허가 된 고대의 유적들을 볼 때마다 이 유명한 도시가 들어보지도 못한 위선과 허식에 의하여, 그리고 모든 포악과 악독을 행하는 자들에 의하여 지배당하고 있다는 사실에 한탄하지 않을 수 없다. 이 악한 자들은 그러한 악 때문에 규제받는 대신 칭송을 받고 있다. 내가 그들을 책망하자 그들은 운명이 그렇게 결정된 곳이라고 말하였다. *Peutinger to Valentin Eber*, August 5.1491, In Konrad Peutingers Briefwechsel, ed.Erich Konig, (Munich, 1923), 9; Lewis Spitz, *The Renaissace and Reformation Movements*, (St.Louis: Mo, Concordia Publishing House, 1971), 313에서 재인용.

69) Williston Walker, *A History of the Christian Church*, (New York: Scribner, 1985), 395-396.

는다"고 거절하였다.[70] 그러나 당시 성직자들의 부패상은 보편적인 현상으로 여자와 돈 문제에 걸리지 않은 성직자가 없을 정도였다. 이와 같은 성직자들의 부도덕에 대하여 당시의 많은 설교와 방문기록, 벌금형 장부, 첩을 데리고 살던 성직자에 대한 벌금제도 등에 잘 나타난다. 따라서 16세기의 순시 보고서에 의하면, 화란 성직자의 4분의 1, 남부 라인지역 성직자의 3분의 1이 첩과 동거하였다. 이처럼 교회의 도덕적 타락과 몰락은 현저하였으나 일부 사람들에게 그것은 부의 축적이었다.

설상가상으로 1378년에 시작된 소위 교황청의 증축 계획은 1417년의 콘스탄스 공의회에서 종결되었음에도 불구하고 아직도 일부 사람들의 의식 속에 잠재하고 있었다. 이것은 가톨릭 교회를 도와주기 보다는 오히려 장애요소가 되었다. 특히 당시의 정치 발전은 교회의 세속 문제에 대하여 자체 권위를 굳게 하지 못했고 교회는 자체문제에 대하여 오히려 만족할 수 없었다. 또한 종교개혁의 선두주자들에 의한 가톨릭에 대한 반대는 교회의 몰락을 재촉하였다.

4. 개혁 전의 개혁자들

(1) 중세의 수도사들 : 위에서 살펴본 바와 같이 성직자의 타락은 재정적인 풍요 때문에 기인하였다. 따라서 중세의 지각있는 성도들은 세상의 풍조에 빠지지 않기 위하여 가난과 동거하기를 서원하고 황금을 돌보듯 하라고 하였다. 이들은 교회의 개혁을 위해 실천적 삶과 의식에 구체적인 변화가 필연적으로 요청된다고 역설했다. 그 중에 대표적인 중세 수도사 성 프란체스코는 자신의 수도사들을 위하여 규칙을 만들어 금욕에 힘쓸 것을 가르쳤다.[71] 사실 물질에 대한 금욕적인 자세를 요구한

---

70) 시드니 M. 휴톤, 「기독교 교회사」, (1994), 126-127.

71) 그의 규칙 8에 보면 성직자와 물질의 관계에 대하여 다음과 같이 말한다. 수도사들은 어느 곳에 있든지 혹 어디를 가든지 어떤 방법으로 돈을 취하거나 받아서는 안 된다. 의복을 위해서는 책을 위해서든 혹은 노도의 대가로든 아픈 형제의 긴급한 필요를 제외하고는 어떠한 이유로든 돈을 추구해서는 안 된다. 우리는 돈을 돌 같이 여겨야 한다. 돈을 가치 있게 생각하거나 추구하는 자의 눈을 가리려고 사단은 찾아다닌다. 그러므로 모든 것을 부정한 후에 그처럼 사소한 것으로 인하여 하늘나라를 상실하는 일이 없도록 주의하자. 만일 우리가 어느 곳에서 우연히 돈을 줍게 되었어도 그것을 발로 밟는 먼지 이상으로 여기지 말자. 돈이란 헛되고 헛된 것이다.

것은 프란체스코만이 아니었다. 베네딕투스(benedict) 수도원과 도미니쿠스 수도원(Dominicans) 그리고 시토 수도원(Cistercians)에서도 수도사가 추구할 제일 목표를 청빈으로 규정하였다. 비록 수도사들이 이와 같이 청빈을 강조하였음에도 불구하고 교회 지도자들이 물질로 인하여 타락하게 된 것은 말씀에 대한 무지 때문이었다. 중세말 성직자들은 하나님의 말씀에 대하여 무지할 뿐만 아니라 세상적인 교육 수준 역시 최저의 상태에 있었다.

당시에는 라틴어와 기초적인 교리문답 그리고 미사 드리는데 필요한 예배 의식 정도만 공부하면 누구든지 지방의 사제직에 임직되었다. 인문주의자 에라스무스에 따르면 우트레히트의 주교 데이비드(Bishop of Utrecht David, 1457-1494)가 성직을 받으려는 자들을 평가하는 시험을 주관하였다. 데이비드는 부사제(sub-deacon) 후보에게는 쉬운 문제를 묻고, 사제가 되고자 하는 자에게는 조금 어려운 것을 물었다. 300명의 응시자 중에 대부분이 형편없는 무자격자임을 안 데이비드 주교는 그 중에 3명만 시험에 통과시켰다. 이러한 데이비드의 개혁 운동을 옆에서 본 그의 동료들은 "요즘과 같은 시대에는 성 바울이나 성 제롬 같은 이가 필요하지 않고, 데이비드와 같은 이가 필요하다"고 하면서 그를 비난하기도 하였다.[72] 따라서 종교개혁 전야의 교회는 교회 개혁에 대한 시도가 없었고, 그것을 시도하고자 하던 사람을 정죄하는 어두운 시대였다. 중세 말기에는 소수의 성직자만이 성당학교나 대학에서 수학했고 대부분은 라틴어도 읽을 줄 모르는 경우가 많았다.[73] 이런 성경에 대한 무지현상은 곧 교회의 타락으로 직결되었다.

(2) 개혁 전의 개혁자들: 이런 상황에서 말씀을 강조하는 영적인 변화와 대중들의 신앙이 깊어지고 있었다는 많은 징후들이 나타났다. 먼저 파두아의 마르실리우

72) Heiko Oberman, *Forerunners of the Reformation: The Shape of Late Medieval Though Illustrated by Key Documents*, (Philadelphia: Fortress Press, 1981), 7.

73) 펠릭스 페이버(Felix Faber)가 쓴 울름의 연대기(Chronicle of Ulm)에는 15세기 말에 울름에 있던 1,000명의 성직자 가운데 대학촌을 구경한 이가 거의 없고, 그 가운데 학사 학위만 소지했다 하더라도 큰 학자로 대접을 받을 정도였다고 한다. Spitz, op. cit., p. 313; 영국의 개혁자 존 후퍼는 그가 목회했던 1551년의 글루스터(Gloucester)교구에는 총 311명의 성직자들이 있었다. 이중 168명이 십계명을 암송하지 못했고 168명중 31명은 십계명이 어디에 있는지도 몰랐다. 또한 40명은 주기도문이 어디에 있고, 40명중에 31명의 성직자들은 주기도문의 저자가 누구인지를 모를 정도였다. 이런 상태에서 교회는 실제적인 설교나 가르침이 없었다. John C. Ryle, *What do we owe to the Reformation*, (Protestant Trust Society), 3-4.

스(Marsilius of Padua, 1270-1342)는 1324년 저술한「평화의 수호자」(*Defensor Pacis*)에서 교회와 국가 모두의 원초적 한계를 정의하고 양자간의 평화를 이루려는 목적으로 쓰여졌다.[74] 마르실리우스는 이 책에서 역사에 과학적 비평을 가한 것으로 교황적 자만심의 발생과 성장을 교권제도를 통해 조명하였다. 그는 절대적인 교황의 권위와 무오설을 비롯하여 교황의 현세적 권위를 부인했다. 그는 오직 정경의 성경만이 무오하며 신앙에 절대적 권위를 가진다. 뿐만 아니라 그는 절대적 권위는 교황이 아니라 그리스도께서 대변자로 세우신 목사와 평신도 대표로 구성되는 총회라 보았다.

감독과 장로들은 모두 동일한 자들이며 대중에 의해 피선된 자들이다. 목회적으로 복음을 설교하고 사람들을 가르치며, 경고하고 성찬을 주재하는 것이 목사의 유일한 기능이다. 모든 열쇠의 능력은 하나님께 있으며, 하나님은 그것을 그리스도인들에게 대여하며 그는 그것을 성직자에게 특별히 위임한 것이다. 그러므로 교황과 주교 직분은 모두 인간적 기원을 가지므로[75] 사제에 의한 파면은 권위를 상실한다. 이런 사상은 단지 교황주의자들과 반 교황주의적 사색가들의 발전된 것이다. 한편 월던시스에서 시작한 피터 왈도(Peter Waldo)는 성경은 유일한 신앙의 기초라고 주장했다. 그는 12세기에 신약성경의 일부를 프랑스어로 번역하기 위해 설교자들을 보냈다. 영국의 신학자인 토마스 브래드워딘(Thomas Bradwardine, 1290-1349)은 1358년 이탈리아의 리미니의 그레고리(Gregory of Rimini) 처럼 구원에 있어서 하나님의 은혜를 강조하였다.

한편 이 시기에 네덜란드에서 새로운 경건운동의 데보치오 모데르나(devotio moderna) 운동이 일어났다. 이 운동으로 수도원의 개혁과 내적 경건이 활발히 전개되었고, 평신도들의 형제적 공동체 삶이 실현되었다. 이들은 예수 그리스도를 본받는 꿈과 이상을 지속적으로 추구하며, 학교를 설립하여 구체화하였다. 대표적인 지

---

74) 이 책은 당시 요한 22세와의 투쟁 속에서 힘 있게 그것을 수호하고 있는 루이스(Louis)에게 기증되었다. 그러나 교황은 이를 대적하여 특별교서를 발표했으나 종교개혁이 시작될 때 영어로 번역되고 금서목록에 기재되었다. 이 책 발간 20년 후 그는 루이스의 궁정으로 옮겼고 그곳에서 루이스의 의사요, 충고자이며 학문적 옹호자였다. James Heron, *A Short History of Puritanism*, (T. & T. Clark: Edinburgh, 1908), 28-29; Williston Walker, *A History of the Christian Church*, (New York: Scribner, 1985), 372-373.

75) A. M. Renwick, *The Story of the Church*, (IVP., 1985), 99.

도자로는 네덜란드의 헤르트 흐로테(Geert Groote, 1340-1384)와 「그리스도를 본받아」의 저자 토마스 아 켐피스(Thomas a Kempis)가 있다. 전자는 네덜란드 데벤터(Deventer) 출신으로 파리에 유학한 후 독일 쾰른에서 교사를 지냈다. 1374년 회심 이전까지는 평범했으나 이후 하나님과 이웃을 섬기는 실천적 삶을 살았다. 겸손히 복음을 전파하며 저술 작업에 힘썼으나, 성직자들의 비윤리성과 성직남용을 비판하여 1383년 설교권을 박탈당하였다. 그에게 참 신앙은 하나님을 사랑하며, 그를 경배하는 것이었다. 그는 남녀 각각 구별된 공동체적 삶을 통하여 고향 데벤터에서 청빈, 순결, 순종을 목표로 수도원적 생활을 하였다. 이 모임은 어떤 서원이나 맹세 없이 공동으로 생활하는 형제단(Brethren of the common life)으로, 언제든지 원치 않는 사람은 세속 생활로 돌아갈 수 있었다. 이들은 조용히 말씀을 묵상하며 각자의 사업과 수공업으로 성실히 생활하였다.

토마스 아 켐피스는 흐로테의 데벤터 학교에서 12세 때부터 데보치오 모데르나의 영향아래 성장하였다. 그의 삶은 중세 후기 영성에 아름다운 꽃이 되었다. 특별히 그의 「그리스도를 본받아」는 이후 지금까지 널리 애독되는 명저이다. 4부로 구성된 이 책 1부는 인간이 겸손과 사랑으로 살기 위해서는 자아와 세속으로부터 벗어나야 하며, 2부는 사람들이 외적인 면보다는 내적인 모습에 치중할 것을, 3부는 그렇게 할 때 비로소 하나님의 위로의 말씀을 받고 은혜에 참여하게 됨을, 4부는 제단의 성례에서 하나님과 함께 신비적 일체를 누리게 됨을 보여준다. 종합적으로 그는 세상을 멸시하고 하늘나라를 소망하는 것이 최고의 지혜이다. 그러므로 하나님께로 돌아오기 바란다. 만약 우리가 고난의 세상을 떠나면 영혼이 평안을 누리게 될 것이라고 하였다. 아 켐피스는 지속적으로 주님께 헌신하며 구별된 삶을 강조하였다. 이러한 신앙은 탈세속화 내지 탈세주의로 매우 개인주의적 혹은 주관주의적이었다. 그러나 그의 신앙은 세속화된 당시 교회의 모습에서 실천적 경건을 위한 하나의 본보기였다.

종교개혁의 사상적 개혁자로 옥스포드 대학교의 교수 존 위클리프(John Wycliffe, 1320-1384)와 존 후스(John Huss, 1373-1415)를 빼놓을 수 없다. 존 위클리프에 의하면 성경은 교회가 따라야 할 하나님의 법이며 교회의 행위와 가르침들을 비추어 판단해야 할 기준이다. 따라서 그는 1381년 라틴어 성경을 영어로 번역하였다. 그리고 그는 교회의 머리이신 그리스도와 그의 주권을 강조했다.[76] 특히 극단적 실재론자로서 위클리프는 당시의 유명론자들을 반대하여 신앙과 학문, 계시와 이성의 조화를 주장하였다. 왜냐하면, 신앙을 학문으로부터 분리시키고 계시를 이성으로 분리시키면 자칫 학문 혹은 이성이 신앙의 통제로부터 이탈할 염려가 있기 때문이다. 결국 신앙이 더 이상 유지 될 수 없다는 것이었다. 그러므로 어떻게 해서든지 학문이나 이성을 신앙의 통제 속에 남겨 두어야 한다고 생각하였다. 또한 위클리프는 성경의 원리에 근거하여 교황의 권위에 대한 비성경적 요인들을 밝히고 교황제의 폐지와 교회의 총체적 재산 몰수를 요구했다. 그리고 그는 *Tractatus de eucharistia*에서 화체설 교리를 비논리적이며 비성경적이며 비신앙적이라고 거부하였다.[77] 그리고 로마교의 성찬 잉여물, 즉 우연성(accidents)인 성찬요소의 외형이

---

76) *Ibid*., 99-100.

77) 위클리프의 개혁운동은 두 단계로 나눌 수 있다. 1단계는 1366-1377로서 교황권위에 대한 실제적인 투쟁을 벌였던 기간이다. 그리고 2단계는 1378-1384로서 교황 권위에 대한 이론적인 투쟁으로 특징 지워지는 시기이다. 위클리프는 제 1단계에서 교황권의 오용 혹은 교황권의 남용을 비판하는데 앞장섰다. 위클리프가 교황권에 대한 투쟁에 나서게 된 직접적인 계기는 당시 교황 우르바노 5세(Urban V 1310; 재위 1362-1370)가 1366년 영국이 로마 교황에 대해 조공국의 의무를 다하라고 요구한 데서 비롯되었다. 위클리프는 교황에게는 세금 징수권이 없다. 왜냐하면 교황은 그리스도의 뒤를 따르는 자이기 때문이다. 그러면 그리스도는 누구인가? 그리스도는 이 세상에서 권세를 탐하지 않았다. 예컨데 그리스도는 이 세상에서 세금징수권을 행사한 적이 한 번도 없었다. 그리스도를 뒤따르는 교황이 어떻게 세금을 징수할 수 있겠는가? 교황은 모든 믿는 자를 봉사하는 자가 되어야 한다. 그가 영국 국민들을 위해 행한 봉사는 무엇인가? 그는 우리 영국 국민들에게 봉사하기는 커녕 우리 영국 국민들을 착취하였고 자기 개인의 사리사욕을 채웠다. 이리하여 위클리프는 교황의 반대자가 되었다. 처음에는 민족주의적 동기에서 출발했으나 그것이 점차 종교적으로 승화되었던 것이다. 제 2단계(1378-1384)에는 교황권에 대한 투쟁을 교회 개혁 프로그램으로 발전 시켰다. 이의 신학적 체계화는 1377년 당시 교황 그레고리 11세(1370-1378)가 위클리프를 이단자로 정죄한 일이었다. 이때 영국의 귀족들과 런던의 시민들이 그를 보호했다. 그리고 그 이듬해 소위 서방교회의 분열(1378-1417)이 있었다. 즉 로마에는 우르바노 6세가 프랑스 아비뇽(Avignon)에는 클레멘트 7세가 군림했는데 이 때부터 위클리프는 교황권에 대한 투쟁을 교회개혁 프로그램으로 발전시키며 신학적으로 체계화 하였다. 위클리프는 그의 *Tractatus de veritate sacrae scripturae*(1378), *De ecclesia*(1378), *Tractatus de eucharistia*(1381)들의 책에서 그리스도의 가난을 강조했다. 그에 따르면 그리스도는 모든 사람의 원형으로 우리가 참된 인간이 되려면 그리스도를 모방하여 그리스도의 빈곤을 닮아야 한다고 했다. 이자들이 바로 성도이며 천국의 백성들이요 하나님의 예정된 자라고 했다. 이처럼 위클리프는 초대교회에서 교회의 참된 원형을 찾고 주장하고 초대교회로 돌아갈 것을 강조하였다. 위클리프는 우리가 초대 교회로 돌아가기 위해서는 먼저 성경의 권위를 회복하고 교회에서 설교가 바르게 실시되어야 한다고 했다. 그런데 당시 교회 설교는 일반 평신도들이 알아들을 수 없는

본질과 떨어져 그 자체만 존재하는 것과 실제로 존재하는 본질이 소멸되는 것은 있을 수 없기 때문에 봉헌 이후까지도 빵과 포도주의 물질적 본질은 남는다고 했다. 그는 계속해서 그리스도의 몸과 피는 그 요소들 안에 진실로 물질적으로 또는 육적으로가 아니라 상징적으로 또는 성례전적으로 현존한다. 빵과 포도주는 그래서 그리스도의 몸과 피의 유효한 표지라고 주장했다.[78] 그 후 위클리프는 1382년에 옥스포드에서 쫓겨나 루터워스(Lutherworth)에서 여생을 보냈다. 그런데 그곳에서도 계속 그리스도의 청빈과 초대교회적 가난을 주장했다. 그러던 중 1384년에 사망했고 1415년 콘스탄스(Konstanz)회의에서 이단으로 정죄되었으며, 1430년에는 그의 무덤에서 시체를 꺼내 불태워 재를 강에 뿌렸다. 이처럼 로마 교회는 위클리프를 미워하였다. 후에 그의 추종자들은 롤라드(Lollards)[79]로 불렸으며, 1401년 영국에 이단자들을 처형하는 법이 도입 되었을 때 많은 사람들이 순교하였다.

한편 존 후스는[80] 위클리프의 저술을 통해 복음을 이해하고 그가 목회하던 프라

라틴어로 실시되어 그나마 설교의 비중이 낮았다. 이처럼 그는 성경이 바른 권위를 회복하고 교회에서 선포되어야 한다고 주장했다. 왜냐하면 성경은 단순히 교회를 위한 규범만은 아니다. 교회의 규범과 동시에 사회의 규범이다. 따라서 영국 사회 전체가 성경 말씀을 기준으로 형성되어야 한다고 했다.

78) Williston Walker, *A History of the Christian Church*, (New York: Scribner, 1985), 378-379.

79) 롤라드는 가난한 사제들(poor priests)은 위클리프에 의해 파송받은 유랑전도자들로 그 뜻은 "헛소리하는 사람들"이라는 경멸적 의미이다. 이들은 그리스도의 가난을 몸으로 실천하기 위하여 두벌 옷도 가지지 않고 살다간 전도자들이었다. *Ibid*., 428-432.

80) 1369년 경 보헤미야 남부 후시네쯔(Husinets)에서 태어났다. 후스의 어린 소년 시절 위클리프의 책들이 보헤미야까지 들어와 강력한 영향을 끼쳤다. 후스는 위클리프가 가르친 진리들을 모두 터득하지는 못했으나 당시 교회를 정화시키고 신약성경의 교훈으로 돌아가려는 열망이 있었다. 가난했던 그의 어머니는 하나님의 은혜로 부유한 한 귀족의 도움을 받아 아들의 교육비를 마련하였다. 후스의 학문적 재능과 업적은 놀라운 진보를 보여 34세 때 프라그 대학(Prague University)의 총장이 되었다. 그러나 그의 마음에 죄로 인한 고민이 많았고 그로 인해 겸손하였다. 그는 존 위클리프의 저서를 읽는 중에 두 개의 그림을 보고 깊은 인상을 받았다. 그 중의 하나는 주께서 가시 면류관을 쓰시고 교황은 금 면류관과 값비싼 자주색 비단옷을 입고 있는 것이었다. 다른 하나는 예수께서 여인에게 "네 죄가 사하여 졌느니라"고 말씀하신 장면으로 그 뒤편에는 교황이 백성들에게 면죄부를 파는 그림이 그려져 있었다. 이 그림들은 후스의 눈을 열어 교회의 비참한 상태를 밝히 보게 하였다. 후스는 프라그에 있는 베들레헴 교회의 설교자가 되었다. 후스는 그의 설교에서 사람들의 미신 숭배와 성직자들의 죄를 폭로하고 굶주린 자들에게 말씀으로 꼴을 먹였다. 그는 많은 사람들에게 하나님의 참된 사자로 인식되었다. 그는 임종시에 "나는 복음과 말씀 전파를 위하여 이처럼 무섭고 수치스럽고 잔인한 죽음을 달게 받겠다"고

그의 베들레헴 강단에서 가톨릭의 미신 숭배와 성직자들의 죄를 폭로하였다. 특히 그는 성경에 기초하여 성찬을 철저히 정통적으로 실천하여 평신도들에게 금지된 잔을 배병하였다.[81] 이에 프라그에 있던 가톨릭 성직계층의 반대자들이 후스를 체포하고 교황의 명령에 복종할 의사가 있는지를 물었다. 이때 후스는 "교황의 명령들이 그리스도의 가르침과 일치하기만 한다면 그렇게 하겠다. 그러나 그리스도의 가르침과 모순될 경우에는 내 몸을 불태운다 해도 복종하지 않을 것이다" 라고 하였다. 이에 교황은 즉각 후스를 파면하였다. 그러나 보헤미아 왕과 대다수의 귀족들 그리고 일반 민중들은 후스를 지지하였다. 후스는 이에 굴하지 않고 복음을 사수했고, 특별히 가톨릭의 성찬에 대한 지나친 강조에 맞서며 면죄부와 성상숭배를 논박하였다. 후스는 콘스탄스 공의회에서 자신의 가르침을 철회하기를 거부하였을 때 이단으로 화형당했다. 그의 죽음은 보헤미아에서 소동을 일으켰다. 존 위클리프처럼 베셀의 요한(John of Wessel 1420-1489)은 화체설을 부인하였고 면죄부를 반대하였으며 사제들의 의식에 대하여 질문하였다. 베셀, 후스, 그리고 위클리프는 모두 성경의 권위를 강조하고 이 기초 위에서 로마 가톨릭 교회의 가르침을 공격하였다.[82]

선언하였다. 마침내 그는 화형당하였다. 장 베르동, 「중세는 살아있다」, 최애리 역, (도서출판 길, 2008), 134-135.

81) 가톨릭의 미사에서 성찬은 가장 중요한 부분이다. 이들은 축성과 함께 그리스도의 모든 살과 피가 거룩해진 성찬 각 요소에 임재한다고 믿었다. 그러나 언제부터인지 가톨릭 교회는 성찬시에 평신도들에게 떡만 참여케 하였다. 당시 평신도에게 잔을 주지 않은 것은 흔히 생각하듯이 성직자의 사주 때문이 아니라 주로 거룩해진 잔 즉 그리스도의 고귀한 피를 엎질러 성례를 부끄럽게 하지 않을까 하는 두려움 때문이었다. 이것은 일찍이 7세기에 널리 퍼져 있었는데, 당시 이를 방지하지 위해 포도주에 떡을 적시는 관행이 시작되었다. 빵을 적시는(intinction) 이 관행은 675년과 1175년 교회 회의에 의해 금지되었으나 평신도들이 이를 지지하였다. 그 후 아퀴나스 시대까지 평신도가 떡만 참여한 것은 거의 보편적이었다. 그래서 임재설은 이 관행을 설명하고 정당화하였다. 평신도가 오직 한 가지 종 혹은 종류로만 교제에 참여하는 것, 즉 포도주 없이 빵만 받는다는 뜻(일종배잔)은 콘스탄스 공의회의 명령으로 1415년 공식화되었다. 그러나 존 위클리프와 존 후스는 콘스탄스 공의회 이전인 1414년 10월부터 이를 예배 시에 실시하였다. 그리고 1433년 바젤 공의회는 협상 끝에 잔의 사용을 승인하였다. Williston Walker, *A History of the Christian Church*, (New York: Scribner, 1985), 379-385.

82) 이들 이 외에 도덕적 개혁자로는 이탈리아 출신의 인문주의자 사보나롤라(Savonarola, 1452-1498)가 있고 버나드나 타울러, 에크하르트 같은 신비주의적 개혁자들이 있었다. 특별히 에라스무스(Erasmus, 1466-1536)는 교황의 불멸설을 중점적으로 폭로하고 또한 가톨릭 교회 조직에 대하여 비난했다. 이런 다양한 현상으로 중세 말 가톨릭 교회는 쇠퇴하였는데 (1) 교황의 권위대신 말씀의 절대권위가 부상하여 교황의 권위가 약화되었고, (2) 공로 사상 대

5. 위기에 처한 교회의 모습

지금까지 우리가 살펴본 것처럼 중세 사회의 변화 중에 하나는 절대 권력을 행사해온 교회의 권위가 개혁자들에 의해 강력히 도전을 받았다. 이렇게 된 배경에는 인문주의의 확산과 교회 과세의 중과에서 오는 불만, 수도원의 치부와 성직자들의 타락의 결과였다. 무엇보다도 이런 타락상 중에 가장 문제가 된 것은 면죄권의 판매였다. 그러나 누구하나 개혁을 위해 일어서는 사람이 없었다. 사실 전통이 오랫동안 확고하게 구축된 절대적 상황에서 개혁을 외친다는 것은 죽음을 의미하기도 하였다. 때문에 대부분의 사람들은 침묵할 수밖에 없었다. 이것은 당시 유럽의 중세 교회가 직면한 동일한 현상이었다. 따라서 이런 심각한 교회의 위기를 탈피하고 보다 적극적으로 개혁을 위한 비상한 방법이 요청되었다.

이런 사회구조와 다양한 종교적 변화속에서 교회의 영적 상황은 절망적이면서도 동시에 희망적이었다. (a) 절망적인 면은 당시 종교 기관들이 갈수록 부패하였고 비효율적이 되었다는데 있다. 종교 지도자들은 당시 상황에 무지하였다. 때문에 이들은 자신들의 사명과 역할에 태만하였고 자연히 사치와 향락에 빠지게 되었다. 교황청의 분열 이후 형성된 피사 공의회(1409), 분열을 치유하고 후스를 정죄한 콘스탄스 공의회(1414-1418), 바젤 공의회(1431-1449)와 같은 대공의회들을 통해서 교황청뿐 아니라 교회 전반에 행정 개혁이 필요하다는 의식이 고조되었다. 이 공의회들은 교황청을 절대 군주로부터, 마치 왕이 의회의 통제를 받듯이 공의회의 통제를 받는 입헌 군주로 바꾸려 하였다. 이 노력은 철저히 실패로 끝나 이제 혁명이 아니면 개혁될 길이 없었다.[83]

신 이신칭의 교리가 확고하게 자리잡았다. (3) 또한 모든 신자의 제사장직을 기본 원리로 가톨릭 교회의 변화를 촉진하였다. 따라서 이런 경향은 향후 200년간 도덕과 교리, 무엇보다도 가장 중요한 교회의 권위가 도전받게 되었다.

83) 공의회 운동 이후 교황들은 점점 더 이탈리아의 정치상황에 개입하였다. 그들은 적은 관심사들에 대하여는 소홀히 하였다. 그러나 교황청이 부과한 세금은 한 세기 반 동안 증가하였다. 세액(稅額)을 늘리려는 새로운 방법들이 다양하게 도입되었으며 로마 교황청은 그들의 백성들에게 부당한 세금을 막대하게 징수하였다. 중세 교회는 말씀을 바르게 가르치고 성도들을 돌보는데서 이탈하여 신령한 축복을 돈 받고 파는 체제로 전락하면서 교회의 갱신에 대한 새로운 경각심이 고조되었다. 특별히 당시에 문제가 되었던 것은 소위 면죄권의 판매와 성직 매매가 성행한데 있었다. 성직자들은 죄에 대한 해결사로 자처하였고 그리스도의 십자가의 대속의 공로

(b) 희망적인 면은 종교 개혁에 대한 내적인 변화가 영적 각성에서 나타나고 있었다는 점이다. 성경은 참된 능력은 은혜의 복음과 그것을 선포하는 데 있다고 가르친다. 이 일의 성취를 위하여 하나님은 당신의 사람들을 세우셔서 그들이 직접 이 일을 수종들게 하였다. 예를 들면 루터의 열정, 칼빈의 박식, 츠빙글리의 용기, 그리고 낙스의 끈기였다. 이러한 특기를 통해 개혁자들은 잊혀진 말씀을 높이 들고 부패한 교회를 개혁하였다. 오직 말씀만의 신앙, 믿음 중심, 양심의 자유, 만인제사장으로 나가게 되었다. 결국 16세기 유럽에서 일어난 종교개혁은 성경으로 돌아가는 것이 주 목적이었다. 이와 함께 이신 칭의론은 마틴 루터가 비텐베르크 대학 정문에 95개 항의문을 붙임으로 시작되었다. 동시에 종교개혁은 하나님의 놀라운 성령의 역사가 선포된 것이다. 그 결과 수 천 수만의 사람들의 삶을 변화시키고 그의 전능하신 주권이 역사의 흐름을 바꾼 대 사건이었다. 바로 이런 절박한 시기에 도처에서 개혁자들이 등장하였다.

6. 결론: 요약 및 보충적 제안

6.1. 요약

지금까지 우리가 살펴본 바와 같이 종교개혁이 발생하기 전의 중세기는 절망의 시기였다. 그러나 이 시기에 다양한 개혁의 조짐과 현상들로 인하여 이 어둠의 시기는 급변하고 있었다. 이 개혁을 위해 중세의 사회 경제 정치와 문예부흥 및 종교적 요인들은 여러 면에서 개혁을 위한 기초를 제공하였다. 이 기간 동안에 많은 변화가 일어나 실제로 백성들의 삶을 변화시켰는데, 그 중에 가장 큰 변화는 곧 영적 각성이었다. 특별히 옛것에 대한 새로운 관찰은(인문주의) 역사를 뒤바꾸었다. 이런 복합적인 요소들이 서로 얽혀 종교개혁이 성취되었다. 종교개혁은 중세 가톨릭적 전통과 권위를 파괴하고 성경의 권위를 회복함으로 새로운 역사를 창조한 운동이었다. 이 목적을 위해 당시 신학자들은 어거스틴의 신학을 재발견하여 교회가 바르게

는 자취를 감추이게 되었다. 이와 관련하여 성직자들의 독신생활이 문란해지고 부도덕한 생활이 편만해졌다. 이러한 도덕적 타락은 일부 주교들이 교회 개혁을 위해 교황 Paul III에게 정식으로 건의할 정도까지 되었다. 루이스 W. 스피츠, *op. cit.*, 23-25.

지향해야 할 개혁 신학을 정립하였다. 거기에 일반 평민들을 통해 일어난 인문주의 운동이 가세함으로 성취되었다. 여기 문예부흥은 아랍인들이 고전 문서를 서구에 제공함으로 시작되어 히브리어 성경, 헬라어 성경과 초대 교부들의 믿음으로 돌아가자는 원전 복귀를 추구하였다. 결국 문예부흥도 종교개혁에 상당한 기여를 한 바, 그중 인간의 지위를 높인 점과 성경에 대한 연구의 강조였다.

개혁자들은 성경 말씀은 우리 영혼의 양식으로 그동안 잊혔던 말씀의 권위를 회복하였다. 하나님의 말씀이 희귀한 시대에 오직 말씀만이 우리의 구원이요 생명이 됨을 인식하였다.[84] 더욱이 이들은 죄로 인해 멸망 할 수밖에 없는 인간들을 구원하기 위해 오신 예수 그리스도의 의미, 신앙의 능력, 말씀의 진수, 기독교인의 자유, 허위에 가득 찬 교회의 전통과 교황의 가르침에 대항한 순수한 진리를 밝히 드러냈다. 이 새로운 역사 창조(종교개혁)는 하나님의 섭리와 인도하심에 비롯되었다. 하나님은 그의 백성들을 사랑하시고 당신이 친히 피로 값 주고 사신 교회가 진리 위에 굳게 서기를 원하셨다. 그토록 깊고도 아득한 중세의 어둠과 혼란기에 많은 신앙인들이 주님의 교회와 말씀의 소중함을 깨달았다. 따라서 개혁주의적 역사해석은 하나님의 주권과 관련하여 취급되어야 할 것이다. 이런 전제 아래 우리는 지난 2,000년 교회 역사 속에서 가장 효과 있게 사용하시고 업적을 위해 한 사람을 세우시고, 하나님은 당신의 계획을 성취하기 위하여 그를 크게 사용하셨다. 하나님은 루터를 통해 역사의 새로운 장을 펼치셨다.

6.2. 보충적 제안

오늘 우리는 선교 130년을 지나면서 급속한 부흥과 성장을 이루었다. 이런 성장은 세계 기독교 역사에 그 유래를 찾아 볼 수 없다. 그런데 우리는 이런 외적 요소와 달리 안으로 오늘 우리가 안고 있는 제반 문제들로 고심하고 있다. 그 고민 중에 하나는 어떻게 하면 우리 교회가 새로워질 수 있을까로, 이것은 이제 우리 모두의 공동 과제가 되었다. 왜냐하면 우리의 교회는 지나치게 부요하고 사치스러우며 세속적이고, 특별히 부도덕하고 무책임하기 때문이다. 더구나 우리 교회는 사회봉사와

---

84). 루이스 W. 스피츠, *op. cit.*, 18.

구제에 소원하며 세상에 대해 침묵하고, 단지 자신들의 성(城) 쌓기에 여념이 없기 때문이다. 어떤 경우 우리는 주님의 뜻이라는 미명아래 그릇된 신비주의나 물질 만능사상에 집착하다 인본주의적으로, 그리하여 정작 우리가 간직해야할 소중한 진리를 잃어버린 채 전전긍긍하기 때문이다. 동시에 세상의 빛과 소금이 되어야할 교회는 윤리 의식과 도덕성 및 책임성에 한계를 드러내고 이래서는 안 된다는 외침이 드높은지 오래다. 목회자들은 예언자적 사명을 도외시한 채 오히려 인기나 명예욕에 편승하고 있다. 어쩌면 현실적 행복을 구가함으로 영적 소명에 소홀하는 지도 모른다.

그럼에도 불구하고 우리는 왜 이처럼 진부한 자리에서 일어나지 못하고 우왕 자왕하는 것일까? 필자는 지금은 우리 모두가 주 앞에 엎드려 회개하고 마음을 새롭게 할 때 라고 생각한다. 격동하는 시대를 살아가면서 우리는 다시금 개혁자들이 들려준 교훈처럼 "교회는 계속 개혁되어야 한다"는 말씀 속에, 개혁이 단순히 구호가 아니라 실제 삶, 열매가 되어야 할 것이다. 그렇다면 내가 지금 새로워져야 할 부분을 무엇인가? 그것들을 구체적으로 어떻게 해야할지, 나 자신 한 사람 한사람이 개혁되지 않으면 우리 교회와 교단, 학교는 소망이 없음을 인식해야겠다. 감사한 것은 지극히 부족하고 연약한 우리에게 주님은 아직도 자비의 손길을 펴시고 한없이 은총을 베푸신다. 우리는 주님의 은혜와 사랑이 없이는 한 순간도 살아갈 수 없는 하루살이 같은 존재이다. 이런 우리를 물리치지 않고 소원을 두고 행하게 하시는 은총에 감사해야겠다. 당신의 피로 값 주고 사신 교회를 치게 하신 주님께 일편단심 충성해야겠다. 모두에게 주님의 은총을 기원한다!

제 3 장

문예부흥과 종교개혁의 상관성

1. 서론

16세기 유럽은 다양한 분야와 영역에서 급격한 변화에 직면하였다. 그 변화는 이탈리아에서 태동한 문예부흥과 독일의 종교개혁이 주도하였다. 역사적으로 문예부흥과 종교개혁은 각기 다른 사상적 기초와 원리에도 불구하고 동일한 배경 위에서 태동하였다. 전자는 새로운 인생관과 예술관으로 집약되는 개인의 자각운동으로 중세의 낡은 가톨릭적 신앙과 전통을 거부하였다. 신적 경건과 생활을 지양하고 인간적인 향락과 세속적 이상을 추구하였다.[1] 그리고 고대 문화, 즉 로마 제국의 몰락과 더불어 소멸된 옛 문화의 부활을 위해 중세를 극복하였다. 나아가 고대 헬라의 고전 예술에 기초하여 인간을 존중하고 자연을 찬미하는 탐미주의에 모든 열정을 바쳤다. 이들에게 인간은 우주의 주인이자 신이었다. 한편 후자는 기존의 신앙 전통을 성경적 원리로 회귀하는 소위 성경적, 신학적 개혁을 주창하였다. 당시 중세 교회는 교황의 교권 남용과 획일화된 교리 체계로 모든 것을 통제하며 억압하였다. 외형상 자유롭고 거룩한 신앙 공동체였으나 실상은 부자유한 극도로 통제된 계급

---

1) William R. Estep, *Renaissance & Reformation*, (Michigan: Grand Rapids, William B. Eerdmans Publishing Company, 1989), 18.

사회였다. 이러한 중세적 전통을 뛰어 넘어 종교개혁은 윤리의식의 회복, 성령의 하나 되게 하시는 역사, 1,000년 전 말씀이 힘 있게 증거, 전파 되었던 초대교회로 돌아가는 운동이었다.[2)]

빌헬름 딜타이(Wilhelm Dilthey)는 15-16세기의 인류 정신사를 고찰하면서, 종교개혁은 이탈리아 문예부흥의 종교적 표현이며, 독일 인문주의 사상과 루터의 종교개혁은 중세 스콜라주의를 탈피하고 근대 이상주의를 형성하는데 기여했다고 하였다.[3)] 이 견해에 의하면 종교개혁은 루터보다는 독일의 인문주의자들이 중심이 된 운동이었다. 이들에게 루터는 단지 독일 인문주의자들 중의 한 사람일 뿐이다. 이와 달리 어떤 학자들은 루터의 역사적 역할만을 강조하여 당시에 발생했던 여러 역사적 사건과 단절하였다. 그 결과 루터와 인문주의자들과의 관계 혹은 인문주의자들이 개혁운동에 어떤 태도를 취했는지가 소홀히 취급되었다. 이처럼 학자에 따라 추구하는 원리와 방식이 다름에도 불구하고 문예부흥과 종교개혁은 16세기 동전의 양 면으로, 역사가 잉태한 이란성 쌍동이었다. 따라서 본장에서는 문예부흥과 종교개혁의 상관성 문제를 심도있게 취급할 것이다.

2. 문예부흥의 이해

전통적으로 문예부흥[4)]에 대한 평가는 부르크하르트와 볼테르로 정리된다. 전자는 19세기 후반 이탈리아의 역사학자 야곱 부르크하르트(1818-1898)로 「이탈리아에서 일어난 르네상스의 문명화」(*Die Kultur der Renaissance in Italien*, 1860)에서 르네상스는 이탈리아에서 태동하였다고 지적하고 서방 문명사에 유일무이한 시대

2) C. B. Eavey, *History of Christian Education*, (Chicago: Moody Press, 1965), 154.

3) Wilhelm Dilthey, "Auffassung und Analyse des Menschen im 15 und 16 Jahrhundert", *Gesammelte Schriften*, II, (Leipzig, 1923), 1-89; L. W. Spitz(ed.), *Problems in European Civilzation: The Reformation, Material or Spiritual?*, (1966), 8-16.

4) Edward Maslin Hulme, *The Renaissance the Protestant Revolution and the Catholic Reformation in Continental Europe*, (New York: The Century Co., 1915), 1-556; V. H. H. Green, *Renaissance and Reformation*, (London: Edward Arnold Ltd., 1965), 1-390; Dorothy Mills, *Renaissance and Reformation*, (New York: G.P.Putnam's Sons, 1939), 3-331; Albert Hyma, *Renaissance to Reformation*, (Michigan: Grand Rapids, WM. B. Eerdmans Publishing Company, 1951), 13-586.

였음을 역설하였다. 그에게 개인주의는 르네상스의 필수조건이었다. 한편 후자는 당대뿐만 아니라 르네상스를 유럽사의 4대 황금기 중 한 시기로 정리하였다.[5] 그러나 학자들은 이를 매우 과장된 것으로 평가하였다.[6] 그럼에도 불구하고 르네상스는 오랜 유럽과 동떨어진 역사 속의 유산이 아니라 실제적인 교훈과 빛을 제공하였다. 유럽은 르네상스를 통해 급속히 발전된 문명을 지속시키는 역할을 하였다. 따라서 15-16세기 르네상스의 이해는 곧 가톨릭적 전통에 맞서 일어난 종교개혁을 이해하는 열쇠이다.

3. 문예부흥의 태동 과정

476년 로마의 멸망 이후 약 900년 만에 그 옛 폐허 위에 문예부흥이 새롭게 태동하였다. 역사가 증거하듯이 문예부흥은 14세기 초 유럽 사회의 혼돈 속에서 기존의 권위와 전통에 대한 불만에서 시작되었다. 하지만 이것은 고전이 새로 태동한 것이라기보다는 새롭게 인식된 것이다. 즉 문예부흥은 당시 쇠락해 가던 중세 사상에 파문을 일으켜, 망각된 과거의 부활로 인간의 새로운 생활과 미래에 대한 창조적 건설, 즉 정신적 활동을 적극적으로 촉진하였다. 이것은 다양하게 예를 들면, 교회에 대한 민족들의 반항, 규격화된 교리와 진리에 대한 이성적 반항, 교회 조직의 강제력에 대한 개인의 반항으로 표출되었다. 그 중심에 중세 교회에 의한 구속과 억압으로부터의 자유, 즉 인간성의 반발이 자리하였다. 당시 교황권의 인정을 받지 못한 대다수 사람들은 순수했던 인간성을 고전에서 찾았다. 중세의 봉건적 제약으로부터 벗어나 개성이 완전한 인간정신의 자유를 발견하였다. 그것은 중세가 신(神, 절대자) 중심의 명상을 중시했다면 문예부흥은 행동 중심을 강조하였다. 중세가 금욕적으로 신앙적 혹은 신적이었다면 문예부흥은 현실적 명예에 대한 인간적 추구가

---

5) 역사적으로 르네상스는 8-9세기 카롤링가 르네상스, 12세기 르네상스, 12-15세기 이탈리아의 르네상스, 15-16세기에 꽃핀 유럽의 르네상스, 예술과 문학, 신학에서 부활한 18-19세기의 신고전주의적 르네상스가 있다. William R. Estep, *op., cit.*, 18-20; Albert Henry Newman, *A Manual of Church History*, (American Baptist Publication Society, 1904), 491-492; 쟈크 르 고프, 「서양중세문명」, 유희수 역, (문학과 지성사, 1992), 12.

6) William R. Estep, 43-44.

특징이었다. 그러므로 신보다는 인간의 것을 마음에 사모하는 것이 르네상스의 이상이자 가치관이었다. 인간은 더 이상 신에게 예속된 존재가 아닌 독립적, 개체적인 존재였다. 「수상록」의 저술가 프랑스의 인문주의자 몽테뉴(Montaigne, 1533-1592)는 자기가 자기의 것이라고 지각하는 것이 인생의 가장 중요한 일이며, 자신이 무엇을 알았는지, 그것을 믿는 데서 인간 해방의 모습을 실현할 수 있다고 믿었다. 이것은 인류의 전 사회활동, 특히 문학과 예술 분야에서 급속히 신장되었다. 그런데 당시 이탈리아 인들에게 고대는 결코 학문적인 개념뿐 아니라 그들 자신의 민족 생활에 원천으로, 다른 말로 고대 로마가 그들에게 뿌리 내지 혈전(血栓)의 근원지였다. 따라서 문예부흥이 이탈리아에서 발흥한 것은 바로 이러한 배경에 기초하였다.

한편 중세 교회와 국가 간의 오랜 갈등은 대체로 국가에 유리하였으나 두 기관 안에 정치적, 경제적, 종교적, 지적 자유에 대한 욕망이 르네상스를 통해 실현되었다.[7] 이러한 상황에서 온갖 종류의 재앙, 특별히 이슬람의 등장으로 심각한 위기에 직면하였다. 여러 차례 기근으로 사람들이 쇠약해졌고 온갖 역병으로 넋을 잃었다.[8]

---

7) Joseph H. Lynch, *The Medieval Church: A Brief History*, (London: Longman, 1992), 151-157; T. A. Burkill, *The Evolution of Christian Thought*, (Ithaca and London: Cornell University Press, 1971), 225-232; Basil Hall, *Humanists and Protestants 1500-1900*, (Edinburgh: T & T Clark, 1990), 1-170; 프랭크 틸리, 「서양철학사」, 김기찬 역, (현대지성사, 1998), 341.

8) 역사적으로 B.C. 430년경 고대 아테네에 정체불명의 역병으로 4명 중 1명이 사망하였다. 일부의 사람들은 이 역병으로 그리스가 멸망했다고 한다. B.C. 165년 로마제국 때는 시리아에 원정갔던 로마군이 귀환하면서 옮긴 천연두로 15년 동안 수많은 사람들이 죽었다. 542년 동로마 제국 때는 페스트가 퍼져 콘스탄티노플에서 하루에 1만 명이 사망하였다. 이때부터 흑사병이 유럽을 강타한 1348년까지 중세 유럽은 질병과 전쟁을 치렀다. 예를 들면, 13세기 십자군 운동기에 발생한 나병, 14세기의 페스트 흑사병, 15세기 르네상스기의 매독, 17-18세기 천연두와 발진디푸스, 19세기 콜레라와 결핵, 20세기 초 인플루엔자(유행성 감기) 등이다. 이중에 매독은 1495년 로마를 점령하고 나폴리로 진군하던 프랑스의 샤를르 군대가 공격을 포기하고 철수하게 하였다. 어떤 부대는 매독 때문에 전멸하였다. 프랑스로 돌아온 원정대는 각자 고향으로 흩어지면서 급속히 전 유럽으로 확산되었다. 그리고 20세기 제1차 세계대전 말기에 발생한 인플루엔자로 약 2000천 만 명이 사망했는데, 이는 제1차 세계 대전으로 사망한 900만 명보다 훨씬 많은 숫자이다. 그런데 2003년 3월 말부터 4월 초순까지 약 2주 동안 중국에서 발생한 사스(Sars, 중증급성호흡기증후군)라는 신종 역병으로 지구촌이 공포에 떨었다. 불과 몇 일 사이에 32개국에 감염자가 2600명 사망자는 100명에 이르렀다. 1968년 미국국립보건원이 앞으로 전염병의 시대는 끝났다고 했으나 에이즈, 레지오넬라, 말라리아, 결핵, 사스 같은 유행성 질병으로 인류는 고통받고 있다. 「Metro」, 2003년 4월 8일(화요일), 12-13면 참조.

그리고 잇단 전쟁과 피 흘림으로 수많은 사람들이 죽고, 각 국의 행정이 마비된 상황에서 사람들은 군인들의 약탈에 시달렸다. 경제성장이 질식된 상태에서 농민들은 많은 어려움을 겪었다. 이러한 형편에 도처에서 기독교적 봉건 문화를 배척하고 자신의 문화를 만들려는 욕구가 증가하였다. 전 유럽은 급속히 확산되는 사회적 혼란과 동요를 막을 길이 없었다.[9)]

교회가 분열되고 봉건영주에게 속한 속국들이 독립하면서 이탈리아와 포르투갈, 스페인과 영국, 프랑스와 헝가리, 체코와 폴란드 등이 각각 왕국을 건설하였다. 그 결과 상업과 산업이 활발해지면서 행정체계 또한 서서히 자리를 잡았다. 특히 1378년 분열된 교회(가톨릭의 교황청)가 다시 통합되었고 종교 생활과 관계된 새로운 표현 양식들이 발달하였다. 이러한 시점에서 금융 산업과 노동력의 증가, 대규모 모직물이 제조되었다. 특히 사치품이 증가하여, 고급가구, 칠보 세공, 피혁 및 금속 세공, 기성복 제조, 무기 제조업과 건축업 등이 현저히 발전하였다. 인구의 증가와[10)] 생활수준의 향상은 곧 식생활 습관을 바꾸어 놓았다. 곡물에 대한 수요가 늘어나고 그 가격이 상승하였다. 그 결과 수많은 농민들이 토지를 버리고 도시로 이동하였다. 목축업이 장려되었으며 버터와 과일, 채소 등이 상업용으로 재배되었다.[11)] 그 결과 새로운 번영과 함께 귀족도 농민도 아닌 도시 중심의 새로운 계층이 발전하였다.

---

9) Henry C. Sheldon, *History of the Christian Church: the medieval Church*, (Hendrickson Publishers, 1994), vol.2., 319-322; Samuel G. Green, *A Handbook of Church History: from the Apostolic Era to the Dawn of the Reformation*, (London: The Religious Tract Society, 1904), 538-539; Sinclair B. Ferguson & David F. Wright, *New Dictionary of Theology*, (Leicester: Inter-Varsity Press, 1988), 322; 이병수/우기동,「철학의 철학사적 이해」, (돌베개, 1994), 122.

10) 10세기경에 농업 혁명으로 유럽에 인구가 급속히 증가하였다. J. C. Russell에 의하면 10세기부터 14세기까지 인구가 두 배로 증가하였다. 서양은 600년에 1,470만, 950년에 2,260만, 1348년 페스트 직전에는 5,440만이었다. M. K. Kennett에 의하면 700년경 2,700만, 1,000년에는 4,200만, 1300년에는 7,300만 명이었다. 이러한 인구 증가는 기독교의 부흥에 결정적인 역할을 하였다. 기독교 수도원들은 대대적으로 개간 운동을 전개하였다. 이러한 팽창은 외부로 확산되었다. 그리하여 한편으로는 기독교 세계의 변경을 확대하고 다른 한편으로는 이슬람 치하에 있는 국가들에 대하여 십자군 원정을 나섰다. 그런데 당시 흑사병으로 유럽인들은 역사상 가장 참혹하고 비극적인 죽음을 맞게 되었다. 그 결과 당시 유럽의 전체 인구 약 7,500만 중에 3분의 1인 약 3,000만 명이 사망하였다. 프레데리크 들루슈,「새 유럽의 역사」, 윤승준 역, (까치, 1997), 184-185; 쟈크 르 고프,「서양중세문명」, 유희수 역, (문학과 지성사, 1992), 85, 295; G. F. 영,「메디치」, 이길상 역,「현대지성사, 1997」, 13-14.

이들은 자신들의 사업과 생명의 안전을 증진하며 전통적인 지배자들, 귀족들 그리고 교회의 권위자들로부터 자유하기 위해 지방자치제를 조직하였다. 강력한 국가 정부가 아직 미약한 상황에서 지방자치제를 강화하여 독립 공화국을 형성하였다. 이들은 용병을 고용하여 자신들의 변방을 방어했고, 자신들의 영역을 확장하기 위해 사소한 전쟁을 시도하면서 인근 도시 국가들과 불가피하게 대립하였다.[12)]

도시 국가의 발흥과 함께 질서확립을 위한 규범적 법과 은행 업무에 인재가 요청되었다. 따라서 필요한 인재를 충당하기 위해 기존의 대학에 전통적 과목인 신학과 함께 의학이 요청된바, 대표적으로 볼로냐(Bologna) 대학교는 이탈리아에서 법률 연구에 중심이 되었다.[13)] 그러나 중세 대학은 아직 상업 행정에 학위가 없었기 때문에 은행은 실질적인 업무로 충당되었다. 따라서 당시 프로렌스는 제노아(Genoa)와 베네치아(Venice)와 함께 경쟁적인 위치를 점하였다. 자본주의의 발흥으로 도시 사회가 급속히 성장하면서 고리대금, 일종의 은행 이자에 반대하는 교회의 도전이 불가피하였다. 이러한 경제 발전에 중개업자들은 전통적인 자세를 무시함으로 직접적으로 교회의 권위와 맞부딪히는 것을 피하였다. 활기있는 이탈리아 도시 국가의 재정 사업가들은 돈을 융통하지 않고는 생존할 수 없게 되었다. 이런 상황에서 교회는 어떤 역할도 부재한 채 침묵하였다. 중세의 고딕 예술은 바로크식 화려함으로 바뀌고 남녀는 선의 강조와 함께 관능적으로 표현되었다. 설교자들의 설교에 흐느꼈으며, 죄지은 자들이 대중 앞에서 고해하였다. 올리비에 마이아르(Olivier Maillard)같은 설교자가 오를레앙을 지나간 뒤에 청중들이 파손한 지붕을 수리하는데 만 64일이 걸렸다. 이와 함께 귀족들은 많은 관중들 앞에서 마상 시합을 즐기는 한편 무용과 축제를 벌이고 기사단을 창설하는 것으로 그들의 관심을 표출하였다. 하지만 중세 말(末)은 호이징가의 지적처럼 격분과 소동, 피와 눈물로 점철되었다.[14)]

---

11) Joseph H. Lynch, *The Medieval Church: A Brief History*, (London: Longman,1992), 303-314.

12) Wallace K. Ferguson, *Europe in Transition* 1300-1520, (Boston: Houghton Mifflin Company, 1962), 3-583.

13) 서요한, "제14장 중세대학의 형성과 역사적 발전", 「중세교회사」, (도서출판 그리심, 2010), 429-459.

14) R. H. C. Davis, *A History of Medieval Europe: From Constantine to Saint Louis*,

3. 역사적 배경

14세기 수도원적 금욕주의와 스콜라 신학의 확대로 고전의 영광을 재현하려는 운동이 일어났다. 당시 유럽은 아비뇽의 교황청 시대와 대분열에도 불구하고 십자군 운동으로 정치와 경제 분야에 괄목할 발전을 이루었다. 특히 교회와 수도원에서 학문연구가 활발히 전개되자 이탈리아 사람들은 인간 중심의 새로운 삶과 이상을 추구하였다.[15] 세상의 아름다움을 즐기고 교양을 쌓으며 자신의 인격 완성을 추구하는 경향이 현세를 부정하는 종래의 금욕주의를 대신하였다. 이러한 현세적인 이상 추구 경향은 고대의 문학과 예술에서 발견되는 바, 14세기부터 시인과 작가, 예술가들과 학자들이 로마와 그리스의 고전을 동경하였다. 특히 십자군 운동은 그리스와 라틴의 고전 문학을 접목시켜 문화적 교류를 형성하는 견인차 역할을 하였다. 1453년 동로마 제국의 멸망으로 동방의 학자들이 서방으로 몰려가면서 고전 문학 연구가 활성화 되었다.[16] 그리고 아리스토텔레스의 전 작품이 새롭게 인식되면서 학교에서는 논리학과 문예가 부흥되었다. 이 부흥은 은총 못지않게 자연과 인간에 대한 관심을 나타냈다. 마침내 이것은 미래적인 천국의 기쁨이나 지옥의 파멸보다는 현세의 삶과 기쁨, 존엄과 만족을 상대적으로 강조하는 세계관의 변화를 가져왔다. 사람들에게 영원한 구원이나 저주의 대상으로서의 가치보다는 인간으로서의 가치를 더 많이 부여하였다.

결국 르네상스는 중세의 교회 중심적 종교 전통과 고정관념을 무너뜨리고 근대의 세속적인 개인 생활관을 정립하였다.[17] 따라서 중세는 하나님 대신 인간 중심,

---

(London: Longman, 1988), 371-385; J. Derec Holmes/Bernard W. Bickers, *A Short History of the Catholic Church*, (London: Burns & Oates, 2002), 126-128; 쟈크 르 고프, 「서양중세문명」, 유희수 역, (문학과 지성사, 1992), 433.

15) Williston Walker, *A History of the Christian Church, Scribner*, (1984), 392-393.

16) V. H. H. Green, *Renaissance and Reformation*, (London: Edward Arnold Ltd., 1965), 1-390; 수잔 와이즈 바우어,『세계역사 이야기 2』, 정병수 역, (꼬마이실, 2008), 308-309; 스티븐 런치만, 「1453, 콘스탄티노플 최후의 날」, 이순호 역, (갈라파고스, 2004), 67, 84-85.

17) 이것은 윌리암 에스텝의 지적처럼 초대교회 콘스탄티누스 이후 1000년 동안 유럽을 묶어왔던 공생(synbiosis)이 파괴되었음을 가르친다. William R. Estep, *Renaissance and Reformation*, (Michigan: Grand Rapids, William B. Eerdmans Publishing Company, 1986), 18-20.

하나님의 영광 대신 인간의 영광을 강조하였다.[18] 르네상스로 인하여 성경과 초자연적인 일들에 회의가 일어나면서 하나님보다는 인간이 우주의 중심이요 초점이 되었다. 따라서 학자들은 르네상스가 종교개혁과 함께 중세적인 전통을 쓸어 내고 새로운 문화를 창조했다고 주장했다. 여기서 르네상스는 인간적, 물질적, 현세적, 종교개혁은 신적, 영적, 미래적인 부분을 담당하였다.[19] 비록 이탈리아는 중세의 제도들과 이상들이 쇠퇴하기는 했으나 그렇게 충격을 받지는 않았다. 이탈리아인들은 교회 세력의 중심에 있었으므로 교황에 대한 환상도 갖지 않았다. 그러므로 14세기 고위성직자들의 세속성이 그들에게 문제가 되지도 않았다. 따라서 내적 종교 생활에 무관심하였으며 아무런 죄의식을 갖지 않는 세속적 활동으로 발전하였다.[20] 이러한 변화는 이탈리아의 인문주의자들의 공통적인 현상이었다. 그 후 데카르트, 스피노자, 라이프니츠 같은 철학자들은 인간의 이성과 과학의 능력을 역설하였다. 세속적 인본주의자들의 글이 성경과 기적과 하나님의 계시에 관한 믿음을 결정하는데 많은 영향을 미쳤다. 그리하여 세속적 인본주의자들의 계몽된 철학이 초자연적 사실들을 부인하는 종교적 자유주의를 배태(胚胎)하였다.

4. 르네상스의 정의

(1) 일반적 의미: 일반적으로 르네상스(Renaissance)는 어떤 특정한 삶의 태도, 즉 하늘보다 땅을, 영혼의 불멸보다 명예의 불멸을, 자기 부정보다 자기 개발을, 금욕주의보다 육체의 쾌락을 의미한다. 또한 정의보다 성공을 위한 노력을, 권위보다 개인적이고 지적인 자유를, 기독교보다 고전 인문주의를 더 중시하는 삶의 태도를 가리킨다.[21] 이것은 문화적인 의미에서 주로 이탈리아적이고 도시적이며 귀족적인

---

18) Sinclair B. Ferguson & David F. Wright, *New Dictionary of Theology*, (Leicester: Inter-Varsity Press, 1988), 322.

19) Sheldon J. Watts, *A Social History of Western Europe 1450-1720, Hutchinson University Library for Africa*, (1984), 9-11.

20) 조세프 R. 스트레이어, 「중세시대의 서유럽」, 김동순 역, (성균관대학교출판부, 1994), 258.

21) 비판자들은 르네상스를 맹목적인 신앙과 환상과 미숙한 편견으로 가득한 중세 사회에서 벗어나 개인적인 인간성을 충분히 의식하는 근세로의 이행으로 본다. 혹은 오래 지속된 중

성격을 나타냈다. 그 결과 이탈리아의 도시 국가들은 15세기 후반에 상대적으로 큰 평화와 여유를 누렸다. 그런 환경을 배경으로 군주들이 예술과 문학을 후원하였다. 이러한 때에 유럽의 여러 나라들은 이탈리아의 문화를 배우려 하였다. 따라서 새 예루살렘보다는 로마의 거리에 관심을 두었다. 또 하나님이 만물의 척도가 되는 중세 시대의 신 중심적 세계관 대신에 인간이 만물의 척도가 되는 인간 중심적 인생관이 등장하였다. 그리고 도시의 중산층 사회가 봉건 시대의 전원적인 농업 사회보다 중요시 되었다.[22)]

(2) 용어의 의미 : 보통 르네상스는 문예부흥으로 프랑스 어 "renaissance"에서 기원했는데, 이는 단순한 학문적 부흥이나 갱신보다는 훨씬 포괄적인 뜻을 가지고 있다. 이는 당시 중세 사회의 민심을 지배했던 세계관, 인생관이 퇴락하는 때에 새로운 사상이 지배하는 변화의 시대였기 때문이다. 그 특징은 철학적 시대가 아닌 권위에 대한 반항과 비평, 문학과 예술의 부흥, 개인주의의 강조, 봉건주의로부터 새로운 질서의 변화, 자연미와 능력, 인쇄술과 항해술의 발달, 신대륙의 탐험, 지식의 해방과 인간의 행복 추구 등이다.[23)] 이것들은 대체로 중세의 금욕, 내세적인 중세의 이상에 대한 반동이었다. 이는 먼저 헬라와 라틴의 고대문학의 부흥으로부터 시작되었다. 예를 들면, 고대 로마의 키케로(Cicero)와 겔리우스(Gellius)는 자유와 문학 교육의 의미로 부흥을 사용하였다. 이 말은 14세기 후반에 이탈리아의 인문주의자들이 다시 사용하였으며, 15세기 초엽에 학문적 연구를 통해 그 의미를 명확히 하였다. 특히 문법, 수사학, 역사학, 시학, 그리고 도덕철학연구에도 동일하게 적용하였다.[24)] 그 후 인문주의는 종교개혁과 더불어 독일의 신학자 중심으로 전개되었

세에 문화적인 성숙과 완성을 안겨다 준 풍성한 가을 햇빛으로 비유한다. Richard H. Popkin(ed.), *The Columbia History of Western Philosophy*, (New York: Columbia University Press, 1999), 279-280; 김영재, 「기독교 교회사」, (도서출판 이레, 2000), 369.

22) Earle E. Cairns, *Christianity through the Centuries*, (Zondervan Publishing House: Academie Books, 1981), 260.

23) Norman Sykes, *The English Religious Tradition*, (London: SCM Press Ltd., 1961), 15; Albert Henry Newman, *A Manual of Church History*, (American Baptist Publication Society, 1904), 492; 페터 쿤츠만/프란츠-페터 부카르트/프란츠 비트만, 「그림으로 읽는 철학사」, 홍기수/이정숙 역, (예경, 2000), 92-93.

24) Paul O. Kristeller, *Renaissance Thought*, (New York, 1961), 9-10.

25) 김의환, 「교회사」, (세종문화사, 1976), 236; E. S. 모이어, 「인물중심 교회사」, 곽안

으나 이탈리아의 여러 천재(天才)들을 중심으로 만개하였다.[25]

문헌상 1854년 처음 등장하는 르네상스(Renaissance)는 협의적으로 흔히 그리스-로마 문화의 회복과 문학, 예술의 부흥을 말한다. 광의적으로는 이탈리아에서 시작된 지적 예술적 재생 혹은 부흥을 의미한다. 이는 라틴어 성경 'Vulgata'가 쇄신 혹은 개혁의 뜻을 가진 말이므로 르네상스는 종교개혁(Reformation)과 같은 어원을 갖는다. 그러나 르네상스는 문학적으로 보통 'Humanism', 즉 고전의 부흥이나 인문주의로 표현된다. 혹은 좁게는 그리스-로마의 고전의 재생이며 넓게는 세계와 인간의 발견이다.[26] 따라서 중세의 하나님 중심 세계관은 후퇴하고 인간 중심의 근대적 인생관이 대두하였다. 결국 르네상스는 소수 상류층에 한정된 귀족적 성격을 띠면서 부자들에게 후원을 받고 인문주의자라 불리던 예술가들과 문필가들에 의해 계발(啓發)되었다. 이를 계기로 그들의 사상과 생활 방식은 서서히 사회의 하부 계층으로 전해졌다. 생계 수단으로서 농업보다는 상업이 중시되었다. 세상일에 대한 인문주의적이고 낙관적이며 경험주의적인 접근 방식이 보편화 되었다.

비록 그 시대는 종교와 밀접한 관계를 가졌으나 이것은 단지 교회의 축일들과 관련한 격식일 뿐이었고, 개개인의 일상생활에서는 하나님의 뜻을 망각하는 경향으로 표현되었다. 당시 이탈리아의 도시들은 서유럽과 극동의 여러 지방 국가들과 활발한 교역을 하였다. 따라서 재정적으로 여유가 생겨 공부에 관심을 가졌고, 상인들은 학교와 예술가들의 후원자가 될 수 있었다. 금전적 여유가 있던 신흥 중산층은 삶을 보다 즐겁고 안락하게 해줄 수 있는 것에 관심을 기울였다. 그들은 고전 문학을 탐구하던 학식있는 골동품 수집가들이었다. 또한 중앙 집권화 된 정부는 안전과 질서를 보장해 주었다. 당시 라틴어는 공용어였으며 그밖에 자국어로도 고전형의 형태를 따라 탁월한 저서를 썼다.[27] 1456년 독일에서 이동 가능한 형태의 인쇄기가 발명되어 르네상스 후기에는 정보가 빨리 전파되었다. 특히 호화롭고 비싼 책들이

전/심재원 역, (대한기독교서회, 1993), 264.

26) William R. Estep, *Renaissance and Reformation*, (Michigan: Grand Rapids, William B.Eerdmans Publishing Company, 1986), 18-20.

27) Henry C. Sheldon, *History of the Christian Church: the medieval Church*, (Hendrickson Publishers, 1994), vol.2., 323-379; G. S. M. Walker, *The Growing Storm*, (London: The Paternoster Press, 1961), 236-238.

28) William R. Estep, 20.

출판되었는데, 값싼 대중적인 소책자는 종교개혁가들이 최초로 도입하였다.

5. 르네상스의 태동과 특징 및 유형

(1) 태동 시기 : 르네상스는 보통 1350년부터 1650년까지, 1450년부터 1527년까지, 혹은 1300년부터 1517년의 세 견해로 나뉜다. 전자는 단테에서 셰익스피어까지로 이탈리아 사회의 부의 축적과 도시국가로의 발전에 기초한다. 그 다음은 교황 니콜라스 5세로부터 종교개혁까지로 주로 문예 부흥의 전성기를 말한다. 마지막은 단테(Dante)로부터 마틴 루터의 종교개혁까지이다.[28] 하지만 필자는 이탈리아의 르네상스는 13세기 말에 교역과 금융업의 신장과 함께 시작되었다고 간주한다. 이후 14세기 중엽까지 상업과 교역에서 얻은 수익으로 생활하는 이탈리아의 상류층의 생활이 이어졌다. 이것은 처음에는 북부 파두아, 다음은 공화정 도시인 피렌체, 제정을 주장했던 밀라노로 점차 확대되었다.[29] 이 지역들은 서로 정통성을 주장하며 고전학과 옛 문서들을 탐구하였다. 이들의 삶은 단순히 봉토에서 얻은 수입으로 안정되게 살아가는 북유럽의 제후들과는 확연히 달랐다. 만약 상업이나 교역이 잘못되는 날에는 금세 망할 수 있으므로 부를 상속받은 자들도 재산을 유지하기 위해 경제를 운영하는 지식과 기술을 연마하고 경쟁에서 살아남기 위해 부단히 노력하였다. 그러므로 이탈리아의 엘리트들은 진취적이며 매우 활동적이었다. 이러한 사회적인 여건들이 많은 지성인들로 하여금 창의성을 추구하고 발휘하게 하는 데 큰 힘이 되었다.

(2) 특징과 유형 : 르네상스의 특징은 국가적 특성에 따라 다양하게 나타났다. 예를 들면, 최초의 르네상스는 9세기 프랑스에서 시작되었으며, 11세기 스페인을 중심으로, 13세기 이탈리아에서 본격적으로 시작되었다. 그리고 14세기 말엽부터 15세기까지 프랑스에서 왕궁을 중심으로, 15세기에는 독일에서 일어났다. 이들 중 프랑스인들은 이탈리아의 원정으로 르네상스의 찬란함에 감탄하였다. 따라서 프랑스 귀족들은 16세기까지 이탈리아의 예술적이며 문화적인 풍요를 맛보게 되었다. 기독

29) G. H. W. Parker, *The Morning Star: Wycliffe and the Dawn of the Reformation*, (The Paternoster Press, 1965), 111-112.

30) 박유신, 「한국 장로교회 성서관 칼빈적인가」, (한들출판사, 2008), 14.

교 인문주의는 르네상스 인문주의의 한 분파로 학교와 대학의 교과 과정과 관련된 문화적, 교육적 접근 방법이었다.[30] 따라서 당시 인문주의, 특별히 독일의 경우 대체로 라틴어 연구에 집중하였고 15세기에는 헬라어에 집중하였다. 따라서 유능한 인문주의자가 되기 위해서는 고전어를 습득하고, 이를 위해 문법, 시, 수사학, 역사, 도덕철학을 읽고 쓰며, 회화에 치중하였다. 15세기 중엽에는 고전어와 문법을 전문적으로 연구하면서 새로운 학문으로 정착되었다.[31] 대표적으로 빈, 에르푸르트, 하이델베르크 대학에서 비롯된 고전 연구는 일반화 되었다. 학생들은 새로운 교양을 앞 다투어 받아들였다. 이는 경제의 비약적인 발전, 국민 의식의 각성, 그리고 활판 인쇄술의 발명 등 사회 경제적, 문화적인 발전의 덕택이었다.

먼저 르네상스는 지중해를 끼고 있는 이탈리아로부터 이후 알프스산맥 북부 국가들로 확산되었다. 본래 이탈리아의 문학과 학문 영역에 머물렀던 인문주의는 점차 사회적 성격을 띠게 되었으며, 르네상스 초기의 명상적 인문주의는 시민적 인문주의로 전환되었다. 따라서 이들은 부와 금전의 가치를 강조한 경제관과 결혼 예찬론, 반금욕적인 윤리관 등 여러 시민적 가치관을 통해 그들 자신들의 현실관을 보여주었다. 이렇게 자신들의 입지를 높이는 데 관심을 기울였다. 이처럼 강한 공공의식과 관련된 이탈리아 인문주의의 특징은 당시의 법률과 신분적인 위상에 나타난다. 그러나 15세기 말엽에는 현세로부터의 도피와 명상적인 경향이 나타났다. 왜냐하면, 코지모 메디치(Cosimo Medici)의[32] 지배에 대한 인문주의자들의 위기의식 때문이었다. 따라서 시민적 인문주의에서 명상적인 인문주의로 전환하였다. 그 후

31) Quirinus Breen, "Humanism and the Reformation" *The Impact of the Church upon its Culture*, (Chicago, 1968), 159.

32) R. Lodge, *The Close of the Middle Ages*, (London: Rivingtons, 1906), 289-314; William R. Estep, *Renaissance and Reformation*, (Michigan: Grand Rapids, William B. Eerdmans Publishing Company, 1986), 25-27; G. F. 영, 「메디치」, 이길상 역, (현대지성사, 1997), 윌 듀런트, 「역사 속의 영웅들」, 안인희 역, (황금가지, 2002), 281-302 참조. 메디치가의 역사는 1400년부터 1748년까지 약 300년 간 이어진다. 그 중에 15-16세기 동안 정치와 종교, 역사와 예술 분야에서 크게 영향을 미쳤다. 이 시기는 중세에서 근대로 이행하는 과정으로 프랑수아 1세, 샤를 5세, 그리고 헨리 8세의 대립과 갈등이 고조되었다. 하지만 메디치가는 금융과 상업으로 유럽의 유력한 가문이 되었고, 거의 모든 주요 국가의 핵심부에 포진하였다. 대표적인 인물로는 국부 코시모, 위대한 자 로렌초, 교황 레오 10세, 교황 클레멘트 7세, 그리고 카트린 데 메디치 등이었다. 이 가문은 여러 분야, 특히 예술분야에서 지대한 공헌을 남겼다.

33) A. G. Dickens, *The Age of Humanism and Reformation: Europe in the*

인문주의자들은 공직에 봉사하는 시민이기보다는 유력자의 비호를 받는 자가 되었다. 그리하여 뛰어난 인문주의자들 대부분이 메디치의 보호를 받게 되었다. 원래 인문주의자들은 시민 계층이었으나 변하는 사회 속에서 연대하지 못하고 개인에 지배된 것이다. 결국 이들은 시민계급 출신이면서도 민중에 등을 돌린 것이다. 이들은 종교적인 모든 것에 무관심하였다.

한편 북부 독일의 인문주의는 1470년 전후로 남부 이탈리아의 문헌에 기초하여 종교적으로 발전하였다. 당시 인쇄기술로 북부의 학자들은 고전 문헌의 편집판과 이탈리아 인문주의자들의 저서를 쉽게 접하였다. 이탈리아 인문주의자들의 특징은 문예적인 것이었으나 독일은 종교 일반이었다. 그런데 독일 인문주의는 기독교 및 일반 고전과 어학을 연구하는 자들과 인간의 실제적 생활에 적용할 수 있는 유형으로 구분되었다. 전자는 순수문학과 깊은 명상에 후자는 의학, 자연과학, 법학에 집중하였다. 특히 후자의 사람들은 새로운 학문연구를 위해 세계를 장악하고 지도하겠다는 야심찬 실천가들이었다. 이들은 자신의 교양과 공적 봉사를 통해서 인간의 내면세계의 통일을 추구하였다. 당시 찰스 4세의 궁정은 독일 인문주의의 중심 무대였다. 처음에는 이식에 치중하여 번역 문학이 흥행하였다. 그 결과 본래의 정신이 결여된 수사학과 문헌학이 지배하였다. 시민사회와 불가분의 관계 속에 뿌리내리지 못하고 소수 집단 내지 개인적 학문이나 교양의 영역에 머물게 되었다. 새로운 삶의 양식의 창출을 기대하기에는 독일의 지적 풍토는 지나치게 중세적이며 스콜라적이었다. 독일에서는 중세의 사회 문화 전통이 이탈리아에 비해 훨씬 더 공고하게 지켜졌기 때문이다. 처음에 문헌을 통해 들어온 인문주의는 이제 대학을 거점으로 정착되었다. 초기의 독신적 내지 탐미적 색체는 사라지고 명상적 · 경건한 종교적 보편주의가 독일 인문주의를 지배하였다. 그러나 독일의 인문주의 담당자는 주로 성직자들이었다. 이들에 의해 독일 인문주의는 스콜라적 전통위에서 그것과의 화해를 통해 기독교적 휴머니즘을 형성하였다.[33] 따라서 에라스무스는 인간성의 교양을 강조한 페트라르카와 달리 기독교적 인간성을 추구하였다. 그리하여 16세기에 최고

Fourteenth, Fifteenth and Sixteenth Centuries, (London: Prentice-Hall International, Inc., 1977), 128-139; T. A. Burkill, *The Evolution of Christian Thought*, (Ithaca and London: Cornell University Press, 1971), 225-227.

34) 대표적으로 쭈트펜의 제랄드 젤볼드(Gerhard Zerbolt of Zutphen, 1367-1398)과 존

의 인문학자로 명성을 얻게 되었다. 결국 이탈리아 인문주의 운동이 문예적이었음에 반하여 독일의 인문주의 운동은 종교 일반에 깊은 관심을 표명하였다. 남부와 북부 인문주의의 차이는 독일 지방의 독특한 민족성에 기초하였다. 이것은 공동체 형제단(the Brethren of the Common Life)의 영향이었다. 이들은 평신도 중심의 반 수도원 단체였다.

6. 북부 르네상스의 발전

(1) 공동체 형제단: 북부 르네상스의 영향력 있는 지도자들 중에 일부는 형제단의 영향을 받았다. 그들 중에 쿠사누스(Cusanus), 헤기우서(Hegius), 아그리콜라(Agricola), 베셀(Wessel), 루흐린(Reuchlin), 켈티스(Celtis), 무티안(Mutian), 에라스무스(Erasmus), 루터(Luther)였다. 14-15세기에 가장 영향을 끼친 2권의 책은 토마스 아 켐피스(Thomas d Kempis, 1380-1471)의 「그리스도를 본받아」(*Imitation of Christ*)와 마이스터 엑하르트(Meister Eckhart), 요하네스 타울러(Jonannes Tauler), 하나님의 형제들(Friends of God)로부터 유래한 독일 신학(Theologia Germanica)이다. 그런데 하나님의 형제들은 공동체 형제단과 유사한 영적 특성을 가졌다. 이 단체는 공히 로마 가톨릭 내부에서 일어난 민중들의 단체였다. 기독교에 대한 비판보다는 기독교 내부의 본질적 기독교의 회복에 치중하였다.

이 단체의 형성은 제랄드 흐루트(Gerhard Groote, 1340-1384)의 공헌으로 데벤터(Deventer)의 집에 자매들을 위한 반 수도원적 공동체를 설립하였다. 그는 한 때 난봉꾼으로 천문학, 마술, 세속적 추구에 관심을 가졌다. 그러나 병석에 누웠음에도 불구하고 지역 사제는 그에게 성찬을 주지 않았다. 그러나 교회와 정치적 타협으로 교황청을 통해 두 개의 성직록을 받았다. 죄의식 속에 흐루트는 삶에 변화를 열망하며 1374년 자신의 집을 가난한 여인들에게 제공하였다. 그 후 카르투지오(Carthusian) 수도원에 들어가 육체적 절제를 훈련받았다. 그리고 유트레히트(Utrecht) 감독으로부터 집사로 임명받아 방랑설교자가 되었다. 그리고 고향에서 12명의 제자를 이끌며 형제단을 태동시켰다.

성직자들과 탁발수도사들의 죄악상에 대한 흐루트의 설교는 놀라운 반향을 일으켰다. 그리하여 그는 설교 제재를 받았다. 그러나 그는 교황 우르반 6세에게 청원하여 감독의 제한을 철회시켰다. 임종 직전 성경의 본문들과 찬송가들을 자국어로 번역하였으며, 이후 운동의 영적 자양물이 되었다. 그는 교육받은 성직자들에게 많은 관심을 기울이며, 데벤터의 성당학교와 형제단과 서로 관련을 맺었다. 소년 학교 교육에 대한 관심은 그의 지침서가 북 유럽 르네상스의 방향을 결정하도록 하였다. 흐루트의 사후 반대 운동이 불꽃처럼 일어났으나 계승자들이 대적하였다.[34] 이들 중 켈레의 지도아래 쯔볼레(Zwolle)의 학교에 약 1200여 명의 학생들이 몰렸다. 따라서 기숙사를 건축하고 성경을 집중적으로 가르치며, 그리스도의 모범을 따르게 하였다. 당시 학생들은 하루에 3회씩 선택된 부분들, 예를 들면 오전에는 서신서를, 오후에는 복음서를, 그리고 저녁에는 다른 서적들을 받아 적었다.[35] 이들은 가톨릭의 교리와 성례에 대하여 공적으로 질문을 하지 않음으로 박해를 피하였다. 탁발수도사들이 성경 번역에 침묵한 것과 달리 이들은 자국어 번역과 평신도 교육을 강조하였다.

(2) 알렉산더 헤기우스(Alexander Hegius): 알렉산더 헤기우스(Alexander Hegius, 1433-1498)는 인문주의와 북부 르네상스를 융합한 자였다. 알버트 히마의 지적처럼 그는 15세기 알프스 저편에서 가장 위대한 교육자였다. 그는 루돌프 아그리콜라(Rodolf Agricola)와 베셀 간스폴트(Wessel Gansfort)와 함께 고대 고전들과 헬라 고전들에 심취하였다. 그러나 그는 자국어를 사용하는데 주저하지 않았으며 학문을 특정인보다는 일반 사람인들에게 적용하였다. 인문주의와 공동체의 사상을 완벽하게 조화시킨 그는 성공적인 교육가였다. 데벤터로 이전하기 전에 그가 지도한 학교의 학생들은 1500여명이었다. 그는 데벤터에 있는 학교의 교장으로 타계할 때까지 많은 학생들을 가르쳤다. 그의 생애를 통해 인문주의 학문은 고대 저자들, 시 그리고 헬라어의 관심으로 표출되었다. 그는 당대 교과서를 통렬히 비판하였다. 그가 교장으로 재직하는 동안 데벤터는 독일 르네상스의 중심지였다. 그의 영향으

켈레(John Cele, 1360-1419), 알렉산더 헤기우스(Alexander Hegius, 1433-1498) 등이었다. 이들 중에 젤볼트는 반대자에 맞서 「공동체에 대하여」(*On the Common Life*)를 출간하였다. 그는 책에서 형제단이 규율아래서 공동체로 살아갈 수 있는 권리와 성경의 모국어 번역을 주장하였다.

35) 교육 지침은 목적을 위한 수단으로, 모든 학생들은 차등에 따라 교육을 받았다. 예를 들면 라틴 학교는 켈레의 지침하에 8반으로 나누었으며 라틴어와 네덜란드어로 분리되었다. 그 후 스페인의 성당과 수도원에서 이를 적용하였다. 그리고 이것은 종교개혁 전에 무수한 학교들의 기본적인 학과목이 되었다.

로 1500년 전에 데벤터의 인쇄소에서 약 450개 이상의 작품이 출간되었다.[36] 헤기우스는 인문주의에 깊은 관심을 갖고 성경 연구에 집중하였다. 그리하여 그는 히브리 책들뿐만 아니라 고대 헬라의 저술가들, 예를 들면 바질과 그의 시편 설교집, 사도행전, 바울서신들, 그밖에 플루타르크의 로마인들과 헬라인들의 생활상과 그의 논문집, 몇 권의 문법책과 수학책을 연구하였다.

(3) 루돌프 아그리콜라(Rudolphus Agricola, 1444-1485) : 헤기우스를 통해 다양한 인문주의를 접한 아그리콜라는 독일에 이탈리아 인문주의를 가장 효과적으로 전달하였다. 그는 본래 이탈리아의 르네상스를 최초로 접하지는 않았으나 독일 르네상스의 아버지가 되었다. 에라스무스는 그로부터 마음을 격상시키고 영감시키는 환희와 감동을 느낀다고 하였다.[37] 그는 순회하는 학자의 삶을 즐겼다. 한때 그는 페라라(Ferrara)의 드에스트(de'Este) 공작 채플에서 오르간을 연주하였다. 그리고 마침내 인문주의자 선거후 필립의 권면을 따라 하이델베르그에 정착하였다. 그 후 대학에서 수사법, 라틴, 헬라 문학, 논리학, 의술, 천문학, 플리니와 아리스토텔레스의 「생명에 대하여」(*De anima*) 같은 주제를 강의하였다. 적어도 그에게는 인문주의와 기독교 신앙 간에 어떤 갈등도 없었다. 교회나 교회의 가르침에 대해 공개적으로 비판하지 않았다. 오히려 그는 성경만이 인생에서 가장 믿을 수 있는 안내자라고 하며,[38] 스콜라 철학은 비판하였다. 그의 저술 중에 「변증법에 대하여」(*On Dialectic Invention*)는 변증법과 수사학의 대표적인 책으로, 1538년부터 1543년까지 15판이 나왔다. 그의 최대의 장점은 문학적 작품보다는 인문주의적 관점에서 오늘의 헌신적 이상을 개인적으로 변호하였다.

(4) 간스폴트 베셀(Gansfort Wesel, 1419-1489) : 아그리콜라와 같이 그로닝겐에서 출생하여 요한 혹은 헐만으로 불렸으나 간스폴트로 알려졌다. 그는 그로닝겐과 쯔볼레의 형제단에서 교육을 받고, 쾰른과 파리에서 공부하였다. 한때 하이델베르그의 신학과장으로 초청을 받았으나 공부를 위해 파리로 이사하였다. 그 후 15년

---

36) William R. Estep, *Renaissance & Reformation*, (Michigan: Grand Rapids, William B. Eerdmans Publishing Company, 1989), 47-48.

37) *The Correspondence of Erasmus*, vol. 3., trans., R. A. B. Mynors and D. F. S. Thomson, ed. Beatrice Corrigan, (Toronto: University of Toronto Press, 1976), 43.

38) Spits, *The Religious Renaissance*, 27.

동안 소르본에서 연구하였다. 당시 그곳에서 아그리콜라와 루흐린을 만났다. 독립적인 그는 "모순의 대가"(*Master of Contradictions*)라는 칭호를 받았다. 파리에서 연수를 마친 후 여러 나라를 여행하였으며, 교황 바울 2세의 로마를 방문하였다. 파리로 돌아온 베셀은 로마 교회의 예식을 강력히 비판하였다. 다시 파리를 떠나 바젤로 갔으며 그곳에서 팔라틴의 선제후 필립의 초청으로 하이델베르그에서 신학과장으로 봉직하였다. 그러나 학위문제로 사임하고 고향으로 돌아왔다. 그리하여 그는 그로닝겐의 아두알드(Aduard) 수도사들과 영적 처녀들의 수도원인 세인트 클라라(Clara)의 수녀들과 10년 동안 함께 한 후 그곳에서 타계하였다. 그는 아그리콜라와 함께 면제부와 성례전을 비판하였다.[39)]

(5) 콘라드 켈티스(Conrad Celtis, 1459-1508) : 독일인으로 아그리콜라의 제자요 친구였으나 이탈리아의 인문주의는 좋아했으나 사람들은 싫어하였다. 독일의 우수성에 대한 감정은 다른 국가들과 인종들을 모욕하였다. 1487년 4월 18일 뉘른베르크(Nuremberg)에서 황제 프레데릭 3세는 켈티스에게 제국 최초의 독일 시인의 영광을 베풀었다. 하지만 그의 시는 개인적 취향의 금지된 사랑이었다. 그러나 그는 성직자들의 무지와 비도덕성을 포함하여 교황직, 이노센트 3세의 자만과 교만에 이르기까지 중세 교회의 비판을 성공적으로 이끌었다. 그의 비판은 결국 교황의 이름으로 금지목록(Index librorum prohibitorum)에 포함되었다. 켈티스는 수많은 역설적인 개념들과 자세를 취하였다. 천문학적 진리를 확신했지만 하나님의 속성과 영혼의 불멸성에 대하여 의심을 가졌다. 그는 알베르투스 마그누스(Albertus Magnus)에 대해 많은 호감을 가졌으나 스콜라 철학은 공격하였다. 호라티우스(Horace, B.C. 65-8)를 모델로 라틴 시를 썼으나 독일의 원시적 문화에 심취하였다. 켈티스는 복잡하고 혼란스러운 성격의 소유자로 비판적이면서도 경솔하고 회의적이면서도 신앙적이고, 계몽적이면서 미신적이고, 종교적이면서 세속적이고, 영적이면서 세상적이고, 자연철학자로서 초자연적인 것에 관심을 가지고 있는 자였다. 켈티스는 독일 인문주의자들 중에 최고의 서정 시인이지만 저작보다는 인문주의의 대변자와 후원자로 많은 것을 남겼다. 그는 방랑 학도로 이탈리아로부터 폴란드까지 여행 중 1497년 잉골쉬타트를 거쳐 비엔나로 돌아왔다. 잉골쉬타트와 비엔나 대학교에서 학생들에

---

39) William R. Estep, *op. cit.*, 51.

게 고대 세계를 소개하고 인문주의 협회를 창설하였다. 당시 인문주의는 많은 점에서 종교개혁을 가능하게 하였다. 이 일에 켈티스는 고전 학문과 근원에 접근할 수 있게 하였다. 특별히 그는 민족주의의 불꽃에 기름을 부어 당대에 종교개혁에 방향을 제시하였다. 그는 옛 권위의 맹신을 뒤흔들었다. 그로부터 배출된 많은 학생들은 종교개혁 운동에 주도적인 역할을 하였다.[40)]

(6) 요한네스 루흐린(Johannes Reuchlin, 1455-1522) : 켈티스와 동시대 사람으로 학문적으로 그보다 우수하였다. 그러나 초기에 이들 두 사람은 아그리콜라의 도움으로 그에게 빚을 졌다. 베셀의 도움으로 히브리어에 입문하여 유대인의 개종에 헌신한 프란체스코 수도사 니콜라스 드 라일라(Nicholas de Lyra), 독일 추기경이자 본문 비평가인 니콜라스 쿠사누스(Nicolas Cusanus), 플로렌스 인문주의자인 피코 델라 미란돌라(Pico della Mirandola)로부터 영감을 받았다. 이들 중에 피코는 루흐린의 학문적 발전과 히브리어 그리고 히브리 신비철학에 대한 연구에 크게 영향을 끼쳤다. 루흐린은 대학원에서 법률을 연구하고 현장에서 실천하였다. 그러나 히브리어에 대한 바른 지식과 같은 인문주의 연구에 몰입함으로 직업적인 의식에서 벗어났다.

15세에 프라이부르그 대학교에서 학문적 경험을 쌓은 후 당시의 독일 학생들처럼, 바젤, 파리, 오를레앙, 뽀아띠에르 등의 대학교를 순회하며 연구하였다. 1486년 히브리어를 연구했는데, 1492년에 큰 발전을 보았다. 그 결과 1506년 히브리어 기초문법을 저술하였다. 그리고 히브리어를 원하는 자들을 위해 다른 책들을 썼으며, 유대인들과 기독교인들에게 히브리 신비철학을 소개하였다. 그는 마침내 「히브리 신비철학에 대하여」(*De arte cabbalistica*)를 출간하여 교황 레오 10세에게 헌정하였다. 그러나 그는 이단으로 고소되었다. 그의 대적 유대교에서 가톨릭으로 개종한 요한네스 페펠콤(johannes Pfefferkom)과 논쟁하였다.

페펠콤은 광신적으로 유대인들을 가톨릭으로 전향하기 위해서 구약성경을 제외한 모든 히브리 성문서들을 전멸해야 한다고 주장하였다. 1519년 황제를 설득하여 모든 서적을 압수케 하였다. 이에 대해 르후린은 유대인의 책은 기독교 신앙과 적대관계에 있지 않으며, 오히려 그들을 교화하기 위한 것으로 전혀 해가 없다고 하

---

40) Spitz, *The Renaissance and Reformation Movement*, 109.

였다. 그러므로 그러한 책들을 수집하여 소각하는 것은 옳지 않다고 하였다. 이에 분노한 페펠콤은 팜플렛 「손거울」(*Handspiegel*)을 통해 의문을 제기하였다. 이에 르흐린은 독일의 「불사조」(*Phoenix Germaniae*)와 「눈 거울」(*Augenspiegel*)로 대응하였다. 쾰른의 수도사들과 교수들은 페펠콤을, 에르푸르트(Erfurt)의 무티안 단체, 즉 켈티스에 의해 조직된 인문주의 협회와 하이델베르그의 학생들과 인문주의자들은 르후린을 지지하였다. 이 과정에서 몇 몇 대학들은 「눈 거울」을 정죄하고 이단혐의에 답하라고 하였다. 교황 레오 10세도 「눈 거울」의 위험성을 지적하고 1520년 이단으로 규정하였다. 그러나 르후린 자신은 루터와 다르다는 것을 역설하였다. 르후린은 마지막 2년 동안 잉골쉬타트와 튀빙겐에서 가르쳤다. 잉골쉬타트에서 그는 루터의 적대자 존 에크(John Eck)의 집에 거주하였다. 사망 직전 그는 선배들처럼 사제로 위임받았다. 그는 철저히 인문주의자의 아들이었으나 그의 제자들은 루터를 추종하였다. 논쟁이 진행되는 동안 후원자들이 르후린을 지지하였다. 그들 중에 에르푸르트 대학교 출신 콘라드 무티아누스 루푸스(Conrad Mutianus Rufus, 1471-1526), 뉘른베르크의 귀족 빌리발드 필크하이머(Wilibald Pirckheimer, 1470-1530), 제국 시인 울리히 폰 후텐(1488-1523)가 있었다. 그러나 이들의 동맹은 오래 가지 못하였다.

7. 문예부흥과 종교개혁의 상관성

인문주의 운동은 당시 시대적 변화 속에 매우 다양하게 전개되었다. 그들은 고전적인 유물에 대한 사랑을 제외하고는 공통적인 것이 거의 없었다. 고전의 부흥이 민족주의의 상승감과 이탈리아인들의 과거의 영광과 연계되는 곳에서 이탈리아 인문주의자들은 북부와 독일, 프랑스, 영국의 인문주의자들과는 다른 분위기에서 생활하였다. 이탈리아의 인문주의는 문학적, 예술적, 철학적인 반면 북쪽의 인문주의는 종교적 내지 신학적이었다. 몇 가지 특징 중에 이탈리아의 인문주의는 종교적인 정신과 일치하였다. 북쪽에서는 철학과 문학에 편중되었다. 하지만 현저한 차이는 프랑스와 독일, 영국에서는 이탈리아 사람으로부터 헬라어와 라틴어 고전의 영향을 받았다. 그러나 이것을 종교적 관점으로 변형시켰다.

7.1. Devotio Moderna 운동

중세 말엽 근대로의 변천 과정에서 Devotio Moderna 운동이 폭넓게 시작되었다. 이 운동은 당대의 지역적 제약에도 불구하고 다양한 기대 속에 전개되었다.[41] 이후 르네상스를 대표하는 에라스무스와 기독교 르네상스 혹은 성경적 인문주의를 확립한 개혁자 마틴 루터와 존 칼빈에게 영향을 끼쳤다. 그러면 Devotio Moderna 운동은 무엇이며 어떻게 시작되었는가? 이 운동은 영적 각성 운동으로 "근대의 경건, 혹은 오늘의 헌신", 즉 "modern devotion"을 가르친다.[42] 역사적으로 이 운동은 최초로 네덜란드에서 시작되어 이후 급속히 폴란드, 독일, 프랑스, 이탈리아로 확장되었다. 네덜란드 데벤테르(Deventer) 출신 게하르트 흐로테(1340-1384)는 회심 이후 자신의 종교적 경험에 기초하여 금욕적 생활을 하였다. 그는 자신의 집을 자매들의 공동생활(Sisters of the Common Life)의 숙소로 제공하고 12명의 제자를 선발하여 향후 수행할 사업들을 준비하였다. 1379년부터 일반 설교자로서 성직자들의 부패를 비판하자 일부 성직자들은 그에게 침묵을 강요하였다. 따라서 그는 로마 교황에게 설교권을 청원했으나 뜻을 이루지 못하고 사망하였다.

하지만 사후 그의 제자들은 유언에 따라 공동생활의 형제단(Brethren of the Common Life)을 설립하였다. 주로 일반 신자들이 주축이었으며, 각 가정에서 성직자들의 모범을 따라서 금욕적이며 신비적으로 생활하였다. 그 이유는 당시 교회가 형식과 무지, 빈곤 속에서 방황하였기 때문이다. 흐로테는 교회 개혁을 절감하고 수도사들의 무기력과 타락에 경종을 울리고, 일반 평신도들에게 날마다 열정적이며 정결한 신앙생활, 예를 들면 사랑, 신앙, 겸손을 강조하였다. 그에 의하면 선행에 의한 구원의 주창자들이 사탄의 유혹에 쉽게 이끌리기 때문이었다. 따라서 종교와 학습의 조화에 힘쓰며, 일반 신자들이 성경을 자유롭게 읽고 배울 수 있게 성경을 자국어로 번역하였다. 데벤테르에 운집한 젊은 목사들과 수도사들, 그리고 학생들은 형제단에 가입하여 단체 생활을 시작하였다. 형제단 회원들은 친히 교사와 학교장이 되어 자신들의 이상을 젊은이들에게 가르쳤다. 형제단의 목표는 원시 기독교회

---

41) Owen Chadwick, *The Reformation*, (The Pelican History of the Church, Penguin Books, 1988), 22-24, 29-31.

42) 칼-하인츠 츠어 뮐렌, 「종교개혁과 반종교개혁」, (대한기독교서회, 2005), 18.

를 모방하여 신에게 헌신하는 것이었다. 기성교회의 목사들과 수도사들도 형제단에 가입하여 함께 생활하였고, 이들은 주로 기독교 고전문헌을 복사하여 판 수입과 헌금으로 생활하였다.

공동체에서는 영적 운동 "Devotio Moderna", 헌신을 지침서에 따라 훈련하였다. 당시 이 훈련에 활용된 책은 토마스 아켐피스의 「그리스도를 본받아」(*Imitation of Christ*)였다.[43] 내용은 공동체 형제단의 생활을 기록한 지침서이다. 이 지침서에 따르면, 일상은 새벽 3-4시에 기상하여, 아침 식사까지 자유로운 기도와 독서를 하였으며, 식사 시간에는 침묵으로 일체의 대화가 금지되었다. 그리고 저녁때까지는 각자 맡은 일과를 따라서, 예를 들면, 병자 방문, 전도, 소년 교육, 특별히 고전 필사를 하였다. 저녁 식사 후 8시까지는 자유 시간, 그 이후에 모든 방문객들은 귀가하였다. 8시 30분에는 취침 시간으로 모든 일과가 종료되었다. 이로써 매일 종교적 삶을 실천하고 봉사하며, 다른 사람들에게 복음을 전하였다. 최종 목적은 완전의 추구보다는 마음의 청결과 죄로부터의 탈출이었다. 이를 위해서는 자신을 살피고 마음속의 악한 것들을 제거해야 하며, 동시에 일시적인 이익이나 이기적인 욕심을 버려야 한다. 뿐만 아니라 자신의 목소리가 거리까지 들리지 않도록 조심해야 하며, 아픈자들을 도우며 병든 자들을 위로해야 한다. 모든 사람들은 개혁 정신의 헌신을 위해 형제들을 계몽해야 한다. 그리고 주일에 형제들은 숙소마다 집회를 열고 성경을 낭독한 후 말씀을 자유롭게 해석하고 개진하였다. 이 과정에서 학문적 탐구가 자연스럽게 이루어졌다. 끝으로 형제단의 가입자에게는 건강 검진과 정신력, 라틴어와 문장, 토론과 애독의 능력에 따라서 1년간 시험한 후 정식 단원으로 인정되었다. 한편 흐로테의 제자들은 수도원 개혁에 앞장섰다. 특히 빈데샤임의 수도원들이 당시 수도원 개혁의 선봉이었는데, 1500년에는 97개가 설립되었다. 이들은 공동체 형제단의 이상을 실현하면서 동시에 성경과 교부들의 전통에 기초한 종교적, 개인적 경험과 신앙을 강조하였다. 그 결과 자연스럽게 공동체 자매단(Sisters of the Common Life)도 설립되었다.

---

43) 이 책은 16세기 영국의 청교도 목사 제레미 테일러의 「거룩한 삶」(*Holy Living*)과 헨리 스코갈(Henry Scougal, 1650-1678)의 「인간의 영혼 속에 계시는 하나님의 생명」(*The Life of God in the Soul of Man: or, the Nature and Excellency of the Christian Religion*), (Sprinkle Publications, 1986) 참조와 함께 3대 경건 서적으로 꼽힌다.

7.2. 문예부흥의 중심인물

(1) 단테 : 중세의 근대화 운동은 단테(Dante Alighieri, 1265-1321)와 함께 시작되었다. 주지하듯이 단테는 한때 중세에 깊은 연민을 가졌다. 그는 「신곡」에서 당시 범람했던 세속적 문제에 관심을 보이며, 종교적인 면에서 초자연적인 면 보다 윤리적인 덕과 내적 평화를 강조하였다. 본래 신곡(Divine Comedy)은 단순히 Commedia였다. 그런데 1555년 베네치안 편집자가 Divine을 붙여서 현재의 제목이 되었다. 따라서 신곡은 중세적 관점에서 보아야 한다. 테일러는 신곡을 지적 측 면에서 중세 최후의 대전 중(Summa), 최고로 간주하였다. 그 이유는 자국어로 된 가장 품위 있고 세련된 문장으로 이루어졌기 때문이다. 단테는 당대의 종교적 정서를 함께 집대성하였다. 뿐만 아니라 성경의 영적 표현들을 상징적으로 잘 표현하였다.[44] 알렌(J. W. Allen)은 단테를 중세의 최고 인물로 보았다. 그에 의하면 단테의 작품은 대부분 상상적인 구조로 구성되었지만 죽은 자를 소생시키는 역할을 하였다. 여기에는 대부분 중세 철학과 신학적인 가정이 내포되었다. 그러나 문학 형태에서는 철저히 르네상스를 추구하였다.

(2) 페트라르카(Francesco Petrarch, 1304-1374) : "최초의 현대인" 혹은 "최초의 인문주의자"로 불리는 프란체스코 페트라르카는 단테와 달리 각자의 형식을 추구하였다. 당시 플로렌스는 오랫동안 두 파벌 간의 투쟁을 끝내고 공화국을 설립하였다. 플로렌스인들은 정부가 급속히 발전하는 상업적 도시 사회에 가장 알맞다고 믿고, 이런 가운데 새로운 부유층이 사회적 엘리트가 되었다. 그러나 계속되는 내적 분쟁을 마무리하거나 이웃 국가들과 안정된 평화를 보장하지 못하였다. 이러한 상황에도 불구하고 플로렌스는 자신들의 이상을 고수하였다. 도시 정부의 성공과 실패는 각 도시의 길드에 의존해 있는 복잡한 조직체와 밀접히 연관되었다. 도시는 길드가 천거한 6인의 대표로 구성되었다. 이들은 30년간 길드 회원으로 세금 지불과 함께 파산 경험이 없는 자여야 하였다. 일단 위원에 선출되면 6개월 동안 봉직하고 그 후 3년 동안은 손을 떼야 하였다. 이러한 안전장치에도 1434년부터 1494

44) William R. Estep, *Renaissance & Reformation*, (Michigan: Grand Rapids, William B. Eerdmans Publishing Company, 1989), 22.

년까지 메디치가의 독재적인 지배를 막지 못하였다. 다행히 메디치 가는 르네상스의 후원자였다. 그들은 도시의 은행을 독점하고 실크와 모직 무역을 전담하였다.

1480년 플로렌스는 나폴리의 왕 페란테(King Ferrante of Naples)의 군대와 동맹한 교황의 군대의 침략을 받았다. 그러나 밀라노의 후원을 받은 로렌조는 탁월한 정치력으로 교황과 협상을 벌였다. 그 결과 2개월 후 밀라노와 나폴리는 플로렌스와 동맹을 맺어 이탈리아를 독립시키려는 교황의 계획을 무산시켰다. 계획에 성공한 로렌조는 피살된 동생의 사생아를 교황 클레멘트 7세로 추대하였고, 아들 지오반니를 14살의 나이에도 불구하고 추기경 위원이 되게 하였다. 그는 후에 교황 레오 10세가 되었다. 막대한 부와 권력을 가진 메디치가는 사치와 방탕에 빠졌다. 그리하여 지성인들로 하여금 국가나 교회 안에서 후원자를 물색하게 하였다. 엘리트들은 정치학과 문학에 깊은 관심을 가졌다. 정치학과 상업은 문학과 예술을 가능케 하였으며, 문학은 정치학과 상업을 통합하였다.

페트라르카는 그 자신을 아무것도 제대로 갖추지 못한 연구자로 표현하였다. 따라서 그는 종종 자기 불신으로부터 벗어나 진리로부터 도주하여 진리 대신에 의심에 빠졌다. 페트라르카의 출생 2년 전 그의 부친은 두 파로 분열된 지역의 투쟁에 연루되어 추방되었다. 출생 후 페트라르카는 아비뇽 근교에서 어린 시절을 보냈다. 1326년 부친의 사망과 함께 형 게랄도(Gherardo)와 함께 아비뇽으로 이사하였다. 한 때 볼로냐에서 법학을 공부했으나 이곳에서 사랑하는 연인 로라(Laura)를 만나 동거하며 남매를 낳았고, 그녀를 위해 엄청난 시를 썼다. 생활이 어려운 관계로 여러 곳을 여행하며 지원을 받았다. 페트라르카는 시작(詩作)에 몰두했으나 죄 문제 즉, 종교에는 무관심하였다. 그러나 세월의 무상함에 가치있는 삶을 위해 노력하였다. 그리하여 그는 대부분 휴식도 없이 글 쓰는데 투자하였다. 결국 그의 노력은 그에게 명성과 부를 제공하였다. 1341년 로마에서 그는 월계수 화관을 받았으며 이탈리아 최고의 시인이 되었다. 그는 계속 다양한 시를 쓰면서 고전 라틴 운문의 대서사시를 저술하였다. 그는 로마의 키케로(Marcus Cicero, B.C. 106-43)를 자신의 부친으로 버질(Publius Vergilius Maro, B.C. 70-19)를 형제로 간주하였다. 그가 고전 작가들에게 고마움을 가졌으나 그들의 작품을 분석하여 비판하였다. 그는 플라톤의 사상적 영향을 받았으나 아리스토텔레스에게는 무관심하였다. 1374년 타계한 후, 그는 가장 인정받는 시인이 되었다. 그는 삶, 자연, 책과 함께 고대 작가들을 사랑했으나 또한 회의주의자요 허무주의, 동시에 호색가였다.

(3) 지오반니 보카치오(Giovanni Boccaccio, 1313-1375): 페트라르카의 가까운 친구로 라틴어를 사랑하였다. 그는 플로렌스의 상인과 프랑스 여인 사이에서 출생한 사생아였다. 보카치오는 페트라르카의 계승자였다. 페트라르카는 보카치오에게 돈을 주면서 기나긴 겨울밤을 지새우며 연구할 수 있게 도왔다. 보카치오는 부친이 마련한 은행업을 거절하였다. 그는 가까운 친구들처럼 다른 사람의 아내를 넘보았으며, 그의 연인은 나폴리 왕 로버트의 서출 마리아 뜨아그리노(Maria d'Agrino)였다. 보카치오는 그녀를 위해 「피암메타」(*Fiammetta*)라는 시를 바쳤으며 생애 마지막에는 정당한 성생활을 모욕하였다. 보카치오는 「데카메론」(*Decameron*)을 저술했는데 그 안에는 100여개의 짧은 외설적 이야기가 포함되었다.[45] 그러나 그는 페트라르카를 따라서 헬라어로 고대 작가들의 작품을 연구하였다. 그의 노력으로 플로렌스대학교에 헬라어 강좌가 개설되었다.[46] 이 후 고대 헬라 고전에 대한 크리솔로라스의 강의는 많은 학생들을 끌어들였다. 모슬렘의 우수한 학문을 가진 그와 그를 따른 교사들을 통해 각처에서 많은 이탈리아 학생들이 몰려들어 고전 문명의 새로운 세계를 접하였다.[47] 그리고 온 유럽의 젊은 학자들에게 헬라 연구는 열정적인 주제였다. 새로운 학문을 접하기 위해 이탈리아를 여행한 사람들 중에는 요한네스 르후린(Johahnnes Reuchlin), 존 콜렛(John Colet), 데시데리우스 에라스무스(Desiderius Erasmus)였다. 르후린은 투키디데스(Thucydides) 작품의 일부를 읽고 라틴어를 번역해 달라는 부탁을 받고 로마에서 가르쳤다.

헬라 지식에 대한 연구는 플라톤에 대한 새로운 관심을 고조시켰다. 철학이 토

---

45) 이야기의 배경은 1348년 플로렌스 근교의 어느 시골 마을에서 10명의 사람들(남 3, 여자 7)이 페스트를 피해 도피하였다. 특별한 목적 없이 시간이 흐르자 그들은 하루에 10가지 이야기를 하였다. 이야기의 대부분은 수도사들과 수녀들, 조력자들, 그리고 성직자들의 세속적 방탕과 비도덕적 탈선행위였다.

46) 첫 강좌는 콘스탄티노플에 거주한 칼라브리카(Calabrica) 출신 필라토(Pilato)가 맡았으나 현재의 수준으로 끌어 올린 사람은 콘스탄티노플의 마누엘 크리솔로라스(Manuel Chrisoloras, 1350-1415)였다.

47) 당시 학생 중에 존 베사리온(John Bessarion, 1403-1472)은 니케아 출신이었으나 이탈리아에 남아 후에 로마 교회의 추기경이 되었다. 그의 집은 수많은 그리스 피난민들을 위한 은신처였다.

마스 아퀴나스와 유명론자들의 전유물이 된 이래 아리스토텔레스는 인문주의자들에 의해 평판이 좋지 않았다. 이 때 코시모 드 메디치(Cosimo de Medici)는 플로렌스에 플라토닉 아카데미(Platonic Academy)를 설립하여 연구를 장려하였다.[48] 그 결과 르네상스 인문주의자들에게 헬라 연구는 버질과 키케로, 세네카와 그 밖에 다른 인물들, 특별히 플라톤과 아리스토텔레스를 새롭게 발견하는 계기가 되었다. 그런데 로렌조 드 메디치는 플라토니즘과 자신의 도덕성을 연관짓지 않았으나 말시리오 피치노(Marsilio Ficino, 1433-1499)는 플라토니즘과 기독교의 일치에 생애를 헌신하였다. 그와 함께 지오반니 피코 델라 미란돌라(Giovanni Pico della Mirandola, 1463-1494)는 피치노와 함께 플로렌스의 다양한 신플라토니즘과 기독교, 플라톤과 아리스토텔레스뿐 아니라 모든 종교와 철학의 일치에도 주력하였다.

(4) 교회와 교황청 : 시간이 지나면서 헬라와 라틴 고전에 대한 비판서들이 출현하였다. 이러한 상황에서 로렌조 드 메디치(Lorenzo de Medici, 1449-1492)는 이탈리아어로 된 자신의 노래들과 시들을 만들려는 노력을 대중화하였다. 그의 시들은 주변의 삶을 예리하게 관찰한 현실주의였기 때문이다. 그런데 교회는 문예부흥 초기부터 다양한 방식을 통해 학자들과 예술가들을 후원하였다. 결국 교황청은 르네상스의 외적인 면과 이교적인 면에 관심을 갖게 되었다. 그 과정에서 교황들이 르네상스에 깊이 관여하였다.

대표적으로 니콜라스 5세(Nicholas V, 1447-1455)는 르네상스를 장려하였다. 인문주의자들을 성실히 후원하였으며, 교회의 개혁과 장식에 힘썼다. 그 결과 바티칸 도서관을 성공적으로 정리하고 로마의 교회를 재건하였다. 바울 2세는 르네상스의 후원자로 로만 아카데미를 해체하였다. 그리고 이교주의자들을 감금하였다. 그의 계승자 식스투스 4세(Sixtus IV, 1471-1484)는 악명 높은 천재였다.[49] 그는 교황청의

---

48) 이들 중에는 8명의 교황들과 함께 지내며 기독교를 경멸한 포지오(Poggio, 1380-1459), 이교 문화와 기독교 교훈의 종합을 시도한 카말도레제(Camaldolese) 수도원장 트라베르사리(Traverisari, 1386-1439), 필렐포(Filelfo, 1398-1481)이었다. 그런데 이들 중에 포지오와 필렐포는 경쟁 속에서 치열하게 대립하였다. 특히 후자는 야망적이고 탐욕적으로 나쁜 짓을 많이 하였다. 그는 포지오의 후원자 코시모 드 메디치를 공격하였다. 권력 싸움에서 실패한 코시모는 죽음의 위기에 직면했으나 권력을 회복한 후 필렐포를 유배보냈다. 코시모는 포지오에 대한 증오심을 100여 편의 풍자 시로 표현하였다. William R. Estep, *Renaissance & Reformation*, (Michigan: Grand Rapids, William B. Eerdmans Publishing Company, 1989), 26-27.

막대한 금액을 자신의 조카 지롤라모 리아리오(Girolamo Riario)에게 이양하였다. 그러나 1478년 로렌조 드 메디치를 암살하려는 조카의 음모에 연루되었다. 그러나 예술에 열렬한 후원자였으며, 시스틴 채플을 건축하였다. 알렉산더 6세(Alexander VI, 1492-1503)는 자격이 미달됐으나 뇌물로 교황직에 올랐다. 재임 시에 교황청은 말할 수 없이 타락하였으며 스페인의 종교재판을 지지하였다. 발도파를 근절하기 위해 온간 노력을 다하였으며 16명의 자녀를 두었다. 자녀들의 결혼식은 바티칸에서 공적으로 거행되었다. 그의 아들 케사레(Cesare)는 발렌시아의 추기경과 대주교로서 살인자였으며, 교황은 개혁자 사보나롤라를 화형시켰다. 그러나 르네상스의 후원자로 보르고(Borgo)를 재건하였다.

율리우스 2세(Julius II, 1503-1513)는 식스투스 2세의 조카로, 성 베드로 성당의 건축을 시작하였다. 당시 도나토 브라만테(Donato Bramante)는 옛 성당을 부수고 그 자리에 새로운 성 베드로 대성당 책임자였다. 라파엘(Raphael, Raffaello Sanzio 1483-1520)은 천재적 기술을 가지고 쥴리안 아파트에 프레스코 벽화를 그렸다. 미켈란젤로(Micaelangelo Buonarroti, 1475-1564)는 시스틴 채플의 천장에 프레코 벽화를 그리도록 초청을 받고, 1508년부터 1512년까지 4년 동안 완성하였다. 그러나 교황은 미켈란젤로에게 명을 내려 볼로냐에 있는 산 프트로니오 교회 입구에 자신의 동상 건립을 명령하였다. 이에 반감을 가진 분노한 시민들은 그것을 무너뜨리고 녹여 대포를 만들었다. 레오 10세(Leo X, 1513-1521)는 로렌조의 아들로 교황 직을 보다 실추시켰다. 그는 14세에 추기경이 되었으며, 1513년 율리우스의 타계로 교황이 되었다. 그러나 그는 수도사 마틴 루터의 95개 항의문에 맞서 지혜롭게 해결하지 못하였다. 그는 라파엘에게 다른 곳에 프레스코 벽화를 부탁하였으며, 브란테와 미켈란젤는 그의 성직록을 받았다. 레오의 초상화는 미켈란젤로가 그린 초상화 중에 최고의 걸작이다. 그러나 정작 그의 불멸성은 미켈란젤로가 아니라 마틴 루터였다.

(5) 중세 위증서의 출현 : 교회가 르네상스를 후원했으나 동시에 르네상스는 교회에 심각한 타격을 가하였다. 그것은 콘스탄티누스 기증서(Donation of Constantine)

---

49) William R. Estep, *Renaissance & Reformation*, (Michigan: Grand Rapids, William B. Eerdmans Publishing Company, 1989), 50.

와 「거짓 이시도리안 교령집」(*Pseudo-Isidorian Decretals*)의 발굴이었다. 전자의 발굴자 로렌조 발라(Lorenzo Valla, 1407-1457)는 그동안 중세 교황들이 라테란 궁과 주변 영역에 대한 권리를 내세우는 것에 의문을 제기하였다. 그는 비평적, 역사적, 언어학적 분석을 통하여, 콘스탄티누스 때 로마인들이 사용한 용어가 아닌 점을 규명하였다. 니콜라스 쿠사누스(Nicolaus Cusanus, 1401-1464)는 상기한 두 문서의 허위성을 규명, 거부하고, 아리스토텔레스의 우주론, 지구가 우주의 중심체임을 거부하였다. 그리고 대신 지구가 지축을 중심으로 회전한다고 하였다.

7.3. 문예부흥과 예술가들

7.3.1. 화가

(1) 지오토(Giotto, 1266-1336) : 페트라르카가 르네상스 문학의 아버지라면 지오토는 예술의 아버지이다. 그의 작품 대부분은 종교적이지만 매우 사실적으로 묘사되었다. 당시 프란체스코회의 경건에 심취한 그는 성 프란시스의 생애를 통해 28개의 프레스코 그림을 그렸다. 그의 그림 중에는 「그리스도를 위한 비탄」(*The Lamentation of Christ*)으로 마리아와 그의 제자들을 묘사한 걸작이었다. 그는 작품에서 주제를 따라 자연주의적 관점에서 실제 사람으로 묘사하였다. 지오토 바사리(Giotto Basari)는 그를 르네상스 예술의 아버지로 명명하였다. 한편 마사치오(Masaccio, 1401-1428)는 30세 전에 세상을 떠났으나 그는 르네상스 그림을 새로운 단계로 끌어올렸다. 지오토처럼 그는 종교적인 장면들을 그리는 프레스코 형 미술가였다. 그의 실력은 레오나르도 다 빈치, 미켈란젤로, 라파엘이 인정하였다.

(2) 레오나르도 다 빈치(Lenoardo da Vinci, 1452-1519) : 「최후의 만찬」(*Last Supper*)과 「모나리자」(*Mona Lisa*)를 통해 천재성이 잘 입증되었다. 실제로 그는 예술가 이상으로 발명가, 과학자, 조각가, 기술자, 시인, 음악가, 그리고 최고의 지성인이었다. 그는 타인의 작품을 취하는 것을 혐오하였다. 그러나 자연의 대상물로부터 배우려 한다면 좋은 결과를 얻을 것이라고 하였다. 플로렌스 화가의 모임에 갔을 때 로렌조 드 메디치는 6-7년 동안 그의 후원자가 되었다. 그는 인간 육체의 구조를 발견하려고 계속 해부를 했고 그것을 그림과 조각으로 표현하였다. 그리고 기능만이 아니라 개인 간의 차이점을 구별하려고 노력하였다. 플로렌스 인문주의에

대한 혐오감은 그가 밀라노의 지도자 루도비코 스폴자(Ludovico Sforza)의 궁정에 들어가는 계기가 되었다. 1483년 그는 밀라노로 가기 위해 플로렌스를 떠나 새로운 후원자를 봉사했으며, 프랑스인들이 1499년에 그 도시를 침략하기까지 많은 활동을 하였다. 몇 년을 방황한 후, 프란시스 1세에게 고용되어 그곳에서 여생을 마쳤다.[50) 그는 조국을 떠나 프랑스로 가면서 아기 예수(Christ Child), 세례요한(John the Baptist), 앤(Anne), 마리아(Mary), 모나리자(Mona Lisa)를 가지고 갔다.

(3) 라파엘 산지오(Raphael Sanzio, 1483-1520): 비평가들에 의해 최고의 화가로 인정받은 라파엘은 르네상스 절정기의 대표적인 예술가였다. 라파엘의 부친도 화가였으나 그의 나이 11세에 타계하였다. 그는 어려서부터 경험을 쌓으며 특별히 5년 동안 피에토 페루지노와 함께 연구하였다. 페루지노는 그의 작품을 보고 "내 제자가 되어 달라! 그는 분명코 나의 스승이 될 것이다"라고 하였다. 그 후 4년 동안 플로렌스의 대가인 레오나르도 다 빈치와 미켈란젤로와 함께 연구하였다. 그는 교황 줄리우스 2세의 초청을 받고 봉사하며 최고의 작품을 완성하였다. 그는 이교도와 종교적 요소들을 대중적인 예술로 표현하였다. 진정한 르네상스 패션의 여인상은 그의 그림의 모델이었다. 그 중에 시스틴 마돈나(Sistine Madonna)는 최고의 작품이다. 하지만 르네상스 예술의 가장 완벽한 모델은 바티칸 궁에 있는 스탄자 델라 세그나툴라(Stanza della Segnatura)의 아테네 학교(School of Athens)라는 벽화이다. 그는 짧은 생애를 통해 많은 작품을 남겼다. 그는 지속적으로 작품을 완성할 때까지 쉬지 않았다.

7.3.2. 조각

조각과 그림은 르네상스에서 밀접한 관계를 갖는다. 화가는 종종 두 예술적 형태 중 하나를 선택하여 조각가가 되기도 한다.[51) 르네상스 조각가로는 대표적으로 벨로치오와 미켈란젤로가 있다.

---

50) William R. Estep, *Renaissance & Reformation*, (Michigan: Grand Rapids, William B. Eerdmans Publishing Company, 1989), 36.

51) 대표적인 사람으로는 벨로치오이다. 그는 이름난 화가, 조판공, 조각가였으나 그림보다 조각을 더 좋아하였다. 그는 학생들에게 그림을 그리게 하고 조각에 몰두하였다. 조각가 미켈란젤로는 화가만큼 그렇게 유명하다. 실제로 미켈란젤로는 스스로 화가라기보다는 조각가로 여겼다.

(1) 벨로치오(Verroccio, 1435-1488) : 레오나르도 다 빈치의 스승으로 그가 데이빗을 조각하기 이전까지 40년 동안 조각의 고전적인 사례로 알려졌다. 벨로치오의 데이빗은 청동상으로 아직 미성숙한 앳된 젊은이의 모습을 사실적으로 표현하였다. 작품을 통해 그는 인간의 해부학적 지식을 잘 묘사하였다. 그에게 다윗의 모습은 마치 성경의 이야기를 연상할 정도였다. 다윗은 그 발에 골리앗의 머리를 놓고 오슨손에 칼을 들고 서 있기 때문이다. 그의 표정은 냉정한 이성을 말하며 왼손은 승리의 순간을 강조하고 있다.

(2) 미켈란젤로 부오날로티(Michelangelo Buonarroti, 1475-1564) : 이탈리아 르네상스의 중심으로 어쩌면 전무후무한 예술가였다. 그는 본래 플로렌스 근교에서 출생했으나 생계로 고생하였다. 자존심이 강한 부친은 예술가의 꿈을 가진 아들과 갈등하였다. 부친이 보기에 예술가는 단순히 장인에 불과하고 귀족의 자녀를 위한 취미 생활의 한 부분으로 간주하였다. 이런 상황에서 미켈란젤로는 플로렌스 예술가 도메니코 질란다이오(Domenico Ghirlandaio)의 견습생으로 들어갔다. 어느 날 스승은 학생들과 함께 고전 조각을 연구하기 위해 산 마르코(San Marco) 근교의 메디치 가문의 정원을 방문하였다. 그 때 로렌조 메디치는 재능 있는 젊은이의 작업을 유심히 본 후 자신의 집에 기거(寄居)를 제안하였다. 미켈란젤로는 아름다운 추억 속에 플라톤과 고전 작품에 몰두하였다. 1496년부터 그는 교황 율리우스 2세와 깊이 교분을 가졌다. 그리고 그는 플라톤 철학에 기초한 수많은 작품들을 교황을 위해 내놓았다. 그의 예술적 주제들은 종교에서 세속적으로 취급되었다. 그는 고대인들이 신들을 인간적 형태로 그린 것과 달리 하나님을 단순한 인간적 형태로 그렸다. 그는 플라톤처럼 물질은 단지 실제를 반영하는 것에 불과하고 물질 자체는 실제가 아니라고 보았기 때문이다. 그의 대표적인 작품으로는 피에타(Pieta-마리아), 데이빗, 모세가 있다. 이 중에 특히 모세상은 긴장된 근육들, 굵게 드러난 핏줄들 그리고 긴장된 눈빛을 가진 형태였다. 헨리 루카스의 표현대로 미켈란젤로는 돌에 자신의 사상을 새겨 넣었다. 모든 자연을 자신의 의도대로 종속화하였다. 그러므로 그의 예술은 자연을 능가하였다. 물질적이고 육체적인 모든 것보다 우월한 인간의 사상을 칭송하고 있기 때문에 르네상스에서 인간에 대하여 가장 잘 표현하였다.[52]

---

52) William R. Estep, *Renaissance & Reformation*, (Michigan: Grand Rapids, William B. Eerdmans Publishing Company, 1989), 38.

미켈란젤로의 작품 중에 교황 율리우스 청동상이 있다. 이 동상은 율리우스가 페루지아와 볼로냐를 정복한 후에 축하 기념으로 그에게 부탁한 것이다. 미켈란젤로는 1년 동안 몰두하여 작업을 끝냈다. 그 청동 기념비는 볼로냐의 산 페트로니오 문 위에 세워졌다. 3년 후 분노한 도시민들이 동상을 끌어내려 녹여서 대포로 만들었다. 그 후 교황은 자신의 무덤을 만드는 일에 전념하라는 부탁을 받았다. 그리고 그는 기념비 디자인을 위해 모든 노력을 기울였다. 그리하여 시스틴 프레스코 그림을 위해 4년 동안 조립된 높은 무대에 누워, 장인들의 도움 속에, 약 6,000 평방 피트의 천장에 394명의 인물이 담긴 145개의 벽화를 그렸다. 그는 천장의 주제를 포함하여 제작까지 자유롭게 선택하였다. 그리고 중앙 천장을 인간의 창조와 타락을 서술하는 9개의 화판으로 나누었다. 결국 1512년 10월 31일 프레스코 천장화가 모습을 드러냈다. 그 때 르네상스 예술은 절정에 이르렀다. 당시 미켈란젤로의 나이 37세였다. 이 때 그는 모세의 모형으로 율리우스의 무덤을 마무리하는 중이었고 최후의 심판을 그리는 중이었다. 교황 바울 3세는 미켈란젤로에게 시스틴 채플 정면 벽에 최후의 심판을 그리라고 명하였다. 이것은 300명 이상의 형상이 들어있는 거대한 프레스코 벽화이다. 이 작품은 단테의 신곡을 연상케 한다. 천장화에는 운동선수들처럼 상상할 수 있는 모든 자세로 인간 육체를 그렸다. 다재다능한 미켈란젤로는 교황 바울 3세가 그를 성 베드로 성당 건축 총 책임자로 임명했을 때 최대의 순간을 맞았다. 그는 선배들의 디자인과 자신의 이상을 결합하여, 베드로 성당을 기념비적으로 건축하였다. 그는 건축가는 물론 문학가로 활략하였다. 그러나 1564년 89세로 타계하였다. 그의 예술적 천재성은 수많은 사람들에게 영향을 끼쳤다.

7.3.3. 건축

(1) 필리포 브루넬레치(Filippo Brunelleschi, 1377-1446): 다재다능한 예술가 브루넬레치는 플로렌스의 금세공 견습생으로 길드에서 일하였다. 기하학에 관심을 갖고 그림을 그리던 중 건축에 올인하였다. 그는 수세기 동안 건축물들을 지지하고 압력을 견딜 수 있는 건축물을 연구하였다. 그 중에 하나가 대성당 둥근 지붕이었다. 그는 최종적인 기법에서 고딕형을 갖춘 고대의 고전적 돔, 천장을 세웠다. 그리고 천장 위에 90피트 높이의 둥근 천장을 세웠다. 그밖에 그는 많은 건축들과 교회들을 디자인하였다.

(2) 레온 바티스타 알베르티(Leon Battista Alberti, 1404-1472): 레오나르도 다 빈치와 유사한 관심과 능력을 가진 알베르티는 음악가, 예술가, 건축가, 문학가, 발명가였다. 1457년 그는 구텐베르그(Gutenberg)의 인쇄기와 유사한 인쇄기를 발명하였다. 그는 플로렌스의 플라토닉 아카데미와 연관을 갖고 라틴어 연극본과 그림책을 저술하였다. 알베르티오 브루넬레치처럼 로마의 고대 건축물들을 연구하였다. 니콜라스5세는 그에게 교황청을 복구하라고 하였다. 또 그는 트레비 파운틴(Trevi Fountain)부터 산타 마리아 노벨라(Santa Maria Novella) 교회에 이르는 수많은 건축물들을 직접 개조하고 장식하였다. 이 밖에 건축술과 그림 그리고 사회에 대한 저술을 남겼다. 그는 특별히 건물 주위에 환경과 조화를 이루게 설계하였다.

(3) 도나토 브라만테(Donato Bramante, 1444-1514): 성 베드로 성당의 설계를 위해 율리우스 2세에게 선택되어, 초기에 화가 후에는 건축가로 활략하였다. 1500년 교황청을 섬기기 위해 밀라노에서 로마로 왔다. 그곳에서 경력을 쌓은 선배들처럼 고대 유물들과 빌딩을 연구하였다. 특별히 벨버디어 정원과 교황청을 잇는 두 개의 복도를 설계하였다. 그의 사망으로 미켈란젤로가 차후 계획을 진행하여 건축을 확장하였다.

7.3.4. 음악

교황 요한 22세는 교회의 새로운 음악을 경계하였다. 그리하여 교회 음악을 억제하는 금지령과 규칙을 발표하였다. 대신에 가톨릭적 예식의 사용법을 발표하였다. 그럼에도 불구하고 이탈리아의 기욤 드 마쵸(Guillaume de Machaut)가 작곡한 「우리들의 여인을 위한 미사」(*Masse de Nostre Dame*)는 14세기의 영향력 있는 음악이었다. 그의 영향은 프랑스에 미쳤다. 특별히 인쇄술의 발명으로 다양한 형태의 음악 표기법들이 출판되었다. 대표적으로 화란 출신 조스퀸은 성 퀸틴(St.Quentin)에서 소년 성가대원으로 노래하였다. 후에 밀라노의 스폴자에 가입하였고 1486년부터 1494년까지 교황 채플에서 봉사하였다. 이탈리아와 프랑스에서 남은 생애를 보낸 후, 고향 콘데(Conde)에서 1521년 타계하였다. 그는 업적으로 20개의 미사, 100개의 무반주 다성 성가곡 그리고 70개의 샹송과 다른 세속적 작품을 작곡하였다. 그 중에 「나의 여인」(*My Mistress*)은 세속적 멜로디를 미사곡에 결합하였다. 당시의 세속적 운율들은 성직자들에게 웃음거리였으며 비도덕적으로 규정되었다. 결국 르네상스 예술은 이탈리아에 창조적 개화를 열었다. 이 시기는 약 200년 동안 지속되었다. 베니스, 볼로냐, 밀라노, 로마로 확산되었으나 중심은 플로렌스였다.

8. 신비주의 운동 전개

(1) 범신론적 신비주의: 토마스 아켐퍼스로 대표되며 Eckhart(Meister Karl Eckhart, 1260-1327), Suso(Heinrich Suso: 1295-1365), Tauler(John Tauler, 1300-1361), 보나벤투라(Bonaventura, 1221-1274), 단테 알리기에리(Dante Alighieri, 1265-1321)가 포함된다. 그 중에 대표적인 독일 출신 에크하르트는 1302년 상부의 지시로 파리와 쾰른에서 신학을 공부했고,[53] 1312년 스트라스버그에서 주교 총대리로 봉직하였다. 1320년경 파리와 쾰른에서 교수했으나, 말년에 이단 혐의를 받고 종교재판에 회부되어 1327년 사망하였다. 1329년 교황 요한 22세는 그의 저서에 나타난 28개의 전제들을 정죄하였다. 에크하르트는 생전에 이곳 수도원 소속 설교자로 활동하며 주로 신 인식에 대한 철학적 접근을 시도하였다. 일부 비판자들은 그의 신비체험을 부정했으나 범신론적 신비체험자로 신플라톤 철학의 범신론을 주창하였다. 따라서 그는 삼라만상에 신성이 깃들어 있다고 보고, 하나님과의 연합을 위해 영혼을 비우는데 주력하였다. 그는 누구든지 자신을 비우면 하나님의 영으로 충만하게 된다고 믿었다.[54] 이 믿음으로 우리는 빈곤, 고난, 재난, 좌절 등의 모든

53) Friedrich Ueberweg, *A History of Philosophy, from Thales to the Present Time*, (London: Hodder and Stoughton, 1999), vol. 1., 467-484; Henry C. Sheldon, *History of the Christian Church: the medieval Church*, (Hendrickson Publishers, 1994), vol. 2., 460-463; 레이몬드 B. 블레크니, 「마이스터 에크하르트」, 이민재 역, (다산글방, 1994), 2 vols와 노종해, 「중세 기독교 신비신학 사상 연구」, (도서출판 나단), 89-124를 참고하라.

54) 그에 의하면 "위로부터 빛의 아버지로부터 받으려는 이는 반드시 올바른 겸손을 지니고 가장 낮은 아래에 있어야 한다....최대한 낮추지 않는 자는 위로부터 받을 수도 없다. 지극히 작은 것 하나라도 그 무엇도 받을 수 없다. 자신을 바라보거나 어떤 사물이나 다른 누군가에게 눈길을 돌리고 있다면, 그대는 아직도 가장 낮아진 것이 아니며, 그러므로 또한 받을 수가 없다. 만약 그대가 가장 낮아졌다면, 그대는 지속적으로 온전히 받게 될 것이다. 주는 것은 신의 본성이다. 신의 본성은 우리가 낮은 곳에 있는 한 주게끔 되어 있다. 우리가 받지 못했다면, 우리가 아직 낮아지지 않았기 때문이다. 그런데도 우리가 일삼는 행위란, 폭력을 행사하면서 신을 죽여버리는 일이다. 우리가 신에게 직접 어떻게 할 수는 없으니, 이것은 우리 안에 계신 신을 죽여버리는 것이다". 게르하르트 베어, *op. cit.*, 223.

어려움을 즐겁게, 의지와 의욕을 가지고 평화롭게, 흔들림 없이 극복할 수 있으며, 완전함에 이를 수 있다고 하였다.

따라서 에크하르트에게 인간 생활의 목적은 인격적인 신을 인식하는 것이었다. 그 인식은 이성적, 개념적 사고가 아닌 초이성적, 신비적인 직관에 의해 이루어진다. 즉 인간의 영혼에는 인간에 대한 신의 작용으로 신적인 불꽃이 있다. 인간은 이 불꽃을 통해 직접적으로 신과 결합하여 하나가 된다. 이는 인간 영혼이 만유를 포괄하는 소우주이기 때문이다.[55] 따라서 인간은 신비적 체험에서 신과 세계 사이에 있는 자신의 중간 위치를 알게 된다고 하였다. 즉 엑스타시의 체험 속에서 인간의 본질이 신적인 본질과 융합하여 영이 하나님과 합일하는 것이다. 여기서 그는 신격과 신을 구분하고, 전자를 우주의 배후에 있는 철학적 통일체로서 절대적 의미의 신을, 후자를 세상을 창조하시고 통치하시는 분으로 묘사하였다. 그의 목표는 모든 피조물의 배후에 있는 신격과 영혼의 합일이었으며, 그 신은 내가 되어야 하고 나는 그 신이 되어야 한다고 주장하였다.[56] 따라서 그는 십자가의 부활보다 그리스도의 성육신을 더 중시하였다. 이 같은 이상의 실현은 교회의 은총의 수단인 말씀과 세례, 성찬이 없이 인간의 노력으로 이룰 수 있다고 주장했다. 결국 그의 신비주의는 하나님과 하나 되어 단순한 일자로 서있는 세계와 분리되었다. 인간은 인격으로 실천적 삶을 살지만 신과의 삶을 통해 고귀한 인간으로 남는다.[57]

존 타울러(John Tauler, 1300-1361) 는 독일 스트라스부르그 출신으로 1313년 그곳의 도미니쿠스 설교자 수도회에 가입하여 에크하르트의 영향을 받은 신비주의자였다. 하지만 그는 단순한 묵상보다는 실천적으로 라틴어 대신 독일어를 사용하였다. 주로 수녀를 대상으로 단순하고 평범한 설교를 하였으며, 청중을 위해 주로 대

---

55) J. Derec Holmes/Bernard W. Bickers, *A Short History of the Catholic Church*, (London: Burns & Oates, 2002), 123-124; 프랭크 틸리,「서양철학사」, 김기찬 역, (현대지성사, 1998), 329-332.

56) Earle E. Cairns, *Christianity through the Centuries*, (Zondervan Publishing House: Academie Books, 1981), 249; Albert Henry Newman, *A Manual of Church History*, (American Baptist Publication Society, 1904), 487-489.

57) T. A. Burkill, *The Evolution of Christian Thought*, (Ithaca and London: Cornell University Press, 1971), 221-222; G.S.M.Walker, *The Growing Storm*, (London: The Paternoster Press, 1961), 210-211.

화체 예화를 사용하였다. 특별히 비유적인 표현으로 사냥, 전쟁, 농사, 상업적인 지방 언어를 사용하였다. 그의 영향으로 특정인의 한계를 벗고 일반화되었다. 에크하르트가 스콜라주의와 신비주의를 연결하는 교량역할을 했다면 타울러는 영성에 대한 학문적 접근을 인격적으로 승화하는 실천적 기독교로 전환시켰다. 흑사병이 창궐하던 때에 그는 혼신을 다해 그들을 돌보았다. 그리고 바젤에서 보낸 몇 년 동안(1338-1343) "하나님의 친구들"의 중심이었다.

(2) 실천적 신비주의 : 흐로테 중심의 사상으로, 이들은 추종자들과 밀접하게 교제를 갖고 지식과 교양에 주려하였다. 특히 John Cole는 흐로테의 감화를 받고, 여러 지방에 산재한 학생 800여명을 모집하여 학습하였다.[58] 이들은 당시 해묵은 사상으로 고질화 된 성인들과 타락하여 교인들의 영혼에 무관심한 목사나 수도사들 대신에 세속에 오염되지 않은 젊은 청년들을 교육하였다. 1450년까지 형제단원에서 직접 교육하는 것은 매우 제한적이었다. 설상가상으로 인쇄술의 발명으로 필사본들의 가격이 폭락하였다. 따라서 1475년 이후부터는 자신의 수입을 다른 곳에서 마련해야 했기에, 많은 형제단원들이 교사로 직업을 전환하였다. 초기에 고전의 필사는 인쇄술의 발명으로 깊이 연구하고 가르칠 수 있게 되었으며, 그 영향으로 이탈리아의 Valla와 Ficino의 작품들이 탐독되기 시작하였다. 교육적이며 지성적인 면이 강조 되면서 성경과 초대교회의 교부들의 연구가 활성화 되었다. 이 운동은 이후 Alexander Hegius가 지도하면서 전환기 르네상스의 중심세력이 되었다.[59]

9. 종교개혁의 전개

문예부흥의 발흥과 함께 종교개혁이 급속히 유럽으로 확산되었다. 특별히 후자의 경우 크게 두 시대로, 개혁 전의 개혁자들과 16세기 종교개혁자들로 나눌 수 있다. 전자는 존 위클리프와 존 후스, 후자는 다시 문예부흥과 종교개혁으로 구분 되는 바, 전자는 에라스무스, 후자는 마틴 루터와 존 칼빈이 포함된다. 이들은 공히 도덕과 이성, 신학적 문제에 집중하고, 각각 개인의 판단을 높이 평가하였다. 그 결

58) Albert Hyma, *Renaissance to Reformation*, (Grand Rapids, 1951), 132.

59) Albert Hyma, *Bretheren of the Common Life*, (Grand Rapids, 1950), 127-144.

과 영적 문제에 대한 견해 차이로 이후 몇 몇 교단의 태동과 형성에 빌미를 제공하였다. 하지만 이들은 종교개혁의 2원리 중에 하나인 신앙과 도덕에 있어서 교회의 권위 대신 성경의 권위를, 다른 하나는 이신칭의론 대신 하나님의 은총과 주권을 강조하였다. 이는 개인이 사제나 교회의 중재자 없이 말씀의 해석자이신 성령의 도우심으로 그리스도 안에 있는 믿음의 기초 위에서 하나님에게 수납된 것을 의미한다.[60] 본장에서는 개혁 전의 개혁자 존 위클리프와 존 후스는 차치하고[61] 후기 활동가 에라스무스와 마틴 루터, 존 칼빈을 취급하였다.

(1) 에라스무스(Desiderius Erasmus, 1466-1536):[62] 에라스무스가 공동생활 형제단이 경영하던 Deventer school 재학 시절, 그리고 수도원의 상주 시 네덜란드는 모든 것이 무질서하고 황폐하였다. 그런데 이곳이 갑자기 상업의 중심지가 되면서 물질적 번영을 누렸다. 도시민과 농민들은 술과 축제를 만끽했으나 한편 지적 결핍으로 초라하였다. 따라서 에라스무스는 이곳을 떠나 형과 함께 생활하였다. 1499년부터 1514년 사이 에라스무스는 프랑스 파리와 영국의 옥스퍼드, 이탈리아에서 생활하였다. 그리고 케임브리지에서 2년간 교수하였다. 체류 동안에 존 콜레트(John Colet, 1466/67-1519)와 토마스 모어(Thomas More, 1477-1535)와 교제하였다. 이를 통해 생의 의미와 목적을 발견하였고 동시에 내적 발전의 사상적 기초를 놓았다. 풍자가인 그는 종종 부드럽지만 때때로 신랄한 농담을 그 나라의 거의 모든 다양한 직업들과 계층들에 던졌다. 그리고 왕과 상인들, 군인들, 숙련공들, 학자들을 자극하였다. 당시 유식한 사람들이 성직자들과 수도사들, 교황들의 부패와 독직, 만연한 미신과 우상숭배를 비판했으나, 에라스무스는 교회의 교권 남용을 겨냥하였다. 그의 명쾌한 필설에 유럽인들은 미소지었다. 그는 교회의 부패에 도전 받아 무지, 미신, 몽매를 경멸하였다. 그의 필력은 「우신예찬」(*The Praise of Folly*, 1511) 혹은 「담화」(*The Colloquies*, 1518)에 묘사되었다. 이 책을 통해 그는 당시 교황과

---

60) C. B. Eavey, *History of Christian Education*, (Chicago: Moody Press, 1965), 154.

61) 보다 자세한 것은 서요한, "제23장 중세 교회의 신학적 개혁운동", 「중세교회사」, (도서출판 그리심, 2010), 735-764를 참고하라.

62) Stefan Zweig, *Erasmus: The Right to Heresy*, (A Condor Book: Souvenir Press Ltd., 1979), 1-375; Roland Bainton, *Erasmus of Christendom*, (Sydney: A Lion Paterback, 1968), 13-337; Basil Hall, *Humanists and Protestants 1500-1900*, (Edinburgh: T & T Clack, 1990), 52-85;

성직자들, 수도사들과 탁발수사 그리고 신학자들의 평판을 떨어뜨렸다. 특별히 그는 당시 스콜라 신학자들을 건달 패거리로 묘사하였다. 그는 그들을 탁상공론가들, 즉 궤변을 부리는 사람들, 의미없는 사고의 협잡꾼들, 삼단논법의 건설 자들, 표현의 전사들로 치부하였다. 그 결과 전통적인 가톨릭 교리를 약화시켰다.

(2) 마틴 루터(Martin Luther, 1483-1546)[63]: 1505년 7월2일, 도보여행 중 낙뢰(落雷)를 만났을 때 함께 가던 친구의 죽음을 계기로, 아버지의 만류를 뿌리치고 학업을 중단, 에르푸르트의 아우구스티누스 수도회에 들어갔다. 그는 수도원의 엄격한 계율에 따라 수도를 하며 1507년 사제(司祭)가 되고, 신학교육을 받았다. 1511년 비텐베르크대학으로 옮겨, 1512년 신학박사가 되고 1513년부터 성서학 교수로 시편, 로마서, 갈라디아서, 히브리서 등 주석을 강의하였다. 1515년 그는 수도원의 연구책임자로 11개의 수도원을 관리하였다. 루터는 수도원의 성공적인 생활에도 불구하고, 죄 문제로 번민하였다. 그는 이때, 하나님은 인간에게 행위를 요구하는 것이 아니라, 예수 그리스도를 통해 은혜를 베풀어 주심을 발견하였다. 그리고 죄인이 오직 믿음만으로, 즉 대가없는 용서의 복음-하나님 말씀에 대한 절대적 의존과 신뢰에

63) Heinrich Boehmer, *Luther & the Reformation in the Light of Modern Research*, (London: G. Bell and Sons, Ltd., 1930), 1-343; E. G. Rupp/Benjamin Drewery(eds.), *Martin Luther,* (London: Edward Arnold, 1971), 1-179; A. G. Dickens, *Martin Luther and the Reformation*, (London: Hodder and Stoughton, 1977), 1-179; James M. Kittelson, *Luther the Reformer: The Story of the Man and His Career*, (Minneapolis: Augsburg Publishing House, 1989), 31-300; Robert Backhouse(ed.), *The Life and Letters of Martin Luther*, (London: Hodder & Stoughton, 1993), 17-256; James Stephen, *Essays in Ecclesiastical Biography*, (London: Longman and Roberts, 1860), 188-231; Ernst Walter Zeeden, *The Legacy of Luther: Martin Luther and the Reformation in the estimation of the German Lutherans from Luther's death to the beginning of the age of Geothe*, (Maryland: Westminster, Newman Press, 1954), 3-216; Leonard D. Agate, *Luther and the Reformation*, (London: T. C. & E. Jack, n, y.), 7-91; Jerry K. Robbins, *The Essential Luther,* (Michigan: Baker Book House, 1991), 9-88; F. G. Llewellin, *Heroes of the Reformation,* (London: The Protestant Truth Society, n.y.), 40-56; Frederic Myers, *Great Men*, (London: Lames Nisbet & Co., 1870), 1-46; Julie Sutter, *Luther and the Cardinal: A Historical and Biographical Tale of the German Reformation*, (The Religious Tract Society, n. y.), 1-371; H. G. Koenigsberger(ed.), *Luther: A Profile*, (New York: Hill and Wang, 1973), 3-226; John Dillenberger(ed.), *Martin Luther: Selections from His Writings*, (New York: Anchor Books, 1961), 3-503; Alister E. McGrath, *Luther's Theology of the Cross*, (Basil Blackwell, 1990), 1-181.

의해서 의롭게 된다고 가르쳤다. 마침내 롬 1:17을 통해 이신칭의(믿음으로 의롭다 함을 받음) 사상을 깨닫고, 하나님이 믿음을 통해 주시는 의, "수동적인 의"를 깨닫게 되었다.

1517년 루터는 갈수록 심해지는 교황청의 악폐를 실랄하게 비판하였다. 이 때 교황 레오 10세는 브란텐부르크의 알브레히트에게 마인츠의 대주교 직분과 마그데부르크의 대주교직을 주었으며, 동시에 겸직 금지 교회 관습을 어기고 할버슈타트의 주교직까지 수행하는 승인서를 주었다. 알브레히트는 이러한 파격적 겸직을 통해 아우그스브르크의 은행으로부터 거액을 빌려 교황에게 지불하였다. 그 대신 성 베드로 성당의 건축을 위한 면죄부 판매의 자기 구역 판매의 절반을 차지하였다. 이 판매를 위해 웅변에 능한 요한 테첼이라는 도미니쿠스회 수도사를 고용하여 면죄부의 효력을 선전하게 하였다. 그 결과는 당시 교회의 관습이던 면죄부(免罪符) 판매에 대한 비판으로, 마틴 루터는 1517년 10월31일 "95개조 논제"를 비텐베르크 성의 정문 앞에 붙였고, 이것이 큰 파문을 일으켜 마침내 종교개혁이 일어났다. 이 95개 조항은 처음에는 라틴어로 이후 독일어로 번역되어 순식간에 확산되었다. 그리고 곧 잉골슈타트 대학의 신학교수이며 루터의 친구였고, 유능한 "요한 마이어 엑크"에 의해 루터는 이단으로 기소되었다. 루터는 유능하고 논쟁적인 적대자에게 "면죄부와 은총"이라는 제목으로 자기 입장을 변호하였고, 1518년 초 교황청으로부터 겸직 직분을 받아낸 대주교 알브레히트와 도미니쿠스회 수도사들에 의해 공식적으로 고소되었다. 1518년 8월 초, 루터는 60일 이내로 로마 출두 명령을 받았다. 이 때 루터는 그의 영주이며 선제후 프리드리히의 강력한 보호를 받았다. 만약 그가 그의 보호를 받지 못했다면 종교개혁은 없었을 것이다.

1520년 루터의 업적은 세 가지 저서였다. 「독일 귀족에게 고함」에서 루터는 만인사제권의 진리를 공표하고, 교황만이 성경해석권을 가진다는 성벽을 넘어뜨리며, 개혁을 위한 참된 공의회에 대해서 언급하였다. 두 달 후 「교회의 바빌론 유수」에서 성례전을 공격하고, 성경은 오직 성찬과 세례의 두 가지 성례만을 인정한다고 주장하였다. 세 번째 글인 「그리스도인의 자유」에서 그리스도인은 자유함으로 누구에게도 예속되지 않으며, 오직 그리스도와 인격적인 관계를 갖는다고 주장하였다. 당시 루터는 레오 10세에게 보낸 공개편지에서 자신을 오해하고 있다고 생각한 교황을 "이리 속의 양"이라고 비유하였다. 이후 교황은 파문 교서를 루터에게 보냈다.

1520년 12월 10일, 루터는 학생과 시민이 보는 자리에서 그 파문장과 교회법령을 불태웠다. 마침내 막시밀리안 황제가 죽자, 그 손자 찰스 5세가 신성로마제국의 황제가 되었다. 새 황제는 독일의 통치를 조정하고, 부분적으로 이탈리아에서 벌어질 프랑스와 스페인의 세력싸움을 준비하기 위하여, 1521년 1월 보름스 국회를 소집하였다. 당시 교황청은 다른 사무적인 일도 많았지만 특히 루터 문제를 가장 먼저 해결해야 할 상황에서 황제를 설득하였다.

황제는 루터가 이미 폭넓은 대중적 지지자임으로 독일인의 감정을 거스르면서까지 정죄할 수 없었다. 당시 황제의 안전 운행증을 가진 루터는 황제와 의회 앞에 출두하였다. 루터에게 자신의 책을 취소할 수 있는 기회와 시간적인 여유가 주어졌다. 그는 자신을 죽이려 한다면 얼마든지 죽일 수 있는 절대권력 앞에서, 그가 저술한 책의 내용을 취소하면 살려주겠다는 요청을 받았다. 루터는 생각할 하루의 시간적 여유를 받고, 다음날 황제와 의회 앞에 출두하여 "나는 달리 말할 수 없다. 나는 여기에 서있다. 하나님 나를 도우소서, 아멘"이라며 타협을 거부하였다. 황제는 토론을 중단시키고 이단자요 반역자로 그를 체포하여 처형하고, 책들은 모두 불태워져야만 했다. 그는 즉시 제국으로부터 추방되었는데, 그것은 곧 그의 죽음을 의미하였다. 그러나 그의 선제후 현자 프리드리히는 심복들을 시켜 마틴 루터를 비밀리에 납치하여, 아이제나하 근처의 바르트부르크 성으로 보냈다. 신성로마제국의 중앙통치 방식이 아직 독일에 강력히 미치지 못하였기 때문에, 그로부터 9개월 동안 루터는 작센 선제후의 비호 아래 바르트부르크성에 은신하며 신약성경 독일어 번역을 완성하였다. 이것은 이후 독일어 통일에 크게 공헌하였다.

그 후 비텐베르크로 돌아온 루터는 새로운 교회 형성에 주력하였다. 처음에는 멸시 받았으나 마침내 "루터파 교회"를 설립하며 새로운 개신교 운동, 종교개혁을 출범시켰다. 그러나 종교개혁에서 파생된 과격파와 농민 운동, 농민전쟁에 대해 미온적인 자세를 취하였다. 그 후 루터는 사망 시까지 가톨릭 교회와 종교개혁 좌파 사이에서 이들과 논쟁하면서, 성경 강의, 설교, 저작, 성경 번역에 헌신하였고, 저술 대부분은 출간된 100권(바이마르판 루터 전집) 전집에 포함되었다. 루터는 신학의 근거를 예수 그리스도를 통한 신의 철저한 은혜와 사랑에 두고, 인간은 이에 신앙으로 응답해야 한다고 가르쳤다. 인간은 태어나면서 하나님께 반항하고 자기를 추구하는 죄인이지만, 그리스도로 말미암아 죄를 용서받고 '자유로운 군주'이면서

'섬기는 종' 이 된다. 신앙의 응답을 통해 자유로운 봉사, 이 세계와의 관계가 형성된다고 역설하였다. 이런 면에서는 특히 그는 모든 직업을 신의 소명에 의한 것이라고 설명하여, 이후 직업관에 크게 영향을 미쳤다. 루터는 당시 정치적, 사회적 혼란 속에서 자신의 확고한 신앙을 주창한바, 칼빈을 포함한 다른 종교개혁자와 한 시대의 변화, 개화에 중심이 되었다.

(3) 존 칼빈(John Calvin, 1509-1564)[64]: 복음 진리의 빛으로 교회를 변화시킨 하나님의 사람 존 칼빈은 젊은 수도사 마르틴 루터와 함께 위대한 개혁자로 기억되고 있는 설교자요 목회자요 신학 사상가요 저술가이다. 루터가 비텐베르크의 성당문에 95개조 반박문을 내걸면서 시작된 종교개혁은 칼빈의 제네바 개혁을 통해 꽃을 피우고 열매를 맺었다. 만약 16세기 격동기 그가 없었다면 이 땅에 개신교회 내지 개혁교회는 없었을 것이다. 개혁신앙의 창시자로서 칼빈은 역사 위에 위상이 돋보이는 인물로 반대파의 집요한 방해와 위협 속에서 묵묵히 개혁을 전개하였다. 1523-1528년 파리 대학에서 신학을, 그 후 오를레앙 대학과 부르주 대학에서는 법학을 공부했다. 박해받고 있는 프랑스의 프로테스탄티즘에 대해 변호하고 그 신앙을 옹호하였으며 종교개혁운동에 동참하였다. 1532년 세네카의 「관용에 대하여」의 주해를 발표하여 인문주의자로서의 학문적 재능을 인정받았으며, 1533년 에라스무스와 루터를 인용한 이단적 강연의 초고를 썼다는 혐의를 받고, 은신하던 중 교회를 초기 사도시대의 순수한 모습으로 복귀시킬 것을 다짐하고 로마 교회와 결별하였다. 그는 이른바 돌연한 회심으로 복음주의적, 즉 프로테스탄트주의의 입장을 명확히 했다.

---

64) W. de Greef, *The Writings of John Calvin*, trans., Lyle D. Bierma, (Apollos, 1993), 17-218; T. H. L. Parker, *John Calvin*, (London: Lion Publishing, 1977), 1-196; Francois Wendel, *Calvin: The Origins and Development of his Religious Thought*, (London: Collins, 1963), 15-360; Alister E. McGrath, *A Life of John Calvin*, (Basil Blackwell, 1990), 1-261; William J. Bouwsma, *John Calvin: A Sixteenth Century Portrait,* (Oxford University Press, 1988), 1-234; F. Whitfield Barton, *Calvin and the Duchess,* (Westminster: John Knox Press, 1989), 229; Herausgegeben von Wilhelm H. Neuser, *Calvinus Servus Christi*, (Budapest, 1988), 1-264; Ronald S. Wallace, *Calvin Geneva, and the Reformation,* (Edinburgh: Scottish Academic Press, 1988), 1-302; John Calvin, *Calvin's Calvinism,* Mi: Grand Rapids, 2006), 6-350; Wilhelm M. Neuser(ed.), *Calvinus Sacrea Scripturae Professor: Calvin as Confessor of Holy Scripture*, (Michigan: Eerdmans Publishing Company, 1994), 1-264.

1535년 프랑스 국왕 프란시스 1세의 이단에 대한 박해로 신변의 위험을 느낀 그는 스위스의 바젤로 피신하여, 그 곳에서 1536년 기독교 고전 「기독교 강요」(*Institutio Christianae Religionis*)를 저술하였다. 라틴어, 헬라어, 히브리어에 능통한 그는 강단 설교 시 원고 없이 헬라어, 히브리어 성경만을 놓고 설교하였다. 그는 교부신학에 능통할 뿐 아니라 고대 그리스와 로마 문헌에도 정통하여 수사적 표현에 탁월하였다. 법학을 전공하여 법리에 능한 그는 논리 전개 또한 치밀하였다. 이런 모든 역량이 그의 설교와 그의 저술들에 발휘되었다. 그는 만신창이된 허약한 체력에도 불구하고 평생 하나님의 영광을 위해 목회하고 설교하며 저술에 주력하였다. 그의 슬로건은 "주여, 내 심장을 주님께 바칩니다. 신속히 그리고 진실한 마음으로."이다. 하나님만을 높이고자 했던 그의 자세는 임종 때에 드러났다. 그는 자신의 묘비를 세우는 것을 허락하지 않았다. 그리하여 오늘까지 그의 무덤의 위치를 아무도 모른다. "오직 하나님께만 영광을!(*Soli Deo Gloria*)"

10. 결론: 르네상스와 종교개혁[65)]

문예부흥과 종교개혁의 관계는 동전의 양 닢처럼 서로 뗄 레야 뗄 수 없는 관계이다. 전자가 인간 이성을 존중했다면 후자는 절대 신앙을 앞세웠다. 종교개혁을 앞둔 상황에서 누가 고양이 목에 방울을 달 것 인가가 숙제였다. 수많은 사람들, 그 중에 특별히 인문주의자 에라스무스와 종교개혁자 마틴 루터, 존 칼빈의 등장은 개혁에 희망이었다.

10.1. 공통점

종교개혁은 르네상스와 함께 서양 중세의 봉건질서와 가톨릭 문화의 붕괴 과정에서 잉태되었다. 르네상스는 객관적으로 인식할 수 있도록 나타났고 종교개혁은 더욱 강렬한 형태로 발전하였다. 이와 함께 콜럼버스의 신대륙 발견과 그에 뒤따른 자본주의 발전과 과학 혁명의 태동이었다. 과학혁명은 인간과 우주를 보는 사람들

65) Basil Hall, *Humanists & Protestants 1500-1900,* (Edinburgh: T & T Clark, 1990), 1-236; A. G. Dickens, *The Age of Humanism and Reformation*, (London: PHI, 1977), 3-260.

의 눈을 중세적인 것에서 180도 바꾼 소리없는 정신혁명이었다. 르네상스의 세속적 정신은 인간의 관심을 내세의 영생에서 현세의 삶으로 옮기었다. 종교개혁은 개인적 판단에 의해 성경을 해석하도록 하였다. 따라서 교회의 초월적 권위를 부정하고 종교상의 개인주의를 촉진하였다.[66)]

16-17세기 과학혁명은 우주와 자연은 보편적 불변의 법칙에 의해 움직이는 하나의 기계라는 것을 증명하였다. 그 법칙의 탐구에 적용된 것이 바로 과학적 방법이었다. 이것이 자유주의의 모델이 되었다. 그리고 화폐경제의 일반화에 따르는 자본주의적 경제생활은 봉건사회의 공동체의식을 해체시키면서 개인주의적 관념과 사유재산의 관념을 낳아 자유주의의 물질적 요인을 낳았다. 이 르네상스 운동은 고대나 중세와는 전혀 다른 자유주의적 세계관의 태동에 기초하였다. 그리하여 르네상스는 서양문화를 전환시켰을 뿐만 아니라 자유주의가 하나의 사상운동으로서 사회정치 세력으로 계속 성장할 수 있는 동력이었다. 결국 이때부터 1789년 프랑스 혁명이 일어났던 향후 300년 동안 자유주의의 싹을 피우게 되었다.

10.2. 차이점

르네상스는 재생의 뜻이다. 고대의 그리스-로마 문화를 다시 살리는 것이다. 당시 그리스-로마 문화는 중세 동안에 기독교 문화에 의해 잊혀졌었다. 그런데 그 문화를 재생한 것이다. 문제는 무엇인가? 그것은 한마디로 그리스-로마 문화의 본질은 인간 중심적이고 현세주의적이다. 반면 중세 가톨릭 문화는 신중심적이고 내세주의적이다. 그리스의 신화 즉 그리스인의 종교 사상에 의하면, 그들의 신앙의 대상이 되는 신은 기독교의 유일신과는 전혀 다른 다신교이다. 그 여러 신들은 기독교의 초월적 신과는 달리 사람들과 똑같은 모습의 남신과 여신이 있다. 이들은 결혼도 하고 아이를 낳으며 희노애락을 즐긴다. 그리고 이 신들은 기독교의 신처럼 무소부재의 만능의 신이 아니라 그 능력과 기능이 한정되어 있고 달랐다. 신성과 인성의 차이는 신은 영원하고 인간은 유한하다는 것이다.

로마 문화는 그리스 문화를 그대로 모방하였으므로 로마인의 신관도 신들의 이

66) 노명식,「자유주의의 원리와 역사」, (민음사, 1991), 89.

름만 라틴어로 불렀을 뿐 실제로는 그리스 인들이었다. 그래서 신들이 인간을 닮아 하늘이나 바다에 살지 않고 사람들과 같이 지냈다. 제우스 신과 12쌍의 남녀 신들은 그리 높지 않은 도시인 폴리스의 올림피아 산에 거주하였다. 그런데 르네상스는 로마의 멸망 후 천년 이상 묻혀있었는데, 그리스-모마의 이교문화를 기독교 문화의 중심에서 다시 부흥시켰다. 어떻게 이것이 가능했는가? 경제적으로 봉건사회였던 중세는 화폐경제가 신장되는 때에 십자군 전쟁으로 큰 변화를 겪게 되었다. 십자군 전쟁으로 유럽 각지에서 많은 기사들이 출정했을 때, 북부 이탈리아의 항구에 집결하여 배를 타고 지중해를 건너 성지로 향했다. 그 과정에서 도처에 신흥도시들이 건설되었다. 이로써 이슬람에게 장악되었던 지중해의 해상권을 탈환하였다. 그리하여 지중해를 통해 동방세계와의 무역을 개방하였다. 그 결과 동방의 진귀한 상품들이 지중해의 여러 항구에서 수로를 따라 유럽 내륙으로 들어가고 도버해협을 지나 북해와 발틱 해 연안지방까지 들어갔다. 그리하여 그곳에 여러 도시들이 건설되었다.

신흥 상공업 도시가 확산되면서 화폐경제가 널이 보급되었다. 그리하여 기존의 봉건사회의 자연경제에 큰 변화를 일으켰다. 농민들은 자신들의 부역을 돈으로 납부하였다. 그리고 많은 토지를 매입하여 독립 자영농이 되었다. 그리하여 중세의 봉건 제도가 몰락하였다. 하지만 서양 중세는 부의 추구가 자체의 목적일 수 없었다. 항상 종교적 권위가 경제적 원리를 도덕적으로 규제하였다. 생산, 소비, 임금, 이윤 기타 모든 경제활동은 영혼의 구원에 필수불가결한 종교적 원칙의 지배를 받았다. 왜냐하면 현세의 모든 행위는 내세의 구원이라는 인생 목적에 일치했기 때문이다.[67] 따라서 돈벌이 자체를 목적으로 하면 교회법에 위배되었다. 재산도 개인적 소유라기보다는 사회적인 의미가 컸다. 부자는 개인적 욕구충족의 수단으로 재산을 즐기는 것이 아니라 관리자인 공동체의 청지기였다. 이러한 재산관 위에 사회적 도덕이 수립되었다.

15세기 후반에 이러한 관념이 더 이상 불필요하다고 인식되었다. 사물을 보는 사람들의 눈이 하늘에서 땅으로, 내세에서 현세로, 영혼에서 육체로, 공동체에서 개인으로 이동하였다. 이 새 관점의 사람들이 르네상스 시대의 새로운 유형의 인간이었다. 이들은 낡은 질서와 전통을 배척하였다. 그리고 인간의 다양성과 개인의 독립

67) 노명식,「자유주의의 원리와 역사」, (민음사, 1991), 93.

성을 강조하였다. 이것은 몽테뉴의 수상록에 기록되었는데, 그는 자신의 경험을 개별적인 것으로 표현하였다. 하지만 그는 자신의 경험에 충실하고 사물의 다양성을 신뢰했으나 인간의 경험을 체계화하는 사변과 일반화는 불신하였다. 그러므로 그의 수상록은 일종의 경험론과 회의론의 혼합이었다. 몽테뉴의 경험론과 회의론, 다양과 상대주의가 자유주의의 발전에 영향을 미쳤다. 그의 신념은 데카르트와 로크에 의해 체계화되어 자유주의적 개인주의의 철학적 기반이 되었다. 그 후 자유주의적 인간관과 세계관은 르네상스에서 출발하여 종교개혁, 자본주의, 과학혁명을 거쳐 18세기에 급속히 발전하였다. 고전문화의 가치와 모범에 거의 맹목적이었던 르네상스는 가톨릭적 권위를 부정하고 고전에 의존하였다.

한편 종교개혁과 신교주의는 개인의 권리와 민주주의를 옹호하고 자유주의의 제원리를 만들었다. 종교개혁은 개인 영혼의 구원을 강조하였다. 이는 역사적으로 양심의 자유와 관용을 수립하여 자유주의 발전에 기여하였다. 그러나 엄격히 말해 종교개혁은 자유주의나 민주주의에 별로 관심이 없었다. 루터와 칼빈은 그러나 모두 자유주의를 용납하지 않은 보수주의자였다. 개혁자들의 만인제사장론은 개인주의의 성장을 촉진하였다. 왜냐하면 모든 성도는 각각 하나님의 음성을 자유롭게 듣고 영감을 얻기 때문이다. 이것은 평등주의로 이어졌다. 루터는 평등주의에 근거하여 모든 사람의 영혼은 동일한 원칙을 기초로 이것을 통박하였다.[68] 여기서 개신교 내에 급진적 민주주의 정치사상이 태동하였다.

---

68) *Luther's Works,* (Fortress Press, 1966), vol. 44., 132.

A History of the Reformation

제 2 부

종교개혁의 형성과 신학논쟁

A History of the Reformation

제 4 장

마틴 루터와 독일의 종교개혁

- 루터의 생애와 역사적 발전을 중심으로 -

1. 서론

중세 말 유럽 사회의 전면적인 변화 과정 속에 발생한 16세기 종교개혁은 오랜 가톨릭적 전통과 제도에서 벗어나 성경으로 돌아가자고 외치며 일어난 영적 종교운동이었다. 당시 교회는 교황을 중심으로 절대적인 힘과 특권을 부여받았으나 경건한 신앙적 독특성을 상실하여 당대인의 야유와 풍자, 비판을 피하지 못하였다. 하지만 교회 지도자들은 그들 자신의 소명에 헌신하기 보다는 오히려 세속적/현세적 욕망 충족에 여념이 없었다.[1] 말하자면 교회는 죽은 전통과 제도에 묶여 자유를 상실했고 성직자 또한 세속적 조류에 편승, 자신들의 사명과 역할을 수행하지 못하였다. 이런 절박한 상황에서 형식적 종교와 구습 타파를 위한 영적 몸부림이 일어났으며, 이 같은 운동은 종교적 전통이 뿌리 깊게 정착된 독일에서 시작되었다. 사실 오랫동안 고착화되고 제도화된 상황에서 개혁을 성취한 다는 것은 그렇게 간단한 문제가 아니었다. 그러나 역사의 주인이신 하나님은 격동하던 시대에 당신이 숨기시고 훈련하신, 한때 두려움 많은 연약한 종, 마틴 루터를 통해 이 역사를 이루셨다.

---

1) 베른하르트 로제, 「루터연구 입문」, 이형기 역, (크리스챤 다이제스트, 1993), 28.

하나님은 루터를 통해 유럽의 잠자는 수많은 영혼들을 깨워 교회를 새롭게 하셨다. 로이드 존스의 지적처럼 그는 분명히 개혁의 계명성이요 활화산이었다.[2] 이렇게 시작된 개혁의 바람은 교황청을 뒤흔들어 삽시간에 독일과 전 유럽을 개혁의 소용돌이에 빠뜨리며 새로운 역사적 전통을 확립하였다.[3] 개혁을 완수하는 과정에서 루터는 말할 수 없는 고난과 위협 속에서 말씀의 회복과 교회 개혁에 헌신하였다. 수도사의 옷을 입은 악마와 이단으로 지탄받으면서 올곧게 개혁자의 길을 갔다.[4] 한때 법률가를 소원했으나 하나님의 소명에 응답하기 위해 어둠이 짙어가던 시기에 혜성같이 등장하여 역사의 흐름을 바꾸어 놓았다. 그는 옛 전통을 새롭게 교정한 교육자요, 설교자요, 웅변가요, 신학자요, 저술가요, 무엇보다도 성경적 개혁자였다. 사람들은 루터가 탐욕과 권세욕에 가득찬 "영적 독재자들"을 향해 맹공을 퍼 붓을 때 열광하였다. 실로 루터는 자신이 깨닫고 체험한 성경적 원리에 근거하여 참된 종교의 회복을 위해 싸우며 새로운 역사를 창출한 영적 거성이었다. 때문에 우리는 교회의 바른 개혁과 전통의 재건을 위해 기독교회가 낳은 위대한 개혁자 루터를 생각할 때 큰 자부심과 긍지를 가져야겠다. 그는 우리에게 한 연약한 인간이 어떻게 이렇게 놀랍게 세상을 변화시킬 수 있는가를 보여준 바로 그 사람이다.[5] 하나님은 그를 통해 위대한 교회의 역사를 시작하셨다. 결국 이 운동은 유럽의 정치와 사회, 경제와 문화 및 종교 전반에 크게 영향을 끼치며 세계 역사에 우뚝 서게 되었다.

2. 개혁 전 독일의 정치와 종교적 상황

(1) 국제적 형편: 1519년 1월 26년 간 통치한 막시밀리안 1세[6]가 사망하였다.

---

2) D. M. Lloyd-Jons, *Knowing the Times*, (Edinburgh: The Banner of Truth Trust, 1989), 535, 103-104.

3) Martin Luther, *Works*, (Fortress Press, 1966), vol. 41., 234.

4) Philip Schaff, *History of the Christian Church*, (Michigan: Grand Rapids, 1910), vol. vii, 318-320.

5) 루이스 W. 스피츠, 「종교개혁사」, (기독교문서선교회, 1994), 49.

6) 1893년부터 1519년 1월 12일 웰즈(Wels)에서 사망하기 까지 26년간 독일을 통치하였다.

그의 뒤를 이어 손자 찰스 5세가 왕위에 등극하였다. 당시 찰스 5세는 모계적 전통에 따라 왕위를 상속하고, 중세 초 프랑크 왕국의 샤를마뉴를 능가하는 강력한 군주가 되었다. 하지만 그의 주변에는 또 다른 두 군주 프란시스 1세와 영국의 헨리 8세가 통치하였다. 이들은 당시 모두 20대를 전후한 지도자였으나[7] 서로 반목하였다. 이는 향후 독일의 종교개혁과 맞물려 있었다. 한편 이 시기는 중요한 전환기로 이슬람교가 기독교를, 기독교는 가톨릭을 위협하였다. 동쪽으로는 터키족이 정복을 통해 빈(비엔나) 장벽까지 침략해와 700년 전의 위험한 상황이었다. 서쪽에는 아랍족이 피레네 산맥을 넘어 기독교 유럽을 공격하였다. 그야말로 사면초과에 직면한 것이다.

(2) 국내적 형편: 당시 독일 제국은 여러 개의 느슨한 연합체로 나뉘어졌다. 예를 들면, 독일은 오스트리아 공국, 바이에른 공국, 작센 공국, 브란덴브르크 변경국가와 라인간의 팔라틴 국가들, 그리고 크고 작은 소 제국 기사령들을 포함하여 모두 1600개 나라에 약 300명의 봉건 제후가 지배하였다. 이들은 원활한 통치를 위해 7명의 선제후를 선출하고[8] 다시 스페인 출신의 가톨릭 교도인 찰스 5세(Karl V)를 통치자로 옹립하였다. 당시 황제는 실질적인 권위를 행사하기 위해 일정 부분 독일 밖의 영지를 가져야 했다. 하지만 당시 찰스 황제의 권한은 보헤미아나 헝가리, 또는 그 양자의 소유지에 지나지 않았으므로 제국은 거의 무정부 상태였다.[9]

하지만 당시 독일은 종교적으로 유럽의 다른 나라와 비교할 때 가장 가톨릭적이었다. 교회는 사람들이 모든 종류의 극적인 표현을 좋아한다고 믿고 화려한 행

---

7) 당시 20세의 찰스 5세는 1519년 제위에 올랐으며, 프랑스와 1세는 21세였던 1515년에, 헨리 8세는 1509년 18세의 나이에 왕위에 올랐다.

8) 제국은 수세대 동안 합스부르크 가문(The House of Hapsburg)에 의해 통치되었다. 그러나 1356년 이후에는 엘베(Elbe)의 3 통치자(보헤미아의 왕, 삭소니의 선제후, 브란덴부르크의 선제후)와 라인(Rhine)의 4명의 통치자(라인의 팔라틴 백작, 마인쯔, 트리에르, 쾰른의 대주교)가 다스렸다. 이 제국은 통일을 열망하며 명목상 하나였으나 당시에 중앙집권적이었던 영국이나 프랑스와 달리 희망이 없을 정도로 분리되었다. Thomas M. Lindsay, *A History of The Reformation*, (Edinburgh, T. & T. Clark, 1906), vol. 1., 35-36.

9) 브라이언 타이어니/시드니 페인터, 「서양 중세사」, 이연규 역, (집문당, 1993), 530-34.

진, 호화스런 교회의식, 수난과 성극 등을 실시하였다.[10] 이것은 중세 후기에 들끓던 이단들의[11] 소요가 교회 지도자들의 성공적인 봉쇄에서 기인했기 때문이다.[12] 이와 함께 교회의 계층질서와 수도원의 종단들이 계속적인 비판 대상이었으나 적대적인 반 성직자주의는 거의 찾아볼 수 없었다. 때문에 독일에서 교황의 권위는 이탈리아를 제외하면 유럽의 다른 어느 나라보다 강력히 유지되었다.[13] 평신도의

---

10) 행진은 대개 그리스도 성체주일, 크리스마스, 추수감사일에 맞춰서, 그리고 도시의 어른들이 성직자들에게 비를 위해 기도를 부탁했을 때, 그리고 교황청의 고위직 관리가 마을을 방문했을 때 실시되었다. 에르푸르트(Erfurt)에서 실시된 한 사례를 보면, 아침 5시에 시작하여 십자가와 예배가 있는 곳을 찾아가 정오까지 계속되었다.948명의 어린 도시의 학생들이 행진의 맨 앞줄에 서고, 그 다음에 312명의 사제가, 그 다음에 2,141명의 대학 전체가, 그리고 다섯 개의 수도원 소속의 수도사들이 따랐다. 성찬은 주교 교직자들이 중앙에서 운반했으며, 그 앞에는 거대한 촛대가 행진의 중앙 부분에서 지나갔다. 그 뒤에 시의회가 따르고, 그 다음에는 도시민들이, 그리고 부인들과 처녀들이 뒤따랐다. 이때 처녀들은 머리에 화환을 꽂았으며, 머리는 어깨까지 흘러내리고, 손에는 촛불을 밝혀 들고서 고개를 숙인 채 얌전하게 걸었다. 두 명의 아름다운 소녀가 이 처녀들의 맨 앞에 기를 들고 걸으면, 4명의 소녀가 초롱을 들고 뒤따랐다. 이 처녀들의 중앙에는 가장 아리따운 아가씨가 검정 옷에 맨발인 상태로 커다랗고 화려한 십자가를 들로 걸었으며, 그 옆에는 잘 생긴 시의회 의원이 나란히 걸었다. 그밖에 성경에 기초한 수난과 성극이 다양하게 실시되었다. Thomas M. Lindsay, *op. cit.*, 119-120.

11) 당시 이단은 1199년 교황 이노센트 III세에 의해 규정된 징벌이었다. 이것은 반역죄로 사형과 같은 중벌이었는데, 교황은 이단의 박멸을 위해 종교재판소를 설치하여 혹독히 박해하였다. 당시 종교재판은 특별과 일반으로 나뉘는데, 전자는 교황청의 직할아래 교권이 세속권력과 합세하여 재판과 처형을 실시하는 특별한 법정이었다. 이 재판은 몇 명의 재판관으로 구성되었는데, 예를 들면 (1) 재판에 필요한 예비적 조사와 법률상의 수속을 맡는 대리 심문관과 (2) 심문관의 충고자인 동료 심문관과 (3) 포리, 즉 파숫군이나 감옥을 방문한자, 또는 비밀 대리인, 공증인으로서 이단으로 예증할 충분한 증거를 수집하는 자들이다. 이 재판소는 후에 감독들로 하여금 이단적 혐의가 있는 자들을 색출하여 정부 재판소에 인계토록 하였다. 한편 후자는 심문관이나 그의 주교가 갑자기 나타나 이단으로 의심되는 사람을 알려주기 위해 사람들을 모아놓고 설교했을 때, 그 설교를 듣고 자신이 이단임을 깨달은 자에게 스스로 자백할 기회를 주는 것을 말했다. 이것은 소위 은혜의 기간으로 이 기간이 지나면 재판 때까지 구류시킨 혐의자를 소환하여 종교재판을 시작하였다. 비공개로 진행된 재판에 피고와 증인 두 사람만이 참석하였다.

12) 대표적인 예는 중세에 있었던 독일 황제 하인리히 4세와 교황 그레고리 7세 간의 성직서임권을 둘러싼 싸움이다. 이 싸움에서 황제의 굴욕적인 패배 이후 독일은 교회와 교황청에 반대 정책을 펼 수 없었으며 오히려 필요한 대부분의 자원을 공급하였다. 또한 교황청의 세계 지배 정책에 독일 민족은 항상 희생물이었다. Williston Walker, *A History of the Christian Church*, (New York: Scripber, 1985), 419; 김성식, 「독일학생운동사」, (도서출판 제3기획, 1987), 254.

13) 당시 독일은 개별적인 연방국가의 형성으로 정치적 분열 상태에 있었다. 거기에는

경건과 헌신은 과도하게 전통적으로 훈련받았다. 순례와 죽은 자들을 위한 미사가 어느 때보다 성행하였다. 성자숭배, 특히 성모 마리아와 그녀의 어머니 성 안나에 대한 숭배가 극적으로 번창하였다. 성자 유골의 수집이 차고 넘쳤고 면죄부의 판매가 격증(激增)하였다. 많은 새로운 교회와 채플과 부속 예배당들이 세워졌다. 여러 큰 도시의 경건한 평신도들은 정규 설교를 강화하기 위하여 특별 설교직을 위한 재정을 마련하기도 했다. 사람들의 종교 단체에 참여도는 절정에 달하였다. 정통적 경건 문학이 날개 돋친 듯 팔렸다. 따라서 1500년대 독일은 로마 교회의 오랜 지배와 통치에 반항하는 혁명 초기의 상태였다.

이러한 외적 상태와 달리 내적으로는 강력한 불협화음과 불만이 고조되었다. 교회의 부패의 원인은 바로 교회의 재정 문제로[14] 르네상스 교황들은 예외 없이 분수에 넘치는 삶을 영위하여 파산 직전이었다. 그 이유는 이탈리아에서 정치적 지위를 유지하기 위해 막대한 자금을 필요로 했기 때문이다. 많은 주교들은 자신이 사제라기보다는 일차적으로 세속 군주라고 생각하였다.[15] 교황청은 비용을 충당하기 위해 새로운 세금과 벌금을 고안하였다. 이것은 고위 성직자들에게 무거운 부담이 되었고 이 부담은 다시 하위 성직자들에게 전가되어 결국은 평민들이 그 짐을 떠맡았다. 로마 가톨릭은 돈을 밝히고 탐욕과 사치, 향락에 빠져 들었다. 이러한 재정적 문제는 복합적으로 성직매매, 친족등용, 성직 겸직, 부재성직자, 축첩과 같은 도덕적 파탄을 초래하였다. 특별히 교구 성직자의 교육 상태는 형편없었고 도덕수준은 엉망이었다.[16] 이런 상황에 평신도들은 더 이상 참을 수 없는 모종의 어떤 조짐과 함께 새로운 종교적 각성의 기대가 고조되었다. 제도적 교회는 세

7명의 선제후가 있었는데 그중 3명이 종교제후였다. 이것은 당시 독일의 종교세력이 강대했음을 보여준다. 그렇기 때문에 독일은 교황청의 착취의 대상이었으며 교황청의 젖소라고 불기우기까지 하였다. 이러한 사실은 당시의 독일 황제 찰스 5세(Charles V, 1519-1556)가 친 교황적이었다는 사실로 입증되었다. 그는 자신의 라이벌인 당시 프랑스의 프랑스와 1세를 물리치고 이탈리아에서의 패권을 잡기 위하여 더욱 친교황적이었다. 이에 대해 독일내의 연방군주들은 재정궁핍에 시달리고 있던차에 독일의 돈이 로마로 유입되는 것에 분노를 느꼈으며 광대한 교회재산을 탐내로 있었다. 민석홍, 「서양사개론」, (삼영사, 1984), 379.

14) *Ibid*., 379.

15) 베른하르트 로제, *op. cit*., 28.

16) Thomas M. Lindsay, *A History of the Reformation*, (Edinburgh: T. & T. Clark, 1907), vol. II., 557; 김기련, 「종교개혁사」, (목원대학교 출판부, 2001), 19-20.

속주의와 종교에 대한 무관심뿐 아니라 신약에 묘사된 순수하고 사도적인 교회에 일치되어야 한다는 요구에 강한 도전을 받았다.

이런 가운데 인문주의의 팽창으로 교육받은 계층에 의식적 변화가 일어났다. 이런 경향은 기독교의 도덕적 및 영적 혁신을 촉구하였다. 더욱이 종교개혁 직전의 대중적 신앙은 역설적 성격을 띠었다. 이런 성격은 마지막 일들에 대한 점증하는 공포감을 드러냈다. 죽음과 연옥의 고통, 아무도 피할 수 없는 최후의 심판에 대한 생각은 개인 구원에 대한 병적인 관심을 불러 일으켰다.[17] 여기에 편승하여 교회는 개인의 영원한 운명이 결정되는 공로 사상과 성례전의 은총을 어떻게 효과적으로 수용할 것인가를 힘주어 가르쳤다. 왜냐하면 사랑의 행위 안에 있는 신앙만이 구원에 이르는 믿음이기 때문이다. 이런 가톨릭의 가르침 속에 지각있는 기독교인들은 내가 실제로 하나님을 기쁘게 할 만한 일들을 수행했는가? 나는 하나님의 용서를 확신할 만큼 충분히 행했는가? 그리고 교회에서 시행하는 성례전과 고해성사는 나에게 참된 영적 유익을 제공하는가? 그리하여 바른 신앙을 기대한 사람들은 불안한 양심, 특히 교회의 악폐로부터 벗어나기 위해 몸부림을 쳤다. 이들은 영적 물질적 억압으로부터 벗어나고자 안간힘을 썼다. 하지만 종교와 정치가 실질적으로 분리할 수 없었던 상황에서 개혁은 아직 제한적일 수밖에 없었다. 그러나 종교개혁이 진정으로 기독교의 위로를 갈망하는 많은 사람들의 욕구를 만족시켜줄 것이라는 기대 속에 이들은 분연히 옛 전통을 박차고 일어서게 되었다. 이들은 단지 불만을 털어놓기 보다는 오히려 구원을 향한 진지한 추구자들이었다.

3. 종교개혁 이전의 독일 개혁자들

따라서 16세기 종교개혁의 가능성은 유럽의 어느 곳에서든지 일어날 수 있는 긴박한 상황이었다. 이미 개혁이전 프랑스에서는 피터 발도(Peter Waldo)에 의한 개혁운동이 있었고 영국에서는 존 위클리프(John Wycliff)와 보헤미야의 존 후스(John Huss), 그리고 15세기 말 르네상스의 중심지 이탈리아의 피렌체에서 사보나롤라를 중심으로 한 반 르네상스적인 종교개혁이 있었다. 그리고 후에 유럽의 도

17) 데이비드 케너다인, 「굿바이 E. H. 카」, 문화사학회 역, (푸른역사, 2005), 126-128.

처에서 광범위하게 종교개혁이 발생하였다. 이러한 사회적 변화 속에서 조심스런 개혁에의 서막이 독일에서 타오르게 되었다. 여기에는 요한 퓹페르, 요한 베셀, 간스포르트의 베셀 같은 개혁자들이 있었다. 요한 퓹페르(John Pupper, 1400-1475)는 자유스런 교육으로 명성 높은 공동생활 형제단의 교육을 받았다. 그는 성직자들의 표리부동한 이중적 생활을 공격하고 성경의 권위를 강조하며 교회 개혁을 역설하였다. 또한 당시 유명한 설교가요 바젤 대학교의 교수였던 요한 베셀(John Wesel)은 보름스(Worms)에 거주했는데 은혜에 의한 구원과 예정론을 믿었다. 이 때문에 교황에게 파문당했으나 이에 굴하지 않고 하나님에 의한 심판만이 최종적이라고 주장하며 교황에 대항하였다. 그는 또한 사제주의를 배척하고 면죄부 판매를 경력히 반대하였다.

그리고 유명론자인 간스포르트의 베셀(Wesel of Gansfort, 1420-1489)은 화란의 신학자로 공동생활 형제단에 의해 양육되었다. 그는 그리스어와 히브리어를 독학으로 공부하여 파리 대학에서 연구한 후 그곳의 교수가 되었다. 그리고 후에 하이델베르그 대학에서 강의하였다. 그는 이탈리아를 방문한 후 인문주의의 영향을 받았고, 벌게이트(Vulgate) 성경의 영감을 부정하고, 교회의 권위보다 성경의 최종 권위를 주장하였다. 또한 로마 가톨릭이 천국 열쇠를 가지고 있다는 것을 부정하고 고행 행위를 반대하였다. 그리고 그는 교회를 경험적인 교회와 사랑의 교회로 구분하고, 전자는 가견적 교회 후자는 불가견적 교회로 간주하였다. 그런데 전자 경험적 교회와 교황은 오류를 범할 수 있다고 하였다. 또한 교회의 연합은 교황권이나 제도 보다는 그리스도의 의에 근거해야 한다고 하였다. 한편 그는 사랑의 교회를 완전한 교회로 묘사하고 그리스도가 통치한다고 주장하였다. 베셀은 당시 가톨릭적 미신 신앙을 공격함으로 "종교개혁 이전의 종교개혁자"라는 칭호를 얻었다.

종교개혁 이전의 독일은 당시 전 유럽이 그랬듯이 매우 종교적이었다. 마을마다 교회와 채플이 있었고 수도원도 수없이 많았다. 예를 들면, 15세기 쾰른(Cologne)에 약 3만 명이 거주했는데 그곳에 각각 100여 개의 교회와 수도원이 있었다.[18] 이처럼 종교성이 강하고 기독교가 왕성했으나 신앙은 매우 형식적이고 미

---

18. Hans J. Hillerbrand, *The Reformation: A Narrative History Related by Contemporary Observers and Participants*, (Michigan: Grand Rapids, Baker Book House, 1981), 17.

신적이었다. 살아계신 하나님을 인격적으로 대하고 믿기보다는 단지 입술의 고백뿐이었다. 따라서 독일은 교회 개혁을 위해 영적 각성이 긴박하게 요구되었다. 그런데 교회를 교회되게, 새롭게 하려는 개혁에의 여명이 저만치 도래하였다.

4. 루터와 독일의 종교개혁

4.1. 독일 종교개혁의 발단과 구분

(1) 발단: 오랫동안 누적된 독일 내부의 민족적 감정으로 사람들은 로마 교회의 지배에 분개하였다. 독일 국민들은 자신들이 로마 교회의 성당과 고위 성직자들을 위해서 십일조를 헌납하는 것에 실증을 느꼈다.[19] 사실 독일은 수많은 교회를 건축했으며 각 도시마다 수도원의 주춧돌로 가득 찾다.[20] 또한 면죄부를 구매하고 순례를 떠나며 성소를 예방하고, 다른 어느 나라보다도 유물을 숭배하였다. 독일인들의 경건은 일상적으로 가히 속담이 될 정도였다. 당시 유럽의 프랑스와 스페인 왕들은 가톨릭교회 때문에 많은 특권을 얻었다. 그러나 영국과 독일의 통치자들은 헌신만큼 대접을 받지 못하였다. 마침내 영국의 헨리 8세는 자신의 나라에 종교적 통제권을 갖는 국가교회를 세웠다.[21] 이런 상황에서 독일 내의 불만이

19) Thomas M. Lindsay, *A History of The Reformation*, (Edinburgh, T. & T. Clark, 1906), vol. 1., 96-98.

20) Thomas M. Lindsay, 115-116. 당시 독일에는 주민의 숫자에 비해 교회가 지나치게 많았다. 아무리 작은 부락이라 해도 부속예배당이 있었으며, 모든 도시에는 규모에 맞는 교회당이 있었다. 예를 들면, 단찌히(Dantzig) 마을에는 15세기에 8개의 교회당이 설립되었다. 쾰른에는 15세기 말에 11개의 대교회당, 19개의 교구 교회당, 22개의 남자 수도원, 12개의 병원, 그리고 76개의 여자 수도원이 있었다. 그러므로 매일 1,000회 이상의 미사가 각 제단에서 드려졌다. 그런데 상기한 교회들 중 상당수는 반 교회적인 성 프란체스코회나 베긴 수도회 소속이었다. 교회적이든 반교회적이든 이 교회들은 부자와 가난한 자들로부터 모든 종류의 헌금을 똑같이 받았다. 그 결과 도시의 교회들은 박물관이나 보물창고였다. 유리창은 각종 채색유리로 채워졌고, 무기, 갑옷, 그림, 벽걸이 융단들이 창고에 가득 보관되었다. 예를 들면, 베른 성당은 성 빈센티우스 머리와 그의 후견인들을 막대한 양의 금으로 장식했으며, 값을 계산할 수 없는 보석으로 치장하였다. 보물창고에는 70개의 금컵과 50개의 은컵, 2개의 은쟁반, 값진 보석으로 장식된 450벌의 성찬 예복이 있었다. 사치, 예술적인 환상, 그리고 이 둘을 지탱해 주는 부가 당시의 특징이었다.

고조되어 마침내 종교개혁을 일으키게 되었다. 그러나 이것이 하나의 역사적 사건이 되기 위해서는 한 사람의 철저한 헌신이 요구되었다.

당시 무명의 수도사 마틴 루터는 가톨릭 교회의 악폐에 항거하며 기독교 역사에 새로운 전기를 마련하였다. 이 사건의 주역 루터는 그의 수많은 저작으로 세계의 역사를 근원적으로 변경시켰다. 그는 조직가나 행정가도 아니었고 결코 공공연한 혁명가도 아니었지만 심원한 종교적 신앙의 힘으로 사람들을 감동시키며 불굴의 신앙을 보여주었다. 그가 보여준 신앙이란 중세 가톨릭적인 전통과 성례전을 전혀 용납하지 않고 오직 믿음에 기초한 구원만을 붙잡음으로 가능케 하였다. 절망의 순간에 종교개혁을 성공적으로 이끈 개혁자 루터는 한때 수세기 동안 로마 가톨릭의 비방자들에 의하여 공격의 대상이기도 했지만 지금은 대화 상대로 주목받고 있는 사람이었다. 루터는 어둠이 짖어가던 중세 교회에 하나의 빛을 선사한 믿음의 용장이었다. 결국 종교개혁은 하나님이 그의 종들을 얼마나 사랑하시는가와 그가 하시는 일이 얼마나 놀랍고 위대하며 그가 계획하신 일들을 어떻게 이루시는지를 한눈으로 볼 수 있는 대 사건이었다. 하나님은 마틴 루터를 전방에 세우셔서 부패하고 타락한 교회를 새롭게 개혁하셨다.

(2) 구분: 독일의 종교개혁은 크게 3단계로 구분된다. (i) 1517년 마틴 루터의 95개 항의문에서부터 1530년 아우구스부르크 의회와 신앙고백이 있던 시기이다. (ii) 1530년부터 1555년 아우구스부르크 화약까지다. (iii) 1555년부터 루터파의 일치신조(Formula of Concord)가 완성된 1577년까지, 혹은 일치신조가 출판되고 발표된 1580년까지이다. 어떤 경우에는 1580년부터 1648년 30년 전쟁의 종결까지를 포함하기도 한다.[22] 이 시기에 개혁자 루터는 항상 역사의 중심에 있다. 루터의 개인사는 바로 교회의 역사이며, 이름은 그 자신의 천재성의 인간화와 영구화를 나타내 준다. 루터는 자신의 이름을 딴 교단을 원하든 원치 안든 태동시키며 역사 속에 지속적으로 영향을 끼쳤다.

---

21) 조세프 R. 스트레이어, 「중세시대의 서유럽」, 김동순 역, (성균관대학교출판부, 1994), 272.

22) Philip Schaff, *History of the Christian Church*, (Michigan: Grand Rapids, 1910), vol. vii, 86.

4.2. 루터의 생애와 신학사상

루터는 한 인간이 어떻게 이처럼 드라마틱하게 살 수 있는지를 보여준 전설적 사람이었다.[23] 우리는 생애를 통해 그가 하나님을 얼마나 신뢰했고, 하나님은 철저히 당신을 신뢰한 종에게 어떻게 함께 하셨는지를 감동적으로 느낄 수 있다. 루터는 격동하던 한 시대를 살아가면서 신앙인이 어떻게 믿음으로 살아가야 하는지를 보여준 귀한 본보기였다. 그는 오직 성경, 오직 믿음, 오직 은혜라는 신학적 대명제들을 통하여 어둠이 짖어가던 절망의 시대에 한줄기 밝은 빛을 비추이며 종교개혁을 성취하는 견인차였다.

4.2.1. 생애

루터의 생애는 크게 3시기로 살펴볼 수 있다. 제 1기는 1483년 출생에서 1517년의 항의문까지로 고뇌하던 젊은 날의 루터이다. 이 시기에 그는 수도원에서의 방황과 비텐베르그 대학교 신학교수로 있을 때까지 죄와 하나님의 심판, 회심과 구원으로 고뇌하던 갈등기이다. 제 2기는 1517년에서 1524년까지 기간으로 루터가 영적 체험을 경험한 이후에 95개 항의문과 함께 개혁을 위한 대장정, 그리고 전혀 타협하지 않고 말씀에 우뚝 선 개혁자로서의 모습이다. 루터는 개혁의 길에서 계속되는 생명의 위험과 죽음의 공포 와중에도 조금도 두려워하지 않고 마침내 종교개혁을 수행한 전성기 시절의 개혁 시기이다. 이 시기에 루터는 비텐베르크, 라이프찌히, 그리고 보름스 국회에서의 개혁적 의지의 표명을 통해 불후의 신학 토대를 세웠다. 제 3기는 1524년부터 그가 임종한 1546년까지의 기간으로 농민전쟁에 휘말리며 기존 정치세력(봉건 영주)을 지지하였다. 그리고 에라스무스, 츠빙글리 그리고 뮌쩌와 결별하고 루터파 교회를 국가에 종속시키는 등, 분열과 개혁의 퇴보의 시기이다.

4.2.1.1. 제 1기 : 갈등기

1483년 출생에서 1517년 95개 항의문까지의 기간으로 고뇌하던 젊은 날의 루

23) 루돌프 피셔-볼페르트, 「교황사전」, 안명옥 역, (가톨릭대학교출판부, 1985), 323-328; Thomas M. Lindsay, *A History of The Reformation,* (Edinburgh: T. & T. Clark, 1906), vol. 1., 197.

터이다. 그는 수도원에서 방황과 비텐베르그 대학교 신학교수로 있을 때까지의 죄와 하나님의 심판, 회심과 구원으로 고뇌하던 갈등기이다. 루터는 1483년 11월 10일 독일의 작센지방 아이스레벤(Eisleben)에서 한 광부(한스 루터. Hans Luther)의 아들로 태어났다. 당시 그의 부모는 하급 신분이었으나 정직하고 부지런하며 경건한 사람이었다. 마침내 그의 부친은 작업장을 정리하고 만스펠트(Mansfeld)로 이주하였다. 이곳은 하르츠 산맥의 풍부한 탄광 지역의 중심이었다. 그리고 이후 마크데부르크와 아이제나흐에서 교육을 시켰다. 1501년 루터는 아버지의 권유로 법률가가 되기 위해 에르푸르트(Erfurt) 대학에 입학하였다. 1502년에 학사학위를 받고 1505년 석사학위를 취득하였다. 그의 부친은 아들의 성공을 기쁘게 생각하고 값비싼 「법전」(*Corpus Juris*)을 선물하였다. 하지만 루터의 진로는 극적으로 신학으로 바뀌었다.

1505년 5월 부친의 뜻에 따라 법학을 연구하였다. 6월 2일 고향 만스펠트에서 부모를 알현하고 친구와 함께 귀가 길에 갑자기 벼락으로 즉사할 뻔하였다. 그리고 즉시 땅에 엎드린 그는 "도와 주소서! 성 안나(St.Anna)여! 수도사가 되겠나이다!"라고 기도하였다. 성 안나는 루터 부친의 수호신이었다. 7월 16일 루터는 부친과 친구들의 만류에도 불구하고 라틴계 시인 베르길리우스와 플라우투스의 책을 들고 어거스틴 수도원(Augustinian Monastrary, 1493년 설립, 은자의 의미)에[24] 들어갔다. 이때부터 루터는 자기 자신과 피나는 영적 투쟁을 시작하였다. 당시 그의 과제는 하나님에 대한 두려움과 죽음, 다가올 심판의 공포였다. 하지만 루터는 하나님의 손길을 조금도 의심하지 않고, 자신의 영혼을 구원하기 위해 수도원의 규칙을 따라 철저히 훈련하였다. 그는 "나는 수도원을 떠날 생각을 한 번도 한 적이 없으며, 하나님의 때가 오기까지는 세상에 대해서 온전히 죽었었다"고[25] 회고하였다. 그곳에서 루터는 하나님을 사랑할 수도 없으며 율법을 완전히 수행할 수 없는 죄인임을 깨달았다. 자신의 구원을 위해 몸부림치며 하나님이 받으실 만한 제물이 되기 위해 철저히 훈련하였다.

수습기 동안 루터는 매일 7번의 기도 시간에 아베 마리아와 함께 25번의 주기도문을 낭독하였다. 그리고 매주 한 차례씩 성직자에게 자신의 죄를 정기적으로 고백하였다. 그 후 2년 동안 성경을 암송하며 경건의 실천과 신학 연구에 힘을 쏟았다. 이런 생활 속에서 루터는 자신의 헌신과 행위로 의롭게 될 것을 확신하였다.

사람들이 자신의 구원을 위해 어떤 선을 행하듯이 루터 또한 자신의 수행을 통해 그 문제를 해결해야 하였다. 루터는 하나님 앞에서 자신의 구원을 위해 금식과 고해성사를 드렸고, 자신의 의를 위해 힘썼다. 그는 실제로 의롭게 되기 위해 수도원의 계율들을 가능한 한 모두 수행하였다.[26] 수도사로서의 훈련과 교육 중에 어느 것 하나도 소홀히 하지 않았다. 아무도 기도와 금식과 철야, 그리고 금욕에 있어 루터를 능가하지 못했다. 루터는 수도원에서 이미 경건과 고결함의 상징으로 동료들의 이상이요 모델이었다.[27]

그러나 루터는 구원을 갈망하는 만큼 영혼의 기쁨과 평안은 얻지 못했다. 그는 죄와 유혹으로부터 벗어나고 싶은 소망에서 번번이 실패하였다. 성인이 되어 천국에 들어가고 싶었지만 내적으로 더 큰 죄의 무게를 경험하였다. 실망과 회의에 빠져 있던 루터에게 수도원장 요하네스 폰 스타피츠(Johannes Staupitz)는[28] 성경을 통해 은혜와 용서의 하나님의 사랑에 자신을 맡기도록 권면하였다. 그리고 인간적인 노력을 포기하고 전적으로 하나님과 그의 사랑에 빠져 들라고 가르쳤다. 그는

24) 당시 이 수도원은 교리적으로 가톨릭 성향이었고, 성모 마리아에 대한 숭배가 지나쳤으며, 수도회에 각종 특권을 부여하는 교황의 권위에 철저히 순종하였다. 1503년 이후에는 루터의 친구 요한 폰 스타피츠(John von Staupitz) 독일 총 교구장이 운영하였다. 이 수도원의 소속 수도사들은 설교의 열정, 목회, 신학적 연구로 존경을 받았다.

25) Philip Schaff, *History of the Christian Church*, (Michigan: Grand Rapids, 1910), vol. vii, 113-114.

26) 루터는 말한다. "나는 착한 수도승이었다. 나는 수도원의 그토록 엄격한 규칙들을 지켰다. 때문에 나는 만약 승려가 그가 행한 바로 하늘나라에 간다면 그는 아마 나 자신일 것이다. 나를 알고 있는 수도원의 모든 형제들은 나의 이 증인이다. 만약 내가 그 어떤 것을 좀더 오래 했다면 나는 철야하는 일과, 기도, 독서 및 다른 일을 통해 나 자신을 죽여야만 했을 것이다.

27) Thomas M. Lindsay, *A History of The Reformation,* (Edinburgh, T. & T. Clark, 1906), vol. 1., 191-192.

28) 작센의 귀족으로 고결한 생각과 관대한 성품, 상당한 성경적 지식, 그리고 깊은 경건을 소유하여 사람들로부터 존경을 받았다. 그는 외적 형식과 규율보다는 내적(영적) 생활을 더 중시하였다. 위로와 평화의 기반으로 개인의 선한 행위보다는 그리스도의 공로를 더 신뢰하였다. 그의 사상의 핵심은 하나님의 사랑과 그리스도를 본받음으로 「하나님의 사랑에 대하여」(*On the Love of God*)이었다. 그에 의하면 하나님의 사랑은 그분의 존재 자체로 모든 것을 사랑스럽게 만들며, 다른 그 무엇보다도 하나님 자신을 사랑하게 만든다. 그러나 이 사랑은 사람이나 율법이 아니라 그리스도 안에서 성령과 감사와 성화의 능력으로 배울 수 있다고 하였다. David C. Steinmetz, *Reformers in the Wings*, (Oxford University Press, 2001), 15-22.

루터로 하여금 자신의 죄에서 눈을 돌려 그리스도의 공로를 보게하였고, 율법에서 십자가로, 공로에서 믿음으로, 학문주의에서 성경으로, 그리고 어거스틴과 타울러를 연구하게 하였다. 이 같은 방법은 "피조물이 창조주에게, 물방울이 바다에, 촛불이 이글거리는 태양에 말려들어 가는 것"과 같은 방법이었다.[29] 그 후 루터는 수도회의 진실한 사람들과 대화를 나누고 베르나르, 아우구스티누스, 특히 바울 서신을 읽는 중에 복음에 대한 새로운 관점을 갖게 되었다.

1507년 수도원 생활 2년째 루터는 스타피츠의 도움으로 사제가 되었고, 5월 2일 첫 미사를 드렸다.[30] 1508년에 작센 선제후가 설립한 비텐베르크(Wittenberg) 대학에서 스타피츠의 주선으로 철학 강사로 부임하여 아리스토텔레스의 윤리학을 강의하였다. 1509년 신학 박사 학위를 취득하였고 피터 롬바르드(Peter Lombard)의 「문장론」(*Sentences*)을 강의하였다. 1509년부터 1511년 사이에 에르푸르트(Erfurt) 대학에서도 강의하였다. 1510년 가을 비텐베르크로 옮긴 후 루터는 스타피츠의 제의로 로마를 방문하였다. 꿈에 부푼 루터는 1510-1511년 사이 몇 개월 동안 영원한 도시 로마를 방문하였다.[31] 당시 로마에는 사도들의 유골을 포함하여 수많은 성물들이 있었다. 루터는 이것을 통해 자신의 모든 죄를 고백하며 용서 받고자 하였다. 1511년경 로마에 도착한 루터는 라테란 성당 앞에 있는 28개의 거룩

---

29) *Roland H. Bainton, Here I Stand: A Life of Martin Luther,* (Nashville: Abingdon), 23-27.

30) 이것은 사제로서 루터의 삶에 놀라운 경험이었다. 산 자와 죽은 자를 위해 드리는 그 놀라운 희생의 엄숙함에 압도되어 루터는 제단에서 쓰러질 뻔하였다. 루터의 아버지는 몇몇 친구들과 함께 미사에 참석했는데, 이때 그는 자신의 아들이 하늘의 부름을 따라 수도원에 들어왔다는 대답을 듣고서는 악마의 부름이 아니었으면 좋겠다고 하였다. 그의 부친은 루터가 명성을 얻고 결혼 생활을 한 이후에 비로소 아들과 완전한 화해를 하였다.

31) 교황 레오 10세는 유골 하나 하나에 4000년 연옥 형기를 감해 주는 효과가 있다고 하였다. 심지어 가롯 유다가 예수를 팔 때 받은 동전 하나를, 소유하면 1400년의 면죄 효과가 있다고 했다. 로마의 칼릭스투스(Calixtus) 성당의 지하실에는 40명의 교황 유해와 7만 6천명의 순교자가 묻혀 있었다. 그리고 어떤 교회에는 확실하지는 않지만, 모세가 본 가시떨기 나무, 헤롯에 의하여 죽임당한 아이들의 뼈가 300개나 있으며, 바울의 쇠고랑, 도미티아누스(Domitian)가 사도 요한의 목을 잘랐다는 가위, 가롯 유다가 예수를 배반할 때 받은 동전 하나가 있다고 했다. 루터는 땅에 엎드려 손을 들고 외쳤다. "거룩한 로마여! 그대에게 영광이! 여기서 흘린 순교자들의 피 때문에 그대는 삼중으로 거룩하도다!" 그는 마치 정신 나간 사람처럼 모든 교회, 지하 교회의 터, 지하 무덤을 둘러보았다.

32) 박영관, 「역사신학강의」, (기독교 문서 선교회, 1994), 171.

한 빌라도의 계단 "스칼라 산타"(Scala Santa)를 무릎 꿇고 기어올랐다. 당시의 관례를 따라 루터는 주기도문에 있는 "우리들의 아버지"를 암송하면서 계단에 입을 맞추었다. 루터는 이것을 연옥에서 한 영혼이 구원받기를 바라는 간절한 마음으로 계속하였다. 그러나 마지막 계단에 올랐지만 그의 마음에는 사죄의 영적인 평안을 찾을 수 없었다. 그는 그곳에서 하나님의 특별한 공로를 얻고자 했으나 오히려 로마교에 대한 회의를 갖게 되었다. 그는 당시 일기에서 "오! 나의 죄, 죄"라로 기록했다.[32] 결국 루터는 로마 가톨릭 교회가 구원의 참된 길을 제시하는지를 묻게 되었다. 그때부터 루터는 고행이나 순례가 구원의 확신을 줄 수 없다고 생각하기 시작하였다. 그는 하나님 앞에서 여전히 평안이 없는 죄 된 의식을 씻을 수가 없었다. 그에게 로마는 이제 가장 악한 도시로, 예언자가 묘사했던 예루살렘과 비교하였다.

로마 방문 후에 루터의 마음은 불안하고 공허하였다. 이때 스승 스타피츠가 루터에게 교수직을 위해 박사 과정을 밟고, 대학에서 설교하며 강의토록 하였다. 스타피츠는 성경 연구를 통해 루터의 고민이 해결될 수 있을 것이라고 보았다. 그리하여 루터는 스타피츠의 지도를 받아 학위과정을 마친 뒤, 1512년 10월 19일 신학박사 학위를 받았다. 그 후 스타피츠는 루터를 프리드리히 선제후에게 비텐베르크 대학의 교수로 추천하였다. 루터는 비텐베르크 대학에서 1513년 8월 1일부터 1515년까지 시편을, 1515년 가을 학기부터 1516년까지 로마서를, 1516년과 1517년에는 갈라디아서를 강의하였다.[33] 이러한 루터의 성경 연구와 강해는 새로운 인문주의 학문뿐만 아니라 모든 중세의 주석과 신비, 스콜라적 전통에 익숙하게 했고,[34] 무엇보다도 그리스도를 만나는 결정적인 계기가 되었다. 루터는 성경을 가르치기 위해 어거스틴 수도원의 탑 속에 있는 서재에서 시편과 로마서, 갈라디아서를 연구하였다. 연구 중에 특별히 시편 22편은 루터에게 엄청난 충격을 제공하였다. "나의 하나님 어찌하여 나를 버리셨읍니까?"라는 고백은 그리스도의 고난을

---

33) 그리고 1517-1518년 히브리서 주석을 강의하였다. 1518-1521년 시편, 1523-1524년 신명기, 1524-1526년 소선지서, 1526년 전도서, 1527년 요한일서, 디도서, 빌레몬서, 1528년 디모데전서, 1528-1530년 이사야서를, 1530-1531년 아가서, 1532-1535년 시편, 1534-1545년 창세기, 1544-1544년 이사야 9장과 53장을 강의하였다.

34) Williston Walker, *A History of the Christian Church*, (New York: Scribner, 1985), 422-423.

암시하는 다윗의 예언임을 인식하였다. 그 후 그는 "어찌하여 하나님의 아들이 고난을 당해야만 했는가?"에 대하여 고민하였다. 결국 그는 하나님으로부터 끊어져 멸망 받아야 할 자신을 위해 그리스도께서 죽으셨음을 깨달았다. 이 각성을 통하여, 루터는 복음에 대한 근본적 자각과 통찰력을 얻었다. 즉 모든 것을 용서하시는 하나님의 은혜와 충분하고 완전한 예수님의 십자가 공로를 이해하였다. 지금까지 그는 하나님을 심판하시며 온통 소름끼치는 분으로 생각했지만, 이제 그 하나님은 자비로우시며 은혜가 충만하신 분으로 이해하였다.[35)]

심한 죄의식과 영혼의 구원 문제로 고민하던 루터는 비텐베르크 대학에 돌아와 탑 속에서 로마서를 연구하던 중에 "복음에는 하나님의 의가 나타났다"는 로마서 1:17 말씀에 직면하였다. 처음에 루터는 스콜라 철학자들의 해석을 따라 "하나님의 의"라는 말을 철학적으로 이해하였다.[36)] 그에게 이 의(義)는 결코 사람이 능동적으로 의를 행하여 하나님이 인간에게 베푸시는 의가 아니라 우리가 수동적으로 의롭게 되어 지게 하는 것이었다. 즉 하나님의 의는 능동적인 의(justitia activa)가 아니라 수동적인 의(justitia passiva)였다. 이 의는 하나님의 선물로 우리의 공로가 아니며 심지어 이것을 받는 신앙조차도 이 선물을 받기 위한 수단일 뿐이다. 루터는 하나님에 대한 신앙과 자비로운 신의 은총으로써만 인간은 구원받을 수 있다고 확신했다. 그리하여 그는 로마교회가 가르치는 성례와 선행에 의해서가 아니라 오

---

35) Roland H. Bainton, *Here I Stand: A Life of Martin Luther*, (Nashville: Abingdon), 39-50.

36) 그는 다음과 같이 말한다. 나는 수도승으로 한 점 부끄러울 것이 없이 생활했다. 그럼에도 불구하고, 나는 하나님 앞에 죄인이라고 느꼈기 때문에 마음이 괴로 왔고, 도무지 나의 공로를 가지고는 그분을 누그러뜨릴 자신이 없었다. 그러므로 나는 공의롭고 성난 하나님을 사랑하지 않으며, 오히려 증오하였고 그분을 향하여 투덜댔다. 그러면서도 여전히 나는 바울을 붙잡고 늘어지면서 그의 말에 무슨 뜻이 담겨 있을까 계속 캤다. 밤낮을 가리지 않고 곰곰히 생각하던 어느 날, 나는 하나님의 의와 "의인은 믿음으로 산다"는 말 사이에 어떤 관련이 있다는 것을 깨달았다. 그때 나는 "하나님의 의"란 하나님께서 은혜와 순수한 자비를 나타내사 우리의 믿음을 보시고 우리에게 죄가 없다는 것을 취급하는 그 분 자신의 의라는 것을 깨달았다. 그 순간 나는 새로 태어났고, 활짝 열린 문을 통해 낙원에 이른 기분이었다. 성경 전체가 새로운 의미를 지녔다는 것을 깨닫게 되었다. 전에는 하나님의 공의 때문에 내 속은 증오로 가득 차 있었지만, 이제는 그것이 이루 말 할 수 없이 소중하게 되었고, 더 큰 사랑을 내 속에 불러 일으켰다. 곧 바울 서신의 이 대목은 나에게 있어서 하늘로 통하는 하나의 문이 되었다. 베인톤, op. cit., 68.

직 믿음으로만 의롭게 된다는 결론에 이르게 되었다. 마침내 루터는 하나님 앞에서 의롭게 되려는 외적인 노력들이 다 쓸모없는 것으로 느끼게 되었다. 그리고 칭의는 오직 믿음을 통해 받는 하나님의 선물이라고 인식하였다. 루터는 1517년에서 1518년 사이에 히브리서를 연구하여 비텐베르크 대학의 학생들에게 강해하였다. 영적 각성을 체험한 루터의 강의는 학생들에게 놀라운 영감을 불러 일으켰다.

4.2.1.2. 제 2기: 전성기 및 개혁 성취기

제 2기는 1517년에서 1524년까지의 기간으로 루터가 영적 체험을 경험한 이후에 95개 항의문과 함께 종교개혁을 위한 대장정, 전혀 타협하지 않고 말씀에 우뚝 선 전성기 개혁자의 모습이다. 루터는 개혁의 길에 입성하여 계속되는 생명의 위협을 두려워하지 않고 마침내 종교개혁을 성취하였다. 이 시기에 루터는 비텐베르크, 라이프찌히, 그리고 보름스 국회에서의 논쟁을 통해 개혁적.신학적 의지와 토대를 세웠다.

(1) 면죄부와 95개 항의문: 1517년 루터는 자신에게 필요한 의는 어떤 노력으로도 얻지 못하며 단지 하나님이 주시는 믿음의 선물임을 깨달았다. 이 같은 통찰력은 곧바로 면죄부 판매에 대한 도전으로 나타났다. 그는 이미 면죄부의 부당성을 1516년부터 여러 차례 설교를 통해 지적하였다. 그러나 1517년부터 면죄부 판매는 더욱 심화되었다. 당시 교황 레오 10세(1513-1521)는 브란덴부르크의 알버트(1490-1545)에게 마인츠[37]와 말부르크의 대 주교직, 또한 할버슈타트의 주교직을 수행하도록 승인하였다. 알버트는 겸직 금지 교회 규정의 무마를 위해 거액을 지불하였다. 그는 그 비용을 남부 독일의 대 부호 아우구스부르크의 푸거(the House of Fugger)로부터 차용하여 지불하였다.[38] 알버트는 이 빚을 갚기 위해 로마의 건

37) 당시 마인츠는 퀼른과 트리르와 함께 1806년까지 신성로마제국의 황제를 선출하는 7선제후의 한 곳이었다. 역사적으로 이 도시는 카롤링거 왕조 시대의 도시로 명성을 얻었으며, 742년 대주교의 교구가 설립된 독일 기독교의 메트로폴리스였다. 독일인의 사도로 베네딕트 교단의 앵글로색슨족 수도사였던 보니파키우스(Bonifacius)가 이 교구의 초대 대주교였다. 페터 아렌스, 「유럽의 폭풍」, 이재원 역, 들녘 (코기토, 2006), 131-142.

38) 당시 푸거가와 함께 쌍벽을 이루는 대 부호로는 메디치가 있었다. 메디치가는 동방과의 무역으로 부를 축적하고 다시 그것을 교황이나 왕 또는 제후들에게 대출하는 국제적 금융업에 종사하여 대 부호가 되었다. 그 중에서도 코지모(1389-1464)는 재산을 크게 늘려 당시

축물 중에 하나인 베드로 성당을 신축토록 하였다. 그리고 1506년 이래 교황이 발행해 온 면죄부의 자기 구역 판매액의 절반을 갖기로 승인받았다. 당시 루터는 알버트와 교황 사이에 이런 재정적 거래는 잘 알지 못했다. 재정적 수금을 위해 주교 알버트는 웅변에 능한 도미니쿠스회의 수도사 요한 테첼(Johann Tetzel, 1470-1519)을 면죄부 판매 책임자로 임명하였다.[39] 1517년 4월경 요한 테첼은 프레데릭 선제후의 영지 삭소니(Saxony) 근교에서 면죄부를 판매하였다.

면죄부 교리는 가톨릭 신학의 결정체로 중세 초기 면죄를 위하여 공개적으로 요구된 참회의 한 형태였다. 그러나 점차 고해성사를 통해 면죄가 가능하며, 그리스도, 마리아, 성자의 공로로 확대되었다. 그 후 십자군 전쟁의 발발로 면죄의 방

유럽에서 가장 화려한 도시 피렌체의 실력자로서의 지위를 굳혔다. 이때 피렌체는 이탈리아 르네상스의 중심지가 되었는데 이곳에는 거대한 대성당과 수많은 회화와 조각들이 즐비하였다. 이곳에서 성공한 코지모는 학자나 예술가를 보호하고 미펜체 시가지를 미화하며 이탈리아 르네상스 발전에 크게 공헌하였다. 코지모의 손자 로렌초(1449-1492)는 반대 세력을 몰아내고 힘을 길러 사실상의 미펜체 공화국 원수가 되었다. 로렌초도 학자나 예술가를 보호하였는데 이 중에는 미켈란젤로가 있었다. 한편 남부 독일 아우구스부르크의 푸거가는 처음 직물상을 경영했으나 점차 금융업에 손을 뻗쳐 신성로마 황제나 각지의 제후들을 상대로 큰 이익을 올렸다. 그리고 황제로부터 남부 독일의 은광 채굴권도 인정받아 채굴한 은을 대량으로 수출하여 막대한 이익을 올렸다. 푸거가는 야곱(1459-1525) 시대에 가장 번성하였다. 푸거가에서 돈을 빌린 사람 중에는 황제나 제후 또는 교황과 고급 성직자까지 있었다. 이 중에 독일의 마인츠 대주교는 푸거가에서 빌려다 쓴 많은 돈을 갚기 위해 면죄부 판매를 교황에게 건의하여 승인받았다. 이 면죄부 판매는 후에 종교개혁의 결정적 계기가 되었다. 나준택 편, 「세계의 역사 6」, (학습대백과사전, 금성출판사, 1990), 208.

39) 한편 영국에서는 요크의 뛰어난 웅변가 울프스탄 대주교가 천년 시대의 두려움을 조장하는 일에 앞장섰다. 그는 「영국인에게 보내는 늑대의 설교」(*Sermon of the Wolf to the English*)를 남겼다. 본래 이 책은 수도자들을 위해 기록되었는데, 교구의 속인들은 몽롱한 열정에 사로잡힌 울프스탄 대주교의 목소리를 직접 듣는 듯한 느낌을 받았다. 거기서 그는 친구들이여, 이 세상은 급속히 종말을 향해 치닫고 있습니다. 그 시간이 오래 지속될수록 재앙은 더욱 커질 것입니다. 따라서 종말은 당장이라도 있어야 합니다. 왜냐하면 사람들의 죄악 때문에 적그리스도의 도래가 더 큰 악을 불어올 것이기 때문입니다. 그때가 되면, 진실로 이 세상 모든 곳이 잔혹함과 두려움으로 뒤덮이게 될 것입니다. 그리고 취리히의 베른하르트 삼손(Bernhard Samson)은 어디서 어떻게 죽었든 상관없이 지옥에서 구원받을 수 있다. 눈을 들어 위를 보라. 그러면 하늘로 그들이 나르는 것을 보리라(See them flying to heavin!)고 주장하였다. Henry Charles Moore, *Through Flood and Flame: Adventures and Perils of Protestant Heroes*, (London: The Religious Tract Society, n. y.), 198-202; 「중세기행」, 강주헌 역, (청어람, 1999), 205.

법이 다양하게 제시되었다. 교황은 십자군 원정에 참여한 자, 순례자, 교회에 재산을 기증한 자에게 면죄를 약속하였다.[40] 교황 칼릭스투스(Calixtus)는 1457년 연옥에서 고통을 받는 영혼도 면죄부로 구원이 가능하다고 선언하였다. 1467년에 공포된 교황의 교서 "우리의 구원"(*Salvator Noster*)은 연옥에서 당할 고통의 해제(解除)와, 세상에 산자와 죽은 자로 확대하였다. 테첼은 이러한 미신적 교리에 근거하여 가능한 한 많은 수입을 올리기 위해 면죄부의 효력을 과장, 판매하였다. 그에 의하면 신분에 따라 면죄 금액이 다른바, 연옥의 고통을 피하기 위해서는 왕이나 왕비, 왕의 자녀들, 대주교와 주교들은 25 라인랜드 길더(Rheinish guilders)를, 수도원장, 성당의 장, 백작, 공작, 귀족과 그들의 아내들은 금으로 된 10 길더를, 시민과 상인은 3 플로린(florins)을, 농부는 1길더를 내야 한다고 했다.[41] 그리고 그는 동전이 금고에 떨어지는 순간 연옥에 있는 영혼이 하늘로 승천한다고 설교하였다.

테첼의 설교가 지나치다고 판단한 루터는 먼저 면죄부의 비성경성을 지적하였다. 그리고 그는 마이센(Meissen), 프랑크푸르트(Frankfurt), 짜이츠(Zeits)의 주교들과 마인츠(Mainz)의 주교 알버트에게 면죄부의 부당성을 지적하는 편지를 보냈다. 그러나 이들은 루터의 편지에 아무런 반응을 보이지 않은 채 오히려 주교 알버트는 비웃었다. 알버트의 하수인 테첼은 모든 이단을 불태우라는 교황의 명령을 받았다며 루터에게 응수하였다. 루터는 설교와 편지로는 개혁이 불가능하다는 것을 인식하였다. 그리고 마지막 방법으로 비텐베르크 대학의 교수들과 면조부의 성질과 효과, 기초와 심각성에 대하여 토론을 요청하였다. 루터는 비텐베르크 성 밖의 항의문 게시에 앞서, 호헨졸러른(Hohenzollern)의 감독 알버트에게 95개 항의문 사본을 보내면서 면죄부의 해독(害毒)은 "영혼의 구원과 성화에 공헌하지 못하고 다만 교회법에 부과된 일시적인 형벌을 사면할 뿐이다. 그리스도는 어디에도 면죄를 전하라고 명령하지 않고 복음전파를 말씀하셨다. 주교들이 복음보다 면죄만을 더 중히 여겨 복음은 전하지 못하게 하고 면죄만을 뻔뻔스럽게 선포토록 용납하는 것은 얼마나 위험하고 부끄러운 일인가?"[42] 라고 하였다.

---

40) 보다 자세한 것은 "제5장 면죄부와 루터와 95개 항의문 소고"를 참고하라.

41) Hillerbrand, *op. cit.*, 39.

그러나 아무 반응이 없자 루터는 1517년 10월 31일 정오, 만성절(All Saints' Day)에[43] 비텐베르크에 있는 카슬교회(Castle Church) 정문에 작성한 95개 항의문을 게시하였다. 항의문에서 루터는 주로 면죄부 판매와 그로 인해 주어지는 효용을 공격하고 동시에 연옥을 통재하는 교황의 권위와 그 권위에 의한 죄인의 복지를 부인하였다. 무엇보다도 교황의 무오성 대신 성경과 공의회가 무오함을 밝혔다. 그리고 자신은 이단이 아니며 자신의 가르침은 성경과 교부들, 공의회들과 교황의 교령에 전혀 어긋나지 않는다고 주장하였다. 루터는 이 항의문을 통해 잘못된 교회의 가르침을 시정코자 하였다.[44] 따라서 그는 자신이 존경하는 교황으로부터 긍정적인 답변을 듣고자 하였다. 루터의 항의문은 즉시 찬반양론을 불러 일으켰다. 전자의 플렉(Fleck) 박사는 마침내 일을 이룰 사람이 나타났다고 했으며, 후자의 주교 및 사제들, 그리고 도미니투스 수도회와 대학의 교수들은 강력히 비판하였다. 비판 자 중에는 토마스 아퀴나스의 신학 전통을 대변하는 라이프치히의 테첼, 프랑크프르트의 콘라트 빔피나(Conrad Wimpina), 잉골스타트의 요한 에크 등이었다. 이들은 면죄부의 성경적 근거를 제시하지 않은 채 교황의 권위에 의존하였다. 하지만 루터와 그의 친구들은 갑작스런 도전에 두려웠으나[45] 용기 있게 대처하였다. 루터는 자신의 약함 속에서 오히려 강해진다고 확신하였다. 루터는 자신을 자유인 루터, 혹은 더더욱 종 된 자라고 명명하였으며, 사람으로부터 자유로우나 그리스도에게 붙들린 자라고 하였다. 그리고 반대하는 모든 사람들에게 직접 또는 간접으로, 라틴어와 독일어로, 교회의 강단과 대학의 교단, 인쇄를 통해 답변하였다.

루터의 의도와 달리 95개 항의문은 로마교회에 대한 선전 포고로, 곧바로 종교개혁의 시발점이 되었다. 이후 루터는 비판의 중심으로, 졸지에 사탄의 아들로 지목되어 재판에 회부되었다. 95개 항의문의 첫판은 라틴어로 기록되었으나 곧바로 독일어로 번역되어 여러 사람들에게 전달되었다.[46] 루터는 항의문에서 면죄부가

---

42) Hillerbrand, *Ibid*., 49-50.

43) 예수의 생애와 모든 성인들을 기리기 위해 제정된 것으로 9세기에 시작되었다. 자크 르 고프/장-모리스, 「중세를 찾아서」, 최애리 역, (해나무, 2005), 171.

44) W. Stanford Reid(ed.), *John Calvin, His Influence in the Western World*, (Michigan: Zondervan, 1982), 39.

45) 그의 친구 중의 한 사람은 루터에게 "친구여, 자네는 진실을 말했지만 이룰 수 있는 것은 아무것도 없을 걸세. 골방에 들어가 하나님의 자비를 구하게나" 라고 조언하였다.

연옥에 효력을 미친다는데 의문을 제기하고 그 악폐를 부각시켰다. 그리고 교황이 내용을 알게 되면 그 악폐를 폐기할 것이라고 주장하였다. 특별히 루터는 회개란 일회적 고해성사의 행위가 아니라 평생에 걸친 마음과 지성의 지속적인 변화라고 믿었다. 또한 그는 그리스도인은 하나님의 훈련을 회피하기보다는 추구한다. 교회의 참된 보화는 교황의 관리 아래 있는 그리스도와 성자들의 공로가 아니라, 회개하는 죄인들에게, 신실한 설교자에 의해 값없이 주어지는 가장 거룩한 영광의 복음과 하나님의 은총이라(제 62항)라고 하였다.[47]

(2) 하이델베르크 논쟁 : 1518년 4월 루터는 하이델베르크의 종단 회의에서 있을 공개토론을 위해 몇 가지 주제를 준비하였다. 당시 루터가 준비한 신학적, 철학적 논제들은 면죄부와 관련된 것뿐 아니라, 인간의 죄와 은혜에 관한 문제, 인간의 선에 대한 무능력, 자유의지와 믿음에 관한 문제, 신앙에 관한 종교개혁 신학의 기초의 제시, 또한 그의 가르침에 매우 예리하고 명확한 조직화(formulation)가 포함되었다. 그가 주장한 40개 조항 중에 28개조는 신학이며 12개조는 철학이었다. 첫 12개 조항은 인간의 행위와 하나님의 행위에 대해 말하며, 율법은 의로운 길로 어떤 인간도 진보시킬 수 없다. 오히려 율법은 그를 괴롭힐 뿐이다. 율법은 죄와 사망을 나타내는 데 봉사한다. 인간의 행위가 매력적이고 선하게 보일지라도 그 행위들은 숙명적인 죄들을 범하게 되어 있다. 인간적 성취의 가능성들은 과격하게 거절되었다. 인간의 행위에 맞서 루터는 하나님의 행위를 주장하였다. 그에 의하면 하나님의 행위는 약하고 겸손하게 나타난다. 그럼에도 불구하고 하나님의 행위들은 불멸의 공로들이다.

루터는 이 논쟁에서 유명론자 옥캄주의의 신학과 철학을 거부하고 가톨릭의 "영광의 신학"(theologia gloriae) 대신 "십자가의 신학"(theologia crucis)을 주장하였다.[48] 여기서 루터는 율법과 복음을 대조하였다. 그에게 율법은 이것을 하라고 하지만 결코 그것을 이룰 수 없다. 하지만 복음은 그리스도를 믿으라고 하는데, 그

---

46) 윌리스턴 워커는 루터의 95개 항의문은 1517년 9월에 작성된 97개 항의문보다 훨씬 덜 자극적이었다고 지적한다. *op. cit.*, 426-427.

47) 필자의 "제5장 면죄부와 루터의 95개 항의문 소고"를 참고하라.

48) Philip Schaff, *History of the Christian Church*, (Michigan: Grand Rapids, 1910), vol. vii, 169-170.

믿음으로 모든 것이 이루어진다고 하였다. 루터는 스콜라주의 신학을 영광의 신학이라 호칭하고, 이것은 인간의 능력에 근거하여 자연을 통해 하나님을 인식하고, 이 하나님과 직접 관계를 맺으려는 신학을 일컫는다. 따라서 자연신학과 사변적 신학계통이 모두 여기에 속한다. 영광의 신학자들은 하나님의 영광을 추구하는 것 같지만 사실은 인간의 영광을 추구하고 인간의 인식능력, 인간의 노력, 인간의 공로를 중요시 하였다.[49] 그러나 십자가의 신학은 루터 자신의 신학으로 그리스도의 십자가에 나타난 하나님의 은혜와 사랑에 초점을 맞추었다. 당시 어거스틴 수도원의 스콜라주의적 입장을 대표한 신학자들은 루터가 자신들을 비난한 것이 그들의 입장을 정확히 이해한데 기인함을 올바로 깨닫지 못하였다. 여기서 루터는 영광의 신학 개념으로 그 자신이 오직 바울의 사상과 어거스틴 외에 아무것도 생각하지 않았음을 보여준다. 이러한 특징적 묘사는 우리에게 당시의 신학이 피하지 않은 어떤 분명한 한계점과 일방적인 조직화를 주목하게 해준다. 하이델베르크에서 제시된 루터의 개혁의지의 표명은 독일뿐 아니라 구라파로 퍼져나갔고 이에 교황청에서는 가능하면 빨리 루터를 굴복시키든지 아니면 제거해야 할 상황에 직면하였다.

(3) 루터와 카제탄과의 논쟁(1518년 10월) : 하이델베르크의 논쟁 이후, 루터는 강력한 대적자를 만났다. 그는 잉골슈타트 대학의 신학 교수요 한때 루터의 친구였던 논쟁자 요한 마이어 엑크(Johann Maier of Eck, 1468-1543)와 도미니쿠스회 수사이자 교황 궁정장으로 교황 무오설을 주장하고, 또한 교황 안에서 교회가 구현되며 로마 교회가 하는 일은 모두 옳다고 선언한 프리에리아스(Prierias)였다. 특히 프리에리아스는 루터가 무지하고 신성모독적인 이단의 괴수라고 결론지었다. 그리고 서둘러 루터의 논제를 교황의 권위로 해치우려 하였다. 1518년 6월, 루터는 교황청에 맞설 의사가 없었으나 말씀에 기초하여 교황이 곧 교회임을 부정함으

---

49) 하이델베르크 논쟁에서 루터가 제시한 명제 가운데 십자가의 신학과 관련하여 제일 중요한 것은 19번과 20번의 명제였다. 명제 19번: 하나님의 보이지 아니하는 것들을 그 만드신 만물을 통하여 인식함으로써 아는(롬 1: 20)자는 신학도라 불릴 가치가 없고, (명제 20번) 오직 하나님의 보이는 것들과 인간을 향하여 계신 것을 고난과 십자가를 통하여 봄으로서 인식하는 자만이 신학도라 불릴 가치가 있다. 벵트 헤그룬트, 「신학사」, (성광문화사, 1993), 297; 파울 알트하우스, 「루터의 신학」, (크리스챤 다이제스트, 1994), 41-51.

로 프리에리아스에 도전하였다. 광범위하게 진행된 논쟁은 면죄부의 남용과 교황청의 권력 문제, 교황 중심의 교회 제도로 정리되었다.[50] 루터는 결국 대주교 알버트와 도미니쿠스회에 의해 이단으로 기소되어 60일 이내에 로마에서 재판을 받으라는 소환장을 받았다. 그러나 루터는 이 소환을 거부하였다. 그의 군주 작센의 선제후 프리드리히는 신앙의 차이에도 불구하고 젊은 교수를 옹호하였다. 선제후가 루터의 로마 출두를 거절하자, 8월 23일 교황은 사탄의 자식을 교황의 특사에게 넘기라고 하였다. 하지만 선제후는 아우구스부르크에 회의를 열어 개혁자와 천주교도를 화해시키기 위해 루터를 초대하였다. 이에 루터는 두 명의 수도사와 같이 남루한 차림으로 회의에 참석하였다. 그리고 당시에 박식한 아퀴나스 주석가요 유럽의 유명한 신학자인 교황 특사 추기경 토마스 데 비오(Tommaso de Vio, 1469-1534) 카제탄과 논쟁하였다.[51]

이 논쟁에서 루터는 성경을 기초로 그의 사상을 전개하였고 추기경은 교회의 권위에 근거하여 논쟁을 하였다. 두 사람은 1518년 10월 12일부터 14일까지 세 차례 회동하였다. 처음에 카제탄은 루터를 아들처럼 대하며 신뢰감을 주었다. 하지만 두 사람의 논쟁은 각기 다른 전제에서 출발하여 평행선을 달렸다. 카제탄은 루터에게 면죄부에 대한 교황의 권위에 대한 비판의 시정을 요구하였다. 그러나 루터는 추기경이 실수라고 언급한 것은 실수가 아니라 하나님의 진리라고 대답하였다. 또 자기 양심에 거리끼는 일은 아무것도 없다. 사람이 아니라 하나님께 순종해야 하며, 자신의 입장은 성경에 기초했다고 주장하였다. 이에 카제탄은 "취소하라, 그렇지 않으면 다시는 내 앞에 나타나지 못할 것이다". 스타피츠에게 최선을 다해 루터의 마음을 돌려놓으라. 자신은 눈이 푹 들어가고 얼굴이 이상한 독일 짐승과는 더 이상 마주하지 않겠다고 하였다. 그리고 루터를 체포하라고 말한 후에 그곳을 떠났다.

---

50) 프리에리아스는 "로마 교회는 대표의 형식으로 추기경 단이며, 그보다도 실제로는 최고 교황이다. 로마 교회가 면죄부에 관하여 실제 행하고 있는 것을 할 수 없다고 말하는 사람은 이단이다" 라고 주장하였다.

51) 카제탄은 프리에리아스와 같이 도미니쿠스 수도회 소속이고 열성적인 토마스주의자였다. 많은 학식과 도덕적 성실성를 보유했으나 매우 오만한 사람이었다. 토마스 아퀴나스의 신학대전에 대한 표준적인 해석서를 저술했지만, 1534년 사망할 때까지 성경 연구에 헌신하였다.

이러한 상황에서 루터는 친구의 도움을 받아 10월 20일 밤, 도시 성벽의 작은 문을 통해 바지와 신발도 챙기지 못한 채, 아우구스부르크로 도피하였다. 루터는 그곳을 떠나기 전에 카제탄의 잘못된 보고로 사태를 잘못 알고 있을 교황에게 탄원서를 보냈다. 그리고 교황의 파문 선포와 추방, 그 밖에 어떤 일에도 당당히 맞설 준비를 하였다. 루터는 로마의 귀족 고관들이 분노하면 할수록, 힘으로 누르면 누를수록, 나는 그들을 덜 두려워하게 될 것이며, 로마의 뱀들과 싸우는 것에 더욱 더 상관하지 않을 것이다. 나는 모든 것을 받아들일 각오가 되어 있고, 하나님의 심판을 기다리고 있다고 하였다.[52] 이때 다윗에게 요나단처럼 친구 멜란히톤이[53] 비텐베르크 대학의 희랍어 교수로 취임하여 루터의 개혁을 도왔다.

최종 결정전에 다시 한 번 루터를 설득하기 위한 시도가 진행되었다. 교황 레오는 시종이자 교황 대사이며 작센계 귀족 출신으로 언변에 능하고 쾌활한 카를 본 밀티츠(Karl Von Miltitz)에게 황금 장미와 값비싼 물건을 선제후 프리드리히에게 보내어 루터와 협상하도록 하였다. 교황은 밀티츠를 정부 고관들과 고위 성직자들에게 최고의 추천장으로 천거하였다. 밀티츠는 여행 중에 루터에 대한 동정심이 널리 퍼져있음을 알았다. 실제로 독일, 특히 북부에서는 4명 중 3명이 루터를 지지하였다. 1519년 1월 6일, 밀티츠는 알텐부르크(Altenburg)에 있는 슢팔라틴의 집에서 루터를 만났다. 밀티츠는 지극히 겸손하고 친근하게 호소하였다. 이에 루터는 자신의 과격함을 사과하고 논쟁을 삼가겠다고 하였다. 이에 밀티츠는 루터에게 입맞추고 돌아갔다. 3월 3일, 교황에게 보낸 편지에서 루터는 로마 교회를 훼손할 의도가 없음을 분명히 하였다. 그러나 자신의 교리적 원칙들을 포기할 의사는 없다고 하였다. 그리하여 교황과 루터 사이의 불화가 심화되었다. 교황의 다른 사절들은 루터를 매우 고집이 센, 위험한 이단으로 보고하였다.

(4) 루터와 에크의 논쟁: 이런 상황에서 1519년 1월 12일 독일의 황제 막시밀리안이 사망하였다. 교황 레오 10세는 이탈리아의 영주인 스페인의 찰스나 프랑스의 프란시스 중에 하나를 신성로마 제국의 황제로 선출해야 했다. 결국 1519년 6월 18일 찰스 5세가 황제에 올랐다. 하지만 그는 독일어를 모르는, 독일적 사고가

---

52) Philip Schaff, *History of the Christian Church*, (Michigan: Grand Rapids, 1910), vol. vii, 175.

없는 사람이었다. 그러므로 그는 독일의 종교적인 일에 관심이 없었다. 이 과정에서 1519년 6월 27일부터 7월 15일까지 약 3주 동안 라이프찌히(Leipzig)에서 논쟁이 열렸다. 이를 위해 교황 측에서는 잉골슈타트(Ingolstadt) 대학의 교수단이, 루터 측에서는 비텐베르크 대학 교수들이 참석하였다. 잉골슈타트 대학에서는 도미니쿠스회 수도사 존 에크(John Eck)가, 비텐베르크를 대표하여 안드레아스 칼슈타트(Andreas Carlstadt)가 참가하였다. 첫 번 논쟁은 인간의 자유 의지에 관한 것으로 칼슈타트는 부정하고 엑크는 옹호하였다. 칼슈타트는 교회의 전통에 맞서 성경이 전 교회의 권위보다도 우선되어야 한다고 주장했다.

두 번째 논쟁은 교황권으로 에크와의 논쟁이었다. 이 논쟁의 쟁점은 교황의 권위와 교회의 무오성이었다. 그에 의하면 교황의 수위권은 불필요하다. 또한 교회 권력의 중추는 교직자가 아닌 교회라는 점과, 교회는 제도가 아니라 신자들의 총합이라는 점에 도달하였다. 루터는 언제나 신선하고 유쾌하며 느긋하고 즐거운 표정으로 논쟁에 임하였다. 에크는 매우 노련한 논쟁가로 교황이 베드로의 후계자이며, 신적 권리에 의해 그리스도의 대리자임을 주장하고, 루터의 견해는 1431년 콘스탄스 공의회에서 정죄된 후스의 견해라고 하였다. 그는 루터로 하여금 종교 회의도 오류를 범할 수 있다는 것을 인정하게 하였다. 그리고 후스와 위클리프의 주장 중에 몇 가지는 찬동하게 만들었다. 논쟁의 주안점은 교의에서 권위의 문제로 이동하였다. 결단의 순간에 루터는 교황의 권위를 의심치 않았다. 그러나 만약 교회가 전체 공의회의 무오류성을 부정하면 그것은 중세의 모든 정통 신앙과 결별하는 것이다. 루터는 교황과 같이 공의회도 잘못을 범할 수 있으므로 성경에 근거하지 않은 어떤 신앙도 강요할 권리가 없다고 하였다. 당시 가톨릭 신조를 옹호했던 게오르그 공작은 루터가 후스에 공감하는 것을 보고 빈정대며 “저주가 그 위에!” 라고 외쳤다. 결국 라이프찌히 논쟁은 루터로 하여금 교황과 교회를 떠나야 한다는 인식을 가지게 하였다. 루터는 중세 가톨릭적 체제와 결별을 선언하고 성경을 붙잡았다. 이 결정으로 그는 역사상 가장 혁명적인 인물이 되었다.

라이프찌히에서의 루터와 에크와의 논쟁은 크게 3가지로 정리할 수 있다. (i) 교황의 권위 문제이다. 에크는 교황의 신적 권위를 강조했으나 루터는 이를 비성경적이라고 주장하고 오직 성경만이(Sola Scriptura) 교회의 교리와 규칙이라고 하였다. 에크는 루터의 오직 성경 사상에 반대하고 교회의 권위 없이 성경은 참될 수 없다고 했다. 그리고 그는 콘스탄스(Constance) 공의회에서 이단으로 정죄된 위클리프와 후스의 죽은 이단 사상이 루터를 통하여 되살아났다고 정죄하였다. 그러나 루터는 개혁자들을 정죄한 종교회의와 교황은 오류를 범했다고 지적하였다. 그는 참된 권위는 오직 성경이라고 믿었다. (ii) 연옥의 문제이다. 에크는 마카베오 2서 12:45에 근거하여 연옥의 타당성을 주장하였다. 그러나 루터는 마카베오가 정경이 아니므로 로마 가톨릭의 연옥에 대한 주장은 권위가 없고 외경의 권위에 근거한 연옥은 존재하지 않는다고 했다. 루터는 제롬의 권위와 유대 정경은 예수와 초대 교회에 의해 사용된 경전이었다고 했다.[54] 당시 가톨릭에서는 죽은 자가 잠시 대기하는 곳을 연옥으로, 지상에 살아 있는 자가 기도나 제단에 헌물을 바침으로 죽음에서 승천할 수 있다고 가르쳤다.[55]

(iii) 면죄부와 고해성사 문제이다. 에크는 교회의 전통에 근거하여 면죄부와 고해성사를 주장하였으나, 루터는 성경에 기초하여 그리스도의 은혜와 믿음을 강조하였다. 이처럼 루터는 오직 성경에 기초하여 면죄부와 고해성사를 부정하였다. 루터는 철저히 성경을 텍스트로 에크에 맞서 논쟁을 전개하였다.[56] 결국 루터는 라이프찌히 논쟁을 통해서 로마 가톨릭과의 관계를 끊고 일약 국가적 영웅이 되었다. 이 후 그는 자신의 사역을 교황청과 교황 제도가 대표하는 모든 것으로부터,

---

53) 독일의 스승으로 칭송받는 멜란히톤은 루터가 설명하고 선포한 진리에 확신을 갖은 사람이었다. 그는 16세 때 헬라어 문법책을 저술했으며 5년 후에는 루터가 가르쳤던 비텐베르크 대학의 헬라어 교수가 되었다. 멜란히톤은 놀라운 재능과, 해박한 지식, 높은 학문성 그리고 풍부한 교양 때문에 독일인들에게 좋은 스승으로 기억되었다. 시드니 M. 휴톤, *op. cit.*, 151-152.

54) 1534년 루터가 처음으로 완성한 독일어 성경 번역본에서 그는 유딧, 지혜서, 토비트, 집회서, 바룩, 예레미야의 서한, 마카베오상.하, 다니엘과 에스더에 추가된 본문들, 므낫세의 기도를 머리말에 포함하면서 외경은 거룩한 경전과 동등한 것으로 받아들여지지는 않지만 그러나 읽기에 유익하고 훌륭한 책이라 했다. 개신교는 일반적으로 루터의 이 예를 따랐다. 그리고 성경을 간행 할 때 히브리 정경에서 발견되지 않는 책들을 분리된 부록에 귀속시키거나 또는 그 책들을 전부 누락시켰다. 존 H. 헤이즈, 「구약학입문」, 이영근 역, (크리스챤 다이제스트, 1994), 37-38.

55) 데이비드 케너다인, 「굿바이 E. H. 카」, 문화사학회 역, (푸른역사, 2005), 126-128.

56) 이같은 가톨릭 교회의 전통은 대체로 외경에 근거하였다. 이 외경은 1520년 칼슈타트가 그의 정경론에서 처음 사용하였는데 그 내용은 성경과 현저히 구별된다. 가톨릭 교회는 여기에 기초하여 죽은 자들을 위하여 기도하는 것과(제2 마카베오 12: 43-45), 성자들에 대한 기도, 혹은 연옥 교리를 발전시켰다.

즉 신앙의 자유를 쟁취하기 위해 민족적 투쟁을 전개하였다. 이러한 루터의 단호한 태도는 많은 인문주의자들이 종교개혁을 돕는 동인이 되었다. 특별히 이 논쟁을 계기로 얻은 친구 멜란히톤은 평생의 그의 동지였다. 논쟁을 마친 후에 에크는 루터를 이단으로 정죄할 권한을 부여받기 위해 서둘러 로마로 갔다. 루터는 로마 교회의 그릇된 공로사상과 성찬관이 비성경적임을 인식하고 자신의 복음적 입장을 공고히 하였다.

(5) 교황의 루터 파면: 1520년 6월 교황은 칙서 "엑스수르게 도미네"(Exsurge Domine)를 공포하였다. 이 칙서는 독일에 유포되고 있는 이단들을 개탄하고, 로마 가톨릭의 진리에 반대하여 루터가 가르친 42개 신조가 열거되었다. 이러한 상황에서 루터는 1520년 6월에 「선행에 관한 소고」(*Treatise on Good Works*)를 발표하였다. 여기서 루터는 믿음과 선행의 관계, 믿음과 율법과의 관계를 설명했다. 그는 로마 가톨릭에서 주장하는 인간의 공로 사상을 배격하고, 하나님 앞에서 인간의 최고의 선행은 그리스도를 믿는 것이요 오직 믿음 뿐(Sola Fide)이라고 하였다. 왜냐하면 의롭다고 인정되는 방법은 오직 신앙뿐이기 때문이다. 이러한 루터의 오직 믿음 사상은 로마 교회의 공로(혹은 선행) 사상에 대한 정면 도전으로 당시 평신도들의 일상적 삶에 새로운 가치를 제공하였다. 사실 과거에 교회는 특별히 하나님을 기쁘시게 하는 선행으로서 순례행위나 면죄부 매입과 같은 종교적 선행을 장려하였다. 루터는 어떤 것이든 그러한 구별은 성경적 근거가 없다고 주장했다. 만약 그리스도를 믿는 믿음이 수행될 수 있다면 십계명이 요구하는 모든 선행은 다 하나님께 기쁨이 된다고 하였다.

(6) 루터의 종교개혁의 3대 논문: 이때 루터의 개혁의지는 진일보 하여 자신의 입장을 밝히는 3편의 논문으로 구체화 하였다. 루터는 논문에서 그의 신앙을 더욱 확고히 표명하며, 교황권과 성례론을 비판하고, 영적 자유는 오직 말씀과 신앙에 의해서만 얻어진다고 역설하였다. 종종 종교개혁의 3대 원리로 불리는[57] 논문들은

---

57) 루터는 1520년 4월 발행된 울리히 폰 후텐의 「바디스쿠스 혹은 로마의 삼위일체」(Vadiscus or the Roman Trinity)의 풍자 형태의 저술의 영향을 자신의 논문에 적용하였다. 후텐은 로마에서의 자신의 경험을 여러 개의 3부작으로 정리했는데, 루터는 그의 글의 형식을 따라 교황주의자들의 3가지 장벽과 3가지 막대기를 풍자하였다. Philip Schaff, *History of the Christian Church,* (Michigan: Grand Rapids, 1910), vol. vii, 198-200.

1520년 7월부터 10월까지 발표한 것으로 「독일 그리스도인 귀족에게 고함」, 「교회의 바빌론 유수」, 「그리스도인의 자유」였다. 이 중에 앞의 두 논문이 전쟁을 알리는 나팔 소리로 교황제에 역사상 가장 치명적인 타격을 입혔다면, 마지막 논문은 천둥과 먹구름 사이로 평화스럽게 빛나는 무지개였다.[58)]

(A) 「독일 기독교 귀족에게 보내는 편지」(*To the Christian Nobles of the German Nation concerning the Reform of the Christian Estate*): 1520년 8월 루터는 자신의 입장을 호소한 글을 발표하였다. 루터는 로마의 뒤에 숨어 있는 벽이 무너지지 않고는 개혁은 불가능하다고 보았다. 그리고 그는 당시 성직자들이 교회의 개혁을 책임져야 함에도 불구하고 의무를 다하지 않았다. 그러므로 독일의 황제와 영주들은 각각 그리스도의 사람으로 교회를 개혁해야 한다고 했다. 그는 여기서 교황이 자기 둘레에 세 개의 벽을 쳐 놓고 교황직을 보호하려 한다고 주장하였다. 그 세 개의 벽은 (i) 영적 권세가 세속 권세보다 우월하다는 것과 (ii) 교황만이 성경을 해석할 수 있다는 것과 (iii) 교황만이 교회 회의를 소집할 수 있다는 것이었다.

이에 대해 루터는 (i) 초대교회의 만인 제사장직에 근거하여 사제와 평신도간의 구별을 부정하였다. 당시 로마 교회는 교황, 주교, 사제와 수도사는 영적 신분에 속한다고 하였다. 반면에 제후, 군주, 노동자, 그리고 농민들은 영적 신분에 예속되는 세속적인 신분이라고 하였다. 루터에 의하면 참된 영적 신분은 예수 그리스도를 믿는 신자들의 전체 연합체였다. 그에게 모든 그리스도인은 사제로 모든 권리를 소유한다. 신자들은 단지 그들이 수행하는 기능에서만 서로 다르다. 모든 직분이 하나님 앞에서 동등하므로 성직자라고 하여 특별한 지위를 갖지 않는다. 이들

---

58) *Ibid*., 176. 특별히 교황청을 둘러싼 세 개의 장벽은 그의 종교사상을 이끈 지배적인 추동력, 곧 신과 인간 사이의 올바른 관계를 가로막는 모든 것을 제거하고 무너뜨리려는 열정을 상징적으로 보여주었다. 여기서 루터는 자신의 신학을 종교적 및 정치적, 지성적으로 표현하였다. 그 중에 지성적 표현은 중세의 철학 전통에 대한 거의 전적인 거부였다. 그것은 단순히 무지몽매한 거부가 아니라, 수 세기에 걸쳐 철학이 성경의 의미를 왜곡했으며 진위가 불분명한 교황청의 주장들을 뒷받침했다는 확신에 기초했다. 결국 아리스토텔레스의 영향은 유해하다고 선언되었으며, 아퀴나스가 기독교화한 아리스토텔레스주의는 유감스러운 기반 위에 구축된 유감스런 상층구조로 간주되었다. 루터는 가히 철학의 바벨탑인 실체와 우연적인 존재들에 관한 끝없는 논쟁 대신 성경의 소박한 지혜와 하나님의 말씀의 회귀를 역설하였다. 셀던 월린, 「정치와 비전」, 강정인 · 공진성 · 이지윤 역, (후마니타스, 2007), 249.

은 단지 사역을 위한 구별된 직임을 가질 뿐이며, 모든 그리스도인들은 신령한 신분을 가지고 있다.[59] 한편 루터는 교회의 권세가 황제보다 우위에 있는 것도 아니라고 했다. 여기서 루터의 만인 제사장직은 평등사상을 뜻하지만 그것은 무정부주의를 의미하지는 않는다. 루터의 평등사상은 하나님의 계약에서 신분의 동등을 말하는 것이다. 이는 결코 직분상의 동등성을 주장한 것은 아니다.

(ii) 두 번째로 루터는 교황의 성경 해석의 독점권을 매우 어리석은 것이라고 지적하였다. 그리고 그와 같은 헛된 주장은 불태워야 한다고 하였다. 왜냐하면 성경은 이것을 지지하는 구절이 한 구절도 없기 때문이다. 하나님은 모든 신자들에게 성경을 해석할 권리를 허락하셨다. 성경은 인류에게 주신 하나님의 자기 계시로 모든 사람이 읽고 묵상하며 교리와 삶의 원리로 삼아야 할 교제이다. 또한 모든 사람을 위해 기록된 책이다. 무엇보다도 성경의 내용이 명확하므로 모든 사람에게 읽혀져야 한다. 성령은 경건한 심령들에게 주어지며 따라서 모든 그리스도인들은 다 제사장이고 신앙에 있어서 무엇이 옳고 그른가를 성경에 근거하여 판단할 자격을 모두 구비하였다. 만약 성경 해석권이 교황에게만 있다면 성경은 한 사람만을 위해 기록된 책이다. 그렇게 되면 성도 개개인과 그리스도는 별개이므로 교회에서 읽거나 연구할 필요가 없다. 성경이 한 개인을 위해 기록되었다면 불에 태워져야 하며 많은 사람을 위해 기록되었다면 하나님이 본래 써 주신 의도대로 모든 성도들이 읽을 수 있게 해야 한다고 했다.

(iii) 마지막으로 루터는 교황만이 종교회의를 소집할 수 있다는 주장을 거부하였다. 왜냐하면, 성경은 형제가 죄를 범하거든 교회에게 말하라고 했기 때문이다. 그러므로 만약 교황이 범죄 하면 종종 그렇듯이 우리가 회의를 소집하여 그를 성경에 복종시켜야 한다. 모든 기독교인들은 회의가 소집되도록 최선을 다 할 의무

---

59) 루터는 교황, 주교, 사제, 수도사, 그리고 수녀들을 경건한 계급이라 칭하고, 제후, 군주, 장인, 그리고 농부들을 세속적인 계급이라 칭하는 것은 몇몇 시류에 편승한 자들이 지어낸 허울 좋은 이름에 불과하다. 내가 이런 주장을 하는 데는 그럴만한 근거가 있으니 놀랄 필요는 없다. 그리스도인은 누구든지 실제로, 그리고 진정으로 거룩한 지위를 가지고 있다. 그리고 그들은 각각 다른 일에 종사하고 있다는 것을 제외하고는 아무런 차이가 없다. 왜냐하면, 세례와 복음과 믿음만이 인간을 경건하게 만들며, 그것만이 그리스도인이라 칭해지는 사람들을 창조해 내므로 우리가 받는 세례는 우리 모두를 에외 없이 거룩하게 하며 우리 모두를 제사장으로 만든다(벧전 2:6; 계 5:9-10).

가 있다. 루터는 행 15장 예루살렘 회의는 첫 교황 베드로가 소집한 것이 아니라, 사도와 장로들이 소집하였다고 하였다. 그리고 혹 교회 회의가 필요에 따라 소집된다면 초대 교회처럼 세속 권세를 행사하는 그리스도인도 당연히 개혁을 추구할 권리가 있다. 특별히 교황이 반교회적일 때 세속권은 교회 회의를 소집하여 대처할 수 있다고 했다. 이처럼 루터는 가톨릭의 오류를 지적하고, 교회의 개혁을 위해 (a) 교황청이 사치를 일소하고, (b) 교황은 세속 통치 대신 종교적인 일에 관심을 가져야 하며 (c) 교황청에 세금 상납은 밑 빠진 독에 물 붓는 것이므로 통치자들은 교황청에 세금을 보내지 말아야 하며, (d) 교회 지도자나 평신도들은 로마에 소송을 내지 말며, (e) 성지 순례를 금하고 (f) 주일을 제외한 모든 축제일은 폐지되어야 하며 (g) 성직자의 결혼을 승인해야 한다고 주장하였다. 그리하여 루터는 당시 로마 가톨릭 교회에 독일 교회의 절박한 개혁 상황을 호소하였다.

(B) 「교회의 바벨론 포로」(*The Babylonian Captivity of the Church*): 루터는 벧전 5:13에 기초하여 한 때 유대인들이 바벨론의 포로였듯이 오늘날 교회는 가톨

60) 로마교회의 7성례 제도는 피터 롬바르드(Peter Lombard, 1100-1164)에 의해서 시작되었다. 그는 1147년에서 1151년 사이 성경과 교부들과 저명한 교회 지도자들의 글을 편집하여 「네 개의 판결」(*Four Books of Sentences*)이라는 책을 썼다. 사실 초대교회 시대 이후 교회에는 축귀나 주기도문 암송, 기도자의 성례, 성경의 성례, 참회의 성례 등의 약 12개의 성례가 시행되었다. 그러나 롬바르드는 이 책을 통하여 세례, 견신례, 성찬식, 고해성사, 종부성사, 성직수임식, 결혼 등 7가지 성례를 교회가 받아들일 것을 주장하였다. 롬바르드의 성례론은 즉시로 로마교에 의하여 채택되었고 그 후 3세기 동안 논란이 있은 뒤 1439년 플로렌스 교회회의(the Council of Florence)에서 롬바르드가 제안한 7성례가 7이라는 완전수를 포함하고 있기 때문에 이 일곱 가지 중 어느 하나라도 사실이 아니며 합당한 성례가 아니라고 말한다면 그에게 저주가 있을 것이라고 공언하였다. 7성례를 정함에 있어서 가톨릭 교회의 목적은 신자들을 요람에서 무덤까지 전 삶을 완전히 지배하기 위한 것이었고 또한 이 성례적 제도는 베드로의 후계자로서 사제에게 인간사의 가장 중요한 일들을 지배할 수 있도록 고안된 것이다. 그리하여 이들은 출생 이후 가능한 한 빨리 시행된 세례로부터 다가오는 죽음의 그림자에 이르기까지 평신도들을 사제들의 지배 아래 계속 의존적으로 있게 했다. 가톨릭에서 실시하는 7성례 중에 세례와 성찬을 제외한 다른 의식들을 살펴보면, 먼저 (1) 견신례(Confirmation)란 이미 세례받은 신도가 감독의 안수와 도유와 기도를 통하여 성례의 7종 은혜를 받음으로서 그들의 신앙을 확고히 고백하고 끝까지 신실하게 살아가겠다고 하는 성례를 의미한다. (2) 고해성사(Penance)란 세례 받은 후 범한 치명적인 죄를 진심으로 통회하며 자신에게 부과된 고해를 즐겨 행하고자 하는 사람들에게 사죄함을 베푸는 성례이다. (3) 종부성사(extreme unction)란 약 5:14절에 근거하여 죽어가는 사람에게 성유를 바르며 사제의 기도를 통하여 하나님의 자비를 확신하고 악귀의 최후의 공격과 유혹을 물리치는 특별한 은혜를 받는 성례이다. (4) 성직수임(ordination or

릭의 7성례에 포로가 되었다고[60] 지적하였다. 왜냐하면, 교황주의가 성례전을 그릇되게 평가하고 해석함으로 교회로부터 자유를 빼앗았기 때문이다. 그에 따르면 교황주의가 세 겹의 성벽을 둘러치고 자신을 보호하고 있다면 그 내부의 성채는 성례라고 주장했다. 루터는 10월 6일에 출판된 「교회의 바벨론 유수」(*The Babylonian Captivity of the Church*)에서 플로렌스 공의회에서 규정된 7성례를 집중 공격하였다. 특히 그는 (i) 교황청이 아비뇽으로 이전한 후 제정한 그릇된 전통, 즉 일반 평신도들에게는 포도주 잔을 주지 않는 관습과, (ii) 제 4차 라테란 공의회에서 규정한 화체설로 떡과 포도주의 본질이 봉헌과 더불어 예수 그리스도의 몸과 피가 된다는 가르침, (iii) 미사를 희생의 반복으로 보는 가톨릭 교리는 성경의 단순성을 말살한다고 비판하였다.

그리고 성경의 표준에 이 세 가르침을 반추하고, 이것이 잘못 되었음을 발견하였다. 루터에 의하면 주의 만찬은 죽음을 앞 둔 주님에 의해 제정된 하나의 약속이며, 이 약속은 다름 아닌 하나님의 아들의 죽음에 의해 확증된 죄 사함에 대한 약속이었다. 그리고 그 약속에 대한 접근은 선행 대신 오직 믿음으로 얻어진다. 성경은 어디서도 떡과 포도주의 본질이 변화를 일으킨다고 말씀하지 않으며 미사를 공효 있는 행위로 생각하는 구절도 없다. 성례는 약속과 표징을 포함하고, 또 반드시 그리스도에 의해 제정되어야 했기 때문에 로마 가톨릭의 7성례 중에 두 개나 혹은 세 개의 성례, 즉 세례, 성찬, 고해성사만이 합당한 것이라고 주장하였다.[61] 한편 루터는 화체설을 기괴한 유령(幽靈)이라고 비난했으며, 성찬에 임재하는 그리스도의 현존을 정밀히 규정하려는 시도는 불경스런 호기심일 뿐이라고 하였다.

(C) 「그리스도인의 자유」(*The Freedom of the Christian Man*): 1520년 여름

---

holy orders)은 사제직의 임무를 잘 수행할 수 있는 특별 은혜와 함께 사제의 충만한 권세를 받는 자들에게 주어지는 성례이다. (5) 결혼례란 엡 5:32에 근거하여 일남 일녀가 거룩한 혼인으로 하나가 되어 죽는 날까지 그들의 의무를 신실하게 수행하는데 필요한 은혜를 받는 성례를 말한다. 이들이 인용한 성경은 모두 잘못 이해되어 실시되었다. 로레인 뵈트너, 「로마 가톨릭 사상 평가」, (기독교문서선교회, 1992), 264-272; 루이스 벌콥, 「기독교교리사」, 신복윤 역, (은성문화사, 1980), 283-284.

61) 루터는 이 책 앞부분에서 고해성사를 세 번째 성례로 포함시켰으나, 이 성례와 연결된 가견적 인 징표가 없기 때문에 고해성사는 그 자격을 상실해야 한다고 느꼈다. 결국 이 논문은 교황의 거짓 주장들에 대하여 강력한 타격을 입혔다.

로마는 루터에게 최후의 일격을 가할 준비를 하였다. 루터는 이런 와중에서 평안을 누리고 있었다. 이때 밀티츠는 루터를 굴복시킬 태세로 10월 12일 그에게 서신을 보내 루터가 교황에게 경건한 책 한 권을 보내면 유익할 것이라고 하였다. 그 해 11월 「그리스도인의 자유」를 출판한 루터는 책 서론에 레오 10세에게 보내는 편지를 담았다. 여기서 그는 교황과 교황청을 구분하고, 교황청이 정죄 받아 마땅하지만 교황 레오는 더 좋은 교황이 될 것이라고 하였다. 그리고 자신의 선한 소망의 표식으로 이 책을 동봉하였다. 그러나 루터는 교황을 이리 떼 속에 앉아 있는 한 마리의 어린 양으로 묘사하였다.[62] 그리고 본론에서 내적인 인간과 외적인 인간을 구분하였다. 전자는 그리스도를 믿는 신자들이 모든 사람 위에 자유로운 주인이며 누구에게도 종속되지 않는다. 후자는 행위에서 그리스도인은 모든 사람에게 봉사하는 종으로 모든 사람에게 종속된다. 이로써 루터는 이원론적 자유론을 설파하였다. 요지는 신자의 영적 의와 자유는 외적인 조건에 영향을 받지 않는 다는 것이다. 이것들은 하나님의 말씀에 의존되며, 그 말씀은 "그분의 아들에 관한 복음이다." 그리고 이 복음은 오직 믿음으로만 받을 수 있다. 그러므로 그리스도에 대한 믿음은 완벽한 구원을 가져다주는 "무비(無比)의 보화"라고 하였다.

루터는 평이한 말로 자신이 누리는 것과 같은 마음의 평안에 이르는 열쇠를 제시하였다. 그는 여기서 속사람과 겉 사람을 구별하였다. 그에 의하면 속사람은 우리가 오직 믿음에 의해서만 의롭게 된다는 것이다. 우리가 의롭게 되는 것은 선행이 아니라 오직 믿음에 의해서이다. 루터는 이 믿음을 통해 성도가 하나님의 언약을 굳게 잡고, 그리스도와 연합되며 율법을 완성시킨다. 왜냐하면 그리스도인은 그리스도를 통하여 왕과 제사장이 되었다. 왕 된 자로서 그리스도인은 이제 "만물 위에 높임을 받았다". 그러므로 그리스도인의 제사장 직분은 탁월한 것이므로, 그로 말미암아 그들은 "하나님 앞에 나아가 다른 이들을 위해 기도하고 서로 거룩한 진리를 가르칠 자격을 얻게 되었다"고 했다. 이처럼 복음에 의해 인류는 율법과 세상의 폭정과 노예 상태에서 벗어나 자유롭게 되며 "그리스도인은 성령으로 인하여 우리를 자유롭고 기쁘고 전능한 사역자로, 모든 환란을 이기는 정복자로 우리

---

62) Philip Schaff, *History of the Christian Church,* (Michigan: Grand Rapids, 1910), vol. vii, 220-227.

이웃을 섬기는 자로 만들어 주는 사랑으로 가득차게 된다"고 했다. 곧 그리스도인은 어떤 것에도 종속되지 않은 완전히 자유로운 만물의 영장이다. 또한 그리스도인은 만물에 대해 가장 충직한 종으로 온전하고 충실하게 모든 사람에게 예속되어 있다. 그러므로 진정한 그리스도인의 자유는 무엇으로부터의 자유(freedom from what)가 아니라, 무엇으로의 자유(freedom to what)를 의미하였다.

선행은 의롭게 되는 도구가 아니라 의로움의 열매, 속사람 안에 있는 의로 말미암은 겉 사람의 결과일 뿐이다. 열매를 보아 그 나무를 알 수 있듯이 의롭게 된 자의 행위는 의로워야 한다. 그리스도에 대한 믿음은 행위로부터 우리를 단절시키는 것이 아니라 행위에 대한 그릇된 개념으로부터 우리를 절연시킨다. 즉 행위로 의롭게 된다는 어리석은 추측으로부터 우리를 절연시킨다. 루터는 결국 믿음과 선행은 결코 분리할 수 없다고 이해하고, 분리시키느니 차라리 불과 빛을 분리시키는 것이 낫다고 하였다.[63] 이처럼 루터는 성령으로 말미암아 사랑으로 가득차게 되어 자기 마음의 비밀을 드러냈다. 그렇게 함으로 그리스도인의 자유를 자신이 직접 주도한 믿음의 사람이었다. 그러나 루터는 이를 통해 육신적인 인간을 무절제하게 하는 구실이 되었다. 이는 마치 은혜가 넘치도록 하기 위해 죄를 짓는 자(롬 6:1)로 추론되어 그들의 자유로 육체의 기회를 삼는다(갈 5:13)고 하였다. 상기한 루터의 세 논문은 독일 국민들에게 내놓은 선언이었다. 이로써 루터는 자신을 출교할 교황청의 교서 발행에 빌미를 제공하였다.

(7) 루터와 보름스 의회: 3대 논문을 발표한 후 루터는 그의 생애 최대의 위험에 직면하였다. 교황은 신실한 성도들에게 그 해악을 억제하기 위해 가능한 한 모든 조치를 취할 것을 촉구했다. 그리고 루터에게 60일 이내에 그의 견해를 철회하게 하였다. 만약 불응 시에는 이단으로 정죄하겠다고 하였다. 루터는 곧 라틴어와 독일어로 「적그리스도의 교서에 대항하여」라는 소책자를 썼다. 여기서 그는 "저주받은 뻔뻔스럽고 악마적인 교서"라고 부르고, 성경의 기준에서 볼 때 도리어 교황이 이단이라고 주장하였다. 그해 12월 10일 비텐베르크의 회중 앞에서 라틴어로 "그대가 주님의 거룩한 자를 근심으로 괴롭게 하였듯이, 영원한 불길이 그대를 괴

---

63) Philip Schaff, *History of the Christian Church*, (Michigan: Grand Rapids, 1910), vol. vii, 23-24.

롭게 하리"(*Quia tu conturbasti Sanctum Domini, ideoque te conturbet ignis dternus*)라고 말한 후 교황의 칙서와 교령집, 교회 법전을 불살라 버렸다.[64] 이때 루터의 제자들과 도시민, 동료 교수 수 백 명은 불타는 교서에 장송곡을 불렀다. 그 후 친구들의 조언을 존중하여 루터는 헛된 줄 알면서도 자유로운 공의회에 1520년 11월 17일 작성한 새 탄원서를 올렸다. 여기서 그는 교황을 완고한 이단자, 성경을 억압하는 반 기독교적 존재, 거룩한 교회와 합법적 공의회를 경멸하는 신성모독자라고 비난하였다. 동시에 그는 결코 물러서지 않을 것을 천명하였다. 루터는 오류가 없는 자신의 책을 불태우자 맞불을 놓고 저주에 저주로 맞섰다.[65]

이 소문이 급속히 퍼지면서 독일과 전 유럽은 흥분에 사로잡혔다. 이에 교황은 1521년 1월 3일 루터에게 파문 교서인 "데케트 로마눔"(Decet Romanum)을 공표하였다. 이런 상황에서 교황은 찰스 5세의 제국회의가 이 사건의 개입을 요청하였다. 따라서 1521년 3월, 찰스 5세는 보름스(Worms) 국회를 소집하여 군대를 배치하고 루터에게 제국 회의에 출두하라고 명령했다.[66] 이때 겁에 질린 루터의 친구들이 그의 곁을 떠났다. 그러나 루터는 강한 마음으로, 3월 26일 제국 회의의 사령인 카스파르 수투름(Caspar Sturm)의 소환장과 함께 비텐베르크에 도착하였다. 4

---

64) 역사적으로 교황청의 교서가 소각된 대표적인 예는 중세 독일의 황제 하인리히 4세(1056-1105)가 교황권과 대립한 경우였다. 보다 자세한 것은 서요한, "제8, 9장 중세 서임권 논쟁의 형성과 발전(I, II)," 「중세교회사」, (도서출판 그리심, 2010), 229-291을 참고하라.

65) 루터는 많은 교수들과 학생들이 보는 앞에서 교황의 파문 교서, 교황의 선언문, 교회법, 그리고 에크와 엠저의 저작들을 불에 던지면서 아간의 죄를 나무라는 여호수아의 말, 수 7:25을 인용하여 "너가(교황이) 주님의 거룩한 자를 괴롭게 한 것처럼, 영원한 불이 너를 괴롭게 하기를 원하노라" 하였다.

66) 당시 의회에는 루터의 영향을 받은 개혁운동파와 찰스 5세가 대변하는 스페인 개혁파, 특사 알레안더(Aleander)가 대변하는 로마 교황청의 세 세력이 집결하였다. 이 중에 첫 번째와 두 번째는 루터가 자신의 입장을 완화하여 라이프찌히 토론 이전의 입장을 고수했더라면 서로 연합할 수도 있었다. 그런데 루터가 이를 거절한다면 황제는 교황청과 연합하여 그를 분쇄할 수밖에 없었다. 이처럼 당시에 개혁을 놓고 상이한 두 개념이 존재했던 바, 스페인은 중세 교회의 무감각적이면서도 형식적인 모습을 깨뜨린 채, 새로운 신앙생활을 되찾으려 하면서, 성직자 중심의 목회제도, 교황권에서 절정을 이루는 교직제도 아래서 외적인 가시적인 연합, 그리고 에큐메니칼 회의의 결정에 따른 교리를 보장받으려는 태도는 변경하지 않았다. 다른 한편 교권적 권위에 불과한 족쇄로부터 인간의 영혼을 자유롭게 풀어 주려고 했으며, 또한 만인의 영적 사제직 제도를 통해서 교회의 생명을 재촉진시키려고 하였다. Thomas M. Lindsay, *A History of the Reformation,* (Edinburgh: T. & T. Clark, 1907), vol. II., 495-496.

월 2일, 루터는 동료 교수 니콜라스 폰 암스도르프(Nicholas von Amsdorf, 1483-1565) 등과 함께 마차를 타고 700km의 여정에 올랐다, 4월 16일 루터는 보름스에 도착하여 숙소인 성 요한 기사단의 요양소에 여장을 풀었다. 다음날 17일 오후 4시 루터는 제국 회의에 첫 출두하여 요한 에크(Trier의 주교 시기)로부터 두 가지 질문을 받았다. (i) 탁자 위에 놓여 있는 책들이 루터의 것인가 하는 것과 (ii) 그 책의 내용을 철회할 의향은 없는가 였다. 루터는 그 책들이 자신의 것임을 인정하였으나 두 번째 질문에 대해서는 답변할 시간을 달라고 요청하였다. 이에 찰스 5세는 루터의 요청을 수락하였다.

다음날 4월 18일 오후 4시, 루터는 공의회 앞에서 자신의 책들을 종류별로 구분하였다. (i) 신앙과 도덕을 다룬 책들로 거의 모든 사람들이 동의한다. (ii) 다른 책들은 교황제를 비판하고 교회에 해악이 된다는 것을 공격한 책들이다. (iii) 개인적인 것들이다. 루터는 자신의 책들이 인신공격을 하고 분열을 야기했음을 인정하였다. 루터는 그의 책에서 명백한 오류가 있다면 제국 회의의 결정에 따르겠다고 말했다. 이어서 에크는 마틴이여, 성경에서 비롯된 것이라는 그의 주장은 이단자들이 항상 하던 이야기였소. 그대는 위클리프와 후스가 범했던 과오를 재현하고 있소. 그대는 수많은 유명 인사들보다도 더 뛰어난 판단력을 가지고 있으며 그들보다 더 많이 알고 있다고 주장할 셈이오? 나는 그대에게 요구하오. "그대는 그대의 것이라고 인정되는 책들의 내용을 옹호하기를 원하는가 아니면 일부 철회하고자 하는가"?라고 물었다. 이에 루터는 "성경의 증거와 또는 명백한 이성의 증거에 의해서 그 오류가 충분히 밝혀지기 전에는 철회하지 않겠습니다"라고 하였다. 나는 내가 인용한 성경에 매여 있습니다. 그리고 나의 양심은 하나님의 말씀에 포로가 되었습니다. 나는 어떤 것도 철회할 수 없으며 철회하지도 않겠습니다. 양심을 거역한다는 것은 안전하지 않으며 올바르지도 않기 때문입니다". 그리고 루터는 흔들림이 없이, "나는 달리 할 수 없다, 나는 여기에 서있다, 하나님 나를 도우소서, 아멘"이라는 말로 증언을 했다.[67] 이렇게 그는 황제의 요구를 단호히 거부하였다.

---

67) A. G. Dickens, *Martin Luther and the Reformation*, (London: Hodder and Stoughton, 1977), 58-59; Robert Backhouse(ed.), *The Life and Letters of Martin Luther*, (London: Hodder & Stoughton, 1993), 120-121; James M. Kittelson, *Luther the Reformer: The Story of the Man and His Career*, (Minneapolis: Augsburg Publishing House, 1989), 161.

몇 일후 황제는 루터의 공민권(법의 보호)을 박탈하고 그를 체포하여 사형토록 보름스 칙령에 서명하였다. 따라서 루터의 신변은 매우 위험하였다. 그런데 처음부터 루터에게 호의적이던 선제후 프리드리히(Fredrick)는 국회 개회 때부터 루터의 신변을 염려하여 부하를 배치시켰다. 그는 루터가 법의 보호를 받을 수 없게 되자 기사의 옷을 입고 기사의 이름으로 그(루터)를 구출하여 바르트부르크 성(Waltburg)에 은신시켰다.[68] 루터는 선제후의 보호아래 약 1년 간 이곳에 머물며 성경을 독일어로 번역하였다. 그 결과 1522년에 신약, 1534년에 구약이 출간되었다. 이는 독일 문학의 최고 걸작 중 하나로 근대 음악과 문화 발전에 크게 영향을 미쳤다.[69]

4.2.1.3. 제 3기: 쇠퇴기-농민 전쟁과 신학논쟁

제 3기는 1524년부터 1546년까지의 기간으로 농민전쟁에 휘말리며 에라스무스, 뮌쩌, 츠빙글리와의 논쟁으로 분열하며, 루터파 교회를 국가에 종속시켜 개혁의 퇴보를 낳은 시기이다.

(1) 루터와 농민전쟁: 이 무렵 루터의 종교개혁은 전국적인 운동에 사회운동으로 확대되었다. 1521년 루터가 없는 동안 비텐베르크는 엔드레아스 칼스타트(Andreas Karlstadt)의 지도하에 있었다. 당시 이곳에는 쯔비카우(Zwikaw)에서 온 급진적 사회개혁의 재세례파 운동이 일어났다. 이들은 자칭 예언자로 말씀보다 영적 체험을 중시하고 또한 유아세례 대신 성년 세례만을 인정하였다. 1522년 5월 인문주의자 후텐(Ulrich von Hutten, 1488-1523)과 지킹겐(Franz von Sickingen, 1481-1523)을 중심으로 몰락한 제국 기사들이 반란을 일으켰다. 당시 제국기사는 황제 직속의 독립적 소영주였으나 봉건사회의 붕괴와 영방(領邦) 국가의 성립 과

---

68) 김홍기, 「세계기독교의 역사이야기」, (예루살렘, 1992), 81.

69) 이때 루터를 도운 사람들은 그의 절친한 친구 필립 멜랑톤, 부겐하겐(Bugenhagen), 클루시거(cruciger), 그리고 유스투수 요나스(Justus Jonas)같은 친구들이었다. 특히 루터의 독일어 성경은 영감 넘치는 개성적 언어로 인해 처음으로 바하의 칸타타와 수난곡, 브라암스의 독일 레퀴엠과 같은 작품이 출현하였다. 루터가 시 46편을 기초로 직접 작곡한 "신은 우리의 성채"(Ein, feste Burg ist unser Gott)는 가장 널리 알려진 코랄이다. 시드니 M. 휴톤, (나침판사, 1994), 160; Williston Walker, *op. cit.*, 433; 후고 라이히텐트리트, 「음악의 역사와 사상」, (삼호출판사, 1993), 175.

정에서 몰락하였다. 그리하여 그들은 종교개혁을 기점으로 루터를 지지하고, 과거의 영광된 독립적 지위의 회복을 꾀하였다. 그러나 지킹겐의 영지는 제후들의 손에 넘어가 불탔으며, 두 아들이 추방되고 셋째 아들은 수감되었다. 결국 전쟁은 곧바로 진압되었다. 이러한 참상 속에 루터는 하나님의 심판을 목격하고 폭력은 피해야 한다고 생각하였다. 두 사람의 사라진 꿈은 2년 후 농민 반란으로 재현되었다.

1522년 3월 바르트부르크 성에서 비텐베르크로 돌아온 루터는 긴박한 상황에서 한 당파의 지도자가 되었다.[70] 이로써 정화된 통일 독일에 대한 보편적 이상은 사라지게 되었다. 루터는 비텐베르크의 소요로 그곳으로 돌아갔다. 그는 비텐베르크의 개혁자들의 잘못을 지적하고 자신의 신학적 입장을 밝혔다. 그는 급진파들에 맞서 성령을 털도 안 뽑고 잡아먹는 자들로 평가하고 체험보다 말씀을 강조하였다.[71] 그 와중에 농민들이 제후에 대항하여 봉기하자 사회적 불안이 고조되었다. 이에 루터는 농민들을 매도하고 강경한 태도로 소요를 진정시켰다.[72] 하지만 이를 계기로 급진적인 추종자들이 그로부터 멀어져 갔다. 1524년 6월 가장 큰 규모의 농민전쟁이 일어났다. 슈바르쯔발트(Schwarzwald) 지방의 스틸링겐(Stuhlingen)에서 발생한 농민 폭동은 한스 뮐러(Hans Muller)를 지도자로 순식간에 라인란트(Rhineland), 슈바벤, 프랑켄, 그리고 튀링겐의 남부 독일로 급속히 확대되었다. 반란의 시작은 한 백작 부인이 농민들이 건초를 만들지 않고 달팽이 줍기에 정신이 팔렸다고 비난한데서 시작되었다. 이 반란은 농촌과 도시로 급속히 확대되어 향후 2년 동안 알자스에서 티롤로 확산되었다. 그 후 이 운동은 독일에서 지금까지 발생한 운동 중 가장 큰 혁명이었다.[73] 당시 이들의 요구는 지역에 따라 조금 달랐으나, 그 중에 가장 대표적인 것으로는 메밍겐(Memmingen) 사람들의 12개조였다. 이것은 일

---

70) Williston Walker, *op. cit*., 421.

71) 루이스 W. 스피츠, 「종교개혁사」, (기독교문서선교회, 1994), 74.

72) 루터는 말하기를 "살해할 수 있는 폭도는 누구든지, 은밀하게든지 또는 공공연하게든지 찌르고 베어리리십시오. 폭동보다 더 치명적이고 위해적이며, 악마적인 것은 없기 때문입니다...그들의 귓굼멍은 총탄으로 뚫어야하고 그들의 머리가 어깨로부터 떨어져 나가도록 해야 합니다. 기록된 하나님의 말씀을 겸손하게 듣지 않으려고 하는 자들은 도끼를 들고 오는 참수인의 말을 들어야 합니다". 루터전집, 제4권, 261. Cf. 데이비드 리버링 루이스, 「신의 용광로」, 이종인 역, (책과 함께, 2010), 43.

73) 조셉 폰타나, 「거울에 비친 유럽」, 김원중 역, (새물결, 2002), 159.

종의 탄원서로 농노 해방과 영주들의 횡포와 관련된 악폐의 제거와 공평한 법률의 제정, 목자의 선출과 해임에 대한 공동체의 권리, 수도원과 십일조의 철폐, 그밖에 빼앗긴 권리를 회복시켜 달라는 것이었다.[74] 이 탄원서의 이면에는 농민들의 심각한 불만, 반교권적 전통이 자리하였다. 또한 종교개혁을 주도한 루터, 멜란히톤, 츠빙글리 같은 신학자들의 신법(神法)을 재건하려는 것이었다. 여기에 빈농과 부농들, 그 밖에 광산 노동자와 도시의 소시민 및 빈민들이 광범위하게 참가하였다. 그러나 그들은 적절한 지도자를 얻지 못하였다. 오히려 지역에 따라 온건파와 과격파 간에 서로 이해관계가 달라 공동전선을 결성하지 못하고 영방군주와 제후들의 무차별적인 반격으로 곧 진압되었다.

한때 루터는 "나의 아버지, 나의 할아버지, 나의 선조들은 모두 다 순전한 농민들이었습니다." 라고 자랑하였다. 루터의 어머니는 산에 가서 나무를 해 등에 지고 다녔고, 아버지와 어머니는 살이 떨어져 나갈 정도로 열심히 일하였다.[75] 루터는 농민계층이 압박받는 것을 보았으며, 또한 그들을 불쌍히 여기며 그 자신 특유의 표현으로 농민들의 압박을 비난하였다. 그리고 농민들의 이익을 챙기는 지주들의 탐욕을 질책하였다. 루터는 농민들의 12개 조항이 확정되기 전에 이미 공개적으로 지지를 천명했으며, 독일의 옛 자치단체 규범과 관습으로 되돌아갈 것을 옹호하였다. 그러나 루터는 옳든지 그르든지 무장반란은 아무런 유익이 없다고 하였다. 그에 의하면 개혁에는 두 길, 즉 평화의 길과 전쟁의 길이 있다. 그런데 그 중에 평화의 길만이 오로지 영속적인 유익을 가져다 준다고 믿었다. 칼을 가지는 자는 다 칼로 망한다고 하였다(마 26:52). 따라서 그는 위협을 무릅쓰고 앞으로 닥칠 위협

---

74) 1525년 3월 츠빙글리의 친구인 샤펠러(Schappeler)가 기초하여 멤밍겐(Memmingen) 회의에서 채택된 12조항(Twelve Articles)은 다음과 같다. (1) 각 공동체의 목사 임명권과 해고권, (2) 소소한 십일조의 면제, (3) 노예제도의 폐지, (4) 사냥과 수렵의 자유로운 허용, (5) 자유로운 땔감의 권리 보장, (6) 강제 부역의 철폐, (7) 가외 부역에 정당한 급료 지급, (8) 소작료의 인상, (9) 독단적 처벌의 중지, (10) 권력으로 무단 점유한 목초지와 밭의 환원, (11) 과부들과 고아들로부터 유산을 빼앗아가는 상속세를 처폐, (12) 모든 것을 성경에 비추어 검증하고 맞지 않으면 철폐할 것 등이었다. 튜더 존스, 「기독교 개혁사」, (나침판사, 1994), 80; Philip Schaff, *History of the Christian Church*, (Michigan: Grand Rapids, 1910), vol. vii, 443-444.

75) Philip Schaff, *History of the Christian Church*, (Michigan: Grand Rapids, 1910), vol. vii, 107-109.

을 백성들에게 경각시켰다. 루터는 잘못된 길로 가고 있는 백성들을 되돌리기 위해 여러 도시를 돌며 설교 여행을 하였다.

당시 반란의 주체인 농민들은 내심 루터의 지지를 기대하였다. 그러나 루터는 동참을 거부하고 오히려 적극적으로 반대하였다. 전쟁이 독일 전역으로 확대되며 종교개혁의 순수한 빛을 가릴 때, 루터는 펜을 피에 찍어 탐욕과 살기에 찬 농민들을 격렬히 비난하는 성명서를 작성하였다. 그들이 복음을 구실로 마귀의 일을 하고 있다고 비난하였다. 위정자들에게 온갖 방법을 강구하여 반란자들을 미친개로 여겨 찌르고 죽이고 목을 비틀라고 하였다.[76] 그에 의하면 불복종은 살인, 부정, 거짓, 그 외의 어떤 것보다 더 나쁜 죄였다. 그는 당시 농민전쟁을 강력히 비난하고 때로 사회적 불평등은 필요하다고 믿었다. 또한 농노제의 폐지를 주장하는 자들은 도둑질을 부채질하는 자들이라고 비난하였다. 그는 하나님의 나라와 이 세상 나라를 명확히 구분하고, 기독교인의 자유는 순수한 내적 정신적인 것으로 어떤 외적 현세적 압박에도 모순되지 않는다고 주장하였다.[77] 그리하여 루터는 교회 스스로 개혁할 능력이 없다고 판단하고 농민들을 유혈 진압한 영주의 편에 섰다.[78] 그리고 신의 말씀에 반하는, 죄악을 초래하는 것이 아니면 기존 권위에 절대적으로 순종해야 한다. 기독교인은 자신의 군주에 적극적으로 저항하거나 타인과 결탁하여 자신의 군주에 맞서서는 안 된다고 주장하였다. 때로는 십자가의 그리스

---

76) 보다 자세한 것은 「농민들로 이루어진 살인과 도적떼를 반대하여」(*Against the murdering, thieving hordes of Peasants*, 1525); Philip Schaff, *History of the Christian Church*, (Michigan: Grand Rapids, 1910), vol. vii, 445-446. Cf. 김성식, 「독일학생운동사」, (제3기획, 1987), 260-261; 이경수, 「세계사 눈뜨기」, (동녘, 1999), 109. 당시 농민들은 루터의 격려를 기대했다. 그러나 루터는 봉건 영주들 편에 서서 농민 봉기의 진압을 촉구하였다. 그는 말하기를 천국은 마음속에 있을 뿐이며 지상에서 하나님의 평등한 나라를 세우려 하는 농민들은 모두 마귀일 뿐이다. 그대들은 독일 농민군을 죽이기를 마치 미친개를 때려잡듯이 하라고 주장했다. 루터에 의하면 기독교인들은 경건한 통치자에게 항상 복종해야 하며 사악한 통치자에게도 적극적으로 저항해서는 안 된다고 가르쳤다. 폭정은 저항할 것이 아니라 견뎌내야 하는 것이기 때문이다. 실제로 농민군은 제후들에 의해 처참하게 진압되었다. 그리고 두 번 다시 독일에서는 하층 계급의 봉기가 일어나지 않았다. 농민 전쟁 후 루터의 종교 개혁은 독일 민중을 떠나 영방 군주를 비롯한 기존의 정치적 지배 세력에 의존하였다.

77) 노명식, 「자유주의의 원리와 역사」, (민음사, 1991), 98.

78) J. 플라므나츠, 「정치사상사」, 김홍명 역, (풀빛, 1986), 106.

79) J. 플라므나츠, 106-107.

도처럼 부당한 형벌도 감수해야 하기 때문이었다.[79)]

이로써 한 때 루터를 지지했던 독일 제후들과 그밖에 많은 사람들은 그를 "사기 박사"(Doctor Liar)로 간주하고 비난하며 옛 교회인 가톨릭으로 돌아갔다. 루터는 평민들을 불신하였고, 평민들은 개혁을 이루려면 군주들이 앞장서야 한다고 생각하였다. 이 때 갑자기 프레드릭 선제후의 사망으로 루터는 제후와 귀족 계급으로부터 정치적 도움을 받아야 개혁이 성공할 수 있다고 판단하고 농민을 비판하고 정치 지도자의 편에 섰다.[80)] 루터는 뮌쩌와 같은 지나친 광신주의자나 농민전쟁과 같은 과격한 반란은 다 같이 그의 종교개혁을 파멸시키는 악마의 소행으로 간주하였다. 그는 기존권위와 권력에 대한 시민적 복종이 기독교인의 의무라고 주장하였다. 이러한 루터의 태도는 매우 중요한 결과를 가져왔다. 그리고 유태인의 회유 거절에 반유태주의자가 되었다.[81)]

(2) 루터와 토마스 뮌쩌: 이때 과격파 지도자 중에 한 사람인 토마스 뮌쩌(Thomas Munzer, 1490-1525)는 농민전쟁의 신학적 근거를 제시하며 루터를 공격하였다. 한때 가톨릭의 사제로 성서, 교회 교부들, 독일 신비주의자들을 폭넓게 연구한 뮌쩌는 초기에는 루터의 추종자였다. 1521-1522년 사이에 그는 처음 츠비카우에서 다음에는 보헤미아에서 열렬한 복음주의 설교자로 일하였다. 거기서 그는 교회가 오래 전에 학자와 사제의 배신으로 그 순수성에서 멀어졌다는 확신 아래 새로운 사도적 교회를 세우고자 하였다. 1523년 그는 알슈테트의 투링기안시에서 목사로 복음을 해석해 주며, 루터와 다른 개혁 프로그램을 제시하였다. 뮌쩌는 성경을 종교적 체험에 복종시키는 철저한 영성주의를 주창했다. 그에 의하면 오직 성령을 소유한 사람만이 성경을 제대로 이해할 수 있다. 성령은 자기 절망의 심연을 통과함으로 중생하고, 또 스스로 고난의 그리스도의 십자가를 지는 오직 선택된 자들에게만 주어진다. 따라서 성령의 내적 세례가 단 하나의 진정한 세례이다. 물을 통한 외적 세례는 불필요하다. 그러면서 그는 선택된 자의 계약 교회를 세우려 하였다. 그리고 하나님은 칼의 힘과 죄인들을 용서할 수 있는 힘을 기독교 공동체에 부여했다고 주장하고 자신의 행동을 정당화하였다. 이러한 그의 이상은 곧

---

80) Owen Chadwick, *The Reformation*, (London: Penguin Books, 1988), 23-27.

81) 막스 디몬트, 「유태의 역사」, 김용운 역, (대원사, 1991), 43.

루터의 비난을 통해 나타났고, 그는 그리스도인의 사회주의를 소망하며 묵시록적인 천년왕국과 최후의 심판 및 하나님의 나라 도래를 소망하였다. 그리고 튀링겐(Thuringen)의 농민들에게 열정적으로 주님의 전투에 맞서 싸우라고 설교하였다.[82] 반란은 삽시간에 여러 지역으로 급속히 확산되었다. 1525년 이른 봄에는 유일하게 남쪽의 바바리아, 북쪽과 북동쪽의 헤세를 제외하고 거의 모든 독일이 혼란에 빠졌다. 반란군은 농민을 포함하여 여러 도시의 빈민들이 가세하여 수도원과 수녀원, 도처의 성벽들을 점령하였다.

그러나 뮌쩌는 종교개혁을 위협하며 농민전쟁의 지도자로 활약했으나 체포되어 처형되었다. 재세례파는 극단적인 과격파로 여러 곳에서 다양하게 나타났으며 사회의 하층에 무교육자가 많았다. 그들은 모든 기존 질서에 반감을 가지고 기존의 법이나 도덕률이 아니라 각자의 양심이 바로 법과 도덕의 원천이라고 주장하였다(antinomianism, 도덕 폐기론). 그들은 또한 계급과 사유재산을 부정하고 신자들의 공동생활에서 공동노동과 이익의 공동분배를 주장하였다. 사실 이때 농민전쟁은 루터의 자유운동과 개혁운동과 맥을 같이하면서 그들의 자유를 실현하려 하였다. 그리하여 루터의 「기독교인의 자유」를 그들의 교과서로 채택하고 농민들이 자유를 쟁취하기 위해 투쟁하는 시기, 그것도 그들의 운동이 좌절되고 패배당하는 아픔의 시기에 어떻게 루터는 자신의 개인적 행복을 생각할 수 있는지 의문을 제기

82) 뮌쩌는 말하기를,"일어나라! 주님의 전토에서 싸우라! 앞으로! 앞으로! 앞으로! 그대의 함성을 듣는 날 사악한 무리들은 떨리라. 앞으로! 앞으로! 앞으로! 에서가 그대에게 달콤한 말을 한다고 해도 무자비하게 되어라(창 33장). 하나님이 없는 자들의 신음소리에 주의를 기울이지 말아라. 그들은 그대들에게 마치 어린애처럼 자비를 빌며, 울음으로 호소하면서 간청할 것이다. 하나님이 모세에게 명령하셨듯이(신 7장) 우리에게도 동일하게 계시하시나니 그들에게 자비를 갖지 말아라. 도시들이여, 마음들이여, 일어나거라. 누구보다도 광부들이여 일어나라.... 앞으로! 앞으로! 앞으로! 불이 붙는 동안에 일어나며 그대의 칼날에 묻은 피가 식지 않게 하여라! 니므롯의 대장간 모루에 놓인 쇠를 사정없이 두들겨라! 그들의 망루를 바닥까지 뒤집어 엎어라. 그들 가운데 하나라도 살아 남는다면 그대는 사람의 공포로부터 놓이지 못하리라. 그들이 그대를 주관하는 한, 하나님의 두려움에 대해서 말하는 것이 헛수고이리라. 앞으로! 낮이 밝은 동안에! 하나님이 그대와 함께하시리라. Thomas M. Lindsay, *A History of The Reformation,* (Edinburgh, T. & T. Clark, 1906), vol. 1., 330.

83) 김홍기, *Ibid.*, 83. 뮌쩌는 루터가 1525년 농민전쟁의 가담을 반대하였기에 그를 무사안일주의 박사, 기회주의 박사, 달콤한 그리스도의 설교가 등으로 비난했다.

하였다.[83] 심지어 이때 그의 친구 멜란히톤도 루터가 무엇을 할런지 누구에게도 말하지 않았다고 불평하였다. 그런 가운데 1535년 네델란드 출신의 재단사 라이덴의 존(John of Leiden)을 중심으로 재세례파의 한 집단이 뮌스터를 점령하여 그들의 공동사회를 건설하였다. 하지만 일부다처제 주창으로 혼란을 야기한 채 대 규모로 학살되었다. 재세례파는 모든 교파로부터 박해를 받았으며, 오늘 날 퀘이커와 침례교, 메노파 등은 그들과 관련이 깊다 할 것이다.

(3) 에라스무스와 츠빙글리와의 논쟁 : 루터는 1525년 6월 13일 농민전쟁이 끝난 후 전 수녀 카타리나 본 보라(Katharina Von Bora)와 결혼하였다.[84] 농민전쟁 후 그의 종교개혁은 독일의 민중을 떠나 영방군주를 비롯한 기존의 정치적 지배세력에 의존하게 되었으며 이는 후에 루터파 교회를 국가에 종속시키는 결과를 가져왔다. 이 시기에 루터는 에라스무스와 자유의지에 관한 논쟁을 벌였고, 많은 학자들이 그의 운동에서 이탈하였다.

(i) 자유의지론(The Bondage of the will): 1524년 에라스무스는 구원문제에 있어서 자유 의지론을 통해 인간 의지의 무능력을 강조하는 루터를 비판하였다. 그는 자유의지에 대한 비난(Diatribe de libero arbitrio)에서 성경을 근거로 종교의 교리적 해석보다는 종교의 윤리적 해석을 논의하였다. 그에 따르면 인간은 비록 미약하고 불완전하지만 자기의 구원을 위해 스스로 노력하여 무엇인가 성취할 수 있다는 것이다. 그는 하나님을 향한 인간의 결정의 자유와 돕는 은혜의 필요성을 강조하기 때문에 예정론 보다 낫다고 주장하였다. 이에 루터는 1525년 의지의 속박을 통해 에라스무스를 비판하였다. 루터는 그의 책에서 먼저 에라스무스의 약점과 모순점을 가차 없이 들추어냈다. 성경에 근거하여 인간의 구원은 전적으로 하나님의 은혜와 예정에 의존하고 있다는 어거스틴주의 신앙을 전개하였다. 그는 구원받지 못한 인간의 의지는 죄에 속박된 노예적 의지임을 증명하였다. 즉 자연인은 구

84) 루터는 농민전쟁이 중요한 문제였다. 이때 루터는 수도원에 있는 모든 수녀원들에게 결혼을 촉구하였고 이들은 마침내 모두들 신랑을 찾아갔다. 그러나 카타리나만 남게 되었다. 그리하여 루터는 그녀의 문제 해결을 위해 결혼을 하게 되었는데 2 그룹에서 부정적 반응을 보였다. 먼저 가톨릭에서는 수도사로써 수녀와 결혼했다는 이유로 간음하고 타락한 성직자라고 비난을 했고 동시에 개신교 동지들은 시기적으로 적절하지 않다고 했다. 카타리나는 가사일을 잘 돌보았고 루터는 행복한 가정생활을 유지할 수 있었으며 경제문제에 신경쓰지 않았다. 김홍기, *op. cit.*, 83.

원에 아무런 기여를 할 수 없다는 것이다. 말하자면 원하는 자로 말미암음도 아니요 달음박질하는 자로 말미암음도 아니요 오직 긍휼히 여기시는 하나님으로 말미암는다는 것이다.

루터는 단지 죄악 된 인간은 하나님의 은혜 없이는 전혀 선한 일을 할 수 없다는 것만 아니라, 아침 식사 때 홍차를 마실 것인가 커피를 마실 것인가와 같은 도덕, 부도덕의 구분이 명확치 않은 문제에 있어서도 인간은 자유 의지를 갖지 못한다고 하였다. 루터는 인간적인 이론을 모두 물리치고 오직 성경을 통하여 믿음이 인간의 공로적인 행위가 아닌 것과 하나님 앞에서 죄로부터 온전히 의롭게 되는 것은 오직 예수 그리스도를 통한 믿음과 은혜로만 가능하다는 사실을 보여 주었다. 브래드워딘(Bradwadine)이 그랬듯이, 이러한 루터의 사상은 성경과 어거스틴주의의 가르침 이상으로 예정의 원칙을 강조하였다.

(ii) 츠빙글리와의 성찬 논쟁[85]: 1525년부터 시작된 츠빙글리와의 말부르크 논쟁은 1529년까지 계속되었다. 그러나 결국 루터는 츠빙글리 및 스위스 지도자들과 교리 문제로 등을 돌렸다. 사실 처음 독일과 스위스의 개혁자들 사이에는 공통점이 있었다. 그러나 성찬에 있어서의 실질적 임재 문제에 이르러 심각한 의견의 불일치가 발생하였다. 개혁 초기에는 양편 모두 가톨릭의 화체설을 거부하고 성찬에 그리스도의 육신과 피가 실제로 임재한다는 주장을 천명하였다. 그러나 1524년 스위스 개혁자는 화란의 코넬리우스 호엔(Cornelius Hoen)의 떡과 포도주는 단순히 그리스도의 육신과 피를 상징한다는 주장을 받아들였다. 그에게 성만찬은 믿음을 통해서 이미 의인화된 회중에 의해서 그리스도의 희생적 죽음을 회상하고 감사하는 행위였다. 그러한 행위는 고백과 의무의 성격을 가졌으며 그리스도의 실제 임재는 불필요할 뿐 아니라 또한 불가능하다. 왜냐하면 그리스도는 그의 승천 이후 하나님의 오른 편에 앉아 계시기 때문에 두 곳에 동시에 임재 할 수 없기 때문이다.[86]

---

85) Robert H. Ficher(ed.), *Luther's Work: Works and Sacrament I-III*, (Philadelpia: Fortress Press, 1959), Vol., 35-37).

86) Basil Hall, "Hoc est Corpus Meum: The Centrality of the Real Presence for Luther", *Luther: Theologian for Catholics and Protestants*, ed., by George Yule, (Edinburgh: T. & T. Clark, 1985), 113-144.

츠빙글리는 어떤 실제적(real) 임재를 부인한 것은 아니었다. 그는 단지 그리스도의 몸이 떡과 포도주 두 요소 속에 육체로 임하신다는 것을 거부하고 성찬에 참여하여 교제를 나누는 신자들의 지성과 마음속에 우리 주님이 실제로 영적으로 임재하신다고 주장했다. 이와 달리 루터는 "이것은 나의 몸이다"는 말씀에 문자적으로 묶여 그의 실제 임재 개념을 전개하고 예수 그리스도의 몸이 성찬상의 떡과 포도주에 실재로 임재하신다고 믿었다. 그러나 그는 미사문을 읽는 동안 떡과 포도주의 본질이 그리스도의 실제 몸으로 변한다는 스콜라적 교리를 배격하였다. 루터는 자신의 주장을 받아들이지 않은 사람은 누구든지 그리스도의 교회에 속하지 않는다고 주장하고 결국 스위스 개혁자와 결별하였다. 츠빙글리는 양측이 기독교 형제라고 주장했으나, 루터는 츠빙글리에게 적대적인 태도를 보이면서 "나는 츠빙글리와 그의 모든 가르침을 절대 기독교적인 것으로 인정할 수 없다"고 주장하였다. 그 결과 이 문제가 루터와 츠빙글리간의 필전(筆戰)으로 확대되자 1529년 독일 제후 헷세의 필립공은 점증하는 가톨릭의 위협을 우려하여 그 지역의 개신교를 연합하고 동맹을 맺기 위해 양측이 말부르크에서 만나 합의점을 모색하였다. 그리하여 그는 그 두 견해의 대변자들을 초청하여 회합을 개최하였다. 이에 회동(Colloquy)이 그해 10월 1일-4일까지 말부르크에 소집되어, 루터와 멜란히톤, 그리고 츠빙글리와 바젤의 오에콜람파디우스가 참여하였다. 루터 쪽은 요나스와 클루시거, 오시안더 등이 지지하였고 츠빙글리 쪽은 마틴 부처를 비롯하여 카스파르 헤디오(Caspar Hedio) 및 야곱 쉬투름(Jacob Sturm)이 지지했는데 이들 세 사람은 모두 스트라스부르크 출신이었다. 당시 25세의 헷세의 필립 백작은 참관인으로 주의 깊게 이 회합을 경청하였다.

말부르크의 종교 회의는 하나님, 그리스도의 위격, 그리스도의 사역, 원죄, 구속, 믿음, 의인, 설교, 세례, 선행, 계명, 현세의 주권, 전통, 유아세례, 성찬 등 15개의 조항을 작성하여 두 개혁자들에게 제시했다. 이들은 14조항에 동의했으나 마지막 15조항 성찬론에서 그리스도의 실재 몸과 피가 육체적으로 떡과 포도주에 임재한다는 데 동의하지 못했다.[87] 결국 이 회합은 어떤 접촉점을 찾지 못한 채 양 진영

---

87) Scott H. Hendrix, *Luther and the Papacy, Stages in a Reformation Conflict*, (USA: Fortress Press, 1981), 144-158; Philip Schaff, *History of the Christian Church*, (New York: Scripbersm 1910), vol. VII., 654; Philip Schaff, *History of the Christian Church*,

은 영구히 분열하였다. 이 논쟁에서 루터는 알렉산드리아학파의 기독론에 영향을 받아 부활하신 그리스도의 몸은 신성과 인성이 하나 된 실체로써 보좌우편에 계실 뿐 아니라 성만찬 상에 출석하실 수 있다는 공재설을 주장하였다. 그는 죄의 용서를 위해서 실제로 먹고 마시는 빵과 포도주 안에, 빵과 포도주와 함께, 빵과 포도주 속에 예수 그리스도의 실제 몸과 피로서의 성례전을 말했다. 이에 반해 츠빙글리는 주의 만찬을 그리스도와 신자들의 공동 식사로 생각하고 그리스도가 임재 한다면 본체나 실체로서 임재하는 것이 아니라 믿음의 대상으로 존재한다고 했다. 그는 안디옥 학파의 영향을 받아, 부활하신 그리스도의 몸은 보좌우편에 계시기에 인성으로 성만찬 상에 출석할 수 없다. 단지 믿음을 통해서 죄의 용서가 이미 확실한 회중에게 기념으로 주어진, 그리스도를 통해 구속받은 데 대한 감사의 의무로서 거행되는 실제 몸과 피의 표시일 뿐이다.

한편 칼빈은 그리스도의 육체적 임재를 강조한 루터의 사상과 구원받은 성도들이 감사의 의무로서 이 의식을 실행하는 것이라는 츠빙글리의 사상을 종합하여 영적 임재설을 주장하였다. 칼빈에 따르면 성찬의 신비는 두 요소로 구성된다. 먼저 물질적인 것으로 보이지 않는 것을 대표하나 우리가 잘 알 수 있게 하기 위하여 물질적인 것으로 나타난다. 그리고 영적인 것으로 역시 상기한 그러한 물체로 나타난다. 이 성찬은 의의(signification)와 물체(matter), 효력(virtue)으로 성립된다. 여기서 의의란 그리스도의 약속이며 물체란 그리스도 자신으로 그의 죽음과 부활을 말한다. 그리고 효과는 구속과 의, 성화와 영생 등 그리스도가 우리에게 준 기타 모든 축복을 말한다. 이 의식을 통해 성령은 신자에게 영적자유와 은사를 풍성히 누리게 하신다. 우리는 성찬을 통해 나의 죄를 위해 돌아가신 주님의 사랑과 은혜를 받게 된다. 결국 성찬은 그의 백성을 위한 그리스도의 구속과 사랑의 외적 표시로서 그의 백성과의 영적 연합과 교제를 말한다.

그러면 현재 장로교가 고백하는 웨스트민스터 소요리 문답은 성찬을 무엇이라 표현하는가? (i) 성찬이란 무엇인가에서 이는 우리 주 예수 그리스도의 참된 육신과 피로서 떡과 포도주로 우리 그리스도인들이 먹고 마실 수 있도록 그리스도께서 직접 세우신 제도이다. (ii) 그것을 먹고 마심으로 얻는 유익은 무엇인가? 그것은

(Michigan: Eerdmans Publishing Compnay, 1910), vol. VII., 111-112.

다음과 같은 말씀처럼 "이것은 너희 죄 사함을 얻게 하려고 내가 주고 흘리는 것이다". 성찬 중에 이 말씀을 통해 죄의 용서와 생명, 구원이 우리에게 주어진다. 왜냐하면 죄의 용서가 있는 곳에 생명과 구원도 있기 때문이다. (iii) 피와 살을 먹고 마시는 것이 어떻게 그렇게 위대한 일을 이룰 수 있는가? 사실 그 일을 이루는 것은 먹고 마시는 것이 아니라 "너희 죄 사함을 얻게 하려고 내가 주고 흘리는 것인가"는 바로 그 말씀이다. 이 말씀, 피와 살을 먹고 마신다는 것이 바로 성찬의 주요 골자이다. 이 말씀은 믿는 자는 이 말씀이 의미하는 것, 즉 죄의 용서를 받을 수 있다. (iv) 그러면 이 성찬에 참여할 자격자는 누구인가? 금식과 육신의 고행은 사실 훌륭한 외적 연단이다. 그러나 진정으로 자격이 있고 준비를 갖춘 자는 "이는 너희 죄를 면케 하기 위해 내가 주고 흘리는 것이라"는 말씀을 믿는 자이다. 이 말씀을 믿지 않거나 의심하는 자는 자격이 없는 자이고 준비를 갖추지 않은 자이다. 왜냐하면 "너희를 위해"라는 말씀이 오직 믿는 마음만을 요구하고 있기 때문이다.

5. 루터의 신학사상

5.1. 신앙과 경건

루터는 고대 고전 연구를 통해 라틴어와 헬라어 연구, 음악과 시, 그리고 찬송에 관심을 가졌다. 그의 고전 문화는 에라스무스나 멜란히톤, 칼빈과 베자에 비할 수 없어도 사고의 독특성과 모국어 구사 능력은 어느 누구와 비견될 수 없었다. 특히 그는 노래를 즐겨 부르고 악기를 연주하였다. 시인이자 음악가로 음악을 하나님의 소중한 선물로 간주하였다. 특히 음악은 슬픔과 악한 생각에 대한 좋은 처방이며, 악마의 공격을 방어하는 효과적인 무기라고 하였다. 시적인 자질은 그의 고전적 찬송을 통해 표현되었다. 무엇보다도 루터는 수도원의 규정대로 하루에 7번씩 아베 마리아와 함께 기도하였으며 25번의 주기도문을 낭독하였다. 그의 주요 관심은 성인이 되는 것이었고 천국에서 그 자리를 얻는 것이었다. 그는 후에 고백하기를 만일 수도사가 수도사의 헌신으로 천국에 간다면 자신도 천국에 들어갔을 것이라 하였다. 이처럼 그는 수도사로서 훈련과 교육 중 어느 것도 소홀히 하지 않았다. 아무도 기도와 금식, 철야, 금욕에서 루터를 능가하지 못하였다. 루터에게 수도원은 경건과 고결함의 모델이었다. 이런 그의 마음 속에 죄가 그를 괴롭혔다.

죄의식에 대한 강력한 집착은 루터를 도덕적으로 흠이 없게 하였다. 모든 곳에서 그는 심지어 사소한 것에서도 죄를 보았다. 성경의 말씀은 늘 거룩한 심판의 공포를 그에게 제공하였다. 따라서 그는 항상 자신의 영혼 구원에 관심을 가졌다. 그 최고의 목적을 위해 삶의 모든 기대를 포기하였다. 영원한 삶에 대한 소망을 얻을 수 있다면 세상에 대해 죽고 사람들의 시야에서는 사라져 버린다 해도 개의치 않았다. 루터와 함께 수도원에서 생활한 수도사들 중에 후에 루터의 종교개혁을 반대한 자들도 루터의 자부심과 호전성을 제외하고는 누구도 그의 도덕적 결함을 비난하지 않았다. 그는 미사에 정기적으로 참석하고 진실한 가톨릭교도가 드리는 매일의 헌신도 준수하였다. 기도를 열심히 하는 것은 연구의 절반이나 다름없다고 하였다. 루터의 신앙과 경건의 힘은 성경에 기초하였다. 그는 주로 개인 구원에 관심이 많았고 때로 자신의 죄악으로 고민을 거듭하며 우울한 시기를 보냈다. 한때 심각한 병으로 병상에 누워 낙망하고 있을 때, 한 늙은 사제는 그에게 결코 병상에서 죽는 일은 없을 터이니 힘을 내라. 많은 사람들에게 위로를 주는 위대한 사람으로 하나님이 세우실 것이라고 하였다.[88] 루터에게 하나님의 사랑과 그리스도를 본받음은 그의 신학과 경건의 중심이었다.

5.2. 성경관

루터의 성경관은 학위 취득 후 교수 재직 시 행한 성경 강해를 통해 표현되었다. 그에게 성경은 신학과 교회를 위해 절대적인 권위를 갖는다. 따라서 그는 온 힘을 다해 오류로부터 성경을 지켜낼 것을 굳게 맹세하였다. 루터의 성경관은 그의 회심 기에, 롬 1:17의 재발견에서 형성되었다. 회심 후 그는 성경이 완전히 다른 모습임을 깨닫고 이를 기초로 그의 3대 명제, 오직 믿음, 오직 예수, 오직 성경을 도출하였다. 따라서 루터는 지금까지 모든 교회적 혹은 인간적 권위와 전통에 맞서 오직 성경만이 최고의 권위라고 천명하였다. 이제 그에게 성경의 권위를 무

88) Philip Schaff, *History of the Christian Church*, (Michigan: Eerdmans Publishing Compnay, 1910), vol. VII., 111-112.

시한 중세 스콜라적 신학은 더 이상 의미가 없었다. 그는 성경의 권위를 성경 자체로부터, 자체뿐 아니라 성경 해석의 원리까지, 그리고 성경은 스스로 성경을 해석한다는 원리를 도출하였다.[89]

1521년 보름스 의회에서 루터가 교황의 교서를 불태웠던 것은 성경에 대한 이러한 확신에 기초하였다. 그 후 바르트부르크 성에 거하는 동안 생애 가장 중요한 업적인 신약 성경을 번역하였다. 이를 통해 그리스도와 사도들의 교훈과 모범을 독일인들에게 상세히 전달하였다. 루터는 1512년부터 1546년 사망 때까지 성경을 지속적으로 연구하였다. 처음에는 로마교회와 조화를 이루었으나 후에는 공적으로 저항하였다. 특히 그는 라틴어 성경에 집중하였다. 비록 학자로서는 에라스무스, 멜란히톤보다 부족했지만 천재성에 있어서는 누구보다도 탁월하였다. 특히 모국어 구사 능력은 누구도 필적할 수 없었다. 루터의 성경관은 롬 1:17 이신칭의 교리에 기초하였다.[90] 그 결과 야고보서나 요한 계시록을 과소평가 하였다. 그러나 자신의 교리적 확신에 필요 시에는 성찬론에서 보듯이 강력히 대응하였다. 이는 가톨릭 교회의 전승(전통)주의에 대한 루터의 입장을 잘 대변해 준다. 따라서 그의 성경관은 역사 속에서 하나님이 인간에게 말씀하시고 행동하신다.

이러한 전개는 시편에서 바울서신으로 발전하였다. 이를 통해 루터는 죄와 은총, 문자와 영, 율법과 복음의 차이를 상술하였다. 하나님은 선지자와 사도들이 한 말을 통해서 인간에게 말씀한다. 이는 철저히 영감으로 기록된 하나님의 말씀이다. 그러나 그는 하나님의 말씀이 성경보다 우선한다고 가르쳤으나 둘을 구분하였다. 그는 이 둘의 조화를 성경이 그리스도를 다루기 때문에 하나님의 말씀은 그 자체가 그리스도라고 설명했다. 그에게 성경은 그리스도를 다루는 한에 있어서만 성경이 단적으로 의무를 지워주는 권위를 갖는다. 이 그리스도는 신약에서만이 아니라 구약에서도 말씀하신다. 이 같은 관점에서 루터는 성경에 얽매이지 않고 자유로운 입장을 취하였다. 예를 들면 구약의 율법에서는 모세가 유대인들에게만 해당된 것을 주었기 때문에 이방인과 그리스도인과는 상관이 없는 것도 있다. 그러나 하나

89) Geoffrey W. Bromiley, *Historical Theology: An Introduction,* (Edinburgh: T & T. Clark Ltd., 1977), 317-323; Paul Althaus, *The Theology of Martin Luther*, (Philadelphia: Fortress Press, 1963), 3, 72-102.

90) Philip Schaff, 140-141.

님의 말씀을 중심에 두고 있기 때문에 하나님이 사람과 교분을 가지시는 정신적, 인격적 관계를 중요시 하였다. 당시 가톨릭의 가르침으로는 하나님이 성례전 속에서 결정적으로 인간과 더불어 행하신다. 즉 성례전은 주입된 은혜(gratia infusa)를 통하여 영혼 속에서 신비스럽게 역사하여 인간의 변화를 일으킨다. 때문에 이것은 인간의 의식과는 전혀 상관이 없다. 다시 말하면 성례전은 거룩하기 때문에 시행하기만 하면 그냥 효력이 있다(*ex opere operato*). 그러나 루터는 근본적으로 하나님의 말씀을 통하지 않고 다른 방법으로 인간과 교분을 맺지 않으신다고 보았다.

루터는 성경만이 하나님 인식의 원천이라 믿고 성경을 권위적으로 해석할 법정이 이 세상에는 없다고 주장했다. 그는 성경을 통해서 해석된 성경만이 교회의 가르침의 원천이라고 믿었다. 가톨릭 교회는 교회의 가르침의 원천이 성경과 교회라 주장하고 교회에 성경 해석권을 부여하였다.[91] 뿐만 아니라 교회는 성경과 다른 원천에서 끌어낸 보편 타당한 가르침도 결정한다고 강조했다.[92] 결국 성경의 규범은 교회이고 결국은 교황이 결정자이다. 그러나 루터는 성경이 계시의 원천이고 스스로를 해석하는 최종 권위가 된다. 루터는 성경의 바른 해석을 위해서는 성령의 내적 조명이 요구된다고 믿었다. 이 성령은 직접 인간에게 역사하지 않고 항상 말씀에 결부되어 역사한다. 우리가 성령의 내적 조명을 통해 성경을 바르게 이해할 수 있다. 이처럼 그는 성경과 성령을 밀접하게 결합시켰다. 루터는 성령을 하나님으로 인식하였기 때문에 결국 삼위일체 하나님을 인정한 것이 된다.

5.3. 이신칭의론[93]

루터 신학의 가장 특징적인 것은 로마서 강의에서 설명되었다. 이것은 철저히 복음주의적으로 지성으로 머리뿐만 아니라 실제적으로 가슴과 양심에 호소되었다.

---

91) Paul Althaus, *The Theology of Martin Luther,* (Philadelphia: Fortress Press, 1963), 5.

92) 루터는 성경이 금지하고 있는 않는 한 예배의 여러 가지 의식이나 형식을 허용함으로 교회의 가르침과 예배의 범위를 성경으로만 제한하지 않았다. 그러나 스위스 개혁자 헐드리히 츠빙글리와 존 칼빈은 오직 성경에 명시된 범위로 해석을 제한함으로 개혁을 한 걸음 진전시켰다. 대표적으로 예를 들면 루터는 인간이 작곡한 성가를 허용한 반면 칼빈은 하나님으로부터 유래된 신편을 더 중시하였다. Edwin Nisbet Moore, *Our Covenant Heritage*, (Scotland: Christian Focus Publications Ltd., 2000), 15.

93) George Yule(ed.), "Luther's Understanding of Justification by Grace Alone in

당시 스콜라신학의 뼈만 남은 앙상한 신학이 아닌 뼈에 살을 입히는 신학을 형성하였다. 여기서 루터는 신앙의 내면성에 근거한 의인론을 주장하였다. 루터의 의, 그리스도의 의는 롬 1:17에서 제시되었다. 여기에 나타난 하나님의 의는 죄인을 벌함이 아니라 예수 그리스도를 믿는 신앙 안에서 의롭다 함을 받는 하나님의 의가 죄인들에게 덧입혀진다. 그 공의는 우리 밖에서 그리고 그리스도 안에서 이루어지는 것이다. 하나님의 심판은 믿음 안에서 구체화되고 그 후 우리로 하여금 매일의 삶에서 아직도 남아 있는 죄악과 죄 성을 날마다 참회와 사죄를 통해 이기도록 하신다. 구원자 예수 그리스도는 자신의 의를 당신의 자녀에게 주시며 친히 우리 죄를 담당하셨다. 그에 의하면 그리스도의 의는 우리 밖의 것이며, 우리에게는 낯선 것이어서 우리의 행위로 취득되어질 수 없다. 오직 신앙만이 예수 그리스도를 받아들인다. 그 신앙이란 성령을 통하여 그리스도의 설교에 의해 우리에게 부어진 것이다.

이것은 루터의 성경 번역, 예를 들면 롬 3:28, "그러므로 사람이 의롭다 하심을 얻은 것은 율법의 행위에 있지 않고 믿음으로 되는 줄 우리가 인정하노라"에 오직이란 단어를 삽입하여 강조하였다. 그에 의하면 독일어의 특성상 뜻을 명확히 하려면 삽입이 불가피하다는 것이다. 그리하여 루터는 사도 바울을 사도 야고보와 언어적으로 대칭 관계에 놓았다.[94] 왜냐하면 야고보는 "이로 보건대 사람이 행함으로 의롭다 하심을 받고 믿음으로만 아니니라"(2:24)고 하였기 때문이다. 따라서 루터는 두 사도의 표현을 조화시킬 수 없다고 판단하여, 야고보서가 복음적 성격을 전혀 갖고 있지 않다 하여 지푸라기 서신으로 평가절하 하였다. 그러므로 루터는 온갖 비판에도 불구하고 "오직"의 삽입을 끝까지 고수하였다. 만약 교황파가

Terms of Catholic Christology", *Luther: Theologian for Catholics and Protestants*, (Edinburgh: T. & T. Clark, 1985), 87-112; Alister E. McGrath, *Iustitia Dei: A History of the Christian Doctrine of Justification*, (Cambridge, 1989), 2 vols; 1-187, 1-190; George M. Ella, *John Gill and Justification from Eternity*, (Go Publications, 1998), 13-231.

94) 루터의 반로마적 특성은 성경의 더 중요한 책들과 덜 중요한 책들을 구분하는 점, 전통적인 성경의 순서를 변경하는 점, 야고보서와 히브리서, 계시록에 대해 덜 우호적인 평가를 한데서 나타난다. 필립 샤프에 의하면 이러한 특성은 더욱 난외주에서 두드러지는 바, 시종일관 율법과 복음의 차이, 오직 믿음으로 의롭다 함을 얻는 교리로 강조되었다. 특별히 계시록의 난외주들은 무저갱에서 올라온 13장의 짐승과 17장 바벨론의 음녀를 교황제와 동일시하였다. 이러한 관점은 향후 개신교 주석가들에게 거의 전통이 되었다. 필립 샤프, Ibid., 283-284.

이 단어의 삽입을 계속적으로 문제로 삼는다면, 자신은 지금뿐 아니라 앞으로도 교황파와 당나귀는 하나라고 할 것이라고 하였다.[95] 그 후 루터는 칭의론을 외적 교회제도와 관련하여 만인 사제주의 형태로 신앙의 평등성을 주장하였다. 이 칭의론은 그가 죄의식에 사로잡혀 있을 때 말씀을 통해 수립한 신학이었다. 이 원칙은 95개 항의문에는 나타나지 않고, 오히려 그 이후에 구체적으로 수립되었다.

(1) 배경 : 고찰한대로 루터는 어려서부터 신앙생활에 힘썼으나 잠시도 그의 마음에 평안을 느낄 수 없었다. 그러한 그가 영적 구원을 갈망하던 중 탑의 체험을 하고 말씀을 통해 자신을 발견한 다음 의인은 오직 믿음으로 살리라는 말씀을 붙잡고 평생을 헌신하였다. 이 사상은 루터에게 있어서 바울의 다메섹 경험처럼 생생하고 잊을 수 없는 사건이었다. 자신의 영적 구원을 갈망한 루터는 만약 의가 구원의 기초라면 자신이 없었던 것이다. 그러던 중 루터는 하나님의 의를 새롭게 이해하였다. 그는 하나님의 의라는 제 2격은 하나님의 성질을 나타내 주는 주관적 2격이 아니라, 남에게 부여하는 속성을 나타내 주는 객관적 2격이다. 루터는 하나님의 사랑, 하나님의 구원, 하나님의 복 등을 이와 같이 이해하였다. 그는 죄인 된 인간은 단지 하나님의 선물인 믿음에 의하여 이 의를 얻게 된다고 주장했다. 신앙조차도 하나님의 선물을 받기 위한 수단으로서 인간의 공로가 아니다. 루터는 이 칭의론에 기초하여 모든 문제를 사유하고 모든 성경 말씀을 풀이하였다.

(2) 칭의론의 발전 : 루터는 자신의 칭의론을 수립할 때까지 어거스틴 신학에 힘입은 바 컸다. 어거스틴에 따르면 칭의란 죄인 자신은 하나님의 율법을 지킬 수 없음과 구원의 필요성을 깨닫게 되면 그는 믿음 안에서 하나님께로 되돌아간다. 그러면 하나님께서는 그에게 성령을 주시고 성령은 그의 의지를 치유해 주시며 그의 마음에 사랑을 불어넣어 주신다. 의롭게 되는 것은 이기적인 사람이 사랑하는 사람으로 변화하는 것을 말한다. 의롭게 되거나 혹은 변화되면 신자는 이제 사랑으로 자극되어 마음으로부터 하나님의 율법 지키는 일로 나갈 수 있다.

어거스틴의 이 사상은 수도원에 머물던 루터에게 영향을 미쳤다. 루터는 어거스틴을 통해 많은 도움을 입었고 개혁 초기에 그의 사상을 붙잡고 믿음의 필요성을 강조하였다.[96] 특히 그는 성찬이 약이나 주사처럼 즉각 구원을 주므로, 구원을

---

95) Philip Schaff, *History of the Christian Church,* (Michigan: Eerdmans Publishing Compnay, 1910), vol. VII., 360-362.

받는 자는 그가 가는 길에 장애물이나 제거하면 된다는 중세적 개념에 더욱 강하게 반대하였다. 이렇게 루터는 성찬에 대한 기계적인 견해에 반대하여 칭의라는 말의 의미에서가 아니라 생생하고 개별적인 믿음의 필요성에 강조점을 두었다. 그러나 루터는 1520년 초반, 바울이 의미한 칭의는 "의롭게 된다"거나 "선한 사람으로 변화하는 것"이 아니라 "의롭다고 판단되다" 혹은 "무죄로 되다"라고 이해하였다. 칭의란 나의 위치(my state)보다는 나의 상태(my status)에 관한 것이며, 하나님께서 내 안에 무엇을 하시는가 보다는 그분께서 나를 어떻게 보시는가에 관한 것이고, 하나님께서 나를 변화시키신다는 것이라기 보다는 나를 용납하신다는 것이라는 것이다. 따라서 루터는 하나님 앞에 내가 설수 있는 칭의와 나의 거룩함이 장성해 가는 성화 사이의 신교적 차이점을 구별하였다.

(3) 칭의론: 루터에게 인간의 칭의란 하나님의 순수한 행위이다. 이 칭의는 오직 은혜로만 이루어 지며 다른 어떤 요인의 협력도 필요치 않다. 비록 칭의가 하나님의 단독적 행위이고 하나님의 선물일 지라도 숨겨진 하나님의 의를 인간이 알 수 없는 것은 아니다. 하나님이 인간을 의롭다고 하심으로 하나님과 인간 사이의 사귐이 이루어진다. 그 사귐 속에서 하나님과 인간은 마음을 같이하며 하나님을 인식할 수 있다. 그러나 인간이 의롭다 하심을 받더라도 그는 잘못할 수도 있고 쓰러질 수도 있다. 신앙은 완성의 약속이며 우리는 하나님으로부터 복받은 자이다. 그래서 의롭다 하심을 받은 자는 죄인인 동시에 의인이다. 인간은 경험적 상태로 볼 때 죄인이지만 하나님과 신앙의 눈에는 의인이다. 가톨릭의 입장에서 구원의 확실성은 하나님의 은혜와 인간의 행위에 의존하나 루터에게는 불확실한 인간의 행위는 포기하고 오직 은혜로만 구원받는다.[97)]

우리가 오직 믿음만의 토대 위에서 하나님께 의롭다 칭함받거나 그분께 인정받는다면 신자는 결과에 대한 염려없이 "당당하게" 살 수 있다. 때문에 칭의는 하나님에게서 볼 때 인간의 새로운 창조이고 성화이다. 여기서 사람은 새로움을 느끼

96) Tony Lane, *The Lion Concise Book of Christian Thought*, Australia: A Lion Book, 1987), 119-120; Mark A. Saifrid, *Justification by Faith: The Origin & Development of a Central Pauline Theme*, (Leiden: E. J. Brill, 1992), 1-270.

97) Paul Althaus, *The Theology of Martin Luther*, (Philadelphia: Fortress Press, 1963), 118-129.

며 이 새로움은 하나님과 더불어 인간의 삶 속에 들어온다. 즉 인간의 신앙은 하나님과 결부되어 우리가 자율적으로 행동하기는 불가능하다. 루터는 이것을 인간의 자유라고 했다. 여기서 루터는 칭의와 성화의 차이점을 말했으나 양자를 분리하지는 않았다. 그는 한 가지가 없어도 나머지 한 가지가 존재할 수 있다고 생각하지는 않았다. 칭의는 하나님의 은혜로 얻는 것이지만 성화는 우리의 수고와 감사가 뒤따라야 한다. 하나님의 손에 붙잡힌 바 된 사람은 물론 변화된 삶을 살 것이다. 의롭다 하심을 받았어도 우리는 아직 우리가 이루어야 할 성화의 몫을 갖고 있다. 신자들에게 있어서 이 두 가지가 항상 병행하는 것이라면 그것의 차이점을 구분했다는 것은 그렇게 중요하지는 않다.

결국 오직 믿음에 의한 칭의는 나는 내가 선한 삶을 살고 있기 때문이 아니라 그리스도께서 나를 위해 죽으셨기 때문에 하나님께 인정받았음을 확신할 수 있다는 의미이다. 요점은 칭의가 성화 없이도 존재할 수 있느냐의 여부가 아니라 칭의의 문제이다. 만일 우리가 하나님께 인정받는 것이 우리의 선행에 근거하는 것이라면 누가복음 18:9-14에 나오는 바리새인들처럼 도덕적 독선자들을 제외하고는 하나님의 인정을 받을 보장이 없을 것이다. 그러나 믿음 만에 의한 칭의는 우리가 예수 그리스도의 십자가라는 토대 위에서 하나님 앞에 담대히 설 수 있다는 것을 의미한다. 이는 우리가 하나님의 승인과 인정을 얻기 위해서가 아니라 하나님께서 우리를 이미 인정하셨기 때문에 선행에로 나아갈 수 있음을 의미한다. 하나님께 복종하는 것은 그분을 사랑하는 자녀들의 자발적인 응답이지 그분의 승인을 얻기 위한 계산으로 공로를 쌓는 행위는 아니다.

5.4. 교회론

루터는 교회를 하나님의 진정한 백성으로 간주하였다. 그는 가시적인 로마 가톨릭에 맞서 진정한 교회는 하나님 안에서 그리스도와 함께 숨어 있다(골 3:3)고 하였다. 그에 의하면 성도는 불가시적으로 하나님께서 의롭다 하신 사람을 사람이 확정지을 수 없다. 물론 위선적인 거짓 고백이나 체험, 착각이 있을 수는 있다. 그러나 교회는 불가시성에도 불구하고 성도의 회중이 진정한 성도의 교제를 나눈다. 그런데 그 보이지 않는 교회는 우리의 느낌 또는 보이는 교회와 결코 무관하지 않다. 이 두 교회는 영혼과 육체처럼 한데 묶여있다. 신앙 안에서 그리스도는 말씀을 통하여 영적으로 그 교회를 먹이시고 통치하신다. 교회는 역사적 존재이며 교회만이 갖는 일정한 삶의 형식을 취한다. 따라서 교회는 주님의 말씀에 따라 사랑을 실천해야 한다. 그리스도는 유일무이한 교회의 머리시기 때문이다. 이러한 관점에서 루터는 교회의 통일성과 보편성을 강조했다.[98] 진정한 교회의 징표는 하나님의 말씀이다. 말씀이 교회를 설립하므로 교회의 일차적 과제는 말씀의 선포이다. 그런데 이 말씀은 율법과 복음으로 이루어진다. 말씀이 사람 마음속에 신앙을 일으켜 사람과 하나님의 사귐을 가능하게 한다. 감독의 직분은 이 사귐을 위해 봉사하며 그것을 지배하는 직분이 아니라고 보았다.

아울러 루터는 군주가 교회 개혁에 참여하지 않는 것을 이해하지 못하였다. 오히려 그것은 그의 의무요 사명이며 하나님의 부름을 받은 목적 중에 하나였다. 개혁은 법률적으로 맹렬한 변화를 요구하기 때문에 절대적인 협력이 요청되었다. 루터가 만인제사장직을 통해 군주의 의무를 포함시켰다. 그리고 즉각적으로 작센의 군주로 하여금 방문을 요청하고 주교의 교회 법원(consistory)을 약속 받았다. 그 후 교회 법원은 포메라니아(Pomerania)에서는 1563년까지, 헤세(Hesse)에서는 1610년까지, 발데크(Waldeck)에서는 1676-1680년까지는 조직되지 않았다. 교회법원은 정상적으로 법률가들과 성직자들로 구성되었으며, 군주에 의해 임명되었다. 종종 군주가 회의 중에 사람을 통제하거나 긴급 시에 대리자가 대신하였다. 방문객들은 군주의 이름으로 나갔으며, 그에게 보고하고 어려운 문제들을 부탁하였다. 교회법원은 모든 기율을 행사하였다. 이로써 평신도의 제사장직 교리가 평신도 회중이 권위의 수단을 소유한 교회 정치의 어떤 형태를 이룩할 수 있는 기대감이 보여 주었다. 루터는 이 교리에 근거하여 교회를 개혁할 군주들의 권리를 요청하였다. 그는 참된 신앙과 적합한 성례와 당연한 질서를 돌보는 성직자들에 대한 보통 사람의 의무를 가르쳤다. 그러나 회중 교회 질서를 위한 실제적인 계획에 직면했을 때 그것을 거부하였다. 스트라스부르크 같은 도시에서 교회를 돌보는 일에 평신도를 대표한 일군의 장로들이 재정적인 관리를 조력했는데, 그러한 대표의 기준

98) Paul Althaus, *The Theology of Martin Luther*, (Philadelphia: Fortress Press, 1963), 294-322.

이 루터의 공감을 얻었다. 그러나 그것은 결코 성취되지 않았다. 루터는 군주에게 교리에 대한 감독권을 주려는 계획은 갖지 않았다. 그가 단지 선제후에게 돌린 감독권은 주교의 옛 행정적인 기능, 즉 주로 세속적이고 법률적인 기능이었다. 그는 교리는 성경에 의해, 그것이 성경과 일치하는 가톨릭 교회의 전통에 의해 통제된다고 보았다. 그러나 종교적인 불일치 속에서 통치자의 개인적인 신앙은 통치자의 주의 종교적인 역사 안에서 불가피하게도 중요하였다.

5.5. 두 왕국론

이 사상은 루터 사상의 핵심으로 하나님 혹은 그리스도의 왕국과 세상의 왕국이라는 어거스틴의 두 왕국론에 근거한다. 루터는「세속권력에 어느 정도 복종해야 하는가」, 1523)에서 두 왕국론(Wzei Reiche)을 역설하였다. 루터에 의하면 하나님께서는 두 개의 정부를 제정하였다. 영적 정부와 세속정부로 전자는 그리스도와 함께 하는 기독교인과 의로운 자를 길러내는 것이며, 후자는 비기독교적이고 사악한 자들을 제어하는 것이다.[99] 즉 교회는 하나님의 나라에 속하고 국가는 세상의 왕국을 통치한다. 국가는 기독교인이나 비기독교인이나 모든 백성을 포함한다. 국가는 창조 질서까지 소급되며 인간이 낙원을 상실하게 된 때에 형성되었다. 국가의 강제력은 타락 이후 가인의 살인으로 시작된 복수의 무정부상태를 극복하기 위해 동원되었다. 그는 어거스틴의 가르침을 따라 세속적 주권을 원죄에 대한 처벌로 인정하였다. 그리고 단지 인간 양심의 내적 자유만을 주장하고 세속 국가에 대해 완전히 복종할 것을 역설하였다.[100] 그 후 이 사상은 사회적으로 보수화되어 갔는바 루터와 멜란히톤은 종교개혁을 사회와 정부에 대해 장기적 변화를 요구하는 것이라고 보고 약탈적이고 광포한 농민 집단을 신랄히 비난하였다. 루터에 의하면 한 국가에 소속된 모든 백성 즉 유대인과 터키인은 동일한 직무를 가지며, 정부는 모든 인류의 마음속에 심어 있는 자연법에 순응해야 한다. 루터는 시민적

---

99) W. D. J. Cargill, Thompson, "The 'Two Kingdom' and the 'Two Regiments'" *Some Problems of Luther's Zwei-Reiche-Lehre*, ed., by C. W. Dugmore, (London: The Athlone Press, 1980), 42-59; 곽차섭/임병철(eds.),「역사속의 소수자들」, (푸른역사, 2009), 133-145.

100) R. N. 버어키,「정치사상사」, 권용립/신연재 역, (도서출판 녹두, 1985), 190.

직무에 대하여 지나치게 이성이나 상식을 신뢰하였으므로 나쁘지만 신중한 지배자와 선하지만 경솔한 사람들 사이에서 선택하지 않을 수 없었다.[101] 루터는 나쁘지만 신중한 사람을 선택하였는데 그것은 선한 사람이 경솔함 때문에 질서를 어지럽게 할지도 모른다는 이유 때문이었다. 그러나 아무리 나빠도 신중한 사람은 그 악을 억제할 만한 기지를 가지고 있기 때문이라는 이유에서다.

따라서 루터교는 처음부터 국가 문제에 신앙을 따라 간섭하거나 정부 시책에 도전하거나 혹은 일반 공공 관계의 선도에는 흥미가 없다. 본래부터 세상에 되어가는 일에는 불관섭이 원칙이다. 그 대신 교리는 언제나 중요한 과제였으나 의식적 형식과 기구적 구조에는 관심이 없다.[102] 한편 그리스도의 왕국에서는 이성이 불필요한데 이는 그 왕국은 신앙이 지배하는 나라이기 때문이다. 국가는 외적인 것, 즉 육체나 집이나 토지 등과 같은 것을 지배하나 교회는 오직 영적인 것을 지배한다. 국가는 범죄를 취급하지만 교회는 도덕적 죄만을 다룬다. 시민의 지배자는 국가의 정의를 지키기 위하여 아니면 적의 침략을 격퇴시키기 위하여 무력을 사용할 수 없으며 하나님에 의해 임명되었다. 교회의 선교는 오직 말씀으로 무장해 한다. 그러므로 선교자는 심판관이나 박해자나 군인이 될 수 없으며 더구나 십자군이 될 수 없다.[103]

5.6. 성례론과 예배

루터는 목회적 이유로 예배에 있어서 중세적 의미의 의식을 지속시켰다. 그중

---

101) Adolf Keller, *Church and State on the European Continent*, (London: The Epworth Press, 1936), 164-165.

102) 그러나 세계 2차 대전 후에는 전례를 깨뜨리고 "오이쿠메네", 즉 "사람들이 들어가 살고 있는 땅" 혹은 "사람 사는 땅"에 관심을 기울였다. 이들은 세계 루터교 연합회를 구성하고 에큐메니칼 운동에 열정을 보였다. 마침내 1966년대 WCC 중앙 위원회 의장에 세계 루터교 연합회 회장 프랭클린 클락 프라이(Dr. Franklin Clark Fry) 박사가 맡았다. 존 A. 매카이, 「에큐메닉스」, 민경배 역, (대한기독교서회, 1966), 37, 233.

103) R. H. 베인톤,「전쟁, 평화, 기독교」, (대한기독교출판사, 1981), pp. 187-188. 루터는 여기서 어거스틴의 전쟁에 대한 네규약, 즉 정치가와 선교자, 수도승과 시민을 위한 규약이다. 여기서 루터는 수도승을 생략하고 세 계층만을 사용하였다. 그런데 루터는 이를 다시 둘로 묶어 하나님은 왼손으로 강압적인 국가를, 오른손으로는 설득력있는 교회를 붙들고 계신다. 그

가톨릭의 7성례인, 세례, 견신례, 성찬, 혼례, 고해성사, 안수례, 종유식이 있다. 그는 주장하기를 교리가 건전하면 의식은 별개의 문제로 교회는 예식을 사용하든지 사용치 않든지 자유이다. 하지만 그는 350년 동안 지속된 7성례 중에 세례와 성찬, 사적인 고백만을 인정하였다.[104] 한편 루터에게 기독교인의 윤리는 신앙과 행위라는 관점에서 이해되었다. 그에 의하면 그리스도 안에서 믿음으로 구원을 얻은 하나님의 백성은 이제 선행을 통해 하나님의 동역자가 된다. 의롭게 된 신앙은 날마다 생활 중에 실천적 삶을 요청 받는다. 곧 신앙은 모든 선행의 원천이기 때문이다. 또한 그 신앙은 모든 선행의 첫 번째 원리이다. 그러므로 신앙이 선행을 중지한다는 것은 용납될 수 없다. 사상은 신앙의 열매이다. 신앙은 좋은 열매를 과실로 열리게 하는 나무이다. 이 신앙 안에서 하나님의 구원받은 백성은 영적 혹은 세속 세상에서 하나님의 동역자로 섬겨야 한다.

1525년 10월 최초의 독일어 예배의식이 비텐베르크에서 있었고 성탄절에는 독일어 미사가 소개되었다. 이 독일어 미사로써 예배 개혁이 이루어졌으며 이 형태는 여러 세기를 걸쳐 독일 루터교 지역의 규범이 되었다. 이 의식에서 루터는 가톨릭의 미사를 배격하고 그리스도께서 미사 때마다 반복되는 희생을 거부했다. 그리고 루터는 1536년 자신이 기록한 독일식 예배 순서(German order of Worship)에서 예배는 하나님께 감사함으로 드리는 것이며 성도의 교제에 초점을 두었다. 때문에 죽은 자를 위한 미사는 금지되어야 했다.[105] 루터에게 예배는 설교가 중심이며 의식적인 성가대 중심의 예배는 탈피되어야 한다. 그리고 예배를 위해 찬송가를 작곡하여 사용하였다. 처음에 그는 4곡을 포함하여 8곡이 담긴 첫 독일 찬송

에게 하나님은 역사 안에서 활동하시기 때문이었다. 하나님은 그의 진노로 모든 것을 소멸시키기도 하지만 자비를 베푸시기도 하신다. 영주의 적극적인 기능은 선한 자를 보호하는데 있으며, 그것은 영주의 도움 없이는 선한 자들이 소멸되기 때문이다. 진정한 그리스도인은 스스로를 보호하지 않는다. 이는 마치 양과 같다. 만일 양이 늑대들 가운데 놓여 있게 된다면 양은 저항하지도 않을 것이며 또 오래 살 수도 없게 될 것이다. 그러므로 시민의 지배자는 칼을 함부로 사용해서는 안 된다.

104) Owen Chadwick, *The Reformation*, (The Pelican History of the Church, Penguin Books, 1988), 76.

105) Basil Hall, "Hoc est Corpus Meum: The Centrality of the Real Presence for Luther", *Luther: Theologian for Catholics and Protestants*, ed., by George Yule, (Edinburgh: T. & T. Clark, 1985), 113-144.

가 소책자를 1524년 비텐베르크에서 출간하였다. 그 후 24곡을 쓴 42곡 찬송가집이 나왔다. 그 후 이 모음집은 루터교 찬송가의 기초가 되었다. 그는 설교 후 성찬예식을 집행토록 했고 1415년 부터 평신도들에게 금지해온 성찬시 배잔을 회중에게 허용토록 했다. 또한 평신도들이 이해할 수 없는 라틴어로 드리는 예배는 부적법하다고 하며 모국어인 독일어로 드리게 했다. 루터는 자신이 경험한 가톨릭적 예배와 전통은 실제 구원받은 백성에게 무익한 것이라 생각하였다.

루터는 1528년 작센 방문에서 무지에 자극받아, 1529년 대소유리문답을 저술하였다.[106] 여기서 그는 사적인 기도와 식사 때의 감사기도를 위한 짧은 형태로, 하나는 성직자를 위해, 하나는 평신도와 어린이들을 위해 썼다. 성경과 같이 이 책들은 교구의 가르침과 가정에서 신앙생활의 기초가 되었다. 1526년 시작된 심방은 복음주의파 지역 교회들의 기반을 강화시키는 외적 특징이 되었다. 그리고 루터는 로마교의 사제중심적 제도를 배격하고 회중의 권위를 높이며 교회정치를 개혁하였다. 적어도 사제가 사제를 통제하는 권위주의적 전통은 배격되어야 한다고 믿었다. 때문에 루터는 목사의 권위는 그를 부른 회중들로 부터 온다고 생각했다. 따라서 회중에게 교리 문제, 목사와 교사의 시취, 재정, 구제, 권징과 출교의 문제를 다룰 수 있는 권세를 주어야 한다고 했다. 그러나 그의 이 모든 제안은 영주들과 시의회의 반대로 인해 즉각적으로 실현되지 못했다. 결국 루터는 가톨릭적 의식행위를 완전히 떨쳐버리지 못하였다. 그 이유 중에 하나는 당시 국가 교회의 개혁을 성취하기 위해 그가 취한 타협적 행동 때문이었다.

5.7. 가정생활과 최후

루터는 1525년 6월 농민전쟁 동안에 16세 연하의 이전 수녀 카트리나 폰 보라(Catherine von Bora, 1499-1552)와 결혼하였다. 이는 루터가 결혼을 실천적으로 이행했음을 보여준다. 그 후 루터는 아우구스티누스 수도회의 빈 집에서 함께 살았다. 그러나 가톨릭은 루터의 결혼을 저주했으나 6자녀(아들 딸 각각 3명)를 얻었고, 적은 사례비로 자선을 베풀었다. 카트리나는 치장하지 않은 평범하고 부지런한

106) Owen Chadwick, 72-73.

주부였다. 루터는 한 때 "나는 나의 아내를 프랑스나 베네치아와 바꾸지 않을 것이다. 왜냐하면 하나님께서 그녀를 나에게 주셨기 때문이다. 다른 부인들은 많은 결점을 가지고 있으나 그녀는 나에게 진실하고 아이들에게 좋은 어머니이기 때문이다"라고[107] 하였다. 카트리나에 의하면 루터는 매우 거칠었다. 이에 대해 루터는 그들은 나를 거칠게 가르쳤다고 하였다. 1527년부터 루터의 건강은 좋지 않았다. 핍박과 오해, 중상 모략으로 인해 많은 스트레스를 받았기 때문이다. 1533년 루터는 요도석으로 고생하였고, 1537년 슈말칼텐 제국 의회에서는 위독한 상태였다. 1546년 2월 18일 출생지 아이스레벤에서 하나님의 부름을 받고, 같은 달 22일 비텐베르크 시 교회에 안장되었다.[108]

6. 독일 종교개혁의 성공요인

독일의 종교개혁이 성공한 요인은 다음과 같이 네 가지로 정리할 수 있다. (1) 당시 발명된 인쇄술의 발달이 주요인이었다. 이것은 참 교회를 향한 하나님의 계획이 개혁의 시점에서 정확히, 모든 것은 하나님이 예비하시고 성취하셨다. 루터는 증가일로에 있는 유럽의 식자 계층에게 자신의 메시지를 전달하는 데 인쇄술을 활용함으로 그 방면에 수완가로 최대의 수혜자였다. 예를 들면, 그가 95개 항의문을 붙였을 때 삽시간에 전 독일에 확산되었다. 그리고 그는 수많은 책자들을 통해 자신의 사상을 배포하였다.[109] 이것은 당시 스트라스부르그와 바젤 사이의 라인 지역의 농사꾼들, 카르스탄스(Karsthans)와 새 카르스탄스(Newkarsthans)가 주도하였다. 이들 두 사람은 루터의 소논문을 인쇄하여 도처에 뿌렸다. 이들 외에 루터의 주변에는 풍자화(諷刺畵)와 연극 무대와 민요를 수단으로 루터의 메시지를 전하는 사람들이 있었다. 교황, 추기경, 주교들이 성직 예복을 걸치고 있지만 여우나 늑대 모습을 하였다. 이들 주위에는 거위들이 주기도문이나 성모송을 흉내 내었다. 그

---

107) Owen Chadwick, 73-75.

108) Scott H. Hendrix, *Luther and the Papacy, Stages in a Reformation Conflict*, (USA: Fortress Press, 1981), 144-158.

109) W. Stanford Reid(ed.), *John Calvin, His Influence in the Western World*, (Michigan: Zondervan, 1982), 39.

중에 특히 「그리스도의 수난과 적그리스도」(*Passion of Christ and Antichrist*)라는 책에는 26편의 목판화가 들어 있다. 이것들은 루카스 크라나흐나 또는 그의 학파에서 나온 것으로, 그리스도와 그의 거짓된 대리자를 나란히 비교하였다.[110] 이때부터 에라스무스가 주도한 많은 인문주의자들이 루터의 항변을 신약성경에 기초한 좀 더 단순한 기독교를 추구하는 자신들의 운동의 일부로 여겼다. 이들은 이같이 하여 스콜라주의적이며 반계몽주의적이었던 교회를 정화시켰다.

(2) 수많은 평신도들의 참여 때문이었다. 이들 중에는 특별히 독일의 모든 고전주의 작가들, 예를 들면 클롭슈톡, 레잉, 헤르더, 괴테, 실러, 울란트, 뤼케르트와 철학자 라이프니츠, 칸트, 피히테, 셸링, 헤겔, 헤르바르트, 로체 등은 명목상 신교도로서 힘을 실었다. 여기에 대중 문학의 새로움과 신선함은 종교개혁을 더욱 효과적으로 이끌었다. 사람들은 지적, 영적 음식에 굶주렸고, 공급이 주어지자 식욕도 더욱 왕성해졌다. 당시에 작성된 간결하고 날카로운 논쟁 형식의 저작들이 대중의 상식에 인상적으로 호소하였다. 강한 주장, 예의 없는 재치, 거친 표현 등이 풍부하게 사용되었다. 억압에 대항하는 자유의 의미를, 성직자와 수도사 계급에 대항하는 평신도의 의미를 강조하였다. 대화 형식의 문체가 가장 인기를 끌었으며, 농부나 노동자가 대화에서 교회의 성직자를 이기는 장면이 빈번히 사용되었다. 예를 들면 사탄과 교황을 한 팀으로 묶어 묘사하고, 때로는 종으로 때로는 주인으로 묘사하였다. 교황을 그리스도에게 대적하는 자로 묘사하기도 하고, 거룩한 성례를 기념하는 날에 루터와 다른 사람들을 이단자로 정죄하는 교황의 파문 교서는 하나님의 자비를 인간의 저주로 바꾸었고, 형제의 사랑을 학대하는 증오로, 소중한 축복을 저주로 바꾸었다고 비판하였다. 베드로도 그러한 대중 문학 속에 등장하여, 천국의 문에 서서 교황들, 사제, 수도사들을 검사하며 천국에 합당한지 보고 대부

---

110) 그리스도가 세상의 왕관을 거절하는 장면과 교황이 황제에게 문을 열어 주기를 거절하는 장면, 그리스도가 가시 면류관을 쓰고 있는 장면과 교황이 금과 보석으로 삼중의 황금 면류관을 쓰고 있는 장면이었다. 제자들의 발을 씻는 그리스도의 모습과 황제와 왕들로 하여금 자신의 발에 입 맞추도록 강요하는 교황의 모습이 대조된다. 가난한 자에게 기쁜 소식을 전하는 그리스도와 추기경들과 함께 축제를 벌이고 있는 교황의 모습이, 세속적 장사치들을 쫓아내는 그리스도와 하나님의 성전에 앉아 있는 교황의 모습이, 당나귀를 타고 겸손히 예루살렘으로 들어가는 그리스도와 교황과 추기경들이 사나운 말을 타고 지옥으로 들어가는 모습이 대조된다. 이러한 풍자는 이미 계급과 지역을 넘어 사람들에게 폭넓게 인식되었다.

분 돌려보냈다.

(3) 무엇보다도 필립 멜란히톤[111], 울리프 폰 후텐[112]과 지킹겐[113] 같은 헌신된 지도자들 때문이었다. 이들은 각각 배경과 처한 환경은 달랐어도 교회를 새롭게 해야 한다는 열망에 서로를 후원하였다. 특히 1521년 4월, 독일 황제의 명령으로 제국의회에 참석하면서 루터는 자신이 살아오지 못하더라도 진리를 가르치는 일

---

111) 멜란히톤(1497-1557)은 개혁자 루터가 가장 도움이 필요할 때 가장 가까이에서 도와준 조력자였다. 그는 신학학사를 갖고 신학부의 일원으로서 신학강의 특히 주석 관련 강의를 통해 비텐베르크의 가장 유명한 교수가 되었다. 그는 항상 루터와 칼빈의 중재자로서 노후에도 식지 않는 열정으로 연구를 지속하였다. 특히 헬라어와 고전 철학을 포함하여 지식의 모든 분야를 섭렵하였다. 그는 고대어를 아기 그리스도의 요람으로 간주하였고 루터는 성령의 검을 담은 칼집으로 비유했다. 루터의 중재로 1520년 8월 비텐베르크 시장의 딸 카타리나 크랍(Catharina Krapp)과 결혼하여 4명의 아이를 낳았다. 하루에 세 번씩 사도신경을 집에서 가족과 함께 반복하였고 자신보다 아내를 더 높이 평가하였다. 멜란히톤은 연장자이자 동료인 루터를 아버지처럼 존경하였고 젊은 프로테스탄트 엘리야의 불꽃같은 천재성에 매료되어 끝까지 곁에서 그를 지켰다. 그는 한때 루터와 헤어지느니 차라리 죽음이 낫다고 고백하였고, 루터의 안위가 자신의 삶보다 더 소중하다고 하였다. Philip Schaff, *History of the Christian Church*, (Michigan: Grand Rapids, 1910), vol. vii, 185-191, 321-323.

112) 후텐(1488-1523)은 비록 퇴락한 옛 귀족 출신이었으나 이교적이고 정치적인 계열에 속한 인문주의 그룹의 협력을 이끌어 루터의 개혁을 도왔다. 특히 1520년 4월「바디스쿠스 혹은 로마의 삼위일체」(Vadiscus or the Roman Trinity)라는 책자를 출간하였다. 이 책에서 후텐은 자신이 로마에서 경험한 것들을 3부작으로 정리하여, 로마에 풍성한 것, 로마에 부족한 것, 로마에서 금지된 것, 그리고 로마에서 집으로 가져오는 것 등으로 표현하였다. 이것들을 로마의 집정관 바디스쿠스의 입을 빌려 다양하게 변형하였다. 몇 가지 예를 들면, 로마의 권력을 지탱해 주는 것 세 가지-교황의 권위, 성인의 유물, 면죄부 판매, 로마에 무수히 많은 것 세 가지-매춘부, 사제, 작가, 로마에 풍성한 것 세 가지-골동품, 독, 폐어의 흔적, 로마에서 사라진 것 세 가지-단순성, 절제, 경건, 로마의 주요 장사 수단 세 가지-그리스도, 교회 성직, 여자, 로마 사람 누구나 갈망하는 것 세 가지-짧은 미사, 화려한 금, 사치스런 생활, 로마에서 가장 찬양되지만, 가장 보기 드문 세 가지-헌신, 신앙, 순수, 로마에서 아무짝에도 쓸모없는 세 가지-선한 양심, 헌신, 맹세 등이었다. Philip Schaff, *History of the Christian Church*, (Michigan: Grand Rapids, 1910), vol. vii, 198-192, 323-325.

113) 독일의 종교개혁 초기에 자유기사단의 일원으로 기여하였다. 여러 차례 사적인 전투와 보름스(1513), 메스(1518)를 비롯한 도시를 상대로 라인란트에서 상당한 재물과 영지를 획득하였다. 1518년 뷔르템베르크 공작 울리히 1세에 맞서 슈바벤 동맹군을 이끌었으며, 1519년 신성 로마 황제 막시밀리안 1세의 사후 자신의 영향력을 이용해 찰스 5세의 황제 선출을 도왔다. 마틴 루터를 보호하며 많은 인문주의자와 종교개혁가들을 자신의 성에 은신시켰다. 루터교 인문주의자인 울리히 폰 후텐에 의하면 그의 성은 '정의의 피난처'였다. 빈곤 계층의 대변인이자 독실한 루터교도로 애국자였으나 고위직을 탐한 기회주의자였다.

을 계속해 달라고 당부하였다. 루터는 멜란히톤이 자신보다 더 훌륭하게 해낼 수 있을 것을 예측하고 홀로 의회를 향해 떠났다. 그리고 후텐과 지킹겐이 루터에게 보여준 변함없는 사랑은 개혁이 화자 되는 동안 결코 무시될 수 없을 것이다. 특별히 후텐은 로마의 법정을 부정부패의 온상으로 비유하고 지난 세기 동안에 베드로의 참된 후계자는 없고 오직 시몬 마구스, 네로, 도미티아누스 같은 사람들만 있을 뿐이라고 하였다.

이러한 악의 해결책으로 후텐은 교황제의 폐기가 아리라, 독일로부터의 모든 재정적 지원의 단절, 사제의 권한 축소, 사제들의 결혼 허가 등을 권하고, 이러한 수단들을 통해 사치와 부도덕성을 최소한 제지할 수 있을 것이라 하였다. 이들의 강력한 후원에 힘입어 루터는 분명한 확신 속에 결코 물러서지 않는 용기를 보여주었다. 그리하여 루터는 진리의 편에 선 한 사람이 오류를 범하는 많은 사람들보다 더 강하고 마지막에 승리할 수 있다는 것을 보여주었다. 그의 주장처럼 그의 양심은 오류를 범할 수 없는 하나님의 말씀에 철저히 매여 있었다. 거기서, 바로 거기서만 루터는 무류성을 확인할 수 있었다. 그는 철저히 성경을 통해 교회의 개혁을 이루었다.

(4) 사회적으로 당시 사람들로 하여금 루터의 메시지에 공감하게 만드는 요소가 있었다. 당시 농민들은 루터가 주장한 그리스도인의 자유는 좀 더 큰 사회적 자유에 대한 요청으로 해석했다. 반면 도시의 상인들과 시민은 교회가 부과한 제한 조치들에 대하여 점차 비판적 태도를 취하였으며, 중세의 군주로부터 독립을 주장함으로 자신들의 공민적 자존심을 표명하려고 했다. 그들에게 루터의 가르침은 해방의 교리로서 다가왔다. 특별히 사제들의 지나친 폭정에 성경적 진리들을 들추어냄으로써 만인 제사장론을 주장하였고 이것은 많은 사람들의 공감대를 형성하고 지지를 받게 되었다. 이와 함께 당시 모든 상황은 한 결 같이 루터에게 유리하게 작용하였다. 루터의 선제후 프리드리히는 신성 로마 제국의 정치에 매우 큰 영향력을 행사하였다. 그리고 그는 자기 백성을 지켜줄 의무가 있다는 신념을 굳게 고수하였다. 그리하여 프리드리히는 자신의 확고한 신념에 따라 루터를 교황과 황제 양측의 위협으로부터 방어하기 위해 정치적 기민성을 발휘하였다. 특별히 1518년부터 1520년 사이 한 순간도 예측할 수 없는 격변기에 루터의 보호자가 되었다. 이와 같은 여러 정황으로 볼 때 루터는 정말 럭키한(Lucky) 사람이었다.

7. 종교개혁과 독일의 미래

루터의 종교개혁은 처음과 달리 독일의 민중을 떠나 영방군주를 비롯한 기존의 정치적 지배 세력에 의존하였으며, 이는 향후 루터파 교회를 국가에 종속시키는 결과를 가져왔다.[114] 동시에 이 시기에 루터는 에라스무스와 츠빙글리와 함께 논쟁을 했고 많은 학자들이 그의 운동에서 이탈하였다. 이처럼 종교개혁이 고조되던 상황에서 독일은 종교적으로 또한 정치적으로 매우 복잡하게 전개되었다. 특별히 독일 내 루터파 제후들에 대한 교활한 방해꾼 찰스 5세의[115] 태도는 그와 적대 관계에 있는 프란시스 1세와 동쪽으로 오스트리아를 위협하는 오스만 투르크족과의 관계에 크게 좌우되었다. 프랑스와 투르크의 위협이 강대했던 1526년 찰스 5세는 두 회의를 소집하여 개신교와의 타협을 시도하였다. 왜냐하면, 이때 터키족이 헝가리를 침공했기 때문에 가톨릭과 루터파 진영은 공동 행동이 불가피하였다.

따라서 찰스는 (1) 스파이어(Speyer) 의회에서 루터파 제후들의 요구를 수용하였다.[116] 1529년 사태가 호전되자 동일 장소에서 열린 제 2차 의회는 1차 회의의 타협안을 폐기하였다. 이에 루터파 제후들은 모든 법령이 철회된 4월 19일 의회에서 항의서를 발표하였다. 여기서 항의자들, 즉 프로테스탄트라는 이름이 출현하였다. 항거자들은 하나님에 대한 순종과 황제에 대한 순종 중에 하나를 선택하도록 강요받자, 하나님에 대한 순종을 선택하였다. 그리고 불법성을 황제에게, 차기에 개최될 총회와 독일 민족이 교회와 국회에 항소하였다. 이 항소 서류에는 삭소니

---

114) A. F. Pollard, *The Cambridge Modern History*, 11, (Cambridge: The University Press, 1934), 209.

115) 시드니 M. 휴톤, *op. cit.*, 165.

116)의회에 참석한 제후들의 위원회는 협상안으로 사제의 결혼, 평신도에게 성찬 잔 수여, 세례와 성찬배수, 예배에서 라틴어와 더불어 독일어의 사용 등을 인정하도록 요구하였다. 또한 모든 개인 미사는 폐지하고, 교회의 성일 숫자를 대폭 삭감하며, 성경의 해석은 성경이 해석한다는 원칙을 적용토록 하였다. 격렬한 논쟁 후에 의회는 최종적으로 하나님의 말씀은 방해받지 않고 선포되어야 하며, 웜스 칙령을 위반했던 지금까지의 모든 범법을 사면할 것을 선포하며, 총회가 독일내에 있는 도시에서 다시 개최될 때까지 각 제후국은 하나님과 황제에 대해서 소신껏 행동할 것을 결정하였다. 이는 지역체제의 인정과 함께 종교개혁의 승리를 의미하는데, 1555년 아우구스부르크 협약의 항구적 신앙의 평화를 보여주었다. Thomas M. Lindsay, *A History of The Reformation*, (Edinburgh, T. & T. Clark, 1906), vol. 1., 343.

의 선제후 요한, 브란덴부르크의 후작 조지, 공작 에르네스트, 브룬스빅-뤼네부르크의 프란시스, 헤세의 백작 필립, 안할트의 제후 볼프강이 서명하였다. 여기에 14개의 도시가 위험에 맞서 가세하였다. 따라서 1520년 보름스 회의 때만 해도 매우 고독했던 루터는 8년 만에 제후들의 후원을 받았다. 그러나 황제는 항거자들의 요구를 거부하였다. 그러나 이 항거는 소수가 다수에 의해 억압을 당할 때 제국의 법을 떠나서 필요에 따라 무력으로 자신들을 보호할 수 있다는 것이었다.

(2) 1530년 아우구스부르크 회의는 찰스 5세와 개신교와의 종교적 갈등 해소를 위해 소집되었다. 당시 루터는 제국의 추방 명령으로 황제 앞에 설 수 없었으므로 회의 내내 삭소니 지방 남쪽 코부르크 성에 머물렀다. 루터파는 루터의 승인을 받아 찰스 5세와 제국 국회에 멜란히톤이 편찬한 자신들의 신앙고백서를 제출하고 황제에게 낭독하였다.[117] 이것이 아우구스부르크 신앙고백서이다. 그러나 찰스는 그 고백서를 논박하도록 몇몇 가톨릭 신학자들에게 명령하고 이를 위반하면 금지령에 처한다는 규정 아래 모든 몰수된 교회재산의 반환을 명하였다. 아울러 이것을 위반하면 사형에 처한다는 규정 아래 누구나 미사에 참석하고 옛 신앙을 신봉하는 일에 방해받아서는 안 된다고 했다. 이에 루터를 따르던 복음주의 제후들은 1531년 4월 정치적 군사적 동맹으로 황제의 군사적 힘에 맞서 슈말칼덴 동맹(League of Schmalkalden)을 조직하였다. 루터는 이때 "사랑하는 독일 국민에 대한 마틴 루터 박사의 경고"(*Dr. Martin Luther's Waring to His Dear German People*)에서 독일 국민들을 황제에 대한 복종으로부터 해방시키며 전쟁 또는 폭동을 예언하였다. 그러나 이 같은 루터의 예언은 터키인들의 위협에 대한 황제의 복음주의자들과의 타협으로 일어나지 않았다.

그 후 종교개혁은 1534년 비텐베르크의 울리히(Ulrich)가 회복되어 헷세의 필립 지도하에 지배되는 등 몇몇 지역에서 승리를 거두었다. 그리고 같은 해 안할트(Anhalt)와 포메라니아(Pomerania), 낫사우(Nassau), 메크렌부르크(Mecklenburg),

117) 이때 황제는 이 문서를 읽고자 하지 않았다. 그리하여 1530년 6월 25일 오후 3시경 주교의 관저에 마련된 황제의 개인 접견실에서 약 200명의 고위 성직자들이 자리한 가운데 삭소니 선제후의 고문인 크리스티안 바이어(Christian Beyer)박사가 일어나 장장 두 시간 동안 그 고백서를 읽었다. 9명의 서명자 중에는 삭소니의 선제후, 헷세의 필립 백작, 브란덴부르크의 게오르그 후작이 포함되어 있었다. 튜더 존스, 「기독교 개혁사」, (나침판사, 1994), 89.

팔츠 노이부르크(Pfalz-Neuburg), 브룬스비크(Brunswick) 등 많은 도시들이 합세하였다. 그 후 1536년 중부독일 신학자들과 남부독일 신학자들 사이에 신학적 일치를 이루는 비텐베르크 협약(Wittenberg Concord)이 채택되었다. 마틴 부처(Martin Bucer)의 중재 노력으로 서부 독일 개혁자들에 의해 초안된 성만찬 교리해석의 본문에 루터가 동의하게 되었으나 문제는 여전히 남아있었다. 또한 같은 시기에 요한 아그리콜라(Johann Agricola)의 율법 폐기론적 해석이 논쟁을 일으켰다. 이것은 종교개혁사상의 핵심적 이유 중에 하나였는데 의인화의 은총은 율법과 복음의 관계를 어떻게 연결시키는가하는 문제였다. 죄를 깨닫게 하는 역할로써의 율법만을 강조하는 루터교 신학은 자칫 율법폐기론(Antinominanism)적 경향에 이를 수 있다. 그러나 루터 자신은 아그리콜라에 반대 입장을 표현하였다.

1540년 개신교를 지지했던 정치지도자 헷세의 필립공(Landgrave Philip of Hesse)이 두 번째 결혼(애첩)으로 스캔들에 휘말리며 독일 개신교는 정치적으로 쇠퇴하였다. 개신교의 슈말칼트 동맹이 결정적으로 약화되었고 황제는 그의 목표를 달성하려고 하였다. 루터는 말년에「친애하는 독일 국민에게 보내는 경고」(Dr.Martin Luther's Warning to His Dear German People, 1531)에서 묵시문학적 기대를 보여주었다. 루터는 그의 논문에서 세계의 종말이 가까웠음을 염려하면서 하나님의 심판이 가능한 한 지연되도록 독일 정부가 회개하고 영적 및 도덕적 각성을 해야 할 것을 강조했다. 그는 종말론적 시각에서 유대인 예배 행위의 부당성과 교황청의 부패를 더욱 강하게 비판하였다. 만년에 접어든 루터는 급진적인 종교 개혁자들과 토론을 벌이며 그 밖의 사람들에게도 영적 조언을 아끼지 않았다. 놀라울 정도로 활발히 문필활동을 한 그는 25년 동안 평균 2주일에 한 편 꼴로 팜플렛을 작성하였다. 1546년 2월 18일 임종시에 "당신은 그리스도와 당신이 설교한 교리를 확고히 믿습니까?" 라는 물음에 "예"라 대답한 후 운명하였다.[118]

루터의 사후 루터파와 황제와의 대립은 내란으로 확대되었다. 그러나 1555년 아우구스부르크 종교화의로 루터파들이 제국의 가톨릭 교도들과 동등한 권리를 갖도록 승인 받고 일단락되었다. 이 화의의 주된 내용은 첫째, 지배자가 종교를 지배한다는 원칙에 따라 제후들과 자유도시에 종교를 선택할 자유가 주어졌으며, 둘

---

118) E. M. 번즈/R. 러너/S. 미첨, 「서양문명의 역사 II」, 박상익 역, (소나무, 2000), 578.

째, 선택의 자유는 가톨릭과 루터파에 한정된 채 칼빈파와 재세례파를 비롯한 다른 교파는 엄격히 배제되었다. 당시 멜란히톤은 분열을 치유하기 위해 장벽을 제거하려고 하였다. 하지만 1555년 이후의 루터파 교회는 독일 내의 여러 지역들을 개혁교회에 잃게 되었다. 경건왕 선제후 프레데릭 3세(Frederick III) 아래서 팔라티네이트 지역 교회는 루터파 교회의 모임에서 탈퇴하고 하이델베르크 요리문답(Heidelberg Catechism)을 출판하였다. 이 요리문답은 즉각적으로 독일 내의 여러 계열의 개혁교회에서 가장 두드러진 신조가 되었으며, 독일 밖의 교회에 크게 영향을 미쳤다. 대표적으로 브레멘은 1568년 팔라티네이트의 모범을 따랐으며, 그곳의 성직자들은 1572년에 교리를 발표하였다. 그리고 1595년 더 확대된 브레멘 합의(Consensus Bremensis)를 출판하였다.

한편 안할트(Anhalt)는 통치자 게오르그(John George, 1587-1603)의 지도아래 감독제 중심의 정치체제를 포기하고 루터의 요리문답을 폐기하였다.[119] 헤세-카셀(Hesse-Cassel)도 1605년에 독일 개혁교회 모임에 가담하였다. 그리하여 규모가 작은 군주들도 모든 개혁교회의 모범을 따라서 일반적인 개혁교회 신조를 수용하였다. 그리고 독일의 제후들과 통치자들과 주민들은 조심스럽게 아우구스부르크 종교화의로부터-루터파의 성찬 편재 이론과 감독체제-벗어나려고 하였다. 그럼에도 불구하고 이후로는 교황의 지배를 받지 않는 새로운 교회가 정식으로 인정되었다. 재세례파 같은 일부 분파주의자들은 유혈적 박해를 끝까지 잘 견디었으며, 이후 유럽과 미국에서 영향력있는 침례교회를 형성하였다. 농민전쟁의 영향으로 남부독일은 가톨릭으로, 루터파 교회는 대체로 북부 독일에서, 그리고 덴마크와 스웨덴, 노르웨이의 군주들은 루터파를 받아들였다.

8. 독일 밖의 종교개혁

루터파 중심의 독일의 개혁은 1555년의 아우구스부르크 종교화의에서 보듯이 외견상 성공한 것처럼 보였다. 그러나 이것은 서유럽 전체로 볼 때는 매우 미미한 것이었다. 왜냐하면, 프랑스, 대영제국, 네덜란드, 보헤미아, 헝가리, 이탈리아, 스

119) Thomas M. Lindsay, o *A History of The Reformation*, (Edinburgh, T. & T. Clark, 1906), vol. 2., 3-5.

페인, 폴란드에 이르기까지 16세기 종교개혁이 전 유럽에서 활발히 전개되었기 때문이다. 이 지역의 교회들은 독일처럼 지적이며 신앙적인, 정치적이며 경제적인 면에서 동일한 경험을 했으나, 르네상스의 영향으로 더욱 급속한 변화를 겪었다. 결국 이들은 모두 중세주의로부터 산출된 채, 외관상 그 시대의 유산을 모두 다 반영하였다. 정치적으로 종교적으로 자신들의 국가적 삶을 강하게 짓누르던 성직자주의의 망령을 떨쳐버리고 성경의 원리에 한 걸음 가까이 나아갔다. 이것은 소위 칼빈주의의 사상적 이념아래 루터파와 구별되는 하나의 통일 점을 이루었다.[120) 하지만 독일 밖 동방교회의 그리스와 슬라브 민족은 16세기 종교개혁의 영향을 받지 않았다. 따라서 종교개혁에 대한 직접적인 지원이나 반대가 없었으므로 교리, 교육, 예배 형식이 로마 가톨릭과 유사했어도, 프로테스탄트에 대한 반감은 로마 가톨릭 보다 덜하였다.

9. 결론: 개혁 평가와 전망

존 칼빈은 개혁자 루터를 매우 높게 평가하고 자신이 그의 계승자라고 믿었다.[121) 그리고 종교개혁은 루터에 의해 직접적, 결정적으로 관련되었다고 생각하였다. 칼빈은 종교개혁을 하나님이 일으키셨다고 믿었기 때문에 결코 실패하지 않을 것으로 간주하였다. 그러면 "종교개혁의 아버지" 개혁자 루터는 어떤 사람이었는가?

9.1. 루터의 평가

(1) 강력하고 확고한 신앙의 사람이었다. 그의 불굴의 신앙은 어디에 근거했는가? 그것은 확실한 신앙체험, 말씀에 기초하였다. 따라서 그는 하나님 외에 그 누구도 두려워하지 않았다. 이것은 마치 다메섹 도상의 바울처럼 영적 체험을 통해 확립되었다. 하나님 앞에서 새롭게 되려는 영적 갈망은 지칠 줄 모르게 그의 영혼

120) *Ibid*., 6.

121) John T. McNeill, *The History and Character of Calvinism*, (New York/Oxford University Press, 1954), 233-234.

을 사로잡았다. 그의 불타는 신념, 신학에 대한 이해, 꿰뚫는 지성, 보기 드문 용기, 이 모든 것들이 그의 성공에 기여하였다. 그는 오직 주의 도우심만 바라보았다. 이런 그에게 주님은 사랑과 자비의 손길을 펴시고 역사에 길이 남을 개혁을 성취케 하셨다. 숫한 좌절과 역경을 딛고 믿음으로 살다간 그는 마침내 신앙의 영웅이 되었다. 자신의 종들을 끝까지 사랑하시고 돌보시는 주님의 자비와 긍휼이 놀랍기만 하다.

(2) 의사소통에 능한 사람이었다. 그는 고뇌하던 젊은 시절부터 정열적으로 학문에 그의 삶을 쏟아 부으며 준비한 학도였다. 그는 라틴어를 매개로 국제적인 학자들을 대상으로 열변을 토했으며, 독일어를 사용하여 로마에 불만을 품고 있는 독일 민족에게 연설하였다. 로마가 그 민족에게 돈을 요구하며 민족 자본의 수탈을 일삼은 사실은 후에 민족주의라고 일컬어질 그 무엇을 이미 자극하였다. 그는 당대에 최고의 지성이자 대학자였다. 그는 항상 자신을 "박사"로 간주하며 항상 큰 자부심을 갖고 살았다. 이 같은 그의 기질은 당시 가톨릭의 지도자들과의 신학적 논쟁에서 위력을 발휘하였고 한 치의 양보도 없이 진리를 위해 싸운 믿음의 용장이었다. 결국 루터의 해박한 지식에 로마교회의 지도자들은 경탄을 금치 못했다. 말씀에 대한 강한 확신은 이 모든 것을 가능하게 했다. 그는 오직 하나님만 바라보았다.

(3) 루터는 각계각층의 사람들을 대상으로 천부적인 재질이 결합된 능력 있는 설교자였다. 그는 항상 성령의 인도를 따라 성경 연구에 몰두하며 영적 투쟁을 피하지 않았다. 오히려 성경적 진리에서 멀어진 기독교를 성경으로 돌이키는 일에 매진하였다. 이 복음적 전환은 교회를 정화하였고 기독교를 성경적 기독교로 되돌렸다. 오직 하나님의 은혜로 믿음으로 구원에 이른 하나님의 백성들은 자신들의 신앙과 행위의 유일무이한 절대적 규범이 오직 성경뿐임을 확신하였다. 무엇보다 그 자신 말씀에 사로잡힌 종이요 강단의 설교자로서 가톨릭의 구태의연한 가르침과 전통을 말씀으로 새롭게 조명하였다. 그리고 수많은 글과 작품을 통해 독일인들의 마음을 흔들었다. 바로 이런 결과는 초기 루터 자신의 예상을 뒤엎고 작게는 독일과 크게는 세계사에 영원히 기억될 종교개혁을 이룩하였다. 그를 통해 우리는 사역자로서의 말씀에 대한 태도와 철저한 그의 준비를 보게 된다. 그는 하나님의 손에 붙잡혀 일평생 주를 위해 살았다.

(4) 또한 루터는 자신의 체험을 항상 되 올리며 다른 사람에게 강요하는 것을 두려워하였다.[122] 대표적인 예가 바로 출교 문제였다. 그는 사람들을 정죄하며 교회의 교제로부터 출회하는 문제를 심각하게 생각하였다. 이는 그가 로마 교회로 하여금 심한 고통을 받았기 때문이다. 분명한 것은 그가 엄격한 제도에 대항하려면, 어떤 경우라도 독재가가 되지 않아야 할 것을 인식하였다. 그래서 그는 마땅히 정죄되어야 할 것을 정죄하지 못했다. 그는 초기의 모습과는 달리 말엽에 다른 사람들과의 일치를 위하여 노력을 기울였다.

9.2. 전망

962년 오토 1세는 신성로마제국을 건설하였다. 하지만 그들은 교황의 통치 아래 결코 평안을 얻지 못하였다. 중세의 독일 황제와 로마 교황 사이의 끝없는 대립과 갈등은 외부의 통치에 대한 적대심을 증가시켰다. 13-14세기 신비주의 토양 속에서 형식보다는 경건을, 기계적 율법주의보다는 내면의 세계를 더 소중히 하였다. 교황의 부당한 요구와 남용으로 더욱 교황 제에 불만이 고조되었다. 그리하여 초대 교회 로마 제국이 기독교를 박해했을 때 순교 신앙으로 맞섰듯이, 이제 독일 민족에게 개혁은 피할 수 없는 운명이었다. 개혁 당시 인근 국가들이 제국을 추구하며 해외로 탐험대를 보내고 있을 때, 독일은 탁월한 내적 성찰의 힘을 인간 영혼의 구령에 몰두하며 새로운 이상과 원칙을 찾아냈다. 프랑스가 땅을 지배하고 영국이 바다를 지배했다면 독일은 하늘을 지배한 것이다. 하늘은 성찰의 영역이지만 동시에 땅과 바다의 생존 터전이었다.[123] 타키투스가 야만족 독일인을 특별하게 묘사했듯이, 그들은 개인의 자유를 로마가 권위를 사랑했던 것만큼 사랑하였다. 그들은 신앙을 제한된 범위에 가두어 버리거나 이미지(형상)로 표현하는 것을 거부하였다. 형식과 의식을 통해 감각에 호소하는 외적 경배 대신 하나님과 직접적인 교제하는 영혼의 내적 예배를 선호하였다. 그들은 유한자와 무한자 사이의 가

---

122) D. M. Lloyd-Jones, “Can We Learn From History?”, *The Puritans: Their Orogins and Successors*, (Edinburgh: The Banner of Truth Trust, 1987), 222.

123) Philip Schaff, *History of the Christian Church*, (Michigan: Grand Rapids, 1910), vol. vii, 97.

시적 중개 수단을 던져버렸다.

마침내 작센의 수도자요 성직자인 마틴 루터의 지도아래 모든 국가적 역량이 결집되어 반 기독교적인 폭정에 항거하여 새롭게 역사를 서술하였다. 그리고 이들은 거칠게 온 거리에서 교권에 저항하며 자유를 외쳤다. 개혁자 루터는 독일인의 모든 불만을 선두 신앙으로 대변하였다. 이후 루터와 함께 시작된 독일의 종교개혁은 개신교 2,000년 역사를 새롭게 변화시킨 촉매제였다. 이는 현대 종교와 문화, 정치와 경제의 발전에 지대하게 영향을 미쳤다. 하지만 오늘 세계는 전 방위적으로 거짓과 불신, 갈등과 대립, 분열과 배신이 팽배한 중에 창조 신앙에 맞서고 있다. 루터가 주창한 오직 성경, 오직 믿음, 오직 예수 신앙으로 무장해야 할 이유이다. 해외 선교 130년을 앞둔 한국 교회는 도처에서 자성의 목소리가 높다. 부정부패와 도덕적 해이, 물질적 탐욕과 허영, 하늘을 찌르는 세속적 욕망이 16세기 종교개혁기를 능가하고 있다. 루터가 개혁의 선봉에 섰던 1522년 뉘른베르크 의회에는 로마의 잘못된 통치에 대한 100건 이상의 탄원서가 제출되었다. 루터가 자신의 논제를 발표했을 때 에라스무스는 전 세계가 그를 격찬하고 있다고 하였다. 만일 개혁의 힘이 약해지지 않고 꾸준히 지속되며, 또 극단적인 행위와 내부 분열로 야기된 로마주의자들의 반격이 없었다면, 독일 전체가 개혁을 완성하는 것은 어렵지 않았을 것이다. 오늘 한국 교회에 루터 한 사람의 헌신, 용기와 결단이 요청된다. 첫 사랑을 회복하는 한국 교회이기를 간절히 기도드린다.

제 5 장

면죄부와 루터의 95개 항의문 소고

1. 서론

종교 개혁은 1517년 10월 31일 독일의 한 대학 젊은 교수 마틴 루터에 의해 시작되었다. 루터는 당시 로마 교황청이 발부한 면죄부에 맞서 그가 작성한 95개 항의문을 비텐베르크의 교회 정문에 붙였다. 여기에서 루터는 누구도 모방할 수 없는 독창적이고 풍부하며 효과적인 논쟁을 전재하였다. 무엇보다도 천재성, 학식, 용기, 교양, 재치, 유머, 풍자, 조롱을 자유롭게 구사하였다. 신체의 연약함에도 불구하고 놀라운 정열로 자신의 개혁적 이상을 신속히 전개하였다. 루터의 대적자들 조차 호소력 있는 연설을 위해 루터의 표현을 모방하였다.[1)] 루터 자신은 그루터기나 자갈을 치우고, 가시덤불을 헤쳐 내며, 야생 숲을 깨끗이 치우는 거친 일을 하도록 부름 받았다고 생각하였다. 루터는 예언자들의 거친 언어 속에서 도움과 위로를 받았다. 특별히 그는 산을 엎고 바위를 부스러뜨리는 강력한 영적 힘을 가진 엘리야의 바람, 지진, 불을 가졌다고 믿었다.[2)] 이러한 루터의 불굴의 집념은 신속하게 전 독일로 급

---

1) Philip Schaff, *History of the Christian Church*, vol VII, *Modern Christianity: The German Reformation*, (Michigan: Eerdmans Publishing Company, 1910), 321-322.

2) *Ibid*., 321-322.

속히 확장되었고 교회 역사상 가장 강력하게 영향을 미친 사건 중에 하나가 되었다.

이 종교 개혁은 당시 구태의연한 종교적 및 정치적 기득권에서 벗어나 새로운 신앙적 역사를 창출하는 현대사의 서장(緖場)이었다. 이 사건은 단적으로 당시에 부패한 정치 및 종교 지도자들의 행위에 대항한 백성 다수의 영적 개혁과 자유를 향한 항거였고 그 결과는 21세기를 살아가는 우리가 실제로 그 유산을 체험하고 있다. 분명 루터의 종교개혁은 오늘 우리 크리스천들에게는 잊을 수 없는 일대 사건이다. 루터는 사람들의 마음에서 수백 년 동안 잊혀졌던 성경적 원리들을 되찾아 주고 영적 안목을 갖게 한 개혁의 선두 주자였다. 필자는 본장에서 루터의 종교개혁을 이해하기 위해 면죄부와 개혁의 이정표가 된 그의 95개 항의문의 내용을 분석, 평가하고, 교회의 바른 개혁적 요소들을 간략히 고찰할 것이다.

2. 역사적 상황

역사가 보여주는 바와 같이 개혁 당시 독일의 경제, 문화, 사회, 정치, 종교는 최대의 위기를 맞았다. 특정 지배 세력과 지방 영주들의 횡포는 일반 백성들의 원성의 대상이었다. 약 1,000년의 오랜 기간 동안 로마 교회는 부패와 타락의 상징으로 백성들에게 기억되었다. 이들은 당시 기득권 층으로 백성들이 내는 다양한 세(稅)를 통해 자신들은 부유한 삶을 누리게 되었고, 이런 삶의 방식은 종교인이든 정치인이든 태만과 방자 탐욕과 사치, 책임 불이행 등으로 나타났다. 이에 백성들이 지도층에 불만을 느끼는 것은 당연하였으나 누구 하나 개혁을 위해 나서지 않았다. 특히 종교 지도자들의 도덕적 타락은 극에 달했다. 이들은 자신들의 성직자로서의 책임을 이행하지 않고 자신들의 안락과 사리사욕에 빠져 있었다. 이들은 영적인 일 즉, 설교하는 일, 교인 심방, 교회 수리하는 일과 특별히 경건 생활에 무관심했다. 그들은 하나님에 대하여 냉소적이었으며 천박하기 이를 데 없었고 믿을 수 없을 정도로 경박하였다. 따라서 백성들은 불만이 태산처럼 높았으나 위로하고 격려하는 자가 없었다.

한편 당시의 종교 중심지 로마에서는 율리우스 2세가 착공한 베드로 성당의 화려한 건축을 위해 온 힘을 기울였다.[3] 특히 그의 후계자 레오 10세는 오랫동안 지연되어 온 성 베드로 성당의 증축을 위해 모든 수단을 동원하였다. 그는 이 제도를 세계의 모든 교구에서 실시하도록 장려하였다. 하지만 이는 명백한 종교적 횡포가 아닐 수 없었다. 이때 유럽에서는 장차 도래할 하나님의 심판에 대해 무척이나 두려워하고 있었다. 순진한 교인들은 당시 성직자들의 지도에 따라 자신들과 그들의 친족들에 대한 미래를 염려 하였고, 이런 것들이 서로 얽히면서 면죄부는 시기적으로 부합하였다.

3. 종교개혁의 발단과 전개 과정

앞에서 보았듯이 종교개혁은 1517년 10월 31일 독일의 한 수도사 마틴 루터가 비텐베르크 대학 정문 교회에 95개 항의문을 붙이므로 시작되었다. 이 운동은 종교문제에 대한 정치적 충돌로 몰고 가 당시 전 유럽이 루터의 소용돌이에 빠지게 되었다. 사실 처음에 루터는 전혀 세상에 알려지지 않은 무명 교수였으나 이 사건을 계기로 세계적인 스타가 되었고, 사후 지금까지 그에 관한 연구는 다양한 교파와 사람들에 의해 계속되고 있다. 루터가 이 항의문을 붙인 것은 이처럼 커다란 파문을 예상하지 않았으나 그 결과는 엄청난 결과를 낳았다. 이것은 당시에 국제적으로 터키의 전쟁 위협을 받고 국내적으로 복잡하게 얽힌 로마 교황청의 재정적 어려움이 함께 맞물려 지도층에 대한 불만이 고조된 일반인들이 분연히 일어나, 한 대학 교수의 행동에 갈채를 보냄으로 시작되었다. 역사가들은 이 95개 항의문은 주로 면죄부에 대한 종교적 반발이 그 원인이었다고 지적하였다.

4. 면죄부(부)와 중세 교회의 타락

중세 가톨릭은 성직자의 사치와 타락, 과중한 성 베드로 성당의 재정 악화, 그리고 빈번한 전쟁으로 재정상 어려움을 겪게 되었다. 특히 교황청이 아비뇽으로 이전한 이후 로마의 교황령으로부터 수입이 중단되었다. 따라서 새로운 수입원을 찾아야 하는 상황에서, 교황청은 면죄부를 통해 중세인들을 죄의 공포에서 자유롭게 하

3) 이는 교황청의 분열로 더욱 촉진되었다. 서요한, "제22장 중세 개혁운동의 양태와 특징", 「중세교회사」, (도서출판 그리심, 2010) 참조.

였다.[4] 죄의 용서를 위해서 기도나 참회, 혹은 성지를 순례하는 것들이었다. 하지만 교황이 직접 발행한 면죄부를 현금을 주고 사는 것은 엄청난 효과를 가져왔다.[5] 교황의 사면관은 유럽 전역을 돌면서 면죄부를 팔았다. 면죄부가 없으면 죽어가면서 연옥에서 몇 년 동안 고통당하게 된다. 많은 설교가들은 연옥에서의 고통이 지상에서의 그 어떤 고통보다도 혹심하다고 가르쳤다.[6] 이것은 중세 말 교황청의 재정 악화를 메꾸기 위한 방편이었으나 결국은 교회를 심각한 위기에 빠뜨렸다.

(1) 면죄부(indulgentia)의 법적 의미 : 면죄부의 법적 의미는 사면이나 형벌의 면제를 가리킨다. 라틴 교회에서 쓰는 의미로는 참회와 교회 또는 자선 기관에의 기부에 근거하여 죄에 대한 현세적 형벌을 면제해 주는 것을 뜻한다. 주교나 대주교는 해당 관할 구역 내에서, 그리고 교황은 모든 가톨릭 신자들에게 사면을 허용할 수 있다. 면죄부의 관습은 본래 북부와 서부 야만족의 전통에서 유래한 제도로 형벌을 대신하여 금전으로 배상하는 제도였다. 이것이 교인들에게 죄를 감면해 주는 대가로 교회의 경제 문제를 해결하고 그들의 권위를 회복하는 일종의 보상 전통이 되었다.[7] 따라서 당시 교회는 대성당의 미사에 참석하여 연보를 하면 효력이 큰 면죄부를 약속하였다. 이 관습으로 교회는 피 흘리는 것을 막고자 했으나 종교적 범죄에 폭넓게 적용하는 실수를 저질렀다. 종교 활동에서 돈을 만지는 것은 오물을 만지는 것이므로 바른 신앙을 위해서는 돈과 관계가 적을수록 좋을 것이다.

(2) 중세인의 신앙 양태 : 이 세상 사람들은 평생 알게 모르게 많은 죄를 짓는다. 그러다가 어느 날 갑자기 아무 준비 없이 죽으면 연옥에서 벌을 받게 된다. 죄의 용서를 위해서는 우선 마음으로 회개하고 죄를 용서받아야 한다. 역사적으로 면죄 교리는 3세기경 황제의 박해에 못이겨 그리스도를 부인한 배교자들에게 적용되었다. 초대 교회는 이들을 구제하기 위해 다양한 논의를 거쳤다. 그런 가운데 키프리안(Cyprian, 200-258)의 주장대로 배교자들 가운데 자신의 죄를 진실로 뉘우친 사람들에게 교회는 다시 출석할 기회를 제공하였다. 그리고 회개한 증거로 금식, 기도, 빈민구제 같은 일들을 실천하였다. 그 후 이 전통은 고해성사와 함께 가톨릭의 공

4) 롤란드 베인톤, 「16세기 종교개혁」, 홍치모.이훈영 역, (크리스챤 다이제스트, 1993), 19-20.

5) 브라이언 타이어니/시드니 페인터, 「서양 중세사」, 이연규 역, (집문당, 1993), 525.

6) *Ibid.*, 544.

식적인 교리로 정착되었다. 대감독 레오 1세(Leo the Great, 390-461)는 그들의 공개적인 죄의 고백으로부터 개인적 죄고 백으로 수정하였으며, 그 실천 내용도 기도와 선한 일 외에 성지의 참배를 첨가하였다.

특별히 십자군 전쟁(1096-1291) 때에는 전쟁에 참여한 사람들에게 적용되었으며, 이 시기를 거치면서 급속히 확산되어 연옥의 영혼들에게도 영향을 끼쳤다. 많은 사람들이 속죄를 위해 교회에 물질을 헌납하거나 단식했으며, 성지 로마를 순례하거나 십자군 원정에 참여하였다.[8] 혹시 출전이 불가능할 경우에는 대신 기사를 사서 파견하였다. 그리고 종국에는 교황이 지정하는 특별한 목적의 헌금으로 구원을 얻기도 하였다. 이로써 헌금은 그리스도를 위한 개인 생활의 모험, 희생과 동등하게 취급되었다. 이런 가운데 갑자기 흑사병이 도래하여 당시 유럽 인구의 3분의 1이 사망하였다. 이들 중에는 준비되지 못한 채 죽은 자들이 대부분이었다. 성직자들은 흑사병을 하나님의 임박한 심판으로 해석하며 사람들에게 회개를 촉구하였다. 사람들은 갑자기 죽음의 공포에 휩싸이게 되었으며 사후에 있을 하나님의 심판을 생각하였다. 중세인들은 사후에 있을 영원한 지옥의 심판에 대하여 관심을 갖고 기다리며 줄을 서서 샀다.[9]

당시 교회의 교리에 의하면 진정으로 참회하여 고해를 통해 용서를 받은 죄인은 지옥의 고통으로부터 구원을 받았다. 하지만 그의 영혼에는 오점이 남아 있어 연옥에 머물 수 있도록 하나님을 기쁘게 하는 행위, 즉 속죄의 고행을 해야 했다. 속죄의 고행은 기도, 단식, 성지 순례 등과 같이 다양한 형태의 의식이 있었다. 죄인이 연옥에 머무르는 기간은 얼마나 혹독한 고행을 하느냐에 따라 단축되었다. 하지만 고해자가 고행을 하는 대신 자선 기금을 내는 등 경건한 행위를 하면 면죄부를 받았다. 교황은 면죄부를 발부할 때 과거의 성인이나 순교자들이 축적해 놓은 선업(善業)에 의지하였다. 완전 면죄부는 진정으로 회개하고 고해한 죄인들의 연옥 생활을

7) Philip Schaff, *History of the Christian Church, vol VII, Modern Christianity: The German Reformation*, (Michigan: Eerdmans Publishing Company, 1910), 339.

8) 송경근, "중세 유럽의 십자군 전쟁은 원정인가 침략인가", 「유럽중심주의 세계사를 넘어 세계사들로」, (푸른 역사, 2009), 169-193.

9) Henry Charles Moore, *Through Flood and Flame: Adventures and Perils of Protestant Heroes*, (London: The Religious Tract Society, n. y.), 198-202; 데이비드 케너다인, 「굿바이 E. H. 카」, 문화사학회 역, (푸른역사, 2005), 126-128.

완전히 면제하였다.[10] 14세기에는 이 면죄부가 자주 발행되었는데, 이것은 일종의 부적으로 공공연한 현금으로 판매되었다.[11] 교황의 사면관들은 유럽 전역을 돌면서 면죄부를 팔았는데, 중세 말의 풍자가들에게 면죄부 행상꾼들은 좋은 표적이었다.

이들은 특히 사람이 죽어 연옥에서 죄를 정화하는 것에 깊은 관심을 가졌다. 이들은 사제에 의해 용서받고 죽게 되면 거의 확실하게 천국에 이를 것이라고 믿었다. 이와 관련하여 단지 성결하게 된 사람들이 천국 문에 이르기 전에 알고 했든지 모르고 했든지 그가 범한 모든 죄를 정화해야만 하는 것으로 믿었다. 이들은 이 같은 죄의 징벌들은 임시적인 것으로 이해했으나 그중 대부분의 심판은 사후에 연옥에서 정화될 것으로 인식하였다. 중요한 것은 그 심판들이 영원한 것이 아니었다는 것이며, 그러기 때문에 잠정적 종착지에 간다고 생각하였다. 연옥은 중세인들에게는 아주 실제적이었고 이것은 가장 신중한 것으로 간주되었다. 이처럼 죽음에 대한 실제적인 고민은 면죄부의 등장으로 새로운 장을 열게 되었다. 그것은 지금까지 어떤 죄를 범한 사람이라 할지라도 로마 교황의 명의로 된 면죄부를 사면 속죄를 받을 수 있게 되었다. 죽음과 내세의 심판을 위해 준비하지 못한 사람들은 이제 면죄부를 얻기 위해 혈안이 되었다. 이 면죄부는 하나님의 구속적 은혜를 돈으로 사고 팔게 하여 상업적 타락을 가져오는 계기가 되었다. 그런데 이 같은 사상은 행위로 구원받는다는 스콜라 철학의 영향이며 결국 이 사상이 후에 가톨릭의 주된 신앙 체제가 되었다.

(3) 면죄부의 발전 : 면죄부는 당시 가톨릭이 종교적 계명을 위반한 사람들의 처벌을 완화(참회)하기 위해 내린 조치였다. 처음에는 면죄부가 생명을 걸고 이교도와 싸우는 자들에게 수여되었다. 그러나 비록 증여자가 적극적으로 참여하지 않더라도 가치 있는 정신적 운동에 대한 금전적 기부가 점차 기독교 세계의 적극적인 봉사에 포함되었다. 면죄부는 또한 영주들의 면죄부 판매를 지지하여 그 수입의 일부를 보수로 받음으로 혜택을 보게 되었다. 헌금으로 면죄부를 사들이는 일은 사람들에게 죄의식조차 느낄 수 없게 만들었고 중세 말 면죄부에 첨가된 의미에 의해 더욱 심

---

10) 브라이언 타이어니/시드니 페인터, *op. cit.*, 525.

11) 조신권, 「청교도 신앙과 문학의 탐구」, (총신대학교 출판부, 2005), 202-227

대(深大)해 졌다. 이제 면죄부는 돈을 긁어모으는 수단으로 전락하였다. 일종의 종교 목적을 위한 부적이었다.

사실 면죄부는 처음에는 하나의 명예로운 종교적 실천이었다. 이 명예로움은 죄에 대한 특별 사면으로 모든 죄인에게 베풀어주는 목양적 의미였다.[12] 이 특별 사면은 죄인의 구속과 관련하여 성경이 강조하는 것이다. 그 원리는 하나님의 명령을 어겨 형벌을 받을 수밖에 없는 범죄한 인간이 하나님의 아들 독생자 예수 그리스도를 믿음으로 말미암아 거저 받게 되는 구속을 의미한다. 이런 성경적 원리가 시대의 변천과 변화에 따라서 점차적으로 종교적 악습으로 교회 안에서 실습되었고, 중세 시대에는 교회 부패의 원흉이었다. 처음에 이 면죄부가 교회 안에서 실습될 때만 해도 하나의 단순한 참회 의식의 일부였다. 의도는 죄의 심판에 대한 만족할 만한 그에 상응하는 대가를 지불 수행토록 하는 것이었다. 중세인들은 여기서 죄의식과 범죄와 징계를 구분하였다. 그 이유는 어떤 죄도 징계 받지 않는 죄가 없기 때문에 심판의 정도를 강조하여 백성들로 하여금 죄의 용서를 극화시키기 위함이었다. 특히 구약 성경은 어떤 죄라도 (의식) 하나님께서 제사장에게 부여한 신적 권위에 의해서 회개한 자들에게 용서가 주어지게 되며, 범죄한 영혼에게 내려질 영원한 징벌이 제사장의 사죄를 통해 만족할 만한 행위로 대치된다.

초대 교회에서는 마치 구약의 유대교적 전통처럼 범죄한 죄인은 기독교 공동체로부터의 분리로 이해되었다. 이 분리된 범죄한 영혼의 공동체로의 재영입은 전 회중 앞에서 공적 고백을 통해 다시 얻어지게 되었다(마태 18장). 소위 고백에 의해 입증된 참된 회개란 초기 교부 시대의 터툴리안과 키푸리안의 글에서 보듯이 어떤 만족을 하나님께 드림으로 치료되었다. 이런 만족들은 상처받은 사람들을 위해 금식이나 구제 혹은 자선 행위, 그리고 실제적인 참회 형식을 통해 어떤 보상(반환) 받는 형식으로 이해되었다.[13] 따라서 고백은 회중 전체 앞에서 실시되었고, 필요한 만족의 양도 회중이 결정하였다. 이런 것들은 끊임없이 공동체에 의해 강요되었고 항상 그의 구원을 확신하기 위해 몸부림치는 죄인들의 관심사였다. 따라서 중세인

---

12) John McManners(ed.), *The Oxford Illustrated History of Christianity*, (Oxford University Press, 1990), 45.

13) Williston Walker, *A History of the Christian Church*, (New York: Scribner, 1985), 191-193.

들은 참회의 분명한 심적 변화의 빛 안에서 삶의 여유를 찾았고, 심지어 그들은 이 참회가 환경까지 바꾼다고 믿었다. 이러한 여유들은 특사로 불렸고, 이 점에서는 전적으로 영예로우며 건전한 목회적 실습의 한 표현이었다.

그런데 시간이 흐름에 따라서 회개는 만족을 완화시키거나 다른 것으로 대치하는 일이 발생하였다. 예를 들면, 참회자가 병에 들거나 회중이 요구하는 금식이 참회자를 죽음의 위험에 빠뜨릴 수도 있었다. 이러한 경우 회중이 요구하는 외적인 통회의 징표를 다른 것으로 바꿀 수 있었다. 혹은 회중이 요구하는 만족을 전체적으로 수행하지 않았어도 진지함이 확인되면 다시금 공동체 일원으로 받아들였다. 그밖에 회중의 아버지인 사제에게 상업적인 의미의 사적(私的) 고백으로 바뀌었다. 혹은 회중 전체가 부과하는 공적인 만족 대신에 사제가 범한 죄와 고백에 따라서 적합하다고 인정되는 외적인 통회의 징표, 혹은 만족을 개인적으로 부과할 수 있게 위임되었다. 사제에게 고하는 사적 고백이 회중 전체에게 고하는 공적 고백을 대치하면서 고백하는 죄의 범위도 확장되었다. 마음속에 숨은 죄가 고해신부의 질문에 의해 들어나면서 밖으로 드러난 죄가 추가되었다. 이렇게 하여 만족의 범위도 이에 상응하게 되었다. 일상적이며 공정한 실습을 위하여 많은 책들이 편집되었고 이런 것들은 주로 범죄의 상태에서 위탁된 죄들을 참회하는 방법들이 제시되었다. 특히 성전의 광채 나는 어떤 곳에서 돈을 지불하면 이것들은 교회 후원금으로 취급되었다. 이런 전통이 후에 성지 순례로 발전되었다.

7세기부터 참회가 고행을 대체하는 속죄의 한 형태로 바뀌었다.[14] 수년 동안 금식해야 하는 고행은 그 만큼 많은 기도나 시편 낭송, 일정 냥의 구제금 희사, 혹은 돈으로 지불하는 벌과금으로 대체되었다. 이러한 새로운 습관은 참회자가 정해진 날에 일정한 교회를 방문하여 일정액을 희사하는 것으로 대신하였다. 어떤 경우에는 사제의 아량에 따라서 1/7을, 1/3을, 1/2을 단축하거나 경감시켰다. 이것은 마침내 순례나 묵주 굴리기, 촛불 켜기, 헌금 액수 올리기 같은 다양한 놀이로 전락하였다. 이것이 죄에 부과된 교회의 처벌을 경감시키는 면죄부의 기원이었다.[15] 850년

---

14) *Ibid.*, 283-284; Philip Schaff, *History of the Christian Church*, vol VII, *Modern Christianity: The German Reformation*, (Michigan: Eerdmans Publishing Company, 1910), 146-147.

15) Thomas M. Lindsay, *A History of The Reformation*, (Edinburgh, T. & T. Clark,

교황 레오 4세는 예루살렘에 있는 본디오 빌라도의 재판정으로부터 가져왔다고 전해지는 스칼라 산타 28계단을 무릎을 꿇은 채 올라가는 자들에게 고행의 대가로 면죄부를 부여하였다.[16] 사제들은 점차 이 제도를 악용하여 면죄부의 하사 권한을 주교에게 의탁하였다. 주교들은 여기서 얻어진 돈으로 중세의 대성당을 여러 개 건설하는데 사용하였다. 면죄부에 대한 교회의 남용이 끊이지 않자, 모든 권한이 교황에게 위임되었다.

1030년(11세기) 프랑스의 사제들은 어떤 특별한 영적 봉사의 때에 참회에 대한 면제적 연보제를 제안하였다. 예를 들면, 시간이 없어서 무릎을 꿇고 프랑스 서남부의 순례지 루르드(Lourdes) 성당까지 순례할 수 없을 때, 혹은 몸이 나약하여 채찍질을 하지 못할 때 헌금함에 돈을 드려 속죄를 대신하였다.[17] 이 사상은 백성들의 마음을 사로잡았다. 1063년 교황은 기독교인들이 스페인에서 이교도들과 전쟁을 치룰 때 그들의 죄 사하기를 열망하였다. 따라서 당시 기사들도 성전에 속히 참여하고 싶어 애를 태웠다.[18] 유럽의 교황권도 정치적 우월성을 확보하기 위해 전투를 소원하였다. 1096년[19] 교황 우르바노 II세(Urban II)는 성지 예루살렘을 이교도로부

1906), vol. 1., 218-219.

16) Philip Schaff, *History of the Christian Church, vol VII, Modern Christianity: The German Reformation*, (Michigan: Eerdmans Publishing Company, 1910), 129. 개혁자 루터는 1510-1511년 몇 달 동안 로마를 방문하여 이 계단을 무릎 꿇고 올라갔다. 그러나 이상하게도 한 계단 한 계단 오를 때마다 루터의 귀에 거세게 "오직 의인은 믿음으로 말미암아 살리라"(롬 1:17)가 들려왔다. 한편 이 시기에 동방 교회에서도 유사한 일이 전개되었다. 대표적으로 963년 황제 니케포루스 2세는 콘스탄티노플에서 라이벌을 격파한 후 황제가 되었다. 그는 한 때 수도 사람들로부터 따돌림 당했으나 계속해서 전쟁을 전개하였다. 그는 이슬람과의 전쟁은 성전이라며, 이 전쟁으로 죽은 자들을 성인의 반열에 올리라고 요구하였다. 이노우에 고이치, 「살아남은 비잔틴제국」, 이경덕 역, (다른 세상, 2010), 162.

17) 피터 S. 럭크만, 「신약교회사」, (말씀보존학회, 1997), 307.

18) 힐렐 슈바르츠, 「세기의 문」, 이은희 역, (아카데미북, 1999), 81.

19) 이 연대는 기독교에 맞춘 것이다. 하지만 유대인과 이스람교도들은 각각 자신들의 종교적 전통에 따라 다르게 표시한다. 예를 들면 유대인들은 그들의 전통에 따라 시대를 A.M.(Anno Mundi)으로 표시한다. 이는 천지 창조로부터 계산된 세계의 시대구분이다. 이들은 아담부터 바벨론 유수까지 5,000년의 시간이 흘렀으며, 그 후 나사렛 예수를 기다리는 데 500년이 흘렀다. 그 후 50년이 지난 550년에 예수께서 이 땅에 오셨다. 그 후 세계의 안식일과 천지창조 후 6,000년이 되는 해에 예수님의 재림을 기다리는데 다시 500년의 세월이 흘렀다. 유대인의 시대구분에 따르면 서구는 526년으로 서고트족과 동고트족은 로마제국의 전통을 계승하였다.

터 탈환하기 위해 전쟁을 일으키고, 참여한 사람들에게 죄의 용서를 위해 길이나 바다 위에서 혹은 이교도와 투쟁하면서 죽어야 한다고 선언하였다.[20] 따라서 십자군은 대규모의 순례 행렬로 장관이었다. 1010년 발행되어 1096년에 수많은 위조품이 나왔던 로마 교황의 면죄부는 십자군 운동을 더욱 활성화 하였다. 결국 십자군 운동은 모든 순례 중에서 최고의 것으로 모든 속죄 중에서 가장 효과 있는 것으로 인식되었다.

십자군 원정에 참가한 대부분의 사람들은 성스러움과 사후 맑은 바다를 항해할 것이라는 믿음으로 철저히 무장한 채 천국의 도시 예루살렘으로 진군하였다. 그러나 당시 십자군들은 원정으로 단지 자신들의 영적 이익만을 추구했는데, 이는 동방교회도 마찬가지로 이들 또한 성유물을 앞세우고 비장한 각오로 성전에 임하였다.[21] 이처럼 사람들은 십자군 원정에 참여하여 구원받기를 소망하였다. 또 다른 사람들은 횡재와 모험, 새로운 터전을 찾기 위해 죽어 지옥에 갈 것도 괘념치 않았다.[22] 그들은 자신들이 원하던 땅을 획득하고 또한 성묘를 참배하고 요단강에서 몸을 씻는 것을 잊지 않았다. 만약 예루살렘을 순례하는 것만으로도 자신의 죄를 속죄 받을 수 있다면 이교도들로부터 성지를 탈환하는 자들에게는 얼마나 큰 보상이 주어지겠는가? 교황의 면죄부는 십자군 운동을 더욱 자극하며 천국의 도시 예루살렘을 향해 진군하였다.[23] 이로써 십자군은 그들의 목적을 달성하기 위해 강렬한 신

이를 근거로 볼 때 유대인들의 시대구분은 아담 이후 지금까지 약 7500년이 된다. 이러한 유대인의 시대 구분과 달리 기독교인들은 주님께서 오신 해를 근거로 서기(A.D. Anno Momini)라 표현하며 이후 지금까지 2,000년이 흘렀다. 한편 이슬람교에서는 마호메트가 메카에서 메디나로 이동한 622년을 헤지나를 기점으로 A.H(After the Hezira)원년으로 삼는다. 할렐 슈바르츠, 「세기의 문: 전환기의 역사」, 이은희 역, (아카데미북, 1999), 49-83.

20) G. S. M. Walker, *The Growing Storm*, (London: The Paternoster Press, 1961), 99-101; 할렐 슈바르츠, 「세기의 문: 전환기의 역사」, 이은희 역, (아카데미북, 1999), 81; Willistoan Walker, *A History of the Christian Church*, (New York: Scribner, 1985), 347-348.

21) 한국서양사학회 역음, 「유럽중심주의 세계사를 넘어 세계사들로」, (푸른역사, 2010), 156-157.

22) R. W. 서던, 「중세의 형성」, 이길상 역, (현대지성사, 1999), 68; 조세프 R. 스트레이어, 「중세시대의 서유럽」, 김동순 역, (성균관대학교출판부, 1994), 101; 힐렐 슈바르츠, 「세기의 문」, 이은희 역, (아카데미북, 1999), 78-83.

23) 1096년 당시 영향을 미치고 있던 로센펠드 연대기(Rosenfeld Annals)에 따르면 화염은 사방에서 환하게 빛나고 있었으며, 그것은 마치 하늘을 뒤덮고 있는 것 같았다. 이 화염은

앙심을 필요로 하였다.[24] 많은 사람들이 자신들의 생전에 저지른 모든 죄를 용서받는다고 생각하며 십자군 전쟁에 참여하였다. 십자군은 예수의 적과 싸우기 위해 기독교회가 조직한 군대였고, 그들 십자군은 자신을 군인이라기보다는 순례자로 생각하였다. 결국 십자군은 모든 사람의 마음을 사로잡는 강력한 힘이었다. 이후 1189년까지 교황 그레고리 8세의(Gregory VIII) 통치 아래서 하나의 정론이 되었다. 예를 들면, 종교상의 이유로 십자군 전쟁에 참여하는 사람들에게는 충분한 면죄부가 부여되었으나 그 전쟁에 참여 할 수 없는 사람들은 누구나 그를 대신해서 싸우는 군인의 비용을 지불해야 했다. 이 면죄부는 교회에 의해 부과된 모든 잠정적인 징벌을 무효화시키며 모든 죄를 용서받게 되었다.[25]

1209년 이노센트 3세는 십자군 병사들에게 부여된 완전한 면죄부를 전통에 참여한 사람들뿐만 아니라 자금이나 조언으로 이바지한 사람들에게까지 확대하였다.[26] 그리고 형벌로부터 완전한 면제에다 천국에서 선행에 대한 보상이 증가할 것이라는 약속을 덧붙였다. 그 후 면죄부는 교회의 보화로 발전하였고, 교회 안에 일

그저 이후 서방 세계에 정복당한 자기네 지방에서 떠나가는 사람들을 십자군에 가담케 하는 천사의 힘이었다. 그 후 베드로는, 천국에서 추방당했다고 주장하며 전 세계 모든 기독교인들에게 무장을 하고 예루살렘으로 진군하라고 하는 면죄부를 들고 나옴으로써 그들은 그곳에서 이교도를 몰아내고 그 곳을 영원히 소유하였다. 할렐 슈바르츠, *op. cit.*, 82; 브라이언 타이어니/시드니 페인터, 「서양 중세사」, 이연규 역, (집문당, 1993), 574.

24) 하지만 이들은 이후 탐욕을 드러내며 약탈을 일삼았다. 결국 탐욕은 십자군의 내부 분열을 가져왔다. 심지어 그들은 1204년 십자군 정신과는 전혀 상관없는 기독교국인 비잔티움의 수도 콘스탄티노플을 함락시켜 라틴 제국을 세웠다. 서구 십자군들의 이러한 행동은 비잔티움인들에게 서구인들이 얼마나 가증스러운 인간인지를 보여준다. 한국서양사학회 엮음, 「유럽중심주의 세계사를 넘어 세계사들로」, (푸른역사, 2010), 156-160, 173-174.

25) 당시 프랑스에서는 40일간의 예배에 대한 대가로 면죄부를 제공하기 위한 병력이 소집되었다. 그리고 전쟁시에 십자가를 드는 자에게 주교는 과거에 부과된 고해를 면제해 주었다. 훗날에는 그렇게 할 수 있는 권한이 오로지 교황에게만 국한되었다. 그 후 집에 남아 있으면서 성지의 십자군들이든 유럽의 십자군들이든 그들에게 자금을 대는 사람들에게 비슷한 사면이 부여되었다. 면죄부는 대성당이나 병원을 짓는 자선 사업이나 심지어는 교량을 놓는 사업을 지원하는 데도 사용되었다. 거대한 고딕 양식의 대성당들은 부분적으로는 면죄부 판매에 힘입어 건축되었다. 이와 같이 가톨릭의 지도자들은 모든 방법을 동원하여 돈을 끌어 모았다. R. H. 베인톤, 「전쟁, 평화, 기독교」, (대한기독교출판사, 1981), 156; 롤란드 베인턴, 「세계교회사」, 이길상 역, (크리스챤 다이제스트, 2001), 233.

26) R. W. 서던, 「중세교회사」, 이길상 역, (크리스챤 다이제스트, 1999), 145; Williston Walker, *A History of the Christian Church*, (New York: Scribner, 1985), 308-309.

반 죄인들은 누구든지 예수와 성자들의 공로를 축적함으로 그들의 구원을 준비하는 것으로 간주되었다. 십자군 전쟁이 종료되었을 때는 하나의 궁극적이며 동등한 대안을 창안하였다. 13세기 중반 이노센트 4세는 한 걸음 더 나아가 어떤 형식으로든 복무를 하지 않더라도 특별한 상황에 대해서 완전한 면죄부를 부여하였다. 처음에는 그 빈도수가 대단히 적었다. 그리고 13세기말에는 정치적 이유로 세속 군주들에게 면죄부가 부여되었다. 그 후 교황청의 관용이 더욱 확대되었다. 개인들이 죽음을 앞두고 고해 신부들로부터 완전한 면제를 받는 특권을 돈으로 살 수 있게 되었다.[27)]

1300년 2월 22일 희년을 알리는 쥬빌리(Jubilee) 면죄부가 교황 보니페이스 8세에 의해 반포되었다. 교황은 1300년 성년에 즈음하여 로마를 방문하는 모든 순례자들에게 면죄부를 허용하였다. 이를 통해 그동안 십자군에게 주어졌던 죄의 완전한 사면을 허락하고, 이 면죄의 혜택을 죽은 자들, 연옥에 있는 영혼들에게 확대하였다.[28)] 그는 레 25장에 나타난 모세 법을 기념하는 희년을 선포하기 위해 처음으로 모든 신자를 로마의 순례로 소집하였다. 그에 의하면 도상이든 로마든 순례 동안에 죽은 모든 순례자들과 순례를 완수할 굳은 결심을 가지고 있었으나 장애를 만났던 모든 이들에게 완전 사면을 허용하였다.[29)] 그리하여 성 보나벤투라와 토마스 아퀴나스가 수립한 이래 연옥에 있는 어떤 영혼도 모든 벌로부터 즉시 해방되었다. 이제 산 자들이 죽은 자들을 해방시킬 가능성이 빛을 보게 되었다.[30)] 그것은 일종의 초안식년으로 일곱 해가 일곱 번 지난 뒤 50년마다 돌아오는 속죄와 안식, 해방과 귀환의 해였다. 이러한 안식년은 분명 상징적이고 실제로 완전히 이행되지는 않았으나 당시 순례자들은 교황을 향해 "저희들이 죽기 전에 당신의 축복을 내려 주십시오. 우리는 옛날 매 100년마다 세례자 요한 사도와 바울 사도의 시신을 본 모든

---

27) 사이토 다카시, 「세계사를 움직이는 다섯 가지 힘」, 홍성민 역, (뜨인돌, 2010), 92-105.

28) Henry Bullinger, *The Decades*, (The Parker society: Cambridge University Press, 1850), vol. 3., 266-268. 불링거는 당시 가톨릭의 희년 기념 대사면을 그릇된 것으로 비판하였다.

29) 자크 르 고프, 「연옥의 탄생」, 최애리 역, (문학과지성사, 1995), 625-626, 651.

30) 하지만 당시 이단으로 지목된 발도파와 카타리파는 연옥설을 강력히 부정하였다. 이들은 내세에는 천국과 지옥밖에는 없으며 연옥이란 이승에서 밖에는 존재하지 않는다고 주장했다. 자크 르 고프, 「연옥의 탄생」, *Ibid.*, 627.

기독교인들은 죄와 그 벌을 사함 받는다고 들었습니다." 따라서 이들은 지정된 성당을 30번 방문한 모든 로마인들에게 축복을 내렸으며, 쥬빌리 해 동안 성지를 15일 간, 그 중에서도 특별히 하루에 한번 로마에 있는 사도들의 무덤들을 방문하는 모든 사람들에게 완전한 면죄를 약속했다.[31] 그렇게 되면 죄의식뿐 아니라 죄의 징책으로부터 자유하게 된다고 가르쳤는데 이 특권은 한 세기에 한번만 할 수 있었다. 이로써 한 해 동안 로마를 방문하는 자들이 헤아릴 수 없었다.[32]

1343년 클레멘트 6세는 "제 50년을 거룩하게 하여 전국 거민에게 자유를 공포하라"는 레위기에 기초하여 50년에 한 번으로 기간을 축소하였다. 이 결정에 곁들여 교황의 면죄설을 본격적으로 진술하였다.[33] 그 결과 면죄부는 엄청난 비율로 증가하였다. 그 해 영국에서만 처음 여섯 달 동안 약 2백 명 이상에게 이 특권을 부여했다. 면죄부 값이 비쌌던 경우가 있었지만 임종을 앞두고 매입하는 완전 면죄부는 사회의 많은 계층이 구입할 만한 것이었다. 따라서 기사들과 소교구 사제들과 도시 주민들은 영국의 여왕과 그 밖의 왕실 사람들과 동등한 특권을 누렸다. 클레멘트 교황은 자기 백성을 행복하게 해주어야 한다고[34] 생각하였다.

1389년 우르바노 6세는(Urban VI) 사람의 평균 수명이 오십 년이 안 된다는 근거로 그 간격을 주님의 생애 33년과 방불한 33년으로 축소시켰다. 그 후 1400년과 1450년에도 실시하였으며, 이듬해에는 로마를 방문할 수 없는 사람들에게도 교황의 사절을 통해 면죄부가 전달되었다. 당시 교황은 면죄부의 재정 업무를 위하여 은행 전문가를 고용하였다. 한편 1470년에 교황 파울루수 2세는(Paul II) 인간의 생명의

---

31) 힐렐 슈바르츠, *op. cit.*, 96; 자크 르 고프, *Ibid.*, 625-627.

32) 힐렐 슈바르츠에 따르면 초기 기독교 시대에 희년이란 없었다. 그러나 보니페이스는 레위기에 나타나는 50년, 즉 희년을 면죄의 해와 함께 새 시대의 100주년 축제로 만들었다. *Ibid.*, 96-97.

33) 그리스도의 보혈 한 방울로도 온 인류를 구원하는 데 넉넉했을 것이다. 그리스도의 희생은 넘치도록 풍성했기 때문에 수건에 싸 두거나 밭에 감추지 않고 사용해야 할 보화가 생겼다. 이 보화는 하나님께서 지상에 있는 당신의 대리인들, 즉 성 베드로와 그의 계승자들에게 위임하시어, 자기 죄를 회개하고 자백한 신자들의 죄에 현세에서 임할 형벌을 전부 혹은 일부 면제하는 데 쓰도록 하셨다. *Extravagantes Communes*, v, ix, 2, Friedberg, Corpus Iuris Canonici, ii, 1304-1306; 루돌프 피셔-볼페르트, 「교황사전」, 안명옥 역, (가톨릭대학교출판부, 1985), 253-254.

34) G. Mollat, *The Popes at Avignon,* (English translation, 1963), 9th ed. 39.

짧음을 감안하여 25년으로 줄였다. 따라서 누구든지 로마에 갈 능력이 있는 사람은 연옥에서 받을 형벌을 완전히 면제받을 수 있게 되었다. 그 후 로마를 가지 않고도 해결할 수 있는 방법이 연구되었다. 교황들이 처음에는 이를 반대 했으나, 1476년 교황 식스투스 4세(Sixtus IV)는 죽은 사람들을 위한 전권 면죄부를 제정하였다.[35) 이 면죄부는 즉각적인 성공을 가져왔다. 따라서 이와 유사한 면죄부를 사들이도록 하는 신종 면죄부가 나오게 되었다. 면죄부를 사들인 사람에게 일반적으로 처음에는 고백 편지가 주어졌다. 그 다음 버터 편지를 받았는데 내용은 금식 날에 버터, 계란, 치즈, 우유를 먹을 수 있도록 허용하는 것이었다. 그리고 세 번째는 무릎을 꿇고 기도하는 곳에서 선한 행위를 대신할 권리가 부여되었으며, 공로의 보화를 그 자신을 위해 이롭게 할 권리를 부여했다. 마지막으로 또 다른 특권은 면죄부를 갖은자가 그것을 잊어버려 찾지 못했을 경우 불법적으로 요구된 선한 행위를 위해 마술처럼 그것을 사용할 수 있도록 허용되었다.

1490년에는 이 동일한 특사가 단순히 돈으로 살 수 있게 되었다. 교황은 어떤 목적을 위해 언제든지 참회자 자신의 구원을 위하여 절대적 힘을 수여하는 것으로 인정되었다. 따라서 참 구원을 갈망하는 사람들(아래로는 원시적인 일반 백성들과 위로는 영적인 것들을 파는 고위 성직자들)에게 이것은 하나의 커다란 외침이었다. 결국 참회는 상업적 물품으로 무절제하게 남발되었으며, 교회가 승인한 "거룩한 무역"(Holy Trade) 이었다. 각종 신앙단체들이 남발했으며, 이들은 자신들의 회원뿐 아니라 여러 외래객들을 불러 자신들의 교회를 부유하게 하는데 사용하였다. 면죄는 성당과 여러 교회당 혹은 교회당 안에 있는 모든 제단에서 헌금거두는 일까지 하였다.[36) 그 결과 면죄부는 엄청난 인플레이션, 특별한 인플레이션을 가져왔다.[37) 교황의 행위를 뒷받침해 준 보고, 즉 영적 화폐가 무궁무진해진 것이다. 여기에 성

---

35) 유진 오스터헤이븐, 「개혁주의 전통의 정신」, 최덕성 역, (본문과현장사이, 2000), 19-20.

36) 면죄부는 특별한 유물의 수집과도 관련을 맺고서 그 성소를 방문하는 신자들이 획득할 수 있게 되었다. 또한 면죄부는 병원에도 수여되었으며, 다리나 도로를 보전하는 데도 수여되었다. 중세 후기에는 어디를 가든지 면죄부를 만나지 않는 장소가 없었으며, 더러운 금전수취와 연결되었다. 루터의 지적처럼 면죄부는 탐욕자의 손에 놓인 매우 개걸스러운 도구였다.

37) R. W. 서던, *op. cit.*, 149.

물을 숭배하는 사조가 확대되었다.[38] 그러나 시간이 가면서 이 특권을 사용하는 자들이 감소하였다. 그 이유는 당시에 전염병이 돌았기 때문에 사람들이 다른 일을 생각할 여유가 없었다. 다급히 구원을 받아야 했던 사람들은 로마로 여행하는 것보다 훨씬 더 극단적인 조치를 취해야 했다.

그런데 이런 비밀스런 물품의 하나의 커다란 결점은 항상 구매할 수 없다는 것이었다. 따라서 이것의 용이함을 위해 교황들이(1290 년경에) 면죄 편지를 발행하기 시작하였다. 이것은 한 영혼의 멋진 탄생을 위해 사야만 하고 아니면 적어도 사후를 위해 예약이라도 해야 했다. 이 편지를 소유한 사람의 생애 동안에 참회자는 자신이 선택한 사제로부터 완전한 죄의 면제를 얻을 수 있었다. 그리고 사후를 위해서도 이 구매한 면죄부가 한번은 사용될 수 있다고 했다. 혹 전쟁에 나가기를 원치 않는 사람을 위해서는 돈을 지불했고, 지불한 돈은 전쟁 후원 비로 사용되었으며, 편하게 집에 머물 수 있었다. 따라서 이 거룩한 무역은 성도들 사이에서 활기를 띄었다. 이 면죄 편지들은 기본적으로 충분히 돈을 지불할 수 있는 사람에게 확산되었고 편리를 위해 좋은 대로 집까지 배달되었다. 이제부터 죄의 용서는 죄인인 나와 하나님과의 영적 문제가 아니라 나와 돈과의 이권에 관한 물질 문제로 탈바꿈되었다. 이런 면죄부 사상은 판매자들의 일방적인 오해와 남용에 아랑곳없이 사람들은 거기에 더욱 매수되었고, 죽어 연옥에 있는 사람들을 위해서도 면죄부를 사들일 수 있고 그들을 위해서도 효과가 있는지에 대해 질문하기 시작했다.

1500년 교황청은 재정시스템을 구축하여 유럽 제일의 위치를 확보하였다. 엄청난 부의 유입으로 거룩한 도시 로마는 급속히 세속화 되었으며 교황청은 성직과 성물의 주된 거래처와 상업지가 되었다. 그 중에 특히 세속적이고, 탐욕적이며, 사치스런 교황 율리우스 2세와 레오 10세는 거리낌 없이 성당 건축 목적으로 때로는 자신들의 세력 확장을 위해 면죄부로 재원을 확보하였다. 스페인, 영국, 프랑스는 이러한 재정 목적의 교서를 무시하거나 저항하면서, 로마를 위해 징수되는 세금을 거

38) 중세인들은 특정 물건을 몸에 지니면 질병이 달아난다고 믿었다. 여기세 보석이나 귀금속의 광채, 순수함 때문에 외적인 부패를 멀리하며 내적인 부패를 제어해 준다고 생각하였다. 샤를 5세의 아우 베리 공작의 재산 목록에는 독을 막아주는 두 개의 돌멩이가 언급되었다. 대표적으로 성 토마스 베케트의 유골은 무덤과 거기서 흘러나오는 물에 그런 능력을 부여하였다. 장 베르동, 「중세는 살아있다」, 최애리 역, (도서출판 길, 2008), 69.

절하였다. 하지만 당시 독일은 막시밀리안의 나약한 통치 아래서 교황의 권세에 굴복하였다. 레오는 독일을 3 지역으로 나누어 그 중에 한 지역에서 면죄부를 판매하도록 선제후의 동생인 알브레히트(Albrecht)에게 위탁하였다. 이 고위 성직자는 25세의 나이에도 불구하고 독일 성지자들의 최고 지도자이자 독일 제국의 대법관이었다. 그리고 1518년에는 추기경이 되었다. 이런 과정을 통해서 나타난 사실은 죄로 타락한 세계가 어떻게 세속화되어 가고 이에 맞서서 제도화된 교회가 어떤 자세를 가져야하는가의 문제를 야기시켰다. 이상에서 살펴본 면죄부에 대한 신학적 의미를 다음과 같이 정리할 수 있다. (1) 공로의 보화(The Treasury of Merits), (2) 참회(고해성사)의 성찬 수용, (3) 하나님이 요구하시는 통회는 아트리치오(attritio)와 콘드리치오(contritio)로 구별되었다.

(1) 공로의 보화 개념은 13세기 헤일스의 알렉산더(Alexander of Hales)에 의해 최초로 제기되었다. 이것은 그리스도를 포함하여 성모 마리아와 성지들, 그리고 모든 훌륭한 기독교인들의 공로를 보관할 창고를 의미한다. 교황은 이 창고를 면죄의 수단으로 사용하여 참배케 함으로 교회를 장악하였다. 이 착상은 교회 내에 존속하는 행습에서부터 어떤 고행(순례)은 대리로 실시되었다. 신자들은 한 몸의 여러 지체라는 생각을 한 데 묶어서 교인 각자의 선행은 모든 사람의 공동의 재산이므로 죄가 많은 사람이라도 보다 더 성스럽게 사는 형제의 선행으로부터 이익을 얻을 수 있었다. 그리고 그리스도의 희생은 모든 죄를 씻어 버리기에 충분하다는 생각에서 학자들은 생존한 남자와 여자의, 하늘에 있는 성인의, 그리고 매 마르지 않는 그리스도의 선행이 담겨져 있는 보화의 창고가 있다는 이론을 확립하였다. 그들에 의하면 이 모든 공로들은 교황의 수중에 있으므로 자신의 뜻에 따라 신자들에게 얼마든지 나누어 줄 수 있었다. 이것은 하늘에서도 보화가 되지만 지금은 교황에 의해 가능하다는 것이다. 결국 이것은 참회자가 지은 죄로 인해 부과된 형벌과 이를 탕감받기 위한 보화를 이 창고로부터 지불받을 수 있다는 폭넓은 예약 제도이다. 그러므로 하나의 면죄부는 지상에서의 죄로 말미암아 앞으로 그가 연옥에서 받을 모든 징벌로부터 구제해 주기에 충분하였다. 여러 증서들은 그들에게 기록된 모든 편리한 신학적 자격을 갖게 되었다. 어리석게도 이들은 징계가 돈으로써 누그러뜨리는 것으로 알게 되었다. 그러나 이것은 교황을 초자연적인 힘의 상징으로써 인식하게 된 것이 문제였다.

(2) 참회가 하나의 성례로 정착되었기 때문이다. 고해는 본래 죄에 대한 통회(contritio), 죄를 사제에게 고백하는 것(confession), 고해 신부의 명령에 따라서 교회가 부과한 통회를 여러 가지 방법으로 나타내는 만족(satisfaction), 그리고 사제가 하나님의 이름으로 선언하는 사면(absolutio) 절차가 포함되었다. 그러나 이 제도는 점차 순서가 바뀌어 사면이 고백 다음으로 만족 앞으로 이동하였다. 이로써 만족은 더 이상 통회의 외적인 징표나 용서 혹은 사면의 필연적인 전제가 되지 못했다. 새로운 주장에 의하면, 죄의 고백 뒤에 사면은 고백한 죄의 모든 죄책감을 제거해 버리는 효과와 함께, 이에 상응하는 영원한 처벌도 제거되었다. 비록 죄책감과 영원한 처벌이 취소되었지만 곧바로 용서받은 죄인에게 하늘 문이 열리는 것은 아니다. 하나님의 공의는 세례받은 사람일지라도 모든 처벌로부터 도피를 결코 허락지 않으신다. 혹시 죄의 사면과 더불어 영원한 처벌이 사라졌다고 해도, 그 죄에 합당한 현세적인 처벌은 남아 있으며, 이러한 현세적 형벌이 만족될 때까지 하늘에 들어갈 수는 없다.

현세적인 형벌은 두 종류로, 이 지상에서 고통 받아야 할 것과 죽음 이후에 받아야 할 고통이 있다. 사제가 부과하는 고행, 즉 만족은 범한 죄에 해당하는 현세적인 처벌이다. 만일 사제가 적당한 양을 부과하고, 참회자가 부과된 모든 것을 실천에 옮긴다면 모든 죄는 속죄된다. 그러나 사제가 하나님의 공의가 실제적으로 요구하시는 양보다 적게 부과한다면, 이 현세적인 고통은 연옥에 가서 완결될 것이다. 하지만 이 제도는 큰 불신을 야기하였다. 예를 들면, 사제가 올바르게 처벌을 계수한다고 누가 확신할 수 있으며, 하나님의 공의가 요구하는 양에 정확히 부합되었다고 믿을 수 있는가? 따라서 연옥의 고통은 모든 사람을 공포로 몰아넣었다. 여기서 고해성사는 연옥의 고통으로부터 신자들이 도움을 받을 수 있다는 면죄부를 출현시켰다. 그러나 면죄부는 부과된 고행을 경감시킨다는 데서 물러났고, 참으로 가치있는 면죄부는 공로의 보고로부터 전가되는, 공로에 의지하여 하나님이 보실 때 죄로 인해 받아야 할 현세적 처벌과 동일해야 했다. 이에 할레스의 알렉산더(Alexander of Hales), 보나벤투라(Bonaventura), 그리고 토마스 아퀴나스(Thomas Aquinas) 등은 면죄부의 진정한 가치는 죄사면 이후에 받아야 할 처벌에 대한 사면을 획득하는 것이어야 한다고 하였다. 또한 부과된 처벌이 확실하게 기억되지 않을 경우에, 가장 가치 있는 면죄부는 처벌이 부과되지 않도록 하는 것이었다. 이것은 결국 사제는 오류를 범할 수 있으나 하나님은 실수하지 않는다는 것을 가르쳐 준다.

(3) 하나님이 요구하는 통회의 구별-아트리치오(Attritio)와 콘트리치오(Contritio): 면죄부는 항상 신적 만족과 연결되었기 때문에, 그 개념을 어떻게 이해하느냐에 따라 의미가 바뀌었다. 동시에 아트리치오와 콘트리치오를 구별하는 능력에 따라서, 그 구별을 고해성사에 적용시키는데서 면죄부는 크게 영향을 받았다. 전자는 비록 문자적으로 폐기되었으나 실제로는 보전된 불완전한 양심의 가책과 후자는 완전한 양심의 가책으로 경건한 양심을 가르친다.[39] 그러나 이 같은 구별은 아트리치오를 불완전한 콘트리치오로 명명하여 곧바로 파괴되었다. 역사적으로 중세 초기부터 13세기까지 사랑에 기초한 콘트리치오는 하나님이 죄인을 사면하시는 것이었다. 이때 하나님께서 참회하는 신자에게 요구하신 기도는 손을 비비며 하는 기도였다. 이것은 John Scotus에 의해 가르쳐 졌으며 모든 사죄를 파는 사람들이 실습하였다.

그러나 13세기의 신학자들은 신앙이 넘치는 통회(sorrow)와 좀 더 저급한 가치의 노예적인 두려움의 통회를 구별하였다. 그 중에 후자인 아트리치오(attritio)가 하나님의 용서를 얻기에 불완전해도 참회자의 고백 소리가 사제에게 들리면, 그 참회자에게 선포되는 성례적 사면이 들리면 완전하다고 믿었다. 비록 불완전한 통회가 사면을 획득하기에 충분하고, 그 결과 영원한 처벌을 사면할 수 있을지라도 신실한 통회 때보다 더욱 현세적인 처벌을 받아야 하였다. 그러나 교회는 이 같은 연옥의 고통을 포함하는 일시적인 처벌을 위해서 면죄부를 발매하였다. 그러므로 면죄부는 자신이 죄를 지은 것인지 그리고 동시에 자신의 통회가 하나님에 대한 사랑으로 일어난 것인지에 대해 무관심한 신자들을 강력히 옹호하였다. 그러한 신자들은 자신의 죄에 일정한 처벌이 가해져야 함을 잘 알았다. 그러므로 신자는 금식이나 순례 혹은 면죄부를 구매하는 등의 그 무엇인가를 행해야 하였다.

이 시점에서 교회는 신자들의 빈약한 실천이 교회의 능력에 의해서 어떻게 변화될 수 있는지, 교회의 공로의 보화로부터 무엇인가를 받으면 연옥의 처벌까지 실제적으로 피하게 될 수 있다고 하였다. 이렇게 되면 신자들은 값싼 통회나 부주의한 고백으로 더 이상 괴로움을 당하지 않게 된다. 그러므로 일상적으로 무관심한 신자

39) Thomas M. Lindsay, *A History of the Reformation*, (Edinburgh: T. & T. Clark, 1907), vol. II., 584.

라 할지라도 아트리치오, 고백, 그리고 면죄부는 교회가 자신의 구원을 이루는 3대 핵심이었다. 자신의 양심을 만족시키기 위해서는 약간 부담이 되어도 면죄부를 획득해야 했다. 그러나 이것도 시간이 지남에 따라서 점차 편안함을 주었다. 따라서 면죄부 판매상들은 더욱 힘주어 청중들을 설득하였다. 사제의 권한이 증가하였으며 판매의 좋은 실적으로 교황청의 세수가 급증하였다. 시간이 흐름에 따라서 연옥설은[40] 거대해져 갔다. 루터가 그의 95개 항의문을 못질했던 문의 성터 교회의 유적들은 엄청난 돈을 거두었다.

역사가 발전하면서 면죄부는 인과응보 적인 성격과 함께 교황의 절대적인 특권이 되었다.[41] 교황의 특권은 처음에는 절도 있게 사용되었다. 그러나 죄를 사면하는 것은 도덕과 신앙의 해이를 합법화하고 결과적으로 르네상스 시대를 특징짓는 인간중심적 삶에 비도덕적 문호를 개방하였다. 따라서 성경이 가르치고 우리가 믿는 그리스도의 은총은 설자리를 잃었다. 이는 곧 신적 은총에 대한 인간 행위로 대체되었다. 실제로 토마스 아퀴나스는 교황이 모든 것을 할 수 있다는 면죄부를 가르쳤다. 이 법적 규례는 로마의 대법정에서 확실히 실습되었다. 예를 들면, 1343년 교황 클레멘트 6세는 하나의 공적인 교리로써 교회의 보화를 이념화했다. 이와 같은 영적 혼란기를 살았던 루터는 이 문제에 대해서 예민한 목회적 관심을 보였다. 1515년, 1516년, 1517년 행한 설교에서 루터는 면죄부과 연옥에 관해서 말하고 있다.

5. 면죄부와 루터의 95개 항의문의 관계

면죄부에 대한 루터의 비판은[42] 실천적 측면에서 철저히 성경에 근거했다. 사실

---

40) 연옥은 경미한 죄들을 범했거나 죄로 인한 일시적 형벌의 짐을 지고 있는 의인들의 영혼은 죽는 순간 연옥에 간다는 가톨릭의 교리이다. 리처드 베닛.마틴 버킹엄, 「교황 대신 예수를 선택한 49인의 신부들」, (아가페, 2001), 39.

41) 현재 가톨릭의 신약성경에는 하나님의 말씀에 합당한 존경심을 가지고 영적인 태도로 적어도 하루에 25분씩 성경을 읽는 모든 신실한 사람들에게 3년의 면죄를 부여한다고 되어있다. 또한 가톨릭 신자들은 십자가 성호를 긋는 등 다른 쉬운 방법으로도 면죄를 얻을 수 있다고 믿는다. 특히 이들은 성수와 함께 성호를 그으면 7년의 면죄가 부여된다고 가르쳤다. 그러므로 대부분의 가톨릭 신자들은 굳이 성경을 읽으려 하지 않는다. 리처드 베닛.마틴 버킹엄, 「교황 대신 예수를 선택한 49인의 신부들」, (아가페, 2001), 48.

루터는 성경 연구를 통해 인간의 죄와 구제에 대해 연구해 왔다. 때문에 죄와 구제, 그리고 면죄부 판매에 대하여 의문을 가지고 있었다. 면죄부를 파는 성직자들은 면죄부를 사기만 하면 어떤 죄를 범해도 형벌을 받지 않는다고 가르쳤다. 따라서 당시 사람들은 면죄부를 통해서 죄의 죄책감이 제거된다고 믿었다. 그러므로 사람들은 무엇이 되었든지 교황청의 표 값을 지불하고 면죄부를 구매하려 하였다. 실제로 십자군에게 주어진 면죄부는 죄책과 더불어 처벌까지 사면하였다. 당시 설교가들은 완전 면죄부가 죄책을 사면하고 동시에 그 면죄부는 자체적으로 고해성사까지 포함한다고 선언하였다. 로마와 스페인의 산티아고 데 콤포스텔라로 가는 순례자들을 위해 저술된 안내 책자는 순례를 떠나는 사람들이 구매한 면죄부는 죄책과 아울러 처벌까지 사면한다고 하였다.[43] 이러한 상황에서 루터는 면죄부에 대한 주의를 환기시키고 설교를 통해 회개를 촉구하였다.[44] 그리고 구제는 결국 신의 은총에 의해 베풀어지며, 죄의 용서는 면죄부와 전혀 상관이 없다. 그리고 교회가 필요한 돈을 마련하기 위해서 면죄부를 판매하는 것을 강력히 비판하였다.[45] 결국 이것은 로마교회와의 극한 대립을 피할 수 없게 되었다.

죄의 용서에 대한 가톨릭의 면죄부 남용은 중세 교회 타락의 극치였다. 이러한

---

42) 역사적으로 최초의 면죄부 비판자는 그뢰닝겐의 요한 베셀(John Wessel of Groningon, 1420-1489)이었다. 그는 한때 학문 탐구를 위해 쾰른에서 파리로, 파리에서 이탈리아로 유랑하였다. 그리고 마지막에는 성 아그네스(St. Agnes) 산의 형제회의 참사회원이 되었다. 그는 몰려드는 많은 젊은이들에게 헬라어와 히브리어를 가르쳤으며, 당시에 통용되던 연옥설과 면죄부를 비판하였다. 그러므로 베셀은 면죄부에 있어서는 루터의 선구자였다. 루터는 "내가 만일 이 책을 일찍이 읽었더라면, 나의 원수들이 루터가 모든 것을 베셀로부터 빌려왔다고 생각할 정도로 일치하였다" 고 하였다. 베셀 외에 면죄부 비판은 루돌프 아그리콜라(Rudolph Agricola, 1442-1485), 야콥 빔펠링(Jacob Wimpheling, 1450-1528), 세바스티안 브란트(Sebastian Brand, 1457-1521), 그리고 르페브레(Lefevre d'Etaples, 1455-1536) 등이 있다. Thomas M. Lindsay, *A History of The Reformation*, (Edinburgh: T. & T. Clark, 1906), vol. 1., 57-59, vol. II., 15.

43) 아더 폴 보어스, 「걸어서 길이 되는 곳, 산티아고」, 유지훈 역, (살림, 2008); 이난호, 「카미노 데 산티아고」, (범우사, 2008); 김남희, 「유럽의 걷고 싶은 길」, (미래인, 2008); 「여자 혼자 떠나는 걷기 여행 2」, (미래인, 2008) 참조.

44) W. Stanford Reid(ed.), *John Calvin, His Influence in the Western World*, (Michigan: Zondervan, 1982), 39; 주도홍, 「개혁교회사」, (1998), 92 참조.

45) Owen Chadwick, *The Reformation*, (The Pelican History of the Church, Penguin Books, 1988), 45-47.

경향은 특별히 1515년 3월 31일 교황 레오 10세가 마인즈(Meinz)의 알브레히트 대주교에게 독일에 있는 그의 영지 안에서 면죄부를 판매하도록 전적인 위임을 했다. 여기에는 종교적이며 정치적인 문제가 미묘하게 연결되었는데 그것은 알버트 왕자가 장차 독일의 수상이 되는 것과 동시에 마인쯔의 대주교가 되기 위해 교황에게 승인을 얻기 위한 조건으로 면죄부를 판매하는 것이었다. 이것을 위해 알브레히트 왕자는 불법적인 많은 돈을 교황에게 지불하였고 그렇게 함으로써 이 자금으로 당시 로마에 있는 성 베드로 성당의 신 바실리카 건축의 재정 적자를 메우기 위함이었다. 그리고 다른 하나는 그 자신의 재정적 빚을 충당하기 위함이었다. 그런데 알버트 대 주교는 교황뿐만 아니라 파리움(Pallium) 에게도 많은 돈을 주었다. 이 통계는 물론 알브레이트의 수단에 의해서 행해진 것은 아니었다. 교황은 앞으로 8년 동안 돈 지불을 위해 면죄부를 수여함으로써 이 문제를 해결해 주었다. 그리고 1/2은 영수증에 따라 지불하려고 했던 푸거(Fuggers) 가(家)에게 주도록 했다. 그리고 나머지 1/2은 교황 자신이 로마에 있는 성 베드로 성당 증축을 위해 가져갔다.

이때 루터는 교황 레오 10세와 마인츠의 대주교 알버트 사이의 개인적인 약정에 대해서는 잘 모르고 있었다. 그러나 루터는 면죄부를 믿는 것은 그리스도 안에서 신적 용서의 실제를 무디게 하는 결과를 낳는다고 했고 이에 대하여 때때로 그의 설교를 통해 비판했다. 루터는 여기에서 잘못된 불안한 안전감(Securitas de salute futura)을 반대했고, 그리스도 안에서 얻는 복음주의적 구원의 확실성(Certitudo salutis) 으로 발전시켰다. 물론 이것은 한 교회의 지도자인 교사 (박사)로 책임을 지고 있던 자에게 기대했던 책임 있는 설교 중의 하나였다. 어떻든 대주교 알버트는 면죄부 판매를 위해 설교할 사람들에게 "요약 개요"(Summary Instruction)를 준비시켰다. 여기서는 면죄부에 포함된 4개의 특전을 설교토록 했다. (i) 회원자들은 모든 죄에 대한 충분하고도 완전한 사죄를 받을 수 있다. (ii) 그 자신의 고백에 따라 참회의 선택을 허락 받는 편지를 받을 수 있다. (iii) 성자들의 공로에 참여할 수 있다. (iv) 연옥에서 안타깝게 고난당하는 영혼들을 구제할 수가 있다.

알버트는 무법적으로 행하는 테젤(Tetzel)의 손에서 회심한 사람들의 귀에 속삭이며 고백할 것을 요구하는 특별 안전 책을 만들었다. 테젤을 도미니쿠스회 승려로서 면죄부를 판매토록 위탁받은 경험있는 설교자였다. 그는 연옥에서 고통으로 시들어가는 사망의 이름으로 강력히 호소하였다. 특히 그는 이것들이 사도들의 교서에 의해 허용되었다고 믿었다.

(1) 용서를 갈망하는 모든 사람들의(면죄부 소유자) 죄가 현재와 미래 연옥에서 완전히 치료되는데 그 조건은 로마의 교황 군비가 있는 7교회에 방문비를 지불해야 하고 각각 그곳에서 7회씩 피터 노스터(Pater Nosters)와 아베마리아(Ave Marias)를 헌신된 마음으로 고백해야 했다. 동시에 돈의 액수는 그들의 지위에 따라 지불하는 액수도 달랐다.

(2) 지금까지 듣지 못한 고백에 대한 사유함인데 모든 사람은 자신의 고백자를 선택할 수 있고 그에게 언제든지 죄를 고백 죄의 용서를 받을 수 있었다. 또한 고백 편지와 함께 다른 특권이 허용되었다. 특별히 이미 예약된 죄는 그의 생애 동안이나 혹은 죽음의 순간에 용서받게 된다. 그리고 순례의 서약과 종교 생활은 다른 사람의 맹서로 대신하는데 8년이 지나도록 유효했다.

(3) 우주적 교회의 선한 영적 상품에 참여하게 된다. 다른 말로 하면 어떤 사람이 다른 사람의 기도와 구제와 금식, 순례가 우주에 어떤 교회를 위해 수행될 수 있다고 하고, 이로써 연옥에 있는 영혼들의 죄가 완전히 치료 가능하다고 가르쳤다. 여기서는 그 누구도 더 이상 구두 적인 죄의 고백이 필요치 않다.

(4) 성 베드로 성당의 교회사용 시에 모든 서약이 교환되는데, 그 중에 하나는 일 년 간의 불법 월급으로 유익을 보게 된데 대한 보상과 그 동안 불법으로 성 규례를 어긴 것에 대한 취하 등이다.[46] 이것은 소위 교회의 넘치는 공로(on the overflowing merits of the church) 라는 특전에 관한 것이었다. 이로 인해 그리스도의 속죄 은혜는 더 이상 교회 내에서 사라지고 교황과 교회의 상업적 행위로 말미암아 변질된 교회의 권위 문제였다. 따라서 인간의 구원을 위해 요구되는 것이란 교회 내의 엄격한 규율과 사제를 통해서 통회와 참회가 행해지는 면죄 행위였다. 이것들은 모두 성경의 근거 위에서 주장되어 왔는데 사제 중심의 계율이란 그리스도의 특권을 분배하는 기쁨으로 취급되었을 뿐만 아니라, 결국 이것은 죄와 참회 사이에 놓이게 되었다. 그리고 그 마지막 선언은 사제에 의해서 효력을 보게 되었다. 이에 대해 토마스 아퀴나스는 교회의 보화론과 면죄부의 가치론을 옹호했다. 중세의 면죄부 판매를 위해 부름 받았던 경험 많은 테젤은 말하기를, 사망은 외친다.

46) *Luther and Reformation*, 25, *Luther and the Papacy*, 25-26.

불쌍한 우리! 불쌍한 우리! 우리는 무서운 고통 중에 있는데 당신은 우리를 적은 것으로 구원할 수 있다. 당신은 우리가 여기 불꽃 가운데 눕도록 허락하겠는가? 당신은 우리의 약속된 영광을 미루겠는가? 라고 했다.

그리고 테젤은 청중들을 확신시키기 위해 다음과 같이 말했다. 동전이 금고에 떨어져 땡그랑하고 울리는 순간 연옥에 있는 영혼이 일어난다. 그는 또 말하기를 여러분은 단순히 아주 작은(반실링 은전) 돈으로 이런 면죄 편지를 받을 수 가 있고 이것은 한 영혼을 신적이며 불멸의 영원하신 천국으로 인도할 수 있는데 이것을 받고 싶지 않은가? 이처럼 테젤은 설교하고 사람들은 그렇게 믿었다. 비록 테젤이 루터의 영주의 명령에 의하여 비텐베르크 지역에서 설교하는 것이 금지되었다 해도 그는 매우 위험하였다. 때문에 그의 북에 구멍을 내는 것이 루터의 관심이었다. 이처럼 면죄부에 대한 문제가 야기되고 있을 때 루터는 정상적인 학문적 논쟁을 위한 목적으로 그의 항의문을 작성하였다.

따라서 루터는 자원해서 논쟁에 나가기로 결심했다. 루터는 이미 인쇄된 항의문들을 그의 자신의 교구 담당 신부와 아치비숍(대주교) 에게 보냈다. 루터는 그의 도전에 대한 중압감을 가졌으나 이것은 기본적으로 전에 마인쯔의 면죄부 설교가에게 했던 목회적 기반 위에서 행한 하나의 비판으로 한 신학자가 정상적인 방법으로 행한 것이었다. 그 문서들은 교회에 송부되었고 1517년 10월 31일 12시 전 성자의 날 전야에 라틴어로 된 95개 항의문을 대학교 정문에 붙여졌다.[47] 그런데 그 날은 모든 대학생들이 그의 공식적인 행사를 위해 하나님께 예배드리기 위해 참석했던 날이었다. 특별히 이날은 성자 프리드리히가 모았던 유명한 유물들을 숭배하기 위해 학생들은 광장을 꽉 매웠었다. 이런 상황에서 루터는 95개 항의문을 낭독하였다.[48] 그 후 항의문은 선례를 찾아보기 어려울 정도로 선풍을 일으키며, 2주 만에

---

47) 원 제목은 「면죄부의 공덕을 설명하기 위한 토론」(*Disputation to explain the Virtue of Indulgences*) 이었다. 당시의 나무문은 1760년 화재로 불탔고 1858년 루터의 95개 항의문 원문이 새겨진 쇠문으로 대체되었다.

48) 루터의 항의문이 발표되자 곧바로 테첼(Tetzel)은 친구 빔피나(Conrad Wimpina)와 연합하여 반 논제를 발간하였다. 잉골슈타트의 교수인 루터의 반대자 요한 엑크(John Mayr of Eck)는 논제에 대한 답변서를 썼다. 한편 로마에서는 도미니쿠스파 수도승이자 로마 대교구 교황청의 검열관과 종교재판관을 겸한 프리에리오의 실베스터 마졸리니(Silvester Mazzolini of Preirio, 1460-?)는 「교황의 권한에 관한 대담: 마틴 루터의 주제넘은 결론을 반대하면서」

전 독일을, 4주 만에 전 유럽을 점령하였다. 미코니우스(Myconius)는 "그것은 마치 천사들이 사자처럼 유포시킨 것 같았다"고 표현하였다.[49]

6. 루터의 95개 항의문의 내용 분석과 신학적 의미

1514년 루터는 비텐베르크의 많은 사람들이 성 베드로 성당의 면죄부를 사기 위해 유테르보그(Juterbog)와 제르브스트(Zerbst)에 가는 것을 그의 교인들에게 상기시켰다. 이때 그는 점잖게 면죄부를 설교로 비판했고, 그들이 면죄부보다 더 좋은 것을 위해 어떤 것을 할 수 있을 것이라고 했다. 또한 그는 당시에 면죄부 설교가들이 참회와 면죄에 대한 의미를 잘못 이해하고 있는 것도 알게 되었다. 이런 차에 면죄부에 대하여 설교하고 있던 테젤(Tetzel)의 설교와 "요약 개요"를 통해 루터는 강한 반발과 두려움을 갖게 되었다. 이유는 2가지였다. 하나는 일반 백성들이 잘못된 구실 아래 면죄부에 팔리는 것이었고, 다른 하나는 그들이 추구하고 있는 구원이 위험한 지경에 있음을 간파했기 때문이다. 1517년 10월 31일에 대주교에게 보낸 편지에서 루터는 그가 직접 면죄부 설교자들의 설교를 듣지 않고 무작정 그들을 비판할 수는 없다고 생각했다. 그러나 그들의 비 성경적인 원칙에 따라서 백성들이 잘못 인도되고 있다고 지적했다. 예를 들면, 면죄 편지를 사게 되면 하나의 구원을 보장받는 다는 것과 지금은 하나의 격언이 되어 버린 소위, 돈궤에 동전이 떨어져 쨍하고 울리는 순간 연옥에 있는 영혼이 일어난다고 하는 것이었다. 여기에는 어떤 용서받지 못할 큰 죄가 있지 않다고 했다. 심지어 성모를(하나님의 어머니) 강간한 죄도 용서받는다고 했다.

이런 종교적 암흑기에 준비된 루터의 95개 항의문은 본래 학문적 토론을 위해 준비되었지 결코 공적인 비리를 들추어 소문내기 위함은 아니었다. 상황이야 어떻든 우리가 항의문을 대할 때 어떤 기대감보다는 오히려 약간의 실망감을 느끼게 된다. 그것은 논리성의 결여와 더욱이 신학적인 관심사의 결여 때문이다. 토마스 M.

(*Dialogue about the Power of the Pope; against the Presumptuous Conclusions of Martin Luther*)를 통해 루터의 항의문을 비판하였다. 이에 대해 루터는 「결단」(*Resolutiones*)이라는 책자를 통해 자신의 논제를 방어하였다. Thomas M. Lindsay, *A History of The Reformation*, (Edinburgh, T. & T. Clark, 1906), vol. 1., 229-230.

49) *Ibid*., 230.

린제이의 지적처럼 루터의 95개 논제는 많은 사람들의 양심을 불로 태워 멍들게 했던 교회의 엄청난 죄악상을 내려친 무뚝뚝한 방망이였다.[50] 단지 항의문들은 면죄부에 대해서만 집중적으로 초점을 맞추고 있다. 따라서 다분히 반복적이고 그 내용의 깊이와 정리면에서 칼빈의 기독교 강요와 크게 비교가 된다. 아마 이 항의문이 이처럼 커다란 파장을 가져올 줄 루터가 예측했었다면 그는 틀림없이 좀더 규모 있고 짜임새 있으며 내용 있는 항의문을 작성했을 것이다.[51] 후에 루터는 그의 해설서에서(Explanations) 지금도 토론이 되고 있는 항의문을 재점검하고 지금 같으면 항의문의 많은 부분들이 수정 보완 내지 거절되어야 했다고 지적했다.

6.1. 항의문의 내용 분석

항의문은 크게 2부분으로 나눌 수 있다. 첫째, 직접적으로 알버트의 "요약 개요"와 백성들로부터 들은바 테젤과 면죄부 설교자들의 주장에 대한 루터의 도전이다. 예를 들면 루터는 조심스럽게 징벌과 죄책감에 대해 구분하며 교황의 죄의 치료에 대한 권리에 대해서는 그녀가 부과한 것만 면제할 수 있다고 말한다(5-7). 그리고 하나님만이 죄책감을 옮기실 수 있다고 한다. 그리고 징계의 강요와 환송에 대한 교황의 힘은 더 이상 확산되지 않는 것에 대해 논박하며, 연옥에 대한 면죄부의 적용에 대하여 질문한다(8-20). 21문에서 루터는 면죄부를 변호하는 자는 교황의 사면으로 모든 죄가 용서된다고 하지만 이는 잘못이다. 돈이 돈궤에 떨어지는 순간 영혼이 연옥에서 밖으로 날아간다는 주장에 대하여 루터는 엉터리로 일축하고(26) 영혼이 자유롭게 된다는 질문에는 하나님의 손에 달린 문제라고 지적하며(27-28), 연옥에서 사망을 능가하는 교황의 힘을 부인한다.

또한 회개함이 없이 면죄부를 사도록 가르치는 사람들은 교회의 교훈을 가르침 받지 않는 사람들이다(35). 기독교 신자는 회개하고 마음을 바꾸면 면죄부가 없어도 죄와 진노로부터 자유로울 수 있다. 특별히 교황의 면죄부는 놀라워서 성모를 강간한 죄도 용서해 준다고 가르치는 교리에(75), 대항토록 하는 사람은 축복되다고 하였다(72). 그리고 루터는 비록 성 베드로가 살아 있어도 이처럼 커다란 은혜는 허락

50) Thomas M. Lindsay, *A History of The Reformation*, 228.
51) *Luther and Reformation*, 27.

할 수 없을 것이라고 했고(77), 면죄부 설교자들에 의해 건설된 십자가가 그리스도의 십자가와 동등하지 않다고 했다(79). 결국 루터의 면죄부 반대는 인간의 구원은 하나님의 은총에 근거하며 선행이 조건이 될 수 없음을 천명하는 것이다. 루터의 알버트 대주교에 대한 경고는 항의문 80조항에 나타나 있는데, 백성들 사이에서 면죄부의 허용을 소문내고 있는 사제들과 교구 목사들, 그리고 신학자들은 그것에 대한 답변을 만들어야 한다고 주장한다.

둘째, 루터는 성경이 가르치는 진정한 참회의 본질과 그에 대한 자신의 참회 관에 대하여 토론한다. 그에 따르면 회개란 참회를 하는 게 아니며 이런 면죄부 사업을 하기 위한 어떤 것도 아니다. 이것은 내적이며 결코 중단함이 없이 계속해서 자기 자신을 죽이는 과정이며 다시 의로 부활할 모든 인간이 하나님께로 돌아가는 것을 말한다. 사실 면죄부란 이런 경건한 훈련을 대항하여 일해 왔다. 왜냐하면 그들의 동기란 심판을 면하기 위함이었기 때문이다. 슬픔과 고통은 범죄 하는 심령을 부수기 위한 신적 수단이며 사죄받고 청결하게 되어 하나님께 돌아가게 하는 것이다 (1-4). 루터는 1515-1516년에 있었던 그의 로마서 강의에서 죄의 신중함과 존립 시기에 대하여 강조한다.

30-34와 38-40항에서는 매일 살아가기 위해 참된 용서가 요구되나 어떤 면죄부가 필요한 것은 아니라고 논박한다. 루터는 알버트 대주교의 면죄 홍보에 관한 "요약 개요" 제 2항과 3항을 성 베드로 성당의 건축과 관련된 것으로 인용하면서 참으로 회개한 모든 성도들은 면죄 편지 없이도 죄책감과 징계에서 치료된다고 말하고, 모든 참된 그리스도인들은 살았든지 죽었든지 그리스도의 모든 재산을 나누게 되며 교회는 면죄 편지의 악취로부터 떠난다고 주장했다(36-37). 루터는 면죄부를 권하는 사람은 누구라도 그리스도와 교회의 적이라고 한다. "요약 개요"를 가르치는 것은 면죄부를 설교하는 것과 상치하지 않는 다는 것에 대하여 단언하기를 심지어 교황 자신도 면죄 의식보다 100배나 더 복음이 전파되기를 원한다고 주장하며 적극적으로 공격한다 (53-55). 그리고 참된 교회의 보화는 하나님의 영광의 복음이며 그의 은혜라고 하고, 그리스도와 성자들의 공로가 아니라고 했다(62). 따라서 그리스도인들은 고통과 죽음, 지옥을 통해서 그들의 머리가 되신 주님을 따르도록 가르침을 받아야 하고, 그들은 평화의 안전보다는 많은 환란과 고통을 통해 하늘에 들어가는 확신이 더 있어야 한다고 했다(94-95).

6.2. 항의문의 요점

루터는 성 베드로 성당의 면죄부는 1515년 3월 31일에 교황 레오 10세에 의해 제시되었음을 알았다. 그는 1520년 이 교서와 관련, 제일 먼저 행동을 개시했다고 했는데, 2년 이 지난 1517년까지 루터는 자신이 이 교서를 보았든 보지 않았든 상관없이 그는 알버트 대주교의 "요약 개요"에 나타난 참고 목록을 통해 그것의 존재를 잘 알고 있었다. 또한, 그는 알버트의 "요약 개요"가 교황 교서의 권위에 기초하였음을 알고 있었다. 그러므로 루터의 항의문에서 면죄부 다음의 주제는 교황이었음을 어렵지 않게 발견할 수 있다. 먼저 루터는 면죄부의 효용성을 다음과 같이 설명하였다. (1) 면죄부는 단순한 교회적인 처벌을 사면하며 사면할 수 있다. 교회는 교회가 부과한 것만 사면할 수 있다. 면죄부는 하나님이 부과한 처벌은 사면할 수 없다. (2) 면죄부는 죄책감을 결코 제거할 수 없다. 교황 자신도 그와 같은 일을 할 수 없다. 하나님이 그 일은 자신의 수중에 보전하셨다. (3) 면죄부는 죄에 대한 하나님의 처벌을 사면할 수 없다. 그 사면권은 또한 하나님에게만 있다. (4) 면죄부는 연옥에 있는 영혼에게는 아무런 효과도 없다. 교회가 부과한 처벌은 오로지 산 자에게만 적용된다. 사망이 그 같은 처벌을 취소시킨다. 연옥에 있는 영혼에게 교황이 할 수 있는 일은 오로지 기도에 의할 뿐이며, 자신의 관할권이나 열쇠의 권한에 의해서 자신의 힘을 미칠 수 있는 것이 아니다. (5) 참으로 회개하는 신자라면 면죄부와는 전혀 상관없이 하나님으로부터 이미 용서를 받았으므로 면죄부는 전혀 필요치 않다. 그리스도께서는 이러한 참된 회개를 모든 사람들로부터 요구하신다. (6) 공로의 보화는 옳게 규정된 일이 없으며, 그것이 무엇이라고 말하기 곤란하며 사람들도 그것을 올바르게 이해하지 못한다. 공로의 보화란 그리스도나 성인들의 공로가 될 수 없다. 그 이유는 그리스도와 성인들의 공로란 교황의 중재와는 너무나 동떨어져 스스로 일어났기 때문이다. 공로의 보화란 기껏해야 교황이 열쇠의 권한을 쥐고서 교회가 부과한 처벌만 사면할 수 있는 것이다. 공로의 참된 보물창고는 거룩한 은총의 복음이며 하나님의 영광일 뿐이다.

이와 관련하여 루터는 3가지 관점에서 교황의 용어를 다룬다. 첫째로, 그는 교회의 법률에 따라서 면죄부를 허용하는 교황의 권위를 제한하였다. 그는 말하기를 교황은 그가 교회의 통치자들을 통해서 부과한 징벌들에 관해서만 면죄부를 허용할 수 있다(5, 20). 따라서 교황의 면죄 부위는 연옥에 있는 영혼들에게는 미칠 수가 없고, 교황은 오직 교회의 중보를 그들에게 적용할 수 있을 뿐이다(26).

둘째로, 루터는 교황의 개인적인 의도를 취급한다. 여기서 그는 면죄부 설교가들에 창안되고 그들로 인해 일그러진 것에 맞서 교황의 진실 된 열망을 부추키기를 시도하였다. 그리스도인들은 교황이 면죄부 설교자들이 지나치게 백성들에게 요구한 것을 잘 알고 있다는 것을 가르쳐야 하고, 양들의 가죽과 몸과 뼈로써 성 베드로 성당의 바실리카를 건설하는 대신 차라리 붕괴를 보아야 한다고 했다(50). 동시에 루터는 교황은 성 베드로 성당을 팔아서 처분하거나 아니면 면죄부 설교가들이 지금도 공헌하도록 애걸하는 것으로부터 철회하도록 해야 한다고 주장했다(57). 지금 당장 교황은 면죄부 판매를 지연하도록 연구하는 사람들에 맞서 천둥이 되어야 하듯이, 면죄부의 핑계로 값싼 거룩한 사랑과 진리로 대처하려는 사람들을 강타해야 한다고 주장했다(73-74).

셋째로, 루터는 면죄부 설교 자격자들은 오히려 중상모략으로부터 교황의 평판을 보호토록 지성인들을 더욱 어렵게 만들고 있고 평신도들의 질문을 야기시킨다고 한다(81). 예를 들면, 교황은 교회를 건설하기 위해 돈을 거두어들인다는 우스운 이유보다는 왜 거룩한 사랑의 안전과 그들 자신들의 영혼을 위하여 연옥을 텅 비게 할 수 없는가?(82) 혹은 왜 교황은 신자들의 돈으로 교회를 짓기보다는 전설에 나오는 부자 Croesus처럼 그 자신의 돈으로 교회를 지을 수가 없는가?(86) 이런 질문들을 뒷받침하기 위해 루터는 교황을 폭로시키고 교회를 그들의 대적에게 비웃음 당하게 하고 있으며, 그리스도인들을 불행하게 만들고 있다고 지적했다(90). 그러므로 만일 면죄부가 교황의 정신과 의도에 따라 설교되어 진다면 모든 문제들이 해결될 것이라고 하였다(91).

이처럼 어느 곳에서도 루터는 교황을 직접적으로 공격하지 않았다. 그러나 후에 그의 대적들은 면죄부에 대해서 루터와 논쟁을 할 수 없는 곤경에 빠졌을 때, 루터가 교황의 권위를 공격하려 했다고 했다. 사실 루터는 공격하지 않았다. 오히려 그는 저항하거나 그들을 시험하였다. 루터는 교회법에 따라서 교황 권의 제한을 상기시킴으로써 교황이 이런 법들에 무지함에 저항하고 교회의 의도는 그 자신의 통치에 의하여 지속됨을 시험하였다. 그리고 교황의 면죄부 설교자들과 달리 루터는 설교자들의 잘못된 주장에 대해 저항하며 교황의 의도를 시험하였다. 이 시험은 루터의 관심의 외적 표현으로써, 일찍이 루터 자신이 교황의 참된 의도를 재시험코자 했던 것이다.

루터는 분명히 알버트의 "요약 개요"가 1515년에 교황 레오의 교서로 이름지어진 것을 알고 있었다. 이것은 성 베드로 성당의 건축에 관한 면죄를 약속하는 4가지의 원리적 기초로 이것은 이미 자신의 항의문에서 거부한 것이다. 그러나 루터는 1520년의 자신의 관찰에 따라서 교서는 위조문서를 포함했고 면죄부에 대한 교황의 바른 사고를 조명해 주지 않는다고 생각했다. 비록 이때 루터는 교황 10세의 면죄부 개입에 대하여는 모르고 있던 상태는 아니었고 그렇다고 루터는 교황과 그의 면죄부 설교자들 사이에서 교황을 풍자적으로 공격하지는 않았다. 그러나 아이로니컬하게도 루터는 교황의 바른 의도를 시험하기 위해서 과장법을 사용했고, 백성들을 잘못 인도하는데 대한 그의 관심을 극화시켰다.

루터는 '모든 사람이 죄를 범하였음에 하나님의 영광에 이를 수 없다. 세운 공로 없어도 하나님의 은혜로서 그리스도 예수의 속죄로 의롭게 된다. 의롭게 된 신자는 오직 그의 신앙에 의해서 산다'고 역설하였다. 그러므로 기독교인은 신앙만으로 충분하며, 그밖에 어떤 행동도 필요치 않다. 루터의 이 같은 내적 신앙 중시는 로마 가톨릭의 형식적 면죄 관을 혁신적으로 대치하였다. 그밖에 루터는 가톨릭이 대성당의 미사에 참석하거나 연보를 하면 효력이 큰 면죄부를 주겠다는 약속을 강력히 비판하였다. 1521년 10월 심지어 자신의 선제후도 비텐베르크에서 유물을 전시했던 것을 무시하고 면죄부 우상을 격렬하게 비판하였다. 슈팔라틴과 선제후는 그 글의 출판을 반대했으나, 루터는 나는 그렇게 할 수 없다. 차라리 당신과 선제후와 살아 있는 모든 것을 잃는 편을 택하겠다. 교황을 비판한 내가 교황의 심복에게 어떻게 무릎을 꿇겠는가?라고 하였다.[52] 12월 1일 동시에 대주교에게 편지를 보내 이제는 면죄부가 사기와 농간에 지나지 않음을 알아야 한다고 주장하였다.[53] 결국 대주교는 압박에 못 이겨 12월 21일 루터에게 사과의 편지를 보냈다.

---

52) Philip Schaff, *History of the Christian Church*, vol VII, *Modern Christianity: The German Reformation*, (Michigan: Eerdmans Publishing Company, 1910), 319.

53) 이 밖에도 루터는 자신이 건재하며 주교들이 결혼한 사제들을 처벌하기 전에 자신들의 정부(情婦)를 추방해야 하며, 자신이 비판한 할레의 우상을 출판하겠다고 하였다.

7. 결론: 정리 및 평가

7.1. 정리

중세 가톨릭교회의 면죄부는 여러 비판에도 불구하고[54] 성도들의 마음을 사기에 충분했다. 하지만 필립 샤프의 지적처럼 항의문은 그 시대를 향한 외침이자 종교개혁의 트럼펫이었다.[55] 그의 친구들은 "자네는 진실을 말했지만 이룰 수 있는 것은 아무것도 없을 걸세. 골방에 들어가 하나님의 자비를 구하게나"라고 하였다. 그러나 항의문을 통해 과거의 엄격한 고해 제도가 서방 기독교 세계를 전복했다는 부담을 덜 수 있었다. 그리고 하나님께서 교회에 위임하신 권세가 영원까지 뻗어 나갔다는 확신을 보여 주었다. 따라서 그 이론을 정당화하는 작업이 정교해졌다. 이러한 가운데 제시된 루터의 항의문은 교회의 방향을 전환시킨 획기적인 사건이었다. 루터가 항의문을 작성한 궁극적 의도는 평신도들의 신앙과 영적 생활에 도움을 주고자 함이었다. 따라서 루터는 잘못된 신앙 전통에 대해서 (1) 잘못된 교권에 대한 그의 입장을 역설하며 (2) 구원에 대한 면죄부의 효용성, 즉 개혁주의 신학의 재정립, 구원은 값싼 상품이 아님을 강조하였다. (3) 성경적 지도자의 모델로서 죽음 앞에서 당당하였다. 그리고 (4) 루터는 성경을 균형있게 이해한 말씀 박사였다. 이 모든 것은 성경에 대한 그의 확신에 근거한다. 그의 경험과 성경적 지식의 관계는 결국 객관적 말씀에 우위를 두었다.

결국 루터는 개신교의 새로운 좌표를 설정하여 이후 신교의 문을 여는 산파 역할을 하였다. 그의 의에 대한 정의감이 불의한 교권에 대한 놀라운 승리를 보여주는 한판이었다. 교회는 두 손으로 그에게 승리의 박수를 보냈다. 그는 하나님 외에는 그 어떤 것도 두려워하지 않았다. 그는 오직 하나님만 바라보고 그에게 모든 것을 맡겼다. 그는 성경에 바탕을 둔 명백한 근거를 대지 않으면 한자도 바꿀 수 없다고 답변했다. 그는 하나님의 말씀에 입각하여 숫한 타협과 위협을 거부하고 믿음을 지켰다. 이때 그의 사상을 지지하는 독일 국민들은 루터에게 깊은 성원을 보냈다.

---

54) William R. Estep, *Renaissance & Reformation*, (Michigan: Grand Rapids, William B. Eerdmans Publishing Company, 1989), 51.

55) Philip Schaff, *op. cit* 167.

의와 진리의 하나님은 숱한 고난과 위기 속에서 굴하지 않고 자신의 뜻을 드러내는 당신의 종의 팔을 높이 추켜 세웠다. 한 위대한 신앙인의 탄생이었다.

이 같은 루터의 신앙은 그의 오랜 신앙 경험을 통한 갈등과 축적에서 비롯되었다. 그가 만약 수도사로서 생활을 하지 않았다면 어떻게 이 같은 진리를 체득할 수 있었겠는가? 그는 이 확신에 찬 신앙적 경험을 통해 혼자이나 결코 외롭지 않게 신앙의 길을 갈 수 있었다. 교황 권과의 대립으로 홀로 재판정에 오르게 되었고 생사의 기로에서 다시 한 번 그의 신앙을 보여 주었다. 그에게 이 위기는 결국 그가 얼마나 성경의 사람이며 신앙의 사람인가를 만 천하에 보여 주었다.

7.2. 평가

지금까지 살펴본 바와 같이 중세 교회의 타락은 여러 요인과 함께 종교적으로 면죄부의 판매에서 절정에 이르렀다. 로마 교황청의 헌금 강요는 기독교 세계에 감당하기 힘든 멍에로 결국 교황권을 침몰시켰다.[56] 이것은 마침내 루터의 95개 항의문의 태동을 가져오게 하는 원동력이었다. 루터가 처음 이 일을 시작했을 때, 그 논제들은 그의 연약함을 보여주었으나 결과는 새로운 신학을 제시하는 계기가 되었다. 그는 진지한 생각과 양심을 소유한 한 선각자로서 죄와 회개 그리고 용서의 문제와 씨름하면서 전통의 족쇄로부터 해방을 갈구했던 힘겨운 작업이었음을 보여준다. 그리하여 면죄부의 가치를 감소시키고, 완전하고 거저주시는 주님의 은혜의 복음을 극대화하였다. 그러나 면죄부에 대한 사람들의 이해는 대부분 맹목적이었고 막연한 내세의 희망에 이끌리게 되었다. 성경에 기초하지 않은 신앙의 결여는 이 같은 잘못을 유발시켰다. 그러나 루터는 자신의 옛 신앙 경험에 근거하여 면죄부의 부당성을 지적하였고 교회의 갱신과 개혁을 위해 95개 항의문을 작성하게 되었다. 그러나 그의 첫 의도와 달리 항의문의 파문은 거세게 몰아닥쳐 전 독일과 세계는 삽시간에 종교개혁 권에 들게 되었다. 마침내 교회는 잃었던 말씀의 권위를 되찾고 성도들은 영적으로 자유함을 누릴 수 있었다. 사람들은 바른 신앙을 위해 의식이나 전통에서

---

56) Philip Schaff, *History of the Christian Church*, vol VII, *Modern Christianity: The German Reformation*, (Michigan: Eerdmans Publishing Company, 1910), 148-149.

벗어 날 수 있었고 하나님의 거저 주시는 은혜를 기다리며 사모하게 되었다. 실로 엄청난 변화가 시작된 것이다.

어두운 한 시대를 마감하고 새로운 시대를 열기 위해 하나님은 고뇌하던 젊은 수도사를 사용하셨다. 결국 하나님의 소명대로 루터는 개혁의 선봉에 서서 종교개혁을 이룩했고 개혁은 예상을 뛰어넘어 세계적인 운동으로 확산되었다. 그런데 그가 외쳤던 성경적 권위의 회복과 교회의 질서, 그리스도인의 영성 회복은 타락과 부패가 만연한 오늘의 한국 교회에 새삼 그의 신앙과 용기를 되새기게 된다. 오직 말씀과 믿음에 기초한 은총의 신학이 우리에게 긴박하게 요구되고 있다. 한국 교회의 개혁과 갱신을 위해 확실한 신학 정립으로 영적 권위를 회복해야 할 것이다.

제 6 장

헐드리히 츠빙글리와 취리히 종교개혁

1. 서론

16세기 루터의 종교개혁이 급속히 확산되는 중에 스위스에서는 츠빙글리가 종교개혁을 주도하였다. 비록 지역적으로는 독일에 비해 적었으나 스위스는 츠빙글리의 취리히 종교개혁과 칼빈의 제네바를 중심으로 개혁파 종교개혁을 태동시킨 산실이었다. 결국 취리히와 제네바는 루터의 비텐베르크와 달리 개혁주의의 확산과 정착에 막대한 공헌을 하였다. 츠빙글리는 성경에 기초한 신학체계에 예리한 통찰력으로 일반적인 진리들을 체계화하였다. 그러므로 그가 개혁교회와 세계 교회에 미친 영향은 성경을 명제로 한 신학 체계의 정립과 교리적 실천에 기여하였다.[1] 이것은 곧 개혁주의의 전통이 되었고, 오늘 개혁주의는 그들의 개혁 이념을 따라 보다 철저한 성경적 원리의 고수와 자기 성찰을 통한 개혁에 주력하였다.

그런데 츠빙글리의 종교개혁은 루터가 95개 항의문 발표 일 년 전인 1516년 시작되었다. 이것은 그가 자신의 개혁사상이 루터와 상관없이 얻어진 독립적이라는 사실을 보여준다. 분명한 것은 츠빙글리는 루터의 신학에서 진일보하여 보다 성경

---

1) Thomas M. Lindsay, *A History of the Reformation,* (Edinburgh: T. & T. Clark, 1907), vol. II., 16.

적인 개혁으로, 개혁주의 신학을 발전시켰다. 이와 같이 츠빙글리는 격동하던 한 시대를 살면서 신학적 체계의 정립을 위해 논쟁하였다. 때로는 바른 신학의 정립을 위해 루터나 재세례파 같은 형제와 불가피하게 결별하였다. 따라서 개혁의 투사 츠빙글리가 스위스 종교개혁을 위해 무엇을 했는가를 살피는 것은 대단히 의미있는 일이다. 비록 종교 개혁을 위해 투쟁 중에 비운의 생을 마감 했으나 그가 남긴 개혁자로서 유산은 그의 계승자들에 의해 오늘도 우리의 신학과 전통 속에 숨 쉬고 있다. 따라서 필자는 본 장에서 16세기 종교개혁을 성공적으로 이끈 개혁자 츠빙글리를 통해 그가 어떻게 종교개혁을 쟁취할 수 있었는지를 생애와 관련하여 살펴보고 동시에 신학 사상과 개혁자로서의 공헌도 고찰할 것이다.

2. 취리히에서의 종교개혁의 발전

필자는 이해를 위해 취리히의 개혁 과정을 다음과 같이 3시기로 정리하였다.

(1) 제 1기는 시 당국자들의 지원 속에 개혁이 정착되어가던 시기이다. 1523년 1월 성경의 수위성 원칙에 대한 세속 당국자들의 지지를 확보한 츠빙글리는 계속해서 개혁에 박차를 가하였다. 이때 그는 2권의 책을 저술하여 교회에서 성상을 사용하는 문제와 성례의 본질에 관한 논의에 집중하였다. 이 두 책은 「67개조 신조해설」(*Commentary on the Sixty-seven Theses*, 1523년 6월)과 「미사문에 관한 소론」(*Essay on the Canon of the Mass*, 1523년 8월)이다. 이 두 주제들은 1523년 10월 26일에서 29일까지 약 900명의 청중 앞에서 벌인 논쟁의 주제였다. 이 토론에서 츠빙글리는 레오 유드(Leo Jud, 1482-1542)의 지지를 받았으며, 로마 가톨릭 측은 마틴 스타인리(Martin steinli)와 콘라드 슈미트(Conrad Schmid)의 도움을 받았다. 당시 시의회는 츠빙글리의 주장을 바로 이해하지 못하고, 후에 츠빙글리에게 의회의 쟁점들을 재정리하여 설명해 줄 것을 요구하였다. 그러나 공식적인 의견이 바뀌어, 1524년 1월 20일 목회자들과 몇몇 사람들이 자리한 가운데 사적으로 가진 토론에서 미사 문제가 다루어졌다. 봄이 지나면서 시 당국은 개혁의 계속적인 추진을 허용하였고 6월 20일에는 중세 로마 가톨릭적 신앙의 가견적 표시들이 제거되었다. 성상들과 성화들과 촛대와 제단들이 치워졌으며, 프레스코 벽화가 지워지고, 성자의 유골이 매장되고 오르간이 파괴되었다. 남은 제단들은 장식이 벗겨졌고, 설교와 기

도 후에 누룩을 넣지 않은 빵과 포도주는 제단이 아닌 회중에 의해 둘러싸인 본당의 탁자 위에 놓여졌다. 목사들은 회중을 마주보았고 평민 복장을 했으며, 빵을 큰 나무로 된 쟁반에 담아서 그들의 좌석에 조용히 앉아있는 사람에게 운반되었다. 츠빙글리는 형식없이 단지 설교와 기도로 예배를 구성하였다. 하인리히 불링거에 의하면 미신을 믿는 자들은 통곡했으나 참된 신자들은 그 일이 하나님께 대한 위대하고도 즐거운 경배라며 기뻐하였다.[2)]

1525년 4월 12일, 시 의회는 미사를 폐지하고 다음날 미사는 복음적인 예배로 대치되었다. 1525년 11월, 수도원들이 폐지되었고 수도원 재산은 사회 복지와 교육기금으로 이양되었다. 1525년 6월 19일 신학대학의 일종인 카롤리눔(Carolinum)이 개교하였다. 그 후 이 대학은 그곳에서 교육받은 사람을 통해 크게 영향력을 끼쳤다. 교회 예배의 용어는 라틴어 대신 독일어로 대치되었다. 따라서 성경 번역이 시급하던 바, 루터의 번역 성경이 매우 유용하게 사용되었다. 신구약 성경의 번역본은 1530년에 프로샤우어 인쇄소에서 나왔으며, 이 번역본은 레오 유드, 콘라드 펠리칸(Conrad Pelican), 데오도르 비블리안더(Theodor Bibliander) 및 여타 사람들의 합작이었다.

(2) 제 2기는 급진적 개혁자들의 태동과 처형기이다.[3)] 츠빙글리의 종교개혁이 확산되어가는 중에 한때 그의 제자였던 콘라드 그레벨(Conrad Grebel, 1498-1526)과 펠릭스 만츠(Felix Mantz, 1498-1527)같은 젊은 학도들이 스승의 태도를 못마땅하게 생각하였다. 그들은 스승의 개혁보다도 더 철저하고 신속한 개혁을 원했다. 그리하여 이들은 1523년 10월 열린 제 2차 취리히 대토론 기간 동안 성상과 미사에 대한 분명하고도 즉각적인 태도를 천명할 것을 촉구하였다. 이에 츠빙글리는 어떻게 해야 이 문제들을 최선의 방법으로 처리할 수 있는지를 시 의회가 결정할 것이라고 대답하였다. 이와 같은 츠빙글리의 답변에 재세례파들은 크게 실망하였다.[4)] 따라서

---

2) Owen Chadwick, *The Reformation*, (The Pelican History of the Church, Penguin Books, 1988), 78; R. Tudur Jones, *The Great Reformation*, (IVP, 1985), 47-52, 65-70.

3) 자세한 것은 필자의 "급진 종교개혁운동 소고" 강의안을 참고하라.

4) 츠빙글리의 타협적인 태도에 시몬 쉬툼프(Simon Stumpf)는 다음과 같이 대응하였다. 울리히 선생이여, 당신에게는 이 문제에 대한 결정을 시 의회의 손에 둘 권리가 없습니다. 결정은 이미 내려졌고 결정하시는 분은 하나님의 성령이십니다. R. Tudur Jones, *The Great Reformation*, (I.V.P., 1985), 66-67.

이들은 뜻을 같이한 사람들끼리 따로 모여 성경 공부모임을 갖기 시작하였다. 그리고 이들은 복음 진리와 하나님의 말씀에 따르는 신자들로 교회가 조직되고 성경의 단순성을 본 따 성찬이 시행되도록 더욱 철저한 개혁안을 츠빙글리에게 촉구하였다. 다시 말하면 이들은 국가의 간섭을 받지 않는 자유로운 교회를 소망하였다. 이에 대해 츠빙글리는 동의하지 않았고 마침내 서로간의 갈등이 심화되었다.

그러던 중 1525년 1월 21일, 1년 전 남부 독일 지방의 가장 정열적인 재세례파 전도자 중 한사람인 바이티콘의 빌헬름 로이블린(Wilhelm Reublin of Wytikon)이 유아세례 반대 설교를 했다. 그 후 세례의 본질에 대하여 상호간 논쟁이 야기되었다. 급진적인 집단들은 유아세례가 전혀 성경에 근거가 없는 것으로 간주하고 자신들이 이미 받은 세례의 효과를 배격하고 개인적인 신앙고백 위에서 새롭게 세례를 받을 수 있도록 조처하였다. 따라서 1월 21일 게오르그 블라우록(Georg Blaurock, 1491-1529)은 콘라드 그레벨에게 세례 후 그 그룹의 다른 사람들에게 세례를 베풀었다. 이를 계기로 스위스 형제단(the Swiss Brethren)이 출현하였으며, 재세례파 운동이 급속히 파급되었다. 이러한 새로운 양상은 루터와 츠빙글리의 종교개혁 운동에 대한 근본적인 도전이었다.

츠빙글리는 이런 급진적 경향이 종교개혁을 저해한다고 판단하고 그들을 지원한 시 당국이 이들에게 점차 억압적이었다. 정부 당국자들은 그레벨, 만츠, 블라우록과 같은 열정적 설교자들이 주변에서 대대적인 환영을 받는 것에 경각심을 가졌다. 그들의 설교에는 후일 부흥주의의 한 특징이 된 영적 효과가 수반되었다. 그들은 죄를 깊이 자각하게 했으며, 후에는 회개와 회심과 믿는 자들에게 세례를 베풀었다. 이들 회심자들에게 세례는 아카데믹한 신학적 문제가 아니었다. 이들에게 세례는 깊은 영적 체험이었으며 죄의 협박과 공포로 부터 탈출시키는 것이었다. 츠빙글리의 주선으로 1524년 12월과 1525년 1월에 있었던 쌍방의 토론은 아무런 결과를 낳지 못한 채 끝났고, 오히려 취리히 시 의회는 그곳 시민이 아닌 자들을 추방하였다. 뿐만 아니라 자녀들에게 유아세례를 거절한 부모들은 즉시 세례를 주거나 아니면 국외로 추방되었다. 결국 이와 같은 극단주의적 태도로 가톨릭과 종교개혁자들은 경악하였고 엄청난 희생이 요구되었다. 블라우록과 만츠는 1525년 11월 18일 재판에 회부되어 종신형을 선고받았다. 1526년 5월 8일 취리히 시 당국은 누구든지 다른 사람에게 재 세례를 베푸는 죄를 범하는 자는 수장시키는 법령을 반포하였다.

블라우록과 만츠는 탈옥했으나 다시 체포되었다. 블라우록은 취리히의 시민이 아니었으므로 예외적으로 태형 후 추방되었다. 끈덕진 전도자 만츠는 1527년 1월 5일 사형을 선고받고 그날 오후 림마트(Limmat) 강물에서 익사하였다.

(3) 제 3기는 개혁에 대한 보수주의자들의 반발과 함께 상호 감정이 격앙되어 마침내 전쟁으로 확대된 갈등의 시기이다. 재세례파의 도전에도 불구하고 취리히 종교개혁이 급속히 정착되는 중에 타 지역으로 확산되었다. 베른의 논쟁에서 츠빙글리가 성공하였고, 바젤, 성 갈(St. Gall), 그리고 쉬타하우젠(Schaffhausen) 지역 등이 그의 종교개혁에 동조하였다. 츠빙글리의 개혁이 성공적으로 잘 수행되어가던 차에 반대가 만만치 않았다. 이러한 반대는 두 가지로 (i) 재세례파들의 도전과 (ii) 당시 시의회의 몇몇 귀족들의 반대였다. 이들 귀족들은 자기들의 영향력이 상실되는 것에 분개하고, 도시에서 츠빙글리의 영향력이 점차 커지는 것을 못마땅하게 여기는 반대 그룹들의 지지를 구하였다. 따라서 시 의회 서기인 요하킴 암 그뤼트(Joachim Am Grut)는 특히 로마 가톨릭 진영의 반대 세력을 규합하였다.

스위스 동맹 내에서도 적대감이 고조되었다. 이렇게 확산되자 다섯 개 삼림지역의 동맹국들이, 예를 들면, 루쩨른(Lucerner), 쭈그(Zug), 슈바이쯔(Schwyz), 우리(Uri), 운터발덴(Unterwalden)이 1524년 4월 8일 벡켄라이트(Beckenreid)에서 회합을 갖고 자신들의 옛 신앙을 옹호하고 모든 변화에 대처한다고 합의하였다. 그리고 취리히 내부에서 이에 동조하는 사람들은 황제나 교황이나 프랑스로부터 연금을 받는 자들이었다. 이에 츠빙글리 지지자들은 예상되는 모든 형태의 반발을 분쇄하고자 1526년 11월 29일 존경받던 시민 야콥 그레벨(Jacob Grebel)을 연금 수혜 이유로 처형하였다.

개신교가 퍼져감에 따라 스위스 각 주 내의 개신교 지지자들은 상호 방위를 위하여 좀 더 친밀히 결속되었다. 이리하여 1529년 2월, 8개 주가 기독교 시민 연합(Christian Civic Union)을 결성하였으며, 취리히와 베른과 바젤 및 스트라스부르크가 이를 주도하였다. 루쩨른을 거점으로 한 로마 가톨릭 교도들은 1529년 4월 23일 기독교 연맹(Christian Alliance)을 결성함으로 이에 맞섰다. 이 두 집단 사이에 신랄한 공방전이 펼쳐졌는데, 종교적 소수파의 권리문제에 대해서는 특히 심하였다. 이 문제는 1529년 6월 8일 취리히로 하여금 전쟁을 선포하게 만든 주원인이었다. 1529년 6월 26일 제 1차 캅펠 화약(the first Peace of Kappel)이 맺어짐으로써 임시나마 평화가 이루어져 큰 피해는 없었다. 이때 황제 찰스 5세의 주도하에 로마 가톨릭 측의 군사력이 우위를 확보하자 이를 우려한 츠빙글리는 헷세의 필립의 도움을 받아 개신교 세력의 연합 전선을 구축하였다. 그러나 말부르크 회합과 그의 정치적 노력에도 불구하고 츠빙글리의 연합 열망은 실패하였다.

이처럼 쌍방 간 갈등이 심화되는 중 스위스의 로마 가톨릭 진영 주들은 개신교 측의 경제 봉쇄가 자신들의 종교 자유에 대한 공격의 서막이 될 것을 우려하여 취리히에 포고하였다. 결국 1531년 다섯 개 삼림지역 도시들이 취리히에 대항하는 전쟁을 일으켰다. 이 전쟁의 군목으로 출전한 츠빙글리는 마침내 카펠 전투에서 당년 10월 11일 전사하였다. 그의 종교개혁은 교회개혁뿐 아니라 사회개혁 내지 정치개혁까지 발전되기를 염원했으나 불명예의 최후를 맞았다. 그는 루터와 달리 정치가의 독재에 항거할 것을 주장하였으며, 왕의 독재정치(Manocracy) 대신 몇 사람의 귀족들이 통치하는 민주화된 귀족정치(Aristocracy)를 선호하였다.

3. 개혁 전의 스위스의 실상(實像)

16세기 개혁 당시 스위스는 유럽의 여러 나라와 달리 독일이나 이탈리아처럼 여러 지역으로 나뉘었다. 그럼에도 스위스는 원시적인 튜톤족 형태, 즉 연방체제의 공화국이었다. 여러 자치주들은 각각 독립적이었으나 공동의 동맹으로 통합된 국기를 사용하였다.[5] 이 같은 독립된 연방 국가는 1291년 쉬비쯔(Schwyz), 우리(Uri), 운터발덴(Unterwalden)의 자치주들이 봉건 영주를 상대로 자유를 쟁취한 후 영원한 동맹을 결성(Perpetual League)하면서 부터였다.[6] 당시 이 자치주들은 스스로의 해방을 보전하기 위해 서약하였다. 1315년 이들은 모르가르텐(Morgarten)의 전쟁 이후에 브룬넨(Brunnen)에서 동맹을 갱신하였다. 그리고 상호 협력하여 모든 폭군적인 군주에 반대할 것을 약속하였다. 이로써 오스트리아의 황실의 요람인 합스부르크(Hapsburg)는 아레(Aare) 강의 남동쪽에 위치한 상기한 세 국가는 강력한 봉건

5) 이 국기는 붉은 색 바탕에 하얀 십자가가 그려져 있으며, 개인은 만인을 위해서, 그리고 만인은 개인을 위해서라는 문장이 새겨져 있었다.

6) Jean Rilliet, *Zwingli: Third Man of the Reformation*, (London: Lutterworth Press, 1964), 11-17.

영주에 맞서기 위해 더욱 결속을 강화하였다.

시간이 흐르면서 도처의 독립적인 농민들이 오스트리아 가문에 승리를 거두고, 나중에는 부르군디 공작에게 승리함으로 연맹은 더욱 가속화되어 13개로 확대되었다.[7] 그 후 이 모델을 따라 1396년 하나님의 가문의 동맹(the League of the House of God: Lia da Ca'De)이 츄르(Chur)의 교회를 중심으로 형성되었고, 1424년에는 회색동맹(the Graubunden: Lia Grissha or Gray League), 1436년에는 열 개의 행정구역의 동맹(the League of the Ten Jurisdictions: Lia della desch Dretturas)이 결성되었다. 이 3개의 동맹은 1471년 연합하여 레아티아의 3개의 영원한 동맹(Three Peretual Leagues of Rhaetia)을 결성했으나 1803년 스위스 연방제에 포함되지 않았다. 그 중에 영토 확장을 도모한 연방 국가들은 점령 지역에 여러 개의 자치주를 통치하였다. 이와 같이 복잡하게 얽힌 체제는 많은 분쟁을 야기하던 중에 16세기 종교개혁 때는 신앙문제로 대립하였다. 그러나 이들 13개 연방국들은 각각 독립성과 행정체제를 꾸준히 유지하였다. 예를 들면, 이들 국가들은 각각 남성중심 의회(Diet)였다. 특별히 취리히는 옛 교회의 보호아래 성장한 상업 도시였는데, 봉건 귀족들이 길드를 민주적으로 운영하였다. 반면에 베른은 옛 봉건 영주들이 소유한 성채아래서 교회도 없는 귀족적인 독재 공화국이었다. 이처럼 각각 종교와 정치 조직은 달랐으나 상호 의존적으로 연합하였다. 그리고 모든 도시의 최종 권력은 자유시민이 갖었다.

한편 스위스 내의 독일어 지역은 주교가 다스렸다. 이들은 교황청과 정치적이며 사업적으로 관계를 맺었다. 그리하여 주로 교황의 수비대와 교황의 이탈리아 전쟁 수행에 필요한 보병을 파송하였다. 스위스 대부분의 영토는 마인쯔와 베상송(Mainz and Besancon)의 대주교 관할구역으로 교회행정 체제를 따랐다. 이 관계는 곧 초기 로마 혹은 갈리아 선교사들이 복음을 전파했기 때문이며, 북부 독일 쪽의 스위스는 아일랜드 설교가들에 의해 전도되었다. 바젤과 로잔은 베상송 교구에 소속되었고 콘스탄스는 마인쯔의 주교가 취리히와 그 주변 교구를 장악하였다. 이를 근거로 스위스 사람들은 교회의 신앙으로부터 자유로웠으며 교회 문제는 스스로 해결해야 된

---

7) 당시 13개 주는 위의 3개를 포함하여 루쩌른(Luzern), 취리히(Zurich), 베른(Bern), 글라루스(Glarus), 쭈그(Zug), 프라이부르크(Freiburg), 바젤(Basel), 샤프하우젠(Schaffhausen), 솔로투른(Solothurn), 그리고 아펜젤(Appenzell)이었다.

다고 인식하였다. 이로써 콘스탄스의 주교 교구 관할권을 인정하는 취리히에서도 공회가 교회의 재산을 감독해야 하며 수도원은 국가가 감찰하도록 하였다.

16세기가 시작되면서 스위스는 자치적인 연방 국가를 통해 주변국들과 좋은 유대(紐帶)를 맺었다. 그러나 빈번한 전투 중에 부르군디의 대머리 왕 찰스를 무찌른 이후, 스위스 보병의 주가가 폭등하였다. 따라서 전쟁 중에 주변국들이 스위스 군대를 경쟁적으로 용병하였다. 이러한 상황에서 스위스 자치주들은 자국 군대를 타국에 파견하면서 최상의 금액을 받고 부유해졌다. 하지만 용병들이 전쟁으로 많은 돈을 벌었으나 귀국해서는 난폭하고 부도덕하였다. 그리하여 스위스 연맹 소속의 주민들을 타락시켰다. 여기에 프랑스와 교황청이 각각 대리인을 고정적으로 파견하여 자신들을 돕는 지도자들에게 연금을 지불하였다. 그 결과 스위스 자치주들은 큰 혼란에 빠지게 되었다. 당시에 츠빙글리도 스위스가 교황청과 동맹을 맺어야 하는 대상으로 믿고 수년 동안 연금을 받았었다.[8)]

4. 츠빙글리의 생애

종교개혁의 "제 3의 사나이"[9)] 혹은 "열렬한 민족주의자",[10)] "취리히를 회심시킨 사람"[11)]으로 불리는 헐드리히 츠빙글리(Huldrich Zwingli)는 개혁자 루터같이 처절한 영적 갈등을 겪지 않았다. 개인적인 죄 의식으로 괴로워한 경험도 없었으며, 성년이 된 시기에도 죄의식으로 부담을 느끼지도 않았다.[12)] 개혁자로서 인정을 받고 난 후 오랫동안 강한 도덕적 책임을 느끼는 중에 문란했던 자신의 삶을 돌아보고 개종하였다. 한편 취리히는 그 제국에 있는 다른 모든 자유도시들처럼 루터파의 반란에 자극을 받고, 루터의 가르침에 열정적인 관심을 보였다. 이로서 츠빙글리는 비텐베르그로부터 많은 영향을 받았다. 그러나 실제로는 에라스무스에게서 많은 것

---

8) Thomas M. Lindsay, *op. cit.*, vol. II., 24.

9) Jean Rilliet, *Zwingli: Third Man of the Reformation,* (London: Lutterworth Press, 1964); 루이스 W. 스피츠, 「종교개혁사」, (기독교문서선교회, 1994), 142.

10) R. H. 베인톤, 「전쟁, 평화, 기독교」, (대한기독교출판사, 1981), 174.

11) Henry Charles Moore, *Through Flood and Flame: Adventures and Perils of Protestant Heroes*, (London: The Religious Tract Society, n. y.), 198.

12) Thomas M. Lindsay, *A History of The Reformation,* (Edinburgh, T. & T. Clark, 1906), vol. 1., 348.

을 배웠다.[13] 츠빙글리는 냉철했으며 칼빈처럼 누구도 그의 지성을 감탄하고 제자들처럼 그들의 이론을 따르는 이들의 내부 관찰을 일체 허락지 않았다. 오히려 그는 자신의 차가운 힘으로 사람들의 충성을 이끌어 냈다. 그는 루터와 달리 예배에서 어떤 것도 하나님의 말씀과 대치되어서는 안 되었다. 그는 마음에 성경이 명백히 예배에 필요한 것들을 재가하여 혁명적으로 개혁하였다.

개혁자 츠빙글리의 이해[14]를 위해 편의상 3시기로 정리할 수 있다. (1) 제 1기는 그의 출생과 학문, 목회와 종군 군목으로 봉사하던 1484-1516년까지의 시기이다. (2) 제 2기는 그가 목회지를 옮긴 후 헬라어 성경을 연구하면서 개혁을 위해 준비하던 1516-1518년까지의 시기이다. (3) 제 3기는 1519-1531년까지의 시기이다. 이 시기에 그는 종교 개혁을 주도하게 되며 동시에 신학 논쟁과 이단시비 및 전쟁에 휘말리게 되고 마침내 비운의 생을 마감하였다.

4.1. 제1기: 학문과 목회, 종군군목 봉사기(1484-1516)

(1) 출생과 학문: 1484년 개혁주의 교회와 신학을 체계화한 선구자 헐드리히 츠빙글리는 스위스의 빌드하우스(Wildhaus)에서 한 부유한 농부의 아들로 태어났다. 어려서 부터 재능을 보이자 부친은 삼촌 바돌로뮤(Bartholmew)가 교구 사제인 베센(Wesen)에 유학시켰다.[15] 이때 그는 호머(Homer), 핀다르(Pindar), 그리고 키케로(Cicero)를 연구하였다. 1496년 베른으로 전학하여 하일리히 뵐프린(Heinrich Wolfrin) 아래 고전과 음악을 공부하였다. 1498년 가을 당시 신학과 법학, 의학으로 유명한 비엔나로 전학하여 스위스 인문주의자인 오아킴 바디안(Joachim Vadian)과 접촉하였다. 그리고 1502년 바젤 대학의 토마스 비텐바하(Thomas Wyttenbach)로부터 오리겐, 히에로니무스(제롬), 크리소스톰과 에라스무스를 배웠다. 비텐바하는

---

13) Owen Chadwick, *The Reformation*, (Penguin Books: The Pelican History of the Church, 1988), 76-77.

14) 츠빙글리에 관해서는 W. P. Stephens, *The Theology of Huldrych Zwingli*, (Oxford: Clarendon Press, 1988), 5-50; Jean Rilliet, *Zwingli: Third Man of the Reformation,* (London: Lutterworth Press, 1964), 11-312; 오덕교, 「종교개혁사」, (합동신학대학원대학교, 2005), 147-182에 많은 빚을 졌다. 보다 자세한 것은 상기한 책들을 참고하라.

15) Jean Rilliet, 21.

에라스무스적인 개혁 사상을 추종한 학자로 신약 및 교부 연구를 강조하며 스콜라 철학, 수도원의 서약, 성례의 기계적인 행사를 비판하였다. 이때부터 츠빙글리는 에라스무스에 관심을 갖기 시작하였다. 에라스무스는 그에게 가장 큰 영향을 미친 인물 가운데 한 사람이었다.

(2) 목회와 인문주의 연구: 그는 또한 바젤에서 아리스토텔레스의 글과 스콜라 철학을 연구하였다. 그러나 아직 성경과 교부들의 신학에는 관심을 보이지 않았다. 1504년 20세에 문학사 학위를 받았고, 1506년에는 문학 석사 학위 취득 후 신학을 공부하였다. 그리하여 츠빙글리는 라틴어와 신조들의 암송, 그리고 미사의 집행과 고해성사를 집전하였다. 이러한 자격으로 23세에 신부로 안수 받고 글라루스(Glarus)에서 1506-1516년까지 목회하였다. 당시 그는 사제 취임에 4개월이 모자랐지만 뛰어난 자질이 인정되어 서품을 받았다. 그는 이곳에서 많은 시간을 연구에 바쳤다. 1513년부터는 헬라어와 히브리어 연구로, 성경과 교부들의 글들을 읽게 되었다. 따라서 친구들은 그를 당대의 키케로로 불렀다. 1515년에는 바젤을 방문하여 에라스무스와[16] 서신을 교환하며 존경하여 인문주의에 몰두하였다. 루터나 칼빈은 에라스무스와 인문주의를 비판했으나, 츠빙글리는 에라스무스의 영향을 많이 받았다. 그 결과 에라스무스처럼 예수를 속죄주보다 도덕적 모범으로 존경하였고, 또한 그의 도덕과 교육, 실천적 삶을 교리보다 선호하였다. 또한 에라스무스처럼 어거스틴 보다 제롬을 더욱 훌륭한 교사로 생각하였다. 따라서 츠빙글리는 에라스무스를 통해 로마 가톨릭이 인간에게 구원을 줄 수 있을지 의심하였다.

(3) 종군 목회 실습: 인문주의에 심취된 츠빙글리는 당시 용병제도에 관심을 가졌다. 그런데 츠빙글리가 글라루스에서 목회하던 중에 스위스는 프랑스와 로마 교황청 간 전쟁에 휘말렸다. 이에 스위스의 젊은이들이 로마 교황청을 위한 용병으로 전쟁에 참가하여 막대한 수입을 얻었다. 그것은 오늘날 스위스가 은행업으로 수입을 올리는 근거였다. 당시 교황청은 스위스 사람들을 용병으로 채용하였다. 스위스

16) 에라스무스는 인문주의의 왕자라 불리는 사람으로 화란 로테르담 출신이다. 그는 한곳에 머물지 않고 체류 지역을 옮겨 다니면서 여행을 즐겼다. 예를 들면 프랑스, 영국, 벨기에, 스위스, 이태리 등이다. 에라스무스는 1514-1516년까지 스위스 바젤에 머물렀는데 이때 츠빙글리는 그를 찾아가기도 했고 대부분은 그와 편지를 교환하며 친분을 가졌다. 이때 에라스무스는 로마 가톨릭교회에 비교적 친밀감을 갖은 사람으로 로마 교회의 개혁을 원한 소위 체제내의 개혁자였다. 그는 루터와 달리 반체제적 방향으로 나가지 않고 온건개혁을 추구하였다.

사람들은 산악전에 능했으므로, 로마 교황청뿐 아니라 인근의 프랑스와 독일에서도 스위스 인들을 용병으로 채용하였다. 교황청은 특별히 교황청 군대에 복무한 적이 있는 사람들에게 연금을 지급하였다. 이때 프랑스는 북부 이탈리아를 지배하에 넣고자 하여 1498년부터 1516년까지 전쟁하였다. 이 전쟁 중 중요한 전투가 1513년의 노바라(Novara)전투, 1515년의 마리냐노(Marignano)였다. 재미있는 것은 노바라 전투에서는 프랑스군이 패배했고, 마리냐노 전투에서는 로마 교황청이 패배하였다.

두 전투 중인 1513-1515년 동안 츠빙글리는 2차례 로마 교황청 편에서 연금을 받고 이탈리아를 여행했으며 종군 군목으로 참전하였다. 당시 츠빙글리는 자신이 참전한 교황청 군대의 승리를 소원하였다. 그러나 츠빙글리는 왜 스위스의 젊은이들이 로마나 프랑스를 위한 용병에서 죽어야 하는지, 용병 제도가 도덕적으로 악하다고 생각하였다. 스위스 군인들의 채용을 원한 프랑스는 글라루스 교구 활동을 방해하고 전쟁에서 승리하였다. 그 후 스위스에는 친불파가 세력을 잡았다. 그런데 스위스 용병들이 귀국하면서 성병이 만연하여 도덕적인 문제가 발생하였다. 이에 츠빙글리는 1515년 이후 용병제도 반대 설교를 하였고, 1516년 쫓겨나 순례지 아인시델른(Einsiedeln)에서 목회하였다. 이곳에 있는 동안 민족주의자로 그리고 설교자와 학자로 명성을 얻었다.

4.2. 제2기: 목회지의 이동과 성경언어 연구를 통한 개혁준비기(1516-1518)

(1) 츠빙글리의 성경연구: 1516년 츠빙글리는 아인시델른(Einsiedeln)으로 목회지를 옮겼다. 아인시델른은 마리아에 대한 헌신으로 알려진 곳이다. 츠빙글리는 이곳에서 집중적으로 헬라어 성경을 연구하였다. 그가 헬라어 성경을 연구한 것은 에라스무스의 영향이었다. 연구로 그는 오직 성경의 원칙을 발견하였다. 그는 루터의 신학보다 급진적인 말씀의 신학을 표현하였다.[17] 특별히 그는 성경의 중심은 그리스도이시며 성경은 성경으로 해석해야 한다는 원리를 깨달았다. 이것은 그가 루터

17) Gillian R. Evans/ Alister E. McGrath/ Allan D. Galloway, *The Science of Theology*, (Grand Rapids: Eerdmans Publishing Co., 1986), 146-147; W. P. Stephens, *The Theology of Huldrych Zwingli*, (Oxford: Clarendon Press, 1988), 32.

의 책을 접하기 전에 독자적인 성경 연구를 통해 확립한 것이다. 이 사상은 츠빙글리로 하여금 교황이 성경의 최종적 해석자라는 견해를 거부하게 했다. 또한 츠빙글리는 초대교회의 오리겐, 알렉산드리아의 시릴, 크리소스톰과 같은 교부들의 작품을 통해 신학의 견문을 넓혀 나갔다. 이러한 지적 활동을 통하여 츠빙글리는 바젤의 인쇄업자의 프로벤(Froben)과 아메르바하(Amerbach), 스트라스부르크의 대학자인 베아투스 레나누스(Beatus Rhenanus)와 친분을 가졌다. 또한 히브리어의 대가 카피토와 펠리칸과 사상을 교환하였다.

(2) 츠빙글리와 면죄부: 1517년 루터가 95개 항의문을 게시했을 때 츠빙글리는 면죄부의 남용에 대하여 그렇게 비판적이지 않았다. 그러나 그의 성경과 교부들의 연구는 츠빙글리로 하여금 성인숭배와 성유물 숭배를 반대하고 프란체스코회 수도사 베른하르트 삼손(Bernhard Sanson)에 의한 면죄부 판매를 완강히 거부하였다.[18] 어느 날 삼손이 취리히에 오는 중에 당시 약관 34세의 츠빙글리는 강단에서 어느 누구도 죄를 사할 수 없다. 오직 예수 그리스도만이 그 능력을 가졌다[19]고 선포하였다. 결국 삼손은 교황 레오 10세의 지시에 따라 면죄부 판매를 중단하였다. 그럼에도 불구하고 츠빙글리는 아인시델른에서 사역할 때 교황제도 자체는 부정하지 않은 체제내의 개혁자였다. 그러나 이곳에 머무는 동안 군대 파병 반대와 설교자와 학자로서의 명성에 힘입어 1518년 12월 11일 취리히 시에 있는 대 민스터 교회의 사제로 선출되어 1519년 1월 1일 취임하였다.[20] 그는 목회에서 전통적인 스콜라적 성경 해석을 거부하고 한 절 한 절 마태복음을 주석하였다.

---

18) Henry Charles Moore, *Through Flood and Flame: Adventures and Perils of Protestant Heroes*, (London: The Religious Tract Society, n. y.), 198-202.

19) When he heard that Samson was on his way to Zurich, he denounced him from the pulpit. “No man can pardon sins,' he declared; 'Christ alone has that power.” (Henry Charles Moore), 201.

20) 이때 츠빙글리가 사제로 불림을 받았을 때 2가지 문제가 제기되었다. 하나는 그가 너무 음악을 잘한다는 것이었고 다른 하나는 여성편력이 있다는 것이었다. 사실 츠빙글리는 음악공부도 많이 했지만 음악에 대한 재질이 아주 많았다. 해서 그는 하프, 바이올린, 플룻트, 코넷을 연주하며 작곡할 수 있었다. 이 문제에 대하여 그는 12월 5일 취리히의 교회로 편지를 보내, 다윗과 같은 성경의 인물들도 음악을 사랑했다고 지적하고, 음악을 사랑하는가 그렇지 않은가가 목회자로서 자질을 평가하는 기준이 될 수 없다고 했다. 그의 여성 편력에 대해서는 솔직히 그의 잘못을 시인했다. 다시 말하면 그는 행실이 원래 단정하지 못한 여인의 유혹에 빠진적이 있었다. 츠빙글리는 이 여인이 낮에는 처녀 행세를 하였으나 밤에는 부인 행세를 했다고 했다. 또한 그녀

4.3. 제3기: 개혁적 신학논쟁과 분리 및 헌신기(1519-1531)

이 시기에 츠빙글리는 취리히의 종교 개혁을 주도하고 동시에 신학 논쟁과 이단 시비 및 전쟁에 휘말리며 마침내 비운의 생을 마감하게 되었다.

(1) 취리히의 역사적 형편: 스위스 연방은 1291년 산악지대에 있었던 우리(Uri)와 슈비츠(Schwyz), 운터발덴(Unterwalden)등이 결성한 루틀리(Rutli) 맹약으로 시작되었다. 그 후 이 연합은 1351년경에 13개의 주가 가입한 연맹으로 발전하였다.[21] 이 연맹은 상호 방위조약 및 공동 문제를 의논하기 위한 의회 형태의 결속으로 유지되었지만, 사실상 각 주는 실질적으로 자치제를 통해 움직였다. 취리히는 13개 상인 길드의 대표로 구성된 상원에 의해 통치되었다. 그 통치 기능은 단지 사회적인 것과 문화적인 것이었고 시의회를 대표하는 시장은 162명으로 구성된 의회를 관장하였다.[22] 또한 스위스는 신성로마 제국이었지만 교황을 위해 용병을 파송하여 교황으로부터 자유를 승인받은 자유도시였다. 이러한 스위스는 1648년의 웨스트팔리아 조약으로 완전히 독립하였다.

(2) 취리히에서의 목회와 개혁의 발전: 츠빙글리는 1519년 1월 1일 취리히의 대사제 취임과 함께 목회를 시작하였다. 당시 취리히의 교회는(그로스뮌스터) 유럽에서 큰 교회에 속했으므로 츠빙글리는 취리히를 대표하여 교황과 유일하게 관계를 가질 수 있었다. 취리히 시는 온 도시가 성으로 둘러 싸여 외적으로부터 침략을 막을 요새였다. 동시에 취리히 시는 무역과 제조업으로 번성하였으나 도덕적으로 타락한 도시였다.[23] 그런데 츠빙글리는 자신의 부임과 함께 시작한 신약강의를 통해 (마태복음, 사도행전, 바울서신, 공동서신 순으로 설교하였다) 가톨릭의 연옥설과 수

의 아버지는 직업이 이발사였으므로 황제의 수염이라도 만질 수 있는 위치에 있었다고 할 정도로 유머가 넘쳤다. 츠빙글리의 편지를 받은 취리히시의 참사원들은 1518년 12월 11일 이 문제로 회의를 소집했다. 그 때 그들은 첩과 여섯 명의 자녀를 두고 있던 스와비안 지방의 후보 대신 츠빙글리를 청빙할 것을 결의하였다. 총 24명의 회원 중에 17명이 츠빙글리를 지지하여 청빙되었고 12월 27일 취리히로 이사하였다. G. R. Elton, *Reformation Europe 1517-1559*, (Fontana Press, 1963), 66.

21) Jean Rilliet, *Zwingli: Third Man of the Reformation*, (London: Lutterworth Press, 1964).

22) Ulrich Gabler, *Huldrych Zwingli: His Life and Work*, (T.& T. Clark, 1983), 1-18.

23) *Ibid.*, 7-8.

도원 제도를 공격하며 개혁을 주도하였다. 그는 헬라어 성경을 펴놓고 성경 본문을 직접 해석하였다. 이러한 그의 설교는 기록된 설교를 단순히 낭독만 하던 전통과는 확연히 구별되었다. 츠빙글리는 에라스무스의 헬라어 신약성경을 가지고 복음서에서 사랑의 윤리, 그리스도의 철학과 생활의 규율을 설교하였다. 또한 스위스 사람들이 이해할 수 있는 독일어로 설교하였고, 1519년에서 1526년 사이에 신약을 강해하였다. 츠빙글리는 설교를 통해 가톨릭의 종교적 남용을 비판하였다.

그러던 중 1519년 9월 그는 흑사병으로 생사를 헤매는 중에 하나님의 완전한 주권과 목적 안에서 진지한 자기 성찰과 사명에 대한 의식을 갖게 되었다. 이때 취리히 시의 인구 1/3이 죽임을 당하였다. 일 년의 투병 후 이듬해 여름 건강을 회복한 그는 1520년 사랑하는 동생의 죽음을 통해 더 깊어졌으며, 이때부터 가톨릭 신앙에 회의를 갖고, 같은 해 그는 교황의 연금을 사절하였다. 츠빙글리는 1521년 루터의 저작을 연구하며 로마 교회에 바치는 십일조를 공격하였다.[24] 그는 철저히 말씀에 기초하여 십일조는 기쁨으로 드려야지만 로마 교회는 억지로 빼앗아 간다고 했다. 같은 해 프랑스 왕이 스위스로 부터 16,000명의 용병을 요청하자, 츠빙글리는 용병 반대운동을 주도하였다. 이러한 비판 운동으로 취리히는 점차 스위스 연방에서 영향력을 행사하였다.

(3) 로마 교황청과 사순절 파동: 츠빙글리도 한 때 교황청 군대에서 종군 사제로 일하였으므로 교황청이 츠빙글리에게 연금을 지급하였다. 그러나 츠빙글리는 용병 제도 자체를 부정적으로 생각했고, 남을 위해 전쟁하고 돈을 받는 것을 부도덕하게 생각하였다. 그래서 1520년 교황청이 주는 연금을 받지 않았다. 이렇게 츠빙글리는 우선 개인적으로 로마 교황청과의 관계를 끊고, 나아가 취리히시도 로마 교황청과 관계를 끊도록 유도하였다. 츠빙글리는 1521년부터 계속해서 용병 제도의[25] 부당성과 반대 설교를 했고, 1522년 초 사순절 기간에 교황청과의 관계를 끊었다. 이 기

---

24) Jean Rilliet, *Zwingli: Third Man of the Reformation*, (London: Lutterworth Press, 1964); 48-54.

25) 기쿠치 요시오, 「용병 2000년의 역사」, 김숙이 역, (사과나무, 2011) 참조. 역사적으로 매춘 다음으로 오랜 역사를 가진 제도로, 중세 이후 유럽, 특히 베네치아와 피렌체 등 이탈리아의 무역 도시들을 중심으로 각광받았다. 화폐 제도가 발달함에 따라 금전 계약 제도가 성행하면서 15세기 이후 서유럽 대부분의 국가가 용병 중심 군대를 편성하였다. 「군주론」을 쓴 마키아벨리는 "가장 신용할 수 없는 집단이 용병"이라며 부정적으로 평가하였다. 이유는 돈만 밝히고

간 동안 사람들은 생선은 먹어도 되지만, 육식은 해서는 안 되었다.

그런데 츠빙글리는 루터와 같이 오직 복음적 성경 해석만이 그리스도인에게 구속력이 있다는 확신을 갖고 설교하였다. 따라서 그의 설교에 영향을 받은 일부 시민들은 1522년 3월 칭의에서 성경의 유일한 권위를 주장한 츠빙글리의 말을 인용하여 사순절 금식을 거부하였다. 1522년 사순절이 시작되는 수요일 취리히의 한 인쇄업자 Christoph Froschauer가 사순절 금식 계명을 깨고 사람들과 함께 소시지를 먹었다. 이 자리에 츠빙글리도 참석했으나 소시지를 먹지 않고 먹는 자들을 말리지 않았다. 이 사실을 안 된 콘스탄스(Konstanz)의 주교 Hugo von Landenberg는 취리히시 당국에 금식 계명을 깨뜨린 사람들의 처벌을 요청하고 벌금을 부과하였다. 이에 츠빙글리는 1522년 4월 「음식의 선택과 자유에 관하여」(*Vom Erkiesen und freiheit der Speisen*)라는 설교를 통해 교황과 감독의 통제로부터 신도들이 해방되어야 한다고 하였다.[26] 이 사건 3주후 츠빙글리는 양심의 자유를 내세우며 자신의

언제든 이해관계에 따라 고용주를 배신할 수 있기 때문이었다. 하지만 산악지방에서 살아온 스위스 용병들은 용맹뿐 아니라 남다른 충성심을 보였다. 스위스의 척박한 자연환경과 높은 인구밀도는 생존 자체를 어렵게 만들었다. 따라서 변변한 일자리가 없자 젊은 남성들이 해외에서 일자리를 구하였다. 그 일자리 대부분이 보수를 받고 고용주에게 무력을 제공하는 용병이었다. 이들은 용병을 통해 막대한 부를 축적하여, 오늘 날 아름다운 자연과 높은 국민소득, 전쟁 위협이 없는 영세 중립국의 선진국이 되었다. 1505년 6월 역사적으로 로마 교황 율리우스 2세는 자신의 신변 경호를 위해 스위스에 용병 파견을 요청하였다. 그해 가을 스위스를 출발한 150명의 스위스 용병들은 700여 km를 행군하여 이듬해 1월 22일 로마에 도착하였다. 이것이 바로 바티칸 시국의 군대이자 교황의 경호대인 스위스 근위대의 출발이었다. 이들 스위스 근위대는 1527년 발생한 '로마 약탈'에서 그들의 명성을 증명하였다. 당시 스페인 국왕이자 신성로마제국의 황제 찰스 5세가 교황 클레멘스 7세와 프랑스 연합군을 공격하는 과정에서 로마를 약탈하였다. 다른 군대 모두 스페인군에 항복했으나 스위스 근위대는 끝까지 교황을 보호하였다. 당시 스위스 근위대는 187명 중 147명이 전사하면서 끝까지 포기하지 않고 포위망을 뚫는데 성공했다. 이때부터 교황청 근위대는 전원 스위스 출신 청년들로 구성되었다. 당시 목숨을 구한 교황 클레멘스 7세는 스위스 근위대 장병들에게 자신의 출신 가문인 메디치가를 상징하는 노랑과 파란색 줄무늬 군복(이 제복은 네오나르도 다빈치가 디자인 했다는 것과 달리 지금 스위스 근위대가 입고 있는 독특한 군복은 20세기 초반, 'Jules R?pond' 대령이 제정하였다)을 입힘으로 이들에 대한 신뢰를 표시하였다. 그런데 특별히 스위스 용병들이 신뢰 받은 이유는 고용주에 대한 충성이 자신들뿐 아니라 이후 후손들의 평가를 규정한다고 믿었기 때문이다. 자신들이 고용주를 배신하고 신뢰를 잃는다면 이후에는 어느 누구도 스위스 용병을 찾지 않으리라는 우려 때문이었다. 그 결과 비극적인 사건 실례는 스페인의 왕위 계승 전쟁이었다. 당시 스위스 용병들은 전쟁 중이던 프랑스와 네덜란드 군에 속하여 서로를 향해 창을 겨누었다. 이들은 '말프라케' 전투에서 전멸하였다.

설교와 출판을 통해 금식을 깬 사람들을 성경적 관점에 따라 변호하였다. 사순절 파동 3개월 후, 1522년 7월 츠빙글리와 10여명의 사제들은 취리히 의회와 콘스탄스의 주교에게 자유로운 설교를 보장할 것과 성직자의 결혼 허용을 청원하였다. 그러나 청원은 기각되었다. 츠빙글리는 이에 굴복하지 않고 공개 토론을 벌리었다.

이에 주(州)의 시정부는 성경이 금식을 의무화 하지 않으나 좋은 의식으로 준수되어야 한다고 판결하였다. 이 타협안은 시 당국이 주교의 사법권을 거부하고 취리히 교회를 장악했음을 의미한다. 츠빙글리는 궁극적으로 교회의 권위는 기독교 공동체이고 신자들의 지역 교회는 그리스도의 유일한 주권과 그를 통한 구속을 증거하는, 하나님에 의해 영감 된 성경의 주권 아래 있다고 믿었다. 이 권위는 공동체의 유익을 위하여 성경에 맞게 행동하는 정당하게 조직된 시 정부의 기관을 통해 행사

고용주에 대한 충성이 동족끼리의 비극적 살상을 불렀기 때문이다. 현재 스위스의 휴양 도시 루체른에는 유명한 조각상 '빈사의 사자' 상이 있다. 온몸에 화살이 박힌 채 꺾여진 프랑스 브르봉 왕가의 방패를 껴안고, 고통스럽게 마지막 숨을 내쉬는 사자의 모습이다. 이 사자상은 프랑스 혁명 당시 루이 16세의 근위대였던 스위스 용병들을 기리기 위한 것이다. 당시 루이 16세는 시민군에게 포위된 상태였고, 다른 근위대들은 모두 도망 간 상태에서 스위스 용병들만이 남아 루이 16세를 지키었다. 상황이 절망적이라고 판단한 루이 16세는 이 스위스 용병들에게 "그대들과는 상관없는 싸움이다. 고국으로 돌아가라" 고 했지만, 스위스 용병들은 "신의는 목숨으로 지킨다" 는 응답과 함께 끝까지 항전하다가 786명 전원이 사망하였다. 이러한 절대적인 충성으로 스위스 용병들은 유럽 여러 나라에서 환영받았다. 지금도 110명 규모의 교황청 근위대(The Swiss Guard, Schweizergarde)는 세계에서 제일 작은 규모의 군대로, 화려한 줄무늬 군복과 작은 체구에도 500년 이상 교황을 지켜온 '용감하고 신뢰받는 군대' 가 되었다. 이들은 스위스 군복무를 마친 19세부터 30세까지의 독실한 미혼 가톨릭 신자들로 구성되었다. 스위스 정부는 1859년 자국인의 외국군 입대를 법률로 금했지만, 교황청 근위대만큼은 예외로 인정하였다. 그런데 최근 교황청 근위대에 변화가 일어난 바, 2011년 교황청 근위대장 '다니엘 앤릭' 대령이 500년의 금녀의 벽을 깨고 여성 근위대원이 되었다. 2010년 12월 이후(그 시초는 당년 12월 18일 모하마드 부아지지의 경찰 부패와 이에 대한 대처를 둘러싸고 발생한 튀니지 시위자들의 행동으로 촉발된 운동) 중동과 북아프리카에서 반정부 운동, 일명 아랍의 봄(Arab Spring)이 급속히 확산되었다. 이 운동은 알제리, 바레인, 이집트, 이란, 요르단, 리비아, 모로코, 튀니지, 예멘 등 중동과 북아프리카 지역에서 혁명으로, 그리고 이라크, 쿠웨이트, 모리타니, 오만, 사우디아라비아, 소말리아, 수단, 시리아에서도 반정부 시위로 나타났다. 그 과정에서 리비아의 전 국가 원수 무아마르 가다피(1942.6.7-2011.10.20, 향년 69세)는 이스라엘 퇴역 장성이 설립한 회사에서 용병 약 5,000명(기니, 나이지리아, 차드, 말리, 세네갈)을 채용하였다. 무기 밀매도 관여하는 이 회사는 당시 이스라엘 총리 네탄야후와 바락 국방 장관, Aviv Cokhavi 정보부장과 미팅 후 리비아 정보부 고위 관리인 Abduallah Sanusi와 비밀 회담 후 계약을 승인하였다. 그리하여 가다피는 반대파를 소탕하고 민중 봉기를 진압하기 위해 해외 용병을 끌어들였다. 당시 영국의 데일리 메일은 몸값 1만

된다고 보았다. 그는 또한 성경이 명하는 것이나 성경 안에 분명히 허락된 것만이 구속력이 있다고 하였다. 이러한 신학은 결국 교황의 권위와 미사의 희생, 금식절기와 성직자의 독신을 비판한 것이다. 특별히 사순절 기간 동안 소시지를 비롯한 육식 금지를 반대하고 먹을 것을 주장했다. 이처럼 츠빙글리는 주 정부가 자신의 종교 정책을 수용하고 변화를 추구하면 그 권위가 더 강화될 것이라고 설득하자 주 정부는 그의 제안을 도입하였다.

(4) 제 1차 토론과 67개 항의문: 이와 함께 츠빙글리는 취리히 시민이 교황청 군대를 위시한 외국 군대의 용병 복무를 금지시켰다. 그 후 취리히 시의회는 1523년 1월 그 제도를 폐지시켰다. 그리고 1523년 1월 29일 츠빙글리는 성경을 표준으로 한 공개 토론을 시의회에 명령하고 토론을 위해 67개 조항의 신앙고백서를 준비하였다.[27] 츠빙글리의 이 신조는 때때로 루터의 95개 항의문과 비교된다. 이 토론에 가톨릭에서는 콘스탄스의 주교가 파송한 파베르 박사와 사제들이 참석하였고 기

8000파운드(3300만원)짜리 용병들이 시위 진압에 투입됐고, 뱅가지에서 450-2000명 살해됐다고 보도하였다. 또 아프리카 가나 언론들은 용병의 하루 수당이 2500달러(280만원)라고 보도했다. http://www.aljazeera.net/NR/exeres/C36A7C61-8874-4D82-9CC2-4886B4E58739.htm). 하지만 현재 국제 정치에서는 사라진 제도이다. 우리나라도, 신라의 삼국 통일 당시, 특별히 백제와 가야는 왜(倭)를 용병으로 고용하였다. 그러나 이들은 전세를 보며 고용자 측에 유리하게 돌아가면 전리품을 획득하기 위해 싸웠으나 불리하면 후퇴하였다. 이는 자신들의 무력 자체가 수입의 원천이었기 때문이다. 삼국사기에 의하면 광개토대왕 비문에 이들의 존재가 언급되었다. 역사적으로 용병은 스위스 외에도 독일 용병 란츠크네흐트, 임진왜란 직후의 일본의 용병, 1830년 7월 프랑스에서 일어난 혁명(프랑스 혁명 이후 왕정이 부활하여 루이 18세(1814-1824)과 샤를 10세(1824-1830)에 의한 반동정치가 추진되었다. 이로써 시민의 선거권이 크게 제한되었고, 혁명 중에 토지를 몰수당한 망명 귀족에게는 거액의 보상금이 지불 되었다. 그런데 1830년 7월, 국민의 불만을 다른 곳으로 돌리기 위해 알제리 출병을 감행한 왕은 반대파가 다수 의회를 강제로 해산하였다. 이것은 불에 기름을 붓는 결과를 낳아, 27일 민중 봉기를 촉발하였다. 그리고 '영광의 3일간' 전투 끝에 국왕의 군대를 물리쳤다. 7월 혁명 후 의회는 자유주의자인 오를레앙 공 루이 필리포스를 새로운 국왕으로 맞이했다. 혁명 후, 도시의 부유한 상인들의 불만은 해소되었지만 선거권이 없는 노동자와 농민들은 불만이 많았다. 이에 따라 혁명은 부르주아를 주체로 하는 시민혁명 부르주아 혁명에서 노동자를 주체로 하는 일종의 계급투쟁으로 바뀌어갔다. 마침내 1848년 2월 22일, 파리에서 보통선거를 요구하는 집회가 무력 탄압을 받자 노동자, 농민, 학생들이 데모, 파업, 무장봉기 하였다. 이 사태의 수습에 실패한 루이 필리포스는 영국으로 망명했고 공화정에 의한 임시정부가 발족했다. 이것이 2월 혁명이다.

26) Jean Rilliet, 64-66.

27) Jean Rilliet, 74-79.

독교회에서는 츠빙글리와 그의 동료 바디안, 세바스티안 메이어, 베바스티안 호프마이스터가 참가하였다. 츠빙글리는 라틴어, 헬라어, 히브리어 성경으로 순수한 복음 설교의 보장을 촉구하였다.[28] 츠빙글리는 여기서 성경만이 신앙과 생활의 유일한 규칙이요 그리스도는 유일한 중보자이며, 복음은 교회의 어떤 권위로 얻는 것이 아님과 구원은 오직 믿음으로만 가능함을 확인하였다. 그리고 미사의 희생 제사적 성격, 선행의 구원적 효과, 중재자로서 성자의 가치, 수도원 서약의 구속성, 의무적인 금식, 순례, 수도 규칙, 신부들의 독신 강요, 파문의 오용, 면죄부 판매, 고행 및 연옥의 존재 등과 기타 가톨릭의 가르침과 실행을 인위적으로 거부하였다. 그는 또한 그리스도가 교회의 유일한 머리임을 선언했고 성직자의 결혼을 옹호하였다.

츠빙글리는 자신이 작성한 조항으로 자신의 입장을 변호하고 당시 그곳의 약 6백여 청중들을 사로잡았다. 그리고 츠빙글리는 스스로 가톨릭 교회의 사제직을 버렸다. 그러나 취리히 시정부는 츠빙글리를 취리히시를 위해 봉사하는 목사로 임명하였다. 이것은 취리히시의 교회는 로마 가톨릭교회와 결별한다는 의미였다. 그리고 츠빙글리의 설교가 합법적임을 인정하고 반드시 성경에 근거한 설교만 하도록 하였다. 그 결과 시의회는 전적으로 츠빙글리를 지지하고 그가 로마의 대적자들을 이겼다고 선언하였다. 이로써 취리히의 종교개혁은 다분히 정치적 색체를 지닌 반체제 운동으로 출발했으나 개혁주의 신앙의 기초를 놓았다. 하지만 시 의회에 대한 도전은 또 다른 문제를 야기하였다. 이것은 1523년 6월 22일 취리히 농부들에 의해 시작되었다. 당시 사회적 분위기는 혁명적이지 않았으나 츠빙글리는 정의를 갈망하는 중에, 사람들에게 현장에서 탈출하여 점프하라고 하였다.[29] 그리고 그는 24일 주일 강단에 올라 세속 도시에 희망을 주는 「신과 인간의 정의」(*Divine and Human Justice*)에 대해 설교하였다. 당시 그의 설교는 청중들의 요청으로 인쇄되어 베른과 로잔의 절친한 친구, Nicolas de Watteville에게 헌정[30]되었다.

(5) 제 2차 공개토론과 취리히의 종교개혁: 제 1차 토론 이후 몇몇 성상 파괴 폭동을 포함하여 가톨릭과 개신교도 간에 긴장이 고조되자, 츠빙글리와 그의 동료

---

28) Gillian R. Evans/ Alister E. McGrath/ Allan D. Galloway, *The Science of Theology*, (Grand Rapids: Eerdmans Publishing Co., 1986), 122-123.

29) Jean Rilliet, 87.

30) Jean Rilliet, 87.

목사 레오 주드(Leo Jud, 1482-1542)는 미사와 성상의 사용을 다루는 또 다른 공개 토론을 제의하였다. 그리하여 1523년 10월 26-28일 사이 제 2차 토론이 개최되었다. 이 토론은 심의회 형식으로, 350여명의 성직자와 10여명의 신학박사 포함 약 900여명이 참석하였다.[31] 츠빙글리는 토론회 첫날 교회에서 예배 시에 사용되는 성화와 성상에 대하여 둘째 날에는 미사의 폐지를 주장하였다. 츠빙글리는 미사가 그리스도의 죽음에 대한 기억일 뿐 희생의 반복이 아니라고 했다. 가톨릭에서는 마틴 스타인리(Martin Steinli)와 콘라드 슈미트(Konrad Schmid)가 미사제도를 옹호하였다. 츠빙글리는 음악에 해박했으나 교회 안에서 악기 사용을 반대하였다. 이유는 말씀 듣는 것에 악기가 방해된다는 것이다. 제 2차 논쟁의 결과 미사제도가 즉시 폐지되지는 않았으나 시의회는 우상을 교회에서 제거토록 하였다. 그 후 취리히는 매일 예배를 드리고 예배에 성경봉독, 기도, 설교 형태를 유지하였다. 1524년 4월 2일 츠빙글리는 미망인 안나 라인하르트(Anna Reinhard)와 결혼하였다. 그리고 1524년 11월 16일, 메튜스 알버(Matthaus Alber of Reutlingen)에게 보낸 편지에서 그의 성만찬 이해를 표명하였다.

(6) 제 3차 공개 토론과 재침례파의 등장: 제 2차 공개 토론 후 츠빙글리는 「요약 기독교 입문서」(*Short Christian Introduction*)를 출간하였다. 이 책에서 츠빙글리는 믿음에 의한 구원을 강조하면서 연옥 교리를 부정하였다. 또한 성화가 우상 숭배로 인도하기 때문에 교회당 성화를 반대하고 반드시 파괴되어야 한다고 했다. 그리고 1524년 1월 19일과 20일 제 3차 공개토론을 열었다. 그러나 전과 같이 많은 사람이 참석하지는 않았으나 토론 결과 성자들의 성상과 파이프 오르간 사용, 라틴어로 부르던 합창이 교회에서 사라지게 되었다. 그럼에도 불구하고 미사제도는 여전히 인정되었다. 통치자들로 교회 개혁이 진척되지 않자, 츠빙글리의 동료들이 불평하였다. 콘라드 그레벨(Konrad Grebel), 펠릭스 만츠(Felix Mantz) 같은 급진적 개혁 추구자들은 개혁에 장애되는 통치자를 제거하는 급속한 개혁을 주장하였다. 츠빙글리는 교회 개혁에 통치자가 필요하다고 했다. 그러나 통치자를 개혁의 수단으로 이용해야 하느냐 않느냐 문제로 취리히의 개혁은 새로운 국면에 접어들었다. 과격파들은 교회를 성도들의 모임이라고 주장하고 유아세례 대신 재침례를 주장하

31) R. Tudur Jones, *The Great Reformation,* (IVP, 1985), 65.

였다.[32] 이들은 결국 츠빙글리와 결별하였고 그 결과 취리히는 새로운 소용돌이에 빠졌다. 이 같은 혼란에도 불구하고 1525년 1월 츠빙글리 지지자들이 시의회의 과반수를 차지하면서 스위스의 개혁이 크게 진전 되었다. 4월 16일 개혁교회 역사상 최초로 복음적인 성찬의식이 거행되었다. 화체설이 대신 영적 교제의 성찬이 시행되었고, 평신도에게 주지 않은 포도주가 떡과 함께 분배되었다. 이로써 1522년에 시작된 개혁은 1525년 완성되었다.[33]

(7) 재세례파와의 세례논쟁: 급진주의자들에 대한 츠빙글리의 핵심 논쟁은 세례 문제였다. 물론 이 문제는 십일조, 맹세, 시민권의 순종 등과도 연계되었다. 특별히 1524년 2월, 츠빙글리는 유아세례를 거부한 재침례교도들의 도전에 맞서 여러 권의 책을 저술하였다. 1524년 「참 종교와 거짓종교에 관하여」(*Commentary on True and False Religion*)를 출판하였고, 1525년 3월과 8월 「주석」(*A Commentary*)과 「성찬」(*Eucharist*), 「세례에 관하여」(*Of Baptism*)라는 논문과 「재세례와 유아세례에 관하여」(*Of Rebaptism and Infant Baptism*, 5월), 「세례에 관한 후브마이어의 소책자에 대하여」(*Answer to Hubmaier's Booklet on Baptism*, 11월)를 출판[34]하였다. 츠빙글리는 이 책자를 통하여 세례 문제를 다루었다. 1524년 8월 특별히 만츠와 그레벨은 토마스 뮌쩌를 만나 유아세례 비판을 지지하였다. 그 해 겨울 12월, 츠빙글리는 자신의 위치를 명확히 하였다. 하지만 만츠는 유아세례는 비성경적으로 증거를 요구하였다. 그리하여 마침내 1525년 1월 17일 시위원회는 두 그룹의 토론을 주선하였다. 여러 제재 조치에도 불구하고 급진주의자 중에 그레벨은 블라우록(Blaurock)에게 세례를 베풀고, 블라우록은 또 다른 15명에게 세례를 주었다. 그리고 2-3일 후에 졸리콘(Zollikon)의 한 집에서 성찬을 행하였다. 1526년 3월 7일 시위원회는 누구든지 재 세례 받는 자는 수장한다고 선포하였다.[35] 1527년 1월 5일 펠릭스 만츠가 첫 번째 희생자가 되었다. 급진주의자들은 믿는 자들의 세례를 주장하였다.

---

32) 좀 더 자세한 것은 필자의 "제13장 재세례파와 급진 종교개혁운동 소고"를 참고하라.

33) Owen Chadwick, *The Reformation*, (The Pelican History of the Church, Penguin Books, 1988), 76.

34) W. P. Stephens, *The Theology of Huldrych Zwingli*, (Oxford: Clarendon Press, 1988), 37-38.

35) W. P. Stephens, 38-39, 194-195.

이런 긴박한 상황에서 츠빙글리는 「세례에 관하여」에서 죄를 사하는 것은 어떤 의식이 아니라 그리스도의 피라고 말하고, 구약의 성례(할례와 유월절)들은 신약의 성례(세례와 성찬)과 상응한다고 하였다.[36] 그는 성례를 약속의 관점이 아니라 헌신의 관점에서 볼 때 언약의 표징이다. 이 표징은 하나님이 그에게 말씀하시는 것을 청종하고 교훈들을 배우며 그 교훈에 입각하여 변화되는 것을 보증한다. 츠빙글리는 세례를 셋으로, 물세례와 성령세례와 가르침의 세례로 구분하였다. 물세례란 물에 잠기는 것으로 세례요한이 요단 강에서 실시한 후 보편화되었다. 성령세례는 우리가 하나님을 알고 하나님을 신뢰할 때의 내적 조명과 부르심을 의미한다. 예수 그리스도는 행 1장에서 성령세례를 말씀하였다. 이 세례는 하나님만이 주실 수 있다. 가르침의 세례는 물세례를 수반하는 구원에 대한 외적 가르침을 말한다. 요한은 세례를 베풀기 전에 가르쳤다. 이러한 세례는 동시에 주어지는 것이 아니라 별개로 주어진다. 즉 가르침이나 성령 없는 물세례가 가능하고, 물이나 가르침이 없는 성령세례가 가능하다. 물론 온전한 세례는 세 가지 모두를 포함한다. 그러나 항상 그런 것만은 아니다. 에베소 사람들은 요한의 세례를 받았지만(행 19장) 성령의 세례를 받지 못하였다. 그리고 세례의 순서도 다양하며 성령세례가 먼저 올 수도 혹은 후에 올 수도 있다. 이 세 가지 중에 가장 중요한 세례는 성령세례이다. 물세례나 가르침의 세례는 구원이 수반되지 않는다. 오직 성령의 세례만이 내적인 가르침과 부르심을 동반하며, 외적으로 소수에게 주어진다.

여기에 근거하여 츠빙글리는 세례요한과 예수님의 세례의 동질성을 논하였다. 그에 의하면 예수님과 그의 제자들은 세례 요한을 통해 세례를 받았다. 예수님은 세례 요한의 모범을 따라 제자들에게 세례를 베풀었다. 그러므로 세례 요한과 예수님의 세례는 본질과 효과, 목적에서 동일하였다. 그러나 예수님의 세례는 자신의 구원보다는 구원받을 성도들을 위한 세례였다. 따라서 예수님은 세례 요한의 세례를 관례대로 실행하였다. 그러므로 츠빙글리의 (i) 물세례는 신앙의 입문으로 이전이든

---

36) W. P. Stephens, 196-197. 고전 1장과 행 16장에 기초하여 츠빙글리는 유아세례를 구약의 할례로 간주하였다. 이것은 율법이 모세의 법이듯이 유아세례는 그리스도의 법, 사랑의 법이라고 하였다. 여기서 중요한 것은 세례의식 보다도 믿음 그 자체였다. 유아 세례자는 세례 이후 부모를 통해 가르침을 받으며 동시에 많은 신앙적 경험으로 주님의 은혜에 감사할 수 있다. 막 16:16절 기초하여 믿음이 세례를 낳으며, 여기서 세례는 단지 믿음을 확증하는 것뿐이다. 그리고 물세례를 통해서 영혼이 깨끗이 씻김을 맛보는 것이다.

이후든 가르침의 세례(요 3:23)를 동반한다. (ii) 세례요한이나 사도들이 가르친 세례와 물세례는 본질상 동일하다. (iii) 하지만 그들이 준 세례는 성령세례의 증거가 될 수 없다. 왜냐하면 하나님 이외의 어떤 사람도 내적인 세례를 줄 수 없기 때문이다(행 1:5). (iv) 하나님은 물세례 또는 가르침의 세례 이전 내적인 세례를 줄 수 있다. 그러나 세례는 반드시 동시에 일어나는 것이 아니다(요 2:22; 마 21:25). (v) 유아들이 내적인 성령세례를 받을 수 있다는 것을 배제하지 않았다. 그러므로 유아들이 적정한 나이에 도달할 때, 물세례가 주어지고 가르침의 세례가 합당한 과정으로 수반될 수 있다. 츠빙글리는 이러한 논리를 기초로 언약 신학을 발전시켰다.[37] 그래서 그는 유아세례가 언약의 표이며 그 언약은 전 가족을 바라보는 것으로 개인적이 아니라고 했다.

또한 츠빙글리는 「통치자에 관하여」라는 항목에서 재침례파들이 기독교인들의 정치 참여 거부와 정부에 대한 의무 부정에 맞서, 성도들도 정치 영역에 참여할 수 있을 뿐만 아니라 백성은 정부에 대한 의무를 감당해야한다고 주장하였다.[38] 그러나 종교개혁으로 가톨릭의 통치 형태가 사라지고 새로운 형태의 통치기관이 들어서기까지는 혼란하였다. 그리스도인의 일상적인 생활에 도덕법을 적용할 필요가 요청되었다. 루터는 도덕법을 시민법으로, 생활의 규칙으로 주장하지 않았다. 그러나 츠빙글리는 도덕법을 시민법으로 적용하였다. 만일 취리히 시민이 안식일을 범하면 감옥에 가야한다고 하였고, 투전 행위나 춤추는 행위를 금지하였다. 이와 같은 도덕률에 근거하여 츠빙글리는 사회 개혁을 강조하였고 고아사업을 시작하였다.

(8) 루터와의 성찬논쟁 : 츠빙글리의 성찬론은 맨 처음 1522년 저술한 *Choice and Liberty Respecting Food and Archeteles*에 기술되었다. 전자에서 그는 성찬을 하나님 안에서 즐겁게 나누는 것으로, 상징적이 아닌 실재 하늘의 양식을 먹는 것으로 묘사하였다. 그러나 1525년 이후 상징적인 면을 강조하였다. 츠빙글리는 성찬을 통해 복음을 강조했으나 우리가 취하는 음식이나 혹은 예수 자신을 드러내는 것이 아닌 하나님을 의지하는 것으로 설명하였다.[39] 그리고 1524년의 「참 종교와 거

37) W. P. Stephens, 198-211. Cf. Yohahn Su, *The Contrubution of Scottish Covenant Thought to the Discussions of the Westminster Assembly(1643-1648) and Its Continuing Significance to the Marrow Controversy(1717-1723)*, (Glamorgan University, 1993), ch. 1., 32-36.

38) W. P. Stephens, 286-309.

짓 종교에 대한 주석」, 1526년 3월의 「주님의 만찬에 관하여」(*On the Lord's Supper*), 1531년의 「신앙 해설」(*Exposition of the Faith*) 같은 책에서 설명하였다. 츠빙글리는 이 책들을 통해 가톨릭의 화체설과 루터의 공재설을 비판하였다. 그 이유는 예수 그리스도께서 모든 사람을 위해 그리고 영원히 구원을 이루셨기 때문이다. 성찬은 대제사장 예수 그리스도의 희생 기념이요 그가 친히 선포하신 확실한 구원의 증거이다.[40] 하지만 츠빙글리는 스위스 개혁자와 독일 개혁자를 연결하기 위해 부단히 노력하였다. 그리하여 1529년 10월 말부르크에서 루터와 회담을 가졌으나 결국 해결하지 못하였다.

성찬론에 대하여 츠빙글리는 루터와 달리 상징설(Symbolism)을 주장하였다. 루터에 따르면, 성만찬 때 예수님께서 신체적 장소적 실제적으로 함께 하신다.[41] 그리고 떡과 잔에는 부활하신 그리스도의 보이지 않은 몸이 들어있다. 보이지 않을 뿐이지 그것은 예수님의 살과 피이다. 그리고 승천하신 예수님은 편재성을 가지며, 성만찬이 어디에서 행해지든 예수님은 그곳에 계신다고 생각했다. 이에 비해 츠빙글리는 승천하신 예수님은 하늘에만 계시지 땅에는 계시지 않는다고 믿고, 성만찬 때 예수님이 그 자리에 실재로 함께 하는 것은 아니라며 실재성을 부정하였다. 그리고 떡과 잔속에 그리스도의 보이지 않은 몸이 들어있다는 것도 부정하였다. 그에 따르면 성만찬 예식은 그리스도의 삶과 죽음 속을 통해 행해진 하나님의 구속사역을 기념하는 예식이며, 이 예식을 통해 우리는 그리스도의 공동체에 속했다는 의식을 재확인하는 것이라고 했다. 루터가 고전 11:24에서 강조한 "This is my body"에서 is가 아니요, "This is symbolizes(signifies) my body"라고 은유적으로 해석했다. 다른 구절들도 이에 맞추어 해석함으로써 루터와 전혀 다른 결론에 이르렀다. 즉 성찬은 그리스도의 구속적 희생을 기념함으로써 그의 영적 임재를 모셔 들이고 신앙을 표현하고 경험하는 의식이 되었다.[42] 따라서 "이것은 내 몸이다" 라는 말씀은 성경의 증거나 교리의 증거로 볼 때 문자적으로 해석해서는 안 되었다.[43]

---

39) W. P. Stephens, 218.

40) W. P. Stephens, 219.

41) 루이스 벌콥, 「기독교교리사」, (은성문화사, 1980), 297.

42) John T. McNeill, *The History and Character of Calvinism*, (New York: Oxford University Press, 1954), 46-47.

특별히 츠빙글리는 요한복음 6장에 근거하여 그리스도께서 생명의 떡에 대해 말씀할 때 성령을 통하여 신앙으로 생명의 떡으로 받아들여진다는 것을 보여준 것이다. 따라서 육은 무익하고 영만이 유익하다고 했다. 그는 이것을 신랑의 반지에 비유했다. 아내가 먼 여행을 떠난 신랑을, 그가 준 반지를 보면서 생각하듯이 신랑 예수의 사랑을 성만찬을 통해 회상하고 기억할 수 있다고 강조한다. 그리고 고전 10장의 요점은 광야 세대가 우리와 마찬가지로 동일한 그리스도에 참여하였다는 것이다. 그들이 문자적인 그리스도의 몸과 피를 받지 않았으므로, 그들이 먹었다는 것은 그들을 위하여 살과 피를 죽음에 내어주실 분을 믿는 것이었다. 마찬가지로 우리의 먹는 것은 이미 그의 살과 피를 주신 자를 믿는 것이다. 그리고 신조의 증거로 볼 때 그리스도는 하나님의 우편에 좌정하신다. 인간의 몸을 입으신 분으로써의 그리스도는 성례에 임재할 수 없다. 그리고 우리가 먹을 수 있는 분이 아니다. 예수께서 제자들과 항상 함께 하시겠다고 하셨지만 그의 몸은 그들을 떠나셨다. 그러므로 성례에 그리스도의 육체적 임재를 주장하는 것을 잘못이라고 하였다.

이러한 상징적 성만찬 논쟁으로 결국 츠빙글리는 그의 노력에도 불구하고 루터와 등을 돌렸다. 가톨릭적 화체설(Transubstantiation: 맛과 냄새와 모양은 그대로 있지만 빵과 포도주의 본질은 그리스도의 몸으로 변한다는 것)이나 루터의 공재설(Consubstantiation: 변하지는 않지만 그리스도의 몸이 성만찬 상에 함께 출석한다는 설)에 나타난 그리스도의 신체적 출석(real presence of the body of Christ)을 부정하였다. 그는 안디옥파적 기독론에 근거하여[44] 부활하신 그리스도의 몸이 보좌 우편에 계시기에 성만찬상에 내려올 수 없다고 하였다. 그리고 그는 성찬에서 어떤 그리스도의 육체적 임재도 부인하고 그리스도는 떡과 잔이 아니라 믿는 이들의 마음속에 확실히 영적으로 임재하신다. 또 이 신자들만 성찬의 유익을 누린다. 따라서 떡과 즙은 이미 임재 해 있는 내적인 영적 은총의 외적 가시적 표지이고 그래서 먹는 것은 믿는 것과 같은 것이다. 성찬은 감사와 기념의 공동 식사이고 주님에 대한 충성을 공동 증언함으로써 신자들을 연합시키는 것이라고 하였다.[45]

(9) 말부르크 회의: 1526년 5월 스위스 연방은 종교 토론을 개최하고 츠빙글리

---

43) G. R. Elton, *Reformation Europe 1517-1559*, (Fontana Press, 1963), 71-72.

44) 서요한, 「초대교회사」, (도서출판 그리심, 2010), 442-445.

45) 루터는 1528년에 쓴 「그리스도의 성찬에 대한 고백」에서 그리스도의 육체적 임재

를 초청했으나 참여하지 않았다. 대신 그의 동료 오에콜람파디우스가 복음주의 입장을 잘 대변하였다. 이 논쟁에서 오에콜람파디우스는 가톨릭을 궁지로 몰아 개신교회의 영웅이 되었다. 그는 1522년 로마 가톨릭에서 개신교도로 개종한 학자요 히브리어 대가였다. 그러나 이때 취리히를 제외한 거의 모든 칸톤들은 거의 가톨릭이었고, 토론 결과 가톨릭의 압력이 가중되었다. 그러나 1527년 2월과 3월의 바젤과 콘스탄스 논쟁에서 기독교가 가톨릭을 누르고 승리하였다. 1529년의 슈파이어 국회 이후 개신교도들의 정치적 상황은 점차 어려워졌다. 그 후 가톨릭의 공격에 대비하여 루터와 츠빙글리는 연대의 필요성을 절감하였다. 따라서 개신교 진영 내에서 연합의 노력들이 고조되는 가운데 츠빙글리가 루터에게 만날 것을 편지하면서 1529년 말부르크에서 회의가 개최되었다.

말부르크 회의는 필립 헷세의 기독교회의 연합을 위한 노력의 결과로 종교개혁 이후 기독교회의 운명을 결정하는 아주 중요한 사건이었다. 헷세는 1529년 10월 기독교 연합 운동을 위하여 몇명의 기독교 학자들을 사적인 모임에 초대하였다. 루터의 독일에서는 유스투스 요나스(Justus Jonas)와 요하네스 브렌즈 (Johannes Brenz), 카스파르 쿠르키거 (Caspar Cruciger), 안드레아스 오시안더 (Andreas Osiander)가 참석하였고, 츠빙글리의 스위스에서는 요한네스 오에콜람파디우스(Johannes Oecolampadius), 마틴 부처 (Martin Bucer), 카스파르 헤디오 (Karspar Hedio)등이 참석하였다. 사실 츠빙글리는 루터에게 여러 면에서 신학적인 은혜를 입었다. 개혁운동의 초기, 츠빙글리는 기독교의 복음을 에라스무스적인 그리스도 중심적인 사랑의 윤리를 그리스도의 철학이라고 생각하였다. 그러나 루터의 영향을 받으면서 츠빙글리의 관심은 기독교 철학으로 부터 그리스도의 법 또는 고등 기독론으로 발전하였다. 1517년 루터가 개혁에 불을 붙였을 때 크게 감동 받았고, 1518년에는 루터

를 주장하였다. 루터는 츠빙글리의 해석은 이성을 성경의 단순한 말씀위로 높이고 그리스도의 성육신 사실을 부정하는 죄스러운 것이었다. 그는 속성 간의 교류(Communicatio idiomatum), 편재를 포함하여 그리스도의 신성의 특질이 그의 인성에 전달된다는 전통적인 기독론 교리에 호소하여 그리스도의 육체적 임재가 수많은 제단에 동시에 임하는 것을 설렴하려 하였다. 루터는 또한 신자가 신-인이신 그리스도 전체에 참여한다는 것을 주장하고 그리스도의 인격의 분할을 피하려고 애썼다. 결국 이들은 서로 비난했는데, 루터는 츠빙글리는 그리스도인이 아니라고 선언했고, 츠빙글리는 루터가 로마의 대변자 요한 엑크보다 더 나쁘다고 주장했다. 이에 관한 보충적 자료는, 베른하르트 로제, 「루터 연구 입문」, (크리스챤 다이제스트, 1994), 111-113을 참고하라.

의 서적들을 읽으면서 개혁사상을 주장하였다.

교회 연합을 위한 말부르크 회의에 참가하여 츠빙글리는 자신과 루터 사이의 가장 심각한 이견을 보인 성찬 문제를 다루기를 원하였다. 그러나 루터의 요청으로 칭의 문제를 다루었다. 그들은 3일간의 논의를 거쳐 그리스도의 위격(person of Christ), 믿음에 의한 칭의, 세례들에 관한 문제 등 전체 15조항 중 14조항에 일치를 보았다. 그리고 15조항의 초기 부분들, 곧 화체설과 미사를 희생으로 보는 것을 배척한 것이나, 빵과 포도주를 양쪽 신자에게 주는 것에 대하여 의견 일치를 보았다. 그러나 성찬에 대하여는 추호의 양보도 없이 심각한 설전을 벌였다. 이 논쟁에서 츠빙글리는 빵과 포도주가 오직 그리스도의 몸과 피를 상징하는 것이라고 주장하였다. 왜냐하면 그리스도는 이 지구상에 계신 것이 아니라 천상에 좌정해 계시므로 그분이 떡과 함께 있다는 것은 미신이므로, 그리스도인은 성찬을 통하여 그리스도와의 영적인 교제를 가질 뿐이라고 하였다.

이와 같은 츠빙글리의 사상은 네덜란드의 인문주의자 코넬리우스 호엔(Cornelius Hoen)의 주장이었다. 호엔은 1523년 헤이그에서 츠빙글리에게 보낸 편지에서 "이것은 나의 몸이다"라고 하신 것은 "이것은 나의 몸을 상징하는 것이다"라는 의미로 이해되어야 한다고 하고, "우리가 입으로 받아먹는 빵과 믿음으로 받아들이는 그리스도를 구별할 줄 알아야 한다"고 하였다. 츠빙글리는 이러한 호엔의 편지에 감동을 받고, 나중에 호엔의 성찬에 대한 해석은 난제를 명백하게 푸는 "값진 진주"와 같다고 하였다. 그러나 루터는 어거스틴의 견해를 취하여, "말씀이 떡과 포도주에 임하여 그것을 성례로 만든다"고 하였다. 루터는 성찬이 설교와 마찬가지로 그리스도의 은혜가 성도에게 임하는 수단이라고 하였다. "그리스도께서는 진실로 성찬 속에 함께 하시며, 이러한 그리스도의 실재는 그가 영광의 자리에 들어간 후에 공간에 구애 받지 않는다는 무소부재성 뿐만 아니라, 성찬예식을 세우시면서 보여준 약속에 근거하여 확실히 보장받은 사실"이라고 하였다.[46)]

루터와 츠빙글리의 성찬 논쟁은 이번이 처음이 아니다. 루터는 안드레아스 칼슈타트가 호엔의 상징설을 취하자, 1526년 「광신도들에 대항하는 그리스도의 몸과 피에 대한 성례에 관한 설교」(*Sermon on the Sacrament of the Body and Blood of*

---

46) *Ibid.*, 109-110; 루이스 W.스피츠, *op. cit.*, 157; John T. McNeill, *The History and Character of Calvinism*, (New York/Oxford University Press, 1954), 46-47, 84-85.

Christ, Against the Fanatics)를 통해 반박하였다. 그때 츠빙글리는「우정어린 해석」(*Friendly Exegesis*, 1527)이라는 팜프렛으로 루터를 공격하였다. 츠빙글리에 대한 답변으로, 루터는 4월 "이것은 나의 몸"이라는 말씀은 여전히 광신도들에게 대적하고 있다(That the Words "This is My Body" still Stand, Against the Fanatics)는 글을 발표하였다. 츠빙글리는 다시 6월에 "이것은 나의 몸"이라는 말씀가운데 본래 의미가 숨어 있다(That the Words "This is My Body" Still Have Their Original Meaning)로 루터를 반격하였다. 이에 루터는 1528년 3월「주님의 만찬에 대한 위대한 고백」(*Great Confession Concerning the Lord's Supper*)이라는 글을 통해 츠빙글리의 입장을 천박한 것으로 평가하였다. 이 논쟁으로 루터와 츠빙글리는 서로 좋지 않은 감정을 가지게 되었다. 그럼에도 불구하고, 그들은 교회 연합의 필요성을 인식하여 말부르크에 모였다.

루터는 성찬을 해석하면서, 성찬이 상징적이며 영적인 의미를 가지고 있다는 것에 동의했으나, 동시에 그리스도께서 성찬에 실재함도 주장하였다. 그러나 츠빙글리는 이에 동의하지 않았다. 멜란히톤도 츠빙글리의 입장을 반대했으나 동기는 루터와 달랐다. 루터는 신학적인 문제로 공재설을 주장했으나, 멜란히톤은 로마 가톨릭 교회와 재결합하려는 꿈 때문에 공재설을 주장하였다. 루터는 주장하기를 그리스도께서 성찬식을 거행할 때 "질적으로, 양적으로, 혹은 공간적으로(qualitatively, quantitatively, or locally)" 임하는 것은 아니지만, "본질적으로 그리고 실체적으로"(essentially and substantively) 임재한다고 하였다. 그러나 츠빙글리는 이러한 루터의 주장을 배척하고 성찬식이 순전히 영적, 상징적인 성격을 띠고 있다고 주장하였다.[47] 결국 루터는 츠빙글리의 손을 거절하였고, 츠빙글리를 적그리스도의 영이라고 정죄하였다. 결국 교회의 연합이 깨어졌고, 기독교회의 힘은 극히 약화되었다. 루터는 신앙의 동지를 상실하였고, 츠빙글리는 동력을 잃게 되었다. 기독교 세력의 약화로 루터는 그의 개혁의 본거지인 삭소니를 합스부르그가의 가톨릭 연합 세력에 의하여 점령당하는 비극을 맞게 되었다. 따라서 성찬 논쟁으로 인한 두 지도자의 분열은 기독교회의 역사에서 가장 슬픈 역사 중에 하나가 되었다.

(10) 교회의 분열과 츠빙글리의 최후: 결국 츠빙글리와 루터 양 진영은 성찬문제

---

47) W. P. Stephens, *The Theology of Huldrych Zwingli*, (Oxford: Clarendon Press, 1988), 235-255

로 양분되었다. 이에 대해 가톨릭은 개신교의 분열을 기뻐하였고 5개의 칸톤은 1524년 4월 이단에 대항하는 연맹을 결성하였다. 이로써 취리히는 당분간 고립되었으나 칸톤 중에 베른이 1528년 2월 개신교화 하자 취리히와 콘스탄스 등의 개혁파 도시들은 그 해 6월 기독교 시민 동맹을 출범시키고, 이 연맹에 1528년 생 갈렌, 1529년 비엘, 뮐하우젠, 바젤과 샤프하우젠이 가담하였다. 1530년에는 스트라스부르크도 가입하였다. 이로 인해서 스위스 연합이 분열되었다. 보수적인 로마 칸톤들은 기독교 연맹을 결성하여 대항했고, 1529년 오스트리아와 동맹을 맺었다. 그러나 오스트리아는 로마측을 지원하지 못했다. 이때 1529년 6월 25일 카펠에서 취리히와 츠빙글리파에게 매우 유리하게 체결되었고 오스트리아와는 폐기되었다.

취리히는 이제 그 세력이 절정에 달해 복음주의 운동의 정치적 리더로 널리 인정되었다. 1531년 취리히가 곡물 수송을 금지하며 로마 칸톤들에 복음주의 설교를 강요하자 전쟁이 재개되었다. 취리히는 츠빙글리의 권면에도 불구하고 전쟁 준비를 잘 하지 못했다. 이때 로마 칸톤들은 신속히 움직였다. 1531년 10월 11일 그들은 카펠에서 취리히 군대를 대파했다. 츠빙글리는 중상 중에 가톨릭 고해신부의 도움을 거절한 후, 마지막으로 그의 제자 불링거에게 "우리 주 예수 그리스도께 충성하라"는 말로 작별을 고했다. 임종 시에 그는 "그들이 내 몸은 죽일 지라도 내 영혼은 죽이지 못 한다"는[48] 유언을 남겼다. 그의 육체는 반대파에 의해 불태워졌고 그 재가 개신교의 성자 유골이 되는 것을 막기 위해 불 태워져 폐기되었다. 츠빙글리는 비운의 생을 마쳤으나 제자 하인리히 불링거(Heinrich Bullinger, 1504-1575)가 취리히의 개혁을 주도하였다.[49]

5. 츠빙글리의 신학사상

5.1. 성찬론

---

48) John T. McNeill, 52.

49) 스위스의 Bremgarten에서 태어났다. 그 후 Koln 대학에서 고전 문학을 공부(1519-1522)한 후 문학석사를 받고 에라스무스와 멜란히톤 등 인문주의자의 영향으로 가톨릭에 대해 비판적이 되었다. 1523년 카펠(Kappel)의 수도원학교 교사를 지냈고 1529-1531년에는 고향에서 목사로 일했다. 그리고 1531년부터는 츠빙글리의 후계자로 취리히에서 사역하였다.

루터는 그리스도의 몸이 실질적으로 혹은 육체적으로 빵과 포두주의 요소들 안에 또는 아래, 혹은 위에 현존한다고 생각하였다. 그러나 츠빙글리는 여기서 영적인 것과 물질적인 것을 구분하였다. 그리고 물질적인 대상들이 영적인 은혜의 수단이 될 수 없다고 판단하였다. 그는 성례를 칼빈처럼 은혜의 방편 보다는 하나님과 사람 사이의 약속의 상징과 표지로, 주님의 죽음에 대한 감사의 기념으로 간주하였다. 츠빙글리는 성경 본문 "이것은 내 몸이다"(*Hoc est corpus meum*, This is my body)라고 말씀하신 예수님의 말씀이 적용될 때, 은유의 정상적인 형대로 이해하였다. 예를 들면 예수님께서 "나는 문이다". "나는 포도나무다"라고 말씀하셨지만, 그것은 문자적으로 이해할 수 없는 것이다. 그런 의미에서 "이것은 내 몸이다"는 곧 "이것은 내 몸의 표지이다"의 상징적 의미로 이해해야 한다고 하였다.[50] 빵과 포도주는 그리스도의 수단이 아니며, 믿음에 의한 현존하는 그리스도의 표지이다.[51]

말부르크 논쟁에서 루터는 "나는...이다"가 "...의 상징이다"에 대꾸하지 않았다. 그리고 "그리스도께서 말씀하신 것에 만족한다....마귀는 그것으로부터 나올 수 없다"고 하였다. 그 후 루터는 츠빙글리 사람들에게 손을 내밀지 않았다. 멜란히톤은 양편의 차이가 그렇게 단순하지 않음을 알고 고민하며 화해를 주선하였다.[52] 하지만 루터는 조금도 움직이지 않았다. 그리하여 두 사람의 관계는 더욱 소원하였다. 한편 츠빙글리의 성찬 교리는 성경에 충실한 칼빈의 영적 견해에 접근하였으나 미치지는 못하였다.[53]

5.2. 성경관

츠빙글리는 「하나님의 말씀의 명료성과 확실성」(*On the Clarity and Certainty*

---

50) William R. Estep, *Renaissance & Reformation,* (Michigan: Grand Rapids, William B. Eerdemans Publishing Company, 1989), 302.

51) G. R. Elton, *Reformation Europe 1517-1559,* (Fontana Press, 1963), 71-74.

52) Owen Chadwick, *The Reformation,* (Penguin Books: The Pelican History of the Church, 1988), 80; F. Bente, *Historical Introductions to the Book of Concord*, (St. Louis: Concordis, 1965), 173-174; John T. McNeill, *The History and Character of Calvinism,* (New York/Oxford University Press, 1954), 153, 198-199.

53) 루이스 벌코프, 「조직신학」, (크리스챤 다이제스트, 2003), 88.

of God's Word)이라는 그의 설교에서 하나님의 말씀 속에는 이해될 수 있고 또한 이해되어야만 하는 하나의 참되고 극히 단순한 의미가 곁들여 있다고 했다. 츠빙글리는 성경이 성령의 음성에 귀 기울이는 사람은 누구나 이해 할 수 있는 합일된 교리체계를 제공하며 참된 교리뿐 아니라 형제적 일치와 연합의 근거도 제공한다고 믿었다. 그는 만일 성경이 신자들에게 자유롭게 허락된다면, 그 일치된 영향 하에서 신자들은 다툼을 그치고 형제로서 공생할 것이라고 믿었다. 그러나 츠빙글리는 문자로 기록된 외적 말씀과 그것이 성령에 의해 조명되어진 내적 하나님의 말씀간의 구별을 강조하였다. 1530년과 1531년에 찰스 5세와 프란시스 1세에게 각각 보낸 신앙고백서에서 그는 자신이 하나님의 계시를 의지하고 성령의 명령으로 성경을 좇아 판단하는 그러한 교회를 인정한다고 하였다. 그는 프란시스 1세에게 "우리는 하나님의 말씀으로부터 배우지 않은 것은 일점일획도 가르치지 않습니다. 또한 우리는 보증인으로 교회의 최초의 교사들, 선지자, 사도, 감독, 전도자, 성경해석자들을 인용할 수 없는 주장은 결코 하지 않습니다" 라고 하였다.

5.3. 츠빙글리의 신관과 인간관

츠빙글리는 하나님의 위엄과 거룩, 인간의 죄악성, 거룩한 하나님과 죄 가운데 있는 인간 사이의 간격을 강조하였다. 츠빙글리는 인간의 본성은 타락시에 철저히 파괴되었기 때문에 심지어 기독교인조차도 하나님 보시기에 비참한 존재로 남아 있다. 그리하여 때로는 국가의 강제나 통제가 요구된다. 하나님의 도우심이 아니고는 인간은 마치 딱정벌레가 인간의 존재를 알 수 없듯이 하나님의 존재성을 더 이상 인지할 수 없다. 츠빙글리는 고대 철학자들도 하나님을 알 수 없는 전적으로 무능력한 존재라고 생각했다. 그러나 피조물 속에 나타나는 희미한 신지식도 하나님께서 특별히 이를 허락했으므로 알려진 것이다.[54] 츠빙글리는 이 분야에서 철학의 역할을 부정한다. 그러나 그는 하나님을 철학적 용어로 묘사하려고 하였다. 완전한 즉 절대적이고 부족함이 없으며 최고선에 속하는 모든 것을 구비한 존재는 오직 하나님뿐이다. 인간과 전 피조세계 내의 만물은 하나님의 섭리에 의해 질서가 잡히며

54) W. P. Stephens, *The Theology of Huldrych Zwingli,* (Oxford: Clarendon Press, 1988), 139-146.

각인의 상태는 영원히 예정되어 있다. 하나님의 공의는 우리의 것과 달리 우리가 보기에 불의한 일도 하나님에게는 그렇지 않을 수 있다. 그 이유는 하나님은 우리가 지키는 법 위에 계시기 때문이다. 인간은 토기장이의 손에 들린 진흙처럼 하나님의 뜻에 순종해야 한다. 인간의 행위는 하나님의 상급을 받을 수 없다. 만일 그의 소행이 선하다면 이는 그에게서 나온 게 아니고 그 속에서 역사하는 하나님께 비롯된 것이다. 우리는 대장장이가 망치를 휘둘러서 해낸 일을 망치의 소행으로 돌려서는 안 된다. 하나님은 자신의 행위에 상주시지 않으신다.

이와 같은 그의 신론은 하나님이 우리의 아버지시며 혈육의 부친보다 더 자애로워서 어려울 때 의지가 된다고 했다. 이 진리는 아버지의 은총과 자비는 그의 아들 속에 계시되었다. 여기서 신약의 근본 메지지인 복음이 있다. "복음의 총체는 살아 계신 하나님의 아들 그리스도가 천부의 뜻을 우리에게 알리셨고, 그의 무죄하심으로 우리를 영원한 사망에서 구하시고 하나님과 화목하게 하셨다는 사실이다." 우리들의 선행의 공로는 아무 효력도 없지만, 그리스도의 희생의 공로는 우리에게 유효하다. 그는 우리를 위해 율법을 완성하시고 율법의 정죄로 부터 우리를 자유케 하신다. 그는 온 인류의 주관자가 되기 위해 나셨고 모든 신자의 머리되시며, 우리는 그의 지체인 것이다. 이와 같이 츠빙글리는 구원에 있어서 인간의 공로는 아무 소용이 없고 오직 그리스도의 공로만이 참되다고 했다.

5.4. 교회론

1520년까지만 해도 츠빙글리는 참된 교회란 하나님의 말씀에 의해 인도함을 받으며, 결코 그리스도의 친구가 될 수 없는 이 세상과 불화하는 고난받는 공동체여야 한다고 하였다. 그러나 개혁을 상당한 범위까지 지지하도록 정부 당국자들을 설득할 수 있다는 확신 속에서, 인내하면 스위스 전역을 포괄하는 개혁을 이룰 수 있다는 소망을 갖고 입장에서 후퇴하였다. 그리하여 치리와 출교 문제에 대하여 츠빙글리는 교회 쪽에 명확한 치리권을 확보하지 않았다. 츠빙글리는 구속받은 형제들은 모두 그리스도 안에서 한 지체임을 강조하였다.[55] 그에 따르면 그 안에 생명있

55) R. Tudur Jones, *The Great Reformation*, (IVP, 1985), 67.

는 모든 사람은 보편교회의 일원이다. 모든 기독교인은 그리스도의 형제이며 또한 서로 형제라고 하였다. 츠빙글리는 교회를 본래 모든 믿는 자들로 이루어진 영적 불가시적 기관으로 성령의 지배를 받고 새로워진 예수 그리스도의 흠 없는 신부라고 생각하였다. 그러나 그의 「참 종교와 거짓종교에 관한 주석」(*Commentary on True and False Religion*)에서 그는 교회를 믿음이 그리 크지 않은 사람을 포함하여 스스로 기독교인임을 자처하는 사람들의 모임으로 적용하였다.

기독교인의 무리 안에 거하는 이러한 불완전한 지체와는 대조적으로 티나 주름 잡힌 것이 없는 그리스도의 신부된 영광스럽고 고귀한 교회(엡 5:27)가 있다. 이는 플라톤의 공화국과 달리 상상력의 소산이 아닌 실체로, 그 지체들은 그리스도를 십자가에 달리신 하나님으로 믿는 자들이다. 그것은 지역적으로 제한되지 않고 전 세계에 퍼져 있으며, 어디서나 지체를 받아들인다. 그것은 커지면 커질수록 더욱 아름다워지는 것이다. 츠빙글리는 이 거룩한 보편교회를 교황의 교회와 대비시킨다. 전자는 성령의 빛 안에서 이해한 하나님의 말씀 위에 서있으므로 오류를 범할 수 없다. 그 지체들의 정체와 수효는 육안으로부터 감추어져 있다. 그의 교회론은 찰스 5세를 위해 준비된 「신앙해설」(*Account of the Faith*, 1530)속에 명확히 요약되었다. 그는 여기서 교회라는 단어의 성경적 용례를 설명하는데, (1) 오직 하나님만이 아시는 택한 자들의 무리, (2) 명목적 기독교인들로 이루어진 보편적, 가시적 교회, (3) 두 번째 경우의 각 부분들, 즉 개교회로 나뉜다. 택함받은 자들의 거룩한 교회의 지체들이 그 자체로 거룩하고 무흠하다는 말은 아니다. 교회의 거룩성은 그리스도의 구속사역에 근거한다. 그러나 우리가 이 사실을 굳게 믿을 때, 우리는 놀랍게 변화된다. 바로 이 교회가 우리가 사도신경에서 고백하는 보편교회요 성도의 교제인 것이다.

츠빙글리는 때로 보편교회의 지체된 어느 한 개 교회 회중이 범법자를 축출하고 회개 자를 받아들이며 목사와 교리를 판단하는 등 치리를 행사해야 한다고 주장하였다. 그러나 그가 치리에서 자율적인 교회재판을 공인하려는 의도는 아니었다. 교회의 치리는 기독교 국가의 생활과 긴밀히 얽혀 있고 민법의 규제를 받는다. 프란시스 1세에게 보낸 「신앙해설」(*Exposition of the Faith*, 1531)에서 츠빙글리는 명목적 기독교인들 전체로 구성된 가시적 교회개념과 택한 자들만의 불가시적 교회개념 사이를 맴돌았다. 이 같은 논리는 가시적 교회의 통합적 유지를 위한 의도에서 국가 권위에 대한 강력한 긍정이 내포되었다. 츠빙글리는 항상 교회란 마땅히 모든 사람들을 포함한다고 믿고, 재세례파가 지지한 분리된 기독교인들만의 교회관념으로부터 탈피하였다. 이제 그는 가시적 교회와 정치 공동체가 동일한 성원으로 구성되었으므로, 국가가 교회를 보호해줄 것을 요청했다. 그는 그 어느 개인도 파문을 선고할 수 없고 오직 파문 대상자가 속한 교회가 그 목회자와 함께 선고할 수 있다. 자신의 범죄로 공적 피해를 끼친 사람을 제외하고는 그 누구도 파문해서는 안 된다. 그러나 그는 그때나 그 후에도 치리문제에 있어서 교회의 권위를 국가의 권위로부터 분리시키려 하지 않았으며, 취리히에서의 사역의 결과는 양자를 더욱 근접시킨 것으로 강제 도입되었다.

5.5. 권징

1525년 츠빙글리는 당국과 합동으로 「간음 자와 고리대금업자를 성찬식에서 제외시키는 문제에 대한 조언」(*Advice on Excluding Adulterers and Usurers from the Lord's Supper*)을 저술하였다. 본서에서 그는 정부가 법규를 강제해야 한다고 본바, 여기에 개교회의 자율적 행동은 전혀 포함되지 않았다. 약간의 불일치는 있지만 그의 방향은 국가에 사실상의 치리권을 내어주는 것이었다. 그는 점차 성경의 매고 푸는 교회의 권세 개념에 주의를 기울이는 대신 추문과 도덕적 타락을 경계하는 일에 더 관심을 기울였다. 특별히 츠빙글리는 시민들의 생활에 영향을 미치는 가장 원초적인 법률로서 1525년과 1526년 결혼법을 제정하였다. 그런데 이것은 교회와는 상관이 없으며, 성범죄와 결혼 및 이혼소송을 처리하기 위해 6인의 재판부를 임명하고 이혼 사유로는 간음죄뿐 아니라 정신이상 문둥병, 유기, 추잡한 행실 등의 요소가 고려되었다.[56]

그리고 그는 1530년 5월 26일 제정된 법을 통해 교회와 국가 간의 협력을 위한 기구개발을 권고하고 이것을 통해 중대한 도덕적 타락뿐 아니라 선술집에서의 방종한 언행, 춤, 사치한 의복, 불경스런 언행, 교회 불출석 등에 관해 징계가 곁들여진 윤리기준의 확립을 위해 포괄적 법령을 제정했다. 이 윤리강령은 츠빙글리의 사후

---

56) W. P. Stephens, 270-274.

인 1532년 개정되었고 여기에 츠빙글리가 추구한 교회와 국가의 긴밀한 상호작용이 포함되었다. 1526년 위원회가 설치되고 1528년 4월, 취리히에서 첫 교회회의가 열렸다. 여기에 각 교구마다 선출된 목사 1인과 평신도 2인이 대표로 참석했다. 회의에서 목사들은 서로 또는 평신도들의 견책을 받았고, 종종 비교적 사소한 혐의에 대해 세밀히 조사받았다. 이 제도는 다른 개혁파 지역으로 확산되었고, 목회를 유지하는 수단으로 중요성을 가졌다. 취리히에서 그것은 결코 정부의 경쟁상대가 아니었다. 정부대표들도 회의에 참석하여 회의진행에서 주도적인 역할을 했다. 츠빙글리는 교회의 권세가 국가에 종속되는 듯 한 인상을 보였다.

5.6. 참된 종교와 거짓종교에 대하여

비록 멜란히톤의 「신학 개요」(*Loci Communes Theologici*)는 기독교회 최초의 조직신학 책이었다. 하지만 샤프의 지적처럼 츠빙글리의 「참 종교와 거짓 종교에 대한 주해」(*Commentarus de vera dt falsa religione*)는 개혁신앙에 관한 최초의 조직적인 해설이다. 그러나 이 책이 개혁 신앙의 근본적인 사상을 담고 있지만 체계적이고 균형잡힌 것으로 보기는 어렵다.[57] 츠빙글리는 이 책을 프랑스의 프란시스 1세에게 헌정하면서 참된 성경의 종교와 미신 또는 이성과 전통에 근거한 거짓 종교를 구분하였다. 제 1부의 1항부터 11항에는 사람들이 하나님과 인간을 바로 이해할 수 있도록 종교에 대하여 논술하였다. 종교의 기초는 하나님과 인간을 아는 것인데 그러한 지식의 근원이 성경이라고 하였다. "왜냐하면 계시를 떠나서는 인간이 자연적인 이성이나 인간의 어떠한 노력에 의해서도 결코 하나님을 알 수 없기 때문이다." 사람은 일반계시를 통하여 "하나님의 존재"에 대하여 알 수 있으나 "하나님이 누구인지"를 알 수는 없다.[58] 츠빙글리에 의하면 하나님은 절대자이며, 순수한 존재요, 그만이 거룩하시고, 완전한 권세를 가지시고, 모든 것을 아시며 완전히 선한 분이다. 그러나 인간은 전적으로 부패한 존재이며 성경의 가르침을 떠나서 자신을 알 수 없는 존재이다. 종교란 하나님이 인간과 하나님 사이의 관계를 성립할 수 없다. 그리고 그리스도는 하나님의 은혜에 대한 확실성이요, 그에 대한 하나님의 서

57) 루이스 벌코프, 「조직신학」, (크리스챤 다이제스트, 2003), 88.
58) Porter, 75.

약과 같다고 하였다.

츠빙글리는 어거스틴의 전통을 따라 예정교리를 신앙하였다. 츠빙글리는 타락전 예정설(Supralapsarianism)로 예정을 설명했는데, 하나님은 우주의 창조 시에 앞으로 구원받을 영혼과 함께 구원 받지 못할 영혼까지 의식적으로 선택하였다고 하였다.[59] 츠빙글리는 "참 종교와 거짓종교에 대한 주해"에서 예정 교리를 다룬 후 복음과 회개의 교리를 다루었다. 츠빙글리에 따르면 기독교회의 회개는 로마 천주교회의 고해성사와 다르다. 로마 천주교도들은 참된 회개는 (1) 죄를 뉘우침, (2) 죄의 고백, (3) 죄에 대한 보상이 있어야 하였다. 그러나 이러한 회개는 가롯 유다의 회개와 다를 바가 없다. 진정한 회개란 이것들 외에 하나님께로 향하는 것이다. 또한 회개 시에 기독교도들은 죄와 그 결과를 알므로 그리스도 안에 있는 자비에 더욱 깊이 의존한다. 츠빙글리는 이와 같이 회개의 교리를 다룬 후, 율법에 대하여 논하였다. 율법은 하나님의 영원한 의지(eternal will of God)로 사랑에 의하여 성취된다. 또한 율법은 우리에게 인간은 죄악뿐임을 보여주므로 그리스도를 의존케 하여 생명의 길로 인도하여 준다. 마지막 부분에서 츠빙글리는 인간의 죄적 상태와 인간의 실제적인 죄의 차이점을 구분하였다.

츠빙글리는 제 2부에서 교회와 그 정부형태, 성례, 기도와 같은 실제적인 면을 다루었다. 그는 마 16:19의 천국 열쇠를 논하면서 이 말씀은 베드로에게 주어진 것이 아니라, 모든 제자들에게 주신 것이라고 하였다. 천국을 여는 열쇠는 하나님의 말씀으로 그것에 의하여 우리는 하나님을 알고 우리 자신을 알 수 있으며 그 안에서 구원에 관한 모든 것을 발견할 수 있다고 하였다. 이러한 맥락에서 그는 천국의 열쇠를 믿음이라고 하였다. 츠빙글리는 다른 종교개혁자들과 같이 두 가지 성례, 곧 세례와 성만찬을 인정하였다.

5.7. 츠빙글리의 목회론(설교론)

츠빙글리의 설교는 그가 1519년 1월 1일 취리히 시에 있는 대 민스터 교회의 유급 사제로 봉사하면서 시작되었다. 그는 이날 사람들에게 설교 계획을 선언하고 그

59) W. P. Stephens, *The Theology of Huldrych Zwingli*, (Oxford: Clarendon Press, 1988), 97-106.

다음 주일부터 마태복음을 시리즈로 설교하였다. 그가 목회할 당시 취리히의 설교 방식은 성경 각권 대신 그 날 그 날 독본을 참조하여 관례적으로 해석하였다. 이러한 전통은 대개 가톨릭의 기도문이나 예식들을 통해 전수 된 것으로 츠빙글리의 방법은 그들에게 우려를 낳았다. 그러나 츠빙글리는 그들의 예상을 뛰어넘는 충격을 가하였다. 그것은 충분한 학식과 매일 매일의 공부의 열매, 동시에 단순성, 확신, 열정으로 청중들의 마음을 사로잡았다. 그리하여 한 청중이 고백한 것처럼 그의 설교에 매혹되어 마치 머리칼이 잡혀 공중에 메어 달린 것처럼 되었다.

이와 같은 강력하고도 설득력 있는 그의 설교는 사람들의 마음을 사로잡아 교회 출석을 중단한 사람들이 그의 설교를 듣고 지속적으로 출석하였다. 빈민층들은 설교자가 자기들을 동정하며 삶을 이해하고 있음을 느꼈다. 솔직한 언어로 그는 시민들의 삶의 형태와 지도자들의 정치적 도덕적 문제점들을 폭로하였다. 동시에 그는 계속적으로 그들에게 회개와 구속자에 대한 믿음을 촉구했다. 따라서 그의 설교로 취리히 시는 흥분과 긴장 그리고 갈등을 체험하였다. 왜냐하면 종교에 있어서 심각한 변화를 동반하고 있었기 때문이다. 그 변화는 종교와 양심의 부흥, 계급적 권위의 거부, 성경 권위의 긍정, 교리, 예배 권징에 있어서 혁명적 결과들을 수반하였다. 취리히에서 목회하는 동안 츠빙글리는 무엇보다도 면죄부에 대해 매우 비판적이었다. 당시 취리히에서 삼손이 면죄부를 판매하였는데 츠빙글리는 오직 그리스도만이 죄를 사면하실 수 있으며, 면죄부 판매자들은 사탄의 사자들이라고 선언하였다.

무엇보다도 그의 목회적 특징은 당시 취리히에서 전염병이 발생하여 수많은 사람들이 죽어가고 있을 때 나타났다. 이때 츠빙글리는 패퍼스(Pfaffers)라는 곳에서 사역하였는데 소식을 듣고 즉시 돌아가 양떼들을 돌보았다. 그는 날마다 환자를 돌보는 중에 자신도 병에 걸리었다. 사람들은 그의 건강을 우려하며 또한 회복을 위해 형제간의 연합 전선을 펼치기도 했다. 극적으로 그가 건강을 회복하자 담담한 필치로 생생하게 묘사했는데 이것은 심오한 종교적 변화의 증거로 승화되었다. 그는 다시 강단으로 돌아가 죄와 구속, 그리스도의 사랑과 희생의 충족성 교리를 강조했다. 그의 설교는 청중들의 삶과 시대적 문제들을 건드린 것이다. 그리하여 이기적이고 무책임한 정치적 도덕적 행위라고 생각되는 것은 가차 없이 비난하였다. 특별히 츠빙글리는 가톨릭적 전통과 종교적 관습에 매우 비판적으로, 예를 들면 금욕적 의식들, 성자들의 도움을 비는 것, 연옥 교리 등을 부정하였다. 뿐만 아니라 교황의 연금까지 거부하였다. 그리하여 그의 개혁에의 의지가 설교를 통해 표면화 되었다. 그는 성경에 금지되어 있는 것들은 우리가 범하면 안 된다며 문자적으로 받아들였다.

특별히 그의 목회적 관심은 「목회자」(*The Paster*)에 나타난바, 성경을 인용하여 참 영혼의 목자를 설명한 후 교직에 몸담고 있는 사이비 목사들을 공격하였다. 그는 진실하게 회개를 선포할 것과 그에 못지않게 개개인을 직접 지도하고 양육하는데 사랑으로 헌신하도록 권면하였다. 그는 목회 도중에 만나는 어려움을 꺼림 없이 강조하지만, 그럼에도 직분에 헌신할 것을 요구하였다. "목자는 자기를 부인하고 자기애를 제어하며 날마다 기꺼이 새로운 십자가를 질 준비가 되어 있어야 한다". 그는 하나님의 능력 안에서 말씀의 고수를 위해 싸워야 한다. 그러나 그는 목사의 가장 필수적인 덕목인 사랑으로 하나님의 대적을 이겨야 한다. 그는 하나님께 당신의 사랑으로 불붙기를 간구해야 하는 것이다.[60] 이와 같은 권면에 따라 그는 양무리를 위해 헌신하였다.

6. 츠빙글리와 루터의 상호비교

츠빙글리는 개신교 종교 역사상 빼놓을 수 없는 지도자 중에 한 사람이다. 그가 주도한 종교개혁은 많은 공통점에도 불구하고 루터의 개혁과는 차이가 있었다. 예를 들면, 루터는 제후를 수장으로 한 공국 또는 제후국에서 활동했으나, 츠빙글리는 선거로 구성된 정부 공화국에서 활동하였다. 루터는 제후들의 후원에 의존했지만 츠빙글리는 시 당국의 동태에 신경을 써야 했다. 두 개혁자는 모두 오직 믿음에 의한 칭의의 중요성과 성경의 권위에 동의했으나 성경의 표준들이 세세한 분야에서 어떻게 적용되어야 하는지는 이견을 보였다. 두 사람은 성찬시 그리스도의 임재 문제에 있어서도 불일치를 보였다. 츠빙글리의 사상은 후에 칼빈에 의해 발전되고 더욱 풍성하게 된 개혁주의 전통이 되었다. 츠빙글리는 보다 철저한 개혁을 갈망하였다. 예를 들면, 루터는 성경이 금하지 않는 것은 허락한다. 이에 대해 츠빙글리는 성

60) John T. McNeill, *The History and Character of Calvinism*, (New York/Oxford University Press, 1954), 79.

경이 허락하지 않는 것은 금지해야 한다는 원칙을 내세웠다.[61] 바로 이러한 이유로 취리히의 종교개혁은 로마 교회의 전통적 상징들을 철저히 폐기하였다. 촛불들이나, 성상들이나, 성화나 음악들을 모두 제거하였다. 이처럼 그는 기존의 가톨릭적 요소가 교회에서 완전히 제거되어 야 할 것이라고 하였다. 그렇게 함으로써 예배를 중시하고, 이 예배는 하나님만을 숭상하는 신중심적 예배가 가장 바람직하다고 했다. 그는 추호의 타협 없이 이 일을 추진하였다.

7. 츠빙글리 이후의 스위스의 종교개혁

츠빙글리의 사망과 카펠 평화조약으로 취리히시는 침체에 빠졌다. 비록 독일어권에 선교의 장애가 많았으나 불어권에서는 확산되었다. 츠빙글리의 사후 스위스의 종교개혁은 카스파르 헤디오(Caspar Hedio) Oswald Myconius, 볼프강 쾨펠(Wolfgang Koepfel), 요한 후스겐(Johann Hussgen), 카피토(Capito, (1478-1541), 토마스 비텐바하(Thomas Wyttenbach), 콘라드 퀴르쉬너(Conrad Kurschner), 요아네스 오이코람파디우스(Oecolampadius, 1482-1531), 하인리히 불링거 등에 의해 전개되었다. 이들 중 3사람을 간단히 살펴보고자 한다.

(1) 카스파르 헤디오(Caspar Hedio, 1494-1552): 종교개혁에서 크게 영향력을 행사하지 못했지만 츠빙글리를 추종하였고 그의 이런 태도는 다른 성직자들에게 큰 힘이 되었다. 그는 1518년 바젤대학에서 신학박사학위를 받았고 휘트준티데에서 아인지델론을 방문하여 눅 5장의 중풍병자를 주제로 한 츠빙글리의 설교에 매료되었다. 그는 설교자가 사죄의 진리를 소개하는 모습을 아름답고 철저하며, 장엄하고 포괄적이며, 예리하고 복음적이라고 묘사하였다. 그는 츠빙글리의 설교를 듣고 매우 만족하였다.

(2) 요한네스 오이콜람파디우스(John Oecolampadius, 1482-1531): 바젤에서 종교개혁을 시작한 인내심이 강한 개혁자였다. 그는 개혁이 확산되던 시기에 많은 개혁자들과 접촉을 갖고 다수의 논문을 집필하고 교부 문헌의 번역 및 성경주석을 남겼다. 그는 생애 말기에 한 과부와 결혼하여 세 자녀를 두었다. 그는 항상 건강이

61) R. Tudur Jones, *The Great Reformation*, (IVP, 1985), 70.

약했으며 츠빙글리의 갑작스런 죽음에 충격을 받았다. 츠빙글리의 후계자로 초청받았으나 거절했고 불치 병에 걸려, 츠빙글리의 전사 후 7주 만인 1531년 11월 24일 사망했다. 오이콜람파디우스의 신학은 교회론과 예배규범에서 구체화 되었다. 오이콜람파디우스는 교회를 성부 하나님께서 예지, 선택하셨고 성자께서 그의 피로 깨끗케 하고 구속, 단장하셨으며, 성령께서 내주 인도하시는 보편적 교회로 정의하였다. 그것은 외적으로 회집하는 것이 아니고 믿음 자체도 육안에 보이지 않으므로 불가시적이다. 그 성원들은 하나님만이 아시며 서로서로의 의식 속에서 알려진다.

하나님은 그의 말씀선포로 이 교회를 지으시고, 이 선포 속에 천국의 열쇠 능력이 깃들어 있다. 성령을 모신 사람은 이 능력을 소유하고 있는데, 그것은 자의적으로 행사되거나 인간에 의존치 않고 하나님의 유효한 말씀의 허락에 의존한다. 교회가 서있는 반석은 그리스도에 대한 신앙고백과 믿음이며 때때로 가장 단순한 사람들이 성령의 도구로 열쇠의 능력을 행사한다. 이 같은 표현은 신앙고백, 면죄, 만인제사직에 대한 그의 다양한 언급에서 루터와 흡사하다. 그러나 그는 치리에서의 평신도 참여를 활성화하고 국가와 별도로 기능하는 교회의 권위를 옹호하려 하였다. 오이콜람파디우스는 바젤에서 고해 신부직을 수행한 후부터(1518) 파문과 공중회개를 포함하는 치리의 필요성을 예민하게 생각하였다. 이 점에서 그는 스트라스부르그의 개척자 부처와 카피토와 의견을 같이 하였다. 1524년 부처는 "치리와 파문이 없는 곳에 기독교 공동체는 존재하지 않는다" 고[62] 하였다.

오이콜람파디우스는 츠빙글리와 달리 교회와 국가는 동일한 성원으로 구성되지 않으며, 징계도 목적상 상이하다고 주장했다. 사실 국가는 이교도, 유대인, 파문된 사람들도 국민으로 간주한다. 국가는 죄를 회개하고 교회가 용서해준 사람도 처벌한다. 국가는 결혼 위반자나 기타 범죄자들이 법정 형벌을 거치면 비록 회개한 증거가 없어도 다시 용납하지만 교회는 그 같은 자들을 성찬에 용납할 수가 없다. 그는 교회의 징계는 형벌보다는 구제쪽에, 치리에 있어서도 평신도 관리들과 성직자들의 협력을 위한 신중한 계획을 마련함으로 그에게 가해진 폭군적이라는 비난에 대처하였다. 그리하여 그는 목사 4인, 관리 4인, 평신도 4인으로 구성된 12인 감찰위원회를 제의하였다. 그는 이러한 민주적인 안은 일체의 독재를 피하고 교회의 권

62) John T. McNeill, 80-81.

위를 유지할 수 있으리라고 주장하였다.

이러한 오이콜람파디우스의 개혁의지는 1529년 2월 바젤에서 우상파괴가 실시된 후 더욱 발전하였다. 2월 12일 바젤 대.소의회의 엄숙한 합동 회합에서 정부는 하나님의 도구와 시녀요 그의 영광과 시의 평화를 위해 봉사할 의무가 있다고 선언하였다. 관리들은 이러한 원리를 받아들이기로 서약했고 뒤이어 길드 회원들도 하나님의 말씀 기독교 윤리, 시의 평화, 화합을 확립하는 정부를 지지하기로 약속하고 이에 자기 생명, 명예, 화합을 맹세하도록 유도하였다. 그들은 사적 우정 원한에 좌우되지 않고 오직 하나님의 영광과 공동선만을 생각하는 하나님의 말씀에 순종하는 사람을 시의원에 선출케 하였다.

오이콜람파디우스는 4월 1일 부활절 주간 화요일에 그가 작성한 예배 규칙과 행위규범을 정부에 제출하여 채택되었다. 그것은 공적 예배와 기독교인의 생활을 똑같이 성경적 원리위에 서, 구질서의 폐단 제거를 목적으로 작성되었다. 그것은 복음서의 순수하고 명료하며 즐거운 설교와 필수적인 형제적 책망과 징계를 규정하였다. 파렴치하고 강퍅한 범법자는 파문하도록 하였다. 성찬예식에 있어서는 1526년의 절차안(Agende)을 사실상 베낀 것이나 성례는 그리스도 안에 임한 하나님의 은혜의 내적 역사를 상징하는 것으로 이해되었다. 성찬은 그리스도께서 은혜를 기억하고 당신의 거룩한 수난을 선포하며 기독교인의 사랑과 일치를 증진 할 목적으로 제정하셨다.[63] 그것은 부활절, 오순절, 성탄절에는 모든 교회에서 그리고 주일마다 그 도시의 한 교회에서 집전하도록 규정되었다. 목사와 집사들은 병자를 심방하여 하나님의 말씀으로 위로하였다. 설교 계획표도 작성되었다. 주일마다 오후 3시간은 대성당의 신학강의가 할애되었다. 성상은 교회에서 제거되고 축일은 성탄절, 부활절, 승천철, 오순절에 국한되었다. 신구약신학을 가르칠 교수들을 새로 임명하고 시의 모든 대학과 학교들은 교회의 신질서에 맞추어 노선을 재조정하였다. 그리하여 오이콜람파디우스는 바젤에서 치리권을 확립하였다.

(3) 하인리히 불링거(Heinrich Bullinger, 1504-1575)[64]: 츠빙글리의 계승자로서 그는 1519년 면죄부 판매인 버나르디노 삼손을 격퇴시킨 괄록있는 젊은이였다. 사

---

63) John T. McNeill, 84-87.

64) 보다 자세한 것은 서요한, “하인리히 불링거의 생애와 신학사상”, 「총신대학논총」, (총신대학교, 2012, 2)을 참고하라.

제의 다섯째 아들로 부친의 성명을 계승한 그는 당시 14세로서 클레브스 지방 독일과 화란의 국경지대에 위치한 에머리히 라틴어 학교의 생도였다. 불링거는 그곳에서 엄격한 규율을 따라 훈련을 받았고 키케로, 플리니, 성 제롬의 편지와 갈멜파 시인인 만투아의 밥티스타(Baptista of Mantua)의 작품을 읽었다. 그리고 그는 후에 쾰른에서 크리소스톰과 어거스틴, 암브로스와 오리겐을 연구하였다. 그는 교부들이 좀 더 예전에 의존하고 있음을 깨닫고 성경으로 돌아갔다. 그는 루터를 연구하던 중에 이신칭의 교리에 매혹 당했다. 1522년 루터와 비슷한 체험을 하게 되었고 멜란히톤의 「기본주제들」(*Loci communes*)를 통해 신앙의 체계를 잡았다. 그는 이처럼 독학으로 회심을 체험하였다.

불링거는 1522년 4월 쾰른에서 석사학위를 받고 부친에게로 돌아갔다. 이듬해 그는 카펠의 시토회 수도원 부설학교에서 가르치도록 임명되었다. 교사로 재직한 6년 동안 그는 수도원장의 전폭적인 협조로 수도원 공동체의 회원들을 복음주의 신앙으로 돌이키는데 성공했고 자발적으로 수도원을 해체하게 만들었다. 1525년 그는 재세례파와 논쟁하는 츠빙글리를 도왔다. 1528년 8월 불링거는 전직 수녀 안나 아들리슈바일러에게 구혼편지를 보냈고 마침내 결혼하여 6남 5녀를 낳았다. 그녀는 목회자의 사모로서 헌신적이었고, 빈민 병자와 당시 자주 취리히에 왔던 빈궁한 종교난민들을 접대하며 구제하는 남편의 짐을 대신 담당했다. 1565년 그녀는 남편과 세 딸을 남겨두고 전염병으로 사망하였다.

1529년 불링거는 종교개혁을 지지한 부친의 직책을 계승하기 위해 브렘가르텐으로 갔다. 카펠에서 그는 츠빙글리의 무리 중에 널리 알려졌고 츠빙글리의 신임을 얻었다. 그러나 카펠에서 스승의 비극을 경험한 후 불링거는 전 재산을 포기하고 형 요한과 함께 취리히로 도주하였다. 안나와 자식들은 그곳에서 불링거와 합류했다. 그는 대성당 시민사제로 임명되었고 1531년 12월 9일 츠빙글리의 강단을 이어받았다. 그의 첫 설교는 비탄에 잠긴 회중들로 주님을 바라보게 하는 것이었다. 당시 그의 동료 중에 한 사람이었던 미코니우스는 "많은 사람들이 츠빙글리가 죽지 않고 불사조처럼 되살아났다"고 생각하였다. 그리고 또 다른 동료 펠리칸은 불링거를 "하나님의 한없는 은사로 무장한 목사"로[65] 묘사하였다. 지도자로서 그의 삶은

65) John T. McNeill, 69.

모범적이었고 사려 깊고 헌신적인 사랑으로 충만했으며, 이 사랑은 그와 의견을 달리하는 사람들에게도 변함없었다. 전염병이 창궐했을 때 그는 병자와 죽어가는 사람들은 희생적으로 보살핌으로써 대중의 존경을 받았다. 그는 대부분 신학적 논쟁을 피했으나 일괄된 복음증거로 사상적 혼란 속에서 개혁교회의 굳건한 방파제 역할을 하였다.

그리고 그는 츠빙글리의 갑작스런 참변으로 무일푼이 된 유족들을 집에 맞아들여 잘 도와주었다. 불링거는 스승의 사상을 계승했으나 몇 가지 점에서 달랐다. (i) 그는 호전적 분위기가 고조되지 않도록 진력하였다. (ii) 정치문제에 있어서 침묵을 거절했으나 츠빙글리와 달리 정치구상을 창안해내거나 공공문제에 관여하지 않았다. (iii) 그는 교회에 국가와 구별되는 기능을 부여하려 했고 교회가 행성당국에 권고할 권리가 있다고 주장했다. (iv) 그는 또한 츠빙글리의 성찬론을 수정하여 좀 더 풍성하게 하였다. 그는 교육 사업을 장려했고 또한 개신교 해외 선교를 옹호하였다. 불링거와 칼빈은 극히 우호적인 관계였으나 루터와의 관계는 초기에는 좋았으나 1544년 루터의 교리를 맹렬히 공격하였다. 루터의 사후 루터파 추종자들이 취리히 시에 피신해 왔을 때 그들에게 거처를 제공하였다. 불링거는 당시 영국에서 피난 온 개혁자들에게도 많은 도움을 주었다. 예를 들면 존 후퍼(John Hooper)와, 존 주월(John Jewel), 에드문드 그린달(Edmund Grindal), 놀위치 감독 존 파크허스트(John Parkhurst) 등이 은혜를 입었다. 불링거는 150여 편의 저술을 남겼는데 그중에 「십편 설교집」(*Decades*, 1557)과 「스위스 통사」, 그리고 「스위스 제 2신조」가 있다. 그는 이 책에서 개혁신학과 윤리를 간결한 요약형태로 제시하였다.

8. 결론

지금까지 우리는 츠빙글리와 스위스 종교개혁을 살펴보았다. 개혁자 츠빙글리의 철학은 "내가 말한 모든 것은 하나님의 영광(하나님의 주권적 통치)을 위한 것이며, 그리스도의 나라(공동체)와 양심의 유익(개인)을 위한 것이다" 로 정리된다. 츠빙글리는 철저히 성경에 기초하여 오직 하나님의 영광을 위해 우상숭배를 철저히 배격하였다. 그에게 우상숭배는 하나님께 돌려야할 충성을 다른 사람 혹은 다른 것을 높이거나 빼앗는 것이었다. 이 모토를 기초로 취리히의 개혁은 독일에서처럼 하나의 새로운 각성운동이 되었다. 그것은 기본적으로 이론적 사색과 연구에 대한 시도를 벗어난 체험과 삶 그 자체를 동반한 것이다. 사경을 해쳐 나온 신앙적 경험을 통해 츠빙글리는 개혁에의 꿈을 실현해 나갔고 그의 개혁의 여정은 곧 칼빈의 예표자로 충분하였다. 베른에서 부터 이루어진 그의 개혁은 칼빈이 제네바를 새로운 로마로 만들 수 있는 길을 열어주었다.[66] 그러나 그의 갑작스런 죽음은 스위스를 이상적으로 개혁코자 했던 꿈을 앗아가 버렸고 결국 그의 개혁은 불명예로 종식되었다. 그러나 츠빙글리는 참된 교회는 살아있는 신앙고백을 통해 그리스도를 증거하며 참된 공동체는 교회에서나 사회에 그 어느 곳에서나 그분의 가르침과 인도를 받는다. 또한 그리스도의 몸은 성찬을 통해 그리스도 안에서의 자유를 함께 선포하고 살려내며 신앙이 깊어질수록 더욱 튼튼해지는 신학을 정립하였다.

평생을 바른 신학과 바른 교회적 전통 수립을 위해 싸웠던 츠빙글리는 오늘 우리에게 어떤 의미와 교훈을 주는가? (1) 필자는 격동하던 시대에 그가 취한 행동과 지불한 대가가 얼마나 큰 것이었는지를 보게 된다. 그는 자신에게 요구된 책무와 관련, 타협치 않고 오직 진리를 위해 투쟁하였다. 우리는 오늘 그의 신앙과 삶이 새삼 그리운 시대에 살고 있다. 우리에게도 그와 같은 결단과 그처럼 살아보려는 강한 집념과 헌신이 요구된다. 말씀에 사로잡혀 한 평생을 살았던 츠빙글리, 개혁자의 후예로서 우리는 이 시대에 어떻게 살아야 할지 숙고해야할 것이다. (2) 츠빙글리가 들려주는 오늘의 개혁원리 그것은 주님 앞에서의 부단한 자기성찰과 책임성에 대한 확증일 것이다. 사실 츠빙글리의 개혁은 초기 단계에서는 신앙적인 운동이기보다 지적인 면이 더 강했다. 그의 종교개혁은 성경에 관한 보다 더 명석한 이해, 대중의 신앙생활을 우상숭배와 미신으로부터 깨우치게 하는 것, 그리고 지적 신앙에 관한 분명한 합리적 구조의 건설 등이었다. 그러나 시간이 지나면서 그의 개혁의 이상은 더욱 확고하였다. 우리는 이 시대 개혁자들의 후예로 조금도 부끄러움이 없는 주의 일꾼으로 항상 주 앞에 자신을 드리기를 힘쓰는 사역자들이 되어야겠다. 개혁은 현재 우리가 머물고 있는 삶의 현장, 나와 우리 교회에서부터 전개되어야 할 것이다. 무엇보다 개혁의 대상은 나 자신이 되어야 한다. 그렇지 않은 모든 개혁은 단지 주님과 우리 자신을 속일 뿐이다. 개혁은 단순한 구호가 아니다. 개혁에의 외침을 외

66) J. I. 패커, 「기독교 신앙 핸드북」, (크리스챤 다이제스트, 1994), 466.

면치 말고 바른 개혁을 위해 성령님의 도우심을 기다려야 할 것이다. 오늘 한국 교회의 외침에 누가 귀 기울이며, 그 외침에 응답하겠는가? 사모하는 영혼에게 주께서 때마다 시마다 풍성한 은혜로 함께 하시기를 기원한다.

제 7 장

존 칼빈과 스위스(제네바) 종교개혁

1. 서론

16세기 종교개혁은 한 수도사의 회심을 통해 독일에서 발생하였다. 그 후 구라파의 개혁운동은 급속도로 전 유럽에 확산되었고 가톨릭 중심의 신앙적 전통은 이제 범 세계적 양상을 띠며 새로운 지각 변동을 예고하였다. 이런 변화는 독일과 남부 스위스, 네덜란드, 그리고 영국으로 확산된 개혁운동에서 확인할 수 있다. 이런 급박한 개혁의 전개 속에 칼빈이 등장하며, 이 운동이 세계적인 운동으로 확고히 자리를 잡을 수 있도록 기여하였다. 그리하여 칼빈은 종교개혁이 한 지역을 탈피하여 전 세계로 확산되게 한, 격동기 유럽을 선도한 신앙의[1] 사람이었다. 루터가 개혁에 봉화를 들었다면 칼빈은 이 개혁을 확고하게 정착시킨 완수자였다. 이후 그는 개혁자요, 신학자요, 저술가로서 또한 설교가요 목회자로서 개혁교회의 대부로 지금까지 군림하였다. 결국 16세기 종교개혁은 기독교회사 뿐만 아니라 일반 역사에서도 매우 중요한 사건으로 취급되는 중요한 위치를 점유하였다. 이제 교회는 가톨릭

---

1) John McNab, *Our Priceless Heritage, the Essence of Our Faith*, (The Presbyterian Church in Canada, 1950), 25; Philip Schaff(ed.), *The Creeds of Christendom with a History and Critical Notes*, (Michigan: Baker Book House, 1990), vol. 1., 423.

적 권위와 의식적 전통의 오랜 속박에서 벗어나 말씀에 기초한 새로운 개혁적 전통의[2] 확립에 박차를 가하였다. 이로서 전 유럽에 질풍처럼 번져가는 개혁의 불길을 그 어떤 세력도 막지 못하였다.

그런데 종교개혁은 확장 과정에서 여러 양상을 띠고 다양하게 발전하였다. 예를 들면 개신교 초기 개혁은 루터를 중심으로 루터파를 그리고 스위스의 칼빈을 중심으로 개혁파 교회를 태동시켰다. 이같이 구별된 개혁의 양상은 개혁의 원리와 방법에 따른 신학적 결과에서 비롯되었다. 그런데 개혁파 교회 안에서 또 다시 두 계열로 나뉘어 발전하였다. 첫째는 취리히 시를 중심으로 한 츠빙글리의 개혁 운동과 제네바 시를 중심으로 한 칼빈의 종교개혁 운동이다. 이 두 개혁자는 각자 처한 상황에서 교회의 바른 개혁을 위해 서로 협력하여 좋은 전통을 남겨 주었다. 이 두 개혁자는 철저히 성경에 기초하여 확고한 개혁교회의 정착을 위해 결정적인 역할을 하였으며 이들의 영향 또한 실로 막대하였다. 예를 들면 스위스, 화란, 영국의 청교도, 스코틀랜드의 장로교도들, 미국의 청교도들은 이들의 도움에 많은 영향을 입었다. 오늘 우리가 함께 살펴보고자 하는 개혁자 칼빈은 이처럼 격동하던 때에 한 시대를 아름답게 장식하며 오직 말씀을 위해 살다간 하나님의 종이었다. 그는 교회역사, 특별히 개혁교회 전통의 대명사로서 확고한 위치를 차지한 어쩌면 가장 매력적인 인물 가운데 한사람이다. 따라서 필자는 칼빈과 스위스의 종교개혁을 통해 먼저 그의 생애와 신학사상을 조명해 보고, 이 시대 교회를 위해 우리는 어떤 사람으로 무엇을 해야 할 것인가를 생각해 볼 수 있기 바란다.

2. 개혁 전의 스위스(제네바) 개혁운동

2.1. 개혁 전의 제네바

16세기 제네바는 이후 유럽의 개혁파 신앙의 보루가 될 사명을 띠고 형성된 특별한 도시였다. 이곳은 스위스 연방의 국경 지대에 위치하여 프랑스와 이탈리아와

---

2) Owen Chadwick, *The Reformation,* (The Pelican History of the Church, Penguin Books, 1988), 83.

의 무역이 발달했던 도시였다. 1387년 선포된 이 도시의 헌장은 3개의 서로 다른 체제 속에 있었다. 이러한 전통은 중세의 전통을 따른 것으로, 도시의 군주 혹은 제후로서의 주교, 성의 소유자로서 백작, 그리고 자유 도시민이었다.[3] 당시 선출된 주교는 제일 먼저 성 베드로 성당의 미사에 참석하여 시민들의 권리를 옹호하겠다고 서약하였다. 사보이 가문은 백작직을 세습으로 소유하며 총독으로 도시를 대표하였다. 시민들은 민주적으로 조직되어 1년에 한 차례씩 공인된 시민총회를 열러 통치자와 대표자가 될 4명의 특별 평의원을 선출하였다. 평의원들은 주교와 더불어 도시의 권익과 권리를 옹호하겠다고 서약하였다. 그런데 이들 세 개의 권위 당국은 자주 갈등을 빚곤 하였다. 이러한 상황에서 시민들과 주교는 연합하여 보통 사보이 가문과 총독을 반대하였다. 그 결과 주교들이 백성의 권리를 존경하고 어려울 때 동조하였다. 당시에 제네바는 주교에 철저히 충성하였다. 그런데 1444년 이후 제네바는 주교에 대한 세습적 충성으로 위기를 맞이하였다. 사보이의 백작 아마데우스 8세(Amadeus VIII)는 자신의 교황권을 이용하여 주교직을 소유하였다. 그 후 제네바의 주교가 사보이 가문을 차지하면서 시민들의 권한이 무시되었다. 주교직은 사보이의 전유물이었으며, 10세의 나이어린 소년이나 사생아들이 교회의 권좌를 다스렸다. 오랜 박해를 견딘 뒤에 도시민들이 옛 권한을 되찾기 위해 당을 결성하였다.

16세기 제네바는 가톨릭 령 프라이브르크(Fribroug)와 기독교 령 베른(Berne)의 도움으로 사보이가와 제네바의 주교로부터 독립하였다. 그러나 당시 제네바의 지도권은 여러 개로 분열된 채 로마교회에 대한 반란으로 공공질서가 어지러웠다. 알프스 산맥을 넘는 주요 무역로 제네바는 활력 있는 상업도시로 자유에 대해서는 예민하였으나 많은 수도원과 교회 기관들에 비해 도덕적 수준은 오히려 엉망이었다. 당시 제네바와 그 인접 지방을 다스린 계층은 주로 주교와 도시행정관 혹은 세속 통치자, 그리고 시민이었다. 당시 통치는 주로 주교들과 행정관이 맡았으나 시민들은 오랜 전통을 따라서 매년 총회를 열어 특별 평의원 4인과 회계 담당자를 선출했다. 총회 외에 25인 소 의회가 있었고, 더 큰 의안들은 소 의회가 지정한 60인 의회가 다루었다. 1527년에는 소 의회와 이들이 지명한 175인을 합해 200인 의회가 신설되었다. 이 과정에서 그동안 기득권을 누려왔던 사보이 공들은 자신들의 이익을 위

3) 보다 자세한 것은 서요한, "제3장 중세교회사의 이해원리", 「중세교회사」, (도서출판 그리심, 2010)를 참고하라.

해 제네바 시민들을 억압하였다. 그런 가운데 시민들이 가톨릭과 동맹을 맺고 사보이 공과 전쟁을 벌였다. 이런 정치적 종교적 혼란기에 베른은 제네바에 복음적 신앙이 확립되기를 열망하였다. 이와 같은 정치적 혼란기에 1521년경부터 제네바에 루터의 저술이 소개되면서 개혁운동이 고조되었다. 그러던 중 1532년 여름, 교황 클레멘트 7세(Clement VII)가 제네바에서 면죄부를 판매하자[4] 시민들의 불만이 확산되었다. 도시가 발칵 뒤집혔으며, 사제들은 현수막을 떼어내기 위해 동분서주하였다. 당시 제네바의 시민들은 교리보다는 로마에 대한 정치적 적대감에 사로잡혔다. 여기에 루터파가 개입하였다. 교황청 특사는 챔버리(Chambery)에서 7월 8일 교황에게 보낸 편지에서 루터파 이단이 제네바의 가정, 교회, 심지어 제네바 학교에서 공개적으로 교육되고 있다고 하였다.

1532년 10월 베른에서 활동했던 파렐이 제네바에 도착하여 가정집에서 설교하였다. 그의 활동이 사람들에게 알려지면서 약간의 소요가 발생했으나 이미 시작된 개혁은 급속히 확산되었다. 파렐은 계속해서 설교를 통해 가톨릭의 미사를 비판하였다. 위협을 느낀 제네바 당국은 파렐과 그의 친구 사우니어와 올리베탄(Saunier and Olivetan)을 붙잡아 도시 밖으로 추방하였다. 그러나 파렐은 같은 해 12월 다시 제네바로 귀환하였다. 1535년 8월 시의회(200인회)는 제네바가 신교 정책을 따르도록 가결하고 미사를 금지하였다. 그 결과 제네바에서 가톨릭의 미사가 폐지되었다. 개혁의 조짐이 성숙해 가면서 제네바 시는 교회의 지체인 신자들의 생활과 시 공동체 전체의 생활을 위한 규범을 마련하였다. 그 후 시민들이 하나님의 말씀을 듣기 위하여 정기적으로 모였다. 그러나 아직 누구도 이 도시의 종교적 기반을 성경에 따라서 조직하려 하지 않았다. 그런 가운데 파렐은 존 칼빈이 이곳에 들렀다는 소식을 접하고 방문하여 제네바가 당신을 필요로 한다. 그러므로 이곳을 떠나지 말고 머물러 하나님의 사역을 같이 하자고 종용하였다. 칼빈은 그의 제안을 받아들여 개혁파 교회의 설립에 기여하였다.

---

4) 당시 현수막에는"누구든지 자신의 죄를 회개하면, 그리고 예수 그리스도의 약속을 진실되이 믿으면 모든 죄에 대한 완전 면죄부를 수여받을 수 있다"(plenary pardon would be granted to every one for all their sins on the one condition of repentance, and a living faith in the promises of Jesus Christ)고 기록되었다. Thomas M. Lindsay, *A History of the Reformation*, (Edinburgh: T. & T. Clark, 1907), vol. II., 64-65.

1541년 이후 제네바는 급변하였다. 이 시기는 유럽의 여러 나라, 예를 들면 1542년 이탈리아의 억압, 1547-1559년 프랑스 앙리 2세의 광범위한 박해, 1553-1558년 영국의 메리 튜더, 1552년 필립 2세가 찰스 5세로부터 인수받은 네덜란드가 신교도들을 박해하였다. 이로써 유럽 각국의 피난민들이 제네바로 유입되었다. 이들은 대부분 가난했으나 새로운 환경만큼이나 그들에게 새로운 것이었다. 1549년에서 1559년 사이에 최소한 5019명의 유입자들이 제네바의 영주권을 얻었다.[5] 결국 제네바 종교개혁의 쟁취 비결 중에 하나는 많은 해외 도피자들, 각국의 유력인사들의 영주권 획득이었다.

2.2. 개혁전의 개혁자들

칼빈 이전의 스위스 개혁자들로는 대표적으로 헐드리히 츠빙글리와 윌리암 파렐을 들 수 있다. 이들은 칼빈에게 간접 혹은 직접으로 영향을 미쳤다. 특별히 파렐이 칼빈에게 촉구한 개혁에로의 부름은 그 시대와 역사를 바꾸는 계기를 마련하였다.

2.2.1. 헐드리히 츠빙글리(Ulrich or Huldrych Zwingli, 1484-1531)

루터의 종교개혁 이후 스위스 취리히에서는 츠빙글리에 의한 개혁운동이 확산되고 있었다. 츠빙글리는 한 마을 행정관의 아들로 독일어권 스위스 주들의 지방 자치를 장악한 전형적인 부농 계급 가정에서 출생했다. 그는 어린이들의 지위 개선을 위한 최고의 기관은 교회라 생각했다. 그는 베른에 있는 하인리히 뵐프린 라틴어 학교와 빈대학교, 바젤에서 공부를 했다. 그는 여기서 스승인 비텐바흐와 스르간트의 영향으로 성경에 몰두며 에라스무스를 만났다. 그는 한때 이탈리아에서 스위스 용병에 소속된 전속 성직자로 직접 경험한 일과 에라스무스의 인문주의를 근거로 용병제도를 반대하였다. 그러나 이때 그는 연맹국 내에서 프랑스의 영향을 반대하고, 특히 교황의 연금수령자라는 사실로 1516년 클로이스터 아인지델른에 있는 전

---

5) 드메르그에 의하면 1559년 1708명이 입국하였다. 로제(Roget)는 그해에 들어온 숫자를 1680명으로 잡았으며 그해 5월에 685명이 들어왔다고 하였다. 1559년 58명이 시민권을 얻었는데, 칼빈도 그 중에 한 사람이었다. John T. McNeill, *The History and Character of Calvinism*, (New York/Oxford University Press, 1954), 181-182.

속성직자 예배당으로 옮겼다. 그리고 1518년 말 취리히 대교회의 인민 사제로 초빙되었다. 이는 용병제도에 대한 그의 견해가 영향력 있는 그곳의 지배 계층의 공감을 불러 일으켰기 때문이다. 츠빙글리는 이곳에서 행정관과 협력하여 실제적인 개혁 프로그램을 주창하였다. 공 예배 문제에 대한 접근과 성례에 관한 견해는 루터파 개혁운동이 취했던 태도보다 훨씬 더 철저하게 과거의 전통들과 단절하는 방식으로 나타났다.

취리히에서 목회를 통해 츠빙글리는 많은 청중들을 사로잡았다. 그는 가톨릭적 예배의식을 쇄신하고 강단을 새롭게 하였다. 그리하여 수많은 군중들이 그의 설교를 듣기 위해 사방에서 몰려들었고 그들은(청중) 그가 자신들에게 구원의 길을 말해 주었다고 말하였다. 츠빙글리는 취리히에서 목회하는 동안 자기의 양떼들에게 참 목자의 모습을 보여주었다. 이것은 특히 취리히에 전염병이 만연했을 때 두드러지게 나타났다. 그는 실의에 빠진 사람들을 위로했고 그 바쁜 와중에서도 말씀을 준비하여 강단에서 선포하였다. 그러나 과격파인 그레벨과 만츠의 도전으로 취리히 시의 행정관들과 관계가 위태롭게 되자 그는 지원이 절대적으로 필요하다고 믿었다. 츠빙글리는 이들이 공공질서를 위협하자 1527년 그들의 지도자 가운데 한사람을 취리히의 호수에 던져 버렸다. 그는 말년에 많은 정치활동을 했고 복음을 효과적으로 전하기 위해 연맹국을 모두 개방하고 유럽 전역에 걸친 반 합스브르크가 동맹을 창출하고자 했다. 그 결과 1528년경 콘스탄츠뿐만 아니라 바젤, 샤프하우젠, 베른과 같은 연맹국 도시들이 츠빙글리의 개혁안을 받아들여 취리히와 동맹을 맺었다.

1529년 츠빙글리는 독일 헤센의 백작 영주 필립이 이끄는 신교도들이 개혁에 가담하기를 바랐으나 말부르그에서 개최된 성찬론의 불일치로 그 꿈이 무산되었다. 양 진영은 첨예하게 대립하였고 이들의 의견은 결코 좁혀지지 않았다. 이때 츠빙글리는 눈물을 글썽이며, "내가 이 세상에서 그 누구보다도 비텐베르크 사람들과 사이좋게 지내고 싶다"고 말하며 화해를 표시했다. 그러나 루터는 그의 제안을 일축하였다. 그 후 스위스의 형제들은 개혁교회라고 불리는 종교 단체를 만들었다. 이것은 나중에 루터교회로 불리게 되는 것과 구별되게 되었는데 이 영향으로 스위스 종교개혁은 급속히 진행되었다. 이와 함께 많은 도시로 나누어진 스위스의 도시들은 각자의 교리들을 받아들이게 되었다. 그 중에 어떤 도시들은 가톨릭 교리를 지키며 종교개혁을 탄압하기 위하여 연맹을 결성하였다. 이에 대하여 츠빙글리의 대적들은 자신을 얻게 되고 먼저는 정치적 분쟁으로 다음은 교리적 논쟁에 휘말리었다. 그 결과 개신교도들은 가톨릭의 박해를 받고 일부는 죽임을 당하였다. 이에 개혁자들은 무장을 하고 가톨릭에 대항하여 싸움을 벌였다. 1531년 츠빙글리는 그의 개혁에 반대하던 가톨릭 세력과의 전투로 캅펠(Kappel)에서 전사하였다. 그의 사망으로 불링거가 계승자가 되었으며 그의 가르침 아래서 개혁에 동참하는 모든 도시들이 동일한 신앙고백을 받아들이고 스위스 헬베틱 신앙고백서(Helvetic Confession, 1566)를 채택하였다.[6] 이 헬베틱 신앙고백서에는 존 낙스와, 그 외 다른 스코틀랜드의 목사들. 화란 남부의 교회들, 그리고 폴란드와 헝가리의 개혁교회 회중들이 서명하였다.

2.2.2. 윌리엄 파렐(William Farel, Guillaume 1489-1565)

비상한 두뇌와 강인한 기질로 "프랑스의 루터"(welsch Luther)[7] 혹은 "스위스의 사도"(the Apostle of French-speaking Switzerland)[8] 윌리엄 파렐은 프랑스 남부 프로방스 접경지인 도피네(Dauphine) 지방의 가프(Gap)의 귀족가문에서 1489년 출생하였다. 어려서부터 경건했던 그는 모험적인 삶과 열정적인 헌신으로 부모를 설득하여 1509년부터 소년 시절을 파리에서 공부하였다. 1520년경에는 인문주의 교육에 힘입어 종교개혁 사상을 받아들였다. 그리고 파리에 머물며 르 몽드(Le Moine)대학의 교수로 봉직하였다. 그 곳에서 그는 레페브레(Jacques Lefevre d'Etaples)의 헌신적인 제자가 되었다. 그 후 레페브레를 따라 모(Meaux)로 이동하여, 그곳에서 벌인 개혁 작업을 지원하였다. 그는 불같은 열정의 설교자로 개혁을 주도하다가 여러 차례 망명생활을 하였다.[9] 프랑스에는 더 이상 자신을 반겨줄 곳이 없다고 생각한 파렐은 바젤로 옮겼다. 그곳에서 파렐은 신앙에 관한 공개토론회를 개최할 것을 대학 당국에 요청하였다. 그러나 거절당하자 도시의 의회에 호소하

6) David C. Steinmetz, *Reformers in the Wings*, (Oxford University Press, 2001), 93-99.

7) 스테판 츠바익, 「폭력에 대항하는 양심」, 오영옥 역, (현대사상사, 1993), 21.

8) Thomas M. Lindsay, *A History of the Reformation*, (Edinburgh: T. & T. Clark, 1907), vol. II., 67.

9) Thomas M. Lindsay, *Ibid.*, 91; Beza's Icones, *Contemporary Portraits of Reformers of Religion and Letters*, (London: The Religious Tract Socioty, 1909), 147-151.

여 결국은 승인을 받았다.

그러던 중에 바젤에서 피난 온 프랑스 인들을 중심으로 작은 교회를 설립하였다. 그의 열정적인 개혁은 폭동을 유발할 정도였다. 1525년 4월 스트라스버그(Strassburg)에서[10] 마틴 부처를 만나 친구가 되었다. 그 후 베른(Bern)으로 갔으며, 누차텔(Neuchatel)에서 설교하였다. 1526년 11월에는 프랑스권 스위스에서 순회 설교를 하며 학교를 개설하여 개혁을 전개하려 했으나 뜻을 이루지 못 하였다.[11] 1527년 초에는 베른의 대토론회에서 맹활략하며[12] 베른의회의 복음전도자로 인식되었다.[13] 그 결과 1528년 에글과 옹롱(Ollon), 벡스(Bex), 베른 시들이 종교개혁 진영으로 넘어와 성상 파괴와 미사 폐지를 단행하였다. 1532년 10월 이후에 파렐은 제네바에서 활동했으나 지지를 얻지 못하자 잠시 그곳을 떠났다가 다시 12월에 돌아왔다. 파렐은 베른이 파송한 비레(Peirre Viret)와 힘을 합하여 도미니쿠스회 수도사이며 그 지역의 주요한 가톨릭 옹호자인 퓌르비티(Guy Furbity)와 신학적 토론을 벌리기도 했다. 이듬해 3월 파렐은 상당한 세력을 얻게 되었고 마침내 수도원 예배당을 점거하였다. 이에 사보이 공에게 망명한 주교들은 군대를 모아 도시를 공격 포위하였다. 결국 제네바의 반대가 격해졌고 파렐과 비레는 이 기회를 이용하여 개신교 종교개혁과 제네바 독립 투쟁을 연결해 나갔다. 그리고 파렐은 프랑스어 사용

---

10) 이곳은 본래 독일 영(領)으로 엘자스의 로트링겐 수도였으나 루이 14세의 침략으로 1681년 프랑스에 귀속되었다. 그러나 1871년 보불전쟁으로 다시 독일 영이 되었다. 제1차 대전 후인 1919년 다시 프랑스에 편입되었으나 1941년 히틀러에 점령되었으며 1945년 제2차 대전의 패배로 다시 프랑스에 환부되어 현재에 이르렀다. 이곳 주민의 대부분은 독일 족이었으나 아직도 프랑스 문화에 깊이 젖어 있다. 민족이란 무엇인가? 같은 피인가" 아니면 같은 문화생활인가? 생활감정인가? 이를 두고 1870년대 이 곳에서 독일의 모므젠과 프랑스의 꾸랑제가 논쟁을 벌였다. 김성식, 「역사와 우상」, (정우사, 1980), 163.

11) John T. McNeill, *The History and Character of Calvinism*, (New York/Oxford University Press, 1954), 179. 베자에 의하면 앙드 세베데는 칼빈의 타계 후 예정론에 대한 그의 반대를 회개하며 철회했다고 기록하였다. Chales Parfee, "William Farel," *Encyclopedia of the Reformed Faith*, Donald K. Mckim(ed.), (Edinburgh: John Knox Press, 1992), 135.

12) Thomas M. Lindsay, *op. cit.*, 39-40.

13) 당시 사제들과 수도자들이 파렐의 사역을 방해하기 위하여 각종 소요나 폭동을 일으켰다. 그리고 이들은 교회의 종을 울려 파렐의 설교를 듣지 못하게 하거나, 사람들을 동원하여 설교하는 교회의 문 앞에서 복을 치게 하였다. 그러나 파렐의 사역은 기대 이상의 성공을 거두었다.

권인 서 스위스의 복음화를 위하여 헌신된 일부의 선교단의 지도자가 되었다.

이 선교단은 엄격한 기준에 의해 선발되었다. 무엇보다도 훌륭한 교육을 받은 젊은이로서 용기와 어떠한 위험이라도 감당할 수 있으며, 어떤 위험과 어려움에도 결코 굴하지 않고 목숨을 기꺼이 내놓을 수 있는 사람들이었다. 그들은 젊은 설교자, 교사, 그리고 종교서적 행상인들로 이후 칼빈이 제네바에서 훈련시켜 프랑스와 저 국가들을 복음화하기 위해 파견했던 수백 명의 젊은이들의 선구자였다.[14] 이들은 앞으로 감당해야 할 사업이 얼마나 위험스러운 일인지를 충분히 인식하였다. 그리고 지도자의 판단에 따라 모든 어려움을 무릅쓰기로 결단하였다. 그러나 인내심이 부족한 사람들은 가차없이 제외시켰다. 그 선교단원 중에 가장 헌신적이었던 프로망(Froment)이[15] 발렝겡(Vallingin) 골짜기의 한 마을에서 설교하였다. 그 때 한 사제가 옆으로 다가와서 미사를 노래하였다. 사제가 성체를 높이 들었을 때 프로망은 그것을 빼앗고 주민들을 행해 "이것은 찬양받으실 하나님이 아닙니다. 그리스도께서는 하늘에서 아버지의 영광 중에 계시며 사제들이 가르치고 여러분이 배운 대로 사제의 손안에 계시지 않습니다"라고 하였다.[16] 그리하여 폭동이 일어났으나 설교자들은 무사히 도피하였다. 그러나 그곳은 공격을 충동한 그 성주의 성이었다. 군중들은 파렐을 동정녀 마리아의 상 앞에 부복시키려 하였다. 그러나 파렐은 이를 거

---

14) Thomas M. Lindsay, *op. cit.*, 71.

15) 파렐이 신임한 제자로 제네바의 개혁을 위해 헌신하였다. 1510년 그레노블(Grenoble) 근교 트리에스(Tries)에서 태어나 교육을 위해 파리로 갔다. 그곳에서 르페브르와 친교를 맺었고 그의 소개로 나바르의 여왕 마거릿 당굴렘(Marguerite d'Angouleme) 제국의 참사원으로 성직록을 받았다. 파렐을 만난 후 바울과 디모데처럼 가장 헌신적인 제자가 되었다. 파렐이 체포되고 추방되는 과정에서 프로망은 자신의 소임을 세심하게 추진하였다. 1532년 1월 3일 제네바에 들어가 프랑스어를 가르치며 복음을 증거하였다. 1532년 말 제네바의 한 수도원의 수도사들이 강림절 설교자로 도미니쿠스파의 크리스토퍼 보께(Christopher Bocquet)를 초청하였다. 보께는 주로 복음적으로 설교하여 프로망과 함께 로마주의자들에게 위협이 되었다. 그 결과 복음주의자들의 수가 날로 증가하였다. 4월 10일에는 정원에 모여 양품점을 경영하는 뮤엘(Guerin Muete)의 주제아래 성찬이 집전되었다. 이것이 로마주의자들에게 알려지면서 5월 5일 폭동이 발생하였다. 당시 주동자인 성당의 참사원 월리(Pierre Werly)는 대여섯 명의 무장한 사제를 이끌고 복음주의자들을 공격하였다. 그러나 월리가 살해되자 로마주의자들은 그를 순교자로 추앙하였고, 복음주의자들을 체포해 학살해야 한다고 하였다. 이때 베른은 이 사건에 개입하여 복음주의자들을 보호하였다.

16) Thomas M. Lindsay, *Ibid.*, 72.

부하고 한분 하나님을 신령과 진리로 찬양할 것을 증거하였다. 그리하여 프로망과 파렐은 몹시 두들겨 맞고 지하 납골소에 감금되었으나 뇌이샤텔 당국에 의해 극적으로 구조되었다.

선교단은 대부분 프랑스 사람이거나 프랑스계 스위스 사람이었다. 뜨거운 켈트족의 피가 흘러 불이 붙으면 격렬하게 움직였다. 그랜손에서는 주인들이 코르들리에(Cordeliers) 성당에 들어가 제단과 입상들을 끌어냈으며 교구 성당의 십자가, 제단, 입상들을 파괴하였다. 이에 대해 로마교에 소속된 부인들이 선교단이 설교하는 예배당에 들어가 예배를 중단시키거나 설교자를 밀치고 때렸다. 시장에서 연설하거나 설교할 때는 돌을 던지기도 하였다. 따라서 파렐과 그의 동료들이 눕혀진 채 얼굴이 고양이에게 할 퀸 듯이 모욕을 당하였다. 그러나 선교단들은 어떤 위험에 굴하지 않았으며, 베른의 외딴 지역들, 예를 들면, 뇌샤텔(Neuchatel), 솔레르(Soleure), 그리고 스위스의 프랑스어 사용 지역들이 종교개혁을 선언하였다. 주민들 대다수가복음적 신앙을 가결하면 교회, 목사관, 그리고 월급을 개신교 목사에게 지불하였다. 파렐의 선교단들은 대부분 정착된 목회 보다는 개척자로 활동하였다. 1532년 1월 9-14일까지 이들 개신교 목사들의 대회가 베른에서 개최되었다. 약 230명이 참석했는데, 스트라스부르크에서 초청된 부처가 회의를 주제하였다.

1532년 6월 30일과 1533년 3월 30일 제네바 의회는 두 번에 걸쳐 교회문제에 대한 처결권을 갖는다는 칙령을 통과시켰으나 실제 관할권이 자신들에게 없음을 인정하였다. 왜냐하면 모든 권한은 특별평의원이 가졌기 때문이다. 그러나 교회의 권한이 여전히 주교의 손에 있는 것을 주민들은 만족하지 않았다. 사제들과 참사원들, 수도사와 수녀들로 결속된 무리들이 주교와 사보이 가문의 통치를 회복하기 위해 음모를 꾸몄다. 이에 대해 복음주의자들은 강력히 반대하며 세력을 확장하였다. 당시 제네바의 복음주의자 장 보우디송 드 라 메소뇌브(Jean Baudichon de la Maisonneuve)는 장차 개혁의 요람이 될 자신의 거대한 저택의 방 두 개의 벽을 터서 강당으로 만들었다. 파렐과 비레, 프로망은 그곳에 모인 삼사백 명의 사람들에게 설교하였다. 그리고 개혁파 의식에 따라서 최초의 세례를 집례하였다. 청중들이 급격히 증가하자 복음주의자들은 베른 대표단의 보호아래 가까운 곳에 있는 코르들리에(Cordeliers) 수도원 대강당을 사용하였다. 그 후 매 집회마다 사오천 명이 운집하자 수도원 교회에서 회집하였다. 도시에서는 복음주의자들이 주일을 거듭하면서 증가하였다. 그런 가운데 사보이 당파는 로마주의자들이 자신들보다도 종교개혁을 더 증오한다고 오해하였다.

1534년 10월 1일 제네바가 아직 개신교시가 아니었음에도 불구하고, 소 의회는 주교직이 공석임을 발표하였다. 이때 로마 가톨릭이 파멸될 획기적인 사건이 발생하였다. 끌로드 베르나르(Claude Bernard) 집의 요리사 앙뚜안느 박스(Antoina Vax)라는 여인이 함께 지내는 개혁자 비레, 파렐, 프로망을 독살하려[17] 하였다. 죄수의 고백을 당시의 정황과 연결해 볼 때, 의회의 회원들과 제네바 시민들에게 이 사건은 사제들이 획책한 음모라고 인식되었다. 따라서 개신교 목회자에 대한 동정적인 생각이 시를 휩쓸었다. 의회는 즉각 비레와 파렐에게 코르들리에 수도원에 거처토록 하였다. 1535년 초 파렐은 다시 제네바를 방문하여 평의원들을 설득하고 개신교 지도자와 가톨릭 사제 간의 공개토론을 요청하였다. 그리고 몇몇 개신교 목회자와 작성한 5개의 복음주의 논제(Theses evangeliques)를 게시하였다. 의회는 이 토론회에 모든 사람들이 참석하도록 개방하였다. 개신교 목회자들은 성당의 참사원들, 제네바의 모든 사제들, 수도사들에게 초청장을 발송했으며, 참석을 희망하는 모든 외국인 신학자들에게는 신변 안전을 보장하였다. 그러나 제네바의 주교는 가톨릭 측의 참석을 금하였다. 그러나 5월 30일 개최되어 6월 24일까지 4주간 토론회에서 비레와 파렐은 쁠렝빨레(Plainpalais)의 도미니쿠스회 수도원장 장 샤뻬우(Jean Chapuis)와 성 클라라 자매회의 고해 신부 장 샤시(Jean Cachi)에 맞서 자신들의 입장을 옹호하였다.

1535년 7월 23일 마드렌(Madeleine) 예배당과 성 제르베(St.Gervais) 예배당, 그리고 8월 8일은 성 베드로 성당에서 설교하였다.[18] 이것은 소요의 신호탄이 되었다.

---

17) 당시 그녀가 사용한 독약은 약간의 시금치 스프에 포함되었다. 그런데 파렐은 그 음식을 좋아하지 않아 손을 대지 않았다. 프로망은 식탁에 앉아 음식을 먹으려는 순간 아내와 자녀들이 제네바에 도착했다는 소식을 접하고, 즉시 일어나 이들을 환영하러 갔기 때문에 화를 면하였다. 한편 비레는 유일하게 스프에 입을 댐으로 큰 고통을 당하였다.

18) 그날 저역 사제들은 저녁기도회에서 "저희 우상은 은과 금이요, 사람의 수공물이라. 입이 있어도 말하지 못하며 눈이 있어도 보지 못하며 귀가 있어도 듣지 못하며 코가 있어도 맡지 못하며 손이 있어도 만지지 못하며 발이 있어도 걷지 못하며 목구멍으로 소리도 못하느니라" 고 하였다. 이때 한 사람이 일어서서 "당신들은 시편 찬송을 통해서 지어 부은 형상을 만든 모든 사람과 그것들을 신뢰하는 사람들을 저주하였습니다" 라고 외쳤다. Thomas M. Lindsay, *op. cit.*, 86-87; Noel S. Pollard, "Guilaume Farel," *The New International Dictionary of the Christian Church*,

군중들은 예배당으로 들어가 성자들의 상을 내던져 산산조각으로 만들었다. 의회는 9일 회집하여 파렐을 출두시켰다. 이때 파렐은 자신과 자신의 동료 설교자들이 성경에 위배된 어떤 것을 가르쳤다고 증명된다면 기꺼이 목숨을 바치겠다고 선언하였다. 다음 날 모인 200명의 의회는 미사를 폐지하였으며, 수도사들을 의회에 출석시켜 미사와 성자숭배를 지속해야 할 이유를 물음으로서 모든 문제를 일단락 지었다. 그리하여 제네바의 종교개혁은 적법하게 확립되었으며, 제네바는 베른과 더불어 종교개혁의 확고한 위치를 점유하였다. 그러나 정치적으로 잠차 어려움에 휩싸이게 되었다. 프랑스가 서부 스위스의 관문을 소유하려는 야심으로 제네바가 개신교가 되는 것을 방관할 수 없었기 때문이다. 이때 프라이부르크 의회는 베른의 군대가 자국의 영토를 통과할 수 있도록 승인하였다. 베른은 1535년 11월 29일 사보이와의 동맹을 파기하고 1월 16일 전쟁을 선포하었다. 베른의 군대는 로마적 스위스에서 개신교라는 것 때문에 그동안 박해받던 노이빌(Neuville), 뇌샤텔(Neuchatel), 로잔(Lausanne), 빼이에른(Payerne)을 해방시켰다.

1535년 제네바의 특별평의원과 의회는 도시의 문장으로 "어두움 뒤에 빛"(Post tenebras lux)을 채택하고 관례대로 종(鍾)과 나팔을 울렸다. 제네바는 베른의 보호령으로 약 30년 동안 종속 국가였으나 새로운 관계로 개혁파 신앙을 확립한 독립국이 되었다. 하지만 제네바는 오랜 가톨릭의 지배아래 방탕한 주교들의 규율과 난폭하고 부도덕한 성직자들의 모범으로 질식될 정도였다. 가까스로 얻은 자유는 방종에 빠질 위험에 처하였다. 이러한 상황에서 파렐은 최선을 다했으며, 학교와 병원을 건립하였다. 1536년 7월 파렐은 전쟁 때문에 페라라에서 바젤로 가지 못하고 제네바에서 하룻밤을 묵어가는 20세 연하의 젊은 프랑스 친구 칼빈을 설득하여 개혁에 동참시켰다.[19] 그 후 두 사람은 스위스 제네바의 개혁을 주도한 지도자가 되었다. 이후 30년 동안 파렐은 칼빈에게 이의를 제기하지 않고 그와 함께 일했다.[20] 1538년 파렐은 칼빈과 함께 제네바에서 추방된 후 뇌샤텔을 거점으로 여러 해 동안 칼빈과 같이 일하였다. 그는 한때 칼빈과 소원하기도 했으나 1564년 칼빈의 임종시에

(Michigan: Zondervan Publishing House, 1981), 369.

19) Philip Schaff(ed.), *The Creeds of Christendom with a History and Critical Notes*, (Michigan: Baker Book House, 1990), vol. 1., 429.

20) 스테판 츠바익, *op. cit.*, 27; Beza's Icones, *Contemporary Portraits*, 149.

관계를 해소하였다. 파렐은 자신 같은 개척자는 아내나 자식이 없어야 한다고 생각했으므로 69세까지 미혼으로 지냈다. 그러다가 신앙 때문에 남편과 재산을 잃고 루앙(Rouen)에서 가난하게 살아가는 과부의 딸과 결혼하였다. 그 후 주님의 부름을 받기 까지 프랑스 남부의 작은 도시 메츠에서 꾸준히 전도사역을 벌였다. 이처럼 파렐은 바른 개혁을 위해 자신의 몸을 교회에 바쳤다. 그의 격려와 도움을 받아 개혁자로 헌신한 칼빈은 일평생 오직 하나님의 주권과 영광을 위해 살다간 흠모되는 지도자였다.

그러면 존 칼빈은 어떤 사람이었고 그의 신학 사상은 무엇이었는가? 그가 끼친 공헌은 무엇이었으며 그가 우리에게 보여주는 교훈은 무엇인가를 살펴볼 것이다.

3. 칼빈의 생애

개혁운동이 유럽 여러 지역에서 고조되어 가던 시기에 츠빙글리의 갑작스런 사망은 칼빈의 등장과 맞물려 있다. 그는 루터와 츠빙글리의 뒤를 이어 종교개혁을 성공으로 이끈 주역이었다. 칼빈의 생애는 그의 명성만큼 방대하다. 필자는 편의상 개혁자 칼빈(1509-1564)의 바른 이해를 위해 그의 생애를 2시기로 분류해서 정리하였다. 제 1기는 출생에서 회심, 학문에의 정진과 망명생활, 파렐을 만나기까지의 방황하던 시기이다. 제 2기는 종교개혁을 성취한 개혁자요, 신학자로서 우뚝 선 그의 모습이다.

3.1.1. 제 1기: 방랑과 회심 및 기독교 강요 저술기

(1) 학문과 방랑: 칼빈은 1509년 7월에 프랑스의 피카르드의[21] 노용(Neyon)에서 게라르 코벵(Gerard Cauvin)과 쟌느 르 프랑스(Jeanne Le France)의 4남 2녀 가운데 둘째 아들로 태어났다. 그의 아버지 게라르 코벵(Gerard Cauvin)은 자수성가한 사람으로 노용 감독 비서관과 대성당 참사회의 존경받는 법률 자문관이었다. 그

21) 당시 피카르드 사람들은 항상 독립적이며 때로는 강력한 반 성직자적이었다. 그리고 이들은 불붙는 열정과 냉철한 성취력으로 잘 조화되었다. 특별히 프랑스의 어느 지방 사람들보다도 위클리프와 후스, 발도에 동정적이었다. 이러한 기질은 칼빈의 사상에 잘 나타난다.

의 어머니는 매우 아리따운 여인으로 경건한 신앙과 모성애를 가진 사람이었다.[22] 그러나 아버지의 덕택에 칼빈은 11세의 나이에 성당에 부속된 라 게진느(La Gesine) 체플의 사제 보조직에 임명되었다. 1523년 8월 14세 때 칼빈은 드 몽트모(de Montmor)귀족 가문의 3 자녀와 함께 사제 교육을 받기 위해 파리에 있는 들 라 마르슈(de la Marche)대학으로 옮겼다. 이곳에서 그는 꼬르디에르(Mathurin Cordier) 교수로부터 프랑스어와 라틴어를 배웠고, 무엇보다도 부드러운 성격과 개방적인 마음의 영향을 받았다. 그 후 칼빈은 아버지의 권고로 보다 학술적이고 종교적인 색채가 강하던 드 몽테규(de Montaigu) 대학으로 전학하였다.[23] 그리고 이곳에서 대학자 존 메이저(John Major, 1470-1550)[24]로부터 아리스토텔레스 철학과 유명론을 배웠다. 칼빈은 다른 동료들과 견줄 수 없을 만큼 우수성을 입증하였다.

1527년 노용 참사회는 칼빈의 학문적 진보에 대한 포상으로 세인트 마르텡 드 마르트빌(St.Martin de Martville)의 사제보에 임명하였다. 2년 뒤에 그는 노용 가까운 퐁 레벡(Pont L'Eveque)의 사제보와 교환하였다. 칼빈은 1528년 18세에 문학 석사를 받고 이곳을 떠났는데, 같은 해 스페인 출신 36세의 이그나티우스 로욜라(Ignatius Loyola)가 입학하였다. 1529년 3월 그의 부친이 노용 감독의 충돌로 출교를 당하였다. 이로써 칼빈의 장래 활동에 희망을 상실하게 되자 파리를 떠나 법학을 공부토록 하였다. 따라서 칼빈은 처음에는 오를레앙(Orleans) 대학에서, 뒤에 부르쥬(Bourges) 대학에서 법학을 연구하였다. 이곳에서 칼빈은 법학의 개혁자인 국제법학자 알키아트(Andre Alciat)를 만났다. 그럼에도 불구하고 칼빈은 참된 신앙에 관해 생각하며 성경 공부를 통해 가톨릭 교회의 예전과 결별하였다. 또한 이때 명목상 루터파 사람인 볼마르(Wolmar) 아래서 헬라어를 배웠는데, 오랜 뒤에 저술한

---

22) 칼빈에 의하면 어머니가 성 안나(St.Anna)의 축제 동안에 노용 근교의 성모 마리아 수녀원에 데리고 가서 그 곳에 보관된 성인들의 유물을 구경시켜 주었으며, 성모 마리아의 어머니인 성 안나의 몸에 입을 맞춘 것을 기억하였다.

23) 당시 몽테규 대학은 중세 수도원적 전통에 따라 엄격하게 훈련을 하였다. 특히 이 학교는 소량의 식사와 수면, 그리고 많은 공부와 금욕주의적인 생활로 명성을 날렸다. 한때 칼빈은 이곳의 금욕적인 생활로 소화불량에 걸리기도 했다.

24) 메이저는 대 영국사(History of Great Britian, 1521)와 복음서 주석(Commentary on the Gospel, 1529)등을 저술한 당대 최대의 학자였다. 그는 복음서 주석에서 위클리프, 후스, 루터의 개혁운동을 비판하고 공격했다.

「고린도 후서 주석」(*Commentary on the Second Epistle to the Corinthians*)을 그에게 헌정하였다.

1531년 5월 26일 갑자기 부친이 별세하자 칼빈은 다시 파리로 돌아왔다. 이제 모든 일을 혼자 해야 했던 칼빈은 저술가가 되기로 결심한 후 파리의 포르테(Fortet) 대학에 들어갔다. 이곳에서 그는 인문주의 교수들의 강의를 들으며, 성경의 의미를 보다 깊이 통찰하기 위해 히브리어와 고전어를 연구하였다. 1532년 1월 14일 22세의 나이에 오르레앙 대학에서 법학박사 학위를 받았다. 이듬 해 4월 에라스무스의 권유로 두 권의 「세네카의 관용론 주해」(*Commentary on Seneca's Treatise on Clemency*)를 출판하였다. 그는 여기서 당시에 가능했던 모든 고전적 문헌을 총망라하여 자세하고 폭넓게 소개하며[25] 자신을 인문주의자로 소개하였다. 그리고 종교적 관용을 주장하며 개혁자로의 방향을 전환하였다. 또한 에라스무스의 인간 의지의 오류를 지적하고 그에게 책을 기증하였다. 그러나 프란시스 1세는 위그노들(Huguenots)을 심히 박해하였다. 왜냐하면, 칼빈이 서문에서 공공 재판소에서 자행되고 있는 각종 형 집행의 부조리를 과감하게 공격했으며, 자신의 주석이 대중들에게 많은 도움이 될 것을 확신했기 때문이다.

(2) 칼빈의 회심 : 칼빈은 서신교환을 통해서 파리의 소규모 개신교 모임에 가담하였으며, 당시의 복음주의 설교가와 나바르의 여왕 마거릿의 친구요, 르페브르와 파렐의 친구이며, 모(Meaux) 그룹의 일원이었던 루셀(Gerard Roussel)과 친숙하였다. 그리고 당시에 옷을 팔며 루터의 글을 선전하고, 성경을 보급하던 발도파의 에띤느 드 라 포르쥬(Ettine de la Forge)의 집에 기거하였다. 그런데 1532년-1534년 사이에 영적 위기 속에 칼빈은 포르쥬의 도움으로 종교개혁에 관심을 갖게 되었다. 그리고 전혀 예기치 못한 "급격한 회심"(sudden conversion)을[26] 체험하였다. 그 후

25) Francois Wendel, *Calvin: The origins and development of his religious thought,* (London: Collins, 1963), 27-36.

26) 1557년에 저술한 그의 시편 주석에서 회심에 대해 언급하였다. 그에 의하면, "나는 철학 공부를 멀리하고 법률을 공부하였다. 아버지의 소원에 복종하여 최선을 다해 공부하려 했지만 하나님은 당신의 은밀한 간섭에 따라 마침내 내 진로를 바꾸어 놓으셨다. 제일 먼저 일어난 일은 그분께서 갑작스런 회심을 통하여 당시에 지나치게 완고했던 내 마음을 유순하게 길들이셨다. 왜냐하면 그때 나는 교황 제도의 미신에 너무나 깊숙히 빠져 있어 아무것도 그 깊은 수렁에서 나를 끌어올릴 수 없었기 때문이다". Francois Wendel, 37-44; 부루스 셀리, 「현대인을 위한

그는 성경에서 발견한 주권적인 하나님을 섬기기로 결심하고 평생을 헌신했다. 그리고 중세 가톨릭과 완전히 결별하였다. 그 후 참된 종교는 그의 사고 속에 깊숙이 자리하였고, 그 맛에 감동되어 연구를 발전시키려는 욕망에 불탔다. 그러나 막상 사람들이 자신에게 몰려와 말씀을 배우려 했을 때, 아무것도 할 수 없음에 매우 놀라기도 하였다.

「세네카의 관용론」 출판 이후 칼빈은 1533년 초여름 오를네앙 대학에서 약 1년간 머문 후 8월에 노용을 방문하고 10월에 다시 파리로 돌아갔다. 그때 그는 프랑스의 교회를 개혁하려는 사람들과 관계를 맺었다. 1533년 11월 1일 칼빈의 친구인 니꼴라스 꼽(Nicholas Cop)이 파리 대학의 총장으로 선출되었다. 관례에 따라 자신의 메시지를 대학에 보내야 하는 상황에서 꼽은 칼빈에게 자신의 취임 연설문을 부탁하였다. 칼빈은 꼽의 연설문에서 "심령이 가난한 자는 복이 있나니"(마 5:3)를 근거로 기독교 철학을 전개하였다. 여기서 칼빈은 복음 진리를 웅변적으로 대변하며, 검(劍)이 아닌 말씀에 기초한 교회의 평화를 강조하였다. 그리고 모든 학문의 유용성과 성경적이며 복음적인 내용을 선포하였다. 에라스무스와 루터를 인용하여 자신의 사상을 강조했으나, 미사제도를 옹호하는 소르본느 대학과 그 신학자들을 비판하였다. 급기야 이런 비난은 파리 온 시가에 붙은 벽보를 통해 구체화 되었다. 이것은 마침내 왕실의 침실까지 나붙었다. 이에 격분한 프란시스 1세는 복음주의자들의 탄압을 강화하였다.[27] 의회 또한 연설문의 저자를 소환하기로 동의하였다. 그런데 그 저자가 칼빈으로 밝혀지자 더 이상 파리에 머물 수 없었다. 따라서 칼빈은 숙소의 침대보를 길게 달아매어 옆 빌딩으로 도피한 후 파리를 탈출하였다.[28] 당시 그의 탈출은 그야말로 극적이었다.

교회사」, (크리스챤 다이제스트, 1994), 328.

27) 이 책에서 칼빈은 55명의 라틴 저자들을 인용하였다. 예를 들면, 키케로(Cicero)의 33 개의 저서와, 호레이스(Horace), 오비드(Ovid)의 저서들, 테렌스(Terence)의 다섯 개의 코메디, 그리고 버질(Virgil)의 저서들을 인용하였다. 뿐만 아니라 22명의 헬라 저자들을 인용하였다. 예를 들면, 아리스토텔레스(Aristotle)의 여섯 개의 주 저서들과 플라톤(Plato), 플루타르크(Plutarch)의 4개의 저서를 인용했으며, 그밖에 초대 교부 어거스틴(Augustine), 락탄티우스(Lactantius), 히에라니무스(Jerome), 시네시우스(Synesius), 키프리안(Cyprian)을 인용하였다.

28) 이때 칼빈은 소르본느의 거친 반발에 맥을 추지 못한 채 하나님의 말씀을 경시하는 부패와 미신의 상태에 빠진 중세 가톨릭의 교황 중심의 위계적이고 성사적인 체계를 직접 목격하였다. 그는 이것이 바로 개혁을 가로막는 궁극적인 장애물이며 개혁자들을 박해하는 요새라고

1534년 10월 급진적인 신교도들이 미사 제도를 비난하는 벽보를 파리와 다른 도시에 붙이고 종교개혁을 촉구하였다. 이로써 정부의 극심한 박해로 수백 명의 개혁자들이 투옥되고 35명이 화형되었다. 그 후 칼빈은 파리를 떠나 바젤로 도피하여 1535년 1월 그곳에 당도하였다. 이때 프란시스 1세는 당시 독일의 찰스 5세와 대립하였으나 그의 도움을 얻기 위해 프랑스의 박해에 관한 서한을 1535년 2월 그에게 보냈다. 프란시스 1세는 편지에서 프랑스 개신교가 어떤 정부도 참을 수 없는 무정부적 의도가 있다고 비난하였다.[29] 이런 상황에서 칼빈은 침묵하지 않고 고통받는 동료 신자들을 변호해야 할 책임을 지고 자신이 좋아하는 학문적인 일에 몰두하게 되었다. 그리고 삐에르 로베르를 도와 발도파 사람들을 위한 성경번역에 참여하였다. 당시 그의 사촌 올리베탄(Robert Olivetan)이 성경을 번역했는데, 칼빈은 사촌의 요청을 따라 번역 성경의 서문을 썼다. 이 성경은 1535년 뇌샤텔(Neuchchatel)에서 인쇄되었다. 그해 칼빈은 재침례파의 영혼 수면설을 반박하는 「영혼 수면설에 관하여」(*Psychopannychia*)를 출판하였다.

(3) 칼빈의 기독교 강요: 당시 프랑스 왕 프란시스 1세는 복음주의자들을 핍박하고 그들을 재세례파로 낙인찍었다. 그리하여 1536년 3월 칼빈은 자신의 역작 「기독교 강요」(*Christianae Religiounis Institutio*) 초판을 출간하였다. 이 책을 통해 칼빈은 자신도 모르는 사이에 원수들과 비방자들과 박해자들을 반대하여 정중하고 위엄 있게 개신교의 입장과 개신교도들의 신앙을 힘차게 제시하였다. 그리하여 타락하고 부패한 가톨릭의 옛 신앙 전통에서 교회를 구함으로 지도자로서의 자리를 확고히 하였다.[30] 이후 이 책은 종교개혁기 뿐만 아니라 지금까지 기독교 신학의 고

믿었다. 따라서 그는 개혁을 위해서는 아무리 값비싼 대가를 지불하더라도 로마를 거부해야 한다고 생각하였다. 이 모든 문제는 매우 확실하게 그 자신의 문제로 인식되었다. 이제 더 이상 행동을 미루거나 발뺌을 할 구실을 찾을 수 없었다. 그러나 하나님이 그의 손을 붙잡고 있었다.

29) 칼빈에 의하면 이때 프란시스 1세는 독일의 루터파 제후들과 동맹을 맺고, 독일 개신교의 보호자로서 자국 내에 있는 이단들을 숙정하려 하였다. 이에 맞서 칼빈은 신학 후보자들이 하나님의 말씀을 읽을 수 있는 준비와 자격을 갖추게 하고, 보다 적극적으로 왕을 움직여 개신교도들을 박해하고 국외로 몰아낸 원수들의 비방을 대신하여 개혁자들의 가르침을 변호하려 하였다.

30) Thomas M. Lindsay, *op. cit.*, 99; 동아일보 출판국, 「세계를 움직인 100권의 책, 상」, (제크공간, 2000), 84-89.

전으로 신교의 신학대전으로 불려왔다.[31]

그 후 이 책은 칼빈에 의해 모두 4차례 개정, 증보되었다. 초판은 휴대용의 크기였으며 1536년 3월에 바젤의 토마스 플래터(Thomas Platter's) 출판사에 의해 간행되었다. 그것은 사도신경에 기초하여 나는 하나님 아버지를 믿으며, 그의 아들 예수 그리스도를 믿으며, 그리고 성경을 믿으며, 또한 거룩한 교회를 믿는다 이다. 첫 번째 부분에서는 창조주 하나님을 기술하며, 두 번째 부분은 구속자이신 하나님의 아들과 구속을 다룬다. 세 번째 부분에서는 성령 하나님과 은총의 수단을 다루며, 네 번째 부분은 거룩한 교회와 그 교회의 본성과 징표를 다룬다. 이로써 칼빈은 새로운 신학을 창안하지 않고, 기독교회의 옛 가르침을 말씀에 근거하여 해석했으며, 초대 교회 이후 모든 경건한 사람들이 다 같이 알고 믿어왔던 것을 재현하였다. 특별히 중세 가톨릭 신학자들이 이교 철학과 행습으로부터 빌려온 각종 미신으로부터 해방하였다.

두 번째 판은 1539년에 출판되었는데 초판의 세배나 되는 분량이었다. 그리고 그 다음 판은 1543년에 간행되었는데 마틴 부처의 영향과 그가 스트라스부르크에 체류하던 때의 사상이 반영되었다.[32] 마지막 결정판은 1559년에 간행되었는데 총 79장으로 4권의 책으로 구성되었고 그 분량은 초판의 5배가 되었다. 제1권은 창조주 하나님의 지식에 관한 토론, 제2권은 창조주 하나님의 지식에 관한 부분의 계속, 제3권은 신앙과 구원의 교리들을 포함하여 그리스도의 은혜가 어떻게 적용되는가를 취급하였다. 제4권은 이러한 은혜들이 유지되는 양식(교회와 성례론)을 기술한다. 이 칼빈의 기독교 강요는 미래 개혁파 조직신학의 형성에 결정적인 영향을 미쳤다. 오늘도 개혁주의 학도들의 바른 신학의 탐구를 위해서는 교의학의 결정판인 이 책을 반듯이 살펴야 한다. 이 기독교 강요는 라틴어판과 불어 번역판이 있는데 이것은 단순한 논문이 아니라 신자들의 신앙적 교화를 위한 개요서이다. 특히 불어판은 그 이전 그와 같은 무게있는 책이 없었기 때문에 불어 발전사에도 중요한 의의를 갖는다. 또한 이 책의 인기로 많은 프랑스 교회들이 개혁파 진영으로 동참케

---

31) D. M. Lloyd-Jones, *Knowing the Times,* (Edinburgh: The Banner of Truth Trust, 1989), 34-35.

32) David C. Steinmetz, *Reformers in the Wings*, (Oxford University Press, 2001), 85-92.

하였으며 신앙생활의 교과서가 되었다.

앞에서 간단히 언급한 것처럼 기독교 강요의 목적은 그의 헌사에 나타났듯이 박해받는 복음주의자들에게 관용을 베풀 것을 탄원하면서 로마교도들이 개혁 신앙을 비판하는 네 가지에 대하여 반론을 편 것이다. 즉 개신교는 새로운 것이며, 미지의 것이요, 불확실한 것이요, 기적에 의하여 확증되지 않는다는 로마교의 주장을 논박하였다. 또한 그는 교부들이 개혁주의의 교리를 지지하지 않는다는 부당한 로마교의 주장에 대하여 오히려 로마교와 교부들 사이에 있는 괴리를 지적하고 진리에 반대되는 관습에 호소했다. 그리고 그는 교부들의 신앙과 천주교회의 오류들을 열거하며 교회의 본질이 무엇인가를 제시하였다. 끝으로 칼빈은 개혁 교리 때문에 국가적 소란이 발생했다는 주장에 대하여 만약 황제가 신실한 하나님의 백성들을 계속 박해할 경우 하나님께서 직접 보복 하실 것이라고 경고하였다. 칼빈은 이 책에서 성경 자체 연구를 위한 준비로서 구원에 필요한 기독교 진리들을 명료하게 논리적으로 기술하였다.[33] 그는 강요(講要)야말로 모든 하나님의 자녀들이 진정으로 성경을 이해할 수 있도록 하기 위한 열쇠요 입구와 같다고 했다.

칼빈은 기독교 강요 제 1장에서 하나님과 인간에 대한 지식을 포함하여 율법의 역할이 무엇인지 말하였다. 그에 따르면 율법은 인간의 무능함을 깨닫게 하여 죄인들을 그리스도에게로 인도하는 몽학 선생의 역할을 한다. 또한 그는 율법의 문제를 다루면서 그리스도안에 있는 하나님의 사랑과 십계명을 해설하였고, 결론 부분에서 율법의 사용과 칭의 문제를 다루었다. 제 2장에서는 믿음에 관한 문제로 믿음의 본질과 사도 신경에 대한 강해가 그 주종을 이루고 있다. 2장 글말에 그는 믿음 소망 사랑의 참 뜻을 설명한다. 제 3장은 기도 문제와 관련하여 주기도문을 해설하며 기도의 실제를 취급했다. 제 4장은 성례를 다루었다. 칼빈은 성례는 세례와 성찬만 성경의 지지를 받으며 이 성례들은 모두 주님의 약속이 결부되어 있고 성례는 상징적이며 동시에 은혜의 수단이라고 한다. 칼빈은 재세례파와 도나투스파의 세례관이나 로마교의 세례에 대한 입장을 반박하였다. 세례는 사람들 앞에서 우리의 신앙을 고백하는 상징이요 표식이라고 했다. 또한 성찬 교리를 다루면서 두 가지 성례에 대하여 잘못 시행된 관례를 비판하였다. 곧 성례의 존엄성을 지나치게 찬양하면 미신

33) J John Calvin, *Institutes of the Christian Religion*, trans., by Henry Beveridge, (London: James Clarke & Co., Ltd, 1953), 3-26.

에 빠지기 쉬우며, 반대로 성례의 가치와 유익을 가볍게 여길 때 성례를 경멸하게 된다고 했다. 제 5장에서 칼빈은 잘못된 로마 가톨릭의 성례들을 비판하였다. 견신례와 종부 성사, 혼인 성사에 대하여 간단히 말하고, 고해 성사와 성직 임명에 관해서는 길게 다루었다. 그리고 마지막 6장에서는 기독교인의 자유와 교회의 권능, 그리고 정치조직을 다루었다. 여기서 그는 특별히 교회와 정부의 관계에 대하여 언급하였다. 그에 따르면 교회와 정부는 다같이 하나님의 세우신 기관으로 그리스도의 주권 아래 있다. 루터의 관심이 그리스도를 통하여 우리에게 주어지는 은혜, 곧 하나님 앞에서의 인간의 칭의였다면, 칼빈은 그리스도 안에서 인간들에게 스스로를 계시하여 주신 하나님의 능력과 은혜와 영광을 선포하였다.[34]

(4) 파렐과의 만남: 1536년 4월 칼빈은 이탈리아에서 복음주의에 동조하는 페라리(ferrara) 공작 부인이요 프랑스의 공주인 르네(Renee)를 만나 개혁운동을 약속받고 비밀리에 고향을 방문했다. 그러나 공작의 반대로 교회 개혁을 위한 칼빈의 계획은 수포로 돌아갔다. 칼빈은 6월에 다시 파리로 돌아와서 그의 형제 앙뜨완과 이복 여동생 마리(Marie)를 데리고 스트라스버그로 가려 했으나 이때 프랑스와 신성로마제국사이의 전쟁으로 부득이 우회하여 제네바를 거쳐 스트라스버그시로 들어가야만 했다. 1536년 7월 칼빈이 제네바의 한 여인숙에 머물고 있다는 뒤 띠예의 소식을 접한 파렐은 그를 찾아가 열정적으로 칼빈에게 제네바에 남아 개혁 과업을 도와달라고 요청하였다. 그러나 칼빈은 이 요청을 거부하고 자신이 추구하는 학문을 연구할 것이라고 하였다. 이에 파렐은 "만약 당신이 돕기를 거절하고 뒷전으로 물러난다면, 하나님은 당신의 연구와 은거에 저주를 내릴 것이라"고 응수했다.[35] 이 말을 들은 칼빈은 순식간에 공포에 사로잡혔다. 그는 후에 회상하기를 너무나 두려운 공포로 인하여 진행하던 여행을 중단하지 않을 수 없었다고 고백하였다.[36] 그래서 그는 계획을 포기하고 파렐을 도와 제네바에 남아 있기로 결심하였다.

---

34) John Calvin, *Institutes of the Christian Religion*, trans., by Henry Beveridge, (London: James Clarke & Co., Ltd, 1953), 2 vols를 참고하라. 최근에 나온 「기독교 강요」 번역서는 크리스챤 다이제스트의 「기독교 강요」 초판을 참고하라.

35) Philip Schaff(ed.), *The Creeds of Christendom with a History and Critical Notes*, (Michigan: Baker Book House, 1990), vol. 1., 429.

36) 1577년 7월 22일자 시편 주석 서문에서 다음과 같이 기록하고 있다. "윌리암 파렐은 나를 제네바에 머물도록 강권하였는데, 그가 사용한 수단은 상담이나 권면이 아니라 무시무

3.1.2. 제 2기: 종교개혁의 성취와 헌신기

칼빈이 제네바에서 윌리암 파렐을 만난 이후 개혁자로서 주님을 섬기고 개혁을 성취하는 시기이다. 이 시기에 그는 기독교 신학 정립을 위해 생애를 바치고, 또한 제네바를 개혁의 요람으로 정착 시키며 몇몇 이단 사상과 논쟁을 펼쳤다.

(1) 칼빈의 제네바 정착과 개혁의지의 발전: 당시 27세로 제네바에 당도한 칼빈은 연소함에도 불구하고 신앙에 대한 명확한 체계를 확립하였다. 뿐만 아니라 제네바 시의 개혁을 위해 무엇이 필요한지를 분명히 인식하였다. 그에게 교리와 실천은 그리스도인이 하나님께 영광을 돌리고자 할 때에 나타나는 믿음과 순종의 양상이었다. 그러나 성경에 기반을 둔 칼빈의 확고한 사상에는 통일성과 일관성, 그리고 동질성이 있었고, 바로 이러한 일관성은 칼빈 신학을 특징지어 주었다. 그의 제자 베자는 칼빈이 수많은 세월이 흘렀어도 그의 사상적 본질은 변하지 않았다고 했다. 오히려 그의 사상은 날이 갈수록 풍성해지고 심오해 졌으며 그의 이러한 일관성과 포괄성 때문에 제네바에서 칼빈은 생각과 행동 사이에 통일성을 이룰 수가 있었다. 칼빈은 지도자로서의 투지와 확고한 신념이 넘쳐 있었다.

칼빈은 제네바에 정착하여 성문학 교수와 동시에 성 삐에르교회(the church of St.Pierre)의 목회직을 담당하였다. 당시 교인들은 거의 없었으며 설교의 열정과 우상의 소각에도 개혁은 무질서하였다. 칼빈은 여기서 바울 서신을 강의하며 제네바 개혁의 청사진을 작성하였다. 그리고 1537년 1월 4개의 초안을 소의회에 제출하였다. 소의회는 자신들의 의견을 첨부하여 1월 15일 200명의 의회에 송달하였다. 칼빈의 개혁안은 (i) 성만찬, (ii) 공중예배의 찬양 (iii) 어린이 신앙교육, (iv) 결혼법 등이었다. 그에 의하면 성만찬은 매 주일 집행해야 한다. 왜냐하면, 이것은 사도시대의 관례였기 때문이다. 그러나 당시 제네바 주민들의 취약성으로 전면적인 변화

시한 협박이라 할 수 있었다. 그러나 나는 이런 폭언이 마치 하나님께서 하늘로 부터 그의 전능하신 손을 내밀어 나를 그의 손아래 잡으시는 것과 같이 느꼈다". 그는 다른 글에서 다음과 같이 말했다. "내 마음은 개인 연구에 전력해야 한다고 결심한 뒤여서 다른 일에는 메이고 싶지 않았다. 그리고 그(파렐)는 간청으로는 아무 소득도 얻을 수 없다는 것을 깨닫고 만일 내가 긴급한 시기에 도움을 주는 것을 거절하고 무시한다면, 내가 추구하는 은둔 생활과 평온한 학문 생활에 하나님께서 저주를 내리실 것이라고 질타하였다. 나는 그의 이 저주로 말미암아 무서운 충격을 받아 나의 여정을 단념하고 말았다".

를 기대할 수 없으므로 성 베드로(St.Peter), 성 제르베(St.Gervais), 그리고 드 리브(de Rive) 교회에서 한 달에 한 번씩 집행하였다. 공중 예배시의 시편 찬송은 교회의 공중예배의 한 부분이 되어야 한다. 왜냐하면, 이렇게 불리는 시편은 공중기도로 마음속으로 노래할 때에 예배자들은 감동을 받고 기도하게 된다. 또한 하나님께 동일한 사랑으로 헌신토록 인도받는다. 어린이 신앙교육은 교리의 순수한 보전을 위해 요구되는 것이다. 목회자는 일 년 중 일정한 계절에 어린이들을 모아 시험한 후 요리문답을 가르쳐야 한다. 한편 결혼 규칙은 교황청이 비성경적으로 곡해하였으므로 성경에 근거한 간단한 규범을 제정해야 한다고 하였다.

이에 대하여 소의회와 200인 의회는 칼빈의 제안을 대부분 받아들였다. 의회에서는 신앙조항을 채택하고 성만찬은 일 년에 4차례 집행케 하였다. 결혼 광고는 예식 거행 3주 전부터 계속할 것을 규정하였다. 그 무렵 칼빈은 정식으로 제네바시의 목사로 시의회의 승인을 받았다. 1538년 4월 제네바는 칼빈과 시의회 간에 공예배 의식 문제로 갈등에 직면하였다. 칼빈은 로마교와 재침례 교도의 위험을 직시하고, 개혁 신앙을 입증하기 위해 21개조 신조(Instruction and Confession of Faith)를 작성하였다. 그리고 제네바의 시민들은 10인씩 나와서 서약토록 하였다. 그러나 이러한 칼빈의 요구는 제네바 시민의 저항을 일으켰다. 칼빈과 파렐은 시의회의 이같은 종교적 신앙 문제로 고민하였다. 시의회는 취리히의 모범을 따라 시의회가 시행해야 한다고 주장하였으나 칼빈은 권징 문제는 교회의 고유 권한이라고 말하고 그들의 결정권을 거부하였다. 따라서 시의회가 칼빈과 파렐의 추방을 결의함으로 이들은 그곳을 떠나야 했다. 결국 당시 제네바 시민들은 하나님의 뜻에 자신들을 복종시킬 준비를 갖추지 못하였다.

(2) 스트라스부르크에서 개혁자들과의 만남: 그리하여 파렐은 뇌샤텔의 목사로 부임하고 칼빈은 부처의 초청을 받아 프랑스 피난민이 많이 있는 스트라스부르크로 갔다. 칼빈은 스트라스부르크에 은거하면서 그곳에서 프랑스 피난민 교회를 목회하면서 저술에 주력하였다. 그는 또한 매일 강의하고 설교하는 임무를 했다. 그는 그의 첫 로마서 주석을 1539년에 집필하였다. 칼빈은 이곳에서 부처(Martin Bucer)와[37] 스텀(Sturm)을 만나 도움을 받았다. 부처는 교회조직과 교회일치주의, 권징과

---

37) 부처는 1491년 알사스의 슐레트슈타트(Schlettstadt)에서 태어났다. 그는 15세에 도

신앙고백서 그리고 예정과 성찬교리로서 칼빈에게 영향을 미쳤다. 스텀은 스트라스부르크 대학의 학장으로 이 대학을 당시 최고의 인문주의 대학으로 만들었다. 후에 칼빈은 스텀에게 배운 것들을 제네바 대학에 도입하였다. 그리고 부처로부터 교회 직제에 관하여 배웠다. 특별히 그곳에 머물던 3년 동안 부처와 함께 스트라스부르크의 개혁을 도왔다. 부처는 매우 잘 짜여진 교회 공동체를 발전시켜 놓아, 종교 생활과 세속 생활이 조화있는 일치를 이루었다. 그런 가운데 하나님의 영광이 추구되었다. 칼빈이 제네바에서 정비한 교회 법령과 신학적 영감은 부처로부터 유래하였다.

칼빈은 스트라스부르크에 머무는 동안 멜란히톤과도 교제하였고 그는 신학교 교수로, 목회자로, 저술 작업으로 분주하게 보냈다. 그는 1539년 바젤에서 기독교 강요 제 2판을 436쪽으로 확대 출판하였다. 제 2판은 17장으로 확대되었고, 알쿠이누스(Alcuinus)라는 필명을 사용하였다. 또한 이때 그는 첫 로마서 주석을 출판하였다.

미니칸 수도원에 들어가 토마스 아퀴나스의 복고주의로 훈련을 받았지만 에라스무스의 인문주의에 접하였다. 그는 1518년 하이델베르크에서 열린 어거스틴파 수도회에 참석 중에 루터의 연설을 듣고 즉각 개신교로 개종하였다. 1523년 부처는 매튜 젤(Matthew Zell)에 의해 개혁운동이 한창이던 스트라스부르크에 정착하였다. 부처는 요한 스트룸(John Strum)과 함께 교육 개혁을 실시하였고, 16세기의 목회 방면의 가장 중요한 저서 가운데 하나인 「참된 목회」(*True Pastoral Care*)를 저술하였다. 이 글에서 부처는 목회자의 자격을 "모든 사람에게 신뢰받고 사랑 받는자"로, "신뢰와 사랑의 사역과 참된 목회적인 돌봄을 위하여 은사를 받은 열정있는 사람"이어야 한다고 규정하였다. 또한 목회자들이 이행해야 할 목회적 의무를 다섯 가지로 말했다. "그것은 잃어버린 모든 자를 구하여 찾는 것이며, 흩어져 있는 자들을 돌아오게 하는 것이며, 상처 받은 자들을 치료하는 것이며, 유약한 자들을 강건케 하는 것이며, 강건한 자를 보호하며 그들을 초장으로 인도하는 것이다". 참된 목회 서론에서. 또한 부처는 권징의 필요성을 절감하여 권징을 개혁교회에서는 처음으로 교회의 표지로 사용하였다. 1546년 부처는 성도들의 영적 성장을 위하여 교회 안에 소그룹을 만들었다. 이는 후에 경건주의 운동을 일으킨 슈페너에게 영감이 되었다. 하지만 1546년 스트라스부르크가 황제의 군대에게 무력으로 함락되면서, 그는 영국으로 도피하여 케임브리지 대학의 흠정교수(Regius Professor) 중에 교수하다가 1551년 사망했다. 부처는 교회 화합과 일치를 강조한 신학자였다. 그는 1539년에서 1541년 사이 개신교회와 로마교회의 화해를 모색하는 가운데 레겐스부르크(Regensburg)회의에 참가하였다. 이 회의에서 개신교회와 가톨릭교회는 명실 공히 믿음으로 의롭게 된다는 교리에 거의 합의할 정도였다. 이때 루터는 부처가 너무 지나치게 가톨릭에 양보한다면서 "부처는 레겐스부르그 때문에 평탄을 잃는다"고 말하였다. 그러나 멜란히톤과 칼빈은 오히려 부처의 입장을 옹호하였다. 또한 그는 재침례교도들을 설득하고자 많은 수고를 하였다. 재침례교도들은 그들의 과격한 입장 때문에 박해를 받았으나 스트라스부르크에서 만은 후한 대접을 받았다. 이러한 부처의 인물 됨됨이에 토니 레인은 말하기를 "부처는 주장하는 것만큼 경청할 줄 알았고 기꺼이 배우려고 하였다. 그가 권징에 관여할

이와 같은 칼빈의 노력에 의하여 1550년경에는 요한 이서, 삼서, 요한계시록을 제외한 신약 주석 작업을 마치게 되었고, 1551년에는 구약 설교 이사야서를 강해하였다. 칼빈의 설교는 1549년 이후 속기로 기록되었다.[38] 그러나 그가 이곳 스트라스부르크에 머물고 있는 동안 제네바에 정치적 혁명이 발발하여 교회는 더욱 어려운 상황에 놓였다.

(3) 제네바로의 귀환과 개혁운동의 확산 : 칼빈이 떠난 뒤 제네바는 로마교의 위협에 직면하였다. 칼빈을 추방했던 당파는 1539년 베른과 불평등 조약을 체결하였는데 그 이듬 해 전복되고 협상자들은 반역자가 되었다. 전에 칼빈에게 우호적인 온건파가 다시 권력을 잡게 되었다. 따라서 제네바의 행정 장관들은 1541년 제네바 시당국의 평정을 위해 칼빈의 귀국을 허락하였다.[39] 그러나 칼빈은 "내가 하루에도

때는 적어도 부분적으로는 재침례교도와 논의한 뒤에 권징을 교회에 시행하였다"고 하였다. 토니 레인, 1990, 292. 부처는 성찬교리에 있어서 츠빙글리와 루터의 중간 입장을 취하였다. 그는 츠빙글리에 동의하면서 "떡과 포도주는...그 자체는 완전히 본래의 모습을 가지고 있으나 단지 주님의 말씀과 규례 때문에 상징이 된다"고 말하였고, 동시에 루터의 입장을 지지하면서 성례전에서 우리가 "주님의 바로 그 몸과 피"라는 수단을 통하여 우리는 점차적으로 그리고 보다 완전하게 중생에 참여케 되고, "주님의 몸과 피 안에서 보다 완전한 연합이나 혹은 우리 안에서 보다 심오한 연합의 완전케 함"을 받는다고 주장하였다(성찬에 관한 고백, 18장). 이러한 부처의 중도적인 입장 때문에 루터는 1529년 말부르그 회의에서 부처에게 "당신을 내 제자로 인정할 수 없습니다...우리가 서로 동일한 정신을 갖지 않은 것이 분명합니다"라고 말하였다. 토니 레인, 283. 부처는 루터교도들이 아우구스부르그 신앙고백을 작성하자, 1530년 동료들과 함께 「4개 도시 신앙고백서」(*Confession of the Four Cities*)를 작성하였다. 신앙고백 작성에 참여한 4개 도시는 스트라스버그, 콘스탄스(Constance), 멤밍겐(Memmingen), 린다우(Lindau)였다. 4개 도시 신앙고백서는 성찬에 대하여 다음과 같이 정의하였다. 그리스도의 제자의 명부에 올라 그분의 규례를 따라 이 만찬을 받는 모든 자들에게 그리스도께서는 그분의 참된 몸과 피를 영혼의 음식과 음료로, 또한 영생의 자양분으로 먹고 마실 수 있게 내려 주신다". 4개 도시 신앙고백서, 18장. 이러한 부처의 입장은 바로 츠빙글리와 루터의 중간적인 입장이다. David C. Steinmetz, *Reformers in the Wings*, (Oxford University Press, 2001), 85-92.

38) 당시 속기사 데니스 라구니에(Denis Raguenier)는 매일 매주 일상적으로 칼빈의 설교를 그대로 받아 적었다. 그 외에 몇 몇 속기사들이 참여하였다. 칼빈은 당시 천식으로 천천히 했기 때문에 속기가 용이하였다. 라구니에는 모든 시간을 이 일에 바쳤고, 매번 설교가 끝난 후 완전한 설교문을 작성하였다. 이 헐떡거리는 설교자의 속삭임은 존 부칸의 말대로 트럼펫이었다. T. H. L. Parker, *The Oracles of God,* (London: Luttterworth, 1974), 44.

39) 1541년 1월 21일 경 칼빈은 자신이 참석했던 한 종교회의에서 루터를 만나기를 희망했으나 뜻을 이루지 못하자 그에게 한 통의 편지를 보냈다. 그 편지에서 칼빈은 "그리스도 교회의 위대한 목사 마르틴 루터 박사, 내가 가장 존경하는 사부에게"라는 머리 말로 "비록 루터

수 천 번씩 죽어야하는 그런 십자가 보다는 일백 번 죽는 다른 길을 택하고 싶었다"는 고백처럼 귀국을 망설였다. 이때 파렐은 칼빈에게 귀환을 강권하는 글로 보냈다. 이에 칼빈은 하나님의 뜻이 자기를 부르고 있다고 확신하고, "내가 내 자신의 능력 안에 있지 않다고 생각할 때 나는 내 심장을 희생 제물로 주님께 드립니다....나는 결박되고 쇠사슬에 묶인 내 영혼을 주님께 바칩니다" 라는 다짐의 편지를 보냈다. 그리고 귀국 직전 1540년 8월 화란에서 피난 온 재침례파 출신의 여인(과부)과 결혼한 후[40] 1541년 9월 13일 제네바로 귀환하였다.

제네바 돌아온 칼빈은 교회를 하나님의 말씀 위에 바로서는 교회로 세울 것을 결심하고 그가 작성한 개혁안을 의회에 제시하였다. 그의 개혁안의 내용은 중세의 전통적 관습인 옷차림의 규정과 오락과 무도회의 금지에 관한 것들을 포함하였다. 칼빈은 이 규정을 귀족 계층을 포함한 전 시민에게 적용시키려 하자 귀족들의 반발을 야기하였다. 그러나 11월 20일 제네바 시의회는 칼빈의 교회 헌법] 개정안(Ecclesiastical Ordinances)을 200인 의회에 제출하고 결의하여 공포하였다. 이 법령은 사도 시대처럼 감독을 폐지하고 국가의 간섭을 배제하였다. 그리고 교회의 직분은 목사, 교사, 장로, 집사로 구성하고 의무를 규정하였다.

한편 그의 제안에 따라 교회를 3교구로 나누고 주일 새벽예배, 정오 예배, 오후 예배를 인도하기 위해 5명의 목사와 세 명의 부목사를 임명하였다. 또 월요일, 수요일, 금요일에도 예배를 드렸다. 당시 13,000명의 제네바 시에서 일주일에 17번의 설교가 행해졌다. 칼빈은 교회당에서 정기적으로 설교하였다. 그리고 성찬식은 1년에 4회 거행되었다. 바른 개혁을 위해 특별한 이유 없이 예배에 참석하지 않는 자들에게 벌금을 부과했으며, 태만한 신자들을 위해 직분자들을 따로 임명하였다. 젊은이들의 교육을 위해서는 철저한 계획이 세워졌고 어린 학생들에게는 요리문답을 가르치고 교회에서는 공과를 가르쳤다. 뿐만 아니라 제네바 학술원을 세워 많은 강의들을 실시하였다. 대부분의 시민을 위해서는 광범위하고 다양한 규범들, 그들의 식생

박사가 나를 악마라고 외칠지라도 나는 그를 존경하고 하나님이 선택한 종으로 부르겠다" 고 하였다. 칼빈의 이러한 공정한 평가는 부쩌와 멜란히톤의 역할 때문이었다. 홍치모, 「종교개혁사」, (성광문화사, 1977), 162.

40) 그녀와의 사이에 아들 하나를 두었으나 일찍 사망하였다. 칼빈은 아들이 죽었을 때 "우리의 아버지는 그의 자녀를 위해 무엇이 최선인지를 아신다" 고 말하였고, 자녀가 없다고 많은 사람들이 비난할 때 "나는 무한히 셀 수 없는 영적인 아들을 가지고 있다" 고 응수하였다.

활, 경제생활, 복장 그리고 윤리생활에 필요한 규정들이 마련되었다. 칼빈은 성경의 생활 원리가 전 시민들의 것으로 받아 드려지는 영적 이상향에 이르도록 온 힘을 다해 노력하였다. 그는 미신적이며 형식적인 중세 로마교적 전통을 개혁하기를 원했다.

오랜 동안 칼빈은 시 행정 관료들과 격렬한 반대에 부닥치긴 했지만 마침내 시 의회는 칼빈을 옹호하게 되었다. 결국 이 모든 규범들은 제네바 시의 자치 단체로부터 나온 것이며, 대부분의 시민들이 환영하였다. 그러나 이에 대한 지도 노선에 많은 반대로 때로는 신학적인 도전을 받고 고전을 면치 못하였다. 대표적인 논쟁은 카스텔리오(Sebastian Castellio, 1515-1563),[41] 제롬 볼세크(Jerome Bolsec)와[42] 미카엘 세르베투스(Michael Serbetus, 1519-1553)와의[43] 논쟁이었다. 그 중에 특별

---

41) 카스텔리오는 칼빈의 친구요 신학교 교장이었으나 성경의 권위를 불신하고 일부 성경의 정경성에 도전하였다. 예를 들면 아가서는 음란하고 추잡한 시 이기 때문에 성경으로 받아들일 수 없다. 그는 집요하게 칼빈을 물고 늘어졌는데, 공개적으로 광신적인 독선가로 묘사하였다. 그러나 그는 칼빈과 벌인 자신의 투쟁서에서 자신을 코끼리에 대항하는 한 마리의 파리(Die Mucke gegen den Elefanten)로 묘사하였다. 스테판 츠바익, 「폭력에 대항하는 양심」, 오영옥 역, (현대사상사, 1993), 5, 86.

42) 볼섹은 칼빈의 예정설을 반박하고 비방하는 전기를 써서 칼빈의 영향력을 감소시키는데 주력하였다. 그에 따르면 칼빈의 예정설은 하나님의 사랑과 은총에 배치되며 하나님을 죄악과 타락의 책임자로 만든다는것이다. 하지만 이 일로 인해 칼빈은 예정론을 더욱 중요한 기독교의 진리로 체계화하였다. 칼빈이 제네바에서 그를 추방하자 결국 그는 로마 교회로 돌아가서 칼빈을 심하게 비방하는 전기를 저술하여 칼빈을 복수하였다. Williston Walker, *A History of the Christian Church,* (New York: Scribner, 1985), 478-479.

43) 칼빈의 대적 중에 가장 강력한 사람으로 심대한 타격을 가져다 준 사람이었다. 세르베투스는 본시 스페인 사람으로 다방면에 천재적인 소질을 타고난 사람이었다. 의사요 법률가요 동시에 신학자였던 그는 1531년(22세)에 삼위일체론의 오류를 지적한 책을 출판하였다. 그리고 1553년에는 기독교의 복구를 출판하여 정통신학을 공격하였다. 그에 따르면 니케아의 삼위일체 교리, 칼케돈 기독론, 유아 세례가 교회 타락의 주요한 원인이라 비판했다. 특히 삼위일체 하나님을 믿는 모든 기독교인들을 삼신론자와 무신론자로 규정하였다. 또한 정통적 삼위일체 교리를 어거스틴의 꿈이요, 교황제도의 허구이자, 악마의 발명거리이며, 머리 셋인 괴물 케르베로스(Cerberos) 라고 비난하였다. 유아 세례 역시 지극히 혐오스럽고 성령을 거스르는 일이며, 중생의 의미를 포기하는 것이고 그리스도의 전체 왕국을 전복하는 것으로 규정하였다. 1545년에는 서신을 통해 칼빈의 기독교 강요를 강력히 비판하였다. 이로써 그에게 체포령이 내려졌으며, 그 후 가톨릭 교회 법정에서 사형선고를 받고 리옹의 감옥에 수감 중에 탈옥하여 제네바로 도망하였다. 칼빈은 그이 개심과 신학 입장의 수정을 요구하였으나 도리어 칼빈을 추방하려고 그의 반대파를 종용하려 하였다. 칼빈은 그의 회심을 요구하며 관용을 베풀려 했으나 결국은 1553년 10

히 세르베투스와의 논쟁이 가장 위협적이었다. 왜냐하면, 1553년 2월 몇 년 동안 균형을 이루던 선거가 칼빈의 대적자들에게 유리해졌기 때문이다. 이로 인해 칼빈은 한때 자신의 권한을 유지할 수 없을 정도였다. 이제 칼빈의 몰락은 필연적 인 듯 했다. 하지만 칼빈은 셀르베투스와의 신학적인 논쟁을 통해 기사회생하였다. 당시 세르베투스는 신비적, 범신론적 일신론을 주창하였다. 이로써 그는 교회로 하여금 격렬한 광신자요 급진적 이단자로 지목되었다. 이는 분명히 용서받을 수 없는 신성모독자로써 역사적 기독교를 파괴하는 자였다. 1554년 칼빈은 이단에 대한 사형 집행의 정당성을 공개적으로 변론할 필요를 느꼈다. 우상 숭배와 신성모독에 대한 모세의 율법과 그리스도가 성전에서 악덕상인을 쫓아냈던 일에 호소하면서(마 21:12) 칼빈은 가말리엘의 현명한 충고와(행 5:34), 가라지와 곡식 비유(마 13:29), 그리고 칼을 뽑은 베드로를 비난하는 그리스도(마 26:52)를 기초로 적대자들을 반박하였다.[44)]

하지만 당시 칼빈은 마치 움직이는 병동으로 온갖 질병에 시달렸다. 예를 들면, 그는 편두통으로 온 종일 침대에 쓰러져있었고 곧 위장염, 치질, 장신경통, 감기, 신경성 경련, 저혈압, 담석증에 시달렸으며 또한 류머티즘, 방광염 등으로 고통을 겪었다. 그럼에도 불구하고 칼빈은 늘 새롭게 초인적인 의지를 보이며 강단을 향해 힘차게 걸어 나가 말씀을 증거하는 일을 게을리 하지 않았다. 혹 몸이 불편하다는 것 때문에 아무것도 하지 않는 다는 것은 그에게 전혀 용인될 수 없는 일이었다. 칼빈의 서재가 있던 샤느완느(Rue des Chanoines) 거리는 이른 새벽부터 자정이 넘은 시각까지 그의 서재에서 흘러나온 불빛에 취해 있었다.[45)]

월 27일 비엔(Vienne)에서 화형되었다. 보다 자세한 것은 라은성, "세르베투스 비엔느 공판", 「역사신학 논총 제 4집」, 한국복음주의신학회, (도서출판 이레서원, 2002), 41-69: Philip Schaff, *History of the Christian Church*, vol. III., (Michigan: Eerdmans Publishing Company, 1910), 67; William Cunningham, *The Reformation and the Theology of the Reformation*, (Edinburgh: Banner of Truth Trust, 1989), 322를 참고하라.

44) 베자 역시 특별 논문을 통해 이단의 징벌을 옹호하였다. 그에 의하면 국가는 종교를 보호하기 위해 법과 의무를 베풀 권한을 가지며 세르베투스의 처형은 무엇보다도 국가의 자기 방어의 한 형태라고 하였다. 그는 관용론은 회의주의 또는 불신앙에 기초한 것으로 악마적인 교리라고 하였다. Philip Schaff, *History of the Christian Church,* (Michigan: Eerdmans Publishing Company, 1910), vol. III., 70-71.

45) 스테판 츠바익, 「폭력에 대항하는 양심」, 오영옥 역, (현대사상사, 1993), 52.

이처럼 칼빈은 평생 동안 자신에게 철저하였다. 예를 들면 잠을 적게 자고 식사는 활동에 필요한 최소한의 영양만을 취하였다. 그는 자주 금식하며 옆에 책을 놓은 채 잠들곤 했다. 단 한 번도 산책을 가거나 놀이를 하며 즐거워하거나 긴장을 푸는 생활을 누린 적이 없었다. 대신 그는 자신이 하는 신앙의 과업에 광적(狂的)으로 몰두하여 항상 부지런히 활동하고 사고하며, 저술과 싸웠다. 그는 자기 자신을 위해 단 한 시간도 허비한 일이 없을 정도였다. 그는 그 무엇보다도 자기 자신에게 가혹할 정도로 철저하였다.[46] 이는 그 자신의 표현대로 영속적인 죽음과 같았다. 칼빈은 1564년 주님의 부르심을 받기까지 마지막 24년을 제네바에서 보내면서 하나님 나라 건설을 위해 진력했다.

4. 칼빈의 신학사상 및 특징

앞에서 간략하게 살펴보았듯이 개혁자 칼빈은 당시 처한 정치적, 종교적 불안정으로 인해 한때 유럽의 여러 곳을 전전긍긍했다. 그러나 그는 방랑 생활을 통해 선배 개혁자들의 가르침에 영향을 많이 받았다. 그는 루터로 하여금 이신칭의와 하나님의 약속의 징표로서의 실존적 성례 개념을 수용하였다. 그리고 마틴 부처로는 만물을 지으신 창조주 하나님에 대한 영광과, 기독교인의 확신과 예정교리, 하나님의 뜻을 이루기 위한 그리스도인의 감사와 성실한 삶, 불굴의 노력 등이었다. 츠빙글리로부터는 성찬에 있어서 문자적 형식을 취하였다. 이처럼 루터와 부처, 츠빙글리 등은 바로 그의 사상 정립에 크게 기여한 선배였다.[47]

그러나 칼빈은 이 모든 것을 조직화하고 보다 더 명료하게 하였다. 예를 들면 칼빈은 종교개혁의 모토가 된 루터의 이신칭의에 맞서 자신의 신학을 하나님 영광과 주권사상으로 발전시켰다. 결국 칼빈이 이룩한 신학적 전통, 개혁교회는 루터교와 구분되었다. 특별히 칼빈은 그의 신학에서 구원의 신적 은총과 말씀의 권위, 강력한 인격적 신앙을 강조하였다. 그러나 그의 사상의 중심은 결국 하나님의 주권이었다. 바로 이점이 칼빈을 루터와 특징적으로 구분시켜 주는 핵심적 신학 원리이다. 루터

46) *Ibid.*, 49-50

47) Williston Walker, *A History of the Christian Church*, (New York: Scribner, 1985), 473, 475.

는 타락한 인간의 구원과 회복에 관한 문제로 인간 중심적인 것에 깊은 관심을 가졌다. 하나님에 대한 루터의 사고는 이 인간 중심주의를 반영하는 것으로 하나님이 인간을 위해 어떤 일을 하시는가에 있었다.

이와 달리 칼빈은 하나님 그분 자체로서 그의 신학이 근본적으로 하나님 중심적임을 가르친다. 그에 따르면 인간은 하나님과 갖는 관계에서 종교적 신앙 개념이 형성되었다. 중요한 것은 인간은 말씀을 통해 하나님의 주권과 섭리(divine scheme of things)를 배우며 이를 삶 속에 적응하는 일이다. 이는 하나님이 인간을 위해 존재하는 것이 아니고, 인간이 하나님을 위해 존재하기 때문이다. 그러므로 인간의 최상의 종교 행위는 이를 받아들여 지극히 거룩하신 하나님(all-holy God)의 절대 주권에 복종하는 것이다. 그런데 칼빈의 신학은 여러 측면에서 조명할 수 있으나 대체로 성경관, 하나님의 절대 주권과 은혜, 예정론으로 집약된다.[48)]

4.1. 오직 성경만으로

칼빈의 신학사상의 기초는 성경을 모든 것의 기초로 삼는데서 출발한다. 그는 어떤 철학자들처럼 성경과 철학을 혼합시키지 않고 성경에 절대 권위를 부여했다. 그는 성경에 근거하지 않은 그 어떤 철학도 인정치 않았다. 그의 이 같은 입장은 기독교 강요에 나타나듯이 교의신학보다 성경 신학을 더욱 강조하는데서 발견된다.[49)] 칼빈은 철저히 성경이 가는데 까지 가고 성경이 멈추는데서 멈추었다. 더욱이 신학과 교회의 실천 분야에서 성경의 요구 이상 그 어떤 것도 고수해서는 안 된다고 주장하였다.[50)] 이는 그가 성경을 하나님의 뜻과 명령을 알 수 있는 유일한 길로 이해

---

48) Hans-Joachim Kraus, "The Contemporary Relavance of Calvin's Theology", *Toward the Future of Reformed Theology*, eds. David Willis/Michael Welker, (Michigan: William B. Eerdmans Publishing Company, 1999), 324-325.

49) 신학의 분류에 있어서 조직신학과 성경신학은 동일한 노선에 있다. 성경을 전체적으로 주제에 따라 연역적 방법을 시도할 때는 둘 다 같은 입장이나, 귀납적 적용을 할 때는 약간의 차이를 보인다. 전자는 주제에 따라 성경 전체를 논하며 후자는 성경의 저자와 주제, 각 책의 내용에 따라 전체적 의미를 추적해 낸다. D. M. Lloyd-Jones, *Knowing the Times,* (Edinburgh: The Banner of Truth Trust, 1989), 34-35.

50) W. Stanford Reid, "The Transmission of Calvinism in the Sixteenth Century", *John Calvin, His Influence in the Western World,* (Michigan: Zondervan, 1982), 50.

했기 때문이다. 그에게 성경의 확실성은 교회의 전통이 아닌 하나님으로부터 오는 것이다. 하나님의 말씀이 교회보다 더 오래되었기 때문이다.[51] 칼빈에게 성경은 하나님의 뜻과 말씀이 영원히 생동하는 기록으로 거기에는 하나님의 뜻과 말씀이 영원히 숨 쉬고 있다. 하나님은 자신의 계획을 전달하기 위해 그 뜻을 글로 엮어서 인간에게 말씀하셨다. 그러므로 인간의 구원은 하나님이 계시하신 성경 밖에 다른 길이 없다. 하나님의 말씀인 성경은 윤리, 사상, 신앙, 정의 및 인간의 삶에 적용되는 유일한 법칙이다. 대표적으로 예정론을 들 수 있을 것이다.

칼빈은 이 교리 속에 내재된 수많은 논리적 주제에도 불구하고 성경이 말씀하는 그 이상의 발전은 부당하며 사실상 죄악된 것으로 단언하였다.[52] 이처럼 그에게 성경은 모든 지식과 정의로움과 진리의 총체이며,[53] 이 세상의 모든 행위를 결정하는 심판관이다. 따라서 이 책은 언제 어디서든 모든 이가 자유롭게 점유할 수 있는 구원을 얻기 위한 절대적인 책이다. 이는 마치 성전을 떠 바치고 있는 돌기둥처럼 부동한 것으로 교회는 더 이상 그 어떤 것에 결코 동요되어서는 안되었다. 성경은 사람들이 언제나 마음대로 변형시키고 해석하여 진리를 찾고 변해지는 것이 아니기 때문이다. 성경은 구원의 원천이다. 칼빈은 바로 이 성경에 의해 통치되는 세상을 추구하고 여기에 근거하여 제네바의 개혁을 이루고자 하였다. 그는 성경에 의해 통치를 받는 오직 한 권의 책의 사람이었다.

4.2. 하나님의 절대주권

칼빈의 신학 원리는 하나님의 주권이었다. 이것은 하나님이 창조자, 섭리자, 통치자, 구속자로서 하나님의 모든 피조물과 그들의 모든 행위에 대해 독자적인 주권을 행사하심을 가르친다.[54] 이 신학적 원리는 곧 그의 사상 체계의 기초였다. 그러므로 일체의 모든 신조는 철저히 성경의 가르침에 통제되고 제한되었다. 오직 성경에 모든 것을 걸었던 개혁자 칼빈은 기독교 강요 제 1장 서두에서 인간의 삶의 주

---

51) Philip Schaff, *History of the Christian Church*, vol. III., (Michigan: Eerdmans Publishing Company, 1910), 39-40.

52) W. Stanford Reid, 43.

53) 스테판 츠바익, *op. cit.*, 45.

54) W. Stanford Reid, *op. cit.*, 43.

요 목적은 하나님과 자신을 아는 일이라고 했다. 그것은 양심의 증언을 통해 핑계할 수 없을 만큼 충분히 자연에서 얻을 수 있지만(롬 1:18) 정확한 구원의 지식은 성경을 통해서만 주어진다. 즉 하나님의 인식은 누구나 가능하지만 실제로는 오직 성경에 계시된 말씀을 통해 발견된다. 이 하나님은 전적으로 초월적이며, 우리가 하나님에 대해 생각할 수 있는 어떤 생각도 넘어서 계신다.[55] 성경은 하나님은 의로우시며 어디서나 모든 선한 것의 원천이라고 가르친다. 성경은 무엇보다도 인간이 하나님의 피조물이며 하나님께서 그에게 부여하신 의무와 책임을 성취해야 하는 존재라로 규정한다. 그러므로 성경은 인간이 자신에 대하여 믿어야 할 내용과 하나님에 관하여 믿어야 할 내용을 동시에 말씀하였다.

이와 함께 성경은 창조주 하나님과 인간의 존재 사이에는 절대적인 단절이 있기 때문에 하나님에 대한 인간의 지식은 결코 부분적인 정도를 넘어 설 수 없다. 궁극적으로는 성경도 제어하지 못하는 영원한 신비에 둘러싸여 있다. 그러므로 자신에 관한 그리고 자신과 하나님과의 관계에 관한 성경의 계시를 이해하려고 노력하는 인간은 최종적으로 신앙으로 계시를 받아들여야만 한다. 그러나 전능자 하나님은 모든 만물 위에 초월해 계신, 즉 전적인 타자(totally Other)이므로 하나님이 자신을 우리에게 계시해 주지 않는 한 인식 할 수 없다. 이 하나님의 계시는 그의 피조물로 범죄하여 타락한 우리의 구원과 직접 관계한다. 따라서 하나님은 그의 아들 예수 그리스도 안에서 죄인들을 구원하기 위해 자신을 드러내시는 방편으로 그의 전적인 신비성(complete mysteriousness)과 절대적 은익성(absolute hiddenness)을 사용하였다. 이는 데이비드 F. 웰즈 교수의 지적처럼 우리의 지각에 적합하고 잘 어울리는 것이다.[56] 그러므로 우리가 이 하나님을 바로 깨닫기 위해서는 온전히 성령의 능력을 힘입어야 한다. 이 방법 외에 다른 길이 없다. 우리가 구원을 위해 하나님을 인식하는 일이 시급하지만 그는 실제로 우리의 인식(지식) 대상 이전에 우리의 숭

---

55) John Calvin, *Institutes of the Christian Religion*, trans., by Henry Beveridge, (London: James Clarke & Co., Limited, 1953), vol. I., 27-89. Cf. W. Stanford Reid, "The Transmission of Calvinism in the Sixteenth Century", *John Calvin, His Influence in the Western World*, (Michigan: Zondervan, 1982), 50.

56) 데이비드 F. 웰즈, 「기독론」, 이승구 역, (엠마오, 1994), 136. 대표적인 예가 곧 성육신이다. 예수님은 성육신 기간 동안에 하나님이 하나님보다 못하신(less than God) 이가 되신 것이 아니었다. 단지 그렇게 보였을 뿐이다

배와 예배의 대상이 되신다. 칼빈은 하나님의 초월성과 성령의 역사에 대한 이 같은 인식과 감각이 파악될 때 우리가 하나님을 바로 이해할 수 있다고 주장했다. 하나님 이 외에는 그 누구도 악의 혼란을 극복할 수 없고, 새 시대를 가져올 수 없다. 여기서 우리는 칼빈이 얼마나 철저하게 하나님의 절대 주권사상에 집중하고 있는지를 발견한다. 칼빈은 하나님의 전능하신 이 능력에 완전히 사로잡힌 자신의 모습을 경험하였다.

하나님은 그의 말씀 가운데서 자신을 위엄 있고, 두려우며, 전능하고, 전적으로 불가해한 분으로 계시하신다. 그러나 하나님은 이를 넘어서 자신을 모든 존재의 그리고 창조 세계에서 일어나는 모든 사건의 자유롭고 주권적인 주님으로 드러내신다. 여기서 그분이 자유로우신 까닭은 하나님은 자신의 뜻 이 외의 그 어떤 것에 의해 속박을 받지 않으시기 때문이다. 그는 출애굽기 3장의 말씀처럼 스스로 있는 자이시다. 때문에 하나님은 인간이 할 수 있는 어떤 행동에 의해서 그의 뜻에 부과되는 어떤 제한이나 조건에 지배받지 않으신다. 하나님의 창조(피조) 질서 가운데 일어나는 모든 것은 그의 주권적 지배를 받고 있다. 말씀으로 지은바 된 모든 만물은 그의 보호와 섭리 아래 창조 목적을 이룬다. 따라서 피조 세계 속에서 일어나는 모든 일은 그가 그렇게 되기를 원하시기 때문에 그렇게 되는 것이다. 그러므로 이 세상 모든 피조물은 그의 능력의 통제 속에서 자유함을 얻게 된다. 칼빈에게는 이것이 인간에게 어떤 가치를 부여하는 하나님에 대한 유일한 지식이다. 이 지식은 인간으로 하여금 하나님의 신비와 주권 앞에서의 겸손한 숭배와 인간 자신의 의의를 받아들이는 것, 그리고 하나님의 영광을 드러내는 일로서 표현되는 전적인 헌신이다. 여기서 인간은 어거스틴의 고백처럼 영적 자유와 평안을 얻게 된다.

칼빈주의 신학은 바로 이와 같이 철저한 하나님의 인식에서 출발한다. 예를 들면, 하나님을 본질적으로 신비하신 분으로 받아들임은 인간의 가장 나쁜 죄, 우상숭배 곧, 하나님을 인간의 술어로 사고하고 하나님을 인간의 형식들 속에서 표현하며, 하나님을 우리가 생각하는 하나님으로 만들어 버리려는 경향을 방지해준다. 하나님은 인간의 정신이나 상상력의 구성물이 아니다. 또한 그것의 통제를 받지도 않으신다. 하나님은 당신의 계시된 말씀 속에서 스스로를 보여주신 바대로 받아 들여야 한다. 그러나 하나님에 대한 인간의 사색에 따라 인간의 형상으로 만들어서는 안 된다. 하나님을 하나님으로 받아들이는 것이 요구된다. 바로 여기에 칼빈주의의 핵심이 있다. 이들은 하나님이 하시는 일들을 의심하는 것과 모든 의혹을 유발하는 자연 신학 또한 거부한다. 인간은 하나님이 자신을 계시해 주신 것 외에는 하나님에 대해 아무것도 알 수 없다. 하나님이 그 자신을 말씀해 주신 것은 그의 계시 곧 그의 말씀 속에 담겨 있다. 이 말씀은 옛 시대에는 모세와 선지자들을 통해서, 새 시대에는 율법의 마침이 되시는 예수 그리스도와 그의 제자들을 통해서 말씀하셨다. 이 계시는 만대로부터 과거, 현재, 미래에 우리의 영과 육이 구원 얻기에 충분한 내용을 가지므로 누구든지 주의 이름을 부르는 자는 구원을 얻게 된다. 이 구원은 행위로 말미암지 않고 오직 그리스도 안에서 거져 주시는 믿음으로 되어진다. 그러므로 하나님의 예정은 전적으로 하나님의 뜻이므로 그 누구도 송사(訟査)할 수 없다.

하나님의 주권은 또한 미지의 하나님(unknown God)의 현존 앞에서 인간이 갖는 교회의 예배 형식을 통해서 나타난다. 이때 인간은 전능 자 앞에서 경외심을 가져야 하며 오직 그의 자비만을 기다려야 한다. 이 원리 위에서 칼빈주의 교회는 교회 내에 어떤 장식, 화려한 의식이나 형식을 거부하고 거룩하신 하나님께 단순하게 예배한다. 이것은 보이는 우상들을 거부하고 살아 계신 하나님만을 예배하기 위함이다. 인간이 표현 불가능한 존재를 표현할 수 있는 대상으로 삼지 않도록 하기 위해서는 하나님을 표현하는 데 사용할 수 있는 어떤 조상(statue), 그림, 채색 유리창 같은 시각적 유혹물은 전적으로 통제되어야 한다. 하나님은 나 외에는 아무 형상이든지 만들지 말라고 하셨다. 하나님은 영이시니 예배하는 자가 신령과 진리로 예배해야 한다. 때문에 인간적인 어떤 술어나 형상으로 하나님을 표현해서는 안 된다. 이와 관련하여 감각적인 호소수단(sensible appeal)의 엄격한 사용 거부는 칼빈주의 교회 예배의 또 다른 측면이다. 오로지 필요한 것은 개인이 하나님과 그의 말씀과 흐트러짐이 없는 접촉을 가지는 일이다. 이와 같은 인격적 만남을 방해하거나 소홀히 할 수 있는 것들은 철저히 제거되어야 한다. 인간이 유리창이나 돌 또는 나무로 만든 형상 속에서 우상숭배를 피하기 위해서는 하나님에 대해 이야기하면서 인간의 말 대신 하나님의 말씀을 직접 사용하는 것이 훨씬 더 유익하다.

그리하여 칼빈은 하나님을 바르게 예배하기 위해서 기도와 찬송 시에 운율을 붙인 시편을 이용했다. 그는 시편이 영감 된 하나님의 말씀으로 하나님께서 인간에게 자신에 대하여 이야기하고 찬양하며 기도하도록 마련해 놓으신 길이라고 이해했다. 이 시편의 사용을 통해 인간은 자신이 하나님에 대하여, 하나님과 올바로 이야기하고 있음을 확신하게 된다고 믿었다. 그의 중심에는 오직 하나님 외에 그 어떤 것도 생각할 수 없었다. 이와 같은 정신아래 칼빈과 그의 추종자들은 조상(statue), 형상, 초와 법의(法衣), 로마 가톨릭 예배의식의 감각적인 호소 수단 일체에 대하여 전율적(戰慄的)인 것으로 간주하였다. 개혁자들은 이런 로마교회의 의식 속에는 하나님의 계명을 범한 미신적 요소들이 있음을 발견하였다. 이들은 "너희는 새긴 우상(형상)을 만들지 말라" 는 말씀을 문자적으로 믿었다. 때문에 인간이 하나님과 하나님에 속한 것들을 시각화 하든가 달리 감각에 닿을 수 있게 하려는 시도 속에는 언제나 하나님을 본질적으로 신비스럽고 알 수 없는 분으로 받아들이기를 거부하고 나아가 우상 숭배화 하려는 유혹이 잠재하고 있다고 했다. 칼빈에게 바른 예배는 오직 창조주 하나님만을 생각하고 그 형식은 단순하나 엄숙해야 했다.

4.3. 오직 하나님의 영광(Soli Deo Gloria)

이와 같이 주권적으로 자유로우신 하나님은 창조된 현실과 자유롭게 선택된 관계를 가지신다. 존재하는 이 세상의 모든 것은 하나님께로부터 온다. 하나님은 이들의 동인(動因)이시다. 이들은 또한 하나님 아닌 다른 목적을 지니고 있지 않다. 하나님이 이들의 모든 것이며 목적인(final cause)이다. 따라서 하나님은 자신의 목적을 위하여 창조물을 사용하시고 그것들의 바른 목적을 위해 행동하신다. 하나님은 아담의 범죄와 타락한 인류의 구원을 위해 그의 아들을 십자가에서 죽게 했다. 하나님께서는 은혜로 선택된 자를 죄에서 구속하시고 영광으로 이끄시기 위해 자기의 아들을 희생하셨다. 그의 아들 그리스도에 의해 이루어진 구속은 인간과 인간의 구원을 지향한다. 따라서 그리스도의 구원사건 외에 어떠한 인간의 행위도 하나님 앞에서 공적이 될 수 없다. 단지 모든 인간은 저주받을 수밖에 없는 두려운 진노아래 있을 뿐이다. 이 무기력과 절망 상태로부터 어떤 이들은 아무 공로 없이 그리스도의 사역을 통하여 구원을 받았다. 죄를 알지도 못하신 분이 형벌을 당하심으로 사람들의 죄 값을 지불하셨고, 그들을 위해 대신 죽으신 것이다. 그러나 이 대속의 희생과 용납은 하나님의 자유로운 행동이시며 그래서 하나님의 사랑이 그 원인인 것이다. 바로 이 구원은 탁월하게 하나님의 영광을 드러낸다. 하나님의 영광을 드러내는 것이 세계 및 세계 안의 모든 존재의 목적이므로 인간의 과제는 이 목적을 받아들여 이 목적을 따르는 것이다. 그러므로 인간은 자신이 존재하는 유일한 이유가 하나님께 영광을 돌리고 하나님이 자신을 지으신 목적을 반영하는 데 있음을 인정해야 한다. 인간의 목적은 이 하나님의 주권 속에서 자신의 구원을 이루는 데 있고 이것은 이 세계에서 으뜸가는 목적 곧 하나님께 영광을 돌리는 일에 있다.

그러나 인간의 목적이 하나님의 영광을 드러내는 데 있다고 이해하는 가운데 칼빈이 의도한 것은 인간을 억제하려는 것이 아니라 오히려 인간이 하나님을 더욱 확실하게 신뢰케 하려는 것이었다. 그것은 하나님의 말씀에 하나님은 인간을 위해 선을 행하심 속에서 당신의 영광을 찾으신다는 사실을 분명히 밝혀주기 때문이다. 최종적으로 하나님의 영광은 하나님이 인간을 구원하시는 데서 가장 확실하게 성취된다. 왜 하나님은 죄로 멸망 받을 수밖에 없는 우리를 구원해 주셨는가? 이 사실을 생각하면 가슴은 설레이고 심장이 고동친다. 이것은 전적인 하나님의 사랑에 근거한다. 그러므로 인간은 하나님을 절대적으로 신뢰해야 한다. 그런데 칼빈이 말한 "오직 하나님의 영광"(*Soli Deo Gloria*)이란 두 가지 사실에서 우리의 주의를 요한다. (1) 구원의 확신에 대한 칼빈의 접근방법은 루터의 접근방법과 다르다는 것이며. (2) 칼빈의 예정론은 이 교리로부터 완전한 논리적 결론으로 나온다는 것이다.

루터는 구원의 확신을 죄된 인간에게 하나님이 은총으로 베푸신다는 약속에 의존하였다. 그는 하나님은 인간의 무가치성에도 불구하고 인간을 구원하실 것을 믿었다. 칼빈은 이 같은 확신을 모색하는 과정에서 절대적으로 확실하고 변치 않는 단 하나의 현실이 있는 바, 그것은 하나님의 뜻이라는 결론에 도달하였다. 하나님은 당신의 영광이 인간을 구원하는 데서 드러나도록 결정하신 이상 하나님의 이 뜻을 방해할 수 있는 것이란 아무것도 없다. 때문에 인간이 전적인 신뢰감을 가지고 의존하여야 하는 것은 하나님의 뜻 뿐이다. 이 교리에는 예정론이 함축되어 있는데 이것은 하나님의 뜻은 주권적으로 자유로우심을 말한다. 즉 하나님의 뜻은 결코 어떤 피조물에 의존하거나 제약을 받지 않는 것을 의미한다. 하나님의 뜻이 움직이는 유일한 조건은 하나님 스스로 자신에게 부과한다. 그 결정은 이 창조 세계가 하나님 자신에게 나의 영광을 이런 특수한 방식으로 드러내게 하려는 의도에서 절정에 이른다. 결국 그의 결정대로 모든 것이 이루어져 왔고 또 이루어질 것이다(롬11:36). 이 세상의 창조질서는 하나님이 나타내도록 예정하신 그 예정 안에서 하나님의 영광을 드러내게 될 것이다. 때문에 인간은 이 하나님의 주권적 예정에 절대 수동적

일 수밖에 없다. 그럼에도 불구하고 그분의 예정 때문에 그분에 대한 우리의 책임성이 약화되거나 도외시 될 수 없는 피조물로서의 어떤 인격적 의무와 책임을 요구하게 된다. 바로 이런 이유 때문에 하나님 나라의 백성들은 계속 긴장 속에 살아간다. 코람 데오(Coram Deo), 신전의식 신앙이다.

4.4. 예정론: 선택과 유기

일반적으로 예정론은 칼빈 신학에 있어서 중심으로 알려져 왔다. 그런데 이 원리는 인간만이 아니라 창조된 모든 피조 세계에서 동일하게 나타난다. 하나님의 예정에 따라 인간이 하는 모든 일, 인간의 최종적 운명은 하나님이 그리 되리라 미리 정하신 그대로 될 것이다. 이 원리에 따라 하나님은 누가 구원을 받고 누가 구원을 받지 못할 것인가에 대한 그분의 뜻을 이미 결정해 놓으셨으며, 이 결정은 되돌릴 수 없는 것이다. 인간은 죄로 타락함으로 모든 정신적 선과 구제를 초래할 수 있는 의지 혹은 자정능력을 완전히 상실하였다. 때문에 하나님의 뜻이 선한 일이든 악한 일이든 인간이 하는 일로 변할 수 없으며 만약 그럴 수 있다면 하나님의 절대 주권을 모독하고 도전하는 것이다.

이처럼 절망적인 상황에서 하나님은 스스로의 영광을 위하여 그 자신의 결의로서 어떤 사람을 영원한 생명으로 예정하시고, 다른 사람들을 영원한 죽음으로 예정하셨다. 이것이 선택과 유기에 관한 예정론 교리이다. 때문에 우리는 하나님이 몸소 개개인이 어떻게 되었으면 하고 바라시는 바를 결정해 놓으신 영원한 하나님의 섭리를 따르지 않을 수 없다. 이 원리에 기초하여 볼 때 모든 인간은 동등한 조건으로 창조된 것이 아님을 보게 된다. 즉 어떤 이는 그리스도 안에서 영생을 위하여 또 어떤 이는 영벌(eternal condemnation)이 미리 정해져 있음을 알수있다. 따라서 칼빈은 모든 인간이 이런 목적의 어느 한 쪽으로 창조되었기에 우리는 인간이 생명 또는 죽음으로 예정되었다고 말한다. 결국 칼빈의 이 예정론은 하나님의 영원하신 계획이 죄로 인해 타락하고 파멸할 인간에게 적용되는 데서 그 절정에 이른다.[57] 인

---

57) 막스 베버(1864-1920)는 그의 책 프로테스탄트의 윤리와 자본주의의 정신에서 칼빈의 이 예정론은 그들의 교회를 전투적인 교회(ecclesia militans)로 만들었다고 했다. 왜냐하면 예정논을 받아들인 칼빈주의자들은 구제의 확신과 더불어 신에 의하여 선임되었다는 선민의식을

간은 하나님의 이같은 자의적 행위에 대하여 그 결과를 수용할 뿐 누구도 항거할 수 없다.

우리는 여기서 칼빈의 예정론이 갖는 두 가지 의미를 이해해야 한다. (1) 칼빈은 예정론을 제시함에 있어 무엇을 덧붙이려 한 것이 아니고, 인간에 대한 하나님의 구원계획을 하나님의 말씀의 명백한 증언을 통해 증명하였다. 하나님은 그가 택하시고자 하는 자를 택하시고 거부하시고자 하는 자를 거부하신다는 말씀은 바울이 로마서 9장에서 설명했다. 즉 "용기 장이가 같은 진흙덩이를 가지고 하나는 귀하게 쓸 그릇을 만들고 하나는 천하게 쓸 그릇을 만들어낼 권리가 없겠느냐?"(롬 9: 21)이다. 이 말씀에 근거하여 칼빈은 하나님의 말씀의 모든 것을 우리가 읽어야 하고 받아들여야 한다고 했다. 하나님의 예정은 이 말씀 속에 분명하게 지적되어 있다. (2) 하나님이 예정해 놓고 계시다는 사실은 성경 말씀에 계시되어 있다는 것이다. 그러나 예정론은 이 사실을 넘어 하나님의 무한하신 속성, 영원한 신비에 싸여 있다. 하나님은 이 섭리(예정의 섭리)가 어떻게 시행되는지에 대하여 그리고 그 시행과정에서 공의와 자비가 어떻게 작용하는지에 대해서는 분명하게 계시해 주지 않으셨다. 따라서 인간이 하나님의 말씀에 철저히 경청하면서 취할 수 있는 유일한 자세는 예정의 사실과 신비를 모두 받아들이는 것이다. 즉 하나님의 권능과 섭리에 순복하는 것이다. 그 이상 우리에게 요구되는 어떠한 사변도 하나님께서는 용납지

가지고 하나님의 영광을 이 지상에 나타내기 위하여 세상으로 향하였기 때문이다. 이제 그들에게 있어서 세속적 직업은 단순히 신으로부터 주어진 것으로서 각자 그 신분에 따라 의무를 이행해야 한다는 다분히 중세적인 루터의 직렵관과는 달리, 신에게 구제를 받았다는 확신의 표지 또는 악마와 날마다 싸우면서 신의 영광을 나타낼 신앙의 싸움터라는 매우 적극적인 의미를 가지게 되었다. 그리하여 칼빈주의자들은 근면하게 직업노동에 종사할 것이며, 이를 위하여 모든 사치와 낭비를 배격하고 그들의 생활 전체를 합리적으로 조직할 것이 권고되었다. 뿐만 아니라 그 결과로서 초래되는 재화(財貨)의 축적이 적극적으로 긍정되고 축적된 재화는 절약으로 자본을 형성하고, 금욕적인 소비억제로 재생산에 투입되어 생산력의 확대를 초래하게 되었다고 했다. 분명한 것은 칼빈주의가 하나님의 선택된 백성이라는 원리에 근거하여 신앙생활에 있어서 재화의 축적과 합법적 이륜의 추구를 적극적으로 수용하고 이것이 곧 그들의 금욕적인 생활윤리의 원천이 되었음을 부인할 수없다. 바로 이러한 생활윤리는 당시 생산적인 중산계층에게 널리 받아들여진 것이다. 그리고 영국의 청교도들은 이런 칼빈의 가르침을 그들의 신앙생활에 실천적 원리로 삼았다. 때문에 이들은 경건과 금욕생활을 강조하였다. 민석홍, 「종교개혁과 근대사회의 성립」, (서양근대사연구, 1975), 32-47; 윌리엄 C. 플래쳐, 「기독교 신학사 입문」, (크리스챤 다이제스트, 1994), 309.

않으신다.

칼빈은 하나님이 왜 어떤 인간은 구원하고 어떤 인간은 저버리는 행동을 하시는가를 묻는다는 것은 주제넘은 것이라 생각했다. 그에게는 하나님이 그렇게 하시기를 원하신다는 사실을 아는 것으로 충분하였다. 그것은 그의 뜻이 존재하는 모든 것의 원인이고 또 원인이 되어야 함이 마땅하기 때문이었다. 그것이 어떤 원인을 가지고 있다면, 그것에 선행하여 그것을 제약하는 그 어떤 것이 존재해야 하기 때문이다. 단지 하나님의 뜻은 하나님이 무엇을 원하시든 하나님이 그것을 원하신다고 하는 사실로 인하여 의로운 것으로 간주되어야 하는 공의의 최고의 규칙(the highest rule of righteousness)이다. 따라서 누가 하나님께서 왜 그렇게 처리하셨는가 묻는다면 우리는 하나님께서 그렇게 하시기를 원하셨기 때문이라고 대답해야 한다. 그러나 당신이 그가 그렇게 하시기를 원하신 이유가 무엇이냐고 계속 묻는다면 당신은 하나님의 뜻보다 더 크고 높은 것을 찾으려는 것인데 이것은 찾을 수 없는 것이다.

그렇다면 문제는 인간이 자신에 관한 하나님의 결정이 무엇인지를 아는 것이 가능한 일인가이다. 다른 말로 하면 인간이 영광으로 예정되어 있다는 견고한 신앙에 도달할 수 있는가이다. 이 물음에 대한 칼빈의 대답은 인간이 구원에 이르는 과정을 서술하는 것이었다. 먼저 칼빈은 인간이 스스로의 주인, 자신의 결정자가 되려고 하는 욕망이 모든 인간 본성에 뿌리깊이 박혀 있는 것을 발견하였다. 이것은 인간의 교만이며, 자신의 행동이 자신의 최종 운명에 영향을 미치리라고 믿는 확신이었다. 이것은 개개인이 자신에게 유리하도록 하나님을 움직이려 하는 경향을 말한다. 하나님만이 인간의 운명을 결정하심을 계시해 주는 하나님의 말씀과 만나게 될 때 철저히 도전을 받게 되는 것은 이 같은 인간의 보편적 충동 때문이다.

일단 이런 인식에 도달하게 되면 그것은 인간으로부터의 응답을 요구하게 된다. 인간은 스스로 하나님이 결정권을 갖는다는 사실을 받아들이거나 거부하게 된다. 만일 하나님의 절대성이란 사실 앞에서 겸손히 머리를 숙이는 경우 인간은 이와 동시에 그 자신의 무가치성을 시인하며 자신을 하나님의 뜻에 복종시키게 된다. 그는 "그렇게 되기를 바랍니다. 좋든 나쁘든 나는 하나님의 계획에 복종합니다."라고 말하게 된다. 바로 이것이 칼빈에게는 신앙 행위의 핵심이었다. 이런 겸손한 받아들임은 자신이 영광으로 운명 지어져 있고 선택받은 자들 가운데 속해 있다는 절대적인 확신을 갖게 한다. 하나님의 영은 인간의 겸손한 복종에 대하여 구원의 확신으로 보상해 주신다.

그리하여 인간은 자신이 구원을 받았다고 믿는 확신에 이르게 된다. 이렇듯 믿는 자에게 있어 예정의 섭리는 공포와 불안의 근원이 되는 것과 달리, 평온하고 흔들리지 않는 신뢰의 가장 확실한 기반이 된다. 인간의 구원의 확신은 하나님의 뜻에 뿌리박고 있으며 이 확신은 영원히 변치 않는다. 그러나 우리의 삶은 그 길고 긴 여정 속에서 자주 의심, 죄, 실패 또는 유혹을 초래할 수 있지만 이런 것들은 언제나 하나님의 불변하심을 회상하고, 하나님이 당신의 선택과 섭리에 충실하심을 돌아봄으로 극복할 수 있다. 하나님은 자신의 미쁘신 뜻에 따라 사람들을 부르시며 그들의 행함을 기초로 선택하지 않는다. 이와 같이 또한 하나님은 인간이 행하는 것으로 인해 자신의 선택하심을 변경시키지 않으신다. 때문에 인간은 하나님이 자신의 뜻에 신실하심을 보이는 데서 안심하고 전적으로 의존적일 수 있게 된다.

이 같은 확고한 신뢰 속에 바로 칼빈주의의 특징인 신앙적 행동주의의 깊은 뿌리가 자리잡고 있다. 신앙인은 이 신앙에 의하여 자기 자신에 대한 관심으로부터 해방된다. 그는 구원을 확신한다. 자신에 대하여 염려하는 데 더 이상 에너지를 쏟을 필요가 없다. 이제 선택받은 자는 자신의 에너지를 다른 곳으로 자유롭게 쏟을 수 있다. 여기서 칼빈은 이 예정이 특권에 대한 것이라기 보다 오히려 책임에 대한 것임을 지적한다. 선택받은 자들은 하나님에 의하여 자신들을 끊임없이 하나님을 봉사하는 데 헌신하도록 정해져 있다. 선택에 의하여 하나님은 자신의 영광을 드러내기 위한 도구로 만드셨다. 그러므로 이 땅에 하나님의 나라를 건설하기 위하여 노력하는 것이 선택받은 자들의 엄숙한 의무이다. 이들은 이를 위하여 선택함을 받았다. 하나님은 이 세계를 위한 한 계획을 갖고 계신 데 그것은 곧 우리가 그의 계획을 사회에 각인(impress)시키기 위하여 보냄 받은 자로써 빛과 소금으로 살아가는 것이다. 이것이 그리스도인이 세상에서 이루어야 할 사명이다. 주님은 죄악 된 세상을 변화 시켜 새롭게 하기 위해 우리를 영광으로 부르셨다.

하나님이 원인이 되어 무한한 에너지에 넘치고, 하나님의 신실하심에 대한 확고한 신뢰로 인하여 염려와 걱정, 위험과 불행, 반대와 실패에 능히 맞설 수 있는 인간, 이런 인간이 칼빈이 말하는 신앙인이다. 하나님이 그의 편이라면 누가 혹은 무엇이 그를 대적할 수 있겠는가? 이 같은 자세는 초기 미국 정착민들의 사고와 생활

속에 각인되었다. 이들은 가혹한 환경 속에서 좌절하거나 낙망치 않고 오직 신앙으로 모든 문제를 극복하였다. 이 같은 상황에서 그들을 지탱시켜 준 것은 바로 칼빈의 확고한 신앙이었다. 허드슨(Hudson)은 칼빈의 신학이 초기 미국인의 무대의식과 삶에 끼쳤던 역할에 대하여 "신학적인 견지에서 볼 때 미국 개신교가 공동된 하나의 패턴으로 형성되고 있던 이 초기에 미국 개신교에 가장 깊은 자국을 남겼던 것은 제네바의 각인(stamp)이었다. 칼빈주의가 황야를 길들이려고 투쟁하는 인간들의 필요에 잘 적응하였다는 사실을 상기하면...이것은 놀라운 사실이 아니다. 신세계의 어려운 생활조건은 활기찬 신앙적 덕(德)들을 요구하였다. 이런 덕들은 인간에게 단호한 명령과 숭고한 운명의 측면에서 이야기하고, 부단한 에너지, 머뭇거림이 없는 자신, 가혹한 삶의 현실을 과감하게 수용하는 두드러진 특징을 드러내었던 종교적 신앙에 의하여 공급되었다."[58]고 하였다.

이처럼 칼빈은 철저히 예정론을 하나님 중심으로 사고하고 그 신앙 안에서 우리의 책임의 중요성을 강조하였다. 결국 칼빈은 그의 예정론을 통해서 우리가 그분의 능력과 계획을 성취하기 위해 완전한 순종을 요구하며 동시에 우리가 책임 있는 자들로서 살아가야 할 것을 지적하였다. 즉 하나님의 예정에 대한 감사와 그에 따른 우리의 책임의식을 말한다. 따라서 이 둘은 따로 떼어 생각할 것이 아니라 항상 동시적으로 강조되어야 할 그리스도인의 생활 원리이다. 하나님의 예정과 주권이 강조되는 만큼 우리의 책임이 뒤따른다. 인간은 피조물을 하나님의 소유로 이해해야 하며 피조물이 하나님을 경배하고 찬양하도록 이끌어야 한다. 그리고 하나님을 위하여 피조물을 다스려야 한다. 이 목적을 위하여 하나님께서는 인간에게 땅을 다스리고 정복하라는 문화적 사명을 주셨다.

5.5. 교회론: 본질과 역할

칼빈은 제네바에서 봉사하도록 부르신 하나님의 소명에 의해 자신에게 부과된 임무는 바로 모든 힘을 다하여 어떠한 반대에 부딪치더라도 제네바에 거룩한 나라(공화국)를 수립하기 위해 헌신하는 데 있다고 생각했다. 우리는 제네바(1541-64)에

58) Winthrop S. Hudson, *American Protestantism*, paperback edition, (Chicago: University of Chicago Press, 1961), 22-23.

서의 칼빈의 생활과 활동을 그가 개혁교회의 형태와 구조를 부여하는 일로 이 기간을 보냈다는 데서 찾아 볼 수 있다. 그는 두 가지 방법 즉 (1) 많은 저술을 통하여 (2) 철저하게 잘 조직된 교회질서를 통하여 이 과제를 실천하였다.

칼빈은 성경에 나타난 교회의 패턴을 딴 교회를 세우는 일에 관심이 많았다. 그는 먼저 교회에는 불가견적 교회가 존재한다고 이해하였다. 따라서 그는 모든 성도들의 사회, 온 세계에 널리 퍼져 모든 시대에 존재하나 하나의 교리와 그리스도의 한 영으로 결속한 교회는 신앙의 일치와 형제적 화합을 북돋우고 지켜준다고 믿었다.[59] 칼빈에게 이 교회의 구성원들은 인류 역사 전체를 통하여 하나님으로부터 영광에로의 선택을 받았던 모든 사람들이 포함된다. 이 점에서 교회에 관한 칼빈의 사고는 언약관념에 관한 츠빙글리의 공동체적 사고에 기초를 두고 있다. 그런데 칼빈에게 언약신학은 그 초창기부터 개혁교회의 교회에 관한 사고의 중심을 이루었었다.[60] 그에 따르면 이 세계를 창조하신 하나님의 목적은 이 세계가 하나님의 영광을 드러내는 무대가 되도록 하는 데 있었다. 이 세계가 이런 아름다운 무대가 되도록 하기 위해 하나님은 태초에 인간과 언약을 맺으셨다. 이 계약은 하나님의 사랑과 은혜에 대한 자발적인 순종을 지칭하는 행위 계약(a covenant of works)이었다. 하나님의 형상을 따라 지음 받은 첫 인류는 의로운 상태에 있었다. 그는 모든 일 가운데서 하나님에게 복종해야 할 능력과 책임을 동시에 갖고 있었다. 인간은 전적인 복종으로 하나님의 영광을 드러냄으로 구원의 공로를 이룩해야 했다. 이렇듯 타락 이전의 하나님의 계획은 구원이 인간의 자발적 순종과 선행의 공로 위에 기초하였다. 그러나 최초의 인간 타락은 이 하나님과의 언약을 일시에 무너뜨렸다. 이제 인간은 이 언약을 스스로 유지할 수 없게 되었다.

그러나 하나님은 인간을 버리지 않으셨다. 하나님은 또 다른 계약, 이번에는 은혜 계약(a covenant of grace)을 맺으시기로 하셨다. 하나님은 이스라엘을 그의 선민으로 택하셔서, 그들을 통해 그의 창조 목적을 실현코자 하셨다. 이 은총에 따라

---

59) John Calvin, *Reply to Sadoleto in Tracts and Treatises on the Reformation of the Church*, trans. Henry Beveridge, vol. i, (Grand Rapids, Mich: Wm. B. Eerdmans Publishing Co., reprinted in 1958), 37.

60) Yohahn Su, *The Contribution of Scottish Covenant Thought to the Discussions of the Westminster Assembly(1643-1648) and its Continuing Significance to the Marrow Controversy(1717-1723)*, (University of Glamorgan, Ph.D thesis, 1993), chap, 1, 3, 5.

이스라엘은 하나님께 충성하면 그들에게 영광이 돌아갈 것을 약속 받았다. 그러나 이스라엘은 이에 실패하였다. 그리하여 예수께서 보냄을 받으사 행위 계약을 완전히 실현시켰다. 그는 율법의 요구를 따라 진노의 잔을 받으시고 친히 십자가에서 돌아가셨다. 그의 삶은 하나님의 뜻에 전적으로 복종함으로 하나님의 영광을 온전히 반영하는 거울이 되셨다. 이로서 그리스도는 인간을 위해 행위 계약을 성취시켰고, 이를 통해 성경에 제시된 은혜 계약의 기초를 놓았다. 그를 통하여 교회는 은혜 계약의 새로운 구현체(new embodiment of the covenant of grace)로 존재하게 되었다. 이 교회는 교회 생활에서 하나님의 절대 주권을 완전하게 드러낼 사명과 능력을 부여받았다. 그런데 이 교회는 오직 그 아들 그리스도 안에서 택함 받은 자들만이 소속된다. 이 교회는 하나님께서 만세전에 예정해 놓으신 신앙인들의 사회요 거룩한 공동체이다. 이리하여 칼빈은 교회를 보이지 않는 교회와 보이는 교회, 즉 불가견적 교회와 가견적 교회로 이해하였다. 그리고 그는 성경이 이 두 가지 의미에서의 교회에 대하여 말씀하고 있다고 했다.

칼빈에 의하면 "성경은 두 가지 방식으로 교회에 대하여 말씀하고 있다. 때로 "교회"라는 말은 하나님이 실제로 현존하고 계신 곳, 양자의 은총을 입어 하나님의 자녀가 되고, 성령의 능력으로 그리스도의 참 지체가 된 사람들로 구성된 단체와 그 외에 특별한 세계를 의미한다. 그리하여 교회는 현재 이 땅에 살고 있는 성도들만이 아니라 세계의 시초부터 선택함을 받은 모든 천상의 사람들을 포함한다. 그러나 흔히 "교회"라는 이름은 한 분 하나님과 그리스도를 예배한다고 고백하는 지상 사람들의 전체 무리를 가리키는 말로도 사용된다. 그리고 세례를 통하여 하나님에 대한 믿음을 표현하고 그것으로 교회의 회원이 된다. 또한 주의 만찬에 참여함으로 참 교리와 사랑에서 모두가 하나임을 입증한다. 주의 말씀 가운데서 모든 성도는 서로 한 몸을 이루며, 이 말씀을 전파하기 위하여 그리스도께서 제정하신 사역에 동참하게 된다. 그런데 이 교회에는 그리스도와는 무관한 단지 이름과 외양만을 가진 많은 위선자들이 섞여 있음도 보여준다. 야심적이며 탐욕스럽고, 시기에 찬 사람들, 불의하며 비방하는 사람들이 있고 거짓되게 아주 부정한 생활을 하는 사람들도 섞여 있다. 이런 무리들이 일시적으로 용납되고 있는 것은 결국 주의 심판 때까지 기다리시고 참으시는 주님의 긍휼이며, 현실적으로 완벽한 법정의 판결을 우리 스스로 할 수 없기 때문이다. 동시에 엄격한 규율이 우리의 공동체 안에서 제대로 실

시 될 수 없기 때문이다".[61]

이처럼 칼빈은 불가견적 교회와 가견적 교회를 말했다. 그런데 여기서 칼빈은 제네바에 보이는 가견적 교회를 설립하는 일을 자신의 과제로 생각하였다. 교회에 관해 그가 생각하고 있던 기본 전제는 그리스도 자신이 그의 교회에서 원하시는 요소들이 무엇인지를 지시하였다는 데 있다. 그렇다면, 교회가 하나님의 영광을 실현하기 위해서는 주께서 바라시는 바와 같이 구조화 되어야 한다. 달리 표현하면, 칼빈은 인간 사회의 모든 영역에 대한 하나님의 뜻은 성경에 분명히 지적되어 있다. 따라서 제네바에 하나님의 목적을 지극히 작은 세부적인 면까지 반영하기 위해 모든 노력을 다하는 것을 자신의 의무라고 믿었다. 그는 교회의 일차적 기능은 먼저 하나님의 순수한 말씀을 전하고 그리스도의 성례를 집행하는 것이었다. 그러나 교회는 또한 인간 사회에 계획된 하나님의 뜻을 발견하고 사회가 그 모든 활동 속에서 하나님의 뜻에 복종함으로 하나님의 영광을 드러낼 수 있도록 구조를 확립할 책임을 지고 있다. 교회의 본질과 기능에 관한 칼빈의 견해는 초기 개신교의 특징을 이루었던 교회에 관한 다른 두 견해와 비교할 때 더욱 분명해진다.

(1) 먼저 루터는 교회의 외적이고 조직적인 측면에 대하여 별 관심을 보이지 않았다. 그는 교회가 하나님의 말씀을 전하고 성례를 집행하면 그 목적을 다하는 것으로 알았다. 그러나 그는 교회가 기본적인 기능을 넘어서 성경과 지역 공동체가 필요로 하는 교회 질서를 이루어 야 한다고 보았다. 이로서 그는 신민의 교회(people's church)를 추구했는데, 이 교회에 일정 지역의 모든 주민이 소속되었으나 그 회원은 국가의 회원과 경계를 같이했다. 하지만 루터에게 교회와 국가는 그 활동영역에서 본질적으로 구분되었다. 그에게는 십계명의 처음 세 계명은 교회의 관심 영역이었다. 나머지 일곱 계명은 국가의 관심영역이었다. 이렇듯 그에게는 선명하게 선이 그어진 두 개의 책임 영역이 존재하였다. 교회와 국가는 각자의 책임을 가지면서 나란히 존재하였다. 칼빈은 정교 분리사상을 체계화했으나,[62] 루터는 교회가 국가의 통제 아래 있어야 할 것을 주장하였다.

(2) 재세례파의 교회의 본질에 대한 입장은 루터와 달리 스펙트럼의 다른 한 끝에 자리를 잡았다. 이들은 이 세상의 삶에서 완전한 성화를 성취할 목적으로 성결

61) John Calvin, *Institutes,* IV, 1, 7.

62) Yohahn Su, *The Contribution*, chap. 2, 5.

한 삶을 추구하고, 이 거룩한 목적을 위해 자유롭게 선택한 사람들에게만 교회 구성원의 자격이 있다고 했다. 따라서 이들 재세례파 교회는 세상으로부터 분리된 믿는 자들만의 거룩한 교회였다. 재세례파 교회는 철저하게 믿는 자들만이 모인 교회로서, 죄로 물든 세계와는 완전히 분리된 채 살았다. 재세례파 교회의 관점에서 국가는 죄를 통제하기 위해서 존재함으로 죄인들에게만 관계가 있을 뿐이었다. 때문에 믿는 자들은 할 수 있는데로 국가와 가능한 한 관계를 적게 가져야 한다. 이로써 재세례파는 교회와 국가 간의 절대 분리를 가르쳤다. 교회는 구원받는 단체로 세상은 멸망 받을 단체로, 그리하여 이들은 멸망 받을 세상과 완전히 단절하였다. 그리고 이들은 자신들의 모든 회원은 특별히 구별된 하나님의 성도로 모든 면에서 교회의 통제를 받아야 했다. 이들은 철저히 개교회 중심적이었고 교회밖에 다른 교회의 정치 체제를 부정하였다.

(3) 이들과 달리 칼빈은 그 두 중간 지점, 즉 정교 분리를 주장하였다.[63] 그러나 그의 분리는 제도적 분리로, 두 기관이 한 분 하나님의 주권 아래 그분의 뜻을 이루어야 할 것을 의미하였다. 칼빈의 생각에 제네바의 모든 주민이 교회에 속해야 했다. 이들이 교회에 속했던 것은 곧 이들이 택함을 받았다는 확신에 이르렀고, 이 택함을 받은 의미를 철저히 삶으로 실천하려는 열의를 가졌기 때문이다. 이런 확신을 갖지 못한 사람들은 제네바에서 환영받지 못하였다. 제네바 공동체의 목적은 하나님의 계획을 발견하여 그것을 삶을 통해 실현하는 데 있었다. 그럼으로써 택함 받은 책임, 곧 하나님의 영광을 드러내는 책임을 충족시키려는 데 있었다. 이런 견해에서 국가의 기능은 교회에 봉사하는 성격을 띠는 경향이었다. 한편 국가에 대하여 교회는 하나님의 뜻을 발견하여 알리는 일을 하였다. 이 하나님의 뜻을 시행하고 이를 범하는 자를 처벌하는 일이 국가의 임무였다.

한 마디로 말하면, 칼빈은 루터의 신민의 교회를 받아들이고 이를 재세례파의 모이는 교회(Gathered church)로 변모시켰으나 분리주의는 거부하였다. 칼빈의 교회는 모든 공동체를 포함하였기에 신민(백성)의 교회였다. 그러나 교회의 모든 신도들은 교회에 의하여 모든 세부적인 점까지 지시를 받으면서 살기를 원하는 회집된

63) John T. McNeill, *The History and Character of Calvinism*, (New York/Oxford University Press, 1954), 218-219.

사람들로 취급되었다. 칼빈의 교회와 교회의 각 구성원은 이들 모두가 함께 실현하도록 노력해야 할 3중의 이상을 지니고 있었다. 그것은 (i) 하나님의 영광을 드러내는 일과 (ii) 하나님을 섬기는 일과 (iii) 생활을 거룩하게 하는 일이었다. 이것을 실현하기 위해서 교회는 다음과 같은 네 가지 특징적인 면을 통해 그 이상을 실현해야 했다. 그것은 (i) 교리면-하나님의 순수한 말씀을 전하는 면, (ii) 기율면-생활의 모든 측면을 하나님의 뜻에 복종시키는 면 (권징), (iii) 성례면-그리스도가 제정하신 성례들을 집행하는 면, (iv) 의식면-예배의식 및 교회 구성원들을 위한 일련의 경건훈련 등이었다.

바람직한 교회에 관한 생각을 실제적으로 실현하는 과정에서 칼빈은 교회 질서를 위한 청사진을 정확하고 구체적으로 마련하였다. 따라서 그는 초대교회의 전통에 따라 교회의 규범과 질서를 확립하였다. 그에 의하면 중세 가톨릭 교회는 오랫동안 교회 정치와 미사에서 평신도들의 역할을 평가절하 하였다. 이에 칼빈은 장로들의 본래 규범을 회복하고 교회 정책에 직접 참여할 수 있게 하였다.[64] 칼빈은 이것을 제네바 개혁을 통해 실현하였다. 그에게 장로란 하나님의 예외적인 사람이 아니다. 그도 다른 백성(성도)과 같이 하나님을 두려워하며 진리 안에 굳게 서야 할 존재이다. 한편 칼빈은 「제네바 교회의 교회법령」(*Ecclesiastical Ordinances of the Church of Geneva*)에서 모든 성도의 생활은 하나님을 섬기며 영광을 드러내는 데 헌신하는 자로, 사회 건설 방식을 구체적으로 밝혔다. 책에 의하면 칼빈이 그의 신학적 원리들을 어떻게 실제적으로 구현했는지를 발견할 수 있다.

먼저 칼빈은 성경이 교회 내에 네 가지 직분을 마련해 놓았다고 가르친다. 네 가지 직분이란 목사, 박사, 장로, 집사이다. 그에 따르면 (1) 먼저 목사는 매우 신중히 선출해야 하는데, 그의 생활 습관과 행동이 입증되고, 성경에 관한 훌륭하고도 거룩한 지식을 갖고 있음을 시험한 연후에 목회를 하도록 해야 한다. 목회에서 목사의 직분은 하나님의 말씀을 증거하는 일, 가르치고 훈계하며 권고하고 책망하는 일, 성례를 집행하는 일, 그리고 형제의 징계를 명하는 일이다. (2) 박사(교사)의 주된 임무는 성도들을 참 교리로 가르치는 일이다. 평신도의 수준에서 이 직분은 성경신학 분야의 질적인 강의를 포함한다. 그러나 또한 젊은 층에게 언어, 인문학, 종교를 가

64) John McNab, *Our Priceless Heritage, the Essence of Our Faith*, (The Presbyterian Church in Canada, 1950), 26-27.

르치는 일에 힘 써야한다. 이 직분의 수행을 위해서는 제네바에 소년, 소녀들을 위한 학교가 설립되어야 했다. (3) 장로는 교회의 공동체 생활의 감독자가 되어야 한다. 장로는 성도들의 모범 자로서 무질서한 생활자들을 훈계하고 징계하는 일을 담당해야 한다. (4) 마지막으로 집사를 임명해야 한다. 집사에는 두 종류가 있다. 가난한 자들을 위해 구제 금을 거두고 나누어주는 일을 담당하는 집사와 병자를 돌보는 일을 맡는 집사가 있다. 가난한 자와 병자를 돌보기 위한 주요한 방법으로 공공병원이 유지되어야 한다.

목회에 대한 설명에 이어 그는 성례의 실시에 관해 주의를 기울였다. 그에 따르면 세례는 모든 사람이 보고 들을 수 있도록 강단 가까이에서 베풀어져야 하며, 세례의 중요성을 위해 예배의 가장 중요한 순서인 설교 시간에 세례를 베풀어야 한다. 주의 만찬을 베푸는 일에 대하여 칼빈은 최소한 한 달에 한 번쯤 베풀어야 했다. 하지만 의회는 일 년에 네 번, 곧 부활절, 성탄절, 오순절, 9월 첫 주일에 베풀기로 결정했다. 성찬 시에 목사는 떡을 나누어주는 일을 하고, 집사는 잔을 돌리는 일을 거들어야 한다. 그리고 목사는 그 외에도 결혼, 장례, 병자 및 죄수 방문을 위한 구체적인 지침과 아동들을 위한 교리문답 교육에 힘써야 한다.

그 다음 하나님의 법을 위반한 사람들, 예를 들면 그릇된 교리를 믿는 사람, 교회참석에 태만한 사람, 공적으로 악을 행하는 사람들을 처리하는 것에 관한 세부적인 지침을 제정하였다. 이런 사람들에 대한 징벌은 권면에서 주의 만찬에의 참여 배제(수찬금지), 출교에 이르도록 다양하고 엄격하였다.[65] 당시 의회의 기록을 보면 감독 대상이나 혹 처벌 대상이 되었던 인간의 행동 범위가 상당히 넓었음을 알 수 있다. 감독의 처벌 대상은 행동상 춤, 카드놀이, 도박, 외설, 심한 음주, 아내 구타, 간음, 교회불참 등이었다. 이렇듯 칼빈은 제네바에 엄격한 신정정치(an austere theorcacy)를 실시하고 하나님의 뜻의 아주 세부적인 데까지 명시하여 철저히 시행되게 하였다. 그는 자기 백성에 대한 하나님의 뜻이 무엇인가를 지적하고 그 준수를 요구하기 위해 교회 당국과 세속 당국이 서로 필요함을 역설하였다. 따라서 그는 제네바가 보다 도덕적으로 개혁되어야 할 것을 인식하고 정치와 교육 그리고 종교문제에 많은 투자를 하였다. 이 같은 감독과 철저한 경계를 통해 하나님의 영광

---

65) Yohahn Su, *op. cit.*, chap. 3.

이 가장 안전하게 보호될 것으로 믿었다. 그리하여 당시 많은 사람들이 칼빈의 개혁적인 생활 통제가 너무 치밀하고 가혹하다고 불평하기도 했다. 그러나 참으로 택함 받은 사람들에게는 이 택함으로 얻는 기쁨이 실천을 통해 열매맺게 될 줄로 확신했다. 더구나 모든 생활 가운데서 자신들을 택하신 하나님의 영광을 위해 즐거운 마음으로 그분을 섬기며 하나님께 기쁨을 표현할 수 있는 수단과 방법을 구체적으로 발견하도록 자극하게 될 것이라고 했다.

4.6. 성례론: 세례와 성찬

칼빈 신학의 또 다른 영역은 그의 성례론으로 철저히 하나님의 말씀에 기초했다. 칼빈의 성례론은 가깝게는 중세 신학자 코르비 수도원의 대수도원장 라트람누스(Ratramnus)로부터, 멀리는 초대 교회의 성 어거스틴의 영향을 받았다. 라트람누스는 그의 저서 「주님의 살과 피에 관하여」(*On the Body and Blood of the Lord*)에서 그리스도께서 성찬물에 임재하는 것이 전적으로 영적이며 상징적이라고 주장하였다. 그러므로 이것은 감각을 통해서는 식별할 수 없지만 신비 안에서 믿음을 통해서는 알 수 있다고 하였다.[66] 이런 전제 아래 칼빈은 성례가 구약과 깊은 관련을 가지며, 주께서 인간에게 자신을 드러내시는 기쁜 경륜에 따라 다양하게 나타났다고 주장했다. 예를 들면, 구약의 할례는 아브라함과 그 자손들에게 부과되었다(창 17:10). 그 후 이것은 정결례(레 11-15장), 희생제사 및 다른 의식(레 1-10장) 등으로 모세법에 추가되었다. 이런 것들은 그리스도가 오실 때까지 유대인들의 전통 성례였다.[67] 이중에 대부분은 그리스도의 오심과 더불어 폐기되었으나 그 대신 주님께서 교회에 두 가지 성례들, 곧 세례와 주의 만찬을 제정해 주셨다. 세례와 주의 만찬은 모두 신앙의 외적인 징표인데 이로써 "주께서는 우리 믿음의 연약함을 아시고 이를 돌보기 위해 우리를 향한 그의 선하신 약속들을 우리 양심에 인치 신다(seal). 그리고 우리는 주와 그의 천사들이 현존하는 가운데 무리 앞에서 그에 대한 우리의 신앙과 경건을 증명한다.[68]

---

66) Williston Walker, *A History of the Christian Church*, (New York: Scribner, 1985), 248, 325; Cf. 서요한, 「중세교회사」, (도서출판 그리심, 2003), 191-192, 557-562 참조.

67) Calvin, *Institutes*, IV, 14, 20.

그런데 칼빈에게 있어 성례는 이중적 기능을 수행하였다. (1) 먼저 성례들은 인간에 대한 하나님의 사랑을 끊임없이 재확인시켜 주는 외적인 징표이다. 여기서 그리스도는 사랑의 최고 징표이다. 따라서 성례들은 "하나님의 말씀과 동일한 직위로 그리스도와 그로 인한 하늘의 은총과 보화를 제공해 준다."[69] (2) 그리고 인간에게 신앙을 훈련하고 키우기 위한 계기를 마련해 준다. 이것은 실제로 신앙으로 받아들이지 않을 경우 아무 도움이 안 된다. 그러나 우리가 성례를 바르게 수납할 때 하나님이 그리스도 안에서 주신 구원을 받아들였음을 재확인하는 기회를 제공해 준다.

칼빈에게 세례는 "우리가 교회라는 특수 사회에 받아 들여지는 입회(入會)의 징표"이다.[70] 하지만 세례가 인간을 "아담의 모든 후손들에게 전해진 원죄와 부패로부터" 구해 주는 것은 아니다.[71] 오히려, "주님께서 이 징표로 우리들에게 전가되어야 마땅한 죄에 대한 책임과 이로써 우리가 받아야 할 벌을 완전히 면제받았음을 약속하신다. 따라서 이들은 죄인으로 동시에 그리스도의 의를 붙잡는다. 하나님의 백성으로서의 이 같은 의는 이생에서는 오직 전가(imputation)에 의해서만 얻을 수 있다. 그것은 주께서 당신의 자비하심으로 이들을 의롭고 무죄한 자로 간주하시기 때문이다. 이렇듯 칼빈은 인간이 의롭다 함을 받은 때에도 의인이면서 동시에 죄인으로 존재한다고 했다. 이것은 그리스도 안에서 하나님이 그에게 의를 전가(impute)시켜 주기 때문에 죄인임에도 불구하고 의롭다고 선언하는 점에서 루터와 일치한다.

유아세례에 관하여 칼빈은 이것을 인정하고 유아 세례의 필요성을 강조했다. 그 이유는 그 이전의 할례와 같이 세례는 은총의 계약으로 허입(許入)을 받았다는 징표와 인침(seal)이기 때문이다. 이를 근거로 믿는 자의 자녀들은 이 계약에 들어갈 권리를 갖는다. "믿는 자의 자녀들은 이전에 낯선 자들로 이제 처음으로 하나님의 자녀가 될 수 있도록 하기 위한 의식이 아니다. 오히려 약속의 축복으로 인해 이들은 이미 그리스도의 몸에 속하기 때문에 이 엄숙한 표(sign)와 더불어 교회에 받아 들여지는 것이다. 이렇듯 세례는 이 계약에 속한다는 표식이다. 세례는 세례를 받은 자들을 생활의 모든 면에서 하나님의 영광을 드러내는 일에 투신하도록 하며, 어린

68) *Ibid.*, IV, 14, 1.
69) *Ibid.*, IV, 14, 17.
70) *Ibid.*, IV, 15, 1.
71) *Ibid.*, IV, 15, 10.

이의 경우 세례는 그에게 그가 영광으로 선택되었다는 사실을 하나님이 확신시켜 주심을 가리켜 준다.

주의 만찬에 관하여 칼빈은 루터처럼 가톨릭의 희생 제사적 성격(sacrificial character)과 로마교의 화체설이 그리스도의 현존(임재)의 본질을 만족하게 보여줄 수 없다고 하였다. 그는 중세의 화체설로 돌아가서 본질이 뜻하는 참된 개념이 무엇인지를 물었다. 그에게 본질은 스콜라적 공간 개념이 아니라 힘이었다. 몸의 본질은 능동적이며 수동적인 힘이며, 어떤 것의 본질의 임재는 그러한 능력의 직접적인 응용에 있다. 여기서 루터는 그리스도의 몸이 공간 안에 연장된 것으로 성찬에 임재할 수 있다고 했으나 츠빙글리는 거부하였다. 그러나 칼빈에게 본질 개념은 어떤 것이 활동하는 곳에는 그것이 거기에 있음을 뜻하였다. 따라서 칼빈은 루터의 원색적인 본질적인 임재를 부정하고 츠빙글리의 입장을 취했다. 그러나 능동적인 임재의 측면에서는 루터를 따랐다. 결국 칼빈의 성찬 사상은 현존하는 방식에서 루터와 츠빙글리의 중간을 택하였다.[72]

루터는 성찬에서 그리스도의 살과 피가 현실적이며 신체적으로 현존한다고 믿었다. 그에게 떡(빵)과 포도주는 그것이 그리스도의 살(몸)과 피와 연합하는 한에서 그리스도의 살과 피이다. 이 두 실체는 현실적이고도 신체적(물리적)으로 현존(임재)한다. 한편 루터와 달리, 츠빙글리는 그의 해석을 승천론에 입각하여, 그리스도는 하늘에 오르사 아버지와 함께 계신다. 따라서 그리스도가 이 성찬에 현실적으로 신체적으로 현존한다는 것은 있을 수 없는 일이다. 단지 이 성찬은 하나님과 인간의 계약의 징표 내지 상징일 뿐이다. 그러므로 주의 만찬은 이 계약에 대한 기념이요 감사이다. 주의 만찬 그 자체는 은총의 수단이 아니다. 따라서 "이것은 내 몸이니" 하는 말씀은 "이것은 내 몸을 상징하는 것이니, 혹은 내 몸의 징표이니"로 이해되어야 한다. 츠빙글리는 승천하신 그리스도의 신체적 현존이란 당치 않는다. 때문에 신자는 성찬 시 그리스도의 몸을 받는 것이 아니다. 주의 만찬은 단지 신앙의 표시일 뿐이다. 오직 그리스도의 대속적 은혜의 영적 선물이 성찬을 통한 신앙 속에서 되새겨지고 수납된다.

---

72) Thomas M. Lindsay, *A History of the Reformation,* (Edinburgh: T. & T. Clark, 1907), vol. II., 58-60; John T. McNeill, *The History and Character of Calvinism*, (New York/Oxford University Press, 1954), 197-198, 218-219.

칼빈은 주의 성찬에서 그리스도의 몸이 공간적으로, 신체적(물리적)으로 현존한다는 루터의 관념을 우려하였다. 칼빈에게 있어 이런 루터의 관념은 성찬 숭배론의 길을 열어준다고 보았다. 이는 곧 피조된 물질적 대상이 하나님을 제치고 숭배의 대상이 될 수 있음을 간파한 것이다. 때문에 그는 츠빙글리처럼 승천하신 그리스도의 몸은 하늘에 존재한다고 보았다. 그러나 다른 한편 칼빈은 츠빙글리의 입장에 대해서도 우려하였다. 그것은 이 성찬을 단순히 기념적인 의미로 이해할 때 현실적으로 그것이 지니는 많은 의미를 축소하는 위험이 있을 수 있기 때문이다. 따라서 칼빈은 성찬이 객관적인 내용을 가지므로, 여기서 일어나는 모든 일은 그리스도와 신자의 신앙 안에서 영적인 연합과 교제를 갖는 데서 그 참된 의미를 부여했다. 이를 위해 칼빈이 강조한 것은 징표(sign)라는 개념이다.

그러면 칼빈이 말하는 징표란 어떤 존재를 가리키는가? 칼빈은 떡과 포도주는 우리로 하여금 신앙 안에서 그리스도의 인간성을, 그리고 그리스도의 인간성이 우리를 위해 하시는 일을 숙고(contemplation)케 한다고 했다. "이 성사에 놓여진 물질들로부터 우리는 일종의 유추(類推)에 의하여 영적인 것에로 인도된다. 이렇듯 떡이 그리스도의 몸의 상징으로 주어지는 때 우리는 즉각 이 비교를 이해하여야 한다. 떡이 우리 몸의 생명에 영양을 주고 그것을 육성하고 지켜주듯이, 그리스도의 몸은 우리의 영혼에 생기와 활력을 주는 유일한 음식이다.[73] 그러나 징표는 이 경우 단순한 지시체(pointer)의 역할로 머물지 않는다. 그것은 그것이 가리키는 실재, 즉 그리스도의 은혜에 참여한다. 그러므로 "만일 주께서 떡을 떼는 것을 통하여 그의 몸에 참여하는 것을 진실로 재현(represent)하는 것이라면, 주께서 참으로 그의 몸을 제시하고 (present) 보여주신다는 데 대해 추호도 의심해서는 안 된다. 우리가 이 몸의 상징을 받았을 때 우리는 이 몸 자체가 또한 우리에게 주어진다는 것을 그에 못지않게 확실히 신뢰하도록 해야 한다.[74]

결론적으로 주의 만찬에서 그리스도는 신자에게 그가 주시리라 약속하신 것, 곧 그의 몸과 피를 실제로 주신다. 그러나 떡과 포도주를 몸(살)과 피와 확연히 구분하는 데 주의하지 않으면 안 된다. 이 모두가 주어지긴 하나 징표(sign)와 실재(reality)는 구분된다. 몸과 피의 실재는 떡과 포도주와 동일한 것은 아니나, 그러나 신자가

73) Calvin, *Institutes*, IV, 17a, 3.

74) *Ibid*., IV, 17, 10.

떡과 포도주를 먹고 마시는 때 이 실재는 실제로 받아들여 진다. 결국 칼빈은 츠빙글리의 단순한 상징적 현존 위에 루터의 현존의 실재성을 강조하였다. 그러나 다른 한편으로, 칼빈은 이 현존이 루터가 주장한 보이는 신체적 현존(physical presence)이라기보다 츠빙글리의 영적인 현존을 주장하였다. 그리하여 칼빈은 루터와 츠빙글리 간에 있었던 성찬론에 대한 입장을 중립적으로 정리하였다.[75] 그러나 현재 개혁교회, 특히 한국장로교회에서는 칼빈의 이 같은 성찬론 대신 츠빙글리의 기념설이 일반적으로 받아지고 있는 듯 하다. 성만찬에 대한 개혁주의 교회의 신학적 정립이 요청된다.

5.7. 칼빈의 정치사상

칼빈의 영향 중에 16세기 정치사상에 끼친 공헌을 결코 과소평가할 수 없을 것이다. 그의 주된 관심은 국가 조직이 아니라 교회조직이었다. 따라서 칼빈은 교회의 이상을 실현하기 위하여 지속적인 제네바 시의 압박에도 불구하고 이들과 관계를 맺고 밖으로는 제네바 개혁교회를 반대하는 자들을 상대하였다. 그 이유는 국가가 하나님의 목적을 이루기 위해서는 하나님의 정하신 법아래 있어야 하기 때문이다. 따라서 칼빈은 국가에 지대한 관심을 가졌으나 이상적인 통치 형태에 대해서는 정답을 말하지 않았다. 그것은 통치 형태에 따라 각각 장단점이 있고 때로는 대등한 입장에서 경쟁하기 때문이다.[76] 그러나 그 자신은 귀족정치(aristocracy)에 의한 통

---

75) 칼빈은 항상 극단 대신에 중간을 선택하였다. 예를 들면 그는 금욕주의와 쾌락주의 가운데서 근신함(Sobriety)의 중용을 택했으며, 오는 세상에 관한 명상을 권고하면서도 그에 못지않게 집요하게 현세에서의 책임있는 활동을 요구하였다. 그러나 많은 점에서 칼빈은 해결되지 않은 역설들과 논리적 긴장들을 서슴없이 남겼다. 따라서 이 같은 이유로 현대의 일부 신학자들은 종종 변증법적 요소로 해석되었다. John T. McNeill, *The History and Character of Calvinism*, (New York/Oxford University Press, 1954), 201-202.

76) 칼빈에 의하면 왕정은 전제 정치로 떨어지기가 쉽다. 그러나 최고의 몇 몇 사람들의 통치에서 소수의 파당의 통치로 떨어지는 것은 더욱더 쉽다. 나아가서 대중에 의한 통치로부터 선동정치로 떨어지는 것은 가장 쉽다. 그리하여 그는 철학자들의 정치 형태 중에 귀족 정치에 민주정을 결합한 통치형태를 선호하였다. 그것은 그 자체가 본질적으로 좋기 때문이 아니라 인간의 연약함 때문에, 즉 자제력이 없고 또 예민하게 분별력을 가진 사람이 없기 때문이다. 그러므로 사람들의 약점과 실패 때문에 다수의 사람이 통치권을 행사하는 것이 좀더 안전하고 견딜 만

치 혹은 민주정치의 혼합 형태를 선호하였다. 그는 전제정치와 무질서를 반대하고 자유와 질서의 균형을 추구하였다. 이 철학을 근거로 칼빈은 1541년 제네바 귀환 후 1555년까지 도시 개혁에 박차를 가하였다. 이 기간에 그는 기독교적 사회 건설을 위해 헌신하고 이를 위하여 그의 교리가 허용하는 것 보다 더 많은 권한을 행정관에게 부여하였다. 그리하여 이들로 하여금 교회의 신앙훈련과 복지를 유지할 수 있게 하였다.

칼빈은 근본적으로 교회와 국가의 고유한 기능에 대해 상호 협력을 도모하였다. 그러나 제네바 시의 개혁에 직면하여 그는 권위 수호에 골몰하는 당국의 압력을 받았다. 세속적이고 다원적인 사회에서 자유의사를 가진 교회를 상상할 수 없었고, 그렇다고 그의 입장에서 다른 것을 생각할 수도 없었다. 그러나 암 7장 강해에서 칼빈은 독일과 영국, 특별히 헨리 8세 치하의 영국 교회와 국가에 대해서는 불만을 토로하였다. 그것은 통치자에게 너무 많은 권력이 주어졌기 때문이다. 칼빈의 교회는 귀족정치와 민주정치를 결합한 통치형태를 옹호하였다.[77] 하지만 칼빈의 정치문제는 때로 상충되는 진술로 어려움을 겪는다. 그것은 국가에 복종을 요구한 반면 또한 저항할 권리와 의무를 강조하기 때문이다. 칼빈에 의하면 행정관에 대한 백성의 첫째 의무는 그들의 관료들을 명예롭게 대하는 것이다. 하나님께서 명하신 대로 국가에 대한 긍정적인 태도는 기독교인의 경건 생활의 일부이다. 국가에 대한 순종은 기독인의 의무이기 때문이다. 하나님을 거스리지 않고는 행정관을 거역할 수 없기 때문이다. 그러므로 필요한 경우 불의한 통치자와 불의한 법에도 순종해야 한다. 그러나 행정관의 타락을 참는 데는 한계가 있다. 무엇보다도 행정관은 모든 사람들과 나라들의 지배자이신 하나님께 책임을 질 수 있어야 한다. "군주들로 하여금 듣고 두려워하게 하라"고 하였다.[78]

칼빈은 나아가서 통치자에게 항거할 때는 하급 행정관들을 통한 질서있는 항거

한 것이다. 그렇게 함으로 서로 도울 수 있고 또 서로 가르치고 권고할 수 있기 때문이다. 그리고 어떤 사람이 부당하게 자신을 고집하여 내세운다면 그의 아집을 제어하기 위하여 많은 검열관과 관원들을 둘 수도 있을 것이다. John Calvin, Institutes of the Christian Religion, trans., by Henry Beveridge, (London: James Clarke & Co., Ltd, 1953), IV. 20. 8.

77) John H. Leith, *An Introduction to the Reformed Tradition: A Way of Being the Christian Community*, (Edinburgh: The Saint Andrew Press, 1977), 205.

78) John Calvin, *Institutes* IV. 20. 31.

를 주장하였다. 그 이유는 하급 관료들이 하나님의 법에 따라 백성들의 보호자로 임명된 사람들이기 때문이다. 따라서 그들은 통치자의 불의에 맞서 저항을 주도할 수 있다. 하급 관리에 대한 칼빈의 사상은 스파르타 시대와 다른 고대 역사의 정치위원(ephors)에서 확립하였다. 이후 칼빈의 후예들은 통치자에게 항거할 때 이 원리를 널리 활용하였다. 그러나 칼빈은 누구라도 통치자에게 복종하기 위해 하나님께 불순종해서는 안 된다는 점을 명확히 하였다. 그리하여 칼빈은 불순종을 좁은 범위의 행동으로 한정하였다. 이것은 하나님의 율법을 해석함으로써 정당화된 것은 아니다. 하지만 칼빈은 하나님께 순종하는 것이 어려워질 때 기독인의 저항의 의무를 크게 강조하였다.

이와 관련된 단 6장 설교에서 칼빈은 "바울이 말한 바와 같이 만일 우리가 우리 위에 세워진 군왕들과 높은 자리에 있는 자들에게 복종하는 것이 반드시 필요한 일이라면, 그러나 그들이 현세에서 우리에게 짐을 지우고 무리를 대하여 독재와 잔학을 행하며 하나님을 거스려 일어서는 것을 보게 된다면 그들은 마땅히 끌어 내려져야 하고 아무도 그들을 헌 신발짝 이상으로 생각할 필요가 없다. 그 이유는 오늘 날처럼 완전히 그 근거가 없어지기 때문이다. 이 세상을 통치하는 풍조를 살펴 보면 군왕들 편에서 엄청난 방자함을 볼 수 있다. 그들은 자기 백성들에게 무거운 짐을 지우고, 야망과 탐욕에 사로잡혀 있으며 그리하여 더 이상 자기가 누구인지 알지 못한다. 그들은 부와 권력에 도취되어 있고 마치 마술에 걸린 것처럼 그들에게는 세상이 자기를 위해서만 창조된 것처럼 행동한다. 인정없이 사람을 함부로 대한다. 그러나 이런때 그 백성은 스스로 겸비해야 하고, 그들이 이런 것을 감내해야 하는 것은 자신들의 죄 때문임을 알아야 한다. 그들은 하나님께 인내의 힘을 달라고 그리고 나아가서 그들로 하여금 주어진 의무를 감당할 수 있게 해달라고 기도한다. 그리고 군왕들이 하나님을 섬기고 그를 영화롭게 하는 일을 금할 때, 사람들에게 우상숭배로 그 몸을 더럽히라고 명할 때, 하나님을 섬기는 일과는 정반대되는 모든 가증한 일에 동의하고 스스로를 그들에게 복종시키라고 사람들을 부추길 때, 그들은 군왕이라 불리울 가치도 없고 권위가 주어지지 않음을 알아야 한다".[79] 한편 단 6:22 주석에서 칼빈은 "왕들이 그들의 권위를 얻으려면 하나님을 두려워함이 선행

79) Sermon on Daniel.

되어야 한다. 왜냐하면 만일 사람이 하나님께 대한 경외를 저버림으로써 땅 위의 어떤 군왕을 숭배한다면, 그는 불합리하게 행동하게 될 것이기 때문이다. 이것은 자연질서를 완전히 역행하는 일이다. 그러므로 성도는 군왕들이 먼저 하나님을 경외하게 하고 땅위의 군왕은 하나님께서 은혜 주시면 그들의 권위를 얻게 될 것이다. 그러나 땅위의 군왕들이 하나님을 거스려 일어설 때는 그들의 모든 권력도 포기해야 한다. 그럴 때에는 사람 수에 넣어 줄 가치도 없어진다. 그들이 하나님의 말씀에 순종하지 않고 하나님의 권리까지 침해할 때 즉 하나님의 보좌를 빼앗고 그를 하늘에서 끌어내리려 할 때는 언제라도 그들에게 복종하기보다는 단호히 도전해야 한다."[80]

이러한 정치 사상에 대한 칼빈의 공헌은 모든 사람이 하나님 앞에서 평등하다는 주권사상과 모든 사람이 죄인임을 강조한 것이다. 이를 통하여 견제와 균형의 정치 질서를 발전시켰다. 또한 인간 실존의 근간을 하나님의 뜻에 두고 보통 사람들의 구체적인 역사적 삶을 하나님의 목적과 함께 창조론과 예정론에도 기여하였다. 이것은 교회의 예배와 훈련을 통해 나타났다. 이 후 칼빈의 사상은 존 낙스와 데오도레 베자, 조지 버카난 등에게 영향을 끼쳤다.[81] 이들은 그들이 소속된 나라의 통치자들에게 항거하고 칼빈의 저항이론을 발전시켰다. 심지어 폭군살해를 정당화하기도 하였다. 이들은 칼빈의 복종이라는 원리 보다는 통치자에게 적극적으로 항거하는 개념을 적용하였다. 특별히 존 낙스는 하나님께 대한 더 높은 충성의 이름으로 통치자에게 항거를 주장하였다.[82] 그리하여 스코틀랜드의 종교개혁을 성공적으로

---

80) 문자적으로는 그들의 머리에 침을 뱉아야 한다는 것이다. John Calvin, *Commentaries on the Book of the Prophet Daniel,* ed. and trans, by Thomas Myers, (Grand Rapids: Eerdmans, 1948), vol. I; 6:22, 378-382.

81) John H. Leith, 206.

82) 낙스 이 사상은 스코틀랜드의 메리 여왕과의 대화에게 보여진다. "네가 나의 결혼과 무슨 상관이 있는가? 이 나라 안에서 너는 무엇인가?". "저는 이 나라에서 태어난 백성의 하나입니다. 폐하!" 그는 대답하기를 "저는 백작도 귀족도 아니오며, 이 나라의 남작도 아니옵니다. 그러나 하나님께서 저를 이 나라에 사는 유익한 백성으로 삼아 주셨습니다. 그렇습니다. 폐하! 제게는 그것이 어느 고귀한 분과 관련되는 것 못지않게, 해로울지도 모르는 그런 일을 미리 경계하는 것과 관련되었습니다. 왜냐하면 저의 소명과 양심이 솔직하라고 명하고 있기 때문입니다. 그러므로 저는 폐하의 면전에 공공장소에서 하던 말을 올리옵니다. 폐하께서 불신 남편에게 속하게 되는 일에 이 나라의 귀족들이 동의하게 될 때는 그들이 그리스도를 버리고 그의 진리를 멀리하며 이 나라의 자유를 없애려고 하기 때문에 그렇게 하는 것이옵니다. 아마 그들은 이로써

이끌었다. 그리고 당시 칼빈주의를 표방한 개혁교회 공동체와 영국의 청교도들은 W. K. Jordan의 지적처럼 민주주의적 사회 건설과 신앙적 신교의 자유의 확보를 위해 공헌하였다.[83] 칼빈은 하나님의 전적인 주권아래 악한 행위는 물론 가장 선한 행위까지지도 모든 사람이 죄인임과 모든 사람이 은혜와 믿음으로 의로워지지 않으면 안 되는 것을 강조하였다. 이것이 바로 민주적 생활양식을 지지한 그의 교리적 기반이었다. 라인홀드 니버(Reinhold Niebuhr)는 이에 대해 "인간의 정의를 위한 능력은 민주주의를 가능하게 하고 부정을 향한 경향성은 민주주의를 필요하게 한다"[84]고 하였다.

5.8. 칼빈신학의 요약

지금까지 우리는 개혁자 칼빈의 생애를 살펴보고 특별히 그의 신학사상과 특징을 심도 있게 살펴보았다. 한마디로 칼빈은 하나님의 주권 사상에 기초하여 그의 신학을 형성하였다. 이와 함께 하나님의 영광사상과 예정론은 그의 사상의 두축이었다. 그러나 필자는 칼빈의 사상에 대한 전체적 평가를 위해 그가 세운 몇 가지 개혁적 원칙을 살펴보고자 한다. 먼저 칼빈은 (1) 확고한 신앙 체험 즉 회심을 통해 주님의 소명에 응답하였다. 어쩌면 그의 회심은 사역 전체의 동력으로 주님께 헌신하는 결정적 준거였다. 사실 회심 전까지 그는 인문주의 추종자였다. 그러나 회심한 이후에 이를 바탕으로 성경을 문학적으로 연구하였다. 그럼에도 불구하고 그의 저

폐하께 조그만 위로 정도는 드릴 수 있을 것이 옵니다." *John Knox's History of the Reformation in Scotland*, ed. William Croft Dickinson, vol. 2., (New York: Philosophical Library, 1950), 83; Hugh Watt, *John Knox in Controversy*, (London: Thomas Nelson and Sons Ltd., 1950), 69-106.

83) 실제로 청교도들은 신앙의 자유를 근본적으로 발전시키는데 강력한 힘을 제공하였다. 청교도들은 그의 삶이 하나님의 직접적인 인도하심에 따라 영위된다는 신앙에 영향을 입고, 종교적 독재를 무너뜨리는 가장 강력한 수단 곧 개인적 판단의 권리를 주장하는데 불굴의 정신을 발휘하였다. 그리고 개인적 신앙과 예배에 또 땅 위에 하나님의 나라를 건설하고자 하는 목적에 세속권의 간섭을 경계하였다. W. K. Jordan, *The Development of Religious Toleration in England*, (Cambridge: Harvard university Press, 1932-1940).

84) Reinhold Niebuhr, *The Children of Light and the Children of Darkness: A Vindication of Democracy and a Critique of Its Traditional Defence*, (New York: Charles Scribner's Sons, 1944), xi.

술에서는 인문주의적 경향이 최소화 되었다. 왜냐하면 그에게 회심이 그의 문학적 준비보다 더 중요했기 때문이다. 그는 회심을 통해 자신의 종교적 확신을 과감 없이 표출한 것이다. 그것은 기독교 강요 첫 문장에서 우리의 최상의 지혜는 하나님과 우리 자신을 아는 지식으로 이루어진다는 역설에서 발견된다.[85] 그에게 하나님은 인간 전체, 본성에 대한 이해의 기초였다. 하나님은 단지 우주의 창조주와 통치자로만이 아니라 항상 인간의 창조주요 구속주로 인식되었다. 하나님의 주권은 인간 필요의 명확한 해답이라 믿었기 때문이다. 이로써 그는 하나님의 손에 붙들려 신학자로서 삶을 헌신하였다. 성경은 그에게 안내자요 권위자이며 병기고였으며 삶의 모든 것이었다. 그리하여 자신 만이 아니라 타인을 어떻게 가르쳐야 할지를 숙지하였다.[86] 개혁자들 중에 그처럼 말씀에 헌신된 자는 없을 것이다.

(2) 온전한 기독교는 외적으로 상호 배타적인 듯한 균형잡힌 긴장을 갖는다고 믿고 로마 교회의 미신과 우상숭배의 전통에 대하여 루터와 같이 기독교의 본래적 탐색을 위해 성경으로 되돌아가야 한다고 믿었다. 칼빈은 성경에서 하나님의 위엄과 신비와 초월에 대한 압도적인 느낌을 발견했다. 때문에 그는 이 사실을 강조하고 하나님과 그의 영광이 성경에서 주어진 것과 같은 우위성을 회복하여야 한다고 주장했다. 이것이 사실상 칼빈 사상의 핵심이다. 칼빈이 강렬하게 주장했듯이, 하나님을 중심으로 신관념에 이끌리게 되면 기독교 메시지는 그분의 거룩함에 압도당하고, 인간의 무능과 더불어 자신의 사명을 깨닫게 된다.[87]

이와 달리 로마교는 인간의 역할을 지나치게 주장하는 쪽으로 기울어 전체적인 기독교의 진리를 왜곡시키는 경향을 보였다. 예를 들면, 그들이 가르치는 성자 숭배와 이에 대한 헌신은 미신에 가까울 정도로 위험스러운 수준이었다. 이들은 기도문과 성자들의 힘(공로)을 하나님의 뜻을 움직이는데 사용할 수 있다고 보았다. 또한 면죄부는 성난 부족들이 하나님을 달래는 주술 의식으로 인도하는 경향을 보였다. 따라서 칼빈은 자신의 패턴과 욕망에 하나님과 하나님의 뜻을 갖다 맞추려고 하는

85) John Calvin, *Institutes of the Christian Religion*, trans., by Henry Beveridge, (London: James Clarke & Co., Ltd., 1953), I, 1, 1-3.

86) John T. McNeill, 202.

87) Thomas M. Lindsay, *A History of The Reformation,* (Edinburgh, T. & T. Clark, 1906), vol. 2., 413.

인간의 유혹들을 명확히 지적하였다. 그는 인간에게 창조주는 항상 그의 주권자이며, 피조물은 그에게 종속된다는 사실을 되새겨야 한다고 믿었다. 사실 칼빈의 시대에 기독교는 외적 선행의 가치를 강력히 주장하고 성인들과 면죄부에 대한 의탁심을 조장함으로써 인간에게 자신의 구원을 성취하는 문제에 자율성을 부여하였다. 그러나 이것은 분명 기독교의 진리를 왜곡하는 처사였다. 인간은 하나님이 만물의 주권적 주인이심을 크게 깨우쳐야 할 필요가 있다. 칼빈은 바로 이런 역할을 수행하였고 그렇게 함으로써 칼빈은 기독교에 크게 공헌하였다.

(3) 칼빈은 인간과 그들이 만든 전통을 지나치게 강조하는 데 대하여 다른 한편 곧 하나님을 강조하는 것으로 대응하고 자신의 신중심주의 신학을 발전시켰다. 칼빈은 구원의 과정에서 하나님과 인간 사이의 균형을 회복하는 일은 하나님의 전적인 능력에 의존함을 주장하였다. 그에 따르면 하나님은 자신의 선택하시는 행위에 의하여 종종 자신의 뜻을 스스로 제약하시며 인간의 행동을 따라 구원하거나 심판하시지 않는다. 하나님이 인간의 운명을 전적으로 결정하심이 기독교의 근본 주제임에도 불구하고 그는 인간에게 자비를 베푸신다. 여기에 하나님의 전능하심과 또한 그의 자비와 긍휼이 나타난다. 바로 이 사실에 근거하여 인간은 스스로 그 자신의 운명을 결정하는 데 참여하게 된다. 우리는 하나님과 인간사이의 이 두 긴장 중 어느 한편을 배제하거나 경시할 수 없고, 이 끊임없는 긴장을 통해 하나님이 역사를 주관하시고 계시다는 기독교의 진리를 발견하게 된다. 칼빈주의 학자인 로버트 브라운(Robert M. Brown)은 우리가 하나님의 주권을 이룰 수 있는 것은 곧 "하나님의 기본 활동(initiatory activity)을 강조하고 신자가 자신의 구원이 하나의 선물이며, 이것은 그가 자신의 자원을 통하여 만들어내는 것이 아니라는 사실을 인정하는 것"이 중요하다고 하였다.

칼빈은 하나님의 주권을 강조함으로써 인간의 구원의 의미를 극대화 시켰다. 그러나 이것은 인간의 자유의 고유성을 위협하려는 의도는 아니었다. 오히려 그는 그 목적을 위해 우리의 의무와 책임을 더 강조하였다. 그러나 타락한 인간은 하나님의 이런 주권적 행사를 대항하여 하나님을 "거부"하는 권리를 행사한다. 결국 이들은 하나님의 무한하신 사랑을 망각하고 만 것이다. 그러나 하나님은 자신의 무한하신 사랑을 버려진 사람들에게 일반은총을 통해 베푸신다. 이 사실에 기초하여 우리는 하나님께서 우리의 이해를 넘어서 인간이 그분을 자유롭게 받아들이도록 하는 방법을 언제나 가지실 수 있는 가능성을 인식해야 한다. 하나님의 선행적 활동, 자유, 사랑, 이런 것들이 하나님의 주권성에 대한 균형잡힌 기독교적 견해를 구성하는 요소들이다.[88] 칼빈은 이런 면에서 기독교 계시의 타당한 요소들을 언제나 재강조하였다. 하나님은 모든 피조물을 다스리시는 주권자이시며, 모든 피조물은 하나님을 섬기고 그에게 영광을 돌리기 위하여 존재한다. 이 같은 칼빈의 신학 사상은 결국 그의 성경관에 기초하였다. 칼빈은 성경을 하나님의 계시로 보고 이 성경이 모든 지식의 독보적인 원천이며, 인간이 구원받기 위해 믿어야 할 모든 것을 포함하고 있다고 주장했다. 그는 성경의 가르침으로 복귀하고 모든 인간적 사색이나 전통을 애매한 말로 포현하지 않았다. 그는 기독교의 진리는 영감으로 계시된 성경에서 추론되어야 한다고 믿었다. 그는 성경에 기초하지 않은 모든 사상과 논리를 부정하는 이런 강한 확신에 사로잡혀 평생을 살았다. 그러므로 오늘의 개혁주의는 이런 칼빈의 공헌에 많은 빚을 지고 있다.

6. 루터와 칼빈의 비교

필자는 지금까지 칼빈의 생애와 신학사상에 대하여 상고하였다. 그런데 우리가 이미 살펴본 개혁자 마틴 루터와 존 칼빈과의 상호 비교를 통해 이들의 신학적 특징들을 정리하고자 한다. 왜냐하면 이 두 개혁자들은 혼란했던 16세기의 정치사와 정신사 및 종교사를 새롭게 서술한 위대한 하나님의 사람들이었기 때문이다. 또한

---

88) 그러나 우리는 칼빈이 인간이 하나님을 숭배하는 데서부터 인간적인 모든 요소를 배제시키고 있는 경향에 대하여 한번 생각해 볼 수 있다. 왜냐하면, 칼빈은 죄를 제외한 인간의 모든 것은 하나님의 사랑과 그리스도의 구속적 활동의 대상으로 여기고, 그 모든 것은 하나님과 그의 영광을 지향하도록 의도된 것으로 여기기 때문이다. 특별히 우리가 주목해 보아야 할 사실은 기독교 전통의 가장 고상한 요소들 가운데 하나인 하나님을 숭배하는 마음이 감각적인 형태로 표현되기도 했기 때문이다. 우리는 그 예로 미켈란젤로의 시스틴 성당, 헨델의 메시아 등을 들 수 있다. 이런 인간의 노력이 하나님을 예배하기 위함이기도 했겠으나 거기에는 언제나 왜곡의 위험성이 있을 수 있으며, 많은 교회는 그 건축과 내부 장식 면에서 인간이 하나님과 하나님에게 속한 일들에 대한 경외심을 감각적으로 표현하려는 노력 가운데서 얼마나 어긋날 수 있는가를 보여준다. 우상숭배와 미신의 항존하는 위험성은 하나님을 섬기고 하나님의 영광을 드러내기 위한 인간의 창조적인 노력을 금지시킨다. 하나님은 궁극적으로 인간의 술어로는 표현될 수 없다는 사실을 항상 되새겨야 할 것이다.

이들은 모두 고대의 기독교 원전 속에서 새롭게 기독교를 발견하고 초대 기독교로 돌아가기를 갈망했기 때문이다. 그리하여 이들은 열심히 하나님의 말씀을 연구하고 가르치고 그 말씀을 개혁의 모토로 삼아 개혁의 정착에 견인하였다. 결국 이들이 교회사에 미친 영향력은 막대하며 이들이 성취한 개혁의 이상들은 쉽게 간과될 수 없는 문제들이다. 따라서 필자는 평생을 하나님의 손에 붙잡혀 주의 나라와 복음을 위해 섬기다간 이 두 사람을 간략히 비교하고 칼빈을 평가하고자 한다.

(1) 먼저 두 개혁자는 각기 다른 나라 다른 시기에 태어났으나 오직 하나님의 말씀을 밝히 드러내고 이 말씀 위에서 개혁을 완수했던 사람들이었다. 재미있는 것은 두 사람이 같은 시대에 살면서 개혁을 성취했으나 루터는 루터파 신학을, 그리고 칼빈은 개혁주의 신학의 초석을 마련하였다. 동시에 이들은 신체적으로도 차이가 나는 바, 나이가 들면서 루터는 자신감과 평화가 몸에 새겨졌다. 반면 칼빈은 젊을 때 보다 더 야위었다. 루터는 나이 들면서 타협적이었다면 칼빈은 얼굴에서 보듯이 냉철한 지성미를 보여준다. 칼빈은 믿음 안에서 자신과 타인들에게 철저할 것을 요구한 사람이었다.

(2) 루터는 농부요 수도사, 대학 교수였으나 칼빈 또한 학자요 법률가로 격동기에 번창하는 도시에서 목회하였다. 때문에 이들은 각각 다른 상황에서 필요를 충족시켰다. 그러나 이들은 능력있는 지도자들로 개혁에 필요한 많은 기독교적 대안들을 제시하였다. 이들의 개혁정신은 철저히 성경에 기초했으나 비텐베르크와 제네바에 건축된 신학과 교리, 교회의 실제적 모습은 많은 차이를 드러냈다. 개혁의 결과 독일과 스칸디나비아를 포함한 북부 유럽의 몇 나라는 루터교가 제네바와 남부 프랑스, 네덜란드, 영국을 중심으로 칼빈의 개혁주의가 확산되었다. 루터와 달리 조직력과 행정력에서 뛰어났던 칼빈은 츠빙글리가 놓은 기초 위에서 자신의 사역을 확장시켰다.[89)]

(3) 개혁에 있어서 루터는 타협적인데 반해 칼빈은 타협이 없이 성경의 원칙위

---

89) 취리히에서 시작되었던 개혁 운동은 독일어 사용권 스위스 지방으로 급속히 번져나갔다. 베른(Bern)과 그 인근 지방(Canton)이 1528년 프로테스탄트 진영에 참여 하였다. 바젤(Basel)이 1529년 이에 합류하였다. 곧 세인트 갈, 아펜젤, 샤프하우젠 등도 그 뒤를 따랐다. 스위스 지방 외에도 주요한 독일 도시 스트라스부르크가 츠빙글리 식의 종교개혁에 동조하였다. 이곳의 마틴 부처는 독일 내에서 루터와 멜랑톤에 버금가는 사람으로 츠빙글리를 도왔다.

에서 개혁을 주도하였다. 개혁의 방식에서 루터는 독일적인 격렬함이, 칼빈에게는 논리적인 정밀성이 부각되었다.[90] 특별히 칼빈은 하나님의 예정론을 통하여 그리스도인이 하나님께 헌신해야 하는 근거를 제공하였다. 그는 이 교리를 인간에게 영원한 생명을 주기 위한 하나님의 선택 교리를 단지 지성적으로가 아니라 신자들의 삶 속에 겸손과 윤리적 능력의 근본적인 원칙으로 파악하였다. 칼빈은 누가 크리스챤인가를 알 수 있는 방법은 (i) 세례와 성찬에 참여하는 것과 (ii) 의로운 윤리적인 생활, (iii) 자기 신앙의 공인 앞에서의 고백이라 했다. 칼빈은 이 세 가지 원칙은 기독교인에게 요구되는 것이라고 했다.

(4) 이 두 개혁자들은 모두 하나님의 위엄과 능력을 깊이 체험한 인물이었다. 그러나 루터에게는 이점이 용서의 기적을 강조하는 이신칭의로 나타났으나 교회 의식과 교회 정치에는 개혁 정신에 미치지 못하였다. 그러나 칼빈에게 하나님의 뜻은 반드시 이루어진다는 신의 영광과 주권사상으로 표현되었다. 이것은 교리와 윤리/도덕, 제도(정치) 나아가 일반 은총의 문화관으로 확대되었다. 한편 루터는 좀 더 독창적이고 대담한 창조적 사상가의 모습을 보여준다. 그러나 칼빈은 보다 논리적이요 체계적인 신학자로 보여진다. 특별히 칼빈은 이 논리에 근거하여 신앙의 결과란 이 지상에 하나님의 왕국이 이루어지도록 힘쓸 것을 강조하였다. 진정한 기독교 신자는 더 이상 하나님의 율법에 의해 심판을 받지 않으나 이 율법 속에서 바람직한 윤리적 성품을 위한 하나님의 의도를 발견할 수 있다고 하였다. 인간은 결코 선행에 의해 의롭다 하심을 받지 못하나 의롭다 하심을 받은 인간들에게는 선행이 없을 수 없다고 하였다. 그는 생활 속에서 성결과 거룩함을 이루기 위해서 피나는 노력을 기울이지 않은 사람은 절대로 진정한 신자라 할 수 없다. 이처럼 윤리적으로 성결한 삶을 위한 끝없는 노력이 기독교인에게 요구된다고 하였다.

(5) 이런 사상은 곧 독특한 국가관을 형성하였다. 루터는 국가를 가장 높은 기관으로 국가 권력주의를 지향하였다. 때문에 어디서 어떻게 복음이 전파될 것인가를 독일에서는 영주들이 결정하는 경우들이 많았다. 그러나 칼빈은 어느 인간도 교황이나 군주라 할지라도 절대 권력을 소유하지 못한다며 정교분리를 가르쳤다. 칼빈

90) Thomas M. Lindsay, *A History of the Reformation*, (Edinburgh: T. & T. Clark, 1907), vol. II., 506.

은 비록 직접 국민들의 저항권을 설교한 적은 없으나 대의 민주정치를 강조하고 독재적 군주들에게 저항할 권리가 있음을 강조하였다. 군주들의 절대권력 자행에 대항한 칼빈주의자들의 저항 사실은 현대 입헌 정부 발전에 크게 기여하였다. 칼빈은 명백하게 세속적인 분야를 제외하고는, 교회가 세속정부의 관할아래 있지 않다고 가르쳤다. 반면 교회는 주권적 하나님 아래서 영적 문제에 관하여 세속 정부를 올바르게 인도해야 할 의무와 책임을 가진다. 이러한 비전 아래 칼빈의 추종자들은 유럽 전역에서 오류에 빠진 종교와 독재 정부를 전복시킬 영적 계획을 도모하게 되었다.

(6) 루터는 자신들의 신앙고백을 채택하여 교회를 자신들의 통치 영역으로 삼았다. 그러나 칼빈은 하나님의 메시지를 자신들이 전파함으로써 하나님의 영광을 드러낼 의무가 신도에게 있음을 강조했다. 이런 측면에서 선교적 양상이 나타나 결국 화란으로, 그리고 화란에서 낙스와 함께 스코틀랜드로 이어졌다. 스코틀랜드에서는 국가의 후원을 받는 종교로 성장하였다. 영국교회 또한 그 신학과 교회구조 면에서 개혁전통의 영향을 강력하게 받았다. 메리 여왕 때 스위스 개혁교회에 망명해 있던 인사들은 그들의 개혁적 사고를 잉글랜드로 가지고 돌아와 엘리자베스 여왕이 설립한 교회에 크게 영향을 끼쳤다. 개혁 개신교는 영국을 통해 세계로 확산되었다. 미국에서는 장로교 및 회중교회 형태의 개혁 개신교가 처음부터 뿌리내렸다. 혁명 이후 개혁 개신교는 미국 개신교에 주도적인 영향을 지니게 되었다. 프랑스의 위그노, 스코틀랜드의 언약자, 영국의 청교도들과 비국교도, 그 주도적 형태들에서의 미국 개신교는 모두 그 출발이 취리히의 츠빙글리, 스트라스부르크의 부처, 그리고 무엇보다도 제네바의 존 칼빈 아래서 싹트게 되었다.[91)]

7. 결론: 평가와 의미

7.1. 개혁자 칼빈의 교회사적 위치

필자는 지난 기독교 2,000년 역사에서 종교 개혁보다도 더 생생한 운동은 없다

---

91) Philip Schaff, *History of the Christian Church*, vol. III., (Michigan: Eerdmans Publishing Company, 1910), 45.

고 생각한다. 종교개혁은 하나님께서 역사의 암흑기에 교회의 갱신과 영적 변혁을 위해 당신의 종들을 훈련하시고, 이들을 통해 위대한 역사를 창조하신 하나님의 일, 하나님의 사건이었다. 개혁자들은 중세 가톨릭 교회의 악폐와 제도적인 부패에 대해 전혀 타협치 아니하고 다툼이나 나누임 혹은 형제간의 살상을 감수하고라도 교회개혁을 위해 자신들의 생애를 헌신하였다. 이들은 당시 로마 교황청을 세계의 모든 수치와 사악함의 표본으로 생각하고 이 교황청에 의해 저질러진 악들을 용납하지 않았다. 그 대신 이들은 성경에 기초하여 오직 참 교회의 모습과 순결을 향해 질주하였다. 이들은 당시 성직자들의 도덕적 타락, 교회의 제도적 부패, 교권적 권위체계 아래 경제적 이해와 정치 권력의 야합이 진정한 교회의 영적 목표를 대체한 교회의 악폐로 간주하고 과감하게 개혁을 부르짖었다. 루터는 우리가 세상의 구경거리가 되었다라고 투덜거리면서 개혁의 정착을 위해 혼신을 다하였다. 그러나 이런 놀림 속에서도 개혁자들은 항상 자신들을 복음주의자로 칭하였고 자신들의 종교적 공동체를 하나의 거룩한 세계로 간주하였다. 하나님은 타락한 교회의 보다 철저한 개혁과 신학적 정립을 위해 칼빈을 세우시고 자신의 뜻을 성취하셨다.[92]

7.2. 칼빈의 공헌

종교개혁에 있어서 칼빈의 역할은 실로 막대하였다. 개혁자 중에 누구도 칼빈의 공헌에 필적할 만 한 자가 없을 정도로 그의 위치는 확고하다. 따라서 필자는 결론적으로 칼빈의 공헌과 그가 미친 영향을 간단하게 몇 가지로 정리하였다.

(1) 개혁신학의 수립: 칼빈은 그의 생애를 통해 개혁신학의 체계를 수립하고 자신이 이 일에 중심역할을 하였다. 그는 하나님께서 역사를 주관하시고 통치하신다고 믿고 이 기초 위에서 그의 신학을 강요를 통해 체계화하였다. 따라서 그는 존 리스(John Leith)의 지적처럼 감히 필적할 만한 사람이 없을 정도의 위치를 점하였

92) 그러나 당시 칼빈은 일부 사람들에 의해 가인으로, 또 다른 사람들에 의해 개로 불리었다. 이 밖에도 그는 많은 비방과 위협을 받았다. 예를 들면 그를 비방하는 노래들, 위선자와 독재자로 매도하는 글들, 심지어 그를 암살하는 자에게 500크라운을 제공한다는 등이었다. Owen Chadwick, *The Reformation*, (The Pelican History of the Church, Penguin Books, 1988), 88.

다.[93] 칼빈의 신학 세계는 온 우주 만물을 포함하는 별들에서 곤충에 이르기까지, 천사장에서 어린 아기에 이르기까지 전적인 하나님의 주권 사상에 기초한다. 하나님에 대한 경외심이 그의 모든 사고와 작품 속에 살아 숨 쉬고 있다는 것이다. 위엄과 측량할 수 없는 지혜 속에서 초월해 계시고 접근할 수 없으며 또한 인간의 일들 속에 내재하시고 범사에 의로우시며 자격 없는 인간에게 자비로우신 하나님이 그의 삶의 전부였다. 영원하신 하나님에 대한 경배의 불꽃이 그의 사상의 제단 위에서 꺼지지 않고 불 타 올랐다.[94] 그것은 월필드의 지적처럼 "은혜 안에 있는 하나님의 주권"이었다.[95] 마치 루터의 신학중심이 이신칭의로 설명되듯이 칼빈의 경우는 바로 하나님의 주권교리에 있었다. 칼빈의 이런 신학 사상은 그가 심혈을 기울려 저술한 기독교 강요에서 나타난다. 이 작품은 종교개혁 시대가 낳은 가장 명확하고 가장 논리적이며, 가장 읽기 쉬운 신교교리의 해설서이다. 그는 이 책에서 기독교의 진리를 일목요연하게 설명하며 기독교를 변증하고 그 입장의 정당성을 명백하게 주장하였다. 특별히 그의 일관성 있는 신학의 전개는 하나님의 주권과 그에 대한 우리의 책임의식을 통해 고취되었다. 이 때문에 칼빈은 하루 아침에 유럽 전역에 명성을 떨치게 되었고 어쩌면 "유일한 국제적 개혁자"[96]였는지도 모른다.

(2) 신앙고백과 교육제도를 통해 개혁을 주도하였다. 이와 함께 영적 기준에 미흡한 생활을 하는 자들에게는 보다 엄한 치리 시행을 주장하였다. 그는 출교 혹은 수찬금지를 통해 교회의 순결을 지키기를 소원하였고 따라서 부도덕한자의 참여를 제한하였다. 이런 논쟁은 때로 제네바 시의회 의원들에 의해 1538년 4월 추방당하는 아픔이 있기는 했으나 다시 칼빈은 재기하여 일어섰다. 그는 이런 규칙을 통하여 참된 교회의 모습이 무엇인가를 바로 가르쳐 주었다. 특별히 목회자로서 칼빈은

---

93) John Leith, "Calvin's Theological Realism and the Lasting Influence of His Theolgoy", *Toward the Future of Reformed Theology*, eds. David Willis/Michael Welker, (Michigan: William B. Eerdmans Publishing Company, 1999), 339-345; Philip Schaff(ed.), *The Creeds of Christendom with a History and Critical Notes*, (Michigan: Baker Book House, 1990), vol. 1., 423.

94) John T. McNeill, *The History and Character of Calvinism*, (New York/Oxford University Press, 1954), 209-210.

95) 윙키 프래트니, 「기독교 부흥운동사」, (나침반, 1997), 53.

96) Williston Walker, *A History of the Christian Church*, (New York: Scribner, 1985), 480.

그의 목회사역을 통하여 교회의 참된 모습을 보여주었다. 칼빈은 초기 제네바에서 그가 실패한 정책을 그가 스트라스부르그에 머무는 3년 동안 좀 더 영적으로 성숙하게 되었고 그곳에서 프랑스 난민들을 위해 목회를 하였다. 그는 성공적인 신학교수였으며 시민들로부터 존경받는 인물이었다. 그리고 그는 도시를 대표하여 독일에서 열린 주요한 종교회의에 참여하였다. 이때 두 아이가 딸린 과부와 결혼했으나 오래지 않아 아내와 아이가 죽었다. 그러나 그의 아내는 1549년 3월 세상을 떠날 때까지 그의 충실한 반려자였다.

(3) 이때 제네바 친구들의 초청을 받아들여 귀향하게 되고 그곳에서 그가 계획한 교회 헌법을 정착시켰다. 그 헌법의 원리는 목사, 교사, 장로, 집사들이었다. 당시에 칼빈은 12명의 장로로 구성된 당회를 구성하여 시를 도덕적으로 감독하였다. 이들은 교회의 공공의 집회 결석, 음주, 간음, 도박, 춤추는 것 등을 처벌하였다. 그는 개혁의 시기에 특히 이단 미카엘 세베투스(Michael Servetus)를 처단하였다. 세베투스는 명석한 스페인 출신의 내과 의사로 피신해 온 사람이다. 그런데 그는 삼위일체를 부인한 이유로 가톨릭 교회로부터 쫓기었다. 그는 1553년 마침 칼빈의 적수들이 칼빈의 권위에 도전하고 있을 때에 제네바를 찾았다. 칼빈은 그를 화형에 처하는 대신 보다 자비로운 처벌을 원했으나 결국은 사형을 결심하여 승인하였다. 세베투스는 화형에 처해졌다.

(4) 칼빈의 공헌 중에 하나는 많은 주석을 저술한 것이다. 에스겔 21-48장과 신약의 요한이서 삼서와 요한계시록을 제외하고 거의 모든 주석을 썼다. 그의 주석들은 설교나 강의에 사용되었던 것에 기초하였다.[97] 베자는 칼빈의 설교를 가리켜, "매 단어마다 1파운드의 무게가 나간다"고 하였다. 그는 주로 원고 없이 오직 성경을 들고 강단에 올라 설교하였다. 그의 설교는 당시에 싼값에 팔렸는데 그중에 75%가 분실되었다. 오늘까지 전해오는 것은 그 중에 일부가 보존된 것이다. 그가 제네바의 베드로 성당에서 행한 설교만도 인쇄된 책으로 벽장 하나를 채우고도 남을 정도였다. 그것을 필경사 한 사람이 평생 베껴야 할 방대한 양이었다. 그러나 칼빈은 자신의 주석에서 신비적 영해를 강조한 중세 방식을 탈피하고 문자에 충실하

---

97) John T. McNeill, *The History and Character of Calvinism*, (New York/Oxford University Press, 1954), 190-193.

며 신학적 해석을 첨가하였다. 그의 주석은 청교도들이 애용했으며 오늘도 개혁주의 계통에서 널리 사용되고 있다. 뿐만 아니라 그는 많은 설교집을 남겼는데 그중 어떤 것은 아직 영어로도 번역이 되지 않았다.

(5) 칼빈은 제네바를 개혁의 요람으로 만들었다. 대표적으로 스코틀랜드의 개혁자 존 낙스는 1555년부터 1558년까지 3년 체류하면서 시민권을 획득하였다. 1556년 12월 영국 친구 안나 로크 부인에게 보낸 편지에서 제네바를 극찬하였다. 그에 의하면 제네바는 “사도시대 이후 지구상에 존재한 그리스도의 학교들 중에 가장 완벽한 곳이다. 다른 곳에서도 그리스도를 진정으로 전파하지만 생활과 종교가 그처럼 신실하게 개혁된 곳을 나는 아직 다른 곳에서 보지 못하였다”[98]고 하였다. 이듬해 윌리암 파렐은 제네바를 방문하여 “다른 곳에서 으뜸이 되느니 차라리 제네바에서 꼬리가 되겠다”고 하였다. 뿐만 아니라 거의 같은 시기에 메리 통치아래 추방되어 바젤에 거주했던 오소리(Ossory) 감독 존 베일(John Bale)은 “제네바는 나에게 전 세계의 놀라운 기적처럼 보인다. 마치 그곳이 성소인 것처럼 모든 나라로부터 많은 사람들이 그곳에 몰려드는데 돈을 벌기 위함이 아니라 가난하게 살기 위해서이다. 서로 관습과 언어와 의상이 다른 스페인 사람들, 이탈리아인들, 스코틀랜드인들, 영국인들, 프랑스인들, 독일인들, 양과 이리, 황소와 곰이 그리스도의 멍에를 함께 메고 그처럼 사랑스럽고 다정하게 살며 서로 생활과 종파가 다른 수사와 평신도 그리고 수녀들이 하나의 영적 기독교 공동체로 어울려 함께 살아가는 것이 놀라운 일이 아닌가?”라고 하였다.[99]

한편 역사가 찰스 보르고드(Charles Borgeaud)는 아카데미의 설립과 함께 칼빈은 자기 과업을 달성하였다. 그는 제네바의 장래를 확보한 것이다. 그는 그것을 교

---

98) “where, I neither fear nor am ashamed to say, is the most perfect school of Christ that ever was in the earth since the days of the Apostles”. “In other places, I confess Christ to be truly preached; but manners and religion to be so sincerely reformed, I have not yet seen in any other place”. 당시 존 낙스는 1555년부터 1558년까지 3년 동안 그곳에 체류하며 시민권을 얻었다. 1556년 12월, 영국 친구 안나 로크 부인에게 보낸 편지에서 제네바를 극찬하였다. 그에 의하면 제네바는 “다른 곳에서도 그리스도를 진정으로 전파하지만 생활과 종교가 그처럼 신실하게 개혁된 곳을 나는 아직 다른 곳에서 보지 못하였다"고 하였다. John Knox, *The Works*, vol. 4., ed. D. Laing, (Edinburgh, 1855), 240-241.

99) John T. McNeill, 178-179.

회, 학교, 그리고 요새로 만들었다. 그것은 현대에 있어 최초의 자유의 본거지였다고 하였다.[100] 칼빈은 제네바에서 개혁을 주도하면서 전 유럽을 목회자들의 훈련장으로 만들었다. 그리하여 많은 개혁자들이 이곳에서 주의 사랑을 나누었고, 그리고 수많은 칼빈의 제자들은 제네바를 하나님께서 마련하신 개혁의 산실이요 교두보라고 생각했다. 하나님의 왕국 건설과 성취는 약속인 동시에 사명이었다. 이들은 제네바를 떠날 때 각각 고국에 돌아가 칼빈의 개혁 원칙을 수립하겠다고 다짐하였다. 그 결과 칼빈주의는 곧 국제적으로 중요한 단체를 형성하였다.

(6) 칼빈의 공헌은 신학적 지식 이상이라 할 것이다. 그는 교리의 사변적 정교화를 거부하고, 경건과 결탁되지 않은 모든 신학적 호기심을 부정하였다. 왜냐하면 그에게 경건은 은혜에 대한 지식에서 발생하는 하나님에 대한 사랑과 결부된 경외심이기 때문이었다. 그러므로 하나님을 아는 것은 그에게 예배하고 순종하기 위해서였다. 하나님에 대한 진정한 지식은 머릿속을 스쳐 지나가는 지식이 아니라 마음에 뿌리를 내린 지식이다. 그러므로 우리 생애의 주된 관심과 열망은 마음과 뜻을 다해 하나님을 찾고 그를 갈망하고 오직 그분 안에서 쉼을 얻어야 하는 것이다.[101] 특별히 칼빈은 신학의 엄격성만큼 자신에게 철저히, 불의와 타협하지 않고 매사에 위엄과 권위로 행동하였다. 한번 결정한 것은 결코 번복하는 법이 없었다. 한 동료는 "만일 그가 일단 칼로 당신을 찔렀으면 당신은 가망이 없다"고 하였다.[102] 동시에 칼빈은 명예를 매우 존중하였다.

(7) 칼빈 이후 프랑스에서는 위그노(Huguenots)들이 등장하여 그의 사상에 기초하여 국가 개혁을 추진하였다. 그러나 1572년 성 바돌로매 축일에 수 천 명이 학살 당함으로 그 꿈이 깨어졌다. 그 후 이들은 소수파로 전락하여 가톨릭의 대항 세력이 되지 못하였다. 네덜란드에서 칼빈주의는 가톨릭의 스페인 압제에 대항한 독립 투쟁의 근거를 제공하였다. 칼빈주의 목사들이 저항 운동의 초기 지도자들이 되었다. 네덜란드 북부 지방의 독립 운동의 총수는 침묵의 윌리엄(William the Silent)이었다. 그는 1573년 개혁파 교회에 가입하고 그 후 네덜란드 공화국을 설립

---

100) John T. McNeill, 196.

101) John T. McNeill, 208-209.

102) Owen Chadwick, *The Reformation,* (The Pelican History of the Church, Penguin Books, 1988), 88.

하였다. 오늘날 네덜란드 국가로 사용되는 왕자의 노래(The Song of the Prince)는 윌리엄의 추종자들에 의해 만들어졌다. 스코틀랜드의 칼빈주의자들은 16세기 유럽으로서는 특이하게 군주와 다른 종교를 신봉하는 국가를 설립하였다. 개혁자 존 낙스는 칼빈의 교육을 받고 귀국하여 장로교 정치에 기초한 개혁을 정착시켰다. 칼빈 자신이 다른 곳에서도 그리스도가 참되게 전파되기를 바란다고 했는데 결국 그의 소망은 성취되어 그의 사상은 제네바에 머물지 않고 유럽 전역으로 확산되었다. 그리고 미국까지 전수되어 개신교 국가를 건설하였다.

7.3. 우리의 과제

급변하는 시대를 살아가면서 오늘 우리는 교회의 현실을 직시해야 할 것이다. 특별히 개혁자들이 열망한 교회의 이상을 마음에 그리며 오늘 주님께서 우리에게 요구하시는 바른 신학, 바른 교회, 바른 생활이란 어떤 것인지 숙고해본다. 이 원리에서 볼 때 우리 교회는 정말 개혁주의 전통에 서 있는지 고민하게 된다. 주님의 종으로서 우리는 어떤 자세로 그분의 교회를 섬기고 있는가? 교회 안에서의 형제들과의 관계 및 성직자로서의 생활태도, 세상에 대한 관심과 복음에 대한 성경적 증거들에 어느 정도 성경적인가? 언젠가 가슴이 뜨겁게 달아오르던 주님을 향한 헌신과 정열, 개혁에의 의지는 어디 갔는가? 지금 우리교회는 나에게 무엇을 요구하는가? 하나님 앞에서 철저한 자기 각성과 돌아봄, 그분의 은총에 대한 소망과 맡김과 신뢰, 영혼을 사랑하는 애정과 말씀에의 묵상과 증거, 그리고 사랑과 희생이 절실히 요청되는 시점이다.

칼빈은 오웬 채드윅의 지적처럼 일관성과 용기, 결단성의 사람이었다. 이 원리에 따라 그는 말씀만을 추구하며 소명의 길을 갔다. 일편단심 변함없는 그의 마음과 헌신에 제네바 시민들이 열렬히 박수를 보냈다. 이후 칼빈주의자들은 어디를 가든지 다른 그룹의 사람들, 예를 들면, 루터파, 재세례파, 영국의 국교회파가 갖지 못한 일관성과 명료성을 공유하였다. 우리는 혼란한 이 시대에 교회와 민족을 위해 무엇을 할 것인지 생각하며 살아야겠다. 지금 우리 주변에서 일어나고 있는 여러 복잡한 사건들, 교회의 현실은 우리를 절망에 빠뜨린다. 참담할 뿐이다. 그러나 이런 상황에서 우리의 역할과 사명이 무엇인지 되묻고 다시 일어서야겠다. 현실적 괴리 앞에서 우리는 부단히 자기 개혁을 통해 미래를 준비하는 소명자가 되어야겠다. 비록 연약하고 부족해도 아직도 우리를 눈동자와 같이 지키시고 살피시며 항상 새롭게 하시는 주님을 바라보며 함께 힘을 모아 역사창조에 동참해야 할 것이다. 아무리 시대가 암울해도 하나님이 함께 하시는 한 우리에게는 희망이 있기 때문이다. 문제는 우리가 얼마나 주님을 신뢰하며 헌신하는가에 있다. 서로 돌아보며, 주께 감사하고, 자신의 일에 더욱 충실해야 할 것이다. 칼빈처럼 주님의 절대 주권을 믿으며 오직 주님의 영광을 위해 살아가도록 다짐하자. "바울은 내게 능력 주시는 자 안에서 내가 모든 것을 할 수 있느니라"(빌 4:13)고 역설하였다. 모두에게 주님의 은총을 기원한다.

제 8 장

존 칼빈과 제네바 아카데미의 상관성 소고

1. 서론

1555년 제네바의 소요가 종식될 무렵, 스코틀랜드의 종교개혁자 존 낙스는 망명 중에 존 칼빈의[1] 제네바에 도착하였다. 이 후 1558년 시민권을 얻을 때까지 약 3년 동안 그곳에 거주하며 말씀을 연구하였다. 그간에 낙스는 영국 친구 안나 로크(Mrs. Anna Locke) 부인에게 보낸 편지에서 제네바 아카데미를 "사도시대 이후 지구상에서 가장 아름다운 그리스도의 학교" 라고 서술하였다.[2] 실로 개혁자 칼빈은 필립 샤프의

1) 존 칼빈의 생애와 관련한 대표적인 저술들은 Theodore Beza, "The Life of John Calvin", *Tracts relating to the Reformation*, trans. by Henry Beveridge, (Edinburgh: T. & T. Clark, 1860) xix-lxix; G. R. Potterand/M. Greengrass, *John Calvin* (Edward Arnold, 1983); Allexandre Ganoczy, *The young Calvin*, (Philadelphia: The Westminster Press, 1987); Jean Cadier, *The Man God Mastered: A Brief Biography of John Calvin*, (London: Inter-Varsity Fellowship, 1960); William J. Bouwsma, *John Calvin: A Sixteenth Century Portrait*, (Oxford University Press, 1988); Francois Wendel, *Calvin: The Origins and development of his religious thought*, (London: Collins, 1963); R. N. Carew Hunt, *Calvin*, (London: The Centenary Press, 1933); Alister E. McGrath, *A Life of John Calvin*, (Basil Blackwell, 1990)을 참고하라.

2) "where, I neither fear nor am ashamed to say, is the most perfect school of Christ that ever was in the earth since the days of the Apostles". "In other places, I confess Christ to be truly preached; but manners and religion to be so sincerely reformed, I have not yet

지적처럼 개혁자 중에 가장 위대한 신학자로 압도하는 지성이자 고상한 인품을 소유한 기독교회사에 가장 앞선 지도자 중에 한사람이었다.[3] 당시 칼빈은 제네바를 요람으로 종교 개혁을 전개했으며, 이후 유럽, 심지어 전 세계 정치와 사회, 문화와 종교에 혁명적인 영향을 끼쳤다.[4] 이는 기독교 문화가 정착된 나라에서 현재까지 광범위하게 영향을 미치고 있다. 이는 그의 공헌(貢獻)은 결코 과소평가 할 수 없음을 보여준다.

칼빈의 공헌은 관점에 따라 다를 수 있으나 필자는 (1) '기독교 강요' 와 요리문답을[5] 포함한 여러 작품의 저술, (2) 전후 약 27년 동안 목회자와 설교자로서 성 베드로 교회에서의 사역, (3) 제네바 아카데미 곧 제네바대학교의 설립과 활동을 중심으로 정리하였다. 이 중에 특별히 그가 심혈을 기울여 설립한 제네바 아카데미는,

---

seen in any other place". 당시 존 낙스는 1555년부터 1558년까지 3년 동안 그곳에 체류하며 시민권을 얻었다. 1556년 12월, 영국 친구 안나 로크 부인에게 보낸 편지에서 제네바를 극찬하였다. 그에 의하면 제네바는 "다른 곳에서도 그리스도를 진정으로 전파하지만 생활과 종교가 그처럼 신실하게 개혁된 곳을 나는 아직 다른 곳에서 보지 못하였다"고 하였다. John Knox, *The Works*, vol. 4., ed., D. Laing, (Edinburgh, 1855), 240-241.

3) Philip Schaff(ed.), *The Creeds of Christendom with a History and Critical Notes*, (Michigan: Baker Book House, 1990), vol. 1., 423.

4) G. R. Elton, *Reformation Europe 1517-1559*, (Fontana Press, 1963), 231-238; Robert D. Knudsen, "Calvinism as a Cultural Force", 그리고 W. Stanford Reid, "The Transmission of Calvinism in the Sixteenth Century", *John Calvin, His Influence in the Western World*, ed. W. Stanford Reid, (Michigan: Zondervan, 1982), 13-29, 33-52; M. Weber, *The Protestant Ethics and the Spirit of Capitalism*, ed. T. Parsons and R. H. Tawney, (New York: Scribner, 1958), 1-98; C. Gregg Singer, *John Calvin: His Roots and Fruits*, (Greenville: Salisbury, 1989), 29-60; Alastair Duke, "Perspectives on international Calvinism", *Calvinism in Europe 1540-1620*, eds. Andrew Pettegree/Alastair Duke/Gillian Lewis, (Cambridge University Press, 1996), 1-20; Donald K. McKim, *Readings in Calvins's Theology*, (Michigan: Baker Book House, 1984), 9; Francois Wendel, *Calvin: The Origins and development of his religious thought*, (London: Collins, 1963), 106.

5) 「제네바요리문답」(*Geneva Catechism*)은 1537년에 칼빈이 작성한 것으로, 본래 불어에서 라틴어로 번역하였다. 하지만 실습이 어려운 가운데, 1541년 망명 생활을 종식하고 제네바로 귀국한 칼빈은 일부 목회자들과 성도들의 강력한 요청으로 배우기에 용이한 문장의 요리문답을 작성하였다. 여기에서 칼빈은 기독교 신앙의 기본적인 교리들을 설명하였다. 칼빈은 요리문답 교육을 위해 1년 52주 동안 암송 계획표를 준비하였다. 프랑스 개혁교회가 이 요리문답을 받아들였으며, 스코틀랜드 교회도 1648년 웨스트민스터 요리문답을 채택할 때까지 이 요리문답을 사용하였다.

최근 한국 교회의 범람하는 교육 기관으로 볼 때, 가장 주목해야 할 부분이다. 칼빈은 아카데미를 말씀에 기초한 신학 교육과 목회자 양성뿐만 아니라 제네바 시의 복음화 및 세계 선교의 거점이자 중심으로 만들었다. 이 후 개혁교회는 안팎의 많은 도전과 시련에도 불구하고 전통에 굳게 서서, 유럽에서 미국으로, 미국에서 아프리카와 아시아, 특별히 중국과 일본, 한국 등 전 세계로 급속히 확장되었다. 따라서 필자는 제시한 주제를 따라 제네바 아카데미와 칼빈의 관계를 간략히 고찰할 것이다.

2. 제네바의 역사적 형편

16세기의 제네바는 다른 여타 도시들, 예를 들면 프랑스 파리와 영국의 런던, 스코틀랜드의 에든버러처럼 방탕한 환락의 세속 도시였다.[6] 백성들은 그것에 분개하면서도 그것을 모방하였다. 제네바의 명랑함은 종종 무절제, 외설, 그리고 방종과 관련되었다. 따라서 칼빈은 당시 시의회 지도자들에게 제네바 시의 많은 술집과 사창가의 강제 철거를 요청하였다. 그리고 말씀에 기초한 개혁을 위해 박차를 가하였다. 당시 칼빈에게 교회개혁과 제네바 시의 개혁은 불가분의 관계였다. 왜냐하면 당시는 중세적 전통에 따라 교회의 일원이 되는 것과 시민이 되는 것은 같은 의미였기 때문이다. 실제로 당시 기독교 공동체와 시민공동체는 하나의 구성원이었다. 그러므로 교회개혁의 문제는 시의회의 문제였다. 그런데 교회개혁을 반대하는 사람들은 시의회와 선거를 통해 세력을 확보하여 칼빈의 개혁운동을 저지하려고 하였다. 이러한 상황에서 칼빈은 종종 위협과 절망적인 순간에 직면했으나 포기하지 않고 교회개혁과 시민들의 안전을 위해 투쟁하였다. 결국 칼빈은 1541년 제네바에 재입국한 뒤 1555년 14년 만에 제네바 시를 완전히 장악하여 개혁을 성취하였다.

---

6) John T. McNeill, *The History and Character of Calvinism*, (New York/Oxford University Press, 1954), 166-167, 189. 당시 인구(1537년 기준)는 약 12,000명이었다. 이 숫자는 당시 주변 도시들, 예를 들면 4-5,000명의 베른과 비교하면 많은 숫자였다. 그러나 당시 약 5만 명의 리용에 비하면 훨씬 적은 도시였다. 2000년 현재 제네바의 인구는 약 175,000명이다. 주변의 일곱 도시를 포함한 제네바주의 전체 인구는 약 40만을 상회한다. 현재 스위스는 전체 국가가 국제적인 바, 그 중에 제네바는 외국인이 가장 많은 도시이다. 80여 개국 사람들이 전체 인구의 40%를 차지하고 있다. 이렇게 인구가 많은 것은 17개의 국제기구가 입주해 있고, 특별히 유엔 산하의 140개 단체, 150여 개의 비영리 법인 사무실과 400여 개의 국제적인 회사들이 입주해 있기 때문이다.

칼빈의 제네바 시 개혁은 교리적이고 신앙적인 데만 국한되지 않았다. 칼빈은 가난하고 소외된 사람들을 구제하는 일과 사회복지에 앞장섰다. 하지만 그는 종교개혁을 지지한다고 선동했던 일단의 부유층 인사들을 신뢰하지 않았다. 그들은 사유 재산을 우상시하고 가난한 자를 돌보지 않았기 때문이다. 그리고 칼빈은 당시 제네바로 망명한 지도자들과 몰려온 유럽의 난민들을 위해 자신의 생활비와 집을 내주었다. 그 밖에 고리대금을 금지하고 주인과 노동자 모두의 정당한 이익과 분배에 치중하였다. 그 결과 제네바 시는 존 낙스의 소견대로 사도시대 이후 지상에서 가장 아름다운 하나님의 도성이 되었다.[7] 이것은 오늘 날 우리가 주목해야 할, 성경이 일관되게 주장하는 신정정치(theocracy)로 theos-하나님과 kratein-통치의 모델이었다.[8] 제임스 맥킨논(James Mackinnon)은 이를 목사 정치(clerocracy)로 표현했는데, 일부 목사들은 가톨릭의 성직 개념과의 유사성으로 반대하였다. 한편 다른 몇몇 작가들은 성경에 기초한 정치로 성경의 정치(Bibliocracy)와 그리스도의 통치(christocracy)를 제안하였다.[9] 그런데 칼빈은 관원들이 하나님의 사자(使者)로 그들 자신의 적절한 행동 영역을 일부 갖기를 소원하였다. 그러나 그는 소명에 대한 강력한 의식으로, 그의 정신적 열정이 관원들 보다 탁월하여 결국 모든 권한을 완전히 장악하였다.

3. 제네바 아카데미의 태동과 구성

칼빈은 단순히 성경을 연구하기 위해서만이 아니라 하나님의 창조질서를 연구하

---

7) 각주 2번 참조.

8) 신정정치(theocracy)란 민주정치(democracy)와 같은 일종의 정치 형태의 하나로 하나님의 말씀, 영감으로 계시된 성경과 신학적 원리와 전통에 의해 다스림을 받는 정치를 가르친다. 즉 하나님의 말씀 곧 율법의 명령과 가르침에 순종하여 그분의 주권적 통치와 공의를 이 땅에 성취하는 것이 '신정'의 중요한 의미이다. 역사적으로 신정정치의 모델은 존 칼빈의 제네바, 호국경 올리버 크롬웰의 청교도 통치, 신대륙에서 청교도의 꿈과 이상 등이다. 그런데 이를 교묘히 곡해한 사상으로 성직자의 지배를 의미하는 가톨릭의 성직자 정치(hierocracy)가 있다. Robert D. Linder, "Theocracy", *Encycropedia of the Reformed Faith*, ed.. Donald K. McKim, (Edinburgh: Saint Andrew Press, 1992), 362-363.

9) John T. McNeill, *The History and Character of Calvinism*, (New York/Oxford University Press, 1954), 184-185, 187-188.

기 위해 학문이 중요하다고 보았다. 인문과학 분야의 연구는 그에게 있어서 기독교적 순종의 가장 고상한 행위였다.[10] 따라서 그는 제네바의 개혁이 안정적으로 진행되는 과정에서 새로운 형태의 수준 높은 교육 기관의 설립을 추진하였다. 당시 교육은 주로 중세 교회 수도원의 이원론적 경건과[11] 스콜라 학자들의 규범화된 지식에 고착화되었다.[12] 1540년 이그나티우스 로욜라의 예수회는 자체 개혁을 위해 스콜라 신학 과정의 교육을 창안하였다. 그리고 르네상스 정신을 살린 라틴어와 예절교육을 실시하였다. 이들 교육 기관은 당시 가톨릭 권 유럽의 상류층 자제들을 교육하는데 기여하였다.[13] 그러나 당시 일반적인 경향은 주교와 수도사들이 신학과 세속 학문에 무지하였다. 외형상 질문으로 떠들썩했지만 성경은 거의 언급되지 않았다. 당시 스콜라주의자들에게 학문의 목적과 방법은 단지 형식적 동기와 호기심뿐이었다. 그들은 신학을 허구적 질문으로 왜곡하며 복음에서 이탈하였다. 따라서 칼빈은 이들의 지적 과잉을 통렬히 비판하고 실재 신학적 지식이 어떤 것인지를 보이기 위해, 과학적 담론이나 신자들의 신앙적 삶의 추상적 사변을 탈피하였다. 그리고 칼빈은 목회자 영성을 위해 기구를 조직하고, 필요한 규범을 구체적으로 작성하여, 시대가 요구하는 수준 높은 훈련된 지도자 양성을 위해 후원회와 교사 건축, 교

---

10) John H. Leith, *An Introduction to the Reformed Tradition: A Way of Being the Christian Community*, (Edinburgh: The Saint Andrew Press, 1977), 210.

11) 당시 수도원의 교육은 무식한 성직자들에 의해서 주로 시청각적인 예를 들면 다양한 성화와 성례를 통해 이루어졌다. 자연히 후보자들에 대한 교육과 시험, 공적 실천과 확인이 어려웠다. 칼빈이 보기에 이러한 관행은 너무나 오래된 캐캐묵은 전통으로 개혁의 대상이었다. John Calvin, *Institutes of the Christian Religion*, trans., by Henry Beveridge, (London: James Clarke & Co., Ltd, 1953), vol. 4., 5. 1-10. Cf. Owen Chadwick, *The Reformation*, The Pelican History of the Church, (Penguin Books, 1988), 92. 중세 대학에 관해서는 서요한, "제14장, 중세 대학의 형성과 역사적 발전", 「중세교회사」, (도서출판 그리심, 20010)을 참조하라.

12) 루터는 대학이 스콜라 철학으로부터 성경과 성경에 관한 책으로 돌아가야 한다고 주장하였다. Owen Chadwick, *Ibid*., 53, 260-262. 그리고 중세 스콜라신학에 관해서는 서요한, "제15, 16장, 중세 스콜라신학의 형태와 특징 I, II", 「중세교회사」, (도서출판 그리심, 2010)을 참조하라.

13) Nobuo Watanabe, "Reformed Theology in East and West", *Toward the Future of Reformed Theology*, eds. David Willis/Michael Welker, (Michigan: William B. Eerdmans Publishing Company, 1999), 39-40; Thomas M. Lindsay, *A History of the Reformation*, (Edinburgh: T. & T. Clark, 1907), vol. II., 557; William R. Estep, *Renaissance & Reformation*, (Michigan: Grand Rapids, William B. Eerdemans Publishing Company, 1989), 277.

수 모집, 학사 운영 교칙, 수업시간표 및 자치 활동 등의 세부 수칙을 마련하였다.[14]

(1) 설립 배경: 칼빈주의 교리를 체계적으로 가르치는 최초의 시도는 제네바에서 가까운 로잔에서 시작되었다. 당시 이 도시는 베른 공화국의 관할아래 있었다. 그런데 1537년 로잔에 설립된 아카데미는 촉망되는 칼빈주의 목회자들에게 대학 수준의 어학과 신학 교육을 실시하였다. 당시 스트라스부르그(Strasbourg)에 망명해 있던 칼빈은 부처와 슈투름(John Sturm)의 모범을 따라[15], 1541년 귀국 후 제네바에 고등교육의 필요성을 제기하였다. 그의 목표는 복음 전도자의 훈련과 양성, 교회 교육의 자립이었다.[16] 그러나 1537년 1차 실패 후 1541년 2차 제네바 시 의회의 요청으로 재입국한 칼빈은 준비된 법령(Ordinances)에 교회에 소속된 자녀들을 신앙적으로 배양하는 일과 목회와 시 행정을 위해 청년들을 준비시킬 필요성을 절실히 느꼈다. 이를 위해 자신의 옛 지도 교수 마투랭 꼬르디에에게 그 사업의 지휘를 부탁하였다. 그러나 그는 연로한 관계로 대신 보드도의 젊은 교사를 천거하였다. 그리하여 카스텔리오(Sebastian Castellio, 1515-1563)가 임명되어 학교는 부활했으나 재정은 취약하였다. 이의 극복을 위해 칼빈은 당시 여러 곳에 산재한 청소년 학교들을 재정비하였다.[17] 하지만 당시 제네바 공회의 비협조적 상황에서 칼빈은 끌로드 바두엘(Claude Baduel)과 접촉하였다. 왜냐하면 바두엘은 이미 스트라스부르그에 소재한 슈투름 학교와 유사한 체계의 학교를 니므(Nimes)에 세웠기 때문이다.

---

14) 이러한 경향은 독일의 개혁자 마틴 루터를 통해 비텐베르크 대학에서 실시되었다. 루터는 어거스틴을 비롯한 교부들의 신학과 루터의 종교개혁 사상을 가르치고, 교과과정에 아리스토텔레스의 철학을 배제하고 성경 연구에 필요한 헬라어와 히브리어를 첨가하였다. John T. McNeill, *The History and Character of Calvinism*, (New York/Oxford University Press, 1954), 162; 오형국, "제네바 종교개혁에서의 교회와 학교", 「칼빈신학논단」, (한국개혁주의, 2008년), 제1집, 311.

15) 1534년 당시 부처는 신학교 형태의 대학교육기관을 설립하여 실행하였다. Francois Wendel, *Calvin: The Origins and development of his religious thought*, (London: Collins, 1963), 105, 121; Nobuo Watanabe, "Reformed Theology in East and West", *Toward the Future of Reformed Theology*, eds. David Willis/Michael Welker, (Michigan: William B. Eerdmans Publishing Company, 1999), 40; David C. Steinmetz, *Reformers in the Wings*, (Oxford University Press, 2001), 82-92.

16) Owen Chadwick, *The Reformation,* (Penguin Books, 1988): *The Pelican History of the Church*, 153-154.

17) Gillian Lewis, "The Geneva Academy", *Calvinism in Europe*, eds., Andrew

바두엘이 1550년 칼빈을 방문했으나, 제네바의 긴장과 소동으로 칼빈의 계획은 지연되었다.

(2) 정비와 재정 : 칼빈은 제네바 아카데미의 설립 이전에 먼저 사립 초등학교를 재정비하였다. 기존에 분산된 여러 학교들을 4개로 축소하여 네 구역에 포함시켰다. 당시 교사들은 주로 목사였고 학생들은 라틴어를 배웠다. 1557년 10월 칼빈은 잠시 스트라스부르그를 방문하여 그곳 학교들의 모습을 확인하였다. 그리고 1558년 1월 베른 조약을 상기하며 제네바 공회에 학교부지선택 위원회(후원회)를 구성하였다. 그들은 칼빈이 이미 선정한 부지가 적합하다고 보고하였다. 당시 많은 시민들은 그 계획을 듣고 망설였다. 왜냐하면 자신들의 형편에 너무 큰 규모라고 생각했기 때문이다. 그러나 공회는 용기를 내어 착공식을 가졌다.[18] 칼빈의 대중적 호소와 개인적 권유로 많은 유복한 시민들이 기부하였고 어떤 사람들은 유산을 내놓았다. 변호사들은 유언장을 작성할 때 유언자에게 기금을 희사토록 권유하였다. 칼빈은 목회 중에 재정적 어려움을 겪었으나, 사례의 증액을 거부하고, 구제와 헌금으로 거의 다 바쳤다.[19] 그리하여 1559년 말에 상당한 금액을 확보하였다. 많은 피난민들이 도움을 주었고, 당시 부유한 보니바르(Bonivard)는 자신의 재산의 대부분을 희사하였다. 시간이 지나면서 건물이 서서히 모습을 드러냈다. 그리고 1563년 학교 설립 후 약 5년 만에 교사가 완공되자 교수들의 처우도 개선하였다.

(3) 설립 목적 : 이에 칼빈은 즉각 제네바 정부를 설득하여 1559년 새로운 아카데미를 세울 것을 청원하였다. 그리하여 제네바 아카데미는 목회자들 뿐 아니라 성도들의 신앙교육과 성숙을 도울 교육기관을 목표로 하였다. 1559년 6월, 그의 꿈은 1541년 이후 18년 경과한 후에 결실을 보았다. 칼빈은 학문 자체는 진리가 아니지만 진리에 도달하는 도구로, 하나님이 주신 이성과 일반 은총의 결과로 간주하였다. 이는 곧 인문주의 정신, 휴머니즘의 고양이었다. 따라서 그는 사람다운 사람으로, 신사적인 모범을 강조하였다. 특별히 목회자에게 요구되는 것은 인간의 이해로 간주하고, 성경 지식뿐 아니라 일반 학문의 필요성을 장려하였다.[20] 그의 역작 『기독

Pettegree/Alastair Duke/Gillian Lewis, (Cambridge University Press, 1996), 35-37.

18) 건축과 재정 그리고 교사확보에 관한 문제에 대해서는 Karin Maag, "Seminary or University?" *The Genevan Academy and Reformed Higher Education, 1560-1620*, (Scolar Press, 1995), 1장을 참고하라.

교 강요』는 약 2000여명의 사람들을 언급한바, 여기에는 고대 그리스의 철학자들, 대표적으로 플라톤과 아리스토텔레스가 종종 긍정적으로 묘사되었다.[21] 그리고 그는 당시 로마 가톨릭주의와 자유주의 이단들과 싸우기 위해서는 준비된 목회자가 필요하여 논리와 수사학(Rhetoric)의 중요성을 강조하였다.

(4) 교수 요원 : 당시 제네바 시는 칼빈에게 전적으로 위임하였다. 이러한 상황에서 권징의 권한을 둘러싸고 베른 정부와 신학적 논쟁이 발생하였다. 이에 스위스 로잔(Lausanne)의 아카데미 교수들이 불가피하게 1558과 1559년 그곳을 떠나게 되었다.[22] 당시 추방된 목회자들은 삐에르 비레(Pier Viret, 신약), 프랑수와 베로(Francois Berauld, 헬라어), 안토니에 슈발리에(Antoine Chevalier, 히브리어), 잔 따고(Jean Tagaut, 철학) 등이었다.[23] 여기에 존 칼빈(John Calvin, 성경과 조직신학)과 데오도레 베자(Theodore Beza-헬라어와 성경신학)가 합세하였다. 교수 후보 추천은 위임받은 목사회(Venerable Company)의 주관아래 1559년 5월 소의회의 승인으로 일 단락 되었다. 칼빈은 이들과 함께 1559년 6월 5일, 성 베드로 교회당에서 제네바 아카데미(곧 칼빈대학 이후 제네바대학교)를 출범시켰다.[24] 당시 사회자 칼빈은 "하나님이여, 이 학교가 경건과 학문의 전당이 되게 하옵소서"라고 기도하였다.[25] 예배 후에 서기 미셸 로제(Michel Roset)에게 자신이 준비한 학교 교칙을 회

---

19) Owen Chadwick, *op. cit*., 88.

20) Ronald S. Wallace, *Calvin, Geneva and the Reformation: A Study of Calvin as Social Reformer, Churchman, Pastor and Theologian*, (Grand Rapids: Baker, 1988), 103-104.

21) John Calvin, *Institutes of the Christian Religion*, trans., by Henry Beveridge, (London: James Clarke & Co., Ltd, 1953), vol. I. 8. 1.

22) Francois Wendel, *Calvin: The Origins and development of his religious thought*, (London: Collins, 1963), 100, 105.

23) Emanuel Stickelberger, *John Calvin*, (Cambridge: James Clarke & Co. Ltd., 1977), 143-144. 한편 파리 왕립 대학의 히브리어 교수 장 메르씨에(Jean Mercier)와 유대인으로 케임브리지에서 교수하다가 하이델베르크에 정착한 임마누엘 트레멜리우스(Immanuel Tremellius)는 칼빈의 제안을 거부하였다.

24) Gillian Lewis, "The Geneva Academy", *Calvinism in Europe*, eds., Andrew Pettegree/Alastair Duke/Gillian Lewis, (Cambridge University Press, 1996), 38.

25) 그리고 강의를 시작하면서 그는 "주여 우리로 주님의 지혜인 천국의 비밀을 공부하게 허락하셔서 우리의 신앙이 진보하여 하나님의 영광이 되고 우리의 세움을 입게 하소서" ("May the Lord grant that we study the heavenly mysteries of his wisdom, making true

중들 앞에 낭독케 하였다.[26] 그리고 새 총장과 교수들을 임명하였다. 당시 총장 취임 강연에서 베자는 모세 시대부터 내려오는 이집트의 지혜와 교육의 역사를 설명하였다. 그리고 이를 위해 미신으로부터 자유로운 인문과학을 가르칠 수 있게 된 제네바를 축하하였다.[27] 그 후 교수들은 제네바 신앙고백서에 서명하였다. 칼빈은 교칙에 총장의 자격을 포함하여 인문학교나 대학 학장의 자격에 대해서 보다 구체적으로 규정하였다. 교수들은 학장의 감독아래 학생들을 교칙에 따라 지도하였다. 이들은 경건과 학식 외에도 온화한 인품으로 학생들의 모범이 되어야 하며, 자신의 직책을 지혜롭게 감당해야했다.[28]

칼빈은 제네바 사역 초기부터 신학 교수로 활동하였다. 1541년 이후 중단되었던 일련의 강의를 계속했으며, 매주 2시간 씩 성경과 신학을 강의하였다.[29] 출간된 주석 대부분은 그의 강의를 모은 것으로 당시 그의 비서들이 속기하였다. 그런데 칼빈은 학교 개교 시에 자기 대신 베자를 총장에 앉혔다. 당시 칼빈은 50이요 베자는 약관 40세(1519-1605)였다. 베자는 젊은 시절에 시인으로 법학을 공부했으나 후에 굳건한 신앙인이 되었다. 1550년 "아브라함의 제사"라는 희곡을 출판하여, 이듬해 5월 로잔의 학교에서 공연하였다. 베자의 전기 작가 가이젠 도르프(P. F. Geisendorf)에 의하면 이 극본은 헬라의 비극과 중세의 신비극이라는 두 개의 전통을 성공적으로 결합하였다. 여기서 베자는 복음을 따라 살려는 자들에게 요구되는 희생을 문학적으로 묘사하였다.[30] 칼빈 사후 베자는 40년 동안 그 자리를 지키며 헬라어와 신

---

progress in religion to his glory and our education")라고 하였다.

26) G. R. Potter/M. Greengrass, *John Calvin*, (Eeward Arnold, 1983), 124-125.

27) Beza's Icones, *Contemporary Portraits of Reformers of Religion and Letters*, (London: The Religious Tract Society, 1909), 6-7; Gillian Lewis, "The Geneva Academy", *Calvinism in Europe*, eds., Andrew Pettegree/Alastair Duke/Gillian Lewis, (Cambridge University Press, 1996), 39-40.

28) John T. McNeill, *The History and Character of Calvinism*, (New York/Oxford University Press, 1954), 193-194.

29) Nobuo Watanabe, "Reformed Theology in East and West", *Toward the Future of Reformed Theology*, eds., David Willis/Michael Welker, (Michigan: William B. Eerdmans Publishing Company, 1999), 45.

30) 그는 말년에 "내가 시를 사랑한다는 것을 결코 후회해 본 적이 없다"고 술회하였다. John T. McNeill, 196; David C. Steinmetz, *Reformers in the Wings*, (Oxford University Press, 2001), 114-120; John H. Leith, *An Introduction to the Reformed Tradition: A Way of Being*

약을 강의하였다. 한때 베자는 10년 동안 로잔에서 비레(Viret)와 함께 강의했으나, 이제는 제네바에서 칼빈과 함께 신약을 교육하였다. 학교는 칼빈의 지침에 따라 운영하되 교회와 시 당국이 아카데미에 대한 공동 관할권을 행사하였다.

(5) 학년구분과 교과과정: 신학, 법률, 과학, 의학, 언어학, 문학 과목이 개설되었으며, 그 중에 신학은 모든 학문의 여왕이었다. 학생들은 청결하고 단정하며, 민첩하고 훈련된 행실이 요청되었다. 징계나 처벌은 과실의 정도에 비례하며 과도하거나 잔인해서는 안 되었다.[31] 진급은 보통 매년 5월 1일에 실시하되 성적에 따라서 시상과 함께 월반과 유급도 결정되었다. 대학생들은 거주 구역에 따라 네 반으로 나뉘었다. 7반으로 구성된 신입부터 졸업반까지 전체 7학년 2단계로 분류되었다. 1단계는 초등학교(schola privata)로 6-16세까지의 대학 중심과정(예과)이었다. 이 과정은 주로 목회자와 신학자 과정으로 교과서 중심의 불어와 라틴어, 주로 고대 학자들의 고전, 예를 들면 버질, 오비드, 키케로, 가이사르, 크세노폰을 학습하였다.[32] 이 후 이들은 프랑스 파리 소재 소르본느 대학의 박사들처럼 유창하게 라틴어로 연설을 할 정도의 실력을 갖추었다.[33] 칼빈은 슈투름처럼 고대 키케로를 모델로 라틴어 회화와 작문 실력을 향상시켰다.

2단계는 신학 전문 과정의 공립학교(schola publica)로 신학과 히브리어, 헬라어, 변증학과 수사학, 원문 강해, 시험과 토론으로 구성되었다.[34] 토론은 각각 10명 단위의 그룹이었다. 학기는 여름과 겨울로 계절에 따라 6시나 7시에 시작하여 오후 4시에 마쳤다. 학기 중에는 성경과 기독교 교리 전반의 수준 높은 교육이 실시되었다. 한편 카드놀이 같은 게임이나 오락은 금지되었고 종종 소지품을 조사하였다.[35] 교수들은 학생들을 감독하되 제기된 질문에 명확히 응답하였다. 그리고 학생들이 장소를 이탈하거나 공부에 장애가 되거나 혹 소홀히 할 때 경고하고, 개인 시간에

---

the Christian Community, (Edinburgh: The Saint Anndrew Press, 1977), 175.

31) 1563년 한 교사가 두 명의 어린 소년들을 야만적으로 구타하여 해고로 자격을 상실하였다.

32) Ronald S. Wallace, *Calvin, Geneva and the Reformation: A Study of Calvin as Social Reformer, Churchman, Pastor and Theologian*, (Grand Rapids: Baker, 1988), 98-99.

33) John T. McNeill, 194-195.

34) 제네바 아카데미의 교과과정과 여러 규정들은 정관을 참조하되, 영어 번역은 W. Stanford Reid, "Calvin and the Founding of the Academy of Geneva," 22-33에서 인용.

는 조용히 침묵하며, 질서를 어지럽힐 경우에는 징계하였다. 신학의 주 목적은 하나님을 사랑하며 악을 미워하는 것이었다. 따라서 종이 울려 강의를 마치기 전에는 교실을 떠나서는 안 되었다. 학생들은 서로 친절하게 기독인의 예의를 갖추고 강의 중에 싸워서도 안 되었다. 만약 논쟁이 있을 시에는 반듯이 총장에게 알리고 기독교인의 방법으로 훈계하였다. 그러나 만족스럽지 못 하면 해당 목사에게 통보하여 훈육하게 하였다.[36)]

초등 및 고등교육 교과과정표[37)]

7학년	라틴어와 프랑스어 철자 익히기, 라틴어와 프랑스어 단어 읽기, 교리문답 읽기, 글쓰기
6학년	처음 6개월 동안 어형변화와 활용에 관한 기초적 학습, 후반 6개월 동안 라틴어와 프랑스어를 비교하면서 말하는 연습, 라틴어 숙달 연습
5학년	구문론의 기본적 원리 배우기, 베르길리우스의 「목가시」(*Bucolics*), 작문과 논리적인 글쓰기
4학년	구문론의 원리 짧고 익숙한 키케로의 「편지」(*Letters*), 주어진 주제에 대한 간단한 작문 오비디우스의 「애가」(*Elegies*)를 비롯하여 *De Tristibus, De Ponte* 읽기, 그리스어 읽기와 간단한 어형변화와 활용
3학년	그리스어 문법, 라틴어와 그리스어 작문 규칙, 키케로의 「편지」(*Letters*), 그리스어와 라틴어로 된 *De Amicitia, De Senectute*, 베르길리우스의 *Aeneid*, 카이사르의 *Commentaries*, 이소크라테스의 *Hortatory Speeches* 읽기
2학년	라틴어로 된 티투스와 리비우스의 역사서 읽기, 그리스어로 된 크세노폰과 폴리비우스 혹은 헤로디안의 역사서 읽기, 호메로스의 시 읽기, 논리학의 원리, 키케로의 *The Parradoxes*와 간단한 연설문 일기, 토요일 오후 3시부터 4시까지 그리스어로 누가복음 읽기
1학년	고등 논리학, 수사학과 우아한 웅변술, 키케로의 고등연설 읽기, 그리스 웅변가 데모스테네스의 *Olynthiacs, Philippics*, 호메로스와 베르길리우스의 문집 주제 분석하기, 한 달에 두 번 수요일 웅변대회, 토요일 오후3시부터 4시까지 사도들의 편지읽기

(6) 시간표 : 한편 총장은 하나님을 두려워하는 분으로 책임감이 있는 자였다. 그는 친절하되 딱딱하고 거칠어서는 안 되었다. 교수들의 모범이자 동시에 어려움을 인내로 해결하는 자였다.[38] 보통 반에서 강의하되 도덕 생활과 지각생을 관장하며, 시간에 맞춰 종을 치는 일과 학생들의 복장을 살폈다. 방학은 포도 추수기인 가을에 3주 간 실시되었다. 이로써 칼빈은 신학도들에게 당시 인문학에 성경적 및 개혁주의적 세계관을 확립한 학자를 길러 내는데 주력하였다. 물론 그 자신도 선두에서 성경 연구와 신학 강의에 집중하였다.[39]

강의는 매주 월, 화, 목, 금요일에 실시되었고, 수업은 신앙고백서에 따라 기도로 시작하고 마칠 때는 프랑스어로 주기도문, 신앙고백, 십계명을 번갈아 가며 암송했다. 여름 강의는 주로 이른 아침 5시부터 90분간 실시되었고 그 후 30분 동안 조찬(朝餐)하였다. 식사는 기도와 더불어 조용히 실시되었다. 그 후에 곧바로 9시까지 강의가 진행되었다. 겨울 강의는 조찬 없이 7시부터 9시까지 실시되었다. 그 이유는 학생들의 교과 준비 때문이었다. 오전 강의가 끝나면 각 반마다 은혜롭게 주기도문을 나누었다. 겨울과 여름 모두 학생들은 점심을 위해 11시에 모여 약식 오찬을 한 후 12시까지 시편을 노래하였다. 그 후 강의가 1시까지 진행되었으며, 이후 2시까지 점심과 기도, 작문과 공부, 그리고 2시간 강의가 4시까지 열렸다. 그리고 벨이 울리면 모든 학생들은 강당에 모여 총장과 선생님이 출석한 가운데 일과를 점검하였다. 그 후 3명의 학생들이 불어로 주기도문과 사도신경, 십계명을 낭송하였다. 그리고 총장의 축복기도로 일과를 마쳤다.[40]

(7) 자치활동 : 매주 수요일과 토요일, 주일에는 전 학생들이 성전의 공적 설교

---

35) G. R. Potter/M. Greengrass, *John Calvin*, (Eeward Arnold, 1983), 124-125.

36) G. R. Potter/M. Greengrass, 125-126.

37) Gillian Lewis, "The Geneva Academy", Calvinism in Europe 1540-1620, (Cambridge University Press, 1996), 35-63; 오형국, "제네바 종교개혁에서의 교회와 학교",「칼빈신학논단」, (한국개혁주의, 2008년) 제1집, 314-315.; 박경수, "개혁교회의 요람 제네바 아카데미(1559)에서 배우는 신학교육의 이론과 실제".「제4호 교수 학습에 관한 연구보고서」, (장로회신학대학교 교수학습개발원, 2008), 45-79;「교회의 신학자 칼뱅」, (대한기독교서회, 2009), 311-333 참조.

38) G. R. Potter/M. Greengrass, 126.

39) C. B. Eavey, *History of Christian Education*, (Chicago: Moody Press, 1965), 151-164.

40) G. R. Potter/M. Greengrass, 126.

출석이 요구되었다. 어린 소년들은 교장의 감시 아래 시내 4구역을 줄지어 행진하였다. 이들은 주일 오후 시간에는 교회에 돌아와서 설교를 듣고 요리문답 반에 참여하였다. 이 때는 수업 대신 전적으로 신학 교육과 설교 실습, 개인 지도와 학습 준비에 맞추었다. 예를 들면, 오전 설교를 경청 한 후에 오찬을 하고, 11시부터 12시까지 질문에 답하였다. 오후 3시까지 자유 시간을 가졌으며, 한 달에 두 차례 상급반 학생들이 오후 3시부터 4시까지 전교생 앞에서 행하는 연설에 참여하였다. 다른 두 번의 수요일에는 교사들이 특정 주제를 학생들에게 주어 작문케 하고 교정해 주었다. 토요일 오전에는 주중의 학습 내용을 복습했다. 12시부터 1시간 동안 논쟁에 참여하고 3시까지 휴식을 취했다. 그리고 3시부터 4시까지 3학년-7학년 학생들은 다음날 교리 문답을 암송하였다. 주일에는 아침과 오후에 설교를 듣고 묵상하며 기록하였고 교리문답 시간에 참석하였다. 이때 담당된 교사가 출석을 점검하고 태만한 학생들을 감독하였다. 잘못이 인정되면 다음날 공개적으로 학교에서 문책을 받았다.[41)]

(8) 학생현황: 요한 할러를 비롯한 몇 몇의 사람들은 이 학교가 학생문제로 문을 닫을 줄로 생각하였다. 그런데 초기에 주로 프랑스 출신 소년 162명으로 출발한 이 학교는 개학 시에 600명, 1년 만에 900명으로 급증하였다. 대학 혹은 사립학교 출신들은 이후에 제네바 아카데미나 다른 공립학교로 진학하였다. 그곳에서 이들은 목회에 필요한 과정 중에 법학과 의학을 학습하였다. 학생들은 목사회(Venerable Company)가 관장하였고, 개교 10년 후에 전체 학생은 1600여 명이었다. 학생들은 제네바를 포함하여 스코틀랜드, 영국, 화란, 이탈리아, 폴란드, 독일, 헝가리, 프랑스에서 건너왔다.[42)] 따라서 제네바 학술원은 개혁주의 신학의 센터이자 동시에 선교의 중심지가 되었다. 이곳에서 훈련 받은 학생들은 이후 각각 모국으로 돌아가 개혁교회의 확장에 기여하였다. 개혁자 루터는 독일 민족에게 영향을 끼쳤으나, 칼빈은 그의 사상을 전 세계로 확대하였다.

---

41) Gillian Lewis, "The Geneva Academy", *Calvinism in Europe*, eds. Andrew Pettegree/Alastair Duke/Gillian Lewis, (Cambridge University Press, 1996), 40-41.

42) 유진 오스터헤이븐, 「개혁주의 전통의 정신」, 최덕성 역, (본문과현장사이, 2000), 40.

4. 향후 발전

개혁 이전부터 초국가, 초교파적 인물로 주목받던 칼빈은 당시 여러 왕들과 여왕들, 다른 통치자들에게 많은 편지로 개혁을 촉구하였다. 그리고 성찬과 예정, 여타 중요한 신학적 주제들로 유럽을 진동시켰다. 칼빈은 아카데미를 통해 제네바의 미래를 보장하였고 이 도시가 하나의 교회인 동시에 학교로 그리고 하나의 요새로 만들었다. 그리하여 제네바는 근대에 있어서 자유에 대한 첫 번째 보루였다.[43] 그런 가운데 설립된 제네바 아카데미의 영향은 제네바뿐 아니라 다른 여러 나라와 지역에 크게 영향을 끼쳤다. 실제로 당시 여러 나라, 예를 들면 프랑스의 위그노 대학교들과 스코틀랜드 대학교들, 특별히 츠빙글리의 취리히에서 기원한 독일의 서부 도시 중에 하이델베르크의 모델이 되었다.[44] 그리고 장차 개혁교회를 이끌 지도자들이 아카데미에서 훈련을 받았다. 이들은 제네바의 모범을 따라서 성경공부를 소원하는 목회자들과 신학생들, 시민들에게 주석(註釋)과 더불어 교리를 설교하고 곡조에 맞추어 찬양을 드렸다. 그 중에 가장 큰 결실은 스코틀랜드의 개혁자 낙스로 망명 시절 칼빈의 수하에서 학습한 후 귀국하여 메리 여왕(제임스 6세의 모친)에 맞서 스코틀랜드를 장로교회화 하였다.[45] 그의 사상은 이후 앤드류 멜빌과 그의 계승자들, 소위 언약도들에게 계승되었다.[46]

---

43) John T. McNeill, 196.

44) 그 영향은 심지어 로마 가톨릭 교회에도 미쳤다. 그리하여 1563년 트랜트 종교개혁의 제23차 회의에서 논의되었다. 제네바 아카데미의 설립 이후 4년제가 되었다. Nobuo Watanabe, "Reformed Theology in East and West", *Toward the Future of Reformed Theology*, eds. David Willis/Michael Welker, (Michigan: William B. Eerdmans Publishing Company, 1999), 40; Basil Hall, *John Calvin*, (Historical Association, 1956), 34; C. B. Eavey, *History of Christian Education*, (Chicago: Moody Press, 1965), 151.

45) George Malcolm Thomson, *A Short History of Scotland: From the Earliest Times to the Outbreak of the Great War*, (London: Kegan Paul, Trench, Trubner & Co., Ltd., 1930), 121-228; Alexander Taylor Innes, *The Law of Creeds in Scotland: A Treatise on the Legal Relation of Churches in Scotland Established and not Established, to their Doctrinal Confessions*, (Edinburgh and London: William Blackwood and Sons, 1867), 1-57; John Knox, *The History of the Reformation of Religion in Scotland*, ed. Cuthbert Lennox, 20th Century edition, (London: Andrew Melrose, 1905), 341-421.

46) David Stevenson, *The Scottish Revolution 1637-44: The Triumph of the Covenanters*,

그리고 1565년 네덜란드의 혁명 초기의 지도자 남작 필립 반 마르닉스(Philip van Marnix, ?-1598)도 제네바 시절 칼빈의 문하생이었다. 그 후 그는 오렌지의 윌리암의 측근이 되었다. 그는 풍자 문학과 칼빈주의 논문들을 저술하고 구약 성경의 일부를 화란어로 번역하였다. 그리고 「성례들에 대한 논문」(*Treatise on the Sacraments*)은 사후에 출간되었다. 뿐만 아니라 독일의 하이델베르크 요리문답을 작성한 카스파르 올레비아누스(Caspar Olevianus)와 자카리우스 우르시누스(Zacharias Ursinus)도 제네바 아카데미 출신이었다.[47] 올레비아누스는 칼빈의 요리문답에 기초하여 하이델베르크 요리문답을 작성하였다. 이것은 오늘날 세계 대부분 개혁교회의 신앙고백이 되었다. 1618-1619년 화란의 돌트 총회(Dordt Synod) 개회 시에 총회 의장은 유명한 신약학자 요한네스 보겔만(Johannes Borgerman)이었다. 그 역시 제네바 아카데미 출신이었다. 그 밖에 모든 유럽 각국의 종교개혁 지도자들은 거의 대부분 제네바 아카데미에서 공부하였다. 사람을 교육하는 것보다 더 중요한 것이 없는 바, 이를 위해 칼빈은 제네바 아카데미를 설립하였다.

칼빈의 조국 프랑스에서는 가톨릭에 맞서 위그노들이 개혁주의 신앙을 위해 투쟁하였다.[48] 이 와중에 그는 제네바에서 훈련받은 161명의 목사를 프랑스에 파송하

(David & Charles: Newton Abbot, 1973), 15-326; *Revolution and Counter-Revolution In Scotland 1644-1651*, (London: Royal Historical Society, 1977), 1-244; Alexander Johnston, *Presbyterians Awake*, (Edinburgh: The Saint Andrew Press, 1988), 11-19; R. Stuart Louden, *The True Face of the Kirk: An Examination of the Ethos and Traditions of the Church of Scotland*, (London: Oxford University Press, 1963), 37-51; W. G. T. Shedd, *Calvinism: Pure & Mixed*, (Edinburgh: The Banner of Truth Trust, 1986) vii-xix, 1-161; William Law Mathieson, *Politics and Religion: A Study in Scottish History from the Reformation to the Revolution*, (Glasgow: James Maclehose and Sons, 1902), 164-374; Thomas Brown, *Church and State in Scotland: A Narrative of the Struggle for Independence from 1560 to 1843*, (Edinburgh: Macniven & Wallace, 1891), 1-244; Walter Roland Foster, *Bishop and Presbytery: The Church of Scotland 1661-1688*, (London: S. P. C. K., 1958), 1-173. Cf. Yohahn Su, *The Contribution of Scottish Covenant Thought to the Discussions of the Westminster Assembly(1643-1648) and its Continuing Significance to the Marrow Controversy(1717-1723)*, (University of Glamorgan, Ph.D theses, 1993), 68-123, 354-363.

47) G. Van Reenen, *The Heidelberg Catechism*, (Netherlands Reformed Congregations in America, 1955), i.

48) Henry M. Baird, *The Huguenots and Henry of Navarre*, 2 vols., (New York: Charles Scribner's Sons, 1886); Samuel Smiles, *The Huguenots in France*, (London: Daldy,

였다. 그러나 가중된 박해로 프랑스 위그노들이 미국으로, 북아일랜드와 스코틀랜드로 건너갔다. 이들은 1562년 미국의 포트 로얄(Port Royal), 1564년에 프로리다(Florida)로 갔다.[49] 한편 북아일랜드와 스코틀랜드 인들은 여러 지역, 예를 들면 트루로(Truro), 런던더리(Londonderry), 윈저(Windsor), 홀톤(Horton), 그리고 해변의 다른 지역을 식민지화하였다.[50] 1594년 왕위에 오른 나바르(Navarre)의 앙리 4세는 1598년 낭트 칙령을 선포하여 종교의 자유를 승인하였다. 당시 이 소식을 접한 영국의 제임스 2세는 위그노들이 영국의 성공회로 귀의할 경우 재정 후원을 하겠다고 하였다.[51] 그러나 1685년 10월 18일, 루이 14세는 낭트 칙령을 취소하고 위그노들을 박해하였다. 이로써 당시 약 100만 여명이 죽거나 수감되었으며, 박해를 견디지 못해 영국과 독일, 러시아와 덴마크, 미국과 캐나다, 심지어 아프리카로 이주하였다.[52] 당시 프랑스에 잔류한 일부 위그노들이 가톨릭으로 개종했으나 일부는 끝까지 신앙을 사수하였다. 특히 잔류 자들은 1787년 프랑스 혁명 직전, 자유 칙령의 선포 때까지 아무런 법적 보호를 받지 못하였다. 그러나 법령의 선포 후 국왕은 개신교들에게 로마 가톨릭교회부터 세례식과 결혼식, 장례식을 받지 않고 생활할 수 있게 하였다.

Isbister, & Co., 1875); George A. Rothrock, *The Huguenots: A Biography of a Minority*, (Chicago: Nelson-Hall, 1979); Janet Glenn Gray, *The French Huguenots: Anatomy of Courage*, (Michigan: Baker Book House, 1992); James Fontaine, *Memoirs of a Huguenot Family*, (London: The Religious Tract Society); Robin Gwynn, *Huguenot Heritage*, (Brighton: Sussex Academic Press, 2001) 참조.

49) A. Dakin, *Calvinism*, (London: Duckworth, 1941), 180.

50) John McNab, *Our Priceless Heritage, the Essence of Our Faith*, (The Presbyterian Church in Canada, 1950), 41.

51) H. E. Bell/ R. L. Ollard(eds.), *Historical Essays 1600-1750 Presented to David Ogg*, (London: Adam & Charles Black, 1963), 195-202.

52) W. Stanford Reid, "Calvin's Influence in Canada", *John Calvin, His Influence in the Western World*, (Michigan: Zondervan, 1982), 309; Gideon Thom, "Calvinism in South Africa", *John Calvin, His Influence in the Western World*, (Michigan: Zondervan, 1982), 347; A. Dakin, *Calvinism*, (London: Duckworth, 1941), 157; Thomas M. Lindsay, *History of the Reformation*, vol. II., 271; Samuel Smiles, *The Huguenots in France*, (London: Daldy, Isbister, & Co., 1875), v-xii, 1-426; George A. Rothrock, *The Huguenots: A Biography of a Minority*, (Chicago: Nelson Hall, 1979), 3-190; H. E. Bell/ R. L. Ollard(eds.), *Historical Essays 1600-1750 Presented to David Ogg*, (London: Adam & Charles Black, 1963), 195-202.

1786년 트루로(Truro) 첫 연합 노회가 3명의 목사와 2명의 장로로 구성되었다. 다니엘 콕(Daniel Cock), 휴 그레이함(Hugh Graham), 데이비드 스미스(David Smith), 존 존스톤(John Johnston)과 존 밤힐(John Barmhill)이었다. 이 모임에 픽투(Pictou)에 교회를 설립한 스코티쉬 제임스 멕그리거(James MacGregor)와 젊은 아일랜드인 조지 길모어(George Gilmore)가 참여하였다.[53] 특별히 멕그리거는 44년 동안 여러 지역을, 노바 스코티아(Nova Scotia), 뉴 브런스윅(New Brunswick), 프린스 에드워드 아일랜드(Prince Edward Island), 카페 브리톤(Cape Breton), 그 밖에 스코티쉬와 아이리쉬가 있는 곳을 순회하며 갈릭어와 영어로 설교하였다. 1802년 나폴레옹은 제도적으로 가톨릭과 개신교를 포함한 모든 종파가 공존할 수 있게 하였다. 그 후 칼빈의 개혁주의 사상은 5대양 6대주로 확산되었다.

한편 개혁 교회 공동체가 형성되는 곳은 어디서든 교회에 의해서 학교가 설립되었다. 뉴잉글랜드 청교도들이 하버드대학을 설립할 때 모토는 바로 역사적 기독교의 전통에 근거한 바, "하나님께서는 우리들을 뉴잉글랜드 지방으로 안전하게 이주시켜 주셨고, 우리들은 우리의 집을 짓고 생활에 필요한 생필품을 얻으며, 하나님을 예배하기에 편리한 장소를 마련하고 시민 통치기구도 만들었습니다. 우리가 염원하고 추구해 오던 다음 일들 중에 하나는 학문을 발전시키고 그 꽃을 피우는 것이었습니다. 오늘의 목사들이 세상을 떠나게 될 때 우리 교회가 무지한 사역자들만 갖게 되는 것을 두려워하는 것입니다. 그래서 우리들이 어떻게 이 위대한 사업을 실행할 수 있을까를 생각하고 협의하였던 바, 그것이 하나님을 기쁘시게 하여 하버드씨라고 하는 경건한 신사요 학문을 사랑하는 이의 마음을 감동시켰던 것입니다"[54] 라고 하였다. 남북전쟁이 발발하기 전에 장로교인들은 49개 대학을 설립하였고, 회중교회가 21개교, 독일계 개혁파가 4개교, 네덜란드 개혁교회가 1개교를 설립하였다.[55] 교회 지도자들과 시민들을 양성하는 인문과학 대학들은 이후 개혁교회 전통

53) John McNab, *Our Priceless Heritage, the Essence of Our Faith*, (The Presbyterian Church in Canada, 1950), 43.

54) Robert Mather, "New England's First Fruits", in *The American Puritans: Their Prose and Poetry*, ed. Perry Miller, (Garden City: Doubleday & Co. Inc., 1956), 323.

55) Donald G. Tewksbury, *The Founding of American Colleges and Universities Before the Civil War*, (New York: Bureau of Publications, Columbia University, 1932), 90.

위에서 구체화되었다.

5. 칼빈의 최후

말년의 개혁자 칼빈은 지속적으로 매일 저술활동, 설교, 강의, 교회법원의 회의와 목사회의 참석, 손님 접대, 각종 자문 등으로 분주하였다. 그는 건강상 이동종합병원이었으나 성실하게 자신의 사역을 수행하였다. 마침내 걸을 수 없게 되자 설교단으로 옮겨줄 것을 부탁한 후, 1564년 2월 6일 마지막 설교를 하였으며, 4월 2일 교회로 옮겨져 베자로부터 마지막 성찬을 받았다.[56] 그는 1564년 4월25일 자신의 마지막 소원과 증언이 담긴 글을 남겼다. 칼빈은 하나님께 송구스러움과 감사로 가득한 글에서 자신의 부족함, 하나님의 값없는 은총의 선택, 그리스도의 넘치는 공로 등을 표현하였다. 그러나 이제는 세상의 모든 논쟁과 다툼을 그치고 저 멀리 하늘나라를 바라본다고 하였다. 그는 4월 26일 협력해준 소위원회와 친구들에게 일일이 작별인사를 하였다. 5월 19일에는 목회자들을 초청하여 저녁을 나누었다. 당시 40대 중반의 파렐이 칼빈의 임종에 참석하였다. 칼빈은 마지막 며칠 동안 기도하며 시편의 위로의 시를 암송하는 일에 전념하였다. 그리고 5월 27일 동녘 해를 받으며 55년의 생을 마감하고 주님 품에 안기었다.

6. 결론: 정리 및 제안

6.1. 정리

상고한 바와 같이 칼빈와 제네바 아카데미의 관계는 동전의 양립처럼 불가분리의 관계이다. 칼빈은 전쟁의 승리가 우연히 모집된 신병에 의해서가 아니라 훈련된 군대로 얻을 수 있다고 보았다. 그리고 그 군대를 창출하기 위해 고도의 훈련 방법을 고안하였다. 따라서 칼빈은 제네바에 학교 제도를 만들어 그것을 통해 미래의 시민들이 교육을 받고, 교리문답과 신편 노래를 배우며, 그들 앞에 놓여 진 경건한

---

56) John Calvin, *Tracts relating to the Reformation*, trans. by Henry Beveridge, (Edinburgh: T. & T. Clark, 1860), lxix.

삶의 규율과 모범을 따르게 하였다. 그리고 사회에서 그들의 직업이 무엇이든지 창조주를 영화롭게 하게 하였다. 제네바 학교들의 우수성은 수많은 학자들, 심지어 반대자들에 의해 증명되었다.[57] 수년 후에 대중들은 이 도시의 교육 수준을 인식하였고, 그 학교의 영향으로 소르본느대학의 박사처럼 자긍심을 갖게 되었다. 특별히 제네바 학교 제도의 중심은 문자 그대로 아카데미로, 설립과 더불어 칼빈이 제시한 지침에 따라 정착되었다.

(1) 인문주의와 준비된 교사: 칼빈의 제네바 아카데미는 중세 가톨릭의 스콜라적 전통에 따라 신학의 기초 학문으로서 인문주의를 강화하였다.[58] 따라서 과정을 통해 초기 기독교 형성기의 헬라 문학과 철학에 집중하였다. 그리고 이 모든 학문을 성경의 이해와 해석, 적용에 활용하였으며,[59] 이후 고전어와 문학, 철학은 신학과정에 필수적 요소가 되었다. 복음의 세계화, 세상과의 소통에 이 보다 더 좋은 방식과 접촉점은 없을 것이다. 특별히 요즘처럼 경쟁이 치열한 시대에 바른 신학의 정립을 위해 인문학의 강화와 복원이 요구된다. 한편 칼빈은 자신의 개혁적 이상을 실현하기 위해 모금운동을 전개하되, 솔선수범으로 자비를 출현하여 교사를 확충하였다. 그리고 그 자신을 포함하여 당대 최고의 학문을 완비한 신학자들, 특별히 신앙과 신학을 겸비한 학자를 중심으로 운영하며, 가톨릭과 달리 모든 목회자의 평등성을 기본으로 강조하였다. 이를 위해서 예외 없이 수준 높은 신학교육이 요청되었다. 이 영향은 당시 유럽은 물론 비유럽 국가의 사회적 현상과 개인적 자아 인식 발전의 중요한 역할이 되었다. 사람들의 의식과 생각에 새로운 삶의 대전환, 세계관의

---

57) 유진 오스터헤이븐, 「개혁주의 전통의 정신」, 최덕성 역, (본문과현장사이, 2000), 42-43.

58) Nobuo Watanabe, "Reformed Theology in East and West", *Toward the Future of Reformed Theology*, eds. David Willis/Michael Welker, (Michigan: William B. Eerdmans Publishing Company, 1999), 39-41.

59) 이는 초대교회의 대표적인 논쟁 삼위일체와 기독론, 특별히 후자에서 보듯이 그리스도의 본성과 관련하여 헬라 철학의 로고스 개념이 폭넓게 활용된바, 향후 7세기까지 계속되었다. 한편 종교개혁자들은 개혁시에 문예부흥의 도움을 많이 받았다. Wafiq Wahba, "The Ecumenical Responsibility of Reformed Theology", *Toward the Future of Reformed Theology*, eds. David Willis/Michael Welker, (Michigan: William B. Eerdmans Publishing Company, 1999), 98-99.

60) Nobuo Watanabe, *op. cit.*, 41.

변화가 불가피하였다. 당시 대부분의 종교개혁 지도자들도 이 변화의 중심에서 가톨릭의 성직자 중심의 체제에 맞서 장로제를 주창하였다.[60] 제네바 아카데미는 존 낙스의 지적처럼 학문과 경건의 산실(産室)이자 당시 유럽의 이상적 신학 교육의 중심이었다.

(2) 철저한 경건 훈련과 개혁주의의 계승: 칼빈은 목회적 소명에 따라 전 유럽에서 몰려든 학생들은 칼빈이 마련한 규칙에 따라 철저히 훈련하였다. 학교의 교과과정, 전 과정 중에 교수와 학생의 상호 유대, 학생들의 자치 활동, 개인적인 말씀 묵상과 공개 토론, 설교 연습 등은 아카데미의 가장 큰 장점이었다. 그 모든 목표와 중심은 목회자들의 성경 이해와 적용, 오직 하나님의 영광, 그의 나라의 확장과 건설이었다. 따라서 칼빈은 아카데미를 통해 당대뿐만 아니라 이후 계속되는 도전 속에 신앙적 전통을 확고히 확립, 후대에 계승하였다. 이는 당시 각국에서 몰려든 유능한 인재들의 양성이 입증한다. 그러므로 오늘 날 유럽 문화의 형성은 칼빈의 개혁주의 전통을 빼놓고는 접근할 수 없는 결정적인 요소였다.[61] 특별히 제네바 아카데미는 교회와의 유대를 통해 전통을 확립한바, 현재도 그의 모범아래 개혁.장로교회의 소속된 선지 생도들이 노회의 추천을 받아 훈련을 받고 있다.

(3) 칼빈의 최우선적 목적: 그것은 사람을 하나님의 종으로 변화시키는 것이었다. 그는 성공적인 종교개혁을 위해서는 신앙이 단지 고백이 아니라 항상 변화된 삶을 실천해야 한다고 믿었다. 따라서 칼빈은 교회를 어떻게 하면 단순한 예배 장소 혹은 예배를 위한 기관으로 만들지 고심하였다. 그 결과 제네바는 유럽 전역에서 오고가는 사람들에게 메시지를 주어, 강물처럼 흐르는 원천이었다. 비록 작지만 개혁된 도시-국가의 전체적인 영향력은 놀랍게 부흥하였다. 스코틀랜드의 개혁자 존 낙스는 조국으로 귀국하여 제네바의 정신에 따라 개혁을 주도하였다. 영국 또한 제네바의 영향으로 개혁에 박차를 가하였다. 1549년 츠빙글리의 취리히는 칼빈의 영적 임재론을 채용하였다. 이러한 흐름은 급속이 스위스 전역으로, 이후 라인랜드와 독일로 확산되었다. 무엇보다도 1563년 독일 팔라티네트는 선제후 프레데릭 3세 하에서 하이델베르그 신조를 채택하며 최고의 개신교 신조가 되었다.[62]

---

61) G. R. Elton, *Reformation Europe* 1517-1559, (Fontana Press, 1963), 231-238; K. S. 라토렛, 「기독교의 역사」, 허호익 역, (대한기독교출판부, 1994), 38.

62) 유진 오스터헤이븐, 「개혁주의 전통의 정신」, 최덕성 역, (본문과현장사이, 2000), 44.

(4) 공동체 사역 : 칼빈은 아카데미를 통하여 기독교 공동체가 어떻게 하나님의 거룩한 뜻을 이룰 수 있는지를 보여주었다. 주지하듯이 제네바 아카데미는 개혁 당시 유럽의 많은 개혁자들과 교회 지도자들의 생활 거점이었다. 이들은 함께 말씀을 배우며 기도하며 서로 격려하며 꿈을 키웠다. 그 중심에 존 칼빈과 데오도레 베자, 존 낙스와 크리스토퍼 굿만 등이 있다.[63] 특별히 영국의 청교도들을 통하여 옥스퍼드와 케임브리지 대학에 영향을 끼쳤다. 케임브리지 졸업생들은 이후 신대륙에 칼빈주의를 이식하였다. 프랑스에서는 위그노들이 네덜란드에서는 총회가 부모님들과 교사들, 그리고 목사들에게 어린아이들에게 기독교 교리 교육을 권장하였다.[64] 개혁.장로교의 특징은 하나님의 말씀과 함께 정치 조직상 개회 교인의 대표로 구성되는 당회와 노회, 대회와 총회로 구성되었다. 그 밖에 다양한 목표와 목적, 은사를 따라서 크고 작은 조직과 단체들이 있다. 이 모든 체제는 하나님의 나라를 이 땅에 세우기 위한 포괄적인 조직이다. 하지만 그리스도를 머리로 모든 성도가 한 몸의, 우주적인 교회를 이룬다. 하나님의 나라는 교회라는 공동체의 사역으로 그 목적을 성취한다. 그러므로 이 땅의 수많은 기관과 단체 중에 신학교는 특별한 것이다. 신학생 한 사람, 목회자 한 사람을 통해 이루어질 사명과 비전은 실로 엄청난바, 사역의 책임을 확인 재확인, 다짐 재다짐이 요청된다 할 것이다.

6.2. 제안

서두에서 보았듯이 존 낙스의 제네바에 대한 평가 이후, 이듬해 윌리암 파렐은 제네바를 방문하여 "다른 곳에서 으뜸이 되느니 차라리 제네바에서 꼬리가 되겠다"고 하였다. 뿐만 아니라 같은 시기에 메리 통치아래 추방되어 한때 바젤에 거주한

63) 물론 이들 외에도 개혁 당시 유럽 전역에서 마틴 루터와 필립 멜란히톤, 헐드리히 츠빙글리와 하인리히 불링거, 귀국 후 존 낙스와 앤드류 멜빌, 그밖에 많은 지도자들이 함께 사역하였다. 종교개혁은 우리에게 기독교 공동체의 힘과 연합된 승리의 저력을 보여준다. 이것은 현재 급속히 세속화 내지 다원화되는 시대에 맞설 교회의 공통된 과제라 할 것이다. Jurgen Moltmann, "Theologia Reformata et Semper Reformanda", *Toward the Future of Reformed Theology*, eds. David Willis/Michael Welker, (Michigan: William B. Eerdmans Publishing Company, 1999), 120.

64) C. B. Eavey, *History of Christian Education*, (Chicago: Moody Press, 1965), 151.

오소리(Ossory)의 감독 존 베일(John Bale)은 "제네바는 나에게 전 세계의 놀라운 기적처럼 보인다. 마치 그곳이 성소인듯이 모든 나라로부터 많은 사람들이 그곳에 몰려드는데 돈을 벌기 위해서가 아니라 가난하게 살기 위해서이다. 서로 관습과 언어와 의상이 다른 스페인 사람들, 이탈리아인들, 스코틀랜드인들, 영국인들, 프랑스인들, 독일인들, 양과 이리, 황소와 곰이 그리스도의 멍에를 함께 메고 그처럼 사랑스럽고 다정하게 살며 서로 생활과 종파가 다른 수사와 평신도 그리고 수녀들이 하나의 영적 기독교 공동체로 함께 살아간다는 것이 놀라운 일이 아닌가?" 라고 하였다.[65] 한편 역사가 찰스 보르고드(Charles Borgeaud)의 지적처럼 칼빈은 아카데미의 설립과 함께 자신의 과업을 달성하였다. 그리하여 제네바의 장래를 확보하고 그곳을 교회와 학교의 항존적 요새로 현대 최초의 자유의 본거지가 되었다.

개혁자 칼빈에게 사역의 중심은 초지일관 하나님의 절대주권 이었다. 그는 이를 실현할 목적으로 중세 가톨릭의 교권과 전통에 맞서 그리스도와 그의 나라, 왕국을 위해 훈련할 기관으로 여러 교육기관,[66] 특별히 제네바 아카데미를 설립하였다. 칼빈은 이 학원을 통해 개혁을 성취하고 이를 기초로 하나님의 나라를 이 땅에 성취하고자 하였다. 당시 제네바의 학교 교육은 독서, 쓰기, 문법과 수학이었으나 성경이 이 모든 학문의 기초였다. 그는 루터처럼 인문학에 깊은 관심을 갖고 상급반 사람들, 예를 들면 목회자들과 국가를 위해 봉사할 사람들을 양육하였다. 이 학교에서는 시편이 불려지고 공적 기도가 실시되었으며 선택적으로 성경 교육이 반복되었다. 이는 프랑수아 방델의 지적처럼 칼빈의 생애에 가장 영광스러운 업적이었다.[67] 그러나 칼빈은 천문학자들이나 자연 질서를 연구하는 학생들의 업적을 귀하게 간주하면서도 혹시 땅의 일에 몰두하다가 하나님의 나라로부터 제외되지는 않을지 두려

---

65) John T. McNeill, *The History and Character of Calvinism*, (New York/Oxford University Press, 1954), 178-179.

66) 칼빈에 의하면 어리 아이들은 가정의 부모가 교육하며 교회에서는 교사들이 요리문답을 가르쳐야 하였다. 또한 어린아이들에게 교회의 찬송가도 가르쳐야 하였다. 그리고 건전한 학문과 교리뿐 아니라 예의 범절과 도덕 그리고 상식을 가르쳤다. 그의 요리문답은 이후 하이델베르그 요리문답과 웨스트민스터 신앙고백서의 기초가 되었다. C. B. Eavey, *History of Christian Education*, (Chicago: Moody Press, 1965), 150.

67) Francois Wendel, *Calvin: The Origins and development of his religious thought*, (London: Collins, 1963), 105.

워하였다. 어떻든 칼빈과 제네바 아카데미의 관계는 결코 분리할 수 없는 일체적 관계였다. 오늘 날 전 세계에 산재한 개혁 장로교신학교들, 특별히 국내 선지학교들이 신앙과 신학적 정체성을 회복하려면 과감히 16세기 칼빈의 제네바 전통으로 돌아가 시대적 요구에 부응하기 위해 그리고 교육의 실질적 향상을 위해 우선순위를 재정립해야 할 것이다. 이를 위해 많은 시간과 아낌없는 물질 투자, 동시에 세속화와 혼합주의, 무차별적인 현대주의에 맞서 영적 경건훈련에 지적 욕구도 충족시켜야 할 것이다. "개혁된 교회는 항상 개혁되어야 하기 때문이다"(Ecclesia Rreformata Semper Reformanda Est!).

A History of the Reformation

제 3 부

종교개혁의 갈등과 신학적 발전

A History of the Reformation

제 9 장

프랑스 종교개혁의 역사와 특징

1. 서론

에펠탑(Eiffel Tower)과 개선문으로 유명한 프랑스는[1] 세계적으로 유명한 예술과 문화의 나라이다. 이 나라는 현대 유럽의 기틀을 이룩하며 긴 역사만큼 수많은 작가들과 시인들, 예술가와 철학자들, 화가들, 작곡가와 군인들, 유명한 정치가와 과학자들을 배출하였다. 이로써 프랑스는 세계 민족과 역사에 막대한 영향을 끼쳤다. 이 같은 영향력은 경제적 및 정치적 뿐만 아니라 그들의 언어에서 확인된다. 동시에 프랑스 파리의 유행과 요리는 세계인의 관심 대상이며, 특별히 유행(fashions)은 미(美)의 상징으로 지금도 도처에서 모방되고 있다. 문화와 예술의 도시 파리에서 일어나고 있는 것들은 런던과 워싱턴 그리고 모스크바에서 연구되며, 약소국가들은 도움을 위해 프랑스에 손을 뻗친다. 그 밖에 프랑스는 기계 기술과 조선술, 농업기술에서 선진화 되어있다. 그러나 오늘날 프랑스는 화려했던 그 옛날의 정치와 종교적 전통과 달리 매우 세속화되었다. 결국 프랑스의 세속화는 오늘 서구 기독교 쇠퇴의 주범이었다.

---

1) 고대에는 북 이탈리아와 구별하기 위해서 갈리아(Gaul)로 불리었다. 당시에 여기에는 룩셈부르크, 벨지움, 네덜란드, 독일과 스위스 일부가 소속된 광활한 나라였다.

2. 역사적 배경

(1) 유럽의 형편: 1450년부터 1500년까지 50년 동안 서부 유럽의 왕국에서 왕권과 민족의식이 놀랍게 성장하였다. 하지만 유럽은 정치와 종교적으로 국가 간의 전쟁과 내전에 휘말리며 혼미를 거듭하였다. 예를 들면, 영국은 프랑스와 1337년부터 1453년까지 100년간을 전쟁하였다. 그리고 국내적으로는 1455-1485년의 장미전쟁으로 귀족들이 몰락하면서 왕권이 강화되었다. 따라서 영국 사람들 사이에 시민전쟁에 대한 두려움과 강력한 정부에의 열망이 확산되었다. 다행히 의회는 존속되었으나 헨리 7세(1485-1509)의 국회를 통한 법의 지배는 이전의 어떤 영국의 군주보다 강화되었다. 그러나 그의 아들 헨리 8세(1509-1547)에 이르러 한층 왕권이 강화되면서 완전히 독립된 국가 체제를 형성하였다.

스페인은 십자군과 이단 심문의 혹독한 시련에도 불구하고 민족주의가 가장 앞선 나라였다. 특히 가톨릭 화 된 신앙은 로마 교회에 모든 충성을 바쳤으며 앞으로 전개될 개혁, 즉 반동종교개혁의 방향을 제시하였다. 특히 개혁 이전에 스페인은 네 개의 기독교 왕국, 카스틸(Castile), 아라곤(Aragon), 포르투갈(Portugal), 나바르(Navarre)를 세웠다. 이 국가들은 취약했으며 왕의 권력은 무정부적 봉건 귀족들에 의해 제한되었다. 이런 상황에서 1469년 반도의 가장 중요한 두 왕국들이 아라곤의 상속자 페르디난드(Ferdinand, 1479-1516)와 카스틸의 상속녀 이사벨라(Isabella, 1474-1516)의 결혼으로 극적인 변화를 맞이하였다. 이들의 통치아래 스페인은 유럽에서 새롭게 자리매김 하였다. 제멋대로의 귀족들이 억제되었고 읍(town)들의 자치와 효과적인 왕권제도가 확립되었다. 1492년 그라나다는 정복되어 카스틸에 합병되었다. 같은 해 콜럼버스는 이사벨라의 도움으로 신세계를 발견하였다. 그것은 왕의 금고에 상당한 수입원이었다. 하지만 1494년 프랑스의 이탈리아 침공에 스페인이 개입하였다. 1503년 스페인은 나폴리에 주둔하며, 곧 이탈리아 전체에 영향을 끼쳤다.

1516년 페르디난드가 죽자 거대한 소유는 그의 손자 찰스 1세에게 상속되었다. 그는 이미 오스트리아와 네덜란드의 계승자로 찰스 5세로 황제 칭호를 받았다. 그리하여 스페인은 갑자기 유럽에서 제일 부강한 나라가 되었다. 공동 통치자인 페르디난드와 이사벨라는 그들의 권력 확장 못지않게 교회의 지배와 개혁에 헌신적으로 몰두하였다. 그 결과 스페인의 각성은 반동 종교개혁의 모델이 되었다.[2] 1482년 공동 군주들은 교황 식스투스 4세(Sixtus IV)에게 고위 성직 임명권을 왕의 지배 아래 두는 협정에 강제로 동의시켰다. 그렇게 시작된 정책은 곧 확장되어서 교황의 교서도 반포를 위해서는 왕권의 승인을 얻어야했다. 교회 법정은 감독을 받았으며, 성직자들은 국가의 이익을 위해 납세하였다. 페르디난드와 이사벨라는 스페인 교회의 중요한 지위들을 왕권의 이익에 충실하고 불굴의 경건과 훈련에 대한 열의를 가진 성직자들로 채웠다. 이러한 노력으로 그들은 많은 유능한 사람들의 도움을 받았다.

한편 독일은 국가의 중앙집권화의 움직임이 없었고, 제국은 중앙집권적 정부의 어떤 진실한 성장도 없었다. 황제의 관은 1438년부터 1740년까지 오스트리아의 합스부르크 가문이 주도하였다. 그러나 황제들은 황권의 담지자로서가 아니라 그들의 세습 토지 소유자로서의 권력만 가졌다. 프리드리히 3세(1440-1493) 치세 아래서, 제후들과 도시들 간의 전쟁들, 그리고 실제로 매우 자주 노상강도로 연명하는 하층 귀족들의 무질서는 황제가 진정시킬 수 없을 정도로 소란하였다. 통제를 위해 제국의 군대를 소집하고 세금을 거두었다. 그러나 그 개혁은 지속적인 효과를 얻지 못했다. 1461년 이후 제국에서 법적 관할권과 재정문제를 교황이 단독으로 행사하는 것에 관한 외형상의 불평들이 수와 빈도에서 증가하였다. 설상가상 15세기 말엽부터 정치적이고 경제적인 쇠퇴가 증가하였다. 하지만 전체적으로 국가의 삶은 불안했으나 큰 영지들은 더욱 강하게 반 독립적인 지역 국가적 삶을 발전시켰다. 대표적인 예가 바로 오스트리아, 선제후령 작센(Saxony), 바바리아(Bavaria), 브란덴부르크(Brandenburg) 그리고 헤세(Hesse) 였다.

특히 1477년 부르고뉴의 야심적인 공작 샤를의 사망으로 그의 부르고뉴 지역들과 네덜란드는 그의 딸 마리(Mary)에게 상속되었다. 그녀가 그 해에 막시밀리안 1세와 결혼하자 프랑스의 루이 11세는 불만을 품고 상부 부르고뉴를 점령하였다. 막시밀리안과 마리의 아들 필립은 다시 스페인의 페르디난드와 이사벨라의 상속녀 화나(Juana)와 결혼하였다. 이로 인해 필립과 화나의 아들 찰스는 오스트리아, 네덜란드, 그리고 유럽과 신세계에 퍼져있는 스페인 영토의 소유자가 되었다. 이는 샤를마뉴 이래 어떤 단일 군주가 가졌던 것보다 더 큰 통치권이었다. 1519년에는 그에게

---

2) Williston Walker, *A History of the Christian Church*, (New York: Scribner, 1985), 401.

황제 칭호가 더해졌다. 그러므로 그는 이제 합스부르크 가와 프랑스와의 경쟁관계에 직면하였다. 이런 경쟁과 종교적 개혁을 위한 투쟁은 종교개혁 시대 전체를 통해 끊임없이 전개되었다.

(2) 프랑스의 형편 : 프랑스는 고대 로마와 영국, 오늘날의 미국 같지 않지만 문화 대국으로 널리 알려져 있다. 하지만 개혁 직전 프랑스는 영국과의 백년전쟁으로 거의 파멸 상황에서 강력한 군주정치를 회복하였다. 그 이유는 오랜 전쟁으로 봉건귀족들이 몰락했기 때문이다. 전쟁의 마지막 단계에서 오를레앙의 소녀 성 잔 다르크(St.Joan of Arc, 1412-1431)는[3] 프랑스인들에게 새로운 민족의식을 불러 일으켰다. 그 결과 봉건귀족을 물리치고 국왕 루이 11세(Louis XI, 1461-1483)가 왕권을 장악하였다. 그의 아들 샤를 8세(Charles VIII, 1483-1498)는 막 중앙집권화 된 국가를 유럽 정치에서 신기원을 열 이탈리아 원정을 이끌었다. 그리고 종교개혁 시대의 추이를 결정하는 계기를 제공하였다. 이것은 그후 루이 12세(1498-1515)와 프란시스 1세(Francis I, 1515-1547)에 의해 수행되었다. 프랑스는 이제 강한 군주국으로 당시 교회는 왕권의 지배아래 있었다. 볼로냐 협정은 1516년에 성직 임명, 성직자에 대한 징세, 그리고 교회법정 등에 대한 왕권의 지배를 강화하였다. 한편 교황에게는 그가 원하던 세금을 지불하였다.[4]

1547년 3월 프란시스 1세의 사후 앙리 2세가 왕좌에 올랐다. 그 후 프랑스 종교개혁은 큰 어려움에 직면하였다. 하지만 박해에도 불구하고 새로운 신앙을 추종하는 자들이 놀랍게 증가하였다. 수많은 사제들과 수도자들이 복음주의로 전향하였다. 이들은 복음주의 신앙을 비밀리에, 그리고 공개적으로 가르쳤다. 그들은 교회 내부의 부패를 자세히 알고 있었으므로 떠돌아 다니면서 부패를 폭로하였다. 교사들은 국회의 체포 장이 보여주듯 학생들을 미사에 참석시키지 않고 제네바의 거짓된 이론을 가르친다고 비난 받았다. 부르쥬를 포함하여 당시에 많은 대학들이 종교개혁의 배양소로 알려졌고, 극장은 대중 연극을 통해서 성직자들의 도덕과 교회의 부패를 공격하였다. 스트라스부르크와 제네바, 로잔의 망명객들은 프랑스 개혁을 꾸준히

---

3) 마크 트웨인, 「잔 다르크 (상하)」, 신현철 역, (박우사, 1998). Cf. 서요한, 「중세교회사」 (도서출판 그리심, 2010), "제13장 중세 마녀사냥과 종교재판의 상관성" 참조.

4) Williston Walker, *A History of the Christian Church*, (New York: Scribner, 1985), 400-401.

지원하였다. 그리고 해외의 젊은 프랑스인들은 교육을 마친 후 위험을 무릅쓰고 프랑스 전역을 파고들었다. 이들은 외진 교회에서 집안의 창고에서, 도로나 강가에서 개종자들을 만나 격려하였다. 임무를 맡은 사람들은 감시를 피하기 위해 이름을 자주 바꾸었다. 그 중에 어떤 자들은 도시를 찾아가서 과감히 설교하였다. 이와 함께 제네바와 스트라스부르크에서 교육받은 서적 판매상들의 선교는 매우 성공적이었다.[5] 이들은 성경을 자신들의 등짐 속에 넣어 부락이나 마을을 찾아다니며 내용을 설명하였다. 때로는 짤막한 설교를 곁들였다.

16세기 초 프랑스는 유럽의 여러 나라들 중 지리적으로 유럽의 가장 중심에 위치한다. 당시 프랑스 서쪽과 서북쪽에는 이탈리아가, 북쪽과 북동쪽에는 독일과 그 저변 국가들이, 바다 건너 북편에는 영국이 있었다. 이 여러 나라들은 상호 통상과 교류에 있어서 프랑스를 통과해야 했다. 이로써 프랑스는 유럽을 연결하는 관문으로 이탈리아와 스페인을 제외하고 종교개혁의 승인을 확인하였다. 1589년 앙리 4세(Henri 4세, 1553-1610)로 부르봉 왕가의 절대 왕정이 출범하였다. 그 후 루이 14세는 자신의 조부가 세운 1598년(1685년 철회됨)의 칙령을 무시하고 개신교를 박해하였다.[6] 그리고 루이 15세, 16세를 거치며 프랑스 혁명으로 잠시 중단되었으나 1814년 왕정을 복고하였다. 하지만 1830년 7월 혁명으로 왕가는 완전히 단절되었다. 그 중 루이 14세(Louis 14세, 1638-1715)는 5세에 왕위에 오른 1643년부터 1715년까지 72년 동안 재위하며 태양왕으로 군림하였다. 그는 유능한 인재를 등용하여 프랑스의 국력 신장과 국위 선양에 공을 세웠으며 부국강병으로 내외에 왕권을 확립하였다.[7] 무엇보다도 재위 중에 파리 근교에 베르사이유 궁전을 짓고 문예

---

5) 당시 압수된 목록에는 에라스무스의 「대화편」(*Les Colleques*), 「생명의 원천」(*La Fontaine de Vie*), 「질실하고 완벽한 연설에 관한 책」(*Livre de vraye et parfaicte oraison*), 「시편 52편」(*Cinquante-deux psaumes*), 「제네바 요리문답」(*Catechisme de Geneve*), 「성례전의 집행 방법과 이에 따른 교회의 기도」(*Prieres ecclesiatiques avec la maniere d'administrer les sacrements*), 그리고 「기독교의 초보」(Alphabet chretien), 「유아경건을 위한 기독교 교육」(Instruction chretienne pour les petits enfants) 등이었다. 교회 당국의 허가를 받지 않은 서적은 인쇄할 수 없음에도 불구하고 인쇄된 책들은 지하 판매를 통해 보급되었다.

6) Philip Schaff, *History of the Christian Church*, (Michigan: Grand Rapids, 1910), vol. vii, 53-58.

7) 당시 마자랭(Mazarin, 1601-1661)과 콜베르(Colbert, 1619-1683) 두 사람은 루이 14세를 도와 프랑스를 영국과 화란에 필적하는 강국으로 만든 명재상이었다.

를 장려하였다.[8] 이로써 그는 프랑스를 유럽 문화의 중심지로 손색없는 황금시대를 열며 주변 기독교 국가에 영향을 미쳤다. 하지만 치세 만년의 여러 침략 전쟁과 사치로 국가 재정이 어려워져 국민의 불만이 고조되었다. 이는 결국 프랑스 혁명의 원인이 되었다.

3. 프랑스 종교 개혁의 발전과정

프랑스는 종교개혁자 칼빈을 통해 역사 속에 우뚝 서게 되었다. 그런데 프랑스 윤리학자 피에르 쿠르티알(Pierre Courtial)에 의하면 프랑스의 종교 개혁은 1533년부터 1633년까지 100년 동안 전개되었다.[9] 1533년 이전 프랑스 개신교는 크게 두 조류로 구분된다. (1) 자크 르페브르 데타플(Jacques Lefevre d'Etaples, 1450-1537)과 기욤 브리소네(Guillaume Briconnet, 1472-1534) 등과 같이 일부 복음적이고 개혁적인 로마 가톨릭 교도들의 활동한 시기이다. (2) 루터와 프랑스 개혁가 기욤 파렐(Guillaume Farel, 1489-1565), 츠빙글리 같은 스위스 개혁가들의 사역이었다. 이들 중 파렐은 1523년 파리에 복음적 교회를 비밀리에 창설하였다. 칼빈주의가 정착하기 전에 장 발리에르(Jean Vallieres, ?-1523), 자크 파방 혹은 푸네(Jaques Pavens,

---

8) 수많은 인물들은 철학에 데카르트와 파스칼, 퐁테스큐, 사상에 룻소와 볼테르, 문학에 발작크, 룻소, 스탕달, 라시느, 몽테뉴, 모리엘, 과학에 파스테르, 정치에 나톨레옹, 그리고 유명한 많은 화가 등으로 정리된다.

9) Pierre Courthial, "The Golden Age of Calvinism in France: 1533-1633", *John Calvin, His Influence in the Western World*, ed., W. Stanford Reid, (Michigan: Zondervan, 1982), 75-92. 1533년 칼빈은 갑작스런 회심으로 복음 신앙으로 전향하였으며, 곧 바로 기독교 강요를 저술하였다. 1534년 5월 4일에는 자신의 출생지 노용 대성당의 참사회 교회 성직록을 거부하였다. 그리고 프아티에르(Poitiers)에서「순전한 복음」을 통해 이후 전개될 개혁교회의 기초를 놓았다. 한편 1633년 프랑스 개혁교회 신학자 폴 테스타르(Paul Testard)는「자연과 은총 교리의 화해 혹은 공동 개관」(*Eirenicon seu Synopsis doctrinae de nature et gratia*)을 출간하였다. 테스타르는 이 책에서 1559년 신앙고백과 1620년 알레(Ales)의 전국 종교회의가 승인한 도르트 신조(Canons of Dort)에 의혹을 제기하고, 알미니우스적 교리, 즉 펠라기우스주의로 귀의하였다. 1634년 모아즈 아미로(Moise Amyraut)는「예정론 및 그것에 의존하는 주요 사항에 대한 소고」(*Short Treatise on Predestination and the Principal Things Which Depend Thereon*)를 출판하였다. 이 책은 테스타르보다 더욱 알미니우스주의로 기울었다. 피에르 뒤 물렝(Pierre de Moulin)과 앙드레 리베(Andre Rivet)가 테스타르와 아미로에 맞서 위험성을 경고했으나 1637년 알랑송(Alencon) 전국 종교회의는 어떤 제재 도 하지 않았다.

?-1524), 장 레클레르(Jean Leclerc, ?-1524), 루이 드 베르켕(Louis de Berquins, ?-1529), 장 드 카튀르스(Jean de Caturce, ?-1532) 등이 신앙 때문에 순교하였다. 1633년 이후 프랑스 개신교는 급속히 쇠퇴하였다. 그 중심에 모아즈 아미로(Moise Amyraut, 1596-1664), 루이 카펠(Luois Cappel, 1585-1658), 조쉬에 드 라 플라스(Josue de La Place, 1585-1658)와 소뮈르 아카데미(Academy of Saumur) 신학자들의 영향으로 많은 목회자와 교회들이 알미니우스 신앙을 수용하였다. 따라서 프랑스 내 개혁교회의 신앙 침체로 칼빈주의가 위축되었다.

한편 상기한 1533년부터 1633년까지를 다시 셋으로 구분할 수 있다. (1) 1533년에서 1562년까지 개혁교회 교인들이 박해받던 시기이다. 이 당시는 아직 조직된 교회가 없었으나 1555년 파리, 모(Maux), 앙제르(Angers), 푸아티에르, 루덩(Loudun) 지역에 교회가 조직되어, 1559년 5월 26-28일까지 개최된 파리 제1차 전국 종교회의에 약 일백 개의 교회가 회집되었다. 여기서 칼빈이 기초한 35개 신조와 규칙, 신앙고백과 훈련 규칙이 채택되었다. 그 후 종교 전쟁이 시작될 무렵 교회는 2150개로 증가 하였다.[10] 이 때 제네바의 칼빈은 조국과 동포, 특별히 위그노들이 시련을 참고 말씀위에 굳게 서도록 독려하였다.[11] (2) 1562년에서 1593년까지는 삼십년 종교 전쟁과 내전의 참혹한 시기이다. 특별히 1572년 8월 24일, 성 바도로뮤의 대학살로 콜리니(Coligny)를 포함 약 9천명이 희생되었다. 그러던 중 1593년 개신교의 앙리 4세가 자신의 신앙을 포기하였다. 30년 종교 전쟁 동안 신앙 보다 정치적인 동기에서 투쟁하였으며 일부는 위협을 극복하지 못하고 배교하였다. 하지만 일부 생존자들이 신앙을 발전시키며 종교회의를 개최하였다. 그리고 성경의 표준을 따라 신자들의 교리와 생활을 감독하였으며 개혁 교회의 학술 단체나 대학을 설립하였다. (3) 1593년부터 1633년까지는 앙리 4세와 루이 8세가 통치한 평화의 시기였다. 이 기간 동안 개혁 신앙은 많은 사람들의 증거와 순교를 통해 확산되었다. 개혁 신앙은 정치와 경제, 신학과 철학, 과학과 예술, 도시와 시골, 가정과 직장 등 모든 영역에서, 그리고 농부와 귀족, 자본가와 노동자 할 것 없이 전 사회 계층에서 전개되었

---

10) Pierre Courthial, "The Golden Age of Calvinism in France: 1533-1633", *John Calvin, His Influence in the Western World*, ed., W. Stanford Reid, (Michigan: Zondervan, 1982), 79.

11) Pierre Courthial, 81.

다. 특별히 위그노들(Huguenots)은 기독교인의 생활과 관련하여 기독교 강요 제 3권 6-10장까지[12])를 힘써 실천하였다.

4. 프랑스의 종교 개혁자들

프랑스 종교개혁은 르페브르의 사후 1536년 칼빈의 「기독교 강요」출판을 기점으로 발전하였다. 본장은 (1) 개혁 전의 개혁자들, (2) 칼빈의 종교개혁, (3) 위그노의 개혁으로 구성되었다. 이 시기에 프랑스 종교개혁을 위한 샛별들이 등장하였다. 이들은 프랑스를 새롭게 할 생수로 이들의 영혼 속에 스며들었다. 이들은 바로 프랑스를 새롭게 변화시킨 자크 르페브르, 윌리암 파렐, 윌리암 브링코네트, 그리고 존 칼빈이었다.

4.1. 개혁 전의 개혁자들

(1) **인문주의자 마거릿 당굴렘(Marguerite d'Angouleme)과 모(Meaux)의 주교 부리소네(Briconnet):** 프랑스 최초의 종교개혁은 소규모 기독교 인문주의자들에 의해 시작되었다. 당굴렘과 학자들, 그리고 설교자 모임의 지도자 자크 르페브르 데따풀르(Jacques Lefevre d'Etaples)는 알프스의 북쪽과 남쪽의 인문주의자들이 그렇게 헌신했던 기독교 플라톤주의에서 영혼의 위로를 찾았다. 당굴렘은 맑고 예민한 거울처럼 대부분의 지성과 신앙운동가들을 수용하여 반사하였다.[13]) 따라서 사람들은

---

12) 내용에 의하면 "우리가 우리 자신의 것이 아니라 주님의 것이라면 잘못에서 벗어나 생활의 모든 행위를 바로잡아 나가야 하는 것은 자명한 일이다. 우리는 우리 것이 아니다. 그러므로 우리의 이성이나 의지에 따라 계획을 세우거나 행동하지 말자. 우리는 우리 것이 아니다. 그러므로 육신을 따라 우리의 편의를 추구하는 것을 목표로 삼지 말자. 우리는 우리 것이 아니다. 그러므로 우리가 할 수 있는 한, 우리 자신과 우리가 소유한 것을 부인하자. 한편 우리는 하나님의 것이다. 그러므로 그분의 지혜와 뜻이 우리의 모든 행동을 다스리게 하자. 우리는 하나님의 것이다. 따라서 생의 전부를 바쳐서라도, 오직 우리의 타당한 목표인 그분을 추구하자. 제멋대로 자기를 지배하거나 통치하지 않고, 자기가 자기 것이 아니다는 가르침을 받아들여 하나님께 복종하는 사람은 얼마나 많은 유익을 얻을까!" 이다.

13) Thomas M. Lindsay, *A History of the Reformation*, (Edinburgh: T. & T. Clark, 1907), vol. II., 136-137.

야생의 백리향이 벌을 부르듯이 그녀가 "왕실 정원의 제비꽃으로 많은 사람들을 불러들였다고 하였다. 그녀는 당시 대부분의 여성들처럼, 새로운 학문에 몰두하였다.[14] 소녀시절에 라틴어, 이탈리아어, 스페인어를 배웠고 그 후 히브리어와 헬라어를 습득하여 성경을 연구하였다. 르페브르와 루셀의 설교를 열심히 들으며 구원의 길을 배웠다. 그녀를 통해서 15세기 마지막 프랑스의 르네상스가 16세기 전반동안 지속되었다.

당굴렘과 달리 브리소네(Gillaume Briconnet)는 개혁의 열망에도 불구하고 혁명을 두려워하였다. 하지만 그는 주변의 교회를 통해 개혁을 바라는 일단의 학자들을 끌어들였다. 이들은 15세기 공의회주의자인 장 샤를리에 제르송(Jean Sharlier Gerson)[15] 같은 사람들의 정신을 계승하였다. 특히 당굴렘과 브리소네는 에라스무스의 제안에 따라 교회와 사회 개혁에 적극 동참하였다. 이들은 기독교 교리의 위대한 진리를 새로운 학문과 연결시켰다. 또한 기독교 지성의 영역을 확장시킴과 동시에 인문주의에 기독교 도덕을 주입하였다. 그들은 소요를 일으키지 않고 개혁하기를 바랬으며, 교회에 의해 그리고 교회 내에서 개혁하고자 하였다. 무엇보다도 성경연구, 특히 사도바울의 서신을 통해서 사회 내에 머물면서 세상으로부터 자신을 격리시킬 수 있는 개개의 기독교인들에 의해서, 그리고 새로운 배움이 분명하게 가져다 줄 것으로 확신하는 깨달음으로 사람들을 감화시킴으로 개혁을 성취하였다. 이들은 신학이나 그리스도와의 사귐에는 별로 관심을 갖지 않았다. 제도의 외적인 변화에 별로 신경을 쓰지 않았으며 개인적인 경건에 대해서도 관심을 갖지 않았다. 따라서 이들의 가시적인 효과는 거의 나타나지 않았다. 이들은 한편 완고한 스콜라주의의 옹호자들과 다른 한 편 철저한 개혁자들 사이에서 중도 노선을 걸었다. 그

---

14) 당시 마르시글리오 피치노(Marsiglio Ficino)는 당굴렘에게 기독교 플라톤주의를 소개하였다. 이 기독교 신비주의는 교리와는 무관한 채 자연히 철학과 도덕의 시적인 면과 연합되어, 모든 자이시며, 유일한 필연이시며, 유일한 선하심이신 하나님에 대한 무한한 생각을 제공하였다. 그리고 인간의 영혼과의 직접적인 연합으로 위대한 어떤 것, 즉 신앙적 경험을 끊임없이 확대시켜 주었다. 한편 스콜라신학을 르네상스의 사상과 연합시키려 했던 쿠사의 니콜라스(Nicholas of Cusa)도 그녀에게 많은 것을 가르쳐 주었다.

15) Henry C. Sheldon, *History of the Christian Church: the medieval Church*, (Hendrickson Publishers, 1994), vol.2., 361-367; 김영재, 「기독교 교회사」, (도서출판 이레, 2000), 353.

러나 이들이 시작한 운동은 프랑스 종교개혁 운동의 근거가 되었다. 개혁의 절정기에 칼빈의 선구자였던 윌리암 파렐이 이 모(Meaux) 그룹에서 활동하였다.

(2) 자크 르페브르(Jacques Lefevre, 1455-1536) : 영국의 존위클리프처럼 프랑스 거주를 갈망했던 그는 프랑스 개혁의 새벽별이었다. 본시 인문주의자였던 그는 피카르디(Picardy) 마을의 에타플리스(Etaples)에서 태어나 그 누구와 비견할 수 없는 사람이었다. 사제로 서품받은 후 파리에서 고전연구에 몰두하였고 당시 인문주의의 지도자가 되었다. 1492년 이탈리아로 간 그는 고대 철학, 특별히 아리스토텔레스를 연구하였다. 1507년 성 게르멘데스 프레스(Germaindes-Pres) 수도원장의 학생으로 후에는 도서관 사서로 일하였다. 세속 학문으로부터 종교 연구로 전환한 그는 1512년 주석과 함께 출판한 바울서신 라틴어 번역 때문에 당시 중세적 시각을 갖고 있던 자들에 의해 이단으로 낙인찍혔다. 그의 바울서신 번역본들과 그 이전에 번역한 시편이 루터에게 영향을 미쳤다. 그는 특히 행위는 은총과 떨어져서는 아무런 의미가 없으며, 성만찬에는 그리스도의 실제적인 임재가 있으나 화체는 아니라고 하였다. 그리고 1517년과 1518년 두 차례에 걸쳐 막달라 마리아에 관한 2편의 비판적인 글을 썼으며 1521년에는 이단에 관한 글도 남겼다.

르페브르는 13세기의 장 드 를리(Jean de Rely)의 불어 성경을 택하여 개정한 후, 1523년 6월 복음서를 출판하였으며 그해 년 말에 신약성경을, 구약은 1525년 완성하였다. 이 개정판은 마가렛(Margaret of Valois)의 찬사를 받았으며, 이후 프랑스 전역에서 읽혔다. 하지만 종교개혁에 동정적이던 그는 소르본느 대학과 프랑스 정부의 고소로 정죄를 받고 스트라스부르크(Strassburg)로 떠나 나바레 여왕(the Queen of Navarre)의 보호를 받았다. 그러나 그는 종교개혁자들의 은혜, 칭의, 예정 교리를 받아들이지는 않았다. 70세의 고령에도 폭넓게 공부하고 여행을 즐기며 왕성하게 활동하였다. 프랑스에 돌아온 그는 파리대학교의 신학부 소속 소르본느 대학에서 교수하였으며, 그 후 그는 많은 제자들을 모았다. 데오도레 베자에 따르면 르페브르는 강의에서 프랑스의 유명한 성경 번역자 오리베탄(Olivetan)을 되 올리며 예수 그리스도의 순수한 복음을 힘있게 가르쳤다.[16)]

---

16) 이 시기에 부대(Bude)와 콥(Cop) 두 사람은 모 그룹뿐 아니라 칼빈과 개인적인 친분이 두터웠다.

(4) 윌리암 파렐(William Farel, 1489-1565): 프랑스와 스위스에서 활동한 개혁자는 도피네의 가프에서 1489년 태어나 20세 이전까지 알프스에 머물렀다. 그는 알프스의 영광과 교회의 영광은 하나가 되어야 한다고 믿고 1509년 학자가 되기 위해 파리로 갔다. 1510년 그곳 대학교에 입학하여 르페브르의 영향을 받았다. 이때 인문주의 교육의 도움으로 종교개혁 사상을 받아들인 그는 한때 루터의 제자라는 소문에 휘말렸다. 그는 학생들에게 구원은 은혜로 말미암는다(Salvation is of grace)고 가르쳤다. 그리고 천국문이 열리고 지옥문이 닫히는 것은 오직 그리스도의 은혜라고 했다. 1524년 바젤로 돌아가 그곳에서 오에콜람파디우스와 함께 종교개혁의 반대자들과 논쟁을 벌였다. 1526년부터는 주로 프랑스와 스위스에서 순회 설교를 하던 전도자들의 지도자였다.

당시 그곳에는 제네바에서 피난 온 불어 사용자들이 본부를 만들어 활동하였다. 볼섹(Bolesc)은 그들 중 한 사람이었다. 이 같은 상황에서 파렐은 에라스무스의 제안으로 시를 떠나 다른 지방으로 이주하였다. 베른 정부는 칼빈을 제네바에 영향력을 행사하는 장애물로 취급하였다. 사실 그곳에는 요한 할러(Johann Haller, 1523-1575)같은 지도자가 있었으나 관헌에게 영향을 끼치지 못하였다. 이곳의 감독들 중에 앙드레 세베대와 다른 목사들은 칼빈의 예정론을 비난하였다. 그리고 볼섹은 칼빈을 이단이요 적그리스도라고 하였다. 1555년 3-4월 칼빈은 대표단을 이끌고 동맹갱신을 위해 베른을 방문하였다. 마침내 베른 사람들은 칼빈 일행의 권고를 받아들여 볼섹을 추방하였다. 하지만 변론에도 불구하고 비평가들에게 예정론을 설득하지 못하였다. 그러나 그는 조금도 양보하지 않고 단호하게 “나는 차라리 내 혀가 잘려 나가는 쪽을 택하겠다”고 하였다.[17)]

파렐은 종종 과격한 설교로 반대파 군중에게 거친 대우를 받았다. 1528년 베른시를 종교개혁 진영으로 넘어오게 한 토론에 참여하였다. 그 뒤 베른 시로부터 지원을 받아 페이 드 보드 지방에서 설교하였다. 1532년 제네바에서 전도를 시작하였고, 3년 후 1535년 마침내 그 도시는 개혁을 받아들였다. 1536년 제네바를 지나던

---

17) John T. McNeill, *The History and Character of Calvinism*, (New York.Oxford University Press, 1954), 179. 베자에 의하면 앙드 세베데는 칼빈의 타계 후 예정론에 대한 그의 반대를 회개하며 철회했다고 기록하였다.

칼빈을 설득하여 머물러 사역케 하였으며, 1538년 칼빈과 함께 추방되었다. 그 후부터 뉘샤텔을 거점으로 여러 해를 머물면서 칼빈과 함께 일하였다. 1558년 69세 때 젊은 처녀와 결혼하여 한동안 칼빈과 소원하였으나[18] 1564년 칼빈의 임종 때 관계를 해소하였다. 그는 힘 있는 설교자였으며 죽기까지 뉘샤텔에 머물며 전도에 힘썼다. 정리하면 르페브르와 파렐은 프랑스 하늘에 뜬 쌍둥이 새벽별이었다. 파렐은 복음 설교에서 타협 없이 힘 있게 설교하였다. 그는 파리에서 25마일 떨어진 한 도시 모(Meaux)에서 잠시 사역했다. 그러나 그는 그곳에 핍박이 가해지자 프랑스를 떠나 스위스로 돌아가 그곳 사역에 힘을 쏟았다.

(5) 윌리암 브링코네트(William Briconnet): 몬트버런의 백작(Count of Montbrun)이자 모의 주교(The Bishop of Meaux)였던 브링코네트는 종교심이 가득하였다. 그는 로마 사역을 위해 1515년 루이 12세의 후임 프란시스 1세(Francis I)에 의해 파송되었다. 프랑스 귀환 길에 그는 파리의 변화에 크게 놀랐다. 거기 하늘에는 새로운 빛이 영농한 채 사람들의 마음에 새로운 변화로 많은 영향을 입었다. 르페브르는 그의 손에 성경을 들고 로마에서 잊었던 신비한 말씀을 열어 보이며 높은 진리와 거룩에 대하여 외쳐댔다. 브링코네트는 그의 서신에서 죄인들의 의와 믿음으로 그리스도 안에서 종결된 사역에 대하여 말하였다. 그는 전 프랑스는 종교개혁이 필요하다고 보았다. 그런데 그 종교개혁은 어디서부터 일어나야 하는가? 이때 사제들은 옛길을 오가며 또한 파리의 거리를 화려하게 수놓았다. 1520년 10월 브링코네트는 자기의 양들을 배신하며 양피를 자랑하는 모든 성직자는 다 반역자라는 책을 출판하였다. 시대의 무지를 치유하기 위해 그는 신약에 나타나는 능력있는 목회자 훈련을 위해 모 신학교를 설립하였다. 당시 철학자들과 법정에 회집된 학자들 사이에서 종교개혁에 대한 입장이 신속히 확산되었다. 이때 가장 놀랄 만한 사실은 프란시스의 여동생 발로이스의 마가렛(Margaret of Valois)의 회심이었다. 프란시스는 한때 당황했으나 마침내 로마와의 관계를 청산하였다.

브링코네트가 마가렛에게 성경을 건네자 그 성경을 통해 그리스도를 발견하였다. 몇 해 전 르페브르가 임종 전 복음화를 열망한 프랑스의 모든 국민들이 모국어로

---

18) F. L. Cross(ed.), *The Oxford Dictionary of the Christian Church*, (Oxford University Press, 1957), 494.

말씀을 읽을 수 있기를 바랐던 야망이 마침내 첫 발을 내딛었다. 1522년 10월 22일 그의 4복음서 프랑스 번역이 출판되었으며 한 주 후에 신약의 나머지 부분이 출판되었다. 그리고 1524년 10월 12일 전 신약 성경이 한권으로 출간되었다. 이곳에서 프랑스 최초의 성경 연구가 시작되었다. 이들은 처음에는 개인 거주지에서 만났으나 후에는 자격을 갖춘 사람들에 의해 성경을 배웠다. 브링코네트는 르페브르와 파렐을 초청하여 그를 돕도록 했다. 이들은 브링코네트의 초청을 수락하여 함께 개혁을 주도하였다. 그러나 파리는 3명의 복음 반대자에 의해 태풍이 몰아쳤다. 이들 중 두 명은 베다(Beda)와 듀프랏(Duprat)이었고 하나는 왕의 모친(Queen Mother) 사보이의 로이사(Louisa of Savoy)였다. 그중 여왕의 어머니 로이사(Louisa)는 가장 기독교적인 왕국에 정죄 된 루터 교리를 사수하고 확장해야 하는 이유가 무엇인가 물었다. 이 같은 물음에 브링코네트는 그의 신앙을 저버리든가 아니면 감옥에 가야 했다. 결국 왕의 모친은 그에게 벌금을 부과하고 그가 섬기던 교구에서 추방하였으며 루터의 책들을 사서 읽는 자들을 금지시켰다. 베다와 듀프랏은 가난한 문맹자들을 불태웠으나 하나님께서 당신의 사람들을 보호하셨다.

1534년 10월 18일 아침, 현수막 사건이 발생하였다. 파리 시민들이 미사 집례를 강력한 어투로 공격하는 주요 도로 양편에 게시된 현수막을 보았다. 이 현수막은 십자가에서의 그리스도의 희생은 완전하며 일회적이므로 결코 반복되어서는 안 된다는 것이었다. 또한 그리스도의 신체적인 임재가 떡에 내재되어 있다는 것은 우상숭배이며, 화체설은 심각한 오류이며, 미사는 우리 주님의 죽음과 희생 의미를 왜곡시키며, 타종, 합성, 찬양과 향료병 흔들기 등의 고귀한 예전들은 무당의 행위를 본뜬 것이라고 하였다. 뿐만 아니라 교황과 그의 모든 독사 같은 추기경들과 주교들, 사제들과 수도사들과 그 밖의 모든 위선자들과 미사에 참여한 자들과 동조하는 모든 자들은 거짓말쟁이며 신성모독자라고 하였다. 이 현수막의 저작자인 앙뜨안느 마르꾸르(Antoine Marcourt)는 프랑스를 탈출하여 뇌샤텔에 망명하였다. 파리를 포함하여 오를레앙(Orleans), 블로와(Blois), 앙브리즈(Amboise), 심지어 왕의 침실 문까지 현수막을 게시한 사람들은 로마주의자들의 분노를 일으켰다. 국회와 대학은 이단을 분쇄하기 위해 극단적인 조치를 외쳤다. 신성모독을 항거하기 위한 보속행진이 모든 곳에서 이루어졌다. 이곳에 왕 자신과 궁정 귀족들이 참여하였고, 루터파는 화형에 처하였다.

그 후 왕은 정책을 바꾸어 독일의 개신교도들과 제휴하였다. 성찬주의자인 츠빙글리의 추종자를 제외한 모든 사람들에게 사면이 발표되었다. 이전에 추방되었던 일부 프랑스인들이 귀국하였다. 프랑스 내 이단이 급속히 증가하자 소르본느와 국회는 루터파의 박해를 촉구하였다. 전자는 25개 신조를 작성하여 교회의 교리를 간결하게 정리하였다. 그리고 개혁자들이 중세 교회의 교리와 행습을 편파적으로 가르친 내용을 부정하였다. 그리고 이 신조에 위배되는 것을 설교하는 자들에게 특별한 조치를 취하였다. 뿐만 아니라 1542-1543년 사이에 소르본느는 금서일람표를 작성하였다.[19] 하지만 모의 개혁파들은 스트라스부르크에 있는 프랑스 망명객들의 모범을 따라 개혁을 진행하였다.

(6) 칼빈 이후 개혁자들 : 칼빈의 제자로 정치가요 신학자인 필립 뒤 플레시 모르네(Philippe du Plessis-Mornay, 1549-1623)는 지혜를 발휘하여 혼란 중에 개신교도들을 지도하였다. 앙리 4세의 친구이자 협력자의 한 사람으로 성경과 교부 저작에 독보적이었다. 그의 나이 28세에 「교회론」(*A Treatise of the Church*)을 저술하였고, 1581년에는 파스칼을 선도한 변증서 「기독교 진리에 대한 논문」(*A Treatise on the Truth of the Christian Religion*)을 출간하였다. 뿐만 아니라 「초대 교회와 성찬」(*The Eucharist and the Early*, 1598)을 저술하였다. 다니엘 샤미에르(Daniel Chamier, -1621)는 몽토방 개혁교회 아카데미의 교수였다. 그는 거기서 잠시 교의학, 철학, 히브리어, 헬라어 등을 교수하였다. 그는 4권의 전투 전략서인 판트라 스타이 카톨리카이(Pantrastae Catholicae)를 출판하였다.

---

19) 이 일람표에는 칼빈과 루터, 멜란히톤, 끌레망 마로의 저서와 로베르 에띠엔느가 편집한 성경번역이 포함되었다. 1542년 7월 국회는 모든 개신교도들에게 서적의 인쇄 혹은 판매 등을 통하여 개신교 선전을 할 수 없도록 규례를 발표하였다. 그리고 파리 중앙의 모베르(Maubert)에서 종교재판을 실시하였다. 한편 엑스(Aix)의 대주교와 국회는 발도파 마을인 메렝돌(Merindol)의 주민 17명을 이단 혐의로 출두토록 하였다. 그러나 출두하지 않자 화형대에서 처형한다는 메렝돌의 체포(Arret de Merindol)를 발표하였다. 발도파들은 왕에게 호소하여 사면되었으나 계속 위험에 직면하였다. 결국은 1545년 1월 1일 시를 함락하려 한다는 거짓 보고를 접한 프란시스 1세는 발도파를 전멸시키도록 명령하였다. 그리하여 7주간 동안 30개의 마을 중에 22개가 파괴되었으며, 3000-4000명의 남녀가 살해되었고, 그 중에 700명이 단두대로 보내지거나 탈출한 사람들은 스위스로 피신하였다. Thomas M. Lindsay, *A History of the Reformation*, (Edinburgh: T. & T. Clark, 1907), vol. II., 149-150; 주명철, 「서양금서의 문화사」, (도서출판 길, 2006), 27-47.

피에르 뒤 물렝(Pierre du Moulin, 1568-1658)은 프랑스 역사상 손꼽히는 신학자요 논설가였다. 그는 목사, 교회 지도자 그리고 앙리 4세의 누이 카트린느 드 부르봉(Catherine de Bourbon) 부인(Madame)의 궁정 목사였다. 그는 당시 영국을 방문하였으며, 신학, 철학, 서신, 설교, 시 등의 저술을 남겼다. 1620년, 물렝은 당시 프랑스 교회가 알미니우스주의로 기우는 것을 목도하였다. 그는 이들이 신적 선택을 약화하고 인간의 의지를 강조하는 펠라기우스적 경향과 로마 교황주의를 은닉하여 구원의 확실성을 전복하는 것을 거부하였다. 한편 앙드레 리베(Andre Rivet, 1572-1651)는 열렬한 칼빈주의자였으며 앙트완느 가리솔(Antoine Garrissoles, 1587-1650)은 몽토방의 교수로 「원죄의 전가」(*Imputation of Original Sin*)를 통해 조수에 드 라 플라스(Josue de La Place)를 공격하였다. 이렇듯 도처에서 운동이 전개되었으나, 로마 제국의 몰락을 예견한 어거스틴처럼 합리주의적 사조와 자유주의 신학으로 급격히 쇠락하는 프랑스 개혁교회를 사수하기에는 역부족이었다.[20]

4.2. 존 칼빈(John Calvin)의 종교개혁

프랑스의 종교개혁은 1536년 칼빈의「기독교 강요」출판을 기점으로 급속히 전개되었다. 기독교 신비주의는 성경에 대한 세심한 연구로 대치되었다. 그리고 루터와 츠빙글리의 신앙을 극복하고 굳게 뭉쳐 대적들에 적극적으로 대처하였다. 이들이 펴낸 각종 성명서는 곧바로 완성된 교리서, 예배양식, 도덕규범이 되었다. 개혁 당시 제네바 의회에서 혹자로 불리던 젊은이는 종교개혁 동안 내내 선두주자로 활략하였다.

(1) 생애 : 독일의 루터와 달리 개혁자 칼빈은 조용하고 사색적이었다. 1509년 7월 10일 피카르디 근교 노용에서 태어났다. 부친 게하르트는 주교의 비서로 후에 그의 아들의 성직을 기대하였다. 1523년 흑사병이 발생하자 부친은 칼빈을 파리로 보냈다. 마르슈(Marche) 대학에 들어간 후 데살로니가 전서 주석을 헌증한 마튜린 코디어(Mathurin Cordier)의 사사를 받았다. 1526년 사제가 되기 위해 당시 파리의

---

20) Richard C. Gamble, "Switzerland: Triumph and Decline", *John Calvin, His Influence in the Western World*, ed. W. Stanford Reid, (Michigan: Zondervan, 1982), 70-71,

신학대학 중에 하나인 몽테규 대학에 갔다. 이때 르페브르의 제자였던 칼빈의 사촌 올리베탄이 파리로 왔다. 칼빈은 올리베탄과 여러 주제를 가지고 토론했다. 올리베탄은 종종 교회론에 대하여 실랄하게 묻고 칼빈은 이에 응수했다. 그런 가운데 칼빈은 죄의 확신에 깊이 사로 잡혔다. 이때 올리베탄은 칼빈이 성경을 찾을 것을 권유하였다. 마침내 칼빈은 자유하였다. 그리스도는 그를 자유하게 했다. 칼빈의 회심에 관해서는 이견이 있으나 개혁사가 도우빈(D'Aubigne)은 1527년경 파리에서 회심했다고 했다. 이때 파리에는 많은 기독교인들이 그들의 피를 강물처럼 흘리며 죽어갔다.

회심 이후 칼빈은 새로운 직업을 위해 몽테규 대학과 파리를 떠나 오를래앙 대학으로 갔다. 그는 그곳에서 유명한 법학 교수 피에르 디 에토일(Pierre de I'Etoile)의 지도아래 공부했다. 잠시 후 그는 다시 부르쥬 대학으로 옮겨 헬라어를 공부했다. 당시 부르쥬 대학은 왕의 여동생 발로이스의 마가렛(Margaret of Valois)의 보호아래 신교가 확산되었다. 칼빈은 이곳의 한 작은 교회의 목사로 부친의 사망으로 고향 노용에 돌아간 1529년까지 목회하였다. 그가 노용에 가기 위해 파리를 지나던 때는 루이스 디 베퀸(Louis de Berquin)이 순교하던 때였다. 그는 1529년 4월 22일 이단으로 체포되어 죽게 되었다. 칼빈이 그레베 광장에 도착했을 때 수많은 사람들이 베퀸의 죽음을 보기 위해 모였다. 그는 순교시에 담대히 복음을 증거하였다.

(2) 복음 설교 : 고향 노용으로 돌아간 칼빈은 설교를 요청받았다. 그리고 2달 후 그는 젊은 학생들이 있는 파리로 다시 돌아갔다. 당시 파리에는 인문주의 운동이 매우 활발했는데 그는 여기서 성경을 연구하였다. 칼빈은 이들과 논쟁하며 파리 시민들에게 복음의 씨앗을 보여 주었다. 프란시스 1세는 주변 학자들과 함께 인문주의에 관심을 가졌다. 프란시스가 독일, 영국과 함께 정치적 동맹을 맺으려 하자 그의 여동생 마가렛은 지금 프랑스는 개혁의 길을 따라 신앙을 허용해야 한다고 하였다. 1533년 대 축제가 마쳐갈 때 프란시스는 휴식을 위해 피카르디로 갔다. 이에 마가렛은 강단 설교가 허락되어야 한다고 믿었다. 소르본느 대학은 문을 굳게 닫았으나 마가렛은 매일 성경 강해와 설교를 하게 했다. 젊은 칼빈에 관한 소식을 접한 마가렛은 그를 소환하여 함께 종교개혁을 논의하였다.

이 시기에 많은 사람들이 주님께 돌아왔으나 아직도 대다수는 로마교에 머물렀다. 사실 많은 사람들은 소르본느와 도시에 되돌아온 박해에 영향을 받았다. 따라서 마가렛의 복음에 의한 파리 정복은 실패하였다. 1533년 칼빈은 파리를 떠나 남부의 오를레앙과 투어스(Tours), 마지막으로 마가렛의 출생지인 앙골레임(Angouleme)의 듀 틸렛(Du Tillet)의 집에 머물렀다. 그는 여기서 기독교 강요에 필요한 자료들을 모았다. 그곳에 머무는 동안 칼빈은 근교에 거주하는 르페브르를 방문하였다. 베자에 따르면 이때 르페브르는 칼빈에게 "젊은이, 자네는 언젠가 주의 손에 능력있는 도구가 될 걸세"(Young man, you will be one day a powerful instrument in the Lord's hand). "하나님은 프랑스의 하나님 나라를 회복하기 위해 자네를 사용할 것이야"(God will make use of you to restore the kingdom of heaven in France) 라고 말했다.[21)]

6개월 후 칼빈은 포이티어(Poitiers)의 작은 교회에서 목회했다. 이곳에 있는 동안 칼빈은 전도자들을 그 주변 지역에 보냈으며 그 결과 톨루즈(Toulouse)와 보듁스(Bordeaux)에 회중이 모였다. 25세 되기 2달 전인 1534년 4월 말 칼빈은 안수 받으러 노용에 가기 위해 포이티어를 떠났다. 아직 이때만 해도 칼빈은 로마와 완전히 결별하지 않았으나 로마 교회에서 수행되는 의식들은 거부했다. 박해가 점차 거세지자 칼빈은 그곳 파리를 떠나 스트라스부르크로 갈 결심을 했다. 마가렛도 파리를 떠나 그녀의 왕국인 나바레로 갔다. 많은 사람들은 장대에서 죽어갔다. 칼빈은 라인에서 바젤로 여행을 했다. 그곳에서 1536년 그의 기독교 강요를 출판했다. 이후 그는 계속 확장하여 완전한 작품을 만들었다. 1536년 8월 말경 제네바에 입국하였다.

(3) 교세확장과 총회조직 : 1547년 3월 31일 프란시스 1세의 사망으로 아들 앙리 2세(1547-1559)가 왕위를 계승하였다. 하지만 그는 사망 직전 부친이 제정한 신성모독 금지 법률을 발표하였다. 이 법령으로 개혁신앙을 뿌리 뽑고 왕국 내 세력을 단합하였다. 1547년 10월 8일 오직 이단만을 다룰 재판소를 국회에 병설하였다. 이것이 소위 화염실(Chambre Ardente)로 보통 국회가 휴정하는 8-9월까지 계속 개정되는 상설 재판소였다. 당시 첫 번째 재판 회기는 1547년 12월부터 1550년 1월까지로 약 500건을 판결하였다. 성직자들은 이 재판소가 자신들의 특권, 즉 모든 이단을 다룰 수 있는 권리를 빼앗아갔다고 생각하였다. 그래서 성직자들은 자신들의

---

21) *France Yesterday*, (1989), vol. 28, no. 3., 12.

권리회복을 청원하였다. 단순한 이단들은 교회재판소가 다루고, 공적인 물의를 수반하는 것들은 시민재판소가 판결하였다. 그러나 이러한 조치에 만족할 수 없었으므로 1551년 6월 27일 샤또브리앙 칙령을[22] 통해 가톨릭의 신앙을 옹호하도록 명문화하였다. 그러나 6년 뒤 왕은 이처럼 준엄한 조치로도 개신교 신앙의 확산을 막지 못했다고 고백하였다. 그리고 1557년 발표한 꽁피엔뉴 칙령(the Edict of Compiegne)에서 이단 재판을 명목상 교회재판소 수중에 두었으나, 실제로 재판관들이 고문을 가하여 처벌을 가중시키거나 화형 이전에 죄인을 교살시킴으로 처벌을 완화하였다.[23]

이러한 상황에서 프랑스 개신교는 조직을 체계화하였다. 왜냐하면, 교회가 처한 상황에서 스스로를 보전하고 또한 유약한 교인들을 돕기 위해서였다. 칼빈은 위기를 극복하기 위해 연합해야 한다고 하였다. 그리하여 초대교회의 3중직, 주교나 목사의 통치를 받는 회중, 장로들의 당회, 집사들의 모임을 제안하였다. 프랑스 개신교회는 곧바로 이 조직을 채택하고, 일단의 신자, 목회자, 장로와 집사로 구성된 일종의 당회, 정규적인 설교, 온전하게 집행되는 성례전을 실시하였다. 목회자는 총책

---

22) 1551년 9월 3일 등록된 장문으로 구성된 샤또브리앙 칙령은 긴 서문으로 시작한다. 칙령에 의하면, 지금까지의 온갖 탄압조치에도 불구하고 이단이 급증하였으므로, 이단은 왕국의 많은 도시들과 지역의 남자, 여자, 그리고 심지어는 어린이들까지, 대다수의 주민들을 감염시킬 만큼 전염성이 강한 역병이므로, 모든 충성스런 시민들이 이 흑사병을 퇴치하려는 정부의 노력에 적극 협조하도록 하였다. 그리고 본론에서 책의 출판과 판매를 철저히 규제하였으며, 프랑스 내로 개신교 국가의 책의 반입을 금하였다. 또한 신학부 교수들의 검열을 받지 않은 책들의 인쇄와 익명으로 책을 출판하는 것을 금하였다. 그리고 1년에 2차례씩 인쇄소와 서적 판매소를 점검할 것을 명령하였다. 이단을 알려주지 않은 개인은 이단으로 간주하여 그에 상응하는 벌을 배리며, 이단을 비난할 때는 압수한 재산 1.3을 갖게 하였다. 부모들이 이단에 속한 자녀를 불쌍히 여기고, 사랑하고 자비를 베풀 때에는 고소되었으며, 의심이 가는 모든 선생과는 사귀지 말고, 정통이 아닌 사람은 학교나 대학에서 가르칠 자격이 없었다. 주인은 하인들의 이단성에 책임에 저야 했으며, 제네바로 망명한 사람과는 내통하지 못하게 하고 재산을 압수하였다.

23) 당시 왕실은 개신교도의 색출을 집요하게 수행하였다. 일부 감옥은 개신교 순교자들을 위해 빈방으로 두었다. 당시 감옥으로는 궁성의 부속건물이었던 공씨에르즈리(Conciergerie)와 세느 강 뚝을 바라보고 있던 대감옥(Grand Chatelet), 바스티유(Bastille), 소감옥(Petit Chatelet), 그리고 교회부속 감옥이 있었다. 위의 감옥들은 강 수면보다 낮아서 물 소리가 벽을 타고 들려왔으며, 실내가 좁아서 똑바로 설 수도 누울 수도 없었다. 1547년에는 대감옥에서 재판을 기다리던 죄수 60명이 흑사병으로 죽었다. Thomas M. Lindsay, *A History of the Reformation*, (Edinburgh: T. & T. Clark, 1907), vol. II., 164.

임자로 설교를 담당하며, 성례전을 집행하고, 당회를 지도하였다. 당회는 공동체의 영적인 감시를 맡은 장로와 가난한 자와 병든 자를 돌보는 집사로 구성하였다. 장로와 집사는 회중이 선출했고 목회자는 장로와 집사가 선출하였다. 조직교회는 신생교회와 조직교회를 구별하여, 전자는 초기의 교회로 목회자를 모실 수는 있으나 당회가 구성되지 못한 상태였다.

1546년 모(Meaux)와 1547년 님므(Nimes)에서 교회가 조직되었으나 공식적으로는 1555년에 프랑스 파리에 개신교가 교회로 조직되었다. 그 이전에는 독자적인 성경공부나 조직이 없는 작은 무리의 공동예배 형태였다. 소규모 신자들이 씨오 드 라 페리에르(Sieur de la Ferriere)의 숙소에 정기적으로 모였다. 이때 어린아이의 출생이 교회의 설립을 촉진시켰다. 어린아이의 부모들은 유아세례를 위하여 기도 후에 자신들의 교회를 조직하였다. 장 르 마송(Jean le Macon)을 목회자로 청빙하고, 장로와 집사를 선출하였다. 그 후 끄레스뺑(Crespin)은 1555년부터 1557년 사이에 파리교회의 유형을 따라서 13개의 교회를[24] 조직하였다. 그러나 1558년 쁘와띠에르(Poitiers) 교회 내부에서 성만찬 논쟁이 발생하자, 공동의 신앙고백을 필요로 하였다. 이들은 즉시 칼빈에게 의뢰했으나 허락을 받지 못하였다. 하지만 좌절하지 않고 1559년 5월 25일 전 프랑스의 66개 교회의 목회자와 장로들이 파리에서 협의회를 가졌다. 이것은 프랑스 개신교 교회의 첫 번째 전국대회였다. 3일 동안 진행된 이 대회는 당시 파리에서 목회하던 모렐(Morel)이 사회를 보았다. 이 대회는 신앙고백서와 훈련서를 발간하였다. 모두 40개 조항으로 구성된 이 신앙고백서[25]는 이후 개최된 대회에서 몇 차례 수정을 거쳐 지금까지 프랑스 개신교회의 신앙고백이 되었다. 이 신조는 1557년 칼빈이 작성한 짤막한 신앙고백을 기초로 박해받는 백성

---

24) 당시 13개 교회는, 모우(Meaux), 쁘와띠에르(Poitiers), 앙제르(Angers), 레 일 드 쌩똥즈(;es O;es de Saintonge), 아젠(Agen), 부르쥬(Bourges), 이수뎅(Issoudun), 오비니(Aubigny), 블르와(Blois), 뚜르(Tour), 리용(Lyon), 오를레앙(Orleans), 그리고 루앙(Rouen)이었다. 끄레스뺑은 그 밖에도 여러 개의 교회를 언급하는데, 1560년 이전에 당회를 갖춘 조직교회가 36개 이상이었다.

25) 신앙고백서의 본래의 명칭은 *Confession de Foi, faite d'un commun accord par les Francois, qui desirent vivre selon la purete de l'evangile de notre Seigneur Jesus Christ, AD* 1599였다. 보다 자세한 것은 Philip Schaff, *The Creeds of Christendom, with a History and Critical Notes*, (Michigan: Grand Rapids, Baker Book House, 1990), vol. 3., 356-382 참조.

들을 위해 어떤 사람이 왕에게 보낸 탄원서에 포함되었다.[26] 그는 칼빈을 존경하는 마음에서 얼마 동안 신앙고백을 알리지 않았다.

그 후 인쇄된 신앙고백은 1559년 말에 널리 알려졌다. 그리고「프랑스 개혁교회의 치리서」(*Discipline ecclesiastiques des eglises reformees de France*)는 장로교회의 조직과 훈련을 규정하였다. 특별히 장로 중심의 이 치리서는 목사와 장로, 집사로 구성된 당회가 회중을 다스린다. 개 교회들은 소규모 단위로 조직되고, 그 위에 각 당회를 대표하는 자들로 구성된 노회(Synods), 그 위에 지역을 대표하는 대회(Provincial Synods), 그 위에 최고 기관으로 전 교회를 대표하는 총회(General Assembly)가 있다.[27] 한편 신앙 훈련을 위한 규칙도 제정하였다. 이는 어느 교회도 다른 교회에 우위권을 주장할 수 없게 하였다. 모든 목회자들은 신앙고백의 서명과 신앙 훈련서를 그대로 실시할 것을 요청받았다. 이는 시민통치가 점차 절대주의화 되어가는 과정에서 교회가 대중의 권리와 중앙 통제의 우위권을 가지는 것을 보여준다. 이 후 프랑스 신앙고백서와 치리서는 네덜란드, 스코틀랜드, 미국으로 확산되었다.

(4) 고위층의 개종 : 프랑스 고위 관리 중에 루이 12세(Louis XII)의 딸이며, 페라라의 공작녀인 르네(Renee)가 개신교도임을 천명하였다. 3명의 샤띠롱(Shatillons) 형제 가문의 막내 프랭시 당들로(Francis d'Andelot)는 밀란에 구금되었던 1551-1556년 사이에 개신교로 개종하였다. 그의 형 가스파르 드 콜리니(Gaspard de Coligny)는 프랑스의 해군 재독을 지냈지만, 1558년 성 깡땡(St.Quentin)의 함락 이후 수감 중에 개종하였다. 드 베자(de Beza)에 의하면, 1555년 앙뜨안느 드 부르봉(Antoine de Bourbon)은 아내 쟌느 달브레(Jeanne d'Albret)에 의해 나바르의 왕이 되었다. 그는 앙리 2세와 그의 아들에 이어 프랑스의 왕위 계승권을 가졌으나 네락(Nerac)에서 설교 청취 후 개종하였다. 그리고 제네바에 목회자 파송을 요청하였다. 그의 동생 루이(Louis)도 꽁데(Conde)의 왕자였으나 개신교를 지지하였다. 이들 부르봉 형제들의 부인들은 쟌느 달브레와 엘르아노르 드 르와이(Eeanore de

---

26) 당시 이 대회의 회원이었던 어떤 사람이 칼빈에게 보낸 편지에서, 당신의 신앙고백에 몇 가지 조항을 첨부시키고, 일부 사항은 약간 수정하는 것이 유익할 것으로 보였다고 하였다.

27) Richard C. Gamble, “Switzerland: Triumph and Decline”, *John Calvin, His Influence in the Western World*, ed. W. Stanford Reid, (Michigan: Zondervan, 1982), 57.

Roye)인데 남편들보다 확고한 개신교도였다. 이들 두 형제는 쁘레-오-끌레르크(Preaux-Clercs)의 총회에 참석했는데, 그곳에서 5월 13-17일까지 5일 동안 5천 명 이상이 끌레망 마로(Clement Marot)의 시편을 노래하였다.

칼빈은 이들에게 격려의 편지를 보내 복음신앙을 공개적으로 알리고 또한 아직 보호할 힘이 없는 형제들을 돕게 하였다.[28] 그리고 1567년 120명의 목사를 제네바에서 프랑스로 파송하였다. 이 교회들은 앙리 2세의 통치 동안 말할 수 없는 고통을 받았다.[29] 그리고 그의 즉위 동안에 무신론사상과 마술이 유행하였다. 그의 두 조언자였던 기즈가(Guise family)와 다이안 드 포이티어(Diane de Poitiers)는 왕실을 대적하고 전 국가의 질서를 파괴하는 개신교도들을 억압하였다. 여기서 프랑스 개혁자로 불려진 연맹(confederates)의 위그노(Huguenots)가 유래하였다. 그러나 그들의 순교는 많은 사람들에게 회심의 기회가 되었다.[30]

---

28) Thomas M. Lindsay, *A History of the Reformation*, (Edinburgh: T. & T. Clark, 1907), vol. II., 172.

29) 모든 재판소와 왕의 신하인 공직자들은 샤또브리앙 칙령에 따라서 개신교에 동조했다는 의심이 가는 사람들을 모조리 색출하거나, 십자가에 달리신 예수님의 수난상이 지날 때에 공경하지 않거나, 교회의 예전에 대해서 무심코 불평하거나 혹은 개신교 순교자들에게 연민의 정을 보이거나, 제네바에서 인쇄된 책을 소지한 것이 발각되면 곧바로 체포되어 고문을 당한 후 처형되었다. 당시 개신교도들은 마치 초대교회가 데키우스(Decius)와 디오클레티아누스(Diocletian)의 박해 때에 한밤중에 지하 창고에 모여 예배드린 것과 같았다. 결국 이러한 비밀예배는 발각되어 체포된 뒤 대규모로 순교하였다.

30) Samuel Smiles, *The Huguenots in France*, (London: Daldy, Isbister, & Co., 1875), v-xii, 1-426; George A. Rothrock, *The Huguenots: A Biography of a Minority,* (Chicago: Nelson Hall, 1979), 3-190; H. E. Bell/ R. L. Ollard(eds.), *Historical Essays 1600-1750 Presented to David Ogg*, (London: Adam & Charles Black, 1963), 195-202; William Hanna, *Wycliffe and the Huguenots or Sketches of the Rise of the Reformation in England and of the Early History of Protestantism in France,* (Edinburgh: Thomas Constable and Co., 1860), 145-276; Allan Cameron, *Great Men & Movement of the Christian Church*, (Paisley: Alexander Gardner, 1914), 340-355. 특별이 이중에 시몬 라오에(Simon Laloe)가 있다. 그는 디용(Dijon)에서 순교할 때 기도할 시간을 청하여 자신을 박해하는 자들의 회심을 위해 간절히 기도하였다. 당시 교수자였던 잭 실베스터(Jacques Sylvester)는 그의 기도에 큰 감동을 받고 그가 이 일을 마치는 동안 내내 눈물을 멈추지 않았다. 그는 이전에 그 누구도 하나님께 이렇게 간절히 기도하며 복음을 전하는 것을 보지 못했다. 결국 복음을 영접하고 난 후 제네바로 간 그는 개혁교회의 회원으로 죽었다. 당시 많은 사람을 메달아 죽인 장대는 이제 다른 사람에게 생명을 주었다.

4.3. 위그노 종교개혁의 전개

(1) 기즈 가와 위그노의 갈등: 1559년 앙리 2세의 사망으로 16세의 아들 프란시스 2세(Francis II)가 왕위를 계승하였다. 그러나 몸과 마음이 연약했던 그는 아내 메리 스튜어트를, 메리는 국정을 그녀의 삼촌들, 로레인의 추기경 찰스(Charles the Cardinal of Lorraine)와 기즈의 공작 프란시스(Francis the Duke of Guise)에게 위임하였다. 로레인은 선왕처럼 새 정부도 개신교도들을 박해해야 한다고 믿었다. 파리 국회에서 박해에 맞섰던 안느 듀 부르그(Anne du Bourg)와 그의 동료들의 재판이 신속히 진행되었다. 이들은 화형 판결을 받았으나 안느 듀 부르그만 화형 직전에 교살되었다. 그런데 그는 죽음으로 많은 사람들의 동정을 받았다. 왜냐하면, 그가 처형장으로 끌려 갈 때에 군중들이 주장을 취소하도록 하였다. 한 목격자에 의하면 당시 그의 의연한 태도는 "100명의 목회자가 했던 것보다도 더 많은 피해를 로마교회에게 안겨다 주었다". 또 다른 목격자는 "칼빈의 모든 저서가 했던 것보다도 더 많은 개종자를 프랑스 학생들 가운데서 일으켰다"고 하였다.[31] 하지만 하류층 개신교도에 대한 박해는 더욱 가중되었다. 경찰들은 류 드 마래-쌩-제르맹(Rue de Marais-Saint-Germain)과 인근 거리의 집들을 급습하였다. 스파이들을 고용하여 의심되는 자들을 고발케 하였다. 파리 국회는 송치된 이단의 재판을 위해 4개의 형사법원을 별도로 개설하였다. 형무소는 죄수들을 사형장으로 혹은 단두대로 보내기가 무섭게 가득 찼다. 정부는 새로운 선언과 칙령으로 박해를 촉진하였다. 1559년 9월 4일의 선언문에 의하면, 개신교도들이 회집한 집은 주초까지 완전히 파헤칠 것을 명령했으며, 11월 9일 칙령에서는 불법적인 집회에 참석한 모든 사람은 사형을 받을 것이며, 형사법정에 임석한 귀족들은 이단 문제에서 법에 따라 처단할 것이며, 이를 어기는 귀족은 사법권을 박탈할 것이라고 하였다. 그러나 압박에도 불구하고 개신교도들의 숫자는 증가하였다.

동시에 프랑스 개신교도들의 성격도 크게 달라졌다. 박해가 시작된 초기에는 반항하지 않고 순수하게 그리스도를 위해 고난을 받았다. 그러나 기즈 가의 통치아래 저항, 즉 정당한 반역이 가능한지 논의되었다. 여기서 저항이란 자신들에게 가해진 손해를 만회하기 위해서 복수하는 것이 아니었다. 당시 프랑스는 기즈라는 외국 가

---

31) 보다 자세한 것은 Thomas M. Lindsay, *op. cit.*, 174.를 참조하라.

문이 자신들의 왕을 장악하고 업신여기며 세력을 확장하였다. 개신교도들은 프랑스 안에 외국인의 독재를 싫어하는 사람들이 많다고 생각하였다. 이들은 망명 중인 형제들과 칼빈에게 무장봉기의 적법성을 자문하였다. 그리고 가능하다면 기즈 가문에 속한 일당들을 체포할 것이라고 하였다. 망명자들은 좋게 받아들였으나 칼빈은 만약 저항으로 한 방울의 피가 흐르면, 결국 피가 강 같이 흐를 것이다. 그리스도의 복음을 위한다는 명분으로 그런 불미스런 일을 하기 보다는 우리 모두가 멸망하는 것이 오히려 나을 것이라고 거부하였다.[32) 이러한 상황에서 신도들은 당시 왕실 지도자들의 입장을 기다렸다.

이때 개신교 고드프로이 드 바리(Godefroy de Barry)와 세뉴외르 드 라 르노디(Seigneur de la Renaudie)가 임시 지도자가 되었다. 복수의 앙심을 품었던 바리는 이전에 디종(Dijon) 국회에서 위조 죄로 정죄를 받았으나 제네바로 도주하여 그 곳에서 개종하였다. 그런데 그의 매제인 메츠의 가스빠르 드 위(Garpard de Heu of Metz)가 정상적인 재판을 거치지 않고 벵센느(Vincennes)의 성에서 기즈 일파에 의해 처형되었다. 따라서 바리는 상당수의 신사들과 귀족들로부터 협조 약속을 받았다. 공모자들은 왕에게 아무런 해를 가하지 않겠다고 맹세하고, 기즈 일파만 체포하겠다고 하였다. 그러나 시간이 지나면서 거사 계획이 밖으로 유출되었다. 궁정은 블로와(Blois)에서 방비가 튼튼한 앙브와즈(Amboise)로 이동하였다. 기즈의 공작은 일단의 사람들을 체포하고 르노디를 살해하였다. 기즈 일파는 죄수들을 체포 즉시 현장에서 살육했으며, 혹은 손과 발을 묶은 채 르와르(Loire) 강에 빠뜨려 죽였다. 또 다른 죄수들은 속결 재판으로 처형하였다. 단두대를 세워 목재가 동이 나자 앙브와즈 성의 문틀과 성벽의 상단 흉벽에 매달아 죽였다. 젊은 왕과 왕비는 시녀들을 거느리고 저녁 만찬 후에 죽은 시체를 보러 산책을 갔다.

궁정 요인들은 기즈 일파의 종교정책에 항의하였다. 까뜨린느 드 메디치는[33) 이 문제를 콜리니(Coligny) 제독과 상의한 후에 1560년 8월 선왕이 소집한 총회를 소집할 때까지 박해를 미루게 하였다. 그리고 개신교 목회자들이 동분서주하면서 주

32) *Ibid*., 175.

33) 41세에 섭정자가 된 그녀는 1519년 교황 끌레망 7세(Clement VII)의 질녀로 태어나 1534년 프랑스의 헨리와 결혼하였다. 그녀는 결혼 10년 동안 아이가 없음으로 남편의 사랑을 받지 못하였다. 그러나 이후에 5명의 아들과 5명의 딸을 낳았다.

민들을 격려하는 모습을 보았다. 목회자 찰스 달비악(Charles Dalbiac)은 앙제르(Angers)에 모인 귀족 회의에서 신앙고백을 해석하면서, 로마교회가 기독교 신앙과 행습의 모든 분야를 어떻게 왜곡시켰으며, 또한 포로 삼았는지를 지적하였다. 정부는 비록 이단이라도 가톨릭 신자로 산다면 사면해 주겠다고 약속하였다. 결국 미약하게 추진된 앙브와즈의 탄압은 왕국의 무질서를 가속화하였다. 기즈 일파에 대한 증오심은 「프랑스의 호랑이에게 보내는 편지」(*An Epistle sent to the Tiger of France*)로 분출되었다. 이 편지는 추기경 로레인을 미친 호랑이, 극랄한 독사, 증오스런 무덤이라고 하였다. 까뜨린느 드 메디치는 이 기회를 이용하여 자신의 영향력을 행사하였다. 그녀는 온갖 음모에도 끝까지 숙청을 반대한 미셸 드 로삐딸(Michel de l'Hopital)을 대법관으로 임명하였다.

1560년 5월 18일 미셸 드 로삐딸은 로모랑땡 칙령(the Edict of Romorantin)을 반포하였다.[34] 그리고 대법관의 도움으로 까뜨린느는 퐁뗀느블로(Fountainebleau)에서 모일 귀족들의 총회(Assembly of the Notables)를 소집하였다. 그 곳에서 많은 귀족들은 신앙 문제로 인한 박해의 중단을 요구하였다.[35] 두 번째 회의에서 꼴리니는 자신이 개신교들의 별명인 위그노당의 대표자라고 표명하였다. 그리고 용기있게 기즈 일파의 종교정책을 공격하였고, 그들을 왕과 충성스런 신하 사이에 있는 자들이라고 비난하였다. 박해받는 개신교도들은 복음이 가르친 대로 하나님을 섬길 수 있도록 허락받는 것 외에 어떤 것도 바라지 않는다. 그러므로 왕에게 성전을 자신들의 예배처소로 할애해 줄 것을 간청하였다. 탄원서는 거부되었으나 꼴리니는 노르만에 50,000의 개신교가 있다고 하였다. 사태 수습을 위해 추기경은 1560년 12월 10일 프랑스 전 국가적 총회의 개최를 승인하였다. 귀족들이 흩어진 뒤에 또 다른 내란 음모에 부르봉 왕손과 검찰총장 몽모랑시가 연루되었다는 소문이 퍼졌다. 프로방스와 두피네(Dauphine)에서 소요가 일어났다. 나바르의 왕과 꽁데의 왕자에게 왕 앞에 출두하여 자신들의 정당성을 제시토록 명령하였다. 꽁데는 체포되어 수감된 후 12월 10일 처형되었다. 나바르의 왕은 풀려났으나 엄중하게 감시하였다. 이

---

34) 이 칙령은 이단재판의 재판관을 주교로 결정하였고, 거짓 고발자에게도 처벌을 내렸으며, 처벌은 재판정의 사회자의 재량에 따라서 비밀집회의 참석자에게만 부과하였다.

35) 당시 비엔느의 메릴락(Marillac of Vienne) 대주교와 오를레앙과 발렌스의 주교들은 종교적인 무질서는 교회내의 부패로 야기된 것이라고 주장하고, 전국 규모의 회의 혹은 총회가 개최될 때까지 혹독한 박해를 미루어야 한다고 하였다.

때 추기경 로레인이 위그노당의 지도자들을 사형이나 감금형으로 제거하려 한다는 소문이 퍼졌다. 이런 가운데 젊은 프란시스가 17개월 만에 사망하면서 기즈 가의 통치가 종식되었다.

(2) 위그노의 조직 확대: 프란시스의 사후 그의 아내 메리는 스코틀랜드로 돌아갔다. 이후 야망에 찬 까뜨린느(Catherine)는 당시 9세의 찰스 9세(Charles IX)를 왕위에 앉혔다. 당시 앙뜨안느 드 부르봉이 혈통상 제 일 순위였으나 까뜨린느가 겁을 준 뒤 스스로 섭정하였다. 그리고 검찰총장 몽모랑시에게 자신의 조력자가 될 것을 제안하였다. 앙뜨안느는 제의를 받아들이고 개신교도 드 꽁데(Conde)를[36] 석방하였다. 꽁데의 수감은 프랑스 전역 개신교도들에게 깊은 감명을 주었다. 그의 구금 동안 기도와 찬양이 끊어지지 않던 중 감사함으로 석방을 맞이하였다.[37] 의회원들은 12월 13일 오를레앙에서 회집하였다. 대법관 미셸 로삐딸의 개막연설은 섭정과 그녀의 자문관들이 관용정책을 지지하는 것으로 밝혀졌다. 대법관은 왕국의 분열을 치유하기 위해서는 성직자와 귀족, 제3의 의원들을 소집해야 한다고 하였다. 그리고 공동의 신앙이 동족이나 혹은 동일한 법에 따라 사는 것보다도 더욱 결속력을 갖는다고 하였다.

1561년 1월 1일 회의 석상에서 3개 의회원 대표들은 자신들의 불만을 서면으로 제출하였다. 그 중에 제3 의회원들은 프랑스의 절대주의적이며 귀족적인 정부가 야기시키는 354개의 조항을 발표하였다. 이 문서는 신앙의 완전한 허용을 촉구하는바, 평신도의 권한을 확장하는 의미에서 교회 개혁을, 사법절차의 통일성을, 귀족 재판소의 권한 축소나 폐지를, 전체 의회원들의 총회를 매 5년마다 개최할 것을, 그리고 차기 총회의 날짜와 장소를 총회가 끝나기 전에 결정할 것을 요구하였다. 귀족들은 관용 문제를 토의한 후 3개의 보고서를 제출하였다. 첫 번째는 중앙 프랑스로부터

36) 당시 프랑스의 영향력 있는 신교 지도자였다.

37) 개신교도들은 꽁데를 위해 다음과 같은 노래를 지어 불렀다. "가엾은 크리스천, 그대는 진리를 위해서 감옥까지 견디는 구나. 왕자가 포로가 되어서 자비도 없는 감금상태에 있는도다. 모든 저서들이 그대의 빛나는 행위를 완전과 영광과 찬양으로 높이 올리리라". 그런데 그의 석방 이후에는 가사가 약간 수정되었다. "모든 삶의 현장에 있는 믿는 이들이여, 여러분은 하나님 안에서 기뻐하시요. 하나님께서 우리들에게 꽁데로부터 선한 왕자를 보내어 주셨기 때문일세. 귀족 여러분은 항거하고 있고, 영주들과 귀족들은 증언하네. 하나님께서 우리에게 꽁데로부터 선한 왕자를 보내어 주셨기 때문일세". Thomas M. Lindsay, *op. cit.*, 179.

제출된 것으로, 개신교 신앙에 대한 엄격한 억압을 주장했으며, 두 번째는 서부지역의 귀족들이 제출한 것으로, 완전한 허용을 주장했으며, 세 번째는 양측이 다 같이 평화를 유지할 것이며, 오로지 설교자들과 담임목사만 처벌할 것을 요구하였다. 성직자들이 요구한 일람표에는 다른 두 종단처럼 교회 개혁에 대한 요구가 포함되었다. 그러나 협약을 폐지하고 부르쥬(Bourges) 가문의 실용적인 재가를 허용했던 법규로 되돌아갈 것을 촉구하였다. 정부는 이러한 불평서를 접한 후에 칙령과 조례를 통해 답변하였다. 1561년 1월 28일 발표한 칙령에서 불평서에 제기된 모든 문제를 빠짐없이 다루었다. 여기서 왕은 신앙 문제에 관한 모든 제소를 중단할 것과 현재 수감 중인 죄수들은 앞으로 가톨릭 교인으로 살 것을 권고하고 석방하였다. 그리고 시민적이며 교회적인 개혁을 위한 각종 법안을 발표하였다.

1561년 1월 28일 칙령에 따라 위그노파는 허용은 아니나 박해의 유예(猶豫)를 얻었다. 정부의 성격으로 보아 계속 지원이 있을 것을 전망하였다. 망명객들이 대량으로 스위스, 독일, 영국, 심지어 이탈리아에서 귀환하였다. 따라서 개신교 숫자가 급증했으며 제네바는 담임목사를 파송하였다. 칙령은 예배의 자유를 허락지 않았으나 개신교도들은 마치 자유를 얻은 것처럼 행동하였다. 이러한 행동은 열광적인 가톨릭 교도들의 반감을 일으켰다. 사제들과 수도사들은 편협한 분파주의적 경향에 부채질하였다. 정부를 비난하는 반 개신교 폭동이 전국에서 일어났다. 파리의 위그노파들이 쁘레 오 플레르크스의 시편 찬송을 부활시키려 하자, 군중들은 이들을 몽둥이로 패고 짓밟았다. 그러나 위그노가 대다수인 지역에서는 정 반대 현상이 나타났다. 어떤 도시에서는 예배당이 습격을 당하고, 성상이 깨뜨려졌으며 유물은 소각되었다. 당시 지도자들은 따르는 추종자들을 자제시키기 위해 노력하였다. 칼빈은 제네바에서 무법적인 행동을 자제하는 편지를 보냈다.[38)]

퐁텐느블로(Fontainbleau)의 궁전에서 르네, 페라라의 공작녀, 꽁데의 공주는 섭정아래 개혁교회 의식에 따라 예배를 드렸다. 꼴리니는 자신의 집에서 제네바에서

---

38) 편지에 의하면, "하나님께서는 자기 집에 놓여 있는 우상을 자기 손으로 파괴하거나 혹은 공공장소에 놓여 있는 권위에 의해서 파괴하는 것을 제외하고는, 우리 가운데 어느 누구에게 우상의 파괴를 위임하신 일이 없으시다. 순종이 희생보다 더욱 좋은 것이다. 우리는 우리가 어떻게 하는 것이 적법한 일인가를 생각하면서 법의 테두리 안에 우리를 가둘 수 있어야 한다"고 하였다. Thomas M. Lindsay, *op. cit.*, 183-184.

모셔온 장 레이몽 멜랭(Jean Raymond Merlin) 목사의 설교를 들었다. 이 일은 결국 로마주의자인 검찰총장 몽모랑시의 비위를 건드렸다. 몽모랑시는 발랑스의 주교 몽뤽(Monluc)이 소년 왕과 황후가 있는 정부 청사에서 설교한 것을 못마땅하게 여겼다. 그리고는 옛 원수였던 기즈의 공작과 성 앙드레(St.Andre)를 만찬에 초청하여 프랑스의 로마교를 구원하기로 하였다. 이러한 상황에서 신앙 문제로 소요가 확산되었다. 위그노들은 개혁을 위해 예배의 자유가 허용되어야 한다고 하였다. 이를 위해서 성전을 갖게 하든지 아니면 자신들의 경비로 신축을 허락하라고 요청하였다. 공개적인 여러 집회 장소에서 무장한 상태로 예배를 드리고 성찬을 집행하였다. 이것은 자신들의 신변을 보호하기 위해서였다. 정부는 1561년 7월 발표한 칙령에서 공적이든 사적이든 예배자들이 무장을 했거나 아니거나, 가톨릭 교회의 형식이 아닌 다른 유형의 성례전과 설교가 집행되면 재산을 압수하고 처벌하며 모든 집회를 금지하였다. 다른 한편으로 칙령은 행정관들에게 지나친 처벌을 금지하고, 거짓 정보를 제공한 사람을 엄히 처벌하였다. 이것은 쌍방을 중재하려는 의도였다. 그럼에도 불구하고 꼴리니는 자신의 집에서 계속 예배를 드렸으며, 개인 주택에서 드리는 것은 어떤 위험도 없다고 하였다.

(3) 총회 소집과 칙령반포: 그동안 정회된 전국 총회는 8월 27일 3종단의 참여 중에 성 제르맹(St. Germain)에서 속회되어 국가 재정과 신앙 문제를 다루었다. 그리고 결의문에서 귀족들과 제3의 의원들은 완전한 관용과 국가 차원의 회의 소집을 요구하였다. 이들의 재정적 제안은 국가의 부채와 세금징수가 한계에 이르렀음을 천명하고, 부족한 돈은 교회의 유휴재산(遊休財産)으로 충당하였다. 그 후 교황과 정부는 명목일 뿐이라 믿고 총회 소집을 허락하였다. 그리고 총회에 참석할 성직자들에게 초청장을 발송하였다. 1561년 9월 7일 뽀이시(Poissy) 총회에 12명의 신교 목회자와 20명의 평신도 대표, 그리고 이들의 대표인 데오도레 베자(Theodore de Beza)가 참석하였다.[39] 총회 첫날 행한 연설에서 베자는 개혁교회의 신조를 로마가

---

39) 당시 왕은 자신의 어머니, 동생들, 친척 서열에 따른 왕자들을 대동하고, 총회에 참석하여 회의를 주제하였다. 대법관은 왕의 이름으로 종전과 다른 연설로 회기의 개막을 선언하였다. 그러나 그는 개신교와의 신앙의 연합을 비판하였다. 당시 개신교도들은 마니교나 아리우스와 달리 성경을 신앙의 규범으로 받아들였고, 사도신경과 4개의 공의회 신조를 자신들의 것으로 받아들였다. 단지 가톨릭과 다른 점은 초대교회의 모범에 따라서 개혁하려는 것이었다. 칼빈도

톨릭의 신조와 비교하였다. 그리고 성직자들은 제네바 교회의 습관에 따라 간단한 복장을 해야 한다고 주장했다. 9월 16일 가톨릭의 책임자인 로메인 추기경은 신앙과 관례, 그리고 성만찬 교리를 다루었다. 19일에는 교황의 특사로 추기경 이폴리또 데스뜨(ippoiito d'Este)가 예수회의 장군 라이네즈(Laynez)와 함께 제르맹에 도착하였다. 그는 가능하면 뽀이시 총회를 종결짓고 프랑스 정부가 우호적으로 트렌트 공의회의 칙령을 반포해 줄 것을 소원하였다. 24일 26일 회의에서 라이네즈는 개신교 목회자들을 늑대요 여우요 독사요 암살자라고 하였다. 한편 까뜨린느는 5명의 양측 대표자를 모아 협의회를 주선하였다. 이 협의회는 9월 30일과 10월 1일 별도로 모여 성만찬에 관한 신앙고백서를 기초하였으나, 프랑스 교회의 주교에 의해 배척된 채 결론 없이 폐회되었다. 그러나 1562년 1월 17일 발표한 칙령에서 왕국의 전반적인 안정을 도모하고 모든 분쟁을 종식시키려는 국왕의 의지가 표현되었다. 이를 위해 개신교도들은 지금까지 차지한 모든 교회의 건물을 내놓을 것과, 어느 도시든지 성 안에서의 예배는 금했으나 밖의 지정된 장소는 허용하였다.[40] 그리하여 프랑스 개신교도들은 최초로 법적으로 인정된 예배를 드릴 수 있게 되었다. 그들은 성벽 밖으로 예배가 제한된데 만족하지 않았으나 칼빈은 이것을 수용토록 종용하였다. 왜냐하면, 칙령에서 약속한 자유가 지속될 수 있다면 교황권은 머지않아 스스로 몰락할 것이기 때문이다.[41] 결국 칼빈의 예견대로 1년 이내에 위그노파들이 박해로부터 자유롭게 되었다.

이렇게 된 것은 까뜨린느 드 메디치의 헌신적인 노력을 묵과할 수 없다. 그녀는 머지않아 위그노파들이 자신의 지지기반이 될 것을 확신하였다. 그리고 스페인의 필립에 맞서 자신의 위치와 역할을 강조하고, 검찰총장 드 몽모랑시가 궁정을 떠나도록 협박했을 때에 강력히 맞섰다. 그 후에 전개된 투쟁에서 위그노들은 이 칙령을 자신들의 헌장으로 간주하고 복원과 강화를 수시로 요구하였다. 개신교 회중의 숫자가 현저히 증가하였다. 당시 프랑스에는 2150개의 교회가 있었고 파리에

부르봉, 메디치, 그리고 꼴리니의 요청에 따라서 베자를 파송하였다. 나바르의 왕과 꽁데의 왕자는 베자를 왕과 섭정에게 소개하였다.

40) 보다 자세한 것은 강남수, 「프랑스 종교개혁사」, (도서출판 그리심, 2000), 13-217을 참조하라.

41) Thomas M. Lindsay, *op. cit.*, 188.

20,000명의 기독교인이 있었다. 이를 위험하게 본 로마의 지도자들은 어떤 대가를 지불해서라도 프랑스의 신교도들을 박멸하고 옛 신앙의 절대권을 회복하려 하였다. 칙령에 따라서 3월 1일 주일 날, 1200명의 위그노들이 바씨(Vassy) 농장에서 예배를 드렸다.[42] 이때 기즈의 어머니 앙뜨와네뜨 드 부르봉(Annntoinette de Bourbon)은 자신의 식구들이 개신교 설교에 매료되는 것을 용납할 수 없었다. 기즈의 백작은 자신의 신하들이 면전에서 주인을 무시하는 것을 보고 몹시 분개하였다. 그리고 자신의 추종자를 보내 예배자들이 그곳을 떠나도록 하였다. 그러나 그의 추종자들이 교황주의자요 우상숭배자라고 비난받았다.

따라서 추종자들이 예배장소에 들어서자 돌이 날아와 공작도 맞았다. 창고는 즉각 공격을 받았으며 예배자들에게 사격이 가해졌다. 공작의 사격 중지 명령 이 전에 600-700명 중에 개신교도 63명이 죽고 100여명이 부상하였다. 학살 소식은 곧바로 널리 확산되었다. 분노하는 위그노들과 달리 로마주의자들은 승리자로 환대받았다. 검찰총장 몽모랑시와 사령관 성 안드레는 3,000명 이상의 무장군인의 호위를 받으며 공작을 영접하러 나갔고, 기즈 가문은 승리에 넘쳐서 파리로 입성하였다. 개신교도들도 무장한 채 파리에 모여 꽁데 왕자의 명령을 기다렸다. 섭정자 까뜨린느는 왕을 모시고 퐁뗀느블로로 피신하였다. 까뜨린느는 두려워한 나머지 꽁데 왕자에게 자신과 자녀들을 보호해 줄 것을 당부하였다. 이때 꽁데는 자신과 동료 신앙인들이 왕좌를 지원할 수 있는 기회를 잃게 되었다. 삼두정치는(몽모랑시, 기즈의 공작, 사령관 성 안드레) 부르몽이 자신들의 종이라고 생각하고 퐁뗀느블로로 진군하였다. 까뜨린느는 개신교도들이 자신을 저버린 것으로 믿고 로마교로 귀가하였다. 몇 주 후에 개신교도들이 또 다시 프랑스의 여러 도시인 파리, 쌍스, 루앙 등에서 공격을 받고 학살되었다. 뚤루즈의 개신교도들은 로마주의자들에 의해 의사당에 갇혔고 도시를 떠나겠다고 약속하였다. 그러나 로마주의자들은 약속을 파기하고 약 3,000명의 남녀와 어린아이를 죽였다. 로마주의자들은 법의 규제를 중단한 채 무력통치를 단행하였다.

---

42) 42) A G. Dickens, *Age of Humanism and Reformation,* (London: PHI, 1977), 216-220.

4.4. 위그노 전쟁의 발전

이로써 위그노들은 자신들을 방어하는 것 외에 더 이상의 방법이 없다고 판단하고 파리에 집결하였다. 그리고 로마주의자들의 교회에 진입하여 성상을 파괴하고 제단을 무너뜨리며 유물을 파괴하였다. 이렇게 시작된 위그노 전쟁은[43] 기즈의 공작과 검찰총장 몽모랑시 중심의 로마주의파와 꽁데 왕자와 꼴리니 제독의 위그노파로 나뉘었다. 로마주의자들은 개신교 신앙을 배척했으나 대다수 프랑스 사람들은 포용적이었다. 당시 위그노의 지도자 칼빈과 베자는 추종자들에게 예배당, 성상, 그리고 유물에 대한 공격을 자제토록 했으나 결실을 맺지 못하였다. 꽁데 왕자와 꼴리니는 오를레앙에서 자신들의 부하가 성령의 예배당(the Church of the Holy Spirit)을 공격한다는 소식을 들었다. 개신교도들은 우상타파를 그만두느니 차라리 죽음을 택하겠다고 하였다. 따라서 누구도 성상파괴를 막을 수 없었다. 어떤 의미에서 칼빈과 베자에게는 사람에 대한 살해보다는 예배당의 훼손이 더 큰 문제였다.

그러나 전쟁의 전개는 위그노들에게 불리한 결과를 가져왔다. 비록 위그노들이 검찰총장 몽모랑시를 포로로 잡고, 기즈의 공작과 사령관 성 안드레와 앙뜨안느 드 부르봉을 죽였으나 꽁데는 로마주의자들에게 붙잡혔다. 이때 까뜨린느 드 메디치는 모든 사람들로부터 로마주의파의 지도자로 인정되었다. 따라서 그녀는 위그노들에 대해 매우 적대적이었다. 개신교를 허용해야 된다는 정책에도 로마주의자들과 동등한 권리는 부여할 수 없었다. 그녀는 포로생활로 지쳐있는 꽁데 왕자를 자기편으로 끌어들이기 위해 까뜨린느, 검찰총장과 함께 오를레앙에서 협상하였다. 토론 후 3월 7일 새로운 계약을 체결한바, 여기서 꽁데는 1561년 1월 17일의 칙령을 복원하고 세부사항을 엄격히 준수할 것을 요청하였다. 하지만 새 칙령은 좋은 신분자에게는 유리했으나 그 밖의 사람들에게는 불리하였다. 꽁데는 자신의 권리는 되찾았으나 꼴리니의 비난과 형제들을 배신하는 결과가 되었다. 그 결과 그의 서명으로 수많은 교회가 파괴되었다. 칼빈은 그를 가리켜 자신의 영화를 위해 하나님을 배신한 왕자

43) 프랑스의 칼빈파 신교도(위그노, 1560년경에 10-30만 명)와 가톨릭의 다툼에, 섭정을 하게 된 메디치가 출신의 황후가 자신의 지위 유지를 위해 꾀한 책모가 얽혀 일어난 전쟁이다. 독일의 신교 제후와 영국과 네덜란드가 신교 편에, 로마 교황과 스페인 왕이 구교 편에 서 국제 분쟁이 되었다.

라고 하였다.

조약 체결 이후 까뜨린느가 알바의 공작과 음모를 꾸며 자신들을 죽이려 한다고 의심한 위그노들에 의해 파괴되었다. 당시 알바는 저지대 국가들의 개신교도들을 무자비하게 파멸하였으며, 까뜨린느는 알바 군대의 군수물자를 공급하였다. 개신교 지도자들은 1561년 삼두 정치를 모방하여 왕의 측근을 체포해야 한다고 생각하였다. 하지만 그 일은 실패했으나 1567년 11월 10일 성 드니(St. Denis)에서 두 번째 전쟁이 발생하여 검찰총장 몽모랑시가 사망하였다. 전쟁이 마무리되는 시기에 예수회(Jesuit) 주관으로 가톨릭교회가 활발히 홍보되었다. 가는 곳마다 형제회를 조직하였으며, 모든 계층과 부류의 사람들을 동원하여 모든 종류의 이단에 대해서 무장으로 저항한다는 서약을 하였다. 개신교도에 대한 약탈과 암살은 흔하게 자행되었으며 정부는 무관심하였다. 그렇지만 저지대 국가들 사이에서 개신교도들을 다시 한 번 각성시켰다. 위그노들은 오랜지의 왕자(Prince of Orange)가 동포의 구출을 위해 모집하는 징병에 참여하였다. 그러나 위그노 지도자 꼴리니와 꽁데가 라 로쉘(La Roshelle)로 도피했을 때, 일단의 위그노들이 가세하여 소규모 군대를 이루었다. 꽁데와 꼴리니 제독은 약탈적인 추종자를 색출하여 처형하였다.

그 후 전개된 전투에서 위그노들은 크게 실패하였다. 꽁데는 독일 용병에게 항복한 후 총살당했다. 위그노들은 곧바로 꼬냑(Cognac)에 재집결하였으며 나바르의 여왕이 합세하였다. 여왕은 아들과 조카, 꽁데의 젊은 헨리(Young Henry of Conde)를 부대 전면에 세워 대대적인 환호를 받았다. 그러나 위그노들은 몽꽁뚜르(Moncontour)에서 참패하였다. 까뜨린느 드 메디치는 이정도면 됐다고 생각하고 양심의 자유는 허락하지만 예배의 권리는 인정하지 않겠다는 협상을 제안하였다. 나바르의 여왕과 위그노 지도자들은 단호히 거절하였다. 이에 놀란 까뜨린느는 1570년 8월 8일 성 제르맹 평화조약을 체결하였다. 이 조약은 과거 어느 것보다도 위그노들에게 유리하였다. 양심의 자유를 보장받고, 전쟁 이전에 드린 공예배를 모든 곳에서 드릴 수 있게 되었다. 그리고 성벽이 구축된 라 로쉘, 몬타우반, 꼬낙, 그리고 라 샤리테를 2년간 점령하였다. 1571년 개혁교회 총회가 베자의 주도로 로첼(Rochelle)에서 개최되었다. 이 총회에 나바르의 여왕과 그녀 아들 앙리 4세, 그리고 어린 왕자 콩테(Conde)와 가스파트 드 콜링(Gaspard de Coligny)과 여러 지도자들이 참여했다. 이 총회는 매일 신교의 여러 주들의 보고를 받았으며 프랑스 신교역사에 가장 높은 평가를 받는 총회가 되었다. 1572년 8월 18일 나바의 왕 헨리가 마거릿과 결혼하였다. 그리고 8월 22일 10경에 꼴리니는 르브르 궁을 떠나 숙소로 돌아왔다. 그 다음 날 까뜨린느가 준비한 암살범에 의해 꼴리니가 부상을 입었다. 이때 파리에는 자신들의 지도자가 마거릿 공주와 결혼하는 것을 축하하기 위해 전국에서 몰려온 위그노들로 가득찼다.

나바의 왕 헨리는 꼴리니의 옆에서 다시는 이러한 만행이 일어나지 않도록 복수하겠다고 맹세하였다. 그리하여 이 사건을 수사할 위원회를 지명하였다. 위원회는 기즈 가문의 하인과 까뜨린느가 연루되었음을 알았다. 따라서 위그노들은 더욱 과격해졌다. 이러한 상황에서 까뜨린느는 보통 때와 달리 파리에 몰려든 위그노들을 완전히 즉각적으로 학살하여 위기를 피하려 하였다. 그리고 8월 23일 까뜨린느가 소집한 회의[44] 참석자들은 한 결 같이 학살을 요구하였다. 밤중에 내려진 최종 결단에 따라 8월 24일, 성 바돌로뮤(St.Bartholomew) 날부터 7일간 계속된 대학살로 꼴리니 제독이 죽고 부르봉 왕자가 체포되었다. 르브르 궁에 위그노들이 살해되었고 궁전 곳곳이 피로 물들었다.[45] 이와 유사한 학살이 오를레앙, 트로이, 루앙, 리용, 뚤루즈, 보르도 같은 지방에서도 자행되었다. 베자에 따르면 이 학살은 국민적 금식의 날로 기념되었다. 이로써 2년 동안 약 30,000명의 위그노가 학살되었으며,[46] 죽은 자는 모두 70,000명이었다. 학살에도 불구하고 시민전쟁이 계속되었고 신교의 영향력은 증가하였다.

스페인의 필립은 대학살로 평생 처음 파안대소(破顔大笑)하였다. 까뜨린느는 위그노들이 전멸하여 모든 문제가 해결되기를 바랐으나 어려움은 계속되었다. 대부분의 지도자들이 죽었으나, 때가 되면 다시 일어날 사람들이었다. 개신교도들은 라 로

---

44) 당시 알려진 대로 참석자들은 앙주의 공작(앙리 3세), 사령관 따반느(Tavannes), 느베르(Nevers), 느무르(Nemours), 비라고(Birago), 레즈의 백작(Count de Retz), 슈발리에 당굴렘(Chevalier d'Angouleme)이었다.

45) 까뜨린느의 아들의 비망록에 의하면 마지막 순간에 까뜨린느는 계획을 철회하려 했으나, 다른 사람들이 본래의 계획을 끝까지 고집하였다. 이 소식에 대하여 유럽의 로마 가톨릭은 각각 다른 반응을 보였다. 독일의 로마주의자들은 황제를 포함해서 유감의 뜻을 나타냈으나, 로마는 이 사건을 빛나는 업적으로 취급하였다. 위그노의 파멸을 기념하는 메달을 주조하였으며, 추기경 오르시니(Orsini)를 왕과 황후에게 보내어 교황과 추기경단의 축하를 전달하였다.

46) 막스 디몬트, 「유태의 역사」, 김용운 역, (대원사, 1991), 43.

쉘과 쌍세르를 장악했는데, 전자는 해변에 후자는 중 프랑스에 위치하였다. 이들은 절대 항복이란 있을 수 없다고 버텼다. 라 로쉘의 선원들은 브릴(Brill)의 바다 거지들(Sea Beggarr)과 동맹을 맺고 스페인의 선박과 해상투쟁을 벌였다. 프랑스 전역에서 위그노들은 지도자를 잃었으나 함께 뭉쳐 서로 교제하며 예배를 드렸다. 이러한 개신교도들의 보루를 무너뜨리려 하자 제4의 종교전쟁이 발생하였다. 라 로쉘은 포위되었으나 여러 번의 공격으로 적군을 물리쳤다. 1573년 7월 라 로쉘의 평화협정으로 전쟁이 종식되어 모든 사람에게 양심의 자유가 허락되었다. 그러나 공중예배 권리는 로쉘, 님므, 몽또방과 일부 주요 개신교 귀족의 집에서만 허용되었다. 비록 협정이 바돌로뮤 대학살 이전과 비교하면 훨씬 못하지만, 위그노들에게는 충분한 것이었다. 라 로쉘 조약은 오래 지속되지 못하였다. 남쪽의 개신교도들은 이를 이용하여 새로운 싸움을 위해 재정비하였다. 그들은 무장을 풀지 않고 군대를 재조직하였다. 그리고 자신들의 통치가 미치는 지역을 정규 정부의 형태로 분할하여 선출된 의회원들에게 행정을 맡겼다. 가톨릭과 개신교에 공히 세금을 부과하였으며, 교회의 세입을 압수하였다. 전쟁을 일으키기 위한 식량과 군비물자를 비축했으며, 언제든지 공격할 수 있는 20,000의 군대를 보유하였다.

5. 위그노 전쟁 이후의 전개

성 바돌로뮤 학살 이후 프랑스를 지배한 것은 정치당(Politiques)이었다. 이들은 프랑스를 종교적인 정당들로부터 구원하는데 주력하였다. 이들은 프랑스의 평화를 되찾기 위해 위그노들과 연합하였다. 대학살의 악몽에 시달리던 찰스 9세가 1574년 5월 30일 사망하자 까뜨린느의 다른 아들인 앙주의 공작 앙리가 권좌(앙리 3세)에 올랐다. 그러나 실제적으로 까뜨린느가 통치하였다. 프랑스 여러 곳에서 전쟁이 지속되었다. 이때 앙주의 공작은 왕관을 집어 던진 채 궁정을 빠져나와 위그노와 정치당의 우두머리인 꽁데의 왕자와 합류하였다. 그동안 강요에 의해 신봉했던 가톨릭을 등지고 개신교 예배에 참석하였다. 왕은 1576년 5월 6일 볼리외의 평화조약을 반포하였다. 여기서 왕은 성 바돌로뮤의 학살을 사과하고 희생자에게 내린 모든 선고를 번복하였다. 이로써 이 칙령은 지금까지 그 어떤 것보다도 개신교도에게 유리하였다. 1576년 12월 6일 왕은 전국 총회를 발로아에 소집하였다. 이 총회는 신앙의 통일을 만장일치로 결의하고, 볼리외(Beaulieu)의 평화조약을 폐기하였다. 하지만 이것을 선전포고로 받아들인 위그노들은 즉시 무장한 채 6번째 종교전쟁을 촉발하였다. 이 전쟁은 1578년 9월 15일 베르즈락 평화조약(the Peace of Bergerac)으로 종결되었으나 볼리외 칙령에 훨씬 못 미쳤다. 따라서 곧바로 7번째 전쟁이 발발했으며, 1580년 11월 플렉 평화조약으로 종결되었다. 그 후 앙주의 공작 앙리 3세가 친자 없이 1584년 6월 10일 사망하였다. 사망 직전 앙리 3세는 개신교도인 나바르의 앙리에게 가톨릭으로 전향할 것을 요구하였다. 그러나 나바르의 앙리는 이를 거절하고 여성의 왕위계승을 허용하는 살릭 법(the Salic Law)에 따라서 왕위에 올랐다.

1584년 년 말 경에 로마주의 귀족들은 낭시(Nancy)에 모여 동맹을 재정비하였다. 그들은 개신교를 신봉하는 부르봉 왕족을 왕좌에서 제외하고 추기경 부르봉을 앙리 3세의 후계자로 결정하였다. 이를 위해 교황의 교서를 받고 스페인의 필립의 지지를 얻었다. 따라서 왕은 모든 무장 집회를 금지하는 칙령을 발표하였다.[47] 이로써 3사람 앙리의 전쟁은 앙리 3세로부터 기즈의 앙리, 나바르의 앙리에 이르면서 1585년 후반에 시작되었다. 초기의 전쟁은 개신교도들에게 불리했으나 나바르의 왕의 세련된 용병술에 의해 점차 우세하였다. 나바르는 1587년 10월 20일 꾸뚜라(Coutras) 전투에서 왕당파의 군대를 전멸하였다. 기즈의 앙리는 개신교 지도자들을 자기편으로 끌어들였으나 실패하였다. 나바르는 자신의 신앙을 결코 버릴 수 없다고 했으며, 앙리는 신앙의 전향을 조건으로 내세웠다. 전쟁이 서부와 중부 프랑스에서 진행되는 동안 동맹은 조직을 재강화하였다. 동맹은 갈수록 앙리 3세와 적대관계였다. 특히 위그노에 위협을 느낀다고 생각한 프랑스 내의 모든 도시와 지역들은 왕이 군대를 소집하여 자신들을 보호해 줄 것을 요청하였다. 기즈 일파는 세력을

---

47) 1585년 7월 7일 선포된 칙령에 의하면, 지금까지 발표했던 모든 칙령을 취소하며, 왕국 내에서의 개신교의 공중예배를 금지하고, 목회자를 추방하며, 모든 개신교도들에게 로마 가톨릭으로 전향하든지 아니면 6개월 이내에 떠나도록 하였다. 이 칙령에 기초하여 7월 18일 또 다른 칙령이 반포되었다. 교황 식스투스 5세(Sixtus V)는 이 칙령을 기초로 교서를 발표하였다. 그에 의하면, 나바르의 왕과 꽁데의 왕자는 이단이므로 프랑스의 왕좌를 계승할 수 없다. 그러므로 모든 토지의 소유권을 박탈하며, 이들을 추종하는 모든 신민들에게 복종의 의무를 해제하고 자유를 허락하였다. 나바르의 왕은 자신과 프랑스의 국회에 가해진 모욕을 복수할 것이라 하였다.

확보한 다음에, 왕에게 새로운 양도를 얻어냈다. 프랑스 내에 트렌트 공의회의 결정 사항을 선포할 것과 종교재판을 개설할 것, 자신들의 신앙을 포기하지 않으려는 모든 위그노 죄수들에 대한 즉각적인 처형, 그리고 군대에서 동맹이 인준하지 않는 모든 장교를 제외할 것 등이었다. 파리의 협회는 왕의 거절을 대비하여 16개 구역의 대표를 뽑아 비밀혁명정부를 조직하였다. 이 조직은 기즈가 메이느비유(Mayneville)라는 대리인을 통해 관리하였다. 왕의 심복들을 포섭하는 계략이 계속 전개되었다.

왕은 친위대의 병력을 두 배로 증강시키고, 란니(Lagny)에 주둔했던 스위스 군대를 파리 외곽으로 이동하였다. 파리의 동맹군들은 왕의 조치에 놀라 기즈를 불렀고, 기즈는 왕의 금지 명령을 거스려 파리에 입성하였다. 황후는 왕에게 기즈를 환영토록 종용하였으며, 왕은 내키지 않는 마음으로 어머니의 뜻을 따랐다. 그리고 1588년 5월 12일 스위스 군대를 파리로 불러들였다. 시민들은 곧바로 무장하였고 파리는 격전지가 되었다. 이 날이 바리케이트 날로 도로를 가로질러 쇠사슬을 걸쳐 놓았다. 그 뒤로 지주목, 의자, 돌과 자갈을 실은 마차를 놓았다. 기즈의 부하 장교들은 군중 사이를 다니며 방어 명령을 내렸다. 이로써 스위스 군대는 무방비 상태에 빠졌다. 앙리 3세는 부하들을 구하기 위해서 기즈의 개입을 요청하였다. 시민들은 르브르를 공격하여 왕의 신하를 체포하자고 하였다. 결국 왕은 동맹의 모든 요구 조건에 동의하였고 위그노와의 전쟁을 동맹 지도자에게 넘겨주었다. 바리케이트 날은 수도의 주인이 동맹 사실을 앙리 3세에게 알려 주었다. 1588년 10월 발로아에 모인 전국 총회도 나라 전체가 왕을 반대함을 보여주었다. 선거는 기즈 일파의 후원아래 치러졌고, 동맹한 3개의 의회원들을 모두 장악하였다. 왕국의 재정은 문란했으며, 편애주의가 극성을 부렸다. 누구도 왕의 말을 신뢰하지 않았다. 이러한 상황에서 왕은 동맹이 왕국의 무질서의 원천이라고 비난하였다. 그리하여 동맹이 왕국의 영토 내에 존속하는 것을 허락할 수 없다고 선언하였다. 그러나 그는 동맹의 지도자들을 분노케 하는데 만 성공하였다. 의회원들은 왕에게 강압적인 힘을 가하여 로마 신앙 이외의 다른 신앙을 왕국 내에 존속시키지 않겠다고 서약하였다. 이러한 과정에서 왕은 기즈의 공작을 제거하지 못하면 자신이 진정한 주인이 될 수 없음을 알게 되었다.

1588년 스페인의 아르마다 패배 소식을 접한 프랑스는 개신교를 허용하는 정책을 고수하면 영국의 지원을 받을 수 있을 것이라 믿었다. 이러한 기대 속에 왕은 기즈를 제거하려 하였다. 그리하여 왕은 공작과 그의 동생 기즈의 추기경을 회의에 참석케 하였다. 공작에게 왕을 알현한 그곳에서 기즈를 암살하였다. 추기경은 즉시 체포되어 다음날 처형되었다. 부르봉의 추기경과 조엥비유의 젊은 왕자를 체포하여 수감하였다. 느므르의 공작녀, 브리삭의 백작, 그리고 고위 동맹 가담자들을 체포하라는 명령이 내려졌다. 왕의 근위병들은 전국 총회 회의장에 난입하여 왕의 명령을 시행하였다. 두 사람 기즈의 시체를 화장하여 그 재는 루와르(Loire) 강에 띄웠다. 암살소식이 파리 시내에 알려지면서 혼란이 발생하였다. 동맹은 스스로를 혁명단체로 자처하였다. 시는 구역을 재직하여 각 구역마다 의회를 구성하고 16인회를 강화하였다. 설교자들은 청중들에게 최후의 한 푼까지, 그리고 몸속에 있는 피한방울까지 바쳐 살해당한 왕자를 복수하겠다고 하였다. 소르본느는 비밀회의를 통해 백성들에게 충성을 강요했던 앙리 3세의 법령을 무효화하였다. 16인회는 국회로부터 의심쩍은 사람들을 색출하여 추방하였다. 이렇게 숙정된 파리 국회는 스스로 혁명단체에 가담하였다.

수도 시민들은 마엔느(Mayenne)의 공작이요, 기즈의 앙리 중에 유일한 생존자를 파리로 불러들였다. 그리고 시민들의 총회는 "가톨릭 연합의 총회"(*Council General of the Union of Catholics*)를 결성하여 국가의 제반업무와 프랑스의 모든 가톨릭 지방과 도시의 권한을 위임하였다. 의회는 마엔느의 공작을 총사령관이자 프랑스의 왕으로 임명하였다. 프랑스 대부분의 도시들이 혁명정부를 지지하였다. 이러한 혼란의 와중에서 1589년 1월 5일 까뜨린느 드 메디치가 사망하였다. 개신교도들의 보호를 받고 있던 왕은 교황청의 파문이 두려웠다. 이때 나바르의 앙리가 블르와의 전국 총회 후에 나라의 유일한 희망은 평화를 유지하는 것이라는 호소문을 배포하였다. 그는 왕에게 충성을 다짐하고 로마 가톨릭 교도들에게 양심과 예배의 자유를 결코 부인하지 않겠다고 약속하였다. 조약이 체결되었고 나바르의 왕은 앙리 3세를 만나기 위해 뚜르로 갔다. 마엔느는 뚜르를 공격하려 했을 때, 개신교도의 선봉대가 루와르(Loire) 강의 다리에서 수비하고 있는 것을 보고 퇴각하였다. 앙리 3세에 대한 증오는 정신착란과도 같았다. 교구 사제들은 왕의 입상을 밀랍으로 만들어 제단 위에 놓았다. 그리고 그에게 치명적인 저주가 임하도록 마술적인 기도문을 낭송하였다. 열이 오른 군중 가운데 자코방 수도사 쟈그 클레망(Jacques

Clement)은 왕을 살해하기 위해 도시를 빠져나와 포위망을 뚫고 왕을 알현하였다. 편지를 왕에게 증정한 후 왕이 편지를 읽자마자 왕의 복부를 찔렀다. 그는 즉석에서 라 게슬르(La Guesle)와 다른 수행원의 칼에 맞아 1589년 8월 1일 사망하였다. 왕은 다음날 아침까지 목숨을 연명하다가 나바르의 왕을 자신이 후계자로 지명하고 죽었다. 암살 소식이 파리 시내에 알려지자 모두들 기뻐하였다. 그들은 개신교 왕은 결코 용납할 수 없다고 맹세하였다. 그리고 수감 중에 있는 부르봉의 추기경을 찰스 10세로 선언하였다.

한편 뚜르에서는 왕위 계승자가 개신교도였으므로 로마 가톨릭 귀족들은 어려움을 당하였다. 많은 사람들은 로마 가톨릭 귀족들이 동맹에 동조하지 않았으나 개신교 왕은 섬길 수 없을 것이라고 생각하였다. 따라서 로마 가톨릭 귀족들은 새로운 왕에게 몰려가서 즉각적으로 신앙을 포기토록 하였다. 앙리는 자기 스스로 부끄러운 짓을 할 수 없다고 거절하였다. 이때 쌍빤뉴(Champagne), 피카르디(Picardy), 프랑스 섬의 귀족들이 충성을 다짐하였다. 그리고 스위스 용병들도 두 달 동안 무보수로 봉사하겠다고 약속하였다. 그리하여 힘을 얻은 앙리는 1589년 8월 4일 선언문을[48] 발표하였다. 그럼에도 불구하고 보르도를 제외한 모든 국회가 이단적인 왕을 탄핵하였고 왕국의 대다수 지역이 반항하였다. 앙리 4세는 파리 공격이 어렵게 되자 군대를 이끌고 노르만디로 퇴각하였다. 그는 해안가에서 영국의 도움을 청하였다. 마엔느의 공작이 30,000명의 군대를 동원하여 그를 추격하였다. 계속 되는 전투에서 왕이 유리한 고지를 점유하였다. 왕은 2,000의 기병과 8,000명의 보병을 거느리고 마엔느의 8,000기병과 12,000명의 보명과 맞서 싸웠다. 이 전투에서 예상 밖에 왕이 승리하였다. 앙리는 즉각 파리를 포위하고 그밖에 도시를 하나씩 점령하였다.

1590년 5월 10일 늙은 부르봉의 추기경(찰스 10세)이 사망하자 파리의 동맹군들은 이단적인 왕을 모시는 것보다는 스페인의 통치를 받는 것이 낫겠다고 하였다. 앙리는 왕국의 평화를 수습하는 유일한 길은 로마 가톨릭 신앙으로 귀의하는 것이

48) 선언문에서 앙리는 로마 가톨릭이 프랑스 영토내의 신앙으로 남아 있을 것이며, 어떠한 혁신적인 시도도 하지 않을 것이라고 하였다. 그는 교리적인 교훈을 자신이 기꺼이 받아들일 것이며, 앞으로 60일 이내에 민족총회를 소집하겠다고 선언하였다. 한편 로마 가톨릭교도들도 정부의 요직을 그대로 유지하며, 개신교도들은 현재의 보루를 그대로 유지할 것이나 성벽이 있는 도시가 진압이 될 때에는 가톨릭교도 이외에는 양도될 수 없다고 하였다. 여기에 꽁띠의 왕자(The Prince of Conti)를 포함한 여러 고위 관료들이 서명하였다.

라고 생각하였다. 그는 부르쥬의 대주교에게 자신의 뜻을 전하고 로마 가톨릭으로 개종을 통보하였다. 왕의 개종 의식은 성 드니(St. Denis)에서 대중 축제로 성대히 거행되었다. 앙리는 영토 내의 각 당파들 간의 불화, 스페인과 네아폴리탄 사람들의 위협을 종식시키기 위해서 자신을 포기하였다.[49] 이로써 프랑스는 로마 가톨릭 국가로서 왕을 맞이하였다. 그 후 동맹이 와해되고 충성 맹세 자들이 도처에서 쇄도하였다. 충성파들이 왕실 근위대의 입성을 돕자 앙리는 파리로 들어서서 노트르담(Notre Dame)으로 진군하였다. 그곳에서 사제들은 테 데움(Te Deum)을 노래하였다. 왕은 대성당으로부터 군중이 몰려들자 시가지를 통과하여 르브르로 향하였다. 왕은 파리를 가톨릭으로 되돌린 후에 과거의 반란을 사면하였다. 그리하여 왕은 30년 내란을 종식하고 연합하였다.

6. 낭트 칙령(Edict of Nantes)

4년 후, 나바레(Navarre)의 개신교 여왕의 아들 앙리 4세(Henry IV)는 프랑스의 평화를 위해 로마교로 귀의한다는 명분으로 가톨릭 신앙으로 돌아갔다. 그러나 이의 정착을 위해서는 위그노들의 지지가 절대 필요했다. 그들을 반대하는 법이 여전히 효력을 가진 중에 자신들을 보호해 주겠다는 왕의 말을 의존하였다. 1593년 10월-1594년 1월까지 소집된 총회에서 회원들은 자신들의 신앙고백에 충실히 서약하였다. 그리고 매년 총회시에 정치적인 부분뿐 아니라 교회 사무에 대해 논의하였다. 총회는 프랑스를 두 개의 지방대회로 나누어 개신교회는 왕국내의 또 다른 왕국임을 인식시켰다. 개신교도들은 로마 가톨릭교도들과 동일한 시민권과 신변안전을 요구하였다. 드디어 1597년 전권을 위임받은 4명의 대표자들이 왕과 면담하였다. 이 협상으로 1598년 4월 13일 프랑스 개신교 헌장인 낭트칙령이 탄생하였다.[50]

낭트 칙령은[51] 모두 95개조의 총칙과 56개의 세칙으로 구성되었다. 전자는 4월

---

49) Thomas M. Lindsay, *op. cit.*, 220.

50) 이로써 당시 프랑스 개혁교회는 칙령 아래 스코틀랜드 개혁자들에게 피난처가 되었다. D. C. Macnicol, *Robert Bruce, Minister in the Kirk of Edinburgh*, (Edinburgh: The Banner of Truth Trust, 1961), 118.

51) 이 칙령은 쁘와띠에르 칙령(the Edict of Poitiers, 1577), 네락의 협정(the Convention

13일 후자는 5월 2일 서명되었다. 여기에 목회자에 대한 처우 문제와 개신교도들에게 허용한 두 개의 특약(*Brevets*)이 첨가되었다. 칙령의 각 조항들은 국회의 인준을 거친 뒤에 등록되었으나 왕이 간략히 언급함으로 인준되었다. 칙령 내용은 영토 내(內) 모든 곳에서 신앙으로 인해 박해를 받거나 괴로움을 받지 않으며, 자신의 교리에 어긋나는 어떤 것을 행하도록 강요받지 않는다는 양심의 자유가 천명되었다. 이와 더불어 개인적으로 비밀예배를 드릴 수 있는 자유까지 확보하였다. 자유스러운 권리가 1596년과 1597년 사이에 허용된 대로 다시 허용되며, 혹은 쁘와띠에르 칙령에서 허용되고 네락의 협정과 플렉스의 조약에서 해석했던 대로 준수하며, 덧붙여서 영토내의 모든 재판소와 재판관할 구역에서도 허용된다고 하였다. 동시에 개신교도들의 주된 성에서도 대법관을 허용하고, 소유주가 성내에 거주하든지 혹은 거주하지 않든지, 또는 개신교도들의 다른 성에서도 소유주가 거주하면 모든 자유가 허용되었다. 대법관이 아닌 귀족에게도 청중이 30명 이상 되지 않거나 가족관계를 떠나지 않을 때에도 신앙의 자유를 허락하였다.

심지어 궁중에서도 왕실의 고위직 관리나 대귀족이나, 모든 통치자나 총사령관이나, 수비대의 장교라 할지라도 자기의 방에서 창문을 닫고 큰소리로 시편 찬송을 영창하여 소란을 피우거나 혹은 공개적인 문란을 일으키지 않는다면 예배의 자유가 허용되었다. 개신교도들에게 완전한 시민권과 보호를 약속했으며, 모든 대학과 학교, 병원을 포함하여 모든 공공기관의 출입이 보장되었다. 파리의 국회도 6명의 개신교 의회원을 받아들였다. 그리고 개신교 목회자들에게도 군복무가 면제되고 로마주의자들이 누렸던 특혜가 보장되었다. 특별위원회를 국회 내에 설치하여 개신교도들의 관심사례를 다루게 하였다. 파리의 국회 위원회는 특별히 선출된 6명의 가톨릭 교도와 1명의 개신교도로 구성하였다. 다른 국회에서는 동일한 수의 로마주의자와 개신교도로 구성하였다. 개신교도들은 나름대로 각종 모임, 예를 들면, 당회, 노회, 대회, 총회를 개최할 수 있도록 승인받았으며, 심지어 왕의 허락을 얻으면 정치적인 문제까지 논의할 수 있게 하였다. 개신교도들은 라 로쉘, 몽또방, 그리고 몽빼

---

of Nerac, 1578), 플렉스의 조약(the Treaty of Fleix, 1580), 성 끌루의 선언(the Declaration of St.Cloud, 1589), 망뜨의 칙령(the Edict of Mantes, 1591), 망뜨의 신앙고백(the Articles of Mantes, 1593), 그리고 성 제르맹의 칙령(the Edict of St.Germain, 1594)에서 프랑스의 개신교도들에게 허용했던 권리를 법문화하여 확대한 것이다.

리어 등을 포함한 200여개의 보루(堡壘)를 통치하였다. 그들은 이 도시들을 1607년까지 보유토록 하였으나 5년 더 연장받았다. 그리고 개신교도들의 진지를 지키는 수비대의 경비를 지원하고, 그곳을 지키는 개신교 행정관의 월급도 지급하였다. 한편 평화 시에는 왕실 군대가 10,000명을 넘지 못하나, 위그노들은 25,000명의 군대를 동원할 수 있었다. 이 정책으로 프랑스의 위그노 교회는 유럽의 개신교 가운데 선두주자가 되었다. 세담(Sedan), 몽또방(Montauban), 사우무르(Saumur)에 신학대학을 개설하였다. 학문과 경건이 번창했으며, 프랑스의 신학은 스위스와 네덜란드의 편협한 개신교 스콜라주의와 대등한 위치에 서게 되었다. 그리고 당시 상공업에 종사하던 위그노들은 더욱 활기를 얻었으며, 프랑스 상공업을 크게 도약시켰다. 이로써 시민전쟁을 종식한 앙리 4세는 국가의 번영을 재건한 유능한 정치가가 되었다.

그러나 1610년 앙리 4세가 한 암살자에 의해 살해된 후 8살의 루이 13세가 왕위에 올랐다. 그의 섭정자 어머니 마리아 드 메디치는 위그노들에게 압박을 가하였다. 그 이유는 (1) 당시 위그노들이 칼빈의 영향으로 공화 사상을 지향했기 때문이다. 당시 칼빈의 사상은 종교와 사회, 정치 각 분야에 큰 변화를 일으켰다. 군주국가 시대에 공화정신은 가공할 만한 도전이었다. 일찍이 위그노파의 위베르 랑게(H. Languet)는 「폭군에의 항변」을 통해 사회계약설을 주장하였다. 군주를 대표하는 정부는 인민으로부터 신탁된 것이므로 언제나 인민의 권리로 철폐시킬 수 있었다. 그 후 영국의 스튜어트 왕조가 장로파를 압박한 것은 스코틀랜드 장로파의 공화정신을 경험했기 때문이다. (2) 국왕 루이 13세의 재상 리쉬류가 그를 지나치게 카리스마화하여 누구나 국왕의 권위를 손상하지 않게 하였다.

1617년 왕국에 가톨릭을 강요하는 독재 횡포가 발생하였다. 1624년 리쉬류는 루이 13세에게 신에게 주어진 권리로 위그노를 격멸하겠나이다라고 하였다. 그리하여 전제군주의 권위에 도전하는 위그노를 탄압하기 시작하였다. 처음에 리쉬류는 위그노를 압박하려 한 것은 아니었다. 그러나 위그노들에게 종교의 자유는 허락하되 정치적 사건에 대해서는 절대적으로 국왕에게 복종해야 한다고 믿었다. 하지만 낭트 칙령 선포 이후 이들은 종교적인 동시에 정치적 당파로 행세하였다. 따라서 리쉬류는 위그노를 박해하였다. 1625년 위그노가 반기를 들자 리쉬류는 위그노의 아성인 로셀을 15개월 동안 포위하고 공격하였다. 성내의 남녀노소는 사투를 계속하여 정부군을 15개월이나 묶어 놓았으로 결국 식량부족으로 항복하였다. 그 결과

라 로셸의 모든 요새 성벽은 파괴되었다. 그러나 1627년 위그노들의 결정적인 실수로 프랑스 개신교는 8개의 지역으로 분할되었다. 그리고 각각 다른 통치자가 세금을 부과하고, 군대를 모집하여 전쟁을 계획하였다. 그동안 유럽에서 중요한 역할을 담당해온 프랑스는 문제 국가가 되었다. 왕국의 연합과 권좌의 보강을 위해 위그노들은 위협을 받았다. 1628년 위그노 성이 정복되면서, 모든 고대의 특권이 잠식되고 가톨릭이 재건되었다. 그 후 낭트 칙령이 철회되기까지 60년간 위그노는 정치적 활동이 금지되었고, 칙령의 철회 후에 종교적 자유마저 상실하였다. 이로써 상공업에 종사하던 많은 위그노파는 미국과 캐나다로 이주하였다.

7. 루이 14세의 통치

당시 단지 4년 6개월 된 태양왕 루이 14세 (Louis xiv, 1643-1715)가 왕위에 오르자, 그의 모친은 국정을 돌보며 개인 총리(prime minister)로 추기경 마자린을 임명하였다. 그는 국가의 신장(伸張)을 위해 백성들에게 무거운 세금을 부과하였다. 귀족들은 그 멍에를 벗기고 그들의 힘과 영향력을 회복하고자 했다. 그러나 그들은 성공하지 못했고 오히려 많은 문제를 야기하였다. 이들은 자신들의 힘을 다해 농업과 무역, 기계공업, 심지어 전문적인 것들에 헌신하였다. 이때 일부 설교자들과 목회자들, 작가들과 신교 교리를 가르치는 사람들이 배출되었다. 이 같은 고상한 태도와 성취에도 불구하고 루이 14세는 신교가 프랑스를 약화시킨다고 보고 그 뿌리를 척결하려 하였다. 따라서 국왕에 대한 카리스마, 즉 우상화는 루이 14세에 이르러 절정에 달하였다. 이는 마치 고대 이집트의 바로가 태양신의 아들이라고 부른 것과 같았다. 그의 사부 보슈에는 군주는 나면서부터 총명과 권리를 하나님으로부터 받았고, 한 가정의 가부장과 같은 지위에 있었다. 그는 즉위 시에 대주교의 대관식을 받아 군주의 권력이 신성한 것으로 간주되었다. 1662년 마자린(Mazarin)의 사망에 즈음하여 인격적인 통치를 시작했으나, 말엽에는 신교도들의 자유를 박탈하고 박해하였다. 이로써 수 천 명의 사람들이 해외로 망명했으며 그들은 영국과 다른 신교 국가들로부터 환영을 받았다.

결국 낭트 칙령이 취소되고 1685년 10월 18일 왕은 신교의 폐지 법령을 선포하였다. 이 법령은 그동안 개신교도들을 보장했던 모든 특권을 빼앗아 갔다. 신규 법령 아래 개신교적 예배는 불법이었다. 교회 규례는 취소되고 학교는 폐교되었다. 목사들은 14일 내에 왕국을 떠나야 했으며 어떤 목회 활동도 금지되었다. 그리고 폐지법령 이후에 출생한 아이들은 모두 사제에 의해 세례를 받고 로마 가톨릭이 되었다. 모든 피난민들은 돌아와서 가톨릭을 숭배해야 했다. 그러나 신교도들은 프랑스 떠나는 것이 금지되었다. 이로써 왕은 자칭 그를 포함하여 모든 백성들의 대적이 되었다. 이같은 상황에서 수많은 사람들이 해외로 이민을 떠났다. 그동안 잠시 안정을 되찾던 신교 국가 프랑스는 이제 그 모든 유산을 포기하였다. 결국 영광스럽던 프랑스의 개혁적 유산은 무심한 역사 속에 황량한 광야로 내 쫓기었다. 그 결과 프랑스 상공업이 급속히 쇠퇴하여 1789년 프랑스 대혁명 발발까지 농업국으로 전락하였다. 이제 개혁자들의 정신을 따라 누가 이 프랑스를 새롭게 할 것인지가 과제였다.

8. 프랑스 종교개혁의 특징

16-17세기 유럽의 종교개혁에서 프랑스의 상황과 교훈은 다음과 같이 간략히 정리될 것이다. (1) 먼저 생각할 것은 가톨릭과 개신교 간의 오랜 갈등과 치열한 반목, 투쟁이었다. 이런 상황에서 통치자에게 정치적 안정이 시급하였다. 이것은 유럽의 다른 나라에서는 좀체 발견할 수 없는 반복적인 현상이었다. 당시 위그노들은 최후의 아성 라 로셀성에서 독자적인 자립을 하며 신앙을 위해 정부군과 싸웠다. 이곳은 항만 도시로 낭트와 보르도 중간에 위치하였다. 또한 항구 앞에 레로 불리는 아담한 도시가 있어 제법 큰 선박이 정박할 수 있는 항구였다. 이곳은 14-18세기까지 프랑스의 주요 항만 도시로 북아메리카의 무역으로 자립하였다. 앙리 4세는 본래 위그노파 지도자였으나 국왕이 되자 가톨릭으로 개종하고 로마 교황의 윤허를 받았다. 그 후 프랑스는 신구교도의 싸움이 종결되었다. 그러나 앙리 4세는 정신적으로는 위그노파에 속해 있었다. 그리하여 위그노파인 쉴리를 재상으로 농업과 상공업을 증진시켜 프랑스를 근대화하는 데 이바지했다.

(2) 걸출한 지도자의 배출이었다. 사실 프랑스 종교 개혁은 철저히 가톨릭의 간섭 속에 정치와 종교가 깊이 연계되었다. 오랜 동안 프랑스는 로마 교황청의 감시 속에, 특별히 독일과 스페인의 관계 속에서 영국과 같이 하나의 희생 제물이었다.

그럼에도 불구하고 프랑스는 걸출한 지도자를 배출하였다. 그들 중에 존 칼빈과 데오도레 베자 위그노 지도자 꼴리니가 포함되었다. 앞에서 고찰한 대로 칼빈과 베자는 16-17세기 종교개혁의 중심으로 향후 개혁신학의 전통과 체계를 확립하는데 결정적으로 기여하였다. 개혁의 과정에서 프랑스는 가톨릭과 신교 간에 긴장과 대립, 극렬한 투쟁과 전쟁으로 장기간 동안 많은 희생자를 낳았다. 그 결과 이들을 수많은 지도자들을 잃게 되었다. 하지만 이들은 개혁의 쟁취가 생각처럼 쉽지 않지만, 피 흘림을 통해 엄청난 대가를 요청한다는 교훈을 제공하였다. 이들에게 개혁의 대가는 실로 너무나 크고 혹독하였다. 단적인 예는 1572년 바돌로뮤 학살사건이다. 당시 이 사건으로 약 9천 명이 죽음을 당하였다. 그럼에도 불구하고 프랑스 파리는 개혁의 요람이자 산실이었다. 수많은 사람들이 영광스러운 죽음으로 그곳에 묻혔다. 그들의 죽음을 불사한 개혁적 이념은 곧 하나님과 맺은 언약 사상에 기초하였다. 위그노들은 바로 그것을 입증하였다. 정의를 위한 투쟁과 죽음은 그들의 신앙적, 신학적 명분이었다. 그럼에도 불구하고 그들의 개혁은 안타깝게도 실패한 개혁이었다.

9. 결론

프랑스 종교개혁은 우리에게 짧은 기간 내에 이룬 신앙적 열망이 얼마나 소중한지, 또한 그것을 간직하지 못한 채 분열로 인해 피할 수 없는 비극적인 현상이 무엇인지를 잘 보여준다. 그것은 그들이 가지고 있었던 그들만의 열정의 산물이었다. 따라서 이들은 그들의 반대가 어떤 결과를 가져 온다 해도 그에 대한 태도를 지속적으로 지양하였다. 이것은 곧 프랑스인들의 강한 자존심을 보여준다. 한편에 간악한 사람들이 다른 한편에 자기희생과 영웅주의를 모방하는 경건하며 하나님을 의지하는 덕망 있는 사람들이 있었던 것이다. 어떤 의미에서 프랑스는 다른 나라가 수용한 것보다도 오히려 그것을 거부함으로 개신교를 영화롭게 했다.[52] 고찰한 바와 같

52) 예를 들면, 1510년 가장 지혜로운 군주였던 루이 12세는 교황과 전쟁하는 것이 합법적인지 않은지에 관한 물음을 해결하기 위해 투어(Tours)에서 국회를 회집했다. 교황 율리우스 2세(Julius II) 그의 직무에 있어서 그것을 수행할 영적 능력이 없었다. 차라리 그는 약정들을 거부했고 군인들을 징집했으며 그의 전 시간을 군대 야영장과 전쟁터에서 보냈다. 그의 생각에 교황과 바티칸은 바벨론과 같았다. 사실 1512년 그는 "나는 바벨론의 이름을 파괴할 것이다"는 라틴 비문을 상기하며 나폴리에서 한 동전을 파괴했다.

이 개혁 당시 프랑스 교회는 비록 소수였으나 로마 가톨릭 교회와 연합한 통치자들에 맞서 격렬히 저항하였다. 비록 개혁교회가 복수할 기회는 얻지 못했지만 이를 통해서 프랑스 교회는 순교자의 교회가 될 수 있었다.[53] 비록 짧은 기간 동안 개혁의 최정상에서 급속히 몰락했지만, 감사한 것은 이들은 혼란과 갈등기에 향후 개혁신학의 역사 속에 지도자 존 칼빈과 데오도레 베자를 배출하였다. 그러므로 개혁의 실패에도 불구하고 우리는 프랑스 교회에 감사할 수 있어야겠다.

끝으로 우리는 프랑스 종교개혁을 통해 무엇을 배울 수 있는가? (1) 바른 교회개혁은 말할 수 없는 희생과 대가가 요청된다는 것이다. 모든 일이 그렇지만 특별히 교회 개혁에서 대가 없는 개혁이나 갱신은 불가능하다는 것이다. 오늘 한국 교회는 도처에서, 개 교회와 교단, 기관과 단체 모두 아우성이다. 어디서부터 손을 써야 할이지 막막하며 뚜렷한 대책도 없다. 교계 지도자들은 너나 할 것 없이 희생적이기보다는 독선적이며 매우 이기적이다. 자신의 부와 명예를 위해서는 조금도 양보하지 않는다. 한 때 놀라운 성장과 교회 부흥으로 세계를 깜짝 놀라게 했으나 지금은 수치와 부끄러움뿐이다. 그리고 (2) 프랑스 종교개혁을 통해서 우리는 실패를 대비하는 지혜를 배워야 할 것이다. 이를 위해서는 하나님이 주신 기회를 잘 선용하고, 소명 당시 순수했던 마음과 생각, 다짐과 결의, 첫 사랑을 회복해야 할 것이다. 주님께서 우리 모두에게 자비와 긍휼을 베푸시기를 소원한다.

---

53) Philip Schaff, *History of the Christian Church*, vol VII, *Modern Christianity: The German Reformation*, (Michigan: Eerdmans Publishing Company, 1910), 70-71.

제10장

영국 종교개혁의 역사적 발전

-형성과 전개, 신학적 특징과 교훈-

1. 서론

16세기 독일에서 시작된 종교개혁이 유럽 전역으로 급속히 확산되던 당시 영국교회는 이 같은 유럽의 개혁적 영향권에서 벗어나지 못하였다. 특히 루터의 95개 항의문과 다양한 설교, 소논문들, 특별히 「독일 귀족에게 보내는 편지」와 「교회의 바벨론 포로」, 그리고 「기독교인의 자유」는 이들의 전통적 신앙에 전환점이었다.[1] 루터는 그동안의 고착화 된 관념을 맹타하며 새 시대를 예고하였다. 그러나 유럽의 다른 나라와 달리 영국은 종교보다는 정치적, 경제적 영향을 강하게 받았다. 예를 들면 영국의 왕권이 의회에 의해 어려움을 겪고 있을 때 프랑스의 루이 14세는 확

---

1) Thomas M. Lindsay, *A History of the Reformation*, (Edinburgh: T. & T. Clark, 1907), vol. II., 17-18. 린제이에 의하면 16세기 종교개혁은 루터 이전에 시작되었다고 해도 그의 공헌과 역할에 절대적으로 의존한다. 루터가 끼친 영향력은 마치 경작된 밭에 뿌려진 씨앗이 기회를 만나서 씨앗을 발아시키고 성장을 촉진하는 태양의 역할을 하였다. 이를 입증하듯이 1519년 5월에 파리의 도시와 대학에서 루터가 활발히 연구되었다. 그리고 스페인의 상인들은 루터의 책을 프랑크푸르트의 박람회에서 구입하여 얻은 작은 이익금으로 그의 글들을 스페인어로 번역하여 출판하였다. 어떤 경우에는 당나귀 짐에 숨겨서 피레네(the Pyrenees)로 운반하였다. 그 영향으로 유럽에 종교개혁이 급속히 확산되면서, 신조, 제도, 그리고 예배에 혁명적 변화를 제공하였다.

고한 절대 군주권을 행사하였다. 그런데 13세기 이후 영국에 대의정치가 정착되면서 의회를 무시한 어떤 왕정도 용납되지 않았다. 왕권의 약화에 비해 상대적으로 의회는 막강하였다. 절대주의라는 일반적 추세에도 불구하고 16-17세기 프랑스와 영국은 극히 대조적이었다. 이러한 상이한 결과는 프랑스와 달리 영국은 외세의 침입에 보다 안전한 지리적 조건을 가졌기 때문이며, 특히 군대 유지 및 과세에서 혹은 행정에서 왕실의 강력한 집권을 받을 필요가 적었기 때문이다.

이 같은 지리적 조건과 국가적 상황은 영국이 오랫동안 가톨릭과 맺어온 우호관계를 청산하고 절대주의 국가를[2] 확립하는데 용이하였다. 따라서 영국의 절대왕권은 헨리 7세의 튜더에서 시작하여 스튜어트의 마지막 왕 제임스 2세에서 완성을 보았다. 그러나 이 기간에 스튜어트 왕조는 입헌주의적 전통을 고수하는 의회의 반발에 부딪혀 1642년의 청교도 혁명과 1688년의 명예혁명을 겪었다.[3] 이 후 영국은 두 혁명을 통해 근대국가로 성장하며 민의와 인권을 존중하는 시민적 민주 국가로 발전하였다. 하지만 그 과정에서 감독제 중심의 절대왕정 확립은 개신교에 엄청난 탄압으로 수많은 희생자를 낳았다. 박해가 가중되던 시기에 영국의 청교도들과 비국교도들은 영국 교회의 개혁에 지표가 되었다. 이들은 개혁자로서 자신들에게 맡겨진 사명을 바른 신학과 간소한 교회의식 외에 청빈한 생활을 실천하였다. 이들의 지속적인 신앙 투쟁은 영국이 가톨릭과 결별하는 요인이었으나 개신교도 가톨릭도 아닌 중립적 교회로 남았다. 이후 개혁 당시 주춤했던 왕실과 의회의 중도정책으로 영국 특유의 성공회를 출범시켰다. 그렇지만 영국은 종교개혁 이래 세계의 경제와 문화 및 종교를 주도하며 국제적 강국이 되었으며 20세기 양차 대전과 같은 어려운 시기에 개신교 국가로서 막강한 영향력을 유감없이 발휘하였다.

2. 영국의 개혁 전의 개혁자들

유럽의 종교 개혁처럼 영국의 개혁 또한 갑자기 발생한 것이 아니었다. 개혁에

---

2) Owen Chadwick, *The Reformation*, (The Pelican History of the Church, Penguin Books, 1988), 23-26.

3) Patrick Collinson, *English Puritanism*, (The Historical Association, 1983), 5-39; C. E. Whiting, *Studies in English Puritanism from the Restoration to the Revolution, 1660-1688*, (Frank Cass & Co. Ltd., 1968), 1-571; M. M. Knappen, *Tudor Puritanism: A Chapter in the*

헌신하고 피 흘려 순교한 수많은 사람들에 의해 수세기 전부터 준비되어 왔다.[4] 사람들은 탐욕스러운 사제들이 십일조를 하나님의 율법의 승인 없이 착취하는 것으로 이해하였다. 이들은 중세 가톨릭 교회의 계층적 구조에 맞서 모국어 성경을 사용하는 예배에 참석하였다. 그리고 교회의 권위를 비웃으며 일부 교리를 공격하였다. 존 위클리프와 롤라드, 존 후스와 윌리암 틴데일이 바로 그들이었다. 이들은 오래 전부터 새로운 영적 삶을 지속적으로 추구하며 잠자던 국민의 영혼을 일깨웠다. 마침내 이들의 진리를 향한 헌신과 순교는 영국을 변화시키고 유럽의 종교개혁을 재조직(성공회)하여 정착시키는 주역이 되었다. 하나님은 순교자의 피를 통해 영국교회를 개혁하셨다.

2.1. 존 위클리프[5](John Wycliffe, 1330-1384)

위클리프는 설교를 통해 성경적 개혁을 고취시키며 기성 교회의 지나친 부와 사치를 공격하였다. 그에 따르면 교회 재산은 세속적 권위의 배려로 유지되었다. 위클리프는 범죄한 성직자가 집전한 성례는 무효이며, 성례 그 자체가 영혼을 구제하는 본질적 요소가 아니라고 하였다. 따라서 가톨릭의 화체설을 공격하고 그리스도는 영적인 존재일 뿐 빵이나 포도주에 존재하는 것이 아니라고 하였다. 그는 또한 기독교인의 생활방식은 교회의 가르침이 아니라 성경임으로, 모든 사람이 읽을 수 있게 번역하였다. 그리하여 그는 단순하게 성경으로 귀의할 것을 호소하였다. 하지만 그의 주장은 교회의 재산과 수입을 위태롭게 하였고 전통적인 교회의 권위를 크게

History of Idealism, (The University of Chicago Press, 1970), 3-480; George Yule, *Puritans in Politics 1640-1647*, (The Sutton Courtenay Press, 1981), 11-403; Christopher Hill, *Puritanism and Revolution*, (Penguin Books, 1990), 13-376; *Society and Puritanism in Pre-Revolutionary England*, (Panther History, 1964), 15-495; John Brown, *The English Puritans*, (Cambridge University Press, 1910), 1-155; Patricia O. Brooks, *The Return of the Puritans*, (Pennsylvania: Whitaker House, 1976), 13-173; Geoffrey F. Nuttall/Owen Chadwick, *From Uniformity to Unity, 1662-1962*, (London: SPCK, 1962), 3-401.

4) John Foxe, *The Acts and Monuments of the Church, containing the History and Sufferings of the Martyrs*, (London, 1838), 407-421.

5) Professor Lechler, *John Wycliffe and his English Precursors*, (London: The Religious Tract Society, 1878), 1-467.

손상시켰다. 그리하여 교황과 영국의 성직자회의에서 비난과 배척을 받았으나 랑카스터 공의 보호로 무사(無事)하였다. 위클리프의 가르침은 주로 농촌으로 번졌으며 그의 추종자들은 롤라드로 불렸다. 헨리 4세의 롤라드 금지령과 헨리 5세의 철저한 탄압으로 롤라드는 지하로 숨어들었으나 비밀리에 종교개혁을 주도하였다.[6] 이들은 프랑스, 독일, 보헤미아 등지에서도 복음 전파에 주력하였다.

2.2. 존 후스(John Huss of Bohemia, 1369–1415)

보헤미아와 찰스 4세의 딸이 영국왕 리차드 2세의 첫째 왕비였던 관계로 그녀를 따라 영국에 왔던 보헤미아인들은 위클리프의 사상을 보헤미아에 전하게 되었다. 그리고 찰스 4세가 1347년 건립한 프라하 대학 내에 위클리프의 지지자가 증가하였다. 존 후스도 그중의 한사람으로 열렬한 종교 개혁가였다. 그는 위클리프의 사상을 모두 수용하지는 않았으나 고위 성직자의 부와 세속성을 공격하였고 신앙생활의 핵심은 성경이라고 주장하였다. 1412년 그는 나폴리 왕과 대립하던 교황 존 23(1410-1415)세가 그의 지지자에게 면죄부의 판매에 반대하여 대학과 교회로부터 추방되었다. 후스는 콘스탄스 공회의의 소식을 듣고 황제의 승인하에 자진 출두하여 해명할 기회를 가졌다. 그러나 오히려 이단으로 정죄되어 1415년 화형되었다. 후스는 체코의 민족주의의 상징적 인물로 거의 모든 사회 층에 지지자를 가졌다. 그리하여 1419년 대반란에 참여한 후스 추종자들, 체코의 농민군은 여러 번 황제의 기사군을 격파하였다. 후스 운동은 1434년 온건파가 급진파를 제치고 보헤미아의 가톨릭 귀족과 타협함으로 진정되었다. 후스 운동은 영국의 롤라드와 더불어 종교개혁의 선구자들로 반봉건적 민족주의의 운동과 결합하였다.[7]

---

6) 롤라드 용어의 출처는 명확하지 않다. 어떤 사람들은 당시의 "loller"는 게으른 녀석의 비하의 의미로 또 다른 사람들은 시편을 노래하는 사람의 고대 화란어 "lollaerd"에서 기원하였다고 하였다. 또 다른 사람들은 프란체스코회 수도사로 순교한 레이나르드 롤라드의 일파에서 기원했다고 주장하였다. Beza's Icones, *Contemporary Portraits of Reformers of Religion and Letters,* (London: The Religious Tract Society, 1909), 25-28; Henry Charles Moore, *Through Flood and Flame: Adventures and Perils of Protestant Heroes,* (London: The Religious Tract Society, n. y.), 234-241.

7) Beza's Icones, 33-35.

2.3. 존 올드카슬(John Oldcastle, 1378-1417)

윌리엄 세익스피어는 영국이 자랑하는 위대한 극작가이다. 그런데 그는 한 가지 큰 실수를 하였는바, 당시 로마 가톨릭의 관점에서 개혁자 존 올드카슬을 존 폴스타프(John Falstaff)로 대체하여 비난하였다. 본래 올드카슬은 탁월한 야전 군인으로 헨리 4세의 친구였다. 당시 그는 웨일스에서 그리고 후에는 영국 국왕의 프랑스 파견 장군으로 활략하였다. 그가 국왕과 나라를 위해 싸우는 동안 추기경 아룬델(Archbiship Arundel)이 롤라드로 알려진 개혁자들을 야만적으로 교수하여 불태웠다. 당시 롤라드들은 국가적인 개혁을 주창하되 특별히 화체설과 죽은 자들을 위한 기도, 고해성사, 사제들의 독신, 성상 숭배, 성지순례 등을 비난하였다.[8] 이 후 추기경 아룬델은 요크에서 켄터베리로 옮긴 후 더욱 야만적으로 개혁자들을 박해하였다.

이 때 올드카슬은 의회에서 행한 연설에서 롤라드이 전 국민의 양심으로 자유를 주장하며 로마 교회의 오류를 비난하였다고 변호하였다.[9] 그의 연설은 의회와 런던 시민들을 놀라게 하였다. 추기경 아룬델과 그의 지지자들은 올드카슬과 강력 대치하였다. 그러나 국왕이 그를 총애하는 것을 알고 그가 롤라드임을 조심스럽게 추적하였다. 아룬델은 측근의 스파이를 통하여 올드카슬이 위클리프의 저술과 이단적으로 규명된 책을 소장하고 있는 것을 색출하였다. 그리고 색출한 자료를 방금 왕좌에 오른 헨리 5세에게 알렸다. 그러나 왕은 올드카슬의 경륜 있는 군인으로 그가 롤라드라는 것을 확신할 때까지 그의 체포에 별 관심을 기울이지 않았다. 그러나 왕은 마침내 그의 면전에 그를 소환하여 친절하게 종교관을 바꿀 것을 설득하였다. 그러나 올드카슬은 확고한 신앙으로 어떤 논쟁과 압력으로도 바꿀 수 없었다. 화가 난 왕은 그를 즉각 해고하고 이후에 일을 아룬델에게 일임하였다. 그 후 아룬델은 2차례나 올드카슬을 소환했으나 무시당하였다. 마침내 체포된 올드카슬은 성 바울 성당의 추기경 법정에 서게 되었다. 여기서 그는 다시 한 번 강력히 성상을 거부하며 아룬델에게 누구든지 그것을 경배하면 우상 죄를 범하는 것이라고 말하였다. 그리고 켄터베리와 로마를 방문하는 성지순례를 부인하였다. 재판 둘 째 날 절대 권

8) Henry Charles Moore, 235.
9) Henry Charles Moore, 236.

력과 교황, 주교와 수도사들을 비난하였다. 결국 아룬델은 올드카슬의 이단성을 발견하고 선고한 후 처형을 위해 무장한 군인에게 양도하였다. 이 소식을 들은 헨리 5세는 그의 구명을 위해 40일을 주었다.

이 소식을 들은 롤라드들은 자신들의 지도자가 사형 선고를 받은 것을 알고 구출하기 위해 무장하였다. 이들이 반란을 계획하고 있는 동안 올드카슬은 극적으로 탑을 탈출하였다. 어떻게 그가 탈출에 성공했는지는 알 수 없지만, 확실한 것은 탑 안에 누군가가 그를 도운 것이다. 그리하여 그는 롤라드들도 모르게 스미스필드로 가는 길에서 은신하였다. 전후 사정을 잘 모르는 롤라드들은 왕을 압박하며 성 자일스 성당 뜰에 모여 국왕이 머무는 엘탐(Eltham)까지 행진하였다. 이에 왕은 이들이 반란을 행한 줄 알고 군대를 파견하여 척결하였다. 그리하여 수 백 명의 롤라드가 수감되고 40여명이 죽임을 당하였다. 추기경 아룬델과 추종자들은 틀림없이 올드카슬가 체포되었거나 죽었으리라 생각했으나 그들 중에 없어서 크게 실망하였다. 추기경 아룬델은 누구든지 올드카슬을 신고하는 자에게 높은 현상금 지불을 약속하였다. 그러나 올드카슬은 런던을 탈출하여 향후 2년 동안 헤어포드근교와 우스터근교 그리고 웨일스를 방황하며 자신들의 신앙에 따라서, 그리고 필요하다면 그들의 자유를 위해 투쟁하면서 예배하였다.[10)]

아룬델은 왕립 군대를 파견하여 그를 수색하였으며 그간에 올드카슬은 6-7 차례 극적으로 체포를 면하였다. 마침내 무장한 군대는 소문을 듣고 그의 은신처를 압박하였다. 은신처의 사람들은 그가 여기에 없다. 멀리 떠났다고 저항하였다. 이를 믿지 못한 군인들이 집안 구석구석을 살폈으나 찾지 못하였다. 올드카슬은 그들이 온다는 소식을 듣고 도착 직전에 도피하였다. 그러나 급히 서두는 바람에 짐을 다 챙기지 못하여, 특별히 종교서적들과 동정녀 마리아, 성자들을 비난하는 글들을 가져가지 못함으로 그의 이단성의 증거가 되었다. 1년 후 그는 에드워드 찰튼(Edward Charlton)에게 발각되어 싸웠으나 절망적으로, 당시 57세의 올드카슬은 항복을 강요받았다. 당시 군인들은 그를 체포하거나 죽이면 크나큰 영예를 얻었다. 마침내 올드카슬은 중상을 입은 채 땅바닥에 쓰러졌다. 대적들이 승리를 외치며 무장 해지를 외쳤다. 에드워드 찰튼은 그를 포위스 성(Powis Castle)으로 호위하고 간단히 치료

10) Henry Charles Moore, 238-239.

한 후 말에 태워 런던으로 호송하였다. 1417년 12월 14일 올드카슬은 의회 앞에서 이단과 반역죄로 교수형에 처한 후 화형을 선고받았다. 성 자일스 성당 뜰에 많은 사람이 운집한 가운데 그는 처형되었고 시체는 잘린 채 불에 던져졌다. 그 후 지도자를 잃은 롤라드들은 좌절하지 않고 이후 헨리 8세 통치기까지 다양한 이름으로 신교주의 운동을 전개하였다.[11)]

2.4. 토마스 베네트(Thomas Bennet, ?-1531)

한 학교의 교장이었던 베네트는 모든 사람들이 편하게 대할 수 있는 사람이었다. 그는 한 때 사제였으나 성경을 묵상하는 중에 교황을 싫어하였다. 그리고 교회를 떠나 케임브리지에 거주하였다. 그리고 생계를 위하여 데본교외(Devonshire)에서 가르쳤다. 그리고 잠시 토링톤의 한 학교에 재직했으나 학생이 적어 엑스터(Exeter)로 이주하여 성공적인 사역을 하였다. 비록 그가 가톨릭 교회를 떠난 후 오류와 여러 의식들을 부정하였다. 만약 그가 로마 가톨릭의 오류에 맞섰다면 체포될 지도 모르며 선한 일을 할 기회도 없을 것을 알았다. 따라서 그는 시내의 여러 다른 교회 문에 준비한 가톨릭을 부정하는 포고문을 붙였다.[12)] 범인 체포에 실패한 사제들은 그 다음 주에 누구든지 발각되면 파문하겠다고 선언하였다. 그런데 그 때 베네트는 일찍이 좋은 자리에 착석하였다. 설교자는 수 7:13 말씀을 근거로 이단을 정죄하며 하나님과 성모 마리아, 그리고 성자들의 능력을 받으라고 하였다. 설교가 끝난 후 또 다른 사제가 오랫 동안 성부 하나님의 권위와 동정녀 마리아, 성 베드로와 바울, 모든 성자들의 이름으로 이단을 저주하며 출교를 명하였다.[13)] 이러한 상황에서 베

11) Henry Charles Moore, 241.

12) Henry Charles Moore, 243-244.

13) 사제가 선포한 저주 내용은 다음과 같다. "By the authority of God the Father Almighty, of the Blessed Virgin Mary, of St. Peter and of St. Paul, and of the holy saints, we excommunicate, we utterly curse and ban, commit and deliver to the devil of hell, him or her, whatsoever he or she be, that have, inspite of God and of St. Peter, whose church this is, in spite of all the holy saints...fixed up with wax such cursed and heretical bill, full of blasphemy, upon the doors of this and other holy churches within this city. We excommunicate him, her or they, and deliver them over to the devil as perpetual malefactors and schismatics...Cursed be they, he, or she in cities and in towns, in fields, paths, indoors, out of doors, and wheresoever

네트 옆에 앉아 있던 두 친구들이 그가 웃고 있는 것을 보았다. 그리고 "여기에 그 이단이 있다"고 외쳤다. 저주 중에 있던 사제는 즉각 멈추었고 성당은 아수라장이 되었다. 베네트는 즉시 포위되었으나 저항하지 않았다. 교회 안의 청중들은 부상당하지 않았는지 살피고 설마 그가 그런 일을 했으리라고 믿지 않았다. 사제는 누가 그가 한 것을 보았느냐고 물었으나 아무도 대답하지 않았다. 그리하여 베네트는 제재 없이 귀가하였다. 아무도 그를 의심하지 않았다.

다음 날 이른 새벽 베네트는 품삯으로 고용한 어린 꼬마와 함께 반로마적인 교서를 갖고 각각 다른 방향으로 모든 교회에 뿌렸다. 그 꼬마가 마지막으로 방문한 교회 문에 붙이던 중에 한 사람이 그를 붙잡았다. 아이가 눈물을 흘리는 중에 그 사람은 서둘러서 그 아이를 시장 집으로 인도하였다. 아직 5시가 안된 시각에 시장이 일어나 어떻게 그 이단적인 교서를 붙였느냐고 물었다. 그 때 그는 교장 선생님의 명령을 따랐을 뿐이라고 하였다.[14] 베네트는 즉시 체포되어 수감되었다. 그는 자신이 작성하여 로마 교회를 부인하는 방을 붙였다고 하였다. 많은 사람들이 그의 낭독을 들었으며, 이 일은 그에게 큰 기쁨이었다고 하였다. 2일 간의 수감 후에 주교 앞에 선 베네트는 교황의 권위와 성자들의 이름으로 기도한 것을 부인한 죄로 입건되었다. 이에 베네트는 성경에 근거하여 자신의 주장은 사실임을 선언하였다. 그리하여 그는 다시 수감되었다. 그 후 사제들이 수시로 방문하고 어떤 날에는 누가 죄인인지 모르게 그와 함께 밤을 새웠다. 한 주교가 교황은 하나님의 대사이다. 우리의 길이 하나님의 길이다 라고 하였다. 이에 대해 베네트는 너희의 길을 나에게 말하지 말라고 하였다. 그리고 요 14:6처럼 오직 하나님 만이 그의 길이다. 나는 그분의 길로 걸을 것이며, 그의 진리를 취할 것이며, 또한 영생을 구할 것이라[15]고 하였다. 마침내 사제들은 더 이상의 설득이 어렵다고 판단하고 그를 이단으로 규정하였다.

어느 날 그의 아내가 근심 중에 음식을 가지고 와서 너무 거칠게 하지 말 것을

---

they be, whether standing, lying, rising, walking, running, waking, sleeping, eating, drinking, or whatever they may bo doing...We give them over utterly to the power of the fiend, and let us quench their souls, if they be dead, in the pains of hell fire as this candle is now quenched and put out." Henry Charles Moore, 244-245.

14) Henry Charles Moore, 246-247.

간청하였다. 이에 베네트는 신앙 때문에 죽을 지도 모른다며 인내할 것이라고 하였다. 마침내 그에게 내려진 선고는 화형이었다. 그리하여 1531년 1월 15일 시에서 멀리 떨어진 곳으로 인도되었다. 도중에 둘러선 사람들에게 베네트는 큰 소리로 진리를 구할 것과 인간의 발명품을 부인할 것을 역설하였다. 마침내 장대에 묶인 그는 큰 소리로 기도하였다. 그리고 그의 장대 옆에 있던 두 사람, 토마스 카루(Thomas Carew)와 존 바네하우스(John Barnehouse)는 베네트에게 주장을 거두고 동정녀 마리아의 이름으로 기도하라고 하였다. 이에 베네트는 "아니요 아니요, 우리라 구할 분은 오직 하나님 뿐"이다. "우리의 대변자는 우리를 위해 죽으신 예수 그리스도시다". 그러므로 우리는 우리의 기도를 들으시는 그분께 올려야 한다"고 하였다.[16] 베네트의 답변에 둘러선 사람들은 그의 얼굴에 불꽃을 갖다 댔다. 그러나 베네트는 화내지 않고 "아버지, 저들의 죄를 용서하소서"라고 기도하였다. 불꽃이 하늘을 찌를 때 그는 하늘 향해 외쳤다. "주여 내 영혼을 받으소서!" 그리고 몇 분 후에 운명하였다.[17]

2.5. 윌리암 틴데일(William Tyndale, 1494-1536)과 롤라드파(Lollard Conclusions)

영국의 순교사가 존 폭스(John Foxe, 1516-1587)는 그를 가리켜 "당 대 영국의 사도"로 묘사하였다. 윌리엄 틴데일(William Tyndale)은 1495년경 웨일스(Welsh) 국경 마을 슬림브릿지(Slymbridge)에서 태어나, 막달란 대학(Magdalen College), 옥스퍼드 대학, 케임브리지 대학에서 수학하고 1521년 서품을 받았다. 그는 헬라어에 능통하여 성경을 읽고 은혜를 받으며 이러한 체험이 모든 사람들에게도 있기를 바랬다.[18] 그러던 어느 날 한 고위 성직자가 "성경을 보통 사람들이 읽을 수 있도

---

15) Henry Charles Moore, 247-249.

16) Henry Charles Moore, 249.

17) Beza's Icones, *Contemporary Portraits of Reformers of Religion and Letters*, (London: The Religious Tract Society, 1909), 29-32; Henry Charles Moore, 250.

18) Robert Demaus, *William Tindale: A Contribution to the Early History of the English Bible,* (London: The Religious Tract Society, n. y.), 11-192; G. E. Duffield(ed.), *The Work of William Tyndale*, (England: The Sutton Coutenay Press, 1964), 1-401; Brian H.

록 영어로 번역한다는 것은 어리석은 일이오. 사람들이 필요로 하는 것은 단지 교황뿐이오. 교황의 법 없이 사는 것 보다 차라리 하나님의 법 없이 사는 것이 훨씬 더 낫소"라고 말하는 것을 들었다. 이 말을 들은 틴데일은 "뭄무스"(Mummus)라는 한 부유한 상인의 집에서 성경 번역을 시작하였다. 헨리 8세는 성경 번역을 금지하였고 고위 성직자들 또한 성경번역을 반대하며 "뭄무스"에게 틴데일을 돕지 못하게 하였다.

이에 틴데일은 영국을 떠나 함부르크로 갔으나 그곳에서도 영국의 가톨릭 주교들과 성직자들이 첩자들을 통해 성경번역과 출판을 방해하였다. 그러나 틴데일은 거기서 신약번역을 착수하여 1525년 쾰른(Cologn)에서 4절판(quarto edition)으로 출판하였다. 이것이 최초의 영문판 신약 인쇄본이다. 그러나 어느 인쇄공이 성경인쇄 사실을 밀고하여 신변에 위협을 느낀 틴데일은 "보름스"로 피하였다. 그는 거기서 신약을 8절판(octavo edition)으로 출판하여 3천부를 비밀리에 영국으로 반입하였다. 반입은 위클리프의 일파인 롤라드파(Lollards)에 의해 이루어졌다.[19] 1536년

Edwards, *God's Outlaw: The Story of William Tyndale and the English Bible*, (Evangelical Press, 1982), 13-170; T. H. L. Parker(ed.), *English Reformers*, (London: SCM Press Ltd., 1966), 89-144. 당시에는 4세기에 제롬(Jerome)에 의해 라틴어로 번역된 성경이 사용되고 있었으나 성직자들과 라틴어를 구사하는 극히 일부를 제외하고는 성경을 읽고 이해할 수 없었다. 성경은 실로 성직자와 귀족들만의 책이었다. 그는 모든 평신도들이 성경을 자유롭게 읽고 성경의 근본적인 세계로 들어갈 수 있어야 한다고 믿었다. 그 방법은 영국에서의 대중적인 언어인 영어로 성경이 번역되어야 한다는 것이었다.

19) 통 속에 넣어 다른 상품처럼 위장하고, 밀가루 속에 숨기는 등 모든 방법을 동원하여 영국으로 반입하였다. 반입된 성경들은 발각 즉시 불 태워졌다. 그렇지만 성경이 계속 반입되었고 이제는 관리들도 그것을 막을 수 없게 되었다. 마침내 워햄(Warham) 대감독은 독일 거주 상인을 통해 인쇄된 모든 성경을 사들여 불태우기로 작정하였다. 그렇게 되면 더 이상 번역 성경이 반입되지 않을 것이라고 믿었다. 그러나 패킹턴'이라는 틴데일의 번역 작업을 동조하는 포목상은 꾀를 내었다. 그는 대감독의 생각에 동조하는 듯이 위장하여 성경을 사들이겠다고 하면서 틴데일이 독일에서 비싼 값에 팔기 때문에 자금이 많이 필요하다고 하였다. 대감독은 페킹턴의 요청에 "최선을 다해 전부다 매수하도록 하시오. 그 일에 얼마가 들던지 지불할 용의가 있소. 나는 그것들을 전부 불태워버릴 것이오."라고 반겼다. 그는 자신의 말대로 틴데일에게 값을 풍족히 치루고 성경을 매입하여 영국으로 가져왔다. 물론 틴데일은 성경을 판매한 풍부한 자금으로 성경 재판작업을 더욱 원활히 하였다. 어리석은 주교는 성경을 모두 태워버렸을 때 영어 성경이 절대 생겨나지 않을 것이라고 생각했지만 오히려 더 많은 양의 성경이 인쇄되고 반입되는 역설적 현상이 일어나 관리들이 더 이상 반입을 막을 수 없을 정도가 되었다. 그때 인쇄된 것은 모두

모세오경과 요나서가 출판되었으며, 여호수아와 역대하가 번역되었을 때, 주교가 보낸 첩자 "필립스"가 또 다시 밀고하였다. 산책을 하며 밤공기의 서늘함에 잠시 마음을 놓고 있을 때 한 무리의 군대가 그를 향해 다가왔다. 그들은 틴데일을 결박하여 이송한 후 감옥에 가두었다. 틴데일은 투옥 된지 2년째 1536년 10월 6일 이단으로 화형장에 끌려 나왔다. 화형대에서 남긴 틴데일의 마지막 기도는 "주여, 영국 왕의 눈을 열어 주소서"였다.[20]

2.6. 기독교 인문주의와 루터의 영향

이들은 미신적인 각종 폐단, 순례와 유물숭배 같은 악습을 개혁하려 하였다. 대표적으로 토마스 모어(Thomas More, 1477-1535)와 윌리암 틴데일(William Tyndale, 1494-1536)에서 볼 수 있다. 전자는 개혁은 중세 교회로부터 단절이라고 보았다. 그리고 1520년 2월 28일 레아(Lea)에게 보낸 편지에서 교황 레오 10세가 에라스무스의 헬라어 성경을 인준하지 않으면, 루터가 교황청을 공격하는 행위가 보다 경건하다고 하였다. 한편 존 콜렛(John Colet, 1466-1519)의 제자 틴데일은 훨씬 진보적인 순교자였다. 같은 시기에 영국에 들어간 루터의 글들은 왕과 백성들 사이에서 읽혀졌다.[21] 켄터베리의 대주교 윌리엄 워햄(William Warham, 1450-1532)에 의하면 옥스퍼드 대학이 루터주의로 감염되었고 금지된 서적들이 대학 내에서 회람되었다. 이것은 케임브리지도 마찬가지였다. 대학생들이 주점(酒店)에 모여 루터의 글을 읽고 토론하였다. 교황 레오는 영국의 왕과 추기경 월시(Cadinal

---

18,000부였으며 그중 2부가 현존하고 있다. 1534년 그는 신약성경 개정번역판을 냈으며, 구약성경의 번역에 착수했다.

20) 틴데일은 튜더(Tudors, 헨리7세-1603) 가문 출신인 헨리 8세(1491-1547, 1509년에 즉위)에 의해 화형을 당하였지만 그의 딸 엘리자베스 1세(1558-1603) 통치 말기에 영국의 의회가 성경번역을 논의하였고 엘리자베스 1세 이후 튜더(Tudors) 가문이 문을 닫고, 스튜어트(Stuarts,1603-1714) 가문의 초대 왕인 제임스 1세가 틴데일이 화형을 당한지 75년만인 1611년에 틴데일의 영어번역 성경을 기초로 일명 '킹 제임스 성경'(흠정역, King James Version)을 발행하였다. 틴데일이 화형대에서 드린 마지막 기도는 75년이 지난 후 응답되었다. 영국 왕의 눈이 떠진 것이다. KJV성경의 80퍼센트는 틴데일의 문체로 알려지고 있다.

21) Thomas M. Lindsay, *A History of The Reformation*, (Edinburgh: T. & T. Clark, 1906), vol. 2., 319-320.

Thomas Wolsey, 1475-1530)에게 루터파 문헌들이 회람되지 않게 촉구하였다. 1521년 5월 12일 월시는 호화롭게 꾸미고서 성 바울 성당에 들어가 여러 의식을 마쳤다. 그 후 고위 성직자를 위해 마련한 특별석에 앉아서 피셔(John Fisher, 1469-1535) 주교가 루터파의 오류에 대해서 설교하는 것을 경청하였다. 설교가 계속되는 동안 루터의 책들이 성 바울 성당의 뜰에 마련된 모닥불에 던져졌다. 하지만 이러한 전시효과는 영국 내에서 루터의 서적이 읽히는 것을 막을 수 없었다.

3. 16-17세기의 역사적 배경

고찰한 바와 같이 영국의 종교개혁은 튜더왕조의 주역 헨리 8세로 시작하여 스튜어트 왕조로 이어지던 시기에 형성되었다. 당시 영국은 유럽 대륙의 종교적 움직임과 밀접한 관계를 가졌으나 루터 혹은 개혁파로 분류될 수 없는 독특한 신학을 가졌다. 16세기 개혁 초기 영국의 신자들은 대륙의 개혁자들을 자기들의 스승으로 간주했으나 맹목적으로 추종할 것은 아니라고 생각하였다. 당시 개혁자 로버트 반스(Robert Barnes, 1495-1540)는 영국 종교개혁의 신학을 대륙의 신학에 보다 근접하려 했으나 영국 종교개혁의 행로는 그 본질에 있어서 매우 독자적으로, 이미 유럽에 수립된 두 개의 신교 신학 전통과 다른 전통을 유지하였다.[22] 그것은 신학적이기 보다는 정치적으로 1559년 엘리자베스 여왕 아래서 확고히 정착되었다. 하지만 정착 후 영국의 청교도들은 왕조와의 갈등과 대립 속에 지속적으로 활발히 개혁을 전개하였다. 따라서 영국의 종교개혁은 메리여왕과 엘리자베스의 통치, 제임스 1세와 찰스 1세와 2세, 제임스 2세 시기를 포함하여 영국의 청교도 운동과 밀접히 연관되었다. 실제로 영국의 종교개혁은 청교도운동과 따로 떼어서 생각할 수 없는 상관성이 내재한다. 그러면 먼저 영국 역사에 새 전기를 마련한 튜더왕조의 태동과 이 시기에 역사적 형편을 살펴보고 아울러 스튜어트 왕조의 계승과 이들의 통치하에서 개혁이 어떻게 전개되어 갔는지를 살펴보고자 한다.

---

22) Gillian R. Evans/Alister E. McGrath/Allan D. Galloway, *The History of Christian Theology, Vol. 1: The Science of Theology*, ed., Paul Avis, (UK: Marshall Morgan & Scott Ltd., 1986), 179.

3.1. 튜더왕조의 태동과 역사적 형편

3.1.1. 정치적 배경

15세기 중엽 영국은 강력한 귀족들과 부유한 상인층, 그리고 중산층 자영 농민층이 사회의 중추를 이루었다. 이들은 자신들의 지위와 생활향상을 위해 사회 안정과 법적 질서를 갈망하였다. 이에 반해 사병을 거느린 귀족들은 왕위를 둘러싼 당파 싸움에서 한 몫을 하였다. 이처럼 사회적으로 계층 간의 갈등이 증폭되어 항상 긴장과 불안은 끝이 없었다. 이 같은 상황에서 프랑스와의 100년 전쟁 후(1337-1452) 숨 돌릴 사이도 없이 영국의 두 명문가인 랑카스터(Lancaster, 1399-1461)와 요크가(York, 1461-1485)사이에 왕위를 둘러싸고 장미전쟁(Wars of the Roses, 1455-1485)이 발생하였다. 이 장미전쟁은 당시 랑카스터가의 헨리 6세(1422-1461)가 30세 되었을 때 갑자기 정신 이상을 일으키자 요크가에서 그의 왕권 계승을 둘러싸고 전쟁을 유발하였다. 이에 랑카스터의 왕군이 요크군을 격파했으나 당시 섭정자 리차드의 아들인 에드워드가 다시 랑카스터군을 격파하고 에드워드 4세(Edward IV, 1461-1483))로 왕위에 올랐다. 랑카스터가는 단념하지 않고 에드워드 4세를 공격하였으나 실패하고 미친 헨리 6세는 마침내 런던탑에서 유폐되고 왕비는 추방되었다.

에드워드 4세의 사망으로 의회는 그의 두 왕자와 여러 명의 왕녀들을 서자(庶子)로 선포하였다. 이에 섭정자 요크가의 리차드는 어린 조카 에드워드 5세의 왕위를 찬탈하여 리차드 3세(1483-1485)로 등극했으며 위협의 대상이던 둘째 조카를 런던탑에서 살해하였다. 섹스피어는 리차드 3세를 잔인하고 용감하며 재치있는 꼽추로 묘사했는데 이러한 그도 랑카스터가의 헨리 튜더가 항상 위험하게 생각되었다. 이런 상황에서 리치몬드공 헨리 튜더는[23] 어머니 마가렛트의 조처로 그(리차드)를 피

23) 헨리 7세는 모계의 혈통으로 랑카스터 왕가의 상속자이기는 하지만 그의 부계 혈통은 웨일즈(Wales)인이었다. 헨리 6세 시대의 향사(Squire)에 지나지 않았던 웨일즈 사람 오웬 튜더(Owen Tudor)가 그의 친조부이기 때문이다. 오웬 튜더는 헨리 5세의 미망인 캐더린 여왕(Queen Catherine)과 파격적인 결혼을 성사시켜 3명의 아들을 두었다. 리치몬드(Richmond) 백작이 된 장남 에드문드(Edmund)와 펨브로크(Pembroke)백작이 된 차남 야스퍼(Jasper), 그리고 수도사(monk)가 된 세째 아들이 그들인데 장남 리치몬드 백작 에드문드 튜더가 랑카스터 가문의 유일한 상속인인 레이디 마가렛트(Lady Magaret)와 결혼하여 헨리 튜더를 낳았다. 이로써 헨

해 일찍이 프랑스에서 청년 시절을 보냈다. 얼마 후 런던 탑에서의 두 조카 살해 소식을 듣고 두 가문의 반목과 왕위 찬탈에 염증을 느낀 많은 국민들은 오랫동안 괴어왔던 반역의 기운이 감돌기 시작했다. 마침내 1485년 8월, 프랑스의 노르마니(Normany)에 있던 28세의 청년 헨리 튜더는 영국의 피난민과 브레따뉴 지방의 모험가로 편성된 2,500여명의 군사를 거느리고 서부 웨일즈의 밀포드 해븐(Milford Haven) 항에 상륙하였다.

웨일즈인들은 헨리 튜더가 웨일즈인이라는 이유로 그를 열렬히 성원했다. 웨일즈인의 가세로 헨리의 군대는 5,000으로 늘었으나 막강한 리차드 3세의 대군을 상대하기는 역부족이었다. 그러나 이 전쟁은 헨리의 모친이 재가한 당시 랑카스터주의 영주 스탠리가(Stanley)의 세력이 헨리 튜더를 지지함으로서 결판이 났다. 리차드 3세는 용감하게 싸웠으나 전사하였고 그가 전투 중에 쓰고 있던 왕관이 숲 속에 떨어져 있는 것을 찾아내 의붓 아버지인 스탠리경의 손에 의해 헨리 튜더에게 씌워졌다. 이로써 웨일즈인의 혈통인 헨리 7세(1485-1509)가 튜더 왕가를 탄생시키게 되었다. 이에 헨리 7세는 이미 계획했던 대로 요크가의 에드워드 4세의 딸 엘리자베스 공주와 결혼하였다. 이로써 양가의 화해가 이루어지고 장미 전쟁은 종식되었으며[24] 새롭게 튜더왕조가 시작되었다. 영국은 튜더 왕가의 등장으로 마침내 1066년 노르만의 정복으로 시작된 400년 간의 프랑스계 왕가와 그들이 통치 방법으로 선택한 봉건제도를 뒤로하고 앞으로 118년 간 많은 우여곡절을 겪으며 영국을 새롭게 영도할 왕가로서 새로운 변혁과 부흥을 가져오게 되었다. 헨리 7세는 절대왕정을 구축하고 강력한 왕권을 중심으로 한 통일국가를 형성하였다.

역사가들은 흔히 튜더 왕가를 영국에서 명실상부한 절대 군주제를 실현시킨 최

리 튜더는 랑카스터 가문의 상속인이 되었을 뿐만 아니라 요크가로 넘어간 왕위를 다시 되찾을 수 있는 랑카스터 가문의 희망이었다.

24) 이 전쟁에서 랑카스터 가는 적색장미와 요크가는 백색장미를 포지로 삼아 전투에 임했기 때문에 장미 전쟁이라 불리운다. 장미전쟁은 왕가와 대제 후 및 귀족들 사이의 싸움으로 양측이 다같이 일반 민중에 손상을 미치지 않도록 유념하였고 런던을 비롯한 대 도시들도 중립적인 태도를 지향했다. 그 결과 주로 피해를 입은 것은 내란에 참가한 귀족들로서 많은 귀족이 살해되고 재산이 몰수되었다. 결국 장미전쟁은 귀족층이 스스로의 몸에 가한 유혈사태였다. 이에 당시 일반국민과 지방의 젠트리, 도시의 시민계급은 귀족들의 횡포와 무질서를 증오하고 이를 방지할 수 있는 강력한 왕권의 출현을 갈망하였다. 튜더왕조는 이런 일반국민과 시민계급의 갈망을 충족시키기 위해 강력한 절대왕정을 구축하였다.

초의 왕조라고 말한다. 이러한 절대 왕권의 통치 기반은 후에 이른바 튜더 양식 이라는 문화적 패턴도 창출해 냈다. 헨리 7세에서 헨리 8세, 그리고 단명했던 에드워드 6세와 제인 그래이, 메리와 엘리자베스 1세로 이어지는 튜더 왕가 치세의 16세기 영국은 실제로 영국사에 있어서 가장 큰 변화의 모습을 보여주었다. 예를 들면 헨리 7세의 평화정착, 헨리 8세의 종교개혁, 엘리자베스 1세의 제해권의 신장과 문화 창달 등 튜더 왕가가 짊어진 한 시대의 역할은 어쩌면 영국이 앞으로 해가지지 않는 나라로 발돋움하게 한 전환기였다. 이 같은 튜더 왕가의 공적은 곧 헨리 7세의 치적에 기초하였다. 헨리 7세는 매우 경건하고 근면했으며 총명했다. 그는 웨일즈인으로서 영국적이고 민족적이었다. 그는 치세 24년 동안 전쟁에 의해 찢겨진 황폐한 국토에 평화와 정의와 번영을 회복해 놓았다. 특별히 그는 바닥난 왕실의 재정을 엄청난 규모의 재산으로 늘려 놓았다. 이후 튜더 왕가는 그의 유산만으로도 한 세기 동안 어떤 귀족에게도 궁색함을 보이지 않을 수 있었다. 그는 중세 시대의 왕들처럼 일부 귀족 정신들과 비할 수 있는 자가 아니라 그들과는 판이하게 다른 신비스러운 존재, 즉 절대적 절대 군주가 되었다. 이러한 전제 군주아래의 의회는 상대적으로 매우 위약할 수밖에 없었다. 헨리 7세 시대의 의회는 29명의 세속 영주만이 소집되었는데 이들의 영향력은 아주 미미했다. 난세를 겪으면서 의회는 그 권위를 거의 상실해 버린 것이다. 하원 의회 역시 몇몇 파벌끼리 손을 잡는 것만으로 간신히 유지되었다. 나라의 운명과 권력은 오직 국왕만의 소유였고 봉건제도와 의회제도의 공간도 국왕만이 매 꿀 수 있었다. 귀족계급과 하원의원들의 무기력한 상태가 더욱 국왕에게 힘의 여지를 마련해 주고 있었다고 할 것이다. 이 당시의 통치제도는 왕을 중심으로 한 중앙정부에서 관장하였다.

헨리 8세의 개혁으로 교회의 성직자들까지도 왕의 통제 하에 놓였다. 왕의 통치 수단인 국왕회의에서 귀족들이 제외되고 그 대신 중산계급이거나 사법과 행정의 전문직에 종사하는 새 귀족들이 참여하였다. 헨리는 헌법적 절차를 중시하여 긴급한 변화는 의회의 입법에 의해 수행하였으나 헨리의 조종으로 왕을 지지하였다. 튜더 왕조는 엘리자베스 대에 이르러서 부강하고 국민의식의 유대가 강한 나라로 성장하였다. 이 같은 현상은 1588년 무적함대 아르마다[25]를 앞세운 스페인과의 전쟁에서

25) Duff Hart-Davis, *Armada*, (London: Bantam Press, 1988), 11-242.

승리를 통해 입증되었다. 그 결과 영국은 국민의식, 국민문학, 국가교회 및 국가적 안전보장을 확립한 국민국가로 발전하였다.

3.1.2. 종교적 배경

영국은 4세기 경 로마의 침략을 통해 복음을 접한 이래 종교 개혁 전까지 로마 가톨릭의 지배 속에 있었다. 약 1,000년 동안 영국은 가톨릭의 통제아래 유럽의 다른 나라와 같이 정치와 종교에 있어서 간섭을 받아야 했다. 때문에 이들의 종교의식은 영적 기쁨이나 감화, 자유함이 없이 생활 깊숙이 파고들어 형식화되고 의식화되었다. 신앙생활은 지극히 현세적이고 선행이나 구제 같은 외적 행동으로 발전하였다. 참된 진리에의 열망과 개혁 및 영적 각성은 먼 이웃의 이야기에 지나지 않았다. 종교적으로 성직자들은 일반 평신도들에게 별다른 영향을 미치지 못했고 또한 평신도들은 성직자들에게 기대하지 않았다. 그 결과 영국인의 종교성은 중세적 전통에서 탈피하지 못한 채 깊은 침체에 빠져 있었다. 그러나 헨리 8세의 등장과 함께 영국은 가톨릭과의 단절과 수도원 해체로 새로운 국면을 맞이하였다. 헨리 8세의 형 아더(Arthur)는 왕후 계승을 위해 스페인의 페르디난드와 이사벨라의 세 딸 중 막내인 캐더린과 1501년 11월 14일 결혼하였다. 그러나 아더는 몇 달 후에 죽어 캐더린은 과부가 되었다. 헨리 8세는 스페인과의 동맹을 위해 캐더린과 결혼하였다. 결혼 이후 헨리는 4명의 자녀가 사산 상태로 분만되든지 아니면 출생 후에 곧바로 죽었다. 그런 가운데 1516년 메리가 태어났으나 그 이후 출생한 자녀들 또한 사산하든지 아니면 유아 때 사망하였다. 1525년 헨리는 이혼하지 않으면 아들 계승자를 얻을 수 없다고 생각하였다. 아들 상속자가 없다는 것이 헨리를 괴롭혔다. 그리하여 헨리는 캐더린과의 결혼에 의문을 제기하였다. 월시 추기경은 계획에 따라 교황에게 캐더린과의 결혼은 합법적이 아니라고 요청하였다.

교황 클레멘트 7세는 헨리의 이혼과 재혼을 모두 허락하지 않았다. 이것은 도덕적이거나 성경적인 이유가 아니었기 때문이다. 교황은 당시 캐더린의 조카인 스페인 왕 찰스 5세로부터 정치적인 압력을 받고 있었다. 교황은 찰스 5세의 승인을 얻어야 헨리의 이혼을 인정할 수 있었다. 만약 찰스 5세가 이를 승인하면 결과적으로 자신의 고모에게 큰 피해를 줄 것이기 때문이다. 그러므로 교황은 그 요청을 거절하였다. 1532년 국회는 영국내의 성직자뿐 아니라 교황까지도 왕의 뜻에 따라야 한다는 법을 통과시켰다. 그 결과 성직자의 복종이라는 대주교회의 결정이 내려졌다. 이 회의에서 왕의 허가와 비준이 없으면, 어떤 새로운 교회법도 만들 수 없으며, 종래의 모든 교회법을 왕에게 제출해서 개정을 받으며, 32명의 개정위원회는 국회에서 16명을, 그리고 성직자들 가운데 16명을 왕이 선발한다고 규정하였다. 이 위원회는 왕의 특권을 해친다는 모든 조항을 삭제하였다. 대주교회의는 영국 교회는 왕의 허락 없이는 스스로 어떤 규율도 만들 수 없다고 하였다. 또한 중세 교회의 일반적인 법률이라도 왕의 견해에 의해서 국왕의 전권을 해칠 수 있다고 판단될 때에는 언제든지 폐지할 수 있었다. 그리고 첫 수입세를 교황이 아닌 왕에게 넘겨주도록 허락하였다.

1532년 켄터베리의 대주교 크램머는 국왕의 우위권을 지지하고, 교황으로 결코 치유될 수 없는 교회의 악법을 개혁할 수 있다고 보았다. 그리고 왕의 결혼을 무효라고 믿는 사람들을 대주교로 임명하였다. 이 때 영국 의회는 대주교의 법정이 영국 교회와 국민들의 가장 높은 교회 재판정이라고 선언하였다. 이 조치로 교황청은 영국에서 일어나는 모든 사태를 책임져야 할 상황이었다. 헨리는 국가정책과 열정에 사로잡힌 채 적법한 아들을 통해 왕위를 계승하려 하였다. 그리고 1533년 1월 25일 신분상 전혀 어울리지 않는 앤 볼린(Anne Boleyn)과 재혼하였다. 4월 11일 대주교 크램머는 왕에게 이혼문제를 자신의 법정에서 판결을 요청하였다. 그리고 (1) 형님의 결혼이 종결될 경우라도 형수와의 결혼에 어떤 승인도 부여할 수 없으며, (2) 아더와 캐더린과의 결혼은 종결되었으므로 왕과 아라곤의 캐더린과의 결혼은 무효임을 공표한 후, 6월 1일 대관식을 거행하였다.

이 일로 분노에 찬 로마 교황은 헨리와 캐더린과의 결혼은 적법하므로, 10일 이내에 캐더린을 복위하고 앤을 폐위케 하였다. 만약 불응할 시는 출교하겠다고 하였다. 로마의 행동에 영국의회는 (1) 교황에게 지불하는 첫 수입세의 금지법을 상기하고 그 어떤 수입이든지 로마로 보내서는 안 된다고 하였다. 그리고 동일한 법령에서 주교의 임명은 국왕의 승인권과 임명권을 받은 대성당의 수석 사제들과 참사원이 선출케 하였다. (2) 로마의 주교에게 베드로의 축제일에 각 세대주가 바치는 1페니 제도를 금지하였다. 또한 교황에게 모든 특별 사면권을 신청하지 못하도록 금지하였으며, 그와 같은 특별 면제권은 영국내의 교회에서 구하게 하였다. (3) 계승법(the Act of Succession)을 통과시켜 헨리와 아라곤의 캐더린과의 결혼이 무효라고 선언하였다. (4) 수장령(the Acts of Supremacy)으로 왕이 영국교회의 지존임을 천명하고, 왕은 교회를 시찰하고 교회의 과오를 바로잡을 수 있는 권한을 갖는다고 선언하였다. (5) 반역법(the Treason Act)을 통과시켜 왕의 칭호를 부인하는 자를 반역으로 규정하였다. 그리고 왕은 이단 혹은 분리주의자도 반역에 포함시켰다. 이것은 결국 성직자에 의한 교황의 우위권 포기(Abjuration of the Papal Supremacy by the Clergy)를 의미했다.

이러한 조치에도 불구하고 영국 교회는 과거와 동일하게, 다만 로마의 주교를 우주적 감독으로 인정하지 않았다. 그리고 영국 내 최고 교회법정은 로마가 아닌 영국의 왕실 법정이라고 하였다. 이것이 바로 1534년 3월 30일 의회가 규정한 성직자의 순종법으로, 이 후 대주교의 법정에서 로마로 항소하는 규정을 금지하였다. 혹시 항소할 경우는 대법관이 있는 왕의 법정에서 하도록 한 항소재판법을 제정하였다. 이로써 영국교회는 둘이 아닌 하나의 통치만을 강조하였다. 헨리는 영국 내에서 교회 위에 군림하는 특별권을 주장하며, 자신은 감독권을 어느 누구와도 나눌 수 없다고 하였다. 그는 때마침 불어 닥친 민족주의와 함께, 1534년 수장령을 선포하고 가톨릭과 결별한 후 교회의 수반이 되었다. 그렇지만 영국 교회는 이 직책을 수행할 만한 상황이 아니었다. 그 결과 나라 안에서는 종교개혁으로 인한 소요가 종종 발생하였다. 이 같은 상황에서 토마스 크랜머, 토마스 크롬웰, 휴 라티머는 종교개혁의 방향을 결정하기 위해 왕의 도움을 받아 10개의 신조와 훈령을 작성하였다. 1536년 작성된 이 신조는 「기독교의 안정을 위해 대왕 폐하께서 마련하신 신조」(*Articles devised by the Kyng's Highnes Majestie to stablysh Christian quietnes*)라는 제목으로 출판되었다. 이 신조는 영국 교회 최초의 교리로 목적은 국왕의 권위로 종교적 신앙과 형식의 일치와 화합을 추구하며, 모든 불화와 불일치를 완전히 근절시키는 것이었다. 먼저 신조의 5개 조항은 성경과 사도 신조, 니케아 신조, 아타나시우스 신조, 그리고 초대교회의 4대 에큐메니칼 공의회의 교리를 표준으로 하였다. 나머지 5개 조항은 예전으로 가톨릭의 전통을 대부분 수용하였다.[26] 결국 이

26) 그 중에 유아 세례를 포함한 세례, 죄의 고백과 사면을 상징하는 참회 성례는 구원에 유용하고 필수적이다. 본질적이고 참된 신체적인 그리스도의 피와 살이 빵과 포도주라는 형식으로 성체성사에 임재하며, 신앙에서 사랑 행위도 구원에 필수적인 요소이다. 한편 성상들은 교회 내에만 둘 것과 성자들과 동정녀 마리아는 중보자로 존경할 것이며, 성자들의 기도를 인정하

신조는 융통성 있는 루터파와 로마주의자들의 의견을 통합하며, 왕의 신학적 지식을 습득할 수 있도록 하였다.

한편 1536년 발표된 「훈령」(*Injunctions*)은 교황의 우위권을 폐지시키는 모든 법령을 제대로 준수토록 성직자들에게 촉구하였다. 그리고 영국의 왕을 영국 교회의 우두머리로 인정하는 지존법을 가르치도록 명령하였으며, 또한 교황이 영국에서 권력을 탈취해 갔음을 설교케 하였다. 뿐만 아니라 훈령은 성직자들에게 「10개 신조」를 백성들에게 교화하도록 촉구하였다. 1538년 발표된 훈령은 훨씬 더 진보적으로 모든 성직자들은 영어로 된 성경 한 권씩 갖추고 교회 한 곳에 비치해 둠으로 교구인들이 손쉽게 읽을 수 있게 하였다. 그리고 모든 그리스도인들이 탐독하고 따라야 할 하나님의 살아 계신 말씀이므로 성경을 읽지 못하도록 금지시키는 것은 유감이라고 하였다. 성직자들은 분기마다 최소한 한번은 설교해야 하는데, 이를 통해 그리스도의 복음을 선포하고, 성경이 명시한 믿음, 소망, 사랑을 실천하도록 권면해야 했다. 성직자들은 성경 밖에 있는 허상들, 예를 들면, 성지순례, 성상과 유물에게 돈이나 초를 바치는 것, 성상과 유물에 입을 맞추거나 혀를 대는 행위, 염주를 돌리며 말을 하거나 이와 같은 미신적인 행위를 하는 것을 금지시켰다. 교인들에게 밀랍으로 된 초, 가는 심지초, 혹은 입상들을 교회 내 성상들 앞에 비치하지 못하게 하였다. 그러나 10개 신조는 그렇게 환영을 받지 못하였다. 따라서 교인들과 하위직 성직자들이 항상 손에 갖고 있을 수 있는 간략한 신앙지침서를 마련하였다. 이 책이 바로 교직자들의 위원회가 작성한 기독교 신앙의 기초인 「주교의 책」이다.[27)]

10개 신조와 훈령의 출판으로 영국인들은 모국어로 성경을 읽을 수 있게 되었다. 그런데 토마스 아룬델은 「헌장」(*Constitutions of Thomas Arundel*)에서 누구든지 성

였다. 그밖에 성직자의 의복, 성수의 뿌림, 촛대의 날에 초를 운반하는 것과 성회수요일(Ash-Wednesday)에 재를 뿌리는 것 등은 선하고 칭찬받을 만한 예전과 의식으로 계속 지속되어야 하며, 연옥과 죽은 자를 위한 기도는 그대로 수용되었다. Thomas M. Lindsay, *A History of The Reformation*, (Edinburgh, T. & T. Clark, 1906), vol. 2., 333-334.

27) 4부분으로 구성된 이 책은 사도신경과 7성례전, 10계명, 주의 기도, 그리고 아베 마리아가 포함되었다. 여기에 10개 신조 외에 의인교리와 연옥 교리를 덧붙였다. 이 책은 1537년 영국의 대주교와 주교들에 의해 최종적으로 출판되어「주교의 책」(*Bishop's Book*)으로 불린다. 모든 성직자들은 매주일 강단에서 이 책의 일부를 교인들에게 큰 소리로 낭독하도록 명령받았다. 헨리 8세는 이 책을 자신의 생각대로 개정하여 1543년출판했는데, 보통은「왕의 책」(*King's Book*)으로 알려져 왔다.

경 본문을 책이나 소책자, 혹은 전단 형식으로 영어나 또 다른 언어로 번역하는 것을 금하였다. 그 이유는 위클리프의 번역을 방지하기 위함이었다. 그런데 틴데일은 루터처럼 히브리어나 헬라어 원문에 기초하여 성경을 영어로 번역하였다. 그 후 헨리는 그동안 금지되었던 위클리프의 성경을 교회에 비치하고 교인들이 자유롭게 대하게 하였다. 이 같은 개혁의 발전은 그의 사후 에드워드 6세가 왕위에 오르면서 더욱 활발해졌다. 에드워드는 유럽의 개혁자들을 초청하여 개혁을 돕도록 하고 영국교회가 유럽의 개혁국가처럼 개혁되기를 소원했다. 그 후 메리의 등극으로 영국교회는 혼란속에 수많은 순교자들을 배출하였다. 메리는 가톨릭에 헌신된 여인으로 그동안 이룩된 에드워드의 개혁을 무효화 시켰다. 이어 왕위에 등극한 그녀의 이복동생 엘리자베스 여왕은 중용정책으로 왕권을 굳건히 하고 어려운 난국을 해쳐나갔다. 정치와 경제적으로 자신과 안전을 도모했고 국가적 위상도 확고히 했으나 정치적 야망에 대한 그녀의 집요한 타협은 영국교회를 혼란에 빠뜨렸다. 따라서 교회의 바른 개혁을 주장했던 수많은 청교도들과 가톨릭의 반발을 사게 되었다. 결국 유럽의 교회들이 반동 종교개혁으로 혼란에 빠져 있을 때 영국은 그 같은 반동 속에서 살아남게 되었다. 그러나 영국교회는 개혁적이기보다는 가톨릭적 경향으로 기울었다.

4. 개혁의 지도자-순교자들

(1) 윌리암 틴데일(William Tyndale, 1490년-1536)[28]: 윌리엄 틴데일(William Tyndale)은 1495년경 웨일스(Welsh) 국경 마을 슬림브릿지(Slymbridge)에서 태어났다. 그는 맥댈런 대학(Magdalen College), 옥스퍼드 대학, 케임브리지 대학에서 수학했고, 1521년 사제 서품을 받았다. 그는 헬라어에 능통하여 성경을 통해 은혜를 받았다. 그는 이러한 체험이 모든 사람들에게 있기를 소원하였다. 당시는 4세기 제롬(Jerome)의 라틴어 성경이 사용되었으나 성직자들과 라틴어를 구사하는 일부를 제외하고는 아무도 성경을 읽고 이해할 수 없었다. 성경은 성직자와 귀족들만의 책

---

28) G. E. Duffield(ed.), *The Work of William Tyndale*, (England: The Sutton Coutenay Press, 1964), 1-401; Brian H. Edwards, *God's Outlaw: The Story of William Tyndale and the English Bible*, (Evangelical Press, 1982), 13-170; T. H. L. Parker(ed.), *English Reformers*, (London: SCM Press Ltd., 1966), 89-144.

이었기 때문이다. 그는 모든 평신도들이 성경을 자유롭게 읽고 성경의 근본적인 세계로 들어갈 수 있어야 한다고 믿었다. 그 방법은 영국에서 대중적인 언어로 성경을 번역하는 것이었다. 한번은 한 고위 성직자가 "성경을 보통 사람들이 읽을 수 있도록 영어로 번역한다는 것은 어리석은 일이오. 사람들이 필요로 하는 것은 단지 교황뿐이오. 교황의 법 없이 사는 것 보다 차라리 하나님의 법 없이 사는 것이 훨씬 더 낫소"라고 말하는 것을 들었다. 이 말을 듣고 틴데일은 "만일 하나님께서 내 생명을 지켜주신다면 수 년 안에 쟁기를 끄는 소년이 당신보다 더 많이 성경을 알 수 있게 할 것이오"[29]라고 응수하였다.

틴데일은 '뭄무스'(Mummus)라는 부유한 상인이 제공한 집에서 성경 번역을 시작하였다. 그러나 헨리 8세는 성경 번역을 금지하였다. 고위 성직자들은 성경번역을 반대했고, '뭄무스'에게 틴데일을 돕지 못하게 하였다. 상황이 악화되자 틴데일은 영국을 떠나 독일의 함부르크로 갔다. 그러나 그곳에서도 영국 가톨릭의 주교들과 성직자들은 첩자들을 고용하여 성경번역과 출판을 방해하였다. 틴데일은 거기서 신약 번역을 착수하여 1525년 쾰른(Cologn)에서 인쇄하여 4절판(quarto edition)으로 출판하였다. 이것이 최초의 영문판 신약 인쇄본이었다. 그러나 한 인쇄공이 성경인쇄 사실을 밀고하여 신변에 위협을 느낀 틴데일은 '보름스'로 피신하였다. 그는 그곳에서 신약을 8절판(octavo edition)으로 출판하여 3천부를 비밀리에 영국으로 반입하였다. 반입은 위클리프의 일파인 롤라드파(Lollards)에 의해 이루어졌다. 통 속에 넣어 다른 상품처럼 위장하고, 밀가루 속에 숨기는 등 모든 방법을 동원하여 영국으로 반입하였다. 반입된 성경들은 발각 즉시 불 태워졌다. 그렇지만 더 많은 성경이 계속 반입되었고 이제는 관리들도 그것을 막을 엄두를 내지 못할 정도였다.

마침내 워햄(William Warham, 1450-1532) 대감독은 독일에 있는 상인을 통해 인쇄된 모든 성경을 사들여 불태우기로 작정하였다. 그렇게 되면 더 이상 성경이 반입되지 않을 것이라고 생각하였다. 그러나 그것은 오산이었다. '패킹턴'이라는 포목상이 틴데일의 번역작업을 도왔다. 그는 번역 성경의 출판과 배부를 위해 많은 돈을 지원하였다. 패킹턴은 꾀를 내어, 대감독을 동조하는 듯이 위장하여 성경을 사들이겠다고 한 후, 틴데일이 독일에서 비싼 값에 팔기 때문에 자금이 많이 필요하

29) Robert Demaus, *William Tindale: A Contribution to the Early History of the English Bible*, (London: The Religious Tract Society, n. y.), 11-192.

다고 하였다. 대감독은 페킹턴의 요청에 "최선을 다해 전부다 매수하도록 하시오. 그 일에 얼마가 들던지 지불할 용의가 있소. 나는 그것들을 전부 불태울 것이오"라고 반겼다. 그는 자신의 말대로 틴데일에게 값을 풍족히 치루고 성경을 매입하여 영국으로 가져왔다. 물론 틴데일은 성경을 판매한 풍부한 자금으로 성경 재판작업을 더욱 원활히 해나갔다. 주교는 성경을 모두 불태움으로 영어 성경이 절대 생겨나지 않을 것이라고 믿었지만 오히려 더 많은 양의 성경이 인쇄되고 반입되는 역설적 현상이 일어났다. 이에 관리들은 더 이상 반입을 막을 수 없게 되었다.

당시 인쇄된 성경은 모두 18,000부로, 그중 2부가 현존하고 있다. 1534년 그는 신약성경 개정번역판을 냈으며, 구약성경 번역에 착수하였다. 1536년 모세오경과 요나서가 출판되었으며, 그 후 여호수아와 역대하가 번역되었을 때, 호의적이고 진실하다고 믿고 있었던, 주교가 보낸 첩자 '필립스'가 또 한 번 밀고하였다. 산책 중에 한 무리의 군대가 그를 향해 다가와, 결박하여 이송한 후 감옥에 가두었다. 틴데일의 투옥 2년째, 1536년 10월 6일 재판도 없이 이단으로 화형장에 끌려 나왔다. 화형대에서 남긴 틴데일의 마지막 기도는 "주여, 영국 왕의 눈을 열어 주소서"[30]였다. 틴데일은 튜더(Tudors)가문 출신의 헨리 8세(1491-1547, 1509년에 즉위)에 의해 화형되었으나 그의 딸 엘리자베스 1세(1558-1603) 통치 말기에 영국 의회가 성경번역을 논의하였다. 엘리자베스 1세 이후 튜더(Tudors)가문이 문을 닫고, 스튜어트(Stuarts, 1603-1714) 가문의 초대 왕인 제임스 1세가 틴데일이 화형한지 75년만인 1611년 틴데일의 영어번역 성경을 기초로 일명 '킹 제임스 성경'(흠정역, King James Version)을 발행하였다. 틴데일이 화형대에서 드린 마지막 기도는 75년 후 응답되었다. KJV 성경의 80퍼센트는 틴데일의 문체이다.

(2) 존 브레드포드(John Bradford, 1510-1555)[31]: 브래드포드는 맨체스터의 부유한 부모에게서 태어났다. 그의 부모는 군대 경험을 위해 입대시켰다. 브래드포드는 법조계에 들어가기 원했으나 1547년 토마스 샘슨(Thomas Sampson) 친구를 통해 극적으로 회심하였다. 한편 그의 친구 샘슨은 메리 여왕의 통치 때 귀양살이를 하였다. 브래드포드는 자신이 가졌던 귀중품들을 팔아 가난한 자들에게 나눠 주고

30) Robert Demaus, 11-192.

31) *The Writings of John Bredford*, ed., Parker Society, (Cambridge: The University Press, 1853), 2 vols.

케임브리지에서 목회를 준비하였다. 그의 지속적인 경건은 지속적으로 성장하였다. 케임브리지에 있는 동안 유럽에서 건너와 가르치던 개혁자 마틴 부처(Martin Bucer)의 영향을 받았다. 브래드 포드는 1550년 목사 안수를 받았다. 그는 어린 에드워드 왕(King Edward) 아래서 복음과 종교개혁의 교리를 강론하는 6명의 순회 목사로 피택되었다. 그의 힘 있는 설교에 대해, 존 폭스(John Foxe)는 "그는 입을 열어 날카롭게 죄를 꾸짖었고, 십자가에 못 박힌 그리스도를 부드럽게 설교했으며, 이단과 오류들을 강하게 질책하고, 경건한 삶을 진지하게 설득하였다."

브래드포드는 설득력있게, 주로 회개 설교를 하였고 같은 주제로 글도 썼다. 회개의 주제에 대한 브래드포드의 글은 영국에서는 첫 번째 활자화된 강해였다. 브래드포드는 회개에 관한 청교도의 강조를 시발시켰다. 또한 그는 청교도의 끊임없는 기도 행위의 선구자로 아침에 일어나 기도하고, 식사 전후와 일하기 전, 취침 전에 기도하였다. 브래드포드는 날마다 죄로부터 돌아서는 경건 훈련과 매일의 헌신으로 영적 일기를 쓰는 일에 모범이 되었다. 브래드포드는 서신을 통해 자신의 영적 기질을 보여 주고, 당시 지도급 크리스천들을 격려하였다. 또한 엘리자베스 여왕의 통치 때 청교도 목사들을 하나로 묶어 준 영적 동지애의 전례를 보여주었다. 1555년 존 브래드포드는 자신과 함께 장대에 달린 18세의 한 젊은 제자, 존 리프(John Leaf)에게, 불 타는 순간에 "형제여, 위로를 받소. 우리는 오늘 밤 주님과 함께 즐거운 저녁 식사를 하게 될 것일세!" 내향적이었던 그는 하루 4시간 수면하였으며, 항상 죄로 가책을 느끼며 살았다. 그리고 자신의 말을 듣고자 하는 자들에게 자신의 영혼을 숨김없이 들러내 주었다. 그는 폭포수 같은 메시지로 주변 사람들을 감동시켰다. 그는 자칭 하나님의 사자 천사로 자처하며 적극적으로 형제애를 도모하였다.

(3) 토마스 크랜머(Thomas Cranmer, 1489-1556): 1489년 노팅햄에서 태어났고, 예수 대학(Jesus College)과 케임브리지(Cambridge)에서 수학하였고, 1511년 대학의 특별 연구원이 되었다. 1520년대 초 에라스무스의 희랍어 신약성경을 논하기 위해 캠브리지의 화이트 호스(White Horse) 기숙사에서 회합한 소장 학자 그룹에 참여할 수 있는 인물이었다. 그 후 그는 영국의 종교개혁의 격동기에 개신교의 형성에 중요한 역할을 하였다. 일찍부터 루터의 저작을 탐독한 그는 수많은 시련과 유혹 중에 담담히 자신의 신앙을 지켜 나갔다. 그러나 생애 마지막에 있었던 변절 아닌 변절로 순교한 개혁자였다. 한 때 그는 헨리 8세의 총애를 입어 이후 형성된

성공회, 켄터베리의 초대 대주교가 되었다. 이 후 그는 복잡하게 얽힌 영국의 정치계와 종교계에서 자신의 프로테스탄트 신앙을 잃지 않고 교회 개혁에 앞장섰다. 영어 성경 출판에 힘썼으며, 두 권의 공중 기도서를 발간하여 영국국교회에 정통 전례서를 만들었다. 그는 '국왕은 건전한 사회를 조성하고 복음이 자유스럽게 전파되게 할 사명이 있음'을 굳게 믿었다. 헨리 8세의 사후 개신교 성향의 에드워드 6세가 즉위하자 날개를 단 듯 개혁을 펼쳤다. 그러면서 자신의 지위를 향유하지 않고 궁중의 온갖 음모와 술수에 흔들리지 않고 행동하였다.

그러나 그의 영광은 에드워드 6세가 요절하고 열렬한 가톨릭 교도였던 메리 여왕의 즉위로 빛을 잃었다. 메리 여왕의 개신교 제도를 벗겨내려는 가차 없는 시도로 당시 수많은 개신교 주교들이 화형을 당했다. 이런 상황에서 크랜머 역시 1553년 반역죄로 투옥되었다. 3년의 수감 생활로 쇠약해진 그는 회유와 협박에 못 이겨 결국 자신의 신앙을 철회하였다. 그러나 이내 통회의 눈물을 흘렸고, 1556년 화형장에서 자신의 신앙을 재천명함으로 남은 종교개혁자들에게 용기를 되찾아주었다. 위엄을 되찾은 그는 화형대에 올라 한 손을 타오르는 불길 가운데서 끝까지 치켜든 채 죽음을 맞이하였다.[32] 죽음의 순간까지 그는 겸손하게 자신의 생명을 주님께 드렸다.

(4) 토마스 크롬웰(Thomas Cromwell, 1st Earl of Essex, 1485-1540): 대장장이의 아들로 태어나 별다른 교육을 받지 못한 어린 시절을 보낸 토마스 크롬웰은 네덜란드 무역상인들의 허드렛일을 거들다가 피렌체 출신의 부자 상인에게 고용되어 이탈리아로 건너갔다. 크롬웰은 주인을 따라 교회에 열심히 다니던 중 바티칸에서 온 추기경의 눈에 들어 그의 밑에서 몇 년 간 영국 교회 사무일을 도맡아 성실함을 인정받았다. 잉글랜드로 발령받은 추기경의 개인 비서로 고국으로 돌아온 크롬웰은 능숙하게 라틴어와 프랑스어, 이탈리어를 구사하며 교회의 신임을 받았다. 법학 공부를 하던 중 추기경이 사망하자 왕궁은 그를 불러 의회의 일원으로 채용하였다. 그 후 왕의 캐서린과의 이혼을 성사시킴으로, 1531년 왕의 수석 장관에 임명되었다. 그리고 교황청의 수입원을 차단하였다. 이혼에 목숨을 건 왕에게 영국 국교회의 법률제정을 양도하고 영국 종교개혁의 새로운 헌법을 의회에 상정하였다. 교

32) Noel S. Pollared, "Thomas Cranmer", *The New International Dictionary of the Christian Church*, (Zondervan Publishing House, 1981), 269-270.

황청의 손발을 묶은 크롬웰은 1534년 의회에서 '수장령'을 통과시켜 헨리 8세를 영국 교회의 우두머리로 만들었다. 1534년 영국국교회는 로마교회에서 분리되면서 종교개혁을 단행하였다.

앤불린이 딸을 낳고 이듬해 아들을 사산하자 크롬웰은 성급히 앤의 시녀 제인 시모어를 왕비로 추대하였다. 그녀는 헨리 8세가 고대했던 아들을 낳지만 몇 개월 뒤 산후 휴우증으로 세상을 떠났다. 종교개혁의 단행으로 토지와 국유재산을 좀먹던 수도원들을 해산 시키고 재산을 몰수하여 왕권강화에 힘을 보탰다. 그 후 토마스 크롬웰은 독일 뒤셀도르프 건너가 왕의 새로운 아내가 될 클레브스 앤을 동반하였다. 클레브스 앤은 온건한 종교개혁파인 클레브스 공국의 둘째딸로 영국이 어떤 나라인지 모른 채 헨리 8세의 왕비가 되었다. 왕의 말을 전혀 알아듣지 못한 상태에서 초상화의 모습과 판이하게 다른 외모에 실망한 헨리 8세는 결혼 한지 6개 월 만에 또다시 이혼하였다. 이때를 놓치지 않은 크롬웰의 대적들은 왕의 이혼 책임을 추궁하며 구속하였다. 1540년 의회 회의에서 크롬웰은 사형을 선고받고 런던탑에 수감되었다. 크롬웰은 모든 지위를 박탈당한 채 왕의 이혼 수속기간 동안 사형집행이 미뤄졌다. 클레브스 앤과의 관계를 정리한 헨리 8세는 사형을 명령하고, 1540년 8월, 목을 도끼로 세번 내려쳐진 후 머리를 런던 브리지에 걸었다.[33] 그는 한때 왕의 두터운 신임 속에 종교개혁을 추진했고, 무엇보다 미천한 출신으로 의회에 들어가 왕의 최측근으로 궁중을 누빈 인생역정의 남자였다.

(5) 휴 라티머(Hugh Latimer, 1485-1555)[34]: 라티머는 1485경 잉글랜드 레스터셔 서커스턴에서 부유한 자작농의 아들로 태어나 케임브리지 대학교에서 공부한 뒤, 1510년경에 사제 서품을 받았다. 그 후 1530년까지 20년 동안 케임브리지에서 설교자로 명성을 얻었다. 처음에는 정통 로마 가톨릭 신앙을 가졌으나 1525년 마틴 루터의 새 교리들에 영향을 받은 젊은 케임브리지 성직자들을 만나게 되었다. 그는 이 단체의 영적 지도자 토머스 빌니(Thomas Bilney, 1495-1531)[35]에 감명을 받고

33) C. Peter Williams, "Thomas Cromwell", *The New International Dictionary of the Christian Church*, 271-272.

34) R. Demaus, *Hugh Latimer: A Biography*, (London: The Religious Tract Society, 1869), 1-528.

35) 영국 종교개혁의 초기 지도자 중에 한 사람으로 밀반입된 틴데일의 신약성경을 봉독함으로 개종하였다. 그리고 화형 중에 사도신경을 외우며, 동요하는 청중들에게 자신을 죽이는

개종하였다. 그 후 헨리 8세가 아라곤의 캐서린과 이혼하려 할 때, 그를 지지하는 연설을 하여 왕의 호감을 얻어, 1531년 윌트셔 웨스트 킹턴 성직록을 받았다. 그 후 당시 두각을 나타낸 2명의 종교개혁자와 사귀었는데 그 중 1명이 왕의 총리가 된 토머스 크롬웰이었다. 그리고 다른 1명은 훗날 캔터베리 대주교가 된 토머스 크랜머였다. 그러나 이들 유력한 지지자들도 라티머가 이단설을 가르쳤다는 혐의로 고소당했을 때 그를 두둔하지 못하였다. 1532년 1월 라티머는 종교재판관들 앞에서 연옥의 존재와 성인숭배의 필요성 등 특정 신조들에 동의를 거부하여 파문으로 투옥되었다. 1532년 4월 완전히 굴복 한 뒤에 석방되었다.

그럼에도 불구하고 크롬웰 덕분에 1535년 우스터 주교가 되었다. 1536년 경 종교개혁 지도자들 중에 한 사람으로 인정을 받았다. 1539년 영국에서 정통 가톨릭 신앙이 일시적으로 세력을 얻음으로 주교직을 빼앗겼고, 설상가상 1540년 크롬웰의 갑작스런 몰락으로 법정에서 자기를 변호해줄 지지자를 잃게 되었다. 헨리의 남은 재위 동안 라티머는 그늘에서 살았다. 그러나 이단혐의를 받아 런던탑에 수감되었다. 1547년 1월 어린 왕 에드워드 6세의 즉위 전 몇 달 동안 그곳에 갇혀 있던 중 새 왕조가 급속히 프로테스탄트교 쪽으로 기우는 바람에 재능을 발휘할 기회를 얻게 되었다. 그는 두려움이나 인기에 개의치 않고 자유롭게 설교하기 위해 옛 주교직을 맡아달라는 부탁을 거절하였다. 그의 설교는 많은 군중을 사로잡았다. 또한 시민들과 함께, 대목장(엔클로저) 제도는 인구감소 및 빈곤을 유발하는 제도라고 비판하였다. 그러나 가톨릭교도 메리 튜더의 등극으로 종교개혁의 이상을 확산시킨 인물로 지목되었다. 1553년 반역죄로 체포되어 옥스퍼드로 끌려가 재판 받은 후, 1555년 10월 16일 종교개혁자 니콜라스 리들리와 함께 화형되었다. 래티머는 불타 죽으면서 함께 죽어가는 리들리에게 "오늘 우리는 하느님의 은혜로 영국에서 영원히 꺼지지 않을 촛불을 켜게 될 걸세"[36]라고 격려하였다.

(6) 니콜라스 리들리(Nicholas Ridley, 1500-1555): 리들리는 1500년 영국 노섬벌랜드 사우스틴데일에서 태어났다. 1524년 케임브리지 대학교 펨브로크 홀 칼리지에서 공부하고 사제서품을 받았다. 프랑스에서 공부한 뒤 다시 케임브리지대학교로

이들에게 분노하지 않게 독려하고 운명하였다.

36) Arthur Pollard, "Hugh Latimer", *The New International Dictionary of the Christian Church*, 581-582.

돌아와 학문활동을 하였다. 1534년경 프로테스탄트 교리에 공감을 보이기 시작하였고, 1537년 캔터베리 대주교 토머스 크랜머를 따르는 성직자가 되었다. 1540년 펨브로크 칼리지 학장으로 선출되어 이 대학을 종교개혁파 신학교로 만드는 데 주도적인 역할을 하였다. 그 결과 이 대학은 영국 프로테스탄트 발전에 기여를 했으며, 그 후 캔터베리(1541)와 웨스트민스터(1545)의 참사회원으로 활략하였다.

헨리 8세의 통치 말기 가톨릭교도들의 반종교개혁운동 때 이단 혐의를 받았으나, 에드워드 6세(1547-53 재위)의 즉위 후 프로테스탄트 신앙이 급속히 파급됨에 힘입어 로체스터 주교로 임명되었다. 1550년 면직당한 보수주의자 에드먼드 보너를 대신하여 런던 주교가 되었다. 그가 주교로 있는 동안 런던 주교구는 영국 종교개혁의 본보기 였다. 그는 특히 성찬식 때 제단 대신 평범한 식탁을 사용하자는 운동을 벌여 화제를 불러 일으켰다. 또한 화체설, 즉 성찬식에서 축성을 한 뒤에 그리스도의 몸이 성찬식 빵에 임재한다는 교리를 부정하였다. 그는 제인 그레이라는 신교도를 에드워드 6세의 후계자로 삼자는 파를 지지했다가 1553년 7월 적법 계승자인 메리 튜더에게 체포되었다. 2년 뒤 휴 래티머와 함께 신앙을 철회하라는 명령을 거부한 끝에 1555년 화형당 했다.[37] 그는 정확하고 명석했으며 매우 논리적이었다. 리들리에 따르면 가톨릭은 썩은 두 기둥을 가지고 있다. 하나는 로마의 주교좌인 교황권이며 다른 하나는 사악하고 가증스런 주의 만찬교리였다. 만약 교회가 교황을 통해 어떤 것을 집행한다면 그것은 하나님이 아니라 악마이다. 그 주교좌는 사탄의 권좌이다. 주의 만찬이란 신의 권능을 가지고 있다고 자처하는 사제들이 그리스도의 죽음을 피와 살로 재현하는 것이 아니다. 그것은 오히려 그리스도의 희생을 의식으로 기념하는 것이며, 거기에서 기적의 능력은 오로지 성만찬을 받는 자들의 가슴속에서만 있는 것이다. 그밖에 다른 것들은 사소한 것들이었다.[38]

5. 헨리 8세의 개혁적 특징

(1) 정치적 기반과 왕권의 확립[39]: 비록 개인적인 문제였으나 헨리는 이를 기초

37) R. E. Nixon, "Nicholas Ridley", *The New International Dictionary of the Christian Church*, 847-848

38) 레이시 볼드윈 스미스, 「바보들, 순교자들, 반역자들」, 김문호 역, (지호, 1998), 30.

로 가톨릭과의 종속적 관계를 청산하였다. 그리고 독자적으로 왕권을 확립하여 자신이 영국의 최고 통치자임을 천명하였다. 이를 위해서 헨리는 사절단을 독일로 보내 그곳의 교직자들의 동의를 얻으려 하였다. 당시 개혁자 루터는 이를 비웃었다. 독일의 신학자들은 이구동성으로 헨리와 캐더린과의 결혼은 이루어져서는 안 될 것으로 생각하였다. 하지만 일단 성사된 이상 깨뜨릴 수는 없다고 보았다. 영국은 멜란히톤의 동조를 얻기 위하여 온갖 노력을 기울였다. 당시 신학적 조예가 있는 존 폭스(Foxe) 주교는 멜란히톤에게 70파운드의 선물을 바치기도 하였다. 그리고 크롬웰의 명령에 따라서 케임브리지에서는 멜란히톤의 저서를 연구하였다. 헨리는 멜란히톤에게 칭찬하는 편지를 보냈다.

그리고 그로부터 「주제」(*De Locis Communibus*)의 헌정본을 받았다. 헨리는 히어포드의 피택 주교인 폭스(Foxe, Bishop elect of Hereford)와 켄터베리의 집사장 히쓰(Heath), 루터파 신학자 반스(Barnes)로 구성된 사절단을 파송하였다. 이들은 슈말칼트(Schmalkald)에서 개신교 제후들을 만나 오랫동안 논의하였다. 연방 제후들과 헨리는 많은 점에서 의견의 일치를 보았다. 그 중에 하나는 교황의 우위권을 단호히 거부했으며, 교황과 황제가 소집한 어떤 의회의 칙령에 결코 매이지 않음을 선언하였다. 그리고 자국의 주교들과 설교자들에게 그러한 의회의 칙령은 무효이며, 효력이 없는 것으로 선언하였다. 독일 제후들은 헨리에게 슈말칼트 동맹의 수호자라는 칭호를 하사하였다. 그러한 동맹의 조건은 영국 교회와 국왕이 아우구스부르크 신앙고백의 신학을 받아들일 것과, 루터파 교회의 예전을 채택하는 것이었다. 결국 독일 교회의 무리한 요구로 동맹은 파기되었다. 그 후 영국의 사절단들은 슈말칼트에서 비텐베르크로 가서 루터와 멜란히톤을 포함한 많은 교직자들을 만나 교리적인 문제를 논의하였다. 헨리는 비텐베르크 회의가 끝나기 전에 독일과의 동맹은 불필요하다는 것을 알았다. 이혼의 당사자였던 캐더린은 더 이상 견디지 못하고 1536년 1월 7일 사망하였다.[40)]

---

39) Owen Chadwick, *The Reformation*, (The Pelican History of the Church, Penguin Books, 1988), 26-27.

40) 유언에서 캐더린은 자신의 사랑하는 딸 메리에게 그가 스페인에서 가져온 금목걸이를 전하였다. A. G. Dickens, *The Age of Humanism and Reformation,* (London: PHI, 1977), 172-181.

(2) 개혁의 신학적 기초 확립과 수도원의 해체: 이는 다양한 선언과 문서를 통해 증명되었다. 예를 들면, 10개 신조의 작성과 훈령, 주교의 책과 영어 성경의 출판 및 교회의 비치였다. 특히 틴데일의 성경 출판으로 영국인들은 모국어로 성경을 읽게 되었다. 그리고 헨리는 토마스 크롬웰의 감독아래 수도원에 대한 순찰을 명령하였다. 그리고 1536년 의회는 「소규모 수도원의 해체」(*The Dissolution of the Lesser Monasteries*)라는 법을 통과시켰다. 이로써 연 200파운드 이하인 수도원의 모든 토지는 왕에게 귀속되었으며, 아울러 토지에 귀속된 모든 장식물, 보석과 여타 물품들까지 왕에게 넘겨졌다. 거처를 잃은 수도사와 수녀들은 보다 큰집으로 집단 수용되든지 아니면 일정한 보호조치를 받았다. 수장에게는 생계에 충분한 연봉을 지불하였다. 이렇게 취득한 토지는 왕실의 막대한 부를 이루었다. 그러나 연금이 필요한 왕은 수도원의 토지를 궁정 관리들에게 싼값으로 팔았다. 그리하여 지방 호족들의 숫자와 세력이 급속히 증가하였다.

1538년 미신적 습관을 조사하고 흉측한 유물들을 제거하였다.[41] 예를 들면, 성 베드로의 머리털과 수염, 성 스데반이 맞아 죽은 돌, 순교자 성 도마의 머리카락과 뼈, 성모 마리아의 젖과 다른 두 개의 뼈가 담긴 작은 수정 유리병, 영국에서 가장 값진 유물로서 카버샴(Caversham)으로 주님의 옆구리를 찌른 창의 머리 부분을 가져왔다는 한 쪽 날개의 천사, 성 베드로가 벤 말고(Malchus)의 귀, 황금 판과 돌로 뒤덮여서 윈체스터에 보관되어 있는 성 빌립의 발이었다. 기적을 일으킨다는 성상들을 런던으로 가져와서 무차별적으로 자행된 사기극을 군중들에게 폭로하였다. 그리고 수도원의 재산을 몰수하여 자신의 부동산으로 삼았다. 그는 반란에도 불구하고 성소와 수도원을 강탈하고 캔터베리의 성 토마스 성소의 장식물을 벗겨내 26수레나 되는 금과 은을 챙겼다.

(3) 유럽-독일 개신교도들과의 동맹체결: 1539년 헨리는 슈말칼트 동맹의 군주들과 협상을 진행하였다. 그리하여 왕은 삭소니의 요한 프리드리히의 처제인 클리

---

41) 그 중에 하나는 나무와 돌로 만든 많은 성인들이 지켜보는 가운데, 당시 은총의 십자가라고 불리는 수염달린 예수의 십자가 처형상은 로체스터의 주교가 설교하는 동안에 머리를 돌리고 눈을 돌리고 입에 거품을 물고 눈물을 흘렸다. 켄트 스타일의 입상으로 만든 종자 성자들도 동일한 행동을 취하였다. 그리고 월싱햄(Walsingham)의 동정녀, 캔터베리의 성 토마스와 다른 성상들도 동시에 동일한 행동을 취할 것으로 보였다. 이러한 사기극이 철저히 폭로됨으로 모든 사람들은 수도사들과 야비꾼들의 조작에 몹시 분개하였다.

브스의 앤(Anne of Cleves)과 결혼함으로 독일 루터파와의 관계를 공고히 하였다. 그리고 6개의 안건을 논의했는데, "성찬식에서 제단 위에 있는 빵과 포도주가 본질적으로 피와 살로 화체되는 것인지 아닌지? 사제가 하나님의 법에 의해 결혼할 수 있는지 없는지? 남자나 여자의 정절 서약이 하나님의 법에 의해 구속력을 갖는지 아닌지? 구두 고백이 하나님의 법에 의해 필요한 것인지 아닌지? 개인 미사가 하나님의 말씀과 상응하는 것인지 아닌지? 제단 위의 성만찬을 하나님의 말씀에 의해 이종(二種)으로 집행할 것인지 아닌지? 였다. 주교들의 의견은 둘로 나뉘었으나, 국회는 「6개 신조법」(*Six Articles Act*)[42]을 제정하였다. 화체설을 부인하거나 혹은 성찬을 경멸하는 것은 이단으로 간주되어 화형에 처해졌고 재산은 몰수되었다. 성만찬을 이종으로 배수해야 한다고 가르치거나 혹은 사제, 수도사, 수녀 등이 독신을 서약했으나 결혼할 수 있다고 말하면 악당으로 처형되었다. 이미 계약된 모든 성직 결혼도 무효이며, 성직자의 무절제는 재산과 성직록을 몰수당했다. 특별위원회를 모든 지방에 분기마다 개최하여 이 법령의 집행을 독려하였다. 헨리는 마지막 몇 년 동안 야만적인 방법으로 이단들을 심문하고 정죄하였다.

헨리는 1540년 7월 28일 클리브스의 앤은 로레인의 자작의 아들과 약혼했었다는 이유를 내세워 제거하였다. 그리고 「기독교인에 관한 규정」(*Institution of a Christian Man*)이라는 교리지침서를 출간하였다. 1543년 5월 19일에는 두 번째 지침서인 「기독교인에 필수적인 교리와 학식 및 영국의 국왕 폐하의 진술」(*A Necessary Doctrine and Erudition for any Christian Man; set forth by the King's Majesty of England*)을 출판하였다. 이 지침서는 기본적으로 첫 번째의 개정판으로 크랜머가 신앙부분을 기록하였고 대주교회의에서 일부를 개정하였다. 왕은 이 지침서를 추천하면서, 모든 국민들에게 꼭 필요한 참되고 완전한 교리라고 천명하였다. 이 지침서는 첫 번째와 달리 화체설, 성자에 대한 기도, 성직자의 독신을 가르침으로 대다수 영국인들의 신앙을 정확하게 대변하였다. 특징은 중세 신학에 매달렸으나 교황청을 증오하였다.[43]

---

42) 이것은 일반적으로 6개의 가죽끈이 달린 피 묻은 채찍으로 불리었다.

43) A. G. Dickens, *The Age of Humanism and Reformation*, *op. cit*., 172-181. Thomas M. Lindsay, *A History of The Reformation*, (Edinburgh: T. & T. Clark, 1906), vol. 2., 349-350.

6. 에드워드 6세의 종교개혁

1547년 헨리 8세는 절반의 개혁을 이룬 상태에서 타계하였다. 왕은 죽었으나 사회 도처에서 혁명이 지속되었다. 쫓겨난 소작인들과 수도원을 잃은 수도사들이 반란을 주동하면서 국가 재정은 어려웠다. 설상가상으로 화폐가 평가 절하되어 경제적 혼란이 가중되었다. 새로운 귀족들은 착취하여 얻은 재산으로 부를 누리며 세습적인 명령을 외면하였다. 이러한 상황에서 9세의 에드워드 6세(Edward VI)는 삼촌 섭정자 섬머셋트 공작(Duke of Somerset)과 허트포드 백작(the Earl of Hertford)의 보호아래 2월 20일 국왕 대관식을 올렸다. 어린 왕은 모든 주교들에게 새로운 직임을 부여하고, 부친의 대장상 이오테슬리(Wriothesley)를 사직 시킴으로 개혁에 활력을 불어넣었다. 이러한 변화는 성직자들과 교구위원들은 자신들이 소속한 교회의 벽 거리 성상 제거로 나타났다. 그리고 그 자리에 성경본문을 주제로 그림을 그렸으며, 설교가 발로우(Barlow) 박사가 교회 내에 성상 비치를 공격함으로 포츠모쓰(Portsmouth) 교회의 성상을 제거하였다. 7월 31일에는 의회에 변화가 일어났다. 의회는 주교들에게 「훈령」(Injunctions)을 내렸다. 훈령은 주교들에게 로마의 주교가 권력과 관할권을 찬탈했음을 설교토록 명령하였다. 그리고 지금까지 순례의 대상물이던 모든 성상을 파괴할 것과, 예배 시에 복음서와 서신서를 영어로 낭독하며, 기도문을 행진하면서 암송하거나 노래하지 말며, 경건하게 무릎을 꿇도록 지시하였다. 그 다음 단계로 의회는 「12설교」(*Twelve Holilies*)를[44] 발표하여 백성들의 무질서한 설교를 경계시켰다. 그런데 이 설교들은 교리보다는 경건한 생활을 위한 것들이었다.

(1) 시찰: 1547년 왕위에 오른 에드워드는 수년에 걸쳐 전국을 시찰할 계획을 세웠다. 계획에 따라서 제임스 가드너 박사는 1551년 글루스터(Gloucester) 교구를 방문한 결과를 기록한 문서를 찾아서 주석을 곁들여 인쇄하였다. 국왕의 방문 목적은 영국 성직자들의 설교가 어느 정도인지를 파악하기 위함이었다. 이 보고서에서 가드너 박사는 311명의 성직자를 시험한 결과 171명이 십계명을 기억하지 못했으며, 그 중에 34명을 제외한 나머지 사람들은 성경의 주요 장 제목을 알지 못했다. 10명

---

44) 이 중에 3개는 토마스 크랜머가 작성하였다. 내용은 교리가 아닌 경건 생활에 힘쓰도록 하는 것이었다.

은 주기도문을 몰랐으며, 27명은 주기도문의 저자가 누구인지 몰랐다. 그리고 30명은 주기도문을 어디에서 찾을 수 있는지를 몰랐다.[45)]

(2) 시편 운문의 사용: 당시 의회는 전 예배를 영어로 드리며 설교가 중심이 될 수 있도록 하였다. 그리고 1547년 토마스 홉킨스(Thomas Hopkins)는 시편을 운문 형태로 각색하여 개인적으로 그리고 교회에서 부르도록 하였다. 그 결과 프랑스와 독일에서처럼 각색된 시편이 백성들 사이에서 널리 활용되었다. 나중에 대주교 윌리암 라우드(William Laud, 1573-1645)는 이 시편을 부르지 못하도록 모든 노력을 기울여 방해하였다.

(3) 법률개정과 공예배의 규정: 에드워드의 첫 번째 의회는 영국의 반역죄를 규제하는 법을 크게 개혁하였다. 이로 인해 헨리 8세의 장관인 토마스 크롬웰이 세심하게 제정했던 절대적인 정부형태가 완전히 사라졌다. 종교 문제에 관한 왕의 우위권이 여전히 보전되었으나 「6개 신조」는 법률집에서 삭제되었다. 뿐만 아니라 리차드 2세 이후 지속된 모든 이단법도 삭제하였다. 반역을 규제하는 법은 에드워드 3세의 법으로 규정하였다.[46)] 이로써 영국 국민은 오랜만에 자유를 누리게 되었다. 1547년 11월과 12월에 소집된 대주교회의는 이중 성찬을 만장일치로 합의하였다. 하지만 미사의 기본 언어들은 아직까지 라틴어로 하되, 예식에 있어서는 7개의 영어 기도문을 삽입하였다. 의회는 동시에 미신적인 전통들, 예를 들면, 성 금요일 날 십자가로 기어오르는 것과 성회 수요일 날 재를 사용하는 것, 종려주일날 종려나무를 사용하는 것, 성촉절(Candlemas)에 초를 사용하는 것을 금지하고 교회로부터 모든 성상을 제거하였다. 성직자의 결혼을 반대하는 모든 교회법은 53/12의 찬성으로 무효화하였다. 이 두 가지 결정이 국회에 통보된 이후부터는 아일랜드를 포함한 영

---

45) 당시 글루스터의 성직자들에게 3가지 제목 아래 매 제목마다 3개씩 모두 9개의 질문을 던졌다. (1) 계명이 몇 개입니까? 그 계명은 어디에 있습니까? 반복하시오. (2) 기독교 신앙의 신조가 무엇입니까? 반복하시오. 성경 어디에서 찾을 수 있는지 말하시오. (3) 주의 기도를 반복하시오. 이것이 주님의 기도라고 어떻게 아십니까? 어디에서 찾을 수 있습니까? 311명 중에 오직 50명만이 질문에 대답하였고, 그 50명 중에 19명은 어물쩡하게 대답하였다. 8명의 성직자는 아예 하나도 대답하지 못했다. 전체 311명 중에 단지 3-4명만이 설교할 수 있었다. 그러므로 엘리자베스 아래 청교도들은 설교의 필요성을 끊임없이 강조하였다. Thomas M. Lindsay, *A History of The Reformation*, (Edinburgh: T. & T. Clark, 1906), vol. 2., 353-354.

46) G. R. Elton, *The Tudor Constitution, Documents and Commentary*, (Cambridge University Press, 1962), 67-68.

국 전역에서 합법적으로 실시되었다. 그리고 지금부터는 국왕이 주교를 직접 임명하며, 주교들의 총회도 왕의 이름으로 모이게 하였다. 두 번째 법에 의하면 모든 대학, 교회의 부속예배당, 길드 등의 모든 재산은 몇 가지의 특별한 예외를 제외하고는 왕에게 바친다고 선언하였다.

(4) 「공예배 지침서」(*The Book of the Common Prayer*): 1549년 작성된 기도서는 일반적으로 「국왕 에드워드 6세의 제 1기도서」(*The First Prayer-Book of King Edward VI*)로[47] 불린다. 이 기도서는 위임받은 위원회가 크랜머의 여러 예배와 관련된 질문을 답변하는 과정에서 작성되었다. 당시 크랜머는 이 기도서의 책임자로 부분적으로 독일 루터파 예식을 따랐다. 예전은 단순화 되었으나 아직 의식적이고 전통적인 복장 관습들이 유지되었다. 그 과정에 성경의 권위보다는 전통과 관습이 강조되었다. 화체설은 확고히 버렸으나 보수적인 옛 신앙인들이 참여하였다. 빵과 포도주를 주고받는 것을 그리스도의 몸과 피의 배수(拜受)로 호칭하였다. 십자가를 긋는 행습은 예식서의 가르침을 따랐다. 이 기도서의 출현으로 에드워드 통치기에 제1단계 종교개혁이 막을 내렸다.[48]

(5) 대륙의 개혁자들의 입국: 영국 법령의 개정으로 피의 6개 신조와 반역을 규제하는 법률이 취소되었다. 따라서 독일과 스위스에 망명해 있던 사람들이 영국 본토로 돌아왔다. 1547년 4월 찰스 5세가 독일 개신교도들을 뮐베르크 전투에서 격퇴하자, 영국은 수년 동안 대륙에서 피난 온 개신교도들의 피난처가 되었다. 이들은 영국의 종교개혁에 원동력이 되었다. 스트라스부르크를 떠난 마틴 부처(Martin Bucer)는 케임브리지에 망명하여 그곳 대학에서 가르쳤다. 이탈리아의 신도인 피터 마터 베미글리(Peter Martyr Vermigli)와 베르나디노 오치노(Bernardino Ochino)는 크랜머의 초청으로 영국에 입국하였다. 아를스의 피터 알렉산더(Peter Alexander of Arles)와 폴란드 출신 존 알 라스코(John a Lasco)도 영국에서 환대를 받았다. 이러한 상황에서 의회는 종교의식의 통일령을 강화하여 로마교에 동조하는 자들을 반대

---

47) 본 기도서의 원 제목은 「영국 교회의 조례에 따른 교회의 예전과 의식, 성례의 집행과 공동기도서」(*The Boke of the Common Praier and Administration of the Sacramentes and other Rites and Ceremonies of the Churche after the use of the Churche of England*)이다.

48) Owen Chadwick, *The Reformation,* (The Pelican History of the Church, Penguin Books, 1988), 119.

하였다. 즉시 수많은 로마주의 주교들이 교구를 떠나게 되었다. 이 때 빈자리를 커버데일(Coverdale), 리들리(Ridley), 포네트(Ponet), 그리고 스코리(Scorey) 등이 대신하였다. 프랑스의 노예선에 갇혀 있던 존 낙스는 영국 정부의 노력으로 석방되어 왕실 설교자가 되었다.[49]

(6) 제 2 기도서: 1549년 제1기도서 이후 에드워드 6세는 「제 2기도서」(*Second Prayer-Book of King Edward the Sixth*)를 작성하였다. 1551년 1월 크랜머는 개정을 놓고 주교들과, 당시 영국에 거주하던 해외 신학자들과 협의하였다. 그리고 영국 교회의 예배가 대륙의 개혁자들의 예배와 조화를 이루기 위해 각종 의식을 정비하였다. 그러므로 공동기도서의 서문대로, 이 책을 신실하고 경건하게 읽고 해석할 것이며, 또한 완전케 하기 위해 말씀한 대로 권위에 의해 해석해야 하였다. 이 기도서는 현재 영국 교회에서 사용하고 있는 공동기도서와 별 차이가 없다. 그런데 에드워드 6세의 제1기도서와 제2기도서의 차이는 성찬예배로, 미사의 중재 사상을 제거한 것이었다. 제단이란 용어 대신 상(床)을 사용했으며, 목사와 사제를 동등하게 사용하였다. 목사는 성찬배수나 목회사역 동안 장백의(Alb), 제복(Vestment), 코우프(Cope)를 사용해서는 안 되지만, 대주교나 주교는 주교복(rochet)을 입게 하였다. 그리고 사제와 집사는 백의(surplice)만을 착용해야 했다. 제단 중앙에 서기 보다 상의 북쪽에 설 것이며, 성찬상을 교회의 동쪽 끝에서 들어내 성단소(chancel, 성가대와 성직자의 중간 위치)에 두었다. 무교병 대신에 일반 빵을 사용토록 하였다. 제1기도서에서는 성찬배수 때에 성가대로 하여금 그리스도께서 성물에 임재하기를 비는 아그누스 데이(*Agnus Dei*, 하나님의 어린양)를 노래하도록 명령하였다. 그러나 제2 기도서에서는 이것을 삭제하고, 성찬배수가 아닌 다른 곳에 글로리아 인 엑셀시스(Glorias in Excelsis, 높이 계신 주께 영광)를 삽입하였다. 그리고 여기에 십계명을 최초로 도입하였다. 또한 성찬 참여자들이 무릎을 꿇고 성물을 받는 것을 제2 기도서에서 제거하였다. 왜냐하면, 무릎 꿇는 것이 우리가 육적으로 받아들이는 성례전적인 빵이나 포도주에 혹은 그리스도의 본래적인 살과 피가 실재적으로, 그리

49) Henry Cowan, *John Knox: The Hero of the Scottish Reformation*, (London: G. P. Putnam's Sons, 1905), 1-392; Jasper Ridley, *John Knox*, (Oxford: At the Clarendon Press, 1968), 1-530; Stewart Lamont, *The Swordbearer, John Knox and the European Reformation*, (London: Hodder & Stoughton, 1988), 1-187.

고 본질적으로 임재하는 데 대한 아무런 경배도 아니기 때문이다.[50]

에드워드는 통일령에서 왕국 내 모든 사람들이 이를 준수하지 않으면 처벌을 받을 것을 명시하였다. 그리고 곧바로 영국 교회가 받아들인 「42개 신조」(*Forty-two Articles*)가 마련되어 1553년 6월 12일 왕의 사망 한 달 전에 반포되었다.[51] 이것은 엘리자베스 시대에 「39개 신조」(*Thirty-nine Articles*)의[52] 근본이 되었다. 에드워드 6세의 통치 동안에 크랜머가 기초한 「교회법의 개혁」(*Reformatio Legum Ecclesiasticarum*)이 작성되었다. 1544년 대주교는 32명의 위원회를 구성하여 영국 교회의 행정과 훈련을 규제할 수 있는 조문들을 기존의 교회법에서 발췌하였다. 그리고 8명의 소위원회를 통해 재구성된 교회법은 의회에서 거부되었다. 왜냐하면, 이 법은 각종 이단을 사형에 처하였으므로 박해를 가하는 정부에게는 잔인한 무기였기 때문이다.[53]

(7) 복장논쟁: 엘리자베스 시대의 청교도 운동은 에드워드 때 시작되었다. 당시 청교도 운동을 주도한 지도자는 존 후퍼(John Hooper, 1495-1555)[54]였다. 그는 열렬한 츠빙글리의 추종자로서 존경받는 지도자였다. 그에 의하면 성직자들의 구별된

---

50) 성찬 참여자에게 성찬을 베풀 때, 사제는 제1 기도서를 따라서 이렇게 말한다. "당신에게 주신 우리 주 예수 그리스도의 살은 당신의 몸과 영혼을 영원한 생명으로 보전해 줄 것입니다". 그리고 나서 목사가 피를 베풀 때에 모든 참여자들에게 한 번 마실 분량을 주면서, "당신을 위해서 흘리신 우리 주 예수 그리스도의 피는 당신의 몸과 영혼을 영원한 생명으로 보전해 줄 것입니다". 그런데 제2 기도서에서는 목사가 빵을 베풀 때에, "당신을 위해서 죽으신 그리스도를 기억하면서 이것을 받아 먹으십시오. 그리고 믿음과 감사함으로 당신의 마음속에 있는 그리스도를 살찌우십시오". 그리고 나서 목사는 잔을 베풀 때에, "당신을 위해서 피를 흘리신 그리스도를 기억하면서 이것을 마십시오. 그리고 감사하십시오".

51) The Two Liturgies, *A.D. 1549 and A.D. 1552: With other Documents set forth by Authority in the Reign of King Edward VI*, (Cambridge: The University Press, 1864), 1-582.

52) B. J. Kidd, *The Thirty-nine Articles*, (London: Rivingtons, 1919), 2 vols; Edward Harold Browne, *An Exposition of the Thirty-Nine Articles: Historical and Doctrinal*, London: Longmans, Green, and Co., 1865, 1-837; Evan Daniel, *The Prayer-Book: Its History, Language, and Contens,* (London: Wells Gardner, Darton & Co., Ltd., 1905), 1-672.

53) Philip Schaff, *History of the Christian Church,* (Michigan: Grand Rapids, 1910), vol. vii, 72-73.

54) The Parker Society(ed.), *Early Writings of Bishop Hooper*, (Cambridge: The University Press, 1843); *Later Writings of Bishop Hooper,* (Cambridge: The University Press, 1852)

복장을 반대하였다. 후퍼는 글루스터 교구의 주교직을 맡으면서 정부와 처음으로 접촉하였다. 하지만 그는 주교의 위임식 때 서약을 하지 않고 주교의 제복을 아론의 옷으로 간주하고 거부하였다. 그리하여 청교도 논쟁이 시작되었다. 1550년 8월 28일 당시 츠빙글리파인 미크로니우스(Micronius)가 취리히의 불링거에게 보낸 편지에 의하면, 국왕이 후퍼를 글루스터의 주교직에 임명하였으나 그는 모든 교황적인 미신을 면전에서 제거하지 못하면 그 자리를 받아들일 수 없다고 하였다. 그 후 다시 주교들에게 하나님과 성자와 복음의 이름으로 일종의 서약 명령이 내려졌을 때, 후퍼는 불경스러운 서약을 할 수 없다고 거부하였다. 그 후 국왕이 참석한 의회에서 후퍼는 서약은 사람의 마음을 아시는 하나님의 이름으로만 이루어져야 한다고 하였다. 후퍼의 설득력 있는 논증에 국왕은 스스로 펜을 들어 피조물에 의한 서약 구절을 삭제하였다. 그리고 이 행동보다 더욱 경건한 행동은 없다고 하였다. 그리고 후퍼는 국왕이 캔터베리의 대주교에게 보내는 편지에서 위임식을 미신적인 형식 없이 거행할 수 있다는 허락을 받았다. 하지만 런던의 주교 리들리는 의회ㅏ원들에게 제복4의 사용이 별것 아닌 것으로, 그리고 교회 내에서의 의식은 견해차이일 뿐이라고 하였다. 그 결과 많은 사람들이 리들리에게 설득되었고, 협의회나 서면으로 진행되는 중에 논쟁이 종식되었다. 후퍼는 스스로 포기하고 일상적인 형식으로 주교에 취임하였다.

7. 메리의 등극과 통치

1553년 7월 6일 국왕 에드워드가 갑자기 사망하자, 후임 통치자에 대한 문제가 제기되었다. 메리는 스페인 혈통 아라곤의 캐서린의 딸이었다. 그녀의 부친 헨리 8세의 사생아 였으나 로마를 뜨겁게 사랑하였다. 당시 섭정 노덤버랜드(Northumberland) 공작이 채택한 계승법은 왕위를 튜더 가문의 전통 사수였으나, 사망한 에드워드의 누이 메리와 엘리자베스를 제외시켰다. 반면 스코틀랜드의 여왕은 헨리 8세의 큰 누이 마거릿의 손녀이기 때문에 적법한 후계자였다. 따라서 그의 누이 동생 메리의 대리자 레이디 제인 그레이(Lady Jane Grey)를 여왕으로 선정하였다. 왜냐하면, 왕과 의회는 다 같이 가톨릭교도에게 왕좌를 물려서는 안 된다고 생각했기 때문이다. 그러나 영국의 국민들은 비록 독재를 했으나 백성과의 관계를 잃지 않은 옛 군주의 혈통 메리를 원하였다. 37세에 왕위에 오른 메리는 당시 11세 연하의 스페인의 필립과 결혼하였다.

(1) 국회법의 부활과 훈령반포: 메리는 대법권 가디너(Stephen Gardiner, 1483-1555)를 탑(Tower, 감옥)에서 석방하여 장관에 임명하였다. 가디너는 여왕의 결혼을 제외하고는 황제 찰스 5세와 일치하였다.[55) 1553년 8월 18일 발표한 「신앙에 관한 포고」(Proclamation about Religion)에서 메리는 백성들에게 조용한 성품과 기독교인의 사랑의 행위로 함께 살자고 권면하였다. 그리고 지금까지 자신이 공언해 온 신앙을 지지할 것을 선언하였다. 이 포고문에 의하면, 승인받지 않은 설교는 금지했으며, 어떠한 책, 사건, 민요, 운문, 막간극, 소송절차 혹은 논문, 어떠한 막간극을 연출하는 것 등을 여왕의 자비로운 승인을 서면으로 받지 않는 한 인쇄할 수 없다고 금지하였다. 이것은 개신교도들의 문헌을 메리의 허락없이 백성들이 읽는 것을 방지하려는 의도였다.

1553년 10월 5일부터 12월 6일까지 개최된 의회는 종전의 결정을 번복하였다. 그리고 헨리 8세와 아라곤의 캐더린과의 결혼은 유효하다. 따라서 메리는 적법한 왕위 계승자이며, 에드워드 6세의 모든 종교적인 입법조치를 폐기하였다. 메리는 자신에게 주어진 권한으로 중세적인 의식과 예배 회복을 포고하고, 12월에 미사를 복원하였다. 그리고 10월 19일 스페인의 필립과 결혼을 약속하고 1554년 1월 12일 서명한 후 3월 약혼하였으며, 7월 25일 결혼하였다. 하지만 이 결혼을 반대한 크랜머, 리들리, 후퍼, 커버데일, 라티머를 투옥하였다. 그 후 프랑스와 독일에서 온 망명객들과 그밖에 많은 개신교 지도자들이 대륙으로 도피하였다. 지금까지 자리를 빼앗겼던 로마주의 주교 히쓰(Heath)와 보너(Bonner), 데이(Day) 등은 복직되었다. 1554년 2월 12일 레이디 제인 그레이, 구일포드 더들리(Guilford Dudley)는 처형되었으며, 토마스 와이어트 경, 서포크(Suffolk) 경과 다른 사람들도 처형되었다.[56) 찰스 5세는 엘리자베스 공주의 처형을 강력히 권고했으나 따르지 않았다.

---

55) 찰스 5세는 여왕에게 인내심을 갖고 자신의 정책이 국민들의 감정에 어울리는지를 살피도록 하였다. 그리고 자신을 왕좌에서 밀어내려는 자들만 처벌하고 이들을 동조해 뒤따르는 자들에게 관용할 것을 권면하였다. 무엇보다도 여동생 엘리자베스의 태도를 면밀히 살피며 나라의 재정을 재정비토록 하였다.

56) G. R. Elton, *Reform & Reformation England, 1509-1558*, (Harvard University Press, 1977), 373-377.

메리와 필립은 교황청과의 화해를 위해 노력하였다. 당시 교황 율리우스 2세(Julius II)는 추기경 폴(Pole)을 영국에 파송하였다. 왜냐하면, 그는 영국의 왕실과 인척관계였기 때문이다. 그는 철저히 헨리 8세의 반 교황정책을 부인하다가 국외로 추방된 채 망명생활을 하였다. 특사로 지명된 후 13개월이 지나서 폴은 템즈강을 따라 화이트 홀(Whitehall)에 상륙하였다. 다음날 의회의 상하 양원에서 자신의 임무를 설명하였다. 그리고 그 다음날 의회의 상하 양원은 나라를 교황청에 복종하기로 결정하였다. 이에 여왕은 특사에게 이 땅의 불순종과 분열을 사면해 주도록 청원하였다. 1554년 12월 2일 대강절 첫째 주일 필립과 메리는 특사와 함께 성 바울 교회 예배에 참석하였다. 그리고 「이단의 화형에 관하여」(*De hoeretico comburendo*)를 반포하여 의회법에 따라서 체포된 복음주의 기독교인들을 화형에 처하였다.

1554년 3월 여왕은 주교들에게 훈령으로 여러 사항을 구체적으로 지시하였다. 주교들은 모든 교회의 문서에 "국왕의 권위에 의하여 지지받은 자"(regia auctoritate fulcitus)라는 문구를 기재하지 않았다. 이단적인 사람들은 모든 교회의 직임을 맡을 수 없었고 당시 결혼한 사제 약 2,000명이 축출되었다. 독신을 서약한 사람들이 결혼한 경우에는 부인과 헤어져야 했으며, 헨리 8세의 마지막 통치 기간에 실시된 성일과 예전을 그대로 준수하며, 이단으로 의심되는 선생들은 직위에서 해제되었다. 이 훈령은 에드워드 6세의 통치 기간에 제정된 교회법들의 취소와 맥을 같이 하였다. 특히 런던의 주교 보너(Bonner)는 기한을 정하여 교구를 정비하였다. 그런데 런던 교구에 대한 방문은 적잖은 불만을 야기하였다.[57)]

(2) 이단법과 박해의 부활: 국회에서 옛날의 반이단법을 부활시킨 것은 여왕이 권력으로 모든 것을 해결하려는 의지를 보여준다. 1553년에 예시된 박해는 1555년부터 더욱 혹독해졌다. 여왕은 개혁파 주교들과 신학자들을 체포하여 탑(Tower), 플리트(Fleet), 마샬바다(Marshalsea), 왕실 감옥(King's Bench), 뉴게이트(Newgate) 감옥에 수감하였다. 이들은 성경적 진리를 주장하고 선포했다는 이유로 고난을 겪었다. 그러나 이들은 모든 성경이 하나님의 말씀으로 오직 성경만이 신앙 논쟁의

---

57) 주교 보너에 대한 불만은 시민들이 1554년 4월 죽은 고양이에 사제의 의복을 비슷하게 입혀서 치프(Cheap)에 있는 단두대에 매달아 놓은 것으로 표면화 되었다. 고양이의 머리털을 깎고 왕관을 씌웠으며 앞쪽 발가락에 성찬용 빵을 상징하는 둥근 종이를 끼웠다. 이렇게 무례한 짓을 한 사람을 발견한 사람에게 보상금을 지불한다고 했으나 별 효과가 없었다.

최종적 심판자이며, 가톨릭 교회는 성경이 가르친 교리를 따르는 교회를 지칭하며, 자신들은 사도신경과 초기 4차례의 에큐메니컬 공의회의 결정과 톨레도(Toledo) 공의회의 결정, 그리고 아타나시우스, 이레네우스, 터툴리안, 다마수스(Damasus)의 가르침을 수용하였다. 또한 이들은 의인은 하나님의 은총을 통해 주어지며, 이 은총은 오직 믿음에 의해서만 받아들여지며, 믿음은 사람의 생각이 아니라 성령의 감화를 받아 굴복하는 것이었다. 이들은 하나님에 대한 외적인 예배는 하나님의 말씀에 따라서 이루어져야 하며, 사람들이 알아들을 수 있는 언어로 집행되어야 했다. 이들은 예수 그리스도를 의지하여 하나님께 기도해야 하므로 성자에게 드리는 기도는 인정하지 않고 연옥과 죽은 자를 위한 미사를 거부하였다. 이들은 세례와 주의 만찬은 그리스도께서 제정하신 성례전이므로 그리스도의 말씀 대로 집행되어야 하며, 따라서 성찬을 축소할 수 없으며, 화체설과 빵을 허락할 수 없다고 선언하였다. 이러한 전통에 페라르(Ferrar), 후퍼, 커버데일, 로저스(Rogers), 브레드포드, 필포트(Philpot), 크롬(Crome), 사운더스(Saunders)가 서명하였다.

교황청 특사 추기경 폴은 가디너 주교와 다른 몇 사람으로 구성한 위원회에서 이단죄로 구금된 죄수들을 심문토록 명령받았다. 그리고 그는 틴데일이 성경번역을 위탁했던 요한 로저스(John Rogers)를 화형에 처하였다. 하지만 그의 처형장면은 거룩하여 당국자들에게 박해가 설득력이 없음을 보여주었다. 프랑스 대사에 의하면, 사형장으로 끌려갈 때에 군중들은 그가 마치 결혼식장에 가는 것처럼 환호하였다. 그 뒤, 후퍼 주교는 글루스터로 보내져 연금되었으며, 사운더스는 코벤트리에 연금되었다. 테일러 박사는 서포크의 알드햄(Aldham)에서 화형되었다. 그리고 1555년 3월 30일 성 데이빗(St.David)의 개혁파 주교 로버트 페라르(Robert Ferrar)를 카르마르텐(Carmarten)에서 화형시켰다. 뿐만 아니라 1554년 4월부터 주교 리들리와 라티머, 대주교 크랜머를 옥스퍼드에 감금하고, 1555년 10월 1일 발리올대학(Balliol College) 앞에 있는 옥스퍼드의 브로드 스트리트(Broad Street)에서 화형하였다.[58]

한편 대주교 크랜머는 교회법에 따라 교황의 직접 심문이 요구되었다. 따라서 교황의 하속들이 그를 교황에게 간음, 위증, 이단 죄[59]로 고발하였다. 그리고 왕은 종

58) Owen Chadwick, *The Reformation*, (The Pelican History of the Church, Penguin Books, 1988), 125-127.

59) 여기의 간음 죄는 그가 사제로 결혼했지만 대주교가 된 이후에 또 결혼했다는 것이

교재판의 총책임자인 추기경 두 푸이(Du Puy)에게 자신을 대신하여 일을 처리하도록 하였다. 두 푸이는 후퍼의 뒤를 이어 글루스터 주교직을 계승하고 성 바울대학의 학장직을 맡은 캔터베리의 집사장 제임스 부룩스(James Brooks)에게 위임하였다. 재판은 성 마리아 예배당에서 진행되었다. 고소인 필립과 메리는 마틴(Martyn)과 스토리(Story) 박사를 대변인으로 제출하였다. 크랜머는 자신의 재판 진행자들의 관할권을 부인하였으나 고소인들이 자신의 제후들을 대표한다는 이유로 고소인 측에 답변하였다. 크랜머는 교황이 영국 내에서 아무런 권한도 없다고 부인하고[60] 국왕의 지상권 보호를 요청하였다. 크랜머는 다시 감옥에 수감되었다. 그곳에서 크랜머는 여왕에게 두 번이나 편지를 보냈다. 첫 번 편지에서 크랜머는 여왕의 제후들이 외부의 판사들에게 제후들을 서로 판단하고, 또한 여왕의 백성을 재판하게 함으로 왕국의 권위가 실추되었음을 설파하였다. 그에 의하면 교황을 따르는 것은 이 땅(영국)의 폐하와 이 나라에 올바른 충성과 신하로서의 충절과 진리를 보전하는 것이라고 할 수는 없다.[61]

두 번째 편지에서 크랜머는 보다 과감하게 메리가 이 땅의 법률과 자유와 관습을 보전하겠노라 서약했던 맹세는 교황에게 복종하고 교황의 권위, 법률, 특권을 보전하겠노라고 서약한 또 다른 맹세와 모순된다고 하였다. 이에 대해 크랜머의 대적자들은 그의 일관된 충성과 달리 행동하였다. 궁극적인 권위의 필요를 알았던 크랜머는 군주의 명령에 서명하라는 요구를 거절할 수 없었다. 따라서 그는 교황이 궁극적인 권위를 한편에서 버리고, 그 자리에 군주의 권위를 채워 놓았으며, 자신의 양심이 인정하는 궁극적인 권위에 따라 서명하였다. 크랜머는 자신의 최종 진술이 출판될 줄 알고 마지막에 영웅적인 행동으로 적대자들에 맞서 임종연설을[62]하였다.

며, 위증 죄는 교황에게 순종을 서약했으나 파기했다는 뜻이며, 세 번째는 화체설을 부인했다는 의미이다.

60) 사실 크랜머는 공직 초기에 교황의 우위권을 중세 교회내의 악습과 무질서를 바로 잡는데 유용하다고 보았다. 그러나 교황의 우위권이 보전되는 한에는 종교개혁은 불가능하다고 주장하였다. 이로써 크랜머는 교황의 권익체계를 전면 부인하였다.

61) Thomas M. Lindsay, *A History of The Reformation*, (Edinburgh: T. & T. Clark, 1906), vol. 2., 379-380.

62) 임종 연설에 의하면, "그는 화형대로 끌려가는 순간에 가슴속에서 누구나 알아볼 수 있는 문서를 끄집어 내어 수많은 사람들이 쳐다보는 가운데 불속에 던졌으며, 그토록 행동했던 자신을 용서해 주도록 하나님과 백성들에게 간구하였다. 그는 자신이 철회장에 서명했던 것

그는 결국 정죄되어 직위를 박탈당한 채 이단으로 화형되었다. 리들리와 라티머의 순교가 횃불을 점화시켰다면, 크랜머는 불꽃을 널리 퍼뜨려 결국 로마주의자들의 반동을 잠재우고 영국을 개신교 국가로 만들었다. 대주교의 연약함은 많은 사람들의 동정을 이끌며 개혁에 도움을 가져왔다. 특히 고난 중에 다른 사람들의 용기를 불러 일으켰다. 공교롭게 크랜머는 자신이 추대한 여왕에 의해 화형을 당하였다. 그러나 모든 고난을 자신이 안음으로 공화국을 바르게 건설하려 하였다. 하지만 크랜머의 죽음으로 많은 추종자들이 뒤를 이었다.

1558년 11월 17일 박해자 메리 여왕은 가장 불행한 여왕이자 아내로 사망하였다. 그녀는 전 국가의 기대를 한 몸에 안고 태어났으며, 소녀시절에는 사랑스럽고 매력적인 여성으로 칭찬을 받았다. 그리하여 그녀는 황제의 약혼녀로 발탁되었다. 하지만 17세 때 아버지, 국회, 그리고 교회가 그녀를 불법한 사생녀로 내몰았을 때, 지울 수 없는 상처를 받았다. 그녀가 37세에 여왕에 올랐을 때에는 이미 쇠잔해가는 상황이었다. 하지만 조국은 그녀를 사랑했으나, 자신이 스스로 택한 남자와 결혼하였다. 그녀의 남편은 결혼 후 몇 년이 지나자 싫증을 느끼게 되었다. 둘 사이에 자식이 없는 중에 남편이 죽었다. 그녀가 사랑했던 교회와 교황은 그녀에게 관심을 갖지 않았다. 마침내 그녀는 국민들에 의해 피의 메리(Bloody Mary)로 규정되었다.

8. 엘리자베스의 등극과 통치

신앙의 수호자요 교회의 최고 통치자로서 엘리자베스는 재위 동안에 종교 개혁을 확고히 하였다. 그러나 비국교도(dissent)들은 모두 배제하였다. 특히 여왕이 제정한 형벌에 관한 법규는 국내의 소요와 외부의 침입을 막기 위해 정치적으로 형성되었다. 하지만 교황제도와 청교도들을 체계적으로 소멸하기 위함이었다.

은 백성들의 이익을 위함이었는 바, 그렇게라도 자신의 목숨을 부지하여 나중에 다른 사람들을 유익하게 하기 위함이었음을 밝혔다. 그리고 모든 사람들에게 자신이 믿는 교리를 끝까지 지켜 줄 것을 당부함과 동시에 가톨릭교회의 성찬론과 수장권을 절대로 부인해 줄 것을 당부하였다. 그리고 마지막으로 자신의 오른쪽 팔과 손을 뻗치면서 이것이 문서에 서명하는 죄를 지었으니 먼저 죄를 받을 것이다. 라고 하였다. 이렇게 하여 그는 오른손을 먼저 불에 태우고 자신의 몸을 불에 맡겼다." *Calendar of State Paters and MSS, existing in the Archives and Collections of Vevice*, 1555-1556, 386.

8.1. 정치적 상황

메리의 건강이 악화되자 영국 국민들은 엘리자베스를 후계자로 추앙하였다. 종교적으로 엘리자베스가 개신교로 간주되었으므로 당시 정치가 섬머셋트는 자신의 비서관 윌리엄 세실(William Cecil)을 자문관에 임명하였다. 그 결과 계획 했던 대로 선대의 정책이 추진되었다. 그 중에 하나가 상류층의 젊은 귀족 부인들 사이에서 일어난 영국의 개혁이었다. 이들은 대게 라틴어, 헬라어, 이탈리아어로 교육을 받은 학생이자 개신교도들이었다. 여왕 자신도 당시에 후퍼 주교의 제자였는데, 엘리자베스의 지적 예민성을 칭찬하곤 하였다. 아퀴라의 주교에 의하면 "신앙 문제에 있어서 그녀는 출생 이래로 전통적 신앙에 대한 증오감에 흠뻑 젖어 있었다."[63]

8.2. 종교적 형편

당시 개신교 순교자들에 대한 런던 시민들의 의분을 불러일으켰으며, 남부지역으로 하여금 로마주의로부터 돌아서게 함으로 이러한 반감이 전국적으로 확대되는 것을 조장하였다. 모든 계층의 주민들은 영국이 근래의 통치기간 동안에 스페인의 이익을 위해 전적으로 예속되는 것을 싫어하였다. 이것은 마치 동시대 스코틀랜드의 주민들이 로레인의 메리 아래서 프랑스의 점령에 대해 싫증을 느낀 것과 같았다. 무역은 정체되었으며, 나가 전체가 2년 동안 역병으로 고통을 당하였다. 특히 프랑스와의 전쟁은 스페인에 이끌린 채 돈뿐 아니라 영토의 상실과 명예를 실추당했다. 프랑스와 스페인은 1557년 4월의 샤또브리앙 조약에 의해 전 유럽의 개신교를 분쇄하려 하였다. 이 조약은 1558년 스페인의 아르마다(Armada, 무적함대)가 영국에 대패했을 때까지 계속되었다. 세실은 영국이 정복되기 전에는 종교개혁은 분쇄할 수 없음을 알았다. 하지만 엘리자베스의 통치 초기에 개신교의 선택은 그녀의 위치를 불안하게 하였다. 왜냐하면, 즉위할 당시 영국 국민 중 2.3이 로마주의자였기 때문이다. 그녀는 교황과 그리고 로마주의, 개신교도들에게 적절하지 못한 사생아로 인식되었다.

---

63) Thomas M. Lindsay, *A History of The Reformation,* (Edinburgh: T. & T. Clark, 1906), vol. 2., 386.

당시 교황 바울 4세는 엘리자베스의 취임소식을 우호적으로 받아들였으나, 공식적인 통로를 통해 통보받지 못하자 분노하였다. 엘리자베스는 세심하게 주의를 기울여 법으로 보장된 로마주의를 당분간 보전하였다.[64] 그러나 엘리자베스는 자신의 의도를 암시하는 포고문을 발표해야 할 필요를 느꼈다. 따라서 런던에 입성할 때 자신에게 주어진 성경을 기쁘게 받아서 품에 껴안고 입을 맞추었다. 그녀는 미사에는 참석하였으나 주교에게 성체를 공양하여 경배하지 못하게 하였다. 그리고 사제가 명령을 거스르자 복음서가 낭독된 직후에 시녀들과 더불어 교회를 떠났다. 의회는 예전처럼 미사의 집전과 함께 개회되었으나, 여왕은 미사가 끝날 때까지 나타나지 않았다. 그리고 그녀는 영어로 찬송가를 합창하는 성가대를 따라 입장하였다. 웨스트민스터의 수도원장이 성직자들의 손에 종전대로 촛불을 들고 행진하던 중에 그녀와 마주쳤을 때, 여왕은 "빛은 충분하니까 이제 이러한 횃불은 집어 치우세요"라고[65] 하였다.

1559년 1월 15일 엘리자베스는 여왕에 올랐다. 대관식 이후 에드워드 6세의 스승이었던 콕스(Cox) 박사가 여왕 앞에서 설교하였다. 대주교회의가 소집되었으나 성직자들이 정부에 협력하여 이미 제기된 변화를 추진하지 않았다. 성직자들은 화체설과 미사의 희생, 그리고 국왕의 우위권을 반대한다고 선언하였다. 그리하여 종교개혁은 오로지 시민적 권한에 의해 수행될 수 있음이 확인되었다.

(1) 「수장령」(the Act of Supremacy): 엘리자베스 통치 당시 하원의 대다수는 개신교도였다. 그러나 메리 시대의 주교들이 영향력을 행사하였으므로, 그 곳에서 정부의 상정법안은 반대에 부딪쳤다.[66] 이러한 상황에서 여왕이 개입하였다. 그녀는 자신에게 수여된 교회의 통치권에 의문을 갖고 있음을 표명하였다. 그리고 능숙하게 상하양원이 개별적으로 제시하는 주장에 동의할 수 있게 하였다. 따라서 여왕

---

64) 이때 엘리자베스는 첫 번째 포고문을 통하여 자신이 교회의 우두머리가 된다는 것을 주장하지 않았고, 동시에 교회에 대해서는 모든 도발적인 설교를 금하였다.

65) *Calendar of State Papers, Domesticv Series, of the Reigns of Edward VI, Mary, and Elizabeth,* (London, 1856), vol. 1., 123.

66) 당시 개혁자 주월(Jewel) 박사는 피터 마터(Peter Martyr)에게 보낸 편지에서, "주교들은 우리에게는 커다란 장애물이었다....여왕께서는 우리의 주장을 지지하면서 새로운 혁신조치를 받아들이는 것에 놀라울 정도로 신중을 기하신다"고 하였다. *Zurich Letters,* (Cambridge: Parker Society, 1842), vol. 1., 10.

의 거부권으로 행정부는 처음부터 다시 시작해야 했다.

새롭게 작성된 수장령에 의하면 여왕은 영토내의 유일한 통치자이며, 동시에 모든 영적인 또는 교회적인 또는 세속적인 일들에 있어서 통치자였다. 마침내 상정된 법안은 4월 29일 통과되었다. 이로써 헨리 8세가 주장한 법안 9개가 부활되었다. 그 중에 하나는 국왕은 하나님의 말씀에 의해 지상에 있는 영국 교회의 가장 높은 수장으로 모든 형태의 이단을 바르게 하고, 처벌하고, 압박할 수 있는 온전한 권력과 권위를 갖는다. 그리고 모든 형태의 관할권을 행사할 수 있다고 하였다. 뿐만 아니라 영국과 동시에 아일랜드 교회의 유일한, 그리고 지고한 머리로서 성경에 의해 교권적인 이론에 관한 모든 문제를 듣고 결정할 수 있는 모든 권한과 권위가 주어졌다고 하였다. 그리하여 영국 교회의 지고하신 칭호가 1559년 국회에서 부활되었다.[67]

(2) 통일령(the Act of Uniformity): 이 법에 의하면 비록 에드워드 6세는 죽었지만, 공동예배와 기도, 성례전과 예전의 집행, 영국 교회내의 모든 의식에는 하나의 통일된 질서가 남아 있으며, 이 모든 사항들은 「영국 교회의 조례에 따른 교회의 예전과 의식과 성례의 집행과 공동기도서」라는 제목의 책자 안에 확정되었다. 이 책은 에드워드 6세의 임기 제 5년과 6년에 개최된 국회의 법령으로 권위를 인정받았으나 메리 여왕의 통치 1년에 개최된 국회의 법령에 따라서 취소되었다. 그런데 엘리자베스는 메리의 법령을 취소하고 에드워드 6세의 법령을 일부 개정하여 회복시켰다. 그 결과 대성당이나 교구 성당의 모든 목회자들은 에드워드 6세의 국회가 승인한 형식에 따라서 아침기도와 저녁 찬송을 드리며, 주의 만찬을 집행하고 모든 성례전을 집례하며, 공중기도를 드려야 한다. 그렇지만 에드워드 6세의 기도서를 일부 개정하여 매주일 일정한 교육을 배풀도록 하며, 의식서의 형식을 수정하며, 성찬 참여자에게 성찬을 배풀 때에 2개의 문장을 덧붙이는 것 이외에는 원문 그대로 받아들이도록 하였다. 이것은 국가와 달리 공중예배에는 자유가 없음을 의미했다. 모든 영국 사람은 어떠한 신조를 고백하든지 앞에서 언급한 의식에 따라서 하나의 통일된 공예배에 참석할 것을 법으로 규정하였다. 수장령과 통일령의 통과로

---

67) 그 중에 관할권은 헨리 8세에게 수여된 것 보다 더욱 광범위하였으며, 에드워드가 제정한 성찬은 이종으로 수여되어야 함을 부활시켰다. 보다 자세한 것은 Thomas M. Lindsay, *A History of The Reformation*, (Edinburgh: T. & T. Clark, 1906), vol. 2., 393-394.

많은 성직자들이 반발하였다. 엘리자베스는 이들을 잘 처리해야 할 상황이었다. 특히 11개 교구가 여왕의 즉위와 더불어 공석이 되었다. 여왕은 1558년 여름과 가을에 16명의 주교를 초청하여 국왕의 수장령에 서명토록 했으며, 영국 교회에 대한 교황청의 통치를 폐지하고 교회에 대한 초고의 통치자는 여왕라고 선언하였다. 물론 대부분의 주교들이 직위를 박탈당했기 때문에 영국 교회는 실질적으로 주교가 하나도 없게 되었다. 따라서 에드워드 시절에 쫓겨난 주교들이 다시 복직되었다. 그 중에 매튜 파커(Matthew Parker)는 여러 차례 거절된 후에 캔터베리의 대주교로 임명되었다.

(3) 39개 신조[68]: 1563년 영국의 대주교회의는 성직자들이 여왕보다 더 많은 개혁을 원하는 것을 알게 되었다. 그리하여 이들은 교리적인 표준을 파커에게 요구하였다. 따라서 파커는 에드워드 6세의 재위 마지막 해에 영국 교회의 신학을 규정한 42개 신조를 개정하여 대주교 회의에 상정하였다. 여왕은 여기에 기초하여 「신앙의 주된 신조들의 선언」(*Declaration of the Principal Articles of Religion*, 1561)이라는 11개 신조를 발표하였다. 여기서 여왕은 교황권, 개인미사, 성만찬의 대속적인 희생의 의미 등의 로마적인 이론을 비난하였다. 대주교의 초안은 대주교회의에서 개정되었으며, 여왕 자신이 면밀하게 읽고 뜻을 되새긴 뒤에 권위적인 신조로 출판할 수 있게 되었다. 이 「39개 신조」(*Thirty-nine Articles*)는 신앙의 개정이 완성된 시점으로 오랜 인내 속에 이루어졌다. 중심적 내용은 복음적인 루터의 교리와 구별되는 칼빈의 신학이었다. 두 개혁자의 차이점은 성만찬에 임재하시는 그리스도의 모습이었다. 전통적으로 로마교의 화체설은 냄새, 생김새, 색깔 등이 우연한 속성과 별개로 존재한다. 즉 빵과 포도주가 그리스도의 살과 피로 바뀔 때, 속성은 그대로 동일하게 남는다는 것이다. 이러한 변화는 사제가 성찬의 성물에 축사하고 봉헌할 때 기적적으로 이루어진다. 이에 대하여 루터는 중세의 이론에 기초하여, 부활 승천하셔서 영광을 받으신 그리스도의 몸의 편재(ubiquity), 즉 자연적인 편재로 설명하였다. 그에 의하면 그리스도의 몸이 편재로 의자나 책상, 공중에 던져진 돌 가운데 계시므로, 빵과 포도주에도 다른 모든 곳에 계신 것처럼 임재하신다. 이러한 일상적인 임재가 하나님의 말씀으로 인하여 효과적인 성례의 임재로 변화된다.

---

68) 각주 52를 참조하라.

한편 칼빈은 로마 가톨릭과 루터의 중세적인 이론을 떠나 본질이 무엇을 뜻하는지, 그리고 임재가 무엇을 뜻하는지를 질문하였다. 칼빈은 어떤 것의 본질은 그것의 힘이며 임재는 그 힘의 직접적인 적용이라고 하였다. 따라서 십자가에서 죽으신 그리스도의 몸의 본질은 능력이며, 몸의 임재는 그 능력의 직접적인 적용이다. 그 능력의 적용을 보증해 주는 것은 신앙으로 성찬에 참여하는 자들에게 주시는 하나님이 약속이라고 하였다. 따라서 칼빈은 그리스도의 몸이 공간적으로 확대될 수 있다는 루터의 생각을 버리고, 본질의 의미는 능력으로 받아들임으로써 그리스도의 몸의 본질을 어느 정도 중세적 개념과 유사한 것으로 이해하였다.[69] 하지만 칼빈은 초기와 달리 성찬에 내재하는 그리스도의 몸의 임재가 사제의 기적없이 받아 들여지고 이해될 수 있다고 하였다. 칼빈은 성만찬에 내재하시는 그리스도의 몸의 진정한 임재, 즉 중세적 편재를 빌리지 않을 수 있게 되었다. 비록 루터와 칼빈이 그리스도의 몸의 임재를 주장했으나, 칼빈은 루터의 편재 이론와 가톨릭의 사제의 기적을 배격하였다. 주교 주월은 그의 서신에서 엘리자베스 때의 신학자들은 편재를 믿지 않는다고 강조하였다. 따라서 대주교 파커가 대주교회의에 제출한 39개 신조의 초안에서 제 28항은 편재이론을 강력히 부인하였다. 그런데 대주교회 회의는 이 조항을 삭제하였다. 그러나 여왕은 이에 만족하지 않고 정치적 견지에서 20항과 29항을 첨가하였다.[70] 그러나 1570년 교황이 여왕을 파문하자, 그 중에 29개 조항을 공표하였다.

8.3. 엘리자베스의 개혁의 특징

(1) 루터식의 개혁: 엘리자베스는 할 수 있으면 루터파와 좋은 관계를 유지하려 하였다. 그리하여 교황청의 위협이 있을 때에는 아우구스부르크의 평화조약 밑에 은신하려 하였다.[71] 왜냐하면, 당시의 불안정한 정치 상황에서 엘리자베스는 이웃

---

69) 칼빈은 아우구스부르크 신앙고백에 서명한 루터파였다는 것이다. 당시 칼빈은 루터파의 신앙고백에 나타난 편재가 어떤 의미인지는 자세히 살피지 않았다. 몇몇 칼빈주의자들은 자신들의 편재가 루터파와 크게 다르지 않다고 인식하였다. Thomas M. Lindsay, 413.

70) 제 20항은 신앙의 논쟁에 있어서 권위였다. 이것은 교회가 소유한 권위를 말한다. 제 29항은 잠정적인 완전 봉쇄조치로, 주의 만찬에서 그리스도의 몸을 먹지 않는 사악한 자들에 관한 것이었다.

나라들과 정치를 해야했기 때문이다. 엘리자베스는 급격한 변화를 허용할 수 있는 여유가 없었다. 오히려 나라를 하나로 묶어 결합시키려는 데 관심이 많았으므로 중립적이었다. 하지만 여왕은 개신교의 총수로서 미묘한 국제정치에서 루터주의를 표방함으로 필요하다면 은신해야 하였다. 1555년 독일 루터파는 아우구스부르크 의회에서 제국만의 합법적인 체제로 인정을 받았다. 또한 트렌드 공의회가 진행 중인 상황에서 교황의 출교에서 벗어나는 길은 루터파의 보호와 동정이 요구되었다. 따라서 의식은 그대로 보전하고 동시에 왕실 부속예배당 제단의 십자가상과 촛불을 그대로 보전하였다. 개혁파 주교들은 수많은 내적 갈등을 겪으면서 포기할 수밖에 없었다. 그리고 점차 여왕의 소원대로 강력한 보수적 본능을 가진 사람들이 기도서와 기도서의 예배규범을 고착해 나갔다. 또한 영국 영토와 영국 교회내에서 로마 주교의 권위를 완전히 배척하였다. 만약 모든 성직자와 일반인이 서약을 거부하면, 관직과 성직록을 박탈하거나 개인 재산을 몰수 하였다. 그리고 서약을 세 번까지 거부할 경우에는 반역자로 간주되었다.

(2) 수장령 수립: 국왕 엘리자베스는 영국 교회의 수장, 즉 최고 통치자가 되었다. 따라서 대주교회의는 모든 독자적인 입법 활동을 할 수 없으며, 대주교회의가 교회법과 규범을 제정할 수 있는 권한을 국왕의 통제아래 두었다. 모든 교회법원들로부터 올라온 항소가 맹목적이 아니라면, 민간 법률가들의 지도하에서 이루어지는 것이지만 비전문가인 국왕의 대표자들에 의해서 처결받게 하였다. 그리고 이들 대표자들도 전권을 위임받고 중세의 교회법원에서 감히 부과할 수 없는 그러한 시민적인 처벌을 가하게 되었다. 결국 이러한 권력은 차기 왕의 통치에서 심각한 현장적인 문제를 야기하였다.

(3) 기도서의 제정선포: 기도서는 모든 영국인들을 위한 공중예배의 통일된 일치 예식이었다. 그러므로 이 기도서는 예배의 자유는 결코 허락하지 않았다. 그러므로

---

71) Thomas M. Lindsay, 408. 당시 독일의 황제는 두 선제후의 지지를 얻음으로 왕권을 유지할 수 있었다. 한편 당시 교황이 루터파 제후를 출교하려면 황제의 비위를 거슬리게 된다는 사실과 지금까지 자신의 모든 법령을 무효화시킬 위험을 감수해야 했다. 이 같은 사실은 교황이 엘리자베스를 출교로 위협한데서 나타난다. 그렇지만 스페인의 대사는 나바르 왕을 실례로, 스페인의 페르난도가 교황의 대리인으로 그의(나바르) 왕위를 박탈했음을 상기시키고, 엘리자베스에게 교황청의 위협적 효과를 은근히 환기시켰다. 따라서 엘리자베스는 나의 영토 내에서 아우구스부르크 신앙고백을 보전하기를 원한다고 하였다.

규정한 예배형식에서 벗어나는 성직자나 혹은 성직자를 충동질하여 형식을 깨는 자는 누구든지 범죄자로 간주되었다. 따라서 어느 누구도 이러한 처벌을 무릅쓰고 공중예배를 회피하려고 하지 않았다. 모든 백성들은 주일날 예배에 참석해야 했으며, 기도와 설교를 경청해야 했다. 완강한 비국교도들은 출교하였으며 출교된 사람들은 구금되었다.

(4) 개혁의 과정: 영국 교회는 1560년 스코틀랜드의 개혁에 도움을 입었다. 실제로 이들은 스코틀랜드 사람들을 부러워하였다. 1559년 8월 23일 파크허스트(Parkhurst)가 불링거(Bullinger)에게 보낸 편지에서 스코틀랜드인들은 우리가 지난 수년 동안 이룩한 것보다도 더 많은 것을 수개월 동안 이룩하였다고 하였다.[72] 하지만 엘리자베스의 교리적인 입장은 중도적이었다. 따라서 여왕은 정치적인 이유를 내세워 자신의 신앙과 전혀 상반된 주장을 거침없이 하였다. 예를 들면, 왕실 부속 예배당의 제단에서 십자가와 촛대를 세우기도 하고 제거시키기도 하였다. 이것은 루터파와 유대를 유지하려는 염원과 함께 로마주의 신하들과 화해를 유지하려는 소망의 표출이었다.

9. 스튜어트왕조의 형편

9.1. 제임스 1세

1603년 영국의 엘리자베스 1세가 후계자 없이 사망하자 그녀의 조카인 스코틀랜드의 제임스 6세가 영국의 왕위를 계승하여 제임스 1세로 즉위하였다. 제임스 1세는 그의 탁월한 지식과 신앙적 배경에 근거하여 즉위 초기에 성경번역위원회를 구성하여 1611년 국왕 제임스의 흠정역을 출판하였다. The King James' Version으로 알려진 이 역본은 영국 문학뿐만 아니라 세계 영문학사에도 많은 공헌을 끼친 대작이었다. 그러나 이 같은 공적에도 불구하고 제임스는 자신의 지나친 허영심과 완고함으로 권위주의에 빠져 신이 자신에게 모든 권한을 부여했다는 왕권신수설을 주장하여 서방 기독교의 가장 현명한 바보로[73] 혼란을 자초하였다. 그는 1609년 의

72) Zurich Letters, vol. 1., 91.

회에서 왕들은 지상의 신의 대리자임벼 그 자신 신이라고 선언하였다.

그는 프랑스의 루이 14세 처럼 왕의 절대적 특권은 법률가의 혀끝에서 논의될 성격이 아니며 논의조차 불법이라고 규정했다. 그는 마치 신이 무엇을 할 수 있는가를 논하는 것은 무신론이며 독선인 것과 같이 신하가 왕이 무엇을 할 수 있는가를 논하는 것은 건방진 일이며 일대 모멸이다라고 했다. 그는 선한 군주는 법에 따라 행동하지만 그는 항상 법을 초월해 있으며 거기에 구애받지 않는다고 하고 어떠한 법령이든 왕은 의회의 자문없이 제정할 수 있다고 주장했다. 왜냐하면 왕은 그의 권력을 국민으로부터가 아니라 신으로부터 받았기 때문에 그는 국민에 대해서가 아니라 신에 대해서만 책임지기 때문이라고 강조했다. 그는 주교 없이는 왕도 없다(No bishop, no king)고 주장하고 감독교회를 선호하며 절대자로 군림하였다. 제임스는 스코틀랜드의 장로교적 교육과 체제를 거부하고 영국의 성공회적 감독교회 전통으로 귀의하였다.

이 같은 제임스의 지나친 권위주의는 영국을 개혁교회로 만들려던 청교도들의 기대를 저버렸다. 따라서 이들은 서로 불편한 관계를 갖게 되었다. 그의 재임 시에 청교도들은 엘리자베스 여왕이 영국국교에 단행한 개혁정책 이후에도 여전히 잔존해 있는 가톨릭 의식을 영국교회로부터 정화 추방하기를 원한 일단의 무리였다. 이들은 교회 의식의 개혁과 정착에 깊은 관심을 갖고 많은 박해와 어려움 속에서 신앙을 사수하였다. 사실 제임스 1세의 영국왕의 취임은 그가 장로교적 배경에서 성장했기 때문에 영국 교회의 개혁과 정착에 큰 기대를 모았다. 그러나 그는 꿈을 저버리고 오히려 청교도들을 박해하였다. 따라서 때로 가중되는 왕실의 박해에 실망한 사람들이 미국과 해외로 이주하게 되었다. 같은 시기에 제임스는 영국에서 처럼 스코틀란드에 감독정치를 구현하여 국가뿐만 아니라 교회의 수장으로서 군림하려고 했다. 이로써 영국교회는 끝없는 소용돌이에 빠지게 되었고 향후 약 90년 동안 대혼란을 겪게 되었다.

9.2. 찰스 1세(1625-1649)

---

73) 이 말은 프랑스의 앙리 4세가 한 말로 제임스 1세의 어리석음을 빗대어 표현한 말이다. 차하순,「서양사총론」, (탐구당, 1975), 339.

부친 제임스 1세의 뒤를 이은 찰스 1세는 근면하고 문예에도 취미가 있었으나 아버지 보다 더욱 강경하게 왕권신수설을 주장하며 많은 잘못을 되풀이 하였다. 즉위 후 찰스 1세는 프랑스와 전쟁을 했고 부족한 전비를 위해 의회에 요청했으나 거부당하자 강제대부(强制貸付)에 의존하게 되었다. 이 같은 폭정의 결과는 1628년 소집된 의회의 권리청원으로 의회가 왕의 과세에 동의하는 대신 왕이 의회의 권한을 인정토록 요구하였다. 여기에는 평상시의 계엄령 선포와 군대의 민가 침범, 자의적 과세와 불법적 인신구속이나 투옥의 금지가 포함되었다. 찰스 1세는 부득이 동의했으나 후에 독단적으로 일을 처리하고 의회 소집없이 징세하고 반항자들을 투옥하였다. 그리하여 찰스는 계속해서 의회파에 정치적으로 수세에 몰리게 되었다.

한편 찰스 1세의 종교정책은 부친과 같이 많은 물의를 야기하였다. 그는 유럽에서 일어나고 있던 반동종교개혁 운동을 감안하여 가톨릭으로 복귀하려 하였다. 당시 유럽에서는 신교측의 명분을 내세운 덴마크왕 크리스치안 4세가 발렌슈타인군에게 패배하고 프랑스에서는 리슐류가 농성 중의 위그노를 제압하였다. 따라서 찰스 1세는 가톨릭 신도인 프랑스의 루이 13세의 누이 동생인 헨리타 마리아(Henrietta Maria) 왕비를 맞아 스페인 및 프랑스와 공동 보조를 맞추어 가톨릭으로 복귀하려 하였다. 1633년 찰스 1세는 보수파인 윌리암 라우드(William Laud)를 켄터베리 대주교로 임명하고 엄격한 국교의식하의 감독제 실시를 강행하였다. 더우기 그는 영국국교의 감독체제를 스코틀랜드의 장노교회에까지 확대 적용시키려 하였다. 그러나 그곳 언약도들의 무장봉기에 직면하여 마침내 교회와 국가적으로 대 혼란에 빠지게 되었다. 그 결과 스코틀랜드 교회는 1618년 이래 중단된 장로교 총회를 1638년 11월, 20년 만에 글라스고에서 속회하여 새로운 시대를 열었다. 그리하여 스코틀랜드는 유럽의 개혁교회를 따라서 점차 개혁된 교회로 정착되었다.

이 같은 상황에서 찰스 1세는 스코틀랜드의 반란자들을 징벌하기 위해 자금이 필요하자 의회없는 11년간의 통치를 마감하고 1640년 부득이 단기의회를 소집하였다. 이에 의회는 왕의 정치 자세를 개선하지 않는 한 전쟁자금을 댈 수 없다고 맞서자 찰스 1세는 의회를 해산시켰다. 그러나 영국 내에서 반란이 일어났고 이를 돕기 위해 스코틀랜드군이 영국으로 침입하였다. 왕은 전쟁을 위해 또다시 의회를 소집하였다. 왕의 약점을 파악한 의회는 자체의 권한을 강화하면서 동시에 자의적 왕권을 제약하는 작업에 착수하였다. 이것이 1642년부터 1653년까지 약 10여 년 간 계속된 장기 의회이다. 이 의회에서 의회는 왕의 소집 없이도 최소한 매년 의회를 개회할 수 있도록 규정한 개회법을 통과시켰다. 그리고 선박세 및 폭압의 대행기관이던 스타 참버스(Star Chamber)나 하이 커미션(High Commission)같은 특별 재판소를 폐지하였다. 의회는 또한 왕의 수족이었던 스트라포드 백작과 라우드 대주교를 투옥하고 반역죄로 처형하였다. 그리고 의회는 대진련(Grand Remonstrance)을 공표하여 왕의 과오를 일일이 열거하고 각료를 의회 책임 하에 둘 것을 요구하는 내용을 인쇄하여 전국에 포고하였다. 왕은 하원의 행위에 격분하여 친위군을 의회에 보내 주모자 5명을 체포하고자 했으나 실패하였다.

이 후 사건은 더욱 확대되어 전 영국이 내란에 휘말리게 되었다. 1642년부터 1646년까지 계속된 영국 내란은 왕과 의회사이의 대립 격화로 두 당파가 서로 왕과 의회를 옹호하면서 각각 기사파와 단발파를 형성하였다. 주로 중산층 청교도들로 구성된 하원의원들은 단발자(Roundheads)로 불렸는데 그것은 상대 당파가 긴 가발을 쓴데 비해 머리를 짧게 하였기 때문이다. 청교도들은 다시 독립파(Independents)와 장로파(Presbyterians)로 나뉘었다. 이 분파는 주로 교회정치에 관한 이견 때문이었다. 그 외에 칼빈의 신앙을 수호하고 왕의 특권을 제약하고자 한 점에서는 의견의 일치를 보았다. 왕을 지지하는 사람들은 기사파(Cavaliers)라 불렸는데 주로 프로테스탄트 운동에 반대하는 지주계급으로 구성되었다. 그들은 왕의 전권을 박탈하는 것에 반대하고 가톨릭으로 복귀하려는 찰스 1세의 종교정책을 지지하였다. 이러한 두 당파는 지리적 구분이 아닌 영국 내 각처에서 대립하였다. 그러므로 영국사가 트레벨리언(G. M. Trevelyan)의 지적처럼 프랑스혁명이 두 계급간의 싸움이고 아메리카 혁명이 두 지역 간의 싸움이라면 영국의 내란은 두 당파간의 싸움이었다.[74]

처음에는 왕군이 승리했으나 1년 후부터는 올리버 크롬웰(Oliver Cromwell, 1599-1658)의 탁월한 지휘하에 전세가 역전되었다. 크롬웰은 의회군을 재편성하여 군기를 세우고 종교적 사명감을 고취시켰다. 그리고 정신적으로 잘 무장된 의회군을 철기군으로 명명하고 찬송가를 부르며 전투에 임하였다. 마침내 의회군은 1644년 마스톤 무어(Marston Moor) 전투와 1645년 내스비(Nasby) 전투에서 승리하였다. 그 후 찰스는 1646년 의회군을 도우려 영국에 온 스코틀랜드군에게 항복하였고

---

74) G. M. Trevelyan, *England Under the Stuarts*, (1947), 190.

의회군에 인도되어 2년간 와이트(Wight) 섬에 감금되었다. 의회군은 갑작스런 승전 결과로 향후 문제해결의 방향을 잡지 못하였다. 이에 왕은 의회안의 세력 대립을 이용하여 타협적 태도를 취하는 한편, 의회 내의 다수파인 장로교도들은 입헌군주제를 세움으로 1648년 12월 화해를 선포하게 되었다. 그리하여 의회는 더 이상 필요치 않은 군을 해산시키고자 하였다. 당시 군은 독립파로 구성되었으며 군주제와 국가교회의 폐지를 주장하고 왕의 처벌을 원하였다.

이와 같은 상황에서 찰스는 감금에서 탈출하여 스코틀랜드 군과 조약을 맺었다. 그 조약 내용은 왕이 스코틀랜드의 지원으로 영국에 장로교를 확립하고 영국의 의회군을 해산하며 그곳에 왕의 특권을 회복하는 것이었다. 만약 왕이 세력을 다지지 못할 때는 스코틀랜드 군이 영국을 침략한다는 것이었다. 이에 영국에서는 왕에 대한 반감이 고조되었고 동시에 스코틀랜드의 국경침입으로 의회 내의 분파가 합세하여 크롬웰군이 승리를 거두었다. 왕은 패배하고 그 결과 의회내 독립파가 우세하게 되면서 크롬웰 군대 소속의 프라이드 대령이 인솔하는 군대가 하원에 침입하여 143명의 장로파 의원을 강제로 축출하였다. 그리고 왕의 극형에 동조하는 약 40명의 의원으로 구성된 잔여의회(Rump Parliament)는 독립파 군지휘관들의 감독하에 왕의 반역죄를 규정하는 법령을 통과시켰다. 마침내 찰스 1세는 크롬웰이 주관하던 재판에 회부되어 특별고등재판소에 의해 반역죄와 직무유기죄를 적용받고 사형을 선고를 받아 1649년 1월 30일에 Whitehall 궁 앞 광장에서 공개리에 처형되었다. 그 후 인민에 의해 선출된 하원만 존속하고 국왕과 상원은 폐지되었다. 그 결과 영국은 절대군주제를 추방하고 크롬웰의 영도아래 공화정을 실시하게 되었으며 청교도혁명이 승리하였다.

9.3. 크롬웰의 등장과 공화정의 정착

찰스의 처형 이후 정권을 완전히 장악한 크롬웰의 독립파는 새로운 국가 즉 공화국(Commonwealth)을 신속히 조직하였다. 잔여의회는 그대로 존속하였으나 행정은 헨리 베인(Henry Vane)을 포함한 41명으로 구성된 국가위원회(Council of State)가 집행하였다. 의회군의 군사적 승리를 이끄는 데 결정적 역할을 한 크롬웰은 군의 실권을 장악하고 국정을 좌우했으며 잔여의회를 불신하였다. 크롬웰은 1653년 4

월 잔여의회를 부패와 족벌주의, 부정과 이기의 집단으로 간주하고 해산하였다. 그 후 크롬웰은 경건한 사람들과 군장교 156명으로 구성된 베어본의회(Barebone's Parliament)에서 기초한 헌법에 독재체제를 확립하였다.[75] 이 통치헌장(Instrument of Government)은 영국역사상 가장 성문헌법에 가까운 것으로, 종신임기의 수호자(Lord Protector)로서 크롬웰에게 광범한 권한을 부여하였다. 그의 직책은 세습적이었다. 이 체제는 스튜어트 왕조보다 더 전제적인 군주제였다. 그의 체제는 인구의 극소수만의 지지와 5만 명의 정예군(精銳軍)을 배경으로 유지된 만큼 국내문제에 있어 난관에 부딪혔다. 청교도 가운데 평등파와 분배파는 크롬웰의 정책에 반대하며 만인 평등 론을 펼쳤다. 이 같은 상황에서 크롬웰은 독립파, 장로파, 국교파 등의 분파들을 타협시키지 못함으로 그의 정치는 후기에 이를수록 곤경에 처하였다.

이러한 어려움은 여러 가지 근원에서 유래했는데 일찍이 그가 보호정치를 시작하기 전에 스코틀랜드 및 아일랜드와 전쟁을 한 것도 그 중 하나였다. 아일랜드의 귀족과 가톨릭 신도들은 찰스 1세의 사망 이후 그의 아들 찰스 2세를 왕으로 인정하였을 뿐 아니라 프로테스탄트의 영도자인 오만드(Ormand)가 영국의 공화정을 전복하기 위해 군대를 조직하게 되었다. 그리하여 일어난 아일랜드(Ireland)와의 전쟁(1649-1652)은 드로이다(Drogheda) 전투(1649)에서 크롬웰의 철기군(Ironsides)이 대승함으로써 끝났다. 그 후 각 도시는 연이어 함락되었고 1652년 아일랜드는 완전히 정복되었다. 크롬웰이 아일랜드의 정복 과정에서 4만 명을 죽인 잔인한 학살이 수반되어 아일랜드 인구는 대폭 감소되었다. 크롬웰은 아일랜드의 정착을 위해 이곳의 토지를 영국과 스코틀랜드계 신교도들에게 재분배하였다.[76]

바로 이때 스코틀랜드와의 전쟁이 동시에 발생했다. 1650년 찰스 2세는 스코틀랜드인들과 프로테스탄트군주로 즉위할 것을 타협하였다. 다수의 스코틀랜드인들은 그를 지지하였으므로 크롬웰은 국가위원회의 소환을 받아 스코틀랜드로 하였다. 그의 철기군의 명성은 스코틀랜드인들에게 공포감을 주었으며 던바(Dunbar) 전투(1650)와 우스터(Worceter) 전투(1651)에서 스코틀랜드군은 대패하였다. 찰스 2 세

---

75) 베어본 의회는 런던 상인 베어본(barebone)의 이름을 따서 명명한 것으로 특별한 뜻은 없다. 이 의회는 소국회(Little Parliament)라 불리기도 했다. 이 의회 회원들은 크롬웰파가 주동이 되어 크롬웰에게 전권을 위임하였다.

76) 이것을 아일랜드에서는 크롬웰의 저주(Cruse of Cromwell)라고 부른다.

는 유럽으로 망명하였다. 이러한 대외전쟁은 크롬웰이 호국제 체제를 수립하기 이전의 일이었으나 국내에서의 그의 정책 수행을 곤란하게 만든 원천이기도 하였다. 그러나 크롬웰은 군의 힘과 중산계급의 상업적 이익 증진, 특히 선해조령(1651)에 의해 영국의 상업은 중상주의적 보호를 받았으며 조선업은 크게 성장하였다. 또한 홀란드 및 프랑스와 조약을 체결하여 통상상의 혜택을 보게 되었다. 그리고 해외영토를 획득하였다. 크롬웰은 프랑스와 스페인간의 전쟁에서 프랑스를 지원하여 승리케 함으로써 덩케르크(Dunkirk), 쟈마이카(Jamaica) 등을 획득하고 국위를 선양하였다.

9.4. 왕정복고(Restoration)

1658년 크롬웰의 갑작스런 사망 이후 그의 아들 리처드(Richard Cromwell, 1658-1659)가 수호직을 계승했으나 그는 무능하고 우유부단하여 정국은 혼란에 빠졌다. 결국 크롬웰의 통치는 실패하였으나 절대왕권수립의 반대, 종교적 관용 및 자유민주주의 사상 등의 유산을 남겼다. 그러나 대부분의 영국민들은 군대를 배경으로 한 크롬웰의 독재와 청교도들의 엄격한 윤리적 강요를 싫어하여 왕정 회귀를 희망하였다. 그리하여 영국민은 크롬웰을 물리치고 1660년 망명 중에 있던 찰스 2세를 왕으로 왕정을 복고하였다.

9년의 망명 끝에 환호를 받으며 귀국한 찰스 2세는 그동안 사회 전반에 뿌리내린 청교도들의 엄격한 잔재를 씻어버리고 오락과 연극을 허가하여 많은 영국민의 환영을 받았다. 찰스는 왕정복고를 통해 청교도 체제의 종식을 가져 왔으나 이제는 더 이상 독자적이고 자의적(恣意的)인 재판을 할 수 없으며 왕령의 공시로 입법하는 권력도 갖지 못하고 의회의 동의 없이는 과세할 수 없게 되었다. 다시 말해 이제 왕과 의회는 영국의 정치 권력을 나누어 갖게 된 것이다. 그러나 왕은 여전히 실질적 권한을 가졌으므로 찰스 2세의 마음에는 의회를 통하지 않는 전제를 바라고 있었다. 또한 기회 있는 대로 가톨릭으로 되돌아갈 것을 계획하였다. 찰스는 아버지의 원수를 갚기 위해 1661년 시해자들을 처형하고 이미 죽은 크롬웰 등의 묘를 파헤쳐 부친의 기일에 재 사형 하였다. 그런데 그의 치세에 두 큰 재화가 발생한 바, 1665년 흑사병의 발생으로 6개월간에 10만 명이 사망하였고, 1666년의 런던 화재로 13만 채의 가옥과 교회가 소실되었다. 그러나 이 화재 사건으로 런던은 근대화 되었다.

찰스 2세 치세 초기 10년 동안 의회는 국교도 중심으로 구성되었다. 의회는 1661년부터 1664년까지 일련의 법령을 채택하여 국교 이외의 모든 교도들을 탄압하였다. 특히 1662년의 통일령은 국교파의 기도서를 따르지 않는 청교도 목사 2,000명을 추방하였으며 1664년 집회법은 비국교적 의식을 따르는 5명 이상의 집회를 금하며 위반자는 투옥이나 국외추방을 규정하였다. 또한 찰스는 외국과의 관계를 통해 가톨릭 복귀 운동을 추진하였다. 1670년 도버 밀약에 의해 프랑스왕의 재정지원을 받아 영국의 가톨릭을 부활시키고자 하였다. 찰스 2세는 첫 단계로 1672년 가톨릭신도들을 포함한 모든 비국교도들의 신앙을 관용하는 칙령을 공포하였다. 그러나 의회는 곧 칙령의 철회를 요구함과 동시에 1673년 심사법(Test Act)을 제정하여 모든 공직자가 국교도여야 함을 규정하였다. 이 때 가톨릭 신도들의 음모 소문이 퍼졌으며 예컨대 가톨릭인 왕제 요크공을 왕위에 오르게 하려는 음모가 발생하였다.

이에 여론이 비등한 대립적인 두 당파가 출현하여 각각 토리당(Tories)과 휘그당(Whigs) 명칭을 얻게 되었다. 당시 토리당은 왕과 국교회를 지지했는데 토리란 명칭은 불법자로 추방된 왕당파를 가리키는 아일랜드어에서 유래했다. 한편 휘그당은 신교 왕에 의한 입헌군주제를 옹호하며 종교방어를 위해 왕권에 도전한 스코틀랜드 장노교도들을 지칭한데서 유래하였다. 왕은 자신이 불리하자 의회를 해산했으나 1679년 선거에서 휘그당이 대승하여 18년간의 왕당파 의회가 종식되었다. 따라서 휘그당이 이끄는 의회는 배척법(排斥法, Exclusion Bill)을 제정하여 가톨릭 신도가 영국 왕이 되는 것을 배척하고자 했다. 1679년 의회는 인신보호법(Habeas Corpus Act)을 통과시켰다. 이 법에 의하면 법적 근거가 없는 인신의 구속, 체포는 금지되며 혐의자는 일정기간 내에 재판을 받아야 하며 혐의 내용이 명시되어야 하였다. 그러나 1681년 후 찰스 2세는 헌법상의 항거수단인 의회를 소집하지 않고 독단적인 전제정치를 펼쳤다. 그러나 찰스는 가톨릭의 부활을 실현시키지 못한 채 1685년 사망하였다.

9.5. 제임스 2 세의 전제(專制)

찰스 2세의 사망으로 왕위에 오른 제임스 2세는 즉위 초 비록 자신이 가톨릭 신도였으나 개인적 문제로 국한하고, 영국 국교의 확인으로 토리당의 지지를 얻었다. 이때 휘그당 소속의 일단의 무리들이 제임스를 암살하고 찰스의 서자인 몬모스공을 왕으로 옹립코자 하였다. 이들은 1685년 몬모스(Monmouth) 반란을 일으켰으나 실패하였다. 이 사건 후 제임스 2세의 가톨릭 부흥정책은 표면화되었다. 왕은 심사율(審査律)을 철회시키고 인신보호법도 폐기하였다. 가톨릭신도들은 추밀원 의원이 되었으며 군, 교회, 대학 등의 고위직에 임명되었다. 제임스 2세는 재혼한 가톨릭 왕비인 모데나(Modena)가의 메리(Mary)의 왕자 출산을 계기로 가톨릭의 회복을 선언하였다. 그리고 1687년 왕은 모든 백성이 자유로운 신앙의 선택을 인정하는 칙령을 발포하였다. 그러나 이 칙령은 결국 비국교파들을 압박하기 위한 조치였다.

9.6. 명예혁명(The Glorious Revolution)

이 같은 왕의 편파적인 정책과 가톨릭의 부흥을 위한 조치는 수많은 비국교파들을 어렵게 하였다. 때문에 제임스의 처신에 대하여 심지어 왕당파인 국교도들도 반대하였다. 따라서 영국의 모든 당파가 합심하여 홀란드의 지배자인 오랜지의 윌리엄을 초빙하여 영국 왕으로 옹립하려고 하였다. 1688년 11월 윌리엄은 영국으로 출발하여 아무런 저항 없이 상륙하였다. 제임스 2 세는 프랑스로 망명하고 12월에 윌리엄은 런던에 입성하였다. 의회는 윌리엄(3 세)과 메리에게 공동왕위를 제의하였으며 1689년 권리선언 (혹은 권리장전)이 승인되었다.[77] 새 의회는 예수회원들과 그 밖의 악당의 권고로 기본 법률을 위반하고 왕국에서 도피하고 정부를 버린 까닭에 제임스 2 세의 왕위는 무효하다고 선언하였다. 이 혁명은 이른바 유혈이 없는 명예

---

77) 1689년의 권리장전의 선포와 함께 화해법령도 선포되어 영국국교 외의 신교도들의 신앙이 보장되었다. 1693년 의회는 관례적인 검열법(檢閱法)의 통과를 거부함으로서 언론 출판의 자유가 대의정치의 발전과 병행되기에 이르렀다. 이외에도 판사임기에 관한 법이 제정되어 함부로 판사를 파면시키지 않게 됨으로서 사법부의 독립이 보장되었다. 한편 이 시기에 영국 정부의 내각의 기원이 눈에 띤다. 윌리암은 국정처리에 있어 소수의 관리들과 의논하여 처리하였다. 이 일단의 관리들은 옛날의 국왕법정(curia regis)에 그 기원을 두고 있는데 그 후 내각(cabinet)으로 발전했다. 그리하여 윌리암의 계승자인 앤 여왕의 치세 말기인 1714년경까지 정책수립의 기구로 확립되었다.

혁명으로 이것을 계기로 (1) 왕권신수설에 의한 영국 절대주의의 종말을 고했으며, (2) 로마교황과의 관계는 다시 한 번 명확히 단절되었으며, (3) 영국 정치에 있어서 의회의 세력이 확립되었고, (4) 영국의 상층계급 특히 도시 상공업 시민 내지 지방의 젠트리 층의 영향력이 확고하게 되었다.

한편 마그나 카르타에 비견하는 권리장전은 다음과 같은 점들이 규정되었다. (1) 영국왕은 영국교회에 속한다, (2) 왕은 법의 집행을 정지시키지 못한다, (3) 의회의 동의 없이 징세는 불가하다, (4) 의회 내의 언론의 자유가 보장된다, (5) 백성은 청원권을 가지며 과도한 벌금과 보석금 및 잔인한 처벌을 받지 아니한다, (6) 의회의 회기는 자주 열린다. 이상과 같은 규정은 입헌정치의 발달사에 커다란 영향을 끼쳤다. 권리장전의 일부는 1776년 이후 미국의 헌법에 편입되었다. 그리고 이것은 미국 헌법 수정의 첫 부분의 열 조항이나 프랑스의 인간과 시민의 권리선언(1789)에 포함되었다.

10. 영국 종교개혁의 신학적 특징

10.1. 교회와 국가의 관계

(1) 수장령: 역사적으로 영국은 BC 4세기 로마의 침략 이후 개혁 전야까지 철저히 가톨릭의 통제를 받았다. 이처럼 오랜 기간 동안 로마 교황청은 스페인 왕실을 통해 실질적인 대리 통치를 하였다. 따라서 영국의 통치는 자국 왕이 있음에도 불구하고 스페인의 통치를 피할 수 없었다. 사사건건 스페인의 간섭과 통제를 벗어날 수 없었다. 그러던 중 영국 교회는 민족주의와 종교적 독립으로 심각한 갈등에 빠지게 되었다. 문제의 발단은 신학적인 문제보다는 주로 도덕과 돈에 관한 것으로 헨리 8세의 결혼 문제였다.[78] 당시 결혼은 교회의 성사(聖祀)로 교회의 관할에 속했다. 그러나 왕의 결혼은 국가의 문제였다. 왕들은 후손을 낳음으로써 왕위 계승을 보장받아야 했기 때문이다. 영국은 헨리 8세에게 남자 후계자를 요구하였다. 그러나

---

78) Gillian R. Evans/Alister E. McGrath/Allan D. Galloway, *The History of Christian Theology, Vol. 1: The Science of Theology*, ed. Paul Avis, (UK: Marshall Morgan & Scott Ltd., 1986), 179.

헨리는 그의 첫 아내 캐더린(Catherine)과의 결혼 16년 동안 공주 메리 하나만을 두었다. 따라서 자신의 후계자 문제로 고심하던 헨리는 이를 해결하기 위해 캐더린과의 결혼을 무효화하고 다른 여인과 결혼코자 하였다.

헨리는 자신의 문제를 교황 클레멘트 7세에게 의뢰하였다. 이미 자신의 두 누이들이 무효조치를 얻은바 있었으므로 헨리는 쉽게 해결될 것을 기대하였다. 캐더린은 스페인의 공주로 당시 황제 찰스 5세의 고모였다. 찰스는 캐더린을 위해 정치적으로 개입하고 교황이 이를 거부하게 하였다. 이에 헨리는 교황으로는 자신의 목적을 이룰 수 없음을 알고 캔터베리 대주교를 앞세웠다. 당시 대주교 토마스 크랜머는 왕의 손을 들어 주었다. 그리하여 1534년 헨리는 교황청과의 관계를 단절하고 자신을 수장으로 하는 독립된 영국 국교회, 성공회를 세웠다. 크랜머는 왕이 비록 사제도 아니요 직접 교회를 지도하지 않았으나 기독교 사회에서 두 가지 열쇠 즉 세속적 열쇠와 영적 열쇠를 갖고 있다고 선언하였다. 이후 헨리는 교회의 모든 재산이 국가에 귀속되어야 한다고 주장한 파두아의 마르실리우스(Marsilius)의 글에 기초하여 수도원 탄압을 정당화하였다.[79] 헨리의 각료인 추기경 토마스 울시(Thomas Wolsey)는 수도원의 수입을 거둬들여 대학을 짓기 위해 이전보다 더 많은 수도원을 탄압하였다. 헨리는 영국에 수도원이 하나도 남지 않고 해체될 때까지 5년 동안 점차적으로 이 정책을 추진하였다. 그러나 생각보다도 적은 수가 왕의 정책을 반대하였다.[80] 이들 반대자들은, 예를 들면 토마스 모어(Thomas More), 주교 존 피셔(John Fisher), 그리고 카르투지오회의 여러 수사들이 즉시 체포되어 처형되었다. 이로서 교회와 국가의 문제는 헨리 8세의 강력한 지도력 앞에 절대왕정이라는 정치적 통일로 발전하였다. 그러므로 베인톤 교수의 지적처럼 만약 튜더가가 교황청과 대립하며 정치적 절대주의를 수립하지 않았다면[81] 종교 개혁은 불가능했을 것이다.

---

79) 서요한, “제8장 중세 서임권 논쟁의 형성과 발전 (I)”, “제12장 중세 교회의 이단 유형과 특징”, 「중세교회사」, (도서출판 그리심, 2010) 참조.

80) 그 이유는 (1) 영국의 수도원들이 종교개혁 이전 200년 동안 이렇다 할 활동을 하지 않았기 때문이다. (2) 튜더왕조의 인기와 (3) 이 같은 정책적 변화가 오래 지속되지 않으리라는 기대 때문이었다.

81) 롤란드 베인톤, 「기독교의 역사」, 이길상 역, (크리스챤 다이제스트, 1997), 332.

(2) 성경과 자연법: 앞에서 살펴 본 것처럼 영국의 종교개혁은 정치와 종교 문제가 복합적으로 깊이 연루되었다. 그 결과 세속주권과 종교세력을 통합시킨 국가 교회가 등장하였다.[82] 이는 리차드 후커(Richard Hooker)의 저서 「교회정치론」(*The Laws of Ecclesiastical Polity*, 1593)83)에 이론적 기초를 두고 있다. 후커는 이 책에서 중세를 지배했던 신성한 자연법 교리를 답습했으나 반면 군주를 수장으로 하는 민족국가 교회의 맥락에서 이 이론을 채택하였다. 특별히 그는 로마 가톨릭과 청교도들에 맞서 엘리자베스의 종교정책을 강력히 옹호하였다. 전통적으로 개혁자들은 성경을 권위 있는 책으로 인정하였다. 그러나 일부 사람들이 성경의 권위 있는 해석을 수립하고 적용하는 과정에서 어려움에 봉착하였다. 후커는 성경을 유일한 권위의 원천으로 간주할 때, 더구나 교회 정치 문제와 관련하여 성경에 호소하게 될 때 발생하는 문제들을 의식하였다. 이는 종종 개인의 해석들이 권위적 위치를 차지하게 되는데 대한 우려였다. 후커는 삼위일체 교리처럼 성경에 문자적으로 명확히 드러나지는 않으나 충분히 추론될 수 있는 교리로 생각하였다. 그러나 교회 조직에 관한 정확하고 세밀한 규칙들이 성경 어디서든 여자적(如字的)으로 연역될 수 있다는 주장에 반대하였다. 이는 물론 성경이 의도하고 있는 목표에 관하여는 성경이 충분하다는 사실을 부인한 것은 아니다. 하지만 후커는 성경의 목표는 구원과 구원을 이루는 방법을 가리킬 뿐 교회 정치 문제 등 실질적인 문제를 포함하는 것은 아니라고 하였다. 그는 단지 하나님의 말씀의 필수적 용법을 확장시키고자 하는 잘못된 열망 때문에 우리들의 모든 행동에 대한 유일한 기준은 성경만이 되어야 한다고 기술하였다. 이 규칙들은 성경에 모순되지 않는다고 하였다.

그러므로 후커가 볼 때 오직 하나의 법, 성경을 모든 분야에서 감독하고 통솔하는 규칙이라고 주장하는 것은 부정확한 행동이었다. 하나님이 일련의 자연적, 이성적, 정치적 그리고 최종적으로는 교회적인 법률들을 수립하셔서 우주에 실제로 질서를 확립하셨다. 따라서 후커는 토마스 아퀴나스처럼 모든 피조된 세계는 명료한 질서를 과시하고 있다는 원칙에 동의하였다. 후커는 이러한 질서와 법칙을 하나님께서 태초 이전에 모든 것들을 스스로에 의하여 작동하게 하기 위하여 제정하셨던 바로 그 질서와 동일시하였다. 또한 이 질서는 그가 부여하셨던 몇몇 상황들에 따

82) R. N. 버어키, 「정치사상사」, 권용립/신연재 역, (도서출판 녹두, 1985), 190.

라 모든 그의 피조물들이 준행하는 것이 보다 적합하다고 생각했던 바로 그 질서였다. 문제의 법은 하나님의 명령이 아니라 특징적인 행동거지의 양식으로 이해되어야 했다. 후커는 계시의 도움 없이도 이성에 의하여 알아낼 수 있다고 생각하였다. 그에게는 천체의 움직임과 인간의 도덕적 행위를 통솔하는 법칙들은 바로 이성이 발견할 수 있는 창조의 일반적인 질서의 실례였다. 다시 말해 후커는 우주에 질서를 주는 이성적 원칙들이 존재한다고 주장하였으며, 이러한 원칙들은 계시의 도움을 받지 않는 이성의 적용을 통해 인식할 수 있다고 하였다. 이것은 토마스 아퀴나스의 주지주의(intellectualism)로 하나님이 이성에 합치하게 작용하며, 모든 법칙들은 하나님의 뜻과 동일한 궁극적 법칙으로 합리적이다. 이는 옥캄의 의지주의(voluntaism)와 대조되는바, 의지주의는 하나님의 의지 자체를 법률과 도덕의 조정자로 파악한다. 전자는 하나님께서 이미 수립된 규칙들에 의하여 행동하신다고 생각한다. 한편 후자는 하나님께서 그의 행동에 따라서 그의 법칙들을 수립하신다고 생각한다. 따라서 주지주의자들은 피조된 질서를 지성적으로 상고함으로 하나님의 의지를 알아낼 수 있다고 생각한다. 그리하여 실질적으로 하나님의 법에 대한 두 개의 원천들, 성경과 자연을 제공하게 되는 것이다. 따라서 자연과 성경이 서로 합동하여 작용하고 있으며 이를 통하여 영속적인 질서와 효용성을 마련하고 있다. 그러므로 우리들은 모든 면에서 우리 지성들을 이끄는 이 두 가지 외에는 지식들을 획득하기 위한 또 다른 원천들이 필요하지 않다고 하였다. 따라서 후커는 계시된 법이 아니라 자연법에 기초하여 교회 정치 체제를 변호하였다.[84] 성경이 침묵을 지키고 있는 부분, 즉 이성이 간여하는 부분은 인간법의 분야인바 교회 정치는 바로 여기에 속하였다.

10.2. 왕권신수설(the Divine Right of Kings)

이는 군주의 절대 권력을 옹호하는 학설로 자연법을 기초로 확산되었다. 이 이

83) Richard Hooker, *The Works: with an account of his life and death by Isaac Walton*, (Oxford: At the Clarendon Press, 1860), 2 vols 참조.

84) Gillian R. Evans/Alister E. McGrath/Allan D. Galloway, *The History of Christian Theology, Vol. 1: The Science of Theology*, ed. Paul Avis, (UK: Marshall Morgan & Scott Ltd., 1986), 179-181.

론은 절대 왕정시대 프랑스에서 크게 영향을 미쳤다. 당시 종교 분쟁에 직면하여 질서와 안전을 확보하는 문제로 큰 호응을 얻었다.[85] 하지만 왕권신수설은 역사적으로 선사시대부터 신정설(神政說 sacred kingship)에 바탕을 둔 것으로, 통치자를 초자연계의 신성하고 거룩한 존재의 화신 또는 대리인으로 파악하며, 고대의 중동과 극동, 헬레니즘과 유럽 문명, 콜럼버스 이전의 중앙아메리카와 남아메리카에 널리 퍼져 있었다. 신정설의 기본 유형은 3가지로, 첫째, 초자연적이거나 신성한 권력자를 인정하는 경우, 둘째, 신성한 또는 반(半)신성한 통치자를 인정하는 경우, 셋째, 신의 대리인을 인정하는 경우이다. 신정설은 주로 종교적인 관념과 결합하여 통치자에게 통치의 정당성을 부여했다. 고대 이집트 문명이나 멕시코 등 여러 문명에서 이러한 경우를 볼 수 있으며, 근대 유럽에서는 그리스도교와 결합한 왕권신수설에서 그 예를 찾아볼 수 있다.

유럽에서 왕권신수설의 기원은 신이 교회에 정신적 권력을 부여한 것처럼 통치자에게는 세속적 권력을 주었다고 생각하였다. 이것은 중세 프랑크 왕국의 샤를마뉴 통치 때로부터 중세 교황권 시대까지 거슬러 올라간다. 그러나 17세기에 이르자 새로 등장한 군주들은 국가뿐 아니라 교회 문제에서도 자신의 권한을 주장하기 시작했다. 스코틀랜드에서 이 이론은 스튜어트 왕조 때 그 실체를 드러냈다. 그러나 안정기의 엘리자베스 시대에는 이 이론이 중요한 역할을 수행하지 못했다. 비록 상당한 흡인력과 함께 단순성을 띠고 있었으나 이 이론의 정착에는 상당한 믿음이 요구되었다. 그 후 영국의 제임스 1세(1603-25 재위)는 왕권신수설의 선두 제창자였으나 1688년 명예혁명 이후 영국에서 자취를 감추었다. 사실 많은 이들에게 지배자의 인격은 국가가 의지할 수 있는 유일하고도 확고한 희망이다.

한편 17세기말과 18세기 프랑스의 루이 14세는 여전히 왕권신수설을 통해 많은 이득을 보았다. 그러나 그들 대부분은 이미 왕권신수설에 대해 진정한 종교적인 믿음을 갖고 있지 않았다. 1779년 미국 독립혁명과 1789년 프랑스 혁명 및 나폴레옹 시대를 거치면서 그나마 남아 있던 약간의 신뢰성이 대부분 사라졌다. 프랑스 왕권신수설의 이론가인 자크 베니뉴 보쉬에(1627-1704) 주교는 왕의 인격과 권위는 신성하며, 왕의 권한은 가부장제 시대의 아버지의 권한을 본보기로 한 것이고, 왕의

85) R. N. 버어키, 「정치사상사」, 권용립/신연재 역, (도서출판 녹두, 1985), 190-191.

권력은 신에서 나온 것이므로 절대적이며, 왕은 이성, 즉 관습과 전례의 지배를 받는다고 하였다. 영국의 왕당파 로버트 필머 경도 「부권정치」(*Patriarcha*, 1648)에서 국가는 하나의 가정이며 왕은 아버지라고 주장했으나 성경을 해석하면서 인류 최초의 왕은 아담이고 찰스 1세는 아담의 상속자로서 영국을 통치한다고 주장했다. 영국의 철학자 존 로크는 이 주장을 반박하기 위해 절대주의에 반대하는 「통치론」(*First Treatise of Civil Government*, 1689)을 썼다.

10.3. 칼빈과의 관계

영국의 종교개혁에 기여한 자들이 많지만 칼빈의 역할은 심대하였다. 그러나 개혁 당시 영국에 영향을 미친 사람은 부처와 불링거가 포함된다. 이들은 모두 칼빈의 전령들로 개인적인 친분을 가졌으며 칼빈도 영국 문제에 관심을 갖었다. 칼빈은 1548년 6월 디모데전서 주석을 섭정자 서머세트(Somerset)에게 헌증했으며 10월 22일 4개월 후에는 편지를 통해 설교, 예배 및 권징에 있어 교회의 철저한 개혁을 요구하였다. 1550년 당시 케임브리지에 있던 부처는 칼빈에게 영국의 사정을 알려주며 자신을 위해 기도를 부탁하였다. 그 해에 칼빈의 교리문답 영어판이 런던에서 출간되었다. 1551년 불링거는 웨스트민스터 대성당의 사제장(Dean) 리차드 콕스(Cox)에게 취리히 합의문에 대한 칼빈의 변증을 천거하였다. 니꼴라 데 갈라(Nicholas des Gallars)는 영국에 칼빈의 특사였다. 1551년 6월 제네바에 돌아온 그는 서머세트와 에드워드가 칼빈의 편지들을 아주 우호적으로 수용했다고 하였다. 특별히 칼빈은 1551년 6월 15일 크랜머(Cranmer)에게 자주 왕에게 편지를 쓰는 것보다 더 유용한 것은 없다는 전갈을 보냈다. 그리고 부처의 죽음에 깊은 애도를 표하였다. 1552년 3월 크랜머는 성찬에 관한 합의문 기초작업에서 칼빈의 도움을 요청하였다. 이에 칼빈이 기쁘게 대응했으나 에드워드의 타계로 무산되었다.[86]

에드워드의 사망과 메리의 왕위 계승은 많은 변화 속에서도 칼빈의 영향력을 방해하지 못하였다. 칼빈은 자기 교회의 수용적인 교회와 국가의 책임자들에게 개혁을 진행시키라고 계속 촉구하는 대신, 영국을 다시 로마에 복종시키려는 적대적 정

---

86) John T. McNeill, *The History and Character of Calvinism*, (New York/Oxford University Press, 1954), 311.

부로부터 피신한 사람들을 돕고 지도하였다. 특별히 칼빈은 제네바를 통해 영국에서 추방된 자들에게 교회를 조직하고 꾸려나갈 수 있도록 배려하였다. 그리고 존 낙스(John Knox), 크리스토퍼 굳만(Christopher Goodman), 윌리암 위팅함(William Whittingham), 앤토니 길비(Anthony Gilby)가 인도한 제네바의 영국 교회는 부흥하였다. 그것은 성경적 예배와 교회 직제의 훈련소 역할을 했으며 영국도 그 체제를 본받는 것을 보고 싶은 소원을 그들에게 불러 일으켰다. 그럼에도 불구하고 낙스와 굳만[87]은 저항론으로 칼빈을 당황하게 하였다. 뿐만 아니라 제네바 성경 주석의 일부 제식들(rites)과 의식들(ceremonies)을 거부하였다. 하지만 칼빈의 교리는 다른 여러 지역에 거주하는 추방자들에게 크게 영향을 미쳤다. 대표적으로 취리히의 존 주얼(John Jewel), 바젤의 존 폭스(John Foxe), 존 베일(John Bale), 프랑크프르트의 데이비드 화이트헤드(David Whitehead), 스트라스부르그의 존 포네(John Ponet)와 에드먼드 그린달(Edmond Grindal) 등이다. 이들 중에 런던의 감독 그린달은 철저한 칼빈주의자였으며, 1575년부터 1583년까지 켄터베리 대주교를 지냈으나 성공적이지 못하였다. 다른 제네바 사람들은 대부분 영국 국교회 내에서 지위를 갖지 않았고, 그 중에 위팅햄은 덜함(Durham)의 사제장이었으나 재능을 발휘하지 못하였다.

추방자들은 프랑크푸르트 목회에서 근본적인 이질감을 체험하였다. 메리의 죽음을 예측한 낙스는 윌리암 케드(William Kethe)에게 여러 동네를 방문하여 서로 굳게 뭉칠 것을 권면했으나 그들은 뿔뿔이 흩어져 영국으로 돌아갔다. 이때 칼빈은 영국 정부에 조언하였다. 1559년 1월 세실에게 보낸 편지에서 자신이 이미 엘리자베스에게 올바른 길을 가도록 권면하였다. 이때 낙스는 「복음을 신속히 붙잡으라고 영국에 주는 간단한 권면」(*Brief Exhortation to England for the Speedy Embracing of the Gospel*)을 출간하였다. 이때 칼빈은 세실에게 낙스가 자신의 승인없이 논문을 출판했다고 설명하였다. 1560년 6월 22일, 세실은 답장에서 그 설명을 수용하고 복음적 신앙고백을 위한 그의 뜨거운 열심을 인정하였다. 새로 런던의 주교가 된 그린달은 칼빈에게 그곳에 있는 프랑스 회중을 위한 목사를 요청하였다. 1560년 4

87) 당시 굳만은 「위에 있는 권세에게 복종하는 방법」(*How Superir Powers Ought to be Obeyed*)을 저술했는데, 위팅햄이 서문을 썼다. 이 저술은 낙스의 「여자들의 괴물같으 통치에 반대하는 첫 번째 나팔소리」, 1558년 같은 해에 출간되었다.

월, 니꼴라 데 갈라(Nicholas des Gallars)가 칼빈의 권고로 목사가 되어 그린달의 영접아래 목회하였다.

칼빈의 사후, 베자와 불링거가 박해받는 청교도들의 신뢰를 받았다. 이들은 서로 편지를 통해 교제하였고, 칼빈의 저서들은 원전뿐 아니라 번역을 통해 영향을 끼쳤다. 그의 교리문답은 대학 교과서가 되었다. 1561년, 의회의 지도자요 극작가인 토마스 노턴(Norton)은 「기독교 강요」를 번역하였다. 1592년에는 크고 작은 27종의 칼빈 설교집, 특별히 오비드와 시저(Ovid and Caesar), 욥기 설교집, 신명기 설교집, 시편 주석이 출판되었다.[88] 교회에 관한 39개항은 에드워드의 재위 중 42개조로 구성될 때 주로 불링거의 사상이 포함되었으나 실제는 칼빈주의적이었다. 예를 들면, 17항 예정론은 명확히 칼빈주의적으로 엘리자베스의 탄압을 받았다. 그것은 교황이 여왕을 파문한 후 1571년 명시되었다. 당시 대학생들은 옥스퍼드의 존 레이놀즈(John Reynolds), 케임브리지의 윌리암 위터커(William Whitaker), 윌리암 퍼킨스(William Perkins)로부터 칼빈주의를 배웠다. 당시 장로교도 카트라이트에 대항한 위크기프트의 작품은 칼빈의 인용으로 가득했으나 주로 청교도의 입장을 변호하였다. 그의 감독 재임시에 리차드 후커(Richard Hooker, 1600년 사망)는 영국 국교에 관한 「교회 정체법」(*Laws of Ecclesiastical Polity*)를 저술하였다. 그는 성경의 권위에 이의를 제기했으나 칼빈에게 경의를 표하였다.

11. 결론

헨리 8세의 이혼 문제로 촉발된 영국의 종교개혁은 스코틀랜드처럼 관용의 부족과 지속적인 박해로 대륙에 비해 훨씬 추하였다. 하지만 이들이 당한 고난과 고통만큼 종교적 자유를 확보하는데 더 큰 소득을 얻었다. 특히 시민적 또는 종교적 영역에서 잘 규제된 헌법적 자유가 이곳에서 배양되었다. 처음에는 박해와 단순한 관용 사이의 싸움이었지만 법률적으로 확보된 관용은 온전한 종교적 자유로의 길을 열었다. 결국 1534년 헨리 8세의 수장령과 함께 시작된 영국의 종교개혁은 약 150년 후 1688년 명예혁명으로 종식되었다. 영국의 종교개혁은 우리에게 몇 가지 교훈

88) John T. McNeill, *op. cit.*, 313-314.

을 제공한다.

(1) 영국의 종교개혁은 정치적으로 동시대 프랑스와 독일에서 일어난 개혁운동과 달리 개인적인 문제에서 출발하였다. 헨리 8세는 자신이 통치하는 영토 내에서 교황권의 우위권을 무시하고, 세속권자로서 영적 권세를 지배하였다. 그리고 영국의 교회를 로마의 통치로부터 단절하였다. 그리하여 중세의 교황적 교회체제로부터 벗어나, 독자적으로 왕의 우위권을 수립하였다. 이렇게 시작된 영국의 종교개혁은 신교였으나 가톨릭에 가까운 성공회였다. 개혁 초기 진행과정은 개인이었다면 메리여왕의 박해 기에는 집단화하였다. 토마스 크랜머를 중심으로 열 명의 순교자들이 열심히 사역하였다. 그러나 아무런 보상도 없이 역사에서 사라졌고, 그 후 개혁은 오랫 동안 진행되었다. 헨리 8세에 의한 개혁은 지지부진했으나 아들 에드워드 6세의 통치 6년 동안 급속히 진행되었다. 그러나 갑작스런 그의 죽음으로 모든 개혁은 수면 아래로 가라앉았다. 설상가상 개혁자들은 사소한 문제, 예를 들면 복장 논쟁 등으로 신학적 논쟁에 휘말렸고, 정치적으로 왕의 추밀원을 구성하는 세속파 다수와 협력함으로 종교적 순결을 더럽혔다. 추밀원은 주교의 수입과 재산들을 약탈함으로 경제적 탐욕을 충족시키고 행정부의 재정적 위기를 모면하려 했다. 그 결과는 존 후퍼가 하인리히 불링거에게 보낸 편지에서 보듯이 개혁은 실패할 수밖에 없는 진노의 잔이었다. 에드워드 6세는 그들이 저지른 죄 때문에 세상을 떠났고,[89] 이후 개혁은 메리와 엘리자베스, 스튜어트 왕가의 제임스 1세, 찰스 1와 2세, 제임스 2세와 오랜지의 윌리암까지 왕권에 맞서는 대립 속에서 성취되었다.

(2) 개혁은 많은 준비된 사람들을 필요로 하였다. 개혁자들은 투옥된 16개월 동안 좌절하지 않고 편지나 전달자나 개인적인 접촉을 통해서 서로 의사를 소통하였다. 덕분에 186통의 편지가 지금까지 전해지고 있다. 그중에 존 브래드포드는 82통을, 사우더스와 필폿, 존 후퍼와 니콜라스 리들리는 86통을 썼다. 그 편지들은 아내나 가족에게 보낸 개인적인 기록에서부터 신도들에게 보낸 공개적인 권면과 여왕과 그 추밀원에 대한 도전에 이르기까지 다양한 내용을 담고 있다.[90] 이들이 때로 직접 만나 의사소통을 하기도 했으나 그중에 가장 감동적인 편지는 고통 중에 죄수들

89) 레이시 볼드윈 스미스, 「바보들, 순교자들, 반역자들」, 김문호 역, (지호, 1998), 23.
90) 레이시 볼드윈 스미스, 23

끼리 서로 주고받은 22통의 편지일 것이다. 주된 내용은 서로의 안부를 묻고 혹시 이런 일로 인해 큰 위험과 불행을 당할 수도 있음을 상기한 것이다. 브래드포드는 한 편지에서 불에 타서 죽는 것은 낙원에 이르는 항구일 뿐 아니라 우리가 선택 받았고 구원받는 것을 판단하는 가장 확실한 길이라 하였다.91) 캔트에 투옥된 자들을 위해서 그는 자신을 모델로 "이제 나는 여러분의 앞에 갑니다. 내가 앞서 가고 있습니다. 그러나 여러분은 언젠가는 뒤따라오게 될 것입니다. 아! 사랑하는 여러분, 이 시대가 악하다 하여 절망하지 마십시오. 이 악한 시대는 우리를 단련하고 정화시키려는 것이며, 그렇게 하여 우리를 더욱 더 하나님의 거룩함에 참여하는 자로 만들려는 것이기 때문입니다. 우리가 우리 자신을 더 잘 알게 되듯이 이 세상도 우리를 더 잘 알게 될 것입니다. 그는 화형대에 묶여 동료 순교자 존 리프(John Leaf)에게 마지막 말을 남기며, "임종시에 영원한 구원으로 인도하는 길은 험하고 문은 좁습니다. 그래서 그것을 찾는 사람이 드뭅니다." 라고 하였다.92)

(3) 영국의 종교개혁은 로마교회로의 분리라는 이중적 통치가 아니라 하나의 통치만이 존재함을 강조하였다. 영국의 왕은 영토 내에서 교회 위에 군림하는 특별권을 항상 주장했으나, 헨리는 이를 발전시켜 자신은 그러한 감독권을 어느 누구와도 나눌 수 없음을 천명하였다. 하지만 그의 의도는 교회법의 개념을 빌리자면 성직수여권(ordinis)이 아니라 교구관할권(potestas jurisdictionis)이었다. 그러므로 그는 안수권이나 성례전의 집행을 주장하지 않았고, 혹시라도 교리적인 규정을 바꾸려 하지 않았다. 영국 교회는 모든 면에서 과거와 동일했으나, 로마의 주교를 우주적 감독(Episcopus Universalis)으로 인정하지 않은 것이다. 따라서 영국 내 최고 교회법원에서 항소가 필요할 시에는 이전처럼 로마로 가져가지 않고 영국의 왕실 법정에서 실시하였다. 그러나 교회의 제안서에 관한 관할권은 왕이 개인적으로 행사할 수는 없었다. 항소는 법정에서 재판관들이 확정지었으며, 왕은 시찰권을 보장하는 법을 보완해 줄 것을 요구하였다. 이러한 시찰권은 주교-총대리인으로 지명된 토마스 크롬웰(Thomas Cromwell)이 담당하였다. 이 직책은 소규모적으로 교황청 특사를 닮았으며, 교황청 특사가 교황을 대변하듯이 왕을 대변하였다. 고찰한 바와 같이 영국의 종교개혁은 안타깝게도 반쪽 개혁으로 미완의 개혁이었다.

---

91) 레이시 볼드윈 스미스, 32.
92) 레이시 볼드윈 스미스, 32.

제 11장

스코틀랜드 종교개혁의 전개와 특징

-존 낙스의 종교개혁과 발전을 중심으로-

1. 서론

16세기는 세계사뿐 아리라 교회 역사에서도 격동하던 시대였다. 우리가 알고 있듯이 사도 시대 이래 교회는 소위 보편적인 교회를 특징으로 계속해서 확장되었다. 이 교회의 모습은 무려 1500년 동안 확고하게 뿌리내려 온 전통이었다. 이 시기에 세계는 새로운 도약을 가져오게 되었고 특별히 종교, 사회, 문화, 및 정치, 과학에 있어서 획기적인 대 변화를 가져왔다. 따라서 사람들의 생활 습관과 종교 의식은 자유의 물결을 타고 급속히 파급되었으나 당시 스코틀랜드는 다른 유럽의 국가들과 달리 낙후된 생활속에 소수 지도층은 그들의 부와 권력에 혈안이 된 채 국가의 기강은 흔들리고 있었다. 그러나 이러한 국가의 정치적 사회적 불안정에도 불구하고 스코틀랜드의 교회는 기존의 전통과 틀에서 벗어나기 위해 몸부림쳤고 때때로 개혁을 위한 모종의 작업들이 일어나고 있었다.

이런 개혁의 열망은 유럽의 망명 생활을 청산하고 귀국한 존 낙스에 의해 마침내 성취되었다. 그 결과 세계 어디서도 이룩하지 못한 개혁주의적 종교 개혁을 성취하였다. 그토록 오랜 동안 열망해온 개혁의 의지는 지난 약 1,000년 가톨릭의 전통과 구습에서 벗어나 새로운 개혁 교회로서의 위대한 출발을 하였고 세계 최초 장로교 국가교회를 건설하는 과업을 이룩하였다. 그리고 낙스의 개혁 사상을 이어받은 그의 계승자들은 계속되는 국가와 교회의 혼란 속에 자신들의 신앙적 전통을 사수하며 고독하게 진리의 길을 걸어갔다. 이들의 신앙적 삶과 간증은 세계 어느 나라에서도 찾아보기 힘든 고난의 역사로 실로 장기간에 걸친 진리사수를 위한 투쟁이었다. 이들의 신앙적 및 신학적 의식은 위기 중에 더욱 빛을 발하였고 이들의 신학 사상이 세계 장로교회에 미친 영향은 실로 막대하였다.

따라서 스코틀랜드의 종교 개혁을 고찰함에 먼저 종교 개혁 이전의 스코틀랜드의 상황을 살피는 것이 필요할 것이다. 그 이유는 역사적 칼빈주의가 어떻게 스코틀랜드에 정착되었고, 스코틀랜드 장로교회가 갖는 몇 가지 특징적 전통들을 상고해야 할 필요성을 느끼기 때문이다. 무엇보다도 급변하는 시대 상황을 한국적 현실에 대비함으로 오늘 우리가 무엇을 어떻게 시대적 요구에 부응해야 할 것인지를 깨닫기 때문이다. 따라서 필자는 (1) 먼저 종교 개혁 이전의 스코틀랜드의 국가와 교회의 상황들을 정치적, 종교적, 사회적 상호 연관성 아래서 취급하고자 한다. (2) 그리고 종교개혁의 구체적인 상황과 (3) 개혁의 주체로서 일생을 헌신했던 개혁자 존 낙스와 그의 계승자들에 대하여 고찰할 것이다.

2. 종교 개혁 이전의 스코틀랜드

2.1. 역사적 단계로 본 스코틀랜드

스코틀랜드의 교회적 전통은 매우 가톨릭적으로 확고하게 자리를 잡았다. 주지하듯이 하나님이 맨 처음 지상에 세우신 교회는 하나였다. 이 교회는 그리스도를 머리로 한 주와 한 신앙과 한 세례와 한 하나님 아버지(엡 4:5-6)의 기초 위에 발전하였다. 이 하나님의 교회는 세계에 흩어져있는 주님의 교회이다. 종교 개혁 이전의 스코틀랜드 교회의 이해를 위해 4단계로 구분하였다.

(1) 첫 번째 태동기로 로마가 세계를 통치하던 때이다. A.D. 43-310년 사이 로마는 스코틀랜드에 가톨릭 신앙을 전파하였다. 당시 스코틀랜드 인들은 로마의 군사가 된 것을 커다란 긍지로 생각하였다. 이 시기에 어떤 형식의 선교사들이, 예를 들면 군인들, 사업가들, 성직자들이 무슨 목적으로 복음을 전파했는지는 의견이 다양하다. 하지만 이들의 영향을 받은 스코틀랜드인들은 이후 독자적인 교회를 이룩

하여, 신앙과 실천을 겸비한 교회로 발전하였다. 즉 로마의 영향아래 성장한 교회는 점차 로마-영국교회로 발전하였다. 로마가 뿌린 복음의 씨앗은 먼저 (i) 제국 중심의 정치적 중요성과 연계되었으며 (ii) 초대교회 베드로와 바울과 연루된 전통 속에 사도적 신앙이 계승되었다. 당시 스코틀랜드 사람들은 10세기까지 북 아일랜드의 일부로 포함되었으나, 이후 스코틀랜드로 불려졌다. 이때 스코틀랜드에 여러 종파들, 예를 들면 켈틱족과 알바(Alba) 혹은 칼레도니아(Caledonia), 안토니우스 벽의 북편(north of Antoninus' wall)으로 불리는 북부와 남부의 픽츠(Picts)가 있었다. 그리고 로마 화 된 벽 남부에는 브리톤스와 그 밖의 다른 인종들이 살고 있었다.[1)]

(2) 둘째는 발전기로 A.D. 4세기 중반부터 7세기까지, 스코틀랜드 남서쪽 위그타운 교외에 성 니니안(St.Ninian, 350-432)과 성 콜롬바, 이후 최초의 위트비(Whitby) 공의회까지의 시기이다. A.D. 350년경 성 니니안은 이미 기독교인인 한 영국 두목의 아들로 위그타운 교외에서 태어났다. 383년 그는 서로마 제국의 황제 갈리아의 막시무스(Maximus)를 열렬히 추종했고 로마의 수도원 생활을 소개하였다. 그는 먼저 그의 고향 위그타운 교외에 하얀 석조 교회를 건립하였다. 그리고 여러 지방을 순회하며 복음을 전파하고, 가는 곳마다 그리스도의 멍에(마 11:28-30), 십자가를 수용하도록 했다. 그리고 교구를 분리하고 장로들에게 안수를 허락했으며 주교들을 취임시켰다.[2)]

5세기를 지나면서 스코틀랜드 교회는 성 콜롬바(St.Columba) 교회로 넘어간다. 아일랜드에는 로마의 철수와 함께 일부의 스코티쉬가 살았다. 성 콜롬바는 아일랜드에 교회를 세우고 새로운 시대를 개척하였다. 성 콜롬바는 왕족 출신으로 521년 로흐 가르탄(Loch Gartan)에서 출생했다. 그는 수도원에서 문학을 우수한 성적으로 졸업하였다. 그 후 사제 서품을 받고 15년 동안 아일랜드에서 선교사 사역을 하였

---

1) Robert Herbert Story(ed.), *The Church of Scotland, Past and Present*, (London: William MacKenzie, 1890), vol. I, 1-18, 75-84; 페터 아렌스, 「유럽의 폭풍」, 이재원 역, (들녘 코기토, 2006), 285-297.

2) 이 시대에 아일랜드 선교사 성 페트릭(St.Patrick)과 팔라디우스(Palladius)도 있다. 그러나 페트릭에 대해서는 많은 의혹이 있다. A.D. 431년 팔라디우스는 로마에 의하여 안수받은 최초의 예수 믿는 스코틀랜드의 주교였다. 스코틀랜드의 역사가들은 그가 최초의 장로교인이었으나 이후 가톨릭 주교가 되었다. 또 다른 사람 성 문고(St.Mungo)는 성 니니안과 그 후세대인 성 콜롬바(St.Columba) 사이를 연결 짓는다.

다. 그 후 12명의 동료와 함께 아일랜드를 떠나 아이오나 섬(the Island of Iona)에서 사역하였다. 그는 그곳에 수도원을 세우고 수요일과 금요일은 금식일로 정하였으며, 그 밖에 수도원의 생활 규칙을 제정하였다. 그리고 공장을 세워 농장을 경영하며 어업에 종사하였다. 왕이 회심한 뒤 그 성인과 제자들은 당시 픽트족(the Picts)이라 불리던 갤릭계 스코트족(the Gaelic Scots)을 얻었다. 갤릭계 아일랜드인들은 갤리계 스코트족을 개종시킬 준비가 되어 있었다.[3] 그의 영향으로 2세기 후 성 아이단(St.Aidan)이 노텀부리안 선교(the Northumbrian Mission)를 위해 파송받았다. 그리고 마침내 그곳을 제 2의 아이오나로 만들었다.

교황 그레고리 1세(604년)는 로마에 있는 노예 시장에서 팔려가는 몇몇 소년들을 통해 영국에 매력을 느꼈다. 따라서 브리튼에 정착한 이방인들을 개종하기 위하여 597년 어거스틴을 영국에 파송하였다. 어거스틴의 추종자들은 점차 북쪽의 켈틱 교회와 접촉하였다. 한편 노텀브리아의 오스왈드(Oswald) 요청으로 스코틀랜드 남동지역과 잉글랜드 북동지역에 아이단(Aidan)을 파견하였다. 그곳의 정착민들이 기독교로 개종하였다. 657년 힐다(Hilda)의 지도아래 위트비에 수도원이 건립되었다. 이후 기독교는 점차 남쪽으로 확산되었다. 664년 오스위(Oswiu)왕의 요청으로 위트비(Whitby)에서 양측 노회가 회집되었다. 여기서 켈틱의 콜만(Colman)은 콜롬바의 권위를, 캔터베리의 윌프레드(Wilfred)는 베드로의 권위를 주장하였다.[4] 오스위왕은 켄터베리를 옹호하였다. 그 후 로마교회는 피트랜드와 아이오나를 병합시켰다. 그러나 종종 덴마크 만적들의 침략을 받았다. 844년 픽츠(Picts)와 스코츠(Scots)가 한 왕국으로 통합되어 수도를 던켈드(Dunkeld)로 정하였다. 10 세기에 다시 성 앤드류스로 정하고 동시에 성 안드레를 통합된 두 왕국의 수호성인으로[5] 수용하였다. 이때부터 오늘의 감독교회가 이곳에 유래하였다.

(3) 셋째는 개화기로 8세기에서 10세기, 성 마가렛(St. Margaret)의 사역이 중심

---

3) 롤란드 베인턴, 「세계교회사」, 이길상 역, (크리스챤 다이제스트, 2001), 157.

4) J. H. S. Burleigh, *A Church History of Scotland*, (Edinburgh: Hope Trust, 1983), 23-27.

5) 스코틀랜드는 이 때부터 성 안드레의 십자가를 민족의 문장으로 채용하였다. G. D. Henderson, *The Church of Scotland*, (Edinburgh: The Church of Scotland Youth Committee, 1954), 22-23.

되는 시기이다. 마가렛은 그녀의 재임 동안 가톨릭적 풍습에 따라 교육과 종교생활에 막대한 영향을 미쳤다. 지금까지 교회가 확장되어 오기는 했으나 종교생활은 부패하였다. 때문에 백성들은 교회를 비판하였다. 실로 모든 악이 교회 안에 내재하고 있었기 때문에 백성들은 옛날로 돌아가기 위해서는 무엇인가 새로운 것이 요구된다고 생각하였다. 이런 기대 속에서 하나님은 말콤 켄모어 왕의 고결한 영국 아내를 맞이하였다. 마가렛은 그녀의 남편에게 정직하게 기도하는 법등을 가르쳤고 그녀의 5자녀(세 아들들은: Edgar, Alexander and David)였고, 두 명의 딸(the good Queen Maud of England와 the Abbess of Romsey in Hampshire)을 철저히 교육하였다. 후에 그의 세 아들은 순서에 따라서 스코틀랜드의 왕이 되었고 사회복지와 백성들을 위하여 일했다. 마가렛은 종교생활을 위해서 다양한 수련회를 개최하여 사람들의 필요를 채워주었다.[6] 마가렛의 아들들은 어머니의 모범을 따라 국사에 임했다. 이들의 통치 기간동안 두개의 가장 큰 변화 중에 (i) 교구제도를 영국의 감독 교회식으로 재 정비한 것이었다. 이 제도는 후에 찰스 1세 때까지 계속되었다.[7] (ii) 영국의 수도원 제도를 도입하여 학문과 헌신의 도장이 되게 했다.[8] 승려들은 가난한 자들과 압제아래 있는 자들의 친구가 되었다. 이들은 짐승에게 먹이를 먹이는 일들을 했다.

(4) 넷째는 침체기 혹은 암흑기로, 11-15세기까지이다. 로마교회는 계속해서 확장되었으나 영적으로 교회의 수장인 교황에 의해 철저히 다스림을 받았다. 따라서 로마의 통제아래 있던 초기의 스코틀랜드 교회는 자유를 상실한 채 부패하였다. 따라서 그들의 전통에 따라 교회는 주교가 다스렸고 이때의 예배의식은 가톨릭의 전통을 따라 실습되었다. 이러한 그들의 전통은 교리와 실천면에서 역사적 개혁교회와는 다른 것이었다. 당시 로마교회의 교황들은 다양한 환경을 근거로 이 기구의 지상적 우두머리로 군림하였다. 그 권위는 인종상의 구별 위에 있었다. 이때까지 교

---

6) 예를 들면 부활절에 실시하는 성찬식에 대하여, 야만적인 기도문에 대하여, 주일날의 경시, 계모와 함께하는 스코틀랜드의 결혼 풍속, 그리고 병든 남편의 형제들과의 함께하는 아내에 대하여등이었다. 그녀의 라틴어로 기록된 서신들은 현재 옥스포드(Oxford)에 있는 보들리안 도서관(Bodleian Library)에 보관중이다.

7) A. Mitchell, *The Story of the Church in Scotland*, 18.

8) 이때 수도원으로는 Holyrood, Melrose, Jedburgh, Kelso, Dryburgh, and Cambuskenneth였다. *Ibid.*, 18.

회는 하나의 언어인 라틴어를 사용하였고 동일한 신조가 받아들여졌다. 예배의 공통된 형식이 도입되었다. 수도승들과 탁발 수도사들과 수녀들은 다른 나라에서도 자기 나라처럼 편안함을 느꼈다. 서구 유럽을 통하여 동일한 교회법을 따랐다. 이때 로마 교회는 세계의 모든 교회와 접촉하였다. 이 교회는 공적 사적 생활의 일반적인 구조를 제공했다. 포위크 교수는 "중세 교회의 지배권은 교회가 전체 인간의 가장 좋은 소망과 미에 대한 사랑, 선에 대한 소망과 진리에 대한 추구를 만족시켜줄 수 있었다"고 하였다.[9)]

이런 상황에서 교회는 시대간이 지남에 따라 증가하였고, 구원에 대한 유일한 방법은 이제 교회의 통제 하에 있는 성례를 통해 이루어지는 것으로 믿었다. 왕들과 귀족들과 농민들은 교회를 거스르는 것을 두려워했으며 사악한 사람들조차 교회의 냉대를 피하기 위하여 선물과 맹세에 의하여 어떤 것이든 열심히 하였다. 이제 교회는 점차 신자들의 신앙을 서술해 나갔고 전통적인 신학은 그리스도 이후 초기에 친밀했던 것과 상당히 거리있는 내용으로 발전하였다. 이때 교회는 교인들에게 화체설(성찬식에서 빵과 포도주가 그리스도의 몸과 피에 의하여 대치된다는 이론)과 연옥설(죽은 사람들의 영혼이 고통에 의하여 깨끗해지는 장소), 성직자에게 결혼을 금지하는 강제적인 독신제도, 세례와 견진과 성찬과 고해와 서임과 결혼과 종유 등의 7성례와 사제에 대한 고백과 참회와 순례 등의 외부적인 행동의 가치와 성모 마리아에 대한 숭배를 요구하였다.

교회가 설립한 대학에서는 학자들 간에 활발한 토론이 진행되었다. 그러나 대다수 사람들이 무식했으며 글을 읽거나 쓰지 못했고, 그들 자신을 표현하거나 어려운 이념을 파악할 수가 없었다. 이런 이유로 교회는 성도들을 예배에 끌어들여 시각적인 효과를 위해 다양한 미신적인 것들을 전시하였다. 예를 들면 그림들과 형상들, 채광 장치와 종들, 의복들과 향료, 기름과 성수, 행렬 성가와 제스처들, 오르간과 깃발들, 그리고 유물과 유품들이 사람들에게 보다 깊은 인상을 주기 위해 유포되었다. 어떤 사람이 그가 본 것을 이해하지 못할지 모르나 적어도 기억할 수는 있었다. 새로운 교훈을 가르치고 좀 더 잘 기억할 수 있게 하기 위하여 옛날의 단순한 예배에 많은 것이 첨가 되었다. 그러나 이러한 과정이 시작되었을 때 사람들이 그것을 멈

---

9) G. D. Henderson, *The Church of Scotland*, (Edinburgh: The Church of Scotland Youth Committee, 1954), 31-32.

추어야 할 이유가 없었고, 예배는 여분의 것이 지나치게 성장하여 원래의 의미는 거의 질식되었다. 이와 같은 형편에서 바르게 교회의 전통을 확립하고자 하는 움직임들이 다각적으로 나타났다. 예를 들면, 애버딘의 엘핀스톤(Bishop Elphinstone) 주교와 성 안드류스의 케네디(Biship Kennedy) 주교는 지각있고 존경받는 지도자로서 대학을 세웠고, 특히 케네디 주교는 제임스 II세의 고문으로 활동하였다.[10)]

2.2. 종교 및 민족적 관점에서 본 스코틀랜드

(1) 종교 개혁 전의 스코틀랜드: 중세 교회는 하나의 연합된 민족회의와 같은 초민족적 단체였다. 비록 언어와 피부 색갈, 그리고 배경이 달라도 교회는 모든 민족들이 만날 수 있는 공통적인 기초를 제공했다. 그러나 교회는 매우 자연스럽게 자신의 정치적 입장을 이용하는 경향을 띄고, 최우선적인 관심사로 전제적이었다. 정치적이고 세속적인 문제들이 교회의 관심사들 중에서 중요한 위치를 차지했다. 중세의 교황과 그의 통치는 사제와 수도승과 수녀와 교회에 의해 성별된 다른 사람들의 충성을 제일 먼저 요구했다. 그리고 교황은 주교좌에 대한 사람의 임명을 그들이 일할 나라에 대하여 맨 먼저 관심을 가지기보다 임명자들이 그들 나라에서 교황의 대행자가 되는 것과 관련하여 시행하는 것을 고안하였다. 교회는 관심이 필연적으로 그 나라 주권에 대한 교리와 종교가 이스라엘과 유대 왕국에서 차지했던 지위와 어거스틴의 유명한 책 「신의도성」으로 교회가 국왕들과 민족들에게 통제권을 주장하도록 격려했다. 그 결과 교회는 점차 정치적인 세력으로 부상하였다.

사실 교회는 정치적인 우위권을 확보하려고 했을 뿐만 아니라 사람들의 생활과 활동의 모든 면을 통제하려고 하였다. 그럼에도 불구하고 교회는 자기가 갖고 있는 고유의 전통들을 세상에서 생생하게 보존했고 어려운 혼란의 시기에 수도원 같은 기관을 통하여 경건의 아름다운 꽃들을 이식시킬 수 있었다. 수도원들은 의심할 바 없이 종교를 보존하고 종교를 그와 같이 거친 시기에 세속화되어가는 풍조 속에서 구원하는데 귀한 역할을 했다. 교회는 교육에 대한 필요한 격려를 했고 학교 설립

---

10) 이때 주교들에 의하여 세워진 스코틀랜드 대학들은 헨리 워드로가 세운 성 안드류스 대학교(1410)와 윌리암 턴불이 세운 글라스고 대학교(1451), 그리고 엘핀스톤 주교가 세운 애버딘 대학교(1495)가 있다.

과 교사들을 훈련시키는 기관이었다. 당시 교회는 7개의 교양과목(문법, 수사학, 변증학, 수학, 기하학, 음악과 천문학)을 후원하였다. 그리고 대학을 설립하고 교수 진용을 갖추었다. 스코틀랜드의 성 앤드류스 대학과 글라스고우 대학, 애버딘 대학교는 종교개혁 이전에 설립된 대학들이다. 중세를 통하여 자비의 정신을 보존한 곳이 교회였다. 가난한 자를 돌보고 구빈원에 대한 공급이 교회에 맡겨졌다. 전쟁과 질병의 결과 많은 어려움이 있었고 그 결과 많은 실업자가 있었다. 교회는 그러한 악들을 방지하거나 치료할 수 없었지만 완화시킬 수는 있었다. 동시에 교회는 복음을 널리 확대하였다.

(2) 교회와 스코틀랜드의 독립: 스코틀랜드 교회는 중세 가톨릭 교회의 일부로서 로마의 통제를 받았다. 그런데 스코틀랜드는 영국의 간섭아래 계속되는 전쟁 위험 속에, 캔터베리와 요크 대주교는 스코틀랜드에 대한 영토권을 주장하였다. 결국 스코틀랜드는 1225년부터 영국으로부터 자신들의 문제를 규제할 목적으로 스스로의 회의를 개최할 권한을 허락 받고 독립하였다. 그 후에 스코틀랜드에서는 1472년 첫 번째 대 주교가 임명되었고 그 후 성 앤드류스와 글라스고우도 허락되었다. 알렉산더 III세(1249-1286)는 스코틀랜드에 대한 교황의 부당한 간섭으로 보이는 일들을 강력히 반대하였다. 그리고 그는 때때로 스코틀랜드 성직자들이 로마로부터 오는 지시 사항을 무시하도록 격려했다. 이런 상황에서 윌리알 월레스(William Wallace)경과 로버트 브루스(Robert Bruce)의 지도하에 독립전쟁을 하는 동안에 교황청과 스코틀랜드와의 관계는 비우호적이었다. 교황은 장기간에 걸친 전쟁에서 공정하지 못하고 초민족적인 정신에서 실질적으로 영국의 편을 들었다. 이에 대해 스코틀랜드 교회들은 교황의 메시지와 명령들에 주의를 기울이지 않았다. 그러다가 1328년 스코틀랜드의 독립과 로버트 브루스의 주권이 공식적으로 인정되었을 때에 스코틀랜드는 교황에 대한 충성을 맹세했다. 이로써 독립전쟁은 중세 교회의 몰락을 가져오는 계기가 되었다.[11)]

한편 당시 스튜어트 왕조 시기는 거의 연속적으로 반란과 침입과 암살과 방화와 도둑질과 음모와 전염병과 가난으로 고통하였다. 제임스 I세와 제임스 III세는 암살되었고 제임스 II세와 제임스 VI세는 젊은 나이에 영국과의 전투에서 요절했다. 왕

11) A. Mitchell, *The Story of the Church in Scotland*, 22.

권은 귀족들의 득세로 취약했고 귀족들은 거칠어 다루기가 힘들었다. 국왕들이 아주 어리거나 영국에 잡혀있는 동안 시행된 섭정은 의심과 시기의 진원지였다. 이처럼 국내적인 난국에도 불구하고 스코틀랜드는 유럽과의 접촉을 계속했고, 특별히 프랑스와의 교류는 그들의 생활과 언어에 많은 영향을 미쳤다. 따라서 많은 스코틀랜드 사람들이 이곳에 머물며 다양한 경험을 쌓았고 당시 스튜어트왕가는 이것을 장려하였다.[12]

또한 이 시기에 스코틀랜드의 동부 해안 도시들이 대륙과의 무역을 통하여 발전했고 이곳에 학교가 설립, 교육되었다. 성 앤드류스 대학은 1411, 글라스고우 대학은 1451년, 그리고 애버딘 대학은 1494년에 파리와 볼로냐 대학의 노선을 따라 설립되었다. 그리고 교회는 대성당들을 설립했는데 이중에서 약 40개가 주로 15세기에 세워졌는데 종교적인 헌신과 가르침의 중심지였다. 이것은 교회의 생명력과 열정을 보여주었다.[13] 당시 유명한 교계 지도자로는 국왕 로버트 III세의 손자로 성 앤드류스의 주교였던 제임스 케네디(James Kennedy)는 뛰어난 인격과 경건과 관대함과 학문과 정치적 수완의 인물로 기억될 사람으로[14], 제임스 II세는 모든 중대한 정치적 상황에서 그의 현명함과 신중함에 의존했다. 또한 애버딘의 주교였던 윌리암 엘핀스톤(William Ephinston)은 빛나는 공적을 세운 또 다른 인물이었다.[15]

---

12) 제임스 I세는 자신의 재임 동안에 성문에 열쇠가 잠겨있고 솔로 소를 빗어 줄 수 있는 상태가 되기를 바랐고, 제임스 IV 같은 왕은 직책에 있는 사람들에게 그들의 장남을 학교에 보내 라틴어를 철저히 교육시키도록 강요하는 법을 1496년에 제정하였다. 그렇게 함으로서 국민생활을 안정시키고 국민의식을 고취하기 위함이었다. 이런 분위기는 스코틀랜드가 서서히 변하고 있음을 단적으로 말해준다.

13) 이 대성당들 중에는 에든버러에 있는 성 자일즈(St Giles Cathedral) 성당과 크레일(Crail) 성당과, 애버딘에 있는 성 니콜라스(St Nicholas) 성당이 유명하다.

14) 스코틀랜드 역사가 이자 주교였던 스포티스우드(John Spottiswoode)는 그에 대하여 "그는 그 당시에 살았던 어떤 사람도 그렇게 훌륭한 상태에서는 교회를 보지 못했을 정도로 모든 일에서 질서를 잡았다" 고 말했다.

15) 그는 글라스고우 대학과 외국에서 공부를 했으며 교회법에 매우 정통했다. 성직자의 교육과 영적 훈련에 대한 그의 관심은 애버딘에 있는 왕립 대학(King's College)의 설립에 의해서 입증되었다. 그는 그의 대성당 건물을 개선하기 위하여 많은 일을 했으며 스코틀랜드의 초기 작품들인 예배서와 기도서를 제작하였다. 그가 82세로 사망했을 때 그는 종교인으로서의 높은 명성과 흠 없는 삶과 열심히 일한 사람이자 책을 좋아하고 애국적인 정신을 가지고 있으면서 관대함을 보여준데 대한 이름을 남겼다. G. D. Henderson, *The Church of Scotland: A Short History*, (Edinburgh: The Church of Scotland Youth Committee, 1905), 58.

3. 스코틀랜드 종교개혁의 뿌리

유럽의 종교개혁처럼 스코틀랜드의 종교개혁은 영적이며 도덕적으로 기독교인들에게 결정적인 영향을 미쳤다. 종교 개혁은 급진적으로 스코틀랜드 사람들의 의식을 바꾸어 놓았고 종교에 부흥운동을 일으키는 계기가 되었다. 이런 종교성은 경건한 사람들의 의식과 생활 속에 깊이 뿌리를 두었다. 역사가 보여 주는 바와 같이 이 뿌리는 정치적으로 그리고 종교적으로 함께 동반 출현하였다. 또한 이 운동은 기독교 문화에도 영향을 미쳐 사회 변화에 크게 기여하였다. 스코틀랜드의 종교개혁은 마침내 열매를 맺게 되었는데 그에 대한 원인을 규명이 바람직할 것이다.

3.1. 유럽의 개혁 영향

3.1.1. 사회 문화적 운동

(1) 유럽 사회의 변화로 이 시기에 유럽의 북부 나라들이 점차 왕성해 지면서 문명에서 남쪽 국가들을 압도하였다. 이때 기독교는 그 힘을 잃고 사회 변화에 민첩하게 대처하지 못했다. 여기에는 3가지 이유가 있었다. (i) 632년에 일어난 마호메트교의 발흥으로 기독교가 타격을 입었기 때문이고, (ii) 그 후 1054년 동방의 그리스 정교와 서방의 로마 가톨릭의 분리 때문이며, (iii) 끝으로 1453년 콘스탄티노플을 정복한 투르크족의 진격 때문이었다.

(2) 상업과 무역이 활성화되어 당시 도시민들은 농민들과 비교하여 잘 살았고, 좀 더 독립적인 정신을 가지고 있었다. 콜럼버스의 신대륙의 발견은 좀 더 넓은 세계에 대한 촉매제가 되었으며 중세의 봉건사회는 붕괴되었고, 화약이 발견되어 마침내 중무장한 기사에 대항할 수 있게 되었다. 새로운 민족적 애국주의가 나타나고 있었고 민족적 언어에 대한 관심도 발생하였다.

(3) 이때 지리적 변화도 일어났다. 지구가 결코 우주의 중심이 아니라는 코페르니쿠스의 주장과 같은 주장은 사람들을 권위와 전통에 대한 회의로 몰아갔다. 교육과 학문과 개인적인 사상들이 진전되었다. 고대 문학에 대한 관심들이 되살아났고 성경의 히브리어와 헬라어도 다시 검토되었다. 인쇄술의 발견은 문화 창달에 신기원을 가져왔다.

(4) 동시에 영적이고 도덕적인 변화도 일어났다. 이러한 변화는 그동안 내적인 면보다 외적인 면에 치우친 교회적 전통에서 벗어나 실제적이고 개인적인 종교에 대한 요구를 가져왔다. 비로소 사람들은 종교 생활이 어떤 수행을 통과하는 것으로 충분하지 않다는 것을 발견했다. 사람들은 자신들이 행하고 있는 것의 의미를 깨닫게 되었다. 무엇보다도 개개인의 성도들은 사제없이 실질적으로 하나님께 직접적으로 나아 갈 수 있다는 것과 그들이 관심을 가져야 하는 것은 교회의 권위가 아니라 하나님의 은혜라는 것을 발견하면서 점점 더 자의식적인 존재가 되었다. 따라서 사람들은 교회가 자신이 유일한 구원의 수단이라는 것을 통해 모든 사람에 대해 가지고 있던 요새로부터 자유하였다. 세속인들도 자신들이 교회 일에 참여할 자격이 있다고 느끼기 시작했고 자국어로 된 성경의 출현은 커다란 변화를 가져왔다. 특별히 틴데일의 영어 성경 번역이 1526년에 출판되었고 독일의 루터의 성경은 1534년에 완성되었다. 사람들은 새롭게 출판된 이 책이 설명되기를 원했고 비로소 자신들이 하나님의 말씀으로부터 멀리 떠나 있음을 인식하였다.

이러한 변화는 사람들이 수도원에 들어가지 않고도 정상적으로 신앙생활을 할 수 있음을 깨닫게 되었으며 교회 안에서 성행하던 종교적 남용에 민감하게 반응하였다. 실로 교회는 극도로 부패한 중에 사람들이 필요로 하는 말씀을 제공하지 못했다. 교회는 세상이 요구하는 새로운 조건에 전혀 부응하지 못한 것이다.

3.1.2. 종교적 운동

(1) 롤라드의 영향과 개혁의식의 증대: 앞에서 보았듯이 중세는 국가마다 국내적으로는 혼란과 불안정, 국외적으로는 긴장과 전쟁이 끝없었다. 이런 가운데 중세 교회는 수도원 안에 종교와 문화에 대한 피난처를 제공하였다. 교육받지 못한 시기에 교회는 책을 통해 그들의 의식을 변화시켰고 교리를 발전시켰다. 또한 당시의 조잡한 법들을 개조하고, 교회의 도덕률을 통해 민족들의 기풍을 세워나갔다. 그렇게 하여 사람들은 생활 속에 통제적인 지위를 확보하였다. 무엇보다 이 시기에 교회가 한 일은 인간관에 새로운 변화를 가져왔고 지금까지 받아졌던 교황의 우위권과 교회법, 정치와 구원에 대한 성직자들의 통제는 더 이상 정당화 될 수 없었다.

이 시기에 헨리 8세의 등장으로 영국에서는 종교 개혁이 정착되었다. 그러나 스코틀랜드는 개혁의 과정에서 아직도 교황의 멍에 아래 눌려 있었다. 이렇듯 소망

없는 대지에 종교 개혁의 새벽 별 존 위클리프(1320-1384)의 개혁 운동이 활발히 전개되었다. 이러한 상황에서 1357년부터 1389년 사이에 영국대학으로 스코틀랜드 학생들이 유입되었다. 이 기간은 영국에서 위클리프의 영향력이 가장 강력할 때였다. 그리고 당시 잉글랜드 출신 전도자 존 레스비(John Resby, ?-1408)와 보헤미아 출신 의사 폴 크라워(Paul Crawar)가 열심히 복음을 전파하였다. 레스비는 교황이 그리스도의 대사임을 부인하고 그가 거룩하지 않는 한 아무도 그리스도의 대사나 교황이 될 수 없다고 주장하였다.[16] 한편 클라워는 성 앤드류스에 정착하여 화체설과 연옥, 성상 숭배와 면죄부의 효력을 부인한 후스파의 가르침을 전하였다. 이것은 당시 교권의 중심지에 거주한 주교와 성직자들에게 도무지 용인할 수 없는 일로, 입에 놋쇠 공을 물린 채 화형되었다.[17] 하지만 위클리프를 추종하는 롤라드가 급증하였다. 따라서 1417년 제임스 I세는 성 앤드류스 대학 출신들에게 롤라드에 맞서 싸우게 하였다.[18] 그리고 1425년에는 교회를 파괴하는 이단들에게 법령을 반포하였다. 낙스는 그가 위클리프처럼 화체설을 부인하고 고해성사와 성자들의 숭배를 부인하였다고 하였다.[19]

제임스 IV세가 통치하던 1494년에 카일(Kyle)과 커닝함(Cunningham)에 약 30명의 롤라드들이 나타나자 당시 글라스고의 대 주교 로버트 블라케이더(Robert Blacader)가 왕과 위원회에 이들을 소환하였다. 이들은 모든 남녀가 하나님의 제사장임을 가르치고 교황을 베드로의 계승자가 아닌 적그리스도로, 교황과 그의 사역자들을 부인하였다. 이들은 또한 화체설과 연옥설, 그리고 면죄부를 부인한 죄목으로 정죄되었다. 이러한 상황에서 스튜어트 왕가의 핍박은 성직자와 백성들로 하여금 종교 문제에 무관심하게 하였다. 성직자들은 국가의 독립과 국내의 정치 문제에 관여하였고 잘못된 애국심에 인도되어 교회의 참된 번영에 기여하지 못했다. 급진적인 귀족들이 등장하여 왕의 권력을 약화시켰다. 무엇보다도 종교개혁 이전의 정

---

16) J. D. Mackie, *A History of the Scottish Reformation*, (Edinburgh: Church of Scotland Youth Committee, 1960), 88.

17) J. D. Douglas, "Calvinism's Contribution to Scotland", *John Calvin, His Influence in the Western World*, ed. W. Stanford Reid, (Michigan: Zondervan, 1982), 218.

18) Ian B. Cowan, *The Scottish Reformation*, Weidenfeld and Nicolson, (London, 1982), 89.

19) Thomas M. Lindsay, *op. cit.*, 277.

치적 불안정은 2살 된 제임스 5세(1513-1542)가 왕좌에 오르면서, 왕국은 반란과 음모에 빠져들었다. 이때 플로든(Flodden) 전쟁에서 승리한 엥구스(Angus)와 아란 가가(Arran) 부상하며 스코틀랜드는 섭정자의 지배를 받았다. 이 시기에 온갖 방해와 벌금에도 불구하고 던디와 애버딘, 리쓰와 성 안드류스 등에 루터의 인쇄물이 유입되었다.

(2) 루터의 영향: 스코틀랜드에 롤라드 운동이 확산되고 있던 때에 해외에서도 강한 개혁의 바람이 불어왔다. 이 바람은 독일에서 불어온 루터의 개혁이었다. 루터의 사상과 그가 기록한 책들이 리쓰(Leith)와 던디(Dundee), 몬트로스(Montrose)를 통해 속속 스코틀랜드에 유입되어 사람들의 영혼을 일깨웠다. 그 결과 어떤 사람들은 루터교로 결심하였다. 따라서 1525년 스코틀랜드 의회는 루터의 책을 금지하는 법령을 반포하였다. 법령에 따르면 스코틀랜드에 당도하는 수상한 자들이 루터의 사상이나 책들을 유입하는 것과 또한 그의 제자들과 그들의 의견을 가지고 입국하는 것을 금지한다. 그리고 입국하는 외국인들을 감옥에 수감시키며 그들의 선박과 상품에 벌금을 부과한다는 것이었다.[20] 이 법령이 보여주듯이 루터의 영향은 그만큼 이들에게 크나큰 두려움이었다. 1527년 루터파의 확산을 돕는 자에게도 동일한 처벌을 가한다는 법률이 첨가되었다. 추기경 월시(Wolsey)의 대리인은 추기경에게 스코틀랜드의 상인들이 저 국가에서 틴데일(Tyndale)의 신약성경을 구매하여 스코틀랜드로 보내고 있다고 하였다. 1535년 국회는 또 다른 법령을 제정하여 성직자를 제외한 어느 누구도 이단적인 서적을 구입할 수 없다고 선언하였다. 혹시 그와 같은 서적을 휴대한 모든 사람들은 40일 이내에 반납할 것을 종용하였다. 그럼에도 불구하고 루터의 개혁운동은 급속히 스코틀랜드에 확산되어 갔다.

(3) 구라파에서 일어난 특수 원인들: 앞에서 살펴본 바와 같이 종교 개혁을 위한 다각적인 변화들이 유럽에서 일어났다. 그런데 무엇보다도 영적 각성 운동이 개혁의 주원인이었다. 이 운동들은 북구 유럽과 영국에서 일어났는데 이때 옥스포드(Oxford)의 존 위클리프는 성경의 가르침으로 돌아가자고 부르짖으며 정치와 부와 미신이 교회를 부패시키기 이전 상태로 교회를 회복시키려 하였다. 그의 제자 존

---

20) *Acts of the Parliaments of Scotland*, ed. T. Thomson, vol. II., (London, 1814), 295. Cf. J. A. Duke, *History of the Church of Scotland to the Reformation*, (Edinburgh: Oliver and Boyd, 1937), 138.

후스는 비슷한 견해를 표명했다가 1415년에 프라하에서 화형되었고, 1498년 도미니쿠스회 수도사 사보나롤라도 플로렌스에서 비슷한 운명에 처했다. 설교자로서의 놀라운 능력으로 그는 당시 이탈리아 교회와 달리 초대 교회의 종교적이면서 도덕적인 부흥을 이룩하였다. 당시 영국의 지도자는 토마스 모어였는데 그는 르네상스 정신을 도입하여 국가 정책에 기여를 했으나 헨리 8세의 결혼문제와 관련되어 비극적인 운명을 맞았다.

종교 개혁 직전의 지도자 중에 에라스무스는 가장 위대한 선구자 중의 한사람이었다. 헬라어 신약 성경에 대한 그의 학문 연구와 당시 교인들에 대한 그의 통렬한 비판은 개혁자로서의 강력한 인상을 심어주었다. 그러나 유럽에서 종교 개혁의 실질적인 발생은 루터가 교회의 권력 남용을 비난하면서 독일에 있는 비텐베르크 대학교 정문에 그의 95개 조항을 못 박았던 1517년 10월 31일이었다. 루터는 성경과 교부들의 저술에 해박한 지식을 가지고 있었고 참된 종교적 체험을 몸소 체험한 어거스틴파 수도승이었다. 그는 강력한 인격적인 힘과 용기와 수많은 저작과 성경 번역과 대중적인 찬송가 작곡과 칭의 교리와 만인제사장직의 주장에 의하여 어느 누구보다 기독교를 부흥시키는데 공헌을 하였다. 종교개혁사를 저술한 토마스 M. 린제이에 의하면, 당시 루터의 외침은 전 유럽인들의 마음을 흔들었고, 그에게 귀를 기울이지 않은 곳은 한 곳도 없었다. 실로 경천동지할 역사를 창출하였다.[21]

한편 스위스 개혁자 존 칼빈은 1536년에 그의 기독교 강요 초판을 출판하면서 일약 세계적인 신학자로 부상하였고 당시 제네바에 개혁된 교리와 예배의식과 치리 체계를 수립하였다. 그리고 이것은 프랑스와 화란과 영국과 미국과 그 밖의 다른 나라들의 개신교의 모델이 되었다. 칼빈은 당대에 교육받은 최고의 지성인으로서, 내성적이고 냉정했으며, 훈련된 변호사, 논리와 체계에 숙달된 사람, 명료한 저술가, 숙련된 행정가, 강력한 청교도, 칭찬할 만한 의지의 사람이었다. 그는 특별히 하나

---

21) Thomas M. Lindsay, *A History of the Reformation*, (Edinburgh: T. & T. Clark, 1907), vol. II., 17. 린제이에 의하면 당시 유럽의 동쪽에서는 체코, 헝가리, 폴란드, 서쪽에서는 스페인, 영국, 네덜란드, 스코틀랜드, 북쪽에서는 스웨덴, 남쪽에서는 이탈리아까지 루터의 열망하였다. 특별히 루터의 95개 항의문과 다양한 설교들, 각종 소논문들, 독일 귀족에게 보내는 편지와 교회의 바벨론 포로, 그리고 기독교인의 자유는 유럽인들에게 도무지 이룰 수 없었던 이상을 어떻게 실현시킬 수 있는지를 보여준 대 역사였다. 그리하여 이들은 대열을 갖추고 한 젊은 수도사의 외침에 환호성을 보내며 목숨을 걸고 개혁에 동참하였다.

님의 주권 교리를 강조했다. 존 낙스는 칼빈이 개혁하던 제네바가 사도시대 이후로 지상에서 있었던 그리스도의 가장 아름다운 학교임을 발견했다. 종교 개혁운동은 독일과 스칸디나비아 반도의 나라들과 프랑스와 화란과 보헤미아와 헝가리와 영국에서 효과적이었으며 그밖의 다른 나라에 영향을 끼쳤다. 그런데 종교 개혁 운동의 최대의 장애물은 1540년에 이그나티우스 로욜라에 의해 설립된 제슈이트 교단(예수회)의 출현과 로마 가톨릭의 트랜트 종교회의(1545-1563)의 반동 종교 개혁이었다.

3.2. 스코틀랜드 종교 개혁의 직접적 원인

개혁 당시 스코틀랜드는 유럽에 400년이나 뒤졌다. 이유는 빈번하게 일어난 왕들의 암살과 많은 소수 세력들, 득실거리는 섭정자들, 그리고 비양심적인 지방 호족들의 난립으로 왕권이 쇠약하였다. 스코틀랜드의 의회나 지방 의회는 봉건 귀족들의 집합이었다. 비록 의회를 중심으로 위원회가 있었으나 나라 전체에 영향을 미치지 못하였다. 교회는 많은 토지를 소유했으나 세속화 되었으며, 교회의 성직록은 대봉건 가문의 자녀들이 독차지 하였다. 그러나 스코틀랜드 국민들은 교육과[22] 프랑스와 저 국가들과의 외교를 통해서 영국과 보헤미아의 개혁에 도전을 받았다. 한편 로마 성직자들의 치부와 부도덕, 귀족과 토지를 가진 상류층의 빈곤, 그리고 정치적인 상황이 변화되면서 개혁을 갈망하는 사람들에게 자극제가 되었다.

3.2.1. 정치 사회적 배경

영국의 튜더 왕조는 스코틀랜드를 프랑스로부터 분리시켜 영국에 포함시키려 하였다. 마가렛 튜더가 제임스 4세와 결혼한 것은 바로 이것을 암시하였다. 그러나

22) 이러한 교육의 진전은 구 셀틱 교회(Old Celtic Church)의 지속적인 영향이었다. 이 교회는 이 나라를 7세기 이상 장악하면서, 백성들에게 교육을 신앙의 의무로 강조하였다. 옛 셀틱 교회의 규율에 의하면, 소년소녀들에게 읽기를 가르치는 것이 성례전을 베푸는 것과 영혼의 교제, 즉 신앙고백에 참여하는 것만큼 중요하였다. 특별히 셀틱 수도원은 항상 교육의 중심지였다. 이렇게 하여 성당과 수도원 학교는 국가에서 얻을 수 있는 것보다 더 많은 지식을 갖춘 학자들을 배출하였다. 스코틀랜드 출신 주교는 동포를 위해 파리에 스코틀랜드대학을 창설하였다. 또 다른 주교는 자신이 거느린 학생들이 옥스퍼드와 케임브리지에서 기거할 수 있도록 영국 왕으로부터 신변안전을 보장받았다.

1537년 제임스 5세가 프란시스 1세의 딸 마드레인(Madeleine)과 결혼했으나 어린 나이에 죽자, 1538년 프랑스의 기즈의 메리와 결혼하였다. 영국의 튜더왕조와 달리 스코틀랜드의 스튜어트 왕조는 영국과의 제휴를 꺼렸다. 그 후 제임스 5세가 사망하자 헨리 8세는 기회를 이용하여 자신의 아들 에드워드와 기즈의 메리의 딸 메리와 약혼을 시켜, 어린 여왕을 교육하기 위해 영국으로 데려가려 하였다. 그리고 스코틀랜드에 영국 당을 설립하였다. 그러나 스코틀랜드가 프랑스와의 동맹을 거부하고 영국과 동맹을 맺게 하려는 헨리의 구상은 신앙문제로 난관에 부딪쳤다.

스코틀랜드의 종교 개혁시대에 이 문제는 복합적으로 서로 연루되었다. 이런 상황에서 교계의 지도자들은 그들의 양들을 잘 보살필 것과 교회생활의 개선을 위해 지역 회의를 소집하였다. 그런데 이때 무엇보다 해결해야 할 선결 과제는 설교를 회복하는 일로 일 년에 최소한 4번은 해야 했다. 그런데 당시 성직자들은 교인들을 가르칠 준비가 되지 않은 상태에서 지도자가 죽으면 더 큰 위기를 맞을 것이라고 생각하였다. 따라서 해밀톤 대주교는 요리문답을 만들어 성직자들의 교도에 힘쓰고자 미사 집행되기 이전 30분 동안 가르쳤다. 이에 대해서는 어떤 것도 가감할 수 없었고 또한 어떤 종류의 주석이나 논쟁도 허용되지 않았으며 평신도는 제외 되었다. 사실 당시 많은 교계 지도자들이 해외 유학을 한 사람이었고 이미 설립된 대학 교육과 수도원 및 성당의 학교를 통해서 양육되었다. 그럼에도 불구하고 당시 교회 비난의 가장 큰 원인은 성직자들의 무지와 부패였다.[23)]

스코틀랜드의 종교개혁은 종교적 요소뿐만 아니라 정치적 요인도 큰 몫을 했다. 수 세기 동안 스코틀랜드의 왕들은 정치적 실세가 되기 위해 투쟁하였다. 제임스 I세로 부터 제임스 V세에 이르는 동안 귀족들과 권력 싸움이 끊이지 않았다. 특별히 제임스 V세는 귀족들과 종교문제로 갈등이 고조되었다. 이때 제임스 V세는 귀족들에게 영적인 일을 맡길 것에 대한 압력을 받았고 영국에서는 헨리 8세가 로마와의 결별을 선언하였다. 헨리 8세는 제임스 V세에게 로마와 결별하도록 요구하였고 스코틀랜드에 절대권을 행사하도록 하였다. 그러나 제임스 V세는 영국의 절대왕정을

---

23) John Macpherson, *A History of the Church in Scotland*, (Alexander Gardner, 1901), 98-99. 이때 대부분의 성직자들이 알파벳도 몰랐다고 한다. 이런 상황에서 해밀톤 추기경의 요리문답은 구 교회를 살리고 그 전통을 사수하기 위한 피나는 몸부림의 결과였다. 그러나 그의 영향력은 그렇게 숙고할 정도는 아니었다.

따르도록 강요하는 주교들에 의존하였다. 따라서 제임스 V세는 그의 권위로 세속 귀족들과 특별히 교회의 지도자들에게 그를 따라 줄 것을 강요하였는데 이러한 주장은 오히려 부작용을 일으켜 적대관계에 들게 되었다. 왕의 요구에 불만을 품은 귀족들은 영국에 내려가서 자신들을 도와주도록 요구하였다.

스코틀랜드의 귀족들이 영국과 손을 잡는 동안 스코틀랜드의 교계 지도자들은 그들의 옛 동맹이었던 프랑스와 손을 잡았다. 당시의 교계 지도자 비톤 추기경은 프랑스와 외교를 위해 고용되었고 프랑스 왕으로부터 높은 지위을 얻었다. 비톤은 스코틀랜드와 프랑스 양국 법정에서 능력있는 외교가로 정평이 났다. 프랑스 정부는 비톤이 프랑스의 이권을 위해 스코틀랜드에서 일해 줄 것을 희망하였다. 비톤은 반 영국적 외교활동은 스코틀랜드의 독립에 걸림돌이었다. 그러나 이러한 조짐은 곧 스코틀랜드가 개신교로 나가고 영국과의 교분을 통해 가톨릭과 결별할 수 있는 계기를 마련하였다. 헨리 8세는 계속 압력을 넣었고 추기경 비톤은 참피온으로 승승장구 하였다. 그러나 추기경 비톤은 스코틀랜드를 프랑스와 로마와는 우호적이었으나 영국과 종교개혁과는 적대적이었다. 이런 과정에서 종교 개혁은 조급씩 자리를 잡아갔다.

3.2.2. 종교적 배경

스코틀랜드의 종교 개혁은 구라파에서 일어난 개혁운동의 일부로서 발전되었다. 그런데 개혁 운동이 확산되면서 많은 순교자들이 나오게 되었다. 그 중에 영국의 사제인 존 레스비(Resby)가 1406년 퍼스(Perth)에서 화형되었다. 그리고 존 후스의 추종자 파울 크로어(Paul Crawer)도 1433년 성 앤드류스에서 죽었다. 반면에 1494년에 키일의 롤라드로 알려진 30여명의 사람들이 위클리프 이단자로 고소되었다.[24] 이처럼 스코틀랜드의 종교개혁은 개혁 이전에 주변 국가들, 특별히 영국 교회의 영향을 많이 받았다. 그러나 스코틀랜드의 종교개혁에 결정적 영향을 미친 순교자는 패트릭 해밀톤과 조지 위샤르트였다.

(1) 패트릭 해밀톤 (Patrick Hamilton, 1503-1528): 스코틀랜드의 종교 개혁기에 최초의 순교자는 패트릭 해밀톤 경(Sir Patrick Hamilton)의 아들 패트릭 해밀톤

24) Rosalind Mitchison, *A History of Scotland*, (Methuen & Co Ltd., 1970), 104.

이었다.[25] 그는 유명한 귀족 가문 출신의 재능 있는 젊은이로, 성 앤드류스 대학과 유럽의 파리(Paris)와 루벵(Louvain) 대학교에서 공부했다. 1520년 그가 파리에서 문학석사 학위를 받을 당시에, 소르본느의 신학부 학생들이 루터의 글을 탐독하였다. 해밀톤도 파리에서 에라스무스를 통해 루터의 신학을 접했고, 루터의 사상은 그의 생애의 전환점이 되었다. 한편 루벵에서는 언어학과 철학을 연구하였다. 해밀톤은 1525년 귀국하여 성 앤드류스 대학의 문과대학 교수가 되어 개혁운동에 힘썼다. 그런데 루터주의에 대항하여 1525년에 반포된 법령이 계속 확산되었다. 당시에 성 안드류스의 대주교였던 비톤 추기경은 의욕적으로 교회를 통제하려 하였다.

1527년 비톤 추기경은 해밀톤을 소환하여 그가 믿는 루터교의 신앙에 대하여 답변을 요구하였다. 그러자 해밀톤은 스코틀랜드를 벗어나 비텐베르크로 갔다. 그리고 헤세의 필립이 새롭게 시작하는 말부르크 대학 설립에 참가하였다. 그는 여기서 루터와 멜란히톤의 개혁 사상을 접하게 되었고, 학문적 토론을 위한 여러 신학 논제들을 작성하였다. 이로써 그는 자신이 우수한 학식과 매우 날카로운 마음의 사람이자 신성한 지식에 대한 판단에서 탁월한 사람임을 입증하였다. 그의 복음주의적인 정신은 “우리가 우리를 향한 그분의 선함과 우아함을 안다면 우리는 다른 사람들을 돕기 위해 얼마나 준비를 해야 할는지! 그 분은 선하고 우아한 주님이시며, 그 분은 모든 것을 값없이 하셨다. 내가 당신에게 간구하오니 온 세상이 칭찬하고 경배해야 할 그 분의 발자취를 따르게 하소서”에서 표현되었다.

해밀톤은 고국으로 돌아가 로마 교회의 부패상을 증언해야 한다는 의무감 때문에, 1527년 가을 귀국하였다. 그는 설교를 통해 의도적으로 가톨릭의 비적법성을 비판하며 복음을 증거하였다.[26] 해밀톤은 당시 종교 개혁의 원리였던 이신칭의론을 자신의 개혁원리로 삼아 그의 조국에 신학적 확립을 위해 노력하였다. 그의 이런 개혁 사상은 “당신은 선한 일을 해야만 한다. 그러나 선한 일들을 통하여 어떤 선에 대한 자격을 갖추기 때문에 그것을 행하는 것이 아니라는 것을 깨달아라”는 말이 잘 표현해준다. 뿐만 아니라, 해밀톤은 설교를 통해 많은 사람들을 감동시켰다. 그의 목회사역이 성공하자 고위 성직자들의 불안이 고조되었다. 그는 성 앤드류스

25) Bruce W. Adams, *The Life and Martyrdom of Patrick Hamilton*, (1973), 1-15.

26) Thomas M. Lindsay, *op. cit.*, 280; T. M. Lindsay, *The Reformation*, (Edinburgh: T. & T. Clark, 1961), 113-114.

(St.Andrews)의 초청을 받아 1개월 간 설교하였다.

존 낙스는 그의 활동에 대하여 "하나님의 은혜에 의하여 그의 마음속에 심어진 참된 빛의 밝은 광휘가 사적으로 뿐만 아니라 공적으로 매우 풍부하게 빛나기 시작했다" 고 서술했다. 그는 성 앤드류스에서 설교하던 중에 체포되었다. 대주교는 그에게 이단적 신앙을 해명하도록 하였다. 해밀톤은 이때 교황권과 화체설은 비 성경적임을 주장하였다. 1528년 2월 27일 그는 심문을 통해 이단으로 정죄된 후, 성 셀베이터 대학(St Salvator's College)의 정문에서 화형당했다. 그는 고통 중에 끝까지 믿음을 지킴으로 많은 사람들을 감동시켰다. 그 중에 알렉산더 알레인(Alexander Alane)은 심문 과정을 통해 개종하였다. 따라서 그도 붙잡혀 투옥되었으나 대륙으로 도망하였다. 패트릭 해밀톤의 "순교의 피는 모든 사람들에게 영향을 미쳤다."[27] 그로부터 해가 거듭하면서 많은 순교자들이 발생하였다.[28] 이로써 역사가 조지 버카난(George Buchanan)도 투옥되었으나 간신히 도피하였고, 많은 개신교도들이 영국과 유럽으로 망명하였다. 또 다른 부류의 평신도들과 수도사들, 주교들은 고국에 머물며 다음 시대를 기약하였다.

해밀톤의 순교와 함께 우리가 주목해야할 사실은 애버딘에 있는 몇몇 사람들이 루터가 저술한 책을 소지하고 있었고 루터의 의견에 대하여 새로운 인상을 받았다. 한편 성 앤드류스와 리쓰(Leith)의 상인들은 그들이 대륙에서 밀수한 틴데일의 신약성경 복사본을 판매했다. 1540년 3월 14일 의회는 입법으로[29] 새로운 신앙의 확산

---

27) *Ibid*., 23.

28) 예를 들면, 헨리 포레스트(Henry Forrest, 1533), 데이빗 스트라톤(David Stratton), 노르만 고우레이(Norman Gourlay, 1534), 던칸 심슨(Duncan Simpson), 포레스터(Forrester), 케일로(Keillor), 베버리지(Beverage), 포레트(Forret), 러셀(Russell), 그리고 케네디(Kennedy, 1539)였다.

29) 당시 법령은 동정녀 마리아를 존경스럽게 예배할 것이며, 왕의 번영과 모든 기독교 제후들과의 평화, 가톨릭 신앙의 승리를 위해 기도할 것을 선언하였다. 그리고 백성들은 거룩한 교회의 신앙을 지킬 것이며 거룩한 교회의 법률에 일치하는 행동을 촉구하였다. 또한 성자들에게 기도할 것도 명령하였다. 교황의 권위를 반대하거나 반박하는 것도 금지하였고, 이 법을 어기는 자에게는 동산과 부동산을 압수하고 죽게될 것이라고 하였다. 어느 누구도 교회가 정식으로 인정한 성자의 입상을 집어던지거나 혹은 다른 방법으로 불경스럽게 다루거나 혹은 다른 방법으로 훼손할 수 없다고 하였다. 뿐만 아니라 이단들은 자신의 오류를 스스로 깨달아야 하므로 거룩한 신앙에 관계된 것들을 다른 사람과 논의할 수 없다. 이단으로 의심을 받은 사람은 자신의 주장을 철회하였을 지라도 모든 공직을 맡을 수 없으며, 왕의 회의에 참여할 수 없다. 이단을 도운

을 막으려 하였다. 그러나 이 같은 조치에도 불구하고 이단이 급증하자 1543년 주지사 아란의 백작(the Earl of Arran)은 의회에 보고하였다. 그리고 마침내 영어 성경을 사용하도록 허용하였다. 이에 대하여 존 낙스는 "그 때 성경은 거의 모든 신자들의 책상위에 놓여 있었다. 신약 성경은 많은 남자들의 손에 들려 있었다" 고 하였다.

(2) 조지 위샤르트(George Wishart, 1512-1546)[30]: 스코틀랜드 종교 개혁에서 고상한 인품과 신앙적 죽음으로 기억되는 그는 한때 몬트로스(Montrose)의 학교 교사였다. 그 후 애버딘에서 교육을 받고 던의 존 어스킨(John Erskine of Dun)의 도움으로 그 대학에서 헬라어 성경을 가르쳤다. 당시 추기경 비톤은 위샤르트가 학생들과 같이 헬라어 성경을 읽는 것에 충격을 받았다. 브레킨(Brechin)의 주교는 위샤르트를 소환하여 그가 헬라어 성경을 가르치는 것을 심문하고 그를 파면하였다.[31] 위샤르트는 영국으로 도피하여 우스터(Worcester)의 라티머(Hugh Latimer) 주교를 만나 그곳에서 안식하였다. 위샤르트는 라티머 주교의 배려로 공공의 강의와 설교를 하게 되었다. 그러나 가르침은 문제를 일으켜 영국 의회로 하여금 6개 신조를 제정토록 하고 영국을 떠나게 되었다. 박해로 해외로 도피하여, 독일과 스위스를 방황하던 중에 개혁자들을 만났다. 그곳에서 1536년 「제 1헬베틱 신앙고백서」(*The First Helvetic Confession*)를 번역하였다.[32]

1543년 위샤르트는 귀국길에 잠시 영국에 들렀다가 이듬해 고국에 돌아왔다. 그는 몬트로스에서 설교를 통해 유럽에서 배운 개혁자 루터와 칼빈의 사상을 가르쳤다. 그리고 조국에 개혁운동이 상당히 진전되었음을 확인하고 2년 동안 앵구스(Angus), 메언스(Mearns), 퍼쓰(Perth), 에어셔(Ayrshire)와 던디(Dundee)에서 로마서와 칼빈의 주석을 강의했다. 그의 가르침에 인상을 받은 사람들이 그를 따랐다. 그는 키가 크고 검은 머리에 긴 수염을 가졌다. 태도는 정중했으나 생활 방식은 단

사람에게도 엄중한 처벌이 내려졌다. Thomas M. Lindsay, *op. cit.*, 281.

30) D. P. Thomson, *George Wishart: The Man who roused Scotland*, (Edinburgh: Church of Scotland), 1-31; James Willian Baird, *Thunder Over Scotland*, (California: Campbell, Green Leaf Press, 1982), 13-206.

31) A. F. Mitchell, *The Scottish Reformation*, (Edinburgh: William Blackwood and Sons, 1900), 57.

32) A. J. Duke, *op. cit.*, 173.

순했으며, 매우 자비롭고 열정적인 설교가였다. 지방을 순회하며 설교하던 위샤르트는 1546년 해딩톤을 방문하였다.[33] 이때 존 낙스는 위샤르트의 메시지에 매료되어 그의 제자가 되었다. 낙스는 위샤르트의 신변을 보호하기 위해 개인 경호원이 되어 쌍칼을 차고 따랐다. 이때 위샤르트는 위협에도 불구하고 계속해서 복음을 전파하였다. 그리고 개혁군들의 영적 지도자가 되어달라는 요청을 받고 그들과 함께 일하였다. 그러던 중에 위샤르트는 오르미스톤 하우스(Ormiston House)에서 체포되어 보스웰의 백작(Earl of Bothwell)에게 인계되었다. 보스웰은 약속을 깨뜨리고 그를 추기경에게 넘겨주었으며, 추기경은 그를 성 앤드류스로 압송하여 지하감옥에 감금하였다. 그리고 1546년 3월 1일 대성당에서 재판을 받은 후 성 밖에서 화형되었다.[34] 낙스는 이때 스승의 확고한 신앙과 지도력에 감동을 받고 운명을 같이하려 했으나, 위샤르트의 "희생은 한 사람으로 족하다"라는 말을 받아들였다. 그 후 낙스는 종교 개혁의 봉화를 높이 들었다.[35] 그리고 낙스는 성 앤드류스 성에 머물며 개혁군을 지휘하였다.

위샤르트의 화형과 죽음의 책임자는 추기경 데이비드 비톤(David Beaton)이었다. 파이프(Fife)의 16명으로 구성된 한 개신교 귀족 그룹 회원들이 추기경 비톤을 죽일 음모를 꾸였다. 1546년 5월 29일 그랜지(Grange) 출신 윌리암 커컬디(William

---

33) 그의 설교는 보통 3시간을 했는데 그를 통해 하나님은 놀랍게 역사하셔서 그 근처에 악독한 사람중의 하나인 쉬엘의 지주 로렌스 랭킨(Lawrence Rankin)을 개종시켰다. 그는 많은 눈물을 흘리며 자신의 죄를 자백하였다. John Knox, *History of the Reformation in Scotland*, (William Croft Dickinson, 1949), vol. 1. 62.

34) John Knox, *The Works of John Knox*, vol. I., 149-152. 듀크 교수가 지적했듯이 스코틀랜드의 초기에 2 순교자인 페트릭 해밀톤과 조지 위샤르트는 각각 다른 신학적 영향을 스코틀랜드에 미쳤다. 해밀톤의 영적 고향은 독일로서 루터의 영향을 받아 칭의론에 힘썼고 위샤르트의 영적 고향은 스위스로서 즈윙글리와 칼빈의 신학과 실천을 위해 노력했다. 따라서 위샤르트는 이곳의 개혁자들의 영향을 받아 종교 개혁의 원리를 수립하였다. 따라서 낙스의 신학은 루터보다는 칼빈적이다. J. A. Duke, *op. cit.*, 180.

35) 이때 순교한 사람들은 위샤르트 외에도 여러 사람이 있었다. 1538년에 순교한 토마스 포렡(Thomas Forret)이었다. 그는 학식있는 사제로 그 자신이 헌신적이고 친절한 목사이며 복음의 신실한 설교자임을 입증했다. 종교개혁의 주장을 위하여 희생된 또다른 사람은 1558년에 순교한 노경의 월터 밀네(Walter Milne)였다. 이때 몇몇 경건한 사람들은 비슷한 운명을 피하기 위해 조국을 떠나야만 했다. 이 사람들 중에 알레시우스(Alesius, 1500-1565)는 독일에서 교수로서 사역했고, 마카배우스(Macchabaeus, 1557사망)는 덴마크에서 개혁 교회에 대한 강력한 힘이 되었다.

Kirkcaldy)의 지도아래 성 앤드류스 성에 들어가 비톤을 암살하였다.[36] 암살자들이 성의 보루를 장악하여 정부로부터 생명의 위협을 받거나 영국과의 동맹을 동조하는 사람들에게 피난처 역할을 하였다. 정부는 이들을 포위했으나 끝내 붙잡지 못하고 군대를 철수하였다. 아란의 개혁파 궁정 부속예배당 목사였던 요한 라우가 이들과 합세하여 성 앤드류스의 주민들에게 설교하였다. 당시에 가장 영향력 있는 사람 가운데 하나였던 비톤은 위샤르트를 처형한 후 비참하게 역사의 무대에서 사라졌다. 그러나 그는 재위 동안에 교회 정치가로서 영국과의 적대관계를 지속하고[37] 프랑스와는 전통적인 우호관계를 유지해 나갔다. 무엇보다도 그는 추문에 휩싸인 다혈질의 사람으로 반대자들에게 핍박자로 기억되었다.

추기경의 암살 이후 왕실에서는 새로운 변화가 감지되었다. 당시 갑자기 주목을 받은 낙스는 독일로 피신하려 했으나 설득되어 성에 들어왔으며, 자신의 의사와 달리 강압적으로 하나님의 말씀을 증거하였다. 그는 설교를 통해 스코틀랜드의 개혁자로 인정받았다. 이듬해 1547년 기즈의 메리는 소수의 측근들과 함께 섭정하였다. 이때 프랑스의 해적선이 성 앤드류스를 포위한 후 비인도적으로 개신교들을 다스렸다. 프랑스 해적군들은 성 안에 개혁군들을 모두 체포하여 약 19개월 동안 노예선에서 고역을 시켰다. 포로생활 중에 이들은 영국과 동맹의 필요성 및 스코틀랜드 정부의 취약성을 옹호하였다. 이에 프랑스 정부는 아란과 레녹스 백작을 스코틀랜드에 파견하여 양국의 정치와 종교적 갈등을 해소시키려 하였고 스코틀랜드에서 확산되고 있는 개혁운동을 저지하고자 했다. 따라서 당시 종교와 정치의 실세였던 존 해밀톤을 통해 비톤의 살인 규명을 위해 던켈드에서 성 앤드류스로 보냈고, 1549년과 1552년, 그리고 1559년에 있었던 회의에서 개혁운동에 반대하는 제재법령을 만들어 폐해를 제거하려 했다.

이 중에서도 1552년 회의는 매우 의미있는 것으로 존 해밀톤은 요리문답을 만들어 교회 교육에 힘쓸 것을 주장하며,[38] 지금까지 교회 교육의 소홀을 비판하였다.

---

36) 로잘린 미트키슨은 그의 책에서 추기경 비톤의 직접적인 암살 원인은 (1) 그의 전(前) 프랑스 해외 정책, (2) 그의 가톨릭지지에 대한 불만, (3) 지주들의 이권에 대한 지방 문제였다고 지적했다. 그러나 필자는 이런 저런 소문보다도 실제로는 개혁 주의 신학의 수호를 위한 교리가 문제가 발단 되어서 암살했다고 믿는다. *Ibid*., 106.

37) Rlsalind Mitchison, *A History of Scotland*, (Methuen & Co., L.T.D., 1970), 105.

38) *Ibid*., 111.

따라서 해밀톤은 그의 요리문답이 교회에서 실제적으로 가르쳐지기를 소원했고 그렇게 함으로 개신교 개혁운동을 저지하려 하였다. 이에 대항하는 교회 지도자들은 수단과 방법을 가리지 않고 신교도들을 억제하려했다. 그러나 존 해밀톤 대주교는 매우 방탕한 생활을 한 당시 교회의 실질적 대표였다. 그러나 그는 소요리문답을 만들어 종교적 진리에서 좀 더 충분한 가르침에 대한 욕구를 만족시키고, 단순한 방식으로 십계명과 신조, 7성례와 주기도를 제시하려는 목적이었다. 그러나 이 저술이 너무 늦게 출간되어 개혁의 흐름을 저지하는데 별다른 효과를 미치지 못했다. 이때 교구 성직자들은 성례의 집행 외에는 설교를 못하였으므로 대신 평신도들의 의식을 깨울 수밖에 없었다. 결국 이런 행동이 보여주는 것은 당시 교회의 부패상을 보여주는 것이었다. 당시 교회 정치가 데이비드 비톤은 능력과 인격과 교육과 경험으로 교회를 지배하려 했고, 개혁자들에게 적극적으로 저항했다. 이런 그의 관심은 전적으로 세속적이고 정치적이었다. 위샤르트의 순교 이후에 그는 곧 바로 성 앤드류스 성에서 개혁군에 의해 피살되었다.

이런 와중에 영국은 헨리 8세가 1547년 1월 사망하였고 그의 아들 에드워드 6세가 왕좌에 올랐다. 따라서 프랑스 정부는 앙리 II세의 아들과 스코틀랜드 기즈의 메리의 딸인 메리와 결혼을 통해 스코틀랜드를 통치하였다. 그동안 메리는 다른 왕족들과 달리 어려서부터 생명의 위협에서 벗어나 프랑스에서 안전하게 자랐다. 메리는 어머니를 따라 조국 스코틀랜드로 귀환하여 어렵지 않게 정권을 잡았다. 그러나 메리는 독자적인 정책을 수행하기보다 프랑스의 해외 정책에서 벗어나지 못했다. 그녀는 귀국하여 당시 성장 단계에 있던 신 개혁파 귀족들을 상대해야 하였다. 메리는 비교적 안락했던 성장과 달리 집권자로서 고독한 생애를 살아야 했다.

(3) 1540년대의 스코틀랜드에는 년도가 확실하지 않은 루터교 찬송가가 등장하여 개신교도들 사이에서 불려졌다. 이때 찬송가의 특징은 의롭게 되는 것은 지적인 환상 이상의 믿음에 의해서 되어지며, 그리스도의 구원에 전적으로 의탁하는 것이었다. 그런데 이때 스코틀랜드 찬송가에는 성자들의 중보기도, 연옥에 대하여, 화체설에 대하여 공격적이었으나 칼빈의 가르침은 아직 발견되지 않았다. 이때 스코틀랜드가 영국과 교류를 끊게 되자 헨리 8세는 허트포드(Hertford) 백작에게 에든버러시를 불태우라고 명령했고 추기경이 거주하는 성 안드류스도 파괴하라고 하였다.[39)]

---

39) *Ibid.*, 105.

4. 존 낙스[40]의 종교개혁

1514년 하딩톤 근교에서 출생한 낙스의 조상들은 당시 스코틀랜드의 실세인 보스웰 백작의 추종자들이었다. 낙스는 교황청 공증인으로 1540년 사제서품을 받았으며, 1545년 오미스톤(Ormiston)과 롱니드리(Longniddry) 가문 자녀들의 가정교사였다. 1545년 12월부터 1546년 1월까지 위샤르트를 수행하였다. 당시 그의 나이는 약 32세였다. 성 앤드류스에서 낙스의 활동은 1547년 7월 프랑스 군의 침략으로 중단되었다. 그리하여 낙스를 포함한 모든 거주자들은 프랑스로 옮겨졌고, 이들의 생명 보장과 프랑스까지의 안전한 수송, 항복문서에서 제시한 조건을 프랑스 왕이 수용하지 않을 때는 스코틀랜드를 제외한 어떤 곳이라도 자유롭게 선택해 떠날 수 있게

---

40) 존 낙스 관련 자료는 다음의 책들을 참고하라. James S. McEWEN, *The Faith of John Knox*, (London: Lutter Worth Press, 1962); Thomas M'Crie, *Life of John Knox,* (Edinburgh & London: William Blackwood and Sons, 1884); Thomas Matthew, *John Knox*, (Edinburgh & London: Oliphant, Anderson, & Ferrier, 1905); Ralph S. Walker(ed.), *John Knox: Historie of the Reformation in Scotland*, (Oliver and Boyd Ltd., 1957); G. Barnett Smith, *John Knox and the Scottish Reformation*, (London: S. W. Partridge & Co. Ltd.); Florence A. Aaccunn, *John Knox*, (London: Methuen & Co., 1895); Duncan Shaw(ed.), *John Knox*, (Edinburgh: The Saint Andrew Press, 1975); George R. Preedy, *The Life of John Knox*, (London: Herbert Jenkins Ltd., 1940); Peter Lorimer, *John Knox and the Church of Scotland*, (London: Henry S. King & Co., 1875); Eustace Percy, *John Knox,* (London: Hodder & Stoughton Ltd., 1937); Jasper Ridley, *John Knox*, (Oxford: At the Clarendon Press, 1968); Rosalind K. Marshall, *John Knox*, (Edinburgh: Birlinn Ltd., 2000); Iain Murray, *John Knox,* (The Evangelical Library & The Banner of Truth Trust, 1973); D. Macmillan, *John Knox*, (London: Andrew Melrose, 1905); W. Stanford Reid, *Trumpeter of God*, (Michigan: Baker Book House, 1982); Elizabeth Whitley, *Plain Mr. Knox*, (London: Skeffington, 1960); Charles John Guthrie, *John Knox and John Knox's House*, (Edinburgh and London, 1898); Taylor Innes, *John Knox*, (Edinburgh: Oliphant Anderson & Ferrier, 1896); John Glasse, *John Knox: A Criticism and an Appreciation,* (London: Adam and Charles Black, 1905); W. M. Taylor, *John Knox: Men Worth Remembering,* London: Hodder and Stoughton, 1884); Miss Warren, *John Knox and His Times*, (London: James Nisbet & Co.); Stewart Lamont, *The Swordbearer: John Knox and the European Reformation,* Hodder and Stoughton, 1988); G.R. Pearce, *John Knox*, (London: Duckworth, 1936); Henry R. Sefton. *John Knox*, (Edinburgh: Saint Andrew press, 1993); James Stalker, *John Knox: His Ideas and Ideals*, (London: Hodder and Stoughton, 1904); Edwin Muir, *John Knox, Portrait of a Calvinist*, (London: Jonathan Cape, 1930); Henry Cowan, *John Knox: The Hero of the Scottish Reformation*, (New York & London: G. P. Putnam's Sons, 1905).

한다는 것이었다. 그러나 프랑스 왕은 이단과의 약속을 파기하고 낙스와 그의 동료들을 노예선에서 일하게 하였다. 그 결과 낙스는 4-6명이 한 조를 이룬 노 젓는 노예선에서 19개월 동안 고역하였다.[41] 1549년 영국 에드워드 6세가 프랑스와 벌린 외교 노력으로 석방되어 4월 7일 영국에 도착하였다. 그리하여 버윅(Berwick), 뉴캐슬(Newcastle), 런던(London)에서 1554년까지 약 5년 동안 개혁자로 사역하였다.[42]

1553년 에드워드 6세의 사망으로 메리 튜더가 왕위에 올랐다. 당시 런던에 머물던 낙스는 환호하는 군중들을 향해 메리를 비난하였다. 그리고 영국 해협을 건너가 프랑크푸르트의 영국 유랑민들과 함께 하였다. 그는 그곳에서 국교도와 청교도의 갈등을 좁히기 위해 타협 예전(compromise liturgy)을 도입하였다. 그러나 뜻을 이루지 못하고 제네바로 건너가, 영국 유랑민들의 목회자로 칼빈과 교제하였다. 그리고 1555년 9월부터 1556년 7월까지 잠시 버윅과 조국을 방문하여 약 9개월 동안 설교하였다. 그는 자신을 찾는 사람들을 돌아보며 설교하고, 개혁주의에 기초하여 성찬을 베풀었다. 그리고 첫 번째 아내 마조리 바우스(Marjory Bowes)와 결혼하였다. 칼빈에 의하면 바우스는 아름다운 여인이자 현숙한 아내였다.[43] 그리하여 조국의 개신교 확장에 큰 힘을 얻었다. 제네바에 돌아온 낙스는 칼빈의「기도의 형식」(*Form of Prayers*, 1556)에 기초하여 한 권의 예전서를 출간하였다.

지그문트 프로이트(Sigmund Freud 1856-1939)는 영국의 개혁가들 중에서 존 낙스 이상 위대한 인물은 발견할 수 없다고 하였다. 토마스 카알라일은 낙스를 그의 조국과 세계가 빚을 지고 있는 스코틀랜드인이라고 평가하였다.[44] 실로 낙스는 강

---

41) 낙스에 의하면, 자신이 얼마나 오랫동안 죄수생활을 했으며, 노예선에서 어떠한 고통을 받았으며, 마음의 근심으로 얼마나 심한 마음의 전쟁을 겪었는지에 대해 다시금 언급하고 싶지 않았다. 그러나 수많은 사람들이 그의 말을 잘 들었다. 몸은 비록 조국에서 멀리 떨어져 있지만, 많은 청중이 있는 성전에서 말씀을 전하고 싶은 욕심이 사로잡혔다. John Knox, *Works*, vol. 349.

42) 당시 버윅에서는 목회자로, 런던에서는 설교자로, 그리고 대주교 크랜머와의 친분으로 영향을 끼쳤다. 특별히 이 시기에 두 번에 걸쳐 승진 기회가 주어졌다. 1552년에는 로스터(Rochestar)의 주교와 1553년에는 성 런던 브레드(in Bread St.London)의 만성도 예배당의 부사제직이었다. 그러나 그는 1552년「영국교회의 공동기도서와 성례전의 집행, 기타의 의식과 예전에 관한 책」(*The Book of Common Prayer and Administration of the Sacraments and other Rites and Ceremonies in the Church of England*, 1552)의 출간으로 제안을 거부하였다.

43) John Knox, *Works*, vol. 4. 124-125.

44) G. D. Henderson, *The Church of Scotland*, (Edinburgh: The Church of Scotland

단에서 성실하고 열정적인 사람들을 격려하였다. 성경 언어의 능숙한 구사력과 상대방에 대한 효율적인 공격 재능, 그의 목소리와 용모, 제스처, 무엇보다도 그의 강직한 성품과 인격의 힘으로 설교하였다. 청중들은 그의 설교에 완전히 압도되었다. 당시 사람들은 그 한 사람의 목소리가 한 시간 안에 우리의 귀속에 울리는 500개의 나팔소리보다 더 힘 있게 생명력을 불어넣을 수 있다고 하였다. 그는 당시의 불만을 단순히 정치적 혹은 경제적이 아닌 종교적인 문제로 전환하였다. 낙스의 한 친구는 "낙스는 하나님의 사람이요, 스코틀랜드의 빛이며, 교회의 위로이고, 신실함의 거울이며, 경건한 생활과 교리의 건전함과 사악함을 비난하는 일에서 모든 진실한 목사들에 대한 정형이자 모델이었다고 하였다.[45]

5. 스코틀랜드 종교개혁의 확산

(1) 의장단의 결성 : 1557년 12월 3일 스코틀랜드의 개신교들은 확고한 조직을 갖추었다. 이 조직은 국가의 시민역사와 유사한데, 이들은 스코틀랜드의 하위직 귀족들의 만용에 맞서 자신들의 안전을 위해 연맹을 결성하였다. 연맹 가입자들은 제안한 사업을 돕고 신변을 방어해 주기로 하였다.[46] 이 의장단(*the Lords of the Congregation*)의 서명 약정서는 개혁파 스코틀랜드 교회의 여러 계약들 가운데 최초였다. 이 약정서는 옛 스코틀랜드의 관례에 새로운 영적 의미를 첨가한 것으로 구약의 형식에 따라 하나님의 약속과 인도하심을 따르겠다는 공적 약속이었다. 연맹에 가입한 의장단들은 즉시 제네바의 낙스와 칼빈에게 편지를 보내, 낙스를 고국으로 보내줄 것을 촉구하였다. 동시에 의장단들은 두 개의 주목할 만한 결정을 하였다. (1) 스코틀랜드의 모든 교구에서 공동기도서를 주일과 다른 축제일에 교구 예

Youth Committee, 1954), 46.

45) G. D. Henderson, *The Church of Scotland*, (Edinburgh: The Church of Scotland Youth Committee, 1954), 49-51.

46) 당시 통용된 관례에 의하면, 이들은 하나님의 엄위와 하나님의 회중들 앞에서 모든 근면함으로 끊임없이 자신들의 전반적인 능력, 본질, 그리고 자신들의 삶 자체를 최대한 발휘하여 가장 거룩하신 하나님의 말씀과 회중을 보전하고, 앞으로 나가게 하며, 튼튼하게 세울 것이다. 그리고 자신들의 노력을 최대한으로 경주하여 그리스도의 복음과 하나님의 백성들에게 성례전을 베푸는 데 있어서 순수하고 참된 목회자로 섬길 것이다. John Knox, *Works*, vol. 1. 273.

배당에서 공적으로 신구약의 가르침과 더불어 공동기도서에 일치되게 읽는 것을 바람직한 것으로 간주하였다. (2) 성경의 교리, 설교, 그리고 해석은 많은 사람이 회집하지 않아도 개인 가정에서 소유하고 사용할 필요가 있다고 보지만, 하나님께서 제후를 감동시켜 공개 설교를 허락하신다면, 목회자를 신실하고 충실하게 따라야 할 것이라고 하였다.[47] 아길의 백작(the Earl of Argyle)은 요한 더글라스(John Douglas)를 자신의 자택에서 공개적으로 설교를 시킴으로 선례를 만들었다. 이러한 행위는 1554년 4월 12일 섭정자가 된 기즈의 메리를 놀라게 하였다. 그리하여 메리는 대주교를 통해 이단을 억압하도록 하였다. 대주교는 아길에게 편지하여 더글라스를 해고하고 동시에 왕후에게 자신의 교구 내에서 왜곡된 진리를 가르친 사람이 사과토록 하였다.

(2) 조직교회의 설립과 낙스의 나팔소리 : 내려진 조치는 교회의 얼굴인 회중에게 훈련을 담당할 수 있는 권위와 자격을 부여하기로 결정하였다. 보통 선거에 의해서 몇 사람의 장로를 선정한 다음, 전체 형제들은 이들 장로들에게 순종을 약속하였다. 공개적으로 인정된 목회자들이 부족하여 평신도들에게 사역을 감당하게 하였다. 제대로 헌장을 갖춘 스코틀랜드 내의 최초 개혁교회가 던디(Dundee)에 설립되었다. 조직은 개신교 지도자들을 담대하게 하여 제임스 샌디랜드 경(Sir James Sandilands)을 통해 개신교도들이 섭정에게 개혁교회의 양식에 따라 공 예배를 드릴 수 있게 허락해 줄 것과, 성직자들의 사악한 생활을 개혁해 줄 것을 청원하였다. 그러나 청원은 거부되었으며, 오히려 개혁파들에게 미사를 공손히 받아들이고 성자들의 기도를 인정하도록 하였다. 섭정자 기즈의 메리는 리쓰(Leith)와 에든버러(Edinburgh)를 제외한 곳에서 공중예배를 드릴 수 있도록 허락하였다. 회중의 의장단은 다음 단계로 성직자들에게 이단을 재판하고 처벌할 수 있도록 부여한 권한을 적법하게 소집된 총회에서 신앙문제를 논의하고 결정할 때까지 유보할 것과 이단 혐의를 받고 있는 사람이라도 세속 재판관 앞에서 재판을 받을 수 있게 요구하였다. 그러나 거절당하자 개혁자들은 또 다른 청원을 가지고 의회로 갔다.

의회에서 이들은 종교개혁을 안전하게 성취하기 위해 양심의 자유를 따르겠다고 선언하였다. 만일 공격을 받으면 모든 것을 동원하여 방어할 것이며, 그 결과 소요

---

47) John Knox, *Works*, vol. 1. 275.

가 발생하면 그 책임은 전적으로 국회에 있다고 하였다. 그리고 어스킨(Erskine)과 론(Lorn)의 의장단인 글렌카린의 백작과 제임스 스튜어트는 낙스를 초청하였다. 1557년 10월 디페(Dieppe)에 도착한 낙스는 아직 때가 아님을 알리는 한 통의 편지를 받았다. 그리고 개혁의장단에게 보낸 답장에서 약정서를 작성케 하였다. 낙스는 디페에 머물면서 받아든 소식으로 고심 중에 있을 때 「괴물 같은 여인들의 정부를 반대하는 첫 번째 승리의 나팔 소리」(*The First Blast of the Trumpet against the Monstrous Regiment of Women*)라는 논문을 작성하였다. 이로써 튜더 메리는 공직자들에게 낙스의 동료들을 화형에 처하게 하였다. 한편 스코틀랜드의 왕후 기즈의 메리는 성 앤드류스의 대주교를 자신의 교황사절로 삼고 교회를 통해 신자들을 억압하였다. 그런데 튜더 메리가 낙스의 책자가 확산되기 전에 사망하자 엘리자베스가 왕위에 올랐다. 엘리자베스는 윌리엄 세실(William Cecil)을 국무장관에 임명하였다. 그런데 여왕은 나팔소리가 자신을 의미하거나 혹 자신이 아니어도 왕권의 불안정 시기에는 위험할 수 있다고 보았다. 낙스는 자신의 격렬한 주장이 그의 열정과 이성보다도 색깔에서 나왔다면 결코 사과하지 않겠다고 하였다.[48]

(3) 낙스의 귀국 : 1559년 5월 낙스의 귀국 당시 유럽의 지도자들 중에 찰스 5세, 프란시스 1세, 그리고 헨리 8세가 타계하고, 엘리자베스, 까뜨린느 드 메디치, 메리 스튜어트, 스페인의 필립이 왕권을 잡았다. 특히 스코틀랜드에서는 섭정 왕후 기즈의 메리와 회중들의 의장단 사이에 긴장이 고조되었다. 귀국 후 낙스는 곧바로 에든버러로, 에든버러에서 던디로 갔다. 왜냐하면 던디는 개혁파들이 세력을 확보한 곳이었기 때문이다. 이곳의 개혁파들은 자신들의 형제인 낙스가 개혁교회의 관례에 따라 공 예배를 드릴 수 있도록 지원하기로 하였다. 그리고 주인들의 대다수가 우상숭배를 하는 곳에서는 이들을 강요하여 개혁교회로 이끌자고 하였다. 그러나 섭정자 기즈의 메리는 설교자들을 소환하고 설교를 중지시켰다. 의장단들은 소환에 대처하여 설교자들을 대동한 채 응하였다. 1559년 5월 6일 스코틀랜드 내 그리스도의 복음을 믿는 교수들로부터 섭정에게 보내는 편지가 전달되었다.

이 편지는 스코틀랜드의 종교개혁의 원리를 잘 설명해 주는데, 요약하면 다음과 같다. "본 서신을 작성하는 기록자들이 알기로는 하나님께서 섭정을 택하셔서 하나

48) John Knox, *Works*, vol. 5. 5.

님의 말씀과 참된 예배를 세우시고 보전하시는, 하나님의 회중을 보호하시는, 그리고 모든 우상숭배와 가증스러운 것과 그리고 영토 내에 있는 모든 미신을 무너뜨리는 도구로 사용하시기를 기뻐하신 것으로 안다. 그러나 그녀가 지금까지 그러한 뜻과는 전혀 상반되게 행동하였음은 유감이었다. 편지는 그녀에게 직권 밖으로까지 실력을 행사하는 것을 경계시키면서 그녀에게 속하지 않은 그리스도의 왕국의 권한을 찬탈하였다고 하였다. 그리고 시민적 관할권과 영적 관할권을 선명하게 구분하였으며, 하나님의 사자들을 제지하는 그녀의 조치를 철회하도록 하였다. 그동안 제지당하여 온 목회자들은 하나님께서 보내신 사람들이며, 또한 성경적인 질서에 의해서 부르심을 받은 사람들이라고 강조하였다. 그녀의 명령이 하나님의 말씀과 위배될 때는, 그리고 원수들이 간교하게 그녀를 유도하여 불공정한 명령을 내리게 함으로써, 교수들이 이에 불응하면 반역죄와 반항 죄로 잡아 가두려 한다면, 결코 복종할 수 없다고 하였다."[49] 편지 전달 이후, 섭정은 프랑스로부터 훈련받은 군대를 지원받고 힘의 우위를 보여주기 위해 재판을 계속하였다. 하지만 이것은 회중의 의장단들로 대변되는 봉건 세력과 정면충돌을 야기하였다. 섭정과 고위 성직자들에 대한 백성들의 봉기는 프랑스와 저국가들에서처럼 우상타파로 점철되었다.

(4) 낙스와 세실, 영국과의 동맹: 개혁자 낙스는 초기 단계부터 영국의 지원이 없이는 개혁은 성공할 수 없다고 믿었다. 그리고 개신교 영국의 구원은 스코틀랜드의 회중들의 의장단의 지지 아래 놓였다고 보았다. 따라서 1559년부터 1567년까지 스코틀랜드 개혁사에서 결정적인 시기였다. 전 유럽의 개신교는 스코틀랜드의 투쟁과 결부되었다. 특별히 오랫동안 세습적으로 원수였던 두 민족이 합동하자, 영국의 로마주의자들은 스코틀랜드의 여왕을 그들의 적법한 군주로 인정하였다. 그리고 스코틀랜드의 개신교도들은 영국에 있는 형제들에게 지원을 기대하였다. 만일 낙스와 회중이 스코틀랜드의 고위직을 차지하거나 세실이 영국을 의도한 대로 이끌어 간다면, 개혁은 성공할 것이다. 그러나 혹시 스코틀랜드가 프랑스와 로마교회에 붙들리고 스코틀랜드의 로마 주의 여왕이 영국 왕좌에 대한 그녀의 정당한 요구를 관철시킨다면, 종교개혁은 독일과 영국, 그리고 저 국가들에서 실패할 것이다. 세실은 당시 유럽의 상황에서 황제가 주권을 확보하려 하지만, 개신교 신앙을 억압하지 않고

49) Hay Fleming, *The Scottish Reformation*, (Edinburgh, 1904), 44.

는 달성할 수 없으며, 영국을 점령하지 못한다면 종교개혁은 이룰 수 없다고 하였다. 이러한 고비에서 기즈의 스코틀랜드는 종교개혁에 결정적인 역할을 하였다. 1559년 종교개혁의 지지자들이 국가 원수를 제거할 만큼 힘을 모으면, 승리는 개혁을 지지하는 자들의 것이었다. 그러나 낙스가 귀국하기 한 달 전 프랑스와 스페인의 국왕들은 유럽의 개신교를 분쇄하기로 약속하였다.

이를 알게 된 세실이었지만 낙스와 스코틀랜드의 개신교도들을 도울 수 있는 상황이 아니었다. 왜냐하면, 한 나라의 지도자가 다른 나라의 사람들을 돕는다면 법률상 군주를 반역하는 것이었기 때문이다. 당시 엘리자베스는 칼빈의 신학이 박해받는 백성들을 충동질할 것으로 판단하였다. 이와 함께 낙스의 나팔소리가 한 몫을 하였다. 그러므로 엘리자베스는 하나님의 인도로 낙스가 스코틀랜드에서 행했던 전도 여행을 자국에서는 못하게 될 것이라 믿었다. 그러나 세실은 스코틀랜드의 회중들이 실패한다면, 영국의 개신교는 희망이 없을 것이라고 생각하였다. 그러므로 세실은 스코틀랜드의 투쟁을 주시하고, 필요하다면 돈과 군대를 지원하기로 하였다. 1560년 5월 10일 마침내 영국과 스코틀랜드 회중의 의장단 사이에 버윅 협정(Treaty of Berwick)이 이루어져, 세실은 영국의 의장단을 대변하여 스코틀랜드에서 제2인자가 되었다. 영국의 군대는 리쓰(Leith)에서 프랑스 군대를 물리친 후, 7월 6일 프랑스와 에든버러 조약을 통해 스코틀랜드에 자유를 허용하였다.

스코틀랜드 예배모범은「스코틀랜드 교회가 프랑스인들에 의해 박해를 받던 시기에 사용한 기도문」(*Prayers used in the Churches of Scotland in the time of their persecution by the Frenchmen*)에「프랑스인들의 박해로부터 자신들을 구원해 주신 하나님께 드리는 감사와 영국과 스코틀랜드 사이에 평화가 지속되기를 바라는 기도(*Thanksgiving unto God after our deliverance from the tyranny of the Frenchmen; with prayers made for the continuance of the peace betwixt the realms of England and Scotland*)를 덧붙였다. 그리고 "우리가 스스로의 힘을 모두 합쳐도 우리 자신을 이방인들의 독재로부터 해방시키지 못하고, 우리를 박해하는 기만 세력의 억압과 속박상태로부터 자유롭게 하지도 못하였는데, 주님께서는 특별하신 선하심으로 우리 이웃의 마음을 움직이셔서 우리가 지금 지고 있는 무거운 짐을 공동으로 지게하셨다. 그리고 그들로 하여금 우리의 구원을 위해 수많은 생명을 희생시키게 하셨을 뿐만 아니라 자신들의 영토와 공화국의 재산과 평화를 무릅쓰고 싸우게 하셨나이다. 오 주여, 우리에게 그처럼 베풀어 주신 특권을 경배하는 마음으로 늘 기억할 수 있는 은총을 주셔서 이후라도 우리의 잘못으로 영국의 영토와 국민들에 대해 결코 적대감을 갖지 않게 하소서"라는 내용의 청원서를 첨가하였다.[50] 그 후 섭정자 기즈의 메리가 사망하고 세실은 섬머세트 대장상의 정책을 수용하여 스코틀랜드를 안정시켰다.

1559년 5월 31일 낙스는 추가적으로 파이프, 퍼스, 던디, 앙구스, 먼스, 그리고 몬트로스의 회중들이 모인 퍼스 총회에 참석하였다. 이들은 노동력, 재산, 자본, 육체, 생명까지 전체 회중과 그 회중에 소속된 모든 회원의 자유를 보장하는데 바치며, 그리고 신앙의 추구로 야기될지 모르는 모든 고난을 힘을 합쳐 물리치기로 약속하였다.[51] 이 약정은 7월 13일 에든버러에서 새롭게 갱신되었고, 또한 스털링 회의에서 "우리가 어느 누구라도 주저함 없이 여왕의 은혜로운 모임에 참석하여 전체의 동의와 공동의 합의 없이 쓰여진 편지에 관해 여왕과 이야기하고 의견을 나누기"로[52] 하였다.

한편 1560년 4월 27일의 약정서는 "스코틀랜드 내에서 예수 그리스도를 고백하는 모든 봉건 귀족, 하위직 귀족 그리고 신사들은 힘을 합쳐 프랑스 군대를 몰아내는 데 협력할 것"[53]이라고 하였다. 그리고 7월 10일 스코틀랜드의 의원들이 에든버러에 모였으나 프랑스와 영국의 군대가 상주했으므로 8월 8일로 연기되었다. 그러나 낙스는 성 자일스(St.Giles) 교회의 강단에서 매일 학개를 강론하였다. 랜돌프(Randolph)는 세실에게 보내는 8월 15일 서신에서, "설교는 매일 진행되었으며 청중은 매우 많습니다. 여러 계층의 귀족들이 참석했으나 아직은 신앙의 결단이 서지 않은 듯합니다. 그렇지만 그들도 설교에 귀를 기울였으며 하나님께서 그들의 마음에 채워 주시리라는 선한 희망으로 가득 찬 듯 합니다."[54] 회중들은 성 자일스 교회에서 대규모 감사예배를 드렸다. 예배 후에 8개의 조직교회를 세웠으며, 신앙문제를 다루기 위해 5명의 감독관을 지명하였다. 그들은 또한 의회에 청원서를 보내어

50) John Knox, *Works*, vol. 4., 309, 313-314.

51) John Knox, *Works*, vol. 1, 344.

52) John Knox, *Works*, vol. 1., 382.

53) John Knox, *Works*, vol. 2., 61.

54) *Calendar of State Papers relating to Scotland and Mary Queen of Scots*, vol. 1., 461.

신앙 문제가 자기네들이 원하는 방향으로 해결되기를 바란다고 하였다. 의회의 요청에 따라 낙스와 5명의 친구들은 4일 만에 기독교 강요와 루터파 신조 및 개혁파 신앙고백들을 차용하여[55] 「스코틀랜드 영토내의 개신교도들이 고백하고 믿는 신앙고백서」(*The Confessioun of Faith professit and belevit be the Protestantis within the Realme of Scotland*)를[56] 작성하였다.

의회는 이 고백서가 틀림없는 하나님의 말씀과 진리에 기초한 건전한 교리로 인준하였다. 의회원들은 이 신앙고백을 자신들이 고백하는 교회 교리의 총체이며, 교회는 이것을 더러움과 위험이 없이 보전해야 한다고 선언하였다.[57] 그리고 일주일 후인 8월 24일 의원들은 로마의 주교는 이 영토 내에서 앞으로는 관할권을 행사할 수 없고 권리도 없다고 천명하였다. 뿐만 아니라 신앙고백과 위배되는 지금까지의 모든 의회의 법령을 폐지하고, 미사에서 말하는 것과 듣는 것, 참석하는 것을 금하였으며, 만약 이 칙령을 어긴다면 시 행정관의 재량에 따라서 재산의 몰수와 신체적인 처벌이 따를 것이다. 그러나 다시 위반할 때에는 추방하고 또 다시 위반할 때는 사형에 처한다고 하였다.

이와 함께 스코틀랜드 교회는 헌장을 긴급히 작성하였다. 이 일은 신앙고백을 작성했던 6명의 목회자들에게 위임되었다. 이들은 작성 부탁을 받고 한 달 이내에 의장단에게 초안을 제출하였다. 이 초안은 의원들에게 인정받지 못했으나 다음 정기총회에서 재심키로 하였다. 지연된 이유는 만약 헌장이 채택되면 의원들 중에 일부는 자신들의 생활에 방해를 받는다고 생각했기 때문이다.[58] 또한 세실이 랜돌프에게 스코틀랜드 교회와 영국 교회가 통일되어야 한다고 요구했기 때문이다. 이러한 압력은 이후 제임스 1세와 찰스 1세 때 스코틀랜드에 강요되었다. 그리고 스코틀랜드는 엄숙 동맹과 계약(the Solemn League and Covenant)을 통해 영국에 압력을 가하였다. 랜돌프는 그와 같은 통일은 불가능함을 간파하였다. 하지만 6명의 목회자들은 고백서를 라틴어로 번역하여 제네바의 칼빈, 비레, 베자에게 보냈다.

---

55) J. D. Douglas, "Calvinism's Contribution to Scotland", *John Calvin, His Influence in the Western World*, ed. W. Stanford Reid, (Michigan: Zondervan, 1982), 220-221.

56) *The Scots Confession 1560*, (Edinburgh: The Saint Andrew Press, 1960) 서요한, "스코틀랜드 종교개혁과 낙스의 개혁원리", 「개혁신학 I」, 개혁신학연구원, 1994 참조.

57) John Knox, *Works*, vol. 2., 95.

58) John Knox, *Works*, vol. 2., 128.

6. 신앙고백서와 제1치리서, 공동기도서

위의 세 문서는 낙스의 귀환 일 년 내에 의회원들의 요청에 의해 개혁신앙의 설립을 허락받았다. 그리하여 낙스는 5명의 동료들과 함께 개혁에 필요한 지침서를 작성하였다. 1559년 11월 8일자 제네바에서 낙스에게 보낸 편지에서 칼빈은 "그처럼 짧은 시간을 고려할 때 믿을 수 없는 성공이므로, 이처럼 특별하신 은총으로 빛나게 해주신 하나님께 감사를 드린다"고[59] 하였다. 낙스도 전쟁 중에 보낸 답신에서, "우리는 다만 여리고에 가서 하나님이 힘 주시는 대로, 그의 힘에 의해서만 승리가 주어지리라는 희망으로 나팔을 불 뿐이다."[60] "24시간 동안 나는 이처럼 사악한 살육의 현장에서 자연스럽게 쉬거나 평안함을 가져 볼 수 없었다. 나를 붙잡으려고 온통 눈을 뒤집고 다니며, 나를 죽이는 자에게 많은 돈을 약속하였으므로 나는 좋고 건실한 말 한 필을 필요로 할 뿐이다"라고[61] 하였다.

(1) 스코틀랜드의 신앙고백 : 「스코틀랜드의 개신교도들이 믿고 고백하는 신앙과 교리의 고백」은 보통 「스코틀랜드 신앙고백」(*Confessio Scoticana*)이라는 명칭의 라틴어로 번역되었다. 이 신조는 1560년 혼란기에 작성되어,[62] 1647년 「웨스트민스터 신앙고백서」(*The Westminster Confession of Faith*)가 작성되기까지 약 70년 동안 스코틀랜드 교회에서 사용되었다.[63] 이 신조의 특징은 종교개혁 당시 개혁파 신조들의 공통적인 진리를 모두 포함했다는 점이다. 특별히 초대 교회 이후의 모든 에큐메니칼 교리들, 대표적으로 사도신경과 니케아 신조, 그밖에 벨직 신조와 칼빈의 제네바 신조가 포함되었다. 이 신조는 교황의 권위를 부정하고 미사를 금하며 역사적 신조들을 받아들였다. 뿐만 아니라 구속과 믿음에 의한 칭의 교리를 진술하

---

59) John Knox, *Works*, vol. 6., 95.

60) John Knox, *Works*, vol. 6., 78.

61) John Knox, *Works*, vol. 6., 88.

62) Philip Schaff, *The Creeds of Christendom, with a History and Critical Notes*, (Michigan: Grand Rapids, Baker Book House, 1993), vol. 3., 437-479; Mitchell, *The Scottish Reformation*, (Edinburgh, 1900), 99.

63) 에드워드 어빙에 의하면 「스코틀랜드 신앙고백」은 교회가 모든 씨름과 투쟁에서 높이 들었던 깃발이며, 「웨스트민스터 신앙고백」은 평회시 교회가 사용했던 진영기(陣營旗)였다. 전자가 전쟁용이라면 후자는 준법과 질서유지용이었다고 하였다. Edward Irving, *Collected Writings*, (London: Strahan, 1865), vol. 1., 602.

고 선택을 은혜의 수단이요 구원에 이르는 하나님의 능력으로 취급하였다. 특별히 하나님의 말씀에 대한 존경과 성경해석의 무오성을 강조하였다. 그러므로 이 신앙고백은 하나님의 거룩한 말씀과 상반되는 조항을 하나도 찾을 수 없었다. 오히려 개신교도들에게 온순함을 심어 줄 것이며, 우리에게 하나님의 거룩한 기록에서처럼 동일하게 그리스도인의 자비를 권고할 것이다.

그러므로 우리는 우리의 명예와 신실함을 의지하여 개신교도들에게 하나님의 은총이 하나님의 입으로부터, 즉 하나님의 거룩한 성경으로부터 만족을 주리라고 약속한다. 만일 그렇지 않다면 우리가 증명하려는 종교개혁은 빗나가고 말 것이다. 성경의 권위는 하나님으로부터 오고 결코 인간이나 천사에게 의존하지 않으며, 교회는 각각 신부와 목사의 음성을 듣고 복종함으로 참된 교회를 안다고 하였다. 이렇게 작성된 신조는 의회의원들 앞에서 항목별로 낭독된 후에 통과되었다. 당시 많은 사람들은 피를 흘리는 어떤 대가와 희생을 치루더라도 이 신앙고백을 지키겠다고 다짐하였다. 당시 고령자 린제이(Lynsay)는 하나님께서 자신을 귀히 여기셔서 많은 귀족과 사람들이 모여서 보람된 일을 성취한 것을 보게 하셨으므로, 시므온의 말을 빌려 "이제는 종을 평안히 놓아 주시는 도다"[64] 라고 하였다.

(2) 「제 1 치리서」(The First Book of Discipline): 스코틀랜드 의회는 신앙고백의 저자들에게 개혁교회를 치리할 행정지침을 제출토록 하였다. 따라서 6명의 목회자들이 「제 1 치리서」를 작성하였다. 이 문서는 존 낙스의 전기 작가 흄 브라운의 지적처럼 스코틀랜드 역사상 가장 중요한 문서였다.[65] 이 치리서는 경건하고 학식있는 사람들이 부족을 인정하고 목회자의 수준 높은 교육을 요구하였다. 더불어 교회와 사회의 계층적 구조를 제거하고 행정 기구로 당회(kirk-sessions), 노회(synod)[66], 총회(general assembly)로 구성하였다. 직제는 목사와 교사, 장로와 집사, 감독관(the Super-intendents)과 낭독자(reader)를[67] 구성되었다. 이 중에 3중 4중의 직무

---

64) *Calendar of State Papers*, vol. 1., 467.

65) P. Hume Brown, *John Knox*, (Edinburgh: A. & C. Black, 1895), vol. 2., 148; J. K. Cameron(ed.), *The First Book of Discipline*, (Edinburgh: St. Andrew Press, 1972)

66) 특별히 당시 노회의 기능은 일정 거리에 거주하는 목회자들이 성경적 교리를 논의하기 위해 매주 모였다. 의장을 두어 모임을 인도하고 욕설이나 주제를 벗어나는 일이 없게 하였다. J. D. Douglas, "Calvinism's Contribution to Scotland", *John Calvin, His Influence in the Western World*, ed. W. Stanford Reid, (Michigan: Zondervan, 1982), 222.

를 감당할 감독관은 당시 국가의 불안정과 개신교 목회자의 희귀성으로 수용되었다. 감독관은 교구제도와 맞지 않았으나 일정 지역을 책임 맡아 그 지방의 교회적 상황을 매년 총회에 보고하였다. 또한 그 지역 내의 여러 교회에서 설교하였다.

낙스와 조지 버카난(George Buchanan)은 모든 교구에 학교를 세우고, 모든 중요 도시에 고등학교와 대학을 세우려 했으나 당시 귀족들의 과욕으로 뜻을 이루지 못했다. 그러나 이들의 계획은 스코틀랜드 사람들을 감동시켜, 성 앤드류스(St.Andrews), 글라스고우(Glasgow), 애버딘(Aberdeen) 대학을 설립하였다.[68] 대륙에서 종교개혁 신앙을 받아들인 스코틀랜드 학생들이 귀국하여 새롭게 조직된 교육기구들을 감독하였다. 전체 교육조직은 기숙학교보다 통학학교가 갖도록 했으며, 각 교구에서 학식있는 경건한 사람들이 감독하게 하였다. 또한 낙스는 사회의 두 계층 고위층과 하위층이 학교에 의무적으로 출석토록 하는 계획을 세웠으며, 중간계층은 자신들이 배우고자하는 욕심에 맡겼다. 그리고 국가가 모든 젊은이들에게 일부를 후원하고 의무적으로 고등교육과 대학공부를 마치도록 하여 유능한 인재를 길어야 한다고 생각하였다.

교회는 하나님의 백성이므로 모든 신자들은 그 나라의 종교를 관리함에 동등한 지위를 갖는다. 이러한 평등성은 필연적으로 세속적, 교회적 압제로 억압받는 사람들에 대한 구제를 요청하였다. 따라서 완고하고 게으른 거지들은 배격되었으나 과부와 고아, 노인과 힘없는 가난한 사람들의 사정은 따뜻하고 동정적으로 받아져 교회의 재산으로 그들을 지원하게 되었다. 평등은 하나님이 당신의 교회에서 봉사하도록 개개인들에게 특별한 은사를 부여해 주셨기 때문이다. 뿐만 아니라 하나님의

---

67) 목사를 대신하여 예배의 일부를 주관하는 평신도이다. A. Dakin, *Calvinism*, (London: Duckworth, 1941), 162.

68) 한편 스코틀랜드 수도에 위치한 에든버러(Edinburgh)대학교는 1583년 장로교 총회의 후원으로 시 의회가 설립하였다. 그 후 제임스 6세가 정식 대학교로 승인하였으며, 1846년 교단의 분열과 함께 뉴 칼리리지가 자유장로교회에 의해 설립되었다. 이 학교의 신학부와 의학부는 오랫동안 명령을 누렸으나 법학부 또한 유명하다. 영국의 진화론자 찰스 다윈(1809-1882)이 이곳 의학부에서 공부하였으며, 시인 제임스 톰슨(1700-1748), 시인 제임스 맥퍼슨(1736-1796), 소설가 월터 스코트(1771-1832), 철학자요 역사가인 제임스 밀(1773-1836), 화가 데이비드 윌키경(1785-1841), 사상가인 토마스 칼라일(1795-1880), 소설가 로버트 루이스 스티븐슨(1850-1894), 그레이엄 벨(1847-1922), 캐나다의 유명한 시인 카먼 블라이스(1861-1929), 자연주의자요 해양 탐사 연구가인 존 머리 경(1841-1914) 등이다.

말씀이 스코틀랜드 교회의 생명과 혼이 되어야 했으므로 경건한 행실과 치리가 첨가되었다. 큰 죄는 세속 당국과 영적 당국 모두에 의해 처벌되었다. 음주나 모든 형태의 무절제, 부도덕, 비방, 가난한 자에 대한 억압은 교회법정에서 처벌할 수 있었다. 치리는 엄밀하고 공정하게 집행되어야 했다.[69] 하지만 이렇게 작성된 문서들은 1560년 메리의 반대로 의회의 재가를 받지 못했다. 1560년 12월 20일 에든버러에 소집된 스코틀랜드 교회 총회는 6명의 목회자를 포함하여 모두 42명이었다. 이후 억압과 각종 탄압에도 불구하고 매년 두 차례씩 회의를 개최하였다. 1561년 8월 10일 프란시스 2세의 아내인 미망인 기즈의 메리가 스코틀랜드로 돌아왔다. 그녀의 귀국은 종교개혁을 열망하는 사람들에게 공포의 대상이었다. 메리가 프랑스를 떠날 때까지는 특별기병대가 존재하지 않았으나 일부 증원병들이 그녀와 함께 입국하였기 때문이다. 그녀는 스코틀랜드의 종교개혁을 뒤집어야 한다는 사실을 이들에게 확실하게 주지시켰다. 1567년 메리의 퇴위 후에 재가 받지 못한 치리서는 스코틀랜드 법전에 수록되었다.

(3) 「공동기도서」(The Book of Common Order): 이 기도서는 「제네바 예식서」(*The Order of Jeneva*) 혹은 「낙스의 예배의식」(*Knox's Liturgy*)으로 공 예배 지침서였다. 초기에 젊은이 교육을 위해 「칼빈의 요리문답」(*Calvin's Catechism*)과 번역한 「하이델베르크 요리문답」(*Heidelberg Catechism*)을 사용하였다. 상기한 두 요리문답은 「크랙의 요리문답」(*Craig's Catechism*)으로 대치되었다. 그러던 중 총회가 존 크랙(John Craig)과 몇 사람에게 「제네바 찬송집」(*Genevan Psalm Book*)을 스코틀랜드 교회의 필요에 맞추어 개정을 위촉한 후, 1565년 「구 스코틀랜드 찬송가」(*Old Scottish Psalter*)가 출판되었다. 1637년 스코틀랜드의 전례 관습을 변개하려는 윌리엄 라우드(William Laud) 주교의 그릇된 시도가 있었지만, 1638년 2월, 국민계약 운동으로 계속 유지되던 중,[70] 1648년 「웨스트민스터 대소요리문답」(*Larger and Shorter Catechisms*)[71]으로 대치되었다. 장로교의 민주적 사상은 스코틀랜드

---

69) J. D. Douglas, "Calvinism's Contribution to Scotland", *John Calvin, His Influence in the Western World*, ed. W. Stanford Reid, (Michigan: Zondervan, 1982), 222.

70) Yohahn Su, *The Contribution of Scottish Covenant Thought to the Discussions of the Westminster Assembly(1643-1648) and its Continuing Significance to the Marrow Controversy(1717-1723),* (Glamorgan University, 1993), 1-373.

71) *The Confession of Faith; The Lager and Shorter Catechisms with the Scripture*

개혁자들로 하여금 교육에 관심을 갖게 하였다. 사실 당시 모든 지도자들은 독일, 프랑스, 네덜란드에서 평신도들을 계몽했는데, 스코틀랜드와 네덜란드에서 성공을 거두었다.

교구의 낭독자 혹은 독경사는 개신교 목사가 수적으로 적고, 또한 모든 교구의 목사를 재정적으로 지원할 수 없음으로 도입되었다. 낭독자는 두 계층으로, 고위직 등급은 강연 가능한 권면자(Exhorter)였고, 하위직 등급은 공동기도서와 성경을 낭독하는 일을 하였다. 하지만 두 등급은 다 같이 어린아이들을 가르쳤다. 권면자들이 신학을 공부하여 소속 노회를 만족시키면, 목회자로 진급시켰다. 훈련서는 교회의 기본 재산 항목을 갖고 있는데, 지침에 의하면 교회는 신앙의 보전, 교육의 지원, 가난한 자들에 대한 구제 등을 위해 일정한 액수의 돈을 보존하였다.

7. 스코틀랜드 종교개혁의 역사적 특징

(1) 영국과의 정치 동맹 : 16세기 종교개혁 이후, 어쩌면 그 이전부터 지금까지 유럽의 다른 나라와 달리 스코틀랜드는 정치와 문화, 경제와 종교에서 영국과 뗄레야 뗄 수 없는 관계였다. 이러한 관계는 자국의 현실적 상황이기도 했지만, 주로 의도된 로마 교황청의 통제 때문이었다. 이유야 어떻든지 스코틀랜드는 지금까지 영국과의 관계에서 동맹국이자 적대국으로 지내왔다. 종교개혁이 전 유럽을 휩쓸었을 때, 헨리 8세로부터 시작된 영국처럼 스코틀랜드 교회를 재조직하리라는 기대 속에 부풀었다. 사실 당시 두 나라는 정치적으로 상호 견제와 우호아래 있었다. 두 나라의 정치 지도자들은 상호간의 보다 더 친밀한 접근을 꾀함으로 교회의 신앙과 조직을 통합하였다. 이러한 움직임은 이후 지금까지 계속되었으나, 특별히 16-17세기의 종교개혁과 청교도 혁명이 전개되던 때에 더욱 활성화되었다.

그러나 스코틀랜드의 세실(Cecil)과 레팅톤(Lethington)은 옛 프랑스와의 동맹으로 영국과 결별하고 프랑스와 유대를 돈독히 하였다. 이러한 변화는 결국 두 국가간에 끝없는 긴장과 대립, 반목과 전쟁을 유발하였다. 그러면서도 두 국가는 계속 공동의 목표인 개혁에 협력하기도 하였다. 역사가들의 표현대로 이것은 피할 수 없

Proofs at Large: Together with Sum of Saving Knowledge, (Edinburgh, 1836), 23-592.

는 두 민족 간의 태생적 환경 때문이었다. 친구가 원수 되고 원수가 친구 되는 역사의 교훈을 보여주는 좋은 본보기이다. 이러한 역사적 갈등과 변화 속에서 두 국가의 저변에는 정치적, 경제적, 문화적, 종교적 통일을 지향하는 이상이 깊이 배어 있다. 서로의 이익과 생존을 위해 현실 속에 펼쳐지는 풀 수 없는 아이러니는 막연하지만 기독교 국가라는 통합 속에서 오늘도 계속되고 있다. 동상이몽의 두 민족의 공조는 언제까지 이어질 것인가? 오늘의 역사와 내일의 역사는 두 나라와 민족을 예리한 통찰력으로 주시하고 있다.

(2) 종교적 협상과 성취: 정치적 동맹과 협상은 두 민족 간의 상호 견제와 우호 아래 지속되었다. 하지만 종교적 일치를 향한 이상은 각각 다르게 나타났다. 특징적인 것은 영국은 헨리 8세 이후 국왕이 교회와 나라의 수반인 성공회로, 스코틀랜드는 정치와 종교가 분리된, 즉 교회의 머리는 그리스도요 국가의 수장은 국왕으로 정리되었다.[72] 이러한 현상은 대조적으로, 말하자면 영국은 정치가 종교를 지배하고, 스코틀랜드는 종교가 정치를 지배한 것을 말해준다.[73] 이렇게 정리되는 과정에서 영국은 영국대로, 스코틀랜드는 스코틀랜드대로 긴장과 대립, 반목과 사상, 심지어 전쟁까지 발발했으나 두 나라는 각국의 이해관계를 따라 하나는 성공회로, 다른 하나는 장로교 국가가 되었다. 종교적 통일을 위한 지속적인 노력에도 불구하고 역사는 이들을 다른 길로 인도한 것이다. 물론 종교개혁이 전개되는 과정에서도 두 나라는 입장이 달랐다. 예를 들면, 헨리 8세 이후 영국은, 특별히 에드워드 6세 이후 영국의 개신교는 스트라스부르크나 아우구스부르크로부터 많은 자들을 수용하였다. 그러나 스코틀랜드는 대부분 자국민의 개혁의지에 의해 대 역사를 이루었다. 의회가 적극적으로 개혁에 나섰으며, 이를 뒷받침 하듯이 국민들이 성원하였다.

(3) 낙스의 이상관철: 개혁자 낙스는 자신의 확고한 뜻을 굽히지 않고 이상을 관철하였다. 메리는 자신의 매력으로 개혁자를 끌어들이려 했으나 실패하였다. 낙스는 여왕의 면담에 공식적으로 나가기 이전에는 궁정에 결코 접근하지 않았다. 그리고

---

72) J. A. Wylie, *The Story of the Covenant and the Services of the Covenanters to The Reformation in Christendom and the Liberties of Great Britain*, (Edinburgh: James A. Dickson, 1982), 1-3.

73) Philip Schaff, *The Creeds of Christendom, with a History and Critical Notes*, (Michigan: Grand Rapids, Baker Book House, 1990), vol. 1., 670.

메리가 나와 그대가 어떤 관계이며, 당신이 이 공화국에서 어떤 존재냐고 물었을 때, 낙스는 "부인, 신하도 동일한 특권을 갖습니다. 나는 백작과 경, 귀족도 아니지만, 하나님께서 나를 그와 동일하게 유용한 존재로 삼으셨다" 고[74] 하였다. 낙스의 주장에 기초하여 근대 민주주의가 시작되었다. 즉 독재와 백성을 대변하는 시민적이며 신앙적인 권리 사이에 갈등이 메리와 낙스 사이에 발생하였다.[75] 개혁의 성공과 함께 메리는 왕위에서 쫓겨나 로크레벤(Lochleven) 성에 감금되었다. 그리고 그녀의 아들 제임스 6세(James VI)가 왕위에 올랐다. 경건한 크리스천이며 확신있는 개신교도인 모레이(Moray)의 백작 제임스 스튜어트경이 섭정하였다. 1567년 국회는 다시 한 번 신앙고백을 투표한 후 법령집에 포함시켰다. 주권자를 대변하는 섭정은 그 법에 서명하였다. 그리하여 신앙고백은 스코틀랜드의 법적 부분이 되었으며, 개혁신앙이 적법하게 인정되었다. 하지만 1570년 모레이가 살해되었고, 1572년 프랑스에서는 성 바돌로메 축일에 위그노 대 학살이 자행되었다. 같은 해 11월 24일 존 낙스도 사망하였다.

(4) 장로교 전통의 확립 : 스코틀랜드는 개혁과 더불어 즉각 공식적인 라틴어 미사의 폐지, 감독제의 거부, 신앙고백의 채택, 교회 정치와 교육에 대한 실제적인 적용, 예배 의식서를 발표하였다. 비록 낙스가 칼빈처럼 감독제를 비성경적인 것으로 간주하지 않았으나, 제자 앤드류 멜빌은 엄격한 장로교 정치제도를 발전시켰다. 멜빌에 의하면 장로교는 가장 성경적인 교회 정치 형태였다.[76] 왜냐하면 국왕이나 교황이 아닌 성경을 삶의 규범이자 권위의 근거로 보았기 때문이다. 실제로 성경은 수많은 악정이 자행된 나라에서 질서를 확립하여 영적인 교회 정부를 제공했기 때문이다. 제임스 6세와 찰스 1세, 2세, 제임스 7(영국의 2세)세는 감독제를 영국 왕위를 유지하는 수단으로 간주하여 자신들의 정치적 목적에 이용하였다. 특별히 찰스 1세는 윌리암 라우드 대주교를 앞세워 자신의 목적을 쟁취하려 했으나, 1638년 2월 국민계약 운동으로 실패하였다. 같은 시기 영국에서 감독제는 군주제와 결탁했

74) John Knox, *Works*, vol. 2., 388.

75) 낙스는 모두 5차례에 걸쳐 메리 여왕과 면담하였다. John Knox, *Works*, vol. 2., 281, 331, 371, 387, 403.

76) James Kirk(ed.), *The Second Book of Disipline*, (Edinburgh: The Saint Andrew Press, 1980), 3-290.

으나 스코틀랜드에서는 거부되었다. 1660년 왕정복고 이후 1688년 명예혁명까지 스코틀랜드 언약도들은 하나님의 주권적 신앙, 오직 그리스도께서 통치하신다는 토대 위에서 투쟁을 전개하였다.[77] 하지만 최후의 승리는 낙스의 개혁 정신과 장로교 전통을 수호한 멜빌과 그의 두 왕국사상이었다.[78] 이후 서구 세계의 민주주의 제도는 바로 그 승리에 기초하였다. 스코틀랜드만이 아니라 오늘 날 대부분의 세계 도처의 장로교에서는 목사나 장로 안수 시에 장로교 정치가 하나님의 말씀에 기초함을 요청받는다.

7. 결론

스코틀랜드 종교개혁은 그곳 국민들의 이해관계가 다양하게 표출된 사건이었다. 그 중에 귀족들은 (1) 종교개혁이 자신들을 경제적으로 부요케 해줄 것이라 믿었다. 따라서 개혁운동을 적극적으로 후원하였다. (2) 고통 받는 성직자들과 도덕적 삶에 회의를 가진 자들이 수도원을 공격하며 성상과 나무 조각, 책들과 교회 장식들을 파괴하였다. 그 결과 퍼스와 스콘, 성 앤드류스, 홀리우드 성당이 파괴되었다. (3) 낙스는 이러한 혼란 속에 신선한 영적 이상을 제시하였다.[79] 결국 낙스는 상기한

---

77) J. Lumsden, *The Covenants of Scotland*, (Alexander Gardner, Paisley, 1914) J A. Wylie, *Story of the Covenant and the Services of the Covenanters*, (Edinburgh: James A. Dickson, 1982), 3-40; Johannes G. Vos, *The Scottish Covenanters*, (Edinburgh: Blue Banner Productions, 1998), 17-226; John A. Duke, *History of the Church of Scotland to the Reformation*, (Edinburgh: Oliver and Boyd, 1937), 1-262; Cf. Richard Morris Stewart, *The Church of Scotland from the Time of Queen Margaret to the Reformation with Supplementary Chapter Dealing with Scottish Ecclesiastical Affairs to the Presbyterian Settlement of 1690*, (London: Alexander Gardner, 1892), 1-401. Cf. Trevor Hart, "Christ the Mediator", *Reformed Theology in Contemporary Perspective: Westminster: Yesterday, Today-and Tomorrow?* Lynn Quigley(ed.), (Edinburgh Dogmatics Conference Paper, Rutherford House, 2006), 80; Yohahn Su, *The Contribution of Scottish Covenant Thought to the Discussions of the Westminster Assembly(1643-1648) and its Continuing Significance to the Marrow Controversy(1717-1723)*, (University of Glamorgan, Ph.D theses, 1993), 1-373.

78) J. D. Douglas, "Calvinism's Contribution to Scotland", *John Calvin, His Influence in the Western World*, ed. W. Stanford Reid, (Michigan: Zondervan, 1982), 228.

79) G. D. Henderson, *The Church of Scotland*, (Edinburgh: The Church of Scotland Youth Committee, 1954), 49-51.

극단의 열정 주의자들을 사로잡으며, 성경을 열심히 읽는 평신도들 중에서 선출된 경건한 장로들의 활동과 사역으로 개혁을 완수하였다. 낙스는 스코틀랜드에 개신교 전통을 확립하고자 했으나 임종으로 생전에 꿈을 실현하지 못하였다. 그러나 국민에 대한 영향력, 특히 강단에서의 능력은 그의 헌신과 권위를 보존하였다.[80] 제임스 멜빌은 낙스를 가리켜 "우리 민족의 가장 고귀한 예언자이자 사도"라고 하였다. 그가 책을 열었을 때는 몰랐지만 적용하였을 때, 펜을 잡고 쓸 수 없을 정도로 나를 떨게 하였다고 하였다.[81] 말년에 낙스는 몸이 매우 약했다. 그러나 한 손에 지팡이를 들고 부축을 받아 강단에 올라선 채 온 힘을 다해 열정적으로 설교하였다.

지금까지 상고한 바와 같이 종교개혁 이전의 스코틀랜드는 혼돈 그 자체였다. 국외적으로는 로마의 정치 및 종교의 간섭에서 벗어나지 못했고, 국내적으로는 경제, 사회, 문화, 정치, 그리고 종교문제가 심각한 위기를 맞고 있었다. 그 동안의 가톨릭적 전통에 유린된 채 일반 국민들은 형식적인 신앙생활을 해야 했다. 이에 편승하여 기존의 기득권자들은, 특별히 종교 지도자들도 영적인 복지에 태만하였다. 오히려 이들은 새로운 개혁의 물결에 거세게 반발하고 수단과 방법을 동원하여 자신들의 이권에 사로잡혔다. 그러나 개혁의 물결은 그 누구도 거스를 수 없는 절대자의 은총과 축복이었고, 이것을 위해 하나님은 당신의 사람들을 양육하셨다. 윌리암 틴델의 신약성경 영어 번역판이 1526년 이래 계속 여러 지역에 유포되었으며, 그 후 롤라드에 의해 설교가 확산되었다. 바야흐로 스코틀랜드는 새로운 시대로의 개막을 앞두었고, 순교자의 피는 교회 건립과 교세 확장의 기초석이 되었다. 무엇보다도 스코틀랜드의 개혁은 국민들 사이에 있었던 말씀에 대한 갈망을 통해 일어났다.[82] 왕실의 계속적인 박해에도 이들은 말씀에 기초한 신앙과 교회의 전통을 굳게 확립하였다. 오늘 세계 장로교회, 특별히 한국 교회는 스코틀랜드 장로교에 많은 빚을 지고 있다. 주님의 은총에 감사드린다.

---

80) G. D. Henderson, 56.

81) G. D. Henderson, 56.

82) 박영호, 「청교도 신앙」, (기독교문서선교회, 1994), 42.

제 12 장

네덜란드 종교개혁의 역사적 전개

-네덜란드와 북유럽의 덴마크와 노르웨이, 아이슬랜드의 개혁을 중심으로-

1. 서론

16세기 네덜란드의 종교개혁은 유럽의 다른 국가에 비해 상대적으로 덜 강조되었다. 하지만 역사적으로 네덜란드는 개혁자 존 칼빈의 영향으로 국가의 형성과 국민 생활에 중심이 되었다. 그 후 네덜란드는 칼빈의 신학을 여러 세기에 걸쳐 지속적으로 전 세계로 확산시켰다. 영토와 인구의 제약에도 유럽의 "작은 거인"[1] 네덜란드는 개혁주의 수호의 산실이었다. 특별히 신앙적 자유를 위해 이들이 보여준 투쟁은 어느 나라와 비견할 수 없는 독특함과 강인함을 제공해준다. 여러 요인 중에 개혁기 네덜란드가 스페인으로부터 독립 쟁취를 위해 보여준 투쟁은 좋은 본보기이다. 개혁 당시 스페인은 가톨릭 국가 중에 가장 독실하고 강력했기 때문이다.[2] 1523년 7월 31일 스페인의 박해 속에 헨리 포에스(Henry Voes)와 어거스틴파 수도승 요한 에쉬(John Esch)가 순교하였다.[3] 그러나 네덜란드는 압박에도 불구하고 주

---

1) 윤승준, 「하룻밤에 읽는 유럽사」, (알에이치코리아, 2012), 265.

2) Owen Chadwick, *The Reformation*, (The Pelican History of the Church, Penguin Books, 1988), 168-170.

3) Henry Charles Moore, *Through Flood and Flame: Adventures and Perils of Protestant Heroes*, (London: The Religious Tract Society, n. y.), 218-221.

변의 나라와 달리 개방되었다. 예를 들면, 동부와 북부 독일 주(州)들은 루터 교회이거나 개혁교회였다. 1562년 이후 네덜란드 남부에는 위그노들이 기즈 가 및 가톨릭 연맹과 투쟁하였으며, 영국은 스페인과 긴장 관계였다. 1588년 영국 엘리자베스는 스페인의 무적함대 아르마다를 격퇴한 후 급속히 번창하였다.

이러한 상황에서 네덜란드는 번영하였고 도시는 상업화되었다. 항구는 부유하였으며 교육의 진보로 백성들 사이에서 개혁이 급속히 확산되었다. 그리하여 마침내 네덜란드는 1581년 개신교 국가가 되었다. 당시 기독교인들은 화형대로 끌려가면서 자신들은 기독교인이라고 소리쳤다. 화형대에 묶이는 순간, 장작더미에 불이 붙었을 때, 그리고 불길이 치솟아 목이 마르고 생명이 죽어 갈 때까지 하나님을 찬양하였다.[4] 그리고 이들은 17세기 도르트 종교회의에서 알미니우스의 도전에 맞섰다. 이처럼 네덜란드의 종교개혁은 늦게 시작되었으나 장기간 전개되었다. 가톨릭의 스페인으로부터 국가적인 독립을 쟁취하려는 열망 속에 약 60년 동안 급박하게 전개되었다. 한편 유럽에서 종교개혁이 급속히 확산되는 중에 스칸디나비아의 몇 몇 국가들, 예를 들면 덴마크와 노르웨이, 아이슬랜드, 그리고 스웨덴과 핀란드에도 개혁이 전개되었다. 상기한 몇 몇 국가들은 대체로 루터주의 전통을 고수하였다. 본 장에서는 이들 국가에서 일어난 개혁을, 특별히 네덜란드를 중심으로 고찰할 것이다.

2. 16세기의 역사적 형편

(1) 정치적 형편 : 1496년 8월 막시밀리안과 메리의 아들 미남자 필립(Philip the Handsome)은 스페인의 이사벨라와 페르디난드(Isabella and Ferdinand)의 상속녀 둘째딸 유안나(Juana)와 결혼하였다. 이들의 아들 독일 황제 찰스 5세(Charles V)는 아버지로부터 네덜란드를 그리고 어머니로부터 스페인을 상속받았다. 그 결과 자연스럽게 네덜란드는 스페인에 귀속되었다. 하지만 1506년 필립은 6세 된 아들 찰스

4) A. G. Dickens, *The Age of Humanism and Reformation*, (London: PHI, 1977), 228-240. Thomas M. Lindsay, *A History of the Reformation*, (Edinburgh: T. & T. Clark, 1907), vol. II., 224, 231. 루터는 이들을 기념하는 시를 썼다. "가장 올바른 자는 요한이라고 불러도 부족함이 없노라. 하나님의 자비하심이 넘치리라. 그대의 형제 헨리도 그대 곁으로 가는 구나. 올바른 그리스도인은 죄의 짐을 벗어나 이 세상으로부터 해방되리라. 그대의 손에는 왕관이 쥐어져 있구나. 하나님의 자녀의 향기로다. 그대의 말은 죽었을지언정 그대는 순교자로 영원하리라."

를 남기고 사망하였다. 찰스의 고모 황제 막시밀리안의 딸 마가렛(Margaret)은 어린 찰스를 섭정하며 동생의 자녀를 양육하였다. 찰스가 네덜란드의 왕위에 올랐을 때, 자신은 공작국가, 군주국가, 백작국가와 계약 주권국의 모습을 갖추지 못한 도시국가였다. 따라서 그는 주변의 군주들처럼 이 모든 소국가들을 정치적으로 통합하였다. 이러한 통합 노력은 성공을 거두어 그의 아들 스페인의 필립 2세에게 거의 완성된 조직 국가를 이양하였다. 하지만 찰스가 극복한 분리 현상이 필립과 로마교를 반대하는 저항으로 종교개혁이 움트게 되었다. 찰스는 분열된 네덜란드를 지역적 계약으로 통합하였다. 1515년 프리즈란드(Friesland), 1527년 우트레흐트의 교회 관할 지역에 대한 잠정적인 주권 확보로 네덜란드와 프리즈란드가 통일되었다. 그로닝겐(Grunningen)과 그처럼 난폭한 도시의 통치를 받던 영토가 1536년 찰스 정부에 귀속되었다. 1538년 구엘드레스(Gueldres)의 백작 에그몽트의 찰스(Charles of Egmont)의 죽음으로 북쪽과 중부지역이 통합되었다. 남부의 일부 지방에 대한 프랑스의 장악권은 점차 와해되었다. 그리하여 네덜란드는 정치적으로 지리적으로 통합된 국가를 형성하였다.

1559년 초 오렌지의 윌리암(William of Orange, 1533-1584)은 필립과 프랑스의 앙리 2세의 이단 섬멸 협상에서 그들의 의도를 간파하였다. 여기서 그는 이것이 네덜란드의 정의와 자유에 위협이 될 것을 인식하였다. 그 후 그는 자국에서 스페인을 모두 몰아내려고 하였다. 1561년 당시 그는 신교도가 아니었음에도 삭소니 루터파 공주와 결혼하였다. 하지만 1566년부터 1578년까지 전쟁에 휘말렸으나, 1573년경 화란에 유포된 칼빈주의자가 되었다. 당시 오렌지의 윌리암이 지휘하는 애국자들이 실질적 승리를 거두었다. 정치적 혼란기에 개혁교회를 향한 종교적 열망이 고조되었다. 일진일퇴의 스페인과의 싸움은 1579년 남부 가톨릭 지역을 제외한 북부 칼빈파 도시들이 위트레흐트 동맹을 결섬함으로 새로운 국면을 맞았다. 이어 1588년 홀란드를 위시한 7개 주가 현재 네덜란드 영토가 되었다. 설상가상 무적함대를 앞세워 영국과 전쟁 중이던 스페인은 난파 되었고, 육군 역시 프랑스 군에 타격을 입었다. 1596년 필립 2세는 파산을 맞고 곧 사망하였다. 이로써 네덜란드의 독립은 유리하게 되었고, 1648년 베스트팔렌 조약을 통해 완전히 독립하였다.

(2) 경제와 지리적 형편 : 중세 말 근대 초의 네덜란드는 오늘 날의 베네룩스 3국을 포괄하는 지역으로 상공업이 매우 발달하였다. 당시 네덜란드는 북부 이탈리

아와 쌍벽을 이루는 유럽의 선진 지역이었다. 네덜란드에서 상공업이 발달한 데는 우선 효율성 높은 농업과 어업이 크게 작용하였다. 네덜란드 농민들은 일찍이 윤작을 폐지하고 묘판을 조성하는 등 토지 이용률을 극대화하였다. 또한 호프와 염료 같은 공업용 작물을 도입하여 품종의 다양화를 꾀하였다. 그리고 목축과 원예를 겸했으며, 농산물의 가공과 처리에 공학 기술을 적극 응용하였다. 어업에서는 서민의 스테이크인 청어가 대량으로 잡혀 명태와 함께 수출되었다. 식용과 공업용으로 쓰인 고래도 수입원이었다. 이러한 어업 활동은 어선과 그물, 소금 등에 대한 수요를 크게 증대시켜, 네덜란드의 제조업과 교역에 활기를 제공하였다.[5] 결국 이들은 북방 무역의 70%를 장악하였다. 그리고 1602년 인도와 아시아를 겨냥한 동인도회사와 1621년 아프리카/아메리카 무역을 관장하는 서인도회사를 설립하였다. 이로써 네덜란드는 포르투갈을 제치고 세계 향료 무역의 중심이 되었다. 이들은 노예를 팔아서 은을 얻고, 그 은으로 다시 아시아의 향신료를 구매하였다. 1609년 유럽 내 예금과 외환 사업을 위해 암스테르담 외환은행을 설립하였고, 17세기의 월가인 암스테르담 증권거래소를 개장하였다.[6] 이처럼 네덜란드의 상공업은 유럽 최고 수준의 1차 산업과 구매력 높은 농촌 배후지로 번창하였다. 그리하여 네덜란드는 유럽을 동서남북으로 잇는 중간 지점에 위치하여 유럽의 화물창고 역할을 하였다. 이 무렵 네덜란드는 유럽 전체를 합한 것 보다 많은 선박을 소유하였다.

한편 지리적으로 네덜란드의 영토는 큰 강들의 삼각주에 놓여있어 걸핏하면 범람하였다. 이렇듯 자연과의 싸움은 국민들의 기질을 결정하는 독립적인 요소가 되었다. 이런 상황에서 찰스의 국가적 통합에도 불구하고 네덜란드는 17개로 나누인 인종과 언어로 갈등과 대립이 빈번하였다. 북쪽의 네덜란드(Dutchman)는 중앙의 플레밍족(Flemings)과 감정이 달랐고, 두 나라는 모두 남(南) 프랑스어를 사용하는 지역과 상이하였다. 또 다른 문제는 교회와 시민적인 관할권의 차이였다. 찰스가 1515년 통치를 시작했을 때는 유일한 행정적 관할지역이 아라스(Arras)였다. 투르나이(Tournai), 우트레흐트(Utrecht), 그리고 캄브리(Cambari) 등은 찰스의 퇴위 이전에 행정 관할지역으로 편입되었다. 하지만 교회와 시민적인 관할권의 혼란은 프

5) 윤승준, 「하룻밤에 읽는 유럽사」, (알에이치코리아, 2012), 265-266.
6) 윤승준, 268-269.

리스 지역(the Frisian lands)의 대부분이 뮌스터, 민덴, 파데보른, 그리고 오스나브뤼크 등의 독일 교구에 예속되었다. 그리고 네덜란드 영토에 속하지 않은 6명 이상의 주교가 룩셈부르크에 대한 교회 통치권을 나누어 가졌다.

그런데 네덜란드를 통치하는 스페인에서는 개신교도들이 정치적 세력을 확보하였다.[7] 따라서 1564년까지 정치적 논쟁으로 네덜란드는 내전 전야의 프랑스와 비교되었다. 당시 네덜란드는 외국인 가톨릭 통치자였고 설상가상 부재중인 스페인의 필립 2세였다. 필립은 다양한 전통들과 두 개의 언어를 가진 네덜란드를 스페인의 한 주로의 통합을 원하였다. 왕의 권위를 증대하기를 소원한 중세 말이나 종교개혁 시대의 통치자들은 교회에 대한 그들의 통제를 확대하는 것을 목표하였다. 이 목적을 위해 1559년 그는 보다 작은 감독 관구들과 주교 관구들의 새로운 제도를 창설하였다. 그 관구들에 임명을 유지하였으며, 종교 재판의 스페인 전통을 장려하였다. 그리고 1565년까지 네덜란드의 저항은 그 자신을 스페인 왕의 종교적인 정책에 대한 저항과 동일 시 하였다. 그리고 개신교도들과도 동일시하였다. 1566년 회중들은 개활지에서, 때로 무장한 수비와 방책을 치고 예배를 드렸다. 7천 혹은 8천의 회중들이 헨트(Ghent) 근처의 들에 모였다. 만 오천 명이 안트웨펜 밖에 회집하였다. 그리고 2만 명이 투르네 근처의 다리에 모였다. 그 회중의 1/3은 무장하였고, 설교자는 100명의 기병이 호위하였다. 위그노들처럼 그들도 목사가 절대적으로 부족하였다. 프란시스 유니우스(Francis Junius)는 약관 20세였으나 안트웨펜의 회중 교회 목사가 되기 위해 제네바로부터 도착하였다.

(3) 종교적 형편 : 이단에 대한 증오심이 단호하고 인내심이 강한 합스부르크가 사람들의 가슴에 불타올랐다. 그 중에 화란에서 출생한 부친 찰스와 달리 스페인에서 태어난 필립은 백성들의 기대나 고통에 무관심하였다. 그들은 필립의 억압적인 종교 정책과 스페인 군대의 등장, 그리고 그의 자의적인 중과세에 분개하였다. 설상가상으로 화란에서 필립의 통치는 프랑스 및 교황 바울 4세와의 전쟁으로 혼란하였다. 따라서 그는 신교도들에게 신경을 쓰지 못하였다. 그러나 그는 성직자들의 계급 제도를 재정비하여 화란 감독들의 등급을 확장하였다. 재정비로 약 14개의 감독관

---

7) Ludwig Haussor, *The Period of the Reformation 1517 to 1648,* ed., William Oncken, (London: Strahan & Co., 1873), Vol. 1 353-440; Owen Chadwick, *The Reformation*, (The Pelican History of the Church, Penguin Books, 1988), 168-170.

구가 신설되었으며, 이들로 이단을 진압하였다. 프랑스의 프란시스 1세처럼 감독 임명권을 장악하였다. 많은 귀족들, 신설관구들의 지원을 위해 재산을 압류당한 부유한 대수도원장들, 자기들 가운데 감독을 원치 않는 안트워프 시민들이 반대했으나 묵살되었다. 베상송(Besancon) 출신인 아라스의 감독 앙뚜안느 드 그랑벨(Granvelle)이 멕클린의 감독겸 화란의 대주교가 되었다. 이 계획이 시효를 발하는 동안 마침 스페인의 혼란으로 그곳으로 돌아갔다. 하지만 섭정자 파르마의 마가렛을 지원하는 국가회의(Council of State) 내에 내분이 발생하였다. 그동안 그녀를 지원했던 장군 에그몬트(Egmont)의 백작 라모랄(Lamoral)과 찰스 5세의 신임받는 자문 오렌지 공 윌리암이 그랑벨 및 다른 두 멤버들의 정책을 반대하였다. 이들은 오히려 반대파를 지휘하고 있는 자신들을 발견하였다. 반대파는 새 감독들, 가혹한 박해, 그리고 왕의 스페인 용병들이 나타나 무례한 행동을 하고 있는 것에 반발하는 대중의 감정을 대변하였다. 그런데 이들은 프랑스의 폴리티끄(Politiques)처럼 진보적 성향의 애국자들이었다. 따라서 치열한 정치 투쟁으로 애국자들의 운동과 제휴하여 국민운동을 부추기는 새로운 종교 세력이 출현하였다.

이들은 1566년 8월, 안트워프의 거리 주변의 거대한 성모 마리아 상을 이끄는 행렬에서 거친 폭도가 성당 안으로 침입하였다. 문 가까이에서 양초와 여러 가지 장신구들을 팔던 연로한 여자를 조롱하고 물건을 던졌다. 그리고 거기서부터 대중들의 흥분이 네덜란드 도시로 확대되기 시작하여, 교회 안의 상(像)들이 파괴되고 벽의 그림들이 찢겨졌으며, 스테인드글라스가 산산이 깨어지고 옷상자들이 부서지고 미사 경본들이 찢기었다. 뿐만 아니라 수도원이 약탈되고, 죄수들이 석방되었다. 프랑스의 경우처럼 개신교 목사들은 그 불법을 저지하고 진압하려고 싸웠다. 마침내 폭동은 백성들을 싸우는 당사자들로 분리하였다. 그 후 스페인의 필립은 네덜란드를 계엄령으로 다스리려 하였다. 1566년 12월 1일 안트워프에서 칼빈주의자들은 지방대회 개최를 위해 무장 저항을 선언하였다. 침묵자인 오렌지의 윌리엄은 온건한 당을 함께 붙들려고 노력하였다. 1568년 그는 반 스페인과 개신교 운동의 지도력에 몸 받치며 1573년 공적으로 칼빈주의자가 되었다.[8] 그 후 그는 1584년 암살

---

8) Owen Chadwick, 170; Keith L. Sprunger, *Dutch Puritanism: A History of English and Scottish Churches of the Netherland in the Sixteenth and Seventeenth Centuries*, (Leiden: E. T. Brill, 1982), 3-40.

까지 네덜란드의 통합을 위해 투쟁하였다. 프랑스의 종교전쟁은 한 나라에 국한되었으나 네덜란드는 남부의 가톨릭, 북부의 칼빈주의로 양분되었다. 이것은 근대 벨기에(modern Belgium)와 근대 네덜란드(modern Holland)의 기원이 되었다. 북부는 1609년 스페인의 승인을 받고 1648년 독립하였다.

3. 개혁 전의 개혁운동

통찰력 있는 신비주의자 얀 반 로이스브루크(Jan van Ruysbroec)는 성 그루델(St. Gudule's) 성당의 부사제였다. 그의 제자 헤르트 후로테(Gerard Groot, 1340-1384)는 평신도 사이에 기독교적인 교육을 보급하기 위해 공동생활형제회(the Brethren of Common Lot)라는 평신도 공동체를 설립하였다. 그리스도에게 헌신하는 실천적인 삶을 강조한 이 형제회의 학교와 수도원이 네덜란드와 중부 독일에 확산되었다. 「그리스도를 본받아」(*Imitatio Christi*)를 저술한 토마스 아 켐피스(Thomas a Kempis)는 우트레흐트의 지경 내 쯔볼레(Zwolle)에 위치한 작은 수도원에서 90년간 살았다. 종교개혁 이전의 개혁자로는 여러 사람이 있지만 고흐의 요한 뿌퍼(John Pupper of Goch)와 요한 베셀(John Wessel)을 들 수 있다. 예술은 후버트(Hubert)와 얀 반 아이크(Jan van Eyck), 한스 멤링(Hans Memling)을 통해서 번성하였다. 특별히 개혁가로는 가장 위대한 교육가 알렉산더 헤기우스(Alexander Hegius)와 인문주의자들의 대부인 에라스무스(Erasmus)가 있다. 이들과 함께 창설된 연설연구원은 종교개혁 운동에 크게 이바지하였다.

(1) 공동생활형제회와 성경번역: 이 운동은 1378년 본래 제라르 후로테(Gerard Groot)와 그의 협조자 프로렌티우스 라데빈스(Florentius Radevynszoon)의 지도아래 시작되었다. 이 형제단의 목표는 어거스틴의 전통에 따라 학문의 뿌리와 생명의 거울인 그리스도의 복음을 깨닫게 하는 것이었다.[9] 학생들은 성경을 라틴어로 읽도록 배웠으나, 형제회는 성경을 일상용어로 번역해야 한다고 주장하였다. 처음에 데벤터(Deventer)로부터 여러 동네로 전파되어 북유럽의 대부분 대학에 깊은 인상을 주었다. 특별히 신비적인 기반을 둔 박애정신은 교육에 크게 효과를 나타내어 고전

---

9) John T. McNeill, *The History and Character of Calvinism*, (New York/Oxford University Press, 1954), 255.

과 기독교 교육을 함께 꽃피웠다. 학교 교사로서 형제 단원들은 타의 추종을 불허하며 학문과 지성을 균형있게 발전시켰다. 1477년 델프트(Delft)가 네덜란드 성경을 출판했는데, 그 후 16세기 말에 불가타 성경이 네덜란드에 널리 퍼졌다. 면죄부에 대한 반대전단이 루터가 95개 항의문을 비텐베르크의 성인 예배당 문에 못 박기 이전에 널리 회람되었다. 안트워프의 어거스틴파 수도회의 원장 쥬트펜의 헨드릭(Hendrik of Zutphen)은 스타우피츠(Staupitz)의 제자였으며, 루터의 동기생으로 복음적인 가르침을 소속 종단 내에서 뿐만 아니라 시전밖으로 확산시켰다. 1513년과 1530년 사이에 네덜란드와 플레미쉬, 그리고 프랑스를 포함한 성경이 25개 이상 번역되었다. 분명한 것은 종교개혁자들의 가르침이 그들 앞서 활동한 형제단의 전통과 유사하였다는 점이다. 예를 들면, 고호의 존(John of Goch, 1445년 사망)은「기독교의 은혜와 신앙과 자유」를 저술했는데, 여기에는 개혁자 루터의 보편적인 의견이 포함되었다. 데시데리우스 에라스무스(1469-1536)는 이 형제단의 영향을 받고 이후 종교개혁을 전개하면서 보다 영적이고 도덕적이며, 성경적인 경건과 개혁적인 비전을 소유 하였다.

(2) 르네상스와 설교자들: 네덜란드에서 르네상스는 플랜더스(Flanders), 질랜드(Zealand), 그리고 여러 해안 마을들에 새로운 상업적 번영을 이끌었다. 그 과정에서 르네상스 인문주의는 미술에서 왕성한 발전을, 연극과 웅변을 꽃피운 수사학에서 그 면모를 과시하였다. 따라서 16세기는 자유, 지적 성취, 진보적인 정신으로 찬란한 문명을 창조하였다. 한편 사제와 수도사, 설교자들은 제일 먼저 로마교의 오류를 파악하였다. 그러나 시간이 지나면서 남부 독일의 도시들과 제네바에서 훈련을 받은 설교자들이 개신교의 선교활동을 이끌었다. 혹 훈련받은 교사가 부족할 때는 회중들 가운데서 목숨을 걸고 사명을 맡는 자원자들이 나타났다. 브란트(Brandt)는 수많은 사람들이 안트워프의 조선소에서 수도사들의 말씀선포와 더불어 예배를 위해 어떻게 회집했는지를 증거 해 준다. 예를 들면, 당시에 니콜라스는 선생이 나타나지 않자 배의 돛대 위에 올라가 사람들을 가르쳤다. 이 일로 그는 설교자에게 내리는 벌로 두 명의 백정에게 붙들려 시 행정관에게 인계되었다. 그리고 자루에 박힌 채 강물에 던져졌다.

(3) 루터파의 영향: 1517년 95개 항의문 이후 루터의 초기 작품들이 신속히 루뱅(Louvain), 겐트(Ghent), 안트워프 같은 네덜란드의 여러 도시의 서점에서 발견되

었다. 1520년 2월, 루뱅 대학이 그것들을 정죄했지만 루터와 친분이 있던 주트펜의 헨리(Henry of Zutphen)[10]는 몇 달 뒤 루터의 책들을 열심히 선전하였다. 1521년 로마 교회의 대사 제롬 알렉더(Jerome Aleander)는 네덜란드를 돌면서 루터의 책들을 모아 불태웠다. 그러나 신통치 않자 황제 찰스[11]에게 루터파 교도 몇 명의 화형을 건의하였다. 1522년 찰스는 자신의 정치적 목적을 위해 17개의 종교재판소를 지방에 설치하였다. 그리고 교황 아드리아 6세에게 두 명의 종교재판관 임명을 요청하였다. 그리하여 안트워프 어거스틴회 수사 헨리 보우(Henry Voes)와 존 에쉬(John Esch)가 1523년 7월 1일 브뤼셀에서 화형되었다. 그리고 안트워프의 서기요 시인인, 인문주의자 에라스무스의 친구 코르넬리우스 그라파이우스(Comelius Graphaeus)는 추방되었다.[12] 찰스는 거듭된 선전문에서 강경한 조치를 취하였다.[13] 이러한 조치는 1526년 3월 14일과 7월 17일에 반복되었다. 그밖에 수도원을 떠난 수도사를 금지하는 칙령이 1528년 1월 28일 발표되었다. 1529년 10월 14일에는 루터의 서적을 소지하지 못하게 했으며, 만약 서적을 소지하고 제출하지 않는 자는

---

10) Henry Charles Moore, *Through Flood and Flame: Adventures and Perils of Protestant Heroes*, (London: The Religious Tract Society, n. y.), 211-217.

11) 독일 막시밀리안 황제의 손자로, 부친 필립(Philip the Good)과 모친 요안나(Joanna the Insane)의 사이에서 출생하였다. 1506년 부친의 사망으로 당시 6세의 찰스가 왕위에 올랐고, 맥시밀리안이 섭정자로 지목되었으나, 그는 자신의 딸 사보이 공작의 미망인 오스트리아의 마가레트가 섭정하게 하였다. 그녀는 이 직책을 맡게 될 세 명의 합스부르크 가문의 여자 들 중 첫 번 째 여자였다. 그리고 두 번째 부르군디의 메리는 1530년 섭정한 수 1555년 필립 2세에게 이양하였다. 1559년 필립은 그 나라를 떠나면서 그의 불법적 이복 누이 파르마의 마가레트(Margaret of Parma)를 지명하여 그녀가 1567년까지 그 자리를 유지하였다. 따라서 격변기의 네덜란드는 약 60여 년 동안 왕이 없이 숙모와 누이들이 통치하였다. 찰스가 분리한 네덜란드 17도(道)는 현재의 네덜란드, 벨기에, 룩셈부르크, 그리고 프랑스에 귀속된 일부 인구가 밀집된 땅이었다. 남부는 불어를 다른 지방에서는 화란어를 사용하고 있다. Thomas M. Lindsay, 233.

12) 죄목은 고흐의 요한 뿌퍼의 책「기독교 신앙의 자유」(*Liberty of the Christian Religion*)에 자신의 서문을 덧붙여 편집한 것을 출판한 것이었다. 결국 그는 브루셀의 교수대로 끌려가 자신의 서문을 취소토록 강요받고, 교수대 위에 고의적으로 피워놓은 불속에 책을 던졌다. 그는 공직에서 쫓겨났으며, 2년 동안 수감되었다가 추방되었다.

13) 예를 들면, 무슨 책이든지 검열관의 사전승인 없이는 인쇄할 수 없었다. 복음서, 바울서신, 여타의 영적 글을 읽고 설교하기 위해 공개적으로 그리고 비밀리에 모이는 모든 집회를 금하였다. 또한 믿음 생활, 성례전, 교황을 논의하기 위해 개인집에서 식사로 모이는 것도 금지하였다.

사형에 처하였다.[14] 1540년부터 1550년(4월 29일)까지 종교에 관한 외국 서적과 성경의 화란어판과 라틴어판을 유포하는 자들에게 가혹한 처벌을 과한다는 칙령을 반포하였다. 그러나 루터파의 급속한 성장을 막지 못하였다.[15] 하지만 놀라운 것은 네덜란드가 루터파를 등지고 츠빙글리의 개혁파로 기울었다는 것이다. 그것은 당시 네덜란드의 학자 힌네 로데가 루터와 츠빙글리를 접촉한 후, 당시 감옥에 수감되어 있던 베셀 간스포르트(Wessel Gansfort) 학파의 대표에게 성찬을 소개한 결과였다.[16] 그러던 중에 재세례파 운동이 루터주의보다 더 주목을 받게 되었다.

(4) 재세례파[17]의 박해: 필립 2세의 통치 전에 가장 혹독한 박해를 받은 사람들은 재세례파였다. 역사적으로 이들은 중세 후반의 형제회에서[18] 시작되었는바, 여러 마을의 노동자 계층이 지지하였다. 그런데 찰스 5세는 1532년 2월 재세례주의자를 숨겨주는 것을 금지하였다. 밀고자에게는 12길더의 보상금이 주어졌다. 혹시 죄

---

14) 그 후 내려진 칙령은 1530년 12월 7일, 1540년 9월 22일, 1544년 12월 18일, 1546년 7월 31일에 내려졌다. 그 중에 특히 1546년 칙령은 금지된 서적의 목록을 추가하였고, 그 가운데 개신교도 인쇄소에서 인쇄된 11가지의 불가타 성경, 네덜란드어로 된 성경의 6가지 편집본과 신약성경, 프랑스어로 된 성경의 2가지 편집본과 그 밖의 여러 가지가 포함되었다. 이 모든 칙령들은 루터파와 근접한 가르침을 제거하려는 것이었다.

15) 임종에 임박하여 찰스는 반대자를 혹독하게 다루었는데, 루터를 보름스에서 살려 둔 것을 후회하였다. 1555년 10월 25일, 찰스는 영국에 아내 메리(Mary Tudor)와 같이 있던 아들 필립 2세에게 왕위를 이양하였다.

16) John T. McNeill, *The History and Character of Calvinism*, (New York/Oxford University Press, 1954), 257-258.

17) 재세례파의 기원은 두 가지로 하나는 형제회의 계승으로, 중세적이며 반성직자적인 기독교의 단체이다. 다른 하나는 가난한 사람들의 소요와 더불어 존속된 운동으로 부자를 반대하였다. 네덜란드의 재세례파는 대중적인 인기에 반항적인 조상의 피가 어우러져 어떤 압제도 견디며 순교하였다. 그런데 이 종파의 최초의 순교자는 얀 발렌(Jan Walen)과 다른 두 사람이었다. 이들은 1527년 헤이그(Hague)에서 악랄한 방법으로 죽임을 당했다. 이들은 산 채 불 태워 죽이는 대신에 거대한 불에서 상당히 떨어진 화형대에 줄로 묶여서 천천히 구워져 죽었다. 이러한 처벌은 1532년 할렘(Haarlem)에서도 자행되었는데, 부인은 익사시키고 남편과 다른 두 남자는 산 채로 구워져 죽었다. 그러나 가장 잔인한 박해가 암스테르담의 재세례주의 자들에게 가해졌다. 이들은 고문대 위에서 갖은 고문을 당했으며, 채찍질당하고, 지하 감옥에 수감되었고, 서서히 타는 불에 구워졌으며, 자기 아내와 딸이 물에 빠져 익사하는 것을 목격하고 산 채로 화형되었다. 뿐만 아니라 작은 관 속에 집어넣고 압박을 가하여 갈비뼈가 부러지기도 했으며, 사형집행인의 발길에 채여 죽기도 하였다. Thomas M. Lindsay, 236-237.

18) 보다 자세한 것은 서요한, 「중세교회사」, (도서출판 그리심, 2010), "제21장 중세 신비주의의 형성과 특징", 669-701를 참고하라.

를 뉘우치면 용서를 받았으나 끝까지 고집을 부리는 자는 엄히 처벌 받았다. 1533년 멜키오르 호프만이 스트라스부르크에 수감되자 할렘의 은행가인 얀 마티스(Jan Matthys)가 새 지도자가 되었다. 그의 지도 아래 정렬적인 선교가 덴마크 여러 도시에 전개되었다. 정부는 이 운동을 분쇄하기 위해 다각적인 조치를 취하였다. 군대를 15명에서 20명으로 분할시켜 도시 주변을 순찰케 하였다. 또한 한밤중에 기습 수색을 하였으며, 지하 감옥은 붙들려온 남녀 재세례주의자로 가득할 때까지 채웠다. 박해를 당한 사람들은 고국을 떠나 뮌스터에서 안식처를 찾았다. 이들은 그 동안의 수동적인 자세에서 적극적인 저항으로, 과도한 묵시적 환상으로 기존 교회를 비판하며 과격히 행동하였다. 그 결과 1534년부터 1535년 사이에 발생한 뮌스터의 폭동으로 박해와 더불어 혹독한 칙령이 반포되었다.[19] 찰스 5세의 통치 동안 네덜란드에서 약 30,000이 죽었는데, 그 중에 루터와 칼빈의 추종자들도 포함되었다.[20] 1536년부터 1561년 사망까지 멘노 시몬스(Menno Simons)는 역경 중에 조직을 재정비하였다.

(5) 오랜지의 윌리엄: 1550년 런던에서 상업에 종사하는 사람들이 교회를 설립하였다. 그들은 화란 항구 도시들과 거래를 계속하였다. 개혁교회의 문헌들이 국경선 전반에 걸쳐 육지와 바다로 상업에 숙달된 나라에 진입되었다. 1550년 찰스 5세의 칙령이 루터, 오이콜람파디우스, 츠빙글리, 부처, 칼빈 혹은 거룩한 교회가 이단으로 낙인 찍은 자들의 책이나 글을 인쇄하거나 소유하는 자들은 화형에 처한다고 선언해도 소용이 없었다. 특별히 필립이 통치하던 바로 그때 칼빈주의 조직이 형성되고 배가되었다. 1559년 필립이 떠난 해에, 칼빈의 「기독교 강요」 최종판이 출간되었다. 이때 오렌지의 윌리암(William of Orange, 1533-1584)은 필립과 프랑스의 앙리 2세가 이단을 섬멸하고자 하는 군주들의 의도를 간파하였다. 그는 이것이 화란의 정의와 자유에 커다란 위협이 될 것을 인식하였다. 따라서 그는 자국 내에서

---

19) 내용에 의하면, 누구든지 이 분파로 유혹하거나 끌어들여 재세례를 받게 하는 사람은 화형에 처할 것이며, 재세례를 받거나 숨겨주었다가 자신의 신앙을 철회한 사람은 목 베일 것이며, 여인들은 생매장할 것이다.

20) 1550년 찰스는 스페인을 모델로 효율적인 종교재판을 보여주려 했으나 실패하였다. 당시 섭정 메리는 찰스에게 재세례파의 대량 살상으로 인구 감소를 피하라고 권면하였다. Thomas M. Lindsay, 239; John T. McNeill, *The History and Character of Calvinism*, (New York/Oxford University Press, 1954), 258.

스페인의 버러지들을 다 추방하려고 결심하였다.[21] 당시 윌리암은 신교도가 아니었으나 1561년 삭소니의 공주와 결혼한 후, 가톨릭에서 루터파로, 1573년 루터파에서 칼빈주의자로 변신하였다.[22] 그는 회심 일성으로 늙을수록 개선된다고 하였다.[23]

(6) 개혁교회의 조직: 1565년 10월 2일, 프랑스 칼빈주의자인 프란시스 뒤 존(Francis du Jon)이 전국적 해방 운동을 위해 브뤼셀에 귀족 20명의 조직을 기초로 설립하였다. 개혁교회의 대담성은 왕에 대한 저항을 격려하였다. 1566년부터 그들은 자원 무장 수비대의 보호하에 설교와 시편 찬송을 위한 옥외 집회를 개최하였다. 전에 프랑크프르트의 유명한 목사 피터 다테누스(Peter Dathenus)가 시편의 화란어판을 공급하였고, 많은 군중들이 제네바 곡조에 맞추어 시편을 불렀다. 하지만 저항운동은 교회를 약탈하고 모독할 반 성직 폭도들의 파괴적 행동으로 고통을 겪었다. 1566년 그들은 안트워프의 대성당 내부를 절단 내었다. 필립 2세가 트렌트 공의회의 결정들을 화란에 집행하려 했으나 허사였다. 알바(Alva)를 통한 이단 박멸은 수천 명의 죽음으로도 실패하였다. 1575년 홀란드와 질랜드 지방이 오렌지의 윌리암 아래 연합되었다. 1576년 이 지방들은 남부 화란 지방과 함께 겐트 평화조약(Pacification of Ghent)을 통해 로마 가톨릭에 대한 편견 없이 윌리암의 지휘하에 필립의 반대 운동에 동참하였다. 1579년 1월, 이 조치가 필립과의 협상을 위한 기초로 사용되었을 때 북부 지방은 독자적으로 우트레히트 연맹(Union of Utrecht)을 형성하였다. 그 후, 1581년 7월 26일, 윌리암은 화란의 독립 선언을 위한 권유를 요청받았다. 이로써 여러 주변 국가들이 필립에 대한 충성을 포기하고 화란 독립 국가를 이루는데 가담하였다. 그러나 윌리암은 부적절하게 프란시스와 함께 화란을 통치할 길을 모색하였다. 필립은 윌리암의 목에 현상금을 걸었고 윌리암은 여러 번 죽을 고비를 넘기다가 1584년 7월 10일 한 광신자에게 암살되었다. 그의 아들 모리스(Maurice)가 왕위를 계승하여 탁월한 리더쉽으로 새 공화국의 독립을 확보하였다. 1609년 모리스는 스페인과 12년 휴전을 결성하고 화란 공화국을 성립하였다.

---

21) Ludwig Haussor, *The Period of the Reformation 1517 to 1648,* ed, William Oncken, (London: Strahan & Co., 1873), Vol., 1. 353-440; Henry Charles Moore, *Through Flood and Flame: Adventures and Perils of Protestant Heroes*, (London: The Religious Tract Society, n. y.), 222-233.

22) G. R. Elton, *Reformation Europe 1517-1559*, (Fontana Press, 1963), 57.

23) John T. McNeill, 260.

4. 네덜란드 교회와 칼빈과의 관계

(1) 가족과 개혁 동지 : 칼빈은 본래 프랑스 사람으로 생애 대부분을 스위스 제네바에서 보냈지만, 그가 전 세계 개혁교회, 특별히 네덜란드에 끼친 영향은 지대하였다. 그의 모친은 캄브라이(Cambrai)에서 아내는 리에주(Liege)에서 출생하였다. 칼빈은 네덜란드와 인접한 프랑스 피카르디(Picardy) 주에서 태어났으며, 고향 노용시는 국경에서 가까웠다. 따라서 그는 하인히리 불링거에게 보낸 편지에서 "나 역시 벨기에 사람"이라고[24] 하였다. 그가 스트라스부르크에 망명한 동안 네덜란드 출신 요한네스 슈투름(Johannes Sturm)을 포함하여 페테르 다테누스(Peter Dathenus), 구이도 데 브레(Guido De Bres), 필립 마르닉스 반 알데곤데(Philipp Marnix van St.Aldegonde), 프란키스쿠스 유니우스(Franciscus Junius), 엔 타핀(Jean Taffin), 피에레 로이셀푸 데 빌리에르스(Pierre Loiseleur de Villiers) 등을 알게 되었다. 무엇보다 칼빈은 1541년 스트라스부르크에서 고등교육을 위한 대학의 필요성을 인식하고 귀국하여 1559년 6월 5일 제네바 아카데미를 설립하였다. 교수 확보와 수준 높은 인문 교육, 실질적인 경건에 매진하며, 칼빈의 지도와 감독아래 급속히 발전하였다. 스코틀랜드의 개혁자 존 낙스는 제네바 망명 중에 친구 안나 로크 부인에게 보낸 편지에서 아카데미를 사도시대 이후 지구상에 가장 아름다운 그리스도의 학교라고 서술하였다.[25]

(2) 선교사 파송과 저술 : 1541년 귀국 후 칼빈은 제네바의 개혁과 함께 이곳을 세계 선교의 중심지로 만들고 첫 번째 설교자를 네덜란드에 파송하였다. 1544년 후반기 칼빈은 피에르 브룰리(Pierre Brully)에게 토우나이(Tournai)와 발렌신네스(Valenciennes)에 가서 설교하도록 부탁하였다. 칼빈은 브룰리를 스트라스부르크에서 알았고, 칼빈이 떠난 후 뒤를 이어 프랑스 난민 교회의 설교자로 활동하였다. 브

---

24) Emile Leonard, *A History of Protestantism*, (London: Nelson, 1967), 2-80.

25) 당시 존 낙스는 1555년부터 1558년까지 3년 그곳에 체류하며 시민권을 얻었다. 1556년 12월, 영국 친구 안나 로크 부인에게 보낸 편지에서 제네바를 극찬하였다. 그에 의하면 제네바는 "다른 곳에서도 그리스도를 진정으로 전파하지만 생활과 종교가 그처럼 신실하게 개혁된 곳을 나는 아직 다른 곳에서 보지 못하였다"고 하였다. John Knox, *The Works*, vol. 4., ed. D. Laing, (Edinburgh, 1855), 240-241.

룰리는 네덜란드에서 3개월 설교한 뒤에 개혁주의 신앙으로 체포되어 화형되었다. 이러한 상황에서 칼빈의 영향은 개인적인 관계를 벗어나 지속적으로 확산되었다. 특별히 그의 1560년「기독교 강요」최종판이 네덜란드어로 번역되었다. 이것은 하인리히 불링거의 10편「설교들」(*Decades*)[26]과 함께 가장 영향력 있는 책이었다. 뿐만 아니라 칼빈은 여러 편의 논문을 남겼는데, 그 논문 중에 하나는 신앙인이 로마 가톨릭 교인들 사이에서 어떻게 살아야 하며, 개혁주의를 위협하는 재세례파와 심령주의(spiritualism)에 맞서야 하는지를 밝혔다. 특별히 가톨릭 교인들과의 관계에서는 내적으로 개혁주의를 받아들이는 한편 외적으로 로마 가톨릭의 추종을 경고하였다.[27] 그는 여기서 미사, 세례, 순례, 죽은 자와 성상에 대한 기도는 모두 우상이라는 것이다. 그는 진정한 그리스도인은 마음에서 뿐만 아니라 외적인 행위에서 우상숭배를 피해야 한다고 하였다. 그리고 롬 10:9-10을 인용하여, "마음이 선하다면 외적으로 그에 합당한 열매를 맺어야 한다. 하나님을 진정으로 신뢰하면 어떤 어려운 일도 순종할 것"이라고 하였다. 칼빈은 우상숭배를 강요받을 때 신실한 그리스도인이 선택할 수 있는 길은 순교나 추방당하는 것 밖에 없다고 하였다.[28] 이를 통해 칼빈은 네덜란드 교회에 희생의 대가가 무엇이건 삶은 하나님의 영광을 위해 살아야 한다는 전투적인 신앙의 이정표를 제공하였다.

5. 네덜란드 종교 개혁의 특징

(1) 타생적 종교개혁 : 네덜란드의 종교개혁은 타생적으로 시작되었다. 이는 정치, 종교적으로 복잡한 상황에서 국내보다는 국외의 루터파와 츠빙글리, 칼빈의 도움을 많이 받았음을 말한다. 당시 루터파는 하위직 귀족들과 영향력 있는 도시민들이 주종을 이루었다. 츠빙글리는 매우 신실한 신앙인들 사이에서 추종자를 끌어 모

---

26) Thomas Harding(ed.), *The Decades of Henry Bullinger*, (Cambridge: The University Press, 1869), 5 vols. Cf. 서요한, "하인리히 불링거의 생애와 신학사상 소고",「총신논총」, (총신대학교, 2012) 참조.

27) John Calvin, *Tracts relating to the Reformation*, (Edinburgh: T. & T. Clark, 1860), 3 vols 참조.

28) W. Robert Godfrey, "Calvin and Calvinism in the Netherlands", *John Calvin, His Influence in the Western World*, ed. W. Stanford Reid, (Michigan: Zondervan, 1982), 98.

았다. 한편 프랑스어를 사용하는 지방은 대부분 제네바의 칼빈에게 훈련받은 개혁자들에 의해 복음화 되었다. 프랑스 출신으로 스위스 제네바에서 생의 대부분을 보냈지만, 예수 그리스도의 교회에 대한 관심은 프랑스나 스위스에 국한되지 않았다. 이들 개혁자들은 복음과 함께 칼빈의 신학을 가지고 들어왔다. 그리하여 루터, 츠빙글리, 칼빈은 저 국가에서 다 같이 추종자를 갖게 되었다. 특별히 칼빈의 저술들은 네덜란드를 비롯하여 유럽 전역에 관심으로 표명되었다.[29] 이들의 차이점은 교리적인 면보다는 교회 정치와 관련되었다. 결국 제네바의 가르침이 루터와 츠빙글리를 잠식하면서 네덜란드의 개혁신앙은 칼빈주의로 정착되었다. 이로써 대부분의 교회는 처음부터 목회자와 장로, 집사로 구성된 당회를 갖춘 프랑스 교회의 원리에 따라 조직되었다. 그리고 각 교회가 파송한 대표단을 하나로 묶는 과정에서 장로회가 채택되었다.

(2) 신앙고백의 채택 : 수많은 왈룬 교회들과 약간의 화란 교회들이 개혁교회의 모델을 따라 조직되었다. 1561년 프랑스, 스위스 그리고 영국의 칼빈주의자들과 교제했던 몬스(Mons) 출신의 구이 드 브레(Guy de Bres, 1540-?)는 화란 전역에 산재해 있는 신자들을 위해 신앙고백을 저술하였다. 이 신조는 프랑스 교회의 신조에 기초하였고 원래는 불어로 기록되었다. 이 신조는 몇 차례의 대회에서 인준을 받아 네덜란드어, 독일어, 그리고 라틴어로 번역되었다. 이것이 「벨기에 신앙고백」(*Belgic Confession*)[30]이다. 이 신앙고백은 1566년 안트워프 대회에서 약간의 수정을 거친 후 화란 개혁교회의 표준 교리로 채택되었다. 제네바 교리문답이 불어를 사용하는 교회를 위해, 하이델베르크 교리문답은 화란어를 사용하는 교회를 위해 사용되었다.[31]

---

29) W. Robert Godfrey, 97; Keith L. Sprunger, *Dutch Puritanism: A History of English and Scottish Churches of the Netherland in the Sixteenth and Seventeenth Centuries*, (Leiden: E. T. Brill, 1982), 3-122.

30) 이 신앙 고백의 본래 제목은「우리 주 예수 그리스도의 거룩한 복음의 순수성에 따라서 살고자 하는 저 국가들에 흩어져 있는 신자들이 일반적으로, 그리고 만장일치로 받아들인 신앙고백」(*A Confession of Faith, generally and unanimously maintained by Believers dispersed thoughout the Low Countries who desire to live according to the purity of the Holy Gospel of our Lord Jesus Christ*)이었다.

31) John T. McNeill, *The History and Character of Calvinism*, (New York/Oxford University Press, 1954), 260.

(3) 교회 조직-당회(consistory)-혹은 교회 회의(kirk-session) : 화란의 초기 개혁교회 대회(Synod) 기록은 조직, 권징 그리고 예배에서 많은 증거를 제시하였다. 최초의 대회는 1563년 4월 26일 투코잉(Turcoing)에서 개최되었다. 그 후 몇 년 동안 지방 대회와 전국 대회(General synod)가 안트워프를 포함하여 여러 곳에서 열렸다. 최초의 전국 대회는 1568년 베셀(Wesel)에서 열렸다. 교회 조직은 다른 모든 장로회처럼 각각의 회중을 다스리는 기관이다. 교회는 당회, 노회, 대회로 1569년 엠덴(Emden) 총회에서 결의되었다. 당회는 매주 모이며, 지역 당회로 구성되어 사분기마다 회집되는 노회, 세 지역에서 매년 모이는 대회들, 그리고 격년제의 전국 대회 즉 총회로 구성되었다.

1571년 동 프리슬란드(East Friesland)의 엠덴에서 모인 개혁교회 첫 번째 전국 교회회의, 총회는 (i) 베셀회의와 프랑스 개혁교회의 구조를 기반으로 공식적으로 네덜란드의 개혁교회의 규범, 즉 교회 생활의 질서와 권징을 마련하였다. 그 중에 어떤 교회도 다른 교회를, 어떤 목사도 다른 목사를, 어떤 장로도 다른 장로를, 어떤 집사도 다른 집사를 지배하거나 그보다 우월할 것 같은 태도를 취해서는 안 되었다. (ii) 상호간의 연합을 주장한 벨기에 신앙고백과 프랑스인들이 개혁주의 신앙에 헌신할 것을 증명한 프랑스 신앙고백의 참석자들이 서명하였다. (iii) 4-5조항에서는 현재와 미래에 목회자가 될 모든 사람들도 그 고백에 서명할 것을 요청하였으며, 프랑스어권 교회들은 제네바 교리문답을 사용하고, 네덜란드권 교회들은 하이델베르크 교리문답을 사용하도록 했으나 이미 개교회에서 하나님의 말씀에 일치하는 교리문답을 사용하고 있다며 그것도 허용하였다. (iv) 6-9 조항은 모든 교회는 목사, 장로, 집사로 구성된 장로회의를 일주일에 한 번은 개최해야 하며, 3개월이나 6개월마다 한 번씩 교구회의를 개최해야 한다. 한편 지역회의는 매년 한 번 씩 개최해야 하며 마지막으로 모든 네덜란드 교회가 함께 모이는 총회는 2년에 한 번씩 개최되어야 한다. 엠덴 교회회의는 조직 면에서 만이 아니라 교회 회원의 생활을 감독하는 견지에서 권징의 실시를 요청하였다. 25-34 조항은 목회자의 소명의 일부분으로 도덕적인 권징 의무를 강조하고, 개인적인 죄나 공적인 죄를 취급하는 방법에서 최종적으로 출교를 포함하는 권징의 단계, 그리고 자신의 의무 불이행에 대한 징계가 포함되었다.

1568년과 1571년 최초의 전국 대회가 베셀(Wesel)에서 총회가 엠덴에서 열렸다.

이 두 곳은 모두 국경 밖으로, 목사, 장로, 집사의 의무, 결혼, 교회에 이방인을 영접하는 것, 성례들의 시행 등에 관한 수많은 문제들을 다루었다.[32] 여기서 강조한 것은 평등의 원리로 형제들의 상호 존중과 교정이었다. 1572년 돌트 총회는 엠덴 대회에서 채택한 신조를 개정 확대하여 공식적으로 수용하였다. 그 규정에 의하면 교회의 직임자는 신앙고백에 서명토록 하였다. 그리고 네덜란드 교회는 도시 내에 거주하고 있는 모든 교회 회원들을 묶어서 하나의 회중으로 간주하며 목회자는 그 도시의 담임목사로 공중예배를 드리기 위해 구별한 모든 건물마다 찾아다니며 설교하였다. 주인은 어떠한 하나의 건물이나 양떼에 특별히 예속된 것으로 보지 않았으므로 도시 전체에 하나의 당회가 있을 뿐이다. 이러한 구조는 초대교회와 같았다. 그러나 연합지방의 정치적인 어려움으로 전국대회를 구성하기란 어려웠다. 시민헌장의 규정에 의하면 국가들의 연방체제는 많은 점에서 독립적인 바, 서로 모여 전쟁 때에 상호간의 보호를 도우며, 공동의 군대를 유지하고, 군사지원금은 공동으로 지불했다. 화란의 초기 개혁교회 대회 기록은 조직, 권징 그리고 예배의 수많은 문제들에 대한 사려 깊은 조치를 포함하였다.

1578년 6월 열린 돌트 총회 이전에는 화란에서 개최되지 않았다. 따라서 이 총회는 정치의 다른 수정안과 함께 성찬 예식 전에 목사들, 장로들, 집사들이 서로 비판하고 그리스도인의 훈계를 사랑으로 받을 것을 요청하였다. 엠덴 대회는 모든 화란 교회들을 위한 정부조직을 채택하여 그것들을 사실상 국가 교회로 연합시켰다. 구이 드 브레(Guy de Bres)의 벨직 신앙고백이 채택되었다. 제네바 교리 문답이 불어를 사용하는 교회들을 위해 하이델베르크 교리 문답은 화란어를 사용하는 교회를 위해 사용되었다. 교회 정부의 틀은 매주 모이는 지방 치리법원, 치리법원의 그룹들로 구성된 노회들, 세 지역에서 매년 모이는 대회들 그리고 이 모든 것 위에 격년제의 전국 대회로 구성되었다. 하지만 1586년부터 1618년까지 약 40년 동안 총회는 소집되지 않았다.

(4) 학문적 공헌 : 화란 교회는 학문적으로 풍요로웠다. 대표적으로 1565년 혁명

---

32) 당시 기록에 의하면 "어떤 교회도 다른 교회를, 어떤 목사도 다른 목사를, 어떤 장로도 다른 장로를, 어떤 집사도 다른 집사를 지배하거나 그보다 우월한 것 같은 태도를 취해서는 안된다"고 하였다. John T. McNeill, *The History and Character of Calvinism*, (New York/Oxford University Press, 1954), 261.

초기 지도자 중에 한 사람인 남작 필립 반 마르닉스(Philip van Marnix, 1598년 사망)는 제네바에서 칼빈의 제자로 오렌지의 측근이었다. 그는 풍자 문학과 칼빈주의 논문들을 저술했으며 구약 성경의 일부를 화란어로 번역하였다. 그의「성례들에 대한 논문」(*Treatise on the Sacraments*)은 사후에 출간되었다. 프란시스 유니우스는 가장 유능한 신학자 중에 한 사람으로 방대한 책을 저술하였다. 1584년 그는 「신학 논제」에서 신학의 주요 주제들을 취급하였다. 무엇보다도 1600년 아르미니우스가 저술한 「그리스도인들 사이에 있는 분파들의 화해에 관하여」도 빼놓을 수 없을 것이다. 그는 여기서 총회를 통해 연합을 이루려는 특별한 제안을 하였다.

무엇보다도 주목할 것은 데카르트(Rene Descartes, 1650년 사망)의 등장이다. 그는 20년 동안 화란에 거주하면서 집필에 주력하였다. 데카르트는 「방법서설」(*Discours de la methode*, 1637)[33]에서 이성의 올바른 사용과 과학적 진리의 발견을 논하였다. 그런 가운데 인간의 이성적 사유가 반드시 따라야 할 규범들을 확립하고, 지식의 체계를 세우기 위한 출발점으로 '의심'을 비판의 적극적 수단으로 삼

33) 데카르트는 '근대 철학의 시조로 방법론적 회의론으로 유명한 철학자이다. 1596년 프랑스 중서부 투렌의 라 에이 지방에서 태어나, 1616년 20세 때 세상을 알기 위해 여러 곳을 여행하였다. 군에 입대 후 견문을 넓히던 중 1637년「방법서설」을, 그 후 「성찰」, 「철학의 원리」 등을 출판하였다. 1649년 스웨덴의 크리스티나 여왕의 초청으로 철학 강의를 위해 떠났으나 1년 뒤 폐렴으로 타계하였다. 그의 대표작 방법서설(원제 "이성을 잘 인도하고, 학문에 있어 진리를 탐구하기 위한 방법서설")은 총 6부로 구성되었다. 제 1부는 제반 학문들에 대한 고찰, 2부는 학문방법의 주요 규칙들, 3부는 몇 가지 도덕 격률들, 4부는 형이상학의 토대, 5부는 자연학적 문제들 그리고 마지막 6부는 이 책의 동기와 후기가 기술되었다. 책은 자서전 형식으로 기록되었으며 그 자신의 생각을 설명하였다. 여기서 그는 이전의 모든 학문 및 철학, 사상들이 확실하고 명증적인 것에 기반 하지 않고 그럴듯한 근거에 기반 한 것을 사상누각에 비유하였다. 그러나 수학의 경우는 확실성과 명증성으로 비록 화려하지 않지만 반석위에 세운 집에 비유하였다. 따라서 그는 단지 그럴듯하게 보이는 것은 모두 거짓으로 간주하고 오로지 확실한 방법으로 4가지를 제시하였다. (1) 명증적으로 참이라고 인식한 것 외에는 그 어떤 것도 참된 것으로 받아들이지 말 것, (2) 검토할 어려움들을 각각 잘 해결할 수 있도록 가능한 한 작은 부분으로 나눌 것, (3) 내 생각들을 순서에 따라 이끌어 나아갈 것, (4) 아무것도 빠뜨리지 않았다는 확신이 들 정도로 완벽한 열거와 전반적인 검사를 어디서나 행할 것이다. 이 4 법칙을 통해 진리에 이를 수 있는 방법을 제시하고 이를 하나의 선(line)에 비유하였다. 이 선의 시작점을 어디로 설정한 것인가에 대한 답으로 4부에서 그는 그 유명한 "Cogito ergo sum", "나는 생각한다. 고로 나는 존재한다"라는 명제를 남기며 신의 존재를 증명하였다. 마지막 5부에서 그는 이성을 통해 우리는 동물과 다른 존재임을 알 수 있으며, 스콜라 철학과 기독교 철학이 만연하던 중세 암흑시대에 인간 이성의 중요성을 설파하고 르네상스의 시대를 열었다.

았다. 따라서 그는 '나는 생각한다. 그러므로 나는 존재한다'라는 형이상학적 명제를 도출하였다. 절대적으로 확실한 진리의 가능성을 인간 이성의 능력 속에서 찾음으로써 합리론 철학의 전형을 보여주었다. 그런데 일부 개혁주의 신학자들이 그의 합리주의의 영향을 받았다. 그 중에 브레덴 출신의 독일인 존 코케이우스(John Cocceius, 1669년 사망)는 행위 언약과 은혜 언약에 관한 교리를 정교히 발전시켰다. 그는 1648년 「하나님의 언약과 계약의 교리」에서 칼빈주의의 강조점을 바꾸어 구약의 예언이 신약에서 완전히 계시된 은혜 언약으로 하나님의 행사를 전면에 부각시켰다. 그리하여 칼빈주의의 엄격성을 일부 완화시켰다.[34] 한편 우트레히트의 기스베르 보에(Gisbert Voet, 1676년 사망)는 다양한 저술을 통해 아르미니안파, 얀센파, 루터파, 심지어 코케이우스 및 데카르트를 비판하고 칼빈주의를 옹호하였다. 그는 또한 「그리스도를 본받아」의 영향으로 신비적 경건을 통해 경건 생활의 발전에 영향을 끼쳤다. 당시 그는 영국 청교도의 영향 아래 있던 위리암 텔링크(William Teelinck, 1629년 사망)와 요도쿠스 판 로덴스타인(Jodocus van Lodensteyn, 1677년 사망)과 연관되었다. 그리하여 그는 독일 스페너의 경건주의보다 앞선 화란 경건주의 운동을 이끌었다.

6. 알미니우스 신학 논쟁

1609년 공화국의 성립과 더불어 연합 주의 교회와 국가 간의 긴장이 고조되었다. 특별히 권징문제로 네덜란드 사회는 깊게 분열하거나 날카롭게 대립하면서 개혁교회는 신학 논쟁에 휘말렸다. 문제의 발단은 야콥 아르미니우스(Jacob Arminius, 1560-1609년)의 가르침이었다. 그는 제네바에서 공부할 때 두각을 나타냈으며 귀국하여 암스테르담에서 목회하였다. 반 아리스토텔레스적인 피터 라무스(Peter Ramus)에 대한 관심에도 불구하고 아르미니우스는 칼빈의 선택 교리에 타락 전 예정설(supralapsarianism)을 첨가한 베자의 제자였다. 베자는 선택이 인간의 타락에 선행했으며 그 타락은 하나님의 영원하신 계획의 일부였다. 1603년 엄격한 칼빈주의자이며 흑사병으로 유니우스와 트렐카티우스의 사망 후 레이든 대학교 신학부의

34) John T. McNeill, 260.

유일한 생존자 프란시스 고마루스(Franciscus Gomarus)는 알미니우스와 접견하였다. 일부 목사들의 의혹에도 불구하고 고마루스는 접견에 만족을 표한 후 그를 프란시스 유니우스 교수의 후임자로 임명하였다. 그 후 알미니우스의 강의 내용이 확산되었다. 베자의 예정론에 맞서 더크 쿠른허트(Dirk Coornhert, 1590년 사망)가 도전했으나 알미니우스는 역부족이라고 판단하였다. 따라서 자신이 베자의 타락전 예정론에 맞서 반론을 제기하였다.

프란시스 고마루스(Gomarus)는 하나님의 예정 안에서 첫 사람 아담의 범죄와 타락으로 본래의 선 가운데 아주 적은 흔적만을 남기고 모든 것을 잃어버렸다. 그리하여 죄의 종이 되었다. 그러나 자비하신 하나님은 영원하고 불변하신 그의 경륜에 따라 당신의 아들 그리스도 안에서 택하신 자들을 구원하시고 나머지는 공의로 진노하신다. 이것이 바로 타락전 예정설이다. 그러나 알미니우스는 이 교리를 거부하였다. 한편 타락 후 예정설(infralapsarianism)은 하나님의 선택이 타락에 뒤따르는 것이다. 그러나 알미니우스는 이 교리도 거부하고 구원에 있어 인간 의지의 협력교리를 도입하였다. 그에 의하면 그리스도께서 이루신 속죄는 만인을 위해 충족하다. 하지만 선택은 오직 회개하고 믿고 견인하는 자들만을 포함하며 유기는 회개하지 않는 자들에게만 적용된다.

알미니우스의 사후, 그의 제자 시몬 에피스코피우스(Episcopius, 1643년 사망)는 스승의 교리를 「고백과 선언」(*Confession and Declaration*, 1622)으로 체계화하였다. 여기서 그는 1610년 알미니우스의 기본 문서인 「항의」(*Remonstrance*)를 변증하였다. 항의의 초안자 모리스(Maurice) 왕의 궁중 목사 존 위텐보가르트(John Uytenbogaert)와 43명의 알미니우스주의 목사들은 회의를 통해 항의서(Remonstrance)를 작성하고 자신들의 지위를 보호해 줄 것을 정부에 요청하였다. 이들의 견해는 모두 5항으로 (1) 인간은 타락했으나 자유의지가 남아 있어 인간 편에서 신앙을 선택할 자유의지가 있다. (2) 하나님이 택하는 것은 그 사람이 훗날 어떻게 살 것을 미리 아시고 택하시는 것이다. (3) 예수님의 속죄는 만인을 위한 것이다. 자유의지로 믿는 자, 결단하는 자는 누구든지 구원을 받는다. (4) 인간은 하나님이 주시는 은총을 자유의지로 거부할 수 있다. (5) 한 번 믿었던 자라도 의지로 타락할 수 있다. 이것은 부분타락, 예지(조건) 예정, 무한 속죄, 항력적 은총, 성도의 타락으로 정리된다. 고마루스파들은 즉각 「항의에 대한 반론」(*Counter-Remonstrance*)을 펴냈다. 신학 논쟁은 지식인들뿐만 아니라 일반 시민들까지 확산되었다. 항의파들에게 우호적인 관원들은 목사를 파면하였다. 폭동으로 내란이 염려되었다. 국론이 양분되면서 당시 홀란드 호국경 존 올덴바르네벨트(John Oldenbarnevelt)는 항의파를 지지하고 모리스 왕은 고마루스파를 지지하였다.

엄격한 칼빈주의자들은 알미니우스 논쟁에 휘말리면서 시련에 직면하였다. 그들은 알미니우스가 복음의 기본 진리를 거부하고 교회의 정통 신앙을 절충하려는 한편, 정부는 교회 지도자들이 교리를 위반한 훈계할 권리와 책임을 수행하지 못하게 했다고 믿었다. 몇 몇 도시에서 칼빈주의자들이 항변파 설교자가 있는 교회에서 탈퇴하는 등 긴장이 고조되었다. 1615년 일부 목사들은 비밀 총회를 조직할 것과 국가 주도의 교회에서 탈퇴하는 문제로 대화하였다. 1617년 7월 모리스는 공개적으로 위텐보가르트가 설교자로 있는 궁정교회에서의 예배를 거부하였다. 그리고 알미니우스 논쟁을 종결하기 위해 총회 소집을 지원하였다. 11월 의회는 3/4으로 총회 소집을 결의하였다. 그러나 홀란드는 총회 소집은 만장일치이므로 의회의 투표는 무효라고 주장하였다. 모리스가 정부에 군사적인 압력을 가하자 이에 맞서 올덴바르네벨트는 시민군을 일으켰다. 1618년 8월 29일 모리스가 올덴바르네벨트를 체포하면서 내란은 모면했으나 항변파 추종자들이 해외로 도피하였다.

당시 화란의 칼빈주의자들은 대부분 고마루스파로 맹렬한 칼빈주의파였다. 이들은 총회의 공정한 심문을 위해 총회의 회원으로 참여할 수 있도록 유럽의 모든 개혁교회 대표를 초대하기로 결정하였다. 따라서 총회에 게더란드, 남 홀란드, 북 홀란드, 젤란드, 위트레흐트, 프리슬란드, 오베리셀, 그로닝겐, 드렌테 및 와른 지역의 대표들이 파견되었다. 또한 네덜란드 신학 교수 대표단은 요한네스 폴리안더, 프란시스 고마루스, 안토니우스 티시우스, 안토니우스 왈라에우스, 시브란두스 루베르투스로 구성되었다. 국제 대표단은 영국, 팔라티네이트, 헤쎄, 나싸우, 브레멘, 엠덴, 독일어 사용권 스위스(취리히, 베른, 바젤, 샤프하우젠), 제네바 등이었다. 한편 외국의 대표단 중에 영국의 제임스는 총회 진행 과정에서 대표들에게 영향력을 행사하였으며, 스코틀랜드 교회는 영국과 분리되어 초청받지 못했으며, 프랑스 대표들은 루이 13세의 출국 승인 불허로 불참하였다.

1618년 11월 13일부터 1619년 5월 28일까지 소집된 돌트 총회는 모두 154차례 개최되었다. 특징은 (1) 네덜란드 주교가 파견된 유일한 총회였으며, (2) 개혁 교회가 최초로 개최한 교회연합총회로 모든 대표들에게 투표권이 부여되었다, (3) 알미니우스 신학에 대한 총회의 정죄는 만장일치였으며 개혁정통신앙의 승리가 전 유럽으로 확장되었다. 이제 총회의 임무는 항변파의 견해를 판단하는 것으로, 해외로 도피하지 않은 네덜란드 거주 항변파 지도자들의 입장을 밝히도록 소환하였다. 항변파는 그들의 대변인 시몬 에피스코피우스(Simon Episcopius)를 통해 총회의 진행을 의도적으로 지연시키며 여러 계략으로 대표들을 이간하였다. 거부하며 한 달 이상 모습을 드러내지 않자 총회 의장 요한네스 보겔만(Johannes Bogerman)은 항변파들을 해임하고 그들의 저서를 근거로 판단하였다. 그리고 총회는 항변파에 대한 응답으로 신앙을 5가지로 정리하였다. (1) 하나님의 선택은 창세전 하나님의 목적, 예정에 기초한다. (2) 그리스도의 죽음은 세상 구원에 충분하지만 속죄의 효과는 오직 선택 자에게만 미친다. (3) 하나님은 인간 편의 조건 없이 택 자를 구원하시고 그렇지 못한 자를 유기하신다. 타락한 인간은 자신을 구원할 수 없다. (4) 하나님은 절대 저항할 수 없으며, 성령을 선택된 자에게 믿음의 선물을 주신다, (5) 중생으로 의롭게 된 자들은 끝까지 견인되고 영화된다. 이를 요약하면, 무조건적 선택, 제한 속죄, 전적 부패, 불가항력적 은혜, 성도의 견인이다.

돌트 신조에 대해 엄격하고 무미건조한 것으로 간주하는 사람은 현실과 거리가 먼 실체를 발견할 것이다. 그러나 신조는 성격상 매우 목회적으로 교회 교육을 위해 기록되었다. 그것은 인간 조건의 비극에서 시작하여 하나님의 은혜롭고 효과적인 그리스도 안에서의 구원에 초점이 맞추어졌다. 이 후 돌트 총회는 알미니우스 문제뿐만 아니라 1586년 이후 약 40(1618)년 동안 누적된 교회 생활 문제들을 해결해야 했다. 따라서 총회의 활동은 법령 이전과 이후의 활동으로 구분되었다. 이전 활동을 위해서는 (1) 총회는 네덜란드어로 성경을 번역할 것, (2) 젊은이들을 위해 정규적인 요리문답 교육의 실시와 정기적으로 설교할 것, (3) 극동의 이방 상인의 가정에서 종살이 하는 자의 아이들은 유아세례를 받을 수 없고 먼저 신앙 교육을 받아야 한다, (4) 목회 후보자에게 필요한 준비와 위험한 책들에 대한 검열 규정이었다. 한편 이후 활동에 대해서는 (1) 총회는 교회를 위해 벨기에 신앙고백 최종판을 확증하였다. (2) 네덜란드 교회 내에 엄격한 청교도식 안식일 준수와 더불어 공예배를 방해하는 금지된 일상적인 일들과 금지된 오락에 대한 명령 등의 도덕적 문제들, (3) 권징을 통한 교회 질서의 확립이었다. 이로써 돌트 총회는 네덜란드 개혁

교회가 정통 칼빈주의를 천명하고 정치와 윤리 문제에서 권징의 실시를 통해 바른 교회 상을 보여주었다. 그러나 총회의 충고가 장차 네덜란드 교회와 사회에서 발생하는 사건의 실제적인 과정을 항상 결정지은 것은 아니었다. 하지만 그 조처와 결론은 존 칼빈의 신학적 이상을 새롭게 표현하였고, 기독교의 개혁적 역동성을 보여주었으며, 칼빈주의가 다시 갱신될 수 있는 원천을 제공하였다.

7. 덴마크와 노르웨이, 아이슬랜드의 개혁[35)]

고찰한 대로 지금까지 유럽에서 일어난 종교개혁, 예를 들면 독일과 프랑스, 스위스와 영국, 스코틀랜드와 네덜란드에서의 급속한 확산은 어느 누구도 제어할 수 없게 되었다. 그런데 개혁은 상기한 국가들 외에 북구 유럽의 스칸디나비아 국가들, 예를 들면 덴마크와 노르웨이, 아이슬랜드 그리고 스웨덴과 필란드에서도 일어났다. 이곳에서의 개신교의 발전은 왕들과 귀족들, 주교들 사이의 투쟁과 깊이 연관되었다. 그러나 점차 증가하는 유능한 설교자들을 통해 급속히 복음이 전파되었다. 한편 로마 가톨릭은 왕과 귀족층의 요구와 개신교의 열정에 맞설 능력과 대안이 부재하였다. 주교들은 힘있고 부유했으나 각 교구마다 헌신적인 사제들이 부족하였다. 이런 사회적 상황에서 개혁이 요청되었다.

(1) 덴마크 : 1513년 왕위에 오른 크리스티안 2세(Christian II)는 덴마크와 노르웨이를 다스렸으나 스웨덴은 접수하지 못하였다. 그는 르네상스로 문호를 개방하고 서민들의 생활과 형편을 개선하는데 적극적이었다. 그러나 심한 복수심 때문에 스웨덴인들의 분노를 사, 1523년 그의 왕위를 구스타푸스 바사(Gustavus Basa)에게 넘겨주었다. 하지만 사실 그는 개혁을 시행하겠다는 열망을 가졌다. 그는 파울루스 하일레(Paulus Heile, 1480-1534) 같은 로마 가톨릭 개혁자의 이상, 성경과 교부들의 교훈을 강조하고, 교회의 연약함을 맹렬히 비판하였다. 개혁의 진척을 위해 비텐베르크에 도움을 청하기도 하였다. 그리하여 마틴 라인하르트(Martin Reinhard)가 파견되었으나 그곳 상황에 무지하였다. 1521년 5월 안드레 칼슈타트가 왔으나 성공

---

35) 보다 자세한 것은 R. Tudur Jones, *The Great Reformation*, (IVP, 1985)과 Ludwig Haussor, *The Period of the Reformation 1517 to 1648,* ed, William Oncken, (London: Strahan & Co., 1873), Vol. I ., 158-193.

하지 못하고 비텐베르크로 돌아갔다. 당시 독일 의회는 루터를 이단으로 규정하였고, 그 결과 자연히 개신교 도입 계획은 중단되었다. 이런 와중에 크리스티안 2세가 귀족들과의 불화로 권좌에서 물러났다. 그리고 왕위는 삼촌 프리드리히 1세(Friderich I)에게 이양되었다. 프리드리히도 새로운 사상에 비우호적이었다. 그러나 덴마크 종교개혁에 한스 타우젠(Hans Tausen, 1494-1561)의 힘 있는 설교가 크게 영향을 끼쳤다.[36] 1524년 한스 타우젠은 비텐베르크에서 돌아와 유트란트(Jutland) 지방의 비보르크(Viborg)에서 사역하였다. 2년 후 풍성한 열매를 맺게 되었는데, 그의 동료 요르겐 엔센 자돌린(Jorgen Jensen Sadolin)은 왕의 후원을 받아 그곳에 신학대학을 설립하였다. 그리고 프리드리히는 자신의 아들 북 슐레스비히 공작(Duke of North Schleswig) 크리스티안의 개혁에 감화를 받았다. 크리스티안은 자신의 봉토에 루터파 설교자들을 끌어들여 활동하였다.

1526-1527년에 걸쳐 오덴세(Odense)에서 개최된 회의에서 개혁은 더욱 진전되었다. 그것은 주교의 임명은 교황이 아니라 대주교가 하며, 로마에 관례적으로 바친 세금은 이제 왕의 국고로 돌린다고 결정하였다. 그리하여 덴마크 교회와 로마의 관계가 단절되었다. 가톨릭의 회유에 왕은 1527년 오히려 이것은 핍박을 초래할 뿐이라고 하였다. 그에 의하면 "기독교 신앙은 자유롭다. 그대들 중 자기 신앙이 강제로 철회당하는 것을 바라는 사람은 아무도 없을 것이다. 그러므로 성경에 헌신한 사람들 또는 소위 루터주의 교리에 헌신한 사람들도 더 이상 그들의 신앙의 철회를 강요당하지 않을 것임을 알아야 한다."[37] 이런 상황에서 1529년 크리스티안 페데르센(Christian Pedersen, 1480-1554)가 신약성경 덴마크어 역본을 출간하였다. 그리고 1530년 7월의 코펜하겐(Copenhagen) 회의에서는 복음적 설교자들의 학식과 신앙이 더욱 극적인 방식으로 표명되었다. 그들 설교자들 중에 21명이 소환되어 각각 자신의 입장을 밝혔다. 그들은 타우젠의 지도아래 작성한 고백서를 수일에 걸쳐 변호하였다. 이 일로 개신교는 덴마크 전역으로 확산되었다. 프리드리히의 재위 동안 로마 가톨릭은 계속해서 쇠퇴하였다. 1533년 프리드리히의 사후 덴마크는 혼란에 빠졌다. 의회는 자신들의 영토를 회복하고 모든 개혁을 중단시켰다. 1536년 의회에 맞서 크리스티안은 군대를 동원하여 왕권을 쟁취하였다. 크리스티안 3세는 로마 가

36) R. Tudur Jones, *The Great Reformation*, (IVP, 1985), 100.

톨릭의 반동을 정지시키고, 1536년 10월 회의를 통해 개신교 종교개혁을 승인하였다. 1537년 7월 비텐베르크의 요한 부겐하겐은 새 왕과 왕비의 대관식을 집례하였고, 9월 7명의 감독을 임명하였다. 그리고 그 날 덴마크 교회는 헌법 수립의 신교회 조례를 공포함으로 철저히 개신교화 되었다.

(2) 노르웨이와 아이슬랜드 : 노르웨이는 덴마크 왕의 통치로 행복하지 않았다. 1515년부터 1520년 사이에 행해진 몇 몇 루터파 설교자들의 영향은 미미하였다. 1528년에는 프리드리히의 묵인 아래 교회당 파괴와 교회 재산 강탈 행위가 있었다. 그러나 1536년 10월 노르웨이 국민은 덴마크의 직접 통치를 받았다. 대중의 지지를 받는 개신교 운동도 없었고 로마 가톨릭은 생명력을 상실하였다. 주교들은 하나씩 자리에서 축출되었다. 덴마크 왕은 자국의 문화를 이곳에 덧입히는 것을 목표로 하였다. 따라서 노르웨이는 독자적인 신앙을 가질 수 없었다. 따라서 자국의 성경이나 요리문답, 찬송가는 나오지 않았다. 단지 개신교는 외국의 수입 문화 정도로 간주되었다. 그리고 개혁 당시 아이슬랜드는 덴마크 속령이었음으로 개신교의 가르침을 피할 수 없었다. 하지만 이곳에서의 개혁운동은 매우 미미하였다.[38]

8. 스웨덴과 핀란드의 개혁

(1) 스웨덴: 스웨덴에서의 개혁은 왕의 정책과 몇 몇 헌신자들의 노력으로 확산되었다. 구스타푸스 바사(1496-1560)는 덴마크 왕 크리스티안 2세에 맞서 덴마크의 지배를 종식하였다. 1523년 바사는 왕에 추앙되었고, 1560년 사망할 때까지 로마 가톨릭의 멸절과 개신교의 성장을 주도하였다. 바사는 라우렌티우스 안드레아에(Laurentius Andreae, 1480-1552)의 도움으로 최고의 권위 있는 책으로 성경을 수용하였으며, 교회 재산의 궁극적 소유는 왕이어야 한다고 하였다. 크리스티안 2세를 지지한 웁살라(Uppsala) 대주교는 스웨덴에서 도망하였고, 덴마크 주교들은 쫓겨났다. 그리고 왕의 성직 후보자 추천에 대한 교황의 더딘 처리로 1524년 로마와 단절하였다. 스웨덴의 루터주의는 올라푸스 페트리(Olavus Petri, 1497-1552)와 그의 동생 라우렌티우스 페트리(Laurentius Petri, 1499-1573)에 의해 확산되었다. 두 형제

---

37) R. Tudur Jones, 101.

는 모두 비텐베르크에서 교육을 받고, 학자로서 저술과 성경을 번역하였다. 전자는 「유용한 교훈」(Useful Instruction, 1526)과 「12개의 질의에 대한 답변서」(*Answers to Twelve Questions*, 1527)[39], 후자는 1541년 「바사 성경」(*Vasa Bible*)을 번역하였다.

1527년 6월 24일 왕은 주교들이 전통적으로 지켜온 지위를 박탈하였다. 이로써 왕과 주교 간에 갈등이 고조되었으나 왕은 뜻을 관철시켰다. 그리하여 교회의 영적 활동에 꼭 필요치 않은 재산들을 모두 환수하였다. 그 후 대립이 고조되었으나 양측은 교회와 학교에서 순수한 하나님의 말씀을 선포하고 가르쳐야 한다는 교훈을 수립하였다. 따라서 양측은 설교의 자유를 부여하였고 동시에 교회는 감독 정치를 보존하였다. 그 후 종교개혁 주창자들은 자신들의 견해를 적극적으로 전파하였다. 페트리 형제의 저서들이 널리 확산되었고, 동생 라우렌티우스는 최초로 웁살라 주교로 임명되었으나 임직식은 로마 가톨릭의 전통에 따랐다. 1536년 그는 개신교의 원리와 실천의 통일 위해 웁살라 총회를 개최하였다. 그 회의에서 모든 사제들은 순전한 하나님의 말씀을 설교하고 각자의 교구에서 스웨덴 개신교 미사 모범을 사용할 것을 권고받았다. 이로써 스웨덴 교회는 루터주의 형태의 종교개혁을 수용하였다.

하지만 1539년부터 1544년 사이에 왕이 독일의 몇 몇 제후들과 경쟁을 벌이던 중, 교회의 복종을 압박하였다. 이에 페르리 형제는 강력히 맞서 세상 권력은 시민 개개인과 같이 하나님의 법에 복종해야 한다고 주장하였다. 이들은 마침내 반역죄로 재판에 회부되어 유죄 판결을 받았으나 벌금으로 사면되었다. 이 일로 왕은 로마 가톨릭이 독립 개신교회의 위협보다 더욱 크다는 것을 깨달았다. 그리하여 1544년 그는 베스테라스 회의(the Diet of Westeras)에서 로마 가톨릭의 관행을 금지시키고 스웨덴을 「복음적 왕국」으로 선포하였다. 왕은 개혁자들과 관계를 회복하였고, 개혁자들은 종교개혁의 과업을 진행해 달라는 격려를 받았다. 1571년 라우렌티우스 페트리는 교회 조례(Church Ordiance)를 만든 2년 후 사망하였다. 스웨덴 교회는 개신교회들 중에 독특한 위치를 갖는다. 그것은 성경 우선성의 원칙을 고수했으나 로마 가톨릭과 유사한 구조 및 예배 의식을 보존하였다.[40]

---

38) R. Tudur Jones, 102-104.

39) 이 책은 순수한 하나님의 말씀을 전파하고 복음 진리를 간명하게 해석하는 것이 교회의 우선적 의무라고 규정하였다. R. Tudur Jones, 106.

(2) 핀란드 : 핀란드 종교개혁은 열정적이며 헌신적인 성격의 미카엘 아그리콜라(Mikael Agricola, 1510-1557)에 의해 주도되었다. 그는 18세에 핀란드 유일의 주교 아보(Abo)의 마르틴 스키테(Martin Skytte)의 보좌역 서기가 되었다. 그는 그곳에서 교회 개혁에 헌신된 사람들과 에라스무스 인문주의에 영향을 받았다. 무엇보다 그에게 영향을 끼친 사람은 페데르 사르킬라크스(Peder Sarkilaks)로 당시 외국의 여러 대학에서 공부하였다. 1523년 아보에 정착하여 그곳의 부주교가 되었다. 열정적인 루터주의자로서 1529년 죽기까지 젊은 세대에 영향을 끼쳤다. 한편 아그리콜라는 스키테 주교의 도움으로 비텐베르크에서 공부하였고, 1539년 돌아와 성당 부속 학교의 교장으로 봉사하였다. 1548년 스키테의 조수가 되었고, 1554년 주교가 되었다. 그는 엄청난 저술 작가로 핀란드 문학의 아버지였다. 그는 성경 번역을 착수하여 1543년 신약성경 역본을 출간하였다. 1544년 목회자 지침서인 「성경적 기도서」(*A Biblical Prayer Book*)를 출판하였다. 아그리콜라는 영성 진작에 관심을 갖고 신학은 루터주의였으나 로마 가톨릭의 관행에는 관대하였다.[41)]

9. 근대 합리주의와 경건주의의 출현

17세기 네덜란드는 신학과 철학 분야에서 자유로운 발전을 이루었다.[42)] 앞에서 고찰한대로 특별히 데카르트(Rene Descartes, 1650)는 대부분의 저서들을 화란에서 집필하였다. 통칭 합리주의 철학을 태동시킨 데카르트는 인간의 인식 과정에서 이성적인 단계를 절대화하여 사유 또는 이성만이 진리를 발견할 수 있다고 하였다. 흔히 합리주의는 경험주의나 감각주의에 대립하는 철학 체계로 오직 사유만을 진리의 기준으로 삼으며, 인식의 감각적인 단계를 기만적이며 혼란스런 것으로 배척하였다.[43)] 하지만 당시 일부 개혁주의 신학자들이 그의 영향을 받았다. 이런 상황에서

40) R. Tudur Jones, 107-108.

41) R. Tudur Jones, 109.

42) Gillian R. Evans/Alister E. McGrath/Allan D. Galloway, *The History of Christian Theology: Science of Theology*, (Grand Rapids: Eerdmans Publishing Co., 1986), 206-229.

43) 이 같은 합리주의는 이미 그리스 철학, 예를 들면 최초의 자연철학자인 밀레토스(이오니아) 학파에서 발견된다. 이들은 만물의 근원을 자연에서 찾았다. 한편 이와 대조적으로 나타난 것이 이탈리아의 엘레아(eleaticism) 학파(B.C. 6세기 후반 이탈리아 남부 엘레아에서 번성한

경건주의와 스콜라주의가 발흥하였다. 사실 종교개혁 초기에는 교회와 생활 사이에 특별한 긴장이 없었다. 그러나 신앙생활에서 발견되는 것은 믿음과 행함의 계속적인 부조화였다. 네덜란드 인들에게 영국의 청교도주의는 경건과 교리를 통합할 수 있는 하나의 모형이었다.

(1) 윌리엄 텔링크(William Teellinck, 1579-1629): 정통 칼빈주의자로 영국 여행 시에 청교도 신학을 받아들이고 귀국 후에는 헌신된 설교자와 목회자로 활동하였다. 그리스도 안에서 새로운 생활로의 부름, 자기 부인, 하나님을 아는 지복이 그의 핵심 주제였다.[44] 그는 후기 경건주의자들처럼 중생의 필요성과 근본적인 성격을 강조하는 돌트 총회의 신조가 교회의 도덕적 개혁을 수행하는데 유익하다고 하였다.[45]

(2) 윌리엄 에임스(William Ames, 1576-1633) : 영국 윌리엄 퍼킨스의 제자로 비국교주의를 주장하여 1610년 추방된 후 여생을 네덜란드에서 보냈다. 1622년부터 사망하기까지 프라네커 대학교에서 신학을 가르쳤다. 그의 유명한 저술로는 「신학의 정수」(*The Marrow of Theology*)와 「힘있는 양심과 그 사례들」(*Conscience with the Power and Cases Thereof*)은 개혁교회의 경건에 대한 사상과 관심을 보여준다. 그는 프랑스 칼빈주의 신학자 피터 라무스의 논리 방식을 따라서 자신의 사상을 믿음과 행위로 구분하고, 개방된 삶과 중생된 삶을 드러내는 것이 중요하다고 믿었다. 성경에 나타난 율법을 그리스도인의 생활에 적용할 것을 결정하는 결의론은 네덜란드 엄격주의의 토대가 되었다.

철학으로 파르메니데스와 제논의 고향이다)이다. 이들은 고대 그리스 철학의 일파로 파르메니데스와 크세노파네스에서 시작되었다. 그런데 이 파의 대표는 엘레아의 제논, 사모스의 멜리소스가로 불변불멸의 '유'(有)를 세계의 원리로 삼고, 모든 감각이 받아들이는 변화나 차이는 잘못 본 것에 불과하다. 따라서 이들은 감각으로 인식된 모든 진리를 부정하고 오직 변하지 않는 존재만이 참 존재이다. 이러한 존재는 감각을 통해서는 결코 인식될 수 없고, 단지 추상적인 사유를 통해서만 진리를 발견할 수 있다고 믿는 극단적 일원론이다. 즉 존재하는 모든 것은 존재 자체로 충만하며 존재와 대립하는 것은 아무것도 없고, 따라서 분화, 운동, 변화는 모두 환상일 뿐이다. 따라서 엘레아 학파는 지각에 대립되는 순수 사유에 대한 규정을 최초로 규명하였다. 이후 그리스 철학의 합리주의적 전통은 피타고라스와 데모크리투스의 유물론적 합리주의와 소크라테스로부터 플라톤과 아리스토텔레스에게 계승된 관념론적 합리주의였다.

44) W. Robert Godfrey, "Calvin and Calvinism in the Netherlands", *John Calvin, His Influence in the Western World*, ed. W. Stanford Reid, (Michigan: Zondervan, 1982), 110.

45) F. Ernest Stoeffler, *The Rise of Evangelical Pietism*, (Leiden: Brill, 1965), 116.

(3) 쟝 드 라바디(Jean de Labadie, 1674) : 프랑스 출신의 개인주의적 경건주의자였다. 본래 가톨릭에서 개종한 후 제네바 시절 스페너에게 영향을 끼쳤다. 후에 우트레히트에서 보에와 교제하였다. 미들버그(Middleburg)에서 목회한 후 개혁교회 목사들과 관계를 끊고 암스테르담에서 라바디파를 창설하였다. 그의 제자들 중에 뛰어난 재능을 가진 안나 마리아 쉬르만(Anna Maria Schurman)이 있었는데, 이전에 보에의 제자였다. 이들은 예루살렘에 있는 초대교회를 따라서 영적, 예언적 교리를 옹호하였다. 한편 야도쿠스 반 로덴스테엔(Jadocus van Lodensteyn, 1620-1677)은 엄격한 원칙주의자로 자기 부인과 부정을 선배들보다 더 강력히 확장시키며 중세 경건의 일부 형태에 관심을 가졌다. 그는 목사로서 만이 아니라 성도를 위한 경건주의 문학의 작가로도 활동하였다.

10. 계몽주의의 태동과 개혁주의의 발흥

(1) 계몽주의의 태동: 17-18세기 계몽주의는 신과 이성, 자연과 인간 등의 개념을 하나의 세계관으로 통합한 사상으로 당시 사람들 간에 넓은 공감대를 형성하였다. 그리하여 여러 분야들, 예를 들면 문화, 예술, 경제, 철학, 정치에 혁명적인 발전을 제공하였다. 계몽주의의 핵심은 이성으로, 이성의 힘에 의해 인간은 우주를 이해하고 자신의 상황을 개선할 수 있다. 따라서 지식, 자유, 행복이 합리적 인간의 목표라고 보았다. 역사적으로 이성 중심 사상을 맨 처음 탐구한 사람은 고대 그리스 철학자들이었다. 그들은 자연의 모습, 질서정연한 규칙성에 지적인 정신이 작용한다고 생각했다. 그러나 그리스를 정복한 로마는 자연의 합리적인 질서와 자연법 사상을 포함하여 그리스 문화의 상당 부분을 수용하고 보존하였다. 그러나 제국의 혼란기 동안 유일신 하나님과 개인 구원에 대한 새로운 관심과 신앙이 고조되었다. 제국의 안정을 꾀하던 황제들은 64년 네로(로마의 5대 황제, 54년 10월 13일-68년 6월 9일)의 로마 시 화제 사건 이후 313년 콘스탄티누스의 기독교 공인까지 약 250년 동안 신흥종교, 기독교를 박해하였다. 그러나 하나님의 특별하신 은혜와 축복으로 기독교가 승리하여 마침내 392년 국교가 되었다. 당시 기독교 사상가들은 그들이 물려받은 그리스-로마 유산과 전통을 이용하였다. 토마스 아퀴나스에 의해 절정을 이룬 '스콜라 철학'은 사물을 이해하는 데 필요한 도구로서 이성을 부활시켰다. 그러

나 이성을 영적 계시와 기독교에 계시된 진리에 종속되는 것으로 보았다.

한편 중세 유럽 1,000년의 역사를 주도하며 완전한 것으로 취급된 기독교의 지적, 정치적 체계는 르네상스의 인문주의와 종교개혁 사상의 신랄한 공격에 직면하였다. 인간 중심의 휴머니즘 사상은 이후 프랜시스 베이컨, 코페르니쿠스, 갈릴레오 갈릴레이의 경험적 과학과 르네 데카르트, G. W. 라이프니츠, 아이삭 뉴턴의 수학적 엄정성을 낳았다. 르네상스는 고전문화의 가치를 재발견했으며 그 과정에서 인간을 창조적 존재로 이해하는 인식을 촉발시켰다. 종교개혁은 로마 가톨릭 교회, 특별히 교황의 권위에 대한 공격으로 크게 영향력을 끼쳤다. 베이컨과 데카르트와 마찬가지로 개혁자 마틴 루터 역시 진리에 이르는 길은 인간의 이성을 적용하는 데 있다고 보았다. 지금까지 고대 그리스의 천문학자요 지리학자인 프톨레마이오스(Claudios Ptolemaeos)가 천동설을 통해 과학에서, 교회가 영적 문제에서 지녀왔던 권위는 이제 해방된 인간 정신의 검토 대상이 되었다.

이제 모든 분야에서 이성을 적절히 활용했는가는 그것의 정확성과 타당성으로 규명되었다. 이러한 방법론은 과학과 수학에서 두드러지게 나타났고 특별히 귀납과 연역 논법을 바탕으로 광범위한 신 우주관을 탄생시켰다. 무엇보다 뉴턴이 행성의 운동 법칙을 몇 가지 수학공식으로 정리함으로써 인간의 지식 획득 능력은 더욱 증대되었다. 따라서 기독교의 신과 개인 구원 개념은 도전에 직면하였다. 결국 이성에 기초한 사물 관찰은 종교에도 적용되었다. 그리하여 자연적, 즉 합리적 종교를 찾으려는 노력에 따라 이신론이 출현하였다. 이신론은 비록 조직적인 종파나 운동은 아니었지만 약 200년 동안 영국과 프랑스에서 기독교와 충돌하였다. 이신론자들은 신의 존재를 인정하되 종교적 진리를 거부하였다. 참 진리는 모든 합리적 존재, 즉 자연에 분명히 드러나며, 신은 우주라는 기계를 만들어 상벌체계를 주관한다. 여기서 인간은 덕과 경건을 실행할 의무가 있다. 이성을 종교에 적용했을 때 회의론, 무신론, 유물론 등 이신론자들의 자연종교를 넘어서는 급진적인 사상들이 나왔다.

계몽주의는 처음으로 종교에서 떨어져 나온 심리학, 윤리학이라는 근대 사상을 탄생시켰다. 존 로크는 태어날 때 인간의 마음은 백지상태(tabula rasa)이기 때문에 각 개인의 세계에 대한 경험에 따라 빈 곳이 채워지고 개성이 창조된다고 했다. 따라서 선, 원죄 등 원래부터 존재한다고 여겨졌던 속성은 현실성이 없다고 보았다. 심지어 토머스 홉스는 인간은 오로지 자신의 쾌락과 고통에만 관심이 있고 여기에 의해서만 움직인다고 하였다. 인간은 선하지도 악하지도 않으며, 다만 생존과 쾌락의 극대화와 생존에만 관심이 있다. 이러한 생각은 급진적인 정치이론을 낳았다. 과거에는 인간이 세운 국가는 신의 나라를 본뜬 것이며 영원한 질서를 지상에서 실현하고 있다고 생각했으나, 이제 그것은 자연권과 각자의 이익을 주장하는 사람들 사이에 맺어진 상호 유익한 계약관계로 여겨졌다. 그러나 인간의 실제상황이 사회를 사회계약으로 보는 견해와는 너무 달랐으므로 계몽주의는 비판과 개혁, 마침내 혁명을 지향하게 되었다.

영국의 로크와 벤덤, 프랑스의 몽테스키외와 볼테르, 미국의 토머스 제퍼슨은 모두 독단적이고 권위주의적인 국가를 비판하면서 자연권에 기초를 두고 정치적 민주주의 기능을 하는 좀 더 높은 형태의 사회조직이라는 국가의 청사진을 그렸다. 이런 강력한 사상은 영국에서 개혁을, 프랑스와 미국에서는 혁명을 일으키는 원동력이 되었다. 그러나 계몽주의 운동이 진행될수록 그 자체에 쇠퇴 요인이 있음이 분명해졌다. 이신론은 점차 위안과 구원을 찾는 사람들을 만족시키지 못하게 되었다. 또 추상적인 이성을 너무 강조함에 따라 반대되는 정신이 부각되었고 사람들은 뒤에 낭만주의로 알려진 문화운동에서 보여지듯이 흥분과 감동의 세계를 찾았다. 프랑스 혁명을 뒤이은 공포시대는 과연 인간이 자신을 다스릴 수 있는가에 대해 심각한 의문을 갖게 했다. 그러나 인간의 역사는 일반적으로 진보의 역사라고 하는 계몽주의 특유의 낙관론은 계속 살아남아 계몽주의의 가장 지속적인 유산이 되었다.

(2) 개혁주의[46]: '개혁' (改革)의 사전적 의미는 새롭게 뜯어 고침으로, 보통 기

---

46) 개혁주의와 관련하여 고찰할 것은 근본주의(根本主義, fundamentalism)이다. 이 사상은 1850년대 유럽에서 형성된 성서비평학, 예를 들면 본문비평, 고등비평으로 정리되는 문서설 등의 신사조와 자유주의 신학에 반발하여 기독교의 전통적인 신앙을 지키고자 하는 성경중심 운동이었다. 당시 자유주의 신학에서는 성경의 많은 부분 특히 창조와 기적에 관한 기록을 신화나 설화로 이해하였다. 이에 맞서 근본주의자들은 모든 성경은 하나님의 영감에 의해 기록되었다는 축자영감설을 주장하였다. 복음주의(福音主義, evangelicalism)는 17세기 이후 독일 루터교회의 '신앙의 고정화 현상' 에 불만을 품고 생긴 경건주의 운동으로, 그들은 "기독교는 생활이요 체험이다"라며 성경의 생활화를 강조하였다. 성경의 무오성(inerrancy)을 주장하며 말씀의 내적 의미와 성화를 강조했으나 교회 제도와 교리의 의미를 축소하였다. 따라서 이들은 성경의 윤리적 가르침을 율법 차원에서 이해하는 것으로 오해를 받고, 성경 교훈들의 상황적 해석을 반대하는 배타성으로 비판을 받았다. 한편 자유주의(自由主義 liberalism) 신학은 신학의 기초를 인간의 이성과 경험에 두고, 성경을 인간이 하나님에 대해서 쓴 책으로 해석하였다. 그러므로 성경에

존의 체제를 부인하거나 새롭게 하는 것이다. 그러나 이보다 더 좋은 정의는 중세 로마교회가 성경을 떠나 너무 멀리 떨어져 타락하고 부패했기 때문에 성경으로 돌아가자는 사상이다. 특별히 16세기 종교개혁 이후 발생한 개신교 사상 중 루터교회와 구별되는 그룹으로는 칼빈주의를 가르친다. 장로교회와 개혁교회(Reformed Church)에서 믿고 따르는 신학노선으로 웨스트민스터 신앙고백 및 대소요리문답, 정치편람과 예배모범으로 불리는 고유의 신조(Creed)가 있다. 이를 보다 세분화하면 (i) 중세 로마교회의 비성경적 운동에 반대하여 일어난 16세기 종교 개혁의 교회를 특징짓는 이름이며, (ii) 프로테스탄트 안에서도 루터파 교회나 재침례파 교회와 구별된 명칭이며, (iii) 무엇보다 오늘날 칼빈의 5대 교리를 천명하는 신학과 교회들에게 동일시되는 이름이다.

이러한 정의와 함께 개혁주의 신학의 특징은 하나님 중심, 성경(말씀) 중심, 교회 중심, 은혜중심 신학을 가리키며 보통 '칼빈주의' 혹은 정통 보수신학으로 불린다. (i) 하나님 중심(God-centered), 창조주 하나님은 자연과 인간과 우주의 통치자이시며, 구원은 전적으로 하나님의 주권과 통치를 강조한다. (ii) 성경중심(Bible-centered), 성경 외의 그 어떤 것도 신앙의 표준일 수 없고 신학의 원천일 수 없다. 개혁주의는 "성경은 성경 자체, 스스로 해석한다"(Scripturae scriptura interpretum)는 원리를 고수한다. (iii) 교회중심(Church-centered), 교회를 중심으로 신앙적 삶을 추구하며 교회에 주어진 사명을 완수하려고 힘쓴다. 지상교회의 불완전성을 인정하면서도 교회의 완전을 향한 추구를 경시하지 않는데, 이것이 교회개혁 운동이다. 따라서 개혁주의의 원칙은 오직 성경(*Sola Scriptura*) – 성경만이 하나님의 가르침으로, 유일한 권위는 성경에 있다. 오직 그리스도(*Solus Christus*) – 구원의 유일한 길은 십자가에서 예수 그리스도의 공효를 덧입는 것뿐이다. 오직 은총(*Sola Gratia*) – 구원은 전적인 하나님의 선물이다. 오직 믿음(*Sola Fide*) – 구속의 은혜는 믿음을 통하여 받을 뿐이지 다른 어떤 것이 요구되지 않는다. 오직 하나님께 영광(*Soli Deo Gloria*) – 모든 업적과 구원의 영광은 오직 하나님께 돌려야 한다.

오류가 있을 수 있어 성경에 나온 어떤 내용이라도 이성에 맞지 않으면 거부하였다. 따라서 그리스도의 선재성, 성육신, 부활, 승천, 그 밖에 수많은 기적 같은 전통적인 교리를 거부하고, 예수님의 인성과 도덕성을 강조하였다. 또 인간 본성과 역사 발전에 대하여 매우 낙관적이며 초월보다는 내재 원리를 강조하는 인본주의적 신학으로 진화론 등 자연과학 사상을 수용하였다.

오늘날 개혁주의, 19-20세기의 신학적 흐름은 17세기 보에티우스를 중심으로 후일라우메 흐룬 반 프린스터러(1801-1876), 헤르만 도이베르트, 아브라함 카이퍼, 헤르만 바빙크, 벌카우어, 게할더스 보스, 찰스 핫지, B.B. 워필드, 코넬리우스 반틸 등 주로 화란과 미국 계 신학자들에 의해 계승되었다.[47] 한편 우리나라는 해외 선교사들의 선교와 일제 강점기, 특별히 1950년 6.25, 1960년대 산업화 시대, 1970-1980년 민주화 시대를 거치면서 급속히 발전하였고, 2013년 2월 현재 한국 장로교 보수신학의 확립과 전통은 양박, 박형룡과 박윤선, 이후 제자들이 주도하고 있다.

11. 결론

16세기 종교개혁과 함께 발전한 유럽의 국가들, 예를 들면 독일과 프랑스, 이탈리아와 영국과 달리 네덜란드는 영토나 인구, 그밖에 여러 면에서 극히 왜소하였다. 하지만 개혁의 질적 성찰은 유럽의 어느 나라보다도 성경적 기초와 확신, 무엇보다 제네바의 개혁자 존 칼빈의 가르침과 신학적 전통 위에서 활발히 전개되었다. 실로 개혁 당시 네덜란드는 종교적으로 칼빈주의 공화정이 만발하였고, 경제적으로 부유했으며 자국의 영토에 비해 몇 백배 식민지를 가진 강대국이었다.[48] 또한 자유를

---

47) W. Robert Godfrey, "Calvin and Calvinism in the Netherlands", *John Calvin, His Influence in the Western World*, ed. W. Stanford Reid, (Michigan: Zondervan, 1982), 110-120.

48) 동남아의 인도네시아는 17,508개의 크고 작은 섬들로 이루어져 있다. 적도 부근에 있는 이 나라는 호주, 유럽과 아시아 대륙 사이를 잇는 중요한 해로가 있고 태평양과 인도양을 잇는 주요 연결로이다. 인도네시아는 1602년부터 1942년까지 340여 년 동안 네덜란드 식민지였으며, 제2차 대전의 1942-1945년까지 일본의 통치, 1945년부터 1949년까지 세계 대전 후 네덜란드의 복귀와 독립투쟁 혁명기를 거쳤다. 1945년 8월 17일 독립선포와 함께 빤짜실라(Pancasila) 헌법을 제정하였다. 그리고 1945년 8월 24일 영국 등의 지원을 받은 네덜란드가 인도네시아로 복귀하였다. 그러나 1947년 네덜란드 정부는 2차 대전 후 재식민지화를 노리던 중 인도네시아의 게릴라 색출을 명분으로 독립운동의 거점 자바섬의 라와게데 마을 주민 150명을 학살하였다. 그러나 독립 후 4년의 전쟁 끝에, 1949년 마침내 네덜란드가 인도네시아의 주권을 인정하였다. 1965년 19세 때 네덜란드 식민지군 하사관이던 수하르토는 쿠데타를 통해 무려 32년간 철권을 휘둘렀으나 2008년 1월 27일 지병으로 사망하였다. 한편 2011년 9월 헤이그 법원은 1947년 학살된 피해자의 과부 7명과 생존자 1명의 손을 들어줬다. 네덜란드 정부는 그동안 학살사건을 인정하며 유감의 뜻은 표명했으나 사건 시효를 들어 배상을 거부하였다. 하지만 법원은 이날 "학살이라는 국가적 잘못에 대해 시효를 이유로 배상을 거부하는 것은 받아들일 수

만끽하는 나라로 자유로운 정신을 소유한 자들의 피난처였다. 미술에 활기를 불어넣은 독창적인 화가 렘브란트(Rembrant van Rijn, 1669년 사망)는 빛과 그림자를 통해 칼빈주의 사상의 죄와 은혜를 대조시켰다. 화란의 자유로운 문화는 일부 칼빈주의의 영향이었다. 정통 칼빈주의자들은 매우 엄격하였다. 1691년 암스테르담의 발타자르 베커(Balthasar Bekker)가 마술에 대한 신앙의 우매함을 폭로했을 때, 그는 목회 금지처분을 받았다. 그러나 관원들은 그의 사망 시까지 사례를 지급하였다.

이렇듯 네덜란드 교회는 갈등과 혼란 속에서 수많은 지도자를 배출하였다. 무엇보다도 확고부동한 칼빈의 신학, 개혁주의적 이념과 전통을 교회와 국가에 정착시켰다. 특별히 한국 장로교회는 해외 선교사들의 입국 이후, 교단과 신학교를 포함한 여러 기관의 설립 과정에서 네덜란드 개혁주의에 많은 빚을 졌다. 2002년 5월 31일-6월 30일까지 실시된 한일 월드컵(전 세계 147개국이 예선을 거쳐 최종 32개국이 본선에 참가)에서 네덜란드 출신 거스 히딩크 국가대표 감독의 선전으로 4강 신화를 이룩하였다. 이 후 국가대표 박지성과 이영표가 유럽으로 진출하여 그곳 클럽에서 2012년 최근까지 활동하였다. 하지만 덴마크와 노르웨이, 아이슬랜드, 스웨덴과 핀란드에서의 개혁은 네덜란드에 비해 매우 미미하였다. 이들 국가들 중에 덴마크와 노르웨이는 그나마 루터파의 영향으로 가톨릭에 맞선 개혁을 전개하였다.

없다"고 판결하며 정부 배상을 명령하였다. 이에 네덜란드 정부는 이들에게 총 18만 유로(약 2억7000만원)의 보상에 합의했다. 하지만 네덜란드 정부는 당시 학살 사망자가 150명이지만 유족과 지원 단체는 431명이라고 밝히고 있다. 현재 인도네시아의 인구는 2억 3천으로 전 세계 네 번째이다. 또한 세계에서 종족이 가장 다양한 나라 중의 하나로 약 480여 이상의 종족과 583개의 서로 다른 언어가 존재하며 종교는 세계 최대의 이슬람 단일 국가이다.

제 13 장

재세례파와 급진 종교개혁 운동

1. 서론

16세기 종교 개혁은 교단적 혹은 신학적 입장에 따라 다양하게 나타났다. 왜냐하면, 당시 정치와 경제, 사회와 문화, 여러 복합적인 요소들, 그 중에 독특한 종교적 요인 때문이다. 우리가 주목해야 할 것은 종교 개혁의 주체였던 당시 개혁교회는 국가(정부)의 후원에 상당한 영향을 받았다. 이러한 교회와 국가의 밀착 관계는 역사적으로 313년 콘스탄티누스 대제의 기독교 공인과 함께 시작되었다. 이것이 중세를 지나면서 더욱 구체화 되어 마침내 기독교 국가(제국)를 통해 발전하였다. 따라서 중세인들은 종교와 세속 생활을 하나로 통합한 채 모든 것을 포괄하는 유기적인 기독교 사회를 구축하였다. 모든 것은 다양한 규례와 전통, 특별히 성직자를 중심으로 전개되었다. 그런데 루터의 개혁이 확산되면서 중세 교회의 삶과 교리에 맞선, 소위 독립적 신앙을 표방한 운동들이 출현하였다. 이들은 개인주의와 개인의 존재에 대한 자부심으로, 그 동안 옛 전통에 일방적으로 통제받던 틀에서 벗어나, 자칭 "참 신자"(그리스도인)로서 성경을 새롭게 이해하며 과감히 교회와 국가의 관계에 의문을 제기하였다.

당시 신비주의나 재세례주의자 같이 독자적인 그룹으로 형성된 단체들이 여기저기에 공존하였다. 그 밖에 메노 시몬스(Menno Simons, 1496-1561)[1)]나 반삼위일체론자인 파우스토 소시니(Fausto Sozzini, 1539-1604)[2] 같은 소수 단체도 있었다. 대부분 이탈리아 출신의 반삼위일체론자들 중에 가장 뛰어난 사람으로 학식과 순수한 도덕적 삶, 경건한 전통을 설파했던 스페일 출신 미카엘 세르베투스(Michael Servetus, 1511-1553)가 있었다.[3] 1553년 제네바에서 화형 된 그는 소시니의 주장

---

1) 네덜란드와 북부 독일의 평화적인 재세례파들은 한 때 로마 가톨릭 사제였던 메노 시몬스와 그의 부관 디르크 필립스의 지도 아래 집결하였다. 그리고 그의 추종자들이 메노파 교회(Mennonite Church)를 설립하였다. 결정적인 계기는 1534년 뮌스터(Munster)시가 혁명적 재침례파 사람들에게 점령되었다. 그들은 그 도시를 계시록에 예언된 새 예루살렘으로 간주하였다. 그들은 구약의 실례를 들어 일부다처제를 소개하였다. 이에 로마 가톨릭과 개신교가 연합하여 그 도시를 공격하였다. 1535년 연합군은 성을 탈환하고 재침례파를 대량 학살하였다. 그리하여 혁명적 재침례파는 종국을 고하였다. 이 때 메노 시몬스는 뮌스터 사건의 결말과 시도사 없이 흩어진 재침례파 교도들의 박해를 보았다. 그는 로마 가톨릭과의 외적 일치의 위선적 삶에 가책을 받았다. 이후 그는 자신이 믿는 바를 공적으로 전파하였고, 1536년 유랑하는 재침례파의 전도자로 독립 회중파를 구성하였다. 이 후 18년의 유랑 중, 1554년 북부 독일 홀스타인(Holstein)의 한 귀족의 자택에서 지내던 중 사망하였다. 이 운동은 네덜란드에서 성장했으며, 18세기 메노나잇파는 캐터린 대제의 초청으로 러시아에 파급되었다. 2012년 현재 약 70만 교도들이 미국과 캐나다에 산재해 있다.

2) 파우스토 소시니는 그리스도의 완전한 신성, 예정, 원리, 전적 무능력, 대리적 형벌로 인한 속죄와 믿음으로 인한 칭의를 부인했다. 이것은 개신교 전통 신앙에서 벗어난 신앙 운동으로 이탈리아 르네상스 운동에 기초한 급진적인 회의주의의 산물이다. 소시니는 행위 구원을 주장한바 그의 합리적 유신론적 도덕성은 아리우스주의(Arianism), 펠라기우스주의(Pelagianism), 에라스무스(Erasmus)의 '단순한 기독교'와 상통한다. 이 후 이 운동은 폴란드와 베네룩스 3국, 영국에서 지지를 얻었는데, 특히 영국에서는 18세기 자연신론과 더불어 여러 단체의 지배적인 사상으로 영국 침례교도들과 장로교회로 전파되었다. 1774년 유니테리안(Unitarian=Socinian) 교회(삼위일체를 부인하고 단지 성부 유일신론을 믿음)가 런던에 세워지자 당시 많은 사람들 특히 비국교도(非國敎徒, Nonconformists)들이 정통 교회와 영국 국교회에서 탈퇴하여 유니테리안 교회에 가입하여 이후 지금까지 유지되고 있다. 특기할 것은 이들 중 일부가 미국으로 이주하여 독립을 이끌며 통치이념을 정립하였다.

3) 스페인의 의학자이자 신학자로 천문학, 신학 등에 관심이 많았다. 1536년 파리에서 미술과 의학 관련 학위를 받고, 유럽 최초로 혈액의 폐순환을 저술했다. 프톨레마이오스의「지리학」(*Geographia*) 신판과「시럽에 관한 일반론」(*Syruporum universa ratio ad Galeni censuram diligenter expolita*)을 저술하여 지리학 분야에서도 인정받았다. 당시 스페인은 가톨릭교의 강제 개종을 거부한 유대인 12만 명을 추방하고, 이슬람교도(무어인) 수천 명을 화형시켰다. 이때 그는 당시 종교적 분열상과, 교황과 교직자들의 도덕적 타락상을 깊이 관찰하였다. 그런 가운데 성경과 역사 연구를 통하여 기독교가 첫 3세기 동안 부패하였으며, 특별히 콘스탄티누스와 후계자들이 성경에 없는 삼위일체론을 공식 교리로 채택했음을 보고「삼위일체론의 오류」(*De Trinitatis erroribus libri vii*, (1531)라는 책을 출간하였다. 그러나 종교개혁 시대에 삼위일체 교리를 반대한 이유로 로마교회와 개신교회로부터 정죄를 받고 1553년 10월 27일, 제네바 시의회에 의해 화

에 자신의 신비적 범신론을 접목하였다. 그는 여기서 나름대로 형식을 갖추었으나 참 종교에 대한 개혁적 신앙을 갖지 못했다. 그에게 기독교 총화는 그리스도 안에 나타난 하나님의 은총으로 모든 신앙인이 접근할 수 있으며, 동시에 인간이 흔들리지 않고 신뢰하면 된다는 것이다. 그에게 신앙의 관심은 전적으로 지적일 뿐이었다. 하지만 개혁자들은 교회를 신자들의 교제로 규정하고, 그 같은 교제의 징표가 하나님의 말씀의 선포와 성례전의 올바른 집행이라고 하였다. 이러한 수단을 통해 하나님이 인간에게 자신을 나타내시고 이를 바탕으로 인간이 하나님에 대한 신앙을 나타낸다고 보았다. 이들 반삼위일체론자들은 개혁자들의 생각을 이해하지 못한 채, 교회란 확정적으로 단지 올바른 교훈이 가르쳐지는 곳으로 이해하였다. 결국 이들은 고향에서 강제로 쫓겨나 스위스로 도피하였고, 후에는 폴란드와 트랜실바니아(Transylvania)로 이주하였다. 그리고 기독교 제국에 근본적인 문제, 즉 교회와 국가의 상호 분리를 주장하였다. 나아가 루터와 칼빈, 그리고 츠빙글리의 개혁 노선에 불만을 토로하고 바른 개혁을 위해서는 국가의 후원 없이 보다 순수한 개혁을 주도할 수는 없는지 고심하며 종교개혁에 도전하였다.

2. 재세례파의 의미와 역사적 발전

(1) 의미: 재세례파는 전통적으로 유아세례와 신앙 고백적 세례 대신 믿는 자의 세례를 주장하였다. 그들에 의하면 참된 교회는 성찬에 함께 참여하여 그리스도의 몸으로 연합된, 세례받고 중생한 그리스도인의 지역 회중들로 구성된다. 뿐만 아니

형되었다. 그 후 1903년, 그의 사후 350년 만에 처형지인 제네바 근교에 속죄 기념비가 세워졌고, 1908년 기념상이 그가 죽은 곳에서 약 5킬로미터 떨어진 프랑스의 도시 안마스에 세워졌다. 기념상에는 "미카엘 세르베투스...지리학자이자 의사이자 생리학자. 과학적 발견들과, 병든 사람과 가난한 사람들에 대한 헌신적인 태도와, 결코 굴하지 않는 자주적인 지성과 양심으로 인류의 복지에 공헌하였다. 그의 신념은 결코 꺾을 수 없었으며, 진리의 대의를 위하여 자신의 생명을 바쳤다." 그 밖에 시실리 출신의 까밀로 레나토(Camillo Renato), 칼라브리아(Calabria) 출신의 겐틸리(Gentili), 파두아 출신의 그리발도(Gribaldo), 시에나 출신의 베르나르디노 오치노(Bernardino Occhino), 피에드몬트(Piedmontese) 출신의 알키아토(Alciato), 그리고 파우스토 소시니와 함께 왕성하게 활동했던 블란드라타(Blandrata, Biandrata)는 박해받는 가난한 사람들을 오랫동안 보호해 주었다. 이들은 대부분 의사 혹은 변호사였으나 겐틸리는 학교 교사였다.

4) 본래 이들은 성만찬으로 분열된 루터와 츠빙글리를 연합시키려는 일반적인 개신교

라 교회의 유일한 무기를 출교로 규정하고 어떤 육체의 방종도 허용하지 않았다. 나아가 로마 가톨릭, 루터교, 츠빙글리 교회의 예배 의식은 비기독교적인 것으로 거부하였다.[4)] 특히 소시니는 시몬스처럼 혼란 중에 있던 반-삼위일체 교리를 자신의 판단에 따라 통일된 제도로 체계화하였다. 또한 재세례파들은 개신교 종교개혁이 시작된 직후 기독교의 본래 의미를 회복하기 위해 성경으로 돌아갈 필요성을 견지하는 것이 참된 개혁에 중요한 열쇠라고 느꼈다. 이들은 루터의 "오직 성경"의 원리를 수용했으나, 루터를 비롯한 다른 종교개혁자들의 신학이 16세기 기독교 신앙과 생활에 바람직하지 않은 것으로 간주하였다. 그리고 기독교의 갱신이 하나님의 말씀에 대한 진지한 독서를 요구하는 바, 루터 및 그와 협조한 인물들이 생각한 개혁은 전적으로 불충분한 것으로 확신하였다. 이들은 신약성서에 그려진 교회 형태를 하나도 변질시키지 않은 순수한 기독교 재건(restitution)이 필요하다고 보았다. 그 결과 이들은 종교개혁을 개혁하는 개혁자들(the reformers of the Reformation)로 종교개혁의 좌파(the left wing of the Reformation), 혹은 급진적 개혁자로 호칭되었다. 일반적으로 교회사에서는 이들을 재세례파(Anabaptists, Rebaptizers)로 불리는바[5)] 주로 경멸적으로 사용되었다. 이 후 이 운동에 가담한 사람들에게 세례를

운동의 한 무리였다. 그러나 개혁의 성격과 진행에 만족하지 못하고 진정한 기독교적 교회 건설을 위해, 회개와 성령의 열매를 모토로 자발적인 신자들의 모임을 결성하였다. 유진 오스터헤이븐,「개혁주의 전통의 정신」, 최덕성 역, (본문과현장사이, 2000), 33.

5) 이 용어는 1526년 모든 사람이 신앙의 동료가 되는 것을 징표로 사용되었다. 이들은 유럽의 거의 모든 지역에, 북으로 스웨덴, 남으로 이탈리아, 서로는 영국, 동으로는 폴란드에 흩어졌다. 그밖에 네덜란드, 독일 남부, 북서쪽, 라인랜드-스위스, 티롤, 모라비아, 리보니아(Livonia)에서 박해 중에 신앙의 정절을 사수하였다. 이들의 지도자들은 용감하고 인내심이 많았으나 세상에 대해서는 어떤 가치도 부여하지 않았다. 하지만 이들의 눈은 하나님의 영원한 보좌에 고정되었다. Owen Chadwick, *The Reformation*, (Penguin Books, 1988), 189; Thomas M. Lindsay, *A History of the Reformation*, (Edinburgh: T. & T. Clark, 1907), vol. II., 423-424. 한편 침례교는 1609년 화란 암스테르담에 거주한 추방된 영국의 회중들과 더불어 John Smith에 의해 시작되었다. 그들이 신학적으로 재세례파의 사상에 빚을 지고 있는지는 분명하지 않지만 그들은 아마 청교도 분리주의자 전통에서 발전되어 나온 것이 분명하다. 그러나 그들도 신약성경을 재세례파와 비슷한 관점에서 이해하였다. 즉 모든 시대를 통해 최고의 권위를 가진다고 생각한 모형의 교회에 기초하려는 사상이다. 따라서 이들은 신약이 세례를 가르친다는 이유로 신자들이 세례를 받아야 한다고 주장하였다. 그리고 신약적 형태의 교회란 본질적으로 회중적이라 생각하고 개개의 지역적 회집을 중시하였다. 그 이후 두 부류의 침례파가 태동하는바, 하나는 그리스도께서는 모든 사람들을 위해 죽으셨다고 믿는 알미니우스주의자 혹은 보편 침례파요 다른 하나는

다시 베풀었다.

(2) 발전 : 재세례파는(1519-1523) 중세의 사회적 및 신앙적인 생활과 밀접한 관계를 갖는다. 이들은 중세 농민들과 노동자들의 반란과 형제회 정신을 계승하였다. 역사적으로 15세기 후반 거의 10년을 주기로 사회적 봉기가 발생하였다. 이러한 봉기는 대부분 원색적인 신앙 안에서 도시와 농촌을 막론하고 일반인들의 지적이며 도덕적인 분위기를 형성하였다. 따라서 초기의 재세례파는 대부분 사회적 봉기를 통해 영향을 미쳤다. 이러한 봉기는 신앙적 측면에서 볼 때, 무정부적인 폭동과는 달랐다. 왜냐하면, 재 세례주의는 경건한 기독교 공동체의 직접적인 계승으로 조용히 하나님을 경외하는 삶을 살았기 때문이다. 또한 사도신경에 기록된 모든 신앙 조항들을 믿었으나 철저히 반 성직자적인 태도를 가졌다. 뿐만 아니라 이들은 유아 세례를 배척하였다. 그들은 예배를 평신도들의 쉬운 모국어를 고집하였고 교회의 모든 축제를 포함하여 건물, 십자가, 촛대 등에 대한 축복을 거절하였다. 또한 그리스도께서 사도들에게 스톨(stole)과 미사 제복(chasuble)을 주지 않았다고 주장하며, 출교, 면죄부, 각종 특별사면을 거부하고, 모든 자선 활동을 실천하였다. 이들에게는 교회의 벽을 장식하거나 값비싼 예복을 장만하는 데 돈을 쓰기보다 가난한 사람들에게 옷을 입히는 것이 더욱 보람되다고 보았다. 그리고 나환자들을 위한 학교와 병원을 운영하였다. 그들은 각 회원들의 집에 모여 성경 낭독에 주석을 덧붙여 예배하였다.

독일의 바르트부르크와 스위스의 여러 주, 특히 취리히(Zurich)를 중심으로 기독교인들이 소집단으로 회집하였다.[6] 이들은 기존의 교회를 개혁하는 대신 혁명을 통해 새롭게 하였다. 그들은 기존의 모든 질서를 사탄적으로 보고 질서의 회복을 위해서는 전복하여 초대 교회를 회복해야 한다고 생각하였다. 이 같은 급진적인 전제

그리스도께서 단지 선택된 자들만을 위해 죽으셨다고 믿는 칼빈주의자 즉 제한론적 침례파가 그것이다. 오늘날 전 세계 대부분의 침례교도들은 칼빈주의의 직계 후손에 더 가깝다. 미국 혁명 때까지 북미 침례교도들은 실제적인 의미에서 볼 때 영국 침례교도들의 한 분파였다. 그러나 오늘날의 세계 침례교도의 대부분은 미국에서 생겨난 것이다. 미국에는 현재 수많은 기독교 종파들이 있지만 그 중에 가장 큰 것은 남침례회이다.

6) Michael G. Baylor(ed), *The Radical Reformation*, (Cambridge University Press, 1991), xi.

7) G. R. Elton, *Reformation Europe 1517-1559*, (Fontana Press, 1963), 90-94.

로 재침례 교도들은 교회 역사를 부정하는 실책을 범하였다. 이들은 중세를 아무런 가치가 없다고 부정함으로 역사의 연속성을 거부하였다. 하지만 역사를 부정하는 이들에게 과거는 아무런 의미가 없다. 그러므로 그들의 성경 연구 목적은 현 상황에서 기존 질서를 바로 잡아 개혁하기보다는 단지 초대교회의 모범을 재발견하는데 있었다. 따라서 재침례파들은 세상에 대해서는 비관적이었고 교회에 대해서는 낙관적이었다. 그들에게 세상은 육체와 마귀의 동반자지만 교회는 그리스도와 살고 죽는 교제를 나누는 자들의 모임이었다. 이후 재세례파 운동은 6단계로 발전하였다.

제 1단계 : 토마스 뮌쩌(1489-1525)[7]와 쯔비카우 예언자(the Zwickau Prophets) 중심의 급진파 그룹이다. 이들은 루터가 바르트부르크에 은거한 동안 비텐베르크에서 영적 운동을 일으킨 자들로 말씀보다 영적 체험을 강조하였다. 이들은 루터에 의한 개혁에 복음적 원칙을 좀 더 철저하게 적용하자며 일부 사회적 무질서를 대동한 채 목소리를 드높였다. 이 소요(騷擾)의 지도자는 루터의 대학 선배인 칼스타트의 안드레 보덴쉬타인이었다. 이들은 처음에 성령의 직접적인 체험을 강조하고 사회구조의 개혁을 부르짖게 되었으며 토마스 뮌쳐에 의해 농민운동으로 발전하였다.[8] 본래 뮌쳐는 재세례파가 아니었으나 급진주의적인 특유의 사상을 전투적 복음에 접목하였다. 뮌쳐는 루터의 종교개혁 때 살펴보았듯이 또한 종말사상과 영적 체험을 강조하였다. 1523년부터 1524년까지 알스테트(Allstedt)의 교구 사제로 있을 때 그는 그 교구와 그 지역의 개신교를 외부의 간섭으로부터 방어하기 위해 지방 군대를 모병하였다. 그는 결국 농민 전쟁을 주도하며 이를 임박한 하나님 나라의 징조로 간주하였다. 그리고 억압받는 사람들에게 전쟁 참여를 독려하며 "성도의 칼이 식어서는 안 된다"고 하였다. 농민들을 위해 흰 바탕에 칼을 새긴 혁명 깃발과 언약의 무지개를 그린 백기를 도안하였다. 헷세의 필립이 농민 봉기의 진압을 위해 군대를 동원하였고, 1525년 5월 27일 체포된 뮌쳐는 자신의 입장과 견해를 번복했으나 참수되었다.

영적 체험에 관해 설명하면서 뮌쳐는 인간에게는 영혼의 심연이 있다고 주장하였다. 그에 의하면 인간은 영혼 깊은 곳에서 하나님께 대한 두려움과 공포를 느낀

8) 본서 "제4장 루터와 독일의 종교개혁"을 참고하라.

9) 서요한, "제21장 중세 신비주의의 형성과 특징",「중세교회사」, (도서출판 그리심,

다. 이 두려워하는 자리가 곧 하나님을 경험하는 곳이라고 이해했다. 다시 말하면, 세상적 욕망을 버림으로 영혼의 깊은 곳을 텅 비우게 된다. 하나님을 두려워하게 하는 영은 인간, 자아의 죽음을 요구하게 된다. 철저히 죽어지고 비울 때, 그리스도가 영혼의 심연에 임재 한다. 그 때 성령으로 충만케 되어 지고, 신자의 마음속에 하나님의 나라가 임한다. 이것은 중세 신비주의자들의 신비적 합일(Unio Mystica)과 통한다.[9] 신적 합일 이후 유혹을 받게 된다. 삶의 의욕조차 상실할 정도로 유혹의 폭풍우가 몰아친다. 유혹의 폭풍우가 지난 다음, 영혼은 드디어 인내와 기다림의 랑바일(Langweil)에 이르게 된다. 간절하고 부지런한 기다림 속에 성령의 은사를 받는다. 성령이 거하시는 거룩한 성전이 된다. 이러한 영적 힘은 역사의 해방운동, 곧 기드온의 칼을 들고 다니엘이 예언한 제 5의 왕국을 건설해야함을 역설하였다. 바로 이러한 뮌쳐의 내적 빛, 곧 영적 심연의 체험과 사회참여 행동의 영성은 후에 퀘이커운동으로 발전하였다. 뮌쳐는 농민전쟁에 깊은 동정을 느끼고 그들과 함께 혁명의 칼을 차고 앞장섰으나 뮬하우센(Mulhausen) 전투에서 전사하였다.

제 2단계 : 1525년에 취리히를 중심으로 한때 츠빙글리의 일원이었던 온건파 스위스 형제 콘라드 그레벨(Conrad Grebel, 1498-1526), 펠릭스 만츠(Felix Manz, 1500-1527), 게오르그 블라우록(George Blaurock, 1492-1529)이 이 운동을 이끌었다. 그레벨은 1524년 9월 5일 토마스 뮌쳐에게 보내는 편지에서 세례의 중요성을 다음과 같이 말하였다. (i) 세례는 그리스도의 피에 의한 죄 씻음을 의미한다. (ii) 세례는 마음의 신앙으로의 전환을 의미한다. (iii) 세례는 죄에 대한 죽음을 의미한다. (iv) 세례는 한 사람이 "생명과 영의 새로움 가운데 생활하며...내적인 세례에 의하여 신앙안에서 살아간다면, 확실히 구원받을 것" 을 의미한다.[10] 그러나 세례는 신앙을 확증하거나 증대하지 못하며, 임종 때의 최종적인 도피수단이 아니라고 하였다. 그리고 외적인 세례는 오직 지시적인 가치만 지니고 있으며, 오직 중요한 것은 외적인 세례에 의하여 지시되는 내적인 세례라고 하였다. 유아들은 내적인 세례를 받을 수 없으므로 "몰지각하고 신성모독적인 가증한 행위" 라고 했다.[11] 이와 같

2010), 669-701.

10) Roland Bainton, *The Reformation of the Sixteen Century*, (Boston: Beacnon Press, 1952), 80.

11) *Ibid.*, 81.

은 주장을 펴면서 그는 성경 말씀이 가르치는 대로 교회 재건을 역설하고, 성도가 교회 재건을 위하여 박해를 받는 것은 당연하며, 참된 그리스도인의 생활은 늑대 가운데 사는 양과 같다고 하였다.[12)]

그는 1525년 1월 17일 츠빙글리와 세례에 관해 공개토론을 벌렸다. 그 결과 시 의회는 1월 18일 세례받지 않은 모든 아이들은 8일 이내에 세례받고 또한 무자격 설교와 불법 예배 모임은 금지하라고 명령했다. 비국교도들에게 이것은 하나님의 말씀에 대적하는 세상 권력의 명령으로 보였다. 1525년 1월 21일 저녁, 한 무리의 사람들이 펠릭스 만츠의 어머니 집에 모여 기도한 후 결혼하고 사제직을 사임한 블라우록이 일어나 콘라드 그레벨에게 세례를 요청했다. 그레벨이 세례를 주자 블라우록은 다음에 다른 15명에게 세례를 주었다. 바로 그 시간에 시 의회는 그레벨과 만츠에게 설교의 금지를 명하고 취리히 시민이 아닌 자들은 추방하였다. 그러나 많은 재세례파들은 한스 덴크(Hans Denck), 한스 후트(Hans Hut), 발타자르 후브마이어(Balthasar Hubmaier, 1485-1528)[13)] 같은 지도자들의 가르침을 따라 세례를 성령 세례, 물 세례, 피 세례로 구분하고 그들은 또한 세속 권력 집단(Magistracy)과의 단절을 강조하고 고난이 그리스도인의 제자도의 적극적이며 유익한 양상이라고 주장하였다. 이러한 운명적 행위를 통하여 비국교도들은 자신들을 참 신자(genuine believers)의 회중 교회(gathered church)라는 독립 공동체를 형성하였고 이들의 대

---

12) Harold S. Bender, *The Anabaptists and Religious Liberty in the Sixteen Century*, 7.

13) 그는 온유한 인물로 폭력이라면 질색을 하던 사람이었다. 후에 그는 레겐스부르크 성당의 설교자가 되었으며, 1521년에는 스위스 북단에 위치한 발트슈트의 교구 사제가 되었다. 그는 츠빙글리의 가르침을 수용하였으나 1525년에 개인의 신앙이 세례의 필수적인 선결 조건이며 따라서 유아들에게는 세례가 시행될 수 없다고 확신하였다. 그는 몸소 빌헬름 로리블린에게 재세례를 받았으며 그의 교구민 약 360명이 그의 본을 따랐다. 농민 전쟁이 벌어지는 동안 그의 동조자들이 반란에 가담하였기 때문에 그는 발트슈트를 떠나 취리히로 가야 했다. 츠빙글리 등과의 공개토론 후에 그는 세례에 대한 자신의 견해를 취소하는 데 동의했으나, 프라우문스터(Fraumunster)에서 이를 취소해야 할 때가 되었을 때 그의 양심은 이에 따르기를 거절하였다. 이리하여 그는 투옥되어 고문당한 후에 다시 자신의 견해를 철회하는 데 동의하였으나 후에 그는 그의 변명(Short Apoloty)에서 이것을 후회하였다. 그가 소속한 영주 페르디난드는 그를 송환하였고 자신의 견해를 취소하라는 유혹을 받았으나 그는 거절하다가 1528년 3월 10일 비엔나에서 화형에 처했다. 그는 재세례파의 마지막 지도자였으며 종교의 자유에 대한 그의 주장은 그를 양심의 자유를 옹호하는 뛰어난 선구자로 만들었다. *Ibid*., 88-89; Williston Walker, *A History of the Christian Church*, (New York: Scribner, 1985), 448-449.

적자들은 이들을 재세례파라고 이름지었다. 츠빙글리는 이들과 격렬하게 싸웠으나 기대밖에 성공을 거두지는 못했다. 이들은 츠빙글리에 의해서 이룩되고 종교개혁의 다른 중심지에서 발전된 포괄적인 국가 교회에 어떤 형태로든 참여하기를 거부했다. 오히려 그들의 믿음은 자유 공동체와 자신들의 특별모임으로 떨어져 나갔다. 따라서 그들은 교회와 국가의 완전 분리를 주장하게 되었다. 그 결과 이들은 신앙생활의 불일치로 인하여 박해를 받게 되었다.

이들의 가르침은 중세 후반기의 참회적 신비주의(penitential mysticism)와 유사했지만, 재세례파들에 대한 공식적인 박해로 인하여 그들은 핍박자들의 손에 의해 직접 감당해야 했던 간난(艱難)의 영적 의미를 매우 현실적으로 생각하였다. 그리고 고난의 가치에 대한 깊은 신앙은 그들로 하여금 복음 전도에 대한 지칠 줄 모르는 집념과 끈기를 갖게 만들었다. 그리고 스위스 형제단은 취리히 인근 지역까지 사역지를 확장하였다. 1525년에서 1529년 사이에 그들은 대단한 성공을 거두었다.[14] 그해 몇 해 동안, 서쪽으로는 스트라스부르크, 동쪽으로는 비엔나, 북쪽으로는 투링기아, 남쪽으로는 티롤 지방까지 약 500여 개의 재세례파 회가 출현하게 되었다. 그 회의 대다수는 구성원이 각각 25명이 못 되었지만, 발트슈트(Waldshut)를 근거로 한 360명의 모임, 아우그스부르크의 300명, 스트라스부르크의 100명의 모임과 같이 실질적으로 교회를 이룬 경우도 있었다. 뿐만 아니라 1530년을 전후로 네덜란드로 확산되었으며, 그곳에서 유럽의 어떤 지역도 없었던 지지를 이끌어냈다.

제 3단계 : 야곱 휴터(Jacob Hutter, d.1536)가 재세례파에 대한 억압이 점점 극심해지자 모라비아에서 공동 소유 공동체를 형성한 후, 많은 고난과 방황 끝에 미국의 휴터파(Hutterites)로 발전하였다. 휴터는 모자 제조업자로 1529년 재세례파 설교자가 되었다. 그가 설립한 공동체(commune)는 발전을 거듭하여 2년 만에 약 600여 명의 회원을 갖게 되었다. 그러나 이들 사이에 알력이 발발하였으며 1533년 8월 11일 후터가 가입한 집단은 여기서 분열하였다. 후터는 안정된 조직이 필요하다는 것을 즉각 알아차리고 그 집단을 이끌고 있던 사람들을 해임시켰다. 1535년 합스부르크가의 지배자인 오스트리아의 페르디난트는 이단들에 대해 더욱 효과적인 조치를 취할 것을 다시금 요구하였다. 후터는 티롤 지방으로 도피하였으나 체포되어

14) 곽차섭/임병철(eds.), 「역사속의 소수자들」, (푸른역사, 2009), 125-127.

1536년 2월 25일 화형되었다. 그런데 그들은 독특한 공동 사회를 형성하고, 성경의 가르침을 따라 믿는 자들이 세례를 받는 것처럼 물건을 서로 공유하였다. 동시에 후터는 그 공동체 회원들에게 확고한 규율을 제공하고 이들이 감독들과 말씀의 종들(또는 장로들)과 세상적 필요를 위한 종들에게 지도받았다. 그들은 선교 사업에 놀라우리만큼 헌신적이어서, 멀리 사방으로 선교사들을 파송하여 자신들과 공동생활을 함께 할 사람들을 찾기도 하였다. 후터 사후에도 이 공동 사회에 대한 전통은 고백과 실천과 예배와 다른 활동을 통해 전수되었다.

제 4단계 : 멜콰이어파(Melchiorites) 혹은 호프만파(Hoffmanites)로 불리는 그룹으로 호프만(Melchior Hoffmann, 1498-1543)이 이끌었으며 스위스의 남부 지방의 재세례파와 북부의 재세례파를 연결시켜 주었다. 호프만은 처음에 열렬한 루터의 지지자로 1523년부터 1527년 사이 리보니아와 스웨덴과 덴마크 지방을 여행하면서 그 자신도 비상한 능력을 가진 설교자였음을 입증하였다. 그는 1530년에 출판된 그의 책「하나님의 은혜」(*Ordinance of God*)에서 세례란 그리스도가 신자들과 맺은 계약의 증표로서 신앙 고백에 의해서만 시행되어야 하며, 성례는 천국의 신랑이 자기의 신부인 교회에게 선물하는 반지라고 주장하였다. 그는 또한 가현설적 기독론과 천년왕국적 기대를 강조하였는데 스트라스부르크가 바로 그리스도가 강림하는 장소가 될 것이라고 가르쳤다. 그는 이런 확신에 사로잡혀서 스트라스부르크로 되돌아갔으며, 그리스도께서 1533년 재림하실 때 자신의 예언이 사실이었음을 친히 증거할 수 있기 위해 자신은 감옥에 갇혀 있어야 한다고 고집하였다. 결국 1533년 그가 말한 예수님의 재림과 천지개벽, 그리스도께서 영원한 평화와 정의의 나라를 세울 것이라는 주장은 이루어지지 않았다. 그리고 향후 2년 동안 혁명적 신정정치 체제하에 일부다처제와 파격적 공동체 생활을 영위하며 서유럽 기독교 세계를 경악시켰다. 1543년 그가 사망했으나 그 때까지도 예수님은 오시지 않았다. 그 후 그는 거의 잊혀진 사람이 되었으나 그의 추종자들은 남아 있었고 화란 재세례파의 시조가 되었다.[15]

제 5단계 : 1533-1535년 사이에 열광적인 일단의 무리들이 베스트팔렌 뮌스터 시에 망명처를 만들었다. 그리고 전 루터교 목사 베르나르트 로트만(Bernard

15) *Ibid*., 91-92.

Rothmann)의 지도하에 시의회를 장악하였다. 그곳에 성도들의 천년왕국, 제2예루살렘을 세우려 하였다. 당시 뮌스터(Munster)는 네덜란드 근처 웨스트팔리아(Westphalia) 지방에 위치한 주교 소재 도시였다. 1532년 종교개혁이 도시 전체에 거세게 밀어 닥치자 처음에는 보수적인 루터파 집단이 우세하였다. 그러나 이때 요한 마티스(John Mattys, d.1534)와 그의 제자들이 이곳을 침투하여 권력자들에게 광신적 신앙을 불어넣었다. 이에 많은 사람들이 뮌스터에 하나님의 왕국이 천년동안 이루어진다고 믿게 되었다. 이에 이 지역 주교가 군대를 동원하여 도시를 포위하자 이들 재세례파들은 전례없이 무력을 동원하여 방어에 나섰다. 포위 상태가 지속되면서 극단주의자들이 세력을 잡았다. 1534년 여름에 레이든의 존(John of Leyden, 1510-1536)은 자칭 예언자로 나타나 권력을 쟁취하고 뮌스터를 장악하였다. 그리고 세례 받기를 거부하는 자들을 추방하고, 억압받는 자들을 위한 도시로 선포하였다. 주교의 군대와의 오랜 투쟁에서 남자들을 많이 잃게 되자 존은 하나님으로부터 직접 새로운 계시를 받았다고 주장하면서 구약적 일부다처제를 실시하였다. 그리고 9월에는 스스로 "다윗 왕"(King David)으로 선언하고 왕복을 입고 시장터에 궁정과 권좌를 마련하였다. 유무상통의 공동체를 건설하기 위해 법을 선포하고, 급속이 좌익운동으로 발전하였다.

특별히 로트만은 9명의 아내를 거느리고 할렘에서 사치스런 생활을 누렸다. 주민들은 극심한 기아에 시달렸으나 그는 교묘한 수단으로 계속 이들의 사기를 유지하였고, 동시에 상류 계급들을 몰아냈다. 뿐만 아니라 그는 하나님에 대한 모독이나 부모에게 거스리거나 불평하는 모든 자들을 죽음에 처하였다. 그들은 자신들에게 경건하지 않은 자들을 근절할 의무와 권력이 주어졌다고 믿었다. 세상은 멸망할 것이고 오직 뮌스터만 구원될 것이라 하였다. 그리고 로트만은 공공연한 반란을 선동하며, "친애하는 형제들이여, 전투를 위해 고난을 위한 사도들의 비천한 무기들로 무장할 뿐 아니라, 복수를 위한 다윗의 영광스런 갑옷으로 무장하라...하나님의 능력을 입고 경건하지 못한 자들을 멸절하라"고[16] 하였다. 하지만 그들의 지도자들은 열광적인 집단 성 행위에 빠졌다. 1535년 6월 25일 뮌스터의 성문들은 그 성안에

16) Owen Chadwick, *The Reformation*, (Penguin Books, 1988), 190-192; 곽차섭/임병철(eds.), 「역사속의 소수자들」, (푸른역사, 2009), 129.

있는 제정신을 가진 사람들에 의해 열렸고, 주교의 군대가 들어가 그 시를 점령하였다.[17] 그리하여 이 사건은 일단락 되었으나 유럽인들에게는 잊을 수 없는 반란사건의 악몽이었다.[18]

제 6단계 : 뮌스터 사건의 몰락 이후에 등장한 메노나이트파(Mennonites)로써 메노 시몬스(Menno Simons)에 의해 화란과 프리스랜드(Friesland)에 다시 조직된 공동체인데 그들은 제2단계의 스위스형제들과 입장이 비슷하였다. 시몬스는 평화주의자였고 비폭력주의자로서 북부 네덜란드의 프리스랜드에서 출생하였다. 1524년 로마 천주교의 사제가 되었으나 성경을 접하면서 화체설이 잘못되었다는 것을 깨달은 뒤 루터란으로 개종하였다. 그러나 얼마 지나서 재침례교도들의 순교 소식을 들으면서 재침례교로 다시 개종하였다. 메노 시몬스는 뮌스터 사건의 결말을 보고, 그것을 타산지석으로 삼아 평화 지상적 복음주의적인 침례교회 운동을 전개하였다. 그는 1536년 고향을 떠나 18년간이나 여행하다가 1554년 북부 독일의 홀스타인에 있는 한 부자의 집에 머물면서 1561년 세상을 떠날 때까지 평화롭게 글을 쓰며 책을 출판하였다. 그후 이 단체는 굉장히 영향력있는 공동체로써 대륙과 미국으로 확산되었다. 칼빈에 의해 이단자로 정죄되어 화형에 처한 세르베투스도 재침례파에 속하였고 단일신론으로 이단시되었던 파우스투스 소시너스(Faustus Socinus)는[19]

---

17) 당시 게엘렌의 요한(John of Geelen)이라는 전직 군인은 그 도시를 몰래 빠져나와 이 선언문 사본을 가지고 네덜란드로 들어갔다. 1535년 2월 어느 날 밤에 한 무리의 남자들과 여자들이 무장을 하지 않고서 벌거벗은 채로 암스테르담의 거리를 달리면서 "화로다 화로다 하나님의 진노가 이 도시에 임한다"고 하였다. 1535년 3월 30일 게엘렌의 요한은 300명의 재세례파들, 남자들과 여자들이 프리슬란트의 한 오래된 수도원을 습격하여 그곳을 요새화하였다. 그러나 그 지방의 포격으로 간신히 그곳을 빠져 나왔다. 1535년 5월 10일 밤에 게엘렌의 요한은 시에서 연회가 베풀어지는 동안에 30명의 무리와 함께 암스테르담의 시청을 공격하였다. 그 결과 시장과 몇 몇 시민들이 사망하였다.

18) 당시 츠빙글리의 후계자 하인리히 불링거(Henry Bullinger)는 하나님께서는 뮌스터에서의 혁명에 의해 정부의 눈을 열어주셨고 그 이후로 어느 누구도 무죄하다고 주장하는 재세례파를 신뢰하지 않으려 했다고 하였다. Owen Chadwick, 190-192.

19) 그는 합리주의적인 과격파 가운데 한 사람으로 삼위일체 교리를 부인한 단일신론자였다. 그는 성경에서 신비적인 것은 모두 제외되어야 하며 합리적인 것만을 신앙의 자료로 삼아야 한다고 주장하였다. 소시누스는 소시니(Fausto Paulo Sozzinus, 1539-1604)로도 불리는데, 1562년 요한복음에 대한 글을 쓰면서 예수 그리스도의 신성을 부인하였고, 1563년에는 영혼불멸을 부정하였다. 그 후 그는 투스카니(Tuscany)의 이사벨라(Isabella de Medici)를 섬기면서 로마 가톨릭교회를 신앙하다가 신학을 연구한 뒤, 1578년 「구원자 예수 그리스도」(*De Jesu*

역시 유아세례를 거절하였고 후기 메노나이트파에 속하였다.

시몬스는 슐라다임 고백서에 진술된 대로 복음적인 재침례교의 입장을 재천명하였다. 그는 혁명적인 운동이나 개인적인 특별계시라 하는 내적인 조명에 의존하던 심령주의적인 재침례파도 반대하였다. 그는 개혁자들과 같이 성경만이 모든 교리의 최고 표준이라고 했다. 그러나 개혁자들이 초대 교부들의 글에 권위를 두는 것에 대하여 반대하고, 오직 성경만이 최고의 권위라고 하였다. 따라서 그는 성경을 해석할 때 역사와 전통을 무시하는 위험을 나타내었다. 그 대표적인 것이 그리스도론이다. 그는 예수께서 마리아로부터가 아닌 마리아 안에서 육체가 되셨다고 주장하였다. 다른 말로하면, 그는 예수께서 참 사람이 되셨다고 인정하면서도, 그분의 인성이 마리아에게서 취하여졌다는 것을 믿지 않았다. 따라서 마리아는 단지 그의 양모였다. 이 같은 입장은 2세기에 이단으로 정죄된 사상이었다. 이와 같이 그는 역사를 경시하므로 정죄되는 과오를 범하였다.

Christo servatore)라는 책을 썼다. 이 책에서 그는 전통적인 예수 그리스도에 관한 입장을 배척하였다. 소시니의 반 3위일체 사상에 따라 발렌틴 슈말츠(Valentine Schmalz)와 요한네스 푀엘켈(Johannes Volkel)이 「라코비안 요리 문답서」(*Racobian Catechism*)을 작성하였다. 이 문답서는 1605년 라코우(Racow)에서 출판되었는데 8개항으로 구성되었다. (1) 성경은 진리의 유일한 자료이다. 성경의 권위를 받아들이지만 오류와 본질적인 것이 있다. 그런데 이 오류는 역사적인 비평이 요구된다. 이성과 상식으로 볼 때 이에 배치되는 것은 하나님의 계시가 될 수 없다. (2) 구원의 길은 지식과 거룩한 삶을 통하여 이루어진다. (3) 성경 속에 삼위일체에 대한 공식(formulation)이 존재하나 언급이 없으므로 삼위일체 교리를 인정할 수 없다. 또한 하나님은 세상을 무에서 창조한 것이 아니라 주어진 혼돈 가운데 창조하였으므로 단지 만물의 주인일 뿐이다. 그러므로 성자 예수 그리스도와 성령의 신성을 거부한다. 예수는 선지자의 사명을 부여받은 단순한 인간이며, 성령은 신적인 권능이다. 이와 같은 소시누스의 입장은 바로 삼위일체 교리를 부정한 근거였다. 또한 인간이 하나님의 형상을 가졌다는 것은 바로 이성적인 존재이기 때문이다. 아담은 완전한 사람이 아니라 단지 원시적인 인간이요 죽도록 피조된 존재였다. 곧 아담에게는 불멸성이나 완전성이 있었던 것이 아니다. 아담의 타락은 감성에서의 타락이므로 자유 의지는 손상되지 않았다. 타락 뒤에도 인간은 하나님께 순종할 수 있는 자유의지를 가지고 있다. 따라서 원죄는 부정되고 죄책이 없는 죄는 있을 수 없다. (4) 예수 그리스도는 참으로 인간이며, 신묘막칙 한 삶을 산 초인(Superman)이다. 그는 이적 때문에 경외의 대상이다. (5) 칭의 교리를 부정하며 말하기를 의로워지려면 율법을 지켜야 한다. (6) 그리스도의 선지자 직과 왕직을 인정하나 제사장직은 부인하였다. (7) 속죄론은 가장 논쟁적인 부분이다. 소시니와 그의 제자들은 그리스도의 만족설을 공격한다. 하나님의 공의는 단지 하나님의 외적인 행위이며 하나님의 본질적인 자질이나 속성이 아니므로 인간의 죄를 위한 속죄를 요구하지 않는다. 하나님은 그의 의지와 절

시몬스는 성령에 의하여 인도함을 받으며 평화와 봉사의 삶을 사는 중생한 자로 구성된 교회를 재조직하는 것이 성경적 사도적 교회의 모형이라 하였다. 그는 사도적 교회를 유지하려면 권징이 철저하게 실시되어야 한다. 따라서 그는 권징을 매우 중요한 교회개혁의 수단으로 간주하였다. 시몬스는 1550년 「출교에 관하여」라는 책을 썼다. 이 책에서 그는 권징의 최고 행위는 출교이며 명백한 하나님의 명령이라고 하였다. 그래서 성도는 출교 받은 자를 격리하여야 한다고 했다(제 1문). 만일 출교 자를 격리하지 않으면, 아무리 다른 문제에서 경건하다 하더라도 불순종, 하나님의 말씀에 대한 경멸, 반역의 죄를 범하는 것이라고 하였다. 예수와 그의 사도들이 주신 출교의 명령은 우리가 출교를 행하든가 아니면 우리 자신이 "공동체에 의하여 기피되고 회피되어야 한다"고 하였다(제 2문). 그에 의하면 출교의 대상은 가족도 포함되며 또한 성도들이 지켜야할 4가지 규범은 (i) 예외 없이 적용해야 하며, (ii) 남편이나 아내는 범죄 한 배우자를 출교하기 위해 교회에서 투표해야 한다. (iii) 교정의 목표가 가족 안에서 특별히 추구되어야 한다. (iv) 그럼에도 부패의 가능성은 가족 내에서 더욱 크다. 따라서 남편이나 아내나 부모나 자녀보다 그리스도를 더 사랑하여야 한다(제 3문). 그리고 출교는 사회적인 관계를 배제한다고 보았다.

대 선으로 그를 믿거나 순결한 삶을 살려고 하는 자들에게 죄를 용서하시고 은혜를 베푸는 분이다. 이러한 배경에서 소시니는 그리스도의 순종은 죄인을 위한 대속적 죽음으로 단지 자신이 순종의 사람임을 보여준 것이다. 그의 부활은 자신이 신적인 사명을 가진 자라는 것을 보여준다. 이와 같이 소시니는 성경 말씀 가운데 속죄와 구속을 재해석하였다. 따라서 그리스도의 사역은 인간이 하나님 앞에서 어떻게 바로 살 것인가를 보여 주는 것이다. 이와 같은 면에서 그리스도의 속죄 교리를 이해할 것을 요구하였다. 소시니의 이단적인 사상에 대해 우리는 다음과 같이 반박할 수 있다. 하나님에게는 본질적인 의가 있는데 이에 따라 죄인이 심판 받아야하지만 하나님은 자비로운 분이므로 인류를 보존코자 하셨다. 그래서 그리스도께서 오셔서 이 같은 하나님에 대한 만족을 지불하시며 죄인이 받아야 할 형벌을 그리스도께서 대신 받으셨다. 그 결과 하나님은 그의 의를 범하지 않고도 은혜로 죄인을 용서하실 수 있다(Gerhard Loci VII, 476) (8) 교회란 구원에 이르는 교리를 고백하거나 신앙하는 그리스도인의 모임이다. 소시니의 이러한 사상은 성경의 교리나 내용을 건전한 인간의 이해에 의하여 타당성이 증명되어야 수용 할 수 있다는 중세 후반의 유명론과 르네상스의 인문주의에 기초한 것이다. 인간의 이성에 반대되는 것으로 보이는 것은 어떤 것도 믿을 수 없다고 보고 성경 해석의 기초는 이성적인 인지성과 도덕적 유용성이라고 주장한다. 그러므로 소시니에게 이성은 성경 해석의 기준이 되는 것이다. 이러한 소시니의 견해는 계몽주의 시대에 접어들면서 합리주의적인 기독교 시대를 열었다. 윌리엄 C. 플래처, 「기독교 신학사 입문」, (크리스챤 다이제스트, 1994), 261-262; 벵트 헤그룬트, 「신학사」, (성광문화사, 1993), 449-452.

그러나 인사 정도를 금한 것은 아니다. 왜냐하면 출교는 "멸하기 위한 것이 아니라 세우기 위한 것이기 때문이다"(제 4문). 그리스도인은 원수까지 사랑해야 하기 때문에, 출교받은 자에게도 자비를 베풀어야 한다. 출교 자체가 하나님의 사랑의 표현이 되게 해야 한다.

그러나 출교는 출교당한 자와 모든 형태의 교류를 배제한다. 예를 들어, 우발적인 경우가 아니면 매매 행위를 금해야 한다. 그래서 시몬스는 "경건하고 하나님을 두려워하는 그리스도인은 배교자를 정규적인 소비자 또는 판매자로 가질 수 없다"고 하였다(제 6조). 그리고 성도는 여행할 때 출교 당한 자 바로 옆에 앉을 수 있지만, 여인숙에서 함께 먹을 수는 없다고 했다. 그래서 그는 모든 경건한 그리스도인들에게 "그러한 자 옆에서 혹은 그러한 자와 함께 먹지 말라"고 충고하였다(제 7문). 따라서 출교의 대상은 (i) 교회 심판을 거절한 자들, (ii) 공개적인 죄를 짓고 사는 자들, (iii) 방종하며 사는 자들, (iv) 분리주의자들이라고 하였다. 그러나 이들에 대해 성도가 가져야 할 자세는 이들을 얻기 위해 모든 노력을 다하는 것이다(제 8문).

시몬스는 성찬을 츠빙글리의 전통을 따라 기념으로 보았고, 세례는 성도의 중생을 상징하는 것이라고 했다. 그는 유아들에게 설교하거나 가르칠 수 없으므로 유아들은 세례를 받을 수 없다고 했다. 그는 유아세례에 대하여 다음과 같이 말하였다. "우리는 유아가 세례받게 되었다거나, 사도들이 그것을 시행했다는 것을 뒷받침하는 단 한 번의 명령도 성경에서 보지 못한다. 그러므로, 우리는 선한 뜻에서 유아세례가 단지 인간의 고안과 생각에 지나지 않는다고 보며, 그리스도의 규례에 대한 왜곡이요, 서지 못할 것이 지성소에 선, 명백히 가증한 것이라고 주장하였다."[20)]

그는 할례와 세례가 언약의 증거라는 면에서 동일하다는 개혁주의 신학자들에 맞서 다음 두 가지 사항을 지적하였다. (1) 예수는 유아로 할례 받았고, 유아가 아니라 성인으로 세례를 받았다. (2) 할례는 세례와 달리 소년들에게만 한정되었다. 그리고 세례의 의미면에서 볼 때 유아세례는 옳지 않다고 했다. 세례에서 우리는 죽고 그리스도와 함께 장사되기 때문이다. 그러나 유아들 안에는 죄가 없기 때문이다. 그리고 세례 후에 말씀의 청종과 신앙을 요구하는 내적사역인 중생이 따라야 하는데 유아들은 그렇게 할 수 없다. 내적 세례는 외적인 세례보다 우선되어야 하는데,

---

20) 교리서, 1: e.

유아들은 내적인 세례를 체험할 수 없다. 또한 시몬스는 세례가 은혜를 수반한다거나 은혜의 표징이라는 것을 배척하였다. 오히려 세례는 순종의 표징이라고 하였다. 이러한 신학적 전제에 근거하여, 그는 유아세례가 교황청에 의하여 407년에 도입된 것이라고 주장하였다. 그는 다음과 같이 말하기를 "선한 형제들이여, 거룩한 기독교 세례는 바울의 교훈에 입각하여 살피면(딛 3:5) 중생의 씻음이다. 그러므로 어느 누구도 하나님의 말씀으로 중생된 자들을 제외하고는 하나님의 기뻐하시는 뜻으로 씻음 받을 수 없다. 왜냐하면 우리가 세례를 받음으로써 중생되는 것이 아니기 때문이다. 오히려 우리는 하나님의 말씀 안에서 믿음으로 중생 되었기에 우리가 세례를 받게 되는 것이다. 왜냐하면 중생이 세례의 결과가 아니고 세례가 중생의 결과이기 때문이다. 이것은 성경을 기초로 한 사람이라면 어느 누구도 논박할 수 없다."[21]고 하였다.

시몬스는 유아세례의 폐지가 교회개혁의 필수요건이라고 보았다. 왜냐하면 유아세례를 폐지하는 것은 신약성경과 콘스탄티누스 대제 이전의 세상과 구별되고 고난받는 교회 회복과 재건의 일부였기 때문이다. 시몬스는 재침례파의 전통을 따라 서약하거나 병역의 의무를 감당하는 일, 세속 정부에 참여하는 것은 주님의 뜻에 어긋나는 것이라고 했다. 이러한 신학은 메노파의 「기본 교리서」(*Book of Fundamentals*)에 요약되었다. 그의 추종자들은 메노파(Mennonite)로 독립적 회중교회를 추구하였고 18세기에는 러시아의 케더린 대제(Catherine the Great)의 초청으로 러시아에 보급되었다. 그러나 러시아에 박해가 일어나자, 1873년부터 1882년까지, 1923년부터 1930년까지 메노파는 북미로 이주하였다. 현재는 약 70만 명의 메노파 교인이 미국과 카나다에 살고 있다.[22]

따라서 이들은 초대교회의 회복을 위해 칼빈이나 루터가 개혁의 지표로 내세운 참 교회는 말씀의 바른 선포, 성례의 바른 집행, 그리고 권징을 실시해야 한다고 주장했다. 그러나 동시에 개혁자들의 개혁이 성경에 비추어 볼 때 미흡하다고 판단하였다. 또한 개혁자들과 달리 유아세례를 부정하고 믿는 자들의 교회를 내세웠으며 성령의 임재와 교회와 국가와의 완전 분리를 주장하였다.

---

21) 기독교 침례.

22) 각주 1번 참조.

3. 재세례파의 제 형태

재세례파는 크게 두 그룹, 재세례파와 소지니파로 나누인다. 전자는 주로 전통적인 그룹으로 후터파와 메노파, 수상 거주파, 후자는 보다 신학적으로 결속된 단체로 아리우스파 혹은 유니테리언으로 불리며 라코우와 소지니가 소속되었으며, 이와 별도로 영국과 미국의 독립파가 있었다.

3.1. 재세례파

(1) 후터파(Hutterites) : 1526년 스위스의 영향을 받은 작은 집단이 모라비아에서 자생적으로 태동하였다. 이후 이 단체는 분열과 역경을 겪으며 1556년부터 1620년까지 분파 중의 하나로 후터파 형제단이 되었다. 야콥 후터(Jacob Hutter)는 1536년 사형되었으나 그가 세운 집단은 사도행전 전반부 몇 장을 근거로 유무상통하는 사회를 추구하였다. 따라서 이들은 공동체로 브루더호프(Bruderhof), 형제의 집을 결성하였다. 이 집은 몇 개의 크고 작은 건물로 이루어졌다.[23] 생활 규칙은 중세 수도원의 회칙을 중심으로 전체 가족의 일원으로 금욕적 이상을 추구하였다. 따라서 개인의 이윤은 금지되고 공동체는 허락되었다. 그러므로 공동체 일원은 사유 재산의 의지를 포기하고 자유로워야 했다.[24] 대부분의 재세례파처럼 이들은 원칙상 평화주의자들로 칼과 창과 총의 제조를 불허하였다. 그들은 정상적인 세금을 지불했으나 군사 목적으로 징수된 세금은 거부하였다. 그 결과 재산이 몰수 되는 것을 감내하였다. 노동은 확실하게 했으며 어느 누구도 재산을 증여하지 못했다. 사람이 사용한 모든 물건은 사후에 공동체로 편입되었다. 공동체의 부단한 노동과 세심한 생

---

23) 1층은 공동생활을 위해 식당, 학교, 탁아소, 조리실, 직조실, 대장간 등이 있었다. 지붕들은 높고 경사가 급했으며 다락방에 가족들이 거주하였다. 각 브루더호프는 선출된 청지기가 운영하였고, 성찬식은 식당에서 거행하였다.

24) 모든 자재는 자급자족으로 가죽 무두질과 구두 수선은 구내에서 하였다. 금속처럼 자급자족이 어려운 것은 외부에서 구입하였다. 그리고 어떤 물건을 되팔아 이윤을 남기면 값이 올라 가난한 자들의 생계를 위협하여, 결국 가난한 자들이 부자의 종이 될 수 있음으로 반대하였다. 이 공동체에 가입을 원하는 사람은 기술을 배웠다. Owen Chadwick, *The Reformation*, (Penguin Books, 1988), 192-194.

산, 금욕적인 생활, 절제된 소비는 이들의 핵심 규범이었다.

1564년부터 1618년 사이에 중흥기를 보내며 다방면에 독특한 문화를 형성하였다.[25] 이들은 당시 인구 2만 명 이상을 거느린 100여개의 공동체를 이끌었다. 그러나 1618-1648년의 삼십년 전쟁은 그들의 평화와 풍요를 종식시켰다. 1620년 제국의 군대가 니콜스부르크를 약탈하였고, 이듬해에는 정부의 우두머리가 그들의 보물창고를 파헤쳤다. 1622년 모라비아에서 추방되었고, 나머지는 동쪽의 슬로바키아, 터키의 여러 지방, 우크라이나를 거쳐 1874-1879년에 미국의 사우스 다코타로 도피하였다. 1954년 당시 약 만 명의 주민이 120개의 브루더호프를 이루고 살면서 재산을 공유하고, 학교에서는 영어를 배우며, 집에서는 독일어를 사용하고, 예배에는 17세기에 작성된 설교를 낭독하였다. 새로운 설교는 금지했으나 농기구, 자동차, 전화, 전기 조명은 허용하였다.

(2) 메노파(Mennonites): 이들은 후터파 전통에 따라 순수한 회중, 성도의 사회, 진실로 거듭난 개인뿐 아니라 사회로 나온 사람들의 공동체였다. 그들이 유아세례를 공박하고 국법으로 세워진 교회를 비판한 이유와 또한 신도들이 영적일 뿐 아니라 사회적으로 세상과 등지게 된 것은 여기에 근거하였다. 이들의 문제는 크게 3가지로 정리되는바 (i) 군 복무나 특정 세금의 거부: 이것은 그들의 평화로운 삶에 최대 난제였다. 그러나 절대 순결을 위한 욕구는 그들에게 더 많은 고통을 안겨주었다. 만약 그리스도인이 불신자와 결혼한다면 이혼하거나 차라리 그 결혼이 없었던 것처럼 행동해야 했다. 1536년 멜란히톤은 튀링겐에서 한 재세례파의 심문을 듣고 피고가 그릇된 신앙 때문에 이혼하는 것은 적법하다고 믿었다. (ii) 출교: 당시 전통적인 교회에서 출교는 종종 법에 의한 사회적인 추방 같은 세속적인 형벌을 의미했다. 재세례파는 법과 관계 하지 않으려 했으나, 순수한 공동체로부터의 배제는 사회적인 배제를 수반해야 한다고 믿었다. 네덜란드의 재세례파 지도자 메노 시몬스

25) 그 중에 하나는 이들이 질 좋은 상품을 다른 지역 보다 싼 값에 제조하였기 때문이다. 그들은 의사들, 시계 제조자들, 필경사들, 칼 만드는 사람들, 가구 설계자들, 그리고 도자기 설계로 명성을 떨쳤다. 특별히 그들의 목욕탕에 가톨릭 귀족들이 출입했으며, 농장과 양조장, 제재소 운영 문의가 쇄도하였다. 1609년 한 오스트리아 귀족에게 철제 침대 틀을 팔았고, 1611년 브란덴부르크의 마르그레이브에게 금을 입힌 마차를 팔았다. 1613년 디트리히슈타인(Dietrichstein)의 추기경에게 장식용 시계를 팔았다. 그들의 위대한 내과의사 초벨(Zobel)은 황제 루돌프 2세(Rudolf II)의 주치의로 기용되었다.

(Menno Simons, 1496-1561)는 이 원칙을 약 15-30년 동안 채택하였다.[26] 이 원칙에 따라 1566년 엠덴 회중의 루트거스(Rutgers)가 출교되었다. 그의 아내는 그로 인해 남편과 이혼해서는 안 된다고 믿었다. 그리하여 그녀도 함께 출교되었다. 1557년 스트라스부르크에서 열린 남부 독일 재세례파 회의는 그 가혹한 조치를 단죄하였다.[27] 그 후 모든 재세례파는 공동체 안의 결혼을 선호하였다. 그 결과 사촌이나 육촌의 결혼이 흔하였다. 약혼은 강단에서 공포되었고 스위스의 메노파는 집사가 남자의 청혼을 여자의 가족에게 전달하였다. (iii) 성찬식 전통: 이들은 처음에 침묵 속에 특별한 예전이나 형식 없이 진행하였다. 성찬식 후에 종종 세족식을 가졌고, 남녀는 떨어져 앉았으며, 성찬식은 평화의 입맞춤과 하나님께서 당신에게 복 주시기를 원한다는 기원으로 마쳤다. 튀링겐의 재세례파는 "우리에게 영원한 하늘의 양식을 주옵시고"라는 주기도문의 구절을 사용하였다. 성찬식 전 주일에 회중은 자기 반성을 위해 모여, 성찬에 참석할지 안할지를 결정하였다. 세례는 주로 전통적인 교회들처럼 관수로 하였고 침례를 거부하였다. 오늘 날 극단적인 미국 아미쉬 메노파의 관습은 단추 달린 옷을 입지 않고 후크 달린 옷만 고집한다.

(3) 수상 거주파(Waterlanders) : 네덜란드의 메노파는 자신들이 살고 있는 사회에 보다 자유롭게 적응하였다. 그리하여 이들은 여러 방면에서 초기의 엄격함을 수정하였다. 반전주의 원칙을 단념하지 않으면서도 많은 금액의 돈을 모아 루르몬트 병영에 주둔하던 오렌지의 윌리엄에게 건네주었다. 그 후 그들의 상선들에게 해적들의 보호로서 대포 소지를 허용했다는 이유로 고소되었다. 1581년 당시 그들은 피 흘리는 업무에 종사하는 관직이 아니면 신도들이 정부의 관직, 적어도 하위 관직을 맡는 것을 허용하였다. 그들은 메노파 밖의 사람들과의 결혼을 비판하면서도 관용하였다. 1620년까지 그들은 유아 세례를 받은 칼빈주의자들이 다시 세례를 받지 않고 가담하는 것을 허용하였다. 그들은 침묵 기도를 목사에 의한 기도로 바꾸고 시편을 노래하였다. 당시 네덜란드 정부는 그들에게 관용하고 양로원과 고아원의 세금 면제와 군복무를 돈으로 대신 하게 하였다. 이들은 네덜란드에서 은행인과 상인들, 학자와 화가로 살았다.

---

26) G. R. Elton, *Reformation Europe 1517-1559*, (Fontana Press, 1963), 102-103.

27) 당시 메노는 처음에는 반대했다가 말년에는 엄격한 입장을 고수하였다. 북부 독일과 네덜란드에서 이 운동은 자유파와 엄수파고 나뉘었다.

3.2. 소지니파(Socinians)

초기 재세례파 지도자들의 문제는 초대 교회의 신학적 문제들, 대표적으로 그리스도의 본성과 위격, 출생에 관한 결정들을 재평가하는 일이었다. 삼위일체 교리를 성경 원문에 비추어 재검토하고 비평하는 것은 불가피했다. 루터는 삼위일체와 동일본질은 기독교 언어에 꼭 필요한 것으로 믿었다. 1534년 로잔에서 비레(Viret)는 삼위일체, 위격, 본질 같은 단어를 사용하지 않은 채 정통적인 신앙고백서를 작성하였다. 재세례파 운동은 스콜라주의적 난해함과 신학적인 사변에 대하여 반대했으며, 전통적인 사상가들이 삼위일체에 관해 사용한 일부 용어를 작위적인 것으로 평가하였다. 이런 상황에서 16세기의 유니테리언파는 이성이나 제도적 권위에 호소하지 않은 성경 학도로서 스스로 결론을 도출하였다. 성경 본문을 제외한 모든 기독교 역사가 이들에게는 아무것도 아니었다. 하지만 대체로 재세례파 교도들은 이 문제에서 고대의 정통 신앙에 서 있었다. 따라서 이들은 신조를 사용하지 않고 성경적인 본문에 가깝게 진행되는 예배 방식을 선호하였다.

(1) 세르베투스[28]: 반 삼위일체론적 사고를 채택한 급진주의자들 중에 스페인의 미카엘 세르베투스(Michael Servetus)가 유명하다. 그는 당시 매우 급진적인 젊은이로 라인 지방의 개신교 목사들에게 괴상한 삼위일체론자로 알려졌다. 그는 자신의 생애가 비극적인 종말로 끝날 때까지 삼위일체 교리를 거부하였다. 그는 난해한 스콜라 학자들과 철학자들에 의해 짜여진 잘못된 형태들과 전문적인 용어들을 부수는 것이 자신의 사명이라고 생각하였다. 그는 비상하고 다재다능한 젊은이로, 의학 특히 해부학에서 탁월성을 보이며 피의 순환을 진단하였다. 지리학자 프톨레마이오스의 글을 능란하게 편집하였다. 1537년 파리에서 점성술에 대해 강의했으며, 1546-1548년에는 당밀에 관한 책을 저술하여 세 번의 개정판을 냈다. 그는 자신의 종말이 올 때까지 능력을 발휘하여 학자로, 편집가로, 인쇄 교정가로 생활하였다. 리용 근처에서 내과 의사로 일하면서 외견상 가톨릭 교도 행세를 하고 내적으로 교황과 삼위일체론, 유아 세례를 경멸하였다. 이 후 발각되어 종교 재판소에 의해 이단으로 단죄되었다. 비엔느 종교 재판소 감옥에 수감된 그는 간수의 허락을 받아 잠옷 차

28) 각주 3)번을 참조하라

림으로 정원을 산책하는 척 하다가 탈옥하였다. 파리로 도망하여 정신병에 걸려 죽었다는 소문이 비텐베르그까지 퍼졌다. 그는 제네바를 지나던 어느 주말 오후 예배에 참석하던 중 신원이 확인되었다. 그 후 1553년 10월 27일 제네바 성 밖의 개활지에서 화형되었다. 세르베투스는 진리를 추구했으나 지혜롭고 겸손하지 않았다. 괴팍하고 신경질적이며 불안정하고 입이 거칠고 거만하였다. 그의 화형식에 제네바의 모든 시민이 참관하여 기독교 박애 정신을 고취시켰다.

(2) 라코우(Rakow) : 당시 각각의 장원 영주의 자유로운 종교 선택으로 종교개혁은 플란드로 급속히 확산되었다. 대 사유지의 개인 예배실에서 만일 그 소유자가 특정 교리를 지지하면 그 교리는 안전했다. 동쪽으로 도망해 온 재세례주의자들은 폴란드의 여러 사유지에서 평안을 찾았다. 그리고 이들은 그곳의 개혁주의 회중들에게 인정을 받았다. 한 동안 그들은 헝가리와 트란실바니아에서 피난처를 찾았다. 폴란드에서는 재세례파 원칙들을 고백하고 반 삼위일체 교리를 표방하는 개혁교회가 설립되었다. 이 교회는 몇 몇 대 사유지에 거점을 두었다. 그 중에 리투아니아의 대법관 라치빌 공(Prince Radziwill, ?-1565)의 후원을 받은 리투아니아의 빌나와 얀 시에닌스키(Jan Sieninski)라는 재세례파 고관의 후원을 받은 라코우였다. 시에닌스키는 확고한 반삼위일체론자인 자기 아내를 위해 자기 사유지에 새로운 읍을 세웠다. 그리고 그의 아내 겉옷에 새겨진 게(rak) 문장에 따라 라코우로 명명하고, 종교관용을 실행하는 자치제 건설을 위해 특허장을 주었다. 이곳 라코우에는 폴란드의 다른 사유지에서 온 급진론자들, 모라비아와 독일에서 온 망명자들, 그들의 부동산을 팔아서 가난한 사람들에게 분배해 주고 온 한 두 사람의 폴란드 귀족들, 그리고 라코우가 새 예루살렘이 될 것을 믿은 순진한 열광자들이 모였다. 몇 년 동안 종교적인 무정부 상태 후에, 라코우의 시민들은 그 읍을 후터파 형제의 집(Bruderhof) 형태로 전환하였다. 그들은 신약의 엄격한 적용아래 그 도시를 조직하였다. 다른 사람처럼 지위 고하를 막론하고 목사들은 자신의 손으로 생계를 유지하였다. 그들은 농노 해방과 재산 공유를 장려하며, 법정에 대한 호소, 스포츠, 공공 무도회를 단념시키고, 종이, 옷, 그리고 도자기 공장을 건립했으며, 1600년 유니테리언 사상을 담은 저술을 위해 인쇄소를 세웠다. 1602년 모든 학생이 노동과 학업을 병행하는 대학이 설립되었고, 설립자의 아들인 야곱 시에닌스키에 의해 재산이 증여되었다.

(3) 소지니[29]: 1580년 한 유력한 지도자가 라코우의 교회에 입교하였다. 그는

훗날 유니테리언파에게 라틴어의 소키누스(Socinus)로 알려진 파우스토 소지니(Fausto Sozzini)였다. 소지니는 초기의 많은 급진주의자들처럼 혈통 상 이탈리아인으로 유력한 시엔 가(Sienese family) 사람이었다. 그의 삼촌 렐리오 소지니(Lelio Sozzini)는 급진적인 개신교 진영에서 이미 명성을 얻은 사람이었다. 소지니는 피렌체에서 서기로 활동하며 성경의 권위를 명쾌하고 정통주의적으로 표현하여 신학적으로 명성을 얻었다. 1575년경 피렌체에서 바젤로 간 그는 유명한 「그리스도의 구속 사역」(*On the Saving Work of Christ*)을 저술하고, 폴란드를 여행하던 중 1580년부터 1604년 타계하기까지 그곳에 거주하였다. 하지만 그는 폴란드 교회로부터 입교를 거부당하였다. 교회 당국은 다시 세례를 받아야 한다고 했으나 거부하였다. 계속되는 압력에도 불구하고 성찬을 받지 않았다. 그러나 그들과 함께 예배하였고 그 교회의 여러 모임에 참석하며 지도자로 활동하였다.

라코우 교인들이 부정적 견해에서 서로 일치했기 때문에 소지니는 건설적인 사람에 포함되었다. 그는 온건한 평화주의를 변호하여 교인들에게 세금을 내고 법정을 이용하며 사유 재산을 소유하고 투자하여 이자를 받고 사형 언도나 집행에 관련된 직위가 아니면 공직을 맡게 되었다. 그는 유니테리언파에게 교리 체계와 기독교의 전통적인 치밀한 사유 방식을 제공하였다. 그는 혹 삼위일체론을 반대해도 그리스도를 신으로 예배해야 신약에 충실하게 된다고 하였다. 1605년 그의 사망 이듬해, 제자 중에 3인이 라코우에서 「요리문답」(*Rakovian Catechism*)을 발행하였다. 이것은 소지니파를 위한 것으로, 영국의 제임스 1세에게 헌정되었다. 그러나 1652년 4월 영국 의회의 명령으로 소각되었다. 루터파와 개혁파의 교수들은 집필과 강의를 통해 그 요리문답을 논박하였다. 그 요리문답은 삼위일체 교리를 포함하여 원죄, 세례로 인한 중생, 죽음에 대한 예정, 대속, 이신칭의를 부정하였다.

결국 소지니파의 삶은 순탄하지 않았다. 소지니 자신은 크라코우 거리에서 한 가톨릭 교도에게 오물 세례를 받은 후 군중의 구타로 사망하였다. 그리고 그의 문서는 시장 광장에서 소각되었다. 이들의 안전은 거의 보장받지 못했으며 반역의 위협에 노출되었다. 1638년 라코우 아카데미에 다니던 두 학생이 도발적으로 라코우 경계에 세워진 십자가 상에 돌을 던졌다. 라코우 주교는 바르샤바 제국의회에서 십

---

29) 각주 2)번을 참조하라.

자가 상의 깨진 조각들을 제시하였다. 그 후 인쇄소는 진압되고 아카데미는 폐교되었다. 그리고 소지니파 자리에 가톨릭 교회의 기초를 놓았다. 그 후 유니테리언 사상의 중심은 폴란드에서 급진적인 네덜란드 메노파로 이동하였다. 그러나 영국과 네덜란드, 그리고 독일에서 소지니의 이름은 유지되었다.

3.3. 미국의 급진파들

미국의 급진 운동은 유럽과 달리 새로운 형태로 발전하였다. 이곳은 본래 영국 런던의 투자자들의 권장으로 상업적 정착을 한 이민자들과, 장로파와 독립파, 침례파와 가톨릭 등의 영국 정부의 종교 정책에 반대하여 망명한 자들이 건설하였다. 이들은 하나님의 진노가 임할 지도 모른다고 생각하였다. 그리하여 어떤 이들은 진노를 피하기 위해 해안으로 도피했으며 혹은 영국을 떠나 보다 안전한 세계에서 새로운 안식처를 찾기 위해 뉴잉글랜드로 이주하였다. 1620년 일단의 무리들이 메이플라워 호를 타고 플리머스에 도착하였다. 이들은 종교적 박해를 피해 신대륙을 피난처 삼아 건너갔다. 1628년 메사추세츠에 정착이 이루어졌으며, 1630년 서퍽의 대지주 존 윈스롭(John Winthrop)은 이곳의 수장이었다. 이후 이곳의 살렘과 보스턴의 교회 체제는 국교 형태를 갖춘 회중교회였다. 그들은 영국 청교도들의 이상을 실현하려고 하였다. 따라서 기도서를 거부하고, 장로교와 달리 교회 법원은 없었으나, 정부 법원을 통해 도덕적 권징을 시행하였다. 1631년 교회의 시민이 아니면 투표권을 줄 수 없다고 하였다. 성직자들은 「공동기도서」(*the Book of Common Prayer*)를 사용했고, 모든 대규모 농장은 교회를 제공하였다. 예배의 불참은 곧 처벌이었으며 성직자들은 십일조 형태로 교구민으로부터 담배와 옥수수를 지원받았다.[30] 하지만 시간이 지나면서 버지니아에서도 회중이 성직자를 통제하는 체제로 전환되었다. 사적인 후원이나 주교도 없었다. 영국에는 없는 지역 교구 위원회가 활성화되었다. 코네티컷, 뉴 햄프셔, 로드 아일랜드는 메사추세츠의 교회 체제의 제한적인 특성에 분개한 새로운 집단이 건립하였다. 이렇듯, 미국에 급진파가 정착하는 동안 영국에서는 왕과 의회 사이에 전쟁이 발생하였다. 전쟁은 무정부 상태로 장로

---

30) Owen Chadwick, *The Reformation*, (Penguin Books, 1988), 207.

교가 정착될 상황에서 급진파에게 유리하였다. 호국경 올리버 크롬웰은 영국 문화의 대서양 수출에 진력하였다.

4. 재세례파의 신앙적 특징

이처럼 다양한 양태의 개혁 운동이 종교 개혁 당시 확산되었다. 이들은 성경 독서와 토론이 가장 엄격한 의미에서 성경적 기독교로의 복귀이며 진정한 종교개혁의 유일한 길이라고 믿었다. 이들은 하나님의 말씀이 기존의 어떤 기독교회나 개혁교회, 루터교회나 가톨릭 교회와는 근본적으로 다른 교회를 보여준다고 믿고 신약성경이 말한 원시교회(primitive church)를 재건하기 위해 당시 교회로부터 탈퇴하였다. 이들은 더 이상 기존 교회 내에 체류할 수 없었고 머무르기 보다는 차라리 교회를 떠날 것을 선호하였다. 그러나 이들의 급진적 신앙 열정은 이들 안에서도 통일적이지 못하고 다양하게 나타났다. 이 운동의 특징은 중앙 조직이 없으며 복수적인 여러 형태를 취하였다. 그럼에도 불구하고 이 운동에 활동적인 지도자들이 상당수 있었으며, 이들은 자신의 추종자들에게 철저한 헌신의 자세를 갖게하였다. 그 결과 이 운동의 참여자 대다수가 이 운동의 헌신적 증거자들이 되었다. 이들의 이런 신앙적 특징은 당시 상황과 신학적 입장에 비추어 다음과 같이 정리 할 수 있다.

첫째로, 이 운동은 14세기 말과 15세기 초반부터 내려온 지속적인 작은 기도모임에서 시작되었다. 이 모임은 1514년 바젤, 1515년 스위스, 1518년 마인쯔, 그리고 아우구스부르크에서는 조금 앞서 회집되었다. 1524년에는 이와 유사한 기도모임이 프랑스, 네덜란드, 이탈리아, 삭소니, 프랑코니아, 스트라스부르크, 보헤미아에 있었다. 이들은 프랑스어, 독일어, 보헤미아어, 이탈리아어로 인쇄된 요리문답으로 자녀들을 교육하였다. 독일에서는 재세례파들이 루터의 독일판 성경 이전의 서민판 성경(German Vulgate)을 사용하였다. 그들은 14세기와 15세기의 하나님의 친구(*Friends of God*)들의 경건 서적들을 반포하는데 기여하였다. 이들 중에 상당수는 신학적으로 인정받지 못했으나 재세례주의자들의 신학을 가르쳤으므로 재세례파가 되었다. 이들은 파두아의 마르실리오(Marsiglio of Padua)의 「평화의 옹호자」(*Defensor Pacis*)를 인쇄하여 배포하였다.[31]

둘째로, 이 운동의 핵심은 부패하고 타락한 교회와 세계로부터 평화스런 분리였다. 그렇게 함으로써 초기 교회 공동체의 모델을 딴 공동체를 정착시키려 하였다. 이들은 차분하고 경건한 무리들로써 사도행전에서 보는 바와 같은 따뜻한 공동체로 전적으로 헌신하는 삶을 함께 살 수 있도록 하기 위해 현실 세계를 거부하고 기성 교회로부터 철수하였다. 이는 종교개혁 신앙을 고백한 자들의 품행이 신약성경의 표준에 턱없이 못 미친다고 생각했기 때문이다. 루터와 츠빙글리도 이점을 인정하였다. 루터는 자신의 회중을 가리켜 "비텐베르크의 돼지들"이라[32] 하였다. 그럼에도 불구하고 이들의 이런 시도는 사회와 교회 양쪽으로부터 단호한 반대와 처절한 박해를 받았다. 따라서 수천 명의 신도들이 초기에 추방을 당하고 화형과 익사로 무자비하게 처형되었다. 그리하여 얼마동안 이 운동은 칼에는 칼로, 박해에는 적극적 저항해야 한다고 생각한 혁명가들에게 양도되었다. 하여 이 운동 내에는 토마스 뮌쩌(Thomas Muntzer) 같은 인물들과 악명 높은 뮌스터 사건(the Munster incident)으로 대변되는 혁명적 활동의 소요사태가 있었다. 그러나 이런 혁명적 활동은 처절한 박해로 인해 야기된 일시적인 탈선으로 간주되었다.

셋째로, 이들의 특징은 통일된 조직이 없다는 점이다. 그러나 1524년 이들은 신비주의자들처럼 독특한 개인주의적 형태를 갖추었다.[33] 이들은 함께 연합하여 상호교화를 도모하였다. 1524년 6월 기도모임의 대표자들이 발트슈트(Waldshut)의 발타자르 흐프마이어(Balthasar Hubmaier)의 집에 모여 성경을 상고하며 말씀대로 살 수 있는지를 토론하였다. 이들의 모임은 비조직적이었지만 교황적인 교회로부터 분리를 결정하고 기독교인의 생활지침서를 출간하였다. 이들은 많은 일 중에 특히 성례전의 기적적 효과를 강력히 반대하였다. 그리고 세례는 믿음으로 받아들일 때 효력을 갖는다는 세례주의자의 견해를 수용하였다. 1526년 아우구스부르크에서 소집

31) 서요한, 「중세교회사」, (도서출판 그리심, 2010), 252-253.

32) 롤란드 베인톤, 「기독교의 역사」, 이길상 역, (크리스챤 다이제스트, 1997), 325.

33) 개혁자 불링거에 의하면 당시 재세례파는 약 13개의 서로 다른 분파를 형성하였다. 그러나 많은 부분이 중복되기 때문에 큰 차이점은 발견할 수 없다. 하지만 여러 지도자들 사이에 공통적으로 가르쳐진 교훈은 수동적인 저항(passive resistance)과 묵시적 천년왕국으로 집약된다. 전자는 주로 초기의 재세례주의자들이었다. 이들은 악을 악으로 갚는 것은 비기독교적인 행위로 간주하고 자신들에게 가해진 박해를 그대로 감수하였다. 일부 지도자들은 한스 뎅크처럼 수동적 저항이론을 극단으로 몰고가, 기독교인들은 시 행정관이나 군인이 될 수 없다고 하였다. 후자는 멜키오르 호프만(Melchior Hoffmann)을 따르는 추종자들로 가까운 장래에 그리스도께서 오셔서 자신의 성도들을 다스릴 것이라고 믿었다.

된 두 번째 회의에서 성인 세례가 특징적인 신앙으로 확정되었다. 당시 이 회의의 대표들은 모라비아 형제회가 가르치는 교리를 천명하였다. 그들의 찬송가 주제는 보통 하나님의 사랑으로, 하나님과 이웃 동료들에 대한 사랑을 일깨웠다. 유아세례 대신 이들은 어린이들을 하나님께 봉헌하는 의식으로 대치하였다. 세례는 회개의 징표로 자아를 하나님께 드리는 예배와 봉사로 간주되었다. 세례는 관수(Sprinkling)로 행하되 수세자는 회중이 보는 가운데 무릎을 꿇어앉았다. 혹 개종하지 않은 사람은 누구라도 죽음을 당해야 했고 그 교회는 약탈되었다. 만일 결혼한 한 쪽 당사자가 개종하지 않으면 이혼해야 하였다.[34] 성만찬은 일정한 시기에 정기적으로 베풀었으며 하루나 이틀 동안 준비 한 후 집례되었다. 이들의 교직자는 집사와 장로, 교사와 목사였다. 그런데 이들은 목사를 구별하여 순례하는 전도자와 회중 중에 고정적으로 배치된 자가 담당케 하였다.

하나의 규정된 구역 내 공동체의 모든 집사와 장로, 목사가 모여 자신들의 지역 교회 회의를 소집하고 자신들을 대표할 수 있는 대표자를 선출하였다. 여기서 감독을 맡을 수 있는 한 사람의 목사를 선출하였다. 감독관도 안수례에 의해 임직되었다. 형제회 전체는 장로교회의 대회와 유사한 일련의 대회에서 교권적으로 통치하였다. 이러한 조직으로 재침례주의자들은 교황청과 루터파의 박해를 피할 수 있었다. 당시 이들의 지도자는 발타자르 후브마이어(Balthasar Hubmaier)와 한스 뎅크(Hans Denck), 콘라드 그레벨(Conrad Grebel)이었다. 그 중에 후브마이어는 1512년 어린 나이에 잉골슈타트의 교수를 지냈다. 1515년 그 도시의 유명한 고등학교 교장으로, 이듬해에는 레겐스부르크(Regensburg)의 주교좌 성당 설교자가 되었다. 한스 뎅크는 헬라어에 능통한 인문주의자로 바젤의 에라스무스 모임에 참여하였다. 그는 1523년 뉘른베르크에 있는 세발두스(Sebaldus) 학교의 교장이 되었다. 그러나 이듬해 이단으로 고소되어 그곳에서 추방되었다. 그 후 그는 전도자의 삶을 살았으며, 1526년과 1527년에 협의회 형태의 조직을 갖추었다. 하지만 뎅크는 신비주의에 깊이 빠졌다. 그에 의하면 사람 안에는 하나님의 본성의 빛, 즉 내적인 말씀이 있다. 이것에 의해 인간은 하나님의 길을 충실하게 걷도록 지도를 받으며, 그리스도이신 내적 훈계자에게 항상 충실하게 된다고[35] 하였다. 이들처럼 콘라드 그레벨도 에라

34) Owen Chadwick, *The Reformation*, (Penguin Books, 1988), 190.

스무스 모임의 일원으로 도처에서 설교하였다.

이들의 직접적인 통치는 다양한 배경 아래 형성된 성직자들의 역할 때문이었다. 이들은 권위의식 대신 서로 자발적으로 협력하는 회중적 통치를 정착시켰다. 물론 1527년 쉴라이다임(Schleitheim)에서 신교 종교개혁의 첫 번째 종교회의를 개최하여 일종의 신조인 "다정스런 연합"을 채택하였다. 이는 이 운동의 특징이 된바, 중요한 것은 제자의 신분이었다. 이들은 예수 그리스도와 기독교인과의 관계는 내적 경험과 교리의 승인 이상의 의미가 있다고 보았다. 이는 매일 하나님과 동행하고 그리스도의 가르침과 모범은 생활의 변형된 형태를 이루어야 했다. 때문에 재세례파는 기존의 기독교로부터 자신들을 분리시키었다. 이로써 하나님의 자녀들이 명확한 말씀을 따르고 그의 말씀은 진실되며 그의 언약은 영원한 생명임을 믿게 되었다. 재세례파는 오직 성경만이라는 원리를 진지하게 받아들이고 또한 성경을 기독교의 유일한 규범임을 주장하였다.[36]

넷째로, 하지만 이들은 상호간의 마찰로 신학적 일치를 이끌지 못하였다. 오언 채드윅에 의하면 이들은 분열과 상호 출교로 얼룩진 바벨탑이었다.[37] 가장 괴상한 일 중에 하나는 자기들을 받아들일 만한 순결한 교회가 없다는 판단아래, 1608년 이들의 지도자 스미스는 자기 자신에게 세례를 베풀었다. 이들 중에 한 그룹은 종교개혁자들이 자신들보다 성경에 확고하게 서있지 못했다고 비난하였다. 이들에 의하면 개혁자들은 성경보다 오히려 국가의 간섭을 인정했다고 주장하였다. 다른 한편 성경보다 성령의 권위를 주장하는 신령주의자들(inspirationists)이 있었다. 이들은 신약성경에 나타난 교회의 아름다움을 재현하려 하기보다 미래의 영광에 관심을 기울였다. 또한 그들 중에는 인간 이성에 대한 인문주의적 신앙을 상당 부분 공유하고 그것을 권위로 여기는 자들도 있었다. 이처럼 이들은 상호 신학적 통일을 보지 못한 채 서로 나누어졌다. 특히 멜키오르 호프만(Melchior Hofmann)의 추종자들은 묵시적 혹은 천년왕국적 견해를 통해 가까운 장래에 그리스도께서 오셔서 자신의 성도들을 다스릴 것이라고 믿었다. 특별히 급진적인 로버트 브라운(Robert

35) Thomas M. Lindsay, *A History of the Reformation*, (Edinburgh: T. & T. Clark, 1907), vol. II., 436.

36) 곽차섭/임병철(eds.), 「역사속의 소수자들」, (푸른역사, 2009), 133-138.

37) Owen Chadwick, 206-207.

Brown)은 추종자들과 함께 네덜란드에서 진보적 경향으로 투옥되었다. 1582년 탈출에 성공한 그는 스코틀랜드로 건너가 그곳에서 파벌을 형성하였다. 다시 노리치에 돌아온 그는 회중을 조직하였다. 1585년 켄터베리 대주교에게 복종한 후 영국 국교회로 복귀하여 교구 목사로 활동 중에 타계하였다. 1593년 청교도와 분리주의자들을 겨냥한 엄격한 법령의 발효로, 그 해에 바로우(Barrow)와 그린우드(Greenwood), 펜리(Penry)가 교회와 국가 체제를 반대하여 처형되었다. 1642년 내란 발발 때까지 영국 분리주의자들의 거점은 네덜란드였다.[38)]

다섯째로, 모든 재세례주의자들은 자선과 가난한 자들에 대한 봉사를 공동체 내의 부유한 자들이 맡게 하였다. 그리고 경건하며 거룩하고 부족함이 없게 행동하였다. 이들은 많은 재물을 가지지 않았으나 필요한 것으로 만족하였다. 마음이 순수하여 값비싼 옷을 삼가하고 사치스런 음식이나 음료를 절제하며 경멸하였다. 스스로 거친 옷을 입고 머리에는 남루한 모자를 걸쳤다. 항상 일하며 배우고 또한 가르치며 입으로는 말수를 줄였다. 이들은 당시 흔히 볼 수 있는 주점에 가지 않았으며 춤출 수 있는 길드에도 가지 않았다. 이것은 당시 기독교인들에게 일반적인 교훈이었으나, 다른 사람들보다 철저히 기독교의 사랑을 실천하였다. 그 중에 뮌스터주의자들은 원시 기독교인의 신앙, 관용, 그리고 사회적 행습이라 생각했던 모든 것들을 자신들의 삶 속에 그대로 재현시켰다. 이미 번역된 성경을 읽고 떠오른 생각을 억제하지 못한 채 떠돌이 설교자가 되었다. 이들은 이 부르심을 하나님의 음성이라고 생각하고 독단적으로 행동하였다. 어깨에 조잡한 옷을 걸치고, 때로는 맨발로, 머리에는 낡은 모자를 뒤집어 쓴 채 이곳저곳을 유랑하였다. 그들은 찾아간 사람들의 대접을 그리워하고 저녁 식사가 끝나면 성경을 꺼내 읽고 해석한 다음, 새벽 일찍 그곳을 떠났다. 이들은 자신들의 생활이 원시 기독교의 가르침이자 생활이라고 강조하였다. 이러한 전통에 따라 기도모임 형태의 형제회가 결성되었다.

---

38) 당시 유명한 몇 몇 지역들은 노팅엄셔와 그 주변 지역, 스크루비, 에슨스버러, 바트리, 밥워스, 워크섭, 오스터필드 였다. 이들의 일부 지도자들은 예배에서 정해진 모든 형태는 비기독교적으로 간주하고, 성경 낭독 시에 예언을 덧붙이거나 경건한 내용을 첨가하였다. 소그룹의 회중들은 예배시에 성경적 예배를 위해 노력하였다. 그리고 아가페 혹은 애찬, 즉 성찬식 전에 거행하는 회중의 공동 식사를 복원하였다. 다른 사람들은 세족식을 채택했으며, 상호간의 점검과 주중 모임에서 단체의 도덕적인 권징을 실시하였다.

대다수의 급진주의자들은 기독교 신앙의 핵심 교리에 있어서 정통 개신교도들이었으나 그들은 대다수 일반 개신교도들 및 로마 가톨릭 교도들과는 달랐다. 이들은 교회의 본질, 정부 관리의 역할, 전쟁의 정당성, 선행과 칭의와의 관계, 성례의 본질, 신적 로고스가 성육신하는 방식에 있어서 자체 안에서 하나 되지 못하였다. 그러므로 많은 점에서 이들의 가르침은 로마 가톨릭과 국가 후원형 개신교 사이의 대화에 반대 논리에 궁색할 수밖에 없었다. 그러면 이들의 주된 관심은 무엇이었으며 이들이 지향한 신학사상은 무엇이었는가? 동시에 무엇이 이들로 하여금 기성교회에 대해 비판적 이게 했는지를 살펴볼 것이다.

5. 제세례파의 신학사상

5.1. 재세례파의 교회관

재세례파의 핵심적인 교리는 교회론이다. 이들에 의하면 참된 교회란 세상으로부터 부름을 받았다. 그러므로 행정관이 참 교회를 지지해야 한다는 관념을 거부하였다.[39] 따라서 이들은 소규모든지 대규모든지를 막론하고 믿는 자들의 연합체를 강조하였다. 이것은 초기 재세례파가 동의한 슐라트이트하임의 신앙고백서(Schleitheim Confession)에 잘 집약되어 있다.[40] 이 고백서는 성인 세례와 가톨릭

---

39) Owen Chadwick, *The Reformation*, (Penguin Books, 1988), 206-207.

40) 이 고백서는 그들의 신앙에 대한 진술로서 수도사 출신인 미카엘 자틀러(Michael Sattler, 1490-1527)의 주도하에 슐트라트하임에서 개최된 재세례파 총회에서 작성된 것이다. 이 고백서를 보게 되면 그 당시 관심사가 무엇이었는지를 알 수가 있는데 여기에 몇 가지 핵심적인 문제를 소개한다. 이 신앙고백서는 유아가 아니라 믿는 자의 세례에 대한 믿음, 그리스도께서 그 분의 교회의 순결을 유지하기 위하여 제정하신 출교 제도의 중요성을 주장하고 있으며, 유효한 세례를 받은 참된 신자들로 구성되는 교회의 통일성을 정의하고 있다. 예를 들면, 제 4조에서는 "사단이 세상에 심어놓은 악"에서 분리될 것을 역설하고, 제 5조에서는 재세례파가 얼마나 빨리 공동체 내에서 목사의 역할에 대해 성숙한 교리를 소유하게 되었는가를 보여주고 있다. 제 6조는 검(劍)의 문제를 다루고 있는데, 그것은 그리스도의 완전함 이외에 하나님께서 정해 주신 것이며 행악 자들을 처벌하기 위하여 국가 관헌에 의해 올바르게 사용된다고 말하고 있다. 그러나 그리스도의 완전함 안에서는 출교 이외의 어떠한 제재도 허용되지 않는다. 마지막 항목은 어떠한 상황에서든 그리스도인이 맹세를 하는 것은 잘못이라 선언하고 있다. 이런 식으로 자틀러는 남부 독일과 스위스 지역 내 형제단의 회중들로 하여금 몇 가지 문제들에 대하여 공통된 생각을

적인 모든 것을 포함한 세상으로부터의 분리와 교구의 교회들과 술집으로부터의 분리를 선포하였다.[41] 이들은 신약성경에 그려진 교회 상을 교회 생활의 유일한 합법적인 형태로 취급하고 교회는 신약성경에 묘사된 교회여야 한다고 주장하였다. 재세례파들은 신약의 문서들이 교회는 신앙으로 모든 생활의 패턴을 결정하는 자발적인 신앙인들(voluntary believers)만으로 구성된 엄격한 공동체(a disciplined community)였다. 기독교가 신도들에게 가하는 전적인 요구들을 이해하고 이런 요구들을 개인적으로 의미 있는 신앙 행위 속에서 자유롭게 받아들인 사람들만이 사도시대의 교회를 구성한다고 믿었다. 이와 같은 교회와 대비하여 재세례파는 16세기의 기성 기독교는 교회와 사회를 거의 전적으로 동일화시키는 데까지 이르렀다. 인간은 태어나면서 동시에 교회와 사회에 속하였다. 따라서 재세례파에서 보면 기성 기독교의 타락을 가져온 근본적인 이유는 모든 사람을 구별 없이 모두 교회로 받아들인 데 있었다.

(1) 전통적 교회관의 불신: 이것은 재세례파의 구원관을 개신교의 입장과 대조함으로 정리할 수 있다. 루터와 칼빈, 그리고 이들의 동역자들은 복음의 본질을 칭의(justification by faith)에 두었다. 이들은 하나님이 그리스도 안에서 나를 구원하는 역사를 진행하고 계신다는 확신이 기독교인의 요구된 일관된 응답으로 간주하였다. 그러나 재세례파는 주님에 대한 개인적인 신앙고백과 예수 그리스도의 머리되심에 순종하는 삶을 사는 사람들로 구성되어야 한다고 믿었다. 이렇게 형성된 교회는 모든 시 당국의 통제로부터 벗어나야 하며, 하나님의 말씀에 기초하여 예배의식과 교리를 나름대로 결정할 수 있어야 했다. 이러한 결정은 대다수 회중의 의견에 따라 합의되어야 한다고 주장하였다. 뿐만 아니라 교회는 형제애가 넘치는 권고와

가지도록 이끌었다. 자틀러가 슐라이트하임에 있는 동안, 당국자들은 그의 활동을 눈치 채게 되었으며 그래서 그와 그의 아내는 체포되어 1527년 5월 15일에 열두 명의 재세례파 사람들과 함께 재판에 회부되었다. 그의 죄목은 황제에게 불복종했다는 것, 성찬에서 주님의 실제 임재를 부인한다는 것, 유아세례의 타당성을 배격한다는 것, 맹세하기를 거부한다는 것, 평화주의를 옹호한다는 것 등이었다. 결국 자틀러는 유죄 선고를 받고 1527년 5월 20일 화형에 처하였고 그의 아내는 일주일 후에 익사형에 처해졌다. R. Tudur Jones, *The Great Reformation*, (I.V.P., 1985), 87-88; Michael G. Baylor(ed), *The Radical Reformation*, (Cambridge University Press, 1991), 172-180; Williston Walker, *A History of the Christian Church*, (New York: Scribner, 1985), 448-449, 452-453.

41) Owen Chadwick, *The Reformation*, (Penguin Books, 1988), 188-189.

마지막 수단으로 출교를 통해 도덕법을 어긴 회중을 훈련하였다. 그리고 이처럼 국가의 통제를 배격한 교회는 동시에 국가의 지원도 거부해야 옳으며 십일조도 국가에 납부하지 않고 교회가 자체적으로 사용해야 하였다. 이들은 신약에 이자와 고리대금, 십일조, 성직록, 고위성직 등의 언급이 전혀 없다고 하였다.

이들의 신앙은 근본적으로 성령이 신앙인의 마음에 역사하여 일으키는 변화된 행동에 근거하였다. 이들에게 중요한 것은 한 죄인이 의롭다 함을 받았다는 의식(consciousness of justification)보다는 일정한 생활 방식에 대한 투신(commitment to a way of life)이었다. 결국 이것은 두 패턴으로 정리되는 바, (i) 전통적인 교회에서 기독교인의 삶은 그가 그리스도 안에서 하나님의 구속적 선물에 즉각 응답해야 하는 것이라고 믿었고, (ii) 다른 한 전통의 경우는 신약성경의 삶의 패턴이 기독교인의 삶의 전형이 아니라 규범이라고 생각하였다. 따라서 이들에게 기독교인은 두 전통이 성경을 이해하는 데서 발생하는 상이한 접근방법을 잘 보여준다. 이들에게 고전적 개신교는 의인, 성례전, 예정 등의 의미상의 이해를 본질적인 것으로 간주하였다. 신학적 사색이나 성경의 지적 통찰은 기독교적 비전을 올바로 이해하는 데 매우 중요하였다. 이 견해는 믿음의 내용을 이해하는 신앙이 영위해야 할 삶을 묘사한 삶의 교본(a book of life)으로 이해하였다. 이들에게 중요한 것은 신약성경의 삶의 양식(form of life)을 따르는 일이지 바울이 말한 하나님의 의를 이해하는 일이 아니었다. 하나님의 말씀을 신학화하는 작업은 기독교의 삶에 메마른 형식주의(a sterile formalism)를 초래할 수 있기 때문이다. 오히려 인간은 성경을 읽으며, 성경이 제안한 모델에 따라 살아가는 일이 필요하였다.

(2) 유아세례 부인 : 이와 같은 기성 기독교의 부패를 확신한 재세례파는 무엇보다 유아세례의 타당성을 부정하고 유아세례의 인정과 실시를 거부함으로 기성 기독교에 맞섰다. 이들은 교회의 회원됨은 오직 회심의 과정을 통해 가능하기 때문에 고백 없는 유아들은 교회의 회원이 될 수 없었다. 하나님의 말씀을 듣고 하나님의 말씀이 자신의 삶에 요구하는 모든 것을 인식하고, 이 모든 요구를 스스로 자유롭게 받아들이고 난 후에 세례를 받을 수 있었다. 이들에게 세례는 인간의 중생(regeneration)을 가져오는 원인이 아니며 오직 회심의 경험이 중생을 낳는다고 보았다. 세례는 이와 같은 중생의 상태를 공중 의식 속에서 단순히 확인하거나 드러내 주는 역할을 할 뿐이었다. "외적인 세례는 우리가 내적으로 새로워지고, 중생하고, 하늘의 불과

하나님의 성령으로 세례를 받지 않는 한 아무 쓸모가 없다. 우리가 받은 영적인 힘 가운데서, 우리는 물로 된 계약의 외적인 표시에 의하여 계약에 임한다. 이것은 그리스도에 의하여 모든 믿는 자들에게 요구된 것이다."[42]

따라서 이들은 자기 자녀들에게 유아세례를 실시할 것을 거부하여 당국자들을 자극함으로 모진 핍박을 받았다. 그러나 박해의 고통으로 그들은 더욱 결속하였다. 그들 대부분은 고난당하는 것을 그리스도인의 복종의 유일무이한 인증이라고 간주하였다.[43]

(3) 참된 교회의 모습: 이들은 또한 신약성경은 교회에 발을 들여 놓는 사람은 분리된 공동체(a separated community)에 발을 들여놓는 것으로 받아들였다. 그리스도는 그의 교회를 죄악 된 세계로부터 그를 참으로 따르는 사람들을 불러 모으는 장소였다. 그러나 재세례파의 견해에서 세계는 언제나 죄악의 장소였으며, 이런 세계에 살고 있는 사람들은 죄인일 수밖에 없었다. 시민사회(세속사회)가 존재하는 목적은 하나밖에 없었다. 그것은 법과 힘에 의하여 세계의 죄악을 통제하기 위해서였다. 이 세계가 이와 같은 까닭에, 기독교의 전적인 삶에 헌신한 하나님의 성도들은 이 세계 안에 살 수 없었다. 이들은 분리된 존재가 되어야 하며, 교회와 세계 간에는 전적인 분리가 요청되었다.

재세례파가 이런 확신을 실현시키는 방향으로 움직이면서 그 회원(신도)들에게 세상의 어떤 활동에 참여하는 것을 거부할 것을 요구하였다. 따라서 이들은 신자는 사회의 어떤 공직도 맡아서는 안 되었다. 이와 마찬가지로 신자는 분쟁 해결을 위해 사회의 법 제도에 호소해서도 안 되었다. 형제간의 상호 사랑이 이들의 이견(異見)을 해결할 규범을 제공해 줄 것이기 때문이다. 믿지 않는 사람에 의하여 법정에 호출을 당하게 되는 때, 법정에 나가기는 하였으나 어떤 맹세도 거부하였다. 왜냐하면 기독교인들에게 이런 맹세가 금지되었기 때문이다.

(4) 교회와 세상과의 관계: 물론 재세례파는 사회의 질서를 유지하기 위해서 시민적 권위(세속 권위)가 필요함을 인식할 정도의 현실적 안목을 가졌다. 따라서 이들의 태도는 시민법이 기독교가 요구하는 것과 상치되지 않는 것을 명시한 시민법

---

42) *The Complete Works of Menno Simons*, trans. Leonard Verduin, ed. John Christian Wenger, with a biography by Harold S. Bender, Scottdale, (Pa: The Herald Press, 1956), 125.

43) R. Tudur Jones, *op. cit.*, 84-85.

에 순종하는 것이었다. 그러나 시민법이 기독교가 요구하는 것과 상치될 때 생기는 문제에 재세례파는 법에 대해 소극적 저항을 보였다. 이 소극적 저항(passive resistance)은 한편으로 순종 거부를 뜻하였고, 다른 한편 이와 같은 거부가 초래하는 형벌, 예를 들면 벌금, 투옥, 재산의 몰수, 추방과 같은, 심지어 죽음과 같은 형벌까지도 기꺼이 받아들이는 것을 의미했다.

사실 교회의 삶은 세상(세계)과 분리된 삶이었을 뿐 아니라 또한 세상에 대해 반대하는 삶이기도 하였다. 그들은 기독교인은 자유롭고 강제로 강요당하지 않는 백성이라고 주장했다. 때문에 이들은 신약성경을 근거로 이런 자신들의 견해가 옳다는 것을 확신하였다. 초기 기독교는 하나님의 뜻만을 알았다. 그의 나라를 확대시키는 일에 유일한 무기는 지팡이와 성경이었다. 처음 기독교인들은 자신들이 할 수 있는 한 이 말씀을 설득력 있게 온 세계에 전파하였으나 언제나 평화적인 수단을 사용하였다. 따라서 16세기의 신자는 이와 다른 어떤 방법으로 살면서 스스로 기독교인이라 자부할 수는 없었다. 그는 평화에 헌신하고, 하나님의 말씀을 평화적으로 전파하는 데 헌신하여야 했다. 이와 같은 방식과 대조적으로 국가는 언제나 국가의 의지를 시행하고 확대하기 위해 무력, 전쟁, 박해, 폭력, 칼을 사용하였다. 이와 같은 삶의 방식은 기독교에는 낯선 것으로 저항을 받아야 했다. "세속 통치자들은 육에 따르고 기독교인은 영에 따른다. 이들의 집과 처소는 이 세상 안에 머물지만, 기독교인들의 집과 처소는 하늘에 있다. 이들의 시민권은 이 세상에 있으나 기독교인들의 시민권은 하늘에 있다. 이들의 분쟁과 전쟁의 무기는 육적이고 육에 대해서만 싸운다. 그러나 기독교인들의 무기는 영적이며, 악마의 요새와 싸운다. 속인들은 강철로 무장하나 기독교인들은 하나님의 갑옷으로, 진리와 의와 평화와 믿음과 구원과 하나님의 말씀으로 무장한다. 요컨대, 우리를 향한 그리스도의 마음과도 같이, 그리스도의 몸의 지체들의 마음도 만물 속에 그리스도를 통해 있을 것이며, 이 몸안에 어떤 분열도 있을 수 없을 것이며, 이 몸을 통하여 분열이 제거될 것이다."[44]

이 문제에 대해 재세례파의 저항은 이중적 형태를 취하였다. 첫째, 재세례파는 어떤 형태의 전쟁에 대해서도 무조건 반대하였다. 진실한 기독교인은 국가를 위해

---

44) *Radical Reformation*, 172-180; John C. Wenger, "The Schleitheim Confession of Faith", *The Mennonite Quarterly Review*, XIX, (No.4, 1945), 247-252.

무기를 들 수는 없었다. 기독교인에게 가능한 한 가지 자세는 평화주의뿐이었다. 그 대가가 어떤 것이든지 국가가 무기를 들게 만들려는 시도에 대해서는 비타협적인 저항으로 대응할 수 있었다. 둘째, 국가는 종교적 획일적 집행을 위해 국가 권력을 교회의 손에 양도하였다. 개신교나 가톨릭 모두 종교적 이단의 관용을 사회적 약점으로 보았다. 오류, 특히 종교 문제에서 오류는 공동선(common good)에 대한 중대한 위협으로서 오류가 발견되는 대로 박멸해야 했다. 이들과 달리 재세례파는 하나님의 말씀에 비추어 자유롭게 견해를 형성하고 각자의 양심에 따라야 했다. 종교적 동의를 확보하기 위해 강제력을 사용할 수는 없었다. 재세례파들은 비록 자신들의 선택이 기성 기독교회와 충돌케 하고, 기독교의 의미에 대한 기성 기독교회에서 일반적으로 받아들여지고 있는 해석과 충돌케 되어도 자신들이 읽는 성경을 따를 수밖에 없다고 확신하였다.

때문에 종교 자유에 대한 이와 같은 주장은 재세례파에게 교회와 국가 양편의 진노를 살 수밖에 없는 상황이었다. 결국 종교적 신념을 위한 박해, 고난, 순교는 재세례파가 용기 있게 받아들인 어쩌면 이들의 운명이었다. 박해는 다만 이들의 견해를 강화시켜 주는 데 기여하였다. 신약성경은 이것이 초기 기독교인들의 운명이었다고 말하기 때문이다. 원시 교회는 국가와 분리되었을 뿐 아니라 국가와 분리하면서 국가를 문제시하고 국가에 대항하였다. 이 같은 자세는 국가로부터 박해와 거부와 반대를 불러일으켰다. 그 결과 사도들의 교회는 순교자들의 교회, 자신들의 삶으로써 진리를 증언하려 한 사람들의 교회였다. 이들은 이것이 그리스도의 교회에게 요구되는 댓가이며, 언제나 고난을 감수하려는 교회의 올바른 자세라고 생각하였다. 동시에 이들은 고난은 언제나 교회의 삶의 본질적인 한 부분이 될 것이라고 믿었다.

하지만 참다운 교회가 있고 진정한 기독교적 증언이 있는 곳에서는 언제나 이에 맞선 반대세력이 형성 될 수밖에 없다. 세상은 본질상 과거처럼 현재와 미래, 언제나 악할 것이다. 기독교인은 세상으로부터 철수하여 세상에 반대하는 이외의 다른 길은 없다. 그리스도 교회의 진정한 하나의 증표는 언제나 박해일 뿐이다. 교회가 만일 세상의 환영을 받고 융숭한 대접을 받게 된다면 그것은 곧 교회가 그 증언의 역할을 포기하였다는 뜻 이외의 다른 뜻일 수 없다고 주장하였다. 그러므로 은총의 공동체는 언제나 죄의 공동체인 세상과 맞서야 했고 타협은 전혀 불가능하였다. 따라서 기독교인 된 자의 불가피한 운명은 추방과 박해와 순교일 수밖에 없다. 그러나 이들이 주장하는 고난의 증언은 믿는 자에게 그가 그리스도의 메시지와 그리스도의 교회를 견지하여가고 있다는 것은 부인할 수 없는 사실이었다.

5.2. 교회의 내적 구조

재세례파에게 세상과의 분리는 그가 떠난 세상의 공동체를 대신해 주고, 분리된 생활을 하는 데 필요한 뒷받침을 제공해 줄 자체 공동체를 발전시킬 필요성을 야기시켰다. 이들 가운데 많은 사람들은, 예를 들면, 모라비아의 후터파들(Hutterites)이 그러했듯이 자신들이 신약성경의 명령으로 생각한 것에 따라 모든 것을 공유하는 완전히 폐쇄적이고 자족적인 공동체를 설립함으로 이런 필요성을 충족시켰다. 이와 같은 공동체적 구조 안에서 각자는 집단의 유지를 위하여 부지런히 일하였다. 형제들은 공동체 속에서 함께 살며 일하며 예배드렸다. 이들은 하나님의 말씀 속에 잘 드러나 있다고 여긴 하나님의 뜻을 삶으로 실천하는 데 함께 헌신하였다. 이들의 공동체적 삶이 어떤 형태를 취하였던, 그 목적은 초기 기독교인들의 삶의 양식에 전적으로 투신함을 통해 성취되는 완전히 성스러운 생활을 영위하는 데 있었다. 이 같은 목적의 성취를 위해 재세례파는 네 가지 특징적인 수단들, 곧 합의(consensus)와 추방(ban), 만인제사직과 복음전도 방법을 발전시켰다.

5.2.1. 합의

일단 재세례파에 입교한 사람은 그 자신의 의식적인 선택에 의해 그의 형제들과 더불어 사는 중에 하나님의 뜻을 찾아 따르기를 원했기 때문에 재세례파에 들어간 것으로 이해되었다. 이와 같이 하나님의 뜻을 찾는 일은 재세례파 공동체 전체에서 끊임없이 되풀이해야 할 자신들의 의무로 이해되었다. 그리고 이것은 계속해서 하나님의 말씀을 적용하는 가운데서 찾아야 했다. 따라서 재세례파의 주요 관심사는 기도와 성경 읽기, 공개 토론을 통해 전체 공동체로 하여금 현재 문제에 적용된 성경의 의미를 찾아내도록 환경을 조성하는 일이었다. 이들에게 하나님의 말씀의 의미는 정적인 것이거나 단번에 주어진 것이 아니었다. 오히려 하나님의 말씀의 의미는 하나의 살아 있는 실재였으며, 그 현재 적용은 재세례파 집단에 의해 발견되어야 할 사항이었다. 하나님의 말씀은 형제들 간의 공개 토론에서 현재 상황에 대한 구체적 해명으로 드러날 것이었다. 하나님의 영이 이 토론 가운데 현존하여 각 구성원을 진리로 향하게 인도하실 것이기 때문에 해석에 관한 공동 일치를 이루는 합의가 궁극적으로 이루어질 것으로 기대되었다. 모든 구성원들은 각 구성원이 성령의 인도 아래 다른 모든 구성원들에 대한 책임을 지고 있으며, 이 성령이 자신들에게 알고 행동하기를 원하는 것이 무엇인지를 다 함께 발견할 수 있음을 인식하였다.

이렇듯 하나님의 말씀의 해석에 있어 재세례파는, 하나님의 말씀에 대한 권위 있는 해석은 교회 지도층의 권한 영역으로 믿었던 사람들과 성령의 지시 아래 각 개별 신자가 자신을 위한 하나님의 말씀의 의미를 깨닫게 될 것으로 믿었던 사람들 사이의 중간 입장을 취하였다. 재세례파들에게 공통된 신앙 양심을 형성하는 것은 합의(合意)였다. 그 배경은 공동의 기도와 토론이었다. 그 목적은 이 상황에 적용되어진 하나님의 말씀에 대해 공동의 해석에 도달하는 것이었다. 결국 이들의 신앙 패턴은 자발적이고 자유로웠으나 공식적 신조를 갖고 있지 못했으며 또한 그들 모두가 하나의 통일된 교리체계를 받아들이지 않았다. 그러나 이들은 모두 로마 가톨릭에 대하여 비판적이었다. 그리고 우리가 앞에서 살펴보았듯이 이들은 국가 영역과 교회 영역을 예리하게 구분하였으며 신앙이란 인간의 강요에 의해서가 아니라 하나님에 의해 자라나는 것이기 때문에 국가가 신앙상의 문제를 국민들에게 강요하는 것은 비성경적이라고 주장하였다.

5.2.2. 출교(파면)

이들의 철학은 공동의 결정에 대한 동조(conformity) 절차였다. 그러나 재세례파는 인간 본성의 죄 된 성향을 기억하고 합의를 보완하여 그 준수 대책을 마련하였다. 이것이 바로 출교였다. 사실 집단의 각 구성원은 거룩한 생활에 등을 돌리는 일부 죄악 된 경향 때문에, 이런 사람을 교회로부터 추방하는 일이 공동체의 책임이었다. 따라서 이런 조치의 정당화를 위해 교회의 출교(파문) 조치를 제도화하였다. 교회의 질서와 안녕을 위해서는 하나님의 교회에 죄가 침투하지 못하도록 구성원들의 생활을 철저히 감시해야 할 필요가 있었기 때문이다. "참다운 사도적 권위의 배제로 출교를 하지 못하는 교회는 마치 성벽과 성문이 없는 도성이나 도랑과 울타리가 없는 논밭이나 담과 문이 없는 집과 같다. 이런 교회는 모든 유혹하는 영에게,

모든 가증스러운 것들에게, 교만스러운 멸시 자들에게, 혹은 우상을 숭배하고 방자히 이를 데 없는 사악한 죄인들에게, 세계의 모든 대종파들에서 찾아 볼 수 있는 모든 음탕하고 부정한 철면피들, 남색자들, 창녀들 및 무뢰배들에게 문을 활짝 열어놓는 꼴이다. 왜 이토록 장황하게 이야기하는가! 내 생각에 그것은 기독교적 분별력을 통해 거룩하고 성스러운 성경이 명하는 바에 따라 진정한 사도적 분리를 가르치고 그것을 간절한 사랑 속에서 면밀히 지키는 것이 신실한 교회의 훌륭한 관례요 부이"[45]기 때문이다. 이밖에 재세례파 공동체의 내적 생활의 특징을 이루는 두 가지 특색이 있었다. 그것은 만인 사제직(the priesthood of all believers)과 선교활동에 관한 주님의 분부를 중시하는 자세였다.

5.2.3. 만인사제직

로마 가톨릭은 성직수임(the sacrament of ordination)에 따라 목회에 임하도록 소위 구별된 성직층을 가진 데 비해, 루터교나 개혁 개신교는 선택되어 훈련받은 목회자들을 보유했으나 모든 신도들이 말씀을 이웃에게 전하는 책임을 동시에 지니고 있다는 점에서 만인사제직을 믿었다. 그런데 재세례파는 만인사제직(universal priesthood) 관념을 한 단계 더 발전시켰다. 이들은 사도 교회의 모든 구성원들이 교회 생활뿐 아니라 불신자들을 복음화시키는 일에서도 완전하게 참여했다는 신약성경의 증언에 의존하였다. 회심이 모든 기독교인들에게 완전한 사제직(full priesthood)을 수여해 주는 것으로 생각되었다. 이것은 모든 기독교인은 설교하고, 가르치고, 예배를 인도하고, 전도할 수 있는 권한을 가졌다는 것을 뜻하였다. 재세례파 교회 내에서는 어떤 신급(grade)이나 계급(rank)도 허용되지 않았다. 모든 신도들은 동등한 자격과 하나님의 일(ministry)에 참여할 동등한 권한을 갖고 있었다. 다른 어떤 기독교회 이상으로 재세례파는 모든 형제들에게 완전한 사제직을 부여하고 교회의 내적 조직을 부정하였다.

5.2.4. 복음전도와 지상명령

만인사제로서 하나님의 일에 참여할 모든 기독교인의 권리와 책임에 대한 재세례파의 주장이 모든 민족에게 복음을 전하라는 그리스도의 분부(당부)를 통해 명백

---

45) *The Complete Works of Menno Simons*, 962.

히 나타나다. 마 28:19절, "그러므로 너희는 가서 모든 족속으로 제자를 삼으라"는 말씀이 그리스도의 지상명령이었다. 이것은 모든 믿는 기독교인에게 구별 없이 주어진 명령이었다. 주님께서는 그의 사자들(messengers)을 보내어 이 복음을 전하게 하셨다. 그의 사도들은 이 은총을 세계 만방에 전하였다. 이들은 모든 사람 앞에 밝게 타오르는 횃불처럼 빛났다. 그리하여 이들은 나 자신을 포함하여 탈선한 모든 죄인들을 바른 길로 인도할 수 있었다. 그리고 이들은 주님께 찬송과 영광을 돌렸다.[46]

기독교 초기 그리스도의 실천은 순회하는 전도자들과 선교사들을 통해 전 유럽을 누비는 일로 전개되었다. 이 운동이 성장 발전하고 조직화되어 감에 따라 각 공동체는 선교의 효율성을 위해 대표자들을 세웠다. 다수 회중들에 의해 채택된 공동생활은 선교사들이 하나님의 말씀을 전하기 위하여 떠나 있는 동안 이들의 가족을 보호하는 책임을 감당할 수 있게 해 주었다. 그러나 이 선교의 과제가 조직화되었어도 그리스도의 명령은 변함없이 모든 기독교인들에게 구속력을 가졌다. 새로운 개종자들을 받아 들이는 의식에서 새로운 형제는 어디로 보냄을 받든지 순종하겠다는 약속을 하였다. 그리고 성경은 급진적 종교개혁을 가능하게 하고 또한 이 세상으로부터의 분리와 이 세상에 대한 반대, 공동생활, 모든 신도들이 거룩한 생활과 증언에 대한 동등한 책임을 지는 자발적인 엄격한 교제를 갖도록 만들었다.

6. 역사의 의미

이와 같은 교회관과 교회내의 구조 속에서 이들이 끊임없이 지향한 또 하나의 특징은 이들이 어떻게 역사를 이해하고 역사의 의미를 해석했는가를 살펴보는 것이다. 왜냐하면 이들이 국가 및 기성 교회들과 끊임없는, 거의 절망적인 투쟁적 상황에서 자신들의 운명에 관한 어떤 감각과 최후 승리에 관한 확신을 보존하기 위해, 역사의 의미와 목적을 국가 교회가 아닌 자신들의 작은 비밀집회(small conventicles)를 중심으로 이해하는 역사관을 발전시켰기 때문이다. 그리하여 이들은 역사를 나름대로 시대를 구분(periodization)하였다. 따라서 이들에게 역사는 인류를 위한 하나님의 계획의 실현 면에서 연속된 여러 시기(시대)들로 구분되었다. 각 시기는 그 자체의 교훈을 가르쳤고, 그 전체 과정의 최종적 의미에 나름대로 공헌하였다. 각

---

46) *Ibid.*, 71.

시기마다 하나님은 그의 택하신 자들 가운데 역사하셔서 이들을 통해 당신의 내밀한 목적들을 실현하셨다. 택함 받은 자들이 역사의 의미를 새롭게 하고, 하나님은 이들을 통해 역사를 완성시키실 것이다.

(1) 첫 시기는 사도들의 교회, 혹은 초기 순교자들의 교회로 교회 생활의 황금시대였다. 이 시대는 믿는 자들이 기쁜 마음으로 기독교적 삶을 사는 데 혼신을 다한 영웅들의 시대였다. 오직 주님의 말씀을 통해 곧 온유함, 오래 참음, 단순성, 한마음, 말씀의 전파, 모든 사람을 사랑으로 대하였다. 그리고 세상의 전면적인 반대와 끊임없는 박해와 순교에도 불구하고 능력으로 세상을 정복하였다. 그리하여 하나님의 신비한 역사가 도처에 나타나게 되었다. 그것은 곧 하나님께서 이 세상의 약한 자들을 택하셔서 강한 자들을 꺾으시는 방법이었다.

(2) 그러나 교회가 승리한 순간 인간으로는 이해할 수 없는, 소위 하나님의 목적에 반하는 범죄와 타락이 만연하였다. 대부분의 재세례파들이 보기에 교회의 타락은 콘스탄티누스 황제의 통치와 일치하였다. 바로 콘스탄티누스의 치세 때 기독교는 국교(the official religion of the state)가 되었다. 바로 이 시기에 콘스탄티누스적 교회가 탄생하여 국가의 권력과 결합하고, 국가 내의 특권적 지위로 상승하는 길이 열렸으며, 국가의 모든 부패한 흐름에 영향을 끼쳤다. 교회와 국가의 이 같은 동맹관계는 타락한 교회의 표징이 되었다. 교회와 국가의 이 동맹관계는 유아세례, 대중개종(mass conversion), 모든 백성에게 기독교를 강제적으로 부과하는 관례를 잇달아 산출하였다. 성령의 검(the sword of the Spirit)이 아닌 세속 권력이, 증언을 하고 불신자에게 전도하는 교회의 무기가 되었다. 이리하여 교회는 자발적인 신도들의 공동체로서의 그 처음 모습을 상실하게 되었다. 이제 교회의 구성원이 되는 길은 인격적 결단 보다는 기독교 국가에서 태어나는 출생의 비밀에 의존하였다. 교회가 자발적인 신도들의 공동체로서 처음의 모습을 상실하는 것과 더불어 종교개혁까지 약 1300년 동안 교회 생활의 특징이 되는 온갖 부패와 폐단이 도입되었다. 말씀의 교회는 땅의 교회(the church of the land)가 되었으며, 그 과정에서 교회는 그리스도의 참 교회의 역할을 중단하였다.

(3) 이 같은 상황은 16세기까지 계속되었다. 16세기에 이르기까지는 오직 소수의 흩어진 신앙인들만이 과도기에 교회의 생명을 유지하였다. 이제 재세례파들은 하나님의 섭리가 다시 시작되어 조그만 분리된 남은 자들을 선택하여, 이들을 통해

다시금 당신의 참 교회를 회복시키기 시작하셨다고 이해하였다. 그러므로 역사의 하나님은 가톨릭이나 개신교를 통해서가 아니라 재세례파를 통해서 역사하고 계셨다. 재세례파의 과제는 이제 원시교회로의 귀환에 있었고 그리스도께서 그의 추종자들에게 요청하신 삶을 회복하는 데 있었다. 재세례파는 국가와 부패한 교회로부터 스스로를 분리시키고, 종교를 지원하는 무기로서의 물리력(강제력)에 반대하고 엄격한 내적 기강(기율)을 가진 튼튼한, 공동체 생활을 확립하였다. 이를 통해 이들은 죄악 된 세계에 그리스도의 교회의 참 모습을 보여주려고 하였다. 이를 위하여 이들은 그리스도의 참다운 교회가 언제나 그러하였듯이 박해를 받게 되었다.

(4) 그러나 이 모든 일은 마지막 시대의 시작이었다. 이들 자체가 종말의 시대를 동트게 하기 위하여 하나님이 택하신 도구들이었다. 하나님은 당신의 능력을 기적적으로 드러내 보이심으로 하나님의 나라를 회복하시고 이들의 활동을 완성시키실 것이다. 주님이 천사들의 나팔 소리와 함께 능력과 위엄 중에 나타나실 가까웠다. 그 사이 그의 백성에게 맡겨진 과제는 고난을 통해 그의 교회를 재건하는 일이다. 최종적인 승리의 성공에 관한 이와 같은 비전으로 재세례파는 절망적 상황에서 굳게 버텨나갈 수 있었다. 16세기에 이른 시점에서 이 비전이 요구한 신앙은 의도와 달리 종교개혁 운동의 극히 적은 부분에 국한되었다. 이 비전이 그 구성원들의 발목을 잡은 것은 세상과의 완전히 분리와 또한 혹독한 박해는 부흥을 가로막은 주원인이었다.

여러 세기를 거치면서 재세례파는 계속 기독교 내의 소수파 공동체로 존속하였다. 현재도 급진적 종교개혁자들의 후예는 극히 적은 수에 불과하다. 이들 후예들 중 가장 활발한 집단은 메노나이트들(the Mennonites)로 전 세계에 약 70만 정도이다. 이들 대부분의 메노나이트들은 주로 미국의 펜실베이니아 화란계 거주 지역과 버지니아, 인디아나 및 아이오와주에 분포되었다. 그 밖에 메노나이트들은 주로 화란, 캐나다, 러시아, 인도, 콩고, 독일의 소규모 집단들 속에 흩어져 있다. 재세례파의 전통을 이어받고 있는 나머지 한 파는 후터파(the Hutterites)이다. 이들은 메노나이트들보다 숫자가 훨씬 적어, 캐나다의 서부 지역에 약 11,000명, 남 다코타, 몬타나, 미네소타에 약 4,500명 정도가 거주하고 있다. 16세기 재세례파의 이 잔존자들은 현재까지 소규모의, 기율이 엄하고도 엄격히 분리된 공동체들로 존속하고 있다. 이들의 생활 패턴은 아직까지도 신약성서의 사도교회의 생활과 흡사함을 보이고 있다.

7. 결론: 요약 및 평가

7.1. 요약

고찰한 바와 같이 재세례파 운동은 신비주의나 메노파, 소시니안주의에서 보듯이 중세 교회와 다른 독자적인 신앙을 강조하였다. 하지만 이들은 종교개혁을 보다 더 성경적으로 개혁해 보려던 사람들이었다. 이들은 자신들의 이상을 실현하기 위해 누구와도 타협하지 않고 개혁을 이루려한 극단주의자들이었다. 이들에게도 개혁자들 못지않게 열정과 경건의 능력도 있었으나 거기에는 자신을 죽이는 겸손이 결려되었다. 필자는 본 장을 마무리하면서 이들의 신학적 특징과 교훈을 몇 가지로 정리하였다.

먼저 이들이 보여준 신앙 원리의 긍정적인 면은 (1) 참된 교회의 의미가 무엇인지에 대해 질문을 던진 것이다. 이들은 타락한 교회를 바르게 개혁하기 위하여, 소규모, 소수파 공동체로 존속하는 대가를 치루면서도 그들의 주장을 굽히지 않았다. 그리하여 이들은 회중들을 중심한 회중주의적 정치체제를 택하였다. 이들은 일체의 교회 문제에 관한 결정은 회중 전체의 의견을 좇도록 하였다. 교리에 관한 문제에 있어서는 교의적 전통이나 교회 정치 지도자들에 의해서가 아니라 성경 해석에 따라 결정하였다. 성경해석은 물론 회중 전체의 모임에서 의견의 일치를 좇았다. 이 모임에서는 누구나 발언할 수 있었고, 다른 이들의 의견을 비판하며 청취하였다. 교회 내 치리 문제도 회중이 공동으로 결정하였다. 이들은 자신들이 세례 받을 때 약속한 사항들을 생활 속에 실천할 수 있도록 공동으로 돕고 서로 감시해야 할 책임이 있다고 생각하였다.

(2) 이들은 제자도에 따라 성도들의 신앙이 사랑의 원칙을 통해 실현되어야 한다고 믿었다. 따라서 이들은 비 재세례파들과의 관계에서 비폭력주의를 고수하였고 전쟁에 불참하였으며, 박해자들로부터 스스로를 보호하지도 않았다. 또한 국가의 강제적 성격을 띈 행위에 참여하지도 않았다. 이러한 사랑의 윤리는 서로 돕고 부를 재분배하는 것으로 그 형태는 사회주의적인 경향을 띄었고 이는 이들의 공동체 내

에서 표현되었다. 이들의 모임은 자발적이고 개인적인 그리스도에 대한 신앙 고백에 기초하여 세례받은 자들로만 구성된 회중 중심적 교회였다. 그리하여 각 회중은 그의 동료 신자들을 위한 제사장이었으며 불신자들을 향해 선교사로서의 역할을 하였다.

(3) 재세례파는 지역 교회(local church)를 통해 자율성을 강조하였다. 재세례파에게 있어 "교회는 단순히 자동적으로 굴러 가는 제도가 아니고 지역회중의 예배와 삶 속에서 되풀이하여 발생하는 하나의 기관이다."[47] 갱신된 기독교는 지역 수준에서 지역사회의 절실한 요구를 충족시켜 주는 예배형식을 받아들여야 하며, 또한 지역사회의 필요에 부응하도록 교인들에게 요구하는 중에 갱신의 길을 찾는다. 따라서 재세례파는 기독교적인 삶과 예배와 증언에서 교회에 많은 빛을 던져줄 수 있다고 믿었다. 그 결과 이들은 자신들을 하나의 완전한 공동체로 인식하고, 그 원리에 따라 다른 지체들을 비판하고 정죄하는 우를 범하였다.

(4) 철저한 교회와 국가의 분리이다. 이들에 의하면 기독교 신자들은 자유롭고 강제 당하지 않으며 자발적으로 신앙을 결단한 사람들이다. 신앙은 하나님께서 값없이 주시는 선물인바 국가가 무력으로 복음을 대변하는 행위는 명백한 월권이라고 보았다. 이들은 교회를 기존 사회와는 완전히 다른 공동체로 이해하였다. 혹 이 사회가 기독교적 사회라 할지라도 그리스도인들은 순례자일 뿐이며, 그들의 교회는 세상에서 영속적인 행진을 요구받는 나그네인 것이다. 이처럼 이들은 교회와 국가를 분리함으로써 자신들의 완전한 종교의 자유를 주장하였다. 국가의 간섭이나 도움, 그리고 박해가 없이 자기와 같은 신앙을 가진 인물들과 예배드릴 권리야 말로 기본적이라로 주장한 것이다. 결국 이러한 경향은 원래의 목적과 달리 율법주의적으로 흐르게 되었고 선교열도 저하되었다.

7.2. 비판

이 같은 몇 가지 긍정적인 면에도 불구하고 이들에게서 몇 가지 부정적인 면을 발견한다. (1) 무엇보다 이들의 신앙은 초기 사상과 비교해 볼 때 매우 인위적이다. 이들은 역사 속에 끊임없이 재현되었지만, 각 그룹의 많은 지도자들은 두 개 혹은

47) Daniel O'Hanlon, S.J., "What can Catholic learn from the Free Churches", in *Comcilium*, vol. XIV, Do we know the others?, Glen Rock, (N.J: Paulist Press, 1966), 99.

셋으로 정리된다. 특징적인 것은 지나친 폐쇄주의로 역사적 연속성이 결여되었으며, 오히려 무관심한 채 과거와 단절되었다. 그러므로 이들은 역사적 교회로부터 어떤 진리도 발견하지 못하고, 그러한 교회는 마땅히 중단되어야 한다고 보았다. 더욱이 이들은 매우 개인적으로, 일반적인 신조나 제도 혹은 가장 단순한 유형의 예배형식에서 벗어나고자 하였다. 예를 들면, 이들은 보통 개인적인 체험, 즉 내적인 빛을 강조하였다. 이들에게 영적 체험은 신앙의 규범인 성경보다 해석에 있어서 필수적인 요소였다. 그러나 만약 우리가 내적인 빛에 의해 성경의 진수를 찾아낸다면 더 이상 성경은 불필요하게 된다. 문제는 이들의 교회적 가르침이 철학적 관념에 깊이 빠져있다는 것이다. 그러므로 이들은 성경적 신학에 기초한 종교 개혁적 전통에 설 수 없게 되었다. 이들의 신앙은 단순히 지적이었으며 형이상학적이었다.

(2) 기독교는 부패한 세상과 분리해야 한다는 극단적인 태도이다. 이러한 경향은 자신들을 남과 구별함으로 엘리트화 하는 경향이 현저하였다. 이는 곧 자신들이 다른 사람보다 낫다는 영적 교만을 보여준다.[48] 기실 영적 교만보다 영혼에 더 위험천만 한 것은 없다. 만약 이들의 주장대로 교회가 세상과 완전한 결별을 선언할 경우 어떻게 주님의 지상명령을 성취할 수 있겠는가? 이들에게 요구되는 것은 예수께서 말씀하신 누룩 비유의 참 뜻이 무엇인지를 이해해야 할 것이며, 동시에 요 17장에서 예수님이 말씀하신 성도(교회)가 왜 세상에 있는가를 생각해 봐야 할 것이다(마 5: 13-14). 재세례파들이 주장하는 분리와 성결한 공동체의 건설에 대한 이상은 사실 우리 시대에 긴급하게 요청되는 일이나, 그럼에도 불구하고 우리는 전통 교회로부터 격리될 수 없다는 것을 인식해야 할 것이다. 여기에서 세상을 살아가는 기독교인의 영적 고민과 갈등이 있는 것이다. 주께서 왜 나를 죄악 세상에 있도록 남겨 두셨는가를 아는 지혜가 요청된다. 책임적인 신앙 및 완전한 신앙생활의 필요성을 강조하는 재세례파의 자세는 기독교가 형식적인 회원 자격과 관례적인 생활로 만족하는 지도 체제와 회원들로부터 탈출해야 할 필요성을 시사한다. 이와 같은 선상에서 콘스탄티누스적인 교회에 대한 재세례파의 강력한 비판은 기독교가 속하여 살고 있는 문화에 적응하면서도 복음에 비추어 이 문화에 대해 비판적이기 위하여

48) D. M. Lloyd-Jones, "Ecclesiola in Ecclesia", *The Puritans: Their Origins and Successors*, (Edinburgh: The Banner of Truth Trust, 1987), 142; 곽차섭/임병철(eds.), 「역사속의 소수자들」, (푸른역사, 2009), 125-145.

필요한 자유를 얼마나 보유할 수 있는가 하는 질문을 제기한다.

(3) 이들은 마 18:20의 "두세 사람이 내 이름으로 모인 곳에는 나도 그들 중에 있느니라". 롬 15:14, "내 형제들아 너희가 스스로 선함이 가득하고 모든 지식이 차서 능히 서로 권하는 자임을 나도 확신하노라". 엡 5:19 "시와 찬미와 신령한 노래들로 서로 화답하며 너희의 마음으로 주께 노래하며 찬송하며". 그밖에 살전 4:18; 살전 5:14; 히 5:13; 히 10:24-25을 선택적으로 뽑아 자신들의 주장을 옹호하였다. 그러나 이 말씀들 중에 어느 것이 이들의 주장을 뒷받침 하는가? 신약 성경은 분명히 교회 안에 다양한 종류의 사람들을 말했지만 이들을 이런 저런 이유로 구분하지는 않는다.[49] 오히려 서로 짐을 지고 도울 것을 말씀한다. 이 중 어느 것도 특정 그룹을 정당화하지 않는다. 성경은 교회 전체에 관심이 많다. 어떤 분리도 용납하지 않으며 모두 한 지체로 생활할 것을 부탁한다. 그러므로 분파주의적 경향을 배제하고 엡 4:1-8 성령의 하나 되게 하신 뜻을 이루어야 할 것이다.

(4) 끝으로, 지나친 은사체험 강조와 무질서한 공동생활은 그들이 추구한 삶이 얼마나 이율배반적이었나 하는 허구성을 드러내 준다. 때로 우리는 이런 양 극단에서 자신의 영달과 만족을 위해 신앙 생활하지 않도록 힘써야겠다. 재세례파들은 교회가 갖고 있는 신비한 특성을 도외시하였다. 자신들만이 진실하다는 지나친 열심이 가져온 병폐였다. 오늘 우리도 혹 이런 실수가 없지 않은지 우리 자신을 살피고 행여 자칭 의인인체 하는 외식 자가 되지 않도록 힘써야 할 것이다. 항상 겸손으로 허리를 동이고 주님의 은혜를 사모하며 그분의 인도하심 속에 살아가야 할 것이다. 이런 간절한 소원이 우리의 마음 깊은 곳에서 솟구쳐야 할 것이다.

---

49) D. M. Lloyd-Jones, 146.

제 4 부

가톨릭 개혁과 정통시대의 도래

A History of the Reformation

제 14 장

예수회와 반동 종교개혁[1] 소고

-이그나티우스 로욜라의 예수회 설립과 1545-1563년 트랜트 공의회를 중심으로-

1. 서론

중세 1,000년의 가톨릭 교회는 갑자기 전 유럽으로 확산된 종교개혁으로 심각한 위협에 직면하였다. 이에 바티칸 교황청과 가톨릭 교회는 개신교의 개혁과 확장을 소리 높여 비판하였다. 그 이유는 도처에 급속히 확산된 개혁으로 그처럼 막강했던 가톨릭의 교권 기반이 파산될 상황에 처했기 때문이다. 이로써 가톨릭 교회는 개신

1) 이는 개신교의 종교 개혁에 맞서 전개된 가톨릭의 강력한 개혁으로 후대에 많은 영향을 미쳤다. 학자들은 이 운동을 가톨릭 종교개혁(Catholic Reformation)이라 해야할지 아니면 반동 종교개혁(Counter Reformation)이라고 해야 할지 고심하고 있다. 전자는 가톨릭의 내부 개혁 시도가 루터의 95개 항의문 발표 이전에 있었고, 그 개혁이 단순히 신교의 성장을 견제하려는 반동적 공격이 아니었다고 주장한다. 사실 1490년경부터 시작된 가톨릭 종교 개혁은 기독교적 휴머니즘의 원리에 의해 고무된 도덕, 제도적 개혁 운동이었으며, 방종한 르네상스 교황들로부터 실질적인 도움 없이 수행되었다. 1500년경 스페인 군주의 도움을 받아 추기경 지메네스 데 시스네로스(1436-1517)가 주도한 개혁 활동은 프란체스코 수도사들에게 엄격한 행동 규율을 부과하고 교구 성직자들 사이에 만연된 부패를 일소하였다. 뿐만 아니라 에라스무스와 토머스 모어 같은 기독교 인문주의자들은 교회를 비판하고 성경의 편찬과 가톨릭의 영성을 드높이는데 기여하였다. 한편 후자는 16세기 가톨릭의 개혁자들이 일차적으로 자신들이 이단과 분열이라고 간주한 대상에 맞서 싸워야 할 긴박성에 의해 고무되었다고 한다. A. G. Dickens, *The Age of Humanism and Reformation*, (London : PHI, 1977), 182-192; 루돌프 W. 하인즈, 「개혁과 투쟁」, 원종천 역, (도서출판 그리심, 2010), 289-290.

교의 개혁에 맞서 교황의 지상권 확인을 포함한 자체 교리를 정비하였다. 그리고 각종 폐단을 시정하며, 전투 적인 선교 집단 예수회(Jesuite Order)를 결성하고 종교 재판으로 개신교에 대항하였다.[2] 그리고 유럽의 신앙 회복을 도모하고 아메리카와 아시아의 포교에 적극 나섰다. 이로써 서로 다른 기독교, 개혁파와 가톨릭의 갈등과 대립으로, 수십만 명이 고문을 받고 처형되었다.[3] 이후 가톨릭과 신교의 대립은 정치화되어 16세기부터 17세기 중반에 걸쳐 종교 전쟁으로[4] 발전하였다. 일부 학자들의 지적처럼 만약 당시 예수회가 결성되지 않았다면 가톨릭 교회는 붕괴되었을 것이다.[5] 따라서 개혁운동에 위협을 느낀 독일의 찰스 5세는 교황 바울 3세에게 트렌트 공회의를 소집하여 해결을 촉구하였다. 이렇게 소집된 공의회는 1545년부터 1563년까지 약 18년간 개최되었다.

찰스 5세는 개혁의 확장을 진정시키기 위해 먼저 루터파와 화해를 시도하였다. 그러나 회집된 공의회는 이탈리아 인들 중심으로 교황의 통제아래 있었음으로 황제는 어떠한 영향력도 행사하지 못하였다. 루터의 95개 항의문과 함께 개혁 운동에 헐드리히 츠빙글리와 존 칼빈, 존 낙스가 합세하면서 그동안 세계 교회를 한 통치권 아래 지배해 온 로마 가톨릭은 엄청난 타격과 손실을 입었다. 그러나 20년이 경과한 후 가톨릭 교회는 그 동안의 일부 교세를 회복하며 새로운 변신을 꾀하였다. 이들은 개혁정책으로 교회의 부흥과 더불어 성직자의 윤리와 도덕성을 확립하고 교육과 선교 사업에 적극 참여하였다.[6] 이 운동은 먼저 개혁을 주창한 교황들과 트랜트 공의회, 그리고 예수회의 역할 분담으로 확산되었다. 그럼에도 불구하고 결국 로

---

2) C. B. Eavey, *History of Christian Education*, (Chicago: Moody Press, 1965), 151.

3) 1620년대에는 최대 규모의 마녀 사냥이 실시되었다. 보다 자세한 것은 서요한, “제13장 중세마녀사냥과 종교재판의 상관성”, 「중세교회사」, (도서출판 그리심, 2010)을 참조하라.

4) 예를 들면 1562년 프랑스에서 발생한 위그노 전쟁, 1568년 네덜란드의 독립전쟁, 1618년 프랑스와 스페인 간에 30년 전쟁이 일어났다. 그 후 1648년의 베스트팔리아 조약으로 칼빈파가 공식적으로 공인되었다. 한편 프랑스에서는 1530년부터 1685년까지 여러 차례 종교전쟁이 발생하였다. 특별히 위그노 전쟁은 1598년의 낭트 칙령으로 잠시 종식되었으며, 1609년 네덜란드는 휴전 조약과 함께 연방공화국이 탄생하였다. 그리고 1642년부터 1649년까지 영국에서 청교도 혁명이 발발하였다. 이처럼 유럽의 여러 나라에서 가톨릭과 신교 간에 종교전쟁이 빈번하였다.

5) David Otis Fuller(ed.), *Which Bible?* (Michigan: Grand Rapids International Publications, 1971), 149.

6) G. R. Elton, *Reformation Europe 1517-1559*, (Fontana Press, 1963), 176-180.

마 가톨릭 교회는 성경적 권위와 요청을 외면하고 고착화된 중세적 전통, 의식과 규례를 극복하지 못하였다. 본장에서는 반동종교개혁과 관련하여 예수회와 트랜트 공의회의 관계, 그리고 개혁 교황의 역할을 고찰할 것이다.

2. 반동 종교개혁의 발생원인

반동종교개혁의 발생 원인은 학계에 따라서 대개 3가지로 정리된다. (1) 당시 가톨릭의 중심적 역할을 했던 스페인의 대적 동방 이슬람 세력의 팽창에 대한 저지와 (2) 16세기 가톨릭 교회의 개혁이 르네상스의 인문주의적 경건에서 자연적으로 유래했다고 보는 견해, (3) 프로테스탄스 개혁의 위협에 직면한 가톨릭 교회가 이에 맞서 반대행동을 취했기 때문이라는 것이다.[7] 이 같은 견해는 당시 가톨릭 교회가 처한 형편과 연계할 때 쉽게 이해될 수 있다.

상기한 첫 번째 주장은 종교사적 측면에서 가톨릭(기독교)과 이슬람의 대립으로 본 것이다. 사실 그동안 서구 유럽은 전통적으로 기독교적 신앙과 사상의 지배를 받아 왔다. 그러나 7세기 초엽 마호메트의 등장과 급속한 팽창으로 역사는 새로운 상황에 직면하였다. 서구 유럽이 기독교와 이슬람의 종교적 갈등에 휘말리면서 끝없는 긴장이 계속되었다. 이슬람의 팽창으로 엄청난 타격을 입은 가톨릭 교회는 옛 전통의 회복을 위해 반동종교개혁을 단행하였다. 두 번 째 주장은 인문주의의 영향에 대한 가톨릭 보수주의자들의 대응에 기인했다는 것이다. 세 번 째 주장은 필자도 동의하는바 대체로 반동종교개혁이 개신교의 팽창에 위협을 느낀 가톨릭 교회의 내부 결속을 위해 조직화 된 운동이었다. 사실 종교개혁의 발생 이전까지 세계는 가톨릭의 막강한 지배아래 있었다. 교황은 유럽 어디서나 경제와 사회, 문화와 종교에 절대적인 권위를 누렸다. 그리하여 교황은 자신에게 충성하는 모든 세력을 동원하여 개신교도들을 말살하려 하였다.

3. 반동종교개혁의 역사적 배경

3.1. 반동종교개혁 이전의 운동

---

7) C. B. Eavey, *History of Christian Education*, (Chicago: Moody Press, 1965), 151.

16세기 로마 가톨릭의 개혁 운동은 종교 개혁 이전 중세에 다양한 형태로 여러 차례 일어났다.

(1) 중세 수도원을 통해서, 가톨릭 교황들의 세속 통치자에 맞선 서임권 임명과 지위 확보, 그리고 1414년 교황의 분열 종식 이후 콘스탄스에서 교회를 통합한 공의회주의자들에 의해 전개되었다.8) 이들 중에 수도원의 수도사들은 당시 교황청의 세속화와 권력 남용을 개혁하려 하였다. 그러나 교황과 종교회의 간의 오랜 투쟁은 개혁을 무의미하게 하였다. 특히 공의회주의의 실패 후 1512년 교황 율리우스 2세(Pope Julius II)는 로마에서 제5차 라테란 공의회를 열었으며, 교황 레오 10세까지 이어졌다. 이후 교회 개혁을 위한 약 5년 동안의 공의회를 이탈리아와 스페인 감독들이 장악하였으나 많은 라틴 가톨릭 교회의 지도자들도 참여하였다. 이 때 개혁을 위한 다양한 제안과 개혁 교리들이 공포되었다. 그러나 주요 개혁을 제도화하거나 공포된 교리를 실행에 옮기지 못하였다.

(2) 루터 이전 르네상스 교황들이 개혁을 촉진하였다. 이 운동은 스페인 추기경 프란시스코 치메네스 데 시스네로스(Francisco Ximenes de Cisneros, 1436-1517)와 아빌라의 테레사(Teresa of Avila, 1515-1582)가 주도하였다. 시스네로스는 한 때 이탈리아에 거주하며 인문주의를 접하였다. 스페인 귀환 후 1485년 톨레도의 감독과 스페인 교회의 수석대주교가 되었다. 당시 나이 60세였으나 수도원에서부터 세속 성직자들에게 개혁운동을 펼쳤다. 1507년 추기경 직위를 받고 이듬해 성직자들의 교육을 위해 자신의 재정으로 알칼라(Alcala)에 대학을 설립하여 교육에 힘썼다.9) 한편 테레사는 당시 영적 신빈주의자 중의 한 사람이었다. 그녀는 귀족 신분

---

8) 서요한, "제22장 중세 개혁운동의 양태와 특징", "제23장 중세 교회의 신학적 개혁운동", 「중세교회사」, (도서출판 그리심, 2010), 703-764 참조.

9) 그는 당시 여섯 권의 콤플루텐시안 다국어 성경(Complutensian Polyglot Bible)의 인쇄를 재정적으로 지원했고, 그가 새 대학으로 인도한 인문주의 학자들에 의해 만들어졌다. 구약 부분은 히브리 원문, 라틴 불가타, 그리고 헬라어 70인역을 평행 기둥으로 세워놓았다. 여섯 권째 책은 주석을 돕는 내용을 담았고, 교황 레오 10세에게 바친 서문에는 씨스네로스가 성경을 원어로 연구하는 자신의 인문주의 결단을 표현하였다. 다언어 성경의 헬라어 신약성경은 에라스무스가 자신의 버전을 내놓기 2년 전인 1514년에 인쇄되었다. 그의 학문적 관심과는 대조적으로 씨스네로스는 또한 스페인의 종교재판소장 으로 섬겼다. 반대자들에 대한 비관용과 핍박이 스페인 개혁운동과 관련되었다. 스페인 종교재판소는 15세기 후반 의심스러운 이단을 법정에 세우는 특별한 재판소 였다. 그것은 원래 세례 받은 유대인들이 다시 그들의 유대 신앙과 관습으로 돌아

을 돈으로 산 한 부잣집의 응석받이였으나 사치와 안락을 거부하고 종교적 삶에 헌신하였다. 20세에 카멜라이트(Carmelite) 수도원에 들어가 27년을 지냈다. 처음에는 적응치 못했으나 굳은 결단과 용기로 적응하였다. 40세에 그리스도의 환상을 본 후 변화되어 하나님께 헌신하였다. 1562년 아빌라에 새 수도원을 설립하고 개혁을 역설하며 전국을 순회하였다. 묵상과 기도를 통해 하나님과 하나됨을 추구하는 중에 「완전의 길」(*The Way of Perfection*)과 「내면의 성」(*The Interior Castle*)을 비롯한 신비주의 영성 관련 저술을 남겼다. 테네사는 67세의 소천까지 개혁을 실천하였다. 테레사의 동역자 크로스의 존(John of the Cross, 1542-1591)은 신비적 영성 보급을 도왔는바, 이후 문학과 예술에 반영되었다. 테레사는 저술로 시와 묵상집, 그리고 약 500편의 편지를 남겼다. 또한 비기독교인과 개신교도의 교도에 헌신하였고 그들의 회심을 위해 수녀들에게 기도를 부탁하였다.

(3) 이탈리아의 "신적 사랑의 수도회"(Oratories of Divine Love)가 개혁에 기여하였다. 이것은 작은 종교 집단으로 종교적 실천과 기도 그리고 빈번한 교제를 통해 구성원의 내적 갱신을 추구하였다. 그들은 또한 가난한 자를 섬김으로 믿음을 실천에 옮기는 일에 헌신하였다. 이 수도회의 설립 영감은 성 게노아의 캐서린(St. Catherine of Genoa, 1447-1510)의 삶과 사역에서 비롯되었다. 병든 자를 돌보는 그녀의 헌신적인 섬김과 심오한 영성은 1497년 한 부유한 평신도가 게노아에 수도회를 설립하는 영감을 불어넣었다. 이후 수도회가 여러 지역에 세워졌으며 야코포 사돌레토(Jacopo Sadoleto, 1477-1547), 가에타노 티에네(Gaetano Thiene, 1480-1547), 레지날드 포울(Reginald Pole, 1500-1558), 지오반니 피에트로 카라파(Giovanni Pietro Carafa, 1476-1559), 그리고 카스파로 콘타리니(Gasparo Contarini, 1483-1542) 등이 참여하였다.[10)]

(4) 찰스 황제의 로마 약탈이 가톨릭의 개혁을 촉진하였다. 그것은 이탈리아에서, 프랑스와 교황청을 비롯한 이탈리아의 연합군 세력과 전투 중에 찰스 5세의 군대가

가는 자들을 염두에 둔 것이었다. 후에 그것은 또한 세례를 강요받았던 무슬림들에게 사용되었다. 그리고 종교개혁이 시작된 후 개신교 성향으로 의심받는 자들에게 사용되었다. 루돌프 W. 하인즈, 「개혁과 투쟁」, 원종천 역, (도서출판 그리심, 2010), 291-292.

10) 이들 중에 콘타리니는 유명한 베네치안(Venetian)가의 구성원으로 세속 직업을 갖고 시정부에 요직에 있었다. 1528년과 1530년 사이에 황제 찰스 5세의 대사로도 일하였다. 루돌프 W. 하인즈, 「개혁과 투쟁」, 원종천 역, (도서출판 그리심, 2010), 293.

로마에 진격했을 때 발발하였다. 당시 연합군의 지도자가 부재한 중에 일부 독일 개신교도의 군대는 도시를 약탈, 살인, 강간 등을 탐닉하였다. 그러나 이런 공격을 위임한 적이 없는 찰스는 거룩한 도시에서 행해진 신성모독을 안 후 고민에 빠졌다. 그는 이러한 상황에서 승리 보다는 패배가 났다고 생각하고 교황에게 가한 불명예에 큰 고통과 수치를 느낀다고 하였다. 그러나 비테르보의 자일즈(Giles of Viterbo) 같은 사람은 이렇게 해서라도 교황청의 개혁을 주창하였다. 자일즈는 제5차 라테란 공의회의 개회 연설을 통해 교회개혁을 주도하였다.

3.2. 반동종교개혁운동

16세기 루터, 츠빙글리, 칼빈, 낙스의 주도아래 전개된 종교 개혁으로 가톨릭 교회는 심각한 위험에 직면하였다. 교인과 교회가 나누이며 심지어 영토가 분리되었다. 이런 현상은 가톨릭의 오랜 전통의 파산과 종교적 제도의 유지에 심각한 타격이었다. 무수한 교인들과 교회, 국가가 이탈하는 과정에서 불가피한 조치가 요청되었다. 가톨릭 교회는 개신교에 맞서 자위적 필요에 따라 자체의 조직적 통일을 유지하고 전통적 교리의 수용과 정착을 위해 과감한 개혁적 실천을 결단하였다. 물론 가톨릭의 개혁이 개신교에 앞서 여러 차례 시도되었으나 문예부흥과 종교개혁으로 혁신이 절박하게 요청되었다. 그 중심에 스페인과 이탈리아에서 반동종교개혁이 일어나,[11] 개신교도들을 추방하거나 종교재판으로 처형하였다.

(1) 스페인의 형편[12]: 1517년 10월 31일 비텐베르크의 루터와 함께 시작된 개혁

---

11) 당시 이 운동의 중심인 이그나티우스 로욜라는 예수회를 결성하였다. 이 조직은 일종의 의용군, 즉 완전한 군대로 조용한 수도원 생활에 만족하지 않고 세계로 퍼져 나가 교회의 일치와 통일을 꿈꾸었다. 이를 위해 이들은 중세 십자군처럼 전투적이었으나 형식적 종교의식과 제도를 탈피하지는 못하였다. 그러나 사실 가톨릭 교회의 개혁에 관한 소문은 중세 클루니 수도원의 개혁과 그레고리 7세의 개혁운동이 보여 주듯이 중세 말에 태동하였다. A. C. Dickens, *The Counter Reformation*, (London: Thames and Hudson, 1971), 7-8; William R. Estep, *Renaissance & Reformation*, (Michigan: Grand Rapids, William B. Eerdemans Publishing Company, 1989), 270.

12) 711년 이베리아 반도, 스페인을 침략한 이슬람은 1064년까지 약 300년 동안 이곳을 지배하였다. 하지만 교황의 반도 탈환 정책 전쟁으로 무슬림은 남쪽의 소국 그라나다로 내몰렸다. 기독교 군주들이 이베리아 반도의 패권을 두고 오랜 전쟁을 치르면서 거대한 두 왕국 카스

은 당시 권력자들, 예를 들면, 세속 통치자들-황제와 영적 통치자-과 교황들을 당혹시켰다. 그 중에 스페인은 중세 가톨릭적 전통아래 성공적인 개혁을 추진하였다. 이곳에서는 세속적인 통치, 성직자들의 도덕성을 정화하기 위해 각종 교회법을 부활내지 강화하고, 인문주의와의 적절한 절충, 스콜라 신학의 철저한 고수, 교회 계층구조의 전체적인 보전, 중세 교회의 의식과 관용의 보전, 이단에 대한 강압적 박해를 전개하였다.[13] 당시 중세 유럽 어디서도 찾을 수 없는 신앙의 보전과 애국심이 스페인에서 통합적 전통으로 수용되었다.[14] 그 결과 스페인은 도미니쿠스회 수도원의 선교를 탄생시켰다. 그리고 모슬렘의 아베로이스주의, 즉 범신주의를 반대하는 지적 십자군단의 중심 종단이 되었다. 종교재판은 가장 엄격하고 잔인한 형태로 집행되었다.[15] 스페인은 반동 종교개혁의 지도자 이그나티우스 로욜라(Ignatius Loyola)를 배출하며, 가장 전투적인 예수회 종단을 창설하였다. 그리고 다른 나라와

티아와 아라곤이 탄생하였다. 1469년 카스티야 여왕 이사벨과 아라곤 왕 페르난도의 결혼으로 스페인은 민족국가가 되었다. 그리고 10년 후 하나로 통합된 두 나라의 부부 왕의 최대 목표는 왕국의 종교 통합이었다. 따라서 그곳에 거주하던 기존의 무슬림과 유대인들은 기독교로 개종하든지 아니면 떠나야 하였다. 수많은 사람들이 그곳을 떠났으며 혹 개종하지 않은 일부 잔류자들은 생명의 위협에 처하였다. 많은 유대인과 무슬림이 지하 감옥에서 목숨을 잃었고 마냐사냥으로 고통을 당하였다. 1492년 이슬람교를 고집하던 그라나다를 정복한 후 스페인은 완전히 기독교 국가가 되었다. 한편 통합 이전 이베리아 반도의 포르투칼리아는 본래 카스티야 왕의 봉토였다. 하지만 11세기 그곳에서 일어난 독립운동과 함께, 1135년 아폰수 엔리케 백작은 충성을 거부하고, 1139년 아랍군을 상대로 대승을 거두었다. 이 후 백작은 독립을 확대하던 중에 자기 영지를 독립국으로 선포하고 자칭 포르투갈의 아폰수 1세가 되었다. 그리고 카스티야의 공격을 막기 위해 미리 교황에게 자신의 왕국을 헌납하여 승인을 받은 후 지금까지 포르투갈을 유지하고 있다. Andrew Pettegree(ed.), *The Early Reformation in Europe*, (Cambridge University Press, 1992), 215-237; 만프레트 마이, 「상식과 교양으로 읽는 유럽의 역사」, 장혜경 역, (웅진/지식하우스, 2008), 75-77.

13) Thomas M. Lindsay, *A History of the Reformation*, (Edinburgh: T. & T. Clark, 1907), vol. II., 488.

14) 이것은 스페인 기독교인들이 약 700년 동안 무어족(Moors)과 치른 전쟁으로 정착된 이들만의 신앙적 정서에 기초하였다. 이방 민족과 이방 신앙을 가진 원수들과의 전쟁에서 기독교인으로서의 경험은 스페인 반도 내에 자신들의 삶을 국한시킴으로 유럽의 인근 국가와 단절을 초래하였다. 동시에 중세적 가톨릭교회라는 개념에 모든 기독교인들이 보다 더 철저히 결속함으로 자신들의 동질성을 강화시켰다.

15) 서요한, "제20장 중세 수도원의 형성과 역사적 발전", 「중세교회사」, (도서출판 그리심, 2010)을 참고하라.

달리 금욕주의와 신비주의적 황홀경을 순수한 신앙 정서로 수용하였다.

개혁 당시 스페인은 로마 교황청의 지역교회에 대한 퇴폐적인 영향을 제거하기 위해 세속 권세를 개입시켰다. 그리고 교회를 교회 지도자들의 왜곡으로부터 구원하기 위해 다양한 형태로 성직자들을 훈련하였다. 스페인 반도의 크고 작은 여러 왕국 의회는 성직자들의 과도한 특권을 제한하며 나라의 일반 법률에 복종을 요구하였다. 그리하여 성직자들의 영향력이 세속 행정에 미치지 못하게 하였다. 실제로 교회의 관할권이 제한되고 성직자의 재판정이 세속 재판정에 종속되었다. 왕권은 교황권의 신앙적 헌신과 정열로 성직자들의 진급에 필수적인 요구 조건들의 권한을 빼앗았다. 그리하여 이상의 모든 규범적 열정들이 정치가의 수중에 붙들리는 이용물에서 보전되었다. 그리고 국왕 페르디난드와 이사벨라는 이베리아 반도를 통합한 후[16] 스페인 교회를 재조직하였다. 이를 위해 이사벨라는 헌신된 의회원 겸 교직자 3명을[17] 초빙하였다. 이 중에 열정적인 프란체스코회 수도자 시스메네스는[18] 스페인 성직자들의 도덕을 정화시키기 위해 신학교와 대학교를 설립하였다.[19] 종교재판

16) 이들은 1492년 이베리아반도에서 모슬렘의 최종 거점인 그라나다를 통합하고, 동시에 콜럼버스의 신대륙 발견을 지원하였다. 이후 스페인은 세계 최고의 해상 지배 국가로 부상하며, 그동안 번영의 중심을 지중해에서 대서양으로 이동시켰다. 최문영, 「유럽이란 무엇인가」, (지식산업사, 2009), 32-33.

17) 이들은 스페인 출신 추기경 멘도자(Mendoza), 그녀의 고해 신부 페르난다 데 탈라베라(Fernanda de Talavera), 그리고 프란체스코 시스메네스(Francesco Ximenes de Cisneros)였다.

18) 본래 빈농 출신이었던 시스메네스는 추기경 멘도자의 눈에 들어, 그의 추천으로 여왕의 고해신부(1492년)가 되었다. 이후 여황은 그에게 톨레도의 대주교직을 하사하였고(1495년), 스페인 교회의 조직과 정화를 추진케 하였다. 대주교가 된 후에는 성 프란체스코회의 자아 부정, 헌신, 그리고 금욕적 생활을 실천하여 참 성직자의 생활이 무엇인지 보여 주었다. 1482년의 협약으로 스페인 왕국에서 시찰방문권(관직으로부터 해임시킬 수 있는 권한을 포함)과 성직록의 임명권을 허락받았다. 그리하여 크시메네스는 이 권한을 최대한 이용하였다. 그는 수도원을 개인적으로 방문하였으며 각 수도원의 상황을 자세히 보고받았다. 그리고 그는 모든 수도원에 가장 엄격한 유형의 수도원 규율을 정립하였으며, 무식한 성직자들은 모두 면직시켜 축출하였다.

19) 당시 그가 세운 신학교와 대학은 중세의 살라만카(Salamanca)와 발라돌리드(Valladolid)에 첨가하여 알카라(Alcala), 세빌레(Seville), 톨레도(Toledo)였다. 신학교에서는 요한 둔스 스코투스와 오캄의 윌리엄 대신 토마스 아퀴나스를 가르쳤다. 인문주의자 에라스무스는 크시메네스의 주도 아래 추진된 당시의 개혁을 가장 훌륭한 것으로 평가하였다. Thomas M. Lindsay, *A History of the Reformation*, (Edinburgh: T. & T. Clark, 1907), vol. II., 491.

을 재조직하여 중세 교회와 다른 의식과 관습을 무자비하게 분쇄하였다. 그리하여 한편 개혁의 명분과 다른 한편 수구적 박해의 전형적인 실례를 낳았다. 그들의 세속권위의 확장 못지않게 교회의 지배와 개혁에 헌신하였다. 하지만 스페인의 개혁은 갱신을 바라는 열망만큼 어느 쪽도 만족시키지 못하는 결과를 초래하였다.[20]

이 과정에서 교황의 행동이 스페인 국왕의 권위로 제한되었으나 개혁은 급속히 진전되었다. 특별히 찰스에 의해 교황에 선출된 네덜란드 출신 아드리안(Adrian of Utrecht, 1522-1523)은 학문과 경건으로 오랫동안 명성을 떨쳤다.[21] 그는 당시 만연한 성직자들의 부조리를 비난하며 새로운 교황 옹호자들의 교황 무오설을 부정하였다. 또한 이탈리아 교회법 학자들의 주장처럼 교황이 모든 교회법 위에 있다는 것도 거부하였다. 오히려 이러한 개념들이 교회를 타락시키는 원인이라고 생각하였다. 따라서 그는 교황의 보류권, 면제권, 교황권을 교회법의 평범한 선언과 체계를 청산할 때까지 어떤 개정작업도 성취될 수 없다고 믿었다.[22] 이로써 그의 경건, 인격, 학문에 대한 공적 신뢰는 네덜란드 사람들이 자신들의 젊은 제후들의 신앙 교육을 그의 손에 맡기게 하였다. 아드리안은 스페인의 시스메네스처럼 교회 개혁에 열정적이었다. 그는 금욕적인 생활을 높이 평가하고 수도원과 세속 성직자들의 엄격한 훈련을 소원하였다. 그 결과 이탈리아 내에 동조자를 적잖이 확보하였다. 그는 각 지역의 교회 재판소를 거치지 않고 교황청 재판소로 사건을 직접 항소하게 하는 제도를 인정하지 않았다. 그리고 우선 면죄부의 체계가 개혁되어야 할 것으로 간주하였다. 면죄부의 남발이 독일에서 폭풍을 일으켰기 때문이다. 그리하여 그는 교황이 그 제도를 숙정(肅正)함으로 자신의 의도를 보여줄 수 있다고 생각하였다. 그러나 교황청 재판소는 면죄부 판매로부터 들어오는 돈을 포기하려 하지 않았다.[23] 마침

---

20) 단지 이들의 목표는 중세 동안에 뿌리내린 한계 내에서 신앙생활을 다시 한 번 촉진하는 것이었다. 그러므로 교직제도, 사제직과 성례전의 중세적 개념을 그대로 보전하였다. 교황은 교회에서 가장 높은 머리로 인정하고 존경하며, 거룩한 예식, 칙령, 법령, 거룩한 관례 등은 그대로 보전하였고, 중세 교회의 신학도 예전처럼 필수적인 조항으로 보전하였다.

21) Williston Walker, *A History of the Christian Church*, (New York: Scribner, 1985), 505.

22) Thomas M. Lindsay, *op. cit.*, 497-498.

23) 오히려 다방면으로 연구한 후에, 교황은 면죄부를 잘 사용하면 죄를 용서받고, 서로가 짐을 짊어짐으로 그리스도의 법을 성취할 수 있지만, 더러운 금전거래는 금지하였다.

내 교황이 난관에 부딪혔으나 누구도 도와주지 않았다. 아드리안은 기진맥진 상태에서 옷을 찢기고 피투성이 된 채 치에레가티(Chieregati)를 독일로 보내 교황청을 모든 악의 근원지로 규정하였다. 그 날을 기점으로 중세적 노선을 추구하면서도 개혁을 꿈꾸는 로마주의가 대두되었다. 이것이 바로 개혁에 저항하는 반동 종교개혁의 출발이자 모델이었다.[24] 아드리안의 모범은 이탈리아 내에서 영적인 심성을 가진 성직자들에게 용기를 주었다. 교황 바울 3세(Paul III, 1534-1549)의 재직 동안에 교회 정화와 열정에 부흥하여 그의 영향력이 평가되었다.

(2) 이탈리아의 역사적 형편[25]: 스페인과 함께 이탈리아의 반종 종교개혁은 16세기의 정치적 상황만큼 매우 복잡하였다. 사실 르네상스의 본고장이었음에도 이탈리아는 지적 운동이 독일, 프랑스, 영국처럼 백성들 마음에 뿌리내리지 못하였다. 정치는 두 정당 갤프(Guelphs-교황당원들)와 기벨린(Ghibellines)으로 나뉜 채 대립하였다. 전자는 교회가 황제로부터 독립하고 이탈리아의 도시들은 자율권을 지향해야 했으며 후자는 황제의 권위를 주장하였다.[26] 이러한 상황에서 당시 이탈리아의 농부들은 농부들대로 도시민은 도시민대로 불만과 갈등이 고조되었다. 농민들은 다른 어느 곳에서도 찾을 수 없는 별개의 계층으로 이교주의적 신앙에 따라 선악의 영들을 믿었고, 마력이나 부적, 마법이나 각종 의식으로 잡령(雜靈)들을 칭송하였다. 이러한 이교적 신앙은 죄의식 없이 지방 수호성인으로 대치되었다. 따라서 이들은 초자연적인 존재에 대한 공포심과 보이지 않는 영적 존재 간의 사제들을 신뢰하였다. 그들에게 감화를 줄 수 있는 유일한 유형의 기독교는 아시시의 프란체스코(Francis of Assisi)였다. 당시 프란체스코는 이탈리아 농민들의 영성 형성에 최고의 이상이었다.

한편 도시민들은 상호간의 연대감에도 불구하고 부의 정도와 사회적 신분의 차이로 계급적 구별이 뚜렷하였다. 하지만 사고의 유형과 상호간의 의사전달은 끊이지 않았다.[27] 그들은 신앙을 매우 중요하게 생각하였으며 교회와 성직자들의 도덕

---

24) Williston Walker, *op. cit.*, 401; Thomas M. Lindsay, *A History of the Reformation*, (Edinburgh: T. & T. Clark, 1907), vol. II., 500.

25) Andrew Pettegree(ed.), *The Early Reformation in Europe*, (Cambridge University Press, 1992), 188-214.

26) 이형기, 「세계교회사」, (한국장로교출판사, 1996), vol. 2., 540.

적 타락을 심각하게 취급하였다. 그들은 교황과 교황청의 영향력에도 불구하고 부조리한 재판정에 절망하였다. 도시 통치자들은 항상 교회, 수도원, 그리고 성벽 내의 또 다른 교회 기구들과 연관된 사역을 하였다. 그 사역을 통해 이들은 교리 보다 성직자들과 주민들의 도덕적 생활의 개선을 기대하였다. 당시의 여러 제도는 정치인들에게 매우 중요했으나 신앙생활에는 별 도움이 되지 못하였다. 그러나 교회가 개혁되지 않으면 신앙을 회복할 수 없는 형편이었다. 이런 가운데 사보나롤라의 사역은 비록 불이 그를 태웠어도 소멸하지 아니하고 이탈리아인들의 마음에 메아리쳤다.[28)]

(3) 이탈리아 종교개혁의 준비과정 : 이탈리아인들에게 가톨릭교회는 교직제도, 즉 로마의 주교를 머리로 하는 전통적이며 역사적인 외형적 제도이다. 이들에게 교회개혁은 제도의 개혁이었다. 그러나 만약 제도가 부인될 경우 자신들의 성소 내에서 예배를 드리며 동류들과 즐겁게 대화하였다. 그 결과 경건한 사람들이 단체를 창설하여 서로 격려하며 교회 내 신앙 회복을 위해 계획을 마련하고 다음과 같은 일들을 진행하였다.

(i) 아카데미의 설립: 인문주의의 영향으로 재연합을 나타내는 플라톤의 아카데미를 본뜬 아카데미가 레오 10세(Leo X)[29)]에 의해 설립되었다. 이것은 경건한 평신도와 고위 성직자들이 로마에 있는 트라스테베레(Trastevere)의 성 실베스트로와 도로테아(Santi Silvestro et Dorotea)라는 작은 예배당에 소집되었다. 회원은 약 50여명으로 모두 새로운 학문에 대한 정열, 생활의 순수성 보전, 성 어거스틴의 신학에 헌신하였다. 1527년 로마의 약탈로 회원들이 흩어졌으나 이와 유사한 종류의 단체, 예를 들면 "신적 사랑의 수도회"(Oratory of Divine Love)를 도처에 설립하였다. 그 중에 가스파로 콘타리니(Gasparo Contarini)를 중심으로 베니스에 하나가 설립되었다. 콘타리니는 상원의원으로 후에 추기경이 되었다. 그와 더불어 추기경 카

---

27) 예를 들면, 베니스 혹은 플로렌스, 밀란, 나폴리의 주민들은 다같이 동일한 영적 수준을 유지하였다. Thomas M. Lindsay, *op. cit.*, 503.

28) 서요한, "제23장 중세교회의 신학적 개혁운동", 「중세교회사」, (도서출판 그리심, 2010), 759-762.

29) William Roscoe, *The Life and Pontificate of Leo the Tenth*, (London: Printed for T. Cadell, Strand, 1827), 4 vols 참조.

라파(Caraffa)와 성 지오르지오 마기오레(San Giorgio Maggiore) 수도원 원장이 활동하였다. 이들은 수도원 정원에서 회합을 갖고 모든 견해를 서슴없이 발표하였다. 또한 인문주의자와 성직자들이 모여 교회 개혁을 심도있게 논의하였다. 이 모임을 위해 폴(Reginald Pole)은 고향 영국을 떠나 여러 날 동안 여행을 하였다.[30)]

(ii) 르네(Renee)의 개혁 : 페라라의 공작녀(Duchess of Ferrara)이며 루이 12세(Louis XII)의 딸인 르네는 종교개혁을 철저히 수용하였다. 특별히 그녀는 당시 칼빈과 불링거와 서신을 교환하였다. 그리고 박해받는 이탈리아 개신교도들에게 피난처를 제공하며 그들을 안전하게 스위스로 피신시켰다. 누구에게나 어디서든지 덕을 끼치며 서신으로 기독교인의 사랑을 나타냈다.[31)] 교황 클레멘트(Clement)의 조카 카테리나 키보(Caterina Cybo), 카메리노(Camerino), 엘레오노레 곤자가(Eleonore Gonzaga)의 여왕, 우르비노(Urbino)의 공작녀, 나폴리의 율리아 곤자가(Julia Gonzaga), 그리고 비토리아 콜로나(Vittoria Colonna) 등이 비테르보(Viterbo)와 로마에서 높은 지성과 깊은 신앙을 가진 여성 단체를 조직하였다.[32)] 이들의 서신 왕래는 베니스에서 나폴리까지, 제노아에서 카메리노까지, 나바르의 마거릿과 비토리아 콜로나로 확장되었다. 서신 교환자들은 남녀를 막론하고 개혁에 서약하였다.

(iii) 카푸친 종단(the Order of the Capucins): 이 종단은 마테오 데 그라씨스(Matteo de Grassis)로부터 시작되었다. 그는 프란체스코의 움브리아 출신으로 위대한 중세적 부흥사들의 전통 속에 성장하였다. 그는 성 프란체스코가 자신에게 환상 중에 나타나 종단 형제들에게 나의 규율을 한 자도 빼지 말고 지키라고 명령했다고 하였다. 이 환상을 받은 후 즉시 순종을 위해 둥근 후드를 벗어 던지고 끝이 뾰쪽한 후드를 착용하였다. 그러나 농민들은 이를 거부하고 그에게 돌을 던졌다. 마테오는 성 프란체스코가 성별(聖別)하여 축복하지 않은 둥근 후드를 착용하느니 차라리 죽겠다고 하였다. 왕비 카테리나 키보는 모든 이의 눈총을 받는 그에게 동정을 느끼

30) 추기경 프레고소(Fregoso), 살레르노(Salerno)의 대주교 등은 폴을 중심으로 제노아에서 모였으며, 베로나(Verona)의 주교 지베르티(Ghiberti)는 마음에 맞는 친구들을 모아 개혁에 대해서 대화하였다. 그밖에 모데나(Modena)와 파두아(Padua)도 각각 기독교 아카데미를 가졌다.

31) A. C. Dickens, *The Counter Reformation*, (London: Thames and Hudson, 1971), 83.

32) William R. Estep, *Renaissance & Reformation*, (Michigan: Grand Rapids, William B. Eerdemans Publishing Company, 1989), 275.

고, 카메리노에 있는 자신의 작은 영지에 안식처를 허락하고 아무 간섭 없이 뾰쪽한 후드를 착용케 하였다. 많은 수도사들이 종단의 사치에 불만을 토로하며 수도원의 개혁을 열망하였다. 이렇듯 뾰쪽한 후드는 사소한 것이었으나 그것은 프란체스코의 엄격한 훈련으로 귀의를 의미하였다.[33)]

(iv) 수도원 밖의 개혁 : 수도원의 부흥은 평민들에게 크게 영향을 미쳤다. 그런데 이탈리아의 수도원 밖의 교구 성직자들의 향상은 어떤 개혁보다도 훨씬 중요하였다. 이러한 시도는 신적 사랑의 수도회의 지오바니 피에트로 카라파(Giovanni Pietro Caraffa)와 가에타노 다 티에네(Gaetano da Thiene)에 의해 시작되었다. 이들에 의하면 모든 교구가 수도원적 서약에 매여 있으면서도 세속에서 일하는 교구 성직자의 일을 위해 소규모 집단을 갖춘 것이다. 이들의 생각은 소속 성직자들과 더불어 수도원적으로 생활하는 어거스틴의 실천 제도를 본받은 것으로 테에티네스(Theatines) 종단이 되었다. 이 이름은 카라파가 주교로 있는 작은 교구 테아테(Theate, Chieti)에서 유래하였다. 이렇게 선발된 성직자들과 주교와의 관계는 종단 직원들이 총회에 대해 갖는 관계와 같았다. 테에티네스 종단은 많지 않았으나 참된 성직자 생활의 모범으로 많은 사람들에게 변화를 촉진하였다.

교황 클레멘트 7세(Clement VII) 동안에 교회의 질서는 더욱 혼란하였다. 그는 모든 정력을 기울여 총회의 소집을 방해하였다. 이러한 조치로 찰스 5세는 독일 내의 신앙적 논란을 종결지을 수 있는 유일한 도구로 성장하였다. 그 후 바울 3세(Paul III)는 로마 교회를 중심으로 개혁을 옹호하는 신시대를 열었다. 교황은 가스파로 콘타리니, 카라파, 사도레토, 그리고 폴을 추기경으로 임명하고 9인 위원회를 통해 개혁을 진행하였다. 위임받은 위원들은 모두 신적 사랑의 수도회 회원과 그 밖의 웜스 의회에 특사로는 알레안더와 궁궐 총책임자 토마스 바디아가 포함되었다. 1537년 이들은 회합을 갖고 교황에게 보고서를 제출하였다. 이것이 소위 「교회의 개혁을 위한 대표 추기경들과 기타 고위 성직자들의 모임」(*Consilium delectorum cardinalium et aliorum proelatorum de emendanda ecclesia*)이었다. 그 후 발표된

---

33) 비토리아 콜로나는 순수한 수도원 생활의 퇴폐를 오랫동안 가슴아파 하였다. 그녀는 친구인 왕비 카테리나에게 삼촌인 교황에게 호소하여 뾰쪽한 후드를 착용할 수 있도록 허락해 줄 것을 간청하였다. 그리하여 점차 프란체스코회 내에 새로운 지류가 조성되면서 카푸친(Capucins)은 성 프란체스코의 전통을 부활시키고 마을을 찾아 설교하였다.

보고서는 황권(皇權)과 관계된 수많은 부조리를 통렬히 폭로하였다. 그리고 1536년 5월 29일자 발표된 교서에서 교황은 이듬해 5월 만투아(Mantua) 총회 개최를 선언하였다. 같은 해 9월 교회의 개혁을 단행한다는 교서까지 발표하였다. 그러나 총회는 찰스 5세와 프란시스 1세의 전쟁으로 모이지 못하였다. 전쟁 종식 후 비첸짜(Vicenza)의 총회 소집은 연기되었다. 황제는 독일 총회에 단 한 사람도 파송하지 않으려고 하였다. 이러한 상황에서 콘타리니는 「사면권 사용에 있어서 교황의 권한에 관한 서신」(*Epostola de potestate Pontificis in usu clavium*)과 「의견 절충에 있어서 교황의 권한에 관하여」(*De potestate Pontificis in Compositionibus*)를 출판하였다.

하지만 역사가들은 바울 3세의 개혁의지의 진지성을 둘러싸고 두 의견으로 나뉘었다. (a) 그의 이탈리아 정책은 반 합스부르크 가문의 적이었으므로 독일 로마주의 제후들은 어떤 일이 있어도 그의 진지성을 신뢰하지 않고 헨리 8세의 노선을 따를 것으로 판단하였다. 독일에 파견된 특사 추기경 모로네(Morone)는 독일 내의 로마주의 교회의 지위를 차지하는데 어려움을 감추지 않았으며 이탈리아 내의 교회 개혁과 총회 소집을 계속 외쳤다. 이것 때문에 교황은 로마에서 갱신 활동을 계속 추진하였다. 그리고 알프스에 있는 루터파에 대해 결정적인 정책 수립의 필요성을 느꼈다. 1540년 4월 교황청의 몇몇 직책을 개혁하기 위해 위원회가 구성되었다. 이들은 교황청 근위, 대법관, 내사관 등의 개정작업을 착수하였다. 얼마 동안은 보다 자유주의적 성향을 가진 이탈리아 개혁자들이 득세하였다. (b) 찰스는 독일 내에 갈라진 루터파 교회를 연합 할 수 있는 가능성을 타진하였다. 교황은 비엔나의 주교인 파베르(Faber)의 충고를 거절하기로 결단하였다. 그리고 자신에게 정죄하도록 보내진 일련의 루터파 제안들에 대해 섣불리 판단하지 않았다. 황제의 긴급한 참석 요구에 따라서 추기경 콘타리니는 알프스를 넘어서 저명한 루터파들과 협의회를 가져도 좋다는 허락을 받았다. 뿐만 아니라 총회 이전에 양측이 일치할 수 있도록 어느 정도의 공통된 조건들의 합의서를 작성하라는 지시를 받았다.

(v) 추기경 콘타리니와 카라파 : 콘타리니가 사명 완수를 위해 독일 간 날이 개혁운동에 대한 가톨릭 측의 대처가 두 개로 나누인 분기점이었다. 두 가지 방안은 추기경 콘타리니와 카라파로 모두 신적 사랑의 수도회(Oratory of Divine Love) 모임에 소속된 사람들로 교회가 도덕과 영적인 생활에서 활기를 찾고자 했던 가톨릭

개혁주의자였다. 그리고 나누인 교회의 치유를 간절히 바랐으며 또한 교회의 재연합을 간절히 소망하였다. 하지만 이들의 목적 성취는 서로의 배경, 교육과 인격에 의해 완전히 다르게 나타났다. 가스파로 콘타리니(Gasparo Contarini, 1483-1542)는 베니스의 옛 귀족 가문에 속하는 사람으로 생애 대부분을 국가에 봉사하였다. 그는 국가 정치인 중에 가장 유능하고 정직하며 학문에 출중하였다.[34] 그런데 그는 로마의 주교가 교회의 머리라고 믿고 만약 그렇지 않으면 기존의 사회체계는 위험에 직면할 것이라고 하였다. 그에게 교황은 헌정적인 군주국의 일원으로 루터의 글에서 발견한 후 기독교권이 다시 하나로 재조정될 수 있다고 보았다. 1530년 루터를 비판하는 글을 썼으나 후에 이신칭의 교리를 채용하였다.[35] 그리고 꾸준히 교회 내부의 개혁을 위해 노력하였다. 콘타리니는 독일의 개혁 운동을 극복할 수 있는 길은 교리나 토론이 아니라 도덕적 실천이라고 믿었다.[36] 그는 칼빈의 「기독교 강요」에 대해서는 찬양과 두려움이 공존한다고 하였다. 그에 의하면 기독교 강요는 개신교 운동이 창출해 낸 가장 탁월한 책이지만, 책에 명시된 기독교 민주주의 사상과 전 세대를 통해 하나님의 목적이 진행되어 왔다는 점, 하나님의 은총을 가르치는 것은 인류의 정치적 통치를 위태롭게 하는 것으로 거부하였다.[37] 그리고 교황의 설득으로 교구의 봉사를 위해 추기경을 수락했으나 가장 좋은 정치적 배경을 가진 베니스의 상원의원으로 그리고 국가의 신임받는 자문관으로 봉사하는 것을 선호하였다. 그는 "내 자신은 추기경의 붉은 모자가 나의 가장 높은 명예라고는 생각하지 않는다" 고 하였다.[38]

---

34) 한때 그는 파두아의 학생으로 그 곳에서 스콜라 신학을 배웠다. 베니스의 정치인으로 훈련 받은 후 중세적 정치사상을 견지하였다. 특히 그는 황제 아래 기독교의 국가 공동체를 위해서, 교황 아래 국가 교회들의 형제애를 위해 노력하였다. 그러므로 그는 플라톤 보다 아리스토텔레스에 기초하여 사상을 체계화하였다. G. R. Elton, *Reformation Europe 1517-1559*, (Fontana Press, 1963), 180.

35) William R. Estep, *Renaissance & Reformation*, Michigan: Grand Rapids, William B. Eerdemans Publishing Company, 1989, 272.

36) David C. Steinmetz, *Reformers in the Wings*, (Philadelphia: Fortress Press, 1971), 30-41; Thomas M. Lindsay, *A History of the Reformation*, (Edinburgh: T. & T. Clark, 1907), vol. II., 516-517.

37) Thomas M. Lindsay, 514-515.

38) Thomas M. Lindsay, 515; G. R. Elton, *Reformation Europe 1517-1559*, (Fontana Press, 1963), 181.

한편 카라파(Giovanni Pietro Caraffa, 1476-1559)는 나폴리의 귀족 가문에서 태어났다. 그의 집안은 교회와 뗄 수 없는 관계아래 100년 이상 나폴리의 대주교와 추기경을 지냈다. 카라파는 어려서부터 성직자의 길을 가도록 결정지어졌다. 그가 도미니쿠스회 수도원에서 수련을 받던 18세 때 교황청에 보내져 곧바로 공직을 수행하였다. 그리고 나폴리에서 교육을 받고 새로운 학문에 깊이 빠졌다. 알렉산더 6세와 율리우스 2세의 인문주의 교황청 사절을 통해 히브리어와 헬라어를 배우며 숙련된 신학자로 성장하였다. 1504년 자신의 뜻과 달리 로마의 동편에 위치한 작은 교구 치에티(Chietk, Theate)의 주교로 임직되었다. 그는 그곳 주민들이 지속적인 원한으로 비도덕적으로 타락하였으며 사제들이 교구민들보다 열악한 상태에 있음을 보았다. 카라파는 교구의 질서를 회복하려 했으나 실효를 거두지 못하였다. 그러자 그는 반복적인 영적 문책과 엄격한 출교로 주민들과 사제들의 도덕성을 회복하였다. 그는 영국 특사에서 스페인 특사로 파송되어 그곳에 체류하는 동안 고향 나폴리의 독립을 요구하였다. 무엇보다도 스페인의 종교개혁 사상을 몸에 익히고 교황의 우위성을 신봉하였다. 그러나 스페인의 교회 갱신 방법론이 그의 마음과 영혼을 사로잡았다. 지금까지 그의 마음에 잠자던 열광주의의 씨앗이 되살아났으며 그 이후 결코 잠들지 않았다. 그는 아드리안 6세의 계획에 동감하며 교황의 재직 기간 동안 막강한 권력을 행사하였다. 클레멘트 7세의 통치 동안에는 공직에 잠깐 참여하였으나 수도원 질서 확립에 활기를 불어 넣었다.[39]

이러한 상황에서 볼 때 중세 교회는 그렇게 절망적인 것은 아니었다. 중세 교리의 대부분은 적어도 트렌트 공의회까지 법제화되지 않았다. 그러므로 루터가 제기한 모든 이론들을 규명하면 중간적 방안이 검토될 수 있을 것이다. 왜냐하면 그때까지 교회에서 사용된 12신조(사도신경)는 정통 신학의 모든 요소를 다 갖춘 것으로 인식되었기 때문이다. 심지어 반대했던 학자들도 사도신경으로부터 14개의 명제를 추론하여 7개는 하나님, 나머지 7개는 성육신으로 표현하였다. 그밖에 나머지는 자연신학으로 사람에 따라 서로 다를 수 있으나 기독교 신앙의 본질적인 요소를 견지하였다. 찰스 5세는 루터가 이 계시 신학을 일부 부인한다고 생각했으나 그 뒤

---

39) G. R. Elton, 188-192; A. G. Dickens, *The Age of Humanism and Reformation*, London: PHI, 1977, 182-192

잘못을 인식하고 협의회와 조정하였다.

(vi) 레겐스부르크의 협의회: 1541년 2월 개최된 레겐스부르크 의회에서 찰스 황제는 자신의 의도와 입장을 설명하였다. 이 자리에서 황제는 신앙문제로 둘로 분열된 독일을 의회가 하나로 묶는 것이라고 하였다. 이 일을 위해 팔라티네이트의 백작 프레데릭(Count Frederick of the Palatinate)으로 선제후의 동생 그란벨 추기경이 의장이 되었다. 위원에 3명의 개신교도와 2명의 로마주의자, 중도적인 한 사람이 선정되었다.[40] 이 모임의 특사 콘타리니(Contarini)가 모든 것을 주관하였다. 그 후 이 협의회는 만장일치로 독일 내에서 성직자의 결혼과 성만찬 시 평신도에게 잔을 주는 것을 허락하였다. 교황은 국가교회의 제반사를 영속적으로 간섭할 수는 없다는 조건아래 최고의 주교로 인정하였다. 뿐만 아니라 교회의 법적 관할권은 주교가 임명한 대리인과 세속 권위 당국자가 지명한 학식 있는 평신도에 의하여 공동으로 행사된다는 조건아래 교회의 계층적 교직제도가 보전될 수 있다고 하였다. 그리고 위원회는 두 당파를 통합할 문제를 집중적으로 다루었다.

문제의 핵심은 신학적 주제인 의인사상이었다. 위원회는 은총과 인간의 본질적 성질에는 차이가 없음을 확인하였다. 이것은 스콜라신학에서 매우 중요한 초자연적 은총(*dona supernaturalia*)과 자연적 은총(*dona naturalia*)의 구분, 이 구분이 내포하고 있는 펠라기우스적 경향을 모두 부정하는 것이다. 로마주의는 인간의 타락으로 본래적 자유 의지를 상실했음을 수용하였다. 이것은 트렌트 공의회와 달리 죄의 기원에서 아우구스부르크 신앙고백의 단어를 그대로 사용하였다. 원죄의 강인성에 관한 이론은 교황 레오 10세가 “주여, 일어나소서”(*Exurge Domine*)라는 교서에서 정죄한 루터의 진술과 거의 일치하였다. 위에서 보듯이 논쟁 과정에서 개신교의 교리가 많은 점에서 옳게 인정되었다. 하지만 의인 사상은 오랜 진통 끝에 로마주의 신학자들과 멜란히톤이 제시한 의견 차이로 배격되었다. 그리고 콘타리니가 제기한 제안이 토론을 거친 후 받아졌다. 표현은 비록 로마적이었으나 독일의 개신교도들은 의인 개념과 위배되지 않았으므로 이를 수용하였다. 은총은 하나님의 거저 주시는 선물이며 인간의 공로가 아니다. 또한 교회의 선행을 공로로 보는 것을 철저히

40) 당시 화합을 위해 개신교편에는 멜란히톤, 부처, 피스토리우스(Pistorius)가, 가톨릭편에는 그로퍼(Gropper), 플루크(Pflug)가 입회인으로 선정되었다. 그런데 의견이 불분명했던 입회원 엑크는 가톨릭을 지원하였다. 사람들은 엑크의 역할에 대해서는 회의적이었다.

배격하였다. 엑크는 문서에 동의하면서도 서명은 피하려 했으나 그란벨의 설득으로 서명하였다. 그리하여 협의회의 로마주의자와 개신교도들이 모두 의인 조항에 서명했다는 사실은 이탈리아의 콘타리니 친구들에게 커다란 기쁨이었다. 추기경 폴은 재연합을 위한 모든 장애물이 제거되었다고 믿었다.

한편 교회의 조직과 예배에 영향을 미칠 수 있는 주제들은 개신교 교리를 로마주의자들이 기꺼이 수용할 자세가 된 것을 확인하였다. 이것은 교황을 이 지상의 영속적인 머리로 받아들이지 않는 것을 의미했다. 하지만 이것이 알려지면서 로마에서 불만이 터져 나왔다. 결국 의견 차이를 드러낸 채 이 조항은 삭제되었다. 성만찬 문제는 양측이 전혀 극복할 수 없을 정도의 차이를 드러냈다. 왜냐하면, 새로운 복음주의적 신앙과 중세 신앙과의 차이가 실제적으로 표현되었기 때문이다. 결국 모든 신자의 영적 사제성 즉 만인제사장론을 부르짖는 복음주의 사상과 하나님은 주기도 하고 거두기도 한다는 사제의 중재론을 화해시킬 방안이 없었다. 신앙에 의한 의인의 정의는 개신교도에게 양보하였으나 성만찬 시 사제의 기적(priestly miracle)은 한 편에서 거절하고 다른 편에서 끝까지 고수하였다. 처음에는 모든 것이 순조롭게 진행되어 성례전을 베푸는 방법도 별 문제가 되지 않았으나 화체설의 대두로 사태는 막다른 길목에 다다랐다. 콘타리니는 그 동안 두 파 사이에 논의된 문제들을 더 이상 거론하지 말아야 한다는 구실로 화체설의 수용을 강력히 호소하였다.[41]

그 후 개신교도들은 별도의 협의회를 개최하고 모든 신학자들에게 자신의 의견을 개진하였다. 이런 상황에서 당시 칼빈은 화체설은 성경적 근거가 없고 숭배를 내포함으로 결코 수용할 수 없다고 하였다. 칼빈의 확고한 입장은 참석자들의 의견 일치를 이끌었다.[42] 멜란히톤이 개신교도들의 공통된 의견을 초안하여[43] 그란벨에

41) William R. Estep, *Renaissance & Reformation*, (Michigan: Grand Rapids, William B. Eerdemans Publishing Company, 1989), 273-274.

42) Ronald S. Wallace, *Calvin's Doctrine of the Word and Sacrament*, (Edinburgh: Oliver and Boyd, 1953), 133-253.

43) 당시 칼빈은 멜란히톤의 화해 노력을 높이 평가하고 그를 통해 개신교의 통일을 소망하였다. 스위스 교회들의 연합은 그의 직접적인 관심사로 보다 광범위한 교제의 필요성을 추구하였다. 하지만 칼빈의 기대와 달리 멜란히톤은 결국 반대자인 강경주의자들에게 패배하였다. 설상가상 1560년 4월 멜란히톤의 갑작스런 사망으로 모든 기대를 빼앗겼다. 그러나 칼빈은 과거

게 제출했으나, 그란벨은 강력한 언어로 수용을 거부하여 협의회가 종식되었다. 그리하여 이보다 더 심각한 미사의 희생적 의미와 개인 미사는 논의되지 못하였다. 이로써 레겐스부르크 협의회는 대립 중에 1525년 루터가 이끄는 운동에 의해 독일 내 전체 교회가 주도하였다. 그 후 부란덴부르크의 요아킴 2세(Joachim II of Brandenburg)는 1541년까지 이를 더욱 확산시키려 했으나 찰스 5세의 강압적 중재로 실패하였다. 레겐스부르크 협의회의 특성은 같은 시기 이탈리아에서 재현되었다. 실패를 신앙적인 투쟁으로 종결지으려 했던 이탈리아의 로마주의자들은 큰 손실을 입었다. 이탈리아로 돌아온 콘타리니는 자신의 영향력이 사라졌음을 깨달았다. 그는 마침내 볼로냐(Bologna) 정부로부터 모든 핵심적인 자리에서 쫓겨난 후 후계자 없이 1542년 8월 24일 사망하였다. 그 후 지베르티(Ghiberti)도 16개월 만에 죽었다. 카라파는 초기 친구들로부터 점점 멀어졌다. 그밖에 사도레토(Sadoleto), 폴(Pole), 모로네(Morone)가 남았으나 지도력이 없는 자들이었다. 하지만 이들은 가톨릭 종교개혁 대신 반동 종교개혁 개념을 정착시켰다.

(vii) 종교전쟁의 확대: 1541년 레겐스부르그(Regensburg)의 화해 실패와 함께 종교전쟁이 확대되었다.[44] 영토 문제로 루터파와 로마 황제의 군대가 1540년과 1550년 서로 싸워 결국 1555년 아우그스부르크의 평화 조약을 태동시켰다. 이 조약은 독일에서 로마 가톨릭과 루터교의 공존의 표현이었다. 이제 이곳은 지배자의 신앙에 따라 결정되었다. 프랑스에서는 정치적 관심사로 1560년부터 1598년까지 내란이 일어났다. 이 갈등은 칼빈주의 위그노와 로마 가톨릭 사이의 논쟁에 근거한다. 모든 힘을 소실한 당파들의 오랜 갈등은 1598년 낭트칙령으로 일단락되었다. 화해(和解)가 조성되어 마침내 위그노들은 종교적 자유와 나라의 정치적 안정을 얻고 가톨릭은 국가의 공식 종교로 많은 부분을 되 찾았다. 그런데 이 화해는 1685년 루이 14세(1643-1715)의 철회로 중단되었다. 여기에 예수회가 큰 역할을 하였다. 결국 루이의 행동은 많은 신교도들을 가톨릭으로 개종시키는 계기가 되었고 또 다

교제에 대해 감회어린 글을 남겼다. F. Bente, *Historical Introductions to the Book of Concord*, (St. Louis: Concordis, 1965), 173-174; John T. McNeill, *The History and Character of Calvinism*, (New York/Oxford University Press, 1954), 153, 198-199.

44) M. S. Anderson, *War and Society in Europe of the Old Regime, 1618-1789*, (Leicester University Press, 1988), 13-32.

른 사람들은 프랑스를 떠나 제네바, 독일, 영국과 미국으로 건너갔다. 잔류 자들은 박해를 받거나 이를 피해 중부 프랑스 산악으로 피하였다. 이때 프랑스를 떠난 신교도들은 전문 직업인이거나 숙련된 기술자였다. 이들의 탈출로 프랑스 경제는 쇠퇴하였으며 종교적 편협성으로 대부분의 지식인을 잃어 버렸다.[45] 1560-1618년 네덜란드 독립전쟁은 당시의 종교적 중요성을 말해주는 갈등의 표본이었다. 종교는 정치적, 경제적, 종족의 중요성과 함께 신교의 네덜란드가 스페인의 가톨릭에서 독립하는 계기가 되었다. 1642년부터 1649년까지 영국의 내란도 종교적 갈등을 내포하였다.

(viii) 30년 전쟁 : 가톨릭과 개신교와의 마지막 전쟁은 1618-1648년에 일어난 30년 전쟁이다. 이 전쟁은 정치적 문제를 포함한 가톨릭 종교 개혁의 활동을 보여준다. 예수회의 교육을 받은 페르디난트 2세(Ferdinand II)가 로마 황제와 보헤미아의 왕이 되었을 때 긴장이 고조되었다. 1618년 반 개신교 종교 폭동이 발생하자 보헤미아의 귀족과 개신교는 로마 황제에게 그들의 종교적 자유를 보장하고 보호해 달라고 요청하였다. 그러나 아무런 결과가 없자 혁명을 일으켰다. 전쟁은 칼빈주의자와 가톨릭의 갈등으로 시작되었다. 사실 1555년 아우구스부르크의 조약은 로마 황제의 법적 공인을 받지 못했다. 때문에 이후 독일의 칼빈주의자들은 많은 어려움에 봉착하였다. 이 같은 상황에서 1618년 보헤미야 귀족들이 페르디난트 2세를 자신들의 왕으로 공포하고 신성로마제국의 칼빈주의의 통치자로 직위를 허락 받았을 때 더욱 복잡하였다. 그런데 이 때 그의 보헤미아 왕의 수락은 독일 전역의 칼빈주의자와 가톨릭과의 싸움을 야기하였다. 결국 독일의 루터교, 네덜란드, 스웨덴, 프랑스도 독일의 전쟁에 개입하였다. 이 전쟁은 30년 동안 간헐적으로 일어났다. 1643-1648년 웨스트팔리아에서 개최된 회의에서 교전국들 사이에 평화가 이루어졌다. 하지만 독일은 브란덴부르크를 제외하고 문화적, 경제적, 물질적으로 황폐해졌다.[46]

---

45) F. Holderness Gale, *The Story of Protestantism*, (London: Cassell and Company, Ltd.), 304-319; John T. McNeill, *The History and Character of Calvinism*, (New York/Oxford University Press, 1954), 245-246; Owen Chadwick, *The Reformation*, (The Pelican History of the Church, Penguin Books, 1988), 52-169.

46) M. S. Anderson, *op. cit*., 33-76; G. Pages, *The Thirty Years War 1618-1648*, (London: Adam & Charles Blak, 1970), 17-251.

4. 이그나티우스 로욜라와 예수회

16세기 이그나티우스 로욜라는 가톨릭에서 개혁주의의 대부 존 칼빈에 비견되는 사람이다. 한마디로 그는 철저히 너무나 철저히 로마 가톨릭에 헌신한 자였다. 그의 생애는 편의상 크게 2 시기로 구분할 수 있다. (1) 제1기: 1491년 출생에서 1537년 파리까지, 영적 연습과 실천의 시기, (2) 제2기: 1537년 이탈리아 로마에서의 사역, 특별히 1545년 예수회의 창설과 트렌트 공의회의 개최, 1556년 타계까지의 사역이다. 1545년-1563년까지 18년 동안 소집된 트렌트 공의회는 별도의 제목으로 취급할 것이다.

(1) 제1기: 1491년 출생에서 1537년 파리까지, 영적 연습과 실천의 시기이다. **(i) 초기 생애**: 1491년 출생에서 1537년 파리까지, 영적 연습과 실천의 시기이다. 1491년 이니고 데 라칼데 데 로욜라(Inigo de Recalde de Loyola)[47]는 프랑스와 인접한 스페인 구이푸쯔코아에서 출생하였다. 당시 구이푸쯔코아는 무어족(the Moors)에게 정복되지 않은 지역으로 가난했으나 고딕족을 긍지로 여겼다. 그 중에 레칼데 가문은 이 지역의 가장 오래된 귀족으로 레온 왕의 대관식 참여 특권을 소유하였다. 당시 이 가문의 젊은 사내아이들은 궁정 사환에 발탁되어 군인으로 참여하였다. 이때 로욜라는 스페인의 페르난도 궁정의 사환이었다. 로욜라는 스페인의 귀족으로 훌륭한 교육을 받으며 읽기와 쓰기를 익힌 후 그것을 원고에 정리하였다. 그는 대부분의 시간을 당시 유행한 기사들의 사랑 이야기 독서에 투자하였다. 그리고 나이 들어 형들처럼 군인이 되었다. 1521년 30세 때 팜폐루나(Pampeluna) 수비대에 배속되어 프랑스 군대와 이에 협조하는 스페인의 반란군에 맞서 싸우는 장교가 되었다.[48] 어느 날 감당 못할 대적들의 공격에 항복할 수밖에 없었다. 로욜라는 뛰어난 화술로 수비대를 설득하여 방어전을 전개하였다. 부대 내에 사제가 없는 상황에서 관습에 따라 서로 죄를 고백하고 자신들의 초소에서 죽음을 다짐하였다. 젊은 장교가 부하들을 독려하기 위해 성벽 파수 대에서 기립하다 총탄에 맞았다. 그런데 그의 쓰러짐이 포위한 공격군들에게 감동을 주며 승리를 안겨주었다. 적들은 그가 쓰러져 있는 시체들 속에서 구출하여 인근의 성으로 운반하였다. 그곳에서 부러진 다

47) G. R. Elton, *Reformation Europe 1517-1559*, (Fontana Press, 1963), 197-209.
48) A. M. Renwick, *The Story of the Church*, (IVP., 1985), 147.

리를 급히 맞추었으나 더 이상 재기하지 못하였다. 결국 그의 몸은 쓸모없게 되었다.

이그나티우스 로욜라는 바스크(Basque) 지방의 귀족으로 종족의 특성, 조용함과 열정, 과도한 상상력과 엄격한 실천력을 갖추었다. 그러나 자신이 원하는 군인이 될 수 없음을 안 후 명성을 위해 수도사를 희망하였다. 이때 갑자기 하나님께 가까이 하지 않으면 성인이 될 수 없다는 생각에 태도를 바꾸었다. 그리고 거룩한 은둔자처럼 채식을 하며 경건한 순례자로 예루살렘 방문을 결심하였다. 그는 이것이 하나님께 향하는 영혼의 서약이라 믿었다. 이 서약 후 동정녀 마리아가 아기 예수를 앉고 꿈에 나타나는 계시를 보았다. 그는 침대를 박차고 일어나 망루의 작은 창문에 올라가 창밖을 내다보았다. 하늘은 헤아릴 수없이 많은 별들로 수놓은 거대한 천장이었다. 그는 "이 얼마나 답답한 땅인가, 이 얼마나 영광스러운 하늘인가!" 라고 외쳤다. 그리고 하나님께 결심한 후 아라곤의 성산 몬트세라트(Montserrat)에서 은자생활을 위해 성으로 떠났다.[49]

로욜라는 몬트세라트의 성모 성당에서 한 중세 기사 고울의 아마디스(Amadis of Gaul)의 책에 기록된 모든 예식을 성심껏 지키기로 결심하였다. 그는 성당에 손을 얹고 밤새 무릎을 꿇고 정성을 다해 동정녀 마리아의 기사로 봉사를 다짐하였다. 새벽에 기사 제복을 입고 나귀에 오른 후 만레사의 도미니쿠스회 수도원으로 갔다. 그곳에서 그는 성인 생활을 위해 마음과 영혼의 합일을 위하여 엄격히 금욕주의를 실천하였다. 그리고 에르푸르트 수도원의 루터처럼 상상할 수 없는 영적 고뇌를 경험하였다. 그는 모든 은총의 수단을 동원하여 더 이상 고백할 것이 없다고 생각될 때까지 고백하였다. 영적 지도자를 찾아서 상담했으나 자신의 영혼을 괴롭히는 의혹으로부터 벗어날 수는 없었다. 교회의 모든 인위적인 관습들은 그에게 도움을 주지 못했다. 고백은 오히려 그를 달래주기 보다는 더욱 견딜 수 없는 의심으로 몰아넣었다. 생명의 위험에 처할 때까지 금식하며 하루에 세 번씩 채찍으로 때리며 일곱 번씩 기도하였다. 그러나 평화와 위로를 얻지 못하고 때로 비명을 지르며 "어떠한 피조물이라도 나에게 위로를 주지 못하므로 하나님 당신께서 직접 나에게 도움을 주소서" 라고 기도하였다. 하나님을 볼 수 있다면 아무리 힘든 일이라도 감당하

49) A. C. Dickens, *The Counter Reformation*, (London: Thames and Hudson, 1971), 75.

겠다고 부르짖었다. "오 주여, 어디에서 주님을 찾으리이까. 나에게 보여 주소서. 구원의 길을 알 수만 있다면 마치 개처럼 따르겠나이다."[50]

그의 고통은 자살로 비화되어, 창문을 열고 밖으로 뛰어 내려 인생을 끝장내려 했으나 정죄와 심판 때문에 중지하였다. 그는 그때 한 성인이 축복의 환상을 받을 때까지 금식을 서원했다는 이야기를 읽고 성찬을 받으며 금식했으나 공허함을 채우지 못하였다. 그러는 중에 갑자기 계시의 확신과 더불어 하나님의 은총이 자신의 죄를 용서해 주시리라는 생각으로 그분의 자비에 전적으로 투신하였다. 그 후 마음에 평화가 도래하며 새로운 영적 생활이 시작되었다. 그리하여 그는 과거의 죄에 얽매이지 않고 용서의 내적 확신 중에 살게 되었다. 이러한 영적 삶은 루터처럼 기쁨 넘치는 것이었다. 그 후 랑케(Ranke)를 포함한 역사 비평가들은 마틴 루터와 이그나티우스 로욜라가 겪은 경험의 유사성에 경악하였다. 그러나 하나의 대조점은 루터가 겸손과 정숙함으로 일상 속에 수행했다면 로욜라에게는 불같은 야망이 즉각적으로 모든 신비를 마치 포위당한 수비대를 공략하듯이 나타났다.[51]

(ii) 이그나티우스와 신비주의: 로욜라는 이전처럼 지성으로 도저히 이해할 수 없는 하나님의 신비를 육체적으로 체험하였다. 오랜 기도 후에 모든 신체의 기관들을 집중함으로 화체(Transubstantiation)의 신비가 실제적이라고 확신하였다. 그는 최절정의 순간에 그리스도가 하얀 광선 형태로 축사된 빵을 통과하셔서 그것을 하나님의 성체로 변형시킨다고 보았다. 그에 의하면 극진한 환희에 쌓이면 신학적으로 불가사의한 신비들, 즉 성육신, 삼위일체, 사탄의 정체를 명백히 이해할 수 있는 가시적인 상징으로 변형된다. 이 같은 환상들은 그에게 너무 황홀했으므로 스스로의 만족과 교화를 목적으로 기록하였다. 그 과정에서 16세기 스페인 사람들은 당시 그곳의 특징인 신비적인 헌신에 매료된 열광주의자들이었다. 이 열광주의는 정열적인 기쁨과 철저한 통찰력으로 종합된 감정이었다. 무어족과의 오랜 전쟁, 그라나다(Granada) 점령으로 인한 성공적인 출발은 신앙과 애국심이 하나님을 천명하였다. 사제들도 빠짐없이 군인들과 행진했으며 전쟁터에도 같이 갔다. 산티아고 데 콤포

50) 보다 자세한 것은 Thomas M. Lindsay, *A History of the Reformation*, (Edinburgh: T. & T. Clark, 1907), vol. II., 528을 참조하라.

51) Thomas M. Lindsay, 529; A. C. Dickens, *The Counter Reformation*, (London: Thames and Hudson, 1971), 75.

스텔라의 성 야고보(St.James of Compostella)[52]는 무어족과 싸우는 군인들이 자신의 이름을 애타게 갈구하기 때문에 생기를 주기 위해 그들을 따라 곳곳을 돌아다녔다. 승리의 축제는 원수들을 물리치고 신실한 신자들의 손에 승리를 주신 하나님과 동정녀를 찬양하는 엄숙한 행렬로 이어졌다. 스페인의 강렬한 이러한 특성은 강압적인 힘을 통해 미신과 과도한 신비주의의 산실이 되었다. 시스메네스 같은 정치가도 일반 백성과 같이 베아타이(Beatae)의 교훈이나 예언의 영향을 받아 정책을 바꾸었다. 이처럼 헌신자들은 남녀를 불문하고 하나님과 실제적으로 기도에 전념하였다. 그리고 모든 세속적인 생각과 행동을 절제하고 엄격한 금욕주의를 실천함으로 신의 조명을 받았다. 이렇게 하여 신비적인 연합을 이룬 사람들은 소위 무아지경이나 황홀경에 들어갈 수 있다고 인식되었다.

이러한 상황에 대해 당시 스페인의 종교 지도자들은 심각하게 우려하였다. 열심있는 신자는 누구나 각자의 발전 과정을 통해 하나님과 직접 교제를, 심지어 연합까지 이룰 수 있다고 생각하였다. 이것은 사제의 중재를 필수적으로 여기는 중세 참회제도의 근간을 송두리째 흔드는 것이었다. 만약 하나님이 신자의 영혼 속에서 조용히 신자와 직접 만난다면 사제의 필요성을 어디서도 찾을 수 없기 때문이다. 사제는 중세적 개념에 따라 참회자와 하나님 사이를 중재해야 하며, 사제의 행동에 의해 신자들의 손이 전능하신 하나님의 손에 놓여졌다. 신비주의자들은 교회와 동일한 근원으로부터 신적 지식들을 직접 이끌어 낸다며 자신의 권위도 교회의 권위와 동일하다고 하였다. 대부분의 스페인 신비주의자들은 성 테레사처럼 겸손하게 교회의 지시를 따랐으나 모든 경우에 그렇게 순종적이지는 않았다. 이들 중 일부 선지자들과 여선지자들은 자신들의 독립성을 선언하였고 그 중에 어떤 자들은 불만 속에 이단 사상을 퍼뜨렸다. 따라서 모든 유형의 신비주의자들에 대한 종교 지도자들의 태도는 시종일관 감시의 대상이었다. 신비주의자들에게 성 테레사, 성 유안 대 라 크루즈(St.Juan de la Cruz), 그리고 로욜라까지도 불신의 대상이었다. 오랜 시련을 겪은 후에 비로소 이들은 교회의 재가를 받았다.

---

52) 이난호, 「카이노 데 산티아고」, (범우사, 2008); 김남희, 「소심하고 겁 많고 까탈스러운 여자 혼자 떠나는 걷기 여행 2」, (미래인, 2008); 아더 폴 보어스, 「걸어서 길이 되는 곳, 산티아고」, (살림, 2008); 세스 노터봄, 「산티아고 가는 길」, 이희재 역, (민음사, 2010) 참조.

이그나티우스 로욜라는 스페인 신비주의와 뗄 수 없으나 그의 신비는 일상적이고 평범한 것은 아니었다. 그는 자신에게 내려진 환상에 즐거워하였으나 동시에 그것을 예리하게 성찰하는 데 게으르지 않았다. 그는 간절히 사모하는 마음이나 혹은 그와 반대되는 환상을 관찰하고 분석하여 모두 기록하였다. 유익한 묵상에 도움이 되거나 또는 방해가 될 수 있는 몸짓이나 자세도 기록하였다. 그는 마음과 몸을 훈련하여 제어할 수 있는 방법들을 실제적으로 체득하였다. 만레사의 고독 속에서 실험적으로 경험한 환상, 성찰과 비교 등은 장기간의 과정에서 점차 성장하였으며, 반동종교개혁의 역작인 「영적 훈련」(*Spiritual Exercises*)은 루터의 저서 「기독교인의 자유」(*The Liberty of the Christian Man*)에 필적할 정도였다. 일 년 가까이 만레사에서 지낸 로욜라는 자신의 목적을 성취하고 하나님과 평화로이 연합하였다. 그 후 순결 서약을 위해 은수사의 의상을 던지고 금욕적인 각종 행습을 버렸다. 그리고 전 재산을 포기하고 절대로 가난하게 살아야 한다는 신조를 철저히 지켰다. 그는 의자 위에 모든 돈을 그대로 두고 바르셀로나(Barcelona)로 구걸하며 떠났다. 그곳에서 베니스로 가는 통행권을 획득하고 베니스로부터 성지까지 선박으로 갔다. 터키족을 향한 그의 열광적인 선교 열망은 예루살렘의 프란체스코회 수도회의 책임자를 놀라게 하여 이탈리아로 되돌려 보냈다. 바르셀로나에 도착한 그는 신학지식을 획득할 수 있는 공부에 전념하였다. 그 후 학교에 들어가 라틴어를 배웠으며, 알칼라(Alcala)로 그리고 살라만카(Salamanca)로 가서 그곳 대학에서 강의하였다. 바르셀로나의 일부 귀부인들이 그의 헌신적인 제자가 되었다. 로욜라는 알칼라와 살라만카에 자신의 체계에 따른 수도원을 만들려고 하였다. 그러나 당국자에게 체포되어 교구 종교 재판에 회부되었으나 귀부인들의 중재로 석방되었다.

(iii) 파리에서 로욜라와 9명의 친구들: 1528년 로욜라는 옷과 책을 실은 나귀를 타고 파리에 도착하였다. 그는 당시 파리에서 가장 뛰어난 정통 노엘 베다(Noel Beda)가 있는 몽테귀(Mantaigu) 대학에 갔다가 다시 조지 버카난(George Buchanan)이 가르치던 성 바르베(St.Barbe) 대학으로 옮겼다. 파리에서의 체류는 옛 신앙의 세밀한 사항을 빠짐없이 보전하고 이단과 불순종을 파괴시키겠다는 열정에 불타던 그에게 큰 감명을 주었다. 그의 실천적인 삶은 파리의 신앙적 분위기를 장악하였다. 그는 로마 가톨릭 민주주의의 힘이 종교개혁과 대면하여 위세를 떨치는 것을 보았다. 그리하여 그는 군사적인 훈련체계로 가톨릭을 이끌 것을 다짐하였다. 당시 프란

시스 1세(Francis I)는 여동생 마거릿 당굴렘(Marguerite d'Angouleme)을 통해 르페브르(Lefevre)나 모 그룹(Group of Meaux) 같은 개혁자를 지원하였다. 그는 소르본느의 신학 교수단을 두려워하는 반 소르본느주의자였다. 그는 학식있는 교사들의 자유로운 연합체로서 프랑스 대학의 설립을 꿈꾸었다. 이러한 계획은 다양한 형태를 띤 채 그의 사후에 열매를 맺었다.

로욜라는 교사와 학생이 싸우는 와중에서 다른 사람들의 영혼을 통찰하여 자신을 성찰하는 계기를 만들었다. 그는 파리와 프랑스 밖의 삶과 사상을 배우기 위해 저 국가들과 영국을 여행하였다. 그때 그는 말은 적게 하고 생각은 많이 하면서 주의 깊게 관찰하였다. 그는 학생들과 당구도 치고 다른 학생들의 학비도 부담해 주었다. 그렇게 하여 그는 9명의 제자를 모집하였다.[53] 그리고 1534년 성모 승천축제에 그들을 당시 파리 몽마르뜨르의 성모 마리아 교회에 소집하였다. 그 곳에서 그들은 특별한 어려움이 있지 않는 한 팔레스타인에서 일하기로 서약하였다. 만약 불가능할 경우에 교황에게 그 서약을 해제시킬 수 있도록 특별 청원을 올리고 동시에 교황이 자기들에게 지시하는 대로 만인의 유익을 위해 일하기로 하였다. 아직 예수회가 창설되지 않았지만 이들은 교회의 중생을 위해 함께 일할 것을 다짐하였다. 따라서 이미 사제였던 파베르의 집례로 성 데니스(St.Denys) 성당에서 같이 만찬을 가졌다. 이것이 예수회(Society of Jesus)의 시작으로 여러 면에서 신비적이고 몽상적인 이집트의 사제 대학과 유사하였다. 마치 이집트 사제들의 이해관계와 정략들

---

53) 당시 그의 제자로는 피터 파베르(Peter Faber), 디에고 라이네즈(Diego Lainez), 프란시스 사비에르(Francis Xivier), 알론조 살메론(Alonzo Salmeron), 니콜라스 보압딜라(Nicholas Boabdilla), 시몬 로드리게즈(Simon Rodriguez), 바울 브로에트(Paul Broet), 쿨라우드 제이(Claude Jay), 그리고 잔 코두레(Jean Codure)였다. 이들 중에 코두레는 일찍 죽었고 최초로 선출된 파베르는 사보이 출신이었다. 프란시스 사비에르는 로욜라와 같은 바스크 가문 출신이었으며, 라이네즈와 살메론은 카스틸(Castile) 출신으로 로욜라와 함께 알칼라(Alcala)대학의 동료였다. 특히 라이네즈는 항상 학문의 천재로 고대 성현들의 두뇌를 가진 젊은이였다. 살메론은 모임의 웅변적 설교가였으며, 보압딜라는 넘치는 에너지를 가졌으며 포르투갈 출신의 로드리게즈, 제네바 출신의 제이 등은 모임의 외교관이었다. 이들 중에 네델란드 출신의 브로네트는 동료들의 사랑을 독차지 하였다. A. C. Dickens, *The Counter Reformation*, (London: Thames and Hudson, 1971), 76-78; William R. Estep, *Renaissance & Reformation*, (Michigan: Grand Rapids, William B. Eerdemans Publishing Company, 1989), 275-277; Thomas M. Lindsay, *A History of the Reformation*, (Edinburgh: T. & T. Clark, 1907), vol. II., 539.

이 멤피스의 신성 대학에 귀속되었듯이 예수회원들의 선포 서약들은 자신들을 동료들에게 결속하였다. 고대 사제들처럼 그들은 그 질서의 멤버가 되기를 열망하는 모든 자들을 엄격한 심문으로 복종시켰다. 그들처럼 포교를 위해 선교사들을 파송하며 신앙을 해석하였다. 군주들의 조언자였으며 대변인들의 교육자였다. 이 단체의 목표는 신앙을 옹호하고 전파하며, 젊은이들을 교육하고 도우며 세계의 영광과 교회의 위엄을 선포하는 것이었다.[54] 1540년 교황 비오 3세가 비준했으나 초기의 이상 상실로 조직이 급속히 몰락하였다.

(iv) 영적 훈련과 실천: 이들은 모두 이그나티우스 로욜라를 따라 모두 「영적 훈련」(*Exercitia Spiritualia*)[55]에 포함된 각종 훈련지침을 준수하였다. 영혼을 위한 군대식 지침서는 1534년 몽마르뜨르의 회의 이전에는 미완성이었으나 반동 종교개혁의 계기가 되었다. 여기서 로욜라는 일정하게 확립된 기도와 묵상 과정을 반복하였다. 그렇게 하여 영적 감각과 능력을 강화하였다. 이것은 로욜라가 긴 영적 투쟁과 의심, 몇 달을 고뇌하는 동안 자신의 영혼을 냉철히 성찰한 데서 기인하였다. 로욜라는 이 훈련을 통해 다른 사람들에게 자신이 발견한 평화를 선사하고 싶었다. 이 실습의 특징은 항상 군사적이었다. 실습은 신자가 개인적으로 묵상을 통해 하나님과 교통하는 상승 단계의 규칙이다. 훈련하는 교사는 자신이 도와줄 학생들의 영적 연약성을 증진시키고 영적 능력을 강화해야 한다. 제자들은 훈련에 앞서 이 지식을 습득해야 하는데, 예를 들면, 교사들에게 고백으로 자신을 순복해야 하고, 자신의 마음과 영혼을 다 바쳐 훈련하기 위해 자신을 버려야 하며, 감독자의 지시에 절대적으로 순복하고, 빈번한 죄의 고백을 통해 각각 자신의 영혼의 퇴보를 들추어내고 또한 가장 추한 생각까지 고백해야 했다. 무엇보다도 지침서가 요구하는 연습을 충실히 수행해야 했다. 훈련 기간은 4주(25일) 이상으로 주로 4가지 주제, 죄와 양심, 그리스도의 지상적 왕국, 예수의 수난, 부활하신 주님의 영광과 하나님의 사랑을 묵상하는 것이다. 훈련이 마칠 때까지 학생들은 고독 속에 홀로 지내야 했다.[56]

---

54) 경한수, 「프리메이슨 & PK(약속 이행 자)」, (목회자성경대학원, 2005), 7.

55) 이 책은 16세기 칼빈의「기독교 강요」다음으로 영향을 미친 책이다. 이 책에 따르면 첫 주는 죄에 대하여, 둘째 주는 그리스도의 왕권에 대하여, 셋째 주는 그리스도의 사랑을, 네 째 주는 그리스도의 부활에 대하여 교육하였다. 이로써 완전하고 실제적인 성별(聖別)에 이르게 하였다.

로욜라에 의하면 참된 명상은 4가지 과정이 요구되었다. 즉 준비기도, 전주 혹은 과거의 역사적인 장면을 방법론적으로, 그리고 생생하게 되살리기 위해서 혹은 학생들의 영혼에 교리를 정립시키기 위해서 마음과 감각을 조절하는 방법, 몰입(puncta) 혹은 생각을 집중시키기 위한 기억과 지성이 구체적으로 요구되었다. 그리고 마지막 대화(colloquia)는 하나님과 황홀한 담화를 나누는 것이었다. 이때 학생들은 십자가에 처형되신 그리스도를 모시고 하나님께 말하며 응답하시는 하나님의 음성을 듣는다. 영혼이 오랜 영적 여행을 통해 발전하는 명상을 볼 때 매 단계마다 물질주의가 큰 시험이었다. 이 때 학생들은 상상의 거울로 끝없는 지옥 불과 불타는 육신 안에 갇혀 있는 영혼을 볼 것을 요청받았다. 그리고 외마디 소리, 괴성, 신성모독 같은 저주스런 말을 듣고 유황과 견딜 수 없는 악취를 맡으며, 눈물의 짠맛, 화염이 타는 듯 한 뜨거움을 느껴야 한다. 예를 들면, 겟세마네 동산의 장면이나 그리스도의 탄생에 관한 생각을 할 때에는 먼저 그 당시 상황을 마음에 그리며 반복하여 일상적인 일들을 꾸려 나가야 한다. 여기서부터 신비를 묵상하기까지 물질주의와 교리가 깊이 연관되어 있다. 이 명상은 극히 제한적으로 구약에는 전혀 관심이 없다. 그리고 모든 신학적인 사유는 철저히 배격되었다.

주 목적은 생명 있는 동안에 결코 지워질 수 없는 강렬한 집약된 인상을 갖게 하는 것이다. 그리하여 영혼이 두려움에 움츠리든지 아니면 천상적인 기쁨으로 위로를 받든지 둘 중 하나였다. 4주(25일) 동안의 훈련 목적은 생생하고 변화있는 최면적인 꿈을 가짐으로 결코 꿈으로부터 벗어나지 못하게 하는 것이다.[57) 「영적 훈련」과 「지침서」(*Directory*)의 장점은 육적인 조건과 이에 따르는 영적 황홀경의 지식을 구체적으로 전개하는 것으로, 즉 육적 수단을 이용하여 영적 포기를 성취하는 것이다. 이들은 이렇게 신체를 조절함으로 영혼의 욕망을 제어하였다. 학생들은 매일 오후와 저녁 두 차례씩 점검하여 하루 생활에 빚어낸 죄와 실패를 분명히 검증하였다. 그리고 이상의 사항들을 매일 기록에 남김으로 자신과 고해 신부에게 자신의 도덕적 상황을 산술적으로 나타냈다. 만레사에서 영적인 투쟁과 우울감에 빠져 고투하는 동안 로욜라는 자신의 영혼을 찢는 고통에도 불구하고 영적 상태에 따르

---

56) A. M. Renwick, *The Story of the Church*, (IVP., 1985), 148.

57) 보다 자세한 것은 Thomas M. Lindsay, *A History of the Reformation*, (Edinburgh: T. & T. Clark, 1907), vol. II., 542을 참조하라.

는 신체적 상태를 자세히 기록하였다. 그리고 하나님의 환상과 은총을 즐거워하는 성찰 과정도 기록하였다. 「영적 훈련」(*Spiritual Exercises*)과 「지침서」(*Rules for Thinking with the Church*)는 로욜라가 묵상의 주제가 바뀔 때마다 체험했던 실체적인 상태를 세밀히 기록한 것이다. 고대 불교의 승려들은 자신의 배꼽을 응시하는 방법으로 영적 초월 상태에 몰입한다고 가르쳤으나 로욜라는 한낮의 눈부신 햇살, 저녁노을의 불확실성, 한밤의 어두움 등을 동원하였다. 어떤 경우에는 똑바로 서서 움직이지 않는 부동의 상태에서, 방안을 앞뒤로 걷는 자세에서, 앉은 자세에서, 무릎 꿇은 자세에서, 바닥에 넙죽하게 뻗친 자세에서 생각하였다. 특별한 시간, 즉 아침, 저녁, 한밤중 등은 각각 주제에 따른 명상의 시간이었다. 이 모든 것들은 제자의 성별이나 나이에 따라서 각각 차이가 있었다. 그러나 인간 상호 간의 차이점을 간파한 로욜라는 일반 법칙이 모든 사례에 적용될 수 없다고 간주하였다. 그러므로 연습 교사들은 찾아오는 제자들의 다양한 특성을 자세히 살펴 그들에 맞는 훈련을 부과해하였다.

이러한 신체적 행동의 제반 조건들이 마음에 어떻게 작용하는지를 밝힘으로 로욜라는 지금까지 소수의 선택된 성인들만 누렸던 황홀경을 추종자들도 누릴 수 있다고 하였다. 그리하여 종교개혁이 민주주의를 주창했다면 반동 종교개혁은 대중들에게 성 캐더린이나 성 테레사의 환상과 황홀경을 맛보게 하였다. 그러나 신체적 조건이나 영적 조건에 따라 영적 체험이 다르게 나타나는 것을 몰랐던 신비주의자들은 잠을 자지 않거나 장기간 금식함으로 황홀경이나 무아지경을 즐겼다. 이와 달리 로욜라는 경건하고 진실한 마음을 가진 기독교인으로 동시대를 살아가는 사람들의 진정한 도덕적 개혁을 바라는 인물이었다. 그러므로 그는 마음과 영을 다하여 모든 참된 종교의 본질은 그리스도의 참된 신부, 그리고 우리의 거룩한 어머니인 정통 가톨릭과 계층적 교회에 무조건 순종하는데 있다고 믿었다. 한때 "오직 구원의 길만 찾을 수 있다면 개처럼 따르겠다"고 외쳤듯이 그는 철저히 자신의 서약을 지켰다.[58] 이는 그가 단지 무계산적인 철저한 복종만을 알았기 때문이다. 그에게 최우선적인 의무는 교회에 대한 무조건적인 순종으로 교권적인 인도를 자신의 지성과 의지를 다 바쳐 철저히 따르는 것이었다. 그러나 로욜라가 모든 기독교인의 의무가

58) *Ibid*., 543.

중세적인 신조, 관례, 제도, 미신을 하나도 빠뜨리지 않고 모두 지키는 데 있다고 주장한 것은 아니었다. 혹은 토마스 보나벤투라, 문장론의 대가인 피터 롬바르드, 그리고 여타의 신학자들의 철학을 성경처럼 권위있는 문서로 받드는 것도 아니었다. 그러나 만일 교회가 하얗게 보이는 사물에 대해 까맣다고 선언한다면 우리는 즉각적으로 그것이 까맣다고 말해야 하는 것이다. 이것이 그에게 완전이었으며, 이 완전은 최면술적인 황홀경에서 연습을 통해 훌륭하게 성취될 수 있다고 보았다.[59]

(2) 제 2기 : 1537년 이탈리아에서 1545년 예수회의 설립과 트렌트 공의회의 개회를 포함하여 1556년 사망까지의 시기이다.

(i) 이탈리아에서 로욜라: 1537년 초엽 10명의 동지들이 베니스에 모였다. 당시 베니스 공화국과 터키족 간의 전쟁으로 팔레스타인을 향한 출발이 어렵게 되자 이들은 그곳에 남아 교회의 도덕적 중생을 염원하는 사람들과 교제하였다. 콘타리니와 비토리아 콜로나(Vittoria Colonna)가 개혁에 적극적이었으나 카라파는 냉담하였다. 당시 로욜라는 교회와 사회의 도덕적 기질을 개선하기 위해 매일 기도하였다. 사제들의 첩은 정절 있는 일반 여인들처럼 옷을 입을 수 없었다. 베니스에서 로욜라와 라이네즈, 파베르는 로마를 여행하여 그 곳에서 다른 사람들과 부활절을 보냈다. 그리고 이들은 교황 바울 3세를 만나 선교 계획을 설명하였다. 이때 이들은 새로운 꿈을 갖게 되었다. 따라서 팔레스타인의 순례를 포기하고 모금한 돈을 기부자에게 돌려주었다. 그리고 몇 가지 단순한 생활 규칙을 채택하였다.[60] 이것을 기반으로 로욜라는 마침내 예수회(Company of Jesus) 종단을 설립할 계획을 세웠다.

당시 이탈리아는 군인들이 득세하던 시기였다. 여타의 일반 종단들은 창설자의 이름을 택하였으나 그는 자신의 인간성이 십자가에 달리신 그리스도에게 온전히 흡수되었다고 믿었다. 그리하여 그는 동료 9명과 새로운 종단의 창설을 구체화하였다. 그들은 설교를 중단하고 여러 통로를 통해 로마를 여행하며 교황에게 제출할 헌장을 작성하였다.[61] 그리고 로욜라의 친구 추기경 콘타리니가 이들을 교황에게 알현

59) *Ibid*., 543.

60) 즉 생계 유지를 위해 구걸하며, 둘씩 짝을 지어 다니되 한 사람은 일시적으로 다른 사람에게 종처럼 섬길 것이며, 잠자리는 공공 합숙소를 택하여 그 곳에 버려진 환자를 돌 볼 것이며, 자신들의 주된 사역은 교회를 다니지 않는 자들에게 설교하고 또한 젊은이들을 지도하는 데 있다고 서약하였다.

61) A. C. Dickens, *The Counter Reformation*, (London: Thames and Hudson, 1971), 81.

하였다. 여기서 로욜라는 자신의 포부를 설명하면서 마음속에 있는 새 종단의 헌장 초안을 제출하였다. 자신들의 군사적인 서약이 교황의 모든 원수들을 몰아내기 위한 투쟁임을 밝혔다.[62] 교황 바울 3세는 감명을 받고 성령의 인도하심을 느꼈다. 이 계획안이 먼저 3인으로 구성된 위원회에 상정되었다. 그렇게 되자 로욜라는 걱정하였다. 왜냐하면, 당시 바티칸의 자문을 맡았던 정치가들이 이 운동을 의심하였기 때문이다. 그들은 스페인의 신비주의가 전투적인 세력으로 강화되는 것을 좋아하지 않았다. 뿐만 아니라 이들 집단의 총장이 갖는 엄청난 세력을 싫어했으며, 지금까지 교회 내에 여러 종단으로 골머리를 앓았기 때문이다. 그리하여 로욜라는 평생에 가장 힘든 긴장된 시기를 보냈다. 그런데 교황 바울 3세는 라이네즈와 파베르의 박식(博識)을 안 후 그들을 살메론(Salmeron)과 함께 로마 대학의 신학 교수로 임명하였다.

한편 로욜라는「영적 연습」에 몰두하면서 많은 사람들이 실제로 활용할 수 있도록 하였다. 그러나 로욜라는 많은 사람들의 호감에도 불구하고 이단적 비난을 받았으나 그때마다 조사를 통해 무죄를 받았다. 그리고 이 모든 것들을 철저히 시험하고 검토해 줄 것을 간청하였다. 1540년 9월 27일「전투적 교회 군대」(*Regimini militantis ecclesiae*)라는 교서의 출판과 함께 마침내 예수회가 발족되었다. 몽마르뜨르의 학생들의 모임인 비첸짜의 부흥 설교단이 새 종단이 되었고 교황권을 반대하는 모든 대적자들을 끝까지 무찌르는 군대로 발전하였다. 이 단체의 회원을 60명으로 제한되었는데 1543년 3월 14일 발표된 두 번째 교서「우리들과의 연합」(*Injunctum nobis*)에서 삭제되었다.

(ii) 예수회의 형성과정 : **(a) 형성과정**: 1541년 4월 4일 교황 비오 3세의 승인아래 로마의 성 베드로 성당에서 창설된 참여 회원 10명 중에 6명이 이그나티우스 로

---

62) 그 서약의 한 부분은 다음과 같다. "회원들은 자신들의 삶을 성별되게 구별해서 그리스도와 교황을 위한 끊임없는 봉사에 전념하며, 십자가의 깃발아래 싸우며, 주님을 봉사할 것이며 또한 로마의 교황을 이 지상 위에 있는 하나님의 대리자로 섬긴다. 특히 교황을 섬기는 데 있어서 재직 중인 교황이나 혹은 후계자께서 영혼의 유익을 위해서 혹은 신앙의 전파를 위해서 자신들에게 분부한 사항을 지체 없이, 그리고 변명없이 즉각적으로 실천할 것이며, 교황이 보내는 모든 지방으로 터키족이나 또 다른 이교도들 사이에라도, 가장 멀리 있는 인도나 이단들이나 분파주의자들이나 또는 모든 종류의 불신자들이 있는 곳이라 할지라도 가서 그렇게 할 것이다". Thomas M. Lindsay, *op. cit*,. 547.

욜라를 총장으로 선출하였다. 그리고 4월 24일 상파울로(San Paolo) 성당에서 회원들의 서약을 받았다. 그 즉시 예수회는 유명해 졌고 회원 증가와 함께 로욜라는 엄격한 군대식 훈련을 실시하였다. 회원들은 총장의 명령에 철저히 복종하였다. 로욜라는 직접 종단의 헌장을 기초하여 교황에 대한 순종 서명을 첨가하였다. 초심자와 학자, 협력자와 서원자로[63] 구성된 예수회 종단은 일사 분란하게 성별된 전투적인 군대였다. 신앙의 전파를 위해 특히 젊은이들의 교육을 위해 일하며, 회원들은 눈에 띄는 옷을 삼가야 했다. 총장의 권한은 다른 어떤 수도원이나 종단 수장의 권한보다 막강하였다. 그는 그 권위를 기초로 교육 사업에 힘썼다. 그리고 4명의 창립회원들 즉 로마에 있던 라이네즈, 살메론, 브로에트, 제이에게 교황과 약속한 모든 사항을 철저히 지킬 것을 요구하였다. 이 종단의 목표는 베네딕투스 회처럼 자기들의 영혼만을 위해 이 세상과 동떨어진 사회를 건설하거나 도미니쿠스회처럼 설교하는 동지들의 연합체를 구성하려는 것도 아니었다. 그렇다고 프란체스코회처럼 사랑의 공동체를 이루는 그 이상의 어떤 것도 아니었다. 가능한 모든 방법으로 가톨릭 교회에 순종하는 동료를 돕고자 하였다. 이를 위해 가능한 모든 무기를 사용하여 이 지상의 하나님의 대리자를 반대하는 원수들과 투쟁하였다. 그러므로 로욜라는 하나님의 직접 계시에 의해 모든 규율을 스스로 고안해 냈다. 이 헌장은 1558년 7월 2일 로욜라의 후계자 라이네즈가 총회에 제출하였다. 그는 자신이 기초한「지침서」(*Directorium*)를 첨부했는데 교황 피우스 4세가 이를 재가하였다. 이로써 총장은 거의 무제한적 힘을 갖고 각종 규범을 신설하는 등 거의 모든 의무사항으로부터 벗어나 있었다. 그는 베니스의 도게(Doge)처럼 불가시적인 족쇄로 모든 미세한 권력까지 총괄하였다.[64]

---

63) 여기 초심자는 세심한 과정을 거쳐서 선택된 자들로 사제나 세속일, 특별한 임무를 부여하지 않은 무관심자들이었다. 학자는 2년간의 초심자 과정을 거친 자로서 5년 동안 공부하고 저급반에서 5년 동안 가르친 자였다. 협력자는 영적인 면이나 세속적인 면에서 설교사역이나 가르치는 사역 등 종단의 모든 선교사역을 감당하는 자들과, 종단의 세속적인 일을 왕래하면서 수행하는 자였다. 그리고 서약을 서원한 자는 종단의 엘리트로서 종단의 행정을 맡은 자, 대학의 책임자나 수도원의 책임자는 세 번째 단계에서 선택하였다.

64) 예를 들면, 신입 기간을 축소하거나 연장시키며 회원들의 진급을 지연시키고 단축시켰다. 종단의 모든 회원은 직속 상급자가 마치 그리스도의 자리에 있는 것처럼 철저히 순종해야 했다. 이것은 자신이 옳지 않다고 여기는 것일지라도 심지어는 총장이 원하면 검정색까지 흰

로욜라는 처음에 고상한 마음으로 동료들을 도우려 했으나 그의 종교관은 그 자신의 신앙적 지평을 좁히는 결과를 초래하였다. 그에게 이웃은 로마 교황에게 전적으로 순종하는 자였으므로 그 밖의 다른 사람들은 형제애의 대상이 아니었다. 이것은 마치 마호메트의 추종자들이 십자군에 대해 취한 행동과 같았다.[65] 로욜라는 마치 고드프레이처럼 가톨릭적이며 교권적인 교회 밖에 모든 사람들을 사람이 아니라 늑대로 간주하였다. 그는 자신이 세운 종단이 그들 종단회원들의 지상생활의 모든 분야를 도와야 하며 여기서 벗어나는 모든 사고는 축출해야 한다는 생각으로 가득하였다. 따라서 로욜라는 학식 있는 경건한 사람들로 구성된 종단을 좋아하였다. 그리고 종단은 르네상스뿐만 아니라 개신교에 맞서기 위해 그들로부터 일반적인 문화라는 개념을 빌려 자기네들의 심신을 훈련하며 행세하였다.[66] 이탈리아의 중심 도시들은 새로운 종단의 회원들을 환영하였다. 대학이 문을 열자 예수회의 학교로 학생들이 운집하였다. 로마는 종단의 강력한 중심지였으며 이 여파는 포르투갈과 스페인으로 곧바로 확대되었다.[67] 한편 프랑스에서는 느리게 성장하였다. 왜냐하면, 파리 대학과 국회가 이들을 반대했기 때문이다. 그러나 이들은 성 오메르(St.Omer), 두아이(Douai), 라임즈(Rheims)에 대학을 설립하였다. 로욜라는 독일에 눈을 돌려 그곳의 이단들과 싸움을 시도하였다.[68]

색으로 믿어야 했다. 이처럼 총장은 종단의 복잡한 사건들을 포함하여 모든 회원들의 비밀을 세밀하게 보고받고 자신의 취향대로 일일이 간섭하였다. 결국 역사가들은 이 모든 권력은 라이네즈가 총장에 취임한 이래 악하게 사용되었다고 보았다.

65) 예를 들면, 부이옹의 고드 프레이(Godfrey of Bouillon)는 경건하고 부드러운 마음을 가진 사람이었으나, 정복자로서 살해된 모슬렘들의 시체로 가득한 예루살렘의 시가지를 걸어 올라가다가 죽은 어머니의 가슴에 매달려서 울고 있는 갓난아이를 보았다. 그는 말안장에서 몸을 구부려 그 갓난아이의 발목을 잡고 성벽을 향해 내 던졌다.

66) 이렇게 조직된 종단은 라이네즈를 베니스로 보내 당시 침체일로에 있던 개신교와 격돌케 하였다. 제이는 페라라로 보내져 그곳의 공작녀인 프랑스 르네의 영향력을 차단하였다. 살메론은 나폴리와 시실리로 파송되었다.

67) 포르투갈은 즉시 예수회가 정복하였는데, 사비에르(Xavier)와 로드리구에즈(Rodriguez)가 그 곳에 파송되었다. 왕 요한은 그 중에 로드리구에즈의 학비를 부담하였다. 그러나 스페인은 생각보다 어려움이 많았다. 왜냐하면, 이곳은 도미니쿠스파의 보루였고 수세기 동안 어떤 침입자도 쉽게 인정하지 않았기 때문이다. 그러나 예수회는 당시 반도 전체에 퍼져 있던 신비주의로 인하여 곧바로 뿌리를 내렸다. 특히 칸디아의 공작(Duke of Candia)이며 카타로니아의 총독(Viceroy of Catalonia)인 프란시스 보르지아(Francis Borgia)의 개종으로 백성들을 장악하였다.

(b) 예수회와 해외선교: 로욜라의 예수회는 청소년 교육을 위해 1582년 287개의 대학, 이후 1626년까지 400여개의 대학, 1749년까지 약 800여 대학을 설립하였다. 대학은 모든 계층에 개방된 수업료 없는 무상교육이었다.[69] 그밖에 신앙심의 확립, 군주 제후에 대한 봉사와 국제 정치상의 외교활동, 특별히 해외 선교에 적극 동참하였다.[70] 초기의 선교는 로욜라의 친구 프란시스 사비에르(Francis Xavier, 1506-1552)와 그의 동료들이 주도하였다.[71] 경건한 사람들이 초기에 가톨릭 종교개혁을 수용하지 않은 것은 성직자들과 평신도들의 도덕적 타락 때문이었다. 로욜라는 평신도와 성직자의 추문에 크게 상심하였다. 그리하여 이들을 치유하기 위해 최선을 다하였다. 그 결과 이탈리아의 국민들로부터 존경과 동정을 받아 예수회를 콘타리

---

68) 그리하여 그는 보압딜라(Boabdilla), 파베르, 제이 등을 즉각 그곳으로 보냈다. 보압딜라는 바바리아의 공작인 윌리엄의 신뢰를 얻었다. 제이는 교묘하게 자신을 가장하여 오스트리아의 페르디난드의 자문관이 되었으며, 파베르는 당시 인문주의 교육을 받은 님베겐(Nymwegen)의 페트루스 카니시우스(Petrus Canisius)를 종단에 끌어들임으로 세 사람 중에 가장 중요한 업적을 이루었다. 카니시우스는 잉골슈타트에 예수회 대학을 세워 독일 내에서 산파역할을 하였다. Thomas M. Lindsay, *op. cit*., 557; William R. Estep, *Renaissance & Reformation*, (Michigan: Grand Rapids, William B. Eerdemans Publishing Company, 1989), 277.

69) David Otis Fuller(ed.), *Which Bible?* (Michigan: Grand Rapids International Publications, 1971), 149-150. 그러나 교육은 1599년의 연구 계획(plan of studies)에 따라서 매우 엄격히 실시하되 문예부흥을 정당화하였다. 그리고 학생들의 경쟁을 위해 격려와 함께 매를 사용하였다. 교과 과목 중에 철학은 아리스토텔레스를 신학은 프란체스코 수아레즈(Francisco Suarez, 1548-1617)의 체계와 함께 아퀴나스의 전통을, 교육의 대부분은 연극으로, 특별히 오페라와 비슷한 회전무대를 활용하였다. 2010년 현재 예수회 소속 학교, 대학을 포함하여 전 세계 약 4000개(이는 미국의 18개 종합대학 포함)이다.

70) 예수회는 활발히 선교 사역을 실시했는데, 스페인과 포르투갈을 배로 여행하고, 특히 개종자를 찾아 아메리카, 아프리카, 아시아를 여행하였다. 이들은 가는 곳마다 새 땅의 역사와 지리의 학문적 연구에 몰두하였다. 당시에 파송된 대표적인 선교사로는 프란시스 사비에르(Francis Xavier, 1506-1552)와 마테오 리치(Matteo Ricci, 1552-1610)를 들 수 있다. 전자는 스페인 귀족 출신으로 예수회의 창립 회원인데, 인도와 인도네시아, 일본에서 탁월한 선교 실적을 남겼고 후자는 중국에서 현대 선교를 개척하였다. 리치는 복음을 토착화하여 중국의 전통과 사상에 적용하였다. 예수회는 서방의 학문적 지식을 북경 왕실에 침투시켰으나 성공을 거두지는 못했다. 그 밖에 인도 선교사로 로버트 디 노빌리(Robert De Nobili, 1577-1656), 프랑스 출신으로 카나다 계통의 인디언들과 사역한 이삭 요퀘스(Isaac Joques)와 자퀘스 마르퀘떼(Jacques Marquette), 북멕시코와 미국 남서 지방의 인디언들에게 선교한 유세비오 키노(Eusebio Kino, 1644-1711)가 있다.

71) A. M. Renwick, *The Story of the Church*, (IVP., 1985), 147-149.

니, 지베르티, 비토리아 콜로나 등의 그곳 개혁자들에 버금가게 육성하였다. 로욜라가 대학 체계와 교육에 사용한 방법은 로마 교회의 학식 있는 성직자를 공급하는 탁월한 방법이었다. 그는 로마의 도덕적 개혁을 성취하기 위해 루터처럼 개인 생활에서 시작하되 엄격한 입법 조치로는 성취될 수 없다고 보았다. 그리고 어린이의 학대와 무분별한 구걸 같은 사회악의 개선에 노력하였다. 이를 위해 그는 로마에 200여명의 어린이들을 모아 무료로 수용하여 먹이고, 가르치며 또한 생계를 꾸려갈 수 있게 각종 기술을 가르치고 대학을 설립하여 다양한 과목을 교육하였다.[72]

특별히 당시 염병처럼 확산된 구걸 폐단을 해결하기 위해 시(市) 경내에서는 금지시켰다. 이를 위해 시 재정과 각종 자선단체의 지원을 받았다. 뿐만 아니라 그는 이탈리아 대도시에 만연한 타락한 여인들을 범죄하지 않게 하였다. 이 죄악은 사실 너무 엄청나 도무지 간섭할 수 없었다. 예를 들면, 수많은 남자들이 독신 서약을 했으나 매춘이 결혼 제도 아래 음성적으로 행해졌다. 남편들은 아내들의 죄악 된 삶으로 생활을 연명하였다. 버림받은 여인들 또한 불행한 자들 속에서 넘쳐났다. 따라서 로욜라는 자신들의 타락된 생활을 청산하려는 이들에게 휴식의 공간 마르다의 집(Marth-House)을 제공하였다. 그 결과 이 소문이 이탈리아의 대도시로 확산되면서 수많은 귀부인들이 구제 사업에 적극 참여하였다. 그리고 예수원 단체들이 모슬렘에게 포로 된 기독교인들을 구출하기 위해 몸값을 지불하였다. 투쟁을 인정하지 않고 가난한 자들에게 대부해 주었다. 이 같은 자선활동으로 알프스 남부의 여러 나라들이 예수회에 동조하였다.[73]

로욜라는 65세 되던 해, 회심한지 35년, 종단 설립 16년 만에 사망하였다. 그가 세운 종단은 활력을 얻어 로마 교회 안에서 강력한 세력을 구축하였다. 이후 이 단체는 트렌트 공의회의 신학형성에 크게 기여하였다.[74]

---

72) C. B. Eavey, *History of Christian Education*, (Chicago: Moody Press, 1965), 153.

73) 1556년까지 약 1000개가, 1626년까지는 15,544의 예수회가 도처에 설립되었다. 1773년 프랑스와 스페인의 부르봉 군주들은 예수회의 제재를 교황에게 요청하였다. 1814년 교황은 다시 예수회를 복원하였다. 1975년 현재 예수회는 28,856개이다.

74) 특히 12개 지역, 예를 들면, 포르투갈, 카스틸, 아라곤, 안달루시아(Andalusia), 이탈리아, 나폴리, 시실리, 독일, 플란더스(Flanders), 프랑스, 브라질, 그리고 동인도에 예수회가 설립되었다. A. G. Dickens, *The Age of Humanism and Reformation*, (London : PHI, 1977), 182-192.

5. 트렌트 공의회(Trent Council)의 발전 과정

교황과 황제 사이의 재 연합을 위한 총회가 1545년 3월 트렌트로 확정되었다. 당시 트렌트는 작은 교회령 제후국의 수도였으므로[75] 편의시설이 부족하여 큰 회의나 총회를 유치하기에 적합하지 않았다. 그러나 1545년 당월 13일 교황청 특사가 이곳에 도착하여 지방 성직자들과 달리 주민들의 냉대를 받았다. 공의회의 개최까지 수개월 후에 교황의 소수 사절단,[76] 황제, 그리고 베니스의 대표단이 도착하였다. 그러나 공의회의 개회에 필요한 교황의 교서가 늦게 도착하여 12월 13일 개회하였다. 그 후 공의회는 약 18년 동안, 1545년-1547년, 제1회기-제10회기까지 교황 바울 3세(Paul III), 1551년-1552년, 제11회기-제16회기까지 율리우스 3세(Julius III), 1562년-1563년, 제17회기-제25회기까지 교황 피우스 4세(Pius IV) 하에 주도되었다.[77] 이 기간 동안 공의회는 먼저 가톨릭 교회의 신앙과 정체성 확립, 그 다음 프로테스탄트 신앙의 명확한 규명이었다. 이를 위해 죄와 용서, 성경, 참회, 교황의 권위 등 수 백가지 주제를 논의하고[78] 마지막에 가톨릭 신앙에 관한 성명서를 발표

---

75) 당시 이곳 국경지대는 약 1,000호 정도의 가옥과 너 댓 채의 훌륭한 건물과 주교 제후를 위한 궁정이 있었다. 이곳은 당시 세속 군주인 티롤의 백작이며 그의 대리인이 다스렸다. 도시에는 여러 개의 예배당이 있었는데 그 중에 산타 마리아 마기오레(Santa Maria Maggiora)가 회의의 소집 장소로 예정되었다. 이 도시의 주민들은 이탈리아인과 독일인으로 구성되었으나 각자의 전통에 따라 살았다.

76) 이들 중에는 제 1대 회장을 지낸 델 몬테(del Monte)의 추기경 지안 마리아 지오치(Gian Maria Giocchi)와 다 산테 크로체(da Sante Croce)의 추기경 마르첼로 체르비니(Marcello Cervini), 영국 출신 추기경 레지날드 폴(Reginald Pole)이 포함되었다. 이들은 당시 이탈리아의 교회에서 두드러진 3대 조류, 예를 들면, 어떤 변화도 원치 않는 비개혁파와 교회 내의 신진 부흥세력, 그리고 자유주의 로마 가톨릭 주의였다. 폴은 같은 동료들 사이에서 화해자로서의 역할을 담당하였다. 그는 모든 사람이 좋아한 외교적 정약가였다. Thomas M. Lindsay, *op. cit.*, 567.

77) 첫 번째 회기에는 네 명의 대주교, 20명의 주교, 수도사 계급에서 4명과 몇 명의 신학자가 참석했다. 두 번째 회기에는 브란덴부르그(Brandenburg), 뷔르템베르그(Wurttemberg), 스트라스부르그(Strasburg)에서 삭소니 (Maurice of Saxony)공을 대신한 3명의 신교 대표가 1552년 1월 회의에 참석하여 아무것도 얻지 못한 채 3월 그곳을 떠났다. 당시 이 회에는 59명의 대표가 참석하였다. 세 번째 회기에는 모두 255명이 모였다. 이 회의에는 스페인과 로마에서 많이 참석했으나 프랑스에서는 별로 오지 않았다. A. C. Dickens, *The Counter Reformation*, (London: Thames and Hudson, 1971), 107-109; William R. Estep, *Renaissance & Reformation*, (Michigan: Grand Rapids, William B. Eerdemans Publishing Company, 1989), 278-279.

78) 수잔 와이즈 바우어, 「세계역사 이야기」, 최수민/정병수 역, (꼬마이실, 2008), 479-

하였다.

(1) 공의회 제1차 회기(1545-1547): **(i) 소집과정**: 당시 찰스 황제와 교황 바울 사이에 맺어진 협약에 따르면 신앙적인 분열을 극복하고 교회의 개혁을 추진하며 불신자에 대한 기독교권의 통합적 대처를 위해 공의회를 소집하였다.[79] 그러나 전체적인 동의 아래 공의회의 활동은 둘로 국한되었다. 대부분의 참석자들은 교회 개혁과 신앙적 반란은 분리될 수 없다고 보았다. 그러나 분열에 대한 방법을 논의하는 중에 의견 차이가 드러났다. 많은 경건한 로마 가톨릭주의자들은 루터파 운동을 교회의 죄악에 대한 하나님의 처벌로 간주하고 맞서기 위해 교회가 생활과 도덕을 철저히 개혁해야 할 것이라고 하였다. 결국 개혁을 효과적으로 이끌기 위한 방안에서 상호 이견이 생겼다. 추기경 카라파를 따르는 이탈리아 계열은 교황에게 전권을 위임해야 한다고 하였다. 비이탈리아 계열 특히 스페인 출신들은 그와 같은 개혁은 교황청의 부조리를 척결하는 것이어야 한다고 하였다. 찰스 5세는 루터파와 로마 가톨릭 사이의 교리적 차이를 극복하기 위해서는 상호 입장을 주고받아야 한다고 하였다. 그리고 쌍방의 부조리를 척결하면 분열이 치유될 수 있다고 하였다. 그러나 그는 루터파가 주장하는 만인 제사장설을 바로 이해하지 못하였다. 찰스 황제는 훨씬 뒤에 본 공의회가 양측을 화해시킬 수 없음을 인식하였다.

(ii) 회의의 경과: 3명의 사절단 중에 체르비니는 공의회를 주도하는 복안을 가지고 있었다. 그는 성직자들의 생활과 도덕을 획기적으로 개혁하고 또한 로마 교황청을 정화시켜야 한다고 생각하였다. 그러나 회의가 효력을 지니면서 스스로 체면을 유지하려면 교회의 교리를 문서화하는 작업을 거침으로 모든 사람들이 참된 가톨릭 신앙을 쉽게 분별 할 수 있도록 하는 것이라고 보았다. 이 작업이 진행되는 동안 교황은 교황청을 개혁할 기회를 얻었다. 교황은 회의가 자신을 동조해 준다는 의식으로 개혁 작업을 진행하였다. 체르비니는 개신교도들에게 가톨릭 신앙을 적대하는 것은 무의미하다는 것을 보여주려 하였다. 그리고 루터파가 제기한 각종 교리들, 예를 들면, 의인, 성경의 권위, 성례전 등은 바로 정의되어야 한다고 하였다. 결국 그의 제안이 전체 대표단들에 의해 지지를 받았다. 개혁을 교황에게 맡기자던

480.

79) Roland H. Bainton, *Christendom: A Short History of Christianity and Its Impact on Western Civilization*, (London; Happer Colophon Books, 1966), 48.

제안은 스페인 주교들로부터 교황청에 대한 신랄한 비난과 함께 수많은 발언을 초래하였다. 그러나 루터파를 제외할 의도로 가톨릭 교회의 교리를 성문화하자던 체르비니의 주장은 거부되었다.

논쟁이 격화되던 때에 추기경으로 달변가였던 마드루쪼는 연설에서 루터파는 화해 될 수 없다고 단정해서는 안 된다고 주장하였다. 회의는 중세 성직자들의 도덕적 타락이 불만을 제공했으므로 루터파의 입장을 정당화시켜 주는 것을 솔직히 시인해야 하였다. 그러므로 회의는 루터파가 주장하는 대로 이러한 제(諸) 악 때문에 교회가 분열되었음을 인정해야 한다. 따라서 회의는 개신교도들을 형제로 대우해야 한다고 하였다. 교리적으로 아무런 오류도 범하지 않은 그들에게 가톨릭 교회는 만연해 있는 도덕과 생활의 악들을 진심으로 개혁할 의지가 있음을 보여 주어야 한다. 이렇게 하여 상호간의 형제적인 결속이 다져지면 현재 양측을 갈라놓은 교리적인 차이점을 함께 논의해야 할 것이다. 그리고 한 문장으로 요약하여, "교회의 도덕이 타락함으로 루터파에게 잘못된 교리를 만들게 하였지만 원인이 제거되면 효과는 쉽게 나타날 것이다. 보다 좋은 결과를 위해 개신교도들과 보다 친애적이며 형제애적인 합의에 도달하도록 초청하기 원한다. 또한 그들 스스로 회의에 참석하여 쾌히 개혁된다면 그것이 가장 좋을 것이다" 라고[80] 하였다. 결국 이 연설은 대표단의 환영을 받았다. 그러나 교황청 사절단은 마지막까지 구체적인 결론을 내리지 못하였다. 그 후 체르비니는 자신의 제안이 별다른 성과가 없자 개혁안과 교리의 성문화를 동시에 논의해도 좋다고 하였다. 그리하여 가톨릭 교리의 성문화 작업에 치중하였다. 이를 못 마땅히 여긴 교황이 사절단에 취소를 요구했으나 거절되었다. 그리고 이 결정으로 어떤 피해도 받지 않도록 당부하였다. 공의회는 3개의 분과별로 각 문제들은 신학자들과 교회법 학자들로 구성된 분과에서 논의한 후 위임받은 특별위원회에서 논의하였다.

(iii) 교리의 완성과 선언: 트렌트 공의회는 중세 말에 유행한 신학의 대부분을 문자 그대로 거절하였다. 이것은 종교개혁 직전에 유행한 존 스코투스의 신학에서 두드러졌고 루터에서 가장 현저하였다. 당시 가톨릭 신학자들의 의도는 인문주의와 종교개혁을 분쇄하는 것이었으나 오히려 두 운동의 영향을 받았다. 인문주의는 상

---

80) Thomas M. Lindsay, *op. cit.*, 569.

당수의 회의 참석자들이 초대교회의 교부들을 연구하도록 이끌면서 어거스틴을 만나게 하였다. 도미니쿠스회 신학자들은 종교개혁과는 전혀 무관하게 종단의 위대한 신학자를 공부하였다. 토마스는 이들을 어거스틴에게 인도하였다. 종교개혁은 죄론, 의인론, 예정론을 강조했는데, 이것을 통해 결국은 어거스틴으로 돌아갔다. 새로운 토마스 주의는 어거스틴주의를 배경으로 이 시대의 주류를 형성하였다. 그리하여 트렌트에 모인 신학자들 사이에서 가장 강력한 영향력을 행사하였다. 이것은 곧 루터의 종교개혁 사상 때문이었다.

공의회 1차 제 3회기는 니케아-콘스탄티노플 신조에 필리오케(*filioque*) 조항을 첨가하였다. 그리고 1546년 4월 18일 위원회는 보고 된 신학적 주제들을 예비적으로 심의하였다. 개신교에 대한 반대는 다음 4가지 선언에서 잘 보여 진다.

(i) 성경-정경에 대해 공의회는 알렉산드리아(LXX) 정경에 포함된 모든 책을 정경으로 채택하였다. 여기에 구약의 외경까지 포함시켰다. (ii) 신앙 전통과 도덕은 그리스도의 말씀이든지 성령의 말씀이든지 가톨릭 교회가 계속 계승하므로 성경과 동일한 존경심과 경외심을 가져야 한다. 그 결과 교회 내에 오류 없는 정확한 성경 해석과 또한 교회 당국자들에게 오직 성경에 국한된 개신교도들의 해석을 경계하였다. 그리하여 교황이 유일한 전통이며(Lo sono la tradizione), 성무 집행시 교황좌에서 말한 사항은 하나님의 말씀과 같다고 하였다. (iii) 히에로니무스(제롬)가 번역한 불가타판도 권위있는 성경에 포함하였다. 이 선언은 새로운 것으로 중세 교회의 관례를 위반하는 것이었다. (iv) 공의회는 르네상스의 학문적 업적을 중세 교회 내에서 뿐만 아니라 밖에서까지 무용지물로 취급하였다. 그리고 성경 본문을 성별시킨다는 구실로 성경 자체를 미이라처럼 죽어 생명 없는 것으로 하락시켰다.[81)]

결국 공의회는 모든 신실한 신자는 교회가 가르치는 성경의 의미를 받아들여야 하며 어느 누구도 교부들의 의견을 거부해서는 안 된다고 하였다. 하지만 많은 논의 끝에 성경의 권위를 교황의 손에 맡기었다. 공의회 중에 일부 회원들은 히브리어 정경을 옹호하였다. 특히 치오지아(Chioggia)의 주교 나치안티(Nacchianti)는 전

---

81) Charles Elliott, *Delineation of Roman Catholicism, Drawn from the Authentic and Acknowledged Standards of the Church of Rome*, (London: Wesleyan Conference Office, 1877), 549-595; David Otis Fuller(ed.), *Which Bible?* (Michigan: Grand Rapids International Publications, 1971), 152-160.

통을 성경과 동일하게 취급하는 것을 반대하였다. 다른 사람들은 사도적 전통과 여타 전통을 구별하기를 원했으나 공의회의 최종적인 결정은 다수가 주도하였다. 결국 불가타 판이 가장 권위 있는 편집으로 수용되면서 기타 성경 사본 사용이 금지되었다. 트렌트의 마드루쪼는 독일어 성경 번역의 금지는 잘못이라고 하였다. 그러나 교황 바울 3세(Paul III)는 그를 제지하였다. 이에 마드루쪼는 교황이 오류를 범했다고 지적하고 사도 바울은 모든 사람이 성경을 읽어야 한다고 주장하였다. 협상안의 제시에도 불구하고 결국은 불가타판이 하나님의 유일한 말씀으로 선언되었다. 1546년 6월 17일의 제5회기와 1547년 1월 13일의 제6회기 공의회는 원죄론과 의인론을 공격하였다. 그리고 종교개혁은 로마 교회가 영적 교회인지 아니면 사제나 예식의 참여자에게 어떤 영적 도움이 필요 없고 다만 예식을 통한 신비한 구원의 지식을 갖게 되는 단순한 제도일 뿐인지 도전하였다.[82)]

공의회에서 원죄론은 루터가 에르푸르트 수도원에서 배운 후기 중세 스콜라주의의 펠라기우스주의 혹은 반펠라기우스주의를 강력하게 반대한 것으로 이해되었다. 종교개혁은 어거스틴의 복음주의적 사상을 강력히 부르짖었다. 그러나 이러한 애매한 가정은 반펠라기우스적 유형의 사상을 보전하기 위한 돌파구였다. 예를 들면, 제1장에서 아담은 그가 본래 가지고 있던 거룩함과 의를 상실하였다고 말한다. 그러면 왜 창조되었다고 말하지 않는가? 그것은 인간이 타락으로 토마스가 어거스틴처럼 비창조적인 의(increated righteousness)를 상실하였기 때문이다. 그러나 본래 형성된 상태에서 볼 때 인간이 실제로 상실한 것은 인간 본성에 결코 손상을 입힐 수 없는 추가적인 초자연적인 은총을 의미하였다. 이는 곧 펠라기우스주의를 가르치는 것으로, 공의회는 어거스틴의 타락론을 가르치는 듯 했으나, 원죄로 자유의지(liberum arbitrium)가 사람에게서 최소한으로 소멸되었다를 첨가하였다. 이것은 반펠라기우스적인 사고였다. 그리하여 공의회는 원죄가 동정녀 마리아에게 적용될 수 없다고 하였다. 그런데 의인론은 신학적인 정교함의 진수로 보다 깊은 관찰을 요청한다. 당시 찰스 5세는 개신교도들의 환심을 얻기 위해 토론의 유예를 원했다. 그러

82) 이 도전은 개신교도만 아니라 경건한 로마주의자들까지 꼭 집고 넘어가야 할 사항이라고 하였다. 이에 대해 트렌트 공의회는 원죄와 의인에 관한 교리를 채택하였다. 사절단은 당시 상황으로 볼 때 개신교도들에게 유리한 결정이 예상된다고 보았다. 그리하여 교황에게 이탈리아 주교들을 더 많이 보내어 이들에 맞서자고 하였다.

나 교황은 개신교도들에게 기회를 주지 않기 위해서 공의회가 이 교리를 어떤 개신교도라도 쉽게 받아들이지 못할 방향으로 규정해 주기를 바랐다. 당시 일부 순루터파 신학자들은 의인은 오로지 신앙에 의해 규정된다고 보았다. 그러나 극소수였으므로 별 영향을 미치지 못하였다. 하지만 황제나 교황 모두 자신들의 요구대로 되지 않았다. 왜냐하면, 로마교회 내에서도 그냥 넘겨 버리지 못할 복음주의적 교리가 상당히 많이 있었기 때문이다. 따라서 개신교도들을 끌어들이기 위해서 아우구스부르크 신앙고백의 첫 부분을 인정하도록 바티칸에 실제적으로 제안하였다. 그러나 트렌트 공의회의 강력한 보루였던 새로운 토마스주의가 교회 내에서 세력을 확보하였다.

토마스주의는 콘타리니의 「의인론 소고」(*Tractatus de Justificatione*)를 대변한 것으로 많은 사람에게 소개되었다. 그 중에 지롤라모 세리판도(Girolamo Seripando, 1493-1553)는 1539년 자신이 소속된 어거스틴파 은둔 수도회의 총장이었다. 그는 전가된(imputed) 의와 내재적(inherent) 의를 구별하였다. 여기서 그리스도의 전가된 의는 인간에게 희망을 부여해 주지만, 내재적 의는 전가된 의에 근거할 뿐이다. 그러므로 전가된 의가 없이는 무용지물이다. 이것은 선행적 은총과 협동적 은총을 구분하는 것이다. 그리하여 예수회 신학자들도 이 두 구별된 의를 받아들였다. 심지어 세리판도에 대항했던 라이네즈까지도 오직 전가된 의만 의인에게 효력을 갖는다고 인정하였다. 그러나 실제적으로 이 두 의는 하나로 통합되어야 했다. 이렇게 채택된 의인론은 16장에 33개 법령으로 구성되었다. 이것은 다시 크게 2단계로 구분되는 바, 1-9장은 의인이란 무엇인가를, 10-16장은 의인을 잃었을 경우에 회복하는 방법을 다룬다. 이 중 맨 앞부분의 복음주의적인 진술이 가장 중요하다. 즉 모든 인간이 죄의 권세 아래 매이게 되었으며 인간이 지닌 본성의 힘으로나 또는 모세의 율법에 기록된 문자의 힘으로도 자신을 구원할 수 없다는 것이다. 하늘에 계신 우리 아버지께서 아들을 보내셨으며 우리 인간의 죄를 씻어 주기 위해 아들의 피를 믿는 자들에게 대속자가 되셨다. 그리스도께서는 모든 인간을 위해 죽으셨지만 모든 사람이 그리스도의 죽음을 유익한 것으로 받아들이지 않는다. 오직 그리스도의 공로가 전달된 자만이 받아들인다.[83)]

83) Thomas M. Lindsay, *op. cit.*, 578-579.

그럼에도 불구하고 어거스틴적인 선택론을 경계하고 의인이란 인간의 출생 상태에서 우리 주 예수 그리스도를 통한 은총의 상태로 옮겨가는 것이라고 하였다. 이것은 곧 세례와 밀접히 연관되었다. 그러나 다양한 교리를 융합하여 펠라기우스적 교리가 엿보인다. 왜냐하면, 성인들은 자신들의 행위로 공로와 관계없이 선행과 은총 혹은 부르심을 통해 의인이 되기 때문이다. 이 부르심의 목적은 라이네즈의 제안처럼 죄인들로 하여금 하나님의 촉발하시고 협력하시는 은총에 대해 자유롭게 동의, 협조함으로 자신들의 마음을 회심케 하는 성향을 갖게 한다. 부르심을 받은 죄인들의 성향은 여러 가지 사항들로 갖추어져 있다. 그 중에 하나가 믿음으로 하나님의 계시의 내용을 받아들이는 것을 가르친다. 그 후 2장에서 신앙은 의인의 시작일 뿐 또 다른 상태로의 이전은 아니라고 하였다. 결국 의인이란 죄인이 의인되는 실제이며 점진적인 회심을 가르친다. 제2, 제3 항목에서는 의인의 증가와 고해성사를 통한 의인의 갱생을 취급하였다. 그리하여 가톨릭은 개신교와 더 이상 화해할 수 없게 되었다.

이처럼 토마스주의자들은 의인의 칙령에서 어거스틴 신학을 충분히 확보했으나 얀센주의[84]의 등장을 촉진하였다. 이로서 당시 성행하던 펠라기우스주의나 반펠라기우스주의[85]를 전복시켰다. 이러한 상황에서 공의회는 교회 개혁에 관여하며 설교

---

84) 네덜란드의 신학자로 아우구스티누스의 주장을 받들어 은총, 자유 의지, 예정 구원설에 대한 엄격한 견해를 발표하여 17-18세기 프랑스 교회에 논쟁을 야기하였다. 프랑스의 포르루아얄파(Port Royal派)의 신봉을 얻었으나 1713년 로마 교황에 의해 이단 선고를 받고 소멸하였다.

85) 416년 펠라기우스와 그의 추종자들이 가르친 기독교 이단으로 인간 본성의 선함과 인간의 자유의지를 강조하고 원죄와 세례를 부정하였다. 한편 반펠라기우스주의자들은 17세기에 등장한 신학 용어로 본래 429-529년경 프랑스 남부에서 유행하였다. 내용은 원죄가 인간 내부에 존재하여 인간을 타락하게 만드는 보편적인 힘이라고 믿었다. 또한 하나님의 은총 없이는 이 타락시키는 힘을 극복할 수 없다고 믿었다. 따라서 그리스도인의 삶과 행동에 하나님의 은총이 필요함을 인정하였다. 세례와 유아세례의 필요성을 주장했으나 어거스틴과 달리 인간이 타고난 의지로 그리스도인이 되겠다는 결단을 내릴 수 없을 만큼 인간 본성이 타락하지 않았다고 가르침으로 정죄되었다. 초기 반펠라기우스 지도자들은 교회에서 매우 존경 받고 금욕생활의 필요를 강조한 수사들이었다. 이들 중 세 사람이 쓴 저작들은 반펠라기우스주의 역사에 큰 영향을 미쳤다. 이들은 동방에 살다가 마르세유에 2개의 수도원을 세운 카시아누스, 유명한 레랭 대수도원의 수사였던 빈켄티우스, 레랭 대수도원의 수사와 수도원장을 지내다가 프로방스 주교의 부탁으로 「은총에 관하여」(*De gratia*)를 쓴 리에주의 주교 파우스투스이다.

와 요리문답의 운영을 확립하였다. 따라서 무의식적이지만 교권적인 통제를 받는 예외 규정을 만들었다. 의인론이 확정되자 공의회는 사절단의 주도아래 개신교도들과 더 이상 교리적인 화해를 이루지 못하게 방해하며 성례전을 논의하였다. 그러나 이것은 황제의 저항을 불러 일으켰다. 교황은 사절단에게 지시를 내려 회의장을 트렌트에서 볼로냐로 이전하는 데 동의하도록 회원들을 설득하였다. 그 이유는 당시 트렌트에 역병이 발생하여 회의장 이전이 대두되었기 때문이다. 일부의 반대에도 불구하고 대부분은 이탈리아에 회의장을 설립해야 한다고 하였다. 그러나 스페인 주교들은 트렌트에 남아 황제의 지시를 기다렸다. 처음부터 불만을 가졌던 찰스 5세는 주교들에게 트렌트를 떠나지 못하게 하였다. 그리하여 우여 곡절 끝에 1549년 9월 17일 교황 바울 3세는 볼로냐의 회의를 연기하였다.

(2) 공의회 제2차 회기(1551-1552): 1549년 11월 10일 교황 바울 3세가 타계하였다. 비밀리에 모인 추기경단은 선임 사절단 중에서 델 몬테(del Monte)를 선출하여 교황 율리우스 3세(Julius III)로 봉하였다. 그 후 교황과 황제는 공의회가 트렌트에서 열려야 한다고 합의하여 1551년 5월 1일 제2차 회의를 개최하였다. 교황은 개신교도와 화해를 노력했으나 곧바로 황제와 대립하였다. 그리하여 몇 달 후 9월 1일 회의가 정상적으로 진행되었다. 중요 쟁점은 1차 회기의 주제로 성례전이 논의되었다. 그러나 공의회는 개신교도들의 의견을 무시하고 경멸적으로 침묵하였다. 성례전과 하나님의 말씀과의 관계, 성찬 참여자의 신앙에 대해서는 논의하지 않았다. 회의는 성례전을 총괄할 13개의 규범을 제정했으나 개신교에 대해서는 매우 비판적이었다. 공의회는 보다 더 복음주의적인 토마스주의자들과 후기 스코투스주의자, 그리고 유명론자들의 신학 사이에서 반목하였다. 트렌트의 성직자들은 스콜라적 이론이 7성례의 본질과 조화하지 않는다고 하였다. 그러나 신앙과 성례전의 관계를 세분하고 성례전에는 비밀스럽고 신비스런 능력이 있다고 하였다. 공의회는 실제적으로 신자의 보편적인 사제직을 부인하였다. 제일 중요한 것은 그동안 가톨릭 교회가 인정해온 의식들이 성례전을 통해 전승되었는데 혹시 경멸되거나 혹은 집례자의 기분에 따라서 문제없이 삭제 될 수 있다거나 혹은 교회의 어떤 목회자에 의해서 또 다른 성례전으로 바뀔 수 있다는 자들에게 저주가 있을 것이다[86] 였다. 그리하여

86) Thomas M. Lindsay, *op. cit.*, 583.

공의회는 토마스 신학의 한계를 넘지 못한 채 로마 교회의 관례와 습관을 교리적 차원, 즉 모든 교회의 어머니이며 하녀인 로마 교회의 세례는 참된 교리를 가지고 있는 것으로 격상시켰다.

결국 트렌트 공의회는 예수회로 대표되는 스코투스파의 승리였다. 그런데 스코투스(John Duns Scotus, 1266-1308)[87]의 신학적 특징은 신학적 회의주의로 중세 교회의 대부분의 위대한 교리들을 지적으로 수용하지 않았다. 동시에 그것들을 다만 교회라는 외부적 권위에 의해서만 인정하는 마음의 상태를 불러일으켜 어떤 교리도 영속적일 수 없음을 보여주었다. 하지만 권위의 영속적이며 외부적인 원천은 로마의 교황뿐임을 강조하였다. 로욜라에게 보편적인 교회는 로마 교회에 의해서 대변되며 그 교회는 곧바로 교황에게 집약되었다. 한편 성경은 교회의 전통에 의해 해석되어야 하며 교황만이 그 전통이 무엇인지 결정할 수 있다고 하였다. 따라서 신학이 불확정할수록, 신학이 보다 적은 영속적인 원리를 포함할수록 교황의 권위가 보다 더 필수불가결하게 되었다. 그리고 종교도 교황과 동일시되어 교회에게 보다 더 철저히 무비판적으로 맹종하였다. 이 같은 전통이 료욜라의 책 「영적 연습」에서 강조되었다. 이렇게 하여 제2차 모임은 1552년 4월 28일 마쳤다. 하지만 1555년 아우구스부르크 평화 협정으로 개신교가 제국 내에서 별도의 법적 지위를 확보하였다. 따라서 대부분의 국민들은 트렌트 공의회가 헛발질을 했다고 간주하였다.

1555년 3월 24일 교황 율리우스 3세가 영면하자 후임 교황을 선출하는 비밀 추기경회의가 체르비니를 선출하여 마르셀루스 2세(Marcellus II)로 교황에 옹립하였다. 그러나 그가 3주 만에 사망하자 추기경 카라파가 바울 4세(Paul IV)로 새 교황이 되었다. 바울 4세는 스페인 정신에 따라서 종교개혁을 펼쳐나갔다. 강력한 확신 가운데 그는 중세 교회의 교리, 관례 혹은 제도로 인한 개혁 작업을 확대하였다. 이

87) 영국의 스콜라 철학자요 신학자로 성모 마리아의 무원죄 잉태설을 옹호한 선구자로 천국은 그 본질이 하나님에 대한 환상이 아니라 사랑에 있다고 주장하였다. 1291년 프란체스코 수도회의 사제로 이 수도회의 전통적 어거스틴주의를 대표하여 아리스토텔레스의 철학을 기초로 지성의 우위를 주장하는 실념론(實念論)의 토마스학파와 대립하였다. 스코투스는 사물의 전체성을 직관에 의해 파악하고 사유에 대한 의지의 우위, 주의주의(主意主義)를 주장하였다. 또 일체자는 신의 자유, 무한한 사랑의 발로이며, 신이 원하는 것은 그 신의 소원 때문에 선이라고 하였다. 스코투스주의자의 집요하고 예리한 논법은 'dunce' 라는 말로 정리되며, 저서에 「제1원리인 하느님에 관하여」 등이 있다.

단과 분파를 종교재판으로 척결하였으며 새로운 사상의 확장은 모든 책들에 대한 엄격한 검열로 예방하였다. 교황의 판단에 의해 인류의 지성과 도덕에 불건전하다고 간주되는 모든 것들을 파괴하였다.[88] 하지만 교회를 철저히 개혁하며 성직자들의 생활과 행정상의 모든 부조리를 바로 잡았다. 그는 한 동안 이탈리아계 조카들로부터 개혁을 저지당했으나 강력히 개혁을 주도하였다. 예를 들면, 그는 조카들의 행위를 철저히 조사한 후 곧바로 그들의 관직과 수당을 박탈하고 로마에서 추방하였다. 이렇게 하여 장애를 제거한 후 열정적으로 개혁을 추진하였다. 교회령 국가들의 세속 행정도 철저히 정화하였다. 교황 주관하의 상임위원회를 지명하여 교권적인 부조리를 조사하고, 분류하고, 치유하였다. 그리고 고위 성직자들의 도덕성을 엄격히 검열함으로 단 기간에 로마는 존경받을 정도로 바뀌었다. 그는 교황권에 흡수되었던 주교의 특권 중에 일부를 환원하였다. 하지만 교리를 정화하려는 열정으로 예외 없이 종교재판에 회부하였고 금서목록을 작성하여 확대하였다.

(3) 공의회 제3차 회기(1562-1563): 1559년 8월 18일 바울 4세가 타계하였다. 그의 후임으로 1559년 12월 26일 지오바니 데 메디치(Giovanni de Medici)가 피우스 4세(Pius IV)로 교황에 올랐다. 새 교황은 교육적으로 신학자이기보다는 법률가이며 능란한 외교가였다. 그는 이전 교황들과 달리 로마 교회 내의 어려움을 직시하였다. 그리하여 독일 내 루터파 교회뿐 아니라 스칸디나비아와 덴마크 교회도 정치적으로 불가피하게 승인하였다. 영국과 스코틀랜드도 이미 개신교 국가가 되었고, 프랑스를 포함한 저 국가들은 필립과 알바의 강압에 굴복하지 않았다. 독일계 스위스의 반 이상이 종교개혁을 선언하였다. 제네바는 개신교의 보루가 되었으며 칼빈의 견해는 프랑스계 스위스에서 뿌리를 내렸다. 그러나 프랑스는 여러 개로 나뉘었으며, 보헤미아, 헝가리, 폴란드는 로마와 멀어졌다. 이처럼 혼란한 상황에서 교황은 모든 분열 세력을 가톨릭으로 통합하기 위해서는 총회의 불가피성을 인식하였다. 이를 위해 그는 친 로마적인 제왕(諸王)들과 계약을 맺고 당시 독재 귀족들과 연맹을 결성하여 개신교 혁명에 대처하였다. 그리하여 독일의 페르난도와 프랑스의 프란시스 2세, 스페인의 필립과 연합하여 봉건영주들에 맞섰다.

---

88) 당시 금서 목록들은 필자의 별도 자료, "로마 가톨릭의 종교재판과 금서목록"을 참고하라. Cf. 주명철, 「서양 금서의 문화사」, (도서출판 길, 2006), 27-560.

1560년 11월 29일 교서에 따라 1561년 4월 6일 트렌트에서 회의가 소집되었다. 교황은 5명의 사절단을 지명하여 회의를 주재케 하였고, 만투아(Mantua)의 추기경 에르콜레 디 곤자가(Ercole di Gonzaga)가 책임을 맡았다. 4월 16일 트렌트에 도착한 사절단은 1562년 1월 18일 제1차 회기를 개회(제17차)하였다. 그러나 구체적인 회무는 2월 26일 제2차 회기(제18차)에 시작되었다. 개신교도들에게 초청장이 발부되었으나 회의는 로마 가톨릭을 대변하였다. 회의의 목적은 개신교도들과 화해하지 않고 로마주의자들의 교회를 조직하는 것이었다. 이때 황제는 교회 내에 미지근한 개신교도들과 불평주의 로마주의자들이 있음을 인지하였다. 그리하여 황제는 대사에게 광범위한 개혁안을 제시하였다. 그 중에 하나는 성례론으로 평신도에게 잔을 주며 사제의 결혼과 규정된 금식일을 경감시키는 것과 교회의 재정으로 가난한 사람들에게 학교를 지어 주는 것과 예배서에서 수많은 전설들을 삭제하여 정화하는 것, 공예배 시에 독일어 찬송을 부르는 것, 젊은이들의 교육을 위한 요리문답서의 출판, 수도원의 개혁과 콘스탄스 공의회의 정신에 따라 로마 교황의 세력을 축소하는 것이었다. 황제의 개혁안은 독일 내 로마 가톨릭 주의자들의 광범위한 지지를 얻었다. 추기경 로레인(Lorraine)의 인도를 따라서 프랑스 주교들도 독일의 요구를 지지하였다. 프랑스 주교들은 특히 평신도에게 잔을 수여하는 것과 프랑스어로 성례를 집행하는 것, 공예배 시에 프랑스어 찬송을 부르는 것과 미사 집전 시에 항상 가르침과 설교가 뒤따라야 한다고 하였다. 프랑스 주교들은 바젤회의의 결정에 따라서 교황의 권한을 제한할 것을 주장하였다.[89)]

이에 맞서 스페인 주교들은 교회의 교리나 관례를 하나도 바꿀 수 없다고 하였다.[90)] 이들은 평신도에게 잔을 수여하는 것을 원치 않았으며 성직자들의 결혼을 가증이 여겼다. 뿐만 아니라 예배를 혹은 예배 중의 일부를 모국어로 집행하는 것을 거부하였다. 그러나 교황청의 철저한 개혁과 특별면제권의 전 체계를 개혁하며 교황의 권력을 제한하고 주교들의 이전 특권을 회복하고자 하였다. 독일과 프랑스는 공의회를 전혀 새롭게 하기를 원했으나 스페인과 교황은 종전의 관례를 사수하였

---

89) William R. Estep, *Renaissance & Reformation*, (Michigan: Grand Rapids, William B. Eerdemans Publishing Company, 1989), 280-281.

90) A. C. Dickens, *The Counter Reformation*, (London: Thames and Hudson, 1971), 120-125.

다. 이 회의는 교황의 위세를 꺾기에 충분했으나 교황 또한 회의의 주도권을 놓지 않았다. 예를 들면, 교황은 이전 회기의 노선에 따라 논의케 하여 교리적인 난제들을 제거하고 대리 투표를 불허하였다. 이렇게 하여 교황은 어떤 대가를 지불하더라도 자신을 따라 줄 이탈리아 주교들이 항상 종다수가 되게 하였다. 이것은 이탈리아 주교들을 조직적으로 트렌트로 보냄으로 가능하였다.[91] 결국 3차에 걸친 공의회는 기존의 가르침을 진실된 공식 교리로 채택하였다. 그리고 이들은 단 한 명의 기독교도에게 그릇된 신앙을 갖게 하지 않았으나 신부와 주교들이 그릇된 행동을 한 적은 더러 있다고 인정하였다. 그러나 반동종교개혁은 가톨릭과 프로테스탄트 신자들 간의 불화를 없애지는 못하였다. 그들은 각자의 이해관계를 따라 견제하며 투쟁하고 신자들을 체포, 수감, 심지어 처형하였다.

6. 개혁 교황의 역할

르네상스 시대의 문예부흥과 세속사에 깊은 관심을 가져온 교황들은[92] 클레멘트 7세(Clement VII, 1523-1534)와 1534년 바울 3세(Paul III, 1534-1549), 바울 4세(Paul IV, 1555-1559), 성 피우스 5세(St.Pius, 1566-1572), 그리고 식스투스 5세(Sixtus, 1585-1590)였다. 이들은 금욕적이며 경건한 삶을 통해 열렬히 개혁을 진행하였다. 또한 이들은 교황청의 재정을 쇄신하고 자신들처럼 엄격한 주교나 수도원장들을 교회의 여러 직책에 임명하였다. 특별히 이들은 종교개혁에 맞서 반동종교개혁을 적극적으로 이끌었다.

(1) 클레멘트 7세 : 성실한 노력에도 불구하고 개혁의 방법에서 어려움을 겪었다. 로마 황제 찰스 5세와 프란시스 1세의 정치적 행동은 그를 절망으로 몰아넣었다.

---

91) 예를 들면, 당시 교황은 상당수의 가난한 주교들에게 추기경 시모네타(Simonetta)의 특별지원금을 내려 종다수를 확보하고 자신의 의도대로 투표를 지시하였다. 그리고 교황의 사절단은 안건을 상정할 수 있는 독점권을 갖고, 급사들이 로마의 회중이 기초한 각종 제안들을 수집해 오면 교황은 회의에서 투표 이전에 자신이 직접 수정하였다. 뿐만 아니라 첩자들이 교황에게 반대의견을 통보하면 온갖 수단을 동원하여 자신의 의사를 관철시켰다. 혹시 실패할 경우에는 특별대리인을 통해서 각 왕정국들과 협상하고, 타협할 때까지 회의장에 안건이 상정되지 못하도록 방해하였다.

92) 서요한, "제24장 르네상스와 근대 유럽의 여명", 「중세교회사」, (도서출판 그리심, 2010) 참조.

특히 정치적인 절망은 1527년 아라곤과 헨리 8세의 이혼 문제였다. 헨리의 청원은 불시에 로마에 도착하였다. 당시 로마는 캐더린의 조카인 찰스 5세의 군대에 포위되었다. 이런 상황에서 교황은 아무 결정도 내릴 수 없었다. 결국 헨리의 요구는 거부되었고 이로써 영국의 종교개혁이 시작되었다. 클레멘트는 교회의 타락을 종결시키려 했으나 곧 사망하였다.

(2) 바울 3세 : 클레멘트를 계승한 바울 3세는 신실하게 개혁에 매진하였다. 그 결과 많은 진보가 이루어지고 악습이 수정되었다. 다수의 교황들이 추기경, 교황법정, 주교로부터 하급성직자에 이르기까지 성직자들의 윤리를 확립하였다. 바울 3세는 학식과 덕망을 겸비한 유능한 사람들로 상급성직자들을 임명하고 가족의 이익이나 그 밖의 경제적 이익 추구를 배격하는 정책을 펼쳤다. 교회 안의 진지한 개혁 주장자들은 보고서를 통해 교회 안의 부패를 지적하고 이교도들에 대한 대책을 제의하였다. 특히 1536년 교황은 개혁위원회를 통해 교회 개혁을 추진하고 회의 방법에 대한 준비와 교회의 상황을 폭넓게 연구하며 교회 개혁을 충고하는 일을 도왔다. 1537년 2월 교황에게 제출한 보고서에는 교회의 무질서를 분석하고, 나쁜 위법을 수정하는 즉각적인 대응책을 강구하며, 위법자를 추방하자는 것이었다. 이로써 교황은 추기경들의 반대에도 불구하고 성직제도를 개혁하고, 물질 헌금을 제한하였으며 성직 매매를 금지하였다.[93] 신교 개혁자들은 이 위원회의 보고서 사본을 입수하여 로마 교회의 타락한 모습을 문서적 증거로 출판하였다.

(3) 진언그룹: 당시 개혁 교황들에게 진언한 개혁자들은 가톨릭 내에 2파로, 하나는 베네치아 출신의 인문주의자 추기경 콘타리니파, 다른 하나는 나폴리 출신의 주교 카라파였다. 전자는 프로테스탄티즘과의 타협을 주장한 대표적 인물이며 가톨릭 교리에 대한 보다 더 자유로운 해석을 시도하였다. 바울 3세 초기 치세에서 콘타리니파는 교황에게 영향을 미치며 신성 로마 황제인 찰스 5세의 강력한 지지를 받았다. 그리하여 그들의 통합 시도는 1541년 레겐스부르크의 대화로 발전되었다. 콘타리니는 가톨릭 측을 대표하고 멜란히톤이 신교를 대표하여 매우 자유로운 분위기에서 기탄없이 의견교환을 하였다. 그러나 상호간의 이해 증진에도 불구하고 성찬 문제로 결국 결별하였다. 이후 타협론이 쇠퇴하면서 카라파가 활발하게 일어났

93) G. R. Elton, *Reformation Europe 1517-1559*, (Fontana Press, 1963), 186-188.

다. 따라서 후자는 이단운동을 탄압하며 교리와 의식의 변화를 반대하는 비타협, 강경파의 대표적 인물이었다. 이들은 종교재판소를 통해 신교를 탄압하였다.

7. 반동종교개혁 이후의 역사적 전개

반동 종교 개혁 이후 약 220년이 지난 다음 예수회는 스페인, 포르투갈과 미국의 광활한 지역, 프랑스, 나폴리, 팔마 등 거의 모든 로마 가톨릭 국가에서 압력을 받았다.[94] 그런데 1773년 교황 클레멘트 14세는 모든 사람들의 영예를 위해 그 규례를 폐지하였다. 그 후 40년이 지난 1814년 교황 피우스 7세는 예수회의 정당성을 인정하여 이를 회복하였다. 이 기간 동안 예수회의 활동은 성공적으로 폴란드 대부분의 가톨릭 교도들이 회복하였고 바바리아, 남 네덜란드(현 벨기에), 아일랜드 등의 가톨릭 세력을 유지하였으며, 남북 아메리카 뿐 아니라 중국, 한국, 일본에 까지 세계적으로 확대되었다. 교단의 세력이 크게 확대되고 유럽 도처에 예수회의 직간접 영향아래 많은 학교가 설립되었다.[95] 예수회원들은 유능한 교사로서 교육에 종사하였다. 그밖에 예수회가 유럽 사회에 끼친 영향은 막대하였고 특히 종교 전쟁을 거치는 동안 각국의 정치와 종교에 크게 기여하였다.

8. 반동종교개혁과 트렌트 공의회의 평가

반동종교개혁과 트렌트 공의회는 가톨릭 역사상 가장 중요한 개혁운동이었다. 이 운동은 예수회를 통해 전개되어 트렌트 공의회에서 완결을 보았다. 그러나 각국의 종교 대표들 간의 입장 차이로 일치가 어려웠으나 공의회의 목적과 결과는 가톨릭 교회를 확고히 하는데 큰 힘이 되었다. 그 중에 가장 중요한 결과는 가톨릭 교리와 성경 해석, 규칙의 실질적인 개혁으로 정리된다.[96]

---

94) A. M. Renwick, *The Story of the Church*, (IVP., 1985), 149.

95) 예수회는 초기에 12개의 대학을 소유했는데, 1626년에 400개, 1749년에 약 800개의 대학을 가졌다. 17-18세기 초에 상당한 수의 유럽인들이 예수회 학교에서 교육을 받았다. 한편 예수회는 1773년 프랑스와 스페인의 보울본 군주들의 탄원으로 어려움을 겪었다. 하지만 1814년 교황은 전 세계에 예수회를 복구하여 1964년에 36,038, 1975년 현재 제2차 바티칸 회의 때에는 28,865를 이룬다.

(1) 교리 문제 : 고찰한 대로 이들은 1545-1563년의 종교회의에서 신교의 주장을 반박하고 중세 가톨릭 교회의 전통을 재확인하였다. 먼저 이 회의는 성경과 함께 가톨릭 교회의 전통을 계시적 가치로 인정하였다. 성경과 전통은 교회의 우두머리인 교황에 의해 해석되며 라틴어 성경의 전통적 권위도 계속 유지하였다. 교회의 신앙은 성경과 함께 사도시대 이후의 교회의 전통과 전승을 가르치기 때문이다.[97] 하지만 로마 가톨릭의 몇몇 비판적인 신학자들은 트랜트 공의회의 결정 중 전통과 관습을 대등하게 다룰 수 없다고 주장하였다. 사실 트랜트 공의회가 절대적인 권위를 갖고 모든 것을 판단할 수 있는 것은 아니다. 오히려 기독교 신앙의 전체가 아닌 역사상의 특정한 일부의 서방적 상황을 보여줄 뿐이다.[98] 그리고 구원은 신앙과 함께 선행과 구제도 요구되며 인간에게 신의 뜻에 따라 적극적이든 소극적이든 응답할 자유의지를 부여하였다. 한편 미사를 포함한 7성례는 여전히 유효한 것으로 은혜를 얻을 불가결한 수단이었다. 또한 사제직의 계승, 연옥에 대한 믿음, 성인에 대한 기도, 성직자의 독신 규정도 채택되었다. 기독교 신앙의 합당한 근거는 성경과 사도 전승의 동등한 권위 부여, 목사의 독신생활, 연옥의 존재와 면죄부도 재확인되

---

96) Charles Elliott, *Delineation of Roman Catholicism, Drawn from the Authentic and Acknowledged Standards of the Church of Rome*, (London: Wesleyan Conference Office, 1877), 549-595.

97) Joseph Lortz, *History of the Church*, trans, Edwin G.Kaiser, (Milwaukee: The Bruce Publishing Company, 1939), 394-397; 한국가톨릭대사전편찬위원회, 「한국가톨릭대사전」, (서울: 한국교회사연구소, 1992), 1189; 아우구스트 프란스, 「교회사」, 최석우 역, (왜관: 분도출판사, 1990), 347;「제2차 바티칸공의회 문헌」, (서울: 한국천주교중앙협의회, 1990), 156; 이용섭, 「교황제도에 대한 교회사적 비판」, (들소리, 1993), 24. 가톨릭은 성경과 전승을 다음과 같이 구분하여 설명한다. 전자는 성령의 영감을 받아 기록된 하나님의 말씀이며, 후자는 주 그리스도와 성령께서 사도들에게 위탁하신 하나님의 말씀이다. 사도들은 그 말씀을 그들의 후계자들에게 온전히 전해주어 그들로 하여금 진리의 성령의 비추심을 받아 설교로 충실히 보존하고 설명하여 널리 선전토록 한 것이다. 따라서 교회는 성경만으로써 모든 계시에 대한 확실성을 얻을 수 없으므로 전승과 함께 이 일을 이루어야 한다. 이 전통은 (i) 성경의 내용과 완전히 일치하는 부합적 전통(traditio inhaesiva), (ii) 그 자체로 명백하지 않는 성경구절의 의미를 밝혀 주는 설명적 전통(traditio declarativa), (iii) 전통의 내용이 신앙과 도덕의 문제에 있어서 성경과 일치되지 않는 구성적 전통(traditio constitutiva)으로 구분된다. 특히 마지막 구성적 전통은 성모 마리아가 원죄에 물들지 않고 잉태되어 살다가 죽은 순간 영혼과 육신이 하늘로 올라갔다는 것을 포함한다.

98) E. 스힐레벡스, 「교회직무론」, 정한교 역, (왜관: 분도출판사, 1985), 13.

었다. 그 밖에 성직 매매나 뇌물로 인한 성직 겸무에 기인하는 부재 성직자를 패기하고 성직자의 품위 교육을 실시하였다. 이와 함께 교황청 내부의 반성과 자숙이 단행되어 르네상스적인 세속적이고 향락적인 분위기를 일소하였다.[99)]

(2) 성경해석과 교황권 : 가톨릭 교회는 성경과 전통의 유권적 해석은 오직 예수 그리스도의 이름으로 권리를 행사하는 교도자들, 사제들에게만 허락된다고 주장하였다. 이는 곧 교황과 그의 추종자인 성직자들을 가르친다. 그런데 이 교도권은 하나님의 대리자로써 말씀보다 더 높은 권위를 갖는다. 이 같은 교황권 확립은 결국 가톨릭의 교회관을 그대로 대변해 준다. 교황을 정점으로 그 아래 추기경, 대주교, 주교, 신부, 수사, 수녀, 평신도로서, 조직적으로 마치 제도적인 피라미드 형을 이룬다. 이 조직의 특징은 철저한 상명하복의 관계이다. 그러나 성경이 가르치는 교회관은 외적보다 내적인 즉 순수하고 영적이며 신비적이다. 그리스도를 머리로 모든 지체가 하나로 유기적으로 연결된다. 특히 주목해 볼 것은 마 16:18-19에 대한 해석과 적용이다.[100)] 가톨릭교회는 이 말씀을 근거로 약 1,000년 이상 교황권의 절대성을 가르쳐 왔다. 이 말씀에 따라 이들은 베드로가 사도 중의 으뜸이며 그리스도의 위임에 따라 그의 교회를 관할하는 최고 권한을 행사한다고 믿었다. 만약 이를 부인하거나 또는 그의 수위권이 단순한 명예일 뿐이며 주 예수로부터 직접 부여된 사목권을 부정하는 사람들을 가차 없이 파문하였다.[101)] 가톨릭은 개신교의 신앙 전통을 이단으로 정죄하였다. 하지만 주지하듯이 개신교의 신앙 원천은 철저히 성령으로 영감된 하나님의 말씀, 성경에 기초한다. 이 말씀은 우리의 구원과 행위에 필요한 일체의 모든 가르침을 주신다. 그러므로 진실한 기독교인은 온전한 이 말씀 외에 어떤 것도 구하지 않는다. 이 말씀으로 만족하며 말씀과 함께 살고 말씀과 함께 죽는다. 말씀에 절대적인 권위를 부여한다.

(3) 규칙의 개혁 : 트렌트 공의회는 전통적 교리의 확립과 전통의 고수 외에도 그 밖의 제 2차적인 실제적 개혁 법안을 통과시켰다. 법안들은, 예를 들면, 교회 내

---

99) A. C. Dickens, *The Counter Reformation*, (London: Thames and Hudson, 1971), 182.

100) 서요한, "제19장 사도직의 전승과 교황권의 발전", 「초대교회사」, (도서출판 그리심, 2010) 참조.

101) 최석우, 「교황 그는 누구인가」, (서울: 한국교회사연구소, 1984), 163.

의 권한 남용과 퇴폐의 근절과 성직자들의 기강을 확립하는 것들이었다. 예컨대 면죄부의 판매를 금지하고 성직 겸임제도를 철폐하며 성직자들의 교육적 질을 높이기 위해 일 교구 일 신학교를 발표하였다. 또한 가톨릭 신도들에게 신앙 상 해롭다고 인정된 서적을 금하는 금서목록을 작성하였다. 그리하여 이단을 방지하고 제거하는 데 노력하였다. 여기에 에라스무스의 저술들이 포함되었다. 그 후 교회는 금서 위원회라는 상임 기관을 설치하여 약 40회에 걸쳐 목록을 개정했는데 1966년 6월 폐지되었다.[102] 당시 정죄된 책은 대부분 신학 논고였다. 그리하여 가톨릭교회는 르네상스 시대에 비판의 대상이 되었던 성직자의 기강 해이나 세속적 문제를 중단하였다.

9. 결론: 정리와 과제

16세기 북유럽에서 종교개혁이 시작되었을 때 사람들은 트렌트로부터도 어떤 변화를 기대하였다. 회의는 생각보다 장기간 동안 지속되었고 두 차례 중단되었다. 더욱이 정치적인 갈등과 시련에 직면하였고 마지막 회기에는 더 많은 위험에 노출되었다. 하지만 로마 가톨릭 교도들에게는 큰 기쁨이었다. 고위 성직자들이 1563년 12월 4일 최종 회합에서 적대자들을 껴안고 화해하였다. 고찰한 대로 트렌트 공의회는 로마 가톨릭 교회에 크게 공헌하였다. 필자는 여기서 반동종교개혁과 트랜트 공의회를 다음과 같이 정리하였다.

9.1. 정리

(1) 협상과 통합의 결실: 종교개혁에 맞선 반동 종교개혁은 개혁에 대한 열망과 다양한 실천, 예를 들면, 교리의 확립과 조직의 제정에도 불구하고 정치적 권력 다툼으로 세속화되었다.[103] 하지만 가톨릭은 타협과 협상으로 통합적 개혁을 이룩하였다. 여기서 교황은 탁월한 외교에 힘입어 지속적으로 우세한 위치를 확보하였다. 추기경 시모네타의 화해적인 태도는 교황 피우스에게 큰 힘이 되었다. 본질적인 사

102) E. M. 번즈/R. 러너/S. 미첨, 「서양문명의 역사」, 박상익 역, (소나무, 2000), 599.
103) Thomas M. Lindsay, *op. cit.*, 590-591.

항들을 열성적으로 해결하고 자신이 약속한 사항을 양심적으로 성취하였다. 이는 당시 지도자들의 외교적 수완과 노력의 결과였다. 교황은 비평적인 문제로 회의가 파산될 위험에서 자신의 대리인 모로네(Morone)와 피터 카니시우스(Peter Canisius)로 하여금 독일 출신 예수회 회원으로 페르난도 황제를 교황 측으로 끌어들였다. 이와 유사한 외교력이 도처에서 나타났다. 그럼에도 불구하고 피우스 4세는 교황의 권리나 특권의 상실을 결코 허용하지 않고 끝까지 지켰다. 이 과정에서 트렌트 공의회를 재조직하여 로마 교회를 정화하였다. 그의 전임자 바울 4세가 이룩한 개혁을 빠짐없이 트렌트의 규범에 포함시켰다.

(2) 교회 내 위계질서의 확립: 특별히 교황과 비 이탈리아계 주교들 사이에서 논의된 것으로 가톨릭 교회의 주교들이 머리로 여기는 로마 주교와의 관계를 설정하는 문제였다. 스페인, 프랑스, 독일의 주교들은 최소한 2세기 동안 로마 교황청의 교회법 학자들이 가르쳐 온 교황의 지상권, 즉 교황청주의를[104] 강력히 반대하였다. 이것은 실천적인 측면에서 중세 교회의 당면한 부조리 중에 하나였던 주교들의 비거주(non-residence)였다. 그런데 스페인과 북쪽 국가의 주교들은 회의에서 거주는 필수적인 사항으로 이해하였다. 주교의 기능은 교구의 감독이므로 이러한 기능은 주교가 상주할 때 가능하였다.[105] 그러나 만약 주교를 교구에 상주시키면 로마의 궁정은 무인지경이 되어 교황청은 가난하게 될 것이다. 당시 유럽 각 나라에서 온 주교들은 로마의 궁정에 필적하였다. 이들은 자신들의 교구가 있는 나라에서 거둔 은금을 로마에서 소비하였다. 그 결과 교황청 측근들의 사치를 조장하였다.

개혁자들은 실천적인 사항에 따라서 주교는 교구에 상주해야 하였다. 이것은 하

---

104) 교황청주의는 모든 성직자가 교황의 신하라는 의미로 교황을 교회의 군주로 가르치며, 주교들은 교황의 대리자로서 감독의 직임을 부여받은 교화의 보조자에 불과하다. 주교가 소유한 법적 관할권은 무엇이든지 교황으로부터 왔으며, 오로지 교황으로부터 왔다. 여기에 반대되는 개념, 즉 북쪽 나라들과 스페인 주교가 트렌트에서 주장하는 내용과 콘스탄스와 바젤공의회에서 결정된 내용에 따르면 주교는 모든 권한을 그리스도로부터 직접 받으며, 반면에 교황은 교회의 연합의 대표자이므로 교회의 모리로 인정할 수 있으나 그것도 동등한 자들 가운데서 최우선자일 뿐이며 소집된 전체회의의 감독권에 예속되었다. 이것은 제5회기, 1546년 6월 17일에 논의된 이후 계속 긍정적으로 취급되었다.

105) William R. Estep, *Renaissance & Reformation*, (Michigan: Grand Rapids, William B. Eerdemans Publishing Company, 1989), 274.

나님의 법에 따른(de jure divino) 것이지 교회법에 따른(de lege ecclesiastica) 것이 아니었다. 이 사상의 최초의 주창자 키프리안(Cyprian)은 모든 주교는 자신이 다스리는 회중이나 교구에서 그리스도의 대리자이며 주교는 최종적으로 주님께 책임을 진다고 하였다. 따라서 콘스탄스와 바젤 공의회에서 주장된 공의회주의(conciliarism)는 트렌트의 교황주의와 대치하였다. 쌍방의 대결에서 교황은 하나님의 법에 따른다는 이론을 거부할 정도로 직접적인 반대자를 얻지 못했다. 최종 투표에서 66명의 신부가 하나님의 법에 따른다고 했으나 71명이 거부하거나 교황의 결정에 따른다고 하였다. 결국 교황은 5표의 종다수로 승리했으나 결정하지 못하였다. 왜냐하면, 독일, 프랑스, 스페인 등 유럽의 로마 가톨릭 궁정들로부터 반발이 예상되었기 때문이다. 이론상 트렌트에서 결론을 내리지 못 했으나 교황청의 눈부신 활약으로 교황청주의자들의 견해가 옹호되었다. 그 결과 교황은 어느 총회에서도 경험하지 못한 강력한 교권을 누리게 되었다.

(3) 가톨릭 전통의 계승: 반동종교개혁과 트랜트 공의회는 스콜라적 변덕스러움을 걷어내고 개신교와 반대되는 집약적인 교리체계를 마련하였다. 이로써 트렌트 공의회는 거의 새로운 건축이라는 계층적 교권체계를 재확립하였다.[106] 이러한 변화된 실천이 만약 종교개혁 이전에 일어났다면 종교개혁은 발생하지 못했을 것이다. 수많은 악덕을 탄식하고 경건에 힘썼다면 혹시 개혁이 일어났어도 오히려 그들을 가톨릭 교회로 끌어들였다. 결국 공의회는 로마 교회에게 381년 니케아-콘스탄티노플 신조를 포함하여 교황이 지상에서 그리스도의 대리자라는 문장을 삽입하였다. 그리고 총대주교들(Patriarchs), 수좌 대주교들(Primates), 대주교들(Archbishops), 주교들(Bishops), 그 밖에 권리와 관례상 지방 의회에 반드시 참석해야 할 모든 사람들은 주권적인 로마 교황에게 참된 순종을 약속하고 고백하였다. 뿐만 아니라 트렌트 신조의 10번째 조항인, "나는 거룩한 보편적인 사도적 로마 교회가 모든 교회의 어머니이며 시녀임을 인정한다. 나는 사도 베드로의 계승자이며, 사도들의 제후이며, 예수 그리스도의 대리자인 로마의 주교에게 참된 순종을 약속하고 맹세한다"는 것과 1563년 12월 4일 마지막 회기에서 회의의 칙령을 확인하는 것을 교황의

106) A. C. Dickens, *The Counter Reformation*, (London: Thames and Hudson, 1971), 182-200.

손에 온전히 의뢰하며 그것을 실행할 수 있는 조치를 취하였다. 무엇보다도 1564년 1월 24일 제정된 「은혜로우신 하나님」(*Benedictus Deus*)이라는 교서는 교황 피우스 4세에게 칙령 해석을 묵묵히 인정하는 것 등이다. 이 모든 것은 트렌트 공의회에서 교황주의자들의 승리를 보여주었다. 따라서 로마 가톨릭은 "교황의 집"(Pope's House)[107] 이 되었다.

9.2. 과제

(1) 지도자의 준비와 신학적 지식: 교황의 지도권과 신앙, 정통에 대한 확고한 토대를 제공하였다. 당시 트렌트에서 라이네즈와 살메론 같이 영향력 있는 신학자는 없었다. 그리고 카니시우스가 황제와 협상하던 모로네와 협력하지 않았으면 회의는 파괴되었을 것이다. 그러나 16세기 개혁자들의 필사적인 노력이 없었다면 가톨릭 교회는 세계로 확산되지 못했을 것이다. 이것은 종교개혁자들의 신앙적 투쟁의 결과였다는 점을 역설적으로 보여준다. 당시 로마 가톨릭의 선교적 팽창은 신교의 종교개혁에 대한 반응으로 실질적으로 충족되었다. 따라서 가톨릭은 유럽에서 잃은 손실 만회를 위하여 신개척지에 주의를 기울였다. 예수회와 다른 많은 사람들이 로마의 신앙을 받아들였다. 그 결과 미국, 아프리카, 인도, 일본, 스리랑카 같은 많은 국가들이 로마 교회에 가입하였다. 특히 독일과 프랑스에서 로마 교회의 부활은 영국, 스코틀랜드, 스웨덴 같이 신교 국가가 되는 것을 방지하였다.[108] 그럼에도 불구하고 16세기의 종교 개혁은 그동안 하나의 종교 판을 둘로 나누는 계기가 되었다. 또한 정치와 종교의 분리 원칙에 따라 야기된 종교전쟁으로 사람들은 종교에서 정치로 관심을 기울게 되었다. 이들의 교육활동은 가톨릭이 널리 보급되는 계기를 만들고 동시에 자선 활동에 적극 참여케 하였다.

(2) 평등사상의 고취: 반동종교 개혁으로 여성들은 남성과 같이 성경을 읽을 수 있게 되었다. 따라서 그 동안의 남성 치하의 종속 관계를 벗어나 특별한 역할을 부여받았다. 그 결과 교회는 아빌라의 성 테레사(1515-1582)의 신비주의를 묵인했고

107) Thomas M. Lindsay, *op. cit.*, 594.
108) A. M. Renwick, *The Story of the Church*, (IVP., 1985), 147-149.

우르술라회(Ursulines)와 자선 수녀회(Sisters of Charity) 같은 수녀회의 설립을 허용하였다. 특히 교육을 장려하여 신앙적 열정을 보다 독자적으로 추구할 수 있게 되었다. 이는 16세기 가톨릭 교회의 불관용적 전통에서 볼 때 놀라운 변화였다. 덧붙여서 반동 종교 개혁자들은 토마스 아퀴나스의 스콜라 신학으로 복귀하여 인간 이성의 존엄성을 인정하였다. 17세기 네덜란드의 사상가 데카르트는 그의 합리주의를 통해 이를 널리 확산시켰다.

(3) 개혁의 성취 : 이는 개혁의 필요를 아는 자가 목적을 성취한다는 것이다. 대표적으로 피우스 4세는 사려 깊은 이탈리아 중류층에서 자라 신학에는 무관심 했으나 경건에는 철저하였다. 그는 교회가 필요로 하는 사항을 정확히 파악하고 능숙한 외교력으로 그것을 획득하였다. 그는 새로운 예수회로부터 지원을 받아 개혁을 주도하였다. 특히 피우스 4세는 제후들과 회의에서 약속한 것을 지체 없이 실천하였다. 성무일과와 미사전서는 페르난도가 요구한 대로 개정하고 교회 음악도 순화하였다. 그리고 대학과 신학교를 세우는데 많은 노력을 기울였다. 그러나 점점 성장해 가는 개신교에 맞서기 위해 엄한 교황이 요청된다고 보았다. 이러한 사고는 피우스의 조카인 추기경 보로메오(Borromeo)가 교황 선출을 위한 비밀 추기경회의에서 막강한 권력을 갖게 하였다. 그 결과 알렉산드리아의 추기경 미셀 지스리에리(Michele Ghislieri)로 하여금 교황 피우스 5세가 되게 하였다. 그는 도미니쿠스파의 규칙을 엄격히 지키며 금욕하였고 교직자들의 부도덕과 부조리를 용인하지 않았다. 그는 수도원의 생활규칙을 바티칸에서도 실시하였다. 열심히 예배에 참석하였고, 항상 경건에 힘썼다. 이단을 혐오하였으며, 도덕 생활의 개혁에 집중하였다. 이것은 곧 종교개혁을 종교재판과 금서목록을 제정하여 싸우며 최대한 활용하였다.[109]

---

109) Thomas M. Lindsay, *op. cit.*, 595-596.

제 15 장

동로마 제국과 동방 교회의 성쇠 과정

1. 서론

B.C. 753년 로물루스에 의해 건국된 이후 서로마 제국은 476년 패망까지 약 1300년 동안 세계를 제패하였다.[1] 그러나 동로마는 330년 콘스탄티누스 황제의 수도 천도 이후 지속적인 발전 속에 476년 서로마의 패망과 더불어 옛 로마 제국의 전통과 역사를 계승하였다. 황제와 그의 백성들은 언제나 자신들을 로마인으로 자처하였고, 특히 황제는 자신을 로마의 통치자 즉 옛 로마 황제의 후계자요 상속자로 간주하였다. 제국이 존속한 마지막 1453년까지 "(서)로마"는 동로마 사람들을 매혹시켰다. 실제로 로마의 국가적 전통들은 동로마인들의 정치적 사상과 의지를 지배하였다.[2] 하지만 이들의 자부심과 달리 동로마의 국력은 기대에 미치지 못하였다. 이유 중에 하나는 제국의 형성과 함께 시작된 서방과의 정치적, 종교적 갈등 때

---

1) 자세한 것은 서요한, "제5장 로마의 기원과 역사적 발전"과 "제6장 로마의 박해와 기독교의 대응", 「초대교회사」, (도서출판 그리심, 2010)

2) 서로마의 여러 전통은 힘과 권력, 행정과 조세 분야, 특별히 인두세, 재산세, 토지세 및 토질 평가 등에 동로마에 영향을 끼쳤다. 주디스 헤린, 「비잔틴 」, 이순호 역, (글항아리, 2010), 85-94; 게오르크 오스트로고르스키, 「동로마 제국사 324-1453」, 한정숙/김경연 역, (까치, 1999), 9-10.

문이었다. 언어적, 역사적, 혹은 문화적 환경과 배경의 차이와 더불어 동방 교회는 초기에 삼위일체론과 기독론으로, 중세에는 성령론, 성상숭배, 예정론을 둘러싸고 대립하였다. 그 과정에서 두 교회는 1054년 분열 하였고 이후 몇 차례의 통합 노력에도 불구하고 오늘에 이르렀다.[3)]

하지만 동로마 제국의 형성 이후 1054년 서방과의 분열, 1453년 터키에 패망하기까지, 심지어 지금까지 동방 교회가 2,000년 기독교 역사에 끼친 영향은 말로 다 할 수 없다.[4)] 그것은 대표적으로 십자군 전쟁기에 기독교의 전통과 유산을 잘 보존한 것이며, 서방 기독교와 달리 독특한 신학적 전통과 황제교황중심 제도를 정착시켰다. 그밖에 교회의 다양한 의식들, 예를 들면 화상숭배론을 발전시켰다. 그럼에도 불구하고 기독교 역사에서 동방 교회는 오랫동안 주목을 받지 못하였다. 실제로 기독교 역사, 특별히 종교개혁 이후에는 거의 취급되지 않았다. 따라서 필자는 본장에서 동로마 제국의 역사, 형성에서 패망까지를 몇 단계로 나누어 고찰할 것이다.

2. 동로마 제국의 역사적 발전

B.C. 753년 이탈리아의 작은 언덕에서 건국한 로마 제국은 476년 훈족에 패망하기까지, 330년 동로마 제국의 건국과 1453년 투르크에 멸망하기까지 약 2200여 년 존속하였다.[5)] 그 중에 동로마 제국은 기독교 역사 2,000년 동안 정치적, 종교적

---

3) 서요한, "제6정 동방(동로마) 교회의 역사와 신학", "제11장 동서방 교회의 분열과 일치운동", "제22장 중세 개혁운동의 양태와 특징", 「중세교회사」, (도서출판 그리심, 2010) 참조.

4) 그 영향은 여러 분야 예를 들면 연금술과 점성술에 끼쳤으나 여기에 식습관이 포함되었다. 당시 소위 게르만족·야만인들의 음식 문화는 로마인과 달리 농업에 기초하지 않았다. 이들은 들판에서 사육한 가축과 사냥 등 천연자연을 최대한 활용하였다. 지중해 지역의 3대 음식이 빵과 올리브유와 포도주였다면 야만인들은 육류와 우유와 버터였다. 하지만 로마제국의 패망 후 야만인들은 다양한 음식을 통합하였다. 야만인들에게 정복된 곳에서 끈질기게 생명을 유지한 로마의 전통 음식에 야만인들이 매료되면서 숲, 목초지, 시내, 호수, 강에서 얻은 음식과 결합하였다. 게다가 야만인들이 점차 기독교, 즉 그리스/로마의 전통에 기초한 신앙으로 개종하면서 로마의 전통 음식에 더욱 관심을 갖게 되었다. 실제로 기독교에서는 중요한 여러 의식들, 특별히 성찬식에서 최후의 만찬을 재현하기 위해 빵과 포도주, 올리브를 지금까지 사용하고 있다. 이러한 음식 문화는 중세 봉건 시대에 피라미드 구조로 계급화 되었다. 주디스 헤린, 「비잔틴」, 이순호 역, (글항아리, 2010), 74-106.

5) 로마의 43대 황제 디오클레티아누스(284-305) 이후 1453년 동로마 제국의 패망 당

으로 막대하게 영향을 끼쳤다.

(1) 발아기 : 로마는 수많은 전쟁을 통해 광활한 지역을 지배하였다. 그 과정에서 영토는 자연스럽게 서부와 동부로 구분되었다. 그런 가운데 황제 디오클레티아누스는 정치 안정을 위해 행정개혁을 단행하였다.6) 따라서 그는 대부분의 시간을 제국의 동부, 소아시아의 니코메디아에 상주하였다. 그리고 제국의 서부를 공동 황제 막시미아누스에게 맡겼다. 하지만 제국 동부에 중심적인 지도자로 콘스탄티누스가 활동하였다. 그는 터키 인근 보스포루스 해협의 옛 그리스 식민지에 동로마를 증축하고 제2의 로마, 콘스탄티노플을 수도로 정하였다. 이곳은 콘스탄티누스가 정적 리키니우스를 물리치고 동부까지 세력을 확장시킨 후, 324년 11월 건설을 시작하여 330년 5월 11일 약 6년 만에 새 수도로 이전하였다.7) 유럽과 아시아를 연결하는 전략

시 황제 콘스탄티누스 11세 때까지는 총 139대였다. 여기에는 비잔틴이 3개로 분열된 시기, 니케아 제국(1204-1261), 라틴제국(1204-1261), 트라주페스 제국(1204-1461)이 포함되었다. Robert Browning, *The Byzantine Empire,* (London: Book club Associates, 1980), 7-209; Speros Vryonis, *Byzantine and Europe,* (London: Thames and Hudson, 1967), 11-196.

6) Gordon Leff, *Medieval Thought*, (Penguin Books, 1962), 23.

7) 서기 324년 제국의 콘스탄티누스 황제는 내란에서 정적들을 무찔러 승리하였다. 하지만 그 과정에서 장인 막시미아누스 황제, 처남 막센티우스 정제, 매부 리키니우스 등을 제거하였다. 그 뿐 아니라 콘스탄티누스 황제는 정략적으로 자신의 제위를 위해 군사적 재능이 풍부한 장남 크리스푸스를 계모 황후와 밀통 했다는 죄로 살해하였다. 이 모든 사실을 알게 된 로마 시민들의 눈총을 피해 그는 동방에 새로운 제국의 수도 건설을 결심하였다. Constantinople은 세모꼴의 해양 도시로 군사적으로 천연의 요새였다. 한편 이곳은 두 대륙의 경계에 놓여 동쪽으로는 보스포루스 해협, 북쪽으로는 골든 혼 만, 남쪽으로는 마르마라 해(海), 육로로는 오직 한 방향의 전략적인 곳이다. 뿐만 아니라 유럽과 아시아 사이의 교역 뿐 아니라 에게 해에서 흑해로 가는 해로를 지배했기 때문에 곧 당시 세계의 가장 중요한 상업 및 교통의 중심지였다. 특히 이곳은 로마의 인구가 지속적으로 감퇴하는 동안 부단히 성장하여 100년이 안되어 로마를 능가하였다. 콘스탄티누스 대제는 새로운 수도의 영광과 부를 위해서라면 어느 것도 단념하지 않고 쏟아 부었다. 그는 건축물들과 제국 각처에서 모아온 예술 기념비들로 도시를 장식했으며, 웅장한 교회를 건축하였다. 그리고 콘스탄티노플 성벽은 413년부터 447년까지 34년 소요되었고, 1453년 패망까지 1,000년간 동로마 제국의 국가적, 경제적, 군사적 중심지로서, 그리고 정신적 교회적 중심지로서 국제정치와 인류문화 발전에 강력히 영향을 미쳤다. 삼중 성벽의 내성 벽 높이는 17M×넓이 5M에 40M마다 높이 20M×넓이 10M의 사각형 탑들이 연결되었고, 외 성벽은 높이 10M×넓이 3M에 역시 40M 간격의 높이 15M×넓이 6M의 탑들이 내 성벽 탑들과 엇갈리게 건축되었다. 외 성벽 밖으로 깊이 10M×넓이 20M의 목재 호를 가로놓은 성채였다. 이와 관련하여 당시 수도 천도에 관한 몇 가지 학설들은 이노우에 고이치, 「살아남은 비잔틴제국」, 이경덕 역, (다른 세상, 2010), 27-28, 61-66, 70-72. 주디스 헤린에 의하면 수도 천도는 당시 로마의 숙

적 요충지인 보스포루스 해협 연안, 그리스의 옛 도시 비잔틴 을 수도로 정했는바, 이후 이곳은 세계사에서 찾아보기 힘들 정도로 중요한 도시가 되었다. 콘스탄티누스 황제는 이곳을 상업과 교통, 예술과 신앙의 전략 도시로 발전시켰으며 정치와 종교의 중심으로 삼았다.[8] 따라서 그는 학자들의 지적처럼 쉽게 움직이지 않는 역사에서 위기 중에 기독교 개종과 수도 천도로 동로마 제국의 기초를 놓았다.[9]

337년 콘스탄티누스의 사망으로 제국이 세 아들에게 분할된 후 복음은 급속히 확장되었다. 특히 아리우스주의를 지지한 둘째 콘스탄티우스 2세(Constantius II)는 341년 이탈리아에서 이교의 희생 제도를 폐지하였다. 그리고 니케아 신앙을 지지한 첫째 콘스탄티누스 2세와 셋째 콘스탄스 1세(Constans I)는 미신 숭배를 금지하고 어리석은 이교적 희생 제사와 사원을 폐쇄하였다. 343년 가을 제국의 동서부 경계에 위치한 사르디카에서 종교회의가 개최되었으나 이들은 어떠한 타협도 이끌어 내지 못하였다. 그러나 서부 전체를 통치하게 된 동생 콘스탄스 1세가 우세하였으므로 콘스탄티우스 2세는 추방된 정통파 주교들을 다시 불러들였다. 그러던 중에 350년 콘스탄스 1세가 이교도 찬탈자 마그누스 마그넨티우스와의 싸움에서 죽고, 이듬해 콘스탄티우스 2세가 전투에서 이 찬탈자를 제압함으로 제국 상황이 급변하였다.[10] 그의 등극으로 제국의 동반부가 이전의 로마 제국과 법적으로 동등한 위치를 점하면서 아리우스주의가 다시 부상하였다. 그는 알렉산드리아의 아타나시우스를

적 페르시아의 위협을 피하기 위해 동방 근교에 수도를 둘 필요성이 있었다고 지적하였다. 그가 본래 수도 후보지로 염두에 둔 것은 고대 도시 트로이였다.「비잔틴」, 이순호 역, (글항아리, 2010), 38-39. 이로써 콘스탄티노플은 동부 제국의 상징이요 역사적 승리와 정점으로 자리잡았다. 게오르크 오스트로고르스키, 「동로마 제국사 324-1453」, 한정숙/김경연 역, (까치, 1999), 26-27; 앙리 피렌, 「마호메트와 샤를마뉴」, 강일휴 역, (삼천리, 2010), 82-83; 수잔 와이즈 바우어, 『세계역사 이야기 2』, 정병수 역, (꼬마이실, 2008), 308-309.

8) 이것은 콘스탄티누스 황제가 제국의 안정적 통치를 위해 보인 다양한 정책들, 예를 들면 성경을 가까이 하며 설교를 즐겨 들은 일, 각 지역의 교회 건축과 원조, 종교적 관용 중에 기독교에 대한 관심으로 표명되었다. 당시 제기된 교리, 삼위일체에 깊은 지식은 없었으나 교회의 통일을 기반으로 제국의 통일과 번영을 추구하였다. 이 모든 정책들은 476년 서로마의 몰락 이후 동로마 제국의 번영과 비극, 기독교의 영광과 비극으로 정리되었다. 이노우에 고이치, 「살아남은 비잔틴제국」, 이경덕 역, (다른 세상, 2010), 42-43.

9) 이노우에 고이치, 「살아남은 비잔틴제국」, 이경덕 역, (다른 세상, 2010), 28, 31.

10) 게오르크 오스트로고르스키, 「동로마 제국사 324-1453」, 한정숙/김경연 역, (까치, 1999), 30.

포함하여 자신과 대립했던 세력들을 굴복시키고, 359년 시르미움과 리미니의 종교 회의에서 아리우스주의를 국교로 선포하였다. 이때 고트족과 게르만 부족들도 아리우스주의를 받아들였다. 그러나 콘스탄티우스 2세 치하의 종교적 혼란과 동요는 율리아누스(361-363) 통치 아래서 이교적 반동에 직면하였다. 콘스탄티누스 가문의 마지막 황제인 율리아누스는 새로운 기독교 신앙에 전쟁을 선포하였다. 그는 열성적으로 옛 이교적 예배의식의 부활에 주력하고 친히 신들에게 짐승들을 바쳤다. 하지만 페르시아 원정에서 창에 맞아 죽음으로 모든 기대가 좌절되었으며 역사는 기독교에 승리를 제공하였다.[11]

율리아누스의 사후 요비아누스(363-364)가 동로마의 새 황제가 되었다. 그런데 이때 민족 대이동이 시작되면서 동로마는 북쪽 국경을 둘러싸고 야만족과 끊임없이 대립하였다. 콘스탄티우스 2세와 콘스탄스 1세가 그랬듯이 발렌티니아누스 1세(364-375)와 발렌스(364-378) 형제는 상반(上半)되는 두 종교 세력을 대표하였다. 서부의 통치자 발렌티니아누스 1세는 니케아 신앙을, 동부의 통치자 발렌스는 아리우스주의를 지지하였다. 하지만 외세의 끝없는 도전으로 동서 제국은 점차 관심에서 멀어져 갔다. 생존을 위한 상호간의 값비싼 전쟁은 피할 수 없게 되었다. 발렌스는 황급히 페르시아 전투 현장에서 콘스탄티노플로 건너와 아드리아노플에서 적과 대치하였다. 378년 8월 9일 벌어진 전투에서 서고트족은 동고트족의 지원을 받아 황제와 로마 군대를 전멸하였다. 이로써 제국 동부는 게르만족과 한 세기가 넘도록 싸워야 했다. 따라서 황제 테오도시우스 1세는 정책 방향을 평화와 화해로 잡고 발렌티니아누스 1세의 아들이자 후계자인 그라티아누스(375-383)를 황제로 추대하고 제국 동부를 다스리게 하였다. 그러나 발렌스의 몰락으로 이곳의 아리우스주의는 궁극적으로 몰락하였다. 381년 콘스탄티노플에서 열린 제2차 공의회는 정통파 신앙의 승리를 확증하였다. 당시 니케아 신조의 열렬한 추종자였던 테오도시우스 1세는 온 힘을 다해 정통 교리를 장려하였다. 그리고 이교뿐 아니라 기독교 이단에 대해서도 단호히 대처하였다.

결국 테오도시우스 1세의 통치하에서 제국의 기독교는 하나로 통합되었다. 정통파 기독교는 국교로서의 독점적 위치를 획득했고 다른 모든 종교들과 신앙은 생존

---

11) 게오르크 오스트로고르스키, 32.

권을 빼앗기게 되었다. 그리고 테오도시우스 황제는 내전 후 임종 직전 전 제국을 다시 하나의 통치권으로 통합하였다. 그러나 그는 어렵게 통일한 나라를 임종 자리에서 다시 제국을 둘로 분할하였다. 이유는 황제가 광대한 동부의 중요성을 인식하였기 때문이다. 이런 현상은 교회에도 나타나, 내부의 신학적 대립은 차후 단성론 문제와 성상 파괴로 비화되었다.[12] 황제의 동부에 대한 인식 변화로 동부와 다키아 관구, 마케도니아 관구를 장남 아르카디우스(377-408)에게, 차남 호노리우스(393-423)에게는 서부를 주었다. 그리하여 서로마와 동로마 사이에 역사적인 경계가 설정되어 서로마와 동로마 문화권은 한 제국 두 황제의 통치아래 평화를 유지하였다. 때때로 두 황제는 공동의 이름으로 법을 공포하였으며, 한 황제가 법을 반포하고 다른 황제에게 공포를 요구하는 경우에도 효력을 발휘하였다. 한 황제가 물러나는 경우 그의 후계자를 임명할 권리를 다른 황제가 가지게 되었다.[13] 그러나 시간이 지나면서 동서관계는 첨예하게 대립하였다.

423년 호노리우스 사후 서로마 황위가 공석이 되자 테오도시우스 2세는 발렌티니아누스 3세를 서로마 황제로 임명하였다. 발렌티니아누스 3세는 콘스탄티누스 3세와 갈라 플라키디아 사이에서 태어난 외 동 아들이었다. 하지만 이때 동서 로마 사이의 평화에도 양측 간의 분화는 더욱 심화되었다. 특히 동방의 격렬한 그리스화는 황후 에우도키아에 의해 심화되었다. 421년 풀케리아의 충동질로 시작된 페르시아와의 전쟁은 422년에 평화조약으로 일단락되었다. 그 후 아틸라가 설치는 시점에서 페르시아는 441년 아르메니아를 침공하여 제국을 혼란에 빠뜨렸다. 물론 이 시기에 가장 강력한 적은 아틸라와 블레다 형제인데, 울딘 사후 혼란에 빠진 훈족을 통합한 루길라가 죽자 그 아들인 아틸라와 블레다가 훈족을 공동 통치하였다. 이들은 제국과의 조약을 깨고 440년 일리리아 일대를 황폐화 시켰다. 결국 440년 카르타고가 반달의 가이세릭에게 함락당하였고, 1년 후 페르시아가 아르메니아 지역을 침공하여 제국은 매우 혼란하였다. 테오도시우스 2세는 비열하게 뒤에서 군대를 모으고 겉으론 훈족에게 지급할 주화를 주조 하였다. 훈족은 이에 속지 않고

12) 앙리 피렌, 「마호메트와 샤를마뉴」, 강일휴 역, (삼천리, 2010), 83-84.

13) Steven Runciman, *Byzantine Civilization,* (London: University Paperbacks, 1961), 11-300; 게오르크 오스트로고르스키, 「동로마 제국사 324-1453」, 한정숙/김경연 역, (까치, 1999), 37.

443년 다뉴브강 하류 지역의 남부, 즉 트라키아 일대를 공격하였다. 이미 440년경 싱기두눔(베오그라드), 시르미움 등의 주요 도시를 점령한 훈족은 이제 사르디카(소피아)를 비롯해 아르카디오폴리스 마저 손에 넣으며, 그 과정에서 갖가지 공성병기를 사용하였다.

그러나 그들의 돌격도 막강한 삼중 성벽 앞에서 저지되었다. 성벽 뒤에서 와들와들 떨던 테오도시우스 2세가 막대한 양의 조공을 아틸라에게 지불하자, 아틸라와 블레다 형제는 만족하여 떠났다. 이후 아틸라는 블레다를 죽이고 단독 통치를 시작하였다. 그 후 갈리아를 침략했으나 서로마의 장군 아이티우스에게 패배하였다. 이 같은 상황에서 서고트족의 알라릭이 콘스탄티노플 성벽에 이르렀을 때 동로마 황제 데오도시우스 2세(408-450)[14]는 그를 제국의 최고 군사위원에 임명하여 평화를 수호하였다. 그리고 413년 난공불락의 데오도시우스 3중 성벽을 축조하였다.[15] 황제의 이 같은 공헌, 삼중 성벽 축조와 테오도시우스 법전 발간에도 불구하고 사망으

14) 부친의 사후 아들 테오도시우스 2세는 7살의 나이로 황제가 되었다. 그는 당시 가장 훌륭한 행정가요 외교가인 민정 총독 안테미우스를 섭정자로 삼았다. 당시 콘스탄티노플에는 이미 고대부터 이어져 온 성벽과 콘스탄티누스 대제가 세운 성벽이 있었으나 시가지의 확대로 기존 성벽을 충분히 방어할 수 없는 상태였다. 따라서 안테미우스는 시가지를 보호하고 방어하기 위해 413년부터 성벽을 건설하였다. 이 성벽은 해자 뒤의 흉벽과 넓이 2미터, 높이 5미터의 내성벽, 넓이 5미터 높이 12미터 외성벽의 삼중 구조로 이루어졌다. 특히 내성벽과 외성벽에는 각각 96개의 망루가 설치되어 적의 견제에 용이하였다. 이 성벽은 콘스탄티노플 전체를 감싼 채 축조되어 14세기까지 누구도 침략하지 못하였다. 1453년 투르크군도 25만 대군을 앞세웠으나 성내의 7천 여 군대를 상대로 한 달 반을 고전하였다. 이는 테오도시우스 법전과 더불어 테오도시우스 2세의 가장 위대한 업적 중 하나가 되었다.

15) 테오도시우스 2세의 통치는 동로마사에서 종교적으로 매우 중요한 시기였다. 왜냐하면 그 시기에 이단 네스토리우스파와 단성론이 등장하였기 때문이다. 안디옥의 주교 네스토리우스는 성자의 양성, 즉 인성과 신성의 본성은 그리스도 안에서 완전히 분리되었다고 주장하였다. 이것은 당시 알렉산드리아의 키릴파의 주장과 정 반대였다. 키릴에 의하면 그리스도의 양성은 그분의 본성에서 특별한, 유기적 관계로 하나로 연합됐다고 주장하였다. 결국 황제의 지지에도 불구하고 네스토리우스파는 431년 에베소 공의회에서 정죄되었다. 435년 네스토리우스는 최종적으로 추방 되었으나 그의 교리는 동쪽으로 확산되었다. 그 후 본국에서 또 다른 문제가 발생하였다. 444년 키릴의 사후 후계자 유티케스가 스승의 논리를 더욱 발전시켰다. 그에 의하면 그리스도 안에서 신성이 인성을 완벽하게 제압하여, 인성은 신성의 거대한 바닷물 속에 떨어진 한 방울의 꿀이 되었다. 그리하여 그리스도는 완벽하게 신성만을 가진 존재라고 주장하였다. 이것이 소위 '단성론'이다. 단성론자들은 449년 에베소 공의회에서 반대파를 폭력으로 제압했으나 1년 후, 황제의 사후 급변하였다.

로 제국은 급변하였다(450년 7월 28일 말에서 낙마). 그 후 알라릭은 군대를 이끌고 이탈리아로 진격하여 세 번의 공격 끝에 476년 서로마제국(로물루스 아우구스투스, 475-476)을 함락하였다. 하지만 이때 오도아케르는 동로마 황제의 종주권을 인정하였다. 그 후 서부와 달리 동부는 1453년 멸망하기까지 오랫동안 평화를 유지하였다.

2. 형성기(474-716)

476년 서로마의 멸망 이후 동로마는 제노(Zeno, 474-491)가 통치하였다. 그 후 동로마는 527년 숙부 유스티누스 1세(518-527)를 계승한 황제 유스티니아누스(527-565)에 이르러 황금기를 맞이하였다.[16] 그는 성 소피아 성당을 건축하고[17] 로마 교황과 달리 콘스탄티노플 총대주교가 황제의 지도를 받아야 한다고 믿었다. 그리하여 즉위와 함께 한때 로마 제국에 속한 속국들을 황제가 직접 통제하는 일에 총력을 기울였다. 그에게 로마 제국은 곧 기독교 세계요 기독교의 승리는 곧 로마의 재건처럼 성스러운 일이었다. 그러므로 통합된 기독교 제국의 건설을 위해 이교를 불법화하고 불신자들에게 세례를 강권하였다. 그는 사마리아인들을 박해하고 마니교와 아리우스주의, 그밖에 다른 이단 종파들을 불법화하였으며, 유대인의 종교적 권리와 시민적 권리를 크게 제한하였다. 520년에는 이교의 중심인 아테네의 플라톤 아카데미를 폐쇄하였다. 초기 기독교 5대 교구인 로마, 콘스탄티노플, 알렉산드리아, 안디옥, 예루살렘 교회의 통합을 위해 신앙고백을 계획하였다.[18] 이는 로마 교회와

16) 330년 콘스탄티누스의 황제의 제국의 수도 천도 이후 급속히 발전하였다. 황제는 궁정, 성당, 교회, 수도원, 목욕탕, 극장, 고아원 및 공원을 건설하였다. 파리나 런던, 베네치아나 로마와 달리 콘스탄티노플은 치안과 미화로 단장되었다. 하지만 뒷골목에는 가난과 범죄, 때로는 개들과 도둑들이 들끓었다. 항구에는 여러 국가의 선박들이 정박했으며, 많은 인종과 언어와 종교가 뒤섞였다. 하지만 동로마 인들은 콘스탄티노플을 신이 보호해 준 도시로 간주하였다. 12세기에 한 프랑스인은 콘스탄티노플은 그리스의 영광이요 가장 부유한 도시라고 하였다. 프레데릭 B. 아르츠, 「중세 유럽의 문화유산」, 홍성표 역, (보진제, 1993), 139.

17) 이노우에 고이치, 「살아남은 비잔틴제국」, 이경덕 역, (다른 세상, 2010), 76-77.

18) 그 중에 유스티니아누스가 가장 힘쓴 것은 분열된 기독교 신학을 하나로 통합하는 일이었다. 이를 위해 그는 이원론적인 네스토리우스주의자들과 동시에 유배된 단성론자들이 칼케돈 공의회를 인정하게 하였다. 이것은 황후 테오도라(Theodora, 508-548)의 권유와 또한 알렉

의 관계 회복과 자신의 정치적 목표 실현에 반드시 필요하다고 보았기 때문이다. 그러나 그의 타협과 화해의 노력에도 불구하고 교회의 통일 정책은 실패하였다. 오히려 그리스정교의 신앙 강요로 이교와 이단들이 등장하였다. 그 후 유스티니아누스 황제는 여러 정복 전쟁에 출정하였으며, 529년에는 거대한 법전을 편찬하고 행정과 경제를 개혁하였다.[19]

532년 황제는 데모스(demos) 단체에 소속된 '니카'(승리의 뜻)의 반란(Nika revolt)[20]으로 위험에 처했으나 황후 테오도라의 제언으로 위기를 극복하였다.[21]

산드리아에서 유배생활을 하던 안디옥의 세베루스가 극단적인 단성론자인 할리카르나수스의 율리아누스(Julian of Halicarnasus)와 논쟁 중이었기 때문이다. 따라서 유스티니아누스는 일부 단성론자들을 콘스탄티노플로 초대하여 칼케돈 지지자들과 협의회를 주선하였다. 그리고 533년 기독론적 신앙에 대한 자신의 칙령을 공포하였다. 칙령에 의하면 '그리스도께서는 인간의 본성을 취하신 하나님의 말씀이며, 인간의 본성 속에서 직접 수난을 겪으신 분이시다'. 이후 이 칙령은 신 칼케돈 신조로 불리었다. 이 신조를 옹호한 당대의 신학자는 예루살렘의 레온티우스(Leontius)였다. 여기서 그는 위격(hypostasis)과 본성(nature)을 주의 깊게 구분하고 그리스도의 인간적 본성은 그 자체의 위격을 가지지 않고 단지 하나님의 아들의 위격 안에 존재한다. 따라서 하나님의 아들이 완전한 인간 본성을 가진 존재의 참된 주체라고 하였다. 이 교리는 알렉산드리아의 키릴의 기독론을 정당화함으로 두 본성 교리를 공정하게 유지시켰다. 그 후 유스티니아누스는 로마와 콘스탄티노플 총대주교에게 보낸 편지에서 이를 재천명하였다. Williston Walker, *A History of the Christian Church*, (Scribner, 1984), 176-177.

19) 유스티누스 법전의 특징은 황제절대주의를 강력하게 강조한 것이다. 군주의 권력에 법적 근거를 제공함으로써 로마 법 대전은 동로마뿐만 아니라 서방 국가들의 정치적 이념이 발전하는 데 지속적인 영향을 미쳤다. 그러나 서방에서 로마법을 재발견한 것은 12세기에 와서였다. Norman H. Baynes / H. St. L. B. Moss, *Byzantium: An Introduction to East Roman Civilization*, (Oxford: At the Clarendon press, 1961), 1-391.

20) 532년 콘스탄티노플에서 일어난 7일간의 반란으로 유스티니아누스는 제위를 빼앗길 뻔하였다. 반란의 원인은 종교적 불만과 고율의 세금이었다. 당시 인기 있던 전차 경주의 두 팀을 응원하던 청색당(황제파)과 녹색당(자유시민)의 폭동이 반란으로 확대되어 군중들은 황궁에까지 몰려갔다. 이 때 유스티니아누스는 수도를 버리고 달아나려 했을 때 황후 테오도라는 "황제복은 최고의 수의"라면서 죽을지라도 도망가지 못하게 하였다. 황제는 벨리사리우스 등의 장수를 불러 반란을 진압시켰다. 그 과정에서 시민 3만 명이 학살되어 비잔틴제국 1123년 역사상 가장 큰 소요사태가 되었다. 그 후 유스티니아누스는 능력자를 발탁하여 비잔틴 황실과 귀족의 부정부패를 일소하고 귀족계급을 견제하였다. 군사적으로 벨리사리우스, 나르세스 같은 장군을 등용하여 옛 로마 제국의 영토를 회복하고 특히 이탈리아 반도 본토를 회복하였다. 불가르족과 슬라브족의 침입을 막고 북아프리카에서 제국의 영향력을 강화하였다. 그는 정열적으로 거의 잠을 자지 않고 일하며 수많은 개혁을 단행하였다. 특히 세 차례에 걸쳐 로마법을 집대성하고 종교 문제에도 관심을 보였다. 단성론 문제로 정통 교회와 대립했으나 교회의 교리와 이론을 정리하

이듬 해 벨리사리우스와 나르세스 장군을 앞세운 아프리카 원정에서 반달왕국, 535년에는 유럽의 동고트 왕국과 시칠리아를 점령한 후 이탈리아로 진군하였다. 554년에는 스페인과 이베리아 반도를 점령하여 지중해를 다시 동로마 제국에 귀속시켰다. 황제는 상공업을 장려하고 중국과 에티오피아, 인도양으로 해외 무역에 힘을 쏟았다. 이처럼 번영의 정점에서 그는 330년 이후 실시된 5월 11일의 축제(祝祭)를 성대히 진행하였다. 이후 콘스탄티노플 축제는 동로마 안정에 기여한 기념일이 되었다.[22] 하지만 565년 황제의 사망 후 제국은[23] 롬바르드족과 서고트족, 불가리아인과 슬라브족, 페르시아의 공격에서 패배하였다.[24] 당시 페르시아는 611년 시리아, 613년 다마스커스, 614년 예루살렘, 619년에는 이집트를 점령하였다. 그 후 카르타고의 관구장 헤라클리우스(Heraclius, 610-641)가 황제에 올라 경제적으로 황폐하고 노쇠한 행정기구와 용병에 의존하는 무기력한 군사조직을 과감히 개혁하였다. 당시 제국은 재정상 심지어 인력을 조달하는 모든 원천이 고갈되었다. 설상가상 제국의 핵심 지역들은 여러 대적들에게 점령되었다. 발칸 반도에는 아바르족과 슬라브족이 거주했으며, 소아시아의 심장부에는 페르시아가 있었다.

이런 상황에서 619년 헤라클리우스는 그리스 어를 공식 언어로 승인하고 과감하게 아바르족과 평화조약을 맺었다. 623년 3월 페르시아와 전쟁을 펼쳤으며, 627년

였다. 특히 그는 수도 콘스탄티노플을 정비하여 하기아 소피아를 건축하는 등 위대한 건축 사업을 벌였다.

21) 테오도라는 본래 서커스단에서 일하는 곰 사육사의 딸로 무용수였다. 이전에 애인이던 남편을 따라 리비아의 펜타폴리스(Pentapolis)에 거주했으나 이혼을 당하였다. 그 후 이집트의 알렉산드리아에서 잠시 머문 후 제국 동부의 여러 지방을 여행한 후 콘스탄티노플로 돌아왔다. 그녀는 예전의 직업을 따라 무용과 장사를 하며 떠돌던 중에 당시 황제의 오른팔이었던 유스티니아누스를 만났다. 당시 원로원과 무녀의 결혼은 법적으로 금지되었다. 유스티니아누스는 황제를 동원하여 법률을 수정하고, 테오도라를 아내로 맞이하였다. 한국역사교사모임, 「처음 읽는 터키사」, (휴머니스트, 2010), 47-53, 80-83; 이노우에 고이치, 「살아남은 비잔틴제국」, 이경덕 역, (다른 세상, 2010), 91-98.

22) 이노우에 고이치, 「살아남은 비잔틴제국」, 이경덕 역, (다른 세상, 2010), 71.

23) 그의 사망 이후 제국은 후계자인 유스티누스 2세(565-578), 티베리우스 콘스탄티누스(578-582), 마우리키우스(582-602), 포카스(602-610)가 통치하였다. 이 기간 동안 동로마는 전쟁과 공포정치로 후기 로마의 국가질서 및 사회질서는 완전히 몰락하였다. 포카스는 로마 교황 그레고리 1세를 기쁘게 하기 위해 그를 인정하였다. 그 결과 동로마에서는 포카스 황제에 대한 증오가 격렬해졌다.

24) 페터 아렌스, 「유럽의 폭풍」, 이재원 역, (들녘 코기토, 2006), 21.

12월 초에는 니네베(Nineveh) 전쟁을 지휘하여 대승하였다.[25] 630년 봄에는 예루살렘에서 백성들의 환호성 속에 페르시아인 들로부터 반환 받은 성 십자가를 그곳에 세웠다. 그리고 콘스탄티노플에서 아바르족을 격퇴하였다. 그의 승리로 동로마 제국은 로마 시대를 마감하고 진정한 의미에서 동로마 시대를 열었다.[26] 그러나 헤라클리우스의 사후 동로마는 통치권을 둘러싸고 둘로 나뉜 채 혼란에 빠졌다. 641년 9월 쿠데타가 발생하자 원로원은 마르티나와 헤라클로나스를 폐위하고 장남 콘스탄티누스 3세에게 지배권을 맡겼다.[27] 그러나 불과 3개월 통치했으며, 다음 황제 차남 헤라클로나스도 역시 몇 달밖에 통치하지 못하고 반란파에 코가 잘리었다. 그의 사망으로 콘스탄티누스 3세의 아들 콘스탄스 2세(641-668)가 어린 나이에 황제가 되었다. 그리하여 그는 모든 통치를 원로원에게 맡겼다. 황제 초기에 이슬람이 이집트를 점령하여 수복했으나 다시 이슬람에게 빼앗겼다. 콘스탄스는 이슬람의 침입에 대비하여 교회의 통일을 위해 기독교 동방 정교파 교리가 담긴 책 「티포스」를 발표하였다. 하지만 이 책은 로마 가톨릭 교황의 반대에 직면하였다. 그러나 교황은 비잔틴의 권위 때문에 그를 파문시키지 못하였다. 658년 콘스탄스는 슬라브인들이 차지한 발칸 지역 원정에 나섰고, 663년 롬바르드족과 전쟁을 하였으며, 아랍인들의 공격을 피하기 위해 시칠리아 섬으로 갔다. 그러나 668년 9월 15일 욕실에서 시종에게 살해되었다.

그 후 황제 콘스탄티누스 4세(668-685) 때 이슬람은 정통 칼리파 왕조의 마지막 통치자 알리의 사망으로 옴미아드 왕조를 태동시켰다. 옴미아드 왕조의 무아위야는 제국의 수도 콘스탄티노플을 3년 동안 포위하면서 공성전을 벌였다. 하지만 비잔틴의 격렬한 저항에 이슬람은 후퇴하였다. 그때 비잔틴 제국은 기독교 세계의 영웅이

---

25) 앙리 피렌, 「마호메트와 샤를마뉴」, 강일휴 역, (삼천리, 2010), 82.

26) 게오르크 오스트로고르스키, 「동로마 제국사 324-1453」, 한정숙 · 김경연 역, (까치, 1999), 78. 하지만 이 시기에 아랍인의 위대한 정복자 칼리프 우마르가 제국의 영토를 침입하였다. 이들은 636년 8월 20일 동로마 군대를 무찔렀다. 638년에는 예루살렘을 정복하고 639년과 640년에는 페르시아와 메소포타미아를 점령하였다. 그리고 아르메니아로 진입하여 그곳의 요새 드빈을 함락한 후 이집트를 정복하였다.

27) 이때 아랍인의 지도자 시리아 총독 무아위야는 642-643년 아르메니아와 소아시아를, 647년에는 갑바도기아, 654년에는 로도스 섬을 공격하여 황폐화하였다. 그러나 656년경 무아위야와 마호메트의 사위 알리 사이에 내전이 발생하여 661년 알 리가 암살됨으로 종식되었다. 따라서 무아위야는 동로마와 관계 개선을 위해 평화조약을 체결하였다.

되었다. 하지만 이때, 불가리아가 침입하여 도나우강 남쪽 트라키아 지방에 국가를 세웠다. 678년에 아랍, 이슬람과의 전투에서 화약, 소위 그리스의 불로 대승을 거두었다.[28] 그리고 콘스탄티노플을 포위하고 있던 이슬람군을 습격하여 그들과 조약을 맺고, 680년 불가르족의 원정에 나섰다. 680년 11월 7일부터 681년 9월 16일까지 콘스탄티노플에서 제6차 공의회를 개최하였다. 그리하여 황제는 동로마 제국의 대내 정치와 대외 정치의 역사에서, 교회발전과 국가 발전에 놀라운 업적을 남기고 685년 9월, 33세에 타계하였다. 그 후 그의 아들 유스티니아누스 2세(685-695)가 제위에 올랐다. 그는 687년 소아시아에서 트라키아로 기병대를 이동하였으며, 688년 슬라브족을 겨냥한 대규모 원정에 나섰다. 그는 불가리아인의 협조 아래 대규모의 슬라브족을 굴복시켰다. 하지만 695년 혁명으로 동로마는 균형을 잃었다. 697년 아랍인들은 라틴 아프리카를 침입하여 카르타고를 점령하였다. 이때 황제 레온티우스(695-698)가 재빨리 아프리카로 함대를 파견하여 이곳의 주인이 되었다. 그러나 함대는 황제에게 반란으로 티베리오스 3세(698-705)를 등극시켰으며, 이후 코를 베인 황제 유스티니아누스 2세 리노트메토스(Rhinotmetos, 705-711)가 통치하였다.

3. 발전기(716-856)

100년에 걸친 혼란을 수습한 동로마는 이전의 로마적 요소를 버리고 비잔틴 제국으로 변하였다. 하지만 동로마는 주변의 대적들과 성상파괴 논쟁으로 혼란에 빠졌다. 이러한 시기에 레오 3세(717-741)의 등장으로 안정을 찾았으나 곧 아랍인들의 공격을 받았다. 레오 3세는 즉시 방어에 착수하여 수도 콘스탄티노플의 수호에 신속히 대처하였다. 동로마는 추운 날씨와 그리스의 불(화약), 기근으로 전쟁에서 승리하였다. 740년에 다시 소아시아를 침략했으나 내분으로 퇴각하였다. 그 후 레오 3세는 자신과 아들의 이름으로 「에클로가」(*Ecloga*)라는 법전을 편찬하였다. 이

---

28) 앙리 피렌, 「마호메트와 샤를마뉴」, 강일휴 역, (삼천리, 2010), 190, 252, 255; 게오르크 오스트로고르스키, 「동로마 제국사 324-1453」, 한정숙 · 김경연 역, (까치, 1999), 96; 이노우에 고이치, 「살아남은 비잔틴제국」, 이경덕 역, (다른 세상, 2010), 122-125; 주디스 헤린, 「비잔틴」, 이순호 역, (글항아리, 2010), 20, 66, 212, 245, 311, 314-315. 동로마는 이 불, 액체 화약으로 대성벽과 함께 1,000년을 버틴 비밀병기였다.

법전은 유스티니아누스의 법전을 보충한 것으로, 민사법과 형법, 그 중에 가족법과 상속법에 특별한 관심을 보였다.[29] 하지만 레오는 726년 성상파괴 운동을 전개하여, 향후 약 100년 동안 교회를 위기에 빠뜨렸다.[30] 대적들에 의하면 레오의 이러한 행동은 유대인과 아랍인들의 영향 때문이었다.[31]

사실 처음 성상숭배에 문제를 제기한 것은 움미아드 왕조 치하의 이슬람 제국이었다. 당시 움미아드 왕조는 동로마의 성상 파괴 여러 해 전에 조치를 취하였다.[32] 그런데 당시 레오 3세의 성상 파괴는 몇몇 소아시아의 주교들과 무서운 지진에 근거하였다. 레오는 이 지진을 성상 숭배에 대한 신의 노여움으로 간주하였다. 따라서 레오는 교황 그레고리 2세에게 보낸 편지에서 자칭 황제요 대사제로서 생각을 행동으로 옮겼다. 그리하여 그는 사관 한 사람을 보내 황궁의 청동 대문 위의 그리스도상을 철거시켰다. 격분한 백성들은 황제의 명령을 수행한 사람을 그 자리에서 때려 죽였다. 그 후 이 소식이 그리스로 전파되어 그곳에서 반란이 일어났다. 헬라스 테마는 대립 황제를 내세워 함대를 이끌고 콘스탄티노플로 진격하였다. 이에 레오 3세는 730년 1월 17일 황궁에서 최고위 관직자와 성직자들을 소집하여 침묵 회의를 열고 자신의 성상파괴 칙령을 선포하였다. 이로써 황제 정부는 성상들을 파괴하고 그것을 숭배하는 사람들을 박해하기 시작하였다.[33]

군인으로 제위를 찬탈하고 이사우리아 왕조를 연 레오 3세(717-741년)의 열정적인 활략이 아라비아의 함대로부터 유럽을 구출하였다. 그는 가공할 만한 그리스의

---

29) 게오르크 오스트로고르스키, 「동로마 제국사 324-1453」, 한정숙/김경연 역, (까치, 1999), 121-122.

30) 그리스 교회에서는 유스티니아누스 이후 성상 숭배가 널리 보급되었다. 동로마에서도 경건한 신앙을 표현하는 중요한 형식 가운데 하나였다. 일부 교회에서는 성상에 대한 적대적인 분위기가 없진 않았으나 대부분 수용하였다.

31) John Lawrence Mosheim, *An Ecclesiastical History, Ancient and Modern from the Birth of Christ to the Beginning of the Eighteenth Century*, (Glasgow: Blackie Fullarton & Co., 1827), 158; R. H. C. Davis, *A History of Medieval Europe: From Constantine to Saint Louis*, (London: Longman, 1988), 87-101; A. M. Renwick, *The Story of the Church*, (IVP, 1985), 78.

32) Sinclair B. Ferguson & David F. Wright, *New Dictionary of Theology*, Leicester: Inter-Varsity Press, 1988, 326; 게오르크 오스트로고르스키, 「동로마 제국사 324-1453」, 한정숙/김경연 역, (까치, 1999), 123.

33) 주디스 헤린, 「비잔틴」, 이순호 역, (글항아리, 2010), 71-72.

불을 이용하여 이슬람 함대를 압도하고 불가리아인들과 동맹을 맺었다. 그리하여 콘스탄티노플을 1년 이상 포위한 이슬람 군을 격퇴하였다. 결국 718년 이슬람군은 막대한 희생을 치루고 퇴각하였다. 이것은 영국과 프랑스 간의 푸아티에 전투[34]보다 중요한 역사적 사건이다. 그 이유는 소위 신에 의해 보호받는 도시에 대한 이슬람교도의 최후 공격이었기 때문이다.[35] 그러므로 이 전투는 세계사적인 것이었다. 레오는 치세 동안 제국의 국력을 회복하고 군관구 제도를 제국 전역으로 확대하였다. 그리고 행정 조직을 재편성하였으며 부실했던 행정의 일관성을 꾀하였다.[36] 그리고 성상 파괴를 통해 자신의 종교 개혁 방안을 완성하였다. 그는 성상 파괴를 통해 기독교와 이슬람교 간의 적대감을 완화시키고, 바울파가 강한 소아시아의 동방 속주들과 화해를 꾀하였다.[37] 하지만 그의 사후 동로마 황실은 혼란에 빠졌다. 레오 3세의 아들 콘스탄티누스 5세(741)는 매형 아르타바스두스(741-743)에게 황위를 찬탈당하였고, 그 후 콘스탄티누스 5세의 아들 레오 4세(775-780)가 즉위 했으나 사망하자 아들 콘스탄티누스 6세가 즉위하였다. 그러나 레오 4세의 아내 황후 이레네는 아들 콘스탄티누스 6세를 제거하고 스스로 여제(782-803)가 되었다. 그녀의 치세 동안 아라비아인의 공격이 억제되었고 오히려 소아시아까지 밀려났다. 이 시기에 프랑스의 샤를마뉴는 성상숭배를 반대하였다. 이유는 동로마 제국의 황제 권위에 맞서 비잔틴과 동등한 위치에 서려는 의도적인 행동이었다.[38] 더욱이 800년 12월 25일의 로마 황제 대관식은 동로마 제국 황제의 권위에 심각한 도전으로 비잔틴

34) 이 전쟁은 프랑스와 잉글랜드 사이에 벌어진 백년전쟁으로 양국이 여러 차례 휴전과 전쟁을 되풀이하면서, 1337년부터 1453년까지 116년 동안 지속하였다. 이 전쟁은 3기로 구분되는 바, 1기는 1337-1364년, 2기는 1364-1413년, 3기는 1413-1453년인데 첫 번째 국면 끝무렵, 프랑스 국왕 존 2세가 참패를 당한 전투(1356. 9. 19)이다. 1355년 영국의 흑태자 에드워드가 수백 개의 남프랑스 도시와 마을을 약탈하면서 다시 전쟁이 시작되었다. 그는 이듬 해 중부까지 들어가 약탈을 하던 중 9월 17일 푸아티에 근처에서 존 2세가 이끄는 프랑스군과 만났다. 당시 에드워드는 병력을 언덕 위에 배치했는데 양 옆은 포도밭 담과 도랑으로 가려진 요새였다. 따라서 프랑스군은 잡목 사이에 난 좁은 길을 따라 접근하였다. 에드워드는 기사와 중장기병을 3개 전투대로 나누어 배치하고 궁수를 밀집 형태로 만들어 측면 지원을 하여 승리하였다.

35) 앙리 피렌, 「마호메트와 샤를마뉴」, 강일휴 역, (삼천리, 2010), 255.

36) 앙리 피렌, 256.

37) 앙리 피렌, 256.

38) 한국서양사학회 역음, 「유럽중심주의 세계사를 넘어 세계사들로」, (푸른역사, 2010), 143-145.

에 대한 서유럽의 인식을 완전히 바꾸었다.[39] 당시 카롤링거의 라우레스하멘세스(Laureshamenses) 연보 801년 기록에 의하면 동로마인들을 그리스인들로 표기하였다. 이러한 관점은 동로마를 로마 제국의 계승자로 인정하지 않겠다는 의미였다. 이는 정치적으로 계산된 치밀한 계획에서 나온 표현이었다.[40]

4. 전성기(856-1057)

856년 쿠데타 이후 황제 미카일 3세가 지배권을 행사하였다. 특히 그는 863년 마그나우라 대학을 콘스탄티노플에 설립하고 지휘관들의 도움으로 아랍인과의 전쟁에서 승리하였다. 그 후 슬라브 제국과 러시아를 공격하여 화친을 맺고 사절단을 보내 선교사 파견을 요청하였다. 모라비아인들과 불가리아에도 기독교를 전파하였다. 미카일을 이어 마케도니아 왕조의 창시자인 바실레이오스 1세(867-886)가 콘스탄티노플의 새 황제가 되었다. 그는 교회 일에 몰두하며 로마와 관계를 재개하여, 869-870년 제8회 콘스탄티노플 공의회를 개최하였다. 그러나 불가리아 교회가 로마 교구에 속해야 하는지 아니면 콘스탄티노플 교구에 속해야 하는지가 문제였다. 879년 바실레이오스와 레오, 알렉산드로스의 이름으로 「에파나고가」(*Epanagoga*) 법전

---

39) 대관식 날 교황 레오3세가 샤를마뉴의 머리 위에 황제관을 씌어주자 모든 로마 시민들은 신에 의해 제 위에 오른 로마인들의 위대하며 평화를 사랑하는 황제 샤를마뉴에게 영생과 승리를 외치며 환호하였다. 이 환호 후 샤를마뉴는 과거의 제국 황제들처럼 교황으로부터 경배를 받았다. 그리고 이 후 귀족의 호칭을 버리고 모든 사람들로부터 황제를 뜻하는 임페라토르(imperator)와 아우구스투스(Augustus)로 불렸다. 사실 476년 서로마 제국의 패망 후 지중해 세계는 동로마 제국만이 로마 제국의 유일한 계승자였다. 그런데 샤를마뉴의 대관식으로 지중해 세계는 2개의 제국으로 재편되었다. 이는 동서분열을 가속화했으나 동시에 동로마 제국만이 로마 제국의 유일한 계승자가 아님을 천명하는 것이었다. 일시적이었지만 당시 프랑크인들은 샤를마뉴의 대관식의 의미를 샤를마뉴를 황제로 하는 하나의 제국만이 로마 제국을 계승한 유일한 제국으로 이해하였다. 왜냐하면 동로마에서 섭정을 하고 있던 이레네(콘스타니누스 5세의 모친)가 황제로 등극하자 남자로 계승되는 황제의 대가 끊어졌다고 생각했기 때문이다. 이는 오늘날의 서유럽의 로마 제국을 계승했다는 실제적 근거가 되었다. 한국서양사학회 역음, 143-145.

40) 그 후 니케포루스 황조는 802년부터 820년까지 니케포루스 1세(802-811), 스타우라키우스(811), 레오 5세(813-820), 아모리움 황제 계보는 미카일 2세(820-829), 데오필루스(829-842), 미카일 3세(842-867)로 계승되었으나 이 때 테오필루스의 아내 테오도라(842-856)가 아들을 섭정하였다.

이 발간되었다.[41] 886년 8월 29일 바실레이오스 1세가 사냥 중에 치명상을 입게 되자, 아들 레오 6세(886-912)에게 제위를 넘겼다. 레오는 유스티니아누스 이래 가장 풍부한 결실을 맺은 입법가였다. 따라서 바실레이오스 1세 치하에서 착수되었던 유스티니아누스 법 개정이 레오 6세의「바실리카」에서 완성되었다. 이 법전은 중세 동로마 제국의 가장 큰 법전으로 교회법뿐 아니라 사법과 공법을 집대성하였다.[42] 그 후 시메온과 로마노스 1세(919-944), 콘스탄티누스 7세(913-959), 로마노스 2세(959-963), 니케포로스 2세 포카스(963-969), 요안네스 1세 치키스케스(969-976), 바실레이오스 2세(976-1025)를 거치며 크게 발전하였다.

바실레이오스 2세는 포카스와 치미케스가 구축한 토대를 발판으로 발칸 반도와 중동 지역에서 동로마 제국의 지위를 확고히 했다. 그는 986년 단행한 발칸반도 원정 실패로 한때 정치적 위기에 직면했으나 994년과 995년의 중동 원정에서 알레포, 안디옥, 트리폴리 등을 점령하여 시리아를 제국의 지배아래 예속시킨 후 아르메니아를 압박하였다. 그리고 1001년 다시 발칸 반도 원정에 나서 마케도니아를 굴복시키고 세르비아를 공략했다. 도나우 강변의 비딘 점령에 성공한 황제의 군대는 방향을 돌려 발칸 반도 남쪽을 향했다. 제국의 군대는 발칸반도 남부의 스코플레를 점령한 후 데살로니가에서 멀지 않은 보데나까지 진출하였다. 그리하여 동로마 제국은 발칸 반도의 대부분과 시리아와 메소포타미아의 중동지역을 장악하였다. 하지만 셀주크 투르크족의 등장으로 동로마 제국은 다시 위축되었다. 특히 바실레이오스 2세는 1018년 불가리아를 정복함으로 동로마 역사에서 가장 위대한 왕이었다.

하지만 1025년 바실레이오스 2세의 사후 동로마는 전환기를 맞았다. 그것은 이때를 기점으로 동로마 제국은 급속히 쇠퇴하였기 때문이다.[43] 헤라클리우스(Heraclius, 610-641)가 이룩한 동로마 제국은 후계자들의 무능력으로 갑자기 부상한 봉건세력에 적절히 대처하지 못하였다. 특히 농민과 군인 토지의 급속한 해체로 동로마는 방어력과 조세 징수력을 감당하지 못하였다. 그 결과 동로마 황제 권은

---

41) 이 법전은 대부분 바실레이오스 1세가 870-779년 사이에 편찬한 「프로케이론」을 그대로 옮긴 것이다.

42) 게오르크 오스트로고르스키, 「동로마 제국사 324-1453」, 한정숙 · 김경연 역, (까치, 1999), 189.

43) 이노우에 고이치, 「살아남은 비잔틴제국」, 이경덕 역, (다른 세상, 2010), 18.

봉건 귀족과의 투쟁을 포기하였다. 대토지 귀족층이 게임에서 이기고, 이제 남은 것은 관교 귀족과 군사 귀족 중 어느 세력이 주도권을 잡을 것인가 하는 것이었다. 따라서 향후 동로마의 역사는 두 경합 세력인 수도의 문관 귀족층과 속주의 군사 귀족층 간의 투쟁이었다. 바실레이오스 2세의 계승자 콘스탄티누스 8세(1025-1028)는 무자하였다. 따라서 당시 수도 관료 귀족 중에 가장 명망 있는 로마노스3세 아르기로스(1028-1034, 당시 60세)가 황제의 둘째 딸 조에(당시 50세)와 1028년 11월 12일 결혼하였다. 로마노스 3세 아르기로스는 지도력이 부재하였다. 그는 항상 마르쿠스 아우렐리우스나 트라야누스, 하드리아누스 같은 지도자를 흠모했으나 공적으로 바실레이오스 2세의 정책을 포기하고 권세가들이 부담해온 농민 토지에 대한 과세를 폐지하였다. 따라서 농민과 군인 토지를 대상으로 한 사재기가 기승을 부렸다. 권세가들은 정치적으로 경제적으로 완전히 승리하였다. 로마노스 1세(919-944)부터 바실레이오스 2세(976-1025)까지의 중앙권력이 귀족들의 토지 소유욕을 통제했으나 이제 그 벽이 파괴되었다.

5. 쇠퇴기(1057-1453)

이런 사회적 혼란기에 로마노스 3세와 조에 사이에 불화가 심화되었다. 그리고 발칸 반도의 슬라브인들이 조세를 화폐로 납부토록 요구한데 항의하였다. 여기저기서 봉기가 발생하였다. 미카일 4세와 5세, 콘스탄티누스 9세 모노파코스(1042-1055)는 통치력을 상실하였다.[44] 중앙 권력은 더욱 완고했으며 재정적 혼란은 화폐의 발매로 치명적이었다. 특히 이 시기에 군부 세력이 몰락하였다. 콘스탄티노플 정부는

---

44) 이러한 상황에서 로마 가톨릭의 교황 레오 9세는 콘스탄티노플 총대주교 미카엘 케룰라리오스에게 보낸 서한에서 동로마 교회와 수도원을 그리스 교회와 수도원으로 표현하였다. 이는 서양 중세 중기의 서구인들이 동로마를 로마 제국의 계승자로 인정하지 않고 그리스 제국으로 인식하여, 동로마를 폄하하고 동시에 서유럽의 프랑크 왕국이 로마 제국을 계승했음을 정당화하였다. 하지만 동로마는 제1차 십자군을 서유럽에 요청할 때까지 여전히 건재하였으며 비록 동서로 나뉘었으나 상호 견제 및 협력을 도모하였다. 서로마는 동로마를 대등한 기독교 국가가 아니라 정복해야 하는 국가로 보았다. 11세기 노르만족의 동로마 제국 침입이나 11세기 말에 시작된 십자군 전쟁, 특히 1204년에 일어난 콘스탄티노플 함락에는 이러한 서유럽의 정복 정신이 반영되었다. 한국서양사학회 역음, 「유럽중심주의 세계사를 넘어 세계사들로」, (푸른역사, 2010), 145-147.

국방력을 체계적으로 제한하였다. 이 때 새로운 호전적인 민족들이 동로마 국경을 노략하였다. 동쪽에는 아랍인들 대신에 셀주크 투르크인이, 서쪽에서는 노르만인들이, 북쪽에서는 불가리아인과 러시아인들 대신에 페체네그족, 우즈족, 쿠만족 등 스텝 지대 민족들이 등장하였다. 그리고 러시아인들이 1043년 동로마를 공격하였다. 1054년 콘스탄티누스 9세 마지막 해에 로마와 콘스탄티노플이 분열하여, 제4차 십자군과 베네치아 상인들에 의해 건설된 라틴 제국의 존속기인 1204-1261년까지 번영이 중단되었다. 그리고 1261년 미카일 8세는 옛 수도 콘스탄티노플을 라틴 제국에서 수복하여 팔라이올로고스 황조 시대를 열고 비잔틴 제국을 부활시켰다. 그러나 부활한 동로마 제국은 국내외적으로 많은 문제를 갖게 되었다. 대외적으로는 13세기 후반에 콘스탄티노플 탈환을 노리는 반동로마 제국 세력에게 시달렸다. 앙주 가문의 책동으로 옛 보두앵 2세는 콘스탄티노플 공략에 나섰는데 미카일 8세는 1282년의 시칠리아 만종 사건으로 위기를 넘겼다.

그런데 이 시기에 소아시아 지역에서 패권을 가졌던 셀주크 투르크가 서양 십자군과의 잇따른 전쟁과 몽고군의 서침으로 몰락하면서 소아시아의 투르크계 민족들이 크고 작은 부족으로 분열하였다. 그 중 한 부족인 오구즈일파 카유족의 족장 에르투구룰 베이(Ertugrul Bey)는 소구트 지역에서 힘을 증강하였다. 오스만(Osman, 1299-1326)[45]은 에르투구룰의 셋째 아들로 부친 사 후, 1281년 24세에 부족장이 되었다. 이 후 족장이 된 오스만은 탁월한 지도력과 전투력으로, 구심점을 잃고 방황하던 투르크 전사들을 규합하였다. 그의 군대는 몽고군에 밀려 소아시아로 들어온 투르크족의 이슬람의 전사, 가지(Ghazi)와 인근에서 몰려온 자들로 확대되었다. 그리고 1299년 오스만 1세[46]로 왕국을 건설하였다. 그 후 영토를 비잔틴 제국 경계

---

45) 오스만은 이슬람 남성들이 흔히 사용하는 이름이지만 그 뜻은 뼈를 부수는 자와 맹금류인 콘도르를 의미한다. 이 후 콘도르는 오스만 제국의 자주권과 호전성을 의미하였다. 김정미, 「그들은 어떻게 세상을 얻었는가?」, (아름다운 사람들, 2012), 75.

46) 오스만은 독실한 이슬람 신자로, 젊은 시절 이슬람교 성자들을 찾아다니며 특별히 스승이자 지도자인 세익 에데바리(Sheik Edebali)의 가르침을 받았다. 에데바리에게는 아름다운 딸 말 하툰(Mal Hatun)이 있었다. 오스만은 그녀에 반해 청혼했으나 신분 차이로 거부되었다. 2년 후 스승에 대한 존경과 하툰에 대한 사랑 사이에서 갈등하던 오스만은 어느 날 꿈을 꾸었다. 내용은 그와 스승이 함께 쉬고 있는데, 스승의 가슴에서 달이 튀어나와 오스만의 가슴으로 들어왔다. 잠시 후 오스만의 가슴에서 아름답고 커다란 나무가 자라기 시작하였다. 나무는 점점 자라

까지 확대하였다. 오스만은 1326년 비잔틴의 수도 부르사를 공략하여 아나톨리아 전역을 통일하고,[47] 제국의 군사적, 행정적, 정치적 기초를 놓았다. 이 제도는 향 후 400년 동안 20세기 초, 1922년 11월 1일까지 600년 간 존속하였다.[48]

1354년 발칸 반도에 발을 내민 오스만 투르크족은 이어 비잔틴 북구 트라키아지방을 점령하였다. 오스만 투르크제국의 술탄 오르찬은 이 때 요아네스 6세의 공주 데오도라를 왕비로 삼았다. 그리고 1363년 보스포러스 해협의 유럽 쪽 도시 아드리아노플로 천도(遷都)하였다. 그리하여 동로마 제국의 수도 콘스탄티노플은 투르크의 땅으로 포위된 형국이었다. 이제 서유럽인의 동로마 여행은 해(海)로 밖에 없었다. 위기에서 동로마제국은 오스만 투르크 제국과의 굴욕적인 조약으로 연명해야 했고 때로는 황제가 술탄의 신하가 되어야 했다. 뿐만 아니라 비잔틴 제국은 오스만 제국에게 조공을 바침으로 정치적 독립을 상실하였다. 계속해서 오스만 제국이 세르비아와 헝가리를 물리치자 발칸 반도에서 대항할 세력이 없어졌다. 오스만은 1370년 불가리아와 세르비아를 장악하였다. 1389년 6월 28일에는 코소보 전투에서 세르비아군을, 1396년에는 헝가리를 점령하였다.

이러한 정세 속에서 비잔틴 제국은 동방 정교회와 로마 가톨릭의 재통일을 조건으로 로마 교황청을 통해 서유럽으로부터 군사 원조를 얻으려 했으나 실패하였다.

그늘을 만들었고, 마침내 세계를 뒤덮었다. 나무 아래에는 산맥이 생기고 강이 흘렀으며 사람들은 그늘에서 쉬었다. 오스만이 꿈 이야기를 에데바리에게 하자 이를 듣고 결혼을 승락하였다. 김정미, 77-78.

47) 당시 경제적 침체와 정치적 불안정에 불만을 품은 그 지역 그리스계 주민들은 동로마 제국을 버리고 오스만 투르크족 편이 되었다. 이때 투르크족은 그리스인들을 차별하지 않고 포용하였다. 그리스계 농민들 또한 오스만 투르크족에게 공납을 바쳤고 점차 이슬람교로 개종하고 공납을 면제받았다. 그들은 투르크 말을 배우는 대신 투르크인들에게 농경기술을 가르쳤다. 오스만 투르크인들은 아나톨리아 지역의 여러 마을에 여행자를 위한 간이 숙소를 지어 유숙자들에게 종교무용을 추며 코란을 읽어 주었다. 그리하여 아나톨리아-소아시아의 그리스인과 오스만 투르크인들이 융화되었다.

48) 1299년 오스만 1세의 건국 후 오스만 제국은 1922년 11월 1일, 마지막 황제 메흐메드 6세(1861-1926)까지 총 36대를 끝으로 623년 만에 패망하였다. 1차 세계 대전 당시 오스만 제국은 독일을 지지했으나 패전하여 서구 열강의 각축장이 되었다. 그 후 유럽 열강에 분노한 무스타파 케말의 투르크 대국민회의는 지금까지 황제가 겸한 술탄과 칼리프를 분리하고 술탄을 폐지하여 황제를 폐위하였다. 이듬해 1923년 10월 29일 케말은 터키 공화국을 수립하고 초대 대통령이 되었다.

오스만의 제6대 술탄 무라드 2세(Murad II, 1421-1451)는 1420년과 1430년대 동로마 제국을 위협하였다. 이후 콘스탄티노플 공략은 날로 심해졌으며, 1453년 4월 술탄 메흐메트 2세는 성 내 농성군의 10배 병력으로 콘스탄티노플을 포위하고 총공격하여 5월 29일 함락하였다.[49] 그 후 아테네, 모레아, 트라페주스 제국이 차례로 오스만 제국에 점령되었으나 그리스 정교회만은 유화정책으로 존속되었다. 성화(聖畵), 교회음악과 교회건축으로 대표되는 종교 예술은 그리스정교회와 함께 오늘날까지 비잔틴 문화로 계승되었다. 1454년 이들은 성당을 이슬람교 사원으로 개조하여 지금까지 사용하고 있다.

6. 1453년 함락 이후

동로마 함락 후 오스만 투르크 제국은 1459년 베오그라드를 제외한 세르비아 전역을 점령하였다. 메흐메트 2세는 1460년 미스트라를, 1461년 트라페주스 제국을 정복하여 그리스인 세력을 모두 멸망시켰다. 그리고 마지막 황제 콘스탄티누스 11

---

49) 1451년 2월 술탄에 오른 메흐메트 2세는 약관 19세로 반란 세력을 타도하였다. 사회가 안정되자 이듬해 봄 동로마 제국의 황제 콘스탄티누스 11세의 항의에도 불구하고 마르마라 해협에 성채 루멜리 히사르(Rumeili Hisar, 유럽의 성)를 만들었다. 그리고 기존 아시아 쪽 요새와 새로이 축조한 유럽 쪽 요새에 포대를 설치한 뒤 보스포러스 해협을 통과하는 모든 배에 통행세를 부과 하였다. 위기에 봉착한 동로마제국의 황제는 서구교회에 도움을 요청하였다. 이에 서방교회는 황제로 하여금 그리스 정교를 버리고 가톨릭교회로 개종할 것을 요구하였다. 동로마 황제는 터번을 쓴 투르크인들에게 머리를 숙일지언정 로마 교황에게 머리를 숙일 생각은 없었다. 콘스탄티누스 황제는 다시 로마 교황 니콜라우스 5세에게 간청했으나 거부당하였다. 이런 상황에서 베네치아가 요청을 받아들여 1452년 8월 해군을 출천시켰다. 이때 오스만 투르크제국의 보병과 포병부대는 1453년 공격 진영을 갖춘 후 4월 5일 사절을 보내 항복을 요구하였다. 그러나 거절당하자 이들은 토프카피(Topkapi) 성에 대포를 발사하였다. 이때 동로마 시내의 그리스인과 라틴인들은 성 소피아 성당에 모여 성찬식을 올렸다. 6세기에 이 성당을 지은 유스티니아누스 황제는 완성 후 "오 솔로몬이여, 내가 그대를 이겼노라"라고 외쳤다. 7주간의 공격을 견디지 못한 베네치아 군은 5월 29일 마호메트의 정예군에 점령되었다. 결국 콘스탄티누스 11세는 전투 중 전사하였다. 젊은 정복자 메흐메트 2세는 성 소피아 성당에 들어와 알라에게 감사한 후 성당의 제단을 파괴하였다. 그리고 자신이 기독교 교회의 보호자라 선언하고 그리스인 대교구장을 임명하였다. 그리스 동방교회는 이슬람 군주를 동로마 황제의 계승자로 받아들였다. 그리고 메흐메트 2세는 동로마를 이스탄불로 개칭하고 제국의 수도로 삼았다. 이희철, 「이스탄불: 세계사의 축소판, 인류 문명의 박물관」, (리수, 2008), 35; 김형오, 「술탄과 황제」, (21세기북스, 2012), 21-26.

세의 조카 안드레아스 팔라이올 로고스는 이미 소멸된 동로마 황제의 칭호를 물려받고 1463년 보스니아, 1481년 루마니아와 러시아 남부지역을 점령하였다. 그리고 1463년 6월부터 1479년 1월까지 베네치아와의 전쟁에서 에게 해의 전권을 확보하고, 소아시아와 발칸 반도 일부 지역까지 지배권을 확립하였다. 그리고 동로마 제국의 정치, 법률, 문화를 수용하고 그리스정교를 국교로 한 슬라브의 여러 국가, 특히 불가리아, 세르비아, 루마니아, 키예프, 러시아(이 후 모스크바 대공국)에는 제국의 멸망 후에도 여러 방면에서 영향을 끼쳤다. 그 중에 모스크바 대공국의 이반 3세(Ivan III, 1462-1505)[50]는 동로마 제국의 마지막 황제 콘스탄티누스 11세(재위 1449-1453)의 조카 소피아(조엘)와 결혼하였다. 그는 동로마 황제의 즉위식을 따라 대관식을 거행하고 제국의 후계자가 되었다. 그리고 모스크바를 제2의 로마, 콘스탄티노플에 다음가는 제3의 로마로 선포하였다.

한편 1512년부터 1520년까지 오스만 투르크 제국을 통치한 셀림 1세(Selim I, Selim the Grim, 1512-1520)는 시리아, 헤자즈, 이집트를 포함하여 아시아와 아프리카까지 영토를 확장하여 이슬람 세계에서 지도적 위치를 확보하였다. 그 후 술레이만 I세(Suleyman I, 1520-1566)는 베오그라드와 로도스, 오스트리아의 빈, 헝가리 남부, 이탈리아 남부와 알제리를 점령하고, 1538년 9월 알바니아 해안에서 유럽연합함대를 패퇴시켰다. 그러나 당시 동로마 제국은 이 같은 외부의 공격에도 자체 군사력으로 견디었다.[51] 동시에 이슬람의 공격으로부터 서구의 문화와 학문, 예술

---

50) 보통 이반 대제로 불리며 러시아 최초의 차르, 황제이다. 역사적으로 그는 1453년 정교회의 본산 콘스탄티노플의 이슬람 점령으로 비잔틴 제국이 패망하자, 쇠퇴한 정교회를 모스크바에 옮겨와 정비하였다. 그는 비잔틴제국의 '쌍 독수리' 문장을 자신의 가문 문장으로 삼고, 황제의 조카딸 소피아를 아내로 맞아 혈통의 권위를 높였다. 이로써 모스크바 공국의 왕족 가계는 멀리 로마시대까지 연결되었다. 이반3세는 아내의 충고, "같은 무리의 우두머리 보다는 유일한 높은 자 '차르' (황제)가 돼라"는 말처럼 황제가 되었다. 그리고 중국 베이징의 자금성이 도시 안의 도시인 것처럼, 모스크바의 크렘린(kremlin, 크레믈린)을 도시안의 도시로 건축하였다. 그는 킵차크 칸국과 같은 몽골 제국 잔여 세력을 막아내고 루시 지방을 통일함으로 오늘날 사실 상의 러시아의 기반을 만들었다.

51) 군대의 주축은 전체 병력의 절반을 차지하는 중무장 기병이었다. 주 무기는 칼과 창, 활이었다. 기병은 쇠로만든 투구, 넓적다리까지 내려오는 철갑 옷, 금속제 장갑과 군화를 착용하였다. 그처럼 중무장한 제국의 기병은 보병의 지원을 받지 않고 독자적으로 작전을 수행하였다. 제국의 보병은 중보병과 경보병으로 구성되었는데, 전자는 갑옷을 입지 않았으나 사정거리가 기병의 그것보다 먼 화살로 무장했다. 후자는 투구, 갑옷, 장갑, 방패 등을 착용하고 칼, 창,

을 독창적으로 발전시켰다.[52] 1557년 오스만 쿠르크 제국의 술탄 이만 1세는 국력을 바탕으로 성 소피아 성당 맞은편에 모스크를 세웠다. 하지만 1566년 5월 술레이만 대제의 사후 오스만 투르크 제국은 급속히 쇠퇴하였다. 당시 교황 피우스 5세(Pius V, 1566-1572)[53]는 1566년부터 가톨릭 동맹을 결성하여 오스만에 맞서 군사력을 증강하였다. 그런데 1570년 6월 무스타파 파샤가 지휘하는 오스만 제국의 군대가 키프로스에 상륙하였다. 이런 위험한 상황에서 베네치아는 교황 피우스 5세에게 십자군 동맹을 제의하였다. 그 결과 이듬해 5월 25일 교황청과 베네치아, 그리고 스페인이 신성동맹을 결성하였다.[54] 그 후 전열을 가다듬은 동맹 군사는 수백의 함대를 네 편대로 나누어 아드리아 해로 향하였다. 마침내 4시간의 전투 끝에 적군 총사령관 알리 파사의 투르크군이 전멸하였다. 당시 「돈키호테」를 지술한 24세의 스페인 출신 세르반데스(1547-1616)는 1571년의 레판토 해전에[55] 기여하였다. 그

도끼 등의 무기로 적과 싸웠다. 무엇보다도 동로마 군대는 비교적 처우를 잘 받았다. 기병대의 지휘관은 거의 귀족이었으며 사병이나 하사관들도 대개 군역의 대가로 국유지를 보유한 소규모 자영농이었다. 동로마제국의 경우도 그 무렵의 서유럽과 동일하게 다수의 하인이나 종자들이 부대를 따라 다녔다. 특히 이들은 그리스의 불(화약)을 만들어 대적을 공격하였다.

52) 그 중에 무엇보다도 유스티니아누스 황제가 편찬한 법전은 대표적이라 할 것이다. 이것은 트리보니안 등 20여명의 법학자가 참여해 하드리아누스(117-138) 황제 이래의 로마법, 법령, 법학학설, 관습 등을 집대성한 것이다. 게르만의 이동으로 로마 문화가 파괴되면서 서방세계에서는 고대 로마의 고전과 그리스의 고전이 파괴되었다. 그 결과 서구에서는 그리스 철학이나 문학적 고전을 접하기가 쉽지 않았으나 동로마의 그리스인들은 이를 잘 보전하였다. 예술로는 성 소피아 성당을 비롯하여 성 에이레네교회, 사도교회, 성 폴리우크토스교회, 이탈리아 라벤나에 있는 성 비탈레교회, 베네치아의 성 마르크교회, 바실 1세의 신 교회 등이 있다. 또 교회를 장식한 모자이크와 조각 작품을 남겼다.

53) 금욕주의자요 개혁가로 이단자을 가차 없이 처단하였다. 교황 재위 기간 동안 로마 가톨릭 교회사에서 가장 냉혹했던 시기였다.

54) 당시 가톨릭 교회는 루터와 칼빈의 종교개혁으로 어려움에 처해 있었다. 그리고 영국과 프랑스, 네덜란드는 내전 중이었으므로 전혀 도움을 요청할 수 없었다.

55) 1570년 베네치아를 동부 지중해로부터 몰아내기 위해 술탄 셀림 2세의 군대가 키프로스에 침입하자 1571년 5월 25일, 베네치아는 교황 피우스 5세 및 스페인의 필립 2세와 동맹을 맺었다. 필립은 그의 이복동생 돈 후안을 보내 동맹군을 지휘하게 하였다. 동년 8월 24일 동맹군이 시칠리아의 메시나에 집결했을 때, 투르크군은 이미 니코시아를 함락시키고, 파마구스타를 포위한 뒤 아드리아 해로 진입하고 있었다. 그들의 함대는 그리스의 레판토(그리스어로 나브팍토스) 부근 파트레 만에 정박 중이었다. 200척이 넘는 동맹군 함대는 9월 15일 코르푸 섬을 향해 출항해 10월 7일 4개 전대로 나뉘어 알리 파샤, 무하마드 사울라크(알렉산드리아 총독), 울

러나 전쟁 중에 가슴과 왼손에 부상을 입어 평생 왼 손을 못쓰게 되었다. 스페인 귀국 중에 선박이 난파하여 형과 함께 노예로 끌려갔으나 형의 도움으로 5년 만에 석방되었다. 그런데 레판토 해전의 승리 후 동맹군은 내분되었고 1572년 교황은 타계하였다.

그 후 동방교회 내의 보수적 분파들이 적그리스도로 간주하는 피터 대제(Peter the Great, 1689-1725)의 치하에서 총대주교좌를 폐지하고 거룩한 공회로 대체되었다. 피터는 1721년의 종교 규제를 통해 총주교좌를 제거하고 교회 생활을 억제하였다. 사제들은 강제로 교구민을 감시하는 역할을 맡았으며, 정부의 승인 없이 담임교회를 떠날 수도 없었다. 현존하는 수도원들은 세밀하게 감독을 받았으며, 국가의 승인 없이는 수도원도 개설할 수 없었다. 피터 이후 여황제 엘리자베스(1741-1762)와 대 캐터린(1762-1796) 치하에서 수도원 절반이 폐쇄되었다. 하지만 이 시기에 동방교회는 그리스 아토스의 성 니코데모(1748-1809)와 러시아 사로프의 성 세라핌(1759-1833) 등과 같은 영적 거장들을 배출하였다. 이 시기는 보통 거룩한 공회 지배하의 신앙의 타협과, 세속화, 그리고 국가에 대한 아첨으로 특징되었다. 메흐메트 2세와 그의 후계자들은 1917년 러시아의 볼세비키 혁명으로 오스만 제국의 멸망까지 자신들을 동로마 제국의 적법한 후계자로 간주하였다.

7. 동로마 제국의 유지 이유

395년 동서로마 제국의 분열 이후, 1453년 패망까지 동로마는 1,000년의 역사를 유지하였다. 사실 세계 역사에서 1,000년 이상 존속한 국가는 이스라엘과 이집트를 제외하고는 거의 없다. 그런데 동로마 제국은 오랫동안 유지되었다. 그 이유는 (1) 유럽과 아시아의 접경 지역으로 많은 민족이 오가는 문명의 십자로에 위치했기 때문이다. 따라서 동로마는 다른 여러 민족이나 국가와 경쟁하면서도 1,000년을 지탱

루지 알리(알지에 태수)가 지휘하는 오스만 함대에 맞섰다. 약 4시간의 전투 끝에 승리한 동맹군은 117척의 갤리선과 수천 명의 포로를 붙잡았다. 실질적인 가치는 없었지만 이 전투는 유럽인의 사기에 큰 영향을 미쳤다. 이에 관한 자료는 시오노 나나미의 전쟁 3부작 「콘스탄티노플 함락 1」, 「로도스 섬 공방전 2」, 「레판토 해전 3」, (한길사, 2000); 서요한, "제6장 동방교회의 역사와 신학", 「중세교회사」, (도서출판 그리심, 2010), 171-172 참조.

할 수 있었다. (2) 민주적인 시민들의 환호 속에 황제가 즉위하였다. 이러한 방식은 그리스와 같이 고대 민주 정치의 전통을 가졌던 로마의 황제 선출에 기인하였다. 따라서 로마의 전통을 계승한 동로마는 시민들의 환호 속에 황제를 추대하였다. 데모스(demos, deme)[56]의 우두머리는 황제 직속 고급 관료였고, 데모스 또한 국가로부터 급여를 받는 하급 관리였다. 그들은 로마 황제의 계승이라는 표면상의 이념을 유지하기 위해 고용된 시민이었다. (3) 로마법의 권위를 인정하되 독특한 법률 해석으로, 즉 로마법을 왜곡하면서까지 여성의 법적 권리를 옹호, 확대했기 때문이다. 이것은 동로마가 매우 보수적이었음을 보여준다. 이들은 고대 로마 황제의 이념을 유지하고 로마법을 국가의 기본 법전으로 삼았다.[57] (4) 표면적인 이념에 집착하였다. 이들은 격동의 역사를 가졌으나 자신들이 로마의 전통을 사수하였다고 주장하였다. 따라서 이들은 보수성과 유연성으로 로마의 표면적 이념을 사수하며 안팎의 도전에 유연히 대처하였다. 사실 이들은 인종적으로 그리스인으로 그리스어를 사용했지만, 로마인, 로마제국이라고 칭하였다. 동로마 사람들은 이념과 현실 사이에서 고뇌했으나, 로마라는 이념은 이 나라를 유지한 정신적인 버팀목이었다. 그러나 이념을 내세우면서도 실제로는 현실에 유연히 대응하였다. (5) 콘스탄티누스 황제 때 형성된 국가 이념, 즉 황제 중심 통치는 1,000년 역사의 축이었다.[58] 이는 교회가 국가를 통제했던 서로마와 달리 국가가 교회를 통제하였다. 기본적으로 동로마는 지배자의 제국 로마의 이념에 민중의 마음을 파고든 기독교가 융합하여 국가 이데올로기를 형성하였다. 그 결과 서로마의 갈등이 동로마에서는 발생하지 않았다. 하지만 거시적 관점에서 국가와 종교의 통합은 인간의 자유를 통제할 수 있다. 따라서 카를 마르크스는 기독교와 국가가 결합된 비잔틴 제국을 최악의 국가로 비판하였다.[59] (6) 신분 차별이 없는 열린사회의 추구였다. 대표적인 예는 유스티니아누스 황제이다. 그는 482년 발칸 반도 서북부의 일리리아(Illyria)에서 농부의 아들로 출생하였다. 민족으로는 로마에 동화된 트라키아 사람이었다. 이들 민족은 동로마제국

---

56) 고대 그리스의 행정구역으로 폴리스, 도시국가와 구분되는 지방구역 또는 마을을 일컫는다. 데모스의 뜻은 라틴어 플레브스(plebs)와 같이 평민을 의미한다.

57) 이노우에 고이치, 「살아남은 비잔틴제국」, 이경덕 역, (다른 세상, 2010), 19-21.

58) 이노우에 고이치, 56.

59) 이노우에 고이치, 56-57.

내에서 드물게 라틴어를 사용하였다. 20대 초에 그는 백부 유스티누스(Justinus)를 따라 수도 콘스탄티노플로 갔다. 유스티누스는 본래 돼지 치는 평민이었으나 수도로 올라가 군대에서 출세하였다. 하지만 그에게 자식이 없었으므로 조카인 유스티니아누스를 돌보며 교육하고, 그를 양자 삼았다. 518년 황제에 오른 유스티누스(518-527)는 일개 농민에서 최고의 권력자가 되었다. 이처럼 동로마는 혈통과 집안의 배경과 상관없이 실력과 운으로 황제가 될 수 있는 열린 사회였다.[60] 유스티누스를 계승하여 동로마 황제가 된 유스티니아누스(527-565)는 이전 황제와 달리 법률과 신학에 정통한 지도자였다.

8. 기독교적 공헌

약 1,000년[61]의 동로마 제국 역사는 많은 것들을, 특별히 서구 교회에 신학적으로 많은 공헌을 남겼다. 이를 간략히 3가지로 정리하였다.

(1) 이혼금지 : 레위 3세의 통치기인 717-718년 이슬람의 수도 포위를 격퇴한 후 동로마 제국은 1세기 만에 위기를 탈출하였다. 이를 계기로 이전의 로마적 요소를 버리고 진정한 의미에서 동로마로 변신하였다. 사실 콘스탄티누스 황제의 기독교 공인 이후 신앙이 급속히 확산되었으나, 율리아누스(361-363) 황제는 기독교를 배신하였다. 당시 기독교는 초기 상태로 아직 보편화되지 않았다. 이런 로마 사회에서는 이혼과 재혼이 자유로웠다. 그러나 기독교는 신이 맺어준 것을 사람이 풀 수 없다고 하였다. 고대 로마의 협의 이혼, 즉 당사자들 간의 합의에 의한 이혼 제도는 기독교의 전파와 더불어 제한되었다. 그런데 레오 3세는 에클로게에서 성경을 근거로 원칙적으로 이혼을 금지하였다.[62] 혹 이혼이 가능할 경우는 아내의 간통, 남자의 불능, 배우자 살해 시도 그리고 한센 병뿐이었다.

---

60) 이노우에 고이치, 78-79.

61) 최근 출간된 「술탄과 황제」에서 김형오는 동로마제국의 역사를 330년 수도 천도 이후 1453년 패망까지 1123년으로 간주하였다. (21세기 북스, 2012), 21-26 참조.

62) 이 때 동로마는 옛 로마의 보편화된 협의 이혼과 재혼을 금지하였다. 그 이유는 신이 맺어 준 것을 사람이 풀 수 없기 때문이었다. 레오 3세는 반포한 에클로게(Ekloge)에서 성경을 근거로 이혼을 금지하였다. 이노우에 고이치, 「살아남은 비잔틴제국」, 이경덕 역, (다른세상, 2010), 128-129.

(2) 성상금지: 콘스탄티누스 5세(Constantinus V, 741-775)는 부친 레오 3세의 아들로 코프로니무스라는 별명(코프로스, Kopros는 그리스 말로 똥)을 가졌다. 테오파네스 연대기 718년과 719년 기록의 탄생 설화에 따르면 총주교 게르마노스가 세례를 행할 때, 갓 태어난 이 아이는 끔찍한 악취를 예고하였다. 콘스탄티누스는 태어난 후 성스러운 세례 그릇에 똥을 누었다. 이 모습을 본 게르마노스는 "장차 이 아이 때문에 기독교와 교회에 큰 재난이 내일 것이라"[63] 하였다. 콘스탄티누스는 성장하여 대외적으로 슬라브족과 불가리아 원정으로 이후 동로마 제국의 문명을 수용한 동유럽 세계에 많은 공헌을 하였다. 하지만 그는 로마의 이념에 집착하지 않았다. 무엇보다 그는 선친 레오 3세의 전통을 따라 그리스도나 마리아 상을 향해 기도하는 것을 우상 숭배로 간주하고 금지하였다. 뿐만 아니라 아이콘 자체를 종교생활에서 배제하였다. 황제는 끊임없이 성상 숭배를 주장한 수도사들을 공격하였다. 수염에 기름과 밀랍을 바르고 거기에 불을 붙여 얼굴과 머리가 불탄 수도사, 심지어 눈을 파낸 수도사와 채찍질만 받는 수도사도 있었다. 특별히 60년 동안 산에서 수도를 한 스테파노(Stephanos)는 수도원에서 도시 큰 길로 끌려나와 사람들 앞에서 처형되었다. 그는 손과 발이 하나씩 잘리고 마지막으로 남은 몸통은 길 모퉁이 구덩이에 던져졌다. 그는 황제의 사후 성상 숭배의 부활로 제국의 정통 신앙으로 인정받았다.

성상 숭배는 분명히 십계명의 제1계명을 어기는 것으로 레오 3세와 콘스탄티누스 5세, 그들을 지지한 일부 성직자들도 그렇게 간주하였다. 그들에게 그리스도의 표현은 성찬시의 빵과 포도주뿐이었다. 레오 3세는 이슬람과의 전투 공적에도 불구하고 우상 숭배를 금지한 이슬람과 같은 태도를 취함으로 사라센을 좋아한다고 비난받았다.[64] 중세의 이단들은 대체로 성경에 충실한 사람들이었다.[65] 성상숭배의 문제는 그리스도의 인성과 신성의 문제였다. 교회는 451년 칼케돈 공의회에서 "예수 그리스도는 완전한 신성과 완전한 인성이 섞이지 않고, 변하지 않고, 나눠지지 않고, 떨어지지 않고 존재한다"[66]고 하였다. 이성주의에서 보면 이 결정은 모순이

63) 이노우에 고이치, 「살아남은 비잔틴제국」, 이경덕 역, (다른 세상, 2010), 133.

64) 이노우에 고이치, 136.

65) 이노우에 고이치, 137. Cf. 서요한, "제12장 중세교회의 이단의 유형과 특징", 「중세교회사」, 도서출판 그리심, 2010), 355-389.

지만 그리스도교는 신비한 기적을 통해 문제를 해결하였다.

성상 금지파의 주장에 따르면 그리스도의 신성은 표현 불가능하므로 인성을 묘사하는 일에 있어서 그분의 양성이 나눠지지 않는 정통 교리에 비추어 볼 때 어긋나는 것이다. 즉 그리스도의 완전한 신성과 완전한 인성의 통합이라는 교리에 기초하여 신은 표현 불가능하다는 서방의 입장을 강조한 것이다. 한편 찬성파는 그리스도의 수육(受肉)에 근거하여 인간의 모습을 한 그리스도의 묘사를 긍정하였다. 물론 이들도 성상 그 자체는 신이 아니지만 성상을 통해 신을 숭배하는 것이라고 주장하였다.[67] 정리하면 기독교 역사에서 성상 숭배는 기독교가 로마 제국에서 그리스 문화와 만나 헬라화 되는 과정에서 일어난 동양적 요소의 반동이었다. 이의 극복을 통해 기독교와 그리스 문화가 최종적으로 융합되어 정통신학을 완성하였다. 성상 숭배 문제는 이 후 제국의 정치 제도에 영향을 미쳤다. 황제가 종교 문제에 개입하여 지도적 역할을 하였다.

(3) 사치와 향락 금지 : 동로마는 또 하나 제국에서 계승한 빵과 서커스 제도를 폐기하였다. 그리스 제국 이래, 콘스탄티노플은 현대의 프랑스 파리처럼 당시 패션과 유행을 주도하며[68] 전차 경주로 시민을 열광시켰다. 그러나 콘스탄티노플의 전차 경주는 7세기경에 완전히 바뀌었다. 개최 일수를 격감하고 경기도 대폭 축소하였다. 이제 경마는 일 년에 며칠 정도, 대표적으로 5월 11일 수도 기념일, 황제 즉위 기념일, 카니발과 국가의 중요 날에만 열렸다. 경마는 시민 대중의 오락에서 국가 의식으로 바뀌었다.[69] 서커스가 변한 것은 빵의 소멸 때문이었다. 헤라클리우스(610-641)는 곡창지대인 이집트를 잃은 후 수도 시민에게 빵 배급을 중단시켰다. 그 후 이슬람 군대가 수도로 밀려오자 제국 정부는 식량을 확보치 못한 시민에게 시외로 나가라고 하였다. 시민들이 국가에 기생하는 것은 용납되지 않았다. 로마의 콜로세움을 가득 메우고 패배한 검투사에게 죽음을 이라고 외치던 군중, 콘스탄티노플의 경마장을 메우고 각각 청색과 녹색의 천을 휘두르며 소리를 지르던 사람들의 모

66) 이노우에 고이치, 140.

67) 주디스 헤린, 「비잔틴」, 이순호 역, (글항아리, 2010), 216-220.

68) 앙리 피렌, 「마호메트와 샤를마뉴」, 강일휴 역, (삼천리, 2010), 100.

69) 이노우에 고이치, 「살아남은 비잔틴제국」, 이경덕 역, (다른 세상, 2010), 85-98, 129-130.

습은 사라졌다. 로마 문명의 영광과 퇴폐의 상징이던 빵과 서커스는 이렇게 종식되었다. 그 후 동로마 황제들은 작은 국가가 된 후에도 여전히 로마 황제 칭호를 사용하였다. 이들은 종종 고대 로마 황제의 전통을 이었다는 혹은 후계자라는 것을 대내외에 알리기 위해 시민들에게 약간의 금품을 주었다. 그러나 이것은 제국이 물려준 빵과 서커스의 화석이었다. 결국 동로마 제국은 로마의 이름과 이념을 계승했으나 고대 제국과 다른 국가로 발전하였다.[70]

9. 동로마 제국의 패망과 교훈

9.1. 쇠퇴와 패망 원인

제2의 로마로 불린 동로마 제국의 수도 콘스탄티노플의 멸망 원인은 여러 요인이 있지만 다음과 같이 정리할 수 있다. **(1) 국력을 기울인 정복 사업의 실패였다.** 정복 사업은 오히려 부정적 유산으로 후대에 큰 짐이 되었다. 특별히 유스티니아누스 황제는 현실을 무시하고 로마의 이념을 끊임없이 추구하였다. 물론 이러한 사고가 다양한 부분에서 동로마 제국의 안정과 부흥에 도움이 되었다. 비록 일시적이기는 했지만 1,000년을 지탱하였다. 그럼에도 불구하고 결과적으로는 국정 파탄의 원인이었다.[71] 이러한 관행은 헤라클리우스 황제 때 재연되었다. 그가 처음 즉위 할 때 제국은 혼란하였다. 이때 카르타고 출신 헤라클리우스(Heraclius, 610-641)가 반란군을 이끌고 콘스탄티노플에 나타났다. 혼란에 빠진 국민들은 기대 속에 성 소피아 대성당에서 그를 황제로 옹립하였다. 하지만 즉위 초기, 613-614년까지 2년 동안 동로마는 페르시아의 침략으로 매우 어려웠다. 당시 페르시아는 곡창 지대인 이집트와 비단길의 서쪽 끝 동서 무역의 거점인 시리아, 더욱이 팔레스타인을 침략하였다. 따라서 동로마는 콘스탄티누스 1세가 세운 성묘 성당과 예루살렘이 파괴되고, 그곳에 보관 중이던 성 십자가, 황제의 모친 헬레나가 성지 여행 중에 발견했다는 매우 중요한 기독교 유물을 빼앗겼다.

---

70) 주디스 헤린, 「비잔틴」, 이순호 역, (글항아리, 2010), 80-89, 194-204; 이노우에 고이치, 「살아남은 비잔틴제국」, 이경덕 역, (다른 세상, 2010), 130.

71) 이노우에 고이치, 「살아남은 비잔틴제국」, 이경덕 역, (다른 세상, 2010), 101.

이러한 상황에서 헤라클리우스 황제는 황제 직을 포기하고 고향 카르타고로 도망하려 했다. 그러나 배(船)가 난파 중에 도시에 머물라는 신의 목소리를 들었다. 그리하여 그는 로마 황제로서 난국을 돌파할 것을 결심하고, 시리아와 팔레스타인, 이집트를 페르시아로부터 되찾고자 하였다. 황제는 이를 위해 전쟁 비용 조달에 나섰다. 그는 도시의 시민을 향해 빵 배급을 폐지한다는 성명을 발표하였다. 그리고 많은 금은 보화가 있는 교회에 눈을 돌렸다. 시민들은 빵 배급에 침묵했으나 신성한 교회 재산에 대해서는 저항하였다.[72] 헤라클리우스는 교회의 저항을 봉쇄하기 위해 이 전쟁은 페르시아에게 빼앗긴 성 십자가의 탈환을 위한 성전임을 역설하였다. 그러나 시리아와 이집트에서 페르시아 군대와 맞설 방법이 없자 직접 페르시아 본토 공격을 결심하였다. 622년 봄 황제는 부활절 행사를 마친 후 수도를 출발하여 페르시아 원정에 나섰다.[73] 623년 한 차례의 퇴각을 제외하고, 628년 승리의 귀환 시까지 황제는 수도를 떠나 군대의 선봉에서 지휘하였다.[74] 그는 왼손에는 십자가를 오른손에는 황금 창을 든 채, 네 마리의 백마가 끄는 전차를 타고 행렬을 이끄는 그리스도의 아이콘을 올려다보였다. 이로써 6년간의 전쟁을 종식시켰다.

바로 이 때, 아라비아 반도의 한 모퉁이에서 마호메트(570-632)가 메카에서 메디나로 수도를 옮겼다. 마호메트의 아랍 추종자들은 급속히 세계사의 지도를 바꾸었다. 그는 지중해에서 서아시아에 이르는 세계 판도를 완전히 바꾸었다. 그들의 첫 번째 표적은 비잔틴과 페르시아의 정복이었다. 634년 마호메트의 사망 2년 후, 동로마 제국에 대한 아랍 군대의 침략이 시작되었다. 겨우 페르시아를 격파한 동로마는 새롭게 부상한 강적을 맞을 여력이 없었다. 636년 헤라클리우스는 시리아의 야르무크 강변 전투에서 대패하였다. 전쟁에서 황제는 "시리아여, 안녕"이라는 말을 남기고 수도로 철수하였다. 이 전쟁 실패로 그동안 시리아에서 이집트에 이르는 지방, 페르시아에서 겨우 탈환한 지역을 모두 이슬람에게 빼앗겼다. 그 후 제국을 다

72) 이노우에 고이치, 104-105.

73) 앙리 피렌, 「마호메트와 샤를마뉴」, 강일휴 역, (삼천리, 2010), 82.

74) 데이비드 리버링 루이스, 「신의 용광로」, 이종인 역, (책과함께, 2010), 110. 627년 페르시아 영토 깊숙이 침투한 헤라클리우스는 12월 니느웨에서 페르시아 군대를 격멸하였다. 그리고 이듬해 봄에 수도 크테시폰으로 향하였다. 페르시아 궁정에서는 쿠데타가 발생했고 새로운 국왕 카와드 2세(Kawad II)는 헤라클리우스와 강화조약을 맺었다.

시 세우려는 마음에도 불구하고 병(공수병)이 깊어져 641년 2월 사망하였다.

(2) 후계자의 불안정이었다. 헤라클리우스의 첫 번째 아내 유도키아(Eudocia, ?-640)는 장남 헤라클리우스 콘스탄티누스 III세(641)를 낳은 뒤 사망하였다. 그 후 근친상간으로 자신의 조카 마르티나와 재혼하였다. 두 사람은 9자녀를 낳았으나 대부분 어려서 사망하였다. 그 중에 페르시아 원정 때 태어난 헤라크로나스(Heraklonas, 641)가 성장하여, 장남 헤라클리우스 콘스탄티누스와 공동 황제가 되었다. 그런데 헤라클리우스 사망 후 유언장이 공개되었다. 내용은 콘스탄티누스(당시 28세)와 헤라클로나스(15세)는 모두 동등한 자격으로 황제가 될 수 있으며, 두 사람은 마르티나를 어머니이자 여제로 존경해야 한다"고 기록되었다. 정상적이라면 장남이 황제였으나, 마르티나에 대한 애정으로 두 사람에게 동등권을 부여하였다. 마르티나는 유언을 방패삼아 여제로 제국을 통치하려 하였다. 그런데 경마장 귀빈석에 선 그녀에게 시민들은 여성 황제를 인정할 수 없다고 저항하였다. 제국 역사상 모든 황제들이 남자였고, 이들은 전쟁 시에 나라를 위해 스스로 선두에서 싸워야했다. 전쟁에서 승리한 황제는 성대한 개선식을 거행하였다. 그 때문에 많은 개선문이 건설되었다. 전쟁이 황제의 최대 임무라는 점에서 여성은 황제가 될 수 없었다.[75]

마르티나의 퇴각 후 유언대로 두 명의 이복형제가 공동 황제가 되었으나 비극적인 결과를 낳았다. 궁정에는 각각 형과 아우를 지지하는 파가 형성되어 제국은 음모로 소용돌이쳤다. 마르티나는 어리다는 이유로 아들 편을 들었다. 이러한 상황에서 3개월 만에 콘스탄티누스 3세가 사망하였다. 따라서 그의 지지파들은 그와 동명인 아들 헤라클리우스 콘스탄티누스를 공동 황제로 삼아야 한다며 쿠데타를 일으켰다. 반 마르티나파는 그의 결혼이 불법이었으므로 아들 헤라클로나스는 정식 아들이 아니라는 것이다. 그리하여 100년 전 니카의 반란(Nika revolt)[76]과 유사한 폭동이 발생하여 모자(母子)가 체포되었다. 결국 어머니는 혀가 잘리고 아들은 코가 잘린 채 추방되었다. 그리고 헤라클리우스의 손자 헤라클리우스 콘스탄티우스 II세(콘스탄스 II세, Constans II, 641-668)가 황제가 되었다. 그는 곧바로 헤라클리우스 대

75) 이노우에 고이치, 111-113.

76) 각주 20 참조.

신 작은 콘스탄티우스의 의미로 콘스탄스라고 불렀다.[77]

(3) 국민과 지도자들의 부패와 나약함, 무능력 때문이었다. 동로마는 서로마와 달리 황제 중심의 정치체제였다. 그리하여 8세기부터 11세기까지 제국의 발전을 도모하였다. 하지만 황제들은 빈번한 반란에 맞서기 위해 용병 확보가 긴급하였다. 따라서 군비 충당과 병사들의 충성심을 얻기 위해 경량의 금화를 주조하였다. 그것은 콘스탄티누스가 주조한 700년 넘게 사용된 솔리두스 금화[78]의 가치를 심하게 떨어뜨렸다. 그리하여 군대가 약화되고 왕조가 불안정해지는 치명적인 결과를 낳았다.[79] 콘스탄티누스 8세(1025-1028)와 미카일 4세(1034-1041) 치세 때 소량의 은을 섞어 금 함유량을 95퍼센트까지 낮춘 비잔틴의 옛 금화 노미스마화의 가치를 지속적으로 떨어뜨렸다. 설상가상 콘스탄티누스 9세(1042-1055)는 주변에 노련한 장군들이 있음에도 자신의 친구들을 군사원정 지휘관에 임명하였다. 1042년 불가리아 원정 때도 디라키움 총독 미카일을 원정 지휘관으로 임명하여 7명의 스트라테고스(strategos)[80]와 4만 명의 병사를 죽게하였다. 그는 또 군사 전문가의 조언을 듣지 않고 수차례 파멸적 상황에 직면하였다. 더욱이 콘스탄티누스는 제국 동부의 이베리아 특별 군을 해체하고 군역의 일부를 현금납부로 전환하였다. 그리고 치세 내내 웅대한 건축물 건립에 소비하였다. 대표적으로 그는 콘스탄티노플의 만가나에 수도원과 궁전을 짓고 키오스 섬에 새 수도원을 건립하였다.

황제는 교회와 자선기관의 기부에 열심이었고, 콘스탄티노플 성 소피아 성당, 키예프의 성당, 베들레헴 교회에 모자이크를 장식하였다. 뿐만 아니라 희귀 동물을 모아 동물원을 만들었으며 대중오락용으로 히포드롬(hippodrome, 경마와 전차경주가 벌어졌던 고대 그리스의 원형경기장)에서 기린과 코끼리 행진을 벌였다. 이 모든 일

77) 이노우에 고이치, 「살아남은 비잔틴제국」, 이경덕 역, (다른 세상, 2010), 115-116.

78) 당시에 통용된 화폐가 은화와 동전도 있었으나 공식 화폐는 금화였다. 이는 곧 로마의 화폐 제도가 곧 게르만족의 화폐제도였음을 보여준다. 한편 카롤링거 시대의 은화 단본위제는 중세의 화폐제도였다. 다만 앵글로 색슨족은 예외로 주로 은화를 주조하였다. 그러나 브리타니아의 남쪽 항구들, 즉 갈리아와 상업 관계를 유지한 항구에서는 금화가 일부 주조되었다. 주화 주조에 관한 보다 상세한 자료는 아래 책을 참고하라. 앙리 피렌, 「마호메트와 샤를마뉴」, 강일휴 역, (삼천리, 2010), 123-134.

79) 주디스 헤린, 「비잔틴」, 이순호 역, (글항아리, 2010), 440.

80) 고대 그리스에서 일반 장군들보다 광범위한 기능을 가지고 국가의 관리 구실을 수행한 장군.

을 극복하고 페체네그 족을 물리치기 위해 황제는 통화량을 늘려 부족한 병력을 확충하였다. 그리하여 그는 경량의 금화 테타르테론(tetarteron)[81]을 주조하였다. 테타르테론이 용병의 급여로 지급되면서 노미스마, 소위 중세의 달러(화폐)로 동등하게 취급되었다. 따라서 4세기 콘스탄티누스 1세 때 수립되어 수백 년 간 유지된 비잔틴의 금본위제의 전통은 서서히 무너졌다.[82] 금화를 네 종이나 발행하여 통화 가치가 81퍼센트까지 추락하였다. 테타르테론의 금 함유량의 73%까지 떨어졌다. 이렇게 은을 섞어 금화 가치를 떨어뜨리는 일이 계속되어, 1080년대는 노미스마의 금 함유량이 10%가 되었다. 그리하여 사람들은 모두 옛 금화를 원함으로 바실리우스 2세(976-1025) 때 발행된 금화는 천덕꾸러기가 되었다. 따라서 병사들과 상인들은 테타르테론과 노미스마를 급여로 받지 않고 차라리 아랍의 금화 디나르나 심지어 유럽에서 주조된 은화를 선호하였다. 비잔틴의 권위는 이렇게 급속히 추락하였다.

황제 중심 체제는 모든 것을 황제가 움직이는 것은 아니었다. 그것을 지탱하는 국가와 사회의 장치가 있었고, 그 장치를 지탱하는 인적, 물적 기반과 장치가 원활하게 돌아갈 수 있는 요소가 필요하였다. 그 체제를 지탱하는 장치는 관료제[83]였다. 문제는 당시 동로마에 엄청나게 많은 관료가 있었다는 것이다. 하지만 절차나 결산이 까다롭고 비능률적이며 뇌물이나 뒷돈도 횡행하였다. 그러므로 동방의 관료들은 나라의 부를 먹어 치우는 괴물 같은 존재로, 암세포로 간주되었다.[84] 당시 재정은 주로 농부들의 세금으로 많은 고통을 당하였다. 그리하여 고통 중에 토지를 버리기도 하였다.

---

81) 1040년대 후반부터 1054년 사이에 기준 24캐럿의 금화 노미스마와 22.5개럿의 경금화 테타르테론의 순도는 90%선에서 70%선까지 폭락하였다.

82) 주디스 헤린, 「비잔틴」, 이순호 역, (글항아리, 2010), 440-444.

83) 당시 관료 교육은 주로 교회나 수도원에서 7세부터 시작하였다. 내용은 읽기, 쓰기, 계산하기로 교사의 지도아래 암기하였다. 이 과정은 가정에서 어머니가 대행하였다. 많은 아이들이 초등 교육에서 손을 뗐지만, 일부는 중등 과정을 하였다. 당시 교육의 중심은 동방 교양인들의 상식인 호메로스로 읽고 설명을 들으며 마지막으로 교훈을 배웠다. 철저한 주입식 교육이었다. 그리스어 문법과 산술, 기하, 천문학, 음악도 주요 과목이었다. 고등 교육은 15세부터 시작되는데, 주로 수사가나 소피스트로 불리는 지식인들의 개인학교에서 실행하였다. 수사가는 그대로 수사학, 웅변술을 가르쳤으며, 철학과 법학, 산술과 기하학을 배웠다. 민간의 교사가 운영한 개인학교를 국립으로 이관하거나 새로 궁전에 대학을 만들어 국가가 고등 교육을 직접 관여하였다.

84) 이노우에 고이치, 「살아남은 비잔틴제국」, 이경덕 역, (다른 세상, 2010), 141.

(4) 또한 빈번한 음모와 쿠데타였다. 대표적으로 963년 니케포루스 2세는 콘스탄티노플에서 라이벌을 격파한 후 황제가 되었다. 그는 한 때 수도 사람들로부터 따돌림을 당했으나 계속해서 전쟁을 전개하였다. 그는 이슬람과의 전쟁은 성전으로 죽은 자들을 성인의 반열에 올리라고 요구하였다.[85] 969년 그는 전쟁을 통해 헤라클리우스 황제 때 빼앗겼던 시리아 안디옥을 재탈환하였다. 그의 활략은 사라센 사람들을 질리게 하였다.[86] 황제는 경건한 인물로 아토스 산에 수도원을 설립하였다.[87] 그는 황제에서 물러나 수도원에 들어가는 것을 동경하고, 전쟁터는 물론 궁정에서 수도사처럼 생활하였다. 늘 죽음과 마주하는 군인답게 전쟁과 신앙의 일치를 추구하였다. 하지만 그는 소박한 만큼 타인에게도 엄격하여 측근으로부터 따돌림을 받았다. 무엇보다도 그는 아내 테오파노(Theophano)에게 버림을 받았다. 그런데 니케포루스는 이전 라이벌 황제 로마누스 2세를 제거하고 그의 아내와 결혼하였다. 그러나 아내로부터 미움을 받고, 장군 요한네스 치미스케스와 손을 잡은 그녀에게 암살되었다. 969년 12월 불가리아 사절이 왔을 때, 니케포루스는 환영 파티에 불참하고 침실로 갔다. 당시 연회에 참석했던 테오파노는 차후에 입장을 알리고 요한네스에게 황제를 죽이라고 하였다. 마침내 요한네스 부하들이 그를 제거하였다. 이처럼 황실에는 음모와 모반이 계속되었다.[88]

뿐만 아니라 당시 동로마 제국은 국가의 안위가 군사 방위력에 달려있음을 망각한 채 상대방의 경제 원조에 매달렸다. 그러나 이것은 적국의 군비 확장을 도와주었다. 그리고 1071년 경 내부적으로 귀족 간의 정쟁이 심화되었다.[89] 궁정 파벌들은 귀족간의 직위, 급여, 존칭을 놓고 경쟁을 벌였다. 이러한 상황에서 동로마는 투르크의 술탄 메흐메트 2세에게 정복 되었다. 콘스탄티노플의 마지막 황제 콘스탄티누스 11세 팔라이올로구스는 성실하고 깨끗한 인품으로 평화 시 황제로는 흠이 없었으나 위기 시에는 과단력의 결여로 침략자의 제물이 되었다. 재상 루카스 노타리스는 업무를 뒷전으로 돈벌이에 치중하여 자유무역항 Constantinople에서 제일가는

---

85) 이노우에 고이치, 162.

86) 이노우에 고이치, 162.

87) 주디스 헤린, 「비잔틴」, 이순호 역, (글항아리, 2010), 391-405.

88) 이노우에 고이치, 「살아남은 비잔틴제국」, 이경덕 역, (다른 세상, 2010), 164.

89) 주디스 헤린, 「비잔틴」, 이순호 역, (글항아리, 2010), 445-448.

부자였다. 그는 투르크의 술탄 메흐메트 2세와도 연결하여 그 쪽의 긴급한 부탁도 들어주며 차후 대비하였다. 잘 키운 반역자 한사람이 백만 대군보다 낫다는 말이 여기에 해당된다. 나중에 Constantinople성이 함락되자 제일 먼저 금은보화를 들고 술탄 앞에 나가 후대를 받았다. 그러나 두 달 후 남색의 메흐메트 2세가 노타리스의 12살 아들을 잠자리 상대로 궁전에 들어 보내라 명령하자 거절했을때 술탄의 병사들이 두 아들과 노타리스의 목을 베었다.[90]

안드로니쿠스 2세(1282-1328)만 해도 1321년부터 1328년까지 손자 안드로니쿠스 3세(1328 -1341)와 다툰 뒤 폐위되었다. 요한네스 6세(1347-1354) 칸타쿠제누스도 요한네스 5세 팔라이올로구스(1341-1347)의 황권을 주장하며 6년간 대립하였다. 요한네스 8세(1425-1448)와 콘스탄티누스 11세(1448-1453)가 수도 방어를 위해 모레아의 전제군주인 두 동생 테오도루스와 데메트리우스에게 도움을 요청했을 때 그들은 싸움질로 형의 요구를 외면하였다.[91] 이런 혼란기에(1451년) 메흐메드 2세는 아버지 무라드 2세를 이어 술탄에 올랐다. 당시 19세의 그는 결의에 찬 모습으로 콘스탄티노플 정복에 나섰다. 그는 아나돌루 히사르에이어 콘스탄티노플의 유럽 쪽

---

90) 백성의 원성을 산 자를 살려두면 민심 안정에 방해가 된다는 것을 보여준다. 또한 반역자는 일신의 영화를 위해 조국을 배반하지만 결국에는 도움을 준 상대도 믿지 않아 적국과 내통 했다는 죄목으로 죽임을 당하였다. 노타리스도 평소 이점을 염려하지 않은 것은 아니지만 벌려놓은 여러 사업체가 있어 딸 하나만 재산과 함께 유럽으로 도피시켰으나 그 딸마저 동로마의 멸망이 재상의 반역에 의한 것이라고 생각한 사람에게 살해되었다. 반역자가 거액의 재산을 가졌거나 따르는 무리가 많으면 통 크게 도와준 공로는 물거품이 되어 반역자 패거리와 함께 처형하는 것은 정복자의 후발 정치공식이었다. 노타리스의 재상 시절 우르반이라는 헝가리 무기 제조 기술자가 찾아와 자기가 개발한 대포는 Constantinople성의 삼중 성벽을 파괴 할 수 있다며 발명품을 제의하였다. 그러나 재상과 관료들은 우르반의 설명을 듣지 않고 비웃으며 문전 박대하였다. 이유는 신무기 개발로 상대국의 신경을 건드리면 전쟁이 발발할 것이라는 생각에서였다. 궁전에서 쫓겨나 여관에서 무의 도식하는 발명자의 이야기가 투르크의 술탄 메흐메트 2세 귀에 들어갔다. 그는 즉시 사람을 보내 수도 아드리아노플리 술탄의 궁전으로 불러 들였다. 설계도를 안고 들어온 우르반의 말에 귀를 기울인 술탄은 무기 기술자가 요구하는 금액의 3배를 제의하였다. 길이 8m 포탄, 무게 600kg에 소 30마리가 끌고 갈 수 있는 대포 생산이 시작되었다. 그날 이후 우르반은 술탄을 시간제한, 예고 없이 방문할 수 있는 유일한 사람이 되었다. 우르반이 만든 8대의 대포가 Constantinople성 함락의 일등공신이 되었다. 대포를 제조하면서 이 젊은 술탄은 콘스탄티노플과 상호 불가침 조약을 체결하였다. Constantinople에서 북쪽 300km 지점의 유목민족 투르크 족의 수도 아드리아노플리는 전쟁 준비에 한창이었다.

91) 주디스 헤린, 「비잔틴」, 이순호 역, (글항아리, 2010), 588-595.

해안에 루멜리 히사르라는 요새를 축조하여 보스포루스 해협을 오가는 선박을 통제하고 성으로 들어오는 서방의 대규모 군사 지원을 차단하였다. 이로써 콘스탄티노플의 운명은 결정되었다. 당시 헝가리가 신형 대포를 개발한 상황에서 기술자에게 지급할 재정만 있었어도 위기를 벗어날 수 있었다. 그러나 동로마 제국은 그만한 여력이 없었다. 마침내 헝가리인은 그 기술을 오스만 제국에 매도함으로 그가 만든 초대형 대포가 투르크 족에게 승리를 안겨 주었다.[92]

그리하여 직선으로 축조된 5세기 삼중 성벽은 15세기 화약으로 파멸되었다. 콘스탄티누스 11세는 서방에 지원을 요청했으나 어느 나라도 응답하지 않았다. 그 후 콘스탄티누스는 헝가리 장군 후냐디에게 지원을 요청하였다. 그리하여 1453년 4월 2일 사절단이 수도에 도착하여 메흐메드 2세와 협상을 벌였다. 하지만 승리를 예감한 메흐메드 2세는 예니첼리 군단 15,000명을 포함, 총16만 군대를 이끌고 거포 8대를 수백 마리의 소에 끌려 동로마 수도 Constantinople로 진격하여[93] 비잔틴 병력 용병 포함 8천명을 격파하였다. 20일 동안 난타당한 성은 벽에 구멍이 뚫리자 그 틈으로 투르크 군이 물밀 듯 쇄도하였다. 그리하여 1453년 5월 29일 콘스탄티노플 성에 오스만 제국기가 게양되었다. 투르크 군은 3일간 도시를 약탈하고 고관들을 사로잡았다. 그 후 메흐메드는 도성에 입성하여 도시의 헐벗은 모습과 아름다운 건축물들을 본 후 눈물을 흘렸다. 투르크인들은 사람들은 물론 개들에게까지 성직자 복을 입히고 거대한 모닥불 속에 성상들을 던져놓고 그 위에서 고기를 구워 먹고 물도 타지 않은 포도주를 성배에 마셨다.[94] 술탄은 수도에 남은 시민들을 오스만 제국의 신민으로 만들고, 5천 가구를 추가로 이주한 후 비잔틴의 이슬람화를 시작하였다.

(5) 동서교회의 대립과 갈등: 메흐메트는 "콘스탄티노플은 난공불락이 아니오, 이전의 포위전이 실패한 것은 모두 외적인 문제 때문이었소. 그런데 때가 왔소. 그곳은 지금 종교 분쟁으로 분열되었소. 이탈리아인들은 동맹군으로서 신의가 없고,

---

92) 주디스 헤린, 591-592.

93) 스티븐 런치만, 「1453, 콘스탄티노플 최후의 날」, 이순호 역, (갈라파고스, 2004), 125-141.

94) 주디스 헤린, 「비잔틴」, 593-595; 이희철, 「이스탄불: 세계사의 축소판, 인류 문명의 박물관」, (리수, 2008), 35.

대부분 변절자들이오. 게다가 투르크군은 이제 제해권까지 장악했소. 짐은 콘스탄티노플이 포함된 제국을 지배하지 못할 바에 차라리 제국의 지배를 포기하고 말 것이오". 이에 모든 대신들이 그를 따라 전쟁을 지지하였다. 술탄은 지지를 얻자마자 곧 유럽 지역 군사령관 다이 카라자 베이에게 군대를 모아 트라케 연안에 있는 동로마 도시와 부락을 공격하였다. 그리고 그는 "이전의 공격은 오직 육로를 통한 공격이었다. 비잔틴은 늘 해상으로 보급품을 지원받았고, 최근까지 투르크군은 유럽과 아시아 사이에 군대를 진주시키기 위해 기독교인의 선박을 임대하지 않으면 안 되었다. 메드메트는 그 상황을 바꾸기로 결심하였다.[95]

이러한 상황에서 황제가 유럽에 지원병을 요청했으나, 기독교와 이슬람과의 대결임에도 불구하고 군주들은 콘스탄티노플의 성소피아 대성당 수도사들이 보낸 "이단의 도움을 받기보다는 이슬람의 통치를 받겠다"면서 교리분쟁을 관망하였다. 이를 간파한 전술가 술탄 메흐메트 2세는 콘스탄티노플 공격 함대에 불가리아 출신 배교자 술레이만 발토글루(Sulayman Baltoghlu)를 지휘관에 임명하였다.[96] 최전방에는 대부분 기독교를 버린 배교자들을 앞세웠다.[97] 전략이란 인간의 심리를 꿰뚫어 볼 수 있어야 하는 최고의 심리 기술로 젊은 술탄은 사람의 심리에 정통했다. 어떤 편견에도 사로잡히지 않고 조용하며 열정적인 성품이나 결단성에 있어 한번 결심하면 반드시 이루어내는 자질의 소유자였다. 부친 술탄 무라드와 노예 출신 어머니 사이의 셋째 아들로 태어나 두 형들이 사고로 죽자 중신들의 농간으로 술탄의 눈 밖에나 수도에서 멀리 떨어진 마니사에서 칩거 중에 사흘 만에 부왕의 죽음을 접하였다. 그 후 왕궁에서 사신들이 올 것을 기다리지 않고 즉시 말을 타고 "나를 따를자 오라"는 말을 던지고 수도로 질주하여 1451년 2월 18일 나이 19살로 술탄이 되었다.[98] 즉위하는 날 경쟁상대인 이복 동생이 욕조에서 죽어 투르크 제국의 살해 관습이 되었다. 농간하던 중신들은 2년 후 Constantinople성의 함락 한 달 후 적과의 내통 죄로 처형하였다. 한편 같은 시간 성 소피아 성당의 예배 중에 술탄의 군대가 현장을 덮쳤다.[99] 메흐메드 2세의 완벽한 준비에 동로마 제국 정부는 손을

95) 스티븐 런치만, 「1453, 콘스탄티노플 최후의 날」, 이순호 역, (갈라파고스, 2004), 127.
96) 스티븐 런치만, 128-129.
97) 스티븐 런치만, 194-195.
98) 스티븐 런치만, 80.

놓았다. 그러나 일부 백성들은 투르크의 끈질긴 타협과 박해에도 굴하지 않고 끝까지 믿음을 지켰다. 이들은 술탄의 지배아래 살기를 원치 않고, 대부분 투옥되거나 사형, 일부는 이탈리아와 해외로 피신하였다.[100)]

(7) 교회 통합의 실패와 연합국의 불참: 콘스탄티노플에서의 동서 교회의 통합이 이루어졌으나 결국은 말만 무성할 뿐 시행되지 않았다.[101)] 그러던 중 1438년부터 1439년 동서 교회의 재결합을 공식화한 페라라-피렌체 공의회가 몇 사람의 반대로 무산되었다. 한편 러시아는 동로마가 정교회의 죄 값, 교회의 통합에 찬성한 종교적 변절로 콘스탄티노플이 함락되었다고 믿었다. 과거 러시아인들은 피렌체 공의회 결의를 맹렬히 거부하였다. 뿐만 아니라 그리스 정교회가 자신들 머리 위에 슬그머니 앉혀 놓은 통합파 주교 이시도루스도 추방하였다. 이제 그들은 흠 없는 정교회 전력으로 세계에서 살아남을 수 있는 지배자가 되었다. 게다가 그 지배력은 착실히 성장해 가는 중이었다. 정교회 제국의 확실한 계승자는 자신들로 간주한 것이다. 비록 정복자 술탄이 콘스탄티노플의 지도자로 군림하며 제국 황제의 특권을 주장하자 당시 기독교 제국은 모스크바로 이전하였다. 1458년 모스크바의 수도 대주교는, "콘스탄티노플은 동방정교회의 진정한 신조를 버렸기 때문에 함락되었다. 하지만 러시아는 여전히 참된 신조, 콘스탄티노플이 블라디미르 대공(Vladimir, 980-1015)에게 부여해준 최초의 일곱 개 공의회 신조가 살아있다. 지상에는 오직 하나의 진정한 교회, 러시아 교회만이 있을 뿐이라" 고 하였다.[102)] 기독교를 보존하는 일은 이제 러시아의 사명이 되었다. 1512년 수도사 필로테오스도 자신의 주군을 대공 혹은 차르 바실리 3세(Vasily III, 1505-1533)로 지칭하며, "기독교 제국은 함락되었고 그것을 대신할 수 있는 것은 이제 우리 지배자의 제국 밖에 없다. 두 개의 로마는 함락되었지만 제3의 로마가 버티고 있으니 제4의 로마는 필요치 않다. 폐하는 모든 기독교 신자들의 지배자이신 이 세상 유일의 기독교 군주십니다" 고[103)] 하였다.

---

99) 스티븐 런치만, 125-246.
100) 스티븐 런치만, 275.
101) 스티븐 런치만, 22-47, 206, 257.
102) 스티븐 런치만, 271-272.
103) 스티븐 런치만, 272.

바실리 3세의 부친(이반 3세, 콘스탄티누스 11세의 조카 조에 팔라이올로고스와 결혼)은 팔라이올로고스 가문과 혼인함으로, 그 주장에 약간의 정당성을 부여해 주었다. 하지만 제3의 로마, 곧 모스크바를 믿는 신비주의자들에게 그 혼인은 아무런 의미가 없었다. 굳이 왕가의 혈통이 필요했다면 그들은 차라리 5세기 전에 있었던 최초의 기독교 군주 블라디미르 대공과 안나 포르피로게니토스 왕녀와의 혼인을 들고 나왔을 것이다. 하지만 그들이 볼 때 모스크바의 유산은 세속 외교와 무관하였다. 따라서 정교회 신자들 중에 콘스탄티노플 함락으로 이익을 본 사람은 오직 러시아인들이었다. 예속 상태에서 신음하는 옛 비잔틴 정교회 신자들 역시, 거리가 너무 멀리 떨어져 있었어도, 위대한 정교회 지배자가 여전히 존재해 있다는 사실에 안도하였다. 당시 정복자 술탄은 러시아의 존재를 의식하지 않았다. 이후 수세기 동안 메흐메드의 후계자들은 무능했으나 전 유럽은 술탄에게 적이었다. 술탄은 이들을 상대로 단결하지 못하게 해야 했다. 하지만 그에게 이것은 어려운 일이 아니었다. 왜냐하면 콘스탄티노플 함락 시에 유럽은 서로의 이해관계로 분열했기 때문이다. 하지만 서방은 베네치아와 합스부르크 왕가의 합동 군사작전으로 1571년 레판토 해전을 승리하였다.

10. 결론: 정리 및 교훈

동로마는 자칭 세계의 중심으로 콘스탄티노플이 고대 로마를 대체하였다. 하지만 동로마 제국의 가장 큰 특징은 서로마의 패망 후 중세 서방 기독교의 보루였다는 점이다.[104] 그럼에도 불구하고 동방 기독교는 역사가들에게 정당한 평가를 받지 못했다. 비록 동로마가 서로마의 영토 범위에 미치지 못 했어도 7세기부터 15세기까지 새로운 정치와 종교, 다양한 예술과 문화를 발전시켰다. 이 시기 700년 동안 동로마 정교회는 불가리아, 러시아, 세르비아로 전파되었다. 특별히 11세기 동로마 제국은 이슬람으로부터 성지 탈환을 위해 십자군 운동을 전개하였다. 그 노력으로 예루살렘에 라틴왕국이 건설되었다. 하지만 1204년 제4차 십자군이 엉뚱하게 콘스탄티노플을 약탈하였다.[105] 그리하여 동로마는 심각한 위기에 직면하였고 그 후 옛

---

104) 주디스 헤린, 「비잔틴」, 이순호 역, (글항아리, 2010), 20.

위용을 회복하지 못하였다. 겨우 수도를 수복했으나 1261년 이후 침체를 거듭하던 중에 1453년 오스만 제국에 패망하였다.

10.1. 정리

(1) 역사적 중요성: 동로마는 중세 내내 지중해 동부, 발칸 반도, 서유럽의 모든 나라에 1,000년 동안 영향을 끼친 문명국이었다. 정도의 차이일 뿐 7-15세기까지 지속되었다. 뿐만 아니라 동로마 제국은 이교와 기독교적 요소, 그리스와 로마적 요소, 고대와 중세적 요소를 고루 갖춘 문명이었다. 실제로 동로마의 문화와 예술적 특징은 중세는 물론 지금까지 찬란한 유산으로 자리하였다.[106] 특별히 외교 인력과 민간 관료들을 갖춘 궁정, 황제의 대관식, 여성의 정치력 행사 등 정부의 기본 형태와 관련된 모든 요소도 동로마에서 시작되었다. 거대한 제국의 중앙에 자리한 콘스탄티노플의 위용과 대대로 계승된 황제 정부제도, 그것에 영감을 불어 넣은 다양한 원천과 더불어 지배자와 피지배자 모두에게 강력한 확신을 심어주었다. 대표적으로 유스티니아누스 1세(527-565) 때 형성된 제국의 기본 구조는 향후 200년 동안 유지되었다. 이는 기독교 이전의 고대 그리스와 로마 그리고 기독교 사상에서 출발한 이념성과 실용성을 갖춘 심원한 문화를 창출하였다. 이러한 제도는 웅변으로 찬양되고 항구적 불멸성으로 승화되기에 충분할 만큼 하나의 예술로 발전하였다. 그것에는 황제, 조신 또한 다소 비천한 백성들의 자신감이 속속들이 배어 있었다. 이것을 바탕으로 7-11세기 위기에 무엇보다도 1204년의 제4차 십자군의 도전을 극복하는 힘이 되었다.[107] 따라서 동로마 제국은 약 1,000년 동안 장기적으로 지속되었다.

(2) 문화적 중요성: 동로마는 서방과 이슬람계의 다른 중세 사회와 달리, 샤를마뉴 대제와 하룬 알 라시드가 활동한 800년 무렵 이미 수 백 년의 역사를 보유한 나라였다. 따라서 동로마 문화는 제약이면서 동시에 힘의 원천이었다. 실제로 동로마는 고대의 건축물과 조상들의 위용이 빛나는 옛터에 제국의 수도를 건설한 고색창

105) 서요한, "제10장 이슬람의 태동과 십자군 운동", 「중세교회사」, (도서출판 그리심, 2010), 293-328.

106) 주디스 헤린, 「비잔틴」, 이순호 역, (글항아리, 2010), 13.

107) 주디스 헤린, 14.

연한 국가였다. 이것은 때로 국가를 위기에서 구출하는 동인이 되었고 제국을 발전, 보존, 유지시키는 힘이었다.[108] 뿐만 아니라 중세의 아말피와 베네치아처럼 국제무역을 생계 수단으로 삼은 이탈리아의 해안 도시들은 보호 속에 발전하였다. 그 결과 그 도시들은 이후 세계 경제의 중심지로 또한 우수한 해군 및 상업 능력을 갖추었다. 이 도시들의 성당에는 콘스탄티노플에서 제작된 청동 문이 달려 있고 안에는 비잔틴 양식의 대리석과 모자이크, 성상으로 장식되었다. 그리고 동로마 전통의 유지는 법률 체계와 군사 전통의 계승에서 발견되는바 후대까지 잘 계승되었다.[109] 이론상 동로마는 법치 국가였다. 따라서 제국은 법관을 훈련시키고 녹봉을 지급해 송사를 하였다. 제국 시민들은 억울한 일이 있으면 법에 호소하여 법관의 판결을 받았다. 군대의 전투 병력도 로마의 군사 교범에 따라 훈련되었다. 그 중에 물에서 타도록 제조된 유황 성분의 화약, 그리스의 불은 이곳의 발명품이었다.[110] 동로마는 과도한 부, 찬란한 금은보화, 음모, 암살, 신체 절단이 공존한 표리부동한 사회였다. 그러나 중세에는 지식인, 역량 있는 군 지휘관, 혁신적인 지도자들을 많이 배출하였다.

특별히 동로마의 그리스어 사용은 실제상 로마제국, 시민들은 로마인으로 간주되었다. 고대 그리스 이주의 산물인 시칠리아와 남부 이탈리아의 그리스어권 지역들도 같은 논리였다. 같은 언어 사용으로 고대 그리스 문화와 쉽게 연결되어 중세 학자들이 고대의 철학자, 수학자, 천문학자, 지리학자, 역사학자, 의사들의 저작을 보존하고 주석을 달며 편집하는 일이 장려되었다. 14세기 문예 부흥기에는 그리스인들이 이탈리아에서 대학교수로 활략하며 제자들과 함께 플라톤의 저작들을 번역하였다. 아리스토텔레스의 저작은 무슬림을 통해 일찍이 전해졌으나 플라톤 철학은 그때까지 알려지지 않았다. 동서교회의 재통합으로 이어진 1439년 피렌체 공의회 때는 그리스 학자가 플라톤 철학을 강의하였다. 당시 강의자 게오르기우스 게미스투스 플레톤에 감동받은 코스모 데 메디치는 이후 플라톤의 아카데미를 창설하였다.[111] 1453년 콘스탄티노플의 함락 후 많은 난민들은 원고를 가지고 서방으로 탈출하였다. 그 후 서방에서 문예부흥과 종교개혁이 일어났다.

---

108) 주디스 헤린, 16.

109) 주디스 헤린, 18.

110) 앙리 피렌, 「마호메트와 샤를마뉴」, 강일휴 역, (삼천리, 2010), 190.

111) 주디스 헤린, 「비잔틴」, 이순호 역, (글항아리, 2010), 25.

(3) 종교적 중요성: 동로마제국은 초기 기독교의 전통, 신학의 체계화와 확산의 보루였다. 그 중심에 7대 신조 작성과 화상 숭배 금지, 그 밖의 종교생활에 끼친 영향 등이 동방교회의 큰 업적이라 할 것이다.[112] 대표적으로 로마와 동로마의 차이에서 전자는 혈통 중시를 후자는 인재 등용에 개방적이었다. 따라서 후자는 능력만 있으면 누구라도 심지어 사회 초년병들도 승진할 수 있었다. 물론 졸부는 조롱의 대상으로 아직 노예가 존재했지만 로마에 비해 귀족과 평민간의 계급의식은 희석되었다.[113] 그리고 수도원의 전통 수립과 중세의 여러 국가들, 예를 들면 불가리아, 세르비아, 러시아의 개종에 중심 역할을 하였다. 특별히 동로마 제국은 7세기 이슬람의 점령아래 있던 기독교 지역들, 예를 들면 예루살렘, 알렉산드리아, 안디옥의 총대주교구를 포함하여 에티오피아, 수단, 페르시아, 아르메니아, 그루지야의 교회들과 지속적으로 접촉하였다. 그리고 로마의 기술과 공학 기법을 이용하여 수도교(水道橋), 요새, 도로, 교량을 지었다.

하지만 중세는 8-9세기에 접어들어 동방과 남방 이슬람, 서방의 라틴지역으로 대립하였다. 무엇보다 동방교회의 성상 숭배는 주로 여성들의 종교적 경향에서 발생하였다. 그 이유는 당시 여성들이 성직에서 배제되었기 때문이다. 그런데 787년과 843년 두 번에 걸쳐 성상 숭배가 부활되었다. 비잔틴의 두 여제 이레네(Irene, 797-802)[114]와 테오도라(842-856)는 남편과 친척들이 도입하고 옹호한 성상파괴주의를 철폐할 때 남자 못지않은 냉혹함과 간계로 그 일을 수행하였다. 그리하여 성상 문제에 주도권을 갖고 다른 중세사회에서 찾아 볼 수 없는 미증유의 정치적 명성을 얻었다.[115] 당대의 역사가들은 성상에 애착을 보인 그들의 기질을 여성 특유의 나약함으로 설명했으나 그들의 행위는 그 이상의 의미가 있는바, 이후 동로마에서 여성 통치의 전통이 되었다.

---

112) Daniel B. Chendenin, *Eestern Orthodox Christianity: A Western Perspective*, (Michigan: Baker Books, 1994), 11-159; Robert Browning, *The Byzantine Empire*, (London: Book Club Associetes, 1980), 7-209.

113) 주디스 헤린, 48.

114) 레오 4세의 아내로 780년 9월 남편 사후 10세의 콘스탄티누스 6세를 섭정하였다. 비잔틴 군주요 그리스 정교회 성인으로 동로마 제국에 성상(聖像) 사용의 부활에 기여했다.

115) 한국서양사학회 역음,「유럽중심주의 세계사를 넘어 세계사들로」, (푸른역사, 2010), 143-147.

10.2. 교훈

고찰한 바와 같이 세계 역사에 1,000년 이상 존속한 국가는 별로 없다. 비잔틴 제국은 유럽과 아시아의 접경 지역으로 많은 민족이 오가는 '문명의 십자로'에 위치하였다. 이렇게 다른 민족과 여러 국가와 경쟁하면서도 동로마 제국은 1,000년 이상 유지되었다. 실로 역사 속의 기적을 창출하였다. 필자가 동로마, 비잔틴 제국의 역사, 1,000년을 중요하게 생각하는 것은 존속과 유지의 비밀과 현대적 의미 때문이다. 소위 살아남은 로마, 비잔틴 제국의 교훈은 무엇인지 3 가지로 정리하였다.

(1) 범기독교, 즉 로마와 결합한 동방 기독교 공동체라는 것이다. 이는 로마라는 이념과 기독교가 융합하여 신앙적으로 정신적으로 1,000년 역사를 지탱해왔다. 결국 로마라는 전통과 의식은 비잔틴 제국을 지탱하는 이념이었다. 그러나 기본적으로 지배자의 이데올로기였던 '로마'의 의식만으로는 제국 존망의 위기를 극복할 수 없었을 것이다. 민족의 멸망 위기 속에서 일어난 유대교, 그것을 계승한 기독교가 로마 의식과 결부되면서 수도를 상실한 동로마 제국의 존속을 가능케 하는 힘이 되었다. 유럽사의 관점에서 볼 때 동로마 제국은 아랍과 투르크로부터 유럽을 지키는 방파제였다. 그리고 고대 그리스-로마 문화를 보존하고 중세 유럽의 르네상스에 공헌하였다. 뿐만 아니라 그리스 정교와 문자를 동구의 슬라브계 여러 민족에게 전파하여 그들의 문명 건설에 기여하였다. 동로마 제국은 그리스-로마 문화를 잘 보존하였다. 이는 곧 실용주의적 정책 적용으로 발전한 바 로마와 달리 열린사회 구조를 형성하였다. 실제로 동로마에서는 일개 농민에서 제국의 최고 지위까지 올라간 예가 종종 등장하였다. 동로마 제국은 혈통이나 집안 배경과 상관없이 실력과 행운으로 황제가 될 수 있는 사회였다. 이것은 동로마 제국이 가진 활력의 원천이었다. 무엇보다도 여성의 지위와 향상에 관심을 보였다. 실제로 여러 사례를 통해 동로마 제국의 여성의 지위는 매우 높았음을 볼 수 있다.[116]

(2) 새로운 로마라는 정체성의 확립이다. 콘스탄티노플 사람들은 영원한 도시 로

---

116) Steven Runciman, *Byzantine Civilization*, (London: University Paperbacks, 1961), 11-300; N. H. Bayners & H. St. L. B. Moss, *Byzantium: An Introduction to East Roman Civilization*, (Oxford: At the Clarendom Press, 1961), 1-391.

마의 함락을 보면서 자신들의 도시야말로 새로운 로마이며 그 도시의 전통을 계승했다는 인식을 커다란 긍지로 간주하였다. 이로써 동로마는 로마라는 이름과 이념을 계승하면서도 그 제국의 유산을 버리고 새로운 전통을 확립하여 국가로 거듭났다. 이를 위해 대학을 설립하여 교육의 질적 향상에 힘썼다. 이들은 새로운 체제를 받아들인 경우에도 표면상 제국의 전통과 이념을 존중했다. 동로마 제국이 1,000년 동안 변하지 않고 계속 유지된 것은 바로 이 때문이다. 하지만 이들은 어느 시기에 과감히 혁신을 단행하였다. 동로마 제국은 심각한 위기에서 살아남기 위해 끊임없이 변신하며 변화하였다. 로마의 정통을 유지하면서도, 위기에 직면하여 그들은 유연하게 대처하였다. 다른 말로 보수성과 유연성의 조화로, 동로마 제국 1,000년의 역사는 표면상 로마를 지키면서 안팎의 위기에 유연하게 대응하였다.

(3) 종교적으로 황제지상주의의 주창이다. 동로마는 교회의 우두머리인 교황이 세속의 우두머리 역할까지 한 교황지상주의의 로마 가톨릭과는 달리, 세속의 우두머리인 황제가 교회의 우두머리 역할까지 겸하는 황제교황주의(caesaropapism, caesaropapismus)가 발달하였다. 그러나 동방 정교회는 황제의 지배하에 있고 또한 각 나라별로 교회의 자립화가 이루어져 콘스탄티노플 총대주교의 영향력은 그렇게 대단하지 않았다. 또한 황제는 예수 그리스도의 대행자이자 교회의 수호자로 믿어져 왔다. 동로마 제국의 활발한 선교로 대부분의 동유럽권, 예를 들면 세르비아, 불가리아, 러시아 등 슬라브 민족과 일부 중동권에 기독교 문화가 형성되었다. 따라서 동로마 제국은 자연스럽게 정교회의 본산지 역할을 하였다. 결국 동로마 사회에서는 교회가 중추적인 역할을 하였다. 태어나서 죽을 때까지 세례, 결혼, 장례 등 개개 생활의 중요한 순간에 교회가 역할을 담당했다. 또한 신학, 예술, 경제, 정치, 외교 등 국가와 사회의 모든 부문에 지대한 영향을 미쳤다.

제 16 장

오스만 터키의 형성과 역사적 전개

1. 서론

오스만 제국은 1299년 오스만 1세가 셀주크 제국을 무너뜨리고 소아시아에 세운 이슬람 제국이다. 당시 왕국을 건설한 오스만 1세는 군사와 행정, 정치 분야에 제국의 기반을 확고히 마련하였다. 그는 소위 밀레(Millet)로 알려진 종교적, 민족적 소수 집단의 자치구를 설정하여 효율적으로 국정을 운영하였다. 그가 만든 제도들은 이 후 400년 동안 제국에서 유지되었다.[1] 한편 동로마 제국은 330년부터 1453년까지 1123년 동안 존속했으나[2] 오스만에 패망하였다. 이 기간 동안 오스만은 이스탄불을 수도로 번창했으나 제1차 세계 대전 후, 1922년 국민혁명으로 패망하였다.[3] 하지만 터키는 오늘 날 이슬람 국가 중에 가장 개방된 나라로 아시아와 유럽

---

1) 김정미, 「그들은 어떻게 세상을 얻었는가?」, (아람다운 사람들, 2012), 76.

2) 김형오, 「술탄과 황제」, (21세기북스, 2012), 21-26.

3) 로저 크롤리, 「바다의 제국들」, 이순호 역, (채과함께 2010), 10-517; 이희철, 「이스탄불: 세계사의 축소판, 인류 문명의 박물관」, (리수, 2008), 6, 17. 전통적으로 이스탄불은 카누니 술탄 술레이만(1520-1566) 시대에 이스탄불에 부임한 부스벡 프랑스 대사의 말처럼 "세계의 수도가 되기 위해 만들어진" 도시였다. 이는 이스탄불이 세계의 수도가 될 만한 지정학적 조건을 잘 갖추었기 때문이다. 사실 비잔틴 제국을 거처 오스만 제국에 이르기까지 1,600여 년 동안 세계의 중심 도시로, 고고학과 신학 그밖에 인류의 다양한 문화의 흔적을 가지고 있다.

에 걸쳐있다. 그 도시 중앙에 기독교의 상징인 성 소피아 성당과 이슬람교의 블루 모스크가 있다. 이곳은 오래 전부터 세계 문명의 교차로이자 용광로로 다양한 종족과 문화가 혼합되었다. 이들은 보스포루스 해협을 사이로 아시아에서 유럽으로, 유럽에서 다시 아시아로 넘나들며 생활한다. 유럽 축구를 즐기며 동시에 이슬람교를 신봉한다. 수도 앙카라는 한편 전 세계에서 온 광관 객들로, 다른 한편 경건하게 기도하는 무슬림으로 분주하다. 그럼에도 불구하고 터키는 아직도 전쟁과 테러가 끝없이 발생하는 지역이다.

터키와 우리나라는 언어적으로 우랄알타이어족에 속하며, 1950년 6.25 전쟁을 기점으로 긴밀한 관계에 있다. 2002년 제18회 한일 월드컵에서 양국은 준결승 3, 4위전에서 맞붙었다. 당시 국가 대표 선수들이 터키 클럽에서 활략하였고, 그곳의 감독 귀네슈 트라브존스포르이 잠시 한국의 프로팀을 지도하였다. 중동의 아랍 국가들 중에 터키는 우리나라와 특별한 관계를 맺은바, 양국 수도 중심에는 상대국 이름을 딴(서울에는 앙카라 공원, 앙카라에는 서울공원)을 만들어 형제의 나라로 호칭하고 있다. 그런데 터키는 지난 약 600년 동안 공포의 나라로 세계 역사의 중심이었다. 이 시기는 16세기 종교개혁자들이 활동했던 시기와 밀접히 연관되었다. 따라서 본 장에서 필자는 오스만 터키의 태동과 발전, 종교개혁의 다른 편에서 전개된 역사적 의미와 중요성, 즉 이슬람의 발전을 고찰할 것이다.

2. 오스만 터키의 형성과정

(1) 태동에서 로마제국까지: 역사가들에 의하면 오늘 날 터키는 지금부터 약 8500년 전, 신석기 시대에 시작되었다. B.C. 4,000년경에는 에게 해 연안의 트로이, 앙카라 동편에서 인류 최초의 철기를 사용한 히타이트 문명이 발달하였다. B.C. 1288년 카데시 벌판[4]에 수만 명의 병사들이 무장한 채 창을 겨누었다. 병사들 간에 팽팽한 긴장감이 감돌았는데, 한 편은 철로 무장한 무와탈리스 왕의 히타이트 군대,

4) 이집트의 위대한 파라오 람세스 1세(Ramses II)는 B.C. 1300년 경 카데시 전투로 정권에 큰 위협을 받았다. 당시 히타이트의 무와탈리는 주변 도시들과 동맹을 맺고 군대를 카데시 요새 뒤에 잠복한 후 람세스 군을 공격하였다. 시리아의 오론테스 양편 강기슭과 카데시 요새에서 벌어진 이 전투는 일찍이 고도화된 군 전략을 사용한 전쟁이었다.

다른 한 편은 람세스 2세의 이집트 군대였다. 히타이트 병사들은 신호에 따라 전차를 앞세우고, 반달형 칼과 철퇴를 든 채 이집트 군을 공격하였다. 특히 두 개의 바퀴 달린 전차에는 두 명의 용사가, 한 명은 말고삐를 다른 병사는 활을 들고 긴 창으로 상대를 공격하였다.[5] 람세스 2세(이집트 제19왕조의 3번째 왕, B.C. 1279-1213 재위)의 이집트 군대는 속수무책이었다. 10년 계속된 전쟁에 지친 양국 수반은 카데시 평화 조약[6]을 맺었다. 그런데 히타이트는 B.C. 1200년 경 발칸 반도의 이민족, 도리아인의 공격에 갑자기 패망하였다.

그 후 히타이트 왕국의 패망지에 여러 작은 나라와 부족들이 세워졌다. 그 중에 그리스와 프리기아 왕국이 포함되었다. 전자는 B.C. 8-7세기 경 에게 해 연안(서쪽 그리스 반도와 동쪽 소아시아 사이에 있는 지중해 의 한 갈래) 터키에 그리스인들이 건너와 폴리스를 건설하였다. 대표적인 도시 에베소에는 25만의 귀족과 평민, 노예가 거주하였다. 이들은 온천과 소극장에서 시 낭송회와 음악회를 즐겼으며, 24,000명을 수용할 야외 원형극장에서 공연을 참관하였다. 도시의 아고라, 공공의 광장과 공회당에서는 열띤 토론과 논쟁이 벌어졌다. 거리 한편에는 물로 용변을 처리하는 수세식 공중 화장실과 수천 권의 책을 소장한 도서관, 왕들의 신전이 있었다. 당시 에베소에는 로마와 알렉산드리아에만 있는 가로등이 있었다. 이 시기에 아테네와 스파르타에 거주하던 사람들이 들어와 트로이, 동로마, 스미르나, 페르가몬, 히에라폴리스 같은 공동체를 형성하였다. 이들은 그리스 본토와 교류하며 신화와 건축, 철학과 역사를 발전시키며, 역사의 아버지 헤로도토스, 수학자 피타고라스, 철학자 디오게네스, 의사 히포크라테스를 배출하였다. 한편 프리기아는 B.C. 550년

5) 당시 유적지에서 다양한 유물들, 예를 들면, 성문을 지키는 사자상, 이륜 전차를 타고 반달형 칼과 철퇴를 메고 행진하는 군신상, 도끼를 들고 있는 전사상이 발굴되었다. 특별히 인류 최초의 평화 협정이 맺어진 카데시 전투 내용이 담긴 점토판이 1906년 독일과 터키의 고고학자들에 의해 앙카라에서 150 km 떨어진 보아즈칼레(당시 히타이트의 수도 사투샤로 좁은 산골짜기에 있는 마을의 뜻)에서 발견되었다. 현재 터키의 수도 앙카라 아나톨리아 문명 박물관에 보관 중이다. 카데시 전투는 히타이트가 하투샤를 수도로 정하고 아나톨리아 일대를 지배하면서 남쪽으로 세력을 확장하는 과정에서 이집트와 벌인 전투였다. 한국역사교사모임, 「처음 읽는 터키사」, (휴머니스트, 2010), 29-33.

6) 당시 이집트의 람세스 2세와 히타이트의 무와탈리는 B.C. 1269년 평화조약을 체결하였다. 이는 세계 최초의 평화조약으로 두 나라는 이제 상대방을 공격하지 않고 제3자의 공격에 공동 대응하기로 하였다.

페르시아에 멸망하였다. 학자들은 그곳에 산재한 약 80개의 무덤 중에 지름 300m, 높이 50m의 무덤을 미다스(고대 그리스 신화에 나오는 어리석고 욕심 많은 프리기아의 왕)의 것으로 간주하고 발굴하였다.[7] 그런데 발굴 즉시 외부의 공기 접촉으로 2300년 된 침대가 순식간에 무너졌다. 왕은 옷을 입은 모습이었으나 공기 접촉으로 옷은 먼지가 되고 앙상한 뼈들만 남았다.

(2) 제국하의 기독교의 출현: B.C. 332년 그리스, 헬라 제국은 알렉산더의 죽음으로 세 아들들에게 시리아와 이집트, 마케도니아로 분할되었다. 그 중에 프톨레미의 이집트는 B.C. 30년 마지막 여왕 클레오파트라의 죽음과 함께 옥타비아누스의 로마에 귀속되었다. 로마 제국은 급속히 인근 국가들을 정복하고 해상권을 장악하며 대제국이 되었다. 그 과정에서 그리스 문화를 보존하여 여러 도시에 원형경기장, 극장, 신전, 도서관, 화장실, 시장을 만들었다. 하지만 기독교인들은 제국의 전통적 다신교를 배척하고 자신들이 믿는 유일신 하나님 외에 어떤 신도 인정하지 않았다. 또한 우상을 섬기지 않는 교리를 들어 황제 숭배도 거부하였다. 따라서 초기 기독교인들은 비너스와 주피터 같은 이교적 신들의 동상이나 신정을 쇠망치로 부수고 거부함으로 다른 종교 집단으로부터 미움을 받았다.[8] 그리하여 제국의 박해로 말할 수 없이 고난을 당했으며 정치적 대립과 갈등이 고조되었다. 64년 네로에 의해 시작된 박해는 313년 콘스탄티누스 황제의 기독교 공인까지 약 250년간 지속되었다.

312년 구름 낀 어느 날, 콘스탄티누스는 진군을 멈추고 휴식을 위해 막사에서 쉬는 중 우연히 서쪽 하늘을 보았다. 하늘에 이상한 표시와 함께 글자가 불꽃 중에 새겨졌다. 신하들은 그것이 십자가이며, 이 표시로 승리할 것이라고 하였다. 그날 밤 황제는 예수 그리스도께서 나타나, 모든 방패와 군대 깃발에 십자가를 그려 싸우라는 환상을 보았다. 다음날 아침 황제는 전 군사에게 명령하여 전투에서 승리하였다. 그리고 그는 기독교의 하나님이 내게 승리를 주셨다. 나는 이제부터 하나님을

---

7) 1950년 고고학자들이 프리기아의 왕 미다스의 무덤을 찾기 위해 80여 개의 무덤을 발굴하였다. 미다스 왕은 그리스 신화에 등장하는 왕으로 술의 신 디오니소스의 스승을 극진히 대접한 대가로 만지는 물건마다 황금으로 변하게 하는 손을 가졌으며 또 태양 신 아폴론의 비파 소리를 낮게 평가하여 보복으로 당나귀처럼 큰 귀를 갖게 되었다. 당시 그의 나이는 60에 키는 160 cm였다.

8) 윤선자, 「이야기 프랑스사」, (청아출판사, 2007), 43; 서요한, "제6장 로마의 박해와 기독교의 대응", 「초대교회사」, (도서출판 그리심, 2010), 155-192.

숭배할 것이라고 천명한 후, 313년 밀라노 칙령을 발표하였다. 그리고 일요일을 공휴일로, 박해 중에 몰수된 교회 재산을 환속하고 성직자를 우대하였다.[9] 325년 니케아에서 약 300여명의 성직자가 모인 가운데 공의회를 개최하여 삼위일체 교리를 확립하였다. 그리고 6년 동안의 도시 재건을 추진하여 330년 로마를 대신할 신 로마(노바 로마)를 건설하였다. 337년 콘스탄티누스 황제의 사후 그를 기리기 위해 사람들이 이 도시를 콘스탄티노플로 정하였다. 그 후 제국의 약화로, 395년 동로마와 서로마는 각각 콘스탄티노플과 로마를 수도로 분열하였다. 더욱 힘이 약해진 서로마는 476년 게르만 민족의 침입으로 멸망하였다.

(3) 동로마 제국의 발전: 서로마의 패망 후 동로마는 아나톨리아 반도와 콘스탄티노플을 중심으로 1453년 오스만 터키에 패망하기까지 약 1,000년간 번영하였다.[10] 이 기간 동안 유스티니아누스(527-565년)와 바실레이오스 2세(976-1025), 오스만 제국의 메흐메드 2세(1444-14446, 1451-1481)와 술레이만 1세(1520-1566) 때 가장 번창하였다. 메흐메드 2세는 콘스탄티노플을 정복한 후 이스탄불로 개명하고 대대적으로 도시를 정비하였다. 술레이만 1세는 동서 정벌을 통해 오스만 제국의 영토를 최대로 확장하고 경제적 부를 바탕으로 황금기를 이루었다.

먼저 동로마 유스티니아누스는 치세 시에 대대적으로 군사 확장 정책을 펼쳤다. 그는 게르만 민족에게 빼앗긴 옛 로마 영토를 탈환하여 국력을 확장하였다. 그런데 당시 동로마에는 매관매직이 성행하였다. 황제들은 관리들에게 관직을 팔아 마련한 돈으로 무료 급식을 하였다. 각종 축제와 경기를 열어 왕권의 안정을 꾀하였다. 그런데 왕이 이를 금지하자 성난 군중들이 함성을 지르며 분노에 찬 목소리로 상점을 습격하고 황궁에 불을 질렀다. 여러 성당들, 특별히 성 소피아를 비롯하여 콘스탄티노플의 주요 건물들이 파괴되었다. 이러한 상황에서 527년 유스티니아누스 황제는 과감히 옛 제도를 폐지하였다. 그러나 관습에 젖어 있던 군중들이 원형경기장 히포드롬에 운집하여 "니카"(이겼다. 우리가 승리했다)의 반란[11]을 일으켰다.

---

9) 이노우에 고이치, 「살아남은 동로마제국」, 이경덕 역, (다른 세상, 2010), 36-41.

10) 주디스 헤린, 「비잔티움」, 이순호 역, (글항아리, 2010), 12-13.

11) 532년 콘스탄티노플에서 일어난 7일간의 반란으로 유스티니아누스는 제위를 빼앗길 뻔하였다. 반란의 원인은 종교적 불만과 고율의 세금이었다. 당시 인기 있던 전차 경주의 두 팀을 응원하던 청색당(황제파)과 녹색당(자유시민)의 폭동이 반란으로 확대되어 군중들은 황궁까

이들은 개혁을 추진한 자들을 죽이고 새 황제의 옹립을 주장하였다. 놀란 유스티니아누스 황제는 도시를 벗어나려고 하였다. 이 때 황후 테오도라는 지금 도피하면 다시는 황제 자리에 앉지 못한다며 당당히 맞서[12]라고 하였다. 황후의 말대로 황제는 장군에게 군대를 동원하여 군중을 진압케 하였다. 황제의 군대는 칼과 창으로 원형경기장에 운집한 사람들을 무참히 살해하였다.[13] 즉위 5년 만에 "니카"의 반란을 진압한 유스티니아누스는 강력한 황제권으로 위대한 로마 건설을 추진하였다. 영토 확장에 주력하여 과거 로마 제국의 영토 대부분을 되찾았으며, 지중해를 동로마 제국의 호수로 만들었다. 그리고 537년 12월 27일 연소(燃燒)가 잘 되지 않는 재료를 사용하여 새롭게 성 소피아 성당을 건축하였다.[14] 황제는 예술의 부흥에

지 몰려갔다. 이 때 유스티니아누스는 수도를 버리고 달아나려 했을 때 황후 테오도라는 "황제복은 최고의 수의"라면서 죽을지라도 도망가지 못하게 하였다. 황제는 벨리사리우스 등의 장수를 불러 반란을 진압케 하였다. 그 과정에서 시민 3만 명이 학살되어 비잔틴제국 1123년 역사상 가장 큰 소요사태가 되었다. 그 후 유스티니아누스는 능력자를 발탁하여 비잔틴 황실과 귀족의 부정부패를 일소하고 귀족계급을 견제하였다. 군사적으로 벨리사리우스, 나르세스 같은 장군을 등용하여 옛 로마 제국의 영토를 회복하고 특히 이탈리아 반도를 회복하였다. 불가르족과 슬라브족의 침입을 막고 북아프리카에 제국의 영향력을 강화하였다. 그는 정열적으로 거의 잠을 자지 않고 일하며 수많은 개혁을 단행하였다. 특히 세 차례에 걸쳐 로마법을 집대성하고 종교 문제에도 관심을 보였다. 단성론 문제로 정통 교회와 대립했으나 교회 교리와 이론을 정리하였다. 특히 그는 수도 콘스탄티노플을 정비하여 하기아 소피아를 건축하는 등 위대한 건축 사업을 벌였다.

12) 황후 테오도라는 이 때 유스티니아누스에게 "자주 빛 어의는 빛나는 수의가 될 수 있습니다. 나는 도망치지 않겠어요. 도망치느니 이 황후 복을 입은 채 죽고 말겠어요"라고 하였다. 이 말을 들은 황제는 폭도와의 협상이나 도주를 포기하고 반란을 진압하였다. 황후 테오도라 이후 레오 4세의 황후 이레네(780-790, 797-802), 남편 테오필로의 사후 아들 미카일과 공동 황제를 지낸 테오도라(842-856), 레오 6세의 네 번째 아내로 콘스탄티누스 7세의 섭정자였던 조에(914-919), 로마누스 2세의 미망인으로 공동 황제였던 바실리우스 2세와 콘스탄티누스의 섭정을 지낸 테오파노(963-969) 등은 걸출한 여성 지도자로 활략하였다. 이들 중에 이레네는 남편의 사후 궁정 파벌과 교회의 지지를 얻어 아들 콘스탄티누스 6세를 장님으로 만들고 자칭 여제(女帝)로 5년간 통치하였다. 주디스 헤린, 「비잔티움」, 이순호 역, (글항아리, 2010), 131-145, 172-173; 한국서양사학회 역음, 「유럽중심주의 세계사를 넘어 세계사들로」, (푸른역사, 2010), 143-145.

13) 당시 도시에 약 18만 명이 거주했는데, 이날 1/6인 3만 명이 살해되었다. 한국역사교사모임, 「처음 읽는 터키사」, (휴머니스트, 2010), 51.

14) 성 소피아 성당은 높이 54m, 동서 길이 77m, 남북 길이 71.7m, 넓이 7000m²의 정사각형 벽 위에 지름 32.96m짜리 돔 지붕을 올린 동로마 양식의 대표적인 성당이다. 내부 구조는 그 동안의 직사각형 바실리카를 정사각형으로, 그 위에 24개의 대리석 기둥으로 하늘을 상징하는 돔 지붕을 올렸다. 몸체의 벽과 돔이 만나는 곳에는 아치형 창문을 만들어 색유리로 장식하

힘을 기울였으며, 감격에 겨워, "솔로몬이여 우리는 당신을 이겼노라" 라고 외쳤다. 그리하여 콘스탄티노플은 인구 100만 명의 대 도시로 번영하였다. 그리고 영토 확장으로 도시 간에 각기 다른 법률로 분쟁이 발생하자, 수 백 명의 학자를 동원하여 법전을 편찬하였다. 하지만 그의 사후 황제의 권위 추락과 반란으로 동로마는 급속히 쇠퇴하였다. 그러던 중, 622년 헤라클리우스는 페르시아 침공을 물리침으로 추진력을 얻었다.[15)]

726년 동로마 황제 레오 3세의 성상숭배금지 명령으로 성 소피아 성당의 모자이크가 훼손되었다. 이 후 논쟁은 843년까지 약 100여 년 간 계속되었다. 성당은 이슬람의 정복 이후 모스크로 사용되었으나 지금은 아야소피아 박물관으로 이용되고 있다. 10-11세기 초에 잠시 영토 확장이 있었으나, 이슬람을 신봉하는 투르크 족이 동쪽으로부터 아나톨리아로 이동하여 기독교 문화를 위협하였다. 11세기에는 셀주크 제국과 벌인 만지케르트 전투에서 패배하였고, 12세기에는 룸 셀주크와 벌인 미리오케팔론 전투에서 또다시 패하였다.[16)] 그리고 제4차 십자군 전쟁 때에는 콘스탄티노플이 이슬람에 점령되어 동로마 제국이 크게 약화되었다. 그러던 중 1453년 오스만 제국의 메흐메트 2세가 콘스탄티노플을 함락하면서 1,000년 역사의 동로마 제국은 멸망하였다. 이후 콘스탄티노플은 이스탄불로 바뀌었고, 동시에 기독교 전통은 투르크족의 이슬람 문화권으로 이양되었다.[17)]

였다. 햇빛이 색유리를 통과하면서 오색찬란한 빛을 발산하였다. 그리고 성당 내부의 벽면은 화려한 모자이크로 장식하였다. 이를 위해 유스티니아누스 황제는 고대 신전의 기둥들, 예를 들면 에베소의 아르테미스 신전과 델피 신전의 대리석 기둥들을 뽑아다가 건축하였다. 당시 유명한 수학자 안테미우스가 수석 건축기사로, 기하학자인 이시도루스가 조수로, 목수 1,000여 명과 노동자 1만 명이 동원되었고, 최고의 건축 재료를 사용하여 5년 만에 완공되었다. 주디스 헤린, 「비잔티움」, 이순호 역, (글항아리, 2010), 131-157.

15) 앙리 피렌, 「마호메트와 샤를마뉴」, 강일휴 역, (삼천리, 2010), 82, 250; 데이비드 리버링 루이스, 「신의 용광로」, 이종인 역, (책과함께, 2010), 110-116; 주디스 헤린, 「비잔티움」, 이순호 역, (글항아리, 2010), 194-204.

16) 한국서양사학회 역음, 「유럽중심주의 세계사를 넘어 세계사들로」, (푸른역사, 2010), 185-191.

17) J. M. Hussey, *The Byzantine World,* (London: Hutchinson University Library, 1967), 11-161; 로저 크롤리, 「바다의 제국들 1521-1580」, 이순호 역, (책과함께, 2010), 10-17.

3. 터키의 조상, 투르크의 출현

(1) 투르크 족의 출현: 고대 흉노족들은 이 후 종종 돌궐로 불렸는 바, B.C. 3세기 경 대제국을 건설하였다. 이들은 가을 추수기에 농사짓는 한족 땅을 침범하여 식량을 약탈하였다. 이를 막기 위해 진나라의 시황제는 만리장성을 쌓았다. 그 후 로마 제국을 멸망시킨 게르만족의 이동을 부른 이들이 흉노족의 한 갈래인 훈족이었다. 훈족은 족장 아틸라의 지도아래 서유럽으로 이동하여 대제국을 건설하였다. 이들의 침략에 라인강 유역의 게르만족들이 서쪽으로 쫓겨났으며, 이들 게르만족들이 로마 제국을 침략하여 476년 패망하였다. 그 후 터키가 포함된 동로마를 유스티니아누스 황제가 통치하였다. 그런데 그들은 현재의 터키인의 조상인 투르크 족으로 옛 몽골 초원의 유목민이었다. 중국 역사에 552년은 몽골 초원의 부민(Bumin, 토문)이 다른 유목 민족인 유연으로부터 독립한 해이다. 당시 유연의 왕들은 투르크족이 만들어준 철제 무기 덕분에 강한 군사력을 유지했으나 이들을 노예처럼 취급하였다. 이 때 투르크의 족장 부민은 유연의 왕 아나괴와 숙부가 대립하자 왕을 도와준 뒤 딸과의 결혼을 제안하였다. 그러나 노예(奴隸)로 모욕을 당한 후, 중국의 서위와 연합하여 유연을 격파하였으며, 부민이 투르크를 건설하였다. 따라서 터키는 이날을 건국일로 1952년 건국 1400년 기념제를 개최하였다.

현재의 터키 공화국은 1923년 무스타파 케말 아타투르크가 건설하였다.[18] 공식 명칭은 터키어로 투르키예 줌후리 예티(Turkiye Gumhuriyeti), 투르키예 공황국이다. 투르키예는 투르크와 동의어로 몽골의 오르혼강 주변에서 발굴된 오르혼 비문

---

18) 건국 당시 케말은 헌법에 정치와 종교를 분리하여 종교의 자유를 부여하였다. 따라서 학교를 포함한 공공장소에서는 히잡을 쓰는 것이 금지되었다. 하지만 터키 국민의 99%는 무슬림으로, 매일 눈을 뜨자 마자 "라일라 일랄라 무함마드 라술라", 즉 "알라 외에는 신이 없고 무함마드는 알라의 사제다"를 고백한다. 현재 터키에는 전국에 약 6만 7000여개의 모스크가 있고 그 중 3,000개가 이스탄불에 있다. 그리고 터키의 공휴일로는 세케르 바이람과 쿠르반 바이람이 있다. 전자는 라마단 기간이 끝나는 날부터 3일간 우리나라의 추석 같은 명절로 단 음식을 나누며 친척들과 우정을 도모한다. 후자는 이슬람력으로 12월 10일부터 4일간 이어지는 희생제이다. 아브라함이 아들 이삭을 하나님께 드린 것을 기념하는 것으로, 부유한 자들이 양 등 제단에 바친 가축 고기를 가난한 이웃과 나눈다. 주디스 헤린, 「비잔티움」, 이순호 역, (글항아리, 2010), 594. 보다 자세한 것은 서요한, "제10장 이슬람의 태동과 십자군 운동", 「중세교회사」, (도서출판 그리심, 2010)을 참고하라.

에서 발견되었다. 투르크는 투쿠에(Tu-kue)에서 유래한 튀뤽(Turuk)으로 "힘센" 또는 "방패" 라는 뜻이다. 그런데 하늘(kok)에 속한 신성한 투르크의 의미 쾩-투르크(kok Turk)가 바로 중국의 옛 기록에 자주 등장하는 돌궐이다. 중국은 투르크를 돌궐(突厥)로 표기하는데, 돌은 "부딪치다", "뚫다", "갑작스럽다"의 뜻이며, 궐은 "오랑캐"를 의미한다. 따라서 돌궐은 투르크의 침입으로 괴롭힘을 당한 중국인들이 오랑캐 족속의 의미로 사용한 하대(下待) 명칭이다.[19] 당시 투르크 족들은 건조하고 매우 척박한 몽골과 중앙아시아에서 생활하였다. 이곳은 열악한 자연 환경으로 여름은 가뭄으로 겨울은 이른 추위로 생존을 위해 불가피하게 여러 지역을 이동하였다. 이들은 "게르"[20]라는 천막에 거주하며, 집을 해체 한 후 수레나 낙타 등에 살림을 싣고 양 떼의 먹이를 찾아 이동하였다. 주로 여름과 겨울의 야영지를 따로 두고, 이동 길목에 우물과 목초지를 만들었다. 이들은 돼지와 닭, 오리는 키우지 않았는데 걷는 속도가 느려 이동에 방해가 되었기 때문이다.

552년 부민은 투르크를 건국하고 타계하였다. 이 후 전통에 따라 아들 무칸이 나라의 중심부인 동부를, 아우 이스테미는 서부를 다스렸다. 이후 전자는 동 투르크 제국, 후자는 서 투르크 제국으로 발전하였다. 동 투르크 제국은 옛 고구려 영토인 만주 근처까지 세력을 확장하였다. 572년 무칸의 장례식에 중국, 티베트, 동로마, 거란, 고구려의 조문 사절들이 참견하였다. 서 투르크 제국은 이스테미의 지도아래 비단길을 통해 활발히 교역하였다. 당시 그는 동로마의 유스티니아누스 2세와 교류함으로 양국의 상업과 무역 발달에 기여하였다.[21] 하지만 투르크의 힘은 오래가지

---

19) 삼국 시대에 만주를 호령했던 고구려와 손잡고 중국을 견제하려 했던 민족이 돌궐, 즉 투르크이다.

20) 투르크 족의 가족 단위를 표현하며, 자식이 커서 결혼을 하면 부모는 자식에게 게르를 지어 주고 가축 등 재산을 물려 주었다. 게르의 가장은 가족의 부양을 위해 말타기, 활쏘기, 씨름 등을 익혔으며, 결혼은 일부일처제로되 형제가 죽으면 그 아내와 결혼하여 형제의 가족을 책임졌다. 부모의 게르는 막지막 독립하는 막내가 상속하였다. 가족 제도는 씨족으로, 씨족은 베이라는 씨족장이 다스렸다. 씨족들이 모여 형성된 부족은 세력에 따라서 최고의 부족장으로 세금을 걷고 군대를 양성하며 재판을 담당하였다.

21) 당나라의 현장 스님 일행이 인도로 가는 중에서 투르크 제국의 왕에게 극진한 대접을 받았다. 당시 현장 스님이 방문한 숙소는 커다란 천막으로 황금빛 꽃들로 장식되었다. 왕은 자수를 놓은 녹색 비단옷을 입고, 비단으로 이마를 여러 번 두른 다음 나머지를 등 뒤로 늘어뜨린 머리 장식을 하였다. 왕과 마찬가지로 관리들이 천말 입구에 양탄자를 깔고 두 줄로 앉아 있

못하였다. 왕의 타계 후 권좌 다툼이 일어나 나라가 여럿으로 분열되었다. 당시 마침 남북조로 분열되었던 중국이 589년 수나라로 통일 된 후 투르크를 위협하였다. 그 후 당나라 역시 동서 투르크를 공격하였다. 630년 동 투르크 왕이 당 태종에 의해 끌려가자 부족이 뿔뿔이 흩어졌으며, 651년 서 투르크도 멸망하였다. 680년 투르크 부족은 독립운동을 전개하여, 이듬해 동투르크 왕족 쿠틀룩이 일단의 무리를 이끌고 당(唐)에 맞서 투쟁하였다. 그리하여 682년 투르크 제국을 재건하였다. 사람들은 그를 일테리시 카간, 곧 흩어진 부족을 모아 나라를 재건한 왕으로 불렀다. 금으로 만들어진 늑대 머리 깃봉이 달린 왕의 깃발 아래 하나가 된 투르크 족은 사방에 군대를 보내 영토를 확장하였다. 그리하여 카파간 카간을 계승한 빌게 카간 때는 투르크 족의 역사를 기록한 오르혼 비석을 세웠다.

그러나 빌게 카간이 신하에게 독살 되자 제국은 다시 분열하였다. 당나라는 이 틈을 타서 대군을 중앙아시아로 파견하여 동서 교역을 장악하였다. 이때 당 군을 이끌고 출정한 자가 바로 고구려계의 고선지 장군[22]이다. 당 군이 도착한 곳은 현재 우즈베키스탄의 수도 타슈켄트 근처로 당시 이곳은 투르크의 한 부족 투툰이 다스렸다. 투툰이 당에 충성했으나 군(軍)이 그를 죽이고 재산을 탈취하였다. 그러자 그의 아들이 주변의 투르크 국가들과 이슬람의 아바스 왕조에게 도움을 요청하였다. 당의 위협을 느낀 투르크 주변 국가들이 하나로 결속하였다. 마침 아바스 왕조 역시 당의 진출을 막고 중앙아시아 지역으로 영향력을 확대하던 참이었다. 그리하여 투르크-아바스 연합군이 결성되었다. 751년 7월, 탈라스 강가에서 30만의 투르크-아바스 연합군과 7만의 당 군이 대결하였다. 전쟁은 투르크-아바스 연합군의 승

었다. 왕의 병사들 역시 모피와 모직 옷을 입고 낙타와 말을 탔다. 모두들 손에는 긴 창과 활, 부대를 상징하는 깃발을 든 모습이 용맹해 보였다.

22) 고구려 유민 출신의 당나라 장군으로 당의 서역 정벌 시 뛰어난 군사전략으로 전승한 명장이다. 그는 고구려 패망 후 부친 사계(舍鷄)를 따라 당의 안서에서 음보(蔭補)의 유격 장군(遊擊將軍)이 되었다. 20세인 740년 병력 2,000명을 이끌고 천산 산맥 서쪽 달해부(達奚部)를 정벌한 공로로 안서부도호(安西副都護)가 되었다. 747년과 750년 1, 2차 서역 원정에서 당의 중앙아시아 지배를 위협한 토번족과 그의 동맹국 소발률국(小勃律國) 및 타슈켄트 지방의 석국(石國) 등 서역 여러 나라를 정벌하여 명성을 떨쳤다. 755년 안녹산이 반란을 일으키자 토적부원수(討賊副元帥)로 출전했다. 이 때 임으로 방어 지역 섬주(陝州)를 떠나 동관으로 이동한 사실을 감시군 변영성이 밀고하여 참형(斬刑)되었다.

리로, 약 5만 병사가 전사하고 2만이 포로가 되었다. 당시 포로 중에 종이 제조 기술자가 포함되어, 이슬람 세계에 제지술이 전파되었다.[23] 고선지 장군은 겨우 살아남아 패잔병과 함께 당으로 귀환했으나 곧 모함으로 참형되었다. 전쟁에 승리한 아바스 왕조의 중앙아시아 지역에 이슬람교가 널리 전파되었다. 당시 아바스 왕조는 영토를 확장할 때마다 투르크족의 마을에 관리를 파견하였다. 관리는 마을 사람들이 모여 웅성거릴 때, "알라를 믿으라. 알라 앞에서는 모든 사람이 평등하다. 인두세를 받지 않겠다. 아랍인이든 비아랍인이든 차별이 없다" 고 연설하였다.[24] 탈라스 전투 이후 중국의 영향 아래 동 투르크 부족들은 유목 민족의 전통을 유지하면서 불교를 믿던 중 뒤에 몽골의 지배를 받았다. 중앙아시아에 있던 서 투르크 여러 부족은 아바스 왕조의 지배 아래 이슬람교를 믿으며 유목과 농경 생활을 하였다. 그러던 중 서 투르크 족의 일부가 서쪽으로 이동하여, 현재의 터키까지 진출하면서 셀주크 투르크와 오스만 제국을 건설하였다.

(2) 셀주크 투르크의 건국: 960년 우리나라의 고려가 후삼국을 통일하던 즈음, 중앙아시아에 거주하던 투르크 족의 한 부족 셀주크 투르크가 터키 땅 아나톨리아 지역에 출현하였다. 당시 셀주크 투르크는 셀주크와 손자 토그릴의 영도아래 비단길로 유명한 사마르칸트 부근에서 시작하여 페르시아(이란), 시리아, 예루살렘, 아나톨리아 일대에 대제국을 건설하였다. 그리고 셀주크는 술탄의 적극적인 후원 속에 약 100만 명이 이슬람교로 개종하였다. 그리고 셀주크 부족이 교역로를 따라 세력이 확장되자 다른 투르크계 부족들이 가세하였다. 그 결과 인근 국가들, 예를 들면 터키, 우즈베키스탄, 투르크메니스탄, 아프가니스탄, 타지키스탄 등 투르크 족이 세운 많은 나라들이 이슬람화 되었다. 투르크 족은 마을 중앙에 모스크 사원[25]을 세

---

23) 한국역사교사모임, 「처음 읽는 터키사」, (휴머니스트, 2010), 79.

24) 한국역사교사모임, 89-93.

25) 모스크는 사각형 몸체 위에 평화를 상징하는 둥근 지붕(돔)을 얹은 모양으로, 집단 예배를 보는 장소로 군사, 정치, 사회, 교육 등의 공공 행사가 이곳에서 이루어진다. 그리고 모스크 귀퉁이에는 예배 시간을 알릴 미나레트, 첨탑도 세웠다. 미나레트는 하늘을 향해 치솟게 만들었는데, 중간 부분에는 발코니를, 내부에는 계단을 설치하였다. 하루 5회, 아잔(예배)를 드리러 오라는 무아진이 계단 발코니에 올라 마을 사람들에게 기도 시간을 알렸다. 무아진의 아잔 소리가 울려 퍼지면 마을 사람들은 모두 하던 일을 멈추고 메카를 향해 기도하였다. 그리고 매주 금요일에는 모스크에 직접 모여 기도하였다. 내부는 이슬람교의 원리에 따라 성화가 없으며 기하학적인 아라베스크 무늬를 넣은 타일로 장식되었다. 따라서 장식 타일과 바닥에 까는 카펫 제조

웠다. 1037년 셀주크의 손자 토그릴이 제국을 세워 대제국으로 발전하였다. 토그릴은 1043년 이란의 대부분을 차지했으며, 1055년 이라크의 바그다드를 점령하였다. 이슬람의 최고 지도자 칼리프는 토그릴에게 이슬람 세계의 군주를 뜻하는 술탄의 지위를 부여하였다. 술탄이 된 토그릴은 칼리프의 딸과 결혼하였다. 그때까지 아랍인과 이란인, 이라크인이 이끌던 이슬람의 지도자는 이제 투르크족에서 나왔다.

토그릴의 사후, 셀주크 투르크는 계속 영토를 확장하였다. 이 위협에 맞서 동로마 제국의 황제 디오게네스는 20만 명의 군사를 이끌고 전쟁을 선포하였다. 그리하여 1071년 8월 19일, 반 호수 부근의 만지케르트에서 셀주크 제국과 전쟁이 발생하였다.[26] 당시 술탄 알프 아르슬란의 투르크 군대는 5만 병력으로 열악했으나 매복작전과 기습 공격, 날 샌 말을 이용하여 승리하고 동로마 황제를 사로잡았다. 전쟁 후, 술탄 알프 아르슬란은 동로마 황제를 석방하였다. 대신 그때까지 동로마 제국이 보유했던 아나톨리아를 셀주크 제국에게 양도하고, 해마다 많은 공물(供物)을 바치게 하였다. 따라서 아나톨리아는 이제 투르크족의 영지에 귀속되었고 많은 투르크인들이 이곳에 정착하면서 이슬람교가 급속히 확산되었다.[27] 셀주크 제국의 만지케르트 전투의 승리로 동로마의 아나톨리아는 기독교권에서 투르크 족의 이슬람권으로 이양되었다. 셀주크 투르크 제국이 발전할 즈음인 1077년 셀주크 투르크 부족 중에 한 분파가 제국의 약화를 틈타 룸 셀주크를[28] 건설하였다. 그리고 1090년 투르크-이슬람 문화를 창달하며 전성기를 이루었다. 한편 1077년 로마 가톨릭 교황 그레고리 7세는 독일 황제 하인리히 4세를 파문하여 카놋사의 굴욕을 이끌었다.

(3) 십자군 전쟁: 터키는 1090년 제3대 술탄 말리크 샤도의 통치기에 전성기를

기술이 발달하였다. 주변에는 병원, 묘당, 학교를 세웠다. 바그다드에 세워진 오늘 날의 대학과 같은 나자미야에서는 종교, 철학, 문학, 수학 등 다양한 학문을 연구하고, 이후 메드레세, 즉 이슬람 신학교로 발전하여 이슬람의 최고의 교육기관이 되었다.

26) 스티븐 런치만, 「1453, 콘스탄티노플 최후의 날」, 이순호 역, (갈라파고스, 2004), 53.

27) 유동환, 「거꾸로 읽는 사상사」, (푸른나무, 2007), 58.

28) 룸은 "로마" 또는 "로마 사람" 으로 옛 로마 지역에 세워진 투르크 국가라 하여 룸 셀주크로 붙였다. Michel Kaplan, *La chretiente byzantine*, (Paris, 1997), 142; G. Pertz(ed.), Annales Lauresbamenses, Monumenta Germaniae historica, (Scriptores, I), 38; 한국서양사학회 역음, 「유럽중심주의 세계사를 넘어 세계사들로」, (푸른역사, 2010), 151-156. 스티븐 런치만, 「1453, 콘스탄티노플 최후의 날」, 이순호 역, (갈라파고스, 2004), 56.

맞았다. 그러나 그는 상속을 둘러싼 내분으로 암살되었다. 1097년 내분이 수습되던 때, 셀주크 제국의 서쪽 시리아 안디옥에 낯선 군대가 출현하였다. 이들은 십자가 깃발을 들고 셀주크 제국에 귀속된 성지 예루살렘을 되찾기 위해 나선 군사였다. 따라서 1071년 만지케르트 전투에서 패배한 동로마 제국 황제는 수도 콘스탄티노플 마저 공격 받을지 모른다는 생각에 로마 교황에게 도움을 요청하였다. 따라서 1095년 11월 28일, 교황 우르바느 2세는 프랑스의 한 작은 마을에 성직자와 영주, 농민 수 천 명 앞에서 십자군 참전을 호소하였다. 1096년 프랑스와 이탈리아, 독일에서 출정한 제1차 십자군 전쟁은 1270년까지 8차에 걸쳐 약 200년 간 전개되었다.[29] 1230년 경 십자군 전쟁이 한창이던 때 룸 셀주크는 전성기였다. 이때 동방에 뜻밖에 강력한 적이 나타났다. 그 옛날 투르크 제국의 발생지였던 몽골 초원에서 칭기즈 칸의 몽골 제국이 서아시아를 거쳐 아나톨리아까지 진군하였다. 이들은 기마병을 앞세워 여러 지역을 정복하였다. 이 소식을 접한 술탄 케이후스라브 2세는 몽골 군이 콘야[30]로 진입하기 전에 8만의 병사를 이끌고 시바스로 갔다. 1243년 룸

---

29) 그 중에 1098년 6월 출정한 제1차 유럽의 연합 십자군은 1년 동안 투쟁하여 안디옥을 함락하였다. 십자군이 투르크 군사를 매수하여 몰래 성문을 열었기 때문이다. 십자군들은 비기독교인을 색출하여 죽이고 물건을 약탈하였으며, 생포자는 노예로 팔았다. 안디옥을 함락한 십자군은 예루살렘으로 진군하여 군사 겨우 1,000여명의 이슬람을 패퇴시켰다. 그러나 곧 셀주크 제국의 이집트 왕 살라딘이 십자군을 격파하고 예루살렘을 탈환하였다. 그리고 그는 철저히 살육과 파괴를 철저히 금하였다. 이후 교황과 유럽의 영주들이 여러 차례 십자군을 결성했지만, 예루살렘을 탈환하지 못하였다. 제2차 십자군은 독일과 프랑스인을 중심으로 조직되어 1147년 성지를 침략했으나 룸 셀주크가 그들을 물리치고 아나톨리아의 주인이 되었다. 이들은 영토를 넓혀 서쪽 바다인 마르마라 해까지 진출하였다. 그러나 룸 셀주크가 강성해지자 동로마 제국의 황제는 또다시 위기의식을 느꼈다. 1176년 동로마 황제는 군사를 모아 먼저 룸 셀주크를 공격하였다. 많은 군대의 숫자에도 불구하고 십자군은 패배하였다. 두 나라의 운명은 룸 셀주크의 대승으로 끝났다. 이때부터 룸 셀주크는 아나톨리아를 완전히 지배하였다. 이곳을 통해 동서양의 대상들이 교류하였다. 동로마는 더 이상 로마 제국의 옛 영광을 노래할 수 없게 되었다. 당시 이탈리아의 상인들이 가져온 유리병이 중국으로 가고, 중국의 비단이 유럽의 귀족들에게 인기를 얻었다. 무역로를 따라 상인들이 묵을 수 있는 카라반이 들어섰으며, 숙소에는 상인들을 위한 기도소와 목욕탕, 말과 낙타를 위한 우리도 준비되었다. 한국역사교사모임, 「처음 읽는 터키사」, (휴머니스트, 2010), 101-102.

30) 콘야는 "양의 가슴"의 뜻으로 아나톨리아 고원 중앙에 끝없이 펼쳐져 있는 터키의 10대 도시 중에 하나이다. 이곳에서 제배되는 밀은 터키 전체 국민의 1년 양식이다. 자두와 살구도 풍부하며, 성경 상 지명은 사도 바울이 복음전도 시에 머문 이고니온이다. 콘야는 1134년 룸 셀주크의 술탄이 수도를 니케아에서 이곳으로 옮긴 후 크게 발달하였다. 수많은 예술가와 건축

셀주크는 몽골군에 패한 후 강화 조약을 맺어 통치권을 인정하였다. 막대한 양의 조공을 약속한 채 몽골에 복속되었다. 룸 셀주크 왕조는 1308년까지 이어졌으나 추락한 술탄의 권위에 각 지역의 투르크 족이 분열하였다. 이런 상황에서 오스만이 제국을 건설하였다.

(4) 오스만 제국의 건국: 1299년 몽골의 침략으로 룸 셀주크 세력이 약화된 사이 룸 셀주크와 동로마 제국 사이에 작은 부족의 족장 오스만(Osman, 1299-1326)이 공국을 건국하였다. 그는 당시 약관 23세로 한 천막 당 2-5명, 약 4만 천막, 모두 8-20만 명을 거느린 지도자였다. 그러나 너무 젊다는 국민들의 의혹을 불식하기 위해 뛰어난 군사적 재능을 발휘하여 분열된 여러 이웃 투르크 족을 통합하였다. 그리고 자신의 이름을 따서 오스만 제국을 세웠다. 이후 오스만을 계승한 술탄들이 끊임없이 동로마 제국을 침략하고 동서 영토를 확장하여 대제국이 되었다. 1453년 제7대 메흐메트 2세는 콘스탄티노플을 함락하고 동로마 제국을 무너뜨렸다.[31] 그리하여 1,000년 기독교 세계의 정신적 지주 동로마는 역사 속에 사라지고, 이슬람교의 오스만 제국 시대가 전개되었다. 오스만 제국은 1923년 터키 공화국의 건국까지 약 600년 동안 동지중해를 장악하며 유럽과 서아시아를 호령하였다.

역사적으로 오스만 공국은 동로마 제국과 가까운 곳에 위치하였다. 그런데 이들은 이웃 기독교 국가에 이슬람교의 전파에 열정을 쏟았다. 그들은 스스로 알라의 도구이며 세상을 깨끗케 하는 신의 종이자 칼인 이슬람의 전사로 간주하였다. 이들은 시계추처럼 좌우를 오가며 동서로 영토를 확장하였다. 서쪽으로는 동로마 제국의 발칸 반도를, 동쪽과 남쪽으로는 아나톨리아의 다른 투르크 국가를 정복하였다. 오스만의 아들 오르한(Orhan, 1324-1360)은 동로마 제국을 공격하여 부르사에 새 도읍을 세웠다. 이후 부르사에 모스크와 메드레세, 병원, 목욕탕, 대상 숙소 등을 세워 위용을 갖추었다. 그리고 니케아와 니코메디아, 다르다넬스 해협을 건너 유럽 진출을 꾀하였다. 그의 후계자 무라드 1세(Murad I, 1360-1389)는 정예 부대인 예니체리(Janissary.Janizary)의 "새로운 병사", "신식 군대"[32]를 만들었다. 그리고 유럽

가, 과학자들이 몰려들었고, 학교와 병원, 모스크가 건립되었다. 현재 콘야의 유적들은 이 시기의 것들이다.

31) 이희철, 「이스탄불: 세계사의 축소판, 인류 문명의 박물관」, (리수, 2008), 28.

32) 스티븐 런치만, 「1453, 콘스탄티노플 최후의 날」, 이순호 역, (갈라파고스, 2004),

지역의 아드리아노플로 수도 천도 후 유럽 정복에 나섰다. 그 결과 불가리아와 세르비아의 동맹군을 물리치고 발칸 반도의 동로마 영토를 빼앗았다. 따라서 동로마가 유럽과 단절된 채 오스만의 공격에 아무 도움 없이 두려워하였다.[33)]

무라드 1세는 확장된 영토에 세금을 부과하고 병사를 동원하였으며 포로나 유목민족을 정착시켜 농사를 짓게 하였다. 그리고 이들의 거주지를 반대 지역으로 옮겨 반란을 예방하고 유능한 기독교 포로들을 이슬람으로 개종하여 군사로 사용하였다. 그리하여 아시아인들은 유럽으로, 유럽인들은 아시아로 이동하였으며, 안으로 투르크인과 그리스인, 불가리아인, 세르비아인 등이 섞여 살았다.[34)] 무라드 1세를 이은 바예지드 1세(1389-1402)는 군대를 이끌고 동쪽과 서쪽을 오가며 "일디림" 번개로 불렸다. 그는 다뉴브 강을 건너 헝가리를 침략하고 서유럽 연합군을 물리쳤으며, 에게 해와 아나톨리아 동부를 점령하였다. 또한 보스포루스 해협에 아나톨루 히사르(성채)를 쌓는 등 동로마 제국의 마지막 거점인 콘스탄티노플 공격 준비를 완료하였다. 이때 동 중앙아시아의 사마르칸트에서 혜성같이 등장한 몽골계의 정복자 티무르에 맞섰다. 1402년 7월 28일, 앙카라 근처 평원에서 오스만군과 티무르군의 격전이 벌어졌다. 오스만군이 참패하고 바예지드 1세는 아들과 함께 체포되었다. 바예지드는 티무르의 정중한 대우를 받았으나 실의에 빠져 병으로 사망하였다.[35)] 티무르는 여세를 몰아 아나톨리아를 정복한 뒤, 그 땅을 투르크의 다른 부족장들에게

67, 84-85; 한국역사교사모임, 「처음 읽는 터키사」, (휴머니스트, 2010), 141-146, 162-163; 앨런 파머, 「오스만 제국은 왜 몰락했는가」, 이은정 역, (에디터, 2004), 47-51, 161-162. 예니체리는 본래 기독교도나 이전 기독교도 노예로 구성된 보병부대였다. 그 후 이 부대는 유럽 국가와 달리 신분 이동을 할 수 있는 오스만의 특수군단으로 후일 종신 복무하는 술탄의 근위대가 되었다. 물론 당시 오스만 제국에도 신분상 지배층과 피지배층이 있었으나, 피지배층의 우수 인력들은 능력에 따라 궁전 학교에서 교육한 후 제국의 행정관리로 채용하였다. 그러나 예니체리의 영향력이 증대되면서 16세기에 수가 15,000명이었다. 그런데 이들은 17세기에 반란을 일으켜 술탄을 죽이거나 폐위시켰다. 술탄을 보호하는 부대가 거꾸로 술탄을 위협한 것이다. 결국 여러 번의 시도 끝에 1826년 6월 17일 토요일, 마흐무트 2세가 예니체리 군단을 해체하기까지 460년간 유지되었다.

33) 당시 유럽은 십자군 전쟁 이후 교황권이 약화되고 왕권이 강화되었다. 그리고 도시와 상업이 급속히 발달하였다. 하지만 이 때 흑사병이 유럽을 휩쓸어 인구가 급감하였다. 설상가상 영국과 프랑스 간에 100년 전쟁이 발생하여 혼란하였다.

34) 스티븐 런치만, 「1453, 콘스탄티노플 최후의 날」, 이순호 역, (갈라파고스, 2004), 67-73.

돌려주고 퇴각하였다. 티무르(1405년 72세에 사망)군에게 패한 후 오스만은 10년의 위기 속에 복귀에는 50년을 소요하였다.

(5) 동로마 제국의 몰락: 1453년 4월 안개 짙은 어느 날, 오스만 군대가 콘스탄티노플 성벽을 포위하고, 우르반이 제작한 대포로 수 십 차례 공격했으나 성벽은 파괴되지 않았다. 이유는 대포의 정확성이 떨어지고, 쏜 이후 정비 시간 지체로 하루에 7회만 발사하였다. 그동안 동로마는 무너진 성벽을 보강하였다. 콘스탄티노플은 보스포루스 해협, 마르마라 해, 골든 혼으로 둘러싸인 요새였다. 도시 서편의 육지는 로마 시대부터 이중 삼중의 성벽으로 둘러싸여 조금도 빈틈이 없었다. 그리고 도시는 성벽과 바다 가장자리 사이에 폭 18m의 해자를 만들었고, 도시 한쪽에 높다란 탑들을 쌓아올려 궁수들이 바다로 불화살을 쏠 수 있었다. 다른 한 쪽 두 개의 탑 사이에는 거대한 쇠사슬을 걸쳐 적의 배가 접근하지 못하였다. 그리고 동로마 군대는 기름을 바다에 붓고 불을 질러 누구도 침범하지 못하게 하였다.[36] 따라서 그리스 인들의 지적처럼 그들은 번개와 같은 무기를 가졌음으로 누구도 정복할 수 없었다.

하지만 오스만 제국은 오래 동안 동로마를 공격할 준비를 하였다. 바예지드 1세는 보스포루스 해협의 아시아 쪽 연안에 아나톨루 히사르(성)를 쌓았고, 메흐메드 2세는 유럽 쪽 연안에 루멜리 히사르를 쌓았다. 오스만 제국은 두 성채에 대형 대포를 갖추고 해협을 통과하는 선박의 왕래를 엄격히 통제하며 동로마 제국을 압박하였다. 그러나 별 도리가 없자 약관 21세의 젊은 술탄 메흐메트 2세(1444-1446, 1451-1481)는 병사들의 제안대로 배를 산으로 끌어 올렸다. 그리고 배의 무거운 장치를 제거한 후, 밧줄 수백 가닥을 묶고, 둥근 나무에 기름을 칠한 후, 나무를 묶어 궤도를 만들고 배를 그 위에 올렸다. 그리하여 오스만군은 배를 갈라타 탑 동편의 톱하네에서 끌어올려 골든 혼 쪽으로 이동시켰다. 비로소 오스만은 콘스탄티노플을 무너뜨릴 기회를 잡았다. 그 후 1개월 동안 음산한 날씨 중에, 당시 콘스탄티노플에 첫 황제와 동명인 사람이 통치하는 동안 멸망할 것이라는 소문이 나돌았다. 당시 황제 콘스탄티누스 XI세는 초대 황제 콘스탄티누스 I세와 동명(同名)이었다.

---

35) 스티븐 런치만, 「1453, 콘스탄티노플 최후의 날」, 이순호 역, (갈라파고스, 2004), 73-78.

36) 수잔 와이즈 바우어, 『세계역사 이야기 2』, 정병수 역, (꼬마이실, 2008), 308-309.

이런 상황에서 5월 27일, 16만 명의 오스만군이 서쪽 육지와 동쪽 바다에서 콘스탄티노플을 공격하였다. 군악대를 앞세워 북과 피리, 함성을 지르며 진격하였다. 우르반의 대포가 성벽을 부수고, 예니체리 정예 부대가 성벽 안쪽을 뚫고 들어갔다. 결국 황제 콘스탄티누스 11세는 독수리 문장을 짓밟고 항복하였다.[37] 이로서 오랜 싸움이 종식되었다. 그런데 콘스탄티노플의 함락은 단순히 한 도시의 함락이 아니었다. 그것은 476년 서로마 제국의 패망과 1,000년 만에 동로마 제국의 멸망이었다.[38] 그동안 기독교의 상징으로 유럽 문화를 찬란히 꽃피운 천 년의 수도는 이렇게 이슬람의 투르크족에게 점령당했다. 유럽의 동쪽을 지키며 이슬람 세력을 막아준 방파제가 파괴되었다. 그 후 약 200년 동안 동유럽의 여러 나라들이 오스만 제국의 침략에 시달렸다. 그러나 제국의 멸망으로 많은 학자들이 그리스, 로마 시대의 책과 문화유산을 가지고 유럽으로 이동하여 르네상스를 촉발시켰다.[39] 메흐메트 2세는 이후 18년 전쟁으로 유럽과 아시아 쪽 국경을 확장하였다. 그리스 남부의 펠로폰네소스 반도를 점령하고, 크림 반도와 트레비존드(트라브존)를 점령하여 흑해를 오스만의 호수로 만들었다. 오스만 제국이 동로마 제국을 멸망시키고 지중해를 차지하면서 동방 무역에 치중하자, 서유럽의 여러 나라는 인도와 중국으로 가는 길을 찾았다. 이를 계기로 스페인과 포르투갈이 신항로 개척에 적극 나서게 되었다.

1453년 5월 29일, 메흐메트 2세는 "정복자들이여, 멈추지 마라! 신을 찬양하라! 그대들은 콘스탄티노플의 정복자들이다!"를 외치며 백마를 타고 입성하였다. 그리고 사람들의 환호 속에 곧바로 성 소피아 성당에 들어가 이마를 바닥에 대고 이슬람식 예배를 드렸다. 그 후 "알라 외에 신은 없다. 기독교 성당인 소피아를 이슬람의 모스크로 바꾸라"고 명령하였다. 그리고 자신이 정복한 콘스탄티노플 거리를 둘러보며 도시의 규모와 많은 사람들, 교회와 건물들의 아름답고 화려한 모습에 감탄

37) V. H. H. Green, *Renaissance and Reformation*, (London: Edward Arnold Ltd., 1965), 19; 이노우에 고이치, 「살아남은 로마, 동로마 제국」, (다른 세상, 2010), 11, 14.

38) 에드워드 기번(Edward Gibbon, 1737-1794)은「로마제국쇠망사」에서 제국의 최전성기 아우구수투스(Gaius Julius Caesar Augustus, B.C. 27-A.D. 14)에서부터 출발하여 1453년 콘스탄티누스 11세(Constantinus XI, Palaiolrogus, 1449-1453)의 패망까지 다루었다. *The History of the Decline and Fall of the Roman Empire*, ed. by Betty Radice, London: The Folio Society, 1776-1778, reprinted 1910, 8 vols, 특별히 8권을 참조하라.

39) 한국역사교사모임, 「처음 읽는 터키사」, (휴머니스트, 2010), 127-128.

하였다. 그리고 오스만의 전통대로 병사들에게 3일간 약탈을 허용하였다.[40] 병사들은 도시의 건물을 파괴하며 물건들을 빼앗고 저항하는 그리스인들을 죽이거나 포로로 잡아 시장에 팔았다. 제국의 수도를 아드리아노플에서 콘스탄티노플로 옮기고 이름을 이스탄불로 바꾸었다.[41] 그리고 술탄의 도시요 이슬람의 도시로 새롭게 꾸몄다. 인구의 확대를 위해 여러 민족들, 유대인과 아르메니아인들을 받아들이고 땅과 집, 세금을 면제해 주었다. 민족 혹은 종교적 갈등을 제거하기 위해 밀레트, 즉 자치 제도를 도입하였다. 그리하여 이곳에 투르크 무슬림, 그리스 정교도, 아르메니아 기독교, 유대교도가 밀레트를 만들어 생활하였다.

골든 홀이 보이는 성소피아 성당 옆 언덕에 토프카프 궁전[42]을 지었다. 예니체리 부대에 궁전의 방어를 맡겼으며, 디반 즉 방을 두어 대신들이 국가의 중요한 일을 의논케 하였다. 그리고 자신의 이름을 딴 메흐메트 모스크를 건축하였다. 그 옆에 8개의 메드레세, 즉 이슬람 신학교를 설립하고, 순례자 숙박소, 공동 취사장, 병원, 대상 숙소, 자신이 묻힐 묘당을 지었다. 모스크와 시장, 공공 교육 기관과 자선기관을 함께 짓는 대규모 공공 복합 단지인 "퀼리예"를 만들어 이슬람교가 꿈꾸는 이상적인 도시의 모습을 꽃피웠다. 이에 다른 투르크 귀족들도 퀼리예를 만들었다. 이로써 이스탄불에는 큰 규모의 퀼리예를 중심으로 여러 개의 마을이 모여 사는 지구가 13개 만들어졌다. 이곳 생활에 필요한 모든 것이 갖추어져 사람들이 마을을 이루었고 시장과 상점이 발달하였다. 또한 술탄은 그랜드 바자르라는 시장을 만들었다. 수천 개의 상점이 골목을 사이로 미로처럼 연결되었다. 이곳 상점에는 제국 전체에서 모여드는 대상들이 가져온 황금, 향료, 양탄자, 비누, 책, 약, 도자기로 넘

---

40) 이노우에 고이치, 「살아남은 로마, 동로마 제국」, (다른세상, 2010), 12.

41) 한국역사교사모임, 「처음 읽는 터키사」, (휴머니스트, 2010), 134.

42) 터키어로 '토프'는 대포, '카프'는 궁전의 의미이다. 메흐메드 2세가 보스포러스 해협을 향해 대포를 놓았기 때문에 토프카프 궁전으로 불렸다. 1453년 비잔틴 제국을 정복한 파티히 메흐메트 2세는 1459년 이 궁전을 축조하여 1478년 준공하였다. 이 후 1856년 돌마바흐체 궁전이 새로 건축되기까지, 약 380년 동안 오스만 제국의 궁전으로 사용되었다. 이 궁전에는 3개의 문이 있는데, 첫 번째는 황제의 문이다. 이곳에 제국의 황제와 궁전을 수비하는 '예니체리' 근위대가 주둔하였다. 두 번째는 평안의 문으로 '디반'의 방으로 불리며 국무회의가 열렸다. 세 번째는 지복의 문으로 술탄과 술탄의 측근만이 통과하였다. 술탄의 여인과 가족들이 생활하는 '하렘'은 이 세 번째 문을 통해서 들어갔다. 전체 면적은 70만 m^, 21만 평 부지의 광대한 궁전이다. 한국역사교사모임, 「처음 읽는 터키사」, (휴머니스트, 2010), 136-137.

쳐났다. 시장 뒷골목에서는 수공업자들이 조합, 길드를 조직하여 생활에 필요한 물건을 통용하였다. 특별히 그랜드 바자르에는 없는 물건이 없을 정도로 장관이었다. 그 중에 향신료와 귀금속과 카펫, 터키의 도자기가 유명하다. 콘스탄티노플은 이스탄불로 이름이 바뀐 채 1922년 국민혁명까지 약 500년 동안 오스만 제국의 수도로 이슬람 문화를 꽃피웠다.

(6) 오스만 제국의 건국: 이후 영토를 확장하던 중에, 1520년 토프카프 궁전 지복의 문 앞마당에서 신하들과 예니체리, 외국의 사절단이 참석한 가운데 슐레이만 1세(1520-1566)의 즉위식이 거행되었다. 지혜의 왕 솔로몬의 투르크식 발음인 슐레이만은 당시 25세였다. 그의 부친 셀림 1세는 자신의 아버지를 추방하고 술탄이 되었다. 그는 두 차례 원정에서 이란을 공격하여 북서부를 차지하고, 이집트를 공격하여 시리아와 카이로를 점령한 후 홍해를 지배하였다. 이때부터 시리아와 이집트는 400 년간 오스만 제국의 통치를 받았다. 셀림은 이슬람의 최고 지도자 칼리프 지위와 이집트가 가지고 있던 예언자 무함마드의 망토와 턱수염, 발자국, 활 등의 성물을 가져왔다. 그리하여 오스만 제국은 술탄이 칼리프를 겸하였다. 1924년 칼리프 제도가 폐지되기까지 이슬람 세계의 종교와 정치를 대표하는 종주국이었다.

셀림 1세의 외아들 슐레이만은 순탄하게 술탄이 되었다. 이후 제국의 모든 모스크에서는 금요일 한낮의 기도 시간에 슐레이만 술탄의 이름을 낭송하였다. 이후 46년 통치 동안 슐레이만은 13차례 원정에 나서 동남쪽으로 이란과 이라크를 공격하여 바그다드를 점령하고, 아라비아 반도 남부와 페르시아 만까지 진출하였다. 남쪽으로 아프리카 북부의 튀니지와 알제리, 동북부 아나톨리아로 영토를 확장하였다. 그뿐 아니라 해양으로 진출하여 에게 해의 섬 대부분과 서지중해에서 로도스 섬에 거주한 성 요한 기사단을 추방하고, 베네치아와 전쟁하였다. 그리하여 아시아, 아프리카, 유럽의 세 대륙에 대제국을 이루었다. 이 때 동지중해는 오스만 제국의 호수가 되었다. 슐레이만은 민족의 갈등을 제거하기 위해 슐레이만 법전[43]을 만들었다. 통치 제도를 정비해 카누니(입법자)로 불렸으며[44], 영토를 넓히고 문학, 예술, 건축 분야에서 큰 업적을 이루었다. 무엇보다 이스탄불 시내에 장인들의 길드를 조성하

---

43) 한국역사교사모임, 160-161.
44) 한국역사교사모임, 161-162.

여 상업을 발달시켰다. 그 결과 국제 무역도 활발히 전개되었다. 제국 각 지역의 다양한 농산물과 함께 홍해와 지중해, 흑해를 통해, 16세기 중반에 커피와 담배가 전래되었다. 여기에 온갖 종류의 사람들이 포함되었다.[45] 특히 건축가 미마르 시난[46]을 통해 술레이마니예 모스크와 술탄 아흐메트 모스크(블루 모스크)를 건축하였다. 이 시기 서유럽에서 많은 변화가[47] 일어났지만 오스만 제국은 무서운 존재였다.

그런데 1529년 9월 슐레이만 1세는 오스트리아의 빈에서 처음으로 패배하였다. 당시 오스트리아-합스부르크는 2만 명의 병사와 72대의 대포로 오스만에 맞섰다. 오스만의 공격에 빈은 항복하지 않았다. 춥고 흐린 날씨가 계속 되면서 오스만군의 사기가 떨어지고, 설상가상 식량과 군수품이 바닥이 났다. 그리하여 슐레이만은 어쩔 수 없이 전투를 포기하였다. 이후 오스만 제국은 동유럽의 영토를 더 이상 확장하지 못하였다. 슐레이만은 말년에 사랑하는 아내 록셀란[48] 왕비를 잃고, 술탄의 자

---

45) 대표적으로 양철장이들은 용광로에서 풀무질로 달군 양철을 망치로 두들겨 냄비나 주전자, 칼, 포크를 만들었다. 그밖에 푸줏간, 어부, 재봉사, 구둣방, 피혁공, 서예, 그림, 타일, 금속, 또한 순경, 사형 집행인, 노예 상인뿐 아니라 심지어 도둑, 노상강도, 유괴자 길드가 있었다. 이를 통해 오스만의 길드는 서양 중세의 길드처럼 구성원들의 생계 보존과 친목, 품질과 가격을 통제하고, 공동 기금을 모아 어려운 조합원을 지원하거나 장례비용을 지불하고, 고인(故人)의 아내와 아이들을 후원하였다. 무라드 4세 때인 17세기에는 무려 57개 부분에서 1000개 이상의 길드가 있었다. 1638년 이란 원정을 준비하는 과정에서 이스탄불의 모든 길드가 거리 행진에 참가하였다. 각 길드는 각각의 전통과 규정에 따라 상징적인 의상을 입고 행동하였다. 한국역사교사모임, 「처음 읽는 터키사」, (휴머니스트, 2010), 164-170; 이희철, 「이스탄불: 세계사의 축소판, 인류 문명의 박물관」, (리수, 2008), 35.

46) 본래는 비투르크인으로 정교회 소속의 요셉 명을 가졌으나, 데브시르메 제도에 따라 이스탄불로 끌려와 예니체리 부대에 귀속되었다. 처음에 전투에 나가 군사용 다리나 요새를 만들었으나 뛰어난 건축 실력으로 슐레이만 에게 발탁되었다. 시난은 이교도인 자신을 믿어준 술탄의 기대에 부응하여 가장 멋진 모스크를 건축하였다. 이 건축 양식은 이후 오스만 제국에 건축하는 모스크의 모델이 되었다. 99세로 타계하기까지 시난은 300여 개의 기념물을 포함하여 최고의 건축가가 되었다.

47) 이 시기에 유럽에서는 스페인과 포르투갈이 신항로를 개척하였고, 알프스 이북 이탈리아에서 르네상스가, 독일과 스위스에서는 루터와 칼빈의 종교개혁이 확산되어 근대 의식이 고조되고 동시에 절대주의가 부상하였다.

48) 폴란드 출신으로 우아하고 명랑한 여인의 의미로 후렘으로 불렸다. 슐레이만 은 전쟁 포로였던 그녀를 노예에서 해방시키고 결혼하였다. 전통적으로 오스만 제국의 술탄들은 정식 결혼을 하지 않았다. 하지만 슐레이만 은 그녀와 사랑에 빠져 25년 동안 일부일처제를 지켰다. 록셀란은 슐레이만 의 총애를 바탕으로 거주지(하렘)를 400개의 방이 있는 궁전으로 옮긴 후 정

리를 노린다는 이유로 세 아들 중 둘을 죽였다. 유일하게 살아남아 술탄에 오른 셀림 2세는 무능력한 술주정꾼이었다. 1566년 슐레이만은 오스트리아가 조공을 거부하자 13번째 원정길에 마차에서 사망하였다. 그의 시신은 이스탈불의 술레이마니예 모스크에 안장되었다. 그의 타계 후 왕위 계승 문제로 어려움을 겪었다.

(7) 오스만의 쇠퇴: 슐레이만 이후 술탄 셀림 2세, 무라드 3세, 메흐메트 3세 때 제국은 점차 쇠퇴하였다. 그것은 술탄이 영토 관리에 치중하는 사이 행정 관료와 군인 중심의 재상과 장군의 세력이 증대했기 때문이다. 덧붙여서 왕위 계승도 한 몫을 하였다. 본래 오스만 제국은 술탄의 자리를 장남이 아닌 능력있는 자에게 맡겼다. 이는 유목 민족의 전통으로 투르크 제국과 셀주크 제국에서부터 이어져온 전통이었다.[49] 메흐메트 3세가 죽자 왕실에는 14세의 어린 아흐메트 1세와 동생 무스타파 밖에 없었다. 왕실은 아흐메트에 문제가 생길 것을 예상하고 무스타파를 살려두었다. 이때부터 술탄의 형제들을 죽이는 대신 "금빛 감옥", 카페스[50]에 가두었다. 술탄 아흐메트 1세는 어느 날 궁전을 나오는 중에 성소피아 성당을 보고 찌푸렸다. 술탄 통치 7년째, 20세의 아흐메트 1세는 동로마 제국의 성소피아 성당을 뛰어넘는

치에 개입하였다. 하렘은 술탄을 제외하고는 거세된 백인과 흑인 환관들만 출입하였으며, 전통적으로 술탄의 어머니가 관리하였다. 록셀란은 다른 여자가 낳은 아들에게 반란죄를 씌워 암살하고, 자신의 아들 셀림을 술탄으로 만들었다. 그러나 무능한 셀림이 술탄이 된 뒤 오스만 제국은 쇠락하였다. 이후 록셀란을 계승한 술탄의 여인들이 자신들의 아들을 술탄에 앉히기 위해 온갖 음모와 술수를 꾀하였다. 한국역사교사모임, 「처음 읽는 터키사」, (휴머니스트, 2010), 170-172.

49) 술탄이 되기 전 왕자들은 각 지방에서 지방관으로 경험을 쌓았다. 술탄이 늙으면 아들들 사이에 왕위 다툼이 치열하였다. 왕위 다툼에서 승리한 왕자가 술탄이 되고, 패배한 다른 형제들은 죽음을 당하였다. 메흐메트 2세는 술탄이 된 후 형제들을 죽였고, "내 아들 중 누군가가 술탄의 지위를 물려받으려면 세상의 질서를 위해 그가 형제들을 죽이는 것이 마땅하다"고 형제 살해를 제도화하였다. 슐레이만 은 자신의 두 아들을 왕위 과정에서 죽였고, 어떤 술탄은 즉위 하자 마자 19명의 형제를 모두 죽였다. 그 과정에서 적자생존과 형제 살해는 많은 문제를 낳았다.

50) 이곳은 실제 감옥이라기 보다는 술탄이 감시할 수 있는 하렘의 외지고 밀폐된 곳이다. 형제들은 노출되지 않은 채 이곳에서 생활하였다. 술탄이 죽으면 카페스에 갇혀 있던 사람 중에 가장 나이가 많은 남자가 왕위를 계승하였다. 대부분 술탄의 삼촌이나 형제가 왕위를 이었다. 술탄이 되는데는 보통 15년 이상, 어떤 경우에는 39년이 소요되었다. 이로써 왕자들 간의 투쟁은 사라졌으나 오래 갇혀 있음으로 행정이나 교육 경험이 미천한 채 술탄이 되기도 하였다. 또한 술탄이 된 다음에 자식을 낳을 수 있었으므로 어린아이가 술탄이 되기도 하였다. 한국역사교사모임, 「처음 읽는 터키사」, (휴머니스트, 2010), 173-175.

모스크를 짓고 싶었다. 그리하여 당시 가장 유명한 건축가 메흐메트 아가를 불렀다. 그리고 그에게 "동로마 제국을 넘어서는 멋진 모스크를 짓고 싶다. 미나레트를 황금으로 만들고 모스크에 내 이름을 붙이라"[51]고 하였다. 그리하여 8년여에 걸쳐 술탄 아흐메트 모스크[52]가 건설되었다.

술탄 아흐메트 1세의 사후 32년 동안 그의 아들 세 명이 차례로 술탄이 되었다. 14세의 술탄 오스만 2세는 능력이 탁월했으나 예니체리를 견제하려다 4년 만에 처형되었다. 그의 동생 무라드 4세는 12세에 술탄이 되어 영토를 회복하며 제국을 정비했으나 28세에 사망하였다. 그 후 병들어 약한 이브라힘이 술탄이 되었으나 8년 만에 암살되었다. 아흐메트의 세 아들 중 둘은 억울하게 죽었고, 이 후 술탄은 연장자에게 계승되있다. 이때부터 술탄은 군림하되 통치하지 않았다. 대신 강력한 힘을 가진 귀족 가문이 나라를 통치하였다. 대표적으로 1656-1683년 쾨프륄뤼 가문이 술탄을 위임받아 강력한 개혁을 추진하였다. 하지만 술탄의 권력이 약화되고 귀족들이 정치에 개입하면서 오스만은 급속히 쇠락하였다. 권력이 지방으로 분산되어 각 지역의 지방 세력의 힘이 증대되었다. 곡물 가격이 오르는 등 물가 상승으로 민중들의 생활이 어려웠다. 여러 종교를 믿는 다양한 민족 간의 충돌이 빈번하였다.

이러한 상황에서 1683년 초여름, 메흐메트 4세의 명령으로 14만 명의 군대를 이끌고 오스만 제국의 재상 카라 무스타파는 이스탄불을 출발하여 제2차 빈 공격에 나섰다. 이 소식을 접한 오스트리아 황제는 가족들을 데리고 도망하였다. 당시 오스트리아에는 겨우 1,200여 명의 정규군이 있었다. 빈의 함락은 시간 문제였으나 무스타파는 60일 동안 공격하지 않고 항복을 기다렸다. 그리하여 100여 년 전 슐레이만 1세의 실패를 설욕하였다. 그 사이 오스트리아 황제는 발 빠르게 서유럽 국가들, 베네치아, 독일, 폴란드에게 지원을 요청하였다. 교황은 이들에게 후원금을 주어 이슬람으로부터 기독교의 방어를 다짐하였다. 9월 12일, 사보이 공 오이겐의 지휘아래 전개된 12시간의 전투는 폴란드 기병들의 가세로 종식되었다. 오스만 부대는 15,000명의 사상자를 내고 약 3만 명의 군인이 실종되거나 티서 강에서 익사하였다. 그 후 오스만은 러시아와 오스트리아의 공격으로 베오그라드, 크림 반도, 흑해

---

51) 한국역사교사모임, 「처음 읽는 터키사」, (휴머니스트, 2010), 175-177.
52) 한국역사교사모임, 176-177.

연안의 도시를 점령당했다. 오스만의 총사령관은 사형되고 곧 바로 술탄 메흐메트 4세도 폐위되었다. 1699년 오스만 제국은 오스트리아와 러시아에 패하여 이들과 굴욕적인 카를로비츠 평화조약을 체결하고 영토 일부를 넘겨주었다.[53] 조약 체결 후 3년 동안 쾨프륄뤼 가의 마지막 총리대신 암자자데 후세인(Amcazade Huseyin)이 조세징수제도와 군사편제 및 훈련 방식을 개혁하였다. 그러나 그는 술탄에 의해 임명된 보수적인 지도자들의 감정을 상하게 한 후, 1702년 9월 질병으로 사임하였다.[54]

1703년 29세에 술탄에 오른 아흐메트 3세는 27년을 통치하였다. 그는 제위 시에 서유럽이 군사적으로 자신들보다 앞섰음을 인정하였다. 그리고 침체를 극복하기 위해 파리에 외교 사절단을 파견하였다. 외교 사절단은 귀국 후 서유럽, 특별히 프랑스의 발전상을 설명하였다.[55] 쾨프륄뤼 가의 총리 대신들은 토프카프 궁의 외벽을 둘러싸고 있는 통로에 총리대신 관저를 마련하고 그곳에 직원을 파견하였다. 그리고 술탄과 재상은 사절단의 건의대로 프랑스의 문화를 수용하고 오스만의 통치 구조에 서구화의 상징으로 튤립을[56] 심었다. 그리하여 1718년부터 1730년까지 "랄레

---

53) 이 때 서유럽은 신항로 개척으로 인도 및 신대륙과 무역이 확대되었다. 르네상스와 종교개혁을 거치며 비약적으로 발전하였다. 신대륙에서 많은 물자와 은이 유입되어 경제적으로 부유하였다. 무엇보다도 유럽 국가들은 강력한 왕권을 바탕으로 관료제와 상비군을 통해 절대주의를 확립하였다. 시민혁명과 산업혁명을 거치면서 지중해에서 대서양으로 해상 무역이 진행되면서 발전하였다. 앨런 파머, 「오스만 제국은 왜 몰락했는가」, 이은정 역, (에디터, 2004), 53-59; 한국역사교사모임, 「처음 읽는 터키사」, (휴머니스트, 2010), 183-186, 188.

54) 앨런 파머, 「오스만 제국은 왜 몰락했는가」, 이은정 역, (에디터, 2004), 55.

55) 대표적으로 베르사유 궁전과 내부 구조, 루이 14세의 화려한 복장, 최신식 무기와 상비군 훈련 등이었다.

56) 당시 2명의 사절단 중에 한 사람인 루이 소뵈르 드 빌뇌부는 술탄에게 프랑스의 모습을 보고하였다. 술탄과 재상(이브라힘 파샤)은 그의 건의를 수용하고 프랑스식 군대 훈련과 기술학교의 창설, 서유럽의 지식과 기술을 알리기 위해 인쇄소와 도서관을 만들었다. 그 외에 술탄과 귀족들은 화려한 여름 별장을 짓고 유럽식 파티와 오락을 즐겼다. 그리고 베르사유 궁전처럼 정원을 아름답게 꾸미기 위해 튤립을 심었다. 튤립은 아타톨리아와 흑해 주변의 야생화로 터키가 원산지이며 종류가 약 839가지이다. 터키에는 꽃잎이 가늘고 길며 바깥쪽으로 휜 화려한 모양의 튤립을 많이 심었다. 카펫이나 조각, 모스크나 궁전을 장식하는 타일에 튤립 무늬가 사용되었다. 그런데 1560년대 한 합스부르크 대사가 이것들을 북해 연안의 저지대로 가지고 갔다. 이후 튤립이 콘스탄티노플에서 관심을 받지 못하자 네덜란드인들이 국화로 삼고 그 구근을 재배하여 1200개 이상의 다양한 종들을 생산하여 오늘에 이르렀다. 앨런 파머, 「오스만 제국은 왜 몰락했는가」, 이은정 역, (에디터, 2004), 68-75; 한국역사교사모임, 「처음 읽는 터키사」, (휴머니스트, 2010), 188-189.

데브리"(Lale Devri), 튤립의 시대를 열었다.[57] 이 시기에 전쟁은 없었으나 술탄과 귀족들의 사치와 향락으로 나라 살림이 매우 어려웠다. 진정한 개혁이 정체된 채, 상류층은 유럽의 생활양식에 빠졌고 주로 군사 훈련과 무기 개선에 집중하였다. 결국 개혁에 불만을 가진 파트로나 하릴은 바예지트 사원 밖에서 사람들에게 열변을 토하였다. 이에 예니체리 부대가 1730년 9월 28일 반란을 일으켰다.[58] 반란으로 총리대신과 해군제독, 또 다른 한 명의 서구화 대신의 머리를 요구하였다. 그들은 교살되었고 곧바로 아흐메트 3세의 퇴진과 함께 튤립 시대가 막을 내렸다. 그리고 7세 이후 카페스에 감금되었던 34세의 조카 마흐무드 1세에게 권좌를 양도하였다. 그리고 술탄은 반란에 참여한 파트로나 하릴과 그의 동료들이 포함된 예니체리 7,000명을 처형하였다. 이 후 여러 술탄이 군대를 서구식으로 개혁하거나 제국의 안정을 꾀했으나 실패하였다.[59] 지배층이 튤립을 심고 유럽식 문화를 즐기는 동안 일반 국민들은 "카웨"(오늘 날의 카페), 커피 숍에서 커피를 마시며[60] 카라괴즈 인형극으로 시름을 잊었다.[61]

한 때 오스만 제국은 세 대륙을 주름잡았으나 유럽의 놀림감으로, 러시아의 니콜라이 1세의 지적처럼 유럽의 병자요[62] 종이호랑이였다. 당시 유럽의 여러 나라들

57) 당시 가장 독창적인 혁신가로는 부총리를 지낸 후 아흐메트 3세의 총리대신으로 임명된 이브라힘 파샤 큘리에시(Ibrahim Pasa Kulliyesi)였다. 그는 자연의 아름다움에 대한 심미안과 풍부한 지적 호기심의 흥행주로 묘사되었다. 그는 또한 기묘한 외교관으로 당시 총리대신이 평균 14개월 재임 할 때에 12년을 재직하는 궁정정치가였다. 그는 자신의 자리를 지키기 위해 적들을 반목시켜 이익을 챙기고 왕실과의 결혼으로 친밀한 유대 관계를 맺었다. 그리고 술탄을 즐겁게 하여 나라의 모든 걱정을 해결하였다. 앨런 파머, 「오스만 제국은 왜 몰락했는가」, 이은정 역, (에디터, 2004), 64-68.

58) 한국역사교사모임, 「처음 읽는 터키사」, (휴머니스트, 2010), 190-191.

59) 한국역사교사모임, 191.

60) 오늘 날의 비엔타 커피(본래 오스트리아 빈에서 유래한 커피로 진한 커피에 생크림 거품을 얹어 맛이 부드럽고 단 게 특징)는 오스만 제국의 군인들이 성급히 후퇴하면서 버리고 간 자루에 담긴 커피로 후에 서구인들이 개발한 것이다.

61) 밤이 되면 마을 공터에 얇고 흰 스크린이 세워지고 사람들이 모였다. 스크린 뒤에서는 인형 조종사들이 동물 가죽을 벗겨 내어 종이처럼 얇게 자르고 여러 색을 칠해 만든 그림자 인형들을 움직여 가며 이야기를 풀었다. 인형극에는 신사, 시골 사람, 아르메니아인, 유대인 등 오스만 제국의 다양한 인종들이 출현하였다. 사랑, 정치, 어리석음, 현명함 등의 갖가지 주제가 공연되었으며 현실 풍자도 포함되었다.

62) 한국역사교사모임, 「처음 읽는 터키사」, 194; 주디스 헤린, 「비잔티움」, 이순호 역,

이 시민혁명과 산업혁명으로 근대 국가로 발전하는 즈음 오스만은 정체와 후퇴를 거듭하였다. 대표적으로 1768년부터 오스만 제국은 러시아의 침략으로 흑해 연안을 빼앗겼으며, 19세기 내내 러시아, 영국, 프랑스의 침략을 받았다. 그 중에 오스만 제국의 이집트는 1798년 나폴레옹의 침략을 받았다. 이 때 러시아와 영국의 도움으로 나폴레옹을 물리쳤다. 그리고 1802년 2월 샬림 3세는 프랑스와 아미앵 평화조약(Treaty of Amiens)[63]을 체결하였다. 그 후 몰수된 재산의 반환과 높은 수익의 보장으로 레반트 무역이 활성화되었다. 뿐만 아니라 프랑스 상인들이 흑해로 출입할 권리도 보장하였다. 그러나 프랑스의 정책이 진실하지 못함으로 여전히 의심과 불신이 잔존하였다. 그 해 가을 오라스-프랑수와 세바스티아니 장군이 문제의 지역에 프랑스의 영향력을 복원하기 위해 이집트로 파견되었다. 제1집정관 나폴레옹은 뛰어난 군 출신 기욤 브륀 장군을 대사로, 셀림은 뜻밖의 인물 메흐메드 사이드 할레트 에펜디를 파리 대사로 임명하였다. 평화조약으로 시리아와 레바논, 아나톨리아의 지방 명사들과 셀림의 공조 관계는 무산되었다.[64]

갑자기 재발한 유럽의 전쟁으로 당시 영국의 피트 수상[65]이 제3차 반 프랑스 동

(글항아리, 2010), 615.

63) 1802년 3월 27일 프랑스 아미앵에서 영국, 프랑스, 스페인, 바타비아 공화국(네덜란드)이 맺은 조약이다. 이 조약으로 유럽은 나폴레옹과의 전쟁 중 14개월 동안 평화를 얻었다. 이 조약은 영국과 프랑스의 관계를 갈라놓은 몇 가지 문제 외에는 벨기에 지역과 사보이 및 스위스의 운명, 프랑스 지배하에 놓인 유럽 대륙과 영국의 무역 관계 등에 관해서는 다루지 않았다. 당시 프랑스와 그 위성국들은 해외에서 계속 패배했지만 이 조약으로 대부분의 식민지를 되찾았다. 반면 영국은 스페인한테서 빼앗은 트리니다드와 네덜란드로부터 빼앗은 실론 섬을 보유하게 되었다. 프랑스는 이오니아 제도 공화국을 승인하고, 나폴리와 교황령에서 군대를 철수하기로 하였다. 영국은 3개월 이내에 프랑스군이 철수한 이집트를 오스만 제국에 돌려주고, 몰타 섬을 성 요한 기사단에 돌려주기로 하였다. 오스만 제국과 포르투갈의 권리와 영토는 존중해 주기로 결정했다. 다만 포르투갈령 기니는 프랑스가 계속 보유하기로 합의했다.

64) 앨런 파머, 「오스만 제국은 왜 몰락했는가」, 이은정 역, (에디터, 2004), 112.

65) 음악의 신동 모차르트처럼 그는 정치적 신동이었다. 그는 끈질긴 인내와 노력으로 정치적 성공을 거두었다. 본명은 윌리엄 피트(William Pit the elder, 1766-1768)이며 부자가 같은 이름으로 영국 수상을 지냈다. 대 피트가 수상직에서 물러나고, 다른 수상이 재임하면서 미국의 식민지를 잃었다. 이에 국왕 조지 3세는 당시 14세에 케임브리지 대학(펨즈록크 홀 칼리지)에 입학하여 월반으로 조기 졸업하였다. 당시 약관 19세의 소 피트(William Pit the younger, 1759-1806)는 부친의 뒤를 이어 1781년 정계 입문, 1782년 22세에 재무장관에, 1783-1801년 24세에 의회사상 최연소 수상이 되었다. 그리고 다시 1804-1806년 수상을 역임했으나 건강 악

맹을 형성하였다. 이때 오스만 제국은 여러 민감한 지역에서 지배력이 약화되었다. 그리하여 평화 유지는 사실상 불가능하였다. 그리고 영국이 이집트를 러시아가 그리스 남부를 점령하려 하자, 1806년부터 1812년까지 셀림 3세는 프랑스의 도움으로 영국과 러시아의 침략을 막았다. 이 과정에서 영국과 프랑스, 러시아와 독일이 경쟁하며 오스만을 위협하였다. 10여 년 동안 열강들의 침략 속에 제국 내 각 지역에서 민족 운동이 전개되었다. 그 중에 그리스가 제일 먼저 독립을 선언하였다. 그리하여 술탄 마흐무트 2세가 이집트와 함께 그리스를 협공하자, 유럽 각국은 유럽 문명의 뿌리를 지키자는 명분으로 의용군으로 그리스를 지원하였다. 당시 앙드레 말로 같은 유럽의 지식인들과 문학가들이 의용군에 참가하였다. 결국 오스만 제국은 유럽 여러 나라의 압력에 굴복하여, 1829년 그리스를 독립시켰다. 이 때 무함마드 알리의 지휘아래 이집트도 반기를 들고 시리아를 점령하였다. 그리고 동지중해와 아라비아 지역의 지배권을 가졌다.

이런 상황에서 마흐무트 2세가 위기에서 개혁을 주창하며 등장하였다. 그는 제국의 실패 요인은 서양의 우수한 무기와 군대로 생각하고 예니체리의 해체를 결심하였다. 당시 135,000명의 예니체리는 부정부패와 군사력의 약화, 봉급 지급에 따른 재정 문제로 국가적인 고민이었다. 술탄의 개혁 소식을 들은 대원들은 1826년 6월 14일 밤, 전통적인 방식대로 솥을 뒤집고 두드리며 반란을 일으켰다. 그러나 병사들의 반란을 예견한 술탄이 수 십 대의 대포로 포격을 가하여 막사는 폐허가 되었다. 병사 수 천 명이 죽고 도망 중에 성 밖 숲이나 굴에서 죽었다. 생존자들은 체포되어 블루모스크 앞마당에서 교수형을 당하고 토프카프 궁전에 던져졌다. 그리하여 제국의 건국과 함께 창설된 예니체리는 460년 만에 해체되었다.[66] 대신 술탄은 무함마드의 승리한 용사 "아사키리 만수레이 무함메디예"라는 신식 군대를 만들고,[67] 1829년 제국인들에게 페즈[68] 착용을 명령하였다. 그리고 성직자를 제외한 모

화로 사망하였다. 그는 수상 재직 동안 당파싸움을 없애고, 수상의 권한과 명예를 되찾으며 외교 정책으로 영국을 안정시켰다. 무엇보다 성공요인은 프랑스의 나폴레옹에 맞서 무기나 군사보다는 경제적 안정을 위해 세재 개혁과 신용 향상에 주력하였다.

66) 각주 32번 참조.

67) 이 신식군대는 유럽식 복장에 무기를 갖도록 하라. 터번을 금하라 그리고 유럽인 군사 교관을 불러 훈련케 하라고 하였다. 그리하여 이들은 머리를 바싹 자르고 빨간 패지를 썼

든 관료와 백성들은 옛 의복을 입거나 머리에 터번을 쓰지 못하게 하였다. 결국 페즈는 근대화와 서구화의 상징이 되었다.

1839년 마흐무트 2세의 사후, 1876년까지 압둘 마지드 1세와 압둘 마지드 1세 때에 탄지마트[69]가 추진되었다. 술탄 압둘 마지드 1세는 귈하네 궁전에 소집된 각료회의에서 개화된 군주로 제국을 통치한다고 선언하였다.[70] 이런 상황에서 1853년 남하정책을 추진하던 러시아가 흑해 연안까지 침략하여 크림 전쟁(Crimean War)[71]이 발발하였다. 약 3년 간 진행된 전쟁에서 오스만 제국은 러시아의 팽창을

으며, 단추 달린 튜닉에 빨간 줄을 댄 파란 바지를 입고 술이 달린 견장을 달았다. 그리고 독일 장교들을 교관으로 서구식 군사 훈련을 받았다. 해군 또한 미국과 영국의 지원 아래 군함을 새로 만들고 함대를 다시 편성하였다. 신식 군대는 예니체리와 달리 술탄에게 충성하였다.

68) 페즈는 본래 모로코에서 남자들이 쓰던 모자로 붉은 원통 위에 검은 술이 달린 챙 없는 모자였다. 이전의 복잡하고 장식적인 터번 대신 이렇게 단순한 모로코식 모자를 쓰게 함으로 의복을 근대화하였다.

69) 탄지마트는 개혁이라는 의미의 터키어로 1839년 추진된 하트 세리프(성령)와 1856년의 하트 휘마윤을 통합한 용어이다. 특히 하트 세리프는 귈하네 궁전에서 발표되어 귈하네 칙령으로 불리며, 하트 휘마윤은 술탄이 국정 운영을 위해 발표한 칙령을 의미한다. 이희철, 「이스탄불: 세계사의 축소판, 인류 문명의 박물관」, (리수, 2008), 36.

70) 선언문에서 그는 모든 백성이 생명과 재산을 평등하게 보호받고 조세도 공정하게 할 것이다. 징병 제도는 공정하게 모집하며, 유럽식 교육 제도를 들여와 인재를 양성하겠다고 선언하였다. 한국역사교사모임, 「처음 읽는 터키사」, (휴머니스트, 2010), 204.

71) 이 전쟁은 1853-1856년 사이에 러시아와 오스만 투르크, 영국, 프랑스, 프로이센, 사르데냐 연합군 사이에 크림 반도, 흑해를 둘러싸고 일어났다. 당시 러시아는 빈회의(1814-1815) 이래 투르크 영내로의 남하가 기본적인 대외정책이었다. 전쟁의 직접적인 계기는 프랑스 국내 가톨릭의 인기를 얻으려 한 나폴레옹 3세가 예루살렘 성지에서의 가톨릭교도의 특권을 투르크의 술탄에게 요구하자, 이 곳의 그리스 정교도의 보호자임을 자처한 러시아의 니콜라이 1세가 대립한 데 있었다. 1853년 7월 러시아군은 몰다비아, 왈라키아 등에 침입하여 이곳을 점령하였고, 서유럽 열강의 지지를 받은 투르크가 10월 러시아에 선전포고를 함으로 전쟁이 발생하였다. 1853년 11월 나히모프 제독하의 러시아 흑해 함대가 소아시아의 시노프만에서 투르크 함대를 전멸하자, 영국, 프랑스, 사르데냐는 러시아에 대립, 투르크를 지지하며 도전하였다. 오스트리아는 최후통첩을 통해 러시아에게 몰다비아와 왈라키아의 포기 명도를 요구하였다. 니콜라이 1세는 이 요구에 응했으나 사태 악화가 염려되어 오스트리아 국경지대에 대군을 배치하였다. 1854년 9월 영국, 프랑스, 투르크군은 약 6 만 대군을 크림 반도에 상륙시키고, 세바스토플을 포위하였다. 연합군에 힘의 열세를 간파한 러시아 함대는 세바스토폴만에 자국 함정을 침몰하고 항구를 폐쇄하였다. 한편 육상의 러시아군은 주민들의 지원 아래 진지를 구축하고 적의 포격에 맞서 11개월 동안 요새를 지켜냈으나, 1855년 8월 말 결국 세바스토폴의 남쪽을 점거당하고 퇴각하였다. 이 전쟁에 질병이 겹쳐 양측 모두 25만 명이 죽었다. 니콜라이 1세는 전쟁 중인 1855

경계한 영국과 프랑스의 도움으로 영토를 사수하였다. 그 후 압둘 마지드 1세는 유럽을 모델로 서구화의 개혁을 전개하였다. 제국의 주민을 국민으로 인정하되 징병과 세금을 의무화하였다. 경찰서와 소방서, 우체국을 설립하였다. 도로와 철도가 만들어지고 가로등과 하수구가 설치되었다. 법률 제도를 바꾸어 그동안 이슬람 법정에서 취급했던 것을 세속 법정에서 다루었다. 교육 제도는 메드레세 종교 교육 대신에 유럽식 세속 학교를 설치하였다. 전국 곳곳에 해군학교, 군사학교, 기술학교, 의과 대학을 포함한 다양한 기관이 설립되었다. 1869년에는 초등학교의 무상 의무교육이 추진되었다. 그러나 추진하는 전문 인력과 자본 부족으로 개혁이 실패하였다.[72)]

(8) 제1차 입헌혁명: 1867년부터 1871년 사이 파리와 런던에서 오스만의 젊은 청년들이 활동(Young Turkish Party)하였다. 이들은 나믁 케말의 지도 아래 오스만 제국을 유럽 열강과 같은 나라로 발전시키기 위해 청년 오스만 운동을 전개하였다. 케말은 탄지마트식 근대화를 비판하고 술탄의 전제 정치 대신 입헌군주제를 주장하였다. 이들은 자유와 입헌 혁명의 옹호를 위해 잡지와 신문을 발행하였다. 그러나 술탄의 감시와 탄압으로 국내 활동이 어렵자 주로 파리와 런던에서 활동하였다. 1876년 5월 30일, 이스탄불에서 미드하트 파샤와 장교들이 술탄 압둘 아지즈의 전제 정치를 비판하며 쿠데타를 일으켰다.[73)] 신식군대와 해군 장교들, 신학생을 포함한 지식인들이 쿠데타를 적극 지지하였다. 결국 술탄 압둘 아지즈는 폐위되고 새 내각이 구성되었다. 새 내각은 압둘 하미드 2세에게 술탄 조건으로 의회제도 도입

년 2월에 사망하였으며, 후임 알렉산드르 2세는 러시아의 개혁을 깨닫고, 1856년 3월 파리에서 강화조약을 체결하였다. 그 결과 러시아는 몰다비아에 다뉴브 하구와 베사라비아의 일부를 양도하였고, 흑해에 함대 배치 권한을 상실하였다. 흑해는 중립이 선언되어 양 해협은 통상 상의 자유항해는 인정되었으나, 군함의 통과는 일체 금지되었다. 러시아 국내에서는 패전을 계기로 근대화를 지향하는 운동이 일어나, 1861년 농노해방을 비롯하여 일련의 개혁사업이 추진되었다. 오스트리아도 이 전쟁의 결과 영국과 프랑스 측에 가담함으로 러시아와의 지원 단절로 결국 독일과 이탈리아가 오스트리아로부터 독립하게 되었다.

72) 원인으로는 먼저 일부 보수주의자들의 저항이었다. 이들은 이슬람의 정신과 기본 질서를 파괴한다고 주장하였다. 다음은 학교 설립과 도로 건설에 필요한 재정을 차입한 외채 때문이었다. 무엇보다도 의회나 입헌군주제의 제도 개혁 없이 술탄의 전제군주제 아래서 서구식 기술이나 제도만을 도입한 것이다.

73) 앨런 파머, 「오스만 제국은 왜 몰락했는가」, 이은정 역, (에디터, 2004), 240-241.

과 헌법 제정을 요구하였다. 그해 12월 23일, 이스탄불의 돌마바흐체 궁전[74] 광장에 많은 사람이 운집하였다. 이 때 술탄 압둘 하미드 2세는 오스만 제국 역사상 최초의 성문헌법 "미드하트 헌법"[75]을 공포하였다. 이에 많은 사람들이 페즈(사탕 혹은 청량 과자)를 던지는 환호 속에 제1차 입헌 혁명[76]의 오스만 제국이 출범하였다.[77] 1877년 3월 19일 헌법에 따라 궁전에서 오스만 제국 최초의 의회가 개최되었다. 그리하여 오스만 제국은 이슬람권에서 최초로 의회와 헌법을 가진 입헌군주국이 되었다. 일본의 메이지 유신처럼 오스만 제국도 스스로 제도 개혁을 이루어 근대화로 나가게 되었다.

이런 상황에서 1877년 다시 러시아가 발칸 반도의 아드리아노플을 점령하고 불가리아까지 진격하자, 오스만 제국은 영국과 프랑스의 도움으로 러시아를 저지하였다. 전쟁 종식 후 오스만 제국은 이들 열강과 베를린 조약을 체결하였다. 조약에 따라 오스만은 러시아에 전쟁 배상금을 지불하였다. 또한 프랑스는 알제리와 튀니지를 차지하고, 영국은 이집트와 키프로스를 점령하였다. 발칸 반도의 슬라브족들은 러시아의 도움을 받아 세르비아, 루마니아 같이 독립하거나 불가리아처럼 자치령이 되었다. 그리하여 오스만 제국은 전체 인구의 반을 차지하던 발칸 반도를 상실하였다. 결국 18-19세기 동안 오스만 제국은 유럽 열강과의 전투에서 패하므로 전성기

---

74) 보스포러스 해협 0.8km에 흙을 메워 세운 궁전으로 가득찬 정원의 뜻이다. 1843-1856년 사이에 퇴락하는 제국의 재건을 위해 압둘 메지드 1세가 베르사이유 궁전을 본따 건축하였다. 1876년 압둘 하미드 2세가 첫 번 터키 의회를 열었으며, 오스만 터키 제국의 31대-38대 술탄(황제)이 거주하였다. 금빛 건축 장식은 전부 순금 덩어리의 초호화판 궁전으로, 50만 금화, 즉 현재 돈 5억불에 맞먹는 기금으로 건립되었으며, 의 내부 장식과 방들을 꾸미기 위해 총 14톤의 금과 40톤의 은이 사용되었다. 3층의 대칭 구조로 지어진 궁의 내부에는 285개의 방과 43개의 홀, 280개의 화병, 156개의 다양한 시계, 4톤과 2톤 중량의 샹들리에를 포함한 36개의 샹들리에, 58개의 크리스탈 촛대, 560점 이상의 그림, 손으로 직접 짠 대형 카페트 등이 소장 되었다. 그러나 막대한 지출로 재정이 악화되어 오스만 제국의 멸망을 초래하는 결과를 낳았다.

75) 아시아 최초의 헌법으로 재상 미드하트 파샤(Midhat Pasha)가 기초하였다. 핵심은 종교별 비례 대표제에 의한 제국 의회의 소집과 책임 내각제이며 1876년 공포되었다.

76) 이 헌법은 모두 113조로 프랑스 혁명의 민주주의의 기본 원리가 포함되었다. 술탄의 권한을 헌법과 의회의 힘으로 제한하는 입헌군주제를 도입하였다. 의회는 양원제로 하원은 국민이 직접, 상원은 술탄이 임명하였다. 사법부를 독립시키고 내각을 구성하였다. 그리하여 입법, 사법, 행정의 삼권이 분리되었다. 제국 내 모든 국민에게 종교의 자유와 표현의 자유, 법 앞에서의 평등이 보장되었다.

77) 한국역사교사모임, 「처음 읽는 터키사」, (휴머니스트, 2010), 210.

때의 영토 40%와 인구 20%를 잃었다. 위기 중에 제국 안팎에서 개혁을 위한 노력들, 예를 들면 군사 교육과 교육 제도의 개선 등이 추진되었다. 하지만 의회 개회 중에 오스만-러시아의 전쟁에서 패배 가능성이 커지면서 개혁은 위기에 직면하였다. 급히 소집된 대책회의에서 한 의원이 술탄을 비판하였다. 그러자 술탄은 헌법 제정과 의회 구성 때문이 아니라 모두 자기주장만 하기 때문이라고 하였다. 그리고 술탄 압둘 하미드 2세는 1878년 2월 14일 의회를 해산하였다. 이후 의회는 1908년까지 30년 동안 열리지 않았다. 공식적으로 헌법이 폐지되지 않았으나 의회가 닫힌 중에 술탄이 독재하였다. 이로써 제1차 입헌혁명은 실패하였다.[78] 많은 사람들이 술탄의 독재에 저항했으나 술탄은 경찰과 첩자들을 이용해 감시를 강화하였다. 술탄의 탄압을 피해 많은 사람들이 영국, 프랑스, 독일로 망명하였다. 그런데 술탄은 탄지마트식 개혁을 계속 추진하였다. 전국에 도로와 철도가 건설되고, 서유럽에서 이스탄불까지 연결되었다.

1888년 8월 12일 첫 번째 오리엔트 특급 열차가 이스탄불로 들어왔다. 중앙에 사르케지 역이 세워지고 여행객을 위한 페라 팔라스 호텔이 건설되었다. 이스탄불에서 바그다드를 연결하는 철도와 다마스쿠스와 메디나를 연결하는 치자즈 철도가 건설되었다. 이스탄불과 에디르네는 빈을 경유해 유럽의 철도망과 연결되었다. 이스탄불에서 앙카라와 콘야로 연결된 철도도 건설되었다. 오스만 제국은 유럽의 여러 지역, 특별히 독일 베를린과 직접 철도망을 연결하였다. 또한 술탄은 범이슬람주의 운동을 전개하여 열강의 침략에 맞서 모든 이슬람 국가들이 칼리프를 중심으로 단결하자고 하였다. 이를 통해 안으로는 서구식 입헌공화국을 주장하는 개혁파를 견제하고, 밖으로는 발칸 반도에서 전개되는 범슬라브주의를 억압하면서 아프리카에서 반 유럽 투쟁을 이끌었다. 이 정책은 어느 정도 성과를 거두어, 프랑스와 영국에게 튀니지와 이집트를 점령당한 것 외에는 1908년까지 영토를 유지하였다. 이 기간 동안 술탄의 정치를 방해하지 않는 조건 아래 신문이나 잡지가 많이 발행되었으며, 이후 입헌 정치의 부활과 민주주의의 확장에 영향을 끼쳤다.[79]

(9) 제2차 입헌 혁명: 19-20세기 초, 유럽 열강은 아프리카와 아시아에서 제국주

78) 이것은 권력의 축소를 수용하기 어려웠던 술탄의 반동 정치와 제국주의 열강들의 끊임없는 침략 때문이었다.

79) 한국역사교사모임, 「처음 읽는 터키사」, (휴머니스트, 2010), 213.

의의 팽창으로 대립하였다. 아프리카에서는 영국의 종단 정책[80]과 프랑스의 횡단 정책,[81] 수단 남부 파쇼다의 충돌로 두 나라 간 전투가 발생하였다. 동유럽에서는 독일을 중심으로 한 범게르만주의와 러시아를 중심으로 범슬라브주의가 맞섰으며, 서아시아에서는 독일의 3B 정책과 영국의 3C 정책이 대립하였다.[82] 한편 유럽에서는 독일, 오스트리아-헝가리와 이탈리아 삼국 동맹과 영국, 프랑스, 러시아의 삼국 협상이 대립하였다. 이것은 제국주의 간의 쟁탈로 제1차 세계대전을 촉발하였다. 오스만 제국 역시 러시아, 영국, 프랑스 등의 침략과 발칸 지역의 독립 운동으로 몸살을 앓았다. 또한 제1차 입헌 혁명의 실패 이후, 술탄 압둘 하미드 2세가 독재 정치를 펴 국내 상황 역시 어려웠다. 이 무렵, 1889년 5월 21일 군사의료학교 학생 5명이 학교 근처 하맘, 터키의 목욕탕 정원에 모였다. 그리고 술탄의 군 내외 정책을 비판하며, 문제 해결을 위해 오스만 연합이라는 조직체를 결성하였다. 이렇게 시작된 술탄 반대 운동은 이스탄불대학에서 전국으로 확대되었다. 이후 오스만 연합은 연합진보위원회(CUP: Committee of Union and Progress)로 명칭을 바꾸었다.

이 위원회가 활동하던 시기에 정부의 탄압을 피해 프랑스로 망명한 이들을 중심으로 신문과 잡지를 발간하였다. 이를 통해 오스만 제국의 개혁을 주장하고, 압둘 하미드 2세의 전제 정치와 유럽의 내정 간섭을 비판하였다. 이렇게 발행된 신문과 잡지들이 우편으로 제국에 보내져, 많은 사람들의 사고에 영향을 끼쳤다. 1906년 무스타파 케말의 고향 살로니카(데살로니카)에서 오스만 자유위원회(OLS: Ottoman Liberty Society)가 구성되었다. 이후 연합진보위원회를 통합하여 오스만 제국의 개혁을 이끌었다. 연합진보위원회가 국내외에서 술탄의 전제 정치와 유럽의 내정 간섭에 반대하는 운동을 전개할 무렵, 1908년 7월 6일, 아흐메드 니야지 장군이 마케

80) 이집트의 카이로에서 남아프리카공화국의 케이프타운까지 아프리카를 종단하여 그 사이에 있는 지역을 모두 식민지화하려는 영국의 정책.

81) 알제리에서 마다가스카르까지 횡단하여 그 사이에 있는 지역을 모두 식민지화 하려는 프랑스의 정책.

82) 당시 철도 건설에 가장 많이 도움을 준 나라는 독일이었다. 독일은 3B 정책, 베를린과 비잔티움, 바그다드를 연결하는 철도망을 만들어 발칸 반도에서 아나톨리아 반도를 거쳐 페르시아 만을 직접 연결하는 지역을 경제적, 군사적으로 이용하였다. 그러나 이것은 영국의 3C 정책, 캘커타, 카이로, 케이프타운과 대립하는 제국주의의 국가들의 팽창으로 제1차 세계대전의 원인이 되었다. 한국역사교사모임, 「처음 읽는 터키사」, (휴머니스트, 2010), 216.

도니아에서 쿠데타를 일으켰다. 그는 1878년 이후 정지된 헌법을 부활하고 입헌 정부로 환원하였다. 엔베르 파샤 등 연합진보위원회 지도자들이 쿠데타를 지지하였다. 술탄 압둘 하미드 2세가 맞섰지만, 장교들이 쿠데타 세력에 가세하면서 진압에 실패하였다.

1876년 헌법을 부활시키라는 요구를 받은 술탄은 7월 23일 입헌 체제로의 환원을 약속하였다. 이튿 날 이스탄불 신문의 한구석에 의원 선거 공고가 무제(無題)로 게재되었다. 사람들은 쿠데타를 지지했고 연합진보위원회를 지원하였다. 곳곳에서 향후 사태를 전망하는 토론이 벌어졌다. 1878년 헌법 정지 후, 사람들은 자신이 직접 뽑는 대표로 의회를 구성하는 것에 기대를 나타냈다. 술탄의 독재를 지탱하던 궁전 고문단은 도망가거나 붙잡혔다. 비밀 정보원과 검열 제도는 폐지되었다. 망명자들이 돌아와 신문, 책, 만화를 통해 의식을 일깨웠다. 그리고 11월 하원의원 선거를 실시하여 남자 5만 명 당 의원 한 명을 선출하였다. 이로써 위원회는 자유, 정의, 평등, 우애를 실현하는 계기를 마련하였다. 유럽의 제국주의적 침략으로 아시아와 아프리카 대부분이 식민지화 되는 때에 오스만은 의회를 통해 신속히 근대화로 나아갔다.[83)]

하지만 입헌 정부의 미래는 평탄치 않았다. 1909년 4월 13일, 이스탄불에서 병사들이 폭동을 일으켰기 때문이다. 청년 장교들과 일반 병사들 간의 심한 차별이 문제였다. 병사들은 입헌 정부가 종교 율법을 위반했다며 세리아트, 이슬람법을 지키자고 하였다. 또한 의회 의원, 청년 장교, 진보적 언론인들을 체포하여 처형하였다. 이때 술탄 압둘 하미드 2세는 권력을 재탈환할 기회로 간주하고 병사들의 폭동을 지지하였다. 하지만 입헌 정부를 지지하던 청년 장교단의 마케도니아 전투 부대가 이스탄불에 진입하면서 폭동이 진압되었다. 그 후 압둘 하미드 2세를 폐위하라는 요구가 제기되었다. 고민 끝에 술탄의 동생을 새 술탄으로 삼고 의회에서 헌법을 존중하는 선언을 하는 방법으로 결정되었다. 결국 압둘 하미드는 폐위되어 살로니카로 유배되었다. 뒤를 이어 메흐메트 5세가 새 술탄으로, 이슬람법 및 헌법과 자신을 뽑아준 국민의 뜻을 따르겠다고 선언하였다. 제국은 연합진보위원회가 지배했으며, 실제 권한은 의회가 갖고, 재상이 장관을 임명하며, 이들로 구성된 정부가 책

83) 한국역사교사모임, 「처음 읽는 터키사」, (휴머니스트, 2010), 219-224.

임을 졌다. 새 정부는 유럽 자문단의 도움으로 관세, 행정, 법률, 군대 훈련 분야에서 서구화 정책을 적극 추진하였다. 그러나 개혁을 추진하는 과정에서 오스만 제국의 발전 방향을 둘러싸고 제국의 모든 국민은 평등하다는 오스만주의, 금욕주의와 초기 이슬람교를 추종하는 범이슬람주의, 터키어사용 자들의 통합을 주창한 범투란주의,[84] 제국의 민족의식을 고취한 투르크주의의 논쟁이 발생하였다. 이런 상황에서 사람들은 투르크를 통해 이슬람의 무함마드 대신 투르크의 오스만으로 이름을 지었다. 투르크주의는 발칸 전쟁과 제1차 세계대전을 거치면서 더욱 강화되어 터키 국가 건설에 근간이 되었다.

(10) 제1차 세계대전의 패배: 입헌 혁명으로 서구화, 근대화를 추진해온 오스만 제국은 또 다시 어려움에 직면하였다. 발칸 반도의 동부 지역이 불가리아로 독립했고, 오스트리아-헝가리 제국은 보스니아 일대를 점령하였다. 그리스와 불가리아가 연합하여 마케도니아 지역을 침공하였다. 결국 두 차례 피치 못할 전쟁을 거치면서 오스만 제국은 유럽 영토 83%, 유럽 쪽 인구 69%를 상실하였다. 제1차 발칸 전쟁은 1911년 이탈리아가 리비아 지역의 침략을 계기로, 1912년 10월부터 1913년 5월까지 발칸 국가들이 오스만의 영토를 공격하면서 시작되었다. 제국은 패배를 거듭하면서 이스탄불과 일부 지역을 제외 한 유럽 쪽 영토 대부분을 불가리아, 세르비아, 그리스, 몬테네그로에 빼앗겼다. 그리하여 1913년 6-7월 제2차 발칸 전쟁이 불가리아와 루마니아가 마케도니아 지역의 분할을 둘러싸고 전쟁하였다. 이 과정에서 오스만 제국은 에디르네 인근의 지역을 회복했으나, 대신 로도스 섬을 포함하여 트리폴리와 에게 해 12개 섬을 이탈리아에 빼앗겼다. 이로써 오스만 제국의 영토는 줄었으나 종교적으로 이슬람교, 민족적으로 투르크인의 동질성이 강화되었다.

유럽 제국주의 국가들의 식민지 쟁탈전이 거세질 즈음, 1914년 제1차 세계대전

84) 범투란민족주의(Pan-Turanianism)로도 불린다. 1800년대 중반부터 일부 헝가리의 마자르인들이 슬라브인과 범슬라브주의에 대항하여 투르크인과 헝가리인의 통합을 의미하는 범투라니즘을 주창하였다. 1878년 이후 크림반도의 투르크인 I. 가스프린스키(Ismail Bey Gasprinskii, 1841-1914), Y. 아큐라(Yusuf Akcura, 1876-1937) 등에 의해 본격적인 정치운동으로 전개되었으며, 오스만 투르크 제국이 그것을 지원하였다. 투란(Turan)이란 고대 페르시아어에서 기원한 단어로 북방 유목민을 지칭했으나, 근대에 와서 투르크계, 타타르계, 몽골계, 우랄-알타이계의 언어와 민족 혹은 그들의 공통된 문화적 특성을 가리키는 상징적인 의미를 갖게 되었다.

이 발생하였다. 제1차 대전은 보스니아의 수도 사라예보에서 오스트리아 황태자 부부가 세르비아의 청년에게 암살당한 사건(사라예보 사건)으로 촉발되었다. 하지만 실제로는 제국주의 국가 간의 식민지 쟁탈 때문이었다.[85] 유럽에서는 삼국동맹과 삼국협상이 대립했고, 발칸 반도에서는 범슬라브주의와 범게르만주의가 대립하였다. 아프리카에서는 프랑스의 횡단 정책과 영국의 종단 정책이 대립하였으며, 서아시아에서는 독일의 3B 정책과 영국의 3C 정책이 대립하였다. 이때 세계의 화약고인 발칸 반도의 세르비아에서 전쟁이 발생하였다. 본래 발칸 반도는 종교적으로 이슬람교, 가톨릭, 그리스 정교가 섞여 있고, 민족적으로 슬라브족, 게르만족, 투르크족으로 구성되었다. 그런데 오스만 제국이 약화되면서 독립한 여러 나라가 영토 확장을 위해 대립하였다. 전쟁 발발 시에 오스만 제국은 내부 여론은 중립적이었으나 그 해 10월 독일 편 전쟁에 가담하였다.[86]

1914년 10월 28일, 독일 군함 두 척이 상선으로 위장하여 보스포루스 해협의 오스만 제국 함대와 합류하였다. 다음 날 함대는 독일 장교와 승무원을 싣고 오스만기를 펄럭이며 흑해 연안의 러시아 기지를 폭격하였다. 이에 러시아가 11월 5일, 다음 날 영국과 프랑스가 오스만 제국에 선전 포고하였다. 전쟁 6개월 동안 오스만의 80만 군대가 전투에 투입되었다. 초기에는 몇몇 전투에서 승리했으나 점차 별 성과가 없었다. 1914-1915년 겨울 동부 아나톨리아 전선에서 러시아 공격에 참가한 오스만 군 80%가 전사하였다. 나머지 군사들은 도망쳤으며, 국내는 물자 부족으로 경제가 매우 어려웠다.[87] 1917년 사회주의 혁명에 성공한 러시아는 독일과 강화를 맺고 군대를 철수하였다. 곧바로 동맹국 불가리아와 오스만 제국, 오스트리아-헝가리 제국도 연합국에 항복하였다. 독일에서는 수병들의 반란을 계기로 공화국이 선포되

85) 한국역사교사모임, 「처음 읽는 터키사」, (휴머니스트, 2010), 231.

86) 당시 오스만의 내각 엔베르 장관은 독일 편에 서서 러시아에 맞서는 것이 나라의 이익에 부합하며, 특별히 독일의 힘을 빌려 러시아를 격파할 수 있다고 생각하였다. 독일 역시 오스만 제국을 끌어들이기 위해 많은 노력을 기울였다. 황제 빌헬름 2세가 다이아몬드로 장식된 홀을 선물하여 환심을 사려 했고, 이스탄불에서 바그다드까지 이어지는 철도 건설을 적극 지원하였다. 결국 엔베르의 친독일 정책과 독일의 적극적인 외교가 양국을 동맹국으로 이끌었다.

87) 오스만 제국의 제1차 대전 참전 결과는 비참하였다. 동원된 병사 280만 중에 325,000명이 전사했으며, 민간이 사상자가 200만이었다. 무엇보다도 패전국으로 연합국과 굴욕적인 조약을 체결하였다.

었다. 그리고 1918년 공화국 정부가 연합국과 휴전을 맺으면서 제1차 세계대전은 4년 만에 종식되었다.

대전 결과 오스만의 술탄 메흐메트 5세가 물러나고 메흐메트 6세가 등극하였다. 전쟁을 지휘한 엔베르는 휴전 2주 전 이스탄불을 빠져나갔고, 개혁을 이끌었던 연합진보위원회 내각도 퇴진하였다. 전쟁 후 연합국은 술탄 정부에 조약 체결을 강요하였다. 결국 패전의 책임을 진 술탄 정부는 연합국의 압력으로 1920년 8월 10일, 프랑스 파리 근교 세브르에서 술탄 메흐메트 6세가 조약[88]에 서명하였다. 그리하여 오스만 제국은 발칸 반도, 아프리카 등 대부분의 영토를 잃고, 이스탄불 일대와 아나톨리아 반도로 축소되었다. 이 때 정부의 굴욕적인 조약 서명에 오스만 제국 전체가 분개하였다. 이로서 조약 체결에 반대하고 술탄 정부에 저항하는 범국민적 독립운동이 시작되었다. 많은 투르크 지도자들이 미국 대통령 윌슨의 평화 원칙 14개 조항 중에 12번째인, "오스만 제국의 투르크인 지역에 대한 주권 보장"을 근거로 독립운동을 전개하였다.

(11) 터키 공화국의 수립: 당시 독립운동을 주도한 무스타파 케말은 오스만 제국의 군대와 민족주의 단체를 해산하라는 술탄의 명령을 받았으나 연합국에 점령당한 국토를 해방하기 위해 독립운동을 전개하였다. 1920년 8월과 9월 에르주룸과 시바스에서 1, 2차 회의를 소집하여 권리보호 연합회를 설립하였다. 이 연합회는 술탄 정부를 대신하여 사실상 정부 역할을 하였다. 케말은 집행위원장으로 선출되어 독립운동을 관장하였다. 1920년 이스탄불의 술탄 정부가 실시한 의회 선거에서 케말의 지지자들이 다수 당선되었다. 그 후 새로 구성된 이스탄불 의회는 세브르 조약 대신에 제국의 독립을 주장하는 국민헌장을 통과시켰다. 이에 연합국은 이스탄불을 점령하고 하원을 해산 한 후 40여 명의 의원을 체포해 몰타 섬으로 유배하였다. 술탄 정부도 케말을 제거하려 하였다. 이 때 여러 의원들이 연합국과 술탄 정부의 탄압을 피해 이스탄불을 빠져나와 앙카라로 갔다. 케말은 이들 의원과 손잡고 새로

---

88) 오스만 제국은 아랍 지역의 영토를 모두 포기하고, 이집트는 영국에, 모로코와 튀니지는 프랑스에, 동부 트라키아와 에게 해의 여러 섬은 그리스에 넘길 것, 그리고 향후 5년 동안 그리스가 이즈미르를 통치할 것이며, 아르메니아를 독립시키고, 쿠르드족이 사는 지역, 예를 들면 터키, 시리아, 이란, 이라크에 쿠르디스탄 자치권을 허용하는 것 등이다. 그러나 후에 무스타파 케말의 국민의회가 승인하지 않음으로 폐기되었다.

하원의원을 선출한 후 4월 23일, 앙카라에서 역사적인 국민의회를 소집하였다. 국민의회는 이스탄불의 술탄 정부가 이교도의 통제를 받으며, 외세 추방이 무슬림 국민의 신성한 의무라고 선언하였다.

1921년 1월 국민의회는 헌법을 제정하고 케말을 의장에 선출하였다. 그리하여 오스만 제국에는 이스탄불의 술탄 정부와 앙카라의 케말 의회 정부가 존재하였다. 케말의 의회 정부가 수립되자 술탄은 이슬람교도들에게 케말 등의 반란자들을 살해하라고 명령하였다. 이에 이스탄불의 군사 법정에서 케말과 의원들에게 사형을 선고하였다. 술탄은 또한 군대를 파견하여 독립운동을 탄압하였다. 술탄 정부의 탄압이 계속되자 국민의회는 술탄을 어떻게 할 것인지 오랫동안 토론을 벌였다. 그리고 케말의 연설에[89] 공감하듯이, 1922년 11월 1일 터키 국민의회는 약 2년 전 영국군의 이스탄불 점령 후 술탄은 존재하지 않는다고 하였다. 이 소식을 들은 술탄 메흐메트 6세는 영국 군함을 타고 해외로 망명하였다. 그리하여 터키는 술탄 없는 공화국이 되었고 터키는 이슬람의 종교 지도자 칼리프만 남게 되었다. 그리고 1921년 7월 그리스의 침공에 케말은 작전상 후퇴로 의원들을 설득했으나 8월 대승하였다. 의회는 그를 “가지”(Ghazi), 즉 “신앙의 전사”요 “승리자”로 칭송하였다.[90] 이듬해 그리스의 재침을 받고 케말은 먼저 공격하였다. 그리스는 참패하고 총사령관이 체포되었다. 케말은 군대를 이끌고 보스포루스 해협과 영국군 주둔지까지 공격하였다. 영국이 휴전을 제안하고 케말이 이를 받아들여 전쟁이 종식되었다. 오스만 제국은 이스탄불과 인근 해협에 대한 통치권을 회복하였다. 세브르 조약은 폐기되고 새로운 조약이 논의되었다.[91]

케말 정부의 저항에 연합국들은 스위스 로잔에서 터키 문제를 논의하였다. 이스메트 파샤는 끈기 있게 연합국을 설득하여 우여곡절 끝에 모든 요구 사항을 관철하

---

89) 연설에서 케말은 “주권은 다른 사람이 줄 수 없고, 토론이나 논쟁을 통해 얻을 수 없다. 힘, 즉 권력과 무력으로 쟁취해야 한다. 투르크 국민은 스스로의 힘으로 주권을 쟁취했다. 이제 남은 것은 스스로 획득한 권리를 어떻게 표현하느냐 하는 것이다. 그러므로 술탄을 인정하느냐 아니면 국민이 주인인 세상을 선언하느냐”라고 하였다. 한국역사교사모임, 「처음 읽는 터키사」, (휴머니스트, 2010), 240-241.

90) 이것은 기독교 국가의 기사와 유사한 명칭이다. 스티븐 런치만, 「1453, 콘스탄티노플 최후의 날」, 이순호 역, (갈라파고스, 2004), 54.

91) 한국역사교사모임, 「처음 읽는 터키사」, (휴머니스트, 2010), 248-250.

였다. 마침내 1923년 7월 24일, 로잔 조약이 체결되었다. 이 조약에 따라 터키는 열강에 배상금을 지불하지 않아도 되었다. 그리고 공화국의 미래를 염려하는 중에 케말은 (i) 터키의 발전을 위해 서구와의 유대가 중요하므로 이스탄불과 보스포루스 지역을 차지한다. (ii) 터키 땅에서 터키어를 사용하는 사람은 모두 터키인이며, 민족적 동질성을 높이기 위해 터키인의 전체 인구 70%가 터키 공화국 영토라고 하였다. 그리하여 터키는 이스탄불을 얻는 대신 열강의 지배 아래 아프리카와 서아시아를 포기하였다. 터키 해안 가까이 에게 해의 여러 섬은 모두 그리스의 영토가 되었다. 그리고 터키는 이슬람교를 믿고 터키어를 사용하는 터키인들의 나라가 되었으며 세계의 도시 이스탄불을 얻었다. 1923년 10월 13일 케말은 수도를 이스탄불에서 앙카라로 이전하였다.[92] 그리고 10월 29일 의회에서 공식적으로 터키 공화국을 선포하였다. 1924년 3월 3일, 논란 끝에 의회는 600년 전통의 칼리프 제도를 폐지하였다. 4월 20일에는 공화정 헌법을 공포하였다. 그리하여 터키는 오스만 제국과 완전히 단절하였다. 이슬람교를 믿는 나라 중에 최초로 술탄의 지배를 받지 않고 국민이 뽑은 의회와 대통령이 다스리는 공화국이 되었다. 압둘 하미드의 퇴위와 함께 오스만 왕가를 국외로 추방하였다. 전통적인 이슬람 법정 제도 대신에 이탈리아 형법, 스위스 민법, 독일의 상법을 도입하였다. 1925년 8월, 케말은 100년 전에 술탄 마흐무트 2세가 터번 대신 서구식 페즈를 도입했는데 보다 문명화된 서구식 샤프카, 장식된 머리 덮개 모자를 썼다. 동시에 의상법으로 공공장소에서 여성들의 히잡 착용을 금지하였다. 1926년 이슬람 월력과 오스만 제국의 달력 대신 서양 달력을 사용하였다. 이에 따라 휴식일이 이슬람식의 금요일에서 유럽식 토요일, 일요일로 바뀌었다. 민법에서는 일부다처제를 금지하고, 혼신 신고를 통해 결혼을 승인하였다. 뿐만 아니라 1928년 케말은 이슬람 헌법에서 국교 이슬람을 삭제하였다. 그리고 그동안 터키 국민들이 학습하기 어려운 아랍어를 사용했는데, 라틴어를 기초로 발음이 부드럽고 모음이 풍부하며 악센트가 없는 새로운 문자를 만들었다. 그리

---

92) 당시 이스탄불은 인구 79만 명, 앙카라는 해발 848m로 3만 명이었다. 그런데 수도를 천도한 것은 이스탄불은 술탄과 서구 열강의 지배 아래 있고, 군사적 방어에 적합하지 않았기 때문이다. 또 다른 이유로는 국민의회 소집 등 공화국을 수립하기 위한 저항 운동이 앙카라를 중심으로 전개되었기 때문이다. 처음에 서구 열강은 수도 이전을 수용하지 않았으나, 1925년 소련과 아프가니스탄, 1929년 이탈리아와 프랑스가 이전하였다. 현재 앙카라는 관공서와 외국 대사관이 머무는 행정 도시로, 인구 1,000만의 대도시가 되었다.

하여 터키는 전국이 학교요 전 국민이 학생이었다. 마침내 케말에 의해 터키 민족주의가 실현되었다.

1931년 4월 그는 공화국 운영의 6가지 방침, 세속주의, 공화주의, 국민주의, 개혁주의, 민족주의, 국가주의를 천명하였다. 중심은 정종분리로 세속주의를 추진하고 공화주의를 실현하여 근대화와 서구화를 추진하였다. 이에 일부 지식인들이 세속주의에 반대하자, 질서유지법을 만들어 40여 명에게 교수형을 내리고 이스탄불 신문을 폐간하였다. 세속주의 추진으로 터키는 다른 이슬람 국가와 달리 정치와 사회면에서 영향력이 크게 축소되었다. 그 결과 세속주의와 이슬람주의가 대립했으며, 세속화와 서구화에 대한 반작용으로 이슬람의 복귀를 추진하는 세력이 등장하였다. 그러나 케말은 이들을 강력히 저지하였다. 그리고 1934년 법적으로 모든 국민이 성(性)을 갖게 하고,[93] 1929년 미국 경제와 공황에 맞서 경제개발 5개년 계획을 수립하였다. 1936년 노동법을 만들어 파업을 금지하고 사회보장제도를 실시하였다. 그러나 케말은 1938년 11월 10일 오전 9시 5분 궁전에서 심장마비로 사망하였다. 이스탄불에서 앙카라로 시신이 운구되는 동안 철도 주변 마을 농민들이 횃불을 들고 그를 배웅하였다. 1923년부터 1938년까지 케말은 초대 대통령을 지냈으며 사후 의회는 그에게 "아타투르크"(Mustafa Kemal Ataturk, 1881-1938), 터키인의 아버지라는 칭호를 부여하였다.

(12) 현재 터키 형편: 무스타파 케말의 사 후 그의 동지 이스메트 이뇌뉘(Îsmet Înönü, 1884-1973) 장군이 만장일치로 대통령에 올랐다. 그런데 1938년 대통령 취임과 함께 세계적으로 전운이 감돌았다. 미국에서 시작된 경제 공황이 전 세계로 확대되면서 경제적 위기에 직면한 독일과 이탈리아, 일본에 전체주의가 출현하였다. 독일의 히틀러와 이탈리아의 무솔리니는 군사력을 강화하여 주변국을 위협하였다. 터키도 이들 국가의 압력을 받았다. 마침내 1939년 9월 1일, 독일이 폴란드를 침공하면서 제2차 세계대전이 발발하였다. 제1차 대전 때의 경험을 토대로 터키는 중심을 지키려고 하였다. 그러나 독일의 폴란드 침공에 터키는 영국과 프랑스와 손을

---

93) 의회는 대통령 무스타파 케말에게 터키인의 아버지라는 의미의 "아타투르크"라는 성을 하사하였다. 수상 이스메트에게는 제1차 세계 대전의 승리를 거둔 이뇌뉘 지역을 성으로 주어 이스메트 이뇌뉘로 불렀다. 그밖에 국민들은 자신들의 직업, 출신, 신체적 특징을 따라 성을 붙였다. 한국역사교사모임, 「처음 읽는 터키사」, (휴머니스트, 2010), 259-260.

잡았다. 독일과 이탈리아는 파죽지세로 유럽의 전 지역을 점령하였다. 그러나 1944년 6월 6일 노르망디 상륙 작전을 계기로 전세가 바뀌었다. 독일은 후퇴하였고, 그 동안 중립을 지키던 터키는 1945년 2월 23일, 독일에 선전포고하였다. 결국 연합국의 총공세로 독일과 일본이 항복하여 제2차 세계대전[94]은 종식되었다. 그 후 터키 정부는 이스탄불 해협에 군사적 방어권을 공동으로 갖자는 소련의 위협으로 어려움에 처했으며, 대전 후 미국과 소련 간 냉전이 시작되었다. 당시 미국의 트루먼 대통령은 소련의 세력 확장을 막기 위해 트루먼 독트린을 추진하였다.[95] 터키는 미국의 원조를 수용하고, 1950년 유엔의 요청으로 한국 전쟁에 군을 파견하였다.

1950년 터키 역사상 처음으로 평화적인 정권 교체가 이루어졌다. 이 해에 민주당이 공화인민당을 누르고 집권당이 되었다.[96] 이뇌뉘 대통령은 민주당의 바야르에게 흔쾌히 정권을 넘겨주었다. 1952년 그리스와 함께 북대서양 조약 기구에 가입했으며, 이즈미르에 남동부 유럽 나토 사령부 본부를 건설하였다. 그리고 민주당은 민간 기업을 육성하고 외국 자본을 끌어들여 농업을 근대화하며 도로와 댐을 건설하였다. 그러나 인플레이션의 위기에서 정부의 친 이슬람 정책에 대한 군부와 지식인, 학생들의 불만이 고조되는 중에, 1960년 5월 27일 군부 쿠데타가 발생하였다. 군사

94) 당시 전체주의 국가들과 미국, 영국, 프랑스, 소련 등 연합국 간의 6년 전쟁으로 4,000-5,000만 명이 사망하였다. 폴 콜리어/알라스테어 필란/마크 J. 그로브/필립 D. 그로브/러셀 A. 하트,「제2차 세계대전: 탐욕의 끝, 사상 최악의 전쟁」, 강민수 역, (플래닛 미디어, 2008), 1-951; 윈스톤 처칠,「제2차 세계대전 12: 윈스톤처칠 회고록」, 황성수 역, (보경출판사, 1977); 마틴 폴리,「제2차 세계대전」, 박일송 역, (생각의 나무, 2008), 1-255.

95) 독트린에서 트루먼은 의회에 소련 공산주의의 침략 위협을 막기 위해 그리스와 터키에 4억 달러의 지원을 요청하여, 경제적으로 어려운 유럽 경제의 부흥 계획을 추진하였다. 이때 소련은 미국의 대외 원조 계획에 맞서 동유럽 여러 나라와 상호 원조 체제를 강화하였다. 미국과 서유럽 국가들이 집단 방위 조약 북대서양 조약기구(NATO)를 결성하자, 소련은 동유럽 국가들과 함께 바르샤바 조약기구(WTO)를 만들었다.

96) 이것은 의회의 다수 의석을 차지하는 정당의 대표가 수상과 대통령이 되는 내각책임제를 채택한 터키에서 공화국 수립 27년 만에 되어 진 일이다. 사실 1946년까지 터키의 정당은 아타투르크가 창설한 공화인민당 하나였다. 당시 많은 지식인들이 20여 년 간 하나의 정당이 계속 통치하는 것은 비민주적이라고 비판하였다. 국민들도 제2차 세계대전 후 물가가 폭등하고 경제가 어렵다며 그 책임을 공화인민당에 돌렸다. 그리하여 이뇌뉘 정부는 1946년 다당제를 허용하였다. 곧바로 세랄 바야르, 아드난 멘데레스가 민주당을 창당하였다. 이후 터키에 여당과 야당이 존재하였고, 1950년 선거에서 민주당의 승리로 바야르가 대통령, 멘데레스가 총리가 되었다.

정권은 의회를 해산하고, 모든 정당의 정치 활동을 금지하였다. 이듬해 헌법을 다시 만들어 의회를 재구성하고 제 2공화국을 선언하였다. 그리고 새 의회가 대통령과 수상을 선출하자 군부는 권력을 새 정부에 이양하고 물러났다. 1963년에는 EU(유럽공동체)의 준회원국이 되었다. 이후 10년 간 민주적인 절차에 따른 정당 정치가 이루어졌다. 하지만 1960년 대 후반 좌우익 학생들 간의 충돌로 사회가 혼란해지자, 1971년 군부는 다시 쿠데타를 일으켜 정당 정치를 부활시켰으나, 소수 정당들의 대립으로 연립내각을 구성하였고, 1980년 케난 에브렌 장군과 타신 사힌카야 공군 참모총장이 다시 쿠데타를 일으켰다. 20년 동안 세 차례 군부 쿠데타가 일어났으나 정당 정치는 계속되었다. 그것은 국민들이 군부를 신뢰하였기 때문이다. 2013년 2월 현재 터키는 내각책임제와 대통령제가 혼합된 정치 제도를 갖고 있다. 의회는 국민이 직접 뽑은 4년 임기의 의회 의원 550명으로 구성되었다. 그리고 다수당의 대표가 총리로 행정의 책임을 지는 내각책임제이다. 동시에 의회에서 5년 임기의 대통령을 선출한다. 터키의 내각제는 일반적인 경우와 달리 대통령제 국가의 대통령과 같이 국회 소집권, 국민투표 요청권 등 내각을 견제할 수 있는 권한을 갖고 있다.

4. 제국의 멸망: 역사적 평가

395년 테오도시우스 황제의 사후 두 아들 중 차남 호노리우스가 서로마 제국을, 장남 아르카디우스가 동로마를 통치하면서 제국이 분리되었다. 그 후 476년 서로마는 훈족에 패망했으나 동로마는 지속적으로 발전하였다. 특별히 유스티니아누스(527-565년) 황제는 분열된 교회를 통합하고 페르시아 제국과 손을 잡았다. 그리고 이탈리아와 지중해 일대, 아프리카, 스페인 동남부를 점령하려 옛 로마 제국 전성기의 영토를 회복하였다. 뿐만 아니라 성 소피아 성당을 재건하고, 529년 비잔틴 제국을 법으로 엄격히 다스리기 위하여 방대한 규모의 로마법 대전을 편찬하였다. 이후 동로마 제국에는 다양한 운동들, 예를 들면 성상숭배논쟁, 동서방 교회의 분열, 십자군 운동, 스콜라 신학, 수도원 등이 일어났다. 1453년 5월 29일, 지구상에 영원한 제국이 없듯이 마침내 동로마 제국은 오스만 투르크의 침략으로 1,000여년의 역사를 마감하였다. 여기에 여러 요인을 5가지로 정리하였다.

(1) 광활한 영토 확장과 지도력의 부재: 역사적으로 콘스탄티노플은 고전적 유

산, 특별히 그리스-로마 문명을 상속한 기독교 국가 개념이 확고히 자리하였다. 그런데 1453년 5월 29일 화요일 오스만 투르크의 술탄 메흐메드 2세(Mehemd II)는 일출과 함께 케르코포르타 성벽의 작은 문을 뚫고 콘스탄티노플을 함락하였다. 이 소식은 로마와 베네치아 공화국, 제노바, 볼로냐, 플로렌스, 나폴리를 포함하여 영국을 제외한 전 대륙으로 급속히 확산되었다. 당시 동로마의 86번째 황제 콘스탄티누스 11세는 무슬림에 맞서기 위해 서방에 무장 지원을 요청했으나 도움을 받지 못한 채 서쪽 성벽 아래서 전사하였다.[97] 술탄 메흐메드 2세는 즉시 성소피아 성당에 들어가 이슬람 사원의 개조를 명령하였다. 그는 이슬람 세계를 위해 기독교 제단뿐 아니라 그 이상의 것들도 유용하게 활용하였다. 역대 동로마 황제들의 법은 그가 주도한 법제화의 모델이 되었다. 그는 한 때 지중해 전역을 지배했던 제국의 전통적인 상속자임을 선언하고, 의미심장하게 자신의 직함에 룸 카이세리(Rum Kayseri, 로마의 황제) 칭호를 첨가하였다. 자신이 지중해를 "우리의 바다"라고 불르며 로마제국의 진정한 계승자임을 선언하였다. 그리고 그가 떠나온 아나톨리아 고원이 보이는 유럽의 "루멜리아" 지역에 수도를 정하였다. 그리하여 그는 자신의 제국이 영원할 것을 천명하였다.[98]

이후 오스만의 10번째 술탄 술레이만(Suleyman) 1세는 1526년 8월 29일 모하치 전투에서 마자르인들을 격파하였다. 1520년에서 1566년까지 제국은 가장 번성하였다. 그는 당시 영국의 헨리 8세, 프랑스의 프란시스 1세처럼 화려한 군주 이상으로 절대적 권한을 가진 무슬림의 칼리프였다.[99] 하지만 그의 사후 술탄들의 권위는 궁

---

97) 앨런 파머,「오스만 제국은 왜 몰락했는가」, 이은정 역, (에디터, 2004), 11-12.

98) 본래 투르크인들은 중앙아시아 출신의 기마 유목민으로 9세기 경에 이슬람을 받아들였다. 이들은 이후 초기 칼리프의 고향인 바그다드를 점령하고, 1071년 반 호수 부근에서 동로마의 기독교 군대를 대파하였다. 그 후 셀주크인들은 술탄왕조를 세웠다. 14세기 초까지 이 왕조는 이교도 몽골 대군의 공격을 받았다. 이 무렵 지방 통치자들이 곳곳에 자신들의 공국을 건설하였다. 그들 중에 서부 아나톨리아에 위치한 쇠우트에 정착한 오스만이 포함되었다. 1326년 오스만의 군대가 동로마 도시, 부르사를 포위하여 공격 중에 사망하였다. 이 도시는 오스만의 아들이자 왕위 계승자인 오르한(Orhan)에 의해 점령되었다. 이렇게 부르사는 1922년까지 생존한 오스만 왕조의 실제적인 수도였다.

99) 그는 자신의 이름을 딴 사원을 건축하고, 러시아 남부 대부분과 트란실바니아, 헝가리, 발칸, 아나톨리아, 시리아, 팔레스타인, 요르단, 지금의 이라크 대부분과 쿠웨이트, 걸프해 서안을 직접 통치하였다. 그는 또한 예루살렘과 지금의 사우디아라비아에 있는 무슬림 성지의 수

전에서의 경쟁과 음모로 약화되었다.[100] 1623년부터 1640년까지 통치한 31세의 무라드(Murad) 4세는 군사령관으로 코카서스와 메소포타미아에서 훌륭한 능력을 보였으나 통치 내내 내치보다는 반란군 진압에 집중하였다. 이런 와중에 통치자 대부분이 정책 구상 업무를 조정의 총리나 제국의 고관이나 사령관인 아가(Aga)에게 위임하였다.[101] 한편 35년 동안 왕위에 있던 메흐메드 4세는 원기 왕성한 기수였으나 군인이 아닌 사치스런 쾌락주의자였다. 1683년 총리대신 카라 무스타파의 빈 공격에 황제 레오폴트 1세의 지원 요청을 받은 교황은 보조금을 지급하였고 북이탈리아 및 독일 프랑켄의 젊은 귀족들은 지원병으로 나섰으며, 바이에른과 작센의 선거후들은 군대를 소집하였다. 그리고 얀 소비에스키 왕의 강력한 폴란드 군대의 지원으로 빈의 구출 희망을 보게 되었다.[102] 결국 빈 패배 이후 오스만 제국은 실수를 저지른 장군 50여명의 책임을 물어 교살하였다. 그러나 이러한 죽음이 전쟁의 결과를 되돌리거나 국가의 운명을 바꾸지는 못하였다.[103]

(2) 울레마(ulema)와 일미예(ilmiye)의 영향력과 왕위음모: 이 두 그룹은 이슬람의 성직자 그룹으로 전자는 이슬람 성직자 혹은 종교 지도자요 후자는 최고 대변인 뮤프티(Mufti)이였다. 특별히 울레마는 조세가 면제된 사회의 특권층이었다. 그들은 엄격한 종교적 문제뿐 아니라 국가가 집행하는 재판의 형식과 관련된 문제들, 그리고 교육의 성격 및 운영을 결정하였다. 시간이 지나면서 상기한 두 종교 조직들이 오스만 정부의 독재 권력을 견제하였다. 심지어 존경 받는 종교 지도자들은 술탄의

호자였으며, 아덴과 예멘 그리고 나일강 삼각주에서 아틀라스 산맥에 이르는 북아프리카 전 해안을 다스렸다. 앨런 파머,「오스만 제국은 왜 몰락했는가」, 이은정 역, (에디터, 2004), 14-18.

100) 예를 들면 셀림과 그의 손자 메흐메드 3세, 1595년 이후의 술탄들이 왕위 등극 이전에 실제적인 군복무 경험이 없었다.

101) 앨런 파머, 21.

102) 앨런 파머, 30-33.

103) 당시 술탄 메흐메드는 총리대신 카라 무스타파를 제물로 책임을 회피하였다. 따라서 그는 사위를 통해 "그의 영혼을 자비로우신 알라에게 위탁하라"는 명령을 내렸다. 카라 무스타파는 기도 후 터번과 관복을 벗고 죽음을 기다렸다. 그의 처형 때 그렇게 혹독하게 박해를 받은 도시와 마을에서는 크리스마스를 축하하는 교회의 종소리가 울려퍼졌다. 카라 무스타파는 12월 25일 무슬림에 의해 참수되었고, 그의 머리는 가죽을 벗겨 박제로 만들어져 메흐메드 4세에게 보내졌다. 현재 그의 머리는 빈의 역사박물관 1층 유리관에 보관, 전시 되지는 않았다. 앨런 파머, 35-36.

왕위 보위 자격을 심의하기도 하였다. 1610년 무렵 술탄을 옹립하거나 폐위하는 일에, 이후 제국의 몰락까지 울레마와 일미예가 크게 영향력을 끼쳤다.[104] 실제로 이들의 압력으로 17세기 전반에 4명의 술탄들이 폐위되었다. 그 중에 8년 간 재위하고 1648년 8월 8일 폐위된 메흐메드의 부친 미친 이브라힘이다. 그는 가혹하게 착취된 재원을 낭비하고 어느 날 밤 280명의 첩을 익사시켰다. 그는 폐위된 10일 후 자신의 가신 젤라드(cellad, 최고 사형집행인)에게 교살되었다. 그러나 그 누구도 슬퍼하지 않았다.

일부일처제 사회에서조차 왕의 퇴위가 순탄하게 이루어지지 않았다. 이러한 상황에서 오스만 제국의 하렘 조직은 항상 술탄의 계승문제를 논의하였다. 19세기 이전까지 술탄이 사망했거나 폐위되었을 때 즉시 왕위에 오를 수 있도록 준비를 갖춘 예는 거의 없었다. 대부분의 오스만 통치자들은 하렘에서 낮은 위치에 있는 첩들만이 아니라 여러 명의 부인들을 총애하였다. 따라서 15-16세기에 새로운 술탄은 등극과 함께 친형제들과 이복형제들을 교살하였다. 이렇듯 궁정 음모는 왕권 경쟁자들 사이에서 치열하게 전개되었다. 대표적으로 무라드 5세의 다섯 형제들은 1574년 12월 21일 교살되었다. 1595년 1월 28일에는 메흐메드 3세가 18명의 형제들을 모두 죽였다.[105] 그 결과 왕실에는 남성이 부족하였다. 종교 지도자들은 형제 살해가 과연 도덕적으로 현명한 일인지 의문을 갖게 되었다. 이 후 남성 친족들이 술탄의 지근에 마련된 여러 작은 방, 카페스(kafes)로 불리는 새장에 감금되었다. 6살에 등극한 메흐메드를 제외하고 1617년부터 1839년까지 왕위에 오른 15명의 전 술탄은 창(窓) 넘어 멀리 골든 홀과 보스포러스가 내려다 보이는 대리석 테라스가 딸린 작은 세상에서 왕위 호명을 기다렸다. 1688년 3월 초 술레이만 2세는 카페스에서 나온 후 친히 군대를 이끌고 콘스탄티노플의 스탐불과 갈라타 지역의 반란자들과 무법자, 악랄한 갈취자들을 추적하여 체포하였다. 그는 임시 전쟁세의 폐지를 약속하고, 1689년 10월 무스타파 쾨프륄뤼를 총리대신으로 임명하였다. 그러나 술레이만

---

104) 1612년부터 1922년까지 제국을 지배한 21명의 술탄 중 13명이 최고 뮤프티가 공포한 페트와(fetva, 중요한 판결들을 신중히 고려한 법률상의 의견서)에 기초하여 폐위되었다. 이 페트와들은 술탄이 성법을 제대로 준수하지 않았다는 정적들이 제기한 의혹에 대한 응답이었다. 앨런 파머,「오스만 제국은 왜 몰락했는가」, 20-21.

105) 앨런 파머,「오스만 제국은 왜 몰락했는가」, 이은정 역, (에디터, 2004), 43-45.

의 사망 후 이복동생 아흐멧 왕자는 10개월 늦게 태어났으나 43년 동안 케페스에서 생활을 하였다. 이렇듯 오스만 제국은 왕위를 둘러싸고 끝없이 음모가 진행되었다.

(3) 지도자들의 향락과 사치 : 오스만의 정복 시대는 1700년 이후 종식되었다. 영토는 패배하거나 또는 우유부단하게 수행된 전쟁으로 축소되었다. 또한 북아프리카와 예멘의 변방지역들도 오래지 않아 독립하였다. 사실 17세기 말엽부터 외부인들이 술탄 왕조의 붕괴를 예언하였다. 그러나 이러한 예상과 달리 오스만 제국은 스페인 제국이나 제노바, 베네치아 공화국, 폴란드 군주정, 영국의 아메리카 식민지, 쇠퇴한 신성로마제국, 부르봉가와 나폴레옹의 프랑스, 그리고 교황의 정치권력보다 오래 유지되었고 심지어 합스부르크 왕가나 로마노프제국, 그리고 프랑스를 따르고자 했던 호헨촐레른 제국보다 더 잔존하였다. 그것은 오스만 제국이 이슬람 국가라는 확신 때문이었다. 그럼에도 불구하고 18세기와 19세기 동안에 술탄과 총리 대신들은 오스만의 통치 조직에 유럽적 서구화를 추진하였다. 그 중심에 1718년 아흐멧 3세의 총리대신으로 임명된 이브라힘 파샤 큘리에시(Ibrahim Pasa Kulliyesi)였다. 그는 당시 총리 대신의 재직 기간이 보통 14개월이었으나 기민한 외교관과 총리대신으로 12년을 지냈다. 그는 자신의 욕망을 위하여 술탄의 장녀와 결혼하였으며, 유럽의 여러 나라에 최초로 외교 사절을 파견하였다. 그리고 각국의 무역과 문화, 산업과 예술, 도서관과 인쇄술을 관찰하여 보고케 하였다. 실제로 프랑스에 2명의 문화 사절단을 파견하여, 이곳 사람들의 선입견을 제거하고 상류층의 관심을 끌어냈으며, 특별히 터키의 전통 요리인 케밥을 이곳에 소개하였다.

다마트 이브라힘은 파리에서 첼레비가 보낸 첫 보고서를 받고 별장을 건축하였다. 그리고 1721년 5월 보스포러스가 내려다 보이는 그곳에서 장인을 접대하고 그에게 선사하였다. 1722년 다마트 이브라힘은 아흐멧 3세를 설득하여 프랑스 왕실풍을 모방하여 토카프궁에서 골든 혼 북쪽에 여름 궁전 사아다바드(Saadabad, 행복의 궁전)를 건립하였다. 이곳은 담수를 이룬 두 개의 시냇물 알리베이 수유와 캬으트하네 수유는 사아다바드궁의 풍치를 다 하였다. 궁전 뜰에 세워진 분수와 폭포에 물을 공급하기 위해 운하가 만들어졌다. 그리고 보스포러스 위쪽에 칸딜리 해안에 새로운 저택을 건축하였다. 외국 건축가들이 콘스탄티노플로 초청되었다. 무엇보다도 궁전은 프랑스의 외교사절 루이 소뵈르 드 빌뇌브가 묘사했듯이 한 궁전에서 다른 궁전으로 옮겨 다니는 황실 순행과 술탄 및 지배계층이 좋아했던 밤하늘의 경축 조명이 백미였다. 배의 행렬이나 서서히 타들어가는 축제 송진램프, 나무들을 꽃 줄로 꾸민 사아다바드의 정원에 세워진 누각이나 정자가 화려하게 장식되었다. 당시 사회적으로 혼란한 때에 방문자들이 목격한 궁전은 특별하였다. 모든 손님들에게 참깨 씨와 꿀로 범벅된 요리가 제공된 헬바 축제, 인간의 형상을 예술로 표현하는 것을 금하는 이슬람의 전통에도 불구하고 제작된 초상화, 곡예사와 레슬러 그리고 난쟁이들, 앵무새와 새장 속에서 노래하는 이국적인 새들, 야자수처럼 보이는 과자 또는 술탄의 세 딸의 결혼 피로연을 위해 안마당에 만들어진 17㎡의 설탕과 캔디 공원이다. 이것은 매우 향략적인 골든 혼의 하류 해안가에서 종종 마주치는 현실과 너무나 상반되는 모순 덩이의 "장난감 세계" 였다.[106]

뿐만 아니라 새로운 이슬람 학교를 건립하고 후원금을 받았으며, 최초의 터키어 인쇄소를 설립하였다. 그 밖에도 예술과 학문의 후원자로서 술탄 아흐멧은 꽃이나 과일 무늬를 그려 넣고 라커칠을 한 밝은 나무 패널과 섬세한 금박 무늬의 천장으로 궁전 식당을 꾸며, 심지어 지금까지 방문객들의 눈을 즐겁게 해 주고 있다. 무엇보다도 성 소피아 성당과 톱카프궁 사이에 건립한 거대한 체쉬메(분수대)보다 더 정교한 지붕을 가진 거리분수는 없다. 1726년 술탄 아흐멧은 순례단이 메카와 메디나로 매년 2400 km의 순례 여정을 떠나는 곳에 분수를 세웠다. 그러나 무엇보다도 아흐멧 3세는 꽃 애호가였다. 역사적으로 그의 치세는 "랄레 데브리"(Lale Devri, 튤립 시대)로[107] 불린다. 그리고 장식 타일과 라커칠 된 패널, 새로운 도서관을 위해 제본된 책들, 수많은 형태의 예술적 표현들에 튤립의 모티브가 이용되었다. 매 4월마다 술탄은 톱카프궁의 4번째 정원에서 튤립 축제를 열었다.[108] 총리대신 다마

106) 그곳에서는 비무슬림들이 매질을 당하거나 또는 말뚝에 박히는 형을 받고 숨을 헐떡거리는 모습을 보았으며 고기를 매다는 갈고리로 턱이 찔린 채 공중에 매달려 있는 광경도 목격되었다. 앨런 파머,「오스만 제국은 왜 몰락했는가」, 이은정 역, (에디터, 2004), 70.

107) 본래 아나톨리아의 야생화였던 튤립은 터키인들이 이식하였다. 16세기에 한 합스부르크 대사가 그것들을 북해 연안의 저지대로 가지고 갔다. 보다 자세한 것은 각주 56을 참조하라.

108) 보통 축제는 만월이 된 2일 동안 저녁 시간에 실시되었다. 이때 등껍질 위에 서서히 타는 촛불을 지고 거북이들이 지표면을 밝혀 주기 위해 튤립 화단 주변을 돌아다녔다. 정원 벽 주변의 선반에는 튤립 꽃병들이, 그것들 사이사이의 유리그릇 안에서 타오르는 촛불의 빛과 색상의 조화를 이루도록 세심하게 선택되었다. 아흐멧 3세는 나무 가지에 매달린 새장 속의 새들의 노래소리를 배경으로, 소파 쾨쉬큐 밖에 설치된 옥좌에 앉아 위엄있게 신하의 예를 받았다.

트 이브라힘은 술탄의 총애를 받았다. 그러나 궁정의 나태함 속에서 사치와 낭비가 더욱 심화되었다.[109] 향락과 사치는 제어할 수 없는 제국 왕실의 문화였다.

(4) 국가부채와 파산: 오스만 제국의 몰락은 국제적 외교 실패와 1870년대의 재정 악화로 국가 파산을 피하지 못하였다. 이런 가운데 1871년 9월 총리대신을 5차례 지냈고 비록 군주와 종종 충돌했으나 18년 동안 터키 조정을 총괄했던 에민 알리가 사망하였다. 이후 국가 정책에 혼선이 불가피하였다. 당시 오스만 터키는 대외 은행 자금을 차용하여 오리엔트, 즉 중부 유럽의 철도망과 연결 계획이었다. 그러나 1873년 5월 9일 뜻밖에 빈에서 발생한 "검은 금요일" 시장 붕괴로 치명적인 타격을 입었다.[110] 이미 허약했던 오스만의 재정은 검은 금요일의 여파로 더욱 흔들렸다. 정부 전체 재원의 절반이 연금과 이자, 그리고 크림 전쟁 이후 술탄들이 계약한 12개의 외국 차관 감채기금으로 충당되었다. 재무부의 계정이 국가적인 필요와 군주의 잠식 간에 명확한 구분이 없어 차관 중 1/10이하만이 제국의 경제 복지에 사용되었다. 따라서 철도건설 계획이 압둘아지즈의 통치 동안에 중단되었다.[111] 이에 압둘아지즈는 강력한 지도력을 바탕으로 총리 대신들을 순종적인 자들로 세웠다. 그것은 총리대신들이 자신의 지지자들로 정치그룹을 형성하면 곧 해고하기 위함이었다. 그리고 관할 주에서 신속하게 조세를 징수할 수 있는 자들을 주지사로 임명하였다. 따라서 1871년 9월부터 1874년 2월까지 6명의 총리대신이 교체되었다. 주(州)에서도 고위층의 교체가 빈번하였다.[112]

이튿날 저녁에는 하렘의 여인들을 즐겁게 하기 위한 봄파티가 열렸다. 그 날 저녁에는 정원에 숨겨진 과자나 보석 장신구를 찾는 보물찾기가 벌어졌다.

109) 앨런 파머,「오스만 제국은 왜 몰락했는가」, 이은정 역, (에디터, 2004), 72-73.

110) 앨런 파머, 238-239.

111) 본래 이 노선 계획은 콘스탄티노플을 에디르네와 플로브디프에 연결하고, 지선은 에디르네에서 남쪽으로 데데아가치의 에게 해안까지 뻗어 있었다. 철도 건설로 제국 전역이 떠들썩한 사이 부패가 만연하였다. 앨런 파머,「오스만 제국은 왜 몰락했는가」, 이은정 역, (에디터, 2004), 238-239.

112) 당시 주지사의 평균 임기는 4개월, 총리대신은 7개월이었다. 따라서 실정에 대한 불만이 대신들이나 관리가 아닌 술탄에게 쏟아졌다. 짧은 기간 총리대신을 지낸 자들 중에 2명은 강력한 인물이었다. 그 중에 아흐멧 밋하트는 다뉴브강 하류와 바그다드에게 개화된 주지사로 임무를 수행하였다. 그는 술탄에게 자신의 3가지 정책을 제안한 이유로 해임되었다. (1) 제국의 연방 구조의 필요성, (2) 회계부를 설치한 것, (3) 돌마바흐체 내부의 부패를 조사한 것이었다. 한편 후세인 아브니는 1874년 2월부터 1875년 4월까지 총리대신을 지냈다. 그는 한 때 세르아

이러한 상황에서 술탄 압둘아지즈에 대한 분노가 폭력적인 양상으로 발전하였다. 그러나 술탄은 사치 욕구를 억제하지 못하였다. 그는 여전히 하렘과 궁전에 아낌없이 돈을 썼으며, 특히 돌마바흐체궁 북쪽 정원이 있는 언덕에 새로 지은 이을드즈궁에 많은 돈을 쏟아 부었다. 1875년 10월, 당시 총리대신 네딤은 오스만 부채에 대한 이자 지불중지를 공표하였다. 20년간 유럽 은행에서 빌린 차관과 사치 및 잘못된 자금 운용으로 야기된 재정 혼란으로 파산 위기에 직면하였다. 이제 오스만의 생존여부는 외국 정부의 지원에 의존하였다. 그런데 1875년 6월 헤르체고비나의 남슬라브족 기독교도들이 반란을 일으켰다. 이것은 조세에 대한 그들의 오랜 분노를 모스크바에서 시작된 범슬라브주의가 충동함으로 발생하였다. 반란은 곧 모스타르 근방의 네베시네에서 보스니아로, 그리고 몬테네그로의 불안정한 국경지대로 확산되었다. 1876년 봄 플로브디프 너머 로도피 산맥에 위치한 불가리아인들의 마을에서 반란이 일어났다. 반란 중에 불가리아의 그리스 정교도 소녀들이 강제로 이슬람교로 개종당했다는 소문에 살로니카에서 폭동이 발생하여 프랑스와 독일영사들이 살해되었다. 오스만 주지사는 무력한 나머지 이들 광신도들이 이슬람 사원에서 저지른 행위를 막지 못하였다.[113)]

(5) 예니체리의 만행: 술탄 메흐메드 4세((1648-1687)의 권세는 빈의 패배 이후에도 대단하였다. 그의 통치 지역은 발칸 비역 대부분과 유럽 대륙만 해도 프랑스

스케르(총사령관)을 지냈으며 궁전 경비로 쓸 자금을 전환하여 재정이 필요한 군사 분야에 사용하려 했다. 그러나 술탄의 분노를 산 후 해임되었다. 앨런 파머,「오스만 제국은 왜 몰락했는가」, 이은정 역, (에디터, 2004), 239-240.

113) 살로니카의 학살 소식을 들은 유럽의 각국 당국은 격분하였다. 당시 서구 교육을 받은 신임 술탄 무라드 5세에게 살인적인 궁정정치가 기호에 맞지 않았다. 그는 직전 술탄 압둘아지즈의 죽음 소식과 대신회의에서 광란의 살인극을 빚은 핫산이 4일 만에 처형에 충격을 받았다. 치세 첫 2주 동안 무라드가 보여준 행동으로 즉위식이 연기되었다. 이것은 동로마 제국의 함락 이후 즉위식을 치루지 않은 유일한 술탄이었다. 그는 즉위 9주에도 움직임과 말도 없이 형제 중 누구에게 양위(讓位)를 해야하는지 고민하였다. 이 무렵 오스만 제국은 세르비아 및 몬테네그로와 전쟁 중이었다. 이 전쟁은 그곳의 군주들이 터키 지배에 맞서 반란을 일으킨 보스니아-헤르체고비나의 동포들을 지원하자는, 백성들의 대폭적인 요구에 부응함으로 발생하였다. 헌법을 지향하는 자들은 술탄의 정신 이상을 근거로, 3개월이 안된 술탄의 폐위를 정당화하는 페트와를 준비하였다. 그리고 그의 아우 압둘하미드의 개혁 지지를 바탕으로, 1876년 8월 21일 새 술탄이 되었다. 폐위된 무라드는 츠라안궁으로 이송되어 28년 후 사망 시까지 카페스에 유폐되었다. 앨런 파머,「오스만 제국은 왜 몰락했는가」, 이은정 역, (에디터, 2004), 242-245.

와 스페인을 합친 것 보다 광활하였다. 소아시아에서는 남쪽으로 홍해와 페르시아만 상류까지 뻗어 있었으며, 동쪽으로 카스피해의 코카서스 지역도 총괄하였다. 로도스와 크레타, 사이프러스 섬도 그의 종주권을 인정하였으며, 이집트의 나일강 계곡, 또한 트리폴리, 튀니지, 알제리도 포함되었다. 하지만 대부분의 국경 지역에서 제국의 팽창은 한계에 직면하였다. 여기에 예니체리 군단이 한 몫 하였다. 역사적으로 "예니체리"(Yeni Ceri, 새로운 군대의 의미)[114]는 14세기 말엽에 술탄 무라드 1세의 노예 근위대로 창설되었다. 당시 기독교도 농민들은 5년 마다 지방 행정관들에게 자신의 아들이 몇 명인지를 보고하였다. 그러면 술탄의 관리가 아들 5명 당 1명 비율로 6-7세의 남자 아이를 착출하여 무슬림으로 개종시켰다. 관례상 이 공납의 의무는 제국 내의 모든 기독교 지역에 부과되었으나 특별히 지금의 보스니아와 알바니아, 불가리아 지역에서 실시되었다. 몇 명의 영특한 노예들은 콘스탄티노플의 궁정학교로 보내져 특별 훈련을 받았다. 그들이 고위 관리가 되는데는 어떤 장애도 없었고, 그들 중에 여러 명이 총리대신에 올랐다. 이들은 자신의 가족과 다름 없는 군단에 절대적인 충성을 바치도록 세뇌되었다.

1453년 예니체리는 선봉에서 동로마의 최후 공격을 감행하였다. 그리고 100년 후 술레이만 대제의 선두에 섰다. 당시 이 군단은 엄격하고 명확하게 규정된 생활수칙을 준수하였다. 장교에게 절대적으로 복종하며 각 부대 간에는 완벽히 조화를 이루었다. 술은 금지되고 무슬림의 신앙을 지켜야 했다. 턱수염을 기를 수 없었으며, 결혼이 금지되고 군인 이외의 직업이나 직종에 종사하지 못하였다. 진급은 원칙상 연공 서열제였으며 주로 막사에 거주하였다. 이들은 새로운 술탄의 즉위식 때 특별하사금도 받았다. 1566년 술레이만 대제의 사후 합법적인 결혼이 실시되었다. 그리고 군단의 공동생활은 예전만큼 강요되지 않았다. 이들은 주둔 도시에서 자신의 집을 갖게 되었고 전쟁 중이 아니면 상업에 종사하였다. 많은 이들이 술탄의 군대의 임무를 수행하기 보다는 민간 예비군으로 행동하였다. 이들은 새로운 권리를 얻기 위해 탐욕만큼이나 옛 특권을 지키는데 집착하였다. 하사금이 포상이 아닌 강탈의 형태로 바뀌면서 국고는 텅 비었다. 그러나 이들은 권리를 요구하며 반란을 일으키려 하였다. 결국 톱카프궁의 금은(金銀) 접시들은 녹여져 지급될 주화가 되었다. 강

114) 각주 32번 참조.

력한 통치자가 예니체리 문제를 해결해야 했으나 그것은 쉽지 않았다. 결국 예니체리는 과도한 군력을 가진 특별 군단에도 군기가 매우 문란하였다. 따라서 술탄의 안정적 통치는 이 조직을 제거하는데 기초하였다.[115] 1620년 무렵 예니체리는 더 이상 상비군이 아니었다. 오히려 사회질서를 위협하는 골칫거리였다.

5. 결론: 평가와 전망

5.1. 평가

(1) 지속적 발전: 고찰한 바와 같이 오스만 터키에는 초기 그리스와 로마 인들이 이주하여 에게 해 연안을 중심으로 도시를 건설하였다. 395년 로마 제국이 동서로 분열된 이후에는 동로마 제국(동로마)이 이곳에서 1,000년 동안 융성하였다. 콘스탄티노플은 제국의 중심지로 번성하였으며, 성 소피아 성당과 유스티니아누스 법전 등으로 문화를 꽃피웠다. 본래 터키인들의 조상은 몽골 초원에 거주한 투르크 족으로, 오랜 동안 서쪽으로 이동하여 셀주크와 오스만 제국을 건설하였다. 현재 터키인들이 살고 있는 땅은 투르크 족이 이동해 오기 훨씬 전부터 수 천 년 동안 유럽인들이 그리스, 로마제국, 동로마 제국을 세우고 살던 곳이다. 따라서 이곳 터키에는 그리스와 로마의 옛 유적과 유물들이 잘 보존되었다.[116] 교회사적으로 이곳에는 계시록 2-3장에 기록된 소아시아 일곱 교회가 있는 나라이다. 이들은 처음에 국가를 건설하고 점차 제국으로 발전하였다. 이후 제국은 몽골 초원을 중심으로 동 투르크 제국과 중앙아시아를 중심으로 한 서 투르크 제국으로 발전하였다. 서 투르크 제국은 동로마 제국과 교류하였으며, 이들 중 일부 셀주크 투르크가 점차 서쪽으로 이동하여 셀주크 제국을 세우고, 터키에 룸 셀주크를 건설하였다. 중국의 한 나라 무제는 장건을 서쪽에 파견하였다. 그 과정에서 비단길이 개척되어 이슬람교를 받아들였다. 그리고 점차 서쪽으로 이동하여 오늘 날 터키를 건설하였다.

(2) 절대 국가 절대권력의 부재(不在): 이 말은 지상에 영원한 나라, 절대 국가와

115) 앨런 파머,「오스만 제국은 왜 몰락했는가」, 이은정 역, (에디터, 2004), 47-51.
116) 한국역사교사모임,「처음 읽는 터키사」, (휴머니스트, 2010), 13.

절대 권력은 없다는 것을 가리킨다. 역사적으로 고대 애굽과 바벨론, 페르시아, 헬라, 심지어 영원한 나라로 추앙받던 로마 제국도 바람과 같이 형장의 이슬이 되었다. 이것이 바로 역사가 보여주는 교훈이다. 지금까지 고찰한대로 오스만 투르크 족도 한 때 전 세계를 경악시키며 지배한 강력하고 위협적인 제국(?)이었다. 그러나 1683년 7월 7일 오스만 제국은 합스부르크의 수도 빈의 침략 실패 이후 역사의 정점을 지나 점차 쇠퇴하였다. 하지만 쇠퇴 속에서 오스만인들은 이슬람 제국의 국경을 기독교 세계의 변경지역으로 확장시키는 신성한 사명에 주력하였다. 한편 이 시기에 이르면서 서방의 군주들은, 술탄의 군대도 패배할 수 있다는 것을 인식하였다. 따라서 전설적인 투르크군은 더 이상 두려워할 필요가 없게 되었다. 고대의 역사적 유적들, 예를 들면 고대 아테네의 유물들을 무수히 약탈하였으며, 그 중에 특별히 파르테논 신전은 화약 창고로 사용하였다.[117] 지금까지 오스만 제국이 통치한 지역들은 대부분 기독교가 정착되고 활기차게 부흥하던 곳 들이었다. 교회, 특별히 한국교회가 이슬람 선교에 힘써야 할 존재 이유이다.

5.2. 과제와 전망

1995년 이후 터키는 이슬람주의와 세속주의의 대립, 경제 위기와 인플레이션, 유럽연합에 가입하는 것이 과제이다. 특별히 1995년 의회 선거에서 이슬람주의를 내세운 복지당이 의석을 차지하면서 처음으로 이슬람 정부가 출범하였다. 그리고 이슬람 교육 강화, 이슬람 사원 건축 등을 추진하였다. 이에 군부는 세속주의에서 벗어났다고 경고하였다. 그러나 경고를 무시하자 헌법재판소는 헌법상 세속주의 원칙에 위배된다며 복지당을 해산하였다. 2009년 현재의 정의개발당 역시 이슬람계 정당으로 친 이슬람 정책을 추진 중이다. 한편 터키는 1970년 이후 심각한 인플레이션을 겪고 있다. 따라서 화폐 단위를 높여, 계산기에 입력할 숫자가 부족하였다. 예를 들면, 식당에서 서머 명만 식사를 해도 1억 리라가 넘는 돈이 나왔기 때문이다. 그리하여 정부는 2005년 화폐개혁을 단행하여 100만 리라를 1리라로 조정하였다. 2008년 세계적인 경제 위기 속에 다시 어려움을 겪고 있다. 그리고 1963년 유

---

117) 앨런 파머,「오스만 제국은 왜 몰락했는가」, 이은정 역, (에디터, 2004), 42.

럽 연합 전신인 유럽경제공동체(EEC) 준 회원국 자격으로 정회원을 기다리고 있으나, 1987년 그리스의 반대로 거부되었다. 하지만 터키는 다른 여러 부분, 대표적으로 월드컵 조 편성 등에서 이미 유럽 국가로 대우받고 있다. 2005년에는 터키 정부와 유럽 연합 집행부 사이에 가입을 위한 실무 회의가 진행되었다. 회의에서는 터키에 가입 자격은 주되, 가입 협상은 유럽연합의 정치, 경제적 기준을 충족토록 하였다. 그리고 터키 정부는 내부 개혁을 위해 사형제를 폐지하고, 쿠르드어 방송과 교육 허용 등 유럽 연합 개혁 법안을 통과시킴으로 정회원국 후보지위를 얻었다. 하지만 키프로스 문제[118], 쿠르드족[119] 문제 등이 향후 가입에 변수가 될 것이다.

---

118) 터키 해협에서 약 80km 떨어진 키프로스(사이프러스) 섬은 그리스계 53만 명과 터키계 12만 명의 주민으로 구성된 나라이다. 오스만 제국이 망하면서 영국의 지배를 받게 된 키프로스는 대통령은 그리스계에서, 부통령은 터키계에서 선출하고, 그리스계와 터키계가 7:3의 비율로 정부를 구성하기로 합의한 후 1960년 독립하였다. 이후 그리스계 지도부가 그리스와의 통합을 위해 내전을 일으키자, 북부 키프로스 지역은 터키의 지원을 받아 터키계 정부를 따로 수립하였다. 그리하여 현재 공화국은 남북으로 대립하며 지중해 지역의 국제 분쟁의 원인이다.

119) 터키의 동부, 아나톨리아 지역, 예를 들면, 그루지아, 아르메니아, 이란, 이라크, 시리아 국경 지대에 흩어져 살고 있다. 이들은 본래 유목 민족으로 오스만 제국의 지배를 받았다. 그러나 제1차 세계대전 후 거주지가 영국과 프랑스에 의해 분할되면서 3000만 명의 쿠르드 족이 터키, 이라크, 이란, 시리아, 아르메니아 등으로 흩어졌다. 이들의 또 다른 종족 위구르족은 고려시대에 개경에서, 타타르 족은 일제 때 신의주, 평양, 서울, 대구, 인천, 부산, 목포에서 30가구가 생활하였다. 이들은 대부분 양복 가게를 운영하였다. 한국역사교사모임, 「처음 읽는 터키사」, (휴머니스트, 2010), 286-288.

제 17 장

종교개혁 이후 정통교회의 발전

1. 서론

16세기 종교개혁 이후 기독교 역사는 신앙적 원리와 신학적 개혁에서 정통시대로 발전하였다. 교회 사가들은 이를 통칭 신앙 고백 시대로 부른다. 그 이유는 이 시대가 개혁 제 1세대들과 달리 제 2세대들과 그 교회는 자체 내에서 발생한 교리 논쟁, 즉 신학적 정통성 문제에 모든 정력을 쏟았기 때문이다. 따라서 기독교 내의 다양한 요소들은 교리적 특성을 따라 결집하였으나 동시에 영속적으로 분열 하였다. 이들은 종교 개혁 이전의 학문적, 스콜라적 신학을 사용하여 보다 교리의 순수성을 강조하였다. 개혁자 루터가 이성의 독자성과 아리스토텔레스의 철학을 반대했으나 정통주의는 계몽주의 영향을 받아 아리스토텔레스의 사유 방식을 수용하였다. 실로 이 시기의 특징은 종교개혁과 맞물려 전통과 사상은 철저히 조직화되어 제자들이 계승 발전하였다.

역사적으로 정통주의는 종교개혁이 한창 진행 중인 시기, 종교 복수주의를 공언한 1555년의 아우구스부르크 종교화약에서 시작하여 스페너가 경건의 열망을 저술하고 스위스 신조가 체결된 1675년에 막을 내렸다. 하지만 이 시기는 기독교 신학이 심도 있게 탐구된 개화기였다. 무엇보다 17세기 철학자들의 대거 등장은 신중심보다는 국가 중심의 세속철학과 법 이론의 출현, 그리고 기계적인 인과론의 대두는 그 전제들이 전통적 신학과는 전혀 다른 사회의 형성에 기여하였다. 그러나 17세기 정통주의는 경건주의의 등장과 계몽주의의 영향을 받은 자유주의 신학의 출현으로 최대의 시련을 맞이하였다.[1] 철학과 신학의 비판자들은 정통주의가 종교개혁 운동의 생동감 있는 신앙적 정신을 저버리고 단지 신앙고백만을 나타날 뿐이라 하였다. 결국 신앙고백주의는 종교개혁 운동 초기 단계의 역동성을 신학의 성격에 대한 정체성 이해로 대체하였다. 그 후 정통주의 신학과 전통은 18세기 이후 현재까지 보수와 진보의 대립 속에 발전하였다.[2]

이러한 경향은 전통적 신앙고백 문서들을 방어하기 위한 답변에서 잘 나타난다. 이것은 1560-1618년 사이에 더욱 고착화 되어 개신교 신학자들은 각자의 전통적 교리로부터 떠나거나 혹은 이를 수정하지 못하도록 철저히 제한하였다. 정통주의의 가장 중요한 신학적 전제는 종교 개혁자들의 가르침과 그 가르침에 대한 신학적 절대화이다. 따라서 신교와 가톨릭 양 진영은 서로 다른 고백서들을 통해 자체의 전통을 더욱 확고히 고착화 하였다. 예를 들면, 가톨릭에서는 트렌트 종교회의에서 반포되었던 교회법을, 개혁교회에서는 돌트 총회의 5개 신조, 루터교에서는 아우구스부르크 신앙고백과 콩코드 신경 등이다. 이러한 신조들은 각 교회의 신앙적 원리로 자리를 잡아 어떤 신학자라도 그 같은 전통에서 벗어 날 수가 없었다. 이 같은 현상은 몇몇 특정인의 가르침과 교단적 전통을 절대화하는 실수를 자아냈고, 그 결과 한 하나님을 믿는 신앙 안에서 서로의 입장 때문에 대립, 분리되는 치부(恥部)를 보였다.[3]

2. 종교 개혁 후 근대의 특징

개혁자들을 통해 성취된 종교개혁은 오랫동안 교회에 체질화된 중세의 교권주의

---

1) 학자들은 정통주의를 편의상 세 시기로 구분하여 (1) 요한 게르하르트에 이르기까지 초기 정통주의와, (2) 전성기 정통주의, (3) 그 후 칼로프가 사망한 1680년 이후를 후기 정통주의라 한다. 이것은 피안과 현세, 죽음의 곤고와 삶의 의지, 광대무변한 우주와 자아의식, 전통 고수와 진보 사상을 강조한 초기 바로크 시대, 전성기 바로크 시대 및 후기 바로크 시대와 연결된다.

2) Christopher Kaiser, *Creation & the History of Science*, (London: Marshall Pickering, 1991), 1-309; D. W. Bebbington, *Evangelicalism in Modern Britain: A History from the 1730 to the 1980*, (London: Unwin Hyman, 1988), 1-276; John McManners(ed.), *The Oxford*

적(교황중심) 전통과 성례론적 의식을 거부하고 영감으로 기록된 하나님의 말씀, 성경을 최고의 권위자로 인정하였다. 개혁자들은 단순히 말씀을 말씀되게 하는 일에 몰두하고 이것의 원만한 실현을 위해 헌신하였다. 또한 개혁자들은 외형적 교회의 표지, 예를 들면 건물이나 의식과 같은 것들을 거부하고 참된 교회란 믿는 자들의 공동체라고 주장하였다. 그런데 이 교회는 그리스도를 머리로 모두 연합되었다. 교회가 교회되기 위한 지침으로 이들은 말씀의 바른 선포와 성례의 합당한 집행, 그리고 권징의 바른 실시를 주장하였다. 구원에 관하여 개혁자들은 중세 가톨릭적 공로사상을 거부하고 오직 그리스도의 은혜를 통한 믿음을 주장하고, 구원 얻은 사람은 이제 그리스도 안에서 그리스도를 위하여 그리스도와 함께 살아야 할 것을 역설했다. 결국 개혁자들의 일관된 사상은 그리스도를 중심으로 한 신앙, 오직 말씀의 신앙이었다. 그리스도와 함께 살고 그리스도와 함께 죽는 일사각오 정신이었다.

그런데 종교개혁 이후 서구 교회는 이 같은 개혁자들의 숭고한 신앙 정신을 망각하였다. 이들은 술에 취한 듯 새로운 사조(思潮)와 혼합된 제이론(諸理論)의 급류에 휘말리며 어떤 보장과 미래의 기약도 받지 못한 채 근대를 맞이하였다. 그러면 이들이 그토록 정열적으로 헌신하고 열렬히 사모한 근대의 특징은 무엇인가? 무엇이 그들의 마음을 송두리 채 사로잡았는가? 이런 상황에서 교회는 어떻게 해야 하는가? 이제 그들에게 직면한 것은 오직 절망뿐인가?

(1) 일반적 특징: (i) 신율주의에서 인간중심의 이성주의 시대로 정의되었다. 이 시기에 사회와 문화, 사상과 정치, 공업과 문화, 음악과 예술이 급변하였다. 그 결과 신앙적 옛 전통은 퇴락하고 불신앙적 세속주의가 교회를 잠식하였다. 사람들의 의식 속에 주님을 기다리고 바라는 자세보다는 현실적 적응과 타협이 최대의 관심사였다. 이제 사람들은 신의 도움 없이도 살아갈 수 있다는 자만과 오만에 빠졌다. 이들의 주장처럼 정말 인간은 신의 도움 없이 살아갈 수 있는 존재인가가 최대의 화두였다. (ii) 분파주의의 팽창: 정체성을 상실한 교회는 신학논쟁에 휘말리면서 서로 분리되었고 이후 급속히 교권주의가 득세하였다. 때로 성경의 권위보다 특정 사람이나 교파의 이론과 교단 교리가 더욱 권위가 있었다. 그리하여 종교개혁 이후 교

Illustrated History of Christianity, (Oxford University Press, 1990), 267-299; 이영림/주경철/최갑수,「근대 유럽의 형성: 16-18세기」, (까치글방, 2011), 15-494.

회에서 사라진 죽은 혼령(魂靈)들이 권위주의적 전통을 통해 다시 교회에 머리를 드밀었다. (iii) 개인주의 현상이 급등했다. 교리 중심적 풍조는 개 교회 교파주의를 조장하여 교회는 세포분열을 가속화 하였다. 교회의 일치보다는 사사로운 이익에 사로잡혀 교회는 무참히 짓밟히었다. 결국 지나친 이기(利己)는 곧 공동의 파멸을 부르게 되었다. 공동체적 연대감이 아쉬운 시기였다. (iv) 그럼에도 불구하고 이 시기는 교회갱신과 선교 확장이 현저하였다. 모든 것이 암울하던 시기에 교권과 형식주의에서 탈피하여 경건주의나 청교도 운동, 혹은 복음주의 운동이 일어나 새로운 기독교 역사를 서술하였다. 이로서 교회는 세속적 사상으로부터 벗어나 적극적으로 교회 부흥운동에 참여하며 타민족의 구원과 복음화를 위해 세계 선교의 기치를 들게 되었다. (v) 교리적 전통신학에 대한 재고가 요청되었다. 즉 참된 진리는 교리화된 이론만이 아니라 삶이 우선하는 실천적 운동이라는 것이다. 요즘 제자훈련이 맹위를 떨치는데 교회의 교리적 논쟁에 맞서 등장한 경건주의와 웨슬레 운동은 그 좋은 본보기이다. 이들은 공히 전통적 교리나 이성주의에 맞서 교회의 전통을 새롭게 하고 영혼구원으로 세계를 복음화 시키는 일에 깊이 관여하였다. 그러나 한마디로 이 시대를 특징 짓는다면 영적으로 혼란했던 시대였다. 이러한 현상은 요즘과 별로 다를 것이 없는 격변의 시대였다.

(2) 교회적 특징 : 그런데 이 같은 교회 밖의 상황과 달리 교회는 내적으로 커다란 논쟁에 휘말려 있었다. 그것은 지도자가 없어서도 아니었고 그렇다고 신학이 부재해서도 아니었다. 그것은 단지 누가 참된 신학을 소유하고 있느냐라는 정통성 문제였다. 이들은 개혁 1세대들의 이론을 변호하려는 열망에서 루터를 중심한 루터파와 칼빈의 개혁파로 양분되었다. 그중 개혁파 교회는 다시 개혁파와 알미니우스파로 나뉘어 발전했는데, 먼저 개혁파 교회에서는 언약(계약) 신학과 루터의 신학, 그리고 칼빈의 신학에 기초하여 영국의 청교도 운동과 독일의 경건주의 운동, 다시 영국의 복음주의 운동과 미국의 대각성 운동을 태동시켰다. 이 학파는 종교개혁 초기에 하나님의 절대 주권과 예정론, 그리고 오직 구원은 믿음으로 얻는다는 칭의 교리를 강조하였다. 그러나 개혁기를 지나면서 초기의 사상에서 떠나 교리 중심적인 경향을 보였다. 한편 알미니우스의 신학 사상은 이들과 달리 구원에 있어서 인간 의지의 역할에 관하여 적극적으로 평가하고 마침내 인본주의적 자유주의 신학의 모태가 되었다. 결국 두 개신교 학파는 타락한 인간의 구원에 있어서 하나님의 은

혜와 인간의 역할에 첨예한 대립을 보이며 신학계를 강타하였다. 이 같은 개괄적인 이해와 함께 필자는 본 장에서는 종교 개혁 이후 유럽의 개신교회가 직면한 문제들을 정치적, 역사적 및 종교적으로, 특별히 최초로 문제를 야기한 독일을 중심으로 고찰할 것이다.

3. 독일의 종교 및 정치적 배경

그동안 정치적으로 크고 작은 여러 주와 도시로 나눠져 있던 독일은 종교상의 문제로 전쟁발발의 원인이 되었다. 찰스 5세는 종교 개혁의 무효화를 위해 무력 사용이나 전쟁 불사를 주장했다. 그러나 찰스 5세는 당시 프랑스, 이탈리아와 전쟁 중이었고, 오스만 터키의 위협에 직면하였기 때문에 이런 대국적인 문제를 앞에 놓고 종교문제로 국내의 개신교 영주들과 싸울 입장이 못 되었다. 때문에 찰스는 보름스 의회에서 결정된 루터와 그의 동료들에 대한 추방령을 즉각적으로 실시하지 못하였다.

당시 독일에 위협적이었던 오스만 터키는 술레이만 1세(1520-1566) 치하에서 전성기를 맞았고 또 찰스 5세의 최대의 대적인 프랑스의 프란시스 1세와(1515-1547) 동맹관계였다. 찰스 5세는 국내외적으로 많은 어려움이 있었으나 해외의 위협이 더 컸다. 찰스 5세가 외적으로 이같이 대적이 많았던 것은 그가 당시 구라파뿐 아니라 전 세계에서 가장 많은 영토와 가장 큰 권세를 소유한 군주였기 때문이다. 찰스 5세는 1515년 아버지 필립 단여 공으로부터 부르군트 공국을 상속받아 부르군트 공이 되었다. 그 후 그는 1516년 스페인과 브라질을 제외한 지역을 관할케 되었고 1519년에는 조부인 신성로마 황제 막시밀리안 1세가 죽은 후 독일의 합스부르크 왕가의 땅인 오스트리아, 헝가리, 보헤미아 등을 상속받고 거기에다 독일 왕 겸 신성로마 황제에 까지 올랐다. 이로 인해 그는 해가 지지 않는 나라의 황제가 되었다.

이 같은 찰스의 외적 위상과 달리 정치 및 종교적으로 시련을 겪었다. 무엇보다도 종교 개혁 이후 복잡해진 국내의 종교적 통일을 유지하며 주변 국가와의 유대관계를 바로 설정하는 일이 과제였다. 그는 먼저 국내적으로는 기독교가 서구문화를 형성하고 있었기 때문에 이것을 그대로 관망하는 것은 곧 자신의 위협이라고 간주하였다. 따라서 그는 종교개혁 운동을 억제하기 위해 1521년에 웜스 칙령을 발표하였다. 국외적으로 해결해야 할 것은 프랑스와 교황과의 관계 개선이었다. 당시 프랑스는 독일과 적대 관계였기 때문에 프로테스탄트를 지원함으로써 독일국력을 약화시키고자 하였고 그렇게 함으로써 구라파에서 독일을 제치고 강국으로 설 수 있다고 계산하였다. 그리하여 프랑스 프란시스 1세는 독일의 개신교 영주들과 동맹을 맺고 찰스 5세를 괴롭혔다. 또한 당시 교황 클레멘트 7세도 프랑스의 프란시스 1세와 동맹을 맺고 찰스 5세를 견제하였다. 이에 반감을 갖은 찰스 5세는 1527년 로마를 공격하여 클레멘트 7세를 포로로 잡기도 하였다.[4)]

1530년 국내 종교의 통합을 회복하기 위해 로마에서 돌아온 찰스 5세는 아우구스부르크에서 제국 의회를 소집하여 신교도들에게 그들이 로마 가톨릭 교회와 다른 점들을 진술케 하였다. 이에 신교를 대표한 멜란히톤은 신앙고백서의 집필에 참여하였다. 그는 가능한 한 이 고백서를 온건하게 작성하여 신교도의 신조가 세계 교회의 신조와 일치됨을 보였으나 동시에 로마 교회에 내재한 악습 지적을 망설이지 않았다.[5)] 이에 로마 가톨릭 신학자들의 답변에 맞서 황제는 협의회를 열어 의견 통

---

3) Gillian R. Evans/Alister E. McGrath/Allan D. Galloway, *The Science of Theology*, (Grand Rapids: Eerdmans Publishing Co., 1986), 151.

4) 이처럼 대외적인 적을 많이 가진 찰스 5세는 어려움을 격고 있다가 프랑소아 1세와 끄레삐(Crepy)에서 1544년에 평화조약을 맺으므로 독일 개신교들을 향해 공격의 화살을 돌리게 하였다.

5) 좀 더 구체적으로 아우구스부르크 신앙고백서가 갖는 의미를 몇 가지로 다음과 같이 정리해 본다. (1) 칼빈주의자들의 존재를 완전히 무시하고 자신들의 신학 전통 확립에 전력했다. 왜냐하면 만일 칼빈주의자들이 여기에 개입하게 되었다면 또 다른 싸움은 불가피했을 지도 모른다. 결국 17세기 초에 독일 신교 영주들이 군사동맹을 체결하고 이에 대항하여 가톨릭 동맹이 결성되었을 때 이미 전쟁은 예상되었다고 할 수 있다. 실재 전쟁은 1618년에 일어났다. 이로 인해서 장미전쟁이 발발하게 되었다. (2) 웨스트팔리아 조약은 결국 가톨릭의 한 표현이라는데 동의하게 되었고 개신교와 가톨릭이 함께 공존하게 되었다. 이와 관련해서 교황은 일체 독일내의 종교 문제에 개입하는 것이 금지되었다. 물론 교황 이노센트 10세는 회의 결의 내용에 이의를 제기했으나 가톨릭과 개신교 지도자들은 이를 무시하였다. 1,000년 만에 처음으로 국가가 교황을 도외시하고 각 영토내의 문제를 결정 할 수 있게 되었다. (3) 결국 이것은 정치적 협상의 결과였다. 종교와 정치의 분할로 인해 독일의 영토는 종교적 성향에 따라서 지역을 분할케 되었다. 동시에 이 협약으로 가톨릭과 개신교의 상호지역 이주가 허용되었고 교회 재산도 보호 할 수가 있게 되었다. 가톨릭의 대주교와 성직자가 루터교로 개종하면 모든 재산은 포기해야 했다. 영적 지도자들의 교권 상 지위 때문에 이런 제도가 나타났다. 그러나 이런 결과에도 불구하고 독일에서 루터교회는 퇴락하고 말았다. 결국 본 고백서는 백성의 종교 선택은 성주의 종교 선택에 준하는 오류를 낳게 되었으며 분파주의가 아닌 교리주의로 나가게 되었다. 개신교의 자유가 허용된 것은 이 고백서가 갖는 공헌이다.

합에 힘썼으나 실패하였다. 의회의 과반 수 이상이 가톨릭 교도였으므로 신교도들이 논파 당한 것으로 선언되었다. 그 결과 찰스 황제는 1531년 3월까지 신교도들이 항복할 시간적 여유를 주었으나 이에 응하지 않자 마침내 독일 내 개신교도를 박멸하기 위해 군대를 동원하였다. 이에 교황 파울루스 3세는 찰스 5세의 충성 대가로 상당한 액수의 전쟁비용을 지원했으며 교황 직속의 군대까지 파병하였다. 결국 가톨릭과 개신교 사이에 전쟁이 불가피 하자 개신교도들 중 일부는 가톨릭교회와 재결합 하였다. 따라서 독일의 개혁교회는 찰스의 무력에 맞서 1546-1547년 슈말칼텐 동맹[6]을 결성하여 개신교 영주들이 가톨릭으로 귀의하며 황제를 지지하는 것을 막고자 하였다. 그리고 그들의 무력에 맞서 자신들의 권익을 적극적으로 보호하고자 하였다. 따라서 이 군사 무력 동맹을 체결한 개신교 영주들은 당시 8-9만의 군대를 동원하였다.

---

6) 찰스 5세는 황제의 자리에 오르자, 1521년 보름스 제국회의를 소집하고 당시 종교개혁의 기치를 들었던 루터를 범죄자로 규정, 법적 보호를 박탈하는 칙령을 선포했다. 하지만 시간이 흐르면서 독일 내 루터의 지지 세력은 증가하였고 독일의 많은 제후들은 루터의 지지자가 되었다. 당시 대내외적 정치 상황이 긴박한 중에, 숙적 프랑스 문제, 오스만 터키의 위협, 가톨릭 교황청의 무거운 압력 등으로 골치가 아팠다. 1526년 황제는 하이델베르크 근처 고도(古都) 스파이어(Speyer)에서 제국회의를 소집했다. 이러한 상황에서 황제는 독일 내 루터를 지지하는 제후들의 협력과 지지가 절대적으로 필요했고 그들의 요구를 수용해야 하였다. 그것은 루터를 범죄자로 정죄한 1521년의 '보름스 칙령' 과 관련하여 그 칙령을 영지 내에서 시행하느냐 마느냐 여부를 제후들의 재량에 맡겼다. 루터 지지파 제후들은 황제의 결정을 그들의 영지에서 '루터파 교회' 를 세울 수 있다는 것으로 해석하였다. 그들은 마침내 승리했다 믿고 기쁨의 함성을 질렀다. 그로부터 3년 후, 1529년 스파이어에서 다시 제국회의가 개최되었다. 이때는 대외적 상황이 호전되었고 황제는 긴박한 상황을 벗어났다고 생각했다. 유약했던 황제는 이러한 상황 변화와 가톨릭 측의 압력에 못 이겨 3년 전의 결정을 번복하였다. 즉 보름스 칙령을 부활시키고 친 가톨릭 정책으로 선회하였다. 이러한 돌변 상황에 루터 지지파 제후들은 침묵할 수 없었다. 이들은 단결하여 황제에게 거세게 항의하였다. 이때부터 루터 지지파들은 '항의하는 자' 들, '프로테스탄트' (Protestant)로 불리었다. 시간이 흐르면서 이 말은 루터 지지파들 뿐 아니라 가톨릭교회에 맞선 개신교 전체를 뜻하게 되었다. 루터 지지파들은 단순히 항의하는 것만으로 문제가 해결될 수 없다고 생각했다. 그들은 1531년 독일 중부지역의 도시 슈말칼덴(Schmalkalden)에 모여 동맹을 결성하였다. 황제의 친 가톨릭 정책은 결과적으로 루터 지지파들을 더욱 결속시켰다. 루터 지지파들로 구성된 '슈말칼텐 동맹' 은 독일 내에서 황제에 대항하는 가장 강력한 세력이 되었다. 쌍방 간에 끊임없는 갈등과 대결 상황이 빚어지자, 마침내 황제는 이들의 단합된 힘에 손을 들고 화해의 손을 내밀었다. 1555년 아우크스부르크(Augsburg)에서 황제와 루터 지지파 사이에 대화합이 이루어졌다. 이것이 개신교 역사에 새로운 장을 열게 된 '아우크스부르크 종교협약' (Peace of Augsburg)이다.

이 같은 혼란의 와중에 가톨릭과 개신교도들 간의 전쟁이 끝없이 진행되던 중, 1552년 황제가 패하여 포로가 되었다. 그리하여 그는 1555년 9월 아우구스부르크 평화협약을 체결하였다. 이것은 한 나라에 한 종교 원칙에 따라 두 가지 신앙형태 중에서 루터파나 가톨릭이나 간에 평신도 제후들이 각각 자기 영토 안에 전파할 신앙을 하나씩 선택하도록 허락하고 루터파로 전향한 가톨릭 고위 성직자들에게는 그 직위에 따른 재산과 수입을 가톨릭 교회에 돌려 주도록 한 타협안이었다. 주요 내용은 (1) 모든 영주는 개혁권을 가진다. 이는 개혁의 여부가 각 지방 영주의 고유한 권한으로 황제가 간섭할 수 없으며 일반 백성도 이에 대항할 수 없다. (2) 영주의 영역에서 거주하는 모든 거민은 영주의 종교를 따라야 한다. (3) 영주의 종교에 반대하는 사람은 자기에게 맞는 지역으로 이주할 수 있는 권리, 곧 이주권을 가진다. (4) 중세 이후 교회령은 계속 가톨릭의 손에 남게 된다. 따라서 교회 성직자로서 개신교로 넘어간 사람은 성직을 상실하고 이제까지 교회령에서 받은 급료를 더 이상 받을 수 없게 되었다. (5) 개신교 영주들은 교회령 유보를 받아들이는 대가로 교회령 내의 개신교를 신봉하는 자유인이나, 귀족, 기사들이 신앙을 가질 수 있게 자유를 달라고 요구함으로 받아졌다. (6) 자유시, 예를 들면, 프랑크푸르트나 보름스, 슈파이어, 스트라스부르그 같은 도시는 개신교 도시이면서도 가톨릭 교회의 예배당의 존속을 허용한다. 하지만 이 일로 이후 30년 전쟁이 발발하였다.

4. 30년 전쟁의 발발 원인

한 나라 한 종교의 원칙은 1555년의 아우구스부르크 회의 이후 독일에서 계속 실행되었다.[7] 그 후 유럽의 종교문제는 당분간 소강상태를 지속하였다. 그러나 16세기 말 경에 변화가 일어났다. 그 하나는 예수회를 중심으로 한 가톨릭 세력의 현저한 회복이요 다른 하나는 독일에서 공적으로 인정을 받지 못한 칼빈파의 확대였다. 그러나 독일 내의 칼빈주의는 영토 내의 지위와 교회 토지의 지위를 보장받지 못함으로 시련을 겪었다.[8] 당시 주된 문제는 독일 개신교가 가톨릭으로부터 자유를

---

7) Owen Chadwick, *The Reformation*, (The Pelican History of the Church, Penguin Books, 1988), 143-144.

8) Owen Chadwick, 311. 사실 평화조약은 가톨릭과 루터파 사이의 체결로 칼빈파 영

허락받을 수 있느냐의 문제였다. 개신교 자유령에 대해 가톨릭은 못 마땅히 생각하여 신교도들을 억압하고 예배당을 헐기도 하였다. 그러던 중 1607년 바바리아의 막시밀리안(Maximilian)은 황제의 승인 아래 도나우뵈르트를 공격하여 점령한 뒤 그 도시를 병합하였다. 그리고 교회들을 예수회 수사들에게 이양하고 강제로 가톨릭교회가 되게 하였다. 이것은 아우구스부르크 평화 조약을 깨뜨린 행위로 간주되어 신교도들은 더 이상 안전하게 그 조약을 믿지 못하였다. 따라서 1608년 불안을 느낀 신교 제후들은 신교 국가의 방어를 위해 칼빈파의 팔쓰(Pfalz: Palatine) 선제후를 중심으로 연합 동맹을 맺었다. 그 이듬해 가톨릭은 바이에른 공을 중심으로 동맹(Liga: League)을 결성하였다. 이 같은 신구교의 대립은 1618-1648년의 30년 전쟁으로 확대되어 유럽은 종교적 갈등에 휘말렸다.[9] 그 결과 서부 유럽 대부분의 국가들이 이 분쟁에 연루되었으며 후에는 프랑스가 영토 확장을 위해 개입하면서 사태는 새로운 국면을 맞이하였다. 30년 전쟁의 발전은 여러 국가를 중심으로 하여 편의상 4시기로 정리된다.

(1) 제 1단계 : 보헤미야의 시기(1618-1623): 실질적 전쟁 기간으로 처음에 보헤미아의 반란으로 시작되었다. 1609년만 해도 거의 개신교 지역이던 이 나라는 당시 황제 루돌프 2세(1576-1612)로부터 종교관용을 요구했으나 거부되었다. 그 후 1617년 반동 종교개혁의 대변자인 슈티리아는 페르디난드의 귀족으로부터 마티아스 후계자로 인정받았다. 이로써 가톨릭의 칙령 위반이 급증하였다. 그동안 오스트리아의 지배에 대한 민족감정이 강하던 차에 1618년 5월 23일 불만에 쌓인 한 무리의 개신교 귀족들이 프라하에서 부패 황제 마티아스를 대표하는 두 명의 가톨릭 섭정을 프라하의 라드카니(Hradcany) 성채의 창문 밖으로 던져버렸다. 그리고 예수회 수사들을 추방하였다. 이 일로 그 지방의 귀족들이 황제 마티아스에 맞서 반란을 일으켰다. 이들은 종교적 관용뿐만 아니라 정치적 독립을 쟁취하려고 했다.

그들은 합스부르크가의 지배를 거부하고 프리드리히 5세(1610-1632)를 새로운

주들과 도시들은 독일에서 존재할 아무런 법적 권리를 갖지 못하였다. 따라서 칼빈파는 독일 제국 내에서 안정적으로 성장하지 못하였다.

9) 안토니 파그덴, 「민족과 제국」, 한은경 역, (을유문화사, 2003), 106. 파그덴에 의하면 이처럼 격렬한 이념 투쟁은 제2차 세계대전까지 최악이었다. G. Pages, *The Thirty Years War 1618-1648*, (London: Adam charles Black, 1970), 17-249.

왕으로 추대하였다. 그러나 1619년 황제 마티아스의 사 후 페르디난드 2세가 황제에 피선되어 가톨릭 동맹과 스페인으로부터 지원군을 얻어 프리드리히를 격파하였다. 이 가톨릭 연합군은 왈룬 장군, 틸리히의 백작 체르칼레스(Jon Tserkales, 1559-1632)의 지휘 아래 1620년 11월 8일 프라하 근처 힌산 전투에서 반군 보헤미아 군을 진압하여 마침내 프리드리히의 영토는 바바리아에 편입되었다. 이에 프리드리히는 도피했고 칙령은 폐지되었으며 신교 목사들이 축출되고 권리가 박탈되었으며 보헤미아의 개신교 재산은 몰수되어 예수회 손에 들어갔다. 이때 5개의 감독과 100여개의 신교 수도원들이 구교로 바뀌었다. 이로서 보헤미아의 개신교도 3만 명이 유리하였으며 동시에 보헤미아와 모라비아에서 반동 종교개혁이 강력히 시행되었다. 몰수 재산의 획득으로 부자가 된 사람 중에 발렌슈타인(Albrecht von Wallenstein, 1583-1634)은 이후의 전쟁에서 중요한 역할을 하였다.

(2) 제 2단계: 덴마크의 시기(1625-1629): 일단 끝난 듯 한 전쟁은 덴마크의 간섭으로 재연되었다. 덴마크의 크리스치안 4세는 북부 독일 지방의 신교를 원조하여 북해의 항구들을 세력권 안에 끌어들였다. 그러나 1625년 독일에 침입한 군대는 발렌슈타인과 틸리 군대에 패퇴하였다. 발렌슈타인의 군대는 각국에서 모인 잡당(雜黨)으로 신앙의 구별 없이 편성된 약탈 위주의 용병군이었다. 이로써 크리스치안 4세는 신성로마제국의 제후로서 갖는 독일내의 특권을 상실하였다. 한편 신성로마황제 페르디난드 2세는 이러한 가톨릭의 군사적 성공에 고무되어 1629년 뤼베크에서 평화조약을 체결하고 반환령(返還令)을 발포하였다. 이 칙령으로 아우구스부르크 화약 이래 신교도의 수중에 들어간 모든 가톨릭교회 재산은 원상 복구되었다. 이것은 2세대 이상이나 신교도들의 소유였던 재산 특히 독일의 가장 부유한 지방의 일부재산이 다시 가톨릭으로 귀속된 것을 의미하였다. 그리하여 신교도들은 종교적 자유를 잃을 뿐 아니라 북부 독일의 영토상 우월권을 상실하게 되었다. 하지만 독일 신교도들은 살아남았다.[10)]

---

10) 첫 번째 이유는 스스로 발트 해의 신교도들과 스웨덴의 군력을 수호하는 것을 하나님의 소명으로 믿은 스웨덴 왕 구스타부스 아돌푸스의 천재적 재능 때문이었고, 그 다음은 유럽 국가들이 가톨릭의 성전을 중단시키고 세력 균형의 정치를 회복을 꾀했기 때문이다. 그러나 만약 반환 령이 정상대로 강행되었다면 독일 황제의 권력은 스페인, 프랑스, 바바리아로서는 감당할 수 없이 비대해졌을 것이다. 따라서 이 전쟁은 더 이상 종교 전쟁이 아니었다. Owen Chadwick, *The Reformation*, (Penguin Books, 1988), 318-319.

(3) 제 3단계: 스웨덴의 시기(1630-1635): 전쟁은 다시 스웨덴의 간섭으로 속개되었다. 수웨덴의 구스타부스 아돌푸스왕은 진지하고 열광적인 신교도로 정치적으로는 영토를 확대하고 발트해를 지배하려 하였다. 독일에 침입한 스웨덴군이 계속 승전하였으므로 페르디난드 2세는 발렌슈타인을 소환하였다. 구스파부스 아돌푸스군은 바바리아로 진격하여 뮌헨을 함락시키고 계속 빈으로 향하였다. 1632년 말 뤼짼 격전에서 스웨덴 왕의 도움으로 발렌슈타인군을 격파하여 신교가 회복되었으나 스웨덴 왕은 전사하였다. 그러나 스웨덴군은 계속 전쟁을 강행하였으므로 독일은 황폐하게 되었으나 결국 양측의 피해는 막대하였다. 따라서 신구교 양측은 1635년 프라하 평화조약을 체결하였다. 주 내용은 1627년 11월을 기준하여 모든 교회 재산을 그 당시 소유자에게 40년 동안 그대로 두었다가 신구교 판사회의에서 결정하자는 것이었다.

(4) 제 4단계: 프랑스의 시기(1635-1648): 그러나 신구교의 타협적인 프라하의 휴전은 프랑스의 재상 리슐류 추기경이 개입함으로 다시 전쟁이 발발하였다. 리슐류는 합스부르크가가 패퇴할 때에만 프랑스가 안전하다고 믿었다. 1635년까지 그는 독일의 신교 제후들 또는 스웨덴 측을 비밀리에 원조하였으나 이제 공공연하게 합스부르크가에 도전하게 되었다. 프랑스는 독일 제후들로 하여금 신성로마제국 군과 싸우게 하고 남쪽으로 스페인을 공격하였다. 당시 프랑스는 신교를 거부한 가톨릭이 유리하게 이끌어 왔는데 유럽의 스페인, 독일, 스웨덴 등은 자국의 이익을 위해 전쟁 각축전을 벌리게 되었다. 스페인은 포르투갈을 잃고 남 네덜란드와 이탈리아의 소유지를 겨우 유지하였다. 그리하여 1635년 전쟁이 발발하였고 오스트리아의 페르디난드 3세(1637-1657)는 독일 제후들의 공격으로 수세에 몰리게 되었으므로 1641년 휴전을 선언하고 4년 간의 협상 끝에 1648년 10월 27일 웨스트팔리아 평화 협상을 체결하여 오랜 종교전쟁을 종식시켰다. 이 조약으로 유럽 국가들의 종교적 노선이 확정되었다. 예를 들면, 스웨덴은 발틱 연안에서 독일영지 확보, 프랑스는 알사스 지방의 확보, 스위스는 독일로부터 독립, 네덜란드는 스페인으로부터 독립하고, 벨지움은 가톨릭 지역으로 네덜란드는 신교도 지역으로 확정되었다.[11)]

---

11) 교황 우르바누스 8세(Urban VIII, 1623-1644)는 복구령을 환영하였다. 이 조약은 신교도 군주들에게는 권력의 회복을, 반동 종교개혁의 정치 원리에는 타격을 가하였다. 이 조약은 1555년의 아우구스부르크 평화조약을 재수립하였고, 그 조약의 보호는 이제 가톨릭 진영과

5. 웨스트팔리아 조약의 내용과 분석

웨스트팔리아 조약의 내용은 크게 종교적인 면과 정치적인 면으로 구분된다. 이 같은 양면성은 곧 30년 전쟁의 성격을 말해준다. 먼저 종교적인 면은 (i) 아우구스부르크 종교회의 결정 사항을 승인하여 칼빈파는 루터파와 같은 모든 특권을 향유한다. (ii) 1624년 현재로 신교이거나 가톨릭이거나 교회 재산은 그대로 유지한다. (iii) 신성로마제국의 황제재판소에서 루터파와 칼빈파는 동수의 재판관을 두고 재판을 주재하도록 한다는 것이다. 그러나 이보다 복잡한 것은 정치적인 면에서의 타협이었다. (i) 실질적으로 각 제후는 자기 영내에서 독립 주권을 행사할 수 있다. (ii) 프랑스는 스트라스부르크 자유시 이외의 알사스 지방을 소유한다. 메츠, 투울, 베르덩 주교구의 소유가 재확인되었다. (iii) 스웨덴은 포메라니아의 일부를 할양(割讓)받아 오데르 강 입구를 지배할 수 있게 되었다. 또한 브레멘 시 주변의 브레멘 주교구를 소유하여 엘베와 베제르 강의 하구지역을 장악하게 되었다. (iv) 이와 같이 프랑스와 스웨덴은 독일지방을 할양(割讓)받게 되어 신성로마제국의 국회 표결권을 갖게 되었다. 그것은 이 두 나라가 장차 독일 내정에 간섭할 가능성이 생겼음을 시사한 것이다. (v) 브란덴부르크는 동포메라니아 및 다수의 주교권을 소유하게 되었다. (vi) 스위스와 네덜란드는 자유 독립국가로 공적 승인을 받았다.

상기의 조약으로 이들 양 진영은 상호 각자 자기 종교를 찾아서 이사할 수 있도록 조치를 취했다. 평화 협정은 로마 가톨릭에게는 신교도들의 반격을 저지했으나 동시에 루터파 뿐만 아니라 다른 개혁파의 신앙을 인정하게 되었다. 그리고 신교와 가톨릭 사이를 맹백히 구분했는데 그 구분은 대체로 현재까지 계속되었다. 기독교의 신구교 양편은 이로써 공히 이득을 얻게 되었다. 일부 가톨릭 교구와 수도원과 교회들이 신교의 수중에 남게 되었으나 이전에 신교 지역이었던 보헤미아에서는 가톨릭이 퍼지게 되었다. 일반적으로 북부 독일은 신교로 나타났으나 라인강 유역의 여러 지역은 가톨릭으로 편입되었다. 군주의 신앙과는 다른 분파의 신앙에 대한 개인적인 예배도 용인되었다. 그러나 30년 전쟁으로 독일의 인구는 전체 인구 3,000만 명중 1천 2백 만 명이 남게 되었다. 3분의 2가 감소하였다. 그중 가장 피해가 극

루터교, 개혁주의 진영에까지 확대한다는 내용이 첨가되었다. 그리고 제국 정부는 신교와 가톨릭 관료 동수로 구성되었다. Owen Chadwick, 319-320.

심했던 지역은 비텐베르크로 총 인구40만 명중 8천명이 남게 되었고 당시 그곳의 300명의 목사는 30명으로 줄게 되었다.

6. 웨스트팔리아 조약의 중요성과 평가

(1) 중요성 : 결국 웨스트팔리아 조약은 혼란이 거듭되었던 과거의 역사를 뒤로 하고 새로운 시대를 여는 분수령이 되었다. 그런데 그 조약의 역사적 중요성은 현저하여 그동안 가톨릭의 통제 아래서 해방을 받게 되고 좀 더 적극적으로 그들로부터 독자적인 신앙단체로서의 생존권을 인정받는 최초의 사례가 되었다는 것이다. 사실 이전까지만 해도 가톨릭에서 개신교를 대하는 입장은 이단적이었고 전혀 그들의 입지가 용인되지 않은 형편이었다. 그런데 이런 상황은 급속도로 변화를 가져와서 기존체제를 유지했던 가톨릭은 힘을 상실하게 되었고 개신교는 가톨릭으로부터 실질적인 독립을 쟁취하게 된 것이다. 종교개혁이 발발했던 시대에도 가톨릭의 사회적인 평판은 극도로 실추된 것이 사실인데 이런 움직임은 더욱 보편성을 상실케 만들었다. 이 조약의 핵심은 1624년을 기준으로 신구교 재산은 당시 소유자 것으로 간주하고 제후들이 백성의 지역 종교를 결정하게 되어 한 영지에 한 종교가 자리를 잡게 되었다. 만약 어떤 지역의 영주가 사망하면 아들이 왕이 되면서 신앙을 바꾸면 그 지역의 종교는 강요하지 않고 한 지역에 다른 두 종교가 공존할 수 있었다. 결국 이 조약은 구교와 신교의 역사적 분리를 선언한 것으로 신교의 자유를 허용한 것이었다. 그러나 이노센트 교황은 웨스트팔리아 조약을 무효화를 선언했으나 더 이상 효력을 발휘하지는 못했다. 이제 유럽에서 교황의 정치적 위치는 종언을 고하였다.

(2) 평가: 결국 30년 전쟁을 종식시킨 웨스트팔리아 조약은 마틴 루터 이래 100년 이상 지속되어온 종교전쟁을 종식시킨 국제간의 외교적.합법적 문서였다. 그러나 그 기간 동안에 발생한 많은 전쟁들은 사실은 종교보다는 정치적 이유에 근거했다. 그 중에 30년 전쟁이 대표적이다. 표면상으로는 가톨릭과 신교 사이의 종교적 관용 문제였지만 항상 전쟁의 주된 동기는 정치적 내지 경제적 요인에 있었다. 이와 함께 근대 국가체제, 국제간의 세력균형, 근대적 외교관계는 이미 16세기 이래 대두되어 왔으나 신성로마제국의 우위가 그 실현을 억압해 왔었다. 그러나 이후 각 국은

동등한 주권행사 및 대사나 외교관의 파견 등을 통해 동등한 국제관계를 수립하였다. 30년 전쟁 중의 잔인한 학살이나 무차별적 전투행위는 국가 간의 법적 필요성을 요청하여 비로소 인도주의적 국제법이 실현되었다. 이것은 후에 전쟁 중에 발생한 비전투원의 보호나 부상자의 처리문제, 그리고 무차별 약탈의 금지 등과 같은 문제가 국제적 관심사로 떠오르게 되었다. 결국 30년 전쟁이 끝난 17세기 중엽 이후 유럽의 패권은 프랑스로 넘어갔고 이것은 그 후 루이 14세의 절대주의 통치에서 그 전성기를 맞이하였다.

7. 결론

(1) 종교개혁의 유산: 16세기 종교개혁 이후 정통교회의 발전은 당시로서는 예측하거나 생각할 수 없는 급속한 변화였다. 사실 종교개혁은 하나님이 정하신, 교회개혁을 새롭게 성취한 최대의 사건이었다. 이 운동으로 세계 역사뿐 아니라 교회의 역사는 새로운 지평을 열었다. 그것은 창조주 하나님이 당신의 준비된 종들을 통해 역사를 이루셨음을 증거한다. 하나님은 동시대, 각기 다른 환경과 신앙적 내지 신학적 차이에도 불구하고 오직 하나의 목적을 위해 개혁자 루터와 칼빈, 츠빙글리와 낙스를 사용하셨다. 하지만 종교개혁은 교회 개혁의 명분, 바른 질서의 회복에도 불구하고 씻을 수 없는 최대의 수치, 분리와 분열을 낳았다. 이는 대체로 개인적인 것으로 상호 협력하여 충분히 연합할 수 있었음에도 아집과 독단으로 분열되었다. 그리하여 루터는 루터파를 칼빈은 장로교를 포함한 개혁교회를 창설하였다. 루터는 독일의 비텐베르크를 성지로, 칼빈은 개신교의 로마인 제네바에서 개혁의 기치를 들었다.[12] 이는 곧바로 영국과 미국의 청교도주의를 일으키며 많은 영향을 미쳤다.

(2) 정통시대의 특징적 전개: 종교개혁의 분리와 분열은 당대 뿐 아니라 그동안 쌓은 모든 공적을 일거에 무너뜨리는 결과를 낳았다. 이로써 서유럽의 문화와 종교적 통일은 깨어져 그 어떤 것으로도 치유할 수 없게 되었다. 결국 종교개혁은 정통시대를 거치며 현재 서구 기독교로 특징되는 다양한 교파 내지 교조주의를 낳았다. 그러면 교파 내지 교조주의는 순기능 보다 역기능으로, 그렇게 부정적인가? 부정적

---

12) 어드만, 「최신교회사」, 김해연 역, (맥밀란, 1987), 35.

인 면은 뒤로하고 긍정적인 측면에서[13] 한 가지 지적하면 교파주의는 신앙과 신학의 선명성 내지 명확성, 즉 성경적 가치관의 수호에 기여하였다. 이것은 참된 진리에 대한 갈망으로, 정통이 마치 이단에 맞서 대응하듯이 어쩌면 당연한 요구이다. 물론 정통시대 이후 지금까지 신학적인 차이로 갈등과 대립, 때로는 극단적인 이해관계를 표출하였다. 하지만 이를 통해 신학적 입장을 명확히 하였다. 이것은 곧 교파적 특성과 연계된 정통주의자들의 신학적 입장, 합리적 사고와 신앙의 내면화로 타나났다. 개신교는 가톨릭과 달리 교리적 전통이나 의식의 번쇄함을 탈피하고 신앙의 근거로 성경을 내세우며 사도행전적 기독교의 전환을 주장하였다.

특별히 정통시대의 청교도들과 경건주의자들은 성경적 전통, 교리를 중시하되, 삶의 경건과 실천을 강조하였다. 이것은 개혁 당시 가톨릭의 성직자 타락과 세속화를 고려하면 쉽게 이해될 수 있다. 이제 우리는 21세기 정보화 시대를 살아가면서 종교 개혁자들과 정통시대 지도자들의 헌신, 일사각오, 초지일관한 신앙으로 짓밟힌 교회의 영광과 명예를 회복하고, 이를 위해 각각 삶의 질을 외형적인데서 내면적인 세계로 전환해야 할 것이다. 그것은 오직 성령의 임재와 의존을 통해 실천될 것이다. 끝없이 변모하는 세계 속에서 깨어 근심함으로 주의 뜻을 이루어야 할 것이다. 이렇듯 소원을 두고 행하게 하시는 주님께 영광과 찬양을 드린다.

---

13) 이형기, 「세계교회의 분열과 일치추구의 역사」, (장로회신학대학교 출판부, 1994), 16; 이만열, “계 3:17”, 『한국 교회, 과연 소망이 있는가?』 2009년 1월 31일, 두레교회, 교회개혁실천연대 정기 총회에서 행한 설교. 이 교수는 설교에서 1960년, 70년 한국 교회의 성장과 교회 난립 현상을 실상 교회 분열과 무관하지 않다고 보았다. 그리고 그는 영적 각성은 작은 교회 운동으로 연결되어야 할 것을 역설하였다. 자세한 것은 News Power 인터넷 판을 참조하라.

제 5 부

결론

–종합적 평가, 부록 및 참고도서–

A History of the Reformation

제 18 장

종교개혁(사)의 종합적 평가

-정리와 교훈, 과제와 전망-

1. 서론

지금까지 우리는 격동의 16세기 종교개혁의 역사적, 정치적, 종교적, 신학적 상황을 조명하였다. 한 마디로 종교개혁은 종교적, 신학적으로 중세 가톨릭 교회의 종말을 의미하였다. 그리하여 종교개혁은 어둠의 한 시대, 교황 중심의 교권주의를 접고 새로운 시대를 개화하였다.[1] 당시에 제기된 개혁의 외침, 다양한 징후들은 역사의 불완전성 속에서 성취해야 할 하나님 나라의 확장, 장차 완성될 교회의 이상과 소망을 보여 주었다. 하나님은 어제나 오늘이나 영원토록 동일하시기 때문이다(히 13:8). 이 처럼 종교개혁은 교회의 역사적 소명을 일깨우며 이후 사회 전반에 크게 영향을 끼친 근대 문명사의 전환점이었다.[2] 그러므로 종교개혁은 2,000년 기독교 역사에서 초대교회처럼 극적인 변화를 일으킨 중대한 사건이었다.[3] 대부분의 개혁

---

1) 유동환, 「거꾸로 읽는 서양 사상사」, (푸른나무, 2007), 70.

2) C. Gregg Singer, *John Calvin: His Roots and Fruits,* (Greenville: Salisbury, 1989), 29-60; Alastair Duke, "Perspectives on international Calvinism", *Calvinism in Europe 1540-1620*, eds. Andrew Pettegree. Alastair Duke. Gillian Lewis, (Cambridge University Press, 1996), 1-20; Donald K. McKim, *Readings in Calvins's Theology*, (Michigan: Baker Book House, 1984), 9; G. R. Elton, Reformation Europe 1517-1559, (Fontana Press, 1963), 231-238; Robert D. Knudsen, "Calvinism as a Cultural Force", 그리고 W. Stanford Reid, "The Transmission of Calvinism in the Sixteenth Century", John Calvin, *His Influence in the Western World*, ed. W. Stanford Reid, (Michigan: Zondervan, 1982), 13-29, 33-52; M. Weber, *The Protestant Ethics and the Spirit of Capitalism*, ed. T. Parsons and R. H. Tawney, (New York: Scribner, 1958), 1-98; K. S. 라토렛,『기독교의 역사』, 허호익 역, (대한기독교출판부, 1994), 38.

3) Philip Schaff, *History of the Christian Church*, (Michgan: Grand Rapids: Eerdmans

자들이 그렇지만 특별히 칼빈은 개혁의 방향을 확실히 설정하고, 하나님의 주권과 섭리 속에서 개혁을 진행하였다.[4] 따라서 개혁은 어떤 개인이나 집단, 민족과 국가의 전유물이 될 수 없는 모두의 과제요 사명이었다.

종교개혁사 연구에서 우리에게 요청되는 것은 통시적인 통찰과 종합, 이와 함께 심도있는 개별적 혹은 전문적인 분석 능력이다. 왜냐하면 종교개혁은 다양성과 통일성, 유기성과 독특성을 역동적으로 보여주기 때문이다. 종교개혁은 수도사 루터에 의해 일 순간 폭발적으로 전개되었지만, 그것이 발전, 확대, 정착되는 과정에서 매우 다양한 결과를 낳았다.[5] 이 개혁은 심지어 급진파와 더불어 개혁의 대상이었던 가톨릭에서도 활발히 전개되었다. 특별히 가톨릭은 대학교의 설립과 선교사들의 파송에서 보듯이 개혁자들의 개혁보다 훨씬 더 진취적이었다. 영국의 역사가 엘톤의 지적처럼 실로 이들의 종교개혁은 혁명이었다.[6] 따라서 진정한 개혁을 위해서는 항상 뒤돌아보는 지혜가 요구된다.[7] 그럼에도 불구하고 가톨릭의 개혁은 성경의 원리와 권위를 외면함으로 시대적 요청을 거부하였다. 하지만 역사적 개혁 교회는 하나님의 말씀, 즉 계시된 성경과 그의 주권을, 오직 믿음과 은혜로 집약되는 그리스도의 왕권을 회복하였다. 개혁자들은 이 한 가지 일념에 사로잡혀 연구하며 가르치고 증거하는 데 헌신하였다. 그 결과 더 이상 어둠의 세력이 교회를 지배할 수 없었다. 진리의 빛이 온 누리에, 그를 사모하는 모든 영혼에 찬란히 빛나게 되었다.

2. 종교개혁의 공헌

종교개혁자들은 완수해야 할 개혁에 자신들의 삶을 온전히 헌신하였다. 이러한 헌신은 종교개혁을 성공으로 이끈 촉매제였다. 그들이 창출한 개혁의 공헌을 다음

Publishing Company, 1910), vol. VII, 1-2.

4) John T. McNeill, *The History and Character of Calvinism*, (New York.Oxford University Press, 1954), 234.

5) Thomas M. Lindsay, *A History of the Reformation,* (Edinburgh: T. & T. Clark, 1907), vol. II., 20.

6)6) . G. R. Elton, *Reformation Europe 1517-1559,* (Fontana Press, 1963), 274.

7) Owen Chadwick, *The Reformation,* (The Pelican History of the Church, Penguin Books, 1988), 20.

과 같이 정리하였다.

(1) 중세적 수도원과 성례 전통의 거부였다. 이는 단적으로 인간 중심의 행위 구원을 거부한 것이다. 그것은 성도 각자의 수신(修身)보다 이 세상의 영혼을 구해야 했기 때문이다.[8] 중세 설교자들은 단지 사람들에게 순수한 생활, 정직과 정숙을 가르쳤다. 모든 성직자와 설교자는 모든 면에서 모범이어야 했다. 사실 수도원적 삶과 신앙적 경건은 사람들을 오랫동안 매혹시켰다. 하지만 개혁자들은 주교로부터 시작하여 모든 계급의 수도사와 수녀에 이르기까지 성직자들의 도덕적 개혁과 내적 변화를 요구하였다. 실제 경건한 신자들은 마음과 영혼의 순수성과 단순성으로 지속적인 개혁을 추구하였다. 그리고 개혁자들은 중세 가톨릭의 오랜 전통과 의식, 특별히 7성례를 거부하고 대신 예수님이 제정하신 세례와 성찬만을 참된 예식으로 간주하였다. 가톨릭의 7성례 주장은 사제, 즉 성직자의 권한을 유일한 중보자 예수 그리스도와 동일시하는 것으로, 결국 성직 남용을 의식화 내지 정례화 하였다. 궁극적으로는 구원은 수행하는 모든 사람이 얻게 됨을 가르친다. 그러나 개혁자들은 성례를 그리스도와의 연합으로 구원이 은혜로 주어짐을 강조하였다.

(2) 신학적 정체성의 확립이었다. 이는 개혁을 위한 개혁자들 간의 신학적 논쟁이 잘 보여 준다. 특히 교황청과 여러 교파의 개신교 지도자들은 신앙적, 신학적 차이로 각각 이견을 수용하지 못하였다. 그것은 성경이냐 아니면 교회의 전통과 의식이냐의 문제였다. 그러나 인문주의자 에라스무스나 그 추종자들에게 타협은 최선의 문제였다. 트렌트 공의회는 온건 책과 강경책 사이에서 선택을 해야 했다. 강경책은 교리의 순수성을 보전하는 대신 교회 분열을 구체화하였다. 마침내 공의회는 강경책을 따라 반동종교개혁을 일으켰다. 하지만 당시 정황으로 볼 때 전쟁을 계속 할 수 없었으므로 한편에서 타협안이 제기되었다. 첫 번째 타협안은 독일과 1555년 10월 3일 체결된 아우구스부르크 협약이었다. 이 조약에 따라 독일 황제는 독일 내 루터파를 인정하였다. 루터에 의하면 군주는 민사상의 절대 권력 외에도 기독교 교회를 감시하고 통솔할 권리를 신으로부터 부여 받았다. 이것은 중세 초 샤를마뉴도 허용한 적이 없는 군주의 종교 통제로, 개인적 자유를 불허한 일종의 국가교회였다.

당시 루터파는 아우구스부르크의 타협안을 주도하면서, 통치자의 종교가 그 영

---

8) 에른스트 벤츠, 「역사와 기독교」, 정상복 역, (민중사, 1981), 130-131.

역의 종교가 된다는 것 때문에 깊숙이 개입하였다. 군주의 결정에 순응하지 않는 사람은 추방될 수밖에 없었다. 타협의 결과 루터파는 독일의 2.3를 얻었으나 칼빈파와 츠빙글리 파는 배제하였다. 상기한 1555년과 같이 1648년 웨스트팔리아 조약은 동일한 가톨릭과 신교 간의 타협안이었다. 첫 번째 조약은 뮌스터에 모인 가톨릭 국가들의 대표단에 의해 체결되었다. 그리고 두 번째는 오스나브뤼크의 신교도들에 의해 체결되었다. 이것은 두 교파가 오랫동안 대립해온 모습을 잘 보여주나, 이후로는 더 이상의 관행은 반복되지 않았다. 비록 종교적으로는 타협하지 못했으나 이후 국가 간의 유대는 더욱 강화되었다. 이제 종교는 양심의 문제이자 개별 국가들이 선택할 문제였다. 신앙이 각 교파나 국가로 분리되었기 때문에 더 이상 통합을 요구할 수 없었다. 개인 차원에서 보장되지 않은 종교적 관용이 국가들 사이에서 확립되었다.

(3) 유럽 공동체의 출현과 도시의 안정화였다. 종교 개혁은 그동안 가톨릭 중심의 사회와 문화, 경제와 종교적 전통을 해체하고 새로운 민족국가의 유럽을 태동시켰다. 이제 유럽은 수많은 주권 국가들의 기초 아래 국제 체제를 수립하였다. 그러므로 이후 유럽은 한 국가의 야욕에 의해 지배될 수 없는 유기적 관계를 형성하였다. 결국 종교 개혁은 가톨릭 중심의 초 국가 체제를 붕괴시키고 국가 간의 유대를 강화시켰다. 그리하여 몇몇 도시들이 각자의 신앙을 따라 자치적으로 안정을 되찾았다. 이것은 16세기 종교 개혁의 특징 가운데 매우 이색적인 것으로 몇몇 도시가 개혁의 결정적 산파 역할을 하였다. 예를 들면, 에드워드 6세 이후 영국의 개신교는 스트라스부르크나 아우구스부르크로부터 많은 자들을 수용하였다. 물론 런던이 중심지였다. 프랑크프르트는 영국의 메리 여왕의 박해를 피해 도피해온 사람들을 받아들였다. 제네바는 모든 지역으로부터 도피해온 박해받는 개혁자들의 안식처였다. 특히 제네바의 타국인들은 당시 제네바 인구에 전혀 새로운 제3의 계층을 형성하였다.[9)]

개혁자들은 타국에 머물면서 끊임없이 서신을 주고받으며 형제애를 돈독히 하였다. 그리하여 초대 교회 성도들이 제국의 박해 시에 지하 동굴에서 형제애를 쌓았듯이 아름답고 새로운 신앙 전통을 이룩하였다. 비록 정치적으로 결속하여 보다 확

9) Thomas M. Lindsay, *A History of the Reformation*, (Edinburgh: T. & T. Clark, 1907), vol. II., 20.

대된 개혁국가를 이룩하지는 못했으나 초대교회의 신앙을 보전하였다. 스페인의 필립은 개혁자들을 집요하게 와해시키려 했으나 이러한 행동은 오히려 그들을 결속시키는 계기가 되었다. 스코틀랜드의 기즈의 메리는(Mary of Guise)는 가톨릭적 신앙으로 결속하려 했으나, 1599년 부활절에 엘리자베스는 스스로 자신이 이종 성찬배수(the communion in both kinds)자라 함으로 개신교임을 천명하였다. 나바르의 왕인 앙뜨완 드 부르봉(Antoine de Bourbon)도 남부 프랑스의 포우(Pau)에서 동일한 방법으로 자신의 변화된 신앙을 고백하였다. 개혁자들의 집념과 열정 속에 각국의 도시들은 안정적인 개혁을 전개하였다.

(4) 복음적 내지 신앙적 자유의 확립이었다. 사도적 교회가 기독교 전 역사를 전형적으로 보여주는 것이라면, 행전에서 보는 베드로와 바울의 일시적 충돌은 로마주의와 신교주의의 충돌로 견줄 수 있다. 이는 필립 샤프의 지적처럼 종교개혁이 중세의 율법적 속박에 대한 항거이자 동시에 복음적 자유를 주창한 것이기 때문이다.[10] 이는 바울이 베드로에 맞서 자신의 주장을 새롭게 하였고 마침내 그 운동은 성공하였다. 결국 종교개혁은 기독교에 자유를 포함하여 학문적, 정치적, 시민의 자유를 제공하였다. 뿐만 아니라 종교개혁은 하나님의 말씀의 가르침과 위로를 모든 이에게 누릴 수 있게 하였다. 이것은 역사 속에 다양한 증거를 통해 실증되었다. 예를 들면, 독일의 빌헬름 1세 아래서 신교와 막시밀리안 1세(1519년 1월 12일 사망) 시기의 로마 가톨릭의 독일, 빅토리아 여왕과 헨리 7세의 지배아래 영국의 상황, 또한 19세기 칼빈주의의 스코틀랜드와 루터주의 스칸디나비아의 15세기를 로마주의 스코틀랜드와 스칸디나비아를 비교해 보면 알 수 있다. 자유로운 네덜란드와 북아메리카, 현재의 영국과 스페인, 네덜란드와 포르투갈, 미국.캐나다를 멕시코.페루.브라질과 비교해 보면 더욱 명확할 것이다. 종교 개혁 이후 신교 문헌들의 풍성함은 모든 분야의 지식, 과학, 예술 분야에서 볼 수 있으며, 수많은 개신교 교회와 학교, 단과 대학과 종합대학교, 자선 단체, 전 세계에 흩어져 있는 선교사 훈련소가 이를 입증한다. 종교개혁은 그 모토에 걸맞게 세계를 변화시키며 복음적 자유를 제공하였다.

---

10) Philip Schaff, *History of the Christian Church*, (Michgan: Grand Rapids: Eerdmans Publishing Company, 1910), vol. VII, 1-2, 262.

(5) 삶의 전 영역에 변화와 개혁을 주도하였다. 종교개혁은 신학과 교회 예식뿐만 아니라 수도원과 그 밖에 부유한 종교 단체들의 와해로 국가의 부와 정치권력이 증대되었다.[11] 성직자들은 물론 일반 사람들 역시 대변화로 인한 급진적인 변화에 순응하였다. 역사가들은 이 변화의 본질을 규명하기 위해 끝없이 논쟁하였다. 사람들이 책 대신 교회의 벽화와 스테인드글라스 상징을 통해 종교적 지식을 얻던 시대는 종식되었다. 예를 들면, 그 시대에 벽화와 스테인드글라스는 가톨릭 성례를 위한 대규모의 비문자적 맥락을 제공하였다. 실제로 중세 교회의 여러 의식은 깊이 일상화 되었다. 왜냐하면 교회를 떠나서는 생활할 수 없었기 때문이다. 성직자들은 매년 예수의 수난에 일어났던 일들을 전례대로 수행하였고, 평신도들 역시 자신들이 직접 만든 연극으로 이를 표현하였다. 예를 들면, 사도 요한이 그리스도의 의복이 찢어졌다고 선언하면 제단에서 적절한 순간에 린넨천(línən, 아마포) 두 조각, 각본이 들춰졌다. 그 후 미리 마련된 석관에 그리스도의 성체가 경건하게 안치되었다. 성체는 말 그대로 그리스도의 몸이기 때문이다. 그러나 이 같은 구태의연한 예배와 교육 방식은 급속히 퇴화하였다. 로마 가톨릭은 온갖 남용을 행하면서도 성경, 즉 하나님의 말씀은 절대로 번역하지 못하게 하였다. 따라서 종교개혁자들은 성경 번역에 박차를 가하였다. 개혁자들은 번역을 통해 교황청이 왜곡시켜온 천년을 거슬러 올라 신약의 진정한 그리스도의 메시지를 재발견하였다. 하지만 구체제 아래 성장한 평신도들이 유년 시절의 종교 예식을 답습하기도 하였다. 일부 개혁자들은 이러한 것들을 추방하고 파괴하는 데 전력을 기울였다.

(6) 교회와 국가, 정교 분리였다. 이는 종교적 관용에 대한 문제로, 당시 교회와 군주들은 안정을 위해 상호 관용정책을 쓰지 않을 수 없었다. 그것은 중부와 북부 유럽으로 급속히 확산되는 개신교 교세 때문이었다. 가톨릭의 입장에서는 더 이상 밀리면 안 된다는 불안이 작용하였다. 반면 칼빈주의에서는 이단을 모두 제거한다는 것은 현실적으로 불가능하였다. 가톨릭이든 칼빈주의든 양편 모두 이단에 대한 철저한 박멸 정책은 쉽지 않았다. 이들이 질서 확립을 위해 무력을 사용할 수는 없었다. 비록 성전으로 적대자를 제거한다 해도 그것은 용이하지 않았다. 따라서 현실적으로 문제를 풀어야 했다. 그 결과 군주들은 어느 특정 종파에게 유리하게 할 수

---

11) 프랭크 커모드, 「셰익스피어의 시대」, 한은경 역, (을유문화사, 2005), 17.

는 없었다. 따라서 여러 종파를 현실적으로 인정하는 길이 최선이라고 생각하였다. 그리하여 마침내 종교개혁자들은 기존의 가톨릭 중심의 전통에서 다종파로, 정교 분리를 확립하였다. 영국의 대주교 크랜머는 후기 중세 교회가 앓고 있는 악덕을 물리칠 수 있는 유일한 길은 고통스럽겠지만 교회를 세속 권력 아래 종속시키는 것이라고 하였다.[12] 영국의 헨리 8세는 이러한 생각을 실제적인 차원에서 실천하였다. 당시 독일의 많은 제후들은 이를 주의 깊게 관찰하였다.

1540년경 독일의 제후들은 여러 차례 세속적인 인도를 따르면서 중세적인 교리, 교직제도, 그리고 의식을 충실히 유지하는 민족교회를 건설하려 하였다. 정교 분리의 분수령은 1555년의 아우구스부르크의 종교화의였다. 이 평화조약은 신성로마제국 안에서 신교와 구교의 지위를 똑같이 인정하였다. 그러나 이 조약은 각자 개인 신앙의 자유를 승인한 것이기보다는 제국 내의 여러 영방국가의 군주들이 가톨릭교회와 루터교 중 어느 하나를 자유롭게 선택하도록 한 것이다. 당시 상황으로 볼 때, 한 국가 안에 둘 이상의 종교가 존재할 수 있다는 것은 상상할 수 없는 문제였다. 이런 상황에서 독일 내에 종교의 다양성이 극히 제한적으로 인정되었다.[13] 한편 루터는 교회가 절대 권력에 종속될 수 있다고 했으나 칼빈은 교회와 국가의 분리를 주장하였다. 그러나 칼빈은 평화의 유지를 위해서는 필요에 따라 국가 종교를 이룩할 수 있다고 하였다. 그러므로 그는 국가의 이익을 위해 개인적인 저항을 포기하도록 하였다.[14]

정교 분리를 둘러싼 갈등과 대립 속에 성공적인 분리는 폴란드에서 이룩되었다. 폴란드에서는 1550년 루터파와 칼빈파, 보헤미아 형제단의 개혁파 교회가 확고히 정착되었다. 당시 폴란드에서는 귀족들이 왕을 선출하도록 되어 있었는데, 그 귀족

12) Thomas M. Lindsay, *op. cit.*, 487.

13) 노명식, 「자유주의의 원리와 역사」, (민음사, 1991), 106.

14) 1561년 그는 콜리니에게 보낸 편지에서, “얼마간의 사람들을 거느리고 있는 어떤 사람이 내게 조언을 구했지요. 전체 군주에 의해 신의 아이들이 억압당하고 있다면, 그 전제 군주에게 저항하는 것이 적법하냐는 것입니다. 나는 이런 식의 이의 제기에 대해, 만일 피가 한 방울만 흘러도 곧 강이 되어 유럽 전역에 넘쳐흐르게 될 것이라고 대답했지요. 이렇게 기독교의 이름과 복음이 오명을 뒤집어쓰는 원인을 제공하느니보다 우리 모두가 수백 번 죽는 편이 좋지 않겠습니까? 장 바티스트 뒤로젤, 「유럽의 탄생」, 이유현/이용재 역, (지식의 풍경, 2004), 94 참조.

들이 종교적 분파간의 상호조절을 이룬 것이다. 개신교도들을 박해하라는 로마의 압력에 맞서는 중에 신앙과 양심의 문제에 무력을 사용하는 것은 잘못되었다고 하였다. 당시 폴란드의 인문주의자 모드르제브스키(Andrew Modrzewski)는 마음과 정신에 속한 것은 그 누구에게서도 고문이나 위협으로 빼앗을 수는 없다고 하였다.[15] 폴란드의 세 교파는 1570년 서로 힘을 합하여 종교적 다양성에 대한 보장을 추구하는 협정을 맺었다. 2년 후 새 교황 선출을 둘러싸고 의회가 종교적 차이로 서로 관대하고 피를 흘리거나 서로 벌을 가하는 일이 없다는 것을 바르샤바연맹에서 합의하였다.[16] 이 의회가 선출한 왕의 후보자 앙리 드 앙주(Henri de Anjou)는 가톨릭이었으나 바르샤바연맹 규약에 선서하였다. 그리하여 폴란드는 서부 유럽의 신교도들에게 온건과 관용의 심벌이 되었다. 하지만 정교 분리가 모두 성공적이지는 않았다. 예를 들면 프랑스에서는 피비린내 나는 종교전쟁이 발발하여 수 천 명이 학살되었다.[17] 하지만 국가 교회의 제도는 영국에서 정착되었으며, 1673년 심사법(Test Act)에서는 가톨릭 교도들이 공직에서 배제되었다.

(7) 끝으로 교파(단)간의 대립과 분열이었다. 라틴 교회에서 시작된 서방 기독교는 16세기 개신교의 등장으로 최대의 위기를 맞았다. 그동안 교황을 중심으로 통합된 교회는 다수의 상이한 민족 교회들과 신앙고백으로 여러 교파를 태동시켰다. 일치의 중심이던 로마는 비텐베르크, 취리히, 제네바, 옥스퍼드, 케임브리지, 그리고 에든버러로 대체되었다. 그동안 막강한 부와 권력을 독점적으로 누린 교황은 도처의 작은 왕(용)들에게 굴복하였다. 위계적 지배는 황제 교황주의 혹은 각국의 종교적 지배자에게 영광을 내주었다. 종교개혁을 받아들인 모든 왕과 제후, 행정관은 교회의 최고 지위를 누렸다. 그러나 순응하지 않은 비국교도들은 자신들의 교회를 설

---

15) 노명식, 「자유주의의 원리와 역사」, (민음사, 1991), 107.

16) Henry Kamen, *The Rise of Toleration*, (Weidenfeld & Nicolson, 1967), 121.

17) J. R. Broome, *Reformation and Counter-Reformation,* (England: Gospel Standard Trust Publications, 1988), 4. Cf. Samuel Smiles, *The Huguenots in France,* (London: Daldy, Isbister, & Co., 1875), v-xii, 1-426; George A. Rothrock, *The Huguenots: A Biography of a Minority*, (Chicago: Nelson Hall, 1979), 3-190; H. E. Bell. R. L. Ollard(eds.), *Historical Essays 1600-1750 Presented to David Ogg*, (London: Adam & Charles Black, 1963), 195-202; Allan Cameron, *Great Men & Movenant of the Christian Church,* (Paisley: Alexander Gardner, 1914), 340-355.

립하였다. 종교개혁으로 독립적인 개신교 정부의 숫자만큼 많은 국가 교회나 지역 교회가 우후죽순처럼 등장하였다. 그러나 모든 사람들은 신앙과 행동의 규범으로 성경의 지상적 권위를 인정하였다. 그 중에 대다수는 성경의 가르침에 기초한 신앙 고백을 소유하였다. 군주제 아래 독일에서는 모든 제후들이, 그리고 공화정 하의 스위스에서는 모든 주들이 자신들의 교회를 소유하였다. 그 교회의 신조, 예배, 규율에 관해 지상적 권력을 주장하였다. 왜냐하면 세속적 지배자가 교회의 목사들과 신학 교수들을 임명하는 위치에 있었기 때문이다. 중세의 경건한 기관에 의해 축적된 교회의 재산들은 종교개혁 시기에 정부 소유로 이관되었다. 거대한 개신교 국가들로는 영국의 성공회, 루터파와 개혁파를 포괄하는 프로이센 복음주의 연합 교회와 작센의 루터파 교회, 덴마크, 스웨덴, 노르웨이의 루터파 교회, 스위스 개혁파 교회, 네덜란드의 개혁파 교회, 그리고 스코틀랜드의 개혁파 혹은 장로교회를 들 수 있다. 이들 교회 중에 성공회는 개혁파 교회와 비슷했으나 실제로는 개신교와 로마 가톨릭 중간에 위치하였다.

개신교 내의 분열은 신학적인 문제로 루터와 츠빙글리 사이에서 발생하였다. 1529년 말부르크 회담에서 두 개혁자는 15개 신조 중에서 14개 조항에 동의했으나 일치를 이끌어 내지 못하였다. 루터는 어떠한 타협도 거부한 채 자신의 성만찬 논쟁, 즉 그리스도의 몸의 편재성과 예정, 세례시의 중생으로 타협을 보지 못하였다. 그 결과 개신교 내부의 종교적, 정치적 격정을 야기하였다. 따라서 당시 개혁자 멜란히톤은 엘베(Elbe) 강의 강물만큼이나 많은 눈물로도 기독교 세계의 혼란과 신학자들의 광포함에 대한 자신의 슬픔을 다 표현할 수 없을 것이라 하였다. 칼빈 또한 1552년 멜란히톤, 불링거, 그리고 부처와 함께 개혁파 교회들의 일치 신조를 작성하기 위한 목적으로 크랜머 대주교에 의해 램버스 궁정(Lambeth Palace)에 초대받았을 때, 교회의 연합을 위해서라면 10개의 바다라도 기꺼이 건널 것이라고[18] 하였다. 그러나 이 같은 희망은 좌절된 채 단지 경건한 열망이 되었다. 이러한 분열은 모든 교파를 막론하고 이기적인 타락한 인간의 본성에 기초하였다. 그리고 개신교 개인주의적 경향은 신학적 당파로 이어져 여건이 주어진 곳이면 어디서나 분열하였

---

18) Philip Schaff, *History of the Christian Church*, (Michgan: Grand Rapids: Eerdmans Publishing Company, 1910), vol. VII, 1-2, 45-46.

다. 대표적으로 반 교황적이고 반역적이던 스튜어트 왕조의 마지막 전복 이후에 잉글랜드에서 발생하였다. 1689년 발표한 관용령으로 영국 교회 소속의 교회들이 비국교도나 장로교회, 독립교회 혹은 회중 교회, 침례교회, 퀘이커파로 나뉘었다. 이들은 모두 종교개혁의 신학 원리에 동의했으나 몇 몇 교리 특별히 규율과 예배의식에서 차이를 드러냈다. 그 후 잉글랜드와 아메리카의 식민지를 뒤흔든 웨슬리 부흥운동은 영어권 기독교 세계로 급속히 확산되었다. 스코틀랜드에서도 국가의 보호권과 그리스도의 유일한 수장권 문제로 정통 개혁파 교회가 분열하였다. 그리하여 국교와 연합 장로교회, 스코틀랜드 자유교회가 태동하였다. 이 세 교파는 모두 웨스트민스터 신앙고백을 추종하였다.

독일에서는 모라비아 형제단이 독립된 교파로 법적 권한을 얻었다. 이들은 이교도들 사이에서 선교적 열정, 교육 기관, 순수한 규율, 그리고 기존 교회에 대한 도전적인 영향으로 권리를 인정받았다. 대영제국과 대륙에서의 교파들은 북아메리카의 개척지로 이식되었다. 이들은 법 앞에서의 평등과 완전한 종교적 자유를 보장받았다. 그러나 유럽과 같이 이곳에서도 점차 교회와 분파, 국교도와 비국교도의 구별은 의미가 없었다. 그 이유는 관용과 자유라는 근대적 이념 때문에 국가와 교회의 결합이 느슨해졌기 때문이다. 그리하여 19세기 개신교회는 더욱 다양한 교파로 분열하였다. 예를 들면 감독교회, 루터교회, 장로교회, 회중교회, 감리교회, 그리고 침례교회로 분열되었다. 이러한 현상은 시간이 지나면서 한국 교회에 특별히 해방과 6.25 사변 후 고조되었다. 일부 찬성자들은 살아있는 다양성이 죽은 획일성 보다는 낫다 하지만 분열은 결코 용인할 수 없는 문제이다. 대부분의 교파들은 신앙과 행위의 궁극적 규범으로 영감 된 성경, 은혜에 의한 구원, 그리고 사도신경의 모든 조항들을 받아들인다.

또한 그리스도인의 의무로서 하나님과 이웃 사랑을 실천한다. 왜냐하면 진정한 경건과 덕은 모든 사람의 구주와 주님이신 그리스도를 따르는 것이라고 믿기 때문이다. 그러므로 우리는 일치 속에 다양성을, 다양성 속에 일치를 추구해야 할 것이다. 혹 분열했다 해도 상호 협력과 교제를 통해 편협성, 완고성, 배타성을 극복하여 주님의 하나되게 하신 뜻과 지상 명령을 실천해야 할 것이다. 그리하여 기독교적 삶의 모든 가능성을 우리 시대에 실현해야 할 것이다.

3. 종교개혁의 교훈

16세기 종교 개혁은 2013년 현재 496년 전의 과거사가 아니다. 종교 개혁은 지금도 살아 있는 역사로 여전히 진행 중이다. 왜냐하면 창조주 하나님이 역사의 주인이시기 때문이다. 그러므로 우리가 그 하나님을 믿고 있는 한 더 높고, 더 깊고, 더 광범위한 개혁을 소망하고 성취해야 할 것이다. 하지만 서방 교회의 분열, 즉 가톨릭과 개신교의 책임은 동방 교회의 분열처럼 두 진영에 있다. 물론 법정에서 그 책임 소재를 정확히 측정할 수는 없다. 하지만 우리는 개신교 진영의 폭력과 무절제에 책임을 물을 수 있다. 그러나 로마 교회의 불관용과 완고한 저항에 좀 더 큰 책임이 있다.[19] 교황청은 종교개혁에 반대하여 오랫동안 정치적 영향, 외교적 간계, 세속적 부, 스콜라 철학, 억압적 권위, 그리고 피에 주린 핍박과 같은 세속적인 무기를 사용하였다. 그것은 메시야를 십자가에 못 박고 사도들을 회당 밖으로 추방한 유대 교권주의의 답습이었다. 그러나 역사에서 보듯이 개혁된 교회는 계속 개혁되어야 한다. 하나님은 인간적인 것을 침묵시키는 신적인 지혜와 자비로, 모든 교회 위에 오순절 성령을 통해 인간의 죄로 찢긴 것들을 하나로 연합시키셨다. 종교개혁은 우리에게 무엇을 교훈하는가?

(1) 개혁은 진리에 대한 올바른 인식에서 출발한다. 비록 종교개혁이 가톨릭과의 분리로 촉발되었으나 당시 세계의 개혁과 변화를 위해서는 불가피하였다. 따라서 개혁은 교회를 증식하고 모든 영역, 특히 영적 성장에서 자유로운 성장을 촉진하였다.[20] 루터와 칼빈은 각각 개혁을 작은 도시, 비텐베르크와 제네바에서 시작하였다. 그러나 그 도시들은 이 후 세계적인 도시로 결코 잊을 수 없는 도성으로 변모하였다. 그러므로 개혁을 대규모로 할 수 없다면 소규모로, 제도로서 할 수 없다면 필요를 인식한 개인들이 궐기해 성취해야 할 것이다.[21] 개혁을 열망하는 개인이나 단체는 분명한 목적과 동기가 필요하다. 16세기 개혁자들처럼 말씀과 학문에 통달하고 각 분야와 필요에 정통해야 할 것이다. 준비되지 않은 상태에서는 아무것도 할 수

---

19) Philip Schaff, 12.

20) Philip Schaff, *History of the Christian Church,* (Michgan: Grand Rapids: Eerdmans Publishing Company, 1910), vol. VII, 1-2, 8.

21) 롤란드 베인턴, 세계교회사, 이길상 역, (크리스챤 다이제스트, 2001), 217.

없기 때문이다. 역사의 변화와 기적은 철저한 준비와 기다림에서 이루어진다. 개혁자들은 비록 작은데서 시작했으나 그 종착지는 전 세계 모든 민족이었다. 복음으로 세계를 품고 도처에 그리스도의 불꽃을 피워야 할 것이다. 교회는 교회대로, 세상은 세상대로 말씀으로 개혁해야 한다. 이를 위해 인내와 오래 참음이 요구되며, 진리의 인식은 하나님 나라의 확장과 교회의 통합이어야 할 것이다.

(2) 개혁은 시대를 초월하여 상시적으로 요청한다. 이것은 가톨릭적 전통을 통해 참된 가치가 무엇인지를 잘 보여 준다. 따라서 개신교는 전승과 유전에 발목 잡혀 있는 가톨릭 보다는 자유, 특히 영적 자유를 갈망하며 보다 공정한 삶을 일관되게 추구하였다. 가톨릭의 전통 중에 교황 무오류설은 성경의 가르침에 반하며 학문의 자유를 침해하였다. 사실 말씀이 교리를 통제해야 함에도 불구하고 교리, 즉 교회의 전통이 오랫동안 사실을 지배하였다. 진리를 추구하되 온전하고 순전한 진리를 추구하는 것이 올바른 개혁이다. 참 진리는 주님께서 갈보리에서 보여주신 십자가의 사랑, 아가페적 사랑으로 귀결된다.[22] 그러면 개혁의 성취 후 더 이상의 목표는 없는가? 물론 아니다. 계속적인 자기 개혁과 혁신이 개인, 교회, 사회, 국가에서 지속적으로 일어나야 한다. 그러므로 개혁은 한 순간도 중단 될 수 없는 호흡이요 맥박이다. 이는 마치 우리가 생존을 위해 공기를 호흡하듯이 받은 사명을 완수하여 이 땅에 주님의 나라를 건설해야 하는 것이다.

(3) 참된 개혁은 하나님이 당신의 때에 준비된 사람을 통해 이루신다. 종교개혁은 서방 기독교 세계의 가시적 일치를 파괴하며 자유와 진리를 교회 속에 실현하였다. 그 결과 이전보다 훨씬 더 고차원적인 영적 일치를 이루었다. 그 후 하나의 보편적 교회 대신 다수의 상이한 민족 교회들과 신앙 고백에 기초한 교파들이 형성되었다. 일치의 지역적 중심이었던 로마는 이제 비텐베르크, 취리히, 제네바, 옥스퍼드, 케임브리지, 에든버러로 대체되었다. 이 일을 위해 하나님은 당신의 종들을 철저히 준비하셨다. 그동안 특별 대우를 받았던 한 교황은 많은 작은 교황들에게 굴복해야만 하였다. 하나님의 관점에서 볼 때 만감이 교차하며 동시에 격세지감을 통감하게 된다. 그러므로 루터와 츠빙글리, 칼빈과 낙스처럼 하나님의 손에 붙잡혀 쓰

---

22) Philip Schaff, *History of the Christian Church*, (Michgan: Grand Rapids: Eerdmans Publishing Company, 1910), vol. VII, 1-2, vii.

임 받을 수 있도록 철저히 준비해야 할 것이다. 특별히 칼빈은 개혁자 중에서도 타의 추종을 불허하는 신학적 기반을 마련하였다. 이로써 독일 밖에서 프로테스탄트의 교리와 교육의 토대를 형성하는데 있어서 지속적인 영향을 미쳤다.[23] 하나님이 부르시고 사용하기 위해 세우신다면 가장 정확하고 효과적일 것이다. 누구도 하나님의 의지를 꺾을 수 없다. 성도는 하나님의 때를 볼 수 있는 안목을 가져야 한다. 지금 우리가 살고 있는 시대가 바로 개혁의 시점이다. 곳곳에서 정의의 목소리가 아우성 치고 있다. 종교 개혁은 국가마다 독특한 성향 속에 발전하였다. 예를 들면 칼빈의 신학은 프랑스의 위구노들, 네덜란드의 칼빈주의자들, 잉글랜드와 뉴잉글랜드의 청교도들, 그리고 스코틀랜드의 장로교인들에 의해 계승되었다.[24]

(4) 개혁은 분명한 성경적 이상과 신학적 명분을 요청한다. 개혁자들은 영감된 계시, 성경을 우리의 신앙과 행위의 유일한 규범으로 간주하였다. 루터는 이신칭의론을 통해 전통 교회를 벼랑으로 내몰았으며, 가톨릭교회의 상징인 교황을 적그리스도로 간주하며 이단으로, 반성을 촉구하는 황제의 명령에 맞서 범법자의 낙인을 선택하였다.[25] 츠빙글리는 1215년부터 인정되어온 화체설을 통렬히 비난하며, 성례를 집전하는 사제의 권위를 일거에 추락시켰다. 그리고 성경을 근거로 연옥의 존재, 성인, 성물, 성화 숭배 등 기존의 교회 의식과 관습을 거부하였다. 칼빈은 명작 기독교 강요를 통해 기독교 신학을 체계화하였다. 따라서 이들은 가톨릭이 성경과 교회의 전통을 신앙의 공통 규범으로 수용했을 때, 이를 배경으로 한 교권을 거부하였다. 그동안 성경은 사제들의 전유물이었으나 이제는 자국어로 번역되어 모든 사람들이 소유하게 되었다. 그 결과 모든 그리스도인이 이제부터는 영감의 원천에서 사제의 허락 없이 신적 교사의 발아래 앉게 되었다. 종교개혁에 동조한 모든 왕, 제후, 행정관은 교회의 최고의 지위를 얻었다. 그리고 순응하지 않은 비국교도들을 배체한 채 독자적인 교회를 설립하였다. 비록 독립적인 개신교 정부의 숫자만큼 많은 국가 교회와 지역 교회가 존재했으나, 대부분의 교회는 신앙과 행동의 규범으로서 성경의 지상적 권위를 인정하였다. 그리고 성경의 가르침에 대한 정확한 요약으로서 신앙고백서들을 소유하였다. 예를 들면 군주제 아래 독일에서는 모든 제후들이,

---

23) Philip Schaff, 99.

24) Philip Schaff, 23.

25) 곽차섭/임병철(eds.), 「역사속의 소수자들」, (푸른역사, 2009), 132.

공화정 하의 스위스에서는 모든 주들이 스스로의 교회를 소유하였다. 그리고 그 교회의 신조, 예배, 규율에 관해 지상적 권력을 주장하였다. 이 권력은 성직자들에게서가 아니라 세속적 지배자에게서 정점에 도달하였다. 세속적 지배자는 교회의 목사들과 신학 교수들을 임명하는 위치에 있었기 때문이다.

(5) 당시 지도자들, 예를 들면 루터, 츠빙글리, 칼빈, 낙스는 약점과 실수에도 불구하고 변함없이 열정을 쏟아 부었다. 이들은 성경적 원리와 교리를 쇄신하고 정화하며 활력을 불어 넣었다. 이 같은 근대적 방법으로 이들 개혁자들은 교파를 초월하여 각자의 목적을 성취하였다.[26] 사도들과 복음 전도자들처럼 모든 개혁자들은 낮은 신분이었으나 그들을 택하신 하나님의 영은 어떤 군대의 힘보다도 더 강하다는 것을 보여주었다. 그들은 이루어야 할 일에 합당한 비범한 자질과 능력을 위로부터 부여받았다. 또한 주위의 여러 우호적인 사람들과 환경을 통해 많은 도움을 얻어 결코 혼자는 이룰 수 없는 일을 이루어 냈다. 그들이 종교개혁을 만들었지만, 종교개혁 또한 그들을 만들어 냈다.[27] 결국 개혁자들은 하나님의 교회의 회복을 위해서, 자신들이 소속된 국가 교회의 재건을 위해서 삶을 헌신하였다. 이 목적을 쟁취하기 위해서 잠시 받는 환란의 경한 것을 믿음으로 인내하였다. 그러므로 이들에게 생명의 위협이나 억압, 조직적인 박해나 방해에도 불구하고 각자의 위치에서 최선을 다하였다. 특별히 개혁자들은 서로가 서로에게 동료이자 제자로서 위로가 되었다. 함께 격려하고 비판하며 개혁을 완성하기 위해 노력하였다. 칼빈은 루터를 매우 높게 평가하고, 자신을 그의 계승자로 간주하였다. 따라서 그는 종교개혁의 쟁취에 책임감을 통감하였다. 주변에 많은 사람들이 있었음에도 그는 늘 주님을 앙망하며, 때로는 육체의 질고를 정신력, 즉 사명감으로 극복하며 살았다.[28] 하지만 그는 후시대에 자신과 같은 사람이 등장하리라는 것에는 확신이 없었으나 자신의 신학적 교리와 교회 개혁을 위한 모방자들이 후대에 일어날 것에는 기대를 하였다. 그의 예상은 적중하였는바, 결국 그의 기독교 강요는 개혁 교회의 필수 신학 교과서가

26) 이석우(편), 「기독교와 역사사상」, (성광문화사, 1981), 219.

27) Philip Schaff, *History of the Christian Church,* (Michgan: Grand Rapids: Eerdmans Publishing Company, 1910), vol. VII, 1-2, 105-106.

28) John T. McNeill, *The History and Character of Calvinism,* (New York.Oxford University Press, 1954), 230-231, 233.

되었다.

(6) 당시 지도자들과 도시들 간의 상호 연합과 협력의 수용이었다. 물론 부정적인 측면에서 루터와 츠빙글리, 츠빙글리와 뮌쩌처럼 개혁자들 사이에 갈등과 대립이 있었지만 종교개혁의 전반적인 흐름은 상호 연합과 협력이었다. 특별히 개혁주의가 정착되는 과정에서 다른 지역과 달리 스위스의 연맹국들은 바른 개혁을 위해 자치적으로 동맹을 결성하여 서로 보호하였다. 그 정점에 베른과 취리히, 제네바가 있으며, 그 중에 특히 베른은 오랜 기간 동안 로마주의자들과의 갈등 속에서 개혁을 성취하고, 인근 동맹국들의 개혁을 적극 지원하였다. 심지어 츠빙글리의 취리히와 칼빈의 제네바가 어려움을 겪게 되자, 정치적으로 사회적으로 신학적으로 후원하였다. 베른의 정책은 자신들의 영향이 미치는 서부 스위스 내에서 복음주의자들에 대한 관용을 획득하기 위해 모든 노력을 기울였다. 이러한 노력은 여러 동맹국들 중에, 특히 제네바에게 수차례 강요되었다.

예를 들면, 1533년 4월 베른은 파렐을 논박하겠다고 나선 수도사에게 자신의 말에 책임을 지라고 종용할 것과, 제네바 의회는 공개토론회를 개최하여 이에 맞설 것을 집요하게 요구하였다. 그 해 12월 17일 제네바 의회에 편지를 보내 로마 가톨릭의 설교자인 카파드(caffard-구이 푸르비티(Guy Furbiti)를[29] 즉각 체포하고, 적극적으로 개혁에 동참할 것을 요청하였다.

그 후 베른의 대사가 1534년 1월 4일 제네바에 도착하여, 다음날 제네바 의회에서 청중들에게 복음주의자들에게 정당한 대우를 요구하였다 그리고 우유부단한 제네바 당국자들에게 푸르비티를 처벌하고 개혁에 동참토록 하였다. 그런데 주교의 당파에 소속된 끌로드 빼네(Claude Penet)가 복음주의자 베르기어(Nicolas Bergier)를 단검으로 찔렀다. 그리하여 그곳에 운집했던 500명이 시청 청사 앞에 무장한 채 난폭한 사제들을 용납할 수 없다고 의회에 제출하였다. 의회는 여기에 힘을 얻어 능동적으로 대처하였다. 빼네는 체포되어 처형되었으며, 폭동을 야기하여 도시를 주

---

29) 당시 소르본느(Sorbonne)의 신학 박사로 강림절 설교를 위해 제네바를 방문하였다. 이때 그는 설교에서 교령집과 아퀴나스의 글을 이용하여 복음주의자들을 척결하려 하였다. 설교를 마친 후 프로망은 군중들을 향하여, 저 사람의 말은 거짓이며 적그리스도의 말임으로 자신은 목숨을 걸고 싸우겠다고 하였다. 당시 연대기 사가였던 수녀 잔느 드 쥐시에(Jeanne de Jussie)는 분노에 찬 여인들이 밖으로 뛰어나가 그에게 돌을 던졌다고 하였다. 프로망은 군중을 피해 숨었으나 건초더미 위에서 푸르비티에 의해 발각되었다.

교의 수중에 두려는 음모 편지를 찾아냈다. 그 편지에는 도시 내의 복음주의자들을 학살 할 것이 기록되었다. 그 후 베른은 계속해서 제네바 의회가 복음주의자들에게 예배 장소를 제공해 주도록 종용하였다. 마침내 의회의 허락을 받은 복음주의자들이 수도원 교회(convent church)에서 집회를 했는데, 매번 사오천 명이 모였다. 이렇게 하여 베른은 제네바가 종교개혁의 중심이요 산실이 되게 하였다.[30]

(7) 도시 성시화에 선교의 열정을 불태웠다. 개혁 당시 바젤, 쾰른, 프랑크프르트, 암스테르담 같은 도시들이 있지만, 대표적으로 칼빈은 제네바를 종교개혁의 중심으로 세웠다. 칼빈은 그곳의 학술원을 통해 개혁을 발전시켜 나갔다. 칼빈은 자신의 교육정책을 시 의회가 받아들여서 시의 대학과 학교를 관리하는 일련의 규범으로 채택되었다. 이를 위해 칼빈은 당시 저명한 학자들을 제네바로 불러들여 의회가 채용케 하였다. 그 중에 프랑스의 유능한 스승 마투렝 꼬르디에(Mathurin Cordier), 당대의 인문주의자 베자(Beza), 카스텔리오(Castellio), 소우니에(Saunier) 등이었다. 칼빈은 젊은이들에게 철저히 요리문답을 가르쳤다. 어린이들에 대한 교육도 체계적으로 진행하였다. 따라서 제네바의 아이들은 소르본느의 박사들처럼 신앙에 관한 한 유능한 자들로 인정되었다. 특별히 제네바는 목회자의 훈련과 다른 전문직업 분야에서 독보적이었다. 학문에 대한 열정을 가진 사람들이 모든 나라들로부터, 예를 들면, 이탈리아, 스페인, 영국, 스코틀랜드, 심지어 러시아와 프랑스에서 몰려왔다. 이들은 유능한 학자들로부터 배운 것들을 잘 전수하여 귀국한 후 훌륭하게 목회하였다. 이들 목회자들은 현명하고 불굴의 정신을 가졌다. 두려움이 없었고 일을 위해서 목숨까지 내놓는 사람이었다. 입에는 예수의 이름을, 마음에는 성령을 가진 겸손하고 칭찬 듣는 사람들이었다. 그리하여 당시 제네바는 박해를 피해서 망명온 사람들의 안식처로 학문의 전당으로, 무엇보다도 세계 선교의 중심지가 되었다. 한 때 제네바는 무질서가 난무하고 내부적인 파당으로 자멸할 상황이었으나 종교개혁의 보루가 되었다. 로마적 프랑스와 사보이의 공격을 막아내고 모든 지역에서 온 개혁자들에게 문호를 개방하였다.[31]

---

30) Thomas M. Lindsay, *A History of the Reformation,* (Edinburgh: T. & T. Clark, 1907), vol. II., 61-92; John T. McNeill, The History and Character of Calvinism, 57-58.

31) 당시 제네바가 망명객에게 베푼 은혜는 한 망명객의 글에서 잘 설명된다. "다음날은 주일이었는데, 우리는 제네바에서 3마일 떨어진 언덕 위에 있는 조그마한 마을에 도착하였다.

(8) 하나님의 주권적 섭리와 통치, 인도하심을 삶 속에서 경험하였다. 그 결과 철옹성 같던 로마 교황청은 폭풍처럼 몰아치던 개혁의 외침을 거역할 수 없었다. 개혁자들은 성경적 기초 위에서 이와 대립하는 어떤 신앙과 타협하지 않았다. 이들은 자신대신 힘과 진리의 근원이신 오직 하나님만 생각하였다. 하나님의 능력 중에 하나는 그리스도께서 교회의 머리되심이다. 개혁자들은 이 진리를 위해 자신들의 목숨을 적대자들에게 내놓았다. 만약 어떤 자가 그리스도는 구원자로 고백한 다해도 왕이신 그리스도를 부인한다면, 모든 것은 잃은 것이라 하였다.[32] 특별히 칼빈은 인간은 죄로 죽었으므로 하나님을 따를 수 없다고 하였다. 사실 인간은 하나님과 전투 중에 있는 것이다. 그 결과 인간은 하나님을 따를 선택을 하기 전에 거듭나야만 하는 것이다.[33] 중생을 통해 하나님은 그리스도의 의를 인간에게 전가하시고 그 후에 성화, 즉 그리스도의 형상을 닮도록 변화를 이끄신다. 이렇게 하여 하나님은 당신이 만세전에 예정하신 뜻을 이루신다. 하나님은 철저히 인본주의를 배격하시고, 전적으로 자신만 의지하세 하신다. 따라서 종교개혁은 다양성에도 불구하고 칼빈주의 신학이 중심이 되었다. 칼빈주의는 철저히 인간의 이성이 아니라 하나님이 말씀 속에 나타내신 형용할 수 없는 증거에 기초하였다. 이 증거는 하나님의 어리석음이 인간의 지혜보다 낫다는 것을 통해 보여 진다. 칼빈에 의하면 인간의 지혜 보다 성경의 신뢰가 기본적이다.[34]

이곳에서 우리는 제네바를 바라보았는데, 그 기쁨은 이스라엘 민족이 가나안 땅을 바라볼 때 가졌던 그 기쁨과 족히 비교할 수 없었다. 정오에 이르러서 우리는 마을에 도착하였는데, 우리가 지금까지 예루살렘으로 삼았던 그 도시 안으로 가능한 한 빨리 들어가고 싶은 욕망이 넘쳐흘렀으므로 우리는 먹을 것만을 위해서는 이 도시에 머무르고 싶지 않았다. 그러나 우리의 안내자께서는 제네바는 주일날에는 예배가 끝날 때까지, 즉 오후 4시까지 문을 열지 않는다고 알려 주었다. 그러므로 우리는 그 마을에서 4시가 될 때까지 기다렸다가 다시금 말 위에 올랐다. 우리가 도시에 가까이 이르렀을 때에 수많은 사람들이 나오는 것을 보았다.....이들 주민들은 모두 우리의 목을 끌어안고 표현할 수 없는 기쁨을 만긱 했으며, 그리고 각하께서 우리들에게 시로 입성하려면 다시금 말에 오르라고 말씀하셨지만, 우리와 헤어지기를 아쉬워하면서 붙들고 있는 이 경건하면서도 정열적인 형제들을 뿌리치고 다시금 말에 오를 마음이 내키지 않았다. Thomas M. Lindsay, Ibid., 134-135.

32) Edwin Nisbet Moore, *Our Covenant Heritage,* Scotland: Christian Focus Publications Ltd., 2000, 5.

33) 요 6:44, "나를 보내신 아버지께서 이끌지 아니하면 아무라도 내게 올 수 없으니 오는 그를 내가 마지막 날에 다시 살리리라" 참고.

(9) 종교개혁은 개혁의 다양성과 통일성을 보여주었다. 천재들의 시대인 15세기는[35] 이탈리아를 중심으로 유럽 전역에 강력한 르네상스를 일으키며 급속한 변화를 제공하였다. 한편 루터와 함께 시작된 종교 개혁은 르네상스와 함께 모든 곳에 침투하여 사회 전반에 불가항력적 영향을 미쳤다. 그것은 서구 교회의 제도와 관습, 여러 이념에서 전적인 혁신이 필요하다는 인식에서 출발하였다.[36] 그 결과 사회와 경제, 정치와 종교에 동시 다발적으로 영향을 미쳤다. 특히 루터는 보편주의의 승리를 희망했으나 가톨릭의 입지 강화, 가톨릭 군주들의 기존 지역의 재정복, 그에 따른 신교도들의 점진적인 축출로 사태의 혼란과 역전이 있었다. 개혁의 성격에 있어서 영국은 정치적이었으나 스위스와 독일에서는 직접적으로 종교적 이념에 근거하였다.[37] 그리고 프랑스에서는 1598년 낭트 칙령이 신교도들에게 안전지대라는 보장책을 마련해 주었다. 그 결과 일정 부분 관용이 허락되었으나 앙리 4세의 개종은 가톨릭의 승리를 의미했다. 1629년 알스(Ales)의 강화는 관용 정책을 재확인했으나, 국왕의 의지에 의해 안전지대가 폐지되었다. 이에 따라 국가 안의 국가라는 비정상적인 상황은 종식되었다. 1685년 낭트 칙령의 폐지는 관용 정책에 종지부를 찍었으며, 소위 위그노 같은 개혁적 신도들의 개종을 유도하거나 대량 망명을 초래하였다.

(10) 여러 악조건 속에서 인내하며 오직 하나님과 그의 나라를 건설하였다. 특별히 네덜란드의 종교개혁이 보여주듯이 스페인과 종교재판을 대적하여 싸운 투쟁은 교회와 교인들에게 큰 힘이 되었다. 사실 막강한 권력을 가진 전통의 교황청을 상대로 싸운다는 것은 쉬운 일이 아니었다. 스코틀랜드 또한 개혁자들과 언약도들은 말씀에 기초한 경건을 통해 헌신하였다. 이들은 개혁 중에 박해를 받고 산과 들에서 기도하며 성경을 묵상하였다. 그들의 종교적 투쟁을 통해 경건한 삶을 축복받았다. 하나님은 영원한 계획 속에 당신의 사람들을 선택하지만, 그분은 그들이 당신의 사람으로 거룩하게 되기를 요청하신다. 왜냐하면 그는 거룩하시기 때문이며, 그의

---

34) John Calvin, *Institutes of Christian Religion, paraphrased by Hans Hillerbrand, The Protestant Reformation,* (New York: Harper and Row, 1968), 181.

35) 크리스토퍼 히버트, 「메디치가 이야기」, 한은경 역, (생각의 나무, 2001), 24.

36) Alister E. McGrath, *Reformation Thought,* (Blackwell, 1993), 1.

37) F. M. Powicke, *The Reformation in England*, (London, 1941); A. C. Dickens, "The Reformation in England", in *Reformation Studies*, (London, 1982), 443-445; J. J. Scarisbrick, *The Reformation and the English People*, (Oxford, 1985), 61-84.

백성은 그의 언약을 구하고 복종하며 반듯이 거룩해야 하기 때문이다. 그러므로 우리는 믿음을 통해서 하나님께서 능력을 주시고 세우심으로, 성령을 통해 온전한 백성이 되어야 할 것이다.

4. 결론

끝으로 종교개혁은 긍정과 부정 2 가지로 정리할 수 있다.

(1) 먼저 긍정적으로는 사회적 변화의 추구와 혁신, 이상국가의 건설이었다. 이것은 교회의 외적 전통에 대한 반항으로 개혁적 결단으로 나타났다.[38] 칼빈은 「기독교 강요」에서 모든 진리가 성경에 제시되어 있다고 강조하였다.그러므로 중세의 가시적인 교회로부터 분리하여 자신들을 구속하시는 하나님의 목적의 권역으로 뛰어들었다. 이는 곧 하나님이 인간에게 요구하시는 의무로 되돌아가게 하였다. 이같은 사회 변화의 추구는 하나의 거대한 신학적 체계화를 통해서 구체적으로 설명되었다. 특히 유럽인들은 묘연하게 생각했던 개혁을 제네바를 통해서 그 모범적 이상을 발견하였다. 당시 제네바는 독재적인 정부아래서 박해를 받으며, 귀족정치의 특권을 유지하기 위해서 사회의 악을 조장시켰다.

그러나 제네바는 그런 가운데서 하나님의 말씀의 통치를 받으며 이상적인 국가를 건설하였다. 그 결과 이웃 나라들은 제네바를 통하여 개혁의 가능성을 발견하였다. 따라서 이들은 소극적인 자세에서 보다 적극적으로, 모든 것이 상징화된 중세 교회와 달리 극히 간소화된 공중예배에 참여하고, 공적, 개인적으로 도덕이 순수하게 지켜지며, 신자들이 목회자를 주민들이 통치자를 선출하며, 주인도 종도 없이 목회자들이 단순한 평신도처럼 검소하게 살아가는 모습에 매료되었다. 이러한 변화를 통해서 개혁은 더욱 대중적으로 확산되었다. 거의 모든 곳에서 개신교의 순수성과 로마 가톨릭 교회의 부패상을 쉽게 확인하게 되었다. 이러한 모습은 1559년 파리의 국회에서 전직 대법관의 아들인 안느 듀 부르크(Anne de Bourg)가 이단이라고 부르는 자들에게 내린 박해에 대해서 의구심을 가졌던 데서 발견된다. 그는 재판정에

---

38) Thomas M. Lindsay, *A History of the Reformation,* (Edinburgh: T. & T. Clark, 1907), vol. II., 157.

서 신성모독성과 불법성으로 정죄받고 화형대로 끌려간 사람들의 도덕성과 순순한 생활을 비교하였다. 그리고 이들을 옹호하여 화형에 처해졌다.

(2) 격려와 헌신된 사역의 모범 : 이것은 칼빈과 낙스에게서 보듯이 고국의 형제들과의 끊임없는 서신 교환으로 용기를 북돋아 주었다. 특히 칼빈은 한 로마주의자가 개종을 머뭇거린다는 소문을 접한 후 설득과 권면이 담긴 편지를 보냈다. 그는 종교개혁의 원리를 따라서 그를 설득하였다. 약한자를 격려하며 복해받는 자에게 편지하였다. 신앙 문제를 두로 논쟁하는 자들에게는 신학적인 논문을 보내 힘을 주었다. 회중 중심의 조직을 권면하고 말씀을 잘 가르치는 목회자를 추천하였다. 그러나 태만한 목회자는 경고하였다. 칼빈은 말하기를 "설교를 행함으로써 맡은 일을 다한 것처럼 우리의 활동 범위를 그처럼 좁게 국한시켜서는 안 될 것이다. 우리에게 보살피도록 맡겨진 사람들을 부지런히 감독하고, 우리의 게으름으로 그들을 잃어버렸을 때에 그 피값이 우리에게서 요구되리라는 것을 명심하고 그들이 악에 빠지지 않도록 최선을 다해 지켜야 할 것이다"라고 하였다.[39] 뿐만 아니라 칼빈은 기독교인으로서 요구되는 삶과 주변 세상의 요청을 화해시키기 위해서 어려운 문제들을 하나씩 풀어나갔다. 예를 들면, 공작녀 데땅프(d'Etampes)의 여동생인 드 까니(de Cany)에게 보내는 편지에서, "큰 자나 작은 자를 막론하고 누구든지 우리의 군주이신 국왕을 위해서 받아야 되는 고난으로부터 나는 제외되었다고 생각해서는 안 될 것이라"고 하였다. 그는 바울의 "내가 주 예수 그리스도를 본받는 것처럼 너희는 나를 본 받으라"고 말해도 괜찮을 정도였다.

프랑스인들은 자신들을 지도하는 교사요 감독자요 설교자인 칼빈이 고통 속에 금욕적인 삶을 살지만, 하나님을 사랑하는 모습을 통해 큰 힘을 얻었다. 다른 학파에 속한 쥘르 미쉘레(Jules Michelet)는 칼빈을 이렇게 말했다. "칼빈은 열정적으로 끊임없이 대화를 나누던 순교자들과 더불어 자신도 순교자가 되었다. 그는 내일이라도 장작더미 위에 올라갈 수도 있다는 각오로 살았기 때문에, 이 지구가 송두리째 없어지기 직전을 살아가는 사람처럼 느끼며 살았다. 또한 그의 마지막 시편을 노래하면서 눈은 항상 하나님의 눈에 고정시켜 놓았다"고 하였다. 한편 에른스 르낭(Ernst Renan)도 강력한 어조로, "우리의 눈에는 매우 달갑지 못한 삶과 글을 남

---

39) *Ibid.*, 158.

긴 사람(칼빈)이 그 시대의 거대한 운동의 핵심이었으며, 그 딱딱하고 무거운 어조가 그 시대 사람들의 마음속에 그토록 놀랍게 영향을 미쳤다고 생각할 때에 놀라움을 금지 못한다. 칼빈은 당시 어느 누구보다도 뛰어난 기독교인이라는 이유로 기독교를 신봉하는 모든 나라와 모든 시대에 가장 성공한 사람이었다"고 평가하였다.[40] 그러나 만약 칼빈이 오늘 이 시대, 우리 교회를 찾아온다면, 그는 우리의 물질적 성취 이상으로 세속성과 비인간성에 충격을 받을 것이다.[41] 따라서 다시 그는 제2 종교개혁의 기치를 높이 들고, 한국 교회의 회개를 촉구할 것이다.

한편 부정적 결과는 4가지였다. **(1) 개혁의 과정에서 나타나는 분리주의적 경향이다.** 초기 개혁이 진행되는 과정에서 개혁자들은 연합에 깊은 관심을 가졌다. 이들은 개혁의 성취는 곧 국가 기관이나 다른 연합체들과 협력해야 할 것을 당연하게 생각했다. 그러나 개혁이 점차 발전하여 정착되어 갈 즈음에는 초기의 진리에 대한 열정과 달리 매우 이기적이며 분리주의적인 집착을 보여 주었다. 여기에는 각자의 사회적 혹은 신학적 배경이 자리한다. 이 같은 경향은 특별히 여러 국가나 민족 간의 이해관계가 연관되어 있었기 때문이다. 이 관계는 모두 로마 가톨릭과 연계되어 있어서 이것을 끊을 때 자신들이 처한 입장에서 생각했기 때문이다. 이들은 로마 가톨릭으로부터 나누어지기보다 단지 분리되기를 바랐다. 그러나 결과는 판이하게 나타났다. 이는 대륙의 여러 국가와 영국, 스코틀랜드, 아일랜드에서 나타났다. 영국의 경우는 왕이나 여왕이 국가의 수반이 되었고 교회의 수반이 되었다. 이것이 개혁에 있어서 중요한 면이다.

(2) 교회와 국가와의 모호한 관계이다. 이는 무엇보다도 영국의 개혁에 중요한 특징이자 요인이었다. 개혁 이전에도 영국은 독립정신과 민족의식이 있었다. 영국은 자국의 교회에 대한 교황의 세력과 영향에 대해 여러 차례 반해해 왔다. 이 방향에서 많은 운동들과 많은 저항이 있었다. 민족 정신이 거의 모든 유럽의 나라들에서 일어났고 그 당시에 존재하는 여러 민족들 사이에서 일어났다. 그러므로 교회가 로마교회에서 분리되었을 때 그들 나름의 방법으로 그러한 일을 한 것은 아주 자연스러웠다. 그런데 각 나라마다 교단이 다르게 정착되었다. 이는 각 나라의 정치적 상

40) *Ibid.*, 159.

41) John T. McNeill, T*he History and Character of Calvinism*, (New York.Oxford University Press, 1954), 234.

황과 여러 특징 때문이었다. 예를 들면 영국과 스코틀랜드는 같은 시기에 개혁이 시도되었으나 그 결과는 판이하였다. 영국 사람들은 어떤 것을 명확하게 정의하기를 싫어했다. 이들은 대영제국이 성문헌법을 갖지 않는데 그 위용과 영광이 있다고 믿었다. 이들은 모든 것을 상식의 원리에서 그럭저럭 해 나가는 것이었다. 결국 이들은 복잡한 규범이나 규칙을 싫어했다. 물론 다 그런 것은 아니다. 엘리자베스 시대에 영국은 모든 것을 확실히 하고 싶은 열망이 있었다. 그래서 스페인과의 전쟁도 불사하며 홀로서기를 시도했다. 그러나 대체로 영국인들은 중도적 입장을 견지하는 것을 선호하였다. 타협의 관념을 좋아하고 극단과 지나침 그리고 지나치게 정확한 규정을 싫어한다.

한편 스코틀랜드인들은 정반대이다. 이들은 규정짓는 것을 좋아하고 정확하며 분명한 것을 좋아한다. 그들은 이러한 것을 요구하고 강조한다. 사고 방식과 시각이 영국 사람과는 달랐다. 이점은 네덜란드 사람들과 같은 다른 민족들과 비교해도 좋을 것이다. 이에 대하여 어떤 사람들은 기후적인 배경으로 해석하나 그보다는 기질 자체가 그렇다는 것이다. 국가적인 기질은 곧 국민 개개인의 특성으로 명시될 수 있다. 또한 루터는 자신의 체험을 항상 되 올리며 다른 사람에게 강요하는 것을 두려워 하였다.[42] 대표적인 예가 바로 출교문제였다. 그는 사람들을 정죄하며 교회의 교제로부터 출회하는 문제를 심각하게 생각하였다. 이는 그가 로마 교회로 하여금 심한 고통을 받았기 때문이라고 한다. 분명한 것은 그가 엄격한 제도를 대항할 자유를 쟁취하려고 한다면, 어떤 대가를 치르더라도 스스로 독재가가 되지 않아야 할 것을 간파하였다. 그래서 그는 마땅히 정죄되어야 할 것을 정죄하지 못했다.

(3) 정치적 영향과 극단적 무관심이다. 이 부분에 재세례파는 개혁자들과 달리 매우 부정적이었다. 상대적으로 개혁자들은 재세례파에 대해 부정적이었다. 그것은 신학적인 것을 포함하지만 보다 더 정치적이었다. 예를 들면, 개혁 당시 루터는 이들을 매우 두려워하였다. 그 이유는 농민 봉기 후 이들이 종교 개혁을 위협하지 않을까 하는 두려움 때문이었다. 그는 귀족들과 정부의 태도를 잘 아는 자였다. 그래서 그들과의 연합을 위해 루터는 재세례파나 뮌쩌주의자들을 철저히 거부했다. 이

---

42) D. M. Lloyd-Jones, "Can We Learn From History?", *The Puritans: Their Origins and Successors,* (Edinburgh: The Banner of Truth Trust, 1987), 222.

같은 경향은 멜란히톤이 중심이 되어 채택된 아우구스부르그 고백서에도 나타난다. 당시 가톨릭은 신교가 이단으로 기독교 신앙을 떠났기 때문에 황제나 군주들은 그들을 반대해야 한다고 믿었다. 그리하여 신앙고백을 작성하던 멜란히톤은 이들이 이단이 아니며 사실상 몇 가지를 제외하고는 같은 교리를 갖고 있다고 했다. 이것은 스코틀랜드의 계약자들과 프랑스의 위그노들에게서 더욱 분명해진다.

앞서 지적했지만 이것은 영국에서 더욱 확실하게 나타난다. 영국 국교회의 특성과 성격을 결정했던 사람은 엘리자베스 여왕이었다. 이는 하우갈드(Haugaard)의 「엘리자베스 여왕과 영국의 종교개혁」(Queen Elizabeth and the Reformation in England)에서 취급되었다. 이 책은 특별히 1563년 성직회의(Convocation)를 다루고 있는데, 당시 엘리자베스는 프랑스를 두려워하였다. 그리하여 그는 스페인의 필립을 의존하였다. 이를 두고 로마 가톨릭은 엘리자베스가 불법을 행한다고 지적하고 그녀를 잡종이라 비판했다. 그리하여 엘리자베스는 로마 가톨릭을 싫어하였다. 엘리자베스는 항상 균형을 유지하고자 하였다. 여기서 그녀는 적당한 거리를 두고 양쪽을 포용하고자 했다. 결국 이런 여러 상황을 볼 때 정치적 영향이 매우 컷 음을 알 수 있다. 이것은 제임스와 찰스에 와서 더욱 분명하게 나타났다. 이들은 감독이 없으면 왕도 없다(No bishop, no king)는 관점에 따라 행동하였다. 정치적 입장이 깊이 개입된 것이다. 그러나 이것은 이 후 청교도들에게도 나타난다. 이에 대하여 햄프든(Hampden)과 파임(Pym), 그밖에 다른 사람들은 헌법적인 근거와 정치적인 이유에서 이를 반대하였다. 이것은 결국 정치와 종교의 혼합으로 나타났다. 1643년 영국이 스코틀랜드와 맺은 "엄숙 동맹과 계약"(Solemn League and Covenant)도 마찬가지이다. 사실 처음에 영국은 이것을 원치 않았다. 그러나 영국의 의회파가 어려운 형편에 놓이자 스코틀랜드의 도움을 받지 않을 수 없었다. 스코틀랜드 교회 지도자들은 이를 통해 영국을 개혁하려는 기회로 삼고 자신들의 조건을 제시하였다. 이것은 이 후 웨스트민스터 총회로 발전하였다.

(4) 신학적 일치와 통합의 실패였다. 즉 근본적인 교리로 그리스도인 신앙과 관련하여 본질적인 것과 비본질적인 것 사이의 구분선에 관한 인한 것이다. 이는 특별히 루터에게서 발견되는바 성찬론으로 교회 역사상 가장 비극적인 것 중에 하나이다. 왜냐하면 이로서 개혁 교회는 분열되었기 때문이다. 1529년 말부르크 회담에서 루터가 작성한 15개 조항을 놓고 츠빙글리와 토론이 벌어졌다. 이에 대하여 14

개 항은 받아들여졌고 15개 항의 일부도 받아들여졌다. 그런데 루터는 분필 조각을 들어 탁자에 이것은 내 몸이다 라고 썼다. 이것이 내 몸을 나타낸다 라고 하지 않고 내 몸이라고 했다. 그리하여 그리스도의 몸이 그 떡에 공존한다는 것 때문에 그 회의는 결렬되었다. 이로서 개신교는 포용주의에서 멀어져 연합을 무산시켰다. 결국 이것이 모든 불화의 씨앗이 되었다. 이후 루터는 츠빙글리와 칼빈을 격렬하게 공격하였다. 뿐만 아니라 1546년 루터는 임종 직전에 칼빈의 우리 주님의 성만찬에 대한 작은 논단(A little Treatise on the Holy Supper of our Lord)이라는 책을 읽고 멜란히톤에게 말했다. 이 성례 문제에 있어서 우리는 너무 지나쳤다. 저는 주님께 그 일을 부탁드리겠다. 내가 죽은 다음에 무엇인가를 좀 해주시오라고 했다. 그러나 이때는 너무 늦었고 교회가 이미 분리된 다음이었다. 그러나 루터의 사후 1580년에 작성된 화해신조(the Formula of Concord)는 더욱 배타적인 체제로 굳어졌다. 이에 반발하여 일어난 것이 바로 경건주의 운동이었다. 결국 루터파와 칼빈파의 대립으로 인한 교회 분열은 지난 종교 개혁 이후 로마의 모든 천둥 번개가 합세한 것보다 더 큰 타격을 종교에 미쳤다. 본질적이 아닌 사소한 것을 고집하는 이 성향은 미국의 경우에도 마찬가지였다. 그것은 본질적인 것과 비본질적인 것, 근본적인 것과 비근본적인 것 사이를 바로 분간하지 못함 때문이다. 진성으로 복음적이고 신교적인 연합을 이루지 못하는 것은 사랑의 결함 때문이다. 그런데 윌리암 파렐과 부처는 신교의 연합을 위해 노력하였다. 파렐은 칼빈을 설득하여 제네바에 머물도록 했고 부터도 칼빈에게 영향을 미쳐 그가 연합으로 나가게 하였다. 부처는 성만찬 논쟁이 모두 말장난에 불과하다고 했고 칼빈은 그렇게 심각한 것은 아니다고 했다.

칼빈은 강력이 연합을 추진하였다. 루터는 칼빈을 혹독하게 비판했으나 칼빈은 언제나 공손하고 정중하게 대했다. 칼빈은 멜란히톤에게 말하기를 우리는 다같이 교회의 불행에 대해서 애통합시다. 그러나 우리가 그런 문제 때문에 압도당할 수는 없다는 것을 기뻐합시다. 성례에 대해 불링거에게 쓴 칼빈의 편지를 보면 이것은 더욱 분명해 진다. 우리가 한나절만 이야기 할 수 있다면 문제없이 의견의 일치를 볼 수 있을 것이다. 이런 그가 많은 중상과 모략을 받았다. 칼빈은 1560년 엘리자베스 1세 때 대주교였던 매튜 파커에게 편지를 썼다. 그 편지에서 그는 영국 국교회뿐만 아니라 모든 개혁파 교회들과 복음주의 교회들을 위해 필요한 예배 계획과, 교회 정치 계획을 수립할 신교 사역자들의 총회를 열게 해 달라고 여왕에게 간청해 주기를 간절히 청원했다. 대주교는 여왕에게 이렇게 간청했다. 이를 위해 자신은 어떤 대가도 지불하겠다고 했다. 그러나 그는 결국 감독 제도를 지켜야 한다고 주장했다. 뿐만 아니라 칼빈은 영국의 청교도들에게 보낸 편지에 여러 충고를 했다. 당시 청교도들이 칼빈에게 요구한 것은 영국의 감독제도나 의식 문제에 대하여 저항해야 할 것인지에 대한 것이었다. 이에 대하여 칼빈은 저항치 말라고 했다. 그는 감독 제도를 믿지 않았다. 그러나 신교 연합에 깊은 관심을 가지는 그는 영국의 특별한 상황을 파악하고 그 상황에서 저항치 않아야 될 것을 지적했다. 그러나 그들은 칼빈의 충고를 받아들이지 않았다. 신교적 연합은 흠정역 번역이며 웨스트민스터 신앙고백의 채택이다.

4.3. 과제와 전망

16세기 종교개혁은 21세기를 살아가는 우리에게 많은 것을 가르치고 새로운 결당과 소명을 요청한다. 따라서 필자는 과제와 전망이 무엇인지 간략히 정리하였다.

(1) 과제 : (i) 16세기 개혁자들은 초대 교회의 신학적 전통을 사수하였다. 그런데 오늘 개혁자들의 전통을 따르는 개혁교회는 이들의 주장을 외면한 채 실제 교회생활을 통해 실천하지 않고 있다. 오히려 혼합주의와 세속주의에 물들어 비신앙적으로 흘러 개혁자들의 가르침에서 떠나 사망의 음침한 골짜기에서 방황하고 있다. 신앙적 결단과 전통 확립이 요청된다. (ii) 현대 교회, 특히 한국 교회는 분열의 사슬에서 벗어나지 못하고 있다. 필립 스페너는 만약 분열을 시작하면 계속 분열하게 된다고 하였다. 교회의 일치는 주님의 대 명령이다. 주님을 믿는 교회가 서로 연합하는 일이 요구된다. 현존하는 상황을 수용하여 타협과 교제, 사랑과 겸손, 인내와 희생을 각오해야 한다. 하지만 한국 교회는 성경 말씀을 사랑하지만 동시에 말씀을 준행하지 않고 오히려 말씀 위에 있는 느낌이다. 오직 말씀, 오직 은혜, 오직 믿음, 오직 예수 신앙을 회복해야 할 것이다. (iii) 격동하는 우리 시대를 책임질 교회의 일꾼을 양성하는 일에 주력해야 할 것이다.[43] 그러기 위해서는 무엇보다 말씀의 확신과 사회와 이웃에 대한 관심을 가져야 한다. 실제로 책임 수행을 위해서는 영적

43) D. M. Lloyd-Jones, "Puritanism and its Origins", *The Puritans: Their Orogins and Successors*, (Edinburgh: The Banner of Truth Trust, 1987), 146.

능력과 저력을 키우는 것이다. 그렇지 않고는 급속히 세속화 되는 세상을 변화시킬 수 없다. 교회의 영적 능력과 자질 향상으로 이를 극복해야 할 것이다.

(2) 전망: (i) 바른 개혁을 위해 각자 하나님의 때에 쓰임 받을 수 있는 준비된 사람이 되어야 할 것이다. 이는 하나님 스스로 필요시에 주권적인 통치로 이루실 것이기 때문이다. 이를 위해 그분은 지난 역사 속에 수많은 사람들을 훈련하시고 사용하셨다. 당대의 정치와 경제, 문화와 종교 등을 그의 선한 목적을 위해 사용하셨다. 사람이 계획을 세울 지라도 그 걸음을 인도하시는 이는 하나님 이셨다. 개혁은 하나님이 당신 자신을 위해 이루신 그의 대역사였다. 여기서 우리는 하나님의 교회를 향한 열망을 보게 된다. (ii) 바른 개혁은 고난을 통해 끝없이 성취된다. 개혁자들이 개혁을 위해 받은 고통은 말로 형언할 수 없다. 그러나 이들은 하나님의 뜻을 이루기 위해 많은 시간과 물질을 바쳤다. 이들의 시작은 미약했으나 시간이 지나면서 놀라운 결실을 가져 왔다. 마침내 세상은 그들을 주목하게 되었고 도처에 자유의 함성이 메아리 쳤다. 도저히 상상할 수 없는 놀라운 변화가 현실로 이루어졌다. 국가와 민족 간의 장벽이 무너지고, 하나님과의 영적 단절이 철수되었다. 하나님의 창조질서가 회복되었다. (iii) 바른 개혁은 과거나 현재 보다는 미래적이어야 한다. 이 말은 중단된 개혁은 개혁이 아니며, 생명력이 없음을 말한다. 개혁을 위한 교회는 살신성인의 자세를 요청한다. 그것은 그리스도께서 십자가에서 죽으심으로 부활의 영광을 누리신 것처럼 교회가 죽어 희생하는데 의미가 있기 때문이다. 죽음을 통한 생명의 회복은 오직 교회만이 가진 특권이다. 성령의 새롭게 하심에 따라 개혁은 한 순간도 중단할 수 없다. 이처럼 끝없는 자기 각성과 투쟁을 통해 하나님의 뜻을 이루게 된다. 그러므로 우리 모두는 하나님의 거룩한 소명에 따라 개혁의 주체가 될 수 있다. 복음으로 세상을 변화시키는 혁명가가 될 수 있다. 여기서 제외되면 삶의 의미를 잃게 된다. 그러므로 우리는 항상 이 시대의 개혁가로 거듭나기 위해 힘써야겠다. 개혁은 구호가 아니라 끝없는 투쟁으로 잉태된다. 여기서 선한 열매를 맺게 된다. 개혁은 오늘 이 순간, 결단하는 마음과 행동하는 신앙에서 꽃을 피운다.

종교개혁사

종교개혁사 연표

1281-1924 십자군 전쟁 이후 중세교회와 오스만 제국의 발전
1291 십자군 악코에서 철수(십자군전쟁 종료) - 시리아 지역 마지막 십자군 요새인 프랑크족 - 항구 아크레의 함락-이슬람의 확장
1295 몬테코르비노(Montecorvino)의 요한(John)이 중국 북경에 도착
몽골 왕조 이슬람으로 개종
1302 보니페이스 8세 '우남상탐' 발표-교황의 보편적 통치, 세속권력에 대한 영권 우위선언
1303 아나그니 굴욕(교황 보니페이스 vs 프랑스 필립왕)
1305 클레멘스 5세 교황으로 선출됨-교황청의 아비뇽 유수
1308 둔스 스코투스 사망
1309 바벨론의 유수 70년
1311-12 프랑스의 필립 4세, 교황 클레멘스 5세 압박, 성전기사수도회 해체
1314 단테 '신곡' 완성

1324 파두아의 마르실리우스의 '평화의 수도자'-교회는 일반 공의회에 의해 통치되고 교회의 재산은 국가에 의존
1327-37 프란체스코회 수도사 오캄의 윌리엄, 실재론 비판, 교황청 논박서 저술
1327 독일 도미니쿠스 수도회 신비주의자 요한 에크하르트 사망
1347-1351 유럽, 페스트로 인구 1/3 감소
1350 기독교의 세계적 현황: 그리스도 이후 44세대인 당시 세계는 24.1%가 기독교인, 28% 복음화, 성경 28개 언어로 번역. 기독교의 지리적 확장이 급격히 쇠퇴
1365 페름(Perm)의 주교 스테반(Steaphan 1335-1396) 러시아의 콤미-페름(Komi-Perm)종족 복음화
1368 중국 명조(Ming Dynasty) 기독교 폐지
1374 게르트 데 흐로테의 회심(공동생활 형제단을 홀랜드의 데벤터레서 조직)

1375-82 존 위클리프, 성직자의 부와 수도원, 교황의 권위 비판
1378-1417 서방교회의 대분열-우르반 6세와 클레멘스 7세 교황의 대립

1387 흐로테의 제자 플로렌티우스 라더번스, 빈데샤임 수도원 설립
1413 존 후스 「교회론」 저술
1414-18 콘스탄스 공의회, 공의회가 교황보다 우위에 있음 천명
1415 존 후스, 콘스탄스공의회에서 화형 순교, 마틴5세 교황 선출
1418 토마스 아 켐퍼스의 「그리스도를 본받아」 저술
1431-49 바질공의회
1433 쿠사의 니콜라스 교회와 제국 개혁 프로그램 제안
1438-9 페라라, 플로렌스 공의회, 로마교회와 동방정교회의 일치선언, 정교회 거부
1440 자라 야콥 황제에 의한 에티오피아 교회 개혁
1450 트리포(Trifo)와 테오도릿(Theodorit)이 콜라라프족을 복음화

1453 동로마 멸망, 오스만 투르크 족 콘스탄티노플 점령
1455-85 장미전쟁시작
1479 '스페인 종교재판' 교황청의 승인하에 설립, 아라곤 왕국과 카스티야 왕국 합병
1483 마틴 루터 독일의 아이즈레벤에서 농부의 둘때 아들로 출생
1484 헐드리히 츠빙글리 출생
1492 스페인 이슬람교도 추방, 콜럼버스 서인도제도 발견
1493-4 교황 알렉산더6세, 스페인과 포루투갈 중재-신대륙 선교 분할
1498 바스코 다 가마(Vasoc da Gama)와 가톨릭 선교사들 인도선교
사보나롤라 화형(플로렌스)
1500 새로 조직된 개신교회들 약 150-200년 동안 복음 접촉 못한 종족들에게 노력 경주
1501 히스파니올라(하이티) 최초의 주교좌 설립

1503 황금해안(Gold Coast)의 추장 에후투(Efutu)와 1,300명 원주민 세례

러시아 수도원의 두 그룹, '소유파'와 '비소유파'의 갈등
1506 교황 율리우스 2세, 로마 성 베드로 성당 시축
1508 미켈란젤로, 로마의 시스틴 성당 천장화 그림
1509 데시데리우스 에라스무스, 교회의 타락을 공격하고 수도원을 비판, 개혁자 존 칼빈의 출생. 율리우스 2세 성 베드로 대성당 건축 기부금자에게 대사면교서 내림
1510 마틴 루터 로마 방문
1512 제5차 라테란 공의회(로마) 개최
1514 스코틀랜드 개혁자 존 낙스 출생
1516 교황 레오 10세와 프랑스의 프란시스 1세간의 협약, 에라스무스의 헬라어 신약성경 출판
1517 마틴 루터(Martin Luther), 비텐베르크 대학교회 정문 95개 항의문 게시
1519 루터, 라이프찌에서 에크 박사와 논쟁: 교황 수위권과 공의회의 무오류 거부/ 취리히에서 헐드리히 츠빙글리 설교

1520 술래이만 1세 오스만 제국 술탄 즉위
1521 1월 3일 교황 교서(Decet Romanum Pontificem), 루터와 추종자 파문선언, 황제 찰스5세 주도 보름스 국회에서 루터 변호
1522-3 이그나티우스 로욜라「영성수련」시작, 루터의 독일어 신약성경 출간
1524 프란체스코회 수도사들 멕시코에 도착, 독일 농민전쟁(-1526). 농민군의 패배 후 토마스 뮌처 처형, 윌리엄 틴데일의 영어 번역본 신약성경 콜로뉴와 보름스에서 출판
1527-40 도미니쿠스회 수도사 빅토리아, 서인도제도 정복의 도덕성에 대해 살라만카 강연
1528 베른에서 종교개혁 채택
1529 슈파이어 국회에서 개혁의원들(제후 6, 도시 14)이 가톨릭 다수에 대해 항변서 제출('프로테스탄트'라는 어원의 시작), 루이스 볼라노스가 아르헨티나의 투구만 2만 명 개종시킴, 현재도 OFM가 이들을 위해 사역
1530 아우구스부르크 의회에서 루터파 아우구스부르크 신앙고백서 제출(멜란히톤 초안), 덴마크 루터교 신조 수용. 마틴 루터를 포함한 일부 종교개

혁자들이 그리스도의 지상명령은 1세기의 사도들에게 주어졌을 뿐, 그들의 죽음과 함께 중단 가르침

1531 헐드리히 츠빙글리 전사, 멕시코 최초의 대주교 주마라가 500개 이방 신전들의 파괴 목도, 니카라과 최초의 주교 임명

1533-5 뮌스터에서 재세례파의 천년왕국 사상에 기초한 국가 성립과 이그나티우스 로욜라의 예수회 출현

1534 영국 수장령 반포, 칼티엘(Cartier) 선교사들과 함께 캐나다 도착

1535 '유토피아'의 저자 토마스 모어 처형

1536 포르투갈인(Portuguese)들 코로만달(Cormandal) 해안의 힘센 어부 바라타(Bharatha)족 1만 명 한 번에 세례, 존 칼빈의 「기독교강요」 초판 출간

1537 교황 바울 3세 아메리카 인디언들의 자유와 재산권 선언

1539 헨리 8세의 성경(Great Bible) 출판

1540 교황 바울 3세가 이그나티우스 로욜라의 예수회(Society of Jesus) 창건 승인

1542 프란시스 자비에르(Francis Xavier) 인도도착 선교활동 개시

1543 코페르니쿠스의「천구의 회전에 관하여」초판 출간

1544 프란시스 자비에르 트라반코(Travancore)에서 선교활동 시작, 1개월 만에 1만 명의 무쿠바족(Mukuvas) 세례

1545 트렌트 공의회(1547 정회, 1551 속회, 1552 정회, 1562-1563.12.4 속회)

1546 마틴 루터 사망

1549 잉글랜드 「제1차 공동기도서」(*Book of Common Prayer*) 채택

1550 기독교 세계적 현황: 그리스도 이후 51세대인 당시 세계는 19.5% 기독교인, 22% 복음화, 성경은 28개 언어로 번역

1553-8 메리 튜터 왕조 하 잉글랜드에서 가톨릭 반격 시작

1553 미카엘 세르베투스 화형(제네바에서)

1555 칼빈(Calvin)이 위그노교도(Huguenots) 브라질에 파송, 아우구스부르크 평화협약-'한 지역에 한 종교'(cuius regio, eius religio) - 제후의 종교를 따름, 옥스퍼드에서 라티머와 리들리 주교 화형

1556 크랜머 대주교 화형, 세일론(Ceylon) 콜롬보(Colombo)부근 카레아스(Careas) 해안의 어부 7만 명 천주교 개종, 1583년까지 마나르(Marar)섬에서 파라바족(Paravas)과 카레아족 등 지주조개 잡이 어부들 가운데 4만 3천명 기독교인 됨

1557 최초의 '금서목록' 제시

1559 프랑스 개혁교회 최초 총회

잉글랜드 엘리자베스 여왕이 국교회 수립

1560 존 낙스 스코틀랜드 의회 개혁교회 확립

1561 벨기에 신앙교백(벨직)이 앤트워프에서 채택

1562 하이델베르크 요리문답 작성(칼빈주의적이면서 루터교적 요소를 지니고 있음), 스페인, 필리핀 제도 점령, 바시 대학살로 프랑스 종교전쟁 발발

1564 어거스틴교단(Augustineians)의 필리핀 도착

트렌트 공의회 교령들이 교황 피우스 4세(1559년 선출, 최초의 반-종교개혁 교황)에 의해 재가됨, 칼빈 사망과 청교도 출현

1566 네덜란드에서 칼빈주의적 '성상파괴운동'-스페인의 필립 2세가 저항세력 분쇄 명령

1571 레판토 해전에서 신성동맹이 오스만 제국에 승리

1572 아빌라의 테레사 '영적 결혼' 신비체험

1573-81 콘스탄티노플의 총대주교 예레미아스 2세, 루터교 신학자들과 서신교환

1574 홀랜드 레이든, 칼빈주의 대학 설립

1577 일치신조-루터교 신앙고백 발표

1579 인도 모굴 궁전에서 예수회 선교, 네덜란드 북부 7개주 우트레흐트 연합 결성

1580 페루의 제수잇(Jesuit)교파 신학자 호세 드 아코스타(Jose-de Acosta 1539-1600)가 「미개인 복음전파」(On the Preaching of the Gospel Among the Savages)에 대한 기록을 통해 아메르 인디안(Amerindian)종족 전도의 문제점을 제시

1583 마테오 릿치(Matteo Ricci) 중국 도착

1588 영국교회(Anglican) 교구목사 하드리안 사라비아(Hadrina Saravia) 최초로 개신교 세계 선교 운동의 중요성을 역설, 스페인 무적함대 패배. 스페인 예수회 회원 몰리나가 예정론을 반대하고 자유의지를 옹호하는 저작물 출판

1589 예레미아스 2세가 모스크바를 방문-러시아교회가 총주교좌(Patriarchate) 위치 취득

앙리3세 암살, 나바르의 앙리가 앙리 4세로 즉위

1593 프란체스코회 교단(Franciscans) 일본 도착, 프랑스의 앙리 4세 가톨릭 수용, 종교전쟁 종식, 스웨덴이 아우구스부르크 신앙고백 수용

1596 브레스트-리토프스크 공의회-우크라이나 정교회 대부분이 동방가톨릭교회로 로마교회에 귀속, 요하네스 케플러 「우주 구조의 신비」출간

1598 낭트칙령-프랑스 개신교도들의 안전 보장

1600 영국 동인도회사 설립, 기독교 세계적 현황: 그리스도 이후 52세대인 당시 세계 20.7% 기독교인, 24% 복음화되었고 성경은 36개 언어로 번역됨(쪽 성경이 인쇄된 것은 41개 언어). 지오르다오 브루노가 로마에서 화형

1601 마태오 릿치, 북경 행

1602 네덜란드 정부가 동인도제도의 말레이족(Malays)을 개종하기 위해 선교사 파송

1603 엘리자베스 사망, 스코틀랜드 제임스 6세 영국왕 제임스 1세 즉위

1606 로버트 드 노빌리(Robert de Nobili)의 마두라(Madura) 도착

1609 침례교 태동

1610 앙리 4세 암살. 루이 13세 즉위, 모후 마리 드 메디치 섭정

1611 킹 제임스 성경 출판

1614 일본에서 기독교 예배 금지 교서 공포, 프랑스 3부회의 소집

1618 돌트 공회의-알미니우스의 교리 정죄, 프라하 투척 사건 발생

1620 메이플라워 호 홀랜드와 잉글랜드를 떠나 아메리카 대륙으로 항해(메사추세츠 플리머스건설)

1622 교황 그레고리 15세(Gregory XV, 1554-1623)가 「신앙전파를 위한 신성회중」(*Cacred Congregation for the Propagation of the Faith*)을 설립
1625 찰스 1세 영국과 스코틀랜드 왕에 오름

1626 티벳 최초의 예수회 설립
1628 영국의 권리청원
1629 마태복음이 말레이어(Malay)로 번역, 이는 비서구어로 번역된 최초의 사건 대주교 키릴루스 루카리스, 개신교적 '신앙고백' 반포
1633 카리타스 수녀회, 빈센트 드 폴과 루이제 드 마릴락에 의해 설립됨
1637 일본에서 심바라 폭동(박해받던 기독교인들의 폭동)
1640 몰리나의 예정론을 반박하는 아프레의 주교 코르넬리우스 얀센의 유저 「아우구스티누스」 출판
1641 영국의 대간언, 아일랜드의 반란
1642 이아시 공의회, 루카리스의 '신앙고백' 정죄, 키에프의 수도대주교인 모길라의 페테루스의 라틴교회적 신앙고백을 수정하여 인정, 영국 내전
1643 앙트완느 아르노가 프랑스에서 예수회 공격, 얀센의 주장 옹호
1647 조지 폭스 설교 시작(후에 친우회라 불리우는 퀘이커회 조직)

1648 베스트팔리아 평화조약 체결-30년 전쟁 종식. 찰스 1세의 처형과 공화국 선포
1649 「뉴잉글랜드 복음전도회」(*Society for the Propagation of the Gospel* in New England) 설립, 아멜인디언(Amerindian) 선교 위해 존 엘리웃(John Eliot)을 최초의 선교사로 파송
1650 러시아 정교회 버링 스트레잇종족(Bering Strait) 선교를 위해 시베리아(Siberia) 횡단
1650 기독교 세계 현황: 그리스도 이후 54세대인 당시 세계는 21.1% 기독교인, 24.7% 복음화 되었고, 성경은 45개 언어로 번역
1652-97 안토니오 비에이라가 브라질 인디오들에 사역
1654 파스칼 회심(11.23)-'불의 밤', '아브라함과 이삭과 야곱의 하나님'
1655 사보이 공작, 발도파 박해

1656-7	파스칼의「지방 주교들의 편지」가 예수회의 은혜론과 결의론 비판
1660	찰스 2세 잉글랜드의 왕정 복귀
1663	져스티니안 폰 벨츠(Justinian Van Weltz 1621-1668)가 독일교회와 학생들의 세계 선교에 대한 각성을 촉구
1666-7	러시아 구파 신자들 분열
1667	영국 시인 존 밀턴(John Milton, 1608-1674)의 저서「실락원」, 만민에게 복음을!이란 구절 사용
1668	스페인의 괌(Guam)에 군사기지와 가톨릭 선교회 설립. 스웨덴 영국, 네덜란드 3국 동맹
1670	다카(Dacca)에서 2만 명의 나마수들아 벵가릴(Na masudra Bengalis)들이 힌두교에서 가톨릭으로 개종
1672	예루살렘 공의회가 예루살렘의 도시테우스 총주교의 라틴교회적 '신앙고백'을 인정
1673	러시아에서 칼믹(Kalmyks)족 최초로 동방정교회로 개종. 영국의 심사령 반포
1675	필립 야콥 스페너「경건한 소원」, (*Pia Desideria*) 독일 경건주의의 기원
1678	리처드 시몽의「구약 성서의 역사적 비판」구약 비평의 시초 존 번연의「천로역정」출간
1685	낭트칙령 폐기(루이 14세). 찰스 2세의 사망, 제임스 2세의 즉위
1688	명예혁명, 윌리암과 메리 영국의 통치자로 즉위

참고문헌

Abray, Lorna Jane., *The People's Reformation: Magistrates, Clergy, and Commons in Strasbourg, 1500-1598*, Cornell University Press, 1985.

Ashton, Robert., *Reformation and Revolution, 1558-1660*, Harper Collins, 1984.

Asselt, W. J. Van., *Reformation and Scholasticism: An Ecumenical Enterprise*, Baker Pub Group, 2001.

Atkinson, James., *Martin Luther and the Birth of Protestantism*. Repr., of the 1968 Ed., Presbyterian Pub Corp., 1982.

_____, *Rome and Reformation*, Hodder, 1966.

Aulen, Gustaf Emanuel Hildebrand., *Reformation and Catholicity*, tran., E. H. Wahlstrom, Greenwood Press, 1979.

Babington, J. A., *Reformation: A Religious and Historical Sketch*, Gateway/Associated Faculty Press, 1971.

Backus, Irena., *Reformation Readings of the Apocalypse: Geneva, Zurich and Wittenberg*, Oxford University Press Inc, USA, 2001.

Bainton, Roland H., *Women of the Reformation in France and England*, Academic Renewal Press, 2001.

_____, *Women of the Reformation in Germany and Italy*, Academic Renewal Press, 2001

_____, *Here I Stand: A Life of Martin Luther*, Abingdon Press, 1991

Baumgartner, Frederic J., *France in the Sixteenth Century*, St. Martin's Press, 1995.

Bellitto, Christopher., *Renewing Christianity: A History of Church Reform from Day One to Vatican II*, Paulist Press, 2001.

Belloc, Hilaire., *How the Reformation Happened*, Tan Books & Publishers, 1992.

_____, *Characters of the Reformation,* Tan Books and Publishers, 1992.

Benedict, Philip., *Christ's Churches Purely Reformed: A Social History of Calvinism*, Yale University Press, 2002.

Bireley, Robert., *The Refashioning of Catholicism, 1450-1700: A Reassessment of the Counter-reformation*, Palgrave Macmillan, 1999.

Blickle, Peter., *Communal Reformation: The Quest for Salvation in Sixteenth-century*

Germany, trans., Thomas Dunlap, Humanities Press International Inc., 1992.
Booth, Edwin P., *Martin Luther: The Great Reformer*, Chelsea House Publications, 1998.
Bouwsma, William James., *Venice and the Defense of Republican Liberty: Renaissance Values in the Age of the Counter Reformation*, University of California Press, 1992.
Bradshaw, Paul F., *Anglican Ordinal: Its History and Development from the Reformation to the Present Day*, SPCK, 1971.
Bray, Gerald((Ed.), *Documents of the English Reformation,* Augsburg Fortress Publishers, 1995.
Brecht, Martin., *Martin Luther: Shaping and Defining the Reformation*, 1521-32, trans., James L. Schaaf, Augsburg Fortress Publishers, 1994.
Brendler, Gerhard., *Martin Luther: Theology and Revolution*, trans., Claude R. Foster, Oxford University Press, 1991.
Broadie, Alexander., *The Circle of John Mair: Logic and Logicians in Pre-Reformation Scotland*, Oxford University Press, 1985.
Bush, M L., *Renaissance, Reformation and the Outer World: Europe, 1450-1660*, Blandford Publishing, Co., 1967.

Calvin, John(ed.), *The Bondage and Liberation of the Will: A Defence of the Orthodox Doctrine of Human Choice Against Pighius*, Baker Academic, 2002.
Cameron, Euen., The Reformation of the Heretics: Waldenses of the Alps, 1480-1580, Clarendon Press, 1984.
_____, *The European Reformation*, Clarendon Press, 1991.
Carney, Jo Eldridge., *Renaissance and Reformation, 1500-1620: A Biographical Dictionary*, Greenwood Press, 2000.
Carter, Charles Howard(ed.), *From the Renaissance to the Counter-reformation*, Cape, 1966.
Chapman, G. Clarke., *Facing the Nuclear Heresy: A Call to Reformation*, Brethren Press, 1986.
Chadwick, Owen., *The Reformation*, Penguin History of the Church, 1990.
_____, *The Early Reformation on the Continent,* Oxford University Press, 2003.
Charles, Elizabeth Rundle., *Luther*, Moody Press, 1983.
Chaunu, Pierre., *The Reformation*, Palgrave Macmillan, 1990.
Chibi, Andrew., *The English Reformation: The Effec on a Nation*, Studymates Limited, 2003.
Chodorow, Stanley., *The Other Side of Western Civilization: Ancient World-Reformation,*

2 vols., Thomson Learning, 1992.
Cobbett, William., *History of the Protestant Reformation in England and Ireland*, Tan Books & Pub, 1988.
Cohn, Henry J(ed.), *Government in Reformation Europe, 1520-60*, Macmillan, 1971.
Collinson, Patrick., *The Reformation*, Random House USA Inc., 2004.
_____, Craig, John(eds.), *The Reformation in English Towns, 1500-1640*, Palgrave MacMillan, 1998.
Conner, Philip., *Huguenot Heartland: Montaubal and Southern French Calvinism During the Wars of Religion*, Ashgate, 2002.
Cottret, Bernard., *Calvin: A Biography*, Wm. B. Eerdmans Publishing Company, 2000.
Cowie, Leonard W., *The Reformation*, Hart-Davis Educ., 1968.
_____, *The Reformation of the Sixteenth Century,* Hodder Wayland, 1970.
Cross, Claire & Collinson, Patrick., *Church of England and the English Reformation*, Sessex Publications, 1982.
Cummings, Brian., *The Literary Culture of the Reformation: Grammar and Grace*, Oxford University Press, 2002.
Cunningham, W., *Reformers and Theology of the Reformation*, The Banner of Truth Trust, 1967.

Daniell, David., *William Tyndale: A Biography,* Yale University Press, 1994.
Dannenfeldt, Karl H., *Church of the Renaissance and Reformation*, Concordia, 1970.
D'Aubigne, J. H. Merle., *History of the Reformation of the 16th Century (1846)*, trans., H. White, R A Kessinger Publishing Co., 2003.
DeMolen, Richard L., *Meaning of the Renaissance and Reformation*, Houghton Mifflin, 1974.
Dickens, A G., *Age of Humanism and Reformation: Europe in the 14th, 15th and 16th Centuries,* Prentice-Hall, 1972.
_____, *Thomas Cromwell and the English Reformation*, Hodder, 1970.
_____, *Martin Luther and the Reformation*, Hodder & Stoughton Ltd., 1970.
_____, *Counter-reformation*, W. W. Norton & Company Ltd., 1979.
_____, *Reformation in Historical Thought*, Harvard Univ Press, 1985.
_____, *Reformation and Society in Sixteenth Century Europe*, Thames & H, 1966.
_____, *Barraclough, Geoffrey., Reformation and Society in 16th Century Europe,* International Thomson Publishing, 1966.
Dickinson, Joyn Compton., *The Later Middle Ages: From the Norman Conquest to the*

Eve of the Reformation, Barnes & Boble, 1980.

Diefendorf, Barbara B., *From Penitence to Charity: Pious Women and the Catholic Reformation in Paris*, Oxford University Press, 2004.

Dillenberger, John., *Images and Relics: Theological Perceptions and Visual Images in Sixteenth-century Europe*, Oxford University Press Inc, USA, 1999.

Dixon, C. Scott & Schorn-Schutte, Luise(eds.), *The Protestant Clergy of Early Modern Europe*, Palgrave Macmillan, 2003.

_____, (ed.), *The German Reformation: The Essential Readings*, Blackwell Publishers, 1999.

Donnelly, J., *Confraternities & Catholic Reformation*, Truman State University Press, 2001.

Donnelly, John Patrick., *Ignatius of Loyola: Founder of the Jesuits*, Longman, 2003.

Doran, Susan., *Elizabeth I and Religion, 1558-1603*, Routledge, Taylor & Francis Books Ltd., 1993.

Duffy, Eamon., *The Voices of Morebath: Reformation and Rebellion in an English Village*, Yale University Press, 2003.

Duke, Alastair., *Reformation and Revolt in the Low Countries*, Hambledon and London Ltd, 2003.

Edwards, David Lawrence, *Christian England: Its Story to the Reformation*, Oxford University Press, 1988.

Edwards, Mark U., *Luther's Last Battles: Politics and Polemics, 1531-46*, Cornell University Press, 1993.

Elmer, Peter(ed.), *Challenges to Authority*, Yale University Press, 2000.

Elton, G. Rudolph(ed.), *Renaissance and Reformation, 1300-1648*, Macmillan USA, 1976.

_____, *Reform and Reformation England, 1509-1558*, Harvard Univ. Press, 1977.

_____, *Reformation Europe, 1517-1599*, Fontana Press, 1969.

_____, *Policy and Police: Enforcement of the Reformation in the Age of Thomas Cromwell*, Cambridge University Press, 1972.

_____, (ed.), *The New Cambridge Modern History: The Reformation, 1520-1559* v. 2, The New Cambridge Modern History, Cambridge University Press, 1990.

Elwood, Christopher., *The Body Broken: Calvinist Doctrine of the Eucharist and the Symbolization of Power in Sixteenth-century France*, Oxford University Press Inc, USA, 1999.

Emmerson, W. L., *Reformation and the Advent Movement*, Penguin USA, 1983.

Evans, G. R., *Problems of Authority in the Reformation Debates*, Cambridge University Press, 2002.

Fisher, J. D. C., *Christian Initiation: Reformation Period*, SPCK, 1970.

Friesen, Abraham., *Thomas Muentzer, a Destroyer of the Godless: The Making of a Sixteenth-century Religious Revolutionary*, University of California Press, 1990.

Gangi, Mariano Di., *Peter Martyr Vermigli, 1499-1562: Renaissance Man, Reformation Master*, University Press of America, 1993.

Garrisson, Janine/ Rex, Richard(ed.), *A History of Sixteenth Century France, 1483-1598: Renaissance, Reformation and Rebellion*, Palgrave Macmillan, 1995.

George, Williams., *Radical Reformation,* Westminster John Knox Press, 1962.

Gerrish, B.A., *Continuing the Reformation*, University of Chicago Press, 1993.

Ginzburg, Carlo., *The Cheese and the Worms: The Cosmos of a Sixteenth-century Miller*, The Johns Hopkins University Press, 1992.

Godfrey, W. Robert., *Reformation Sketches: Insights Into Luther, Calvin, and the Confessions,* P & R Publishing, 2003.

Gonzalez, Justo L., *A History of Christian Thought,* 3 vols., Abingdon Press, 1993.

Gordon, Bruce., *The Swiss Reformation,* Manchester University Press, 2002.

Goring, Jeremy., Burn, *Holy Fire!: Religion in Lewes Since the Reformation*, Lutterworth Press, 2003.

Gray, Madeleine., *The Protestant Reformation: Belief, Practice and Tradition*, Sussex Academic Press, 2002.

Green, Vivian., *The European Reformation,* Sutton Publishing, 1998.

Green, V. H. H., *Luther and the Reformation*, Methuen Publishing Ltd, 1969.

Greengrass, Mark., *The Longman Companion to the European Reformation, C.1500-1618,* Longman, 1998.

Greg, Ogden., *The New Reformation: Returning the Ministry to the People of God*, Zondervan Publishing Company, 1990.

Greschat, Martin., *Martin Bucer: A Reformer and His Times*, Westminster John Knox Press, 2004.

Gribben, Crawford., *The Irish Puritans: James Ussher and the reformation of the church,* Evangelical Press, 2003.

Grundy, Malcolm., *An Unholy Conspiracy: Scandal of the Separation of Church and Industry Since the Reformation*, Canterbury Press, 1992.

Guinness, Grattan H., *Romanism and the Reformation*, Hartland Publs, 1995.

Haigh, Christopher., *The English Reformation Revised,* Cambridge University Press, 1987.

_____, *English Reformations: Religion, Politics and Society Under the Tudors*, Clarendon Press, 1993.

Haller, William., *Liberty and the Reformation in the Puritan Revolution*, Columbia University Press, 1963.

Hamer, John/ Chamberlain, Tim., *European Reformation: 1500-1555*, Heinemann Educational Secondary Division, 2000.

Harline, Craig E., *Miracles at the Jesus Oak: Histories of the Supernatural in Reformation Europe*, Doubleday Books, 2003.

Hatt, Christine., *The Reformation*, Evans Brothers, 2002.

Haugaard, W. P., *Elizabeth English Reformation*, Cambridge University Press, 1968.

Hazlett, Ian., *The Reformation in Britain & Ireland*, T & T Co., 2003.

Heal, Felicity., *Reformation in Britain and Ireland*, Oxford University Press, 2003.

Heming, Carol Piper., *Protestants & the Cult of the Saints in German-speaking Europe, 1517-1531*(Sixteenth Century Essays & Studies, Truman State University Press, 2003.

Hendrix, Scott H., *Recultivating the Vineyard: The Reformation Agendas of Christianization*, Westminster John Knox Press, 2004.

Hill, Christopher., *Reformation to Industrial Revolution*, Penguin Books Ltd., 1988.

Hillerbrand, Hans Joachim., *Christendom Divided: The Protestant Reformation*, Westminster John Knox Press, 1971.

_____, (ed.), *Protestant Reformation*, Harper & Row, 1968.

Hoffmeister, Gerhart., *The Renaissance and Reformation in Germany*, Continuum Intl Publication, 2 vols., 1977.

Holborn, Hajo., *History of Modern Germany: The Reformation*, Eyre & S, 1965.

Holmes, Mark., *The Reformation of Canada's Schools: Breaking the Barriers to Parental Choice*, McGill-Queen's University Press, 1998.

Holt, Mack P(ed.), *Renaissance and Reformation France: 1500-1648,* Oxford University Press, 2002.

Horstman, Allen., *Renaissance, Reformation and the Wars of Religion:1450 to 1648*, Research & Education Association, 1999.

Houlebrooke, Ralph A., *Church Courts and the People During the English Reformation, 1520-1570*, Clarendon Press, 1979.

Hudson, Anne., *The Premature Reformation: Wycliffite Texts and Lollard History*, Clarendon Press, 1988.

Hughes, William(Ed.), *Western Civilization: The Earliest Civilizations Through the Reformation*,

McGraw-Hill Education, 1998.
Huizinga, Johan., *Erasmus and the Age of Reformation*, Dover Publications, 2001.
Hurstfield, Joel., *Reformation Crisis,* H. Arnold, 1965.
Huray, Peter Le., *Music and the Reformation in England 1549-1660,* Cambridge University Press, 1978.
Hylson-Smith, Kenneth., *Christianity in England from Roman Times to the Reformation: From 1384 to 1558*, 3 vols., SCM Press, 2001.

Jackson, Dave/ Jackson, Neta., *On Fire for Christ: Stories of Anabaptist Martyrs Retold from "Martyrs Mirror"*, Herald P., U.S., 1989.
Jensen, De Lamar., *Reformation Europe: Age of Reform and Revolution,* Houghton Mifflin, 1991.
Johnston, Andrew., *The Reformation in Europe*, Hodder Arnold H&S, 1996.
Jones, Norman L., *The English Reformation: Religion and Cultural Adaptation*, Blackwell Publishers, 2001.
Jones, R. Tudur., *The Great Reformation*, IVP., 1986.

Kaartinen, Marjo., *Religious Life and English Culture in the Reformation*, Palgrave Macmillan, 2002.
Karant-Nunn, Susan C., *Zwichay in Transition, 1500-1547: The Reformation as an Agent of Change*, Ohio State U.P., 1988.
Kellar, Clare., *Scotland, England, and the Reformation 1534-1561*, Clarendon Press, 2003
Kenny, Anthony(ed.), *Wyclif in His Times,* Oxford University Press, 1986.
Kidd, Beresford J., *Counter-reformation, 1550-1600*, Greenwood Press, 1980.
Kingdom, Robert M(ed.), *Registers of the Consistory at Geneva at the Time of Calvin: 1542-1544*, Wm. B. Eerdmans Publishing Co., 2000.
Kirk, James., *The Books of Assumption of the Thirds of Benefices: Scottish Ecclesiastical Rentals at the Reformation*, Oxford University Press, 1995.
Kitch, M J., *Capitalism and the Reformation,* Longman, 1967.
Koerner, Joseph Leo., *The Reformation of the Image*, Reaktion Books Ltd., 2003.
Kolb, Robert., *Martin Luther as Prophet, Teacher, Hero: Images of the Reformer, 1520-1620*, Baker Academic, 2000.
Koslofsky, Craig., *The Reformation of the Dead: Death and Ritual in Early Modern Germany, 1450-1700*, Palgrave Macmillan, 1999.
Kouri, E. I.(ed.), *Politics and Society in Reformation Europe*, Palgrave Macmillan, 1987.

Kraeling, Emil Gottlieb Heinrich., *The Old Testament Since the Reformation*, James Clarke & Co., Ltd., 2003.

Lambert, Malcolm D., *Medieval Heresy: Popular Movements from the Gregorian Reform to the Reformation*, Blackwell Publishers, 2002.

Lamont, Stewart., *The Swordbearer: John Knox and the European Reformation*, Hodder & Stoughton Religious, 1991.

Lang, Andrew., *John Knox and the Reformation(1905),* R. A. Kessinger Publishing Co., 1905.

Latourette, Kenneth Scott., *A History of Christianity: Reformation to the Present*, HarperCollins, Australia, 2 vols., 1976.

Leach, Katherine/ Wroughton, John(eds.), *The German Reformation*, Palgrave Macmillan, 1990.

Leewenich, Walter Von., *Martin Luther: The Man and His Work*, Abingdon Press, 1989.

Levi, Anthony., *Renaissance and Reformation: The Intellectual Genesis*, Yale University Press, 2002.

Lillback, Peter A/ Muller, Richard A(Preface)., *The Binding of God: Calvin's Role in the Development of Covenant Theology*, Baker Academic, 2001.

Lindberg, Carter., *The Reformation Theologians: An Introduction to Theology in the Early Modern Period*, Blackwell Publishers, 2001.

_____, *The European Reformations*, Blackwell Publishers, 1995.

_____, (ed.), *The European Reformations Sourcebook*, Blackwell Publishers, 1999.

Lindsay, Thomas M., *Luther and the German Reformation*, Ayer Co Pub, 1971.

Loane, Marcus., *Masters of the English Reformation*, Hodder, 1983.

_____, *Calvin and the Later Reformation*, Hodder Arnold H&S, 1990.

Lortz, Joseph., *Reformation in Germany*, Darton, L & T, 1968.

Lualdi, Katharine/ Thayer, Anne(eds.), *Penitence in the Age of Reformations*, Ashgate, 2000.

Lucas, Henry S., *Renaissance and Reformation*, Harper & Row, 1960.

Ludwig, Charles., *Queen of Reformation*, Bethany House Publishers, 1986.

Luther, Martin., *Reformation Writings of Martin Luther: The Spirit of the Protestant Reformation*, trans., by Bertram Lee-Woolf, James Clarke & Co., Ltd., 2002.

Maag, Karin(ed.), *Melanchthon in Europe: His Work and Influence Beyond Wittenberg*, Baker Academic, 1999.

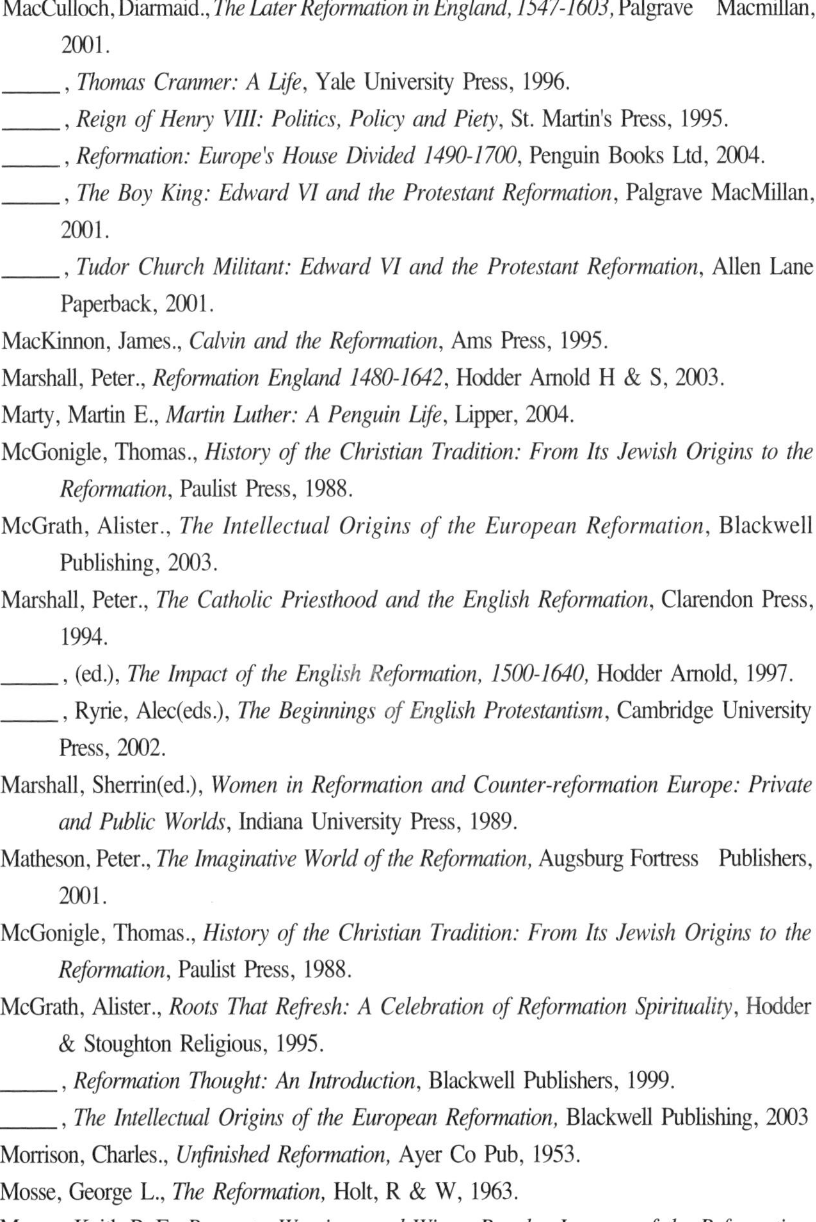

MacCulloch, Diarmaid., *The Later Reformation in England, 1547-1603,* Palgrave Macmillan, 2001.

_____, *Thomas Cranmer: A Life*, Yale University Press, 1996.

_____, *Reign of Henry VIII: Politics, Policy and Piety*, St. Martin's Press, 1995.

_____, *Reformation: Europe's House Divided 1490-1700*, Penguin Books Ltd, 2004.

_____, *The Boy King: Edward VI and the Protestant Reformation*, Palgrave MacMillan, 2001.

_____, *Tudor Church Militant: Edward VI and the Protestant Reformation*, Allen Lane Paperback, 2001.

MacKinnon, James., *Calvin and the Reformation*, Ams Press, 1995.

Marshall, Peter., *Reformation England 1480-1642*, Hodder Arnold H & S, 2003.

Marty, Martin E., *Martin Luther: A Penguin Life*, Lipper, 2004.

McGonigle, Thomas., *History of the Christian Tradition: From Its Jewish Origins to the Reformation*, Paulist Press, 1988.

McGrath, Alister., *The Intellectual Origins of the European Reformation*, Blackwell Publishing, 2003.

Marshall, Peter., *The Catholic Priesthood and the English Reformation*, Clarendon Press, 1994.

_____, (ed.), *The Impact of the English Reformation, 1500-1640,* Hodder Arnold, 1997.

_____, Ryrie, Alec(eds.), *The Beginnings of English Protestantism*, Cambridge University Press, 2002.

Marshall, Sherrin(ed.), *Women in Reformation and Counter-reformation Europe: Private and Public Worlds*, Indiana University Press, 1989.

Matheson, Peter., *The Imaginative World of the Reformation,* Augsburg Fortress Publishers, 2001.

McGonigle, Thomas., *History of the Christian Tradition: From Its Jewish Origins to the Reformation*, Paulist Press, 1988.

McGrath, Alister., *Roots That Refresh: A Celebration of Reformation Spirituality*, Hodder & Stoughton Religious, 1995.

_____, *Reformation Thought: An Introduction*, Blackwell Publishers, 1999.

_____, *The Intellectual Origins of the European Reformation,* Blackwell Publishing, 2003

Morrison, Charles., *Unfinished Reformation,* Ayer Co Pub, 1953.

Mosse, George L., *The Reformation,* Holt, R & W, 1963.

Moxey, Keith P. F., *Peasants, Warriors, and Wives: Popular Imagery of the Reformation*, University of Chicago Press, 1989.

Mullett, Michael., *Catholic-reformation, Routledge*, Taylor & Francis Books Ltd., 1999.

_____, *Martin Luther, Routledge*, Taylor & Francis Books Ltd, 2004.
Murray, Iain., *The Reformation of the Church: A Collection of Reformed and Puritan Documents on Church Issues*, The Banner of Truth Trust, 1965.

Naphy, William G., *Documents on the Continental Reformation*, Palgrave Macmillan, 1996.
Neal, Daniel., *History of the Puritans or Protestant Nonconformists from the Reformation in 1517 to the Revolution in 1688*, Gregg Internat, 1971.
Noll, Mark A(ed.), *Confessions and Catechisms of the Reformation*, Apollos, 1991.

Oberman, Heiko A., *The Reformation: Roots and Ramifications*, Wm B Eerdmans Publishing Co., 1994.
_____, Augustinus., Forerunners of the Reformation: The Shape of Late Medieval Thought, trans., by Paul L. Nyhus, James Clarke & Co., Ltd., 2003.
_____, *The Dawn of the Reformation: Essays in Late Medieval and Early Reformation Thought,* Wm B Eerdmans Publishing Co., 1992.
_____, *The Impact of the Reformation*, Wm B Eerdmans Publishing Co., 1996.
_____, Weinstein, Donald(eds.), *The Two Reformations: The Journey from the Last Days to the New World*, Yale University Press, 2003.
_____, *Forerunners of the Reformation: Shape of Late Mediaeval Thought*, Illustrated by Key Documents, Fortress P, US, 1981.
O'Connell, Marvin R., *Counter-reformation, 1550-1610*, Harper & Row, 1974.
O'Day, Rosemary., *The Debate on the English Reformation*, Routledge, an imprint of Taylor & Francis Books Lt., 1986.
O'Donovan, Joan Lockwood., *Theology of Law and Authority in English Reformation*, Wm B. Eerdmans Publishing Co., 1991.
Old, Hughes Oliphant., *The Reading and Preaching of the Scriptures in the Worship of the Christian Church: The Age of the Reformation,* Wm B Eerdmans Publishing Co., 2002.
Olin, John C., *Catholic Reformation: Savonarola to Ignatius Loyola, Reform in the Church, 1495-1540*, Harper & Row, 1969.
_____, (ed.), T*he Catholic Reformation: From Savonarola to Ignatius Loyola, Fordham*, University Press, 1993.
_____, *A Reformation Debate: John Calvin and Jacopo Sadoleto*, Fordham University Press, 2000.
Ozment, Steven E., *The Age of Reform (1250-1550): An Intellectual and Religious History*

of Late Medieval and Reformation Europe, Yale University Press, 1980.

_____, *The Reformation in the Cities: Appeal of Protestantism to Sixteenth-century Germany and Switzerland*, Yale University Press, 1980.

_____, *Mediaeval and Reformation Europe,* Yale University Press, 1981.

_____, *Protestants: the Birth of a Revolution*, Bantam Doubleday Dell Publishing Group, 1993.

Parish, Helen/ Naphy, William G(eds.), *Religion and Superstition in Reformation Europe*, Manchester University Press, 2003.

Parker, Thomas Maynard., *English Reformation to 1558,* Oxf. UP, 1973.

Pelikan, Jaroslav., *Reformation of Church and Dogma (1300-1700)*, University of Chicago Press, 1985.

_____, *Christian Tradition: A History of the Development of Doctrine: Reformation of Church and Dogma, 1300-1700*, Chicago University Press, 1984.

Pendrill, Colin., *The English Reformation, 1485-1558*, Heinemann Educational Secondary Division, 2000.

Pettegree, Andrew(ed.), *The Reformation World, Routledge*, Taylor & Francis Books Ltd., 2000.

Pill, John F. H., David Halton., *English Reformation, 1529-1558*, Hodder, 1973.

Placher, William(ed.), *Readings in the History of Christian Theology: From Its Beginnings to the Eve of the Reformation*, Westminster John Knox Press, 2 vols., 1988.

Pollard, Albert Frederick., *Thomas Cranmer and the English Reformation*, F Cass, 1966.

Porter, H. C., *Reformation and Reaction in Tudor Cambridge*, Shoe String Publishing, 1983.

Powicke, Maurice., *Reformation in England,* Oxford University Press, 1961.

Puff, Helmut., *Sodomy in Reformation Germany and Switzerland, 1400-1600*, Chicago University Press, 2003.

Rabell, Carmen R., *Rewriting the Italian Novella in Counter-Reformation Spain*, The Boydell Press, 2003.

Randell, Keith., *Henry VIII and the Reformation in England*, Hodder Arnold H & S, 1993.

_____, *Calvin and the Later Reformation,* Hodder Arnold H&S, 1990.

_____, *Luther and the German Reformation, 1517-1555*, Hodder Arnold H&S, 1989.

Reardon, B M G., *Religious Thought in the Reformation,* Longman, 1981.

Reid, John Kelman Sutherland., *The Authority of Scripture: A Study of the Reformation and Post-reformation Understanding of the Bible*, Greenwood Press, 1981.

Reid, Patrick(Ed)., *Readings in Western Religious Thought: The Middle Ages Through the Reformation,* Paulist P.,U.S., 1995.

Reid, W. Stanford., *Reformation, The: Revival or Revolution?*, Holt, R & W, 1968.

Rex, Richard., *Henry VIII and the English Reformation*, St. Martin's Press, 1993.

Rice, Eugene F./ Grafton, Anthony(eds.), T*he Foundations of Early Modern Europe, 1460-1559*, W. W. Norton & Company Ltd., 1994.

Riley, Philip F., *A Lust for Virtue: Louis XIV's Attack on Sin in Seventeenth-century France*, Greenwood Press, 2001.

Robert, Parsons., *Jesuit's Memorial for the Intended Reformation of England Under Their First Popish Prince (1690),* R A Kessinger Publishing Co., 2003.

Robinson, John A. T., *New Reformation?*, SCM Press, 1965.

Roelker, Nancy Lyman., *One King, One Faith: Parlement of Paris and the Religious Reformations of the Sixteenth Century*, University of California Press, 1996.

Roper, Lyndal., *The Holy Household: Women and Morals in Reformation Augsburg*, Clarendon Press, 1989.

Rosman, Doreen., *From Catholic to Protestant: Religion and the People in Tudor England, Routledge*, Taylor & Francis Books Ltd., 1996.

Rumme, Erika., *The Confessionalization of Humanism in Reformation Germany*, Oxford University Press Inc, USA, 2000.

Rumsey, Thomas R., *Men & Women of the Renaissance & Reformation, 1300-1600,* Longman Publishing Group, 1981.

Schen, Claire S., *Charity and Lay Piety in Reformation London, 1500-1620*, Ashgate, 2002.

Schuller, Robert H., *Self-Esteem: The New Reformation*, Thomas Nelson Inc, 1982.

Schwiebert, Ernest G., *Luther and His Times*, Concordia Publishing House, 1950.

Scribner, R. W., *The German Reformation,* Palgrave Macmillan, 1986.

_____, *For the Sake of Simple Folk: Popular Propaganda for the German Reformation*, Clarendon Press, 1994.

_____, (ed.), *The Reformation in National Context*, Cambridge University Press, 1994.

Servini, Peter., *The English Reformation*, Hodder Arnold H&S, 1996.

Shagan, Ethan H., *Popular Politics and the Englishk Reformation*, Cambridge University Press, 2002.

Sheils, William J., *The English Reformation: 1530-1570*, Longman, 1989.

Shrank, Cathy., *Writing the Nation in Reformation England, 1530-1580*, Oxford University

Press, 2004.

Skinner, Quentin., *Foundations of Modern Political Thought: The Age of Reformation* vol. 2., Cambridge University Press, 1979.

Slavin, Arthur Joseph(ed.), *Humanism, Reform and Reformation in England*, Wiley, 1969.

Smith, Gary Scott., *God and Politics: Four Views on the Reformation of Civil Government: Theonomy, Principled Pluralism, Christian America, National Confessionalism*, Presbyterian & Reformed Pub Co., 1989.

Spalding, M. J., *History of the Protestant Reformation*, vol. 2 (1860), R. A. Kessinger Publishing Co., 2003.

Spitz, Lewis William., *The Protestant Reformation: 1517-1559*, Concordia Publishing House, 2003.

_____, *The Renaissance and Reformation Movements*, Concordia Pub House, 1980.

Sproul, R. C(Foreword)., *Whatever Happened to the Reformation?*, P & R Publishing, 2001.

Spurr, John., *English Puritanism, 1603-1689*, Palgrave USA, 1998.

Steinmetz, David., *Calvin in Context,* Oxford University Press, 1996.

_____, *Reformers in the Wings: From Geiler Von Kaysersberg to Theodore Beza,* Oxford University Press Inc, USA, 2000.

Steinwede, Dietrich., *Reformation: A Picture Story of Martin Luther*, Augsburg Fortress Pub, 1983.

Strauss, Gerald., *Manifestations of Discontent in Germany on the Eve of the Reformation*, Indiana University Press, 1971.

Swanson, R.N., *Catholic England: Faith and Observance Before the Reformation*, Manchester University Press, 1993.

Taplin, Mark., *The Italian Reformers and the Zurich Church, C.1540-1620,* Ashgate, 2003.

Taylor, Larissa., *Preachers and People in the Reformations and Early Modern Period,* Brill Academic Pub., 2003.

Thayer, Anne T., *Penitence, Preaching and the Coming of the Reformation*, Ashgate, 2002.

Thomson, Andy., *Morning Star of the Reformation*, Bob Jones University Press, 1988.

Thompson, Karl F., *Classics of Western Thought: Middle Ages, Renaissance and Reformation*, 2 vols., Thomson Learning, 1991.

Thomson, S. Harrison., *Europe in Renaissance and Reformation*, Harcourt Brace, 1972.

Thompson, W. D. J/Cargill, C. W. (eds.), *Studies in the Reformation: Luther to Hooker*,

Athlone Publishing, 1980.

Tittler, Robert., *The Reformation and the Towns in England: Politics and Political Culture, C.1540-1640*, Clarendon Press, 1998.

Todd, John M., *Reformation, Darton*, L & T, 1972.

Todd, J. Margo(ed.), *Reformation to Revolution: Politics and Religion in Early Modern England*, *Routledge*, Taylor & Francis Books Ltd., 1994.

Tracy, James D., *Europe's Reformations, 1450-1650,* Rowman & Littlefield Publishers, 1999.

Trevor-Roper, H. R., *Religion, the Reformation and Social Change and Other Essays*, Macmillan, 1972.

_____, *The Crisis of the Seventeenth Century: Religion, the Reformation and Social Change*, Liberty Fund Inc, 2001.

Trompf, G. W., *The Idea of Historical Recurrence in Western Thought: From Antiquity to the Reformation*, University of California Press, 1979.

Trueman, Carl R., *Luther's Legacy: Salvation and English Reformers, 1525-1556*, Clarendon Press, 1994.

Urban, G. R(ed.), *Communist Reformation: Nationalism, Internationalism and Change in the World Communist Movement*, MT Smith, 1979.

Usher, Miriam., *Conflicting Visions of Reform: German Lay Propaganda Pamphlets*, 1519-1530, Chrisman Humanities Press, 1995.

Voegelin, Eric., *History of Political Ideas: Renaissance and Reformation*, vol. 4, University of Missouri Press, 1998.

Volz, Carl A., *The Medieval Church: From the Dawn of the Middle Ages to the Eve of the Reformation*, Abingdon Press, 1997.

Wait, Eugene, *Great Challenges of Reformation Europe,* Nova Science Publishers Inc., 2001.

Waite, Gary K., Heresy, *Magic and Witchcraft in Early Modern Europe*, Palgrave Macmillan, 2003.

Wallace, Peter G., *The Long European Reformation: Religion, Political Conflict and the Search for Conformity, 1350-1750*, Palgrave Macmillan, 2003.

Wagner, C. Peter., *Church quake: How the New Apostolic Reformation Is Shaking Up the Church As We Know It*, Gospel Light Pubns, 1999.

_____, *Church Quake!: The Explosive Power of the New Apostolic Reformation*, Regal Books, 2000.

Watts, Michael R., *The Dissenters: From the Reformation to the French Revolution*, 2 vols., Clarendon Press, 1985.

Webster, David/ Green, Louis(Eds)., *Documents in Renaissance and Reformation History*, Cassell, 1970.

Wendel, Frandcois., *Calvin: Origins and Development of His Religious Thought*, Baker Book House Company, 1997.

White, Peter., *Predestination, Policy and Polemic: Conflict and Consensus in the English Church from the Reformation to the Civil War*, Cambridge University Press, 2002.

Wilcox, Donald J., *In Search of God and Self: Renaissance and Reformation Thought*, Waveland Pr Inc, 1987.

Wilkes, Aaron., *Folen's History: Renaissance, Revolution and Reformatin Britain 1485-1750*, Folens Publishers, 2004.

Williams, Glanmor., *Welsh Reformation Essays,* Univ. Wales Publishing, 1968.

_____, *Wales and the Reformation*, University of Wales Press, 1999.

Williams, George Huntston, *The Radical Reformation*, Truman State University Press, 2001.

Wilson, Derek., *People and the Book: Impact of the Bible on Reformation England*, Barrie & Jenkins, 1976.

Woodward, Geoffrey., *The Sixteenth-century Reformation*, Hodder Arnold H&S, 2001.

Woodward, G W O., *Reformation and Resurgence, 1485-1603*, Blandford Publishing, Co., 1963.

Wright, A. D., *Counter-reformation: Catholic Europe and the Non-Christian World,* Weidenfeld & Nicolson, 1982.

Wuthnow, Robert., *The Consciousness Reformation,* University of California Press, 1976.

Zikmund, Barbara Brown/ Payne, John B(eds.), *Reformation Roots*, Pilgrim Press, 1997.

Zophy, Jonathan W., *A Short History of Reformation Europe: Dances Over Fire and Water*, Prentice Hall, 1998.

_____, *A Short History of Renaissance and Reformation Europe: Dances Over Fire and Water*, Prentice Hall, 2004.

우리말 저서/역서

강남수, 「프랑스 종교개혁사」, (도서출판 그리심, 2000).
곽차섭/임병철(eds.), 「역사속의 소수자들」, (푸른역사, 2009).
경한수, 「프리메이슨 & PK(약속 이행 자)」, (목회자성경대학원, 2005).
게오르크 오스트로고르스키, 「동로마 제국사 324-1453」, 한정숙/김경연 역, (까치, 1999).
구영재, 에큐메니즘의 이상과 우상, (도서출판 안티오크, 1997).
기류 미사오, 「무시무시한 처형대 세계사」, 이정환 역, (자음과모음, 2010).
김기련, 「종교개혁사」, (목원대학교 출판부, 2001).
김남희, 「유럽의 걷고 싶은 길」, (미래인, 2008).
_____, 「여자 혼자 떠나는 걷기 여행 2」, (미래인, 2008).
_____, 「소심하고 겁 많고 까탈스러운 여자 혼자 떠나는 걷기 여행 2」, (미래인, 2008).
김명혁, 「현대교회의 동향」, (성광문화사, 1991).
김성식, 「역사와 우상」, (정우사, 1980), 100.
김영재, 「기독교 교회사」, (도서출판 이레, 2000).
김의환, 「교회사」, (세종문화사, 1976).
김은홍, "양극화된 선교사상에 대한 개혁주의적 대안", 「교회와 세상을 위한 신학」, (프로 에클레시아, 2008).
김정미, 「그들은 어떻게 세상을 얻었는가?」, (아람다운 사람들, 2012).

김형오, 「술탄과 황제」, (21세기북스, 2012).
김홍기, 「세계기독교의 역사이야기」, (예루살렘, 1992).
노만 F. 캔터, 「중세이야기」, 이종경(외) 역, (새물결, 2002).
노명식, 「자유주의의 원리와 역사」, (민음사, 1991).
데이비드 리버링 루이스, 「신의 용광로」, 이종인 역, (책과 함께, 2010).
데이비드 F. 웰즈, 「기독론」, 이승구 역, (엠마오, 1994).
데이비드 케너다인, 「굿바이 E. H. 카」, 문화사학회 역, (푸른역사, 2005).
도날드 L. 노비, 「신약교회의 조직」, 장세학 역, (전도출판사, 1994).
K. S. 라토렛, 『기독교의 역사』, 허호익 역, (대한기독교출판부, 1994).
레이시 볼드윈 스미스, 바보들, 순교자들, 반역자들, 김문호, 지호, 1998.
로레인 뵈트너, 「로마 가톨릭 사상 평가」, 기독교문서선교회, 1992.
로저 크롤리, 「바다의 제국들」, 이순호 역, (채과함께 2010).
롤란드 베인톤, 「에라스무스」, 박종숙 역, (현대지성사, 1998).
루돌프 피셔-볼페르트, 「교황사전」, 안명옥 역, (가톨릭대학교출판부, 1985).

루돌프 W. 하인즈, 「개혁과 투쟁」, 원종천 역, (도서출판 그리심, 2010).
루이스 W. 스피츠, 「종교개혁사」, (기독교문서선교회, 1994).

루이스 벌콥, 「기독교교리사」, 신복윤 역, (은성문화사, 1980).
롤란드 베인턴, 「세계교회사」, 이길상 역, (크리스챤 다이제스트, 2001).
_____, 「16세기 종교개혁」, 홍치모/이훈영 역, (크리스챤 다이제스트, 1993).
리처드 베닛/마틴 버킹엄, 「교황 대신 예수를 선택한 49인의 신부들」, (아가페, 2001).
마크 트웨인, 「잔 다르크 (상하)」, 신현철 역, (박우사, 1998).
막스 디몬트, 「유태의 역사」, 김용운 역, (대원사, 1991).
E. S. 모이어, 「인물중심 교회사」, 곽안전/심재원 역, (대한기독교서회, 1993).
미야자키 마사카츠, 「하룻밤에 읽는 세계사」, 이영주 역, (중앙 M&B, 2000).
민석홍, 「종교개혁과 근대사회의 성립」, (서양근대사연구, 1975).
박영관, 「역사신학강의」, (기독교 문서 선교회, 1994).
박영호, 「청교도 신앙」, (기독교문서선교회, 1994).
박유신, 「한국 장로교회 성서관 칼빈적인가」, (한들출판사, 2008).
R. N. 버어키, 「정치사상사」, 권용립/신연재 역, (도서출판 녹두, 1985).
E. M. 번즈/R. 러너/S. 미첨, 「서양문명의 역사 II」, 박상익 역, (소나무, 2000).
베른하르트 로제, 「루터연구 입문」, 이형기 역, (크리스챤 다이제스트, 1993).
벵트 헤그룬트, 「신학사」, (성광문화사, 1993).

브렌다 볼튼, 「중세의 종교개혁」, 홍성표 역, (도서출판 느티나무, 1999).
R. W. 서던, 「중세의 형성」, 이길상 역, (현대지성사, 1999).
세스 노터봄, 「산티아고 가는 길」, 이희재 역, (민음사, 2010).
셀던 월린, 「정치와 비전」, 강정인/공진성/이지윤 역, (후마니타스, 2007).
서요한, 「중세교회사」, (도서출판 그리심, 2010).
_____, 「초대교회사」, (도서출판 그리심, 2010).
_____, 「언약사상사」, (기독교문서선교회, 1994).
_____, "스코틀랜드 종교개혁과 낙스의 개혁원리", 「개혁신학 I」, (개혁신학연구원, 1994).
수잔 와이즈 바우어, 『이노우에 고이치, 「살아남은 로마, 동로마 제국」, (다른세상, 2010).
수잔 와이즈 바우어, 『세계역사 이야기 2』, 정병수 역, (꼬마이실, 2008).
송경근, "중세 유럽의 십자군 전쟁은 원정인가 침략인가", 「유럽중심주의 세계사를 넘어 세계사들로」, (푸른 역사, 2009),
송인규, 「그리스도의 찢긴 몸」, (IVP., 1995).

스테판 츠바익, 「폭력에 대항하는 양심」, 오영옥 역, (현대사상사, 1993).
스티븐 런치만, 「1453, 콘스탄티노플 최후의 날」, 이순호 역, (갈라파고스, 2004).
E. 스힐레벡스, 「교회직무론」, 정한교 역, (왜관: 분도출판사, 1985).
아더 폴 보어스, 「걸어서 길이 되는 곳, 산티아고」, 유지훈 역, (살림, 2008).

안더스 니그렌, 「아가페와 에로스」, 고구경 역, 크리스챤 다이제스트, 1998.
안토니 파그덴, 「민족과 제국」, 한은경 역, (을유문화사, 2003).
앙리 피렌, 「마호메트와 샤를마뉴」, 강일휴 역, (삼천리, 2010).
에른스트 벤츠, 「역사와 기독교」, 정상복 역, 민중사, 1981.
「역사란 무엇인가」, (고려대학교 출판부, 1994).
유동환, 「거꾸로 읽는 서양 사상사」, (푸른나무, 2007).
유진 오스터헤이븐, 「개혁주의 전통의 정신」, 최덕성 역, (본문과현장사이, 2000).
윤선자, 「이야기 프랑스사」, (청아출판사, 2007).
어드만, 「최신교회사」, 김해연 역, (맥밀란, 1987).
오형국, "제네바 종교개혁에서의 교회와 학교", 「칼빈신학논단」, (한국개혁주의, 2008), 제1집, 311.
윌리엄 C. 플래처, 「기독교 신학사 입문」, (크리스챤 다이제스트, 1994).
윌리엄 L. 랭어(ed.), 「호메로스에서 돈키호테까지」, 박상익 역, (푸는역사, 2001).
윙키 프래트니, 「기독교 부흥운동사」, (나침반, 1997).
이난호, 「카이노 데 산티아고」, (범우사, 2008).
이노우에 고이치, 「살아남은 로마, 동로마 제국」, 이경덕 역, (다른세상, 2010).
이석우(편), 「기독교와 역사사상」, (성광문화사, 1981).

이형기,『세계교회의 분열과 일치추구의 역사』, (장로회신학대학교 출판부, 1994).
-----, 「세계교회사」, (한국장로교출판사, 1996), vol. 2.
이희철, 「이스탄불: 세계사의 축소판, 인류 문명의 박물관」, (리수, 2008).
임원택, "종교개혁의 필연성", 「한국교회의 신학 인식과 실천」, (합동신학대학원, 2006).
쟈크 르 고프, 「서양중세문명」, 유희수 역, (문학과 지성사, 1992).
-----, 「연옥의 탄생」, 최애리 역, (문학과지성사, 1995).
-----, 장-모리스, 「중세를 찾아서」, 최애리 역, (해나무, 2005).
장-바티스트 뒤로젤, 「유럽의 탄생」, 이규현/이용재 역, (지식의 풍경, 2004).
장 베르동, 「중세는 살아있다」, 최애리 역, (도서출판 길, 2008).
주도홍, 「개혁교회사」, (도서출판 솔로몬, 1998).

주디스 헤린, 「비잔티움」, 이순호 역, (글항아리, 2010).
주명철, 「서양금서의 문화사」, (도서출판 길, 2006).
조르쥬 뒤비, 「천년, 그 세기말의 징후」, 김일휴 역, (교보문고, 1999).
조세프 R. 스트레이어, 「중세시대의 서유럽」, 김동순 역, (성균관대학교출판부, 1994).
조셉 폰타나, 「거울에 비친 유럽」, 김원중 역, (새물결, 2002).
조신권, 「청교도 신앙과 문학의 탐구」, (총신대학교 출판부, 2005).

존 H. 헤이즈, 「구약학입문」, 이영근 역, (크리스챤 다이제스트, 1994).
진원숙, 「충돌의 역사」, (신서원, 2002).
차하순, 「서양사총론」, (탐구당, 1975).
최문영, 「유럽이란 무엇인가」, (지식산업사, 2009).
최석우, 「교황 그는 누구인가」, (서울: 한국교회사연구소, 1984).
칼-하인츠 츠어 뮐렌, 「종교개혁과 반종교개혁」, (대한기독교서회, 2005).
크리스토퍼 히버트, 「메디치가 이야기」, 한은경 역, (생각의 나무, 2001).
파울 알트하우스, 「루터의 신학」, (크리스챤 다이제스트, 1994).
페터 아렌스, 「유럽의 폭풍」, 이재원 역, (들녘 코기토, 2006).
페터 쿤츠만/프란츠-페터 부카르트/프란츠 비트만, 「그림으로 읽는 철학사」, 홍기수/이정숙 역, (예경, 2000).
프레데릭 B. 아르츠, 「중세 유럽의 문화유산」, 홍성표 역, (보진제, 1993).
프랭크 커모드, 「셰익스피어의 시대」, 한은경 역, (을유문화사, 2005).
프랭크 틸리, 「서양철학사」, 김기찬 역, (현대지성사, 1998).
J. 플라므나츠, 「정치사상사」, 김홍명 역, (풀빛, 1986).
피터 S. 럭크만, 「신약교회사」, (말씀보존학회, 1997).

한국역사교사모임, 「처음 읽는 터키사」, (휴머니스트, 2010).
한국서양사학회 엮음, 「유럽중심주의 세계사를 넘어 세계사들로」, (푸른역사, 2010).
한국역사교사모임, 「처음 읽는 터키사」, (휴머니스트, 2010).
후고 라이히텐트리트, 「음악의 역사와 사상」, (삼호출판사, 1993).
홍치모, 「종교개혁사」, (성광문화사, 1977).
힐렐 슈바르츠, 「세기의 문: 전환기의 역사」, 이은희 역, (아카데미북, 1999).

종교개혁사

2013년 3월 10일 초판 1쇄 인쇄
2013년 3월 15일 초판 1쇄 발행

저 자 / 서 요 한
발행인 / 조 경 혜
발행처 / 도서출판 그리심

도서출판 그리심 · since 1998
등록번호 / 제7-258호(1998. 4.23)
● Home page: grisim.biz
● E-mail: grisimcho@hanmail.net

156-763 서울시 동작구 사당5동 196인정 B동(B01)
TEL : 523-7589(출판), FAX : 523-7590(출판)

ISBN 978-89-5799-321-7 (93230)

값 : 표지 뒷면에